남성철학에서 여성철학으로 대전환을!

해체주의를 해체하다

― 차연(差延)은 자연이 아니다. 해체는 해탈이 아니다

저 자 **박 정 진**

새로운 세상의 숲
신세림출판사

남성철학에서 여성철학으로 대전환을!

해체주의를 해체하다

초판인쇄 2024년 8월 10일　　**초판발행** 2024년 8월 20일

지은이　**박정진**
펴낸이　**이혜숙**　펴낸곳　**신세림출판사**
등록일　**1991년 12월 24일 제2-1298호**

04559 서울특별시 중구 퇴계로49길 14,
　　　충무로엘크루메트로시티2차 1동 720호
전화 02-2264-1972　팩스 02-2264-1973
E-mail : shinselim72@hanmail.net
　　　　shinselim@naver.com

정가 50,000원

ISBN 978-89-5800-275-8, 03100

남성철학에서 여성철학으로 대전환을!

해체주의를 해체하다
— 차연(差延)은 자연이 아니다. 해체는 해탈이 아니다

니체의 프랑스 제자라고 할 수 있는 데리다는 해체주의라는 이름으로
자신의 문학적 철학의 정체성을 삼았다.
들뢰즈는 니체의 영향권에 있었지만
마르크스의 유물론과 과학의 기계주의의 접속(conjunction)을 통해
유물-기계적 존재론을 완성했다.
이들은 하이데거의 '존재론(시간과 존재)'의 영향을 받았으나
존재를 현상학적으로 해석하는 바람에 도리어 '현존과 부재'(데리다), '유물과 기계'(들뢰즈)로
자신의 철학적 특성을 조성하는 현상학으로 돌아갔다.
이는 프랑스의 합리주의적인 전통의 깊은 영향 때문이다.
프랑스의 많은 철학자들은 아직도 하이데거를 오해하고 있는 경우가 많다.
일등공신은 물론 무신론적(유물론적) 실존주의자로 알려진 사르트르이다.

목 차

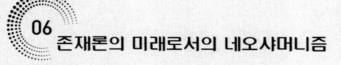

06 존재론의 미래로서의 네오샤머니즘

07 하이데거의 존재론과 서양철학의 한계

08 음성언어, 문자언어, 기계언어, 기계인간

|서 문|

철학은 존재에 대한 질문에서 비롯된다. 질문이 없으면 철학이 없는 것이다. 우리는 왜 그런지 모르겠지만 남의 철학을 공부만 하면서 철학을 한 것으로 착각하는 집단적 성향이 있다. 그래서 아직 한국철학이 없는 것이다. 또한 철학은 쓰지 않으면 없는 것이다. 변변한 철학책 한 권도 저술한 것이 없으면서 철학자라고 거들먹거리는 철학교수, 철학꽁생원이 한둘이 아니다.

나의 '일반성의 철학과 소리철학'은 실은 자크 데리다의 '그라마톨로지'를 해체하면서 생겨난 철학이다. 그러니까 박정진의 철학은 처음부터 해체주의를 해체하면서 탄생한 셈이다. 데리다의 그라마톨로지는 서양철학의 이성중심주의의 원죄가 '빛'과 '소리'에서 비롯된 것처럼 대전제를 하는 가운데 형성되었다. 그렇지만 빛과 소리가 어떻게 이성중심주의의 원죄를 뒤집어써야 한다는 말인가.

빛과 소리는 자연현상으로서 인간이 외부사물을 감각하게 하는 감각기관의 감각소여의 일부일 뿐이다. 빛과 소리는 이성주의의 원인이 아니라 굳이 말하자면 이성주의를 은유하고 있을 뿐이다. 빛과 소리는 인간으로 하여금 눈으로 보고 머리로 생각하게 하고, 귀로 듣고 외부와 공명하는 계기를 제공할 뿐이고, 그것 자체가 이성은 아닌 것이다.

다시 말하면 이성주의는 인간의 정신이 사물존재에 스스로를 투사한 것이라고 볼 수 있다. 인간은 자신이 투사한 것을 다시 잡아오는 것이 이성이라고 하는 것이다. 그래서 인간은 '초월적 주관의 존재'이다. 사실 진정한 의미의 객관이라는 것은 없다. 각자 주관의 합의가 객관이라고 명명된 것일 뿐이다. 존재에 대한 인식은 주관이고, 주관은 곧 관념이다. 이것이 저 유명한 칸트의 '코페르니쿠스적 전환'이라는 것이다.

이러한 사고방식은 대륙의 관념론자의 주장에 선 것 같지만 실은 경험론자라고 해도 감각된 '인상'을 결국 '관념'으로 혹은 이들의 연합으로 볼 수밖에 다른 도리가 없다. 그리고 철학을 하기 위해서는 관념론자이든, 경험론자이든 가정(假定)을 세울 수밖에 없고, 그 가정을 근거로 진리에 접근하는 도리밖에 없다. 진리는 또한 아무리 대단한 것이라고 해도 '문장'이나 '공식'으로 표현될 수밖에 없다.

진정한 객관은 실은 존재(본래존재)일 뿐이다. 우리가 알든 모르든, 자연은 있는 것이고, 설사 생성·변화하는 것일지라도 있는 것이고, 고정불변의 것이 있다면 그것은 더더구나 있는 것이다. 엄밀한 의미에서 존재는 진리 이전의 아프리오리(a priori)이다. "진리는 존재가 아니다." 따라서 어떠한 진리도 오류에 빠질 수밖에 없고, 진리도 끝없이 변하는 것일 수밖에 없다. 왜 그럴까? 존재는 시시각각 생성변화하기 때문이다. 진리(truth) 밖에는 항상 존재(Being)가 있다. 이것을 "본질(essence) 밖에는 실존(existence)이 있다."라고 말하면 좀 더 쉽게 다가올 것이다.

이성주의는 어디서 오는가? 한 마디로 문장에서 온다. 언어가 없고, 문장이 없다면 이성은 없다. 모든 문장이 이성적이지는 않지만 문장이 없다면 이성이 성립되지 않는다. 문장을 구성하려면 언어와 단어와 품사가 필요하고, 종국에는 구문이 성립되어야 한다. 이성 혹은 법칙이란 결국 구문으로 드러난다. 이성주의는 결국 문장과 글쓰기가 전제되어야 한다. 쓰지 않으면 이성은 성립하지 않는다.

이성이 마치 인간의 머릿속에 정보가 저장되어 있으면 성립되는 것처럼 생각하기 쉬운데 문장으로 구성되지 않으면 이성이 아니다. 머릿속의 이성도 실은 문장으로 구성되고 기억된 것을 은연중에 이성이라고 한다. 기억되지 않으면 또한 이성이 아니다. 이성은 크게 기억에 의존하고 있다. 물질조차도 기억이라고 하지 않는가.

쓰여 지고 기억된 것을 이성이라고 한다면 빛과 소리는 이성이 아니다. 데리다가 그의 '말소리중심주의(logophonocentrism)'에서 빛과 소리가 이성이라고 한 것은 되레 기독교의 영향이 큰 것 같다. 빛이 하나님의 말씀으로 은유되고, 자연의 소리가 말씀으로 은유된 것이 기독교성경이다. 이것을 해체한다고 하는 것이 데리다의 기발한, 기상천외의 출발이다. 출발 자체가 기독교문명에서 비롯된 것을 근거삼아서 스스로 서구기독교와 서구철학사의 이성중심주의를 해체한다고 하니 일종의 자가당착이다.

서구의 해체주의는 결코 자연으로 돌아갈 수 없다. 해체주의의 차연(差延)은 결코 자연(自然)이 아니다. 그럼에도 불구하고 데리다와 그를 추종하는 해체주의자들은 문명의 중심주의를 해체하고 '중심-주변'의 논리를 해체하고자 한다. 과연 인간이 인위적으로 어떤 중심이나 기준이나 표준이 없이 살아갈 수 있을까. 어떤 결정론을 수정하고 다른 이론을 제기하는 것은 시대적 변화에 따른 당연한 것이지만 그렇다고 문화의 구성 자체를 근본적으로 해체하고자 하는 것은 마치 민주주의를 실현하기 위해 모든 계급이나 계층을 일시에, 혁명으로 없애고자 하는 공산사회주의와 다를 바 없다.

그래서 해체주의자는 철학과 문명(문화)의 급진적 혁명분자라고 이름 붙일 수밖에 없다. 이는 인간문화에 있어 전통과 현대, 연속과 불연속의 문제를 해결함에 있어 중용이나 중도와 균형을 배제하는 단순논리, 이분법의 논리로 사회자체를 해체하려는 불순한 의도로 간주할 여지를 마련해주는 것이다.

해체는 기존의 질서를 새롭게 하는 방법이다. 그렇다고 해서 해체주의가 되면, 해체 자체가 마치 목적인 것처럼 떠들고 선동하는 것이 되고, 여기에는 어떤 불순한 의도를 의심할 수밖에 없다. 더구나 해체주의라는 것이 건설적인 대안을 마련하는 것도 아니고, 그냥 기존의 것을 부수고 파괴하는 것이라면 새로움이나 혁명을 빙자한 위선이라고 말할 수밖에 없다. 여기에 는 분명 어떤 속임수나 실현이 불가능한 이상(理想)으로 대중을 속이는, 대중영합주의나 무리본능에 호소하는 위장전술이 숨어있을 수 있다. 아니면 적어도 철학자인 체하는 허풍마저 개입할 여지가 있다.

문화라는 것은 본래 사회질서를 지키기 위해 보수성을 가지고 있다. 그러한 문화는 혁명을 수용할 수도 없고, 혁명은 자주 발생할 수 있는 것도 아니다. 그럼에도 불구하고 급진좌파들은 투쟁과 혁명을 일상화하면서 대중(다중)들을 선동하고 혁명이 이루어지면 마치 지상천국이라도 건설되는 것인 양 속이기 일쑤이다. 공산사회주의는 그 대표적인 사례에 속한다. 이러한 사회주의운동이 철학이나 문학에서 일어난다면 여기에는 반드시 속임수가 내재해 있다고 볼 수 있다. 이는 급진적으로 문화권력(文化權力)을 쟁취하려는 속셈 같은 것이 숨어 있다. 여기에서 해제주의는 자유롭지 않다.

철학이 문학이 되는 것은, 심하게는 문학으로 환원되는 것은 어떤 점에서 철학이 말장난, 언어놀이로 그칠 위험이 크다. 이런 위험은 특히 철학을 문학평론쯤으로 생각하는 철학평론가, 혹은 평론가철학자에게 발생하기 쉽다. 오늘날 프랑스철학은 문학철학, 혹은 평론가철학의 함정에 빠지기 쉽다. 해체주의가 프랑스에게 크게 유행하는 것도 이 때문이다. 프랑스철학의 특징을 합리주의로 볼 때 반이성주의의 움직임이 활발한 것은 이해가 간다.

해체주의는 철학의 시공간을 문학의 시공간, 즉 문학적 텍스트로 옮겨왔다고 보면 크게 무리가 없다. 그렇기 때문에 한국의 문학평론가들은 특히 해체주의의 전도사들이다. 그렇지만 해체주의철학은 구성주의철학의 이면(裏面), 그림자일 뿐이다. 해체주의철학은 구성주의철학과 구성주의철학 사이의 과도기의 철학이다.

이 책의 내용은 그동안 내가 써온 책들의 엑기스를 뽑아서 얼기설기

엮은 것이다. 독자의 이해를 도우기 위해서 조금 난삽한 부분을 줄이기 위해 친절하게 부분적으로 설명을 첨가하기도 했지만 큰 줄기를 유지한 것은 물론이다. 그렇지만 이 책을 보다 더 충실하게 이해하기 위해서는 내가 쓴 '철학의 선물 선물의 철학'을 비롯하여 적어도 십여 권의 철학시리즈 15권을 읽어주기 바란다.

〈철학의 선물, 선물의 철학〉(2012, 소나무)
〈소리의 철학, 포노로지〉(2012, 소나무)
〈빛의 철학, 소리철학〉(2013, 소나무)
〈니체야 놀자-초인이 도인을 만났을 때〉(2013년, 소나무)
〈일반성의 철학, 포노로지〉(2014년, 소나무)
〈지구 어머니, 마고〉(2014, 마고북스)
〈니체, 동양에서 완성되다〉(2015년, 소나무)
〈위대한 어머니는 이렇게 말했다〉(2017, 살림)
〈네오샤머니즘(NEO-SHAMANISM)〉(2018, 살림)
〈니체를 넘어서-예수부처, 부처예수〉(2019, 신세림)
〈무예 자체, 신체 자체를 위한 신체적 존재론〉(2020, 살림)
〈서양철학의 종언과 한글철학의 탄생〉(2021, yeondoo)
〈21세기 詩經〉(2023, 신세림)
〈한글로 철학하기〉(2023, 신세림)
〈해체주의를 해체하다〉(2024, 신세림)

나의 철학적 은사인 심원(心遠) 김형효(金炯孝) 선생님이 돌아가신 후 계속해서 철학적 대화를 이어갈 수 있게 친절하게 배려해준 사모님 김정수 선생님에게도 감사를 드린다. 신과 기적이 있다면 만나는 인연 가운데 기운생동(氣運生動)하는 찰나의 정점(頂點)이 함께 할 때이다. 나는 두 분과의 만남에서 그것을 느꼈다. 현재 월례모임을 이끌고 있는 장승구 총무(세명대 교수)를 비롯한 심원철학회 멤버들에게도 도반으로서 든든함을 느낀다. 마지막 교정을 꼼꼼히 보아준 정우영 박사에게도 감사를 드린다.

나의 철학인류학의 여정에서 철학적 대화의 훌륭한 후배동반자가 되어준 조형국 박사(하이데거학회 부회장)에게 특별히 감사의 마음을 전하고 싶다. 참으로 내가 만난 보기 드문 인재였음을 새삼 느끼게 된다. 인생은 항상 누군가에게 배우고, 그 보답으로 또 누군가에게는 가르치게 된다.

박정진 시인후원회회장인 서석완 총장(글로벌 전인격 명상치유센터)을 비롯해서 이번에 초상화를 그려준 이상미 서양화가, 심은숙 메조소프라노, 이혜경 서울시의원, 신순희 울산차인회장, 강호원 전 세계일보 편집국장, 조동열 대아통상대표, 본국무예마스터 임성묵 총재, 김광염 본국무예회장 등 회원여러분에게도 감사를 드린다. 우리시대의 죽림칠현을 추구하는 불한티(弗寒재) 인형(仁兄)들― 이달희 시인, 손병철 철학박사, 김주성 전 교원대총장, 김영원 조각가에게도 우정을 표한다. 이혜숙 대표를 비롯하여 신세림 편집진에게도 감사를 드린다.

끝으로 평생 나의 반려가 되어준 아내 우경옥 님에게도 감사를 드린다. 우연이 필연이 되는 세계에서 힘차게 서로의 생을 이끌어간 상생의 공로를 어디에 비할 데가 있으랴!

2024년 5월 15일 스승의 날에
파주 통일동산 우거(寓居)에서 心中 박 정진

동서양, 닮음과 유사(類似)

어떤 사람에게는 말이 사물(사물존재)이고
유사(類似)는 동일성이 전제된 유사이다.
어떤 사람에게는 사물이 존재(존재사물)이고
닮음조차도 다름이 전제된 같음이다.

말이 먼저일까, 존재가 먼저일까.
존재를 말하면서도 사람들은 서로 다르다.
어떤 사람은 자연에 순응하는 게 도리(道理)이고
어떤 사람은 자연을 정복하는 게 진리(眞理)이다.

신을 믿는 사람, 말을 믿는 사람
도를 믿는 사람, 말을 믿지 않는 사람
다 같은 사람이면서도 이렇게 다르니
아, 원인에 혹은 결과에 치중하는 사람!

세계를 끊어서 분석해야 하는 사람
이해하고 설명해야 하는 사람
세계를 통째로 느껴야 하는 사람
전체로서 함께 살아야 하는 사람

신이 밖에 타자로 있어야 하는 사람
신이 안에 즉자로 있어야 하는 사람
내가 신을 신봉해야 하는 사람
내 안에서 신을 발견하는 사람

⋅⋅⋅⋅⋅⋅01

해체주의를
해체하다

1. 들어가는 말 : 해체, 존재에서 생성으로

나는 심원 김형효 선생님의 마지막 3년을 대담을 하면서 많은 시간을 함께 보냈다. 말년의 그의 삶은 친지라고는 거의 찾아오지 않는 쓸쓸한 삶이었다. 오로지 사모님의 뒷바라지를 받으면서 힘든 나날을 보냈다고 할 수 있다. 자신의 철학적 글쓰기와 삶에 대해 자부심이 없는 것은 아니었지만 간간히 불쑥 회한어린 말을 내뱉곤 했다. "철학이 필요 없어요." 이 말은 나에게 선사(禪師)의 화두(話頭)처럼 들렸다.

나중에 안 사실이지만 선생님은 시쳇말로 '유신(維新) 철학자'라는 족쇄에 갇혀서 고독한 삶을 보냈고, 간간히 불교 관련한 글을 신문 혹은 잡지에 기고하는 것으로 숨을 트는 정도였다고 할 수 있다. 불교에 대한 심취는 그로 하여금 절대고독을 이기는 구원의 손길과도 같았다. 선생님은 간혹 대담하는 중간 중간 "내 인생에 후회는 없어요."라는 말로 스스로를 정리하곤 했다.

선생님의 고독은 대체로 글쓰기(철학하기)를 독려하는 환경으로 작용했고, 그 결과로 철학적으로 무게감 있는 저서 30여권을 후배들에게 남기는 계기가 되었다. 개인적으로는 불행한 시간이라고 할 수도 있겠지만 학계로서는, 후학들에게는 그가 남긴 책들은 이제 선물과도 같은 존재가 되었다.

선생님의 저술들은 하나같이 유명한 누구누구 책의 번역이 아니라 자신이 소화한 내용을 주체적인 글쓰기를 통해 새롭게 드러냈기 때문에 자신의 철학이라고 언표적으로 드러내지는 않았지만 직접간접으로 그것이 언중에 담겨있다고 해도 좋을 것이다. 한국 철학자(철학교수)로서 이러한 글쓰기를 한 사람을 나는 한 사람도 찾아보지 못했다. 간혹 있다고 하더라도 한두 권에 불과한 것이 대부분이었다.

더욱이 선생님의 수많은 저술들은 박사학위논문의 주제로 삼은 가브리엘 마르셀은 물론이고, 하이데거, 데리다, 베르그송, 메를로-퐁티 등 수많은 서양철학자들에 걸쳐있다는 점에서 특이하고 종합적이다. 아울러 한국의 원효, 퇴계, 율곡, 다산의 철학 등에서도 조예를 드러냈다. 동양의 고전들과 성리학과 심학, 노장의 철학을 섭렵한 것은 물론이다. 끝내는 동서철학을 비교함으로써 새로운 종합의 길을 주체적으로 모색하는 한평생을 보냈다고 해도 과언이 아니었다.

선생님은 가브리엘 마르셀의 철학을 전공하여 '가브리엘 마르셀의 구체철학과 여정의 형이상학'으로 박사학위를 받았지만, 마르셀 다음으로 해체철학자로 알려진 자크 데리다(Jacques Derrida)를 매우 좋아했다. 그래서 『데리다의 해체철학』(민음사)라는 책도 냈다. 선생님과 나는 서양철학의 많은 부분에 대해서는 이해와 의견이 맞았고, 맞장구를 치기도 하였지만 데리다에 이르러서는 견해 차이가 좀 심했다고 할 수 있다.

선생님은 벨기에 루뱅대학에서 유학을 했고, 프랑스철학의 풍토와 분위기에서 철학적 지식을 습득한 과정에서 데리다를 좋아했던 것 같다. 선생님은 나중에 고국에 돌아와서 하이데거를 다시 엄밀하게 공부하게 되었고, 데리다가 하이데거의 영향을 크게 받았음을 알아차린 뒤, 간혹 데리다에게 표절의 의심까지 내비쳤지만 해체철학에 대해서는 크게 신뢰하는 입장이었다.

김형효는 데리다의 서양철학사의 위상을 다음과 같이 정리했다. "플라톤적인 철학에 최초로 반기를 든 이는 니체(F. Nietzsche)다. 니체가 반플라톤철학의 할아버지라면, (중략) 니체의 후예를 꼽는다면, 아마도 푸코(M. Foucault)와 데리다일 것이다. 그러나 데리다는 푸코 역시 플라톤철학의 잔설을 완전히 녹인 것을 아니라고 비판하였다."[1)]

---

1) 김형효, 『데리다의 해체철학』(민음사, 1993), 15쪽.

김형효는 이어 '책(livre)'과 '텍스트(le tecxte)'의 의미구분을 요구하면서 "데리다는 의미지향의 어떤 인간적인 요구도 거절한다. 데리다는 의미로 가득 찬 질식할 것 같은 〈세계의 바깥〉으로 탈출을 시도한다. (중략) 의미의 세계가 존재의 세계라면 그 초과의 세계, 벗어난 일탈의 세계는 〈아무 것도 아닌〉세계이다. 아무 것도 아닌 세계이기에 그것은 의미들이 충일한 〈현존 la présence〉의 전체적인 체계성에 비추어보면 〈순수한 부재 l'absence pure〉에 불과하다."라고 데리다의 입장을 거듭 설명한다.

여기서 '순수한 부재'는 그 말에서 풍기는 것으로 보면 칸트의 '순수이성'과 반대인 것 같지만 실은 '순수'라는 말을 사용함으로써 또 다른 절대성(자기동일성)을 드러내는 여반장(如反掌)인 것이다. 순수이성이 '현존'의 편에 있다면 순수부재는 '부재'의 편에 있다고 보여 질 수밖에 없고, 따라서 이들은 현상학적으로 반대편에 있는 것 같지만 같은 현상학의 차원인 것이다. 어쩌면 하이데거의 존재론을 현상학의 차원에 옮겨놓고 논리전개를 한 것에 불과하다. 이는 물론 프랑스 합리주의적 전통에 충실한 텍스트철학의 현상학이다.

김형효는 데리다의 '책의 의미규정'을 소개하고 있다.[2]

1. 책은 영혼의 대화이거나 영혼의 변증법이어야 한다.
2. 책은 진리를 담고 있는 것이기에 참과 거짓을 결정할 수 있어야 한다.
3. 책에는 저자가 있다. 따라서 책의 진위를 결정하는 가치는 책 안에 있다기보다 저자의 자기영혼과의 대화, 자기 진술의 가치에 의하여 결정될 뿐이다. 책은 저자의 영혼 깊은 곳에서 스스로 말하는 진술의 외형적 표지일 뿐이다.

---

2) 김형효, 같은 책, 19쪽

4. 그러므로 책은 영혼의 영상이거나 초상이다. 책은 영혼을 모방한
   다.

데리다는 '책'과 '텍스트'의 구별을 요구하면서 자신의 해체주의철학
을 전개하고 있다. 물론 책은 시작과 끝이 있다. 또 한 권의 책이 써지기
까지 저자의 영혼이 있고, 영혼을 드러내는 것이 맞다. 여기서 '영혼'은
'절대성'을 의미한다. 이때의 영혼과 절대성은 신 혹은 세계전체와 마찬
가지로 무제약적이다.

한 권의 책이 저자의 영혼의 모방이지만 저자의 뜻대로 절대적인 책이
되는 경우는 거의 없다. 더욱이 바이블조차도 절대적이 될 수는 없다. 인
류의 각 종교는 저마다 바이블이 있기 때문이다. 저자에게는 절대적이지
만 세상에서는 다른 저자와 다른 책을 기다리지 않을 수 없다. 그렇다고
저자에게 영혼과 절대성을 포기하라고 할 수 없다. 그래서 절대-상대성
은 동거하고 있다.

한권의 책과 저자에게는 영혼과 절대성의 가치와 의미를 지니지만 세
상에서는, 즉 책의 밖에서는 그것을 지니기 어려울 뿐만 아니라 그것이
강요되어서도 안 된다. 책과 영혼은 절대적이지만 동시에 상대적이다.
책은 수많은 사람들의 텍스트의 연속 중에 하나이다. 나에게는 절대적이
지만 바로 그 절대성으로 인해 남에게는 상대적이다. 여기서는 절대적이
지만 저기서는 상대적이 되는 것을 피할 수 없다. 절대와 상대는 안팎관
계에 불과하다. 선후관계, 상하관계, 좌우관계, 그리고 안팎관계는 모두
절대-상대적이고 관계적이다. 이 같은 관계성은 구성과 해체에서도 그
대로 적용될 수 있다.

나도 서양철학사에서 데리다의 해체철학이 차지하는 비중과 함께 사
적(史的) 의미가 있다는 데에는 동의하지만 어디까지나 해체철학이라는
것은 다른 구성철학이 나오기까지 과도기적인 철학이라는 데에 비중을

두는 편이다. 또 구성철학이 없다면, 텍스트가 없다면 텍스트 밖의 공백, 즉 자간(字間), 행간(行間)도 없다는 입장이다. 책과 텍스트는 구분할 필요가 없다. 책과 텍스트를 구분한다는 자체가 매우 작위적이고, 해체주의의 출발의 모순점을 드러내기에 충분하다.

김형효는 철학을 크게 구분하면서 '구성적 사유와 해체적 사유' 혹은 '구성주의철학과 해체주의철학'이 있다고 말한다.[3]

"구성주의(constructionism)는 자연을 인간 쪽으로 흡수하면서 구성하는 자연의 인간동형론(anthropomorphism)의 사유를 중시하는 경향을 나타내고 있는데 비해, 해체주의(deconstructionism)는 인간을 자연 속으로 산화시키면서 해체하는 인간의 자연동형론(physiomorphism)의 사유를 가까이 하는 성향을 일반적으로 가지고 있다."[4]

그러나 이에 대해 나는 해체주의철학은 구성철학의 이면에 불과하다고 말하면서 철학에는 '보편성의 철학(구성적 철학과 해체적 철학)과 일반성의 철학(존재론철학)'이 있다고 말한바 있다.[5]

"일반성의 철학은 해체적 철학조차 보편성의 철학 범주에 넣는다. 그래서 일반성의 철학은 해체주의조차 해체하는 철학이다. 구성적 철학과 해체적 철학은 흔히 반대되는 것 같지만 해체에는 반드시 구성의 흔적이 있다. 하이데거의 존재론과 데리다의 문자학이 서양철학의 '존재'와 '문자'라는 말의 의미를 종래와 다르게 반전(反轉)시킬지라도 그 말을 버리지 못하는 이유이다."[6]

그 내용을 표로 정리하면 다음과 같다.[7]

---

3) 김형효, 『물학, 심학, 실학』(청계, 2003), 447~456쪽.
4) 김형효, 같은 책, 449쪽.
5) 박정진, 『일반성의 철학과 포노로지』(소나무, 2014), 35~36쪽.
6) 박정진, 같은 책, 35쪽.
7) 박정진, 같은 책, 36쪽.

20 ... 해체주의를 해체하다

〈보편성의 철학과 일반성의 철학〉

보편성의 철학 (제도적 존재자) 爲政의 철학	구성적 철학 (사물에 대한 객관적 관찰)	서양의 理性중심철학 (唯心論, 唯物論 등)	칸트철학, 성리학 자연과학, 윤리학
	해체적 철학 (의식에 대한 상호주관성)	文字學, 心學, 物學 理氣철학	해체철학(존재자- 존재자의 왕래)
일반성의 철학 (자연적 존재) 未來의 철학	일반성의 철학 (心物存在에 대한 관심)	소리철학, 자연철학 氣철학, 心物一元論	존재론(존재-존재 자의 숨바꼭질)

이 글은 이러한 선행연구의 연장선상에서 쓰인 글이다. 아시다시피 해체주의(Deconstructionism, le déconstructionisme)는 주로 프랑스 철학자 자크 데리다에 의해 개발된 철학개념 혹은 철학사조로서, 20세기 후반의 서양철학사에서 중요한 영향을 미쳤다.

데리다의 주저인 그라마톨로지(Grammatology)는 루소(Jean-Jacques Rousseau)의 자연주의에 기초한 여러 성과들을 공격하고 있다. 요컨대 루소의 음성언어에 문자언어의 대리보충적 성격에 대한 지적을 비롯하여 인간불평등기원론, 에밀 등 전반적인 인류학적 안목의 성과를 비판하고 있다.

데리다는 또한 클로드 레비스트로스(Claude Levi-Strauss)의 이원적 대립항(binary opposition)을 비롯한 구조주의(structuralism)의 합리주의, 그리고 종래 서양철학의 합리주의전통의 형이상학(metaphysics)에 대한 전면부정에서 출발하고 있다.

해체주의는 기존의 철학적 개념이나 텍스트의 이중성, 모호성 등을 강조하며, 언어와 의미의 불확실성에 주목한다. 데리다는 언어가 의미의 안정성을 갖고 있지 않으며, 의미는 항상 이중성과 모호성을 내포하고 있다고 주장했다. 이중성과 모호성은 상호가역성을 인정하는 것이다. 종래 서양철학이 계속해서 동일성의 모순에 빠지고 다시 그 모순을 벗어나기 위해 몸부림친다면 해체주의철학은 처음부터 이중성에서 출발한다고 볼 수 있다. 데리다는 언어나 텍스트의 '중심'이라는 개념을 해체하고, '주변'에 여러 다양한 의미의 가능성을 열어두는 입장이다.

해체주의는 기존의 철학적 이론이나 텍스트를 분해하고, 각 부분이 상호 작용하면서 의미를 형성한다고 주장한다. 이는 전통적인 철학이나 문학에 대한 단일하고 안정된 의미의 탐구를 문제 삼은 입장에 있다. 특히 데리다는 중심/주축(center)의 부재(absence), 혹은 현존(presence)의 부재를 강조함으로써 언어체계나 철학적 체계의 안정성에 대한 의문을 제기했다. 해체주의는 주로 텍스트에 대한 이론으로 시작했지만, 이후에는 문학, 문화, 정치 등 다양한 분야에 영향을 미치면서 확장되었다. 그러나 해체주의는 그 자체로 정의하기 어려운 추상적이고 복잡한 개념이며, 다양한 해석이 가능한 이론이기 때문에 많은 논란과 다양한 해석을 불러일으켰다.

철학의 방법론으로서의 해체(destruction)를 처음 주장한 철학자는 독일철학자 하이데거이다. 그런데 그 해체를 해체주의(Deconstructionism)로 목적화한 것은, 마치 목적으로 전용한 것 같은 태도를 취한 철학자는 데리다이다. 프랑스철학은 왜 해체를 좋아하고, 목적화했던 것일까. 결국 해체가 철학의 목적이 될 수 없음에도 마치 목적(최종목적)인 것처럼 떠들썩한 것은 무슨 까닭인가. 아마도 이는 프랑스의 문학철학적 전통에 기인한 것 같다.

해체는 해체주의가 있기 전에도 서양철학사에서 끊임없이 있어왔다. 그런 점에서 해체주의는 새로운 것인 양 속임수를 쓰는 것이고, 일종의 철학적 거드름을 피우는 것이거나 여반장의 말놀이를 하는 것에 비할 수 있다. 모든 '이즘(-ism)'이나 이념(理念)은 항상 어떤 것을 이상화함으로써 방향을 잡는 데는 유효하지만 이념은 이미 신(神)이다. 더욱이 그것이 결정론적 성향을 가질 때는 역으로 해악을 끼치는 경우가 많다. 해체주의도 말은 해체이지만 도리어 결정론적 지배이데올로기로 돌변할 수도 있다. 공산사회주의의 계급투쟁은 그 대표적인 것으로 전체주의를 불러왔다.

해체주의는 많은 문제점에도 불구하고 동일성과 결정론과 진리에 익숙한 서양철학의 주류전통에 대해 저항한 철학으로서 서양철학사에서 의미를 가질 뿐만 아니라 해체주의적 관점에서 동양사상, 예컨대 불교철학과 노장철학과 통하는 측면이 의외로 많다. 이를 두고 서양철학이 막다른 골목에서 동양철학과 사상을 벤치마킹해서 자신들의 철학적 전통 위에서 새롭게 정립한 것이 해체주의라고 말할 수 있다.

서양철학은 출발부터가 '존재의 철학'이다. 이것이 나중에 하이데거에 의해 '존재자의 철학'으로 판명 났지만 크게는 '존재(Being)의 철학'이라고 말할 수 있다. 그런데 마치 해체주의자들이 생성(becoming)의 철학을 하는 것처럼 선전을 하고 수사학을 전개하고, 말장난을 하지만 그것은 일종의 철학적 자기배반, 철학적 속임수, 사기에 해당한다. 그들은 결정론을 숨기고 있다는 점에서 마르크시즘과 같다. 계급투쟁(계급해체) 대신에 문화해체(구성해체)를 들고 나온 자기기만이다.

해체주의자들의 생성과 차이는 실은 '동일성의 차이'에 불과한 것이다. 그들이 즐겨 다루고 있는 개념인 힘(권력)이나 유물, 기계는 그러한 속내를 잘 드러내주고 있다. 차이는 인간이 인위적으로 만든 것이 아니라 본래부터 있는 자연의 '다름'인 것이다. 그럼에도 불구하고 그들이 동일성을 은폐하고 있으니까 생성의 철학인줄 알게 되고, 심지어 동양의 중진철학자들도 그들의 말을 곧이곧대로 들으면서 속고 있는 경우가 많다. '해체'가 아닌 '해체주의'는 또 하나의 결정론이다. 차이(差異)와 연장(延長)으로서의 차연(差延)은 자연(自然)이 아니다.

문학평론가 진형준(전 홍익대교수)은 해체주의자들에 대해 "마치 농담을 한 마디도 못하는 친구가 유머에 대한 방대한 책을 써놓고 자랑하는 꼴이다."라고 한마디로 일축한다. 서양철학자들에게 생성은 없다. 존재를 생성으로 해석하는 척할 뿐이다. 바로 생성을 존재로 해석한 철학이 존재론이다. 하이데거의 존재론은 종래의 존재론이 아니라 '생성론적 존재론'으로 이해하지 않으면 결국 오해하게 된다.

2. 해체주의는 음양론의 서양철학적 변형

해체론의 중심에는 항상 해체불가능한 것이 있다. 여기서 해체불가능이라는 것은 매우 새로운 용어 같지만 실은 근대의 상징인 개인(Individual) 혹은 원자(Atom)도 실은 해체불가능한 어떤 것을 의미한다. 이는 또한 데카르트의 코기토(cogito)와 같은 것이다. 해체불가능한 것은 고정불변의 것을 해체론의 입장에서 되풀이한 것이다.

데리다는 해체불가능한 것을 '차연(差延, différance)'이라고 명명했다. '차연'은 '차이(差異)'와 '연장(延長)'을 의미하는 복합어인데 그 뜻은 '상관적 차이'(relational difference) 혹은 '변별적 관계'(differential relation)이다. 이 '차연'이라는 말은 데리다가 하이데거에서 가져온 말이다. 가장 중요한 개념인 차연을 하이데거에서 빌려왔다면 데리다의 다른 용어들도 다른 철학자에게 가져온 것이라는 사실은 물어볼 것도 없다. 그래서 그는 처음부터 철학평론가였다.

남의 철학적 용어를 자신의 의미로 살짝 변조하거나 역으로 용어의 원소유자를 공격하는 용어로 사용하는 등 평론가적 장광설 혹은 현란함을 보인다. 데리다의 철학적 용어 중에서 그가 오리지널을 가진 것은 없다. 단지 특유의 평론가적 자세로 이 사람의 것으로 저 사람의 것을 비판하고, 저 사람의 것으로 이 사람을 비판하는 양상을 보인다.

하이데거가 동양사상과 선불교에 영향을 받아서 서양철학적 문맥에서 새로운 용어를 창출했다면 데리다는 하이데거를 비롯해서 루소, 레비스트로스, 그리고 그의 철학적 멘토인 니체 등에서 용어를 차용하거나 아이디어를 가져간 인물이다. 여기에 대해서는 나는 '소리철학(phonology)'을 전개할 때 이미 비판한 바 있다.[8]

나는 하이데거의 존재론이 불교 혹은 천부경의 천지인사상의 서양철학적 수용이거나 변형이라고 말한 적이 있다.[9] 마찬가지로 데리다의 해체주의도 동양철학의 음양론 혹은 노장철학의 무위자연(無爲自然)사상의 서양철학적 수용이거나 변형이라고 말했다.[10]

데리다가 젓가락운동, 새 날개운동의 춤 등 양가성이나 동거성을 비유하는 용어들은 것은 실은 동양의 음양사상을 변용한 것에 불과하다는 생각이 든다. 플라톤이 그리스신화에서 빌려온 개념인 코라(khora) 혹은 파르마콘(pharmakon)은 양가성을 드러내는 개념으로서 신화적 기억에 속하는 것이지만 동양의 음양사상만큼 그것의 상보성(相補性)을 통해 사물의 비실체성을 체계화한 사상은 지상에 없다.

데리다의 철학적 용어 중 특히 '파르마콘'이 '코라(어머니, 자궁)'에서 태어난 일란성 쌍둥이라고 말하는 것 등은 동양의 음(陰)사상에서 크게

---

8) 박정진, 『소리의 철학, 포노로지』(소나무, 2012), 16~68쪽.

9) 박정진, 「존재론의 미래로서의 네오샤머니즘」 한국하이데거학회(59차)와 한국해석학회(119차)가 공동으로 주최한 2017년 한국현대유럽철학회 하계학술발표회(중앙대학교, 7월 14일)에서 발표함. 이 논문은 박정진, 『네오샤머니즘』(살림, 2018), 제 1, 2, 3장에 나누어 게재되어 있다.

10) 박정진, 『철학의 선물, 선물의 철학』(소나무, 2012), 788~931쪽. 「데리다의 해체철학을 해체하다」: 박정진, 『일반성의 철학과 포노로지』(소나무, 2014), 513~539쪽. 「동양의 음양철학은 번안한 사양의 해체철학들」 참조.

영향 입은 것으로 보인다. 데리다의 '어머니'는 모든 선악(善惡)과 생사(生死)와 약독(藥毒)을 초월해 있다. 심지어 데리다의 코라는 불교의 공(空)사상에서 영향을 받았음을 곳곳에서 확인할 수 있다.

　데리다의 해체철학의 용어들은 모두 서양철학을 있게 한 근본바탕인 이원대립의 세계관, 절대적 진리관, 동일성의 철학, 남성중심 철학을 넘어서려는 태도를 보인다. 그런데 이들 양가성 혹은 동거성의 개념들은 구성철학의 해체라고 보기보다는 생성변화하는 자연의 움직임 그 자체라고 말할 수 있다. 자연은 해체하고 말고 할 그러한 성질의 것이 아니다. 해체철학이라는 용어 자체가 구성철학을 크게 의식한 반사적 개념에 불과하다. 자연은 구성과 해체가 한 묶음(구성-해체)인 것의 다른 언덕 혹은 저편에 있다.

　근대 서양철학과 문명은 과학과 수학, 그리고 산업화와 민주화를 제외하고는 대체로 동양 혹은 제 3세계에서 아이디어를 빌려온 경우가 많다. 단지 그들은 그랬다고 말하지 않을 뿐이다. 이러한 현상을 종합적으로 오리엔탈리즘(orientalism)이라고 말할 수 있다. 오리엔탈리즘은 서양문명의 뿌리가 오리엔트, 즉 근동이라는 것을 스스로 부정하려는 집단무의식에서 비롯된 것이다. 성공한 사람은 자신의 뿌리가 들어나는 것을 두려워하는 심리가 있다. 그래서 서양문명은 그리스-로마의 전통을 지나치게 칭송하는 것이다.

　서양철학자들의 장점은 아이디어를 비록 동양이나 제 3세계에서 가져왔다고 하더라도 다시 자신의 문화적 맥락에서 그 뿌리를 찾아 연결시킨다는 점이다. 이렇게 하면 비록 다른 문화에서 아이디어를 가지고 왔더라도 그러한 사실을 고백하지 않아도 될 뿐만 아니라 아이디어를 완전히 소화해서 자신의 것으로 만들었기 때문에 자유로운 현대적 변용— 개념의 창조와 말놀이—도 가능하고 시대적 요구에 부응하는데 유리하다. 이러한 철학적 자세와 문화운용의 자세가 바로 주체적인 철학하기의 결실이며 면모라고 할 수 있다.

비서구권 사람들은 자신이 금은보화를 가지고 있어도 그것이 보화인 줄 모르고 있기 일쑤이다. 역설적으로 비서구인들은 서구인들의 해석을 통해 그들의 문화를 이해하거나 문제의식을 느끼는 모방적 수준을 벗어나지 못하고 있다. 비서구인들은 서양문화를 이해한 뒤 다시 자신들의 문화전통과 창조적 융합을 할 수 있어야 미래인류문화를 선도하는 동인자(mover)가 될 수 있다. 단적으로 말하면 자생철학을 구축할 수 있어야 선진국이 될 수 있다. 자신의 철학이 없는 나라가 선진국이 된 예는 없다.

나는 칸트의 도덕철학도 동양의 성리학의 수용이거나 변형일 가능성이 다분함을 지적한 바 있다.[11] 서양은 과학과 수학을 앞세워 근대문명을 주도하면서 세계를 지배했지만 그것에 필연적으로 요구되는 도덕적 요구에 부응하기 위해서 스피노자의 윤리학, 즉 에티카(ethica)와 칸트의 도덕철학과 동반적으로 생산해냈다. 이는 자연을 이용하면서도 동시에 집단생활을 하지 않을 수 없는 인간이 집단내의 질서유지와 권력체계를 위해 도덕을 필요로 하기 때문이라고 말할 수 있다.

인간이 사회적 동물이라는 것은 친구(friend)와 적(enemy)을 만든다는 의미이다. 친구와 적을 만든다는 것은 경쟁 혹은 갈등을 통해 전쟁을 일으킨다는 의미이다. 전쟁을 하는 인간은 살의(殺意)를 품고, 살인(殺人)을 할 수 있다는 의미로 통한다. 살인이 자기로 향할 경우 자살(自殺)이 된다. 자살은 자기를 대상으로 하는 자기타살을 의미한다. 인간은 결국 남을 살인하고, 자살을 할 수 있는, '살인을 하는 동물'이라는 의미이다. 이러한 살인을 막기 위해 도덕과 함께 자존심과 정체성을 강화하는 훈련(교육)이 필요하다.

---

11) 박정진, 「서양철학에 영향 미친 성리학과 도학(道學)」: 한국동서철학회 주최『동양은 어떻게 서양을 계몽하였는가?- 오리엔탈리즘에 대한 재성찰과 평가』를 주제로 한 춘계학술대회(한국외국어대학 교수회관, 2018년 6월 2일)에서 기조강연을 함.

과학이 영어로 'science(과학)'라면 도덕은 'conscience(양심)'이다. 우리는 도덕을 흔히 양심(良心)이라고 부른다. 'con-'이라는 접두어는 어떤 것에 대응하는 의미와 병행하는 의미가 있다. 자연을 도구로 이용하여야 하는 인간은 이에 대응하여 자신의 마음 혹은 정신을 동시에 잡는 것을 통해 심리적으로 균형을 유지해야 하는 존재이다. 인간은 심물일체(心物一體)의 존재이지만 역사적으로는 끊임없이 심물합일(心物合一)을 달성해야하는 변증법적 존재이다. 심물일체는 존재론적인 차원이고, 심물합일은 역사·현상학적인 차원이다.

과학기술과 도덕양심은 인류문명을 구성하고 운영하는 두 축이라고 말할 수 있다. 이렇게 볼 때 성리학으로 윤리학의 완성을 이루고 그것에 바탕에서 고도의 문명을 이끌어간 동양은 비록 근대에 이르러 과학문명을 달성하면서 새로운 강자로 등장한 힘-권력의 서양문명에 식민지를 당하거나 여러 형태로 종속되는 역사적 사태에 직면하게 되었다. 그렇지만 후기근대에 이른 서양의 과학문명이 이룬 물리적 세계관이 여러 점에서 한계를 드러낸 지금, 동양의 성리학은 다시 조명을 받을 수밖에 없다. 물론 이때의 성리학은 과학문명을 수용하면서 극복한 새로운 모습의 성리학일 것이다.

아시다시피 성리학은 동양의 불교와 도교·노장철학을 바탕으로 남송(南宋) 말기에 주자(朱子, 1130~1200)가 종래 유학을 새롭게 해석한 신유학(neo-confucianism)이다. 주자학은 북송대의 철학자인 장재(張載), 주돈이(周敦頤), 소옹(邵雍), 정호(程顥), 정이(程頤)의 업적을 발판으로 주자가 집대성한 철학이다. 아마도 동양 윤리학의 표상이라고 해도 과언이 아니다.

나는 칸트의 도덕철학이 성리학에 크게 영향 받은 철학일 가능성이 높음을 발표한 적이 있다. 그리고 하이데거의 존재론에서 나오는 사중물(Geviert)은 한민족의 최고(最古, 最高) 경전인 천부경(天符經)의 천지인

사상을 서양의 기독교와 철학의 전통에서 새롭게 해석한 것으로 보인다고 주장한 적이 있다.[12]

데리다의 해체주의에 대해서는 나의 주저 가운데 하나인 『소리의 철학, 포노로지』(소나무, 2012)를 비롯한 여러 논문과 글에서 견해를 표명한 바 있다.[13] 요컨대 해체주의는 새로운 구성철학의 탄생 이전 과도기에 발생한 일시적인 조류에 불과한 것이라는 것이다. 아니면 마르크스의 계급투쟁처럼 이상론에 그치거나 반대를 위한 반대를 하는 무정부주의적 태도로 볼 여지가 곳곳에서 노출되고 있다. 마르크시즘과 해체주의는 공통적으로 아나키즘(anarchism)에 빠질 우려가 다분히 있다. 마르크시즘은 중세봉건주의를 비판하면서 중세로 역행하는 자기모순적인 이데올로기이다. 계급투쟁을 통해 주인이 되어야 한다고 노예들을 선동하면서도 실지로 농민노동자집단을 노예로 만드는 노예주의자 이데올로기이며, 무신론적 종교이다.

역사적 경험으로 볼 때 공산사회주의는 사회전체주의로 둔갑하였고, 공산당 귀족을 생산해낸 공염불에 불과한 것이 되었다. 공산사회주의자들은 말로는(머리로는, 이론적으로는) 평등을 주장하지만 그들이야말로 가장 급진적으로 권력을 찬탈하고자 하는 위선적 권력욕의 사람들이다. 이는 공산사회주의가 중세의 봉건귀족주의보다 못한, 인간의 자유를 구속하는 정치체제로 그 정체를 드러냈으며, 그들의 과학주의는 도리어 인간을 전체주의의 부속물로 취급하는 최악의 전체주의독재정치로 돌변하였음을 눈앞에서 보게 하고 있다.

공산사회주의는 비판을 좋아하는 지식인이 빠질 수밖에 없는 철학적 자폐증이고, 민중이 빠질 수밖에 없는 무신론의 종교이고, 종합적으로 철학적 죽음이라고 말할 수밖에 없다. 우리는 여기서 아주 간단명료한

---

12) 박정진, 『평화는 동방으로부터』(행복한에너지, 2016), 126~127쪽.
13) 박정진, 『무예 자체, 신체 자체를 위한 신체적 존재론』(살림, 2020), 116~138쪽.

교훈 및 명제를 끌어낼 수 있다.

1. 계급이 없는 인간사회는 있을 수 없다.
2. 인간의 문화는 자연에 인간이 의미부여한 것이고, 어떤 형태이든 언어(사회적 언어)로 구성된 것이다.
3. 공산사회주의와 해체주의는 전체주의가 되거나 무정부주의가 될 위험요소가 많다.
4. 근대자유자본주의가 자본가귀족을 만들어냈다면 공산사회주의는 공산당귀족을 만들어냈다.

공산사회주의의 계급투쟁과 해체주의는 닮은 데가 많다. 계급투쟁은 계급해체라고 말할 수 있고, 해체주의는 문화해체라고 말할 수 있다. 해체주의는 최악의 경우, 아무런 대안도 없이 기존의 것을 파괴하는 파괴주의가 될 수도 있다.

인간사회는 비록 법을 위반할지라도 법이 필요하며, 시대에 맞지 않는 법은 개선할지라도 법이 필요한 것이다. 이는 고대사회의 금기(禁忌)가 마치 깨어지기 위해서 존재하는 것과 같다. 인간의 욕망과 문화는 서로 가역왕래하면서 서로의 입장을 견지할 수밖에 없는, 양가적인 입장을 벗어날 수 없다. 이는 자연의 본능에 따라 살아가는 인간이 아닌, 문화를 가지고 살아가야하는 인간존재의 숙명과도 같은 것이다. 문화와 제도는 무시할 때 무시하더라도, 범할 때 범하더라도, 바꿀 때 바꾸더라도 있어야 하는 것이다. 자연과 문화는 급진적으로 혹은 극단적으로 어느 하나에 치중하면 반드시 불상사를 일으키게 되어있다. 그래서 항상 균형조절이 필요한 것이다.

공산사회주의와 해체주의는 급진·극단적으로 몰고 가면 사회적 혼란과 함께 무질서 혹은 전쟁이라는 값비싼 대가를 치르지 않을 수 없게 됨을 피할 수 없게 된다. 지금에 와서 하이데거의 존재론이나 데리다의 해체주의를 반성해보면 결국 서양철학이 자연의 '생성'을 '존재'로 설명하는 과정에서 빚어진, 혹은 자연의 자연스런 다름 혹은 닮음을 동일성으로 강요함에 따른 것이라고 말할 수 있다. 여기에 절대주의는 그 핵심이다. 요컨대 서양의 기독교문명이 '유일신'을 전제함으로써, 혹은 서양과학이 동일성(합리성, 결정성, 진리)을 절대적으로 몰아감에 따라 빚어진 철학적 사태 혹은 사건으로 보인다.

해체주의는 남성적인 동일성에 저항함으로써 여성성을 강조하기는 하지만 마치 잘못된 여성성, 질투하는 여성성, 요컨대 민주주의를 시민민주주의가 아닌 인민민주주의(인민성, 민중성)로 이해하는 마르크시즘과 같다. 민주주의에 자유민주주의와 사회민주주의가 있다는 것은 민주주의가 주인과 노예의 이중주임을 말해준다.

3. 존재(Being)와 생성(becoming), 그리고 변증법

동양의 음양론과 도학, 그리고 불교는 존재론의 정수를 일찍이 보여준 문명의 본보기이다. 이에 비해 서양철학과 기독교, 그리고 과학은 현상학의 본보기이다. 현상학은 표상 혹은 의미를 찾는 철학이다. 현상학은 궁극적으로 유심과 유물, 유신과 무신, 현상학과 존재론의 왕래(往來)와 반전(反轉), 변증법(辨證法)을 벗어날 수 없는 상황에 처해 있다. 이것은 헤겔과 마르크스, 후설과 하이데거, 쇼펜하우어와 니체에서도 드러났다.

프리드리히 헤겔((Friedrich Hegel)은 신학을 철학(인간학)으로 해석함으로써 철학을 신학으로 완성했다고 할 수도 있지만 거꾸로 절대지(絶

對知)에 의해 인간을 신으로 격상시킴으로써 신을 해체했다고도 볼 수 있다. 그래서 그의 제자인 카를 마르크스(Karl Marx)가 생겨났다고 할 수도 있다. 흔히 헤겔은 신을 인정한 까닭에 본질주의자라고 말하기도 하지만 동시에 그는 신을 해체함으로써 비본질주의자의 측면을 가지고 있다. 헤겔은 어떤 점에서 본질주의와 비본질주의, 신학과 인간학을 왕래함으로써 양자 사이의 경계에서 반전할 수 있도록 길을 연 인물이라고 말할 수 있다.

헤겔의 변증법은 항상 반(反)운동을 통해 기존의 것을 해체해왔다. 그렇다면 헤겔의 정(正), 혹은 최초의 정(正)은 무엇일까. 이것은 신(神)과 같은 지위에 있는 것인가. 철학을 위해서 정(正)이 필요했다면 이는 종교의 신(神)과 같은 것이라 생각해 볼 수 있다. 이때의 '정' 혹은 '신'은 논리적으로 말하면 동일성이다. 문제는 그 '정'이라는 것이 계속해서 무엇을 지양(止揚)하거나 지향(志向)해서 나아가야 한다는 점이다. 계속해서 나아간다면 결국 하나의 원과 같은 우주에서 변증법의 선적인 발전은 제자리로 돌아올 수밖에 없다.

절대정신의 완성인 절대지는 마치 신처럼 제자리에 돌아와 있는 것이 될 수밖에 없는 것이 된다. 이는 천지창조를 한 신이 창조와 동시에 종말에도 책임을 지지 않을 수 없는 것과 같은 이치이다. 이것이 시작과 끝, 알파요 오메가가 함께 있는 이유가 된다. 이것은 직선적인 사관 같지만 실은 시작과 끝이 하나가 됨으로써 결국 순환적·원적인 세계관이라고 할 수 있다. 변증법도 정반합(正反合)이라고 함으로써 직선적인 세계관인 것 같지만 합(合)이 정(正)이 되기 때문에 결국 순환적·원적인 세계관이다. 그런데 원이 되면 시작과 끝이 없다. 그렇다면 시작이며 끝이라는 것은 나의 임의대로 원을 끊어서 그렇게 말하는 것일 뿐이다.

이렇게 보면 직선적인 사관이나 세계관이라고 하는 것도 따지고 보면 순환적·원적인 세계관이라고 할 수 있다. 결국 유시유종(有始有終)은 무시무종(無始無終)의 한 단락일 수밖에 없고, 어느 입장에서 우주와 세계를 생각하느냐에 따라 다른 전개를 보이지만 결국 하나임을 피할 수 없게 된다. 유시유종과 무시무종이 하나의 원(궤도)에 있는 것은 마찬가지이다. 자아와 타자도 하나의 원에 있는 것이다. 자아와 타자는 대립하는 것이 아니라 역동적인 동심원의 확대축소에 불과하기 때문이다. 따라서 자리이타(自利利他)는 역동적인 하나이다.

동일성과 차이의 논쟁은 겉으로는 요란한 것 같지만 실은 같은 내용을 다르게 표현한 일종의 말놀이에 불과한 것이 된다. 세계를 '동일성-차이성-동일성'으로 보느냐, 아니면 '차이성-동일성-차이성'으로 보느냐의 문제이다. 철학은 실은 자연의 생성·변화(차이성)에서 동일성을 찾기 위한 인간의 노력이라고 할 수 있다는 점에서 차이성에서 출발한 것이라고 할 수 있다.

서양후기근대의 해체주의철학은 차이성에서 출발한 철학의 아프리오리(a priori)를 환기시키고, 그것으로 돌아간 운동에 불과한 것이다. 그러나 "해체주의의 차연(差延)은 결국 자연(自然)이 될 수 없다."(박정진) 차연이라는 말에는 이미 본질로서의 동일성이 전제되어 있고, 그것의 계속적인 지향으로서 연장되고 지연되는 것으로서의 '차연'이 있을 뿐이다. 그래서 차연은 '차연의 변증법'의 다른 말이다.

차연은 계속해서 연장되고 지향되어 나아가기 때문에 밖으로 나아가는 것 같고, 변증법은 앞의 테제를 안티하면서 분석하고 해체하기 때문에 안으로 들어가는 것 같지만 모든 글쓰기는 실은 의식의 안과 밖을 왕래하면서 쓰는 것이다. 글쓰기(inscription)는 의식의 안에서 쓰는 것이지만 실은 밖의 세상에서 보지 못하면 안에서 쓰지 못하는 것이다. 영감(inspiration)이라는 것도 안에서 일어나는 것 같지만 밖에서 들어오는 것이다. 영감을 받았다고 하는 이유가 무엇인가. 차연은 변증법을 살짝 밖에서 본 것에, 밖으로 옮겨놓은 것에 불과하다.

헤겔의 변증법은 비록 절대지를 통해 관념론의 완성으로 불리지만 정신현상학의 대상 혹은 목적은 결코 완성될 수 없다는 것이 서양철학사에서 드러나고 있다. 현상학의 대상 혹은 목적(이것을 대상목적, 대상-목적이라고 할 수 있다)은 항상 목적이 달성되는 순간, 다른 대상 혹은 목적이 나타나서 다시 연장된다는 점에서 말로는 완성이라고 할지라도 결코 완성되는 것이 아니다.

주체와 대상의 이분법에서 출발하는 현상학에서 대상목적이 계속되는 것은 게임(game)을 연상시키게 한다. 더욱이 철학이 언어로 구성된 텍스트의 문제라면 철학은 언어게임이 되는 셈이다. 게임은 승부가 목적이지만 그 승부는 계속 반복되는 특성을 지니고 있다. 한 게임만 있는 게임은 게임으로서의 의미가 없다. 게임은 승부가 결정되지만 동시에 그 게임은 곧 잊혀지고, 흔적으로 남을 뿐이다. 게임의 입장에서 보면 철학은 언어게임, 언어놀이일 수 있다. 철학에서 영원한 의미는 없고, 의미는 무의미가 됨을 피할 수 없다. 의미가 무의미가 되는 것이 해체이다. 삶이 의미라면 죽음은 무의미가 된다. 의미와 무의미는 처음부터 양가적이다.

헤겔이 비록 신학적 철학(철학적 신학)으로 관념론의 완성을 호언장담했지만 그것은 이미 차연(시간적 지연과 공간적 연장)을 실천적으로 보여주었다. 변증법의 반(反)은 이미 차연(差延)이다. 변증법과 차연은 끝없이 계속된다는 점에서 놀랍게도 철학적 게임으로 볼 수도 있으며, 동시에 서양철학은 각 시대마다 에피스테메(Episteme), 즉 동일성(차이의 동일성, 동일성의 차이)을 추구한다는 점에서 철학의 가족유사성으로 볼 수도 있다.

서양철학사에서 수많은 철학자들이 등장하지만 모두 같은 내용을 다른 말로, 다른 시대적 용어로 표현하고 있는지도 모른다. 요컨대 소크라테스의 "나는 내가 아무 것도 모르고 있다는 것을 안다(I know that I know nothing)."라는 구절에서 "나는 아무 것도 모른다."라는 명사절은 이미 존재론의 존재와 존재자, 그리고 철학의 핵심을 말하고 있다고 볼 수 있다. 또한 칸트가 물자체를 설정한 것 자체가 이미 하이데거의 존재론의 출발을 예고한 것이나 다름없다. 비트겐슈타인의 "말할 수 없는 것에는 침묵하라(Wovon man nicht sprechen kann, darüber muß man schweigen)."는 존재와 존재자를 동시에 말하고 있는 것이다.

소크라테스의 말과 비트겐슈타인의 말은 서양철학의 기원성과 현대성을 동시에 말하고 있지만 이 두 철학자는 같은 것을 생각하고 있다는 철학적 친족관계, DNA를 확인하게 한다. 헤겔의 변증법-절대지와 데리다의 차연-정의에서도 같은 가족유사를 발견할 수 있다. 동일성(똑같음)은 아니지만 닮음(다르고 같음)을 발견할 수 있는 것이다.

모든 철학자의 철학은 자신의 입장에서는 '절대지(絕對智)'인 것이다. 하이데거와 데리다의 차연은 그들의 입장에서는 일종의 절대지에 속한다. 그럼으로써 '차연의 철학'은 '차연의 변증법'이라고 불러도 좋을 것이다. 이것을 신앙의 관점에서 보면 자신의 종교는 절대신앙이 되어야 신앙이 된다. 신앙을 상대적으로 보면 신앙이 되지 않는다. 그렇지만 남의 신앙을 신앙으로써 존중하려면 종교를 상대적으로 보지 않으면 안 된다는 것과 마찬가지이다.

절대라는 말은 이미 상대를 포함하고 있고, 상대라는 말은 이미 절대를 포함하고 있다. 이는 '내(나)'가 있으면 이미 '너(네, 당신)'가 있는 것과 마찬가지 이치이다. 이를 철학에서는 상호주관적이라고 말한다. 이와 같은 상호주관성은 불교에서 말하는 이심전심(以心傳心)이 됨으로써 완성이 된다. 이심전심은 대자적 존재로서의 인간이 너(당신, 남)와 나의 구별이 없이 하나가 되는 것을 의미한다. 상호주관적인 것을 과학으로 옮기면 상호작용, 혹은 작용반작용이 되고, 인간의 삶으로 옮기면 상호왕래(相互往來), 상호호혜(相互互惠), 일상적으로는 주고받는(give and take) 것이 된다.

우리는 여기서 존재에 대한 두 가지 경우를 상정하지 않을 수 없게 된다. 하나는 '고정불변의 존재'이고, 다른 하나는 '생성·변화하는 존재'이다. 둘 다 존재라는 말을 붙일 수 있지만 그것은 상반된 의미를 함축하고 있다. 전자를 우리는 본질주의라고 부르고, 후자를 비본질주의라고 부른다. 서양의 동일성을 찾는 철학은 본질주의에 속하는 반면 동양의 상호보완성을 찾는 음양론은 비본질주의에 속한다. 동일성에서 상호보완성으로 나아가는 중간에는 이중성의 철학이 매개로 있을 수밖에 없다.

흔히 서양의 후기근대철학과 해체주의철학은 바로 이 이중성(비결정성, 왕래성, 상호보완성)을 탐색하는 철학이라고 말할 수 있다. 서양철학에서는 본질주의가 강하고, 동양도학에서는 비본질주의가 강하다.

〈철학의 본질주의와 비본질주의〉

	서양철학	해체주의철학(↔)	동양철학
본질주의	동일성 (이데아, 이성) 본질주의〉비본질주의	이중성 / 비결정성 / 왕래성 / 상호보완성	이(理)철학/태극론
비 본질주의	해체주의철학 (비중심철학)		기(氣)철학/음양론 비본질주의〉본질주의

'존재'라는 말은 실은 이미 그 말 속에 이중적 의미를 담고 있다. 요컨대 신(神)이라는 존재는 고정불변의 존재이지만 동시에 다른 존재를 창조하는 생성적 존재로서의 의미를 함의하고 있다.

생성을 존재로 해석한 인간은 존재유무(有無)를 피할 수 없는 운명의 자신을 발견하게 된다. 소유적 존재가 된 인간은 신(神)이라는 존재의 상상과 가정을 통해 존재(사물)를 소유를 하면서도 모순에 빠지지 않는 신묘한 묘책을 발견하게 된다. 무제약적인 신(제조적 신)은 창조를 통해 자연을 대신하는 보충대리의 역할을 맡게 된다. 신을 발견(발명)한 후 자연적 존재에 불과하던 인간은 자연을 지배할 수 있는 초월적 존재가 된다. 이것은 신과 인간의 공모라 할 수 있다. 사물(존재)에 대해 인간(현존재)은 신의 지위를 얻게 된다. 신(神) 속에 인간이 있고, 인간(人間) 속에 신이 있다. 그래서 만약 인간이 신을 버리면 동시에 인간성에 심각한 타격을 입게 된다.

생성(생멸)하는 존재는 구성될 수 없다. 그래서 해체할 수도 없다. 해체할 수 있는 것은 오직 구성된 것(존재자)일 뿐이다. 존재는 해체될 수 없다. 대뇌에서 구성된 것만이 해체될 수 있고, 몸에서 임신된 것은 해체가 아니라 해산할 뿐이다. 대뇌는 남성적(문명적) 특성을 가지고 있고, 임신은 여성적(자연적) 특성을 가지고 있다.

인간은 도리어 생멸하는 자신을 통해서 자기(내) 안에 있는 신이나 부처를 만날 수 있다. 인간은 그래서 자기 안에서 천지가 만나서 하나가 되는 것을 깨닫고 전율하게 된다. 이것을 하나님이라 하고, 이것을 부처님이라 한다. 이름은 달라도 하나이다. 이름이 하나님이고, 이름이 부처님이다. 이것이 천부경(天符經)에 나오는 인중천지일(人中天地一)의 실재이다.

신은 고정불변의 존재에 대한 다른 이름이다. 다시 말하면 신은 본질의 다른 이름이다. 본질은 고정불변의 것(동일성, 이데아, 법칙)이라고 생각할 수도 있지만 동시에 생성·변화하는 것(차이성, 생성, 변화)을 본질이라고 말할 수도 있다. 이런 경우 본질이라는 말은 같지만 내용은 정반대가 된다. 우리는 불변의 존재를 본질이라고 말하기도 하고, 변화하는 존재를 본질이라고 말하기도 한다. 변증법적 운동도 결국 존재(Being)와 생성(becoming)의 이중성, 중첩, 겹침을 피할 수 없다. 존재가 없으면 생성을 알 길이 없고, 생성이 없으면 존재가 있을 수 없다. 양자는 자신 속에 상대를 이미 품고 있다. 마치 태극의 음양 관계와 같다.

유시유종은 무시무종의 한 단락일 뿐이다. 둘은 본질적으로 다른 것이 아니라 관점이 다를 뿐이다. 유(有)의 입장에 있느냐, 무(無)의 입장에 있느냐의 차이일 뿐이다. 이를 의미론으로 옮겨가면 의미는 무의미의 한 단락일 뿐이다. 그런 점에서 의미는 무의미가 되는 것을 피할 수 없다. 생성·변화하는 세계에서 고정불변의 존재라는 것은 없다. 생성의 관점에서 보면 '영원'이라는 것도 '순간'일 뿐이다. 그러나 존재의 관점에서 보면 영원은 순간의 반대말이 된다. 헤겔의 변증법은 의미에서 무의미로의 진행이라고 할 수 있을 것이다.

변증법의 밖에서 보느냐, 변증법의 안에서 보느냐는 단지 다른 위상일 뿐이다. '차연'은 변증법의 안에서 둘 수도 있고, 동시에 변증법의 밖에 둘 수도 있다. 본질주의와 비본질주의도 마찬가지의 관계에 있다. 비본질주의도 본질주의를 전제한 위에서 전개되는 것이다. 해체주의도 구성주의를 전제한 위에서 논의 되는 것이다. 이것은 존재론과 생성론의 대립에서도 마찬가지이다.

인간의 삶은 흔히 게임(game)에 비유된다. 게임에는 항상 폐쇄된 시공간(영토, 마당)안에서 목적과 승패가 있지만 항상 게임은 계속되기 때문에(계속된다는 점에서 게임이기 때문에) 하나의 목적은 다른 목적으로 대체될 뿐만 아니라 승패마저도 주고받게 된다. 그렇다면 특정한 법규(rule, law)을 가진 게임이지만 그것은 폐쇄된 것이라고 할 수 없다. 모든 존재는 항상 닫혀있으면서 열려있고, 열려있으면서 또한 닫혀있다.

삶은 또 드라마(drama, 劇)에 비유된다. 드라마는 법규보다는 기승전결(起承轉結)의 클라이맥스를 특징으로 한다. 드라마는 상승과 하강, 굴곡(屈曲)을 통해 반전의 반전을 거듭하는 것이다. 연극이든 소설이든, 극적인 요소를 지니고 있다. 현대의 영화는 가장 그 대표적인 것이다. 삶은 정리된 앎(지식)이라기보다는 사건(event, performance)의 연속이다. 철학은 본질적으로 앎을 추구하지만 철학이 설명하고자 하는 삶은 앎의 밖에 있다.

헤겔의 변증법은 절대정신과 절대지에 의해 닫혀있는 체계 같지만 실은 그것은 한없이 열려있다. 해체주의자들에 의해 헤겔은 목적론자로서, 본질주의자로서 비판의 대상이 되지만, 해체주의철학조차도 철학이 되려면 개념어를 동반한 문장을 쓰지 않으면 안 된다. 니체처럼 시와 은유와 상징, 그리고 아포리즘으로 쓴다고 해도, 모든 주장에는 그 나름대로 본질이 있기 마련이다. 해체주의자들에게는 해체가 그들의 본질이다. 니체는 '도덕적 자연주의'(칸트의 도덕철학에 대해)를 본질로 했다. 철학에서는 본질에 대한 추구가 없을 수 없다. 해체주의는 변증법을 혐오하는 철학적 유행에 불과하다. 그래서 해체주의를 '차연의 변증법'이라고 불러도 좋을 것이다.

그런 점에서 헤겔은 철학적 구성주의와 해체주의, 근대와 후기근대의 기로에 서 있었던 인물이라고 할 수 있다. 헤겔의 '이성의 간지(奸智)'는 신의 것이기도 하고 인간의 것이기도 하다. 신이 인간의 이성을 이용해서 자신의 목적을 실현한다고 말하기도 하지만 결국 인간의 손에 의해서 현실에서 실현되는 것이다. 만약 절대유일신이 결정한 것이라면 인간이 결코 해체할 수 없을 것이다. 따라서 해체할 수 있다는 것의 깊은 이면에는 인간이 구성했기 때문인 것을 포함하고 있다.

헤겔의 정반합을 통한 관념론의 완성은 동시에 존재론의 길을 예감케 한 것이기도 하다. 헤겔의 관념론은 인식론, 즉 앎-본질(essence)의 철학을 완성한 것과 함께 이에 대한 반(反)운동으로서 인식 밖의 삶을 철학적으로 시작하는 존재론의 단초를 제공하였다. 헤겔에 대한 거대한 반운동으로서 존재론은 삶-존재(existence)의 철학을 본격적으로 시작하는 것이었다. 존재론의 등장과 함께 그동안의 인식론은 존재방식의 한 양태에 불과한 것이 되었다. 철학은 이제부터 욕망과 의지의 실현 혹은 무의식-집단무의식의 실현이 되었다.

후기근대의 해체주의는 실은 변증법을 다른 말로 번안한 것에 불과하다고 말할 수도 있을 것이다. 이는 삶의 철학에서 변증법을 다시 시작하는 것이었다. 말하자면 자크 데리다(Jacques Derrida)의 '차연(差延)'은 '차연의 변증법'이라고 말할 수도 있는 것이다. 해체는 서양철학의 철학하는 방법인데 그것을 목적으로, 즉 해체주의로 바꾼 것이 해체주의인 것이다. 데리다의 해체주의는 마르크스의 계급해체처럼 인류문화를 해체하는 마르크스주의라고 말할 수 있다.

아시다시피 해체주의는 결정론적인 시스템이나 체계를 비판하고, 그 결정론성이 지닌 문제점을 강조하는 철학적 입장을 지니고 있다. 해체주의는 결정론적 시스템이나 체계가 모순이나 한계를 내포하고 있다고 주장한다. 이에 비해 마르크시즘은 경제구조와 사회적 변화에 대한 특정한 역사적 결정론의 입장이지만 해체주의도 극단화되는 경우 '해체주의 결정론'을 보이기도 한다. 이는 계급투쟁(해체)을 선동하는 공산사회주의가 더 복잡한 공산당계급체계를 강화하는 모순에 비할 수 있다. 해체주의의 가장 큰 자기모순은 동일률(모순율=배중률)에 의지하고 있는 서양철학이 태생적으로 모순율을 안고 있는 것에 기인한다. 해체적 결정론은 바로 은폐된 동일률이다.

데리다의 해체주의는 철학의 시공간을 텍스트로 옮겨놓은 텍스트론으로 것으로서 기존의 구성철학에 말꼬리를 잡고 늘어지는 말장난에 가까운 철학이다. 데리다 이전에는 언어가 철학의 도구였지만 데리다로 인해서 철학이 언어놀이에 잡혀버린 신세가 되었다. 어떠한 위대한 철학자 혹은 문학가의 글(text)이라도 평론은 가능한 것이며(평론은 근본적으로 해체적인 글쓰기이다), 따라서 데리다의 철학은 그의 고유한 철학이라기보다는 철학평론이라고 말할 수 있다.

헤겔의 변증법과 데리다의 현존-부재는 수평적-현상학적 변증법이라고 말할 수 있다. 헤겔은 역사적 정반합을 통한 절대지를 주장했고, 이에 비해 데리다는 현존의 부재를 통한 차연을 주장했다. 데리다에 앞서 하이데거(Martin Heidegger)는 은폐-탈은폐를 주장했는데 이는 수직적-존재론적 변증법이라고 말할 수 있을 것이다. 하이데거는 존재의 무(無)를 주장했다.

이와 같은 논리를 적용하면, 쇼펜하우어(Arthur Schopenhauer)의 '의지와 표상의 세계'는 수직적-존재론적 변증법이라고 말할 수 있고, 니체(Friedrich Nietzsche)의 '힘에의 의지'는 수평적-현상학적 변증법이라고 할 수 있다. 니체의 '힘에의 의지'의 힘은 다분히 자연의 기운생동을, 다시 말하면 '존재론적 힘'을 '물리적 힘'과 구별하지 않고 같은 '힘'이라는 개념으로 표현하는 바람에 자기모순에 빠지는 우를 범했다. 이는 다분히 힘을 현상학적 차원에서 해석하려는 의지를 지니고 있다. 동양의 기운생동은 존재론적인 힘이고, 역동적인 힘이고, 역동적인 공(空)이고, 역동적인 무(無)라고 말할 수 있다.

쇼펜하우어는 불교적 허(虛)와 무(無)에 도달함으로써 존재론적인 영역을 개척하였다면 니체는 힘(권력)이라는 표상으로 돌아감으로써 영원회귀(永遠回歸)라는 현상학적인 종착역을 자신의 형이상학의 최종귀착점으로 삼았다. 뉴턴의 힘에서 출발한 서양의 근대는 니체의 힘으로 원점회귀(原點回歸)한 것이다. 이것이 실체를 중시하는 서양철학의 자기회귀(自己回歸)인 셈이다.[14]

우리는 흔히 혁명이나 해체라는 말에 크게 동의하기 쉽다. 이는 기존의 체계에 대한 반항이고, 비판이고, 부조리에 대한 개선을 의미하고 있는 것으로 보이기 때문이다. 그러나 논리적으로는 각광받는 이 말이 사회에서 실지로 자주 일어난다면 그 사회는 결국 무질서로 인해 해체되고 말 것이다. 현실은 어떤 하나의 논리로 갑자기 변하기에는 너무나 복잡하다. 그래서 혁명보다는 자정작용이 있는 개혁을 더 바람직하게 본다. 그러나 마르크스주의자들은 항상 혁명을 추구하고 선전한다. 마르크스

---

14) 박정진, 『니체, 동양에서 완성되다』(소나무, 2015) 참조.

주의자들은 급진적 개혁을 통해 사회구조 전체를 통째로 바꾸고자 한다.

마르크시즘의 결정적인 모순과 허구성은 바로 인간의 욕망을 무시하고 부정하는 데에 있다. 신체적 욕망과 대뇌적 이성도 서로 상호작용을 하면서 상대에게 촉매작용을 해야 더욱더 자신에게 충실할 수 있다. 욕망을 부정하고 머릿속의 합리성과 이상을 급진적으로 추구하다보니 유물론자이면서도 도리어 신체적 존재로서의 인간을 무시하는 어리석음을 범한다. 더구나 무신론자이면서도 도리어 유신론자보다 더 결정론적인 이념의 노예가 되게 한다. 마르크시즘은 결국 공산사회라는 유토피아를 선전하지만 프롤레타리아가 주인이 되는 세상은커녕 음모꾼처럼 노예를 길들이는 노예철학의 대명사가 되는 동시에 지상의 지옥을 선물함으로써 인류를 저주한다.

실지로 인류사에서 혁명이라는 말을 붙일 만한 사건은 농업혁명, 산업혁명, 정보혁명 등에 불과하다. 특히 문화혁명과 사회혁명은 실패하기 쉽다. 왜냐하면 문화는 문화복합으로서 가장 보수성이 강할 뿐만 아니라 문화전체를 바꾸어야하기 때문이다. 중국의 문화혁명이 실패한 것은 좋은 증거이다. 계급혁명도 처음부터 성공할 수 없는 것이었다. 공산사회주의 혁명이 실패하는 이유는 사회의 근본적인 구성원리인 계급 혹은 계층을 부정하기 때문이다.

공산사회주의는 소수가 다수를 다스리는 정치의 기본원리를 배반했을 뿐만 아니라 문명의 발전원칙인 소수창조자가 다수추종자를 이끌어온 기본원칙을 배반했다. 더욱이 농업사회에서 산업사회로 발전한 근대의 역사발전을 노동생산성을 기본으로 해석함으로써 역사를 역행하는 어리석음을 범했다. 그 결과 공산혁명이 성공한 나라의 경우에도 결국 공산당귀족에게만 혜택이 돌아갔다.

사회주의는 인간의 욕망을 부정함으로써 사회적 역동성을 잃어버리고 겉으로는 평등과 정의를 외쳤지만 결국 위선이나 부정부패, 부조리로 몰락하게 된다. 또한 노동생산성의 부족으로 빈곤의 평준화를 벗어나지 못한다. 구소련의 붕괴는 이를 잘 말해주고 있다. 사회주의는 공산당이라는 새로운 귀족계급을 형성하는 데에 그쳤다.

욕망과 이성은 같은 방향일 수도 있고, 반대방향일 수도 있다. 대뇌는 욕망을 인정할 수도 있지만 인정하지 않을 수도 있다. 자유-자본주의는 욕망을 인정하는 이성의 편에 있는 반면 공산-사회주의는 욕망을 부정하는 이성의 편에 있다. 전자는 개인주의와 이기주의로 인해 철학자들의 비판을 받을 수밖에 없지만 후자는 집단주의와 공산주의로 말로는 이상을 선전하지만 현실은 빈곤의 하향평준화를 피할 수 없다.

자유-자본주의의 극단은 자유방임주의가 되고, 공산-사회주의의 극단은 기계적 평등주의가 되기 쉽다. 특히 사회주의는 대중(인민)들이 가장 듣기에 좋은, 이상적인 말(지상천국)을 앞세우면서 많은 사람들은 유혹하는데 탁월한 재능을 발휘한다. 요컨대 선(善)과 정의(正義)를 앞세우면서 결과적으로는 많은 사람들을 노예로 만드는 관료독재주의를 실천했다고 볼 수 있다. 말하자면 공산주의는 독재전체주의로서 인류역사의 후퇴라고 해도 과언이 아니다.

유물론과 무신론, 그리고 과학주의-기계주의는 인류로 하여금 물신숭배자를 양성하는 데 큰 공을 세웠다. 유물-무신-과학주의는 현대적 결정론의 삼총사라고 할 수 있다. 유물론은 유심론의 최종결과이고, 무신론은 유신론의 최종결과가 된 게 현대문명이다. 특히 오늘날 합리적 이성을 중시하는 과학주의마저도 닫혀있다면 인류에게 나쁜 결과나 재앙을 초래하기 쉽다. 과학과 종교도 끝없이 열려있어야 현상학의 한계나 굴레에서 벗어날 수 있다.

현대의 유심론(절대정신)은 흔히 유신론과 짝을 이루는 것으로 이해되고 있지만 정신의 등장은 크게 보면 이미 신을 버릴 준비를 한 것으로 볼 수 있다. 정신이 절대성을 획득하게 되면 신의 절대성은 훼손될 수밖에 없다. 왜냐하면 정신이 신을 증명—신 존재증명—한다고 하더라도 이것은 결과적으로 정신을 신으로 만드는 것이거나 아니면 중세 신의 자리에 정신을 대체하는 결과를 초래하게 되기 때문이다.

종교와 과학의 관계는 서로 비대칭(이중연쇄)의 관계에 있다. 요컨대 앎의 종교가 과학이라면, 신비의 과학이 종교이다. 아무리 과학이 발달해도 모르는 세계, 신비의 세계 혹은 사후의 세계에 대한 인간의 호기심과 기대는 계속될 것이라는 점에서 종교는 사라지지 않을 것이다. 종교는 항상 정답이 있고, 그 정답을 합리화하는 특징을 가짐으로써 궁극적으로는 도그마가 될 수밖에 없다. 그래서 종교는 열린 자세를 가져야 시대에 대응할 수 있다.

과학은 앎을 확충한다는 점에서 미지의 세계에 대한 신비를 새로운 지식을 대체하는 종교라 할 수 있다. 과학은 기존의 정답에 대한 항상 의문을 제기하는 과학적 종교이다. 종교인들은 유심론-유신론자가 되기 쉽고, 과학자는 유물론-무신론자가 되기 쉽다. 그러한 점에서 과학시대라고 하는 근대는 유물론-무신론자가 되는 방향으로 정향되었다고 해도 과언이 아니다. 종교가 '닫힌 과학'이라면 과학은 '열린 종교'이다. 양자는 서로 교차하고 있다.

종교와 과학은 자연의 입장에서 보면 자연을 존재로 해석하려는 신경강박증이라는 공통성을 갖는다. 과학은 또한 유물론은 아닐지라도 물신숭배(物神崇拜)를 강화하고 있는 것임에 틀림없다. 과학종교가 생긴 것도 이러한 근대정신의 산물이다. 원시고대의 종교적 인간은 근대에 이르러 과학적 인간으로 변신되었다. 그렇다고 해서 과거의 인류문화유산이 금방 사라지는 것은 아니다. 종교는 끊임없이 새로운 종교를 탄생시키면서 인간문화의 특징으로 지속될 것이다.

신화와 종교, 철학과 과학의 관계를 말하면 가장 먼저 생겨난 것이 신화이다. 고대신화가 종교로 변형되면서 동시에 철학이 생겨났다. 철학은 다시 과학으로 변형되었다. 신화 속에 종교와 철학이 들어있고, 철학 속에 과학이 들어있다(과학은 자연철학이었다). 근대를 열었다고 칭송되는 뉴턴의 저술 '프린키피아'(1687년)는 '자연철학의 수학적 원리'였다. 오늘에서 보면 종교가 가장 대중들에게 퍼져있다는 점에서 종교는 대중적 철학(니체는 종교를 대중적 플라토니즘이라고 말했다)이라고 말할 수 있다. 과학은 지식인의 종교라고 말할 수 있다. 물론 과학자 중에도 신앙심 깊은 종교인이 있을 수 있지만 지식이 없이는 과학을 할 수 없다는 점에서 그렇다.

신을 비롯하여 인간의 모든 문화와 문화상징들은 해체될 수 있는 요소를 원천적으로 지니고 있다. 문화는 언어로 구성되어 있기 때문이다. 그럼에도 불구하고 인간은 문화를 새롭게 구성하지 않고는 살아갈 수 없는 존재이다. 인간은 문화적-문법적 존재이기 때문이다. 문화는 한 마디로 자연에 대해 적응해 살아가는 인간이 '구성한 언어체계'인 것이다. 해체야말로 거꾸로 인간의 문화가 구성된 것이라는 것을 반증하는 것이다. 해체는 구성의 이면인 셈이다.

헤겔의 유심론은 마르크스에 의해 유물론으로 뒤집어졌고(현상학적 반전), 쇼펜하우어의 불교이해를 통한 '불교적 존재론'은 니체에 의해 '힘(권력)에의 의지'를 통해 '힘의 현상학'으로 되돌아가고 말았다(존재 현상학적 반전). 이에 반해 후설(Edmund Husserl)의 현상학은 하이데거에 의해 존재론으로 뒤집어졌다(존재론적 반전). 이것은 모두 현상학에 토대를 둔 서명문명의 다양한 반전들이다. 관념론의 나라인 독일출신의 하이데거에 의해 존재론이 탄생했다는 것은 관념론이 제자리에서 뒤로 되돌아서면 존재론이 된다는 말이다. 관념론과 존재론은 그런 점에서 이중성의 관계에 있다.

인간은 현상학적인 태도를 통해 서로 생존경쟁, 경제전쟁, 과학기술전쟁을 할 것이냐, 아니면 존재론적인 태도로 자연과 더불어 미래에 함께 살아갈 것이냐의 기로에 처해 있다. 이는 오직 인간의 이타성(利他性)을 증진시키는 데 성패가 달렸다. 인간의 이타성을 증진시키려면 서양문명의 특징이라고 할 수 있는 사물에 대한 이용과 해석과 기술만능주의로 연결되는 4T(Thing-Time-Text-Technology)를 맹종하는 삶의 태도에서 벗어나야 한다.[15]

서양철학은 존재를 사물존재(Thing)로 보기 때문에 사물의 운동량을 측정하게 되고, 운동량을 측정하려면 시간(Time)을 필요로 한다. 인간이 존재를 대상으로 보는 순간, 주체-대상의 이분법 속으로 들어가게 되고, 주체와 대상의 상호작용이 일어나는 순간이 바로 시간이 성립되는 조건인 것이다. 시간은 또한 일상적으로는 이야기 혹은 문장(Text)으로 접하게 된다. 시간과 이야기처럼 흘러가는 것을 잡고 이용하려면 기술(Technology)이 되어야 한다.

서양철학의 존재론의 최종점은 무(無)이다. 이것은 '존재(있음)'의 최종점은 '없음(nothingness)'이라는 뜻이다. 그러나 서양철학의 무(無)에 동양의 무(無) 혹은 무위(無爲)사상이 포함되고 있는지에 대해서는 의문이다. 분명히 동양의 무사상에는 없음이 아닌, '없는 듯 있음(없이 있음)'의 사상이 내재해 있기 때문이다. 동양의 '무'사상에는 자연의 보이지 않는 기운생동 혹은 생성을 포함하고 있다.

인간은 왜 생성(becoming)을 존재(being)으로 바꾸어 해석해야만 하는 존재인가. 좀 더 구체적으로 왜 생성의 생멸(生滅)을 존재의 유무(有無)로 바꾸어 해석해야만 하는가. 이것은 일종의 아포리아(aporia)에 해당한다. 어떤 문화문명권도 여기에서는 자유롭지 않다. 말하자면 강도의 차이만 있을 뿐이다.

서양의 근대관념론 철학이 완성된 것은 독일에서다. 근대의 분수령을 이룬 프랑스 대혁명을 부러워하던 독일의 지식인사회는 통일 이후 본격

---

15) 박정진, 『평화의 여정으로 본 한국문화』(행복한에너지, 2016), 424~425쪽.

적으로 철학적 근대화의 길로 접어들어 아시다시피 칸트, 헤겔, 마르크스, 프로이트를 배출했다. 또한 후기근대 해체철학의 선봉장으로 추앙받고 있는 니체를 배출했다. 그런데 니체는 참으로 프랑스의 문화풍토와 철학적 특성이 어울리는 철학자이다. 니체는 본격적인 철학서를 쓴 적이 없다. 내용인 즉 체계적이고 엄중한 철학적 글쓰기를 문학적인 글쓰기로 대체한 인물이다. 니체의 수많은 시, 아포리즘의 글은 그 대표적인 것이다.

해체주의가 일어난 유럽의 전후사정을 거시적으로 바라보면 독일에서 철학적 글쓰기로 완성된 것을 프랑스에서 다시 가져가서 그것을 해체하면서 문학적 글쓰기로 전용한 경향을 볼 수 있다. 그 가운데에 있는 인물이 바로 니체이다. 독일에서 구성된 철학을 프랑스에서 문학적 글쓰기로 해체한 특성을 보인다. 니체가 칸트를, 데리다가 하이데거를, 라캉이 프로이트를 안티(anti-)하는 데는 연속과 불연속, 반대와 확장이 내재해 있다.

해체주의는 종래 변증법의 새로운 유행인 것 같다. 변증법의 반(反)이 이미 해체를 실천한 것이고, 변증법의 완성 혹은 목적이라고 할 수 있는 절대정신과 절대지는 목적론이라고 할 수 있지만 여전히 새로운 철학자에 의해 해체될 수밖에 없는 운명에 처했고, 해체주의 철학자들의 해체주의도 역시 다음에 오는 철학자들에 의해 해체될 운명에 처할 수밖에 없다. 철학에서 본질주의, 비본질주의라는 것은 실은 말장난에 불과한 것이다. 왜냐하면 본질주의 철학도 본질을 표방했다고 해서 영원한 본질이 될 수 없고, 비본질주의 철학도 본질을 표방하지 않는 것 같지만 실은 해체를 본질을 표방하고 있는 것에 불과하기 때문이다.

철학한다는 것은 무엇을 의미하는 것일까. 간단하게 말하면 생성·변화하는 자연(스스로 그러함)을 존재(고정불변의 이데아 혹은 법칙, 존재자)로 설명하는 행위이다. 이것은 좀 더 부연하면 자연을 시공간으로 해석하는 행위이다. 여기서 시간은 생성을 의미하고, 공간은 존재를 의미한다. 공간이 없으면 존재가 성립되지 않고, 성립된 존재는 변화하지 않으면 안 되기 때문에 시간을 필요로 한다고 말할 수 있다.

더욱이 시간과 공간은 무엇이 먼저 인지 알 수가 없는 특징을 가지고 있다. 시간은 동시성을, 공간은 동일성의 특징을 가지고 있다. 그런데 시간은 동시성을 내포함으로써 시간(시간의 변화)을 부정하는 자기모순(antinomy)을 함의하고 있다. 공간은 동일성을 내포함으로써 고정불변(변화를 부정하는)을 고집하는 경향성(tendency)을 보인다. 말하자면 진리를 목적으로 하는 철학은 원천적으로 모순에 빠질 수밖에 없는 운명을 지니고 태어났다.

어쩌면 공간은 존재(자연)를 대상으로 하기 때문에 생긴 것이고, 시간은 대상을 목적으로 하기 때문에 생긴 것이다. 대상이 공간이고, 목적이 시간인 셈이다. 대상과 목적이 대상목적이 되는 것은 양자가 동시에 생기는 것으로 본래 시공간이기 때문이다. 그렇게 보면 시공간이라는 것도 존재를 잡으려고 한 때문에 생긴 것으로 본래 시공간은 없는지도 모른다. 시공간이 없으면 본질을 찾을 수 없다. 시공간을 전제하지 않으면 철학을 할 수 없다는 결론에 도달하게 된다. 그래서 칸트는 시공간을 감성적 직관의 산물(시간은 내적형식, 공간은 외적형식)이라고 하였던 것이다.

철학은 현상에서 본질을 찾으려는 인간의 노력의 흔적이다. 그런 점에서 태생적으로 본질주의의 편에 서 있는 것이지만 어떠한(어떤 철학자의) 본질도 다른 철학자에 의해 부정(해체)된다는 점에서 비본질주의를 지향한다고 할 수 있다. 따라서 철학은 본질주의이면서 비본질주의라는 이중의 몸짓을 하지 않을 수 없다. 철학 자체가 바로 모순이며, 철학이 말하는 진리는 모순의 진리일 수밖에 없다. 이것은 생성·변화하는 자연을 고정불변의 존재로 해석하려는 철학의 운명에서 비롯된다고 할 수 있다.

이렇게 볼 때 시간과 공간을 논하는 자체가 이미 철학행위이다. 그러한 점에서 헤겔의 변증법은 물론이고 해체주의의 차연(差延)이라는 것도 실은 자연(自然)을 그렇게 해석한 것에 불과하다. 차연은 '동일성의 차연'이다. 차연은 결코 자연이 될 수 없다. 철학은 생성과 존재, 본질주의와 비본질주의의 말놀이에 불과하다. 자연의 입장에서 신과 인간을 바라보면 둘은 하나이다. 신과 인간과 자연의 삼자관계는 서로 필요충분조건이다.

해체주의자들은 자신들이 새로운 철학을 만들어낸 듯이 선전하지만 실은 철학적 허무주의(虛無主義)에 불과한 것이다. 이는 마치 철학에 대해 철학평론가의 태도를 보이는 것으로 마치 문학평론가가 시 혹은 소설에 대해 평론하는 것과 같다. 개념의 구성과 체계라고 할 수 있는 철학에서 구성을 하지 않고 해체하겠다고 하는 것은 철학을 하면서 철학을 해체하겠다는 이율배반(모순)적 행동이다.

해체주의는 과학에 철학의 많은 영토를 내준 철학이 일종의 데카당스와 허무에 빠진 것을 사치스럽게 위장하는 속임수에 불과하다. 철학적 본질주의와 구성주의는 그것이 통시대적으로 완벽할 수 없기 때문에 장래에는 해체될 수밖에 없다. 해체주의에서 가장 우려되는 점은 마치 마르크스가 '계급투쟁'을 통해 이상적인 공산사회를 건설하겠다고 공언한 대뇌적 기만과 같은 것을 '해체'라는 말 속에 담아서 인류문화 전체를 오염시키고 인류생존의 바탕을 붕괴시키는 것은 아닐까 하는 것이다. 어쩌면 건강한 생존에 '해체'라는 바이러스를 퍼뜨려 전염시키고 있다는 생각마저 든다.

4. 신(神)과 존재(Being)의 역사적 의미변천

신은 존재일까, 존재자일까? 존재를 무(無)로 보는 하이데거에게는 신이 '존재'에 가까운 것이라면, 그렇지 않고 신을 실체(substance)로 보는 사람에게는 신은 존재자가 된다. 그래서 존재를 '존재하다'의 동사로 사용하는 것이 아니라 명사로 사용하면 '존재-존재자'의 이중성("존재자는 존재한다.")이 깃들게 된다. 서양철학사나 기독교신학에 따르면 신(神)은 존재(Being)와 같은 의미로 사용되는 경우가 많다. 왜냐하면 최초의 존재는 신이 되지 않을 수 없기 때문이다.

돌이켜 생각하면 언어는 근본적으로 자연 혹은 자연의 사물에 대응해서 인간이 만들어낸 문화활동의 가장 대표적인 산물이고, 그러한 점에서 인위의 출발이라고 해도 과언이 아니다. 언어(말과 글)는 자연과 사물에 대응해서 만들어냈다는 점에서 은유의 산물이다. 신이라는 말도 언어라는 점에서는 은유에 그 뿌리를 두고 있음을 부인할 수 없다. '신'이라는 말은 자연에 대한 은유이고, '존재'는 생성에 대한 은유이다. 따라서 인간은 '자연의 생성'에 대해 '신과 존재'라는 말로 대응하고 있음을 알 수 있다.

기독교성경에 따르면 신은 인간이 아니다. "구약성서를 경전으로 삼는 유대교, 기독교, 이슬람교에서 말하는 신은 그렇지요. 구약성서에 나오는 천지창조는 히브리인들의 이야기고 그들에게 신은 영(靈)입니다. 영을 뜻하는 히브리어 루아흐는 '바람' 또는 '숨결'과 어원이 같아요."[16] 영과 신은 함께 한다는 뜻이다. 신은 어떤 감각적 형상도 갖고 있지 않다. 구약에 신을 보았다고 하는 것은 신의 본체가 아니라 신의 영광과 위엄의 상징을 인간이 보았다고 할 뿐이다.

---

16) 김용규, 『서양문명을 읽는 코드, 신』(Humanist, 2010), 27~28쪽.

기독교적 관점에서 보면 '존재'는 '신(유일신)'이 없으면 존재할 수 없다. 말하자면 태초에 신이 존재를 창조했기 때문에 존재가 있는 것이고, 따라서 신은 존재 중의 존재요, 존재의 출발점이라고 할 수 있다. 그런 점에서 존재=신이다. 이때의 신은 이데아(idea)와 마찬가지의 성격을 갖는다. 그런데 신과 존재가 서로 달라지는 것은 창조주라는 존재와 피조물로서의 존재의 차이와 생성에서 비롯된다. 여기서 우리는 생성의 개입을 발견하게 된다.

차이와 생성은 동일성 이전에 이미 있었던 것이다. 우리는 이것을 자연이라고 말한다. 그런 점에서 차이의 철학은 잃어버렸던 자연의 닮음(같고 다름)을 다시 상기시키는 일에 불과하다. 그렇다고 차이가 자연이 되는 것도 아니다. 왜냐하면 '차이의 철학'의 차이는 이미 동일성의 흔적을 지니고 있기 때문이다.

칸트는 영혼과 세계전체, 그리고 신을 순수이성비판의 변증론에서 무제약자로 규정했는데 이들 삼자는 저마다 동일성의 추구하는 것이지만 동시에서로 겹치는 영역이 있을 수밖에 없다. 그래서 이율배반(모순)을 일으키게 된다. 지금도 생멸하고 있는 자연은 인간에 의해 영혼(주관적 무제약자), 세계전체(객관적 무제약자), 신(주객포괄적 무제약자)이 되었다. 물 자체(Ding an sich=Thing in itself)를 알 수 없다는 것이 칸트의 초월철학의 대전제이다.

지금에 와서 보면 '이성의 내에서의 신'을 추구하는 것은 어떤 측면에서는 자유로운 신, 아프리오리(a priori)한 신에게 족쇄를 채우는 일의 출발점이 되었을 수도 있겠다는 생각이 든다.

인간이 동일성을 추구하는 바람에 차이가 차이로서의 의미를 획득하게 된 것이다. 아리스토텔레스는 『형이상학』에서 신을 '부동의 동자(unmoved prime mover)'로 묘사하고 있다. 토마스 아퀴나스는 아리스토텔레스를 따라 "최초의 원인자는 마지막 원인이라 그 이상의 원인이 없고 다른 것들을 움직이게 하는 존재로서 부동의 동자이며 이러한 존재가 곧 하나님(신)이다."라고 소위 신의 존재증명을 했다. 신을 무한 소급을 끊는 최초원인으로 규정하고 있다.

이데아(idea) 혹은 에이도스(eidos)는 처음엔 눈에 보이는 형상을 뜻하는 단어였지만, 플라톤과 아리스토텔레스에 의해 사물 안에 깃들어 있어 '그것이 그것으로 존재하게 하는 실체'로 쓰이게 되었다. 플라톤에 의해 철학(정적인 이데아=초월적 관념)이 시작되었다면 아리스토텔레스에 의해 과학(동적인 사물에 내재한 법칙=원리)이 시작되었다고 해도 과언이 아니다.

아무튼 존재라는 말이 등장하면서 신은 존재가 되었다. 구약에서는 엘(El), 신약에서는 테오스(Theos)가 신에 해당하는 이름이다. 그렇지만 신은 이름이 없어야 하는 게 정상이다. 왜냐하면 이름은 한정된 존재물(존재자)에 붙이는 것이기 때문이다. 이름은 무엇(what)에 붙이는 것이기 때문이다. 신은 무한정자, 무규정자, 무한자(apeiron), 무제약자이기 때문이다.

구약성경에 모세가 하나님에게 이름을 물었을 때 "나는 나다(나는 내가 되려고 하는 나다)"였다. 이것은 존재=본질이라는 뜻이다. 신은 일자(一者)로 불리기도 한다. "일자는 하나의 그것(It)도, 그분(He)도 아니다."[17] 왜냐하면 일자는 하나의 사물이 아니기 때문이다. 철학적으로 보면 하나님은 "나는 있는 자다(존재자)"가 아니라 "나는 있음이다(존재)."가 되어야 한다. 신은 한정된 자가 아니기 때문이다.

구약에 '야훼'라는 말은 6823회나 등장한다. 야훼는 "그는 있다(He is)" "그는 존재한다(He exists)" "그는 현존한다(He is present)"로 해석되는 게 보통이다.[18] '존재'라는 말은 동사로 쓰여야 하지만 그것은 동

---

17) 김용규, 같은 책, 89쪽.
18) 김용규, 같은 책, 95쪽.

시에 명사인 존재자(것)의 성격을 갖게 됨을 피할 수 없다. 존재라는 말에는 이미 고정불변의 존재의 성격이 들어있기 때문이다.

인간이 말을 하면서 생기는 문법체계는 '주어+동사+목적어+보어'라는 체계를 벗어날 수 없다. 주어 혹은 목적어에는 명사가 들어와야 한다. 그런데 그 명사(명사, 동명사, 명사구, 명사절)는 바로 존재자(것)를 의미한다. 우리는 이러한 곤란한 사정을 "존재자는 존재한다."라는 말에서 찾을 수 있다. 어떤 것이 존재하려면 존재자가 되어야 하는 것이다. 명사가 되지 않는 존재는 끊임없이 생성·변화하는, 기운생동하는 존재일 뿐이다. 말하자면 생성의 존재이다. 그럼에도 불구하고 서양문명은 기운생동을 힘(권력) 혹은 물질(유물)로 이해하고 있다.

존재는 창조주이고, 동시에 일자(一者)이다. 일자가 무엇을 생성한다는 것은 운동과 그에 따르는 변화를 뜻하는 것이다. 신플라톤주의자인 플로티노스는 유출(derivation)이라는 단어로 이것을 설명했다. 플로티노스는 "일자는 아무 것도 추구하지 않고, 소유하지 않으며, 필요로 하지 않기 때문에 완전하다. 그리고 완전하기 때문에 넘쳐흐르고, 그 넘쳐흐르는 풍요함이 또 다른 존재를 만든다."라고 설명한다.[19]

플라티노스는 "일자(一者)로부터 누스(nous), 곧 정신이 생긴다. 일자는 정신의 아버지이다. 정신은 그의 첫 아들이 된다." 라고 말한다. 우리는 여기서 가부장사회의 프레임을 느끼게 된다. 하나님이 왜 '하나님 아버지'가 되고, 예수가 '그 아들'이 되는지를 알 수 있다.

이데아, 에이도스, 존재, 창조주, 일자, 정신, 아버지, 아들의 시퀀스에서 가부장사회의 프레임을 확인할 수 있다. 말하자면 남성성은 고정불변의 것이고, 영원한 것이고, 성스러운 것이고, 혼이다. 이에 반해 자손을 낳은 여성성은 생성·변화하는 것이고, 순간적인 것이고, 속세적인 것이고, 썩는 것이다. 전자는 '이데아의 계열'이고, 후자는 '자연의 계열'이

---

19) 김용규, 같은 책, 133쪽.

다.

그렇지만 존재는 생성·변화하지 않을 수 없다. 존재가 생성하는 것이 창조이고, 존재가 운동하는 것이 변증법이다. 변증법이 '본질주의의 계열'이라면 이것에 반기를 든 '비본질주의의 계열'을 우리는 해체주의라고 한다. 그러나 헤겔의 변증법과 하이데거 및 데리다의 차연(差延)은 '동일성'을 전제한다는 점에서 같은 것이다. 해체주의는 동일성에 반기를 들어 '차이'를 추구한다 할지라도 동일성의 은폐에 지나지 않는다.

요컨대 서양철학이 동일성의 철학인 것은 애초에 현상에 시시각각 차이가 있음을 전제하고 그것에서 동일성을 찾은 과정이었다고 볼 때, 차이의 철학은 결국 서양철학의 자가당착 혹은 자기모순이며, 막다른 골목에서 자기부정에 이른 일종의 철학적 야바위에 불과한 것이라 볼 수 있다. 이것은 동일성의 철학이 변화를 수용하기 위해서 벌인 변증법의 자기부정의 극치이며, 일종의 차이의 변증법에 불과한 것을 호들갑을 떨면서 무슨 거대한 철학적 반전의 하이라이트라고 발견한 것처럼 자작극의 쇼를 벌이는 것에 불과하다.

서양철학은 애초에 자연의 차이에서 동일성을 발견하려고 출발한 철학이다. 이제 와서 동일성에 반기를 드는 것처럼 차이를 주장하지만 속내를 보면 동일성의 차이이다. 서양철학은 '차이-동일성'에서 '동일성-차이'로 전환한 것에 불과하다. 차이가 전제되지 않으면 동일성이 없고, 동일성의 전제되지 않으면 차이가 없다. 동일성이 전제되지 않는 철학은 동양의 도학이다. 도학은 애초에 자연에서 동일성을 찾아 자연을 정복하는 것이 아니라 자연에 순응하면서 살아가는 삶의 철학인 것이다.

차이의 철학이 제대로 자신을 주장하려면 이성주의에 반기를 든 것이 차이의 철학이라고 주장할 것이 아니라 이성 자체가 차이의 흔적에 불과한 것이라고 주장해야 한다. 더욱이 욕망이라는 것이 이성의 반대인 것처럼 주장할 것이 아니라 욕망도 신체적 이성으로서 욕망과 같은 것이라는 데에 도달하여야 한다. 욕망의 철학이 무슨 큰 구원이라도 되는 것처럼 설레발을 치는 것은 욕망도 차이의 흔적에 불과한 것이라는 점을 간과한 소치이다. 무상하지 않는 것은 세상에 없다. 그 까닭은 자연이 본래 그런 것이기 때문이다. 차이의 철학은 스스로 이성주의를 벗어났다고 생각하겠지만, 차이의 철학은 결코 자연이 될 수 없다.

동양의 도학에서는 자연을 그저 '닮음'으로 보고 있다. 닮음이라는 말 속에는 '다르다-같다'가 동시에 함께 있으면서도 '다름'을 강조하고 있다. 같으면서 다르고, 다르면서 같은 것이 닮음이다. 동양의 닮음에는 아예 동일성이라는 것이 없다. 동양의 같음은 동일성이 아니다. 동양의 닮음은 서양의 유추(analogy)와 다르다. 서양의 유추는 이미 동일성을 향하고 내포하고 있기 때문이다. 서양철학의 이데아(Idea)이든 형상(eidos)이든, 변화를 포용하기 위한 변증법(dialectics)이든, 차이(difference)의 철학이든, 모두 '동일성의 철학'의 가족적 유전(遺傳)·가족유사 혹은 언어게임·언어놀이에 지나지 않는다.

플라톤(Plato)의 이데아사상은 고정불변의 존재가 있다는 대전제 위에서 출발하고 있다. 만물에는 이데아라는 본질이 있고, 본질은 고정된 것으로 보았다. 아리스토텔레스(Aristotle)는 이데아가 자연에 그대로 반영되어있다고 전제하고, 운동하는 존재에도 이데아가 있다고 함으로써 이데아를 법칙으로 전환하는 길을 열었다. 말하자면 자연과학의 길을 연 셈이다. 세계를 이데아의 모사(模寫)로 보는 '정적인 세계관'에서 운동하는 '동적인 세계관'으로 전환하는 한편 법칙을 발견함으로써 인간의 생각이 자연을 지배하는 실질적인 힘을 발휘하도록 하는 길을 열었다.

플라톤과 아리스토텔레스의 관계는 근대철학에서도 유사성을 발견된다. 임마누엘 칸트(Immanuel Kant)는 순수이성비판에서 진리와 도덕, 아름다움에 대한 비판을 전개하였다면 헤겔은 역사적으로 발전하는 인간이 절대지(이성의 간지)에 도달하는 과정을 변증법적으로 제시했다. 칸트가 정적인 세계관을 전개한 데 반해 헤겔은 동적인 인간상을 제시했다고 볼 수 있다. 플라톤의 대화(Dialogue)는 칸트에 이르러 변증론(Transcendental Dialectic)이 되었으며, 헤겔에 이르러 변증법(dialectics)이 되었다. 모두 대화하는 인간에서 출발하고 있다. 변증법은 동양의 생성(becoming)을 변증법으로 바꿈으로써 변화와 발전과 승화를 존재(Being)에 수용한 것이다.

칸트는 순수이성을 비판적으로 봄으로써 이율배반(Antinomies of Pure Reason)을 주장했지만 헤겔은 칸트에게서는 이상론(주객포괄적 무제약자)에 그쳤던 신의 성격을 인간이 도달할 수 있는 것으로 제시함으로써 '신학적 철학', 혹은 '철학적 신학'을 도모했다. 헤겔을 두고 독일 관념론의 완성자로 보지만 동시에 절대적인 인간의 인간중심주의와 함께 유물론의 길을 열었다고 볼 수 있다. 헤겔의 절대지는 정서적으로는 이미 '신이 죽었다'는 느낌을 인간으로 하여금 갖게 했다고 볼 수도 있다. 헤겔은 유신론과 무신론의 이중성(이중연쇄)을 보였다고 할 수 있다.

데카르트(René Descartes)의 회의론(Method of Doubt)과 헤겔의 변증법과 하이데거의 해체(destruction)는 해체주의에 앞서 오래 전부터 해체를 앞서 실천했다고 볼 수 있다. 해체주의는 서양철학의 방법론으로서의 해체의 전통을 단지 해체라는 말만 요란하게 사용한 셈이다. 우리는 흔히 헤겔을 본질주의자로서 매도하지만 철학적 양극을 왕래한 인물이기 때문에 그의 철학 안에서는 신-인간, 유심-유물, 주인-노예 등의 이원대립들을 통해 후기근대의 해체주의나 후기구조주의의 전조(前兆, 前條)를 엿볼 수 있다. 근대의 정점에는 이미 후기근대의 요소가 숨어있다. 모순성과 다른 상호성, 이중성, 모호성이 그것이다.

요컨대 '차이(差異)의 철학'은 '차이의 변증법'이라고 해도 무방하다. 변증법에는 이미 변화와 차이를 전제하고 있으며, 변증법이 절대지의 완성을 목적했다고 할지라도 그것이 최종목적으로 된 경우는 없기 때문에 여전히 변증법적 활동을 하지 않을 수 없으며, 그것은 바로 차연(差延)일 수밖에 없다. 말하자면 철학적 유행, 신조어를 만들어낸 것에 불과하다. 도리어 해체주의는 새로운 것을 만들어내지는 못하고 기존의 구조나 체계를 해체하는 데 골몰함으로써 일종의 문화적 계급투쟁을 하는 것에 비할 수 있다.

계급투쟁을 한다고 계급이 없어진 것은 아닌데 소리만 요란한 것과 같다(실지로 공산사회주의는 보다 철저한 계급주의와 함께 공산당귀족의 탄생을 도모했고, 이는 인민을 배반하였으며, 인류를 전체주의 속으로 몰아넣었다). 아무리 해체를 주장하여도 새로운 구성을 하고 텍스트를 쓰지 않으면 철학이 없다는 점에서 해체주의는 해체를 위한 해체이던가, 아니면 철학 자체에 대한 반란으로서 반철학을 위한 철학이라고 말할 수밖에 없다. 해체주의는 기존질서를 파괴하는 데에 몰두함으로써 사회적 혼란을 부채질하는 양상을 보인 측면이 많다.

서양의 후기근대철학은 근대와 연속-불연속의 관계에 있다. 이것을 불연속-연속으로 말을 바꾸어보았자 무슨 소용이 있는가. 그래서 야바위인 것이다. 니체의 힘(권력)이라는 것도 실은 '힘이라는 동일성'에 지나지 않는다. 단지 적분적(積分的) 힘과 함께 미분적(微分的) 힘을 강조한 것밖에는 다를 것이 없다.

존재(Being)를 우선하면 세계는 실체론의 순환—기원환원 혹은 영원회귀—에 이르고, 생성(becoming)을 우선하면 세계는 실재론—무시무종, 무위자연—에 이르게 된다. 니체의 영원회귀는 현상학적 환원과는 반대방향이지만 결국 하나의 원 혹은 순환으로 돌아온다. 환원과 회귀는 결국 같은 것이다. 그래서 서양철학과 과학에는 무한대(∞)가 필요했던 것이다. 무한대는 중심을 두 개 가진 타원형과 같은 것을 표현한 상징기호이다.

서양철학의 이론(theory)은 종교와 과학과 예술의 의미를 동시에 내포하고 있는 단어이다. 'theo(theology)'는 신(神)을 의미하면서도 동시에 인간의 통찰(theorine)을 의미한다. 그리고 'ory(orgy)'는 신들림 혹은 광기의 행동을 의미한다. 이것은 예술을 의미한다. 인간의 삶은 종합적으로 예술이라고 할 수 있다. 말하자면 종교와 과학을 내포하고 있는 예술이다.

앎의 철학에는 삶의 철학이 이면에 숨어있고, 삶의 철학에는 앎의 철학이 이면에 숨어있다. 인간의 앎은 삶을 위해서이고, 인간의 삶은 앎을 통해서 실현된다. 신은 존재와 생성의 이중성일 수밖에 없다. 신과 인간, 신과 자연, 인간과 자연은 이중성의 관계에 있다.

인간은 이중성의 존재이다. 가장 크게는 생성의 존재이면서 절대의 존재이다. 인간은 신과 자연이라는 두 개의 타자를 가지고 있다. 이 두 개의 타자 중에서 하나는 남(사물대상)이고, 다른 하나는 절대타자로서의 님(하나님)이다. 이중성에서 현상학으로 가면 이중성이 이원대립으로 변하고 끝없는 정반(正反)운동을 벌리게 된다. 이것은 다른 말로 부정의 변증법이고, 구성의 해체이다. 운동은 변화와 차이를 만들고 변화와 차이는 운동으로 드러난다.

현상학에서 '신(神)'은 중심이다. 신은 제조화신(製造化神)으로서의 유령(Ghost)이기 때문이다. 존재론에서 '나'는 중심이다. 삶은 언제나 '나의 삶'이기 때문이다. 인간은 세계를 남으로 볼 수도 있고, 님으로 볼 수도 있다. 남으로 보면 서로 이용하는, 살해의 세계이고, 불행이고 지옥이다. 님으로 보면 서로 위하는, 사랑하는 세계이고, 행복이고 천국이다.

인간은 천지의 중간에 있지만 동시에 자신 안에 천지를 가지고 있다. 인간은 선후-상하-좌우-내외의 중간에 있다. 인간은 두 세계의 경계에 있다. 인간이 없으면 두 세계와 경계는 없어진다. 이중성에서 존재론으로 가면 이중성이 하나의 존재(본래존재)로 돌아가 숨게 된다.

인간은 또한 개인이면서 집단이다. 인간은 신과 자연의 사이에 있다. 인간은 주인이면서 노예이고, 주체이면서 객체이다. 인간은 심(心)이면서 물(物)이다. 하나의 온전한 전체는 심(心)이고 선(善)으로 드러날 수밖에 없다. 물(物)은 다양한 드러남이고 악(惡)이 개입할 수밖에 없다. 인간은 심물존재이다. 신과 인간과 자연도 결국 하나일 수밖에 없다.

신과 인간과 자연이 하나가 된다는 것은 삼자 간에 가역왕래관계가 성립되는 동시에 자유와 책임과 해방이 동시에 이루어지는 것을 의미한다. 이것은 신도 자연과 일체가 됨은 물론이고, 절대적인 책임에서 해방됨을 의미한다. 또한 소유적 존재로서의 인간이 자연적 존재, 본래존재로 돌아감을 의미한다. 만물만신, 심물존재, 일원적(一元的) 세계는 바로 이런 것을 두고 말하는 것이다.

5. 자연적 존재, 제도적 존재자, 그리고 심물존재

동서철학을 비교·관통하고 나면 철학자는 양자를 어떻게 소통·통합시킴으로써 인류의 지적 상승 혹은 승화를 도모할 것인가라는 문제에 직면하게 된다. 이러한 문제를 해결하는 입장은 철학의 태초와 종말을 동시에 잡고, 하나의 지평융합의 선에서 새로운 철학적 용어(개념)를 창조하지 않을 수 없는 신의 입장을 경험하게 된다.

철학인류학자의 입장에서 보면 인류의 문명이라는 것은 그 어떤 문명이라 할지라도 제도에 불과한 것임을 알게 된다. 말하자면 이것은 제도적 존재자이다. 제도적 존재자라는 인식을 하게 되면 바로 동시에 일어나는 철학적 현상학은 자연이라는 대상이 '자연적 존재'로 명명되어야 함을 깨닫게 된다. 자연은 소유할 수 없다. 소유한 것은 이미 제도이다.

하이데거의 존재는 해석하기가 어려울 뿐만 아니라 애매하고, 그것의 이중성으로 인해 정반대로 해석할 수도 있다. 그러나 하이데거의 존재에 대한 오해를 없애기 위해서는 그것이 '자연'(자연적 존재)과 같은 의미라고 보면 크게 틀리지 않는다. 하이데거는 자연으로부터 너무 멀리 떨어져 나온 서구기술문명에 대해 자연을 회복하기 위해 '존재'라는 말을 새롭게 사용하고 있는 것이다. 종래 서양철학에서 전통적으로 사용한 존재는 존재자라고 규정하면서까지 말이다. '존재(Sein, Being)=자연=자연적 존재'인 반면 인간이 인위적으로 규정한 존재는 '존재(seiendes, beings)=존재자=제도적 존재자'이다.

자연적 존재, 제도적 존재자, 이는 새로운 이원대립이다.[20] 서양철학의 변증법은 언제나 새로운 차원을 만나면서 지양(止揚, Aufheben)하게 되고 지양을 통해 새로운 합(合)을 이루면, 그 합은 정(正)이 됨으로써 다시 반(反)을 기다리는 운명을 되풀이한다. 동양철학에는 반자도지동(反者道之動)이라는 말이 있다. 변증법과 반자도지동은 그 철학적 기반은 다르지만 나름대로 비슷한 현상을 설명하고 있다. 전자는 고정불변의 실체가 있음을 전제하고 있고, 후자는 그 실체가 없는 변화생성을 전제하고 있지만 말이다.

'존재'라는 말과 '존재자'라는 말은 그러한 점에서 철학적 혼란스러움을 자초하는 말이기도 하다. 그래서 하이데거는 종래에 서양철학의 존재라는 말은 실은 존재자였다고 고백하지 않았던가. 그럼으로써 자신의 존재론 철학을 전개하는 발돋움으로 삼지 않았던가. 존재라는 말은 아무리 교묘하게, 의미심장하게 쓸지라도 생성을 대체하는 용어가 될 수 없다. 존재라는 말로는 생성에 접근할 수는 있어도 생성을 커버할 수는 없다.

더 정확하게는 생성을 존재로 설명하는 것은 한계를 노출할 수밖에 없

---

20) 박정진, 『니체야 놀자-초인이 도인을 만났을 때』(소나무, 2013), 555~569쪽.

다. 왜냐하면 생성은 우주전체가 동시에 생성소멸하기 때문에 그 중에서 어느 하나(부분)를 가지고 논하는 것은 부분이 전체를 왜곡하는 이율배반에 빠질 수밖에 없기 때문이다. 어느 하나는 결국 무엇(존재자)이 되는데 이는 존재전체로서의 존재를 이탈하게 되는 것이다. 즉 존재전체(우주전체)에는 '무엇'이라는 독립된 실체가 있을 수 없기 때문에 자기모순에서 벗어날 수 없다.

하이데거의 존재론에서 존재가 사물존재(thing)가 아니라 존재사건(event, Ereignis)인 것은 바로 그 전체성의 행위(performing)를 표현하는 장점이 있다. 삶은 그러한 점에서 '일상의 퍼포먼스(performance)' '행위(performance)예술'이다. 삶을 예술이라는 관점에서 보는 것은 고정된 진리(물리학적)나 윤리(도덕적)를 찾는 것보다 훨씬 생성변화의 세계를 표현함으로써 존재자체에 가깝다.

생성을 존재로 설명하는 것은 이율배반이나 모순을 감수하는 철학적 행위이지만 그렇더라도 인간은 생성을 존재로 해석함으로써 세계에 대한 나름대로의 이해와 지배력을 얻게 된다는 점에서 인간으로서는 무의미한 행위는 아니다. 다시 말하면 인간의 사유행위는 바로 전체를 부분(대상)으로 해석하는 특성이 있지만 그렇게 함으로써 스스로가 초월적 위치에 섬으로써 한시적이나마 세계를 지배하게 되는 환상에 빠질 수 있다. 이것이 바로 현상학이다. 현상학은 '초월적인 나(주체-대상)와 초월적인 신(초월적인 주체)' 사이의 타원운동이라고 할 수 있다.

서양철학을 전반적으로 현상학으로 규정하는 나로서는 서양철학의 이분법, 즉 주체-대상, 정신-물질(육체)을 동양철학의 심물(心物), 즉 심(心)=정신, 물(物)=물질로 번역하는 것을 탐탁하게 생각하지 않는다. 이러한 생각의 바탕에는 이(理)=정신, 기(氣)=물질로 번역하는 것조차도 탐탁하게 여기지 않는 입장이 있다.

동양철학에서도 주자(朱子)의 성리학(性理學)에서는 성즉리(性卽理)라하고, 왕양명(王陽明)의 심학(心學)에서는 심즉리(心卽理)라고 하는 논쟁이 있었다. 그런 반면에 성리학과 심학에서는 이(理)를 중시하고, 기(氣)를 부수적인 것으로 보는 경향이 있었다. 이러한 철학적 논쟁에 한국에서는 퇴계(退溪), 율곡(栗谷), 화담(花潭)이라는 걸출한 철학자가 있었다. 화담은 세계를 일기(一氣)로 본 철학자라는 점에서 눈여겨 볼 필요가 있다.

아무튼 동양철학의 이기론(理氣論)과 심물론(心物論)도 그 철학적 정치함에 있어서는 서양철학에 못지않다. 여기에 노장(老莊)철학과 불교철학인 반야(般若)와 화엄(華嚴), 그리고 유식(有識)이 가세를 하면 그 백가쟁명이란 이루 헬 수가 없다.

일찍이 원효가 이를 뛰어넘어 화쟁(和諍)사상을 펼쳤고, 지눌이 선교(禪敎)일치를 주장한 뒤로 아직 한국에서는 이렇다 할 철학자가 나타나지 않았다. 동서철학을 뛰어넘을 철학자가 나타나는 것은 그만큼 어렵기 때문이다.

서양의 이데아(Idea), 이성(理性)철학은 대체로 동양의 이(理)철학에 비할 수가 있을 것 같다. 서양철학은 물리학(物理學), 즉 자연과학을 최종목적지로 설정한 것 같고, 동양철학은 윤리학(倫理學), 즉 성리학을 최종목적지로 설정한 것이 다르지만 이학(理學)이라는 점에서 같다. 어쩌면 철학은 이학(理學)일 수밖에 없다. 이학은 신학(神學)으로 갈 수도 있고, 윤리학으로 갈 수도 있고, 과학으로 갈 수도 있다. 이학은 인간의 이성적 힘을 상징하고, 이성은 어디에도 작용할 수 있기 때문이다.

종합적으로 볼 때 이학은 어디까지나 문명적 제도(制度)의 편에 서는 특징과 한계를 지니고 있다. 그렇다면 제도에서 벗어나는 길은 기학(氣學)일 수밖에 없다는 결론에 도달하게 된다. 이학(理學)은 눈으로 보고 손으로 잡을 수 있어야 하고, 이용후생(利用厚生)이 가능하여야 한다. 기학(氣學)은 그렇지는 않다. 기(氣)철학자 가운데 기를 물질로 보고, 심지어 유물론으로 보는 학자가 없지는 않지만, 그것은 어디까지나 '이(理)=정신'에 대립되는 것으로 '기(氣)=물질'을 보는 안목 때문이다.

근대서양문명, 정확하게는 서양의 기독교-과학문명이 동양(한국)에 물밀 듯이 들어올 때, 기철학자인 혜강(惠岡) 최한기(崔漢綺, 1803~1879)는 기(氣)라는 개념을 가지고 서양문명의 기계론(機械論), 즉 자연과학에 적응하려고 애를 썼다. 수운(水雲) 최제우(崔濟愚, 1824~1864)는 동양의 기(氣)라는 개념을 가지고 서양의 '유일신=하나님'에 적응하려고 동학(東學)을 만들었다. 동학의 시천주주(侍天主呪)의 '시천주(侍天主)'가 그것이고, 기학(氣學)의 '기측체의(氣測體義)'가 그것이다.

오늘날, 서양에 적응하기 위한 문화적 접변이 아니라 서양을 극복하기 위해서는 철학적·신학적 노력으로써 기(氣)철학이 새롭게 정립되어야 할 때이다. 그러한 노력의 일환으로 '기(氣)=파동=비실체론'의 입장에서 사물(존재)을 보면, 정신과 물질은 하나(하나의 조합)가 된다. 즉 유심론이 유물론이고, 유물론이 유심론이 되고 만다. 오늘날 서양이 주도하는 인류문명은 유물-기계론에 빠져있다. 언표(言表)된 말이 무슨 말이든 물신숭배(物神崇拜, fetishism)에 빠져있는 것이다. 이것은 동양의 기(氣=氣運)를 기(機=機械)로 바라본 것이다.

존재론은 유심론과 유물론의 밖에 있거나 아니면 그것의 바탕(근본 아닌 근본)에 있다. 이때의 존재는 무(無)가 된다. '존재=무(無)=기(氣)=일기(一氣)'이다. 무(無)는 현상학적인 차원의 없음이 아니고 존재론적인 차원의 있음이다. 말하자면 진공묘유(眞空妙有)가 되고, 부진공론(不眞空論)이 된다. 이것은 미적분학으로 말하면 '무한소(無限小)의 존재'가 된다. 이것을 신학적으로 말하면 '무한소의 하나님'이라고 명명할 수도 있을 것이다.

심물(心物)을 '주제-대상, 정신-물질(육체)'의 이원대립으로 보지 않고, 하나의 존재로 보면 심물존재(心物存在)가 된다. 이름만 심(心)이고,

이름만 물(物)이 되는 셈이다. 만약 심(心)과 물(物)이 두 개의 존재라면 세계는 본래부터 분열·대립된 것이 되고, 따라서 갈등과 전쟁은 당연한 것으로 귀결된다. 결국 심물존재는 자연(=心物自然)에 우회적으로 돌아가는 철학적으로 표현이다.

세계(존재)를 현상학적으로 보면 세계는 이미 이원대립적인 것으로 나뉘어있다. 그러나 세계를 존재론적으로 보면 세계는 하나로 존재하게 된다(하나로 있다). '나뉘어 있으면' 결국 현상학적인 '것(Thing=It)'이 되고, 하나로 있으면 '존재=Being=Thing itself)'가 된다. 현상학과 존재론은 보는 관점에 따라 다르게, 동시에 존재하는, 존재의 두 가지 양태가 된다. 이것은 관찰자에 따라 입자(현상학)와 파동(존재론)이 되는 양자론의 세계와 같다. 세계는 초월론적으로 볼 수도 있고, 존재론적으로 볼 수도 있다.

한글은 '이다'와 '있다'를 다르게 구분하는 것은 물론이고, 분명히 여기서 파생된 것 같은 '잇다'라는 단어를 사용한다. '잇다'는 세계를 관계론으로 보게 할 뿐만 아니라 상호의존관계인 것을 함의하고 있다. 눈으로 보고 손으로 잡을 때는 사물들이 서로 떨어져있는 것 같지만 눈으로 보이지 않는 세계에서는 사물들은 하나로 공명하고 있음을 우리조상들은 일찍이 깨달은 것 같다. 공명의 세계는 이론(理論)으로, 이치(理致)로, 이성(理性)으로 설명할 수 있는 세계가 아니다. 오성과 이성으로 분석과 종합을 통해 도달할 수 있는 세계는 아닌 것이다.

'이다'와 '있다'를 구분하지 않는 서양문명은 도리어 '있다'(동사, 생멸하는 세계)를 '이다'(명사, 문장)로 설명하지 않고는 못 배기는 특성을 가지고 있다. 그래서 오늘날 절대기독교의 세계, 자연과학의 세계를 구축하였는지도 모른다. 이것은 '동일성의 세계'이다. 더욱이 '차이'를 논하지만 '동일성의 차이'를 감추고 있다. 오늘날 서양철학과 과학의 존재론은 '글쓰기-텍스트이론', '유물-기계론'의 세계이다. 그리고 이들의 기반에는 '사물(thing)의 관점'이 있다. 요컨대 데리다와 들뢰즈가 차이와 생성 혹은 사건(event)을 주장한다고 할지라도 그들의 이면에는 동일성의 환상이 이미 원죄(본질)처럼 각인(刻印)되어 있는 것이다. 그래서 데리다는 텍스트를 말하고, 들뢰즈는 기계를 말하는 것이다. 말하자면 텍스트의 차이, 기계의 생성을 말하는 것이다. 이들에게는 자연으로서의 존재, 즉 자연적 존재가 원천적으로 결여되어있다.

서양철학과 신학은 헤겔의 절대정신과 절대지에서 완성되었다고 할 수 있다. 헤겔은 신과 인간의 왕래, 주인과 종의 왕래, 유심과 유물의 왕래를 일으키는 단초를 제공한 인물이다. 그는 독일관념론의 완성자이면서 동시에 그것을 해체하는, 어떤 것의 완성은 동시에 새로운 시작의 의미를 동시에 가지고 있음을 보여준, 이중적 해석의 실마리를 제공한 인물이다. 헤겔의 본질(essence)에 대한 규명이 있었기에 존재(existence=ex-istence)의 문이 활짝 열렸다고 할 수도 있다. 고정불변의 존재라고 여겼던 본질은 실은 그 안에 생성·변화하는 존재를 감추고 있음을 드러냈던 셈이다.

헤겔의 유심론(절대정신론)을 뒤집은 마르크스는 유물론(절대유물론)을 주장함으로써 현상학의 마침표를 찍었다고 할 수 있다. 여기에 반(反)운동을 시작한 것이 니체이고, 니체의 후예들이다. 변증법의 정반합운동을 끝까지 실현한 나머지 절대지의 경지에 도달한 헤겔은 오늘날 해체주의자들에 의해 본질주의자로 비판을 받고 있지만 어쩌면 해체주의의 선봉장이었는지 모른다. 절대지에 도달한 인간은, 동시에 이성의 간지를 이용하는 신과 같은 경지에 있음으로써 이미 신을 해체하고 있기도 하다.

도구를 만드는 것은 물질이 아니라 인간의 정신이다. 자연에 흩어진 돌덩이가 무기가 되는 것은 돌덩이 자체가 아니라 돌덩이를 무기(도구)로 사용하고자 하는 인간의 정신에서 비롯된 것이다. 그런데 돌덩이를 물질이라고 하고 세계를 유물론적으로 해석하는 것은 인간의 정신을 무시하는 것이다. 마찬가지로 기계는 물질이 저절로 기계가 된 것이 아니라 과학기술자의 정신에 의해 기계가 된 것이다. 그런데 이것을 결과적으로, 즉 도구와 기계를 물질로 보면 인간의 정신이 생략되어버린다. 기계라는 것도 눈앞에 기계만 보면 물질이라고 생각하기 쉽다. 그런데 철광석이 스스로 기계가 된 것은 아니다. 인간의 생각(고안)과 가공에 의해 기계가 된 것이다.

나아가서 자연이라는 환경에 있기 때문에 생각을 하고 도구(기계)를 만드는 상호작용이 가능한 것이다. 현상학적인 의미작용-의미대상을 유심론 혹은 유물론으로 보는 것은 이미 자연이라는 근본을 망각하고 해석한 것에 지나지 않는다. 서양의 유심-유물론은 바로 그러한 현상학적 결과에 지나지 않는다. 이런 현상학의 밖에 자연이 있는 것이다. 그럼에도 불구하고 자연을 유물기계론으로 해석하는 것은 이미 인간의 정신이 깃든 것을 무시하는 편견(편향)에 지나지 않는다.

요컨대 기계는 자연에 추상이 가해진 것(결과물)이라는 점에서 추상이 곧 기계인 것이다. 이를 두고 기계만을 보고 유물론을 전개하는 것은 옳지 않다. 이는 유심론에 대한 반란(반발)에 지나지 않는다. 유심론도 틀렸고, 유물론도 틀렸다. 유신론도 틀렸고, 무신론도 틀렸다. 이것보다는 자연에 인간의 힘(정신적-물질적)이 가해진 문화(문화물)라고 보는 편이 옳다. 자연은 정신-물질의 상호작용의 밖에 있는 것이다. 서양철학의 유심-유물론적 대립은 자연의 입장에서 보면 인간정신의 내적 작용(운동)에 지나지 않는다. 그런 점에서 서양철학은 철학의 밖(현상학의 밖)으로 나와야 자연 그 자체를 만나게 된다. 이것이 하이데거의 존재론과 만나는 지점이다.

데카르트는 "나는 생각한다. 고로 존재한다."를 선언하면서 이데아(Idea)라는 관념을 동사로, 즉 생각하다(think)로 바꾸면서 인간을 주체로 등장시킨 근대철학의 아버지이다. 이데아가 정태적인 세계상이었다면 생각함은 동태적인 세계상(사건으로서의 세계)과 함께 그 동적인 세계에서 운동과 변화의 법칙을 발견하는 것을 의미한다. 플라톤의 이데아가 아리스토텔레스에 이르러 에이도스(eidos)가 되면서 변화하는(운동하는) 자연에서 법칙(작용인과 목적인)을 찾는 '중세적 자연과학의 길'을 열었듯이 데카르트의 생각함은 '근대적 자연과학(수학적 원리)'과 기계론의 세계를 확실하게 열었다고 할 수 있다.

스피노자는 신과 함께 능산적 자연을 무한실체(substance)라고 하고 소산적 자연과 인간 주체를 유한실체로 규정했다. 이는 소산적 자연을 유물로 보는 길을 열었다. 라이프니츠는 이에 더하여 세계를 사방이 막힌 단자(monad)의 집합으로 봄으로써 미적분의 세계를 열었다. 뉴턴의 절대역학은 그 다음에 형성되었다. 아무튼 뉴턴은 과학을 통해 기계론의 세계를 열었다. 이것을 철학적으로 가장 최근에 뒷받침한 인물은 '유물-기계적 존재론'의 들뢰즈였다. 철학과 과학은 인간의 생각(머리) 속에 자연을 집어넣는(머리로 자연을 이해하는) 일이면서 동시에 세계를 기계적인 작동의 세계로 해석하는 것을 말한다.

데카르트는 '신이 창조함으로써 존재하게 된 세계'를 정면에서 반박하고 있었는지 모른다. 주체가 신이 아니라 인간이 되었던 것이다. 요컨대 데카르트, 스피노자, 라이프니츠, 칸트, 헤겔은 신을 부정하지는 않았지만 신의 자리에 다른 것을 치환했다. 데카르트는 신의 자리에 '인간=나'를, 스피노자는 '자연=능산적 자연'을, 라이프니츠는 '단자=단순실체'를 넣었다. 아울러 칸트는 신의 자리에 '이성'을, 헤겔은 '절대정신'을 넣었다. 우리는 근대를 '이성주의 시대'라고 말한다.

아시다시피 서양문명은 이데아와 기독교(대중적 플라토니즘)로 구성되어있다. 이는 이데아와 기독교유일신의 본질주의라고 말할 수 있다. 서양철학과 문명에는 이데아와 유일신, 그리고 과학이라는 동일성이 전제되어있다. 이렇게 보면 서양철학과 문명은 동일성의 원형과 변형의 관계라는 것을 알 수 있다. 동일성의 가장 근대적 성과인 과학은 비록 법칙을 추구하지만, 양자역학에 이르러 확률론을 부정할 수 없게 되었다. 해체주의는 모든 결정론을 부정하고 이중성과 애매모호성을 주장하는 입장이지만 그 이면(무의식)에는 여전히 동일성을 숨기고 있다. 해체주의를 주장하면 할수록 바로 동일성의 증거가 되는 것이다.

니체의 "신은 죽었다."라는 선언조차 데카르트, 스피노자, 라이프니츠, 칸트, 헤겔의 상속자의 의미마저 있다. 이들은 신을 전제하거나 증명하거나 인정하면서도 동시에 신을 부정하는 이중적 몸짓을 하고 있었다고 할 수 있다. 니체는 신을 초인(übermensch)으로 대체했다. 어쩌면 인식론이 아닌 존재론의 '존재'라는 말 자체가 신을 인정하면서도 신을 부정하게 하는 이중적인 몸짓을 하고 있다고 볼 수도 있다. 신은 존재이면서 비존재의 이율배반이니까.

존재는 유(有)가 될 수도 있고, 무(無)가 될 수도 있다. 유(有)를 사유화(私有化)하는 것이 소유(所有)라면 무(無)는 사유화할 수 없는 것을 의미한다. 그렇다고 무(無)가 공유(共有, 公有)를 의미하는 것은 아니다. 굳이 말한다면 공유(空有)에 가깝다. 공유(空有)에서 유(有)자를 빼면 공(空)이 된다. 공(空)은 없는 세계가 아니라 독립적으로 존재하는 실체(어떤 것에도 의존하지 않는)인 개체(個體) 혹은 자아(自我) 혹은 동일성(同一性)이 없는 '이어진 세계'이다.

인간은 자연의 생성생멸(生成生滅)을 존재유무(存在有無)로 해석한 특이한 생물종이다. 그렇기 때문에 자연, 즉 본래자연을 잃어버리기도 했지만 동시에 자연을 이용한 존재가 되어 오늘날 만물을 지배하고 있기도 하다. 인간만한 큰 체구의 동물(영장류)의 개체군(population)이 2백억이 된 것은 자연으로 볼 때는 큰 위기인지 모른다. 인간이라는 큰 동물을 자연이 부담(부양)하기에는 힘겨운지 모른다.

나의 심물존재론[21]은 단순히 자연으로 돌아가자는 철학적 선언이나 도학적 도법자연(道法自然)이 아니라 자연과학을 넘어서 자연으로 다시 돌아가는, 자연을 에둘러 돌아가는(에움길을 가는) 철학적 노력의 산물이다. 생성생멸을 존재유무로 해석하는 도상에서는 신과 인간과 자연이 하나가 되는 천지인 순환의 관계를 인정하지 않으면 안 된다. 심물존재를 우리말로 풀면 "마음과 몸은 하나의 존재"라는 뜻이다. 몸과 마음이 하나가 되는 것이 바로 한국인의 정(情)이라는 것이다. 정은 이성과 반대가 되는 감정이 아니라 감정을 포함한 집단이성, 혹은 집단무의식이다. 그래서 한국인의 심정(心情)은 의식적이면서 무의식적인 것으로서 이분화된 세계를 통합할 수 있는 힘이 있는 말이다. 우리는 여기서 '심정의 하나님'을 떠올릴 수 있다. '심정의 하나님'은 원시고대의 샤머니즘(shamanism)으로 통하는 용어이다.

철학이 동일성을 추구한 끝에 도달한 것이 자연과학이라면 자신의 새로운 영역을 철학은 어디서 새로 개척해야 할까. 과학 이외의 철학으로 떠오르는 것은 동양의 기(氣)철학, 기운생동의 철학 혹은 세계를 물활론(物活論)으로 보는 샤머니즘 밖에 다른 길, 도리(道理)가 없을 것 같다. 동양의 '기(氣)'의 개념을 유물론적으로 보거나 '기(機, 機械)'로 볼 것이 아니라 물활론의 기, 신비의 기로 보는, 즉 세계를 성스러움(聖)으로 보는 원시고대인의 태도가 절실하다고 할 수 있다. 아메리카 원주민의 시를 보면 바로 만물에서 성스러움을 느끼는 것을 느낄 수 있다. 그리고 사물 그 자체, 즉 자연을 성스러운 존재로 여기는 사상을 엿볼 수 있다.

우리는 여기서 이론(theory)의 개념을 되짚어볼 필요가 있다. 이 단어의 어원을 살펴보면 이미 신(神)의 개념과 신의 입장에서 '보다, 관찰하다'의 개념, 그리고 최종적으로 신탁이나 신내림, 혹은 계시(啓示)나 공수(空手)를 받은 성현(hierophany)에 대해 다시 생각해볼 필요가 있다.

---

21) 박정진, 『일반성의 철학과 포노로지』(소나무, 2014), 555~569쪽.

과연 철학이나 과학이라는 것이 '성현'과 전혀 상관없으며, 성현을 미신이라고 단언할 수 있는 근거에 대해서도 재고할 여지가 있다. 철학은 과학을 낳고 다시 신비와 성스러움을 회복하기 위해 종교로 돌아가야 할지 모른다.

이것이 현대의 물신숭배(fetishism)에서 총체적으로 신물숭배(神物崇拜)로 돌아가는 길일지 모른다. 우리는 그동안 미신이라고 질타했던 샤머니즘의 물활론(物活論)의 마음(영혼, 정신)을 회복하여야 하는 역설적 상황에 처해 있다. "존재는 진리가 아니다."(박정진)라는 슬로건이 필요할 때가 되었다. 인간이 발견한, 구성한 진리가 아니라 존재(사물) 그 자체에 감사해야 하는, 고마워하는 마음만이 인류를 구할지도 모른다.

6. 종(種)의 관점에서 본 가부장제-국가사회

인간이 동물과 다른 점은 무엇일까. 종의 관점에서 보면 생존경쟁에서 권력경쟁으로 삶의 방식을 전환한 것이라고 말할 수 있다. 권력경쟁이라는 것은 종과 종간의 생존경쟁에서 호모사피엔스가 만물의 영장이 된 뒤, 종 내부의 경쟁으로 삶의 특징을 전환했다는 뜻이다.

종 내부의 경쟁이란 바로 집단 및 권력경쟁을 뜻한다. 이것은 인간이 사회적 동물이면서 동시에 고도의 정치적 동물이라는 의미를 내포하고 있다. 이 정치적 동물이라는 것은 계층구조(hierarchy)를 통해 국가를 등장시켰다는 뜻이다. 인간은 국가형성을 통해 그 구성원이 되면서 자신의 삶과 안전과 행복을 보장받았다는 뜻이다.

그렇다면 국가는 무엇일까. 여기서 국가론을 논하려는 것은 아니다.

인류학적으로 볼 때 국가는 가부장제의 산물이다. 가부장제는 실은 원시 공동체-모계사회에서 가장 자연스럽게 발달해온 제도이다. 인류는 성공적인 적응과 함께 인구(population)를 증가시키면서 인구를 부양하기 위해 국가라는 제도를 발달시켜 오늘에 이르렀다.

가부장-국가사회는 배타적 이익을 추구하는 집단으로서 폭력과 전쟁을 행사하는 등 많은 문제를 포함하고 있지만 그럼에도 불구하고 현재 국가보다 훌륭한 '법적 집단(corporate)'은 없는 것 같다. 모든 권력은 법과 함께 강제력을 배경으로 가지고 있다. 때로는 국가는 정당한 폭력을 행사할 때도 있다. 군대가 국가의 구성요건 중 첫째인 것은 이 때문이다.

오늘날 국가권력의 남용이나 폭력성의 문제가 제기되면서 삼권분립을 비롯하여 권력을 분산하고 방어하는 제도가 마련되었다. 오늘날 인권사상이나 민주주의가 확립되어 있지만 여전히 권력의 부산물로서의 권력횡포나 부정부패, 관료주의, 그리고 정당과 국회의원, 법조인, 기업인 등의 권력카르텔들을 막기 어려운 실정에 있다. 이런 현상들은 민주주의의 새로운 귀족들의 탄생이라고 말할 수 있다.

부익부 빈익빈을 비롯 자유-자본주의의 문제점 때문에 생겨난 공산사회주의 운동은 평등을 정치적 슬로건으로 출발하였지만 결국 공산당귀족을 만들면서 국민들은 가난에 쪼들리게 하는 전체주의로 본색을 드러냈다. 마르크시즘은 거짓 인권, 거짓 민주, 거짓 평등, 거짓 지상천국으로 판명이 났다. 마르크시즘은 종교와 과학이 잘못 교차된 이데올로기이다. 종교의 자리에 과학을 대입함으로써 '무신론(無神論)'이 되었고, 반대로 과학의 자리에 '유물론(唯物論)'이라는 관념(이데올로기)을 대입함으로써 '무신론적(無神論的) 종교'가 되었다.

마르크시즘은 처음부터 인민(민중)들에게 평등을 내세우는 무신론적 종교이고, 과학을 가장한 거짓종교였다. 자본주의에 비해 상대적으로 생산성부족에 직면한 사회주의는 빈곤의 하향평준화에 몰릴 수밖에 없다. 인간의 욕망을 부정한 사회주의는 계급투쟁과 함께 평등을 정의로 내세웠지만 자기모순에 빠져 더욱 심한 계급구조를 드러냈다. 마르크시즘은 종교(표현형은 경제이지만 이면형은 종교)이고, 자본주의는 경제(표현형은 자유이지만 이면형은 경제)이다.

자본주의에 비해 상대적으로 생산성부족에 직면한 사회주의는 빈곤의 하향평준화에 몰리고 있다. 인간의 욕망을 부정한 사회주의는 계급투쟁과 함께 평등을 정의로 내세웠지만 자기모순에 빠져 더욱 심한 계급구조를 드러냈다.

인류는 근대에 1, 2차 세계대전을 치르고 자유-자본주의와 공산-사회주의로 갈라져서 냉전구조를 이루면서 살아왔다. 한동안 지구촌을 들먹이면서 세계주의를 주장하던 인류는 다시 미소(美蘇) 대신에 미중(美中) 패권경쟁으로 신(新)냉전구조로 들어갔다. 이는 인간의 역사가 쉽게 패권경쟁을 벗어날 수 없음을 의미한다. 또한 세계사는 제국주의의 역사였음을 증명하고 있다.

자유-자본주의는 많은 문제점을 안고 있음에도 불구하고 공산-사회주의보다는 상대적으로 좋은 제도로 받아들여지고 있다. 무엇보다도 자유-자본의의 장점은 마르크시즘의 비판을 포용하고 있다는 점이다. 그러나 공산-사회주의는 비판세력을 용인할 수 없다는 치명적 약점을 지니고 있다. 자유-자본주의 진영의 철학자들은 대개 마르크시스트이지만 그들의 활동은 크게 제약을 받지 않고 있으면서 자본주의의 자정(自淨) 작용을 하고 있다. 그렇지만 사회주의 진영에서는 자체비판을 불허할 뿐만 아니라 검열을 함으로써 하나같이 전체주의화하고 있다.

사회주의는 하나같이 공산당 일당독재정치를 하고 있으면서 공산당귀족화를 통해 역사적 후퇴를 하고 있다. 말로만 민주와 평등과 지상천국을 외치면서 자기기만에 빠져있다. 이것은 인간의 자기기만 중에서도 가장 위험하고 비극적인 것이다. 사회주의로 인해 지금까지 수많은 인명이 전쟁과 정치적 탄압으로 살상되었다. 구소련이 공산종주국으로서 연방 내 반체제인사들과 동유럽위성국에 벌인 반인륜적 만행은 이루 말할 수도 없다. 물론 한국전쟁도 소련이 저지른 만행에 속한다.

자유는 인간에게 무한한 가능성을 부여하는 반면 평등은 계산적 평등에 골몰한 나머지 분노와 질투에 빠지게 하는 경향이 있다. 자유주의는 '축복의 굿판'을 펼치고 있지만 사회주의는 '저주의 굿판'을 벌이고 있다. 어느 쪽이 미래에 희망을 주는지는 물어볼 것도 없다. 자유는 열린 국가, 열린 종교, 열린사회를 지향하는 반면에 평등은 닫힌 국가, 닫힌 종교, 닫힌 사회를 지향하는 경향이 있음을 간과할 수 없다.

열린사회는 자기반성, 자기개혁을 통해 스스로 자정할 수 있는 능력이 있는 반면 닫힌 사회는 자신만이 정의이고, 공정하다는 아집과 이념무장 때문에 사회를 분열과 저주로 몰아넣은 경우가 많다. 한마디로 사회를 '저주하는 집단'으로 몰아가기 쉽다. 흔히 진보-좌파들은 자신의 텍스트 속에서 현실을 진단하고, 혁명하려고 함으로써 사회를 분열과 갈등으로 몰아넣는다.

공산사회주의운동의 역사를 일별해 보면, 기존의 권력에 대한 여러 가지 형태의 반(反)운동, 예컨대 개혁과 혁명운동은 비판의 목소리는 높지만 정작 자신이 권력을 잡으면 또다시 기존권력의 부조리와 모순을 되풀이하는 것으로 판명이 났다. 그래서 극단적 이상주의, 예컨대 공산사회주의운동과 문화해체주의운동 등은 도리어 인류의 정치-문화구조를 파괴하는 것으로 드러나고 있다. 계급투쟁과 문화해체주의는 스스로의 모순과 역(逆)차별에 빠지는 것으로 드러났다.

가부장-국가사회는 많은 문제점을 가지고 있음에도 불구하고, 그것에 대항하는 다른 제도를 주장하면 더 많은 문제점을 노출하고 있는 게 인류문명이 당면한 현실이다. 문제는 권력이 폭력의 양상으로 바뀌는 것을 경계하고, 그것을 사전에 차단하는 제도적 장치마련을 비롯하여 사회균형의 달성을 위한 사회적 노력을 게을리 해서는 안 된다는 점이다.

어디까지나 자유-자본주의를 기조로 하면서 사회적 이상을 점진적으로, 우선순위를 정해서 실현해나가는 것이 중요하다. 요컨대 부익부빈익빈의 해소, 경제적 평등의 강화, 인권의 신장, 복지증진, 환경보호 등이 그것이다. 평등을 위해 자유를 희생한다거나 빈부격차의 해소를 위해 기업의 생산성을 무시한다거나 인권을 빌미로 반인권을, 민주를 빌미로 반민주를 행하는 것 등은 문제이다. 평등과 정의를 위해 역차별이 자행되는 것 등은 경계하여야 한다.

인간의 삶에는 항상 규칙(원리, 법칙, 기준)과 규범(윤리)이 있어야 한다. 종래의 규칙이나 규범이 삶에 맞지 않을 때는 바꿀지라도 규칙, 규범 자체를 부정하거나 한꺼번에 무너뜨리면 삶은 더욱 피폐해지기 마련이다. 국가나 정부의 정책이 잘못될 수는 있다. 그렇다고 해서 무정부주의가 되면 인간이 발붙이고 살 땅을 잃어버리는 지경에 처하게 된다.

공산사회주의나 해체주의는 자칫 잘못하면 인간으로 하여금 규칙이나 규범 자체를 부정하는 감정이나 논리에 빠지게 할 위험이 있다. 계급투쟁이나 문화의 규범해체는 가부장제 혹은 문명의 결정론에 대항하는 것이기도 하지만 도리어 더 급진적인 결정론으로 사회를 몰아갈 위험이 있다. 해체주의 결정론이나 결정론적 해체주의가 그것이다. 해체는 구성의 이면이다. 구성을 부정하는 해체주의는 비판을 위한 비판, 철학의 문학화, 철학의 수사학에 그칠 가능성이 높다.

철학자들은 비판을 주업으로 하지만 비판을 하다보면 비판하는 자신이 정의인양 독선에 빠지기 쉽고, 자신도 모르게 관성에 의해서 비판이 아니라 기존질서의 파괴를 목적으로 경우에 빠지게 된다. 아울러 철학과 사회를 새롭게 구성하고 구축하는 데는 등한하게 되고, 심하게는 기존질서를 저주하게 된다. 철학자들은 항상 자신의 도그마에 빠질 위험을 안고 있는 사람들이다. 철학자들의 상당수가 좌파적 사유와 도그마에 물드는 까닭은 일종의 직업병에 가까운 것이다.

인간은 남을 축복하는 '축복의 인간'이 될 수도 있고, 남을 저주하는 '저주의 인간'이 될 수도 있다. 이것은 자신에게도 마찬가지다. 인간은 자신을 축복할 수도 있고, 저주할 수도 있다. 왜 그러느냐고 묻지 말고, 인간은 그런 존재이다. 인간은 경계선상의 존재이고, 왕래하는 존재이고, 반항(反抗)하는 존재이고, 반전(反轉)하는 존재이다. 인간은 세계-내-존재이고, 세계-밖-존재이다.

삶은 항상 무엇의 밖(Ex-istence)에 있다. 앎은 항상 무엇의 안(essence)에 있다. 동시에 삶은 항상 나의 밖에 있다. 앎은 항상 앎의 밖을 요구하고 있다. 앎과 삶은 변증과 순환의 관계에 있다. 이것은 삶이 의미와 무의미의 연속임을 말한다. 부조리의 철학자 알베르 카뮈는 삶이 부조리로 가득 차 있다하더라도 그것을 받아들이는 선택만이 가능하고 말한다. "삶이 부조리하고 아무 의미가 없다는 것을 그냥 받아들여야한다."

그러나 인간은 의미를 먹고사는 존재이고, 비록 불완전하다하더라도 하나의 의미가 없어지면 새로운 의미를 찾아나서는 존재이다. 부조리를 받아들이는 선택 대신에 새로운 의미를 찾아 나서는 것도 강력한 대안이 될 수 있다.

서양철학은 근대까지 자연의 생성을 존재로 해석해왔다. 즉 자연의 생성을 존재의 유무(有無)로 해석했다. 서양철학의 후기근대는 존재의 유무(有無)를 무유(無有)로 해석하는 반전(反轉)을 했다. 여기서 유무이든, 무유이든 현상학의 범주 안에 있는 것이다. 무유의 경우 아직 현상학의 흔적을 지니고 있다. 무(無)가 공(空)으로 해석되어야 완전한 존재론이 될 수 있다. 공은 유무를 동시에 포함하고 있다. 말하자면 이때의 공은 공즉시색(空卽是色), 색즉시공(色卽是空)의 반야(般若)의 공(空)이다. 하이데거의 존재론은 무유(無有)의 무(無)로서 아직도 현상학을 완전히 벗어난 것은 아니다. 하이데거의 존재현상학을 거쳐 박정진의 존재론적 존재론, 일반성의 철학이 되어야 존재론의 완성이라고 할 수 있을 것이다.

돌이켜 생각하면 생성생멸을 존재유무로 해석하는 자체가 이미 자연으로서의(자연으로 태어난) 인간이 스스로(자연)를 대상으로 보는 출발점이고, 이것은 바로 인간이 의식적 존재임을 증명하는 것이다. 의식으로 말미암아 인간은 자연을 대상으로 보게 되는 동시에 스스로는 주체가 된다.

주체가 설정되는 순간 자연은 대상으로 전락하면 나아가서 물질이 된다. 왜냐하면 자연을 대상으로 규정하는 주체를 인간은 이미 정신이라고 전제하고 있기 때문이다. 주체의 철학은 여러 경로를 거치겠지만 결론은 유물론을 배제할 수 없다는 점이다. 우리는 여기서 가장 원초적인 역설을 만나게 된다. 본래 있는 존재인 자연을 물질(유물)이라고 규정하는 것은 바로 정신(유심)이다. 물질(존재자)이 물질(존재자)을 규정할 수는 없다. 인간의 의식이 존재를 물질이라고 규정한 것이다. 우리는 또다시 현상학의 치명적인 역설 혹은 이중성 혹은 왕래성을 보게 된다.

인간은 의식적 존재이다. 그래서 인간은 현상학적 존재이다. 의식은 대상의식에서 출발하여 자기의식으로 돌아온다. 자기의식은 다시 대상의식으로 나아간다. 의식은 왕래와 반복을 거듭하는 것이다. 이것이 바로 정신현상학의 요체이다. 더욱이 무의식을 무의식이라고 규정한 것도 의식이다. 그러한 점에서 무의식도 의식이라고 말할 수 있는 것이다. 의식이 있는 동물은 결국 자기가 중심이고, 자기가 있는 곳이 중심이 될 수밖에 없다.

말하자면 천동설이 지동설에 앞서 있었던 것은 의식적 존재로서의 인간에게는 당연과 결과이다. 물론 천동설은 객관성을 기초로 하는 과학에 의해 지동설로 바뀌었지만 의식은 언제나 지구가 중심이 되는(내가 있는 곳이 중심이 되는) 천동설적 속성을 지닐 수밖에 없다. 의식은 언제나 대상의식에서 출발하지만 동시에 자의식이 형성됨을 특징으로 한다.

자의식은 대상의식의 당연한 산물이다. 인간이 자의식(반성적 의식) 혹은 인식(인식주체)의 동물이 되는 것은 의식의 동물로서는 당연한 귀결이다. 천동설이 지동설이 된 것도 실은 '의식의 왕래성'에 기인한다. 그런 점에서 과학이 탄생한 것도 의식의 발전의 당연한 귀결이다.

의식과 대상은 엄밀하게 나눌 수 없다. 의식자체가 이미 대상화의 산물이기 때문이다. 그래서 현상학에서 초월적 주체와 영원한 대상은 항상 평행선은 그을 수밖에 없고, 어느 지점에서 교차하는 순간, 하나(기원=순간=영원)가 될 수밖에 없다. 그런 점에서 반전(反轉)이 일어나는 것이 현상학이다. 이것을 '현상학적 환원'이라고 하든, '현상학적인 회귀'라고 하든, 그 내용은 같은 것이다.

주체라는 말을 사용하는 것은 이미 주체의 초월성을 인정하는 것이다. 초월적 주관이라는 말은 이를 의미하는 것이다. 초월은 이미 대상(존재)과는 다른 입장에 서게 되며, 이는 초월적 영혼, 혹은 초월적 신을 내포하고 있는 것이다. 영혼은 내 속에 있는 신이며, 신은 내 밖에 있는 영혼과 같은 것이다. 영혼과 신은 이미 서로 왕래하는 관계에 있는 단어이다. 인간이 생각하는 행위 자체에 이미 신적인 위치가 내재해 있다. 그래서 이데아(Idea)가 신(God)과 같은 동의어로 쓰이게 되는 것이다. 니체의 말대로 신은 대중적 플라토니즘인 것이다.

초월적 주체는 영원한 대상을 짝으로 할 수밖에 없다. 주체가 계속해서 초월성을 유지하려면 대상은 영원이 대상으로 남아있어야 한다. 그렇지 않으면 둘은 잠시 분열되었을 뿐, 본래 하나라는 것을 증명하듯이 하나로 통합될 수밖에 없다. 헤겔의 주관-객관적 절대와 같은 것이다. 인간과 신, 신과 인간은 왕래할 수밖에 없고, 둘은 현상학적 인과론을 벗어나기 위해 원(순환)을 그릴 수밖에 없다. 더 나아가서는 심물(心物)은 본래 하나인 것으로 돌아갈 수밖에 없다. 자연(존재)은 항상 생각(존재자)의 밖에 있다. 자연은 스스로 새롭게 변하기 때문이다.

결국 스스로 새롭게 변하는 것을 포함하지 않는 신은 불완전한 신으로 전락할 수밖에 없다. 이것은 불완전한 인간과 같은 것이다. 신이 있느냐, 없느냐를 따지는 것은 인간이 자기 꾀(지혜)에 넘어가는 것과 같다. 진정한 신이 있다면 인간이 있다고 해서 있고, 없다고 해서 없을 것이 아니기 때문이다. 인간은 항상 신을 부르기도 하고, 부정하기도 한다. 부른다는 것은 이미 부정을 포함하고 있고, 부정은 이미 부를 것을 예약한 것이나 마찬가지이다.

주체라는 말은 자연에 대한 주체이기도 하지만 역사적으로는 여성에 대해 남성적 입장을 우선하는 말이기도 하다. 왜 인간은 하나님아버지(God the father)라고 말하는가. 왜 하나님어머니는 안 되는가. 이러한 이상한 문명적 편견이거나 습속에 대해 별로 이의제기를 하지 않는다. 인류는 옛날 옛적 모계사회를 잊어버렸기 때문이다. 인간의 관점(觀點)이라는 것은 이미 맹점(盲點)을 안고 있다. 가부장-국가사회 이전 모계사회에서는 신도 여성이었고, 태양도 여성이었다. 왜냐하면 생성·변화하는 자연에 가까운 것이, 자연의 속성을 더 가진 것이 여성이었기 때문이다.

이러한 인류문화가 급속하게 가부장-국가사회가 된 것은 인구의 증가와 함께 그 인구를 보호하고 먹여살리는 일이 급해졌기 때문이다. 생존경쟁에서 권력경쟁으로 들어간 인간은 자신이 속한 집단의 영속과 안녕을 추구하지 않을 수 없었기 때문이다. 집단과 집단 간의 권력경쟁은 전쟁을 불러왔고, 그 전쟁으로 인해 전사로서의 남자가 더 중요하게 되었으며, 전시체제는 가부장-국가사회를 필연적으로 도모할 수밖에 없게 만들었다. 유대기독교의 절대유일신은 가부장사회에 대한 요구와 압력의 강도가 높은 지역에서 발생한 것이다.

권력경쟁은 도덕을 강요하고 자원의 낭비를 초래하기 마련이다. 왜냐하면 권력자들은 계층(계급)의 위계와 위세를 보여주어야 때문이다. 왕과 귀족(상류층)들은 항상 사치와 풍요를 누리는 것을 당연하게 생각하는 것은 물론이고, 그러한 자신의 지위를 피지배자(중·하류층)에게 수시로 확인시키고 과시하는 것을 일삼는다. 이러한 지배의 행태는 원시부족, 고대사회에서도 마찬가지였다.

현대에 이르러 인간은 과학기술의 힘 덕택에 더욱 막강하게 되었다. 전지전능한 존재는 이제 신이 아니라 인간임을 증명하게 되었다. 이것이 인간신(人間神)이다. 문명의 발달과 더불어 힘(권력)이 더욱 강력해진 인간은 신의 자리를 빼앗으려는 위치에 있게 되었다. 이것이 현대의 무신론적 분위기이다. 과학기술문명이 고도로 발달한 현대는 동서 문명을 막론하고 물신숭배에 빠져있다. 자본주의는 무신-유물론을 주장하지 않더라도 물신숭배에 빠져있다고 보면 틀리지 않다.

인류학자들이 원시미개사회를 현지조사하면서 원주민들이 자연물을 숭배하는 것을 보고 물신숭배(物神崇拜)를 한다고 조롱했다. 그러나 원주민들은 오늘의 관점에서 보면 물신숭배가 아니라 신물숭배(神物崇拜)를 했다고 해야 한다. 원주민들은 자연물을 신처럼 영혼·정령을 가진 존재로 숭배했던 것이다. 도리어 과학기술시대에 사는 현대인이야말로 진정으로 물질을 신(神)으로 섬기는 물신숭배자들이다.

인간신(人間神)과 신인간(神人間)도 마찬가지이다. 인간신은 과학기술시대에 엄청난 지식과 능력을 가짐으로써 못할 것이 없는 전지전능의 신의 자리에 올라간 인간을 말한다. 이와 반대로 신인간은 처음부터 신령스러움을 가진 인간을 말하는 것이다. 인간신은 신을 배반하거나 무신론자가 될 수 있다면 신인간은 처음부터 신적인 요소를 내재한 인간을 말한다.

옛날에는 신과 인간이 동거하는 관계에 있었다면 현대는 신의 자리에

인간이 대체된 것을 의미한다. "나는 생각한다. 고로 존재한다."(cogito)
라는 단순한 문장은 그것을 증명하고도 남음이 있다. 데카르트는 '신존
재증명'을 한 철학자이지만 그의 코키토는 이미 신의 해체의 시작이라고
해도 틀린 말이 아니다. 이에 따라 태초의 원인으로서의 신, 즉 원인적
동일성은 사라졌다. 신이 없이도 인간은 천지창조를 과학적으로 즉, '빅
뱅-블랙홀'로 해석한다.

근대는 신의 해체와 더불어 시작되었다. 변증법도 해체의 연장선에 있
다. 정(正)에 반(反)이 있다는 것은 이미 해체를 의미한다. 그 뒤에 오는
무신론(無神論)-유물론(唯物論)은 물론이고, 신의 죽음선언 등은 해체의
연장선에 있다. 근대의 정신을 살펴보면 여러 곳에서 해체의 징후가 발
견된다. 과학의 등장은 무엇보다도 중세의 해체일 뿐 아니라 신의 해체
의 신호탄이다. 해체가 니체에 의해 시작된 것은 아니다. 그런 점에서 해
체는 후기근대에 시작된 것이 아니라 근대의 출발에서 이미 엿볼 수 있
다. 근대 속에 이미 후기근대가 있고, 후기근대 속에 근대가 있는 것이
다. 근대-후기근대는 따라서 물고물리는 관계에 있다.

해체론은 특별한 것이 아니다. 구성의 해체이기 때문이다. 신을 앞세
웠다가 나를 앞세우면 그것이 신의 해체가 된다. 해체철학은 실은 데카
르트로부터 시작되었다. 그것이 노골적으로 폭로된 것이 바로 니체였을
따름이다. 이것이 근대의 '나'가 중세의 '신'을 대체한 이유이다. 신과 내
가 실은 하나라면 둘러치나 매치나 마찬가지이다. 세계를 유시유종(有始
有終)으로 말하든, 무시무종(無始無終)으로 말하든 하나의 궤도에 있다.
구성은 해체를, 해체는 구성을 서로 내재하고 있다.

남성과 여성, 주체와 대상, 의식과 무의식 등 모든 대립적인 것은 이중
성(이중연쇄, 이중긍정, 이중부정)의 관계에 있다. 이때의 이중성은 불분
명함을 의미한다. 이러한 이중성은 역설적으로 인간이 설정한 이분법의
반대급부로 형성되며, 따라서 이분법의 반사효과라고 할 수 있다. 그렇

다면 이분법의 출발점은 어디일까. 아마도 가부장-국가사회, 다른 말로 문명의 남성성, 팰러스가 만들어낸 그림자일 것이다. 그러나 문화의 바탕에는 자연(본능, 섹스)이 있음을 잊지 말아야 한다.

역사는 남성의 전유물이다. 생성(생멸)을 존재(유무)로 설명하는 자체가 이미 남성적 시각이 투사된 결과이다. 인간의 역사는 가부장-국가사회 이후 이미 오래된 남성중심의 역사를 전개해왔다. 우리는 부지불식간에 남성중심의 사유를 문명전반에서 받아들이고 있는 것이다. 과학의 발달은 더욱 더 그것을 증진시켜왔다. 존재라는 말 자체가 이미 고정불변의 어떤 존재(사물) 혹은 신이 있는 것처럼 받아들이고 있는 것이다. 인식주체라는 말 속에는 이미 자연과 여성을 대상으로 보는 존재자적 사유가 침투되어있다.

그렇다면 여성적 철학은 무엇인가. 크게 보면 남성적 철학이 '존재(Being)의 철학'이라면 여성적 철학은 '생성(becoming)의 철학'이다. 남성철학이 구성주의철학의 편이라면 여성철학은 존재론철학(해체주의철학)이 될 수밖에 없다. 여성적 철학이 생성의 철학인 것은 무엇보다도 여성이 '출산'을 담당하고 있는 데서 비롯된다. 아이를 잉태하고 출산하고 양육하며, 기초적인 소통도구인 언어를 습득하게 하여 사회로 내보내까지 가정에서의 성장을 담당하고 있는 여성의 신체적-전통적 역할과 관련이 있다.

여성은 남성에 비해 자연에 밀착되어 있는 존재이다. 남성적 철학은 문명을 주도하면서 자연과 멀어진 게 사실이다. 쉽게 말하면 우리가 접하는 있는 모든 철학은 남성철학이다. 남성은 여성을 정복하면서 주인이 된다. 여자들은 자신의 남편을 '주인'이라고 말한다. 반대로 여성은 아이를 낳으면 스스로 아이의 종이 될 수밖에 없다. 아이는 또 다른 주인이다. 가족이라는 것은 바로 이렇게 구성되었는지도 모른다. 주인과 노예의 관계는 가정에서 출발했을 수도 있다. 이것을 사회에 확대하면 지배자와 피지배자의 관계가 된다.

인간은 두뇌의 동물인 만큼 세뇌적(洗腦的)이고, 자기도취적이다. 그래서 한번 세뇌되면 그것에 매달리게 된다. 이것이 폭넓은 의미에서 빙의(憑依)이다. 빙의는 글자그대로 뇌가 다른 가상(假想)의 옷을 입는 것이다. 인간은 자연에 적용하는 한편 초자연을 상상하고 가상하는 존재이다. 그래서 인간은 자연적 존재로서 피할 수 없는 죽음과 죽음 이후에 대해서 생각한다. 이러한 인간을 두고 의식적 존재라고 말한다.

죽음 이후에 천국과 극락이 있다는 것은 참으로 현상학적인 인간의 발상, 너무나 인간적인, 인간적인 일이다. 현상학은 존재, 즉 있음에서 벗어날 수 없기 때문이다. 존재의 없음도 있음을 전제로 없는 것이기 때문이다. 있음을 죽음 너머에도 적용하고픈 것이 인간현존재이다. 비록 신과 부처는 현상학적인 발상이고, 그것이 인간의 특성이자 한계일 수도 있지만 그것을 통해 초자연적인 세계인 영성과 양심과 만날 수 있는 계기를 된다. 현대인의 비극은 도리어 신(神)과 영성(靈性)에 대해 질문하는 자체를 잃어버리거나 포기한 데서 비롯된다. 가부장사회는 특히 자연을 지배하려는 강력한 의지를 표상하고 있다.

남성적 철학은 문명을 주도하면서 자연과 멀어진 게 사실이다. 쉽게 말하면 우리가 접하는 있는 모든 철학은 남성철학이다. 남성철학은 자연을 지배하고 권력(힘)을 지향하는 철학이라고 해도 과언이 아니다. 그러한 점에서 남성철학은 '대뇌의 철학'이라고 말할 수 있다. 그 대뇌의 철학은 자신의 뇌가 신체의 일부라는 사실조차 잊어버릴 정도로 도착적이고, 그 잊어버리는 지점에서 철학을 출발하기도 한다. 이데아라는 것은 바로 대뇌의 생각(Idea)이다. 자연을 이데아의 모방이라고 하는 것은 그 대표적인 철학이다.

남성철학은 자연을 이데아에 종속시키는 특징을 보인다. 권력의 엄격한 보수성에 비하면 문명에 있어서 새로운 창조라는 것은 도리어 매우 생성적이고 여성적이기까지 하다. 남성중심의 가부장문명은 여성의 생성(생성의 자연적 특성)을 신(남성)의 창조(존재)로 바꾸었다.

인간의 창조는 역사에서 여성적 히스테리를 닮았다. 기존의 팰러스(Phallus)에 도전하기 때문이다. 남성은 줄곧 종이(평면)에 책을 써왔고, 여성은 거울을 보고 얼굴에 화장을 해왔다. 신은 태초에 천지를 만든 창조자였지만 인간은 최후에 인생을 예술로 만드는 예술가이다. 시인과 음악가, 예술가야말로 살아있는 신이 되는 것이 존재론인 셈이다. 존재론은 시간과 현상학을 무(無)로 만드는 철학이다. 해체론은 변증법(현상학)의 부정적 차연(差延)이고, 존재론(하이데거)의 현상학적인 차원의 카피(copy)이다.

해체주의철학을 인류문명론의 입장에서 말하면 가부장-국가사회의 철학에 속했던 일군의 서양철학자들이 마치 자신들은 여성성(자연성, 민중성)을 토대로 철학을 하는 것처럼 흉내 내는 것이라고 할 수 있다. 니체의 잠언 중에서 "철학이 여성이었다면"이라는 말은 이런 경향을 상징적으로 표출하는 구절이다. 여성에 대한 남성의 욕망은 끝이 없다. 진리에 대한 남성의 욕망도 끝이 없다. 니체의 분신인 차라투스트라는 이렇게 말했다.

"여인이여, 내게 그 작은 진리를 다오!" 그러자 그 늙은 여인은 말했다. "여인들에게 가려는가? 그러면 채찍을 잊지 말아라!"(『차라투스트라는 이렇게 말했다』「늙은 여인들과 젊은 여인들에 대하여」)

7. 니체, 데리다, 들뢰즈에 대한 소회(所懷)

1) 서양철학의 기표(記標)중심주의에 대한 반론

한글의 소리는 이미 의미이다. 인류의 여러 문자 가운데 인간의 발성기관의 소리 자체가 의미를 내재하고 있는 말글(음성언어)이 바로 한글이다. 그렇기 때문에 한글은 인류언어의 모성언어, 즉 모국어(母國語)이다. 소리는 몸(구강)에서 저절로 나온다. 이에 비해 문자는 인간이 인위적으로, 혹은 손으로 문자를 써야 한다는 점에서 이차적이다. 문자는 이미 의식적 행동의 소산이다.

소리가 의미라는 관점에서 인류문명, 특히 서양문명을 해석해볼 필요가 있다. 소리는 문자와 달리 눈으로 보지 않아도 있음을 알 수 있는, 귀로 들으면서 기표(기호)를 떠올릴 수 있다는 점에서 문자 이전의 문자라고 할 수 있다. 우리를 귀를 쫑긋함으로써 발자국 소리를 듣고 누가 오는지, 위험한 동물이 가까이 있는지, 징후(徵候)를 통해 안다. 그러한 점에서 소리(phone)가 이성주의의 원인이라고 보는 것은 착각이거나 편견이다. 소리는 파동이고, 실체가 아니다.

문자와 소리를 구조언어학적으로 말한다면 기표(記標)와 기의(記意)로 표현할 수 있다. 소리는 의미이면서 동시에 의미를 표상하는 기표의 역할을 동시에 하고 있다. 소리의 기표(기표의 기능)가 체계화되고 발달하면서 문자가 되었다. 소리가 파동(울림)의 기표라면 문자는 정지된 기표이다.

문자가 없이는, 좀 더 정확하게 말하면 문자와 같이 정지된 기표, 나아가서 기표의 약속이 없이는 복잡다단한, 문화적인(문화복합적인) 언어생활을 할 수가 없다. 그래서 문자가 없는 문명은 없는 것이다. 문자가 없이는 결코 이성이 발달할 수 없다. 빛과 소리가 이성이라고 하는 것은 실은 빛과 소리를 이성의 은유로 사용한 것에 지나지 않는다.

인간이 무엇을 인식했다. 의식했다, 알았다고 하는 것은 이미 나와 세계를 분리하는 이원론이며, 주체와 대상으로 나누는 실체라는 환상이다. 여기서는 기독교의 신(神)도 예외가 될 수 없다. 오직 앎을 포기하는 것만이 이분법을 벗어나는 길이다. 그러한 점에서 생각 없이 사는 삶만이, 신체적 삶만이 세계를 하나의 존재로 받아들이는 길이 된다. 존재는 하나의 총체적인 삶이며, 거대한 흐름이다. 존재는 소리처럼 흘러가는 총체이다. 그렇지만 인간 현존재의 특성이 결코 이를 받아들일 수 없다. 인간의 생각과 기억은 이를 받아들일 수가 없다.

오늘날 서양철학은 크게 보면 헤겔, 니체를 중심을 헤겔이전, 헤겔이후로 보든가, 니체이전, 니체이후로 보던가 하는 경향이 있다. 그렇지만 니체 이후의 후기근대철학도 실은 무늬만 해체주의이기 때문에 결국 서양철학 안에 있을 수밖에 없다. 이는 물론 전통의 연속과 불연속을 동시에 포함하는 경계이기도 하다. 예부터 온고지신(溫故知新)은 그러한 것이다. 새로운 것을 추구한다고 하지만 실은 전통의 안에 있는 것이다. 그래서 지신온고(知新溫故)라고 해도 결국 일어나는 사건의 동시성 혹은 가역성은 마찬가지이다.

해체철학의 막내는 자크 데리다이다. 데리다의 문자학(grammatology)의 대전제인 서양문명의 '이성음성주의(logophonocetrism)'는 잘못된 전제이다.[22] 즉 빛과 소리를 이성으로 받아들인, 은유를 환유로 사용한 것에 지나지 않는다. 설사 그렇다고 인정하더라도 서양문명 자체가 그러한 대전제 위에 구축된 문명이라는 사실을 고백(고발, 폭로)한 것에 지나지 않는다. 이를 거꾸로 해석하면 빛과 소리를 이성이라고 전제

---

22) 박정진, 『철학의 선물, 선물의 철학』(소나무, 2012), 『소리의 철학, 포노로지』(소나무, 2012) 참조. 'logophonocentrism'은 흔히 국내에서 '말소리중심주의'로 번역한다. 이 번역은 'logos'를 '말'로 번역했기 때문에 혼란을 불러일으킨다.

함으로써 이성주의를 구축한 것에 지나지 않는다고 말할 수 있다.

빛과 소리는 아무런 의미가 없는 파동이다. 빛과 소리에 인간의 이성을, 이성적 작용을 심은, 투사한 것이 이성주의라는 것이다. 신(神)이라는 것도 이성과 같은 의미로, 혹은 이성에 국한되는 의미로 사용한다면, 인간의 이성이 투사된 것이라는 환원주의를 벗어날 수 없다. 서양문명을 해체한다고 해체주의를 선언한 자크 데리다의 문자학(해체주의적 문자학)은 해체주의를 선언하였다고 하지만 이는 서양문명의 기표중심주의를 반증(反證)하는 것에 불과하다.[23]

데리다의 "기표가 미끄러진다."는 말은 그것 때문에 의미가 고정되지 않는다는 뜻도 되지만 그것보다는 기표연쇄로서의 과학을 숨기고 있다. 데리다의 기표연쇄, 흔적(trace)은 하이데거의 존재론과 니체의 해체주의를 자신의 텍스트이론의 입장에서 합성하고 재해석한 것일 뿐이다. 그는 자신의 철학이 없이 마치 문학평론가처럼 철학평론가로서 이 사람의 것을 가지고 저 사람의 것을 비평하고, 이것으로 저것을 무화시키고, 자신의 재치 있는 신조어(新造語)로 남의 오리지널(original)을 표절하거나 기생하는 철학자에 불과하다. 해체주의는 문학적 철학이며, 철학의 문학화일 뿐이다. 좀 더 정확하게는 철학을 문학으로 대하는 문학평론, 평론철학에 불과하다. 이것은 프랑스적 특성이다.

해체주의는 권력(힘)중심의 서양철학을 비판하면서도 다시 그것으로 돌아가는 이중의 몸짓에 지나지 않는다. 그것은 바로 힘(니체), 문자(데리다), 기계(들뢰즈)로 대변된다. 이들 해체주의자들은 자신들이 동일성을 벗어난 것처럼 요란을 떨고 있다. 그러나 그들의 의식 혹은 무의식의 깊은 곳에는 동일성이 이무기처럼 숨어있다.

차이는 이미 동일성의 관점에서 차이이다. 권력은 이미 도덕의 관점에

---

23) 박정진, 『소리의 철학, 포노로지』(소나무, 2012) 참조. 박정진, 『일반성의 철학과 포노로지』(소나무, 2014), 223~228쪽. 박정진, 『서양철학의 종언과 한글철학의 탄생』(yeondoo, 2022), 257~506쪽 「데리다, 해체주의와 평론적 철학, 그리고 표절」 참조.

서 권력이며(니체), 텍스트는 이미 콘텍스트의 관점에서 텍스트이며(데리다), 무의식은 이미 의식의 관점에서 무의식이다(라캉). 차이의 반복은 이미 동일성을 숨기고 있는 반복이다(들뢰즈). 이것을 이들은 해체라고 부르고 있는 것이다. 이들이 존재 자체의 차이라고 하는 것은 이미 존재가 동일성임을 의미하기 때문에 그 자체를 말하는 것이다. 만약 존재가 동일성이 아니라면 그 자체를 말할 필요도 없는 것이다.

서양철학이 '생성'(자연존재)을 '존재(사물존재)'라고 말하는 자체가 이미 동일성의 족쇄에서 시작이며 끝이다. 이는 기독교가 신(하나님)을 알파요, 오메가라고 말하는 것과 같다. 니체는 '동일성의 반복'을 영원회귀라고 주장했지만 들뢰즈는 '차이의 반복'을 영원회귀라고 주장했다. 어떻게 된 일일까. 서양철학자들의 동일성을 주장하든 차이를 주장하든 결국 동일성이라는 것을 말한다. 들뢰즈는 '차이의 반복'에서 '반복'이라는 점에서 동일성을 숨기고 있음을 들켜버린 셈이다.

들뢰즈는 존재의 세계에는 차이 밖에 없다고 말하지만 실은 욕망기계 혹은 전쟁기계 속의 '기계'라는 말은 그 어떤 말보다 동일성의 가장 확실한 증거이다. 기계는 동일성의 상징이다. 그는 이 세계가 하나의 의미를 갖는 것은 '차이의 존재로서'라고 말하지만 기계적인 세계가 어떻게 차이의 세계라는 말인가. 동일성은 인간의 마음과 생각 속에 있는 것이다. 더 정확하게는 생각 속의 추상과 기계에 있는 것이다. 더욱이 '영원회귀'를 추구하는 자체가 바로 동일성을 추구하는 명백한 증거인 것이다.

들뢰즈는 동일성을 벗어나기 위해서 자연의 관점에서 차이의 존재론, 차이의 반복을 주장했지만 실은 동일성의 이미지 혹은 그림자를 벗어나지 못하고 있다. 그가 말하는 차이가 바로 동일성을 감춘, 동일성의 차이이기 때문이다. 서양철학은 자연 그 자체에 도달할 수 없다. 그 까닭은 끝까지 존재의 관점에서 생성을 보기 때문이다. 들뢰즈의 철학은 미적분을 철학적으로 설명한 데에 지나지 않는다. 그가 절편의 강도(intensity)

를 말하는 것도 이 때문이다. 서양철학은 이데아부터 차이의 철학까지 모두 동일성의 철학의 가족유사성 속에 있다. 이데아의 빛과 기독교의 전지전능은 바로 기계인간으로 오늘날 드러나고 있다. 서양철학자는 모두 소피스트(궤변론자)이다.

자연적 존재인 인간이 자연에서 분리되기 시작한 것은 바로 두개골용량이 늘어나고부터다. 인간의 머리가 신체에서 완전히 독립한 것은 아니지만 마치 독립한 것처럼, 더욱이 신체를 지휘(명령)하는 신체부위가 된것은 바로 생각을 담당하는 대뇌의 발달에 기인한다. 대뇌는 눈앞에 펼쳐진 대자연을 해석하고 설명하는 의지(욕망)를 강화하는 데에 결정적인 역할을 한다. 바로 인간의 생각하는 특징으로 인해 인간은 자연이면서 동시에 자연이 아닌 이중적 존재(자연/인간, 자연∥인간)가 된다. 이중적 존재로서 분리가 강화되면 동일성을 추구하게 되는 이분법이 되는 것이다.

인간은 자연(본래존재, 닮음)에 어떤 개념을 입혀서 '개념이라는 동일성'으로 자기를 대상화하는, 자기를 기만하고 있는 존재(현존재)이다. 인간이 시간을 떠올리는 자체가 이미 동일성의 첫걸음이다. 이러한 인간의 자기기만은 동서양을 막론하고 있어왔지만 특히 근대의 서양철학과 문명에서 정점을 찍고 있다. 인간은 자기기만으로 자연에서 도구(과학)를 추출하고, 상상으로 천국과 극락과 지옥을 만들어서 죽음(종교)에 대처하면서 삶의 쾌락(예술)으로 자기위로를 받아온 존재이다. 현대물리학이 인간이 살 수 있는 다른 우주로의 탐험을 위해 각축전을 벌이고 있는 것은 바로 대뇌에서 발원하는 지배라는 권력욕 때문이다.

해체주의는 중심이 없음을 자신의 발견처럼 떠들고 있지만 실은 '중심이 없기 때문에 중심을 잡고, 문화전통을 확립해온 인류의 역사'를 무시하고 있다. 시대에 따라 언제나 중심이동을 해온 것이 역사였다. 비록 주변이 중심이 된다고 하더라도 그것 자체가 중심이동이다. 해체주의는 중심이 없다고 주장하면서 엄청난 진리라고 발견한 것처럼 소란을 떨고 있는데 이는 아무런 생산성이 없는 헛소리이다. 그래서 해체는 구성의 이면에 지나지 않는다고 말할 수 있다. 해체 자체는 결코 중심이 될 수 없다.

중심의 문제는 신의 문제로 통한다. 무소부재(無所不在)한 신이 진정으로 있다면 인간은 신을 찾을 필요도 없었을 것이다. 신은 있어도 알 수 없기 때문에 혹은 없기 때문에 계속해서 찾아야만 하는 존재이다. 이 과정에서 신이 없다거나 신이 죽었다고 천명하는 것은 괜한 과대망상이거나 혹은 자기선전에 불과하다. 인간은 신을 설정하여 살기도 하고, 신을 설정하지 않고도 살기도 한다. 후자의 경우 삶에서 닥치는 여러 문제를 해결하는 데 훨씬 불리하다. 그럼에도 불구하고 신을 설정하지 않고 사는 소수(창조적 소수)도 있는 것이다.

다수의 인간은 진리를 추구하기보다는 계속해서 신을 찾을 것이다. 신은 인간이 있다고 한다고 있고, 없다고 한다고 없는 존재가 아니다. 그런 점에서 신의 유무는 중요한 것이 아니다. 인간은 어느 쪽에 속하든 자신의 삶을 영위해가는 실존적 존재이다. 신이라는 말도 언어라는 점에서 유명론을 완전히 벗어날 수는 없다. 이는 신의 축복과 은혜를 듬뿍 느끼는 개인이 있는 것과는 상관이 없다. 신의 유무는 표상 혹은 기호로 인해 생긴 것이다. 기표(기호, 언어)는 어디까지나 표상이지 결코 자연 그 자체가 될 수 없다. 기표는 존재자의 세계이다. 기표는 존재론적 존재가 될 수 없다.

하이데거는 "과학은 사유하지 않는다."고 말했다. 과학은 의미를 찾지 않고, 개념을 가지고 오로지 수학적 공식인 $y=f(x)$에 세상을 집어넣으려고 하는 것을 꼬집은 발언이다. 그래서 과학과 과학자들은 자연이 마치 자연과학적으로 있는 것처럼, 기계적으로 운동하고 있는 것처럼 착각한다. 과학은 수학적 공식에 맞는 것만 찾아가는 어쩌면 '합리성의 자폐증

(自閉症)'의 혐의가 있다.

과학에 의해 세상에는 의미가 없어지고 개념과 추상(기계)만 있게 된 것이다. 소리의 의미에서 출발한 언어가 의미를 없애버린 것이 과학이다. 이에 저항하는 것이 바로 시인이다. 서양철학에서 유일하게 시(詩)철학자인, 시로 철학을 하는 스타트를 끊은 인물이 니체이다. 니체는 "신은 죽었다."라고 선언하면서 서양문명의 신과 기원에 대해 맹렬하게 망치를 휘둘렀지만 '힘(권력)에의 의지'로 세계를 환원시켰다. 이것은 현상학을 깨면서 도리어 현상학으로 돌아가는 것에 지나지 않는다. 그런 점에서 해체주의는 서양철학의 구성주의의 이면에 지나지 않는다. 서양철학에는 구성철학과 존재론철학이 있을 뿐이다.

프랑스 근대철학의 특징은 '철학의 문학화'라고 말할 수 있다. 이는 크게 보면 독일철학의 관념론적 특징을 프랑스철학의 합리론으로 번역하는 과정이라고 말할 수 있다. 이를 보다 정밀하게 말하면 철학적 주제를 문장의 텍스트론으로 변형시킨 것이라고 말할 수 있다. 이는 철학의 시공간을 언어(기억)와 문장(텍스트)의 시공간으로 옮겨놓거나 재해석한 것이라고 말할 수 있다. 프랑스와 독일은 근대철학의 전개과정에서 서로 독창과 번역의 상호영향이라고 말할 수 있다.

프랑스가 독일에서 크게 영향 받은 것은 프로이트와 라캉의 사례에서, 혹은 하이데거와 데리다의 사례에서 두드러진다. 물론 라캉은 '프로이트로 돌아가자'라고 말함으로써 자신이 프로이트의 전통을 잇는 것임을 선언한 경우이다. 라캉은 『에크리 (Écrits)』(1966년)에서 그의 철학적 핵심을 드러냈다. 에크리는 구조적인, 구조언어학인 관점에서의 프로이트를 재해석했다.

이와 반대로 데리다는 하이데거에게 영향을 입었으면서도 하이데거를 부정하거나 오해함으로써 철학에 있어서 평론가적 사기성을 드러낸다. 이때의 사기성은 비유컨대 평론가가 시나 소설을 평론하면서 갑자기 자신이 창작자로 돌변하여 평론이 아니라 해체를 위한 평론을 감행함으로써 자신이 시인이나 소설가인양 행세하는 것과 마찬가지로 철학자인양 행세하는 것을 말한다. 데리다는 해체를 위해서 억지로 반대의 경우, 혹은 극단적인 경우를 끌어오거나 가정을 함으로써 결국 기존의 문학이나 철학을 부정하는(해체하는) 막다른 골목에 도달하면서 자신이 거대한 철학자인양 행세한다. 그의 철학은 해체를 위한 해체이거나 표절의 의혹을 물씬 풍긴다.

데리다에게 있어 순수 독창적인 경우는 드물다. 대개 다른 철학자에 빌붙어서 혹은 편승하면서 혹은 오해하면서 행세하는 것이다. 『그라마톨로지(De la grammatologie)』(1967), 『글쓰기와 차이(L'Écriture et la différence)』(1967)에서 그의 특징을 볼 수 있다. 그는 하이데거에게 영향을 입었으면서도, 니체를 가지고 하이데거를 성토하는 경향을 보인다. 그의 철학평론가적 태도는 실은 자신의 철학적 주제를 달성할 때조차, A라는 철학자는 B라는 철학자로, B라는 철학자는 C라는 철학자의 주장을 가지고 성토하는 이이제이(以夷制夷)의 전투를 벌이는 것과 같다. 좀 심하게 말하면 '말소리중심주의(logophonocentrism)'라는 증명되지도 않는, 억지가정을 내놓고 사람들을 현혹하면서 여기저기서 싸움을 벌이는 철학자 싸움꾼이며, 표절꾼이다.

그런데 여기서 우리가 더욱 주목해야하는 것은 프랑스철학에 대한 니체의 영향이다. 니체의 문학적 취향, 요컨대 역설의 묘미 혹은 반전의 묘미를 흉내 내면서 니체의 계승자를 자처한다. 그렇다고 해서 니체의 철학적 정신을 계승한 것도 아니다. 단지 니체의 겉모양이나 태도, 글쓰기를 흉내 내는 것에 불과하다는 인상을 지울 수 없다.

데리다의 스승이 바로 니체이다. 니체는 서양문명을 해체하였지만, 해체의 먼 길, 우회로를 돌아 도리어 마지막에는 '힘(권력)에의 의지'에서 해결점을 찾았다.[24] 이는 서양문명의 힘을 바탕으로 하는 이성중심주의-기독교주의-과학주의의 연장이며, 현상학적 궤도의 순환인 것이다. 종래의 현상학이 기원(최초의 원인)을 중심으로 하는 철학이었다면, 니체의 해체철학은 단지 종말(최후의 결과)을 중심으로 하는 철학이었을 뿐이다.

'초인(übermensch)'이라는 말은 종래의 신(神)의 대리보충에 지나지 않는다. 이는 서양문명의 이성중심주의를 고발하면서 동시에 그것을 옹호하는 이중적 몸짓에 지나지 않는다.

우리는 흔히 신의 앞에 수식어로 '전지전능(全知全能)한'이라는 말을 붙인다. 결국 전지전능한 존재가 신이라고 하는 말의 이면에는 이성주의와 과학주의가 이미 숨어있다. 전지전능이라는 말에는 이미 인간의 염원과 기도가 숨어있다. 기독교 유일신은, 인격신은 그러한 점에서 실은 인간성이 이미 침투해있다고 해도 과언이 아니다. 말하자면 기독교 유일신은 처음부터 신(神)이면서 동시에 인간신(人間神)의 성격을 동시에 가진 신이다.

그러한 점에서 기독교 신은 인간과 신의 이중성이다. 기독교 신화인 성경(聖經)의 선과 악은 이중성이다. 해체주의 철학자들이 바로 이중성을 폭로했다고 해서 마치 서양문명에 엄청난 혁명을 일으킨 것처럼 호들갑을 떨면서 과장을 하는 것은 실은 서양문명의 고백성사, 자기위로, 자화자찬에 지나지 않는다.

해체주의의 선구자인 니체의 영원회귀라는 것도 "현상학의 또 다른 궤도에 지나지 않는다."라고 말할 수 있다. 종래의 현상학적 환원이 아닌, 현상학적 회귀인 것이다. 주체의 초월과 대상의 영원은 하나의 궤도이다. 주체의 초월은 끝없는 대자(對自)활동의 결과이고, 영원회귀는 타자

---

24) 박정진, 『니체, 동양에서 완성되다』(소나무, 2015) 참조. 박정진, 『서양철학의 종언과 한글철학의 탄생』(yeondoo, 2022), 16~182쪽 「너무나 인간적인, 니체적인」 참조.

(他者)의 타자성(他者性)을 표현하는 것에 지나지 않는다. 현상학적 환원이나 현상학적 회귀는 같은 타원궤도에 있는 두 중심이다. 현상학은 철학의 타원궤도이다.

질 들뢰즈의 유물-기계적 존재론은 추상기계를 말하고 있는데 추상이야말로 기계인 것이다. 유물과 기계는 관념과 추상의 산물이다.[25] 유물은 흔히 물질이라고 하니까 눈에 보이고 손으로 잡을 수 있는 것이라는 선입견을 갖기 쉬운데 실은 유물은 유심의 반전(反轉), 즉 수평적 반전이다. 한편 기계는 추상의 전도(轉倒), 즉 수직적 전도이다. 이는 수학이 추상인 것과 같다. 유물은 이념에 지나지 않고, 기계는 추상에 불과하다.

유심-유물, 추상-기계의 반전과 전도는 현상학적인 차원의 순환궤도에 불과한 것이다. 이것은 이원론을 떠나려고 하는 하이데거의 존재론과는 다른 것이다. 진정한 존재론은 선후상하좌우내외가 없다. 모든 존재는 저마다 중심이며, 저마다 고유성을 지니고 있다. 데리다의 부재의 철학과 들뢰즈의 기계의 철학은 서양철학의 동일성을 차연과 반복이라는 말 속에 감추고 있을 뿐이다.

들뢰즈의 차이와 반복은 실은 동일성을 감춘 차이에 불과하며, 반복이라는 말이 도리어 감추어진 동일성을 은폐하고 있지만 동시에 은은히 드러내고 있다. 유물과 기계에는 우리가 일상생활에서 매일 접하고 있는 자연이라는 구체가 없다. 사물 그 자체(Thing itself)가 없이 관념(idea)의 사물(Thing=It-that)만 있는 것이다. 이들 세 철학자에게 발견할 수 있는 공통점은 바로 기표중심주의이다.

서양철학의 진정한 혁명은 존재론이다. 시와 철학의 관점에서 보면 시는 하이데거의 존재론철학의 은적(隱迹)를 은유(隱喩)로 표현하는 것이며, 들뢰즈 철학의 '되기(becoming)'는 시적 은유에 해당한다고 볼 수

---

25) 박정진, 『서양철학의 종언과 한글철학의 탄생』(yeondoo, 2020), 183~256쪽 「들뢰즈의 욕망과 도착, 기계주의」 참조.

있다. 이는 은유가 한 사물을 다른 사물의 관점에서 보는 것이라는 점에서 그렇다. 플라톤에 의해 철학이 시와 결별하게 되었지만, 존재론철학에 이르러 다시 시와 재회하는 양상을 보이고 있다. 서양철학이 시와 다시 재회하는 경향은 서양철학을 동양철학에 더 가깝게 하는 소질이 있는 것이다.

그럼에도 불구하고 서양문명은 기표중심주의의 문명이며, 그것의 해체주의는 구성주의의 이면에 불과한 것이다. 우리는 해체주의에서 도리어 철저한 성벽을 치고 있는 구성주의의 단단함을 확인하게 된다. 해체주의는 구성주의와 대립하는 자연철학, 존재론철학처럼 이해하기 쉽지만 구성주의 철학을 드러내는, 반증(反證)에 불과한 철학에 지나지 않는다. 그래서 서양철학은 자연과학과 함께 종언을 구할 수밖에 없다. 만약 그렇지 않으면 인류의 종말을 철학이 과학과 함께 연합하는 셈이 된다. 인류문명은 과학을 이용하면서도 자연의 생명에 대해, 그것의 존재 자체에 대해 물어보아야 한다.

언어를 사용하는, 더 정확하게는 소리와 기호를 사물과 생각에 연결시키는 기술자인 인간은 자연(세계)의 실재, 즉 생성·변화하는 존재를 고정불변의 존재로 해석하고자 한다. 고정불변의 세계는 이데아에서 법칙, 법칙에서 이성으로 확장되었다. 언어를 확장하면 기호의 세계가 되는데 기호는 바로 생성을 존재로 해석하기도 하고, 기호를 통해 사물을 소유하고자 하는 욕망을 드러내기도 한다. 그럼에도 불구하고 기호는 끝없는 욕망을 다 표현하지 못한다. 그 욕망은 때로는 신이고, 때로는 이성이지만, 끝이 없다는 점(끝없이 달아난다는 점)에서 영원이고, 무한대이고, 무한자이다.

현상학과 존재론의 관계는 이렇다. 무를 무한대로 표현하는 것이 현상학이라면, 무한대를 무로 표현하는 것이 존재론이다. 이렇게 보면 데리다의 해체주의는 하이데거의 존재론을 현상학적인 차원에서 번역한 것이거나 아니면 심하게는 표절한 것이라고 할 수 있다. 세계를 기호(언어)라고 생각하는 것이야말로 바로 서양철학의 현상학적·모순적 태도이다. 우리는 존재의 침묵을 배울 때, 존재 그 자체에 닿을 수 있다.

미래철학은 과학이 아닌, 과학이 달성할 수 없는 새로운 철학의 길을 열어야 한다. 그 길은 놀랍게도 인격이 침투하지 않는 신으로서의 자연, 자연으로서의 인간, 신인간(神人間)의 철학이다. 이제 인간은 인간신(人間神)에서 신인간으로, 신(神)자연으로, 돌아가는 철학적 회귀를 모색하지 않으면 안 된다.[26] 신(神)을 접두어로 사용하는 신(神)인간주의, 신(神)자연주의야말로 물신숭배(物神崇拜)가 아닌, 원시적인 신(神)중심주의, 신물숭배(神物崇拜)이다. 신물숭배는 철학의 보편성이 아닌, 철학의 일반성, 철학의 존재성을 추구하는 존재론철학이다. 존재론철학은 심물존재(心物存在)의 철학이다. 심물존재의 철학은 종래 보편성의 철학이 아닌, 일반성의 철학이다.

개인의 개체성에서 출발하는 근대철학은 더 이상 보편성을 찾아서는 안 된다. 개체는 집단을 토대로 하는 보편성을 추구할 수가 없다. 개체는 일반성으로 향할 수밖에 없다. 보편성은 인위적·이성적 하나이고, 일반성은 무위적·자연적 하나이다. 일반성은 여성성이고, 자연성이다. 일반성은 집단에서 출발하는 보편성과 달리, 개체(individual) 및 원자(Atom))에서 고정불변의 존재성을 부정함으로써 자연 혹은 본래자연으로 돌아가는 것을 의미한다.

그런 점에서 일반성은 인간이 그동안 의미부여한 것을 무화시키는 무의미성을 내포하고 있기도 하다. 그렇다고 해서 일반성은 서양철학처럼 허무주의에 빠지는 것이 아니라 허(虛)와 무(無)를 자연의 본성으로 받아들이는 철학적 태도를 의미한다. 인위(人爲) 혹은 유위(有爲)는 모두 시공간적 한계를 지니고 있다. 자연 이외의 것은 모두 자연을 왜곡시키거

---

26) 박정진, 『네오샤머니즘』(살림, 2018), 414~415쪽.

나 심하게는 자연을 끊어서 절도(絶倒)하거나 절도(竊盜)하는 것에 비할 수 있을 것이다.

그래서 미래의 인류철학은 '보편적이고 일반적인'이 아닌, '일반적이고 보편적인' 철학으로서, 가부장철학 대신 모성-여성철학, 국가철학 대신 가정철학, 전쟁철학 대신 평화철학, 개념철학 대신 소리철학을 대안으로 삼아야 한다. 도리어 침묵하는 자연으로부터 소리를 들어야 한다.

철학의 보편성은 실은 집단생활을 하는 인간의 추상능력에 기인한다. 다시 말하면 보편성은 집단성의 결과이다. 이에 반해 개체성은 보편성을 찾을 수 없다. 개체성에서 보편성을 찾으려는 것은 집단성에서 보편성을 찾아온 인류의 사유과정의 관성 때문이다. 개체는 보편성을 찾을 필요도 없다. 개체성에서 찾아야할 것은 일반성이다. 그 일반성은 추상-보편성이 아니라 구체-자연성이다. 그 일반성을 대표하는 것이 바로 소리이다. 소리는 머무르지 않고 흐르는 것이다. 소리는 때로는 침묵이 되지만 침묵의 소리가 될 때 그 진면목을 드러낸다.[27]

2) 서양철학의 타원궤도(橢圓軌道) 운동에 대하여

칸트철학을 우리는 흔히 초월철학이라고 말한다. 물론 주체인 인간이 사물을 어떻게 인식하고 살아야 하는가를 밝힌 철학이며, 이를 통칭 현상학이라고 말한다. 칸트는 인식의 선험적 주관성을 토대로 대륙의 합리론과 영국의 경험론을 통합한 철학자로 불린다. 칸트는 선험적 분석과 경험적 종합을 달성함으로써 근대철학의 정초자(定礎者)가 되었다.

그런데 한참 뒤에 후설의 현상학이 왜 필요했을까. 물론 인식의 과정을 의식의 과정으로, 즉 노에마(의미대상)와 노에시스(의미작용)를 설명하기 위한 필요에 의해서였을 것이다. 후설에 의해 인식의 선험성과 초

---

27) 박정진, 『일반성의 철학과 포노로지』(소나무, 2014) 참조.

월성은 지향성을 포함하고 있음을 알 수 있었다. 이것은 실은 철학의 연역적 방법과 경험적 방법을 새로운 각도에서 전개하는 것이나 다름없었다. 인간은 주관적으로 어느 순간 어떤 결정을 내렸다고 하더라도 계속해서 다른 경험을 할 수밖에 없고, 시간적 존재로서 새로운 시대적 요구에 부응할 수밖에 없다. 초월철학은 초월론적 현상학이 될 수밖에 없다.

칸트의 인식론과 선의지, 헤겔의 변증법은 실은 이미 의식의 운동성과 지향성을 내포하고 있었다. 그러한 지향성을 본격적으로 새롭게 철학적 주제로 떠올린 인물이 후설이다. 어떻게 보면 인간은 이미 지향적 존재이기 때문에 사물을 인식·의식하고 목표를 정할 수 있었다고 볼 수 있다. 그런 점에서 '선험과 초월과 지향(지양)'은 하나이다.

현상학의 주체와 대상을 설정하는 것 자체가 이미 인간이 바라보는 세계에 중심이 두 개 있음을 인정하는 것이다. 이것이 철학적 연역론과 경험론으로 발전했을 것이고, 주체와 대상 이전에 세계는 하나였을 것이다. 바로 그 하나가 타원형의 궤도이다. 모든 위성은 타원형의 궤도로 이루어져 있다. 타원형의 궤도는 실은 두 개의 중심이 있음을 말하고 있다. 타원궤도가 중심이 두 개 라는 것은 실은 중심이 있으면서도 중심이 없음을 의미한다. 더욱이 타원궤도는 이미 다른 궤도(행성궤도)를 상정하지 않으면 성립되지 않는다. 아시다시피 지구궤도만 하더라도 타원이다.[28]

---

28) 요한네스 케플러(Johannes Kepler)는 17세기 초기에 태양계 행성들의 운동에 대한 중요한 법칙들을 제시했다. 그 중에서 가장 유명한 것은 케플러의 1, 2, 3번째 법칙입니다. 제1의 케플러 법칙은 '조화의 법칙'으로서 행성들이 태양 주위를 도는 궤도는 태양을 중심으로 한 타원이다. 케플러는 행성 궤도의 모양을 타원으로 설명하고, 타원의 중심에는 태양이 위치한다고 주장했다. 제2의 케플러 법칙은 '면적의 법칙'으로서 행성은 태양 주위를 도는 동안에 태양과의 거리에 따라 다른 속도로 움직인다. 즉 태양과 가까울수록 빠르게 움직이고, 멀어질수록 느리게 움직인다. 행성이 움직이는 부분에서 형성되는 면적은 일정하다는 법칙이다. 제3의 케플러 법칙은 '오비탈 기간과 반지름의 제곱에 대한 관계' 법칙으로서 행성의 공전 주기와 반지름의 크기 사이에는 정확한 수학적 관계가 있다. 이 법칙은 다양한 천체 간의 관계에서도 적용되며, 주어진 천체의 공전 주기와 반지름의 크기를 연결하는데 사용된다. 케플러의 법칙들은 태양계의 천체들의 운동을 정확하게 기술하고,

서양철학의 현상학은 바로 지구궤도를 닮았다. 이는 환원과 회귀를 동시에 하기 때문이다. 변증법적으로 지양(혹은 지향)하면서 동시에 환원을 동시에 수행한다. 현상학은 끊임없이 대상목적을 위해(향해) 나아가지만(이것을 차연한다고 말할 수 있다) 환원을 계속한다. 후설의 초월론적 현상학은 항상 판단중지(epoché)에 의해 기원(epoch)을 떠올리게 한다. 이는 칸트의 초월철학이 신(神)을 전제하는 것과 일맥상통한다. 신과 기원을 떠올리는 것은 항상 고정불변의 존재가 있음을 가정하는 것이고, 이것은 물론 플라톤의 이데아(Idea)까지 소환하게 한다.

플라톤의 동굴의 비유는 동굴 속의 죄수들이 본 것은 실재의 그림자였고, 동굴 밖의 세상인 햇빛으로 나오니 다른 실재가 전개되었다고 하는데 실은 햇빛마저도 '햇빛의 동굴'이 된 것이 서양철학의 '시각+언어'의 연합에 의한 인식론이다. 인간이 인식한 대로 존재(실재)가 있는 것은 아니다. 모든 인식의 감각자료가 되는 표상과 그것을 다시 지각한 현상은 관점의 해석학에 불과한 것이 아니던가. 이것이 현상학의 한계이다.

후설의 현상학은 왜(어떻게) 하이데거의 존재론을 이끌어냈을까. 물론 존재론이 탄생하기까지 철학적 점프(jump)가 있었지만 분명히 후설의 마지막 생활철학에 존재론의 착상이 숨어있었음을 부정할 수 없다. 하이데거에 이르러 서양철학은 철학적 구성, 즉 구성철학에서 인간의 구성이 아닌, 마치 사물 그 자체를 받아들이는, 자연에 그냥 안기는 존재론철학으로 넘어올 수 있었다.

구성주의철학과 존재론철학은 종래 서양철학에서 연역과 경험, 주관과 객관의 두 개의 중심축을 이루었던 것에서 다시 새로운 철학적 타원궤도를 설정하게 만들었다. 구성은 항상 그 구성을 해체하는 운명을 맞을 수밖에 없다. 서양철학사의 과정 자체가 그것을 증명하고 있다. 새로

이후에 이를 기반으로 뉴턴의 만유인력법칙과 연결되어 우주의 역학을 이해하는 데 큰 역할을 했다.

운 철학을 하기 위해서는 동시에 기존철학을 해체하는 작업을 진행할 수밖에 없다. 해체하지 않고는 구성할 수도 없다. 다시 말하면 해체하는 것이 구성하는 것이고, 구성하는 것이 해체하는 것이다. 그러한 점에서 해체주의철학은 구성주의철학의 이면이다.

해체주의자들의 망치소리가 요란하지만 그것은 요란함에 그쳐서는 안된다. 만약 해체주의자들이 새로운 구성을 하지 못하면 큰소리만 치는 속빈 강정과 같은 철학자가 되거나 아니면 사회와 문화를 파괴하는 것에 불과한 철학자가 될 우려가 있다. 해체주의철학자들의 대표적인 인물들인 니체가 '힘에의 의지'로, 데리다가 '텍스트론'으로, 들뢰즈가 '차이와 반복'으로 자신의 철학(철학적 결정론)을 제시하는 것에서 우리는 철학적 구성주의의 면모를 재확인할 수 있다. 해체주의는 철학의 해체적 방법을 과장한 것에 불과하다.

니체를 비롯해서 데리다, 푸코, 들뢰즈는 동양의 불교철학적 관점에서 보면 일종의 광혜(狂慧)에 해당한다. '광혜'란 계정혜(戒定慧) 삼학(三學) 중에서 정(定) 또는 선정(禪定)이 없는 지혜를 말한다. 삼매 없이 지혜(지식)만 닦으면 광혜가 된다.[29]

비유적으로 말하자면 구성철학이 세계의 시종(始終)을 말한다면 해체철학은 세계의 종시(終始)를 말하고 있다. 구성철학이 신(神)을 중심으로 말한다면 해체철학은 나(我)를 중심으로 말하고 있다. 근대철학을 자아(自我)와 이성(理性)의 철학이라고 한다면 말로는 신을 전제할지라도 중세의 신을 해체한 것이라고 말할 수 있다. 구성철학이 환원(還元)을 말한다면 해체철학은 회귀(回歸)를 말하고 있다. 이들은 결국 현상학이라는 하나의 궤도에 있다. 불교는 나(我)도 없는 무아(無我)·무상(無相)을 말한다. 불교는 현상학의 환원과 회귀를 말하는 것이 아니라 존재론의 공(空)

---

29) 니체는 말년에 정신질환자가 되어 정신병동에서 숨졌고, 푸코는 동성애자로서 에이즈로 걸려 사망했다. 들뢰즈는 말년에 아파트에서 불을 지르고 투신자살했다.

을 말한다.

인간의 모든 지식은 의식의 환원의 산물이고, 삶은 언제나 의식 밖에서 다른 존재를 만나는 진화의 과정이다. 환원은 언어적 체계를 통해 설명과 해석을 하는 것이고, 진화는 몸으로 직접 생멸을 겪으면서 변화하는 과정이다. 의식은 생멸을 존재로 파악하려하는 반면에 생멸은 언제나 파악의 밖에 있다. 서양철학의 존재론은 종래의 현상학적 존재를 '존재자(존재하는 것=thing=It=that=essence=명사)'라고 다시 규정하면서 생멸을 존재(생멸하는 존재=thing itself=existence=동사)로 설명하려는 시도이다. 전자는 '앎(I know that)'를 추구하는 반면 후자는 '모름(=I don't know that)'의 입장에 있다.

구성철학과 함께 철학의 또 다른 타원형 궤도에 중심을 이루는 것은 존재론철학이다. 존재론 철학은 무(無)에 이르는 철학이다. 무(無)에 이르는 철학은 처음부터 허무주의가 아니며, 허무주의를 벗어나기 위해 온갖 인위적·유위적 노력을 하는, 허무주의의 극복을 선언하는 철학도 아니다. 존재론 철학은 종래 서양철학이 존재의 유무(有無) 중에서 유(有)에 치중한 철학이라는 점을 반성하는 철학이며, 사물 그 자체를 관조하는 철학이다. 자연을 정복하는 것이 아니라 자연의 소리를 듣는, 자연에 안기는 철학이다. 인간이 만든 모든 의미는 의미를 지운다. 모든 존재는 존재를 지운다. 무엇이 힘인가. 무엇이 텍스트인가. 무엇이 유물이고, 기계인가. 자연밖에 없다.

존재론철학은 자연을 '힘(권력)에의 의지'로 보지도 않고, 자연에서 '텍스트'만을 찾지도 않으며, 자연을 '유물-기계'로 바라보지도 않는다. 이것을 두고 무(無)의 철학이라고 부른다. 존재론철학은 굳이 "신이 죽었다"거나 "텍스트밖에 없다."거나 세계를 '기계의 접속-이접'으로 보지도 않는다. 존재론 철학은 신과 인간과 자연이 서로를 비추면서 함께 하나로 사는 것을 추구한다.

해체주의는 중심이 없다고 한다. 그러나 기운생동의 생멸하는 우주론으로 볼 때는 중심이 없는 것은 아니고, 계속해서 중심이동을 해왔으며, 그 중심에는 어떤 고정불변의 존재가 있는 것이 아니라 도리어 태풍의 눈처럼 비어있을 뿐이다. 중심이 비어있으니까 중심이동이 가능하고, 세계는 열려있는 것이다. 해체주의는 이러한 현상을 두고 단지 구성주의의 결정론(절대론, 실체론, 동일성)을 부정하는 입장에서 해체주의를 주장하고 있지만, 바로 그 점이 해체주의가 구성주의의 이면(그림자)에 불과하다는 것을 말해주고 있다.

심하게는 해체는 이미 구성되었던 것임을 증명하는 것이기까지 하다. 이는 해체가 구성의 반대가 아님을 말하는 것이다. 해체주의는 흔히 결정론이나 실체론에 반기를 드는 것처럼 이해되기도 하는데 이는 거짓말이다. 해체는 구성을 반증하는(반대로 증명하는) 것이다. 진정한 해체는 해체주의가 아니라 비실체론 혹은 비결정론이다. 그러한 점에서 자연을 결코 해체될 수 없는 것이다. 해체주의자들은 종종 자신들이 자연주의자인 것처럼 행세하는데 이는 야바위이다.

서양철학과 문명은 스스로 주체와 대상(수평적 이분법)이라는 실체를 설정하는 한편 다시 인간과 신(수직적 이분법)이라는 실체를 만듦으로써, 지각의 표상을 인식론적으로 현상하는 초월적 현상학을 완성한다. 그렇게 자연을 이분법으로 실체화해놓고는 후기 근대에 들어 다시 그러한 실체의 세계를 부정하기에 이른다. 실체를 부정하는 해체주의는 어떤 측면에서는 스스로 만들어놓고는 다시 부수는 '모래성 쌓기' 놀이에 불과하다. 이런 해체주의는 그것의 무대를 텍스트에 옮겨놓음으로써 철학의 문학화, 혹은 문학철학의 분위기에 휩싸인다.

문학에서의 해체주의는 고정된 의미의 상실이나 부정을 특징으로 하고 있지만 정작 의미의 상실은 문학에만 있지 않고 놀랍게도 과학도 의미가 없는 분야로 분석되고 있어 관심을 모으고 있다. 엄밀하게 말하면 과학이라는 것은 개념의 도움을 받지만 실은 개념이 필요한 것이 아니라 결과적으로 물질의 법칙에 따른 운동의 반복과 기계적 작동이 필요할 뿐이다. 과학은 다양한 의미를 요구할 필요를 느끼지 않는다는 점에서 의미론적으로는 도리어 해체적이다.

존재론철학자 하이데거는 "과학은 사유하지 않는다."라고 말했다. 이 말은 "기계는 의미가 아니다."의 뜻과 같다. 과학의 입장에서 보면 언어(기호)는 처음부터 해체적이었다고 말할 수 있다. 해체주의인 데리다가 말하는 기표연쇄에는 '의미의 미끄러짐'과 '의미의 무의미화' 등 두 가지 의미가 공존하고 있는 셈이다. 인간은 의미를 먹고사는 동물이다. 인간은 자연에 의미를 부여함으로써 삶의 가치를 느끼는 동물이다. 그런데 해체주의는 그 의미를 부정하고 무의미화 하는 지경에 이른 것이라고 말할 수 있다. 근대를 '과학의 시대'라고 말한다면 그 이면에는 이미 '의미의 무의미화'가 진행되었다고 말할 수 있다. 그런 의미의 무의미화는 이미 기계인간의 도래와 맥을 같이하고 있는 셈이다.

철학은 자연과 역사와 과학에서 일어난 일을 뒤따라가면서 추인하는 데 불과한 작업인지도 모른다. 말하자면 삶을 뒤따라가면서 해석하고 합리화하는 것에 불과한, 뒤처리작업을 하는 부류에 속하는 일인지도 모른다. 철학이 현실정치에서 항상 실패하고, 공리공론에 빠지다가, 심하게는 전체주의의 함정에 빠지는 이유는 인간의 삶을 머릿속에 집어넣어서 해석하려는 때문이다. 머릿속의 철학은 실질적인 삶을 외면하고 비판과 저항에 길들여져 독선과 위선과 오만에 빠지기 쉽다.

철학적 회의와 비판, 그리고 현실정치에 대한 반(反)운동은 현실을 떠난 논리를 위한 논리가 되기 십상이고, 그럴수록 머릿속에서 자기완결성과 결정론 혹은 도그마에 빠지기 쉽다. 공산사회주의든, 국가사회주의든 사회주의는 모두 전체주의로 빠지고 말았다. 이는 사회주의가 전체성을 전제로 하거나 배경으로 깔고 있기 때문이다. 사회주의는 또한 신앙적 절대성과 같은 것을 자신에게 요구하거나 입히기 때문에 종교를 표방하지 않더라도 종교가 되기 쉽다. 요컨대 공산주의가 무신론적 종교가 되는 것도 같은 이유에서다.

서양기독교문명과 철학에 내재한 절대성과 전체성은 개인의 자유가 극단적으로 침해되는 것을 허용할 경우 전체주의로 향할 위험을 항상 내장하고 있다. 그런 점에서 자유를 지키기 위한 시민적 노력은 역사에서 항상 수반되어야 한다. 개인의 자유와 평등을 존중하되 공동체성을 잃지 않는 균형감이 인류평화의 도모에 절실하다. 이러한 균형은 자연이 생태균형을 이루듯이 사회균형을 이루는 것이라고 말할 수 있다.

절대선(絕對善)은 절대악(絕對惡)을 포함하고 있다. 절대선은 스스로 절대악을 허용하고 인정하지 않을 수 없다. 창조는 필연적으로 종말을 상정하지 않을 수 없는 것과 같은 이치이다. 신은 극선(極善)의 상상력의 구축이고, 악마는 극악(極惡)의 상상력의 구축이다. 동양의 음양론은 서양의 실체론을 상보하는 입장에 선다. 음양론의 관점에서 절대신을 바라보면 어느 순간 절대악을 통해서 스스로 창조한 세계를 해체(심판)하지 않으면 안 된다.

마르크스의 계급투쟁과 평등주의와 사회구성체론은 해체주의철학자들의 문화투쟁(비판)과 소수자보호(정의)와 해체주의는 인간의 원천적인 사회구성 혹은 문화구성주의에 대한 대반란이라는 공통성을 지니고 있다. 그러한 점에서 해체주의철학은 겉으로는 비판철학에 가깝지만 그 내용은 문화마르크스주의라고 말할 수 있다.

문화와 문장은 구성된 것이고, 총체적인 것이다. 사회와 계급(계층)도 마찬가지이다. 굳이 여기서 문장통사론과 사회구성체이론[30]을 전개할

---

30) 사회구성체이론에는 다음과 같은 것이 있다. 기능적 구성체론 (Functionalism): 이 이론은 사회가 어떻게 조직되어 있는지를 이해하기 위해 구성체들이 사회 안에서 하는 기능을 강조한다. 이 이론은 사회의 안정과 균형, 조화에 중점을 두며, 각 구성체가 전체시스템의 기여를 통해 유지되는 것으로 본다. 갈등 이론 (Conflict Theory): 갈등 이론은 사회가 갈

필요는 없을 것이지만 아무튼 구성된 모든 것을 급진적으로 해체해야 한다면 무엇이 남을 것인가. 새로운 구성을 위해 해체를 해야 한다면 당연한 것이지만, 해체를 위한 해체, 급진적 해체는 실은 천사의 얼굴을 한 악마의 사주이다. 급진적 해체주의는 신을 해체한 무신-유물론(無神-唯物論)처럼 악마의 편에 선 것일 수밖에 없다.

사랑의 신은 마치 부모처럼 세계를 창조하지만 질투의 신은 마치 전쟁처럼 세계를 파괴한다. 자유의 신은 스스로 흘러넘쳐서 세계를 창조하지만 평등의 신은 스스로 질투에 빠져 세계를 파괴한다. "인간은 천사의 얼굴을 한 악마와 악마의 얼굴을 한 천사를 바라볼 수밖에 없다."(박정진) 천사와 악마는 인간의 양면성이다. 신과 무신은 야누스의 얼굴을 한 인간 자신의 모습이다.

실체론의 면면한 역사를 가진 서양철학과 문명은 21세기, 제 4차 산업의 등장에 이르러 건강한 삶의 방향과 의미를 잃어버리는 데카당스에 빠졌는지도 모른다. 자유와 평등, 자연과 과학의 균형회복이 절실하다. 19세기말의 데카당스가 아니라 21세기 초반의 데카당스에 빠진 인류문명을 구할 철학을 어디에서 찾아야 할까? 혹시 우리가 주체가 되는 혁명이라고 이해하고 있는 것이 반대로 노예가 되는 혁명일지도 모른다. 사회주의가 전체주의의 함정에 빠졌던 20세기의 역사를 잊지 말아야 한다. 개인을 매몰시키는 어떠한 철학도 역사를 후퇴시키는 속임수에 불과하다. 오늘날 21세기 해체주의가 19세기의 마르크스주의의 역할을 한다

등과 투쟁을 중심으로 이해되는 이론이다. 이 이론은 사회의 구성체 간의 권력, 자원, 지위에 대한 경쟁과 갈등이 사회의 동력이라고 주장한다. 상징적 상호작용주의 (Symbolic Interactionism): 이 이론은 개인 간의 상호작용과 의사소통을 중시한다. 사회는 개인 간의 상호작용에서 생성되며, 상호작용을 통해 개인은 사회적 의미를 형성하고 부여한다. 구조적 기능주의 (Structural Functionalism): 이 이론은 기능적 구성체론과 유사하지만, 보다 광범위한 사회적 구조에 초점을 맞춘다. 사회는 특정한 구조와 역할을 가진 부분들로 이루어져 있으며, 각 부분이 전체 시스템의 안정성을 유지하기 위해 상호작용한다. 상징적 통합이론 (Symbolic Convergence Theory): 이 이론은 그룹 내에서 공유되는 상징이나 이야기가 구성원들 간의 유대감과 이해를 형성한다고 주장한다.

면 인류는 다시 비극적 역사를 연출할 것이다.

우리는 해체주의의 근본을 어디에서 찾을 수 있을까. 서양철학의 해체주의는 모두 생성을 존재로 해석한, 나아가서 존재유무(有無)로 해석함에 따라 후속적으로 일어난 일이다. 존재유무의 결정론이 없었더라면 해체주의도 일어나지 않았을 것이다. 따라서 해체주의는 존재를 규정한 서양철학의 구성주의의 그림자이다. 해체와 구성은 하나이다. 해체와 구성은 동시성의 하나이고 하나의 세트일 뿐이다. 처음부터 고정불변의 존재, 즉 실체를 설정하지 않았으면 오늘날 해체주의의 선동도 없었을 것이다. 따라서 해체주의는 신(神)과 이성(理性)에 대한 연속-불연속의 광기(狂氣)와 같다. 다시 말하면 해체주의는 서양철학의 '인문학적 광기'에 속한다.

서양철학이 이분법과 동일성과 실체성에서 출발한 철학이라면 동양의 천지인사상이나 태극음양론이나 음양오행론은 실체가 없는 관계론과 상보성과 상생론의 사상이다. 천지인이나 음양은 본래 서로가 서로를 물고 있는 상보성(相補性)에 기초한다. 이것을 서로 겹쳐 있다고 할 수도 있고, 순환하고 있다고도 할 수 있다. 단지 상징으로서의 사상이다. 요컨대 음속에 양이 있고, 양속에 음이 있다. 이를 양이 성하면 음이 되고, 음이 성하면 양이 된다고 말하기도 한다. 이것을 생성(becoming)의 우주관이라고 말하기도 한다. 이들은 삼원대립하는 것도 아니고, 이원대립하는 것도 아니다.

천지인사상을 현대철학적 관점에서 재해석하면 천(天)은 대리(代理), 지(地)는 대신(代身), 인(人)은 교대(交代)라고 할 수 있다.[31] 하늘은 대뇌를 상징함으로써 이치(理致)를 담당하고, 땅은 만물의 신체(身體)를 형성하는 근본이며, 인간은 천지의 사이에서 대리대신의 교대·교배를 일으

---

31) 박정진, 『철학의 선물, 선물의 철학』(소나무, 2012), 218~221쪽. 박정진, 『소리의 철학 포노로지』(소나무, 2012) 256~288쪽.

키는 매개 혹은 영매가 된다. 자연의 몸은 항상 신진대사(新陳代謝)를 한다. 신진대사의 '대사'라는 말에는 '사례함' '사죄함' '용서를 빌다' '물러나다' '사퇴하다'의 뜻이 있다. 말하자면 새로움에 자리를 비켜주는 것이 우주만물의 이치이다. 천지인은 항상 새롭게 일신(日新)하는 전체로서의 하나이다. 천지인은 결국 순환하고 교차(交差)하는 관계에 있다.

반면에 서양의 이원대립은 실체론의 대립이고, 삼위일체도 실체론의 삼위일체이다. 실체론은 쉽게 말하면 고정불변의 존재인 이데아 혹은 절대유일신과 같은 존재가 있음을 전제하는 것이다. 해체주의는 이러한 사정(事情)이나 사상(事象)을 서양철학의 문맥에서 깨달은 것을 의미하는 철학적 사조(思潮)이다. 해체주의의 대표적인 철학은 하이데거의 존재론철학이다. 데리다에 의해 주창된 소위 해체주의는 하이데거의 존재론을 문학의 입장, 혹은 문학철학적 입장, 텍스트론의 입장에서 새롭게 변조(變造, 變調)한 것이다.

존재론철학은 동양의 불교철학과 도학(道學), 그리고 시(詩)철학으로 통하는 경계에 있다. 이는 인간의 머릿속의 이데아(idea)가 아닌, 자연의 모방에서 출발했다고 주장되기도 하는 예술이야말로 서양철학을 구원하는 길임을 시사하고 있다. 한국인은 예부터 풍류도(風流道) 철학을 신봉해왔다. 풍류도 철학은 바로 철학과 예술이 하나가 되어 통하는 철학이다. 상마이도의(相磨以道義), 상열이가락(相悅以歌樂), 유오산수(遊娛山水)가 그것이다.

풍류도철학이야말로 신과 인간과 자연이 한데 어우러지는 철학이다. 한국의 철학적 전통으로 볼 때는 풍류도 철학은 홍익인간(弘益人間)에서 외연을 넓힌 홍익자연(弘益自然)이라는 개념으로 새롭게 해석되어야 할 것이다. 왜냐하면 인간의 자연과학이 너무 자연을 황폐화시켰기 때문이다. 자연의 회복이야말로 인간의 회복, 문명의 부활이라고 할 수 있을 것이다.

홍익인간, 홍익자연사상은 실은 고대 한민족의 최고경전인 천부경(天符經)의 하나님사상과 불교의 범아일여(梵我一如), 일체유심조(一切唯心造)와 통한다. 또한 현대철학의 자리이타(自利利他), 타아주의(他我主義), 그리고 기독교의 하나님주의(Godism)와 통한다. 하나님주의는 신과 인간과 자연, 즉 만물만신이 결과적으로 '하나 되는 사상(Zero base One)' '하나 되는 하나님'(becoming One God)이다.

8. 맺는말: 모든 문화(文化)는 억압의 강도차이

해체주의 철학은 서양철학의 문맥에서 보면 의미가 있다. 또한 동양철학과 서양철학의 비교철학의 관점에서는, 즉 동서양의 상호소통과 이해를 위해서는 의미가 있다. 그러나 동양에 있는 내가 굳이 서양의 해체주의로 동양의 도학(道學), 즉 유학이나 노장철학을 재해석할 필요는 없다. 여기에는 일종의 문화와 철학에 있어서 이중번역에 따르는 편차가 있게 된다.

우리는 흔히 주변에서 불교의 극락을 기독교의 천국으로 이해하는 것을 발견하게 된다. 철학적인 종교, 불교철학이라고 할 수 있는 불교가 종교가 되려면 기독교식으로 이해(전환이해)하지 않으면 진정한 종교, 절대적인 신앙을 요구하는 종교가 되지 못함에 따르는 현상이다. 어쩌면 유대교 출신의 예수가 인도티베트로 수도여행을 떠나서 득도를 한 뒤 고향으로 돌아가서 죽게 되는 이유는 바로 예수의 설법에는 유대교 경전의 불교적인 해석(이것을 구약에 대해 신약이라고 말한다)이 숨어 있었기 때문인지 모른다.

예수는 부처가 되는 수련(공부)을 하고 보살정신을 실천한 인물일 가능성이 높다. 그런 점에서 예수부처이다. 예수는 아울러 추상적인 하나님을 구체적인 하나님아버지로 재해석하고, 자신을 사람의 아들인 인자(人子)라고 하면서 '하늘의 신'(여호와)을 땅의 신(땅에 내려온 신)으로 재해석하였다. 그것이 바로 왕중왕(王中王)인 것이다. 왕중왕은 불교의 전륜성왕(轉輪聖王)을 재해석한 것일 가능성이 높다. 하나님이 메시아로서 땅에 내려오는(재림하는) 것은 추상적인 하늘에 구체적인 육신을 입힌, 육화(incarnation)한 것이다. 절대란 상대가 되지 않으면 의미가 없다. 상대가 되어야 절대의 의미가 있는 것이다.

절대에는 상대가 숨어 있고, 상대에는 절대가 숨어 있다. 이를 절대상대 혹은 절대–상대라고 말할 수도 있지만 여전히 절대적인 이해와 상대적인 이해의 충돌을 피할 수 없다. 인간의 언어와 언어로 구성된 문화 자체가 그러한 특성을 버릴 수 없다. 자연과 자연과학의 사이도 마찬가지이다. 자연과학적으로 이해를 하지 않으면 자연을 합리적으로 이해했다고 할 수 없다. 그러나 과학적으로 이해하지 못한 자연이 계속 있어야 과학은 존재할 수 있다.

자연을 그리는 것과 자연 그 자체는 다르다. 자연과학을 하는 것과 자연 그 자체는 다르다. 자연을 해석하고 이해하는 것은 자연 그 자체와는 이미 다르다. 생성을 존재로 이해하는 것, 세계를 신(神)을 중심으로 종교적으로 이해하는 것, 자연을 이성(理性)으로 이해하는 것에는 한계가 있다. 더구나 한계가 있어야 이해가 성립하는 것이다. 요컨대 무제한(無制限), 무제약(無制約)이라는 것은 이미 이해(理解)의 장(場)이 아니고, 이해를 넘어선 것이다.

현상학은 이해를 하면서 이해를 넘어서는 것을 동시에 포함(함유)하고 있다. 이것을 존재론으로 말하려면 양쪽의 상호가역성(상호왕래성)이나 상호이해, 상호주관성조차를 포기하여야 한다. 이때의 포기는 소유한 것을 포기하는 것이 아니라 아예 처음부터 잡지(把握) 말아야 하고, 무욕(無慾, 無欲)하여야 하는 것이다. 이러한 경지는 인간이 살아있는 한 오래 취할 수 없다. 이러한 경지는 무시간, 무공간의 찰나적인 현상으로 오래가지 못한다(이것은 계산으로 할 수 있는 시공간의 일이 아니고 시공간을 넘어서는 일이다). 그래서 불교의 수행을 말할 때 점수돈오(漸修頓悟), 돈오점수(頓悟漸修), 돈오돈수(頓悟頓修)라는 말이 생겨났다.

인간의 모든 이해는 마찬가지이다. 머리로 이해하는 것은 한계가 있다. 그래서 몸으로, 몸 전체로, 나아가서 존재 전체(신체적 존재)로 이해하여야 하는 과제에 봉착하게 된다. 선불교의 불립문자(不立文字), 언어도단(言語道斷), 교외별전(敎外別傳)이라는 말이 생긴 이유도 여기에 있다.

해체주의철학의 선봉장인 니체는 "진리가 여성이라면…"이라는 가정을 한 적이 있다. 이러한 가정은 니체가 여성철학을 한 것 같지만 신은 남성철학의 한 극단에 있었던 것이라고 말할 수 있다. 그렇기 때문에 그 말을 떠올릴 수 있었다. '여성이라면'이라는 가정은 아직 그것이 되지 못했다는 것을 말하거나 그것이 희망사항임을 말해준다. 이 말은 역설적으로 그동안의 서양철학이 남성중심 철학이었다는 것을 말해준다. 니체는 여성자체, 진리자체, 사물자체, 존재자체에 도달하지 못했던 것이다. 이 말은 니체가 현상학과 존재론의 경계에 있었거나 아직 현상학을 벗어나지 못했음을 말해준다.

이러한 사정을 깨달은 하이데거는 니체를 서양형이상학의 완성자라고 평가했다. 그렇지만 내가 하이데거를 보는 입장에서는 하이데거도 존재론의 본 영역에 도달했다고 보여 지지 않는다. 하이데거는 현상학의 언덕에서 존재(생성하는 존재)를 보았을 따름이다. 그래서 그는 동양의 생성론을 존재론으로 해석했던 것이다. 물론 그 이전에 서양철학이 '존재'라고 말한 것은 '존재자'였다고 말하는 것을 전제하고 말이다. 독일관념론의 전통에 속해 있던 그는 '관념(본유관념)'을 '존재(고유존재)'로 바꾸는 데 성공했다.

하이데거는 존재를 '존재자의 존재', 존재자를 '존재의 존재자'라고 말함으로써 마치 동양의 음양론이 '양은 음의 양', '음은 양의 음'이라고 말하는 것을 모방한 듯하다. 아무리 하이데거가 자신의 존재론에 도달하였다고 하더라도 서양철학과 서양문명에 숨어있는(하이데거의 말대로 은적되어 있는) 이데아와 기독교의 유일신이라는 동일성을 벗어날 수 없다.

이 말은 하이데거는 존재론을 주장하지만 아직 기독교 신과 보편성의 철학은 완전히 벗어난 것은 아니다. 이는 서양에서 태어난 그의 태생적 한계이다. 하이데거 식으로 말하면 서양철학과 문명은 이데아와 유일신을 은적시키고 있으면서 그것을 때에 따라 간간히 드러냄으로써 철학적 현상학을 달성하고, 기독교현상학으로서의 존재신학을 드러내는 전통에 있다고 말할 수 있다.

이에 대해 나는 일반성을 보편성의 하위에 종속변수로 두는 '보편적이고 일반적인'을 지향하는 서양철학에 대항하여 일반성을 보편성으로부터 독립시킬 뿐만 아니라 일반성을 보편성의 바탕(앞에) 두는, 일반적이고 보편적인 철학을 위해 『일반성의 철학과 포노로지』[32]를 저술함으로써 하이데거와 데리다를 동시에 해체했다. 이에 앞서 『철학의 선물 선물의 철학』과 『소리철학과 포노로지』를 통해 예비동작을 마쳤다.[33] 그렇지만 하이데거는 현상학과 존재론이 경계에 있었던 것은 분명하다. 니체를 '형이상학의 완성자'라고 말한 데서 그것을 찾을 수 있다.

니체를 계승했다고 자처하는 데리다의 경우는 하이데거와 니체 사이

---

32) 박정진, 『일반성의 철학과 포노로지』(소나무, 2014) 참조.
33) 박정진, 『철학의 선물 선물의 철학』(소나무, 2012). 박정진, 『소리의 철학 포노로지』(소나무, 2012) 참조

에서 자신의 길을 개척하느라고 애쓴 흔적이 역력하다. 우선 하이데거의 '해체'라는 철학적 방법을 '해체주의'라는 목적으로 변질시키는 것은 물론이고, 서양철학의 목적론(동일성)을 해체하는 것 같은 태도를 취하지만 실은 해체를 도리어 목적으로 삼은 것을 피할 수 없다. 어떤 '주의(主義, -ism)'는 '해체'일지라도 그것의 독트린이나 도그마 같은 것을 피할 수 없다.

데리다의 부재(absence)라는 개념은 현존(presence)이 없으면 성립할 수 없다. 존재(Being-beings)가 없으면 흔적(trace)을 말할 수 없다. 문법(grammar)이 없으면 그라마톨로지(Grammatology)를 말할 수 없다. 중심(center)이 없으면 주변(margin)을 말할 수 없다. 신이 없으면 신이 없다는 말도 할 수 없다. 존재(存在)가 없으면 무(無)라는 말도 할 수 없다. 더욱이 그라마톨로지로서는 말을 다 표현할 수 없다. 또한 말은 마음의 소리를 다 표현할 수 없다. 그래서 소리의 철학, 포노로지가 필요한 것이다. 이는 음악이 예술의 정점인 것과 같은 이치이다.

서양의 후기근대철학들은 모두 손바닥뒤집기와 같은 말놀이를 하고 있다. 이러한 말놀이는 프랑스철학에서 극히 심한데 이는 프랑스의 문학적 철학의 전통과 영향 때문으로 보인다. 서양철학은 크게 보면 독일의 관념론-존재론, 프랑스의 합리론-문학철학, 영국의 경험론-과학철학으로 요약된다.

독일 출신의 니체는 아포리즘(aphorism) 철학을 함으로써 매우 프랑스적이었다고 말할 수 있다. 아마도 그래서 니체의 후예들이 프랑스에서 속출했을 것으로 짐작된다. 니체는 개념축조(개념초석과 포석)를 토대로 노동과 같은 글쓰기를 강요하는, 장시간 합리적인 서술과 체계를 전개함으로써 합리적인 산문(줄글)을 쓰는 것을 어려워했다. 이는 그의 신체적-기질적-정신적 조건의 탓도 있겠지만 '힘(권력)에의 의지'로 되돌아감으로써 현상학에서 머물렀다. 이를 두고 하이데거는 '형이상학의 완성'이라고 명명했다. 이때의 형이상학은 물론 서양의 형이상학이다.

니체의 사유의 파편들을 수많은 아포리즘으로 남아 후세에 전해지고, 연구되고 있지만 그는 역시 시(詩)철학자로서 자리매김하는 것이 옳을 것이다. 니체의 여러 파편들은 후학들에 의해 짜 맞추어 그의 철학을 재구성하였지만 하이데거처럼 철학적 개념으로 체계화되기에는 미흡했다. 그의 철학에는 역설로 점철되었기 때문이다. 어떤 철학이 스스로 '역설의 철학'이 되는 것은 철학이라기보다는 시, 혹은 예술에 가깝기 때문이다.

어떤 점에서는 철학도 아포리즘이나 시적인 은유나 상징을 통해서 보다 쉽게 독자들에게 달성될 수 있다는 점을 니체는 상기시켰는지도 모른다. 어쩌면 모든 표현의 출발점은 은유이고, 종착역도 은유임을, 다시 말하면 철학의 알파요, 오메가가 은유임을 규명한 인물이 니체일 수도 있다. 니체철학은 '은유의 철학'이다. 니체는 '차라투스트라'를 스스로 '제5복음서'라고 선언하기도 했다.

문학이라는 것은 본래 '허구의 진실'에서 출발한다. 허구가 왜 진실인가? 이것을 철학적으로 말하면 "허구는 왜 진리인가"라고 변형할 수 있다. 나아가서 진리에는 그러한 허구적 속성이 있는 것인가 묻게 된다.

문학에는 반드시 텍스트의 쓰기와 함께 읽기가 필수적이다. 텍스트 읽기는 당연히 글과 구문의 사이(공백)를 읽지 않으면 안 된다. 텍스트(text)는 콘텍스트(context)의 산물이기 때문이다. 그렇다고 해서 텍스트는 없는 콘텍스트는 존재하지 않는다. 이것을 문화로 확대하면 문화에는 반드시 그것이 그렇게 되어야 하는 콘텍스트가 있다. 이것이 삶의 환경일 것이다. 삶은 그러한 점에서 환경의 산물이고, 삶은 텍스트라고 말할 수도 있다. 텍스트와 콘텍스트의 관계는 바로 앞에서 말한 절대와 상대, 절대-상대의 관계와 같다. 글을 쓰는 혹은 삶을 사는 혹은 문화적 인간인 나는 절대이기 때문에 상대이고, 상대이기 때문에 또한 관계이다.

인류의 모든 문화는 강약(強弱)은 있지만, 강도(强度)는 다르지만, 자연에 대한, 자연으로부터의 억압의 산물이다. 서양문명은 이데아(Idea)와 기독교유일신(God)의 억압으로 씌워져 있다. 그것을 벗어나고 싶어 하는 자체가 그러한 억압을 반증하는(역으로 보여주는, 반대증거가 아닌) 현상(것)이다. 과학철학자인 화이트헤드는 서양철학사 전체를 '플라톤의 주석'이라고 했다. 헤겔은 '이성의 간지(cunning of reason)'와 함께 절대지에 이른 인간을 두고 "신이 죽었다."라는 정서를 미리 말했다." 니체는 "신은 죽었다."라고 했다.

우리는 여기서 '이데아-과학', '유일신-신 죽음'의 이중성은 느끼게 된다. 이데아가 과학에 이르고, 유일신이 신의 죽음에 이르는 사이에서 변증법의 정반(正反)과 철학사 전체의 반전(反轉)을 느낄 수 있다. 이들은 동거하고 있는 것이다. 이들은 동거하고 있으면서 차연(差延)하고 있는 것이다. 정반과 반전과 차연은 같은 뜻의 다른 말이다. 이것은 존재(Being)와 생성(becoming)의 동거와 같다. 생성이 없으면 존재가 있을 수 없고, 존재가 없으면 생성을 확인할 수 없다. 인간의 문화는 자연과 더불어 볼 때, 이러한 한계와 모순을 벗어날 수 없다.

니체의 '힘에의 의지' 속에는 물리학적인 힘, 계량할 수 있는 힘을 포함해서 의식과 무의식의 무한소적 힘, 계량할 수 없는 힘을 포함하고 있다. 니체의 힘에의 의지는 '신화의 디오니소스'를 비롯해서 '철학의 이데아'와 '종교의 유일신', '과학의 물리적 힘'을 포함한 것이다. 니체는 이들을 관통하면서도(해체하면서) 디오니소스를 중심으로 '예술로서의 철학' '시인으로서의 철학(은유의 철학)'을 끄집어낸 것이다. 니체는 초인(超人)을 통해서 기독교유일신에 저항했지만 동시에 진정한 예수를, 그의 니체-예수를 갈망했는지도 모른다. 니체의 '힘에의 의지'는 그래서 이중적이다.

우리는 문화(文化)를 고정불변의 명사로서가 아니라 동사로 즉 '문화하다'로 바꾸어야 한다. '문화하다'라는 말 속에는 이미 문화가 생성·변화하는 존재, 날마다 새롭게 변신하여야 하는 존재, 자신(自新)하여야 하는 존재임을 함의하고 있다. 이것을 이해하는 것이 바로 인간회복, 문명의 부활의 첩경이라고 말할 수 있을 것이다.

끝으로 해체주의를 해체하면 다음의 7가지 공리가 남는다.

1. 생성(동사)이 존재(명사)로 해석되는 순간, 존재는 존재유무(有無)가 되는 동시에 변화(운동)를 설명하는 시간을 필요로 하게 된다.

2. 인간이 부여한 의미(意味: 의미 있음)는 어떤 것이라도 결국 무의미 (無意味: 의미 없음)가 된다. 자연은 의미가 아니기 때문이다.

3. 모든 문화의 개념(언어, 문장)은 그 반대개념을 내포하고 있다. 절대는 상대를, 상대는 절대를 안고 있다.

4. 철학하는 목표는 본질(essence)을 찾는 것이지만 본질 없음, 즉 실존(existence)을 결국 본질로 삼을 수밖에 없다. 삶은 항상 앎의 밖에 있다.

5. 개념(concept)은 상징(symbol)보다 제한적 언어이다. 동일성-차이성(二分法)은 닮음, 즉 같고 다름(陰陽相補)보다 포괄적이지 못하다. 같고 다름은 동시적이고 이중적이다.

6. 진리의 끝은 진리의 지움(해체)이거나 다른 진리를 내세움(구성)이다.

7. 인간은 생각하는 동물이다. 생각은 고정불변의 존재(고정관념)를 믿는 것이다. 고정불변의 존재는 '님'(하나님, 神, 이데아)이 되기도 하고, '남'(이용, 도구, 犧牲)이 되기도 한다. '님'이 되면 존경과 경외의 대상이 되지만, '남'이 되면 이용과 살해의 대상이 된다. 인간은 이 둘의 위치를 바꿀 수 있는 존재이다.

해체주의와
평론적 철학,
그리고 표절

―자크 데리다의 해체주의를 해체하다

1. 현상학: 신(God), 정신(Geist), 유령(Ghost)

서양의 근대철학을 현상학의 입장에서 바라보면 칸트의 순수이성비판·실천이성비판의 철학은 자연과학(물리적 현상학)의 심각한 영향 아래에서 발생한 것으로서 물리학의 자연과 대해서 인간의 자유를 내세운 것이다. 말하자면 인간의 자유가 어떻게 도덕적으로, 양심의 소리(정언명령)와 함께 자연과의 조화 속에 살 수 있을까를 탐구한 것이라고 볼 수 있다. 칸트는 판단력비판에서 다소 목적론적인 성향—자연과 자유의 통합—을 보이긴 했지만 자연과학의 인과론적인 영향을 이탈하지는 않았다.

칸트의 철학이 인간의 인식의 한계를 전제한 '비판(Kritik)철학'이었다면 헤겔의 철학은 인간정신의 절대지(절대진리)를 주장함으로써 결과적으로 자신의 정신이 도달한 지점의 진리를 '절대진리'로 보는 '당파성(Parteilichkeit)철학'이었다고 볼 수 있다. 헤겔의 뒤를 이으면서 동시에 뒤집은 청년헤겔파인 마르크스의 유물론이 심한 당파성을 보이는 것은 헤겔에서 이미 출발한 것이라고 볼 수 있다. 유심론이든 유물론이든 당파성을 내재하고 있다는 측면에서는 같다. 헤겔의 철학이든 마르크스의 철학이든 매우 현상학적인 결과들이다. 기독교신의 절대성이 마음(정신)에 가면 절대정신(유심론)이 되고, 몸(신체, 자연)에 가면 절대물질(유물론)이 되는 것이다.

헤겔은 처음부터 목적론적인 철학의 양상을 보였다. 헤겔의 개념(Begriff, 청사진)이 실현되면 현실(Wirklichkeit)이 된다. 개념(청사진)의 실현이라는 것은 결국 개념이 현실이 된 것이라는 점에서 그 현실은 개념의 이론적 전체성(목적성, Zweck)을 달성했다고 볼 수 있다. 이것은 한 개인의 의식 속에 세계의 전체성이 들어가는 사건으로서 자의식의 전체성(자의식: 자기-내-의식)이라고 말할 수 있다. 그런데 헤겔 속에 이미 전체적 목적을 달성하는 수단으로서 혁명(revolution)이 등장하게 된다. 그런 점에서 헤겔의 철학을 '관념론의 완성'이라고 부르는 것이다. 결국 관념이 현실(reality)이고, 상상이 미래가 되는 셈이다.

정신현상학이라는 이름하에 전개된 그의 관념론(idealism) 철학은 정신Geist의 목적성을 드러내면서 최종적으로 절대지(신의 경지)에 이를 것을 주장했다. 헤겔의 절대지는 개인적으로는 인간이 신의 경지에 도달할 정도로 의식을 확장하여 세계의 전체성을 포괄하는 것이 되지만, 이러한 절대지를 집단이나 국가에 요구하게 되면 개인의 '유동성 전체성'은 굳어져서 전체주의로 돌변하게 되고, 전체주의는 정의의 이름으로 수많은 인명을 살상하면서도 반성하지 않는 인간 종을 만들어냈다.

집단은 어떠한 경우도 개인이 성취한 의식의 '유동적 전체성'을 확보하면서 신의 경지에 도달하는 경지를 이룰 수 없다. 공산사회주의(소비에트사회주의)와 파시즘(히틀러의 국가사회주의)은 그 대표적인 예인데 둘 다 독일적 관념론적 전통에서 발생한 까닭은 헤겔과 직접간접의 영향하에 이루어졌다고 볼 수 있을 것이다. 독일의 관념주의적 전통은 항상 관념론(idealism)이 이데올로기(ideology)로 변질될 위험을 안고 있었다고 할 수 있다.

헤겔철학은 자연과학과 유리되면서 결국 관념(Idea)이 실체(reality)를 규정하는 것으로 역전시켰다. 이러한 헤겔의 노정은 어쩌면 필연적으로 마르크스의 유물론의 길을 열어준 것이라고 볼 수도 있다. 자연과학적 결정론의 영향은 인문사회학에서 유물론적 결정론을 만들어냈다고 볼 수 있다. 그러한 점에서 유물론은 현상학의 자연과학이라고 말할 수 있다.

특히 유물론-공산사회주의는 생산도구를 가진 유산자가 생산도구를 가지지 못한 무산자를 착취한다고 하고 계급투쟁을 선동하면서도 정작 자신의 이념의 성취를 위해 다른 모든 존재를 도구로 환원하는 자기모순에 빠져있다. 세계를 도구화한다는 점에서는 자연과학이나 자본주의나 공산주의가 같은 입장에 있다. 그런 점에서 현상학의 마지막 뒤집기인 유물론-무신론은 도구적 인간의 '마지막 모습'이라고 하지 않을 수 없다. 이러한 도구적 체계(기계)에 마지막으로 저항할 수 있는 존재는 신체(신체적 존재)밖에 없다. 신체는 아직도 자연으로서 본래존재의 모습을 지니고 있기 때문이다.

서양철학사에서 유심론이 유신론의 편에 서듯이 자연스럽게 유물론은 무신론의 편에 섰다. 유심론-유물론의 현상학적 이분법은 그 어느 것도 존재론에 도달할 수 없다. 더구나 현대과학기술문명은 '신'의 자리에 '과학과 물질'을 대체하였다는 개연성을 피할 수 없다. 그러한 점에서 과학기술문명에 미래를 전적으로 맡긴 자유자본주의와 사회적 평등에 맹목적인 공산사회주의는 둘 다 인류의 '구원의 철학'이 될 수 없다.

오늘날 자유-자본주의와 공산-사회주의는 기독교전통의 이름으로 기독교자본주의, 기독교사회주의라고 해도 무방할 것 같다. 여기에 과학기술만능주의가 참가하는 인류문명을 보면, 결코 안심할 수가 없다. 인간이 과학기술만능주의에 빠진다면 과학종교를 믿는 것이나 유물론을 믿는 것이나 다를 바가 없고, 유물론은 도리어 자연과학주의와 걸 맞는 사상으로 보이고, 자본주의는 이러한 물신숭배를 잘 운반하는 영혼 없는 도구로서 화폐(돈)경제를 의미하는 것인지도 모른다. 이러한 전반적인 물신숭배의 현상은 무신론과 다를 바가 무엇인가, 의심케 하기에 충분하다.

과학에 대한 종교의 종속과 종교에 대한 과학의 종속은 둘 다 바람직한 것은 아니라는 점에서 과학과 종교의 상보적인 관계형성에 관심을 보이고 있지만, 과학보다는 종교에 대해 거는 기대가 크다. 이는 과학의 수단적·도구적 성격 때문이다.

"종교가 아직도 평화와 행복을 향한 비타협적인 갈망을 보존하고 있기 때문에 종교의 환상은 평화와 행복을 제거하기 위하여 활동을 하는 과학보다는 아직도 높은 진리가치를 지니고 있다."[1]

필자가 물신숭배(物神崇拜)에서 신물숭배(神物崇拜)로, 인간신(人間神)에서 신인간(神人間)으로, 이러한 '말 바꿈(전도)의 방식'으로 현대문명을 진단하고 처방하는 까닭은 바로 정반대로 역전시키지 않으면 본래자연을 회복할 수 없는, 인류문명에 대한 위기의식 때문이다. 말하자면 현대문명은 이제 뒤집지 않으면 안 되는 한 극단에 서 있다. 그래서 인류문명의 균형 잡기를 위해서는 이러한 극약처방만이 인류에게 유의미한 것이라는 나름대로의 소신을 가지게 된 것이다.

인간신, 기계신에 대한 본격적인 출발은 철학적으로 어느 지점일까? 근대철학의 종합자였던 칸트는 '신' 혹은 '자연'이라는 말 대신에 '물자체'라는 말을 만들어냈다. 칸트가 그런 까닭은 물론 인간이 말할 수 있는 것에 대한, 즉 현상에 대해서만 말하기 위해서였을 것이다. 칸트는 그 후 '이성의 내에서의 신'을 추론하는 한편 순수이성에 대한 변증론(오류추리론, 이율배반론, 이상론)을 통해 이율배반을 도출하였다. 신의 존재유무를 따지는 것은 이율배반에 속하는 것이었다.

칸트의 관념론을 계승한 헤겔은 물자체라는 개념에 대해 회의를 품고, 신과 물 자체에 대해서도 인간이 말할 수 있어야 하고, 신의 경지에 인간정신이 도달할 수 있음을 역설하였다. 그것이 바로 절대정신이다. 헤겔에 이르러 절대정신이 신과 동격이 됨으로써 신과 인간은 서로 이해하면서도 존재로서 왕래할 수 있는 사이가 되었다. 포이어바흐는 신을 인간의 정신에서 투사된 것이라고 말하기에 이르렀다. 마르크스는 헤겔을 뒤집어서 무신-유물론을 주장하기에 이른다. 인간신, 기계신은 헤겔이라는 서양철학의 절정에서 이미 찾아볼 수 있다.

---

1) 마르쿠제, 김인환 역, 『에로스와 문명』(나남, 1989), 71쪽.

돌이켜 보면 우리는 신을 보편적인 존재로 생각한다. 아니면 보편적인 존재를 가정하고 그것에 신이라는 이름을 붙였는지도 모른다. 아무튼 '신=보편성'이다. 그런데 보편성이라는 것은 무엇인가. 집단생활을 하는 인간은 보편성을 통해 자신의 정체성을 찾고 생활의 기준(표준)을 찾는다. 보편성은 생각하는 동물로서 집단생활을 해야 하는 호모사피엔스의 운명과도 같은 것이다. '신=보편성=운명'은 동시에 성립되어야 하는 것이다.

그렇다면 보편성 중에 가장 대표적인 것은 무엇일까. 신과 거의 동격에 속하는 것이 현대에 이르러 수학이 되고 말았다. 현대과학은 수학의 산물이다. 과학적 공식[y=f(x)]으로 성립되거나 증명되지 않으면 현대인은 배척하기 일쑤다. 그야말로 과학시대인 것이다. '신의 보편성'은 현대과학에 이르러 수학적 공식, 다시 말하면 기계적인 언어가 되고 말았다. 인간의 언어(기호)에는 물론 기계적인 언어만 있는 것이 아니다. 도리어 언어는 자연에 대한 은유에서 출발한 것이다. 그럼에도 불구하고 현대의 보편성은 결국 기계로 귀결되고 말았다. 기계란 다름 아닌 '기계신'으로 불려도 전혀 이상하지 않다.

스피노자는 흔히 범신론자로서 종래 기독교신앙과 다른 자연신(自然神)에 가까운 것처럼 말하지만 유일신(substance)을 포기하지 않는 그의 범신론(汎神論)은 도리어 유물론의 출발이다.[2] 스피노자의 범신론은 데카르트의 심리적 현상학(의식학)의 은밀한 기독교적 확대로서 신(神)을 실체(substance)로 변형시킨 것에 지나지 않는다. 따라서 스피노자와 데카르트는 현대기계론(기계적 세계관)의 한 통속이다. 서양철학의 유물론자들이 후에 스피노자를 신봉하는 것을 보면 이는 잘 증명되고 있다.

스피노자의 신(神, substance)의 양태(modes)로서의 자연은 자연의

2) 박정진, 『위대한 어머니는 이렇게 말했다』(살림, 2017), 115~116쪽.

물질성을 인정하는 것이었다. 이는 데카르트의 순수정신(=神)과 순수물질(=양태)의 기독교적 변주에 지나지 않는다. 여기에 라이프니츠의 단자론(單子論)을 보태면 서양철학은 자연과학의 실체론을 위한 합창에 지나지 않는다. 칸트마저도 절대적인 시공간을 부정했다고 하지만 자연과학의 모델에 맞는 심리적 현상학(합리적 심리학)으로서의 순수이성을 주장한 것에 지나지 않는다. 칸트의 순수이성은 초월적 자아의 초월적 자유를 말하는 것이다. 초월적 자유가 있기 때문에 실천이성으로서의 양심이 있을 수 있다.

헤겔의 절대정신은 그야말로 '사유에 대한 존재의 절대복종'(사유-존재)이다. 헤겔의 절대정신, 유심론은 존재에 대한 사유의 절대지배나 절대적 지위를 의미하는 것이다. 인간이 자연을 배반하고 지배한다는 것은 자신을 낳아준 어머니를 배반하는 것과 같다. 그런 점에서 철학과 과학의 현상학은 남성적 권력의 표출이라고 할 수 있다. 만약 이것이 옳다면 철학의 존재론은 여성적 철학이라고 말할 수 있을 것이다.

플라톤의 이데아나 칸트의 순수이성이나 헤겔의 절대정신이나 후설을 순수의식 등은 모두 절대(실체)를 추구하는 개념이라는 공통점을 갖는다. 이는 기독교의 절대유일신과 뉴턴의 절대물리학과도 통한다는 점에서 서양철학과 문명의 알파와 오메가라고 할 수 있다. 니체는 기독교를 대중적 플라토니즘이라고 간파함으로써 서양철학전체를 일이관지(一以貫之)한 바 있다. 결국 서양문명은 눈에 보이고 손에 잡을 수 있는 실체를 추구하는 문명이라고 할 수 있다. 그런데 서양의 기독교 유신론은 마르크스의 무신론으로 종결되었다는 점에서 자기모순에 빠졌다고 할 수 있다. 마르크시즘이 기독교마르크시즘이라고 불리는 까닭은 여기에 있다.

인간이 신을 정복함으로써 만약 신이 무의미해진다(없어진다)면 이러한 현상은 과연 인간에게 유리한(할) 것인가, 불리한(할) 것인가? 철학도 결국 인간에게 유익(有益)한 것이 되지 않으면 안 되기 때문이다. 역설적으로 우리는 이 지점에서 신인간(神人間)을 생각하지 않을 수 없다. 신인간은 본래부터 신과 하나였던 인간, 자연과 하나였던 인간, 자연과 하나였던 신을 떠올리게 된다.

인간이 신을 섬기는 까닭은 신을 위해서가 아니라 실은 인간을 위해서이다. 과연 신을 잃어버린 인간은 궁극적으로 누구와 대화를 할 것이며, 누구로부터 세계의 평화나 행복을 이끌어낼 것인가, 궁금해진다. 물론 오늘날 공산주의는 '무신론의 종교'라고 역설적인 말을 하지만 기계문명이라는 황야에 버려진 인간은 '군림하는 신' '지배하는 신' '보편적인 신', 즉 가부장적인 신이 아니라 인간의 생명을 몸소 생산해낸 신, 함께 대화하고 보듬어 주는 신, 여성적인 신, 어머니 같은 신을 요청하게 된다.

자연의 입장, 즉 인간과 신의 제3자의 입장에서 보면 신과 인간은 하나가 된다. 신의 입장에서 보면, 자연과 인간은 하나가 된다. 인간의 입장에서 보면 신은 자연과 하나가 된다. 신과 자연과 인간은 천지인의 상호관계 속에 있다. 어머니의 입장은 무엇일까. 자연의 입장이다. 어머니는 생명을 잉태하고 낳는 자연의 상속자이기 때문이다.

"세계는 경계를 짓는 아버지가 아니라 어머니다. 세계는 경계를 짓는 아버지 이전에 세계 그 자체로서 어머니이다."(박정진) 모든 어머니들에게 있어서 "우리는 세계이다(We are the world)."[3], "우리는 미래이다

---

3) 마이클 잭슨, 라이오넬 리치 작사 작곡의 노래. 1985년 1월 28일 로스앤젤레스의 A & M 레코딩 스튜디오에서 미국의 팝스타 45명이 모여 'USA For Africa'라는 단체를 결성한 후에 아프리카 난민 자선기금 마련을 위해 10여 시간 강행한 철야녹음작품이다. 85년 4월 3일부터 4주간 정상을 지켰으며, 그 결과 2억 달러를 모금하여 인류애를 전 세계에 보여준 역사적인 작품이다. 가사내용을 보면 다음과 같다. "어떤 부름에 귀를 기울일 때가 왔습니다./세계가 하나가 되어야 할 때가 온 것입니다./사람들이 죽어가고 있습니다./지금은 하늘이 준 생명에 구원의 손길을 뻗어야 할 때입니다./우리는 언제까지나 모른 척 할 수 없습니다./누군가 어디선가 변화를 주어야 합니다./우리는 하나님의 대가족 중의 일부라는 사실을 당신은 알고 있죠?/사랑은 우리가 필요로 하는 전부예요./당신의 마음을 그들에게 보내면,/그

(We are the future).”라고 할 수 있다. 이 말 속에는 평화를 염원하는 마음이 있다. 그런 점에서 철학도 이제 가부장-국가사회의 철학이 아니라, 명령하는 아버지 같은 철학이 아니라 가슴에 품어주는 어머니 같은 철학을 요구하게 된다. 어머니 같은 철학은 권력적인 철학이 아니라 비권력적인 철학으로서 평화를 지향하는 철학이다.

가부장-국가사회의 철학은 정도의 차이는 있지만 대체로 파시즘(권력, 혹은 폭력)의 속성을 내재하고 있다. 오늘날 고도로 발달한 금융자본주의도, 빅 데이터 시대의 정보사회도 정보의 공유와 신속이라는 미명하에 파시즘의 요소를 숨기고 있다. 어쩌면 우리가 보편성이라고 믿고 있는 것 자체가 이미 파시즘의 속성인지도 모른다.

헤겔 이후 등장한 니체는 신체-심리적 현상학의 모습을 보이면서 후기 근대철학을 선도했다고 볼 수 있는데 니체의 ‘권력에의 의지’는 헤겔과 마르크스(헤겔좌파)의 관념-유물론의 입장을 벗어나서 자연과학적 결과라고 할 수 있는 ‘힘(권력)’을 도입함으로써 철학의 새로운 통일을 시도했다고 볼 수 있다. 그런 점에서 니체는 헤겔우파에 가깝다고 할 수 있다. 독일에서 히틀러 파시즘의 탄생은 니체의 ‘권력에의 의지’ 철학을 탄생시킨 분위기나 풍토와 전혀 관련이 없다고 할 수 없다. 철학의 특성으로 볼 때 하이데거에게 파시즘의 연루혐의를 따지기보다는 니체와 연관시키는 것이 더욱 적실성이 있다고 할 것이다.

흔히 현상학은 후설에 의해 창안된 것처럼 말하는데 실은 ‘앎(지식)’의 철학적 전통으로 볼 때 현상학은 소크라테스나 플라톤에서부터 시작하

들은 누군가의 관심을 받고 있다는 사실을 알게 됩니다./그러면 그들의 삶은 강해져서 자유롭게 될 거예요./하나님은 돌을 빵으로 바꾸는 것을 보여 주었으니,/이번에는 우리 모두 구원의 손길을 보냅시다./당신이 지치고 외로울 때는 희망이 없어 보이지만,/그러나 만일 당신이 믿음만 가지면,/위험한 지경에 빠지지 않아요./우리가 하나가 될 때 변화를 일으킬 수 있다는 것을 깨달아요./우리는 세계,/우리는 어린이,/우리는 밝은 날을 만들어야 합니다./그러니 이제 베푸는 일을 시작합시다./우리는 선택했습니다./우리는 인생을 구원하고 있습니다./너와 나,/우리는 더 좋은 시절을 만들 수 있습니다.

였고,[4] 그것이 헤겔의 정신현상학에서 집대성되었고, 후설에 의해 다시 제 분야로 분파되었다고 볼 수 있다. 헤겔에게 정신(Geist)은 신(God)이고, 국가였다고 볼 수 있다. 신과 국가는 모두 절대적이었다.

국가라는 새로운 유령(Ghost)이 등장함으로써 유령이 바로 정신 혹은 신과 같은 정체였음을 폭로한 것이 근대라는 이름의 시대정신이다. 그러한 점에서 근대는 국가종교의 시대이다. 헤겔의 국가라는 유령이야말로 신과 정신의 가장 근원과 통하는 제도적 존재자로서 국가의 길을 연 인물이다. 자연의 입장에서 보면 자연 이외의 모든 것은 유령에 속한다. 신도 유령이고, 국가도 유령이다. 따라서 인간은 각종 형태의 유령을 만드는 존재이고 인간이 만든 문화는 유령의 다른 변이(變異)라고 할 수 있다.

인류는 근대에 들어 자유-자본주의국가 혹은 공산-사회주의국가라는 양대 유령(자본과 노동이라는 거대유령)을 만들어 패권경쟁을 하고 있는 것이다. 헤겔의 정신(Geist)은 국가-신을 만들기 위해 과학기술과 연합하여 전쟁을 일으켰고, 제국을 만드는 데는 성공을 했지만, 인류에게 평화를 제공하는 데는 실패했다. 헤겔 좌파이든 우파이든 국가 이기주의와 제국 이기주의로 인해 인류의 평화를 달성하는 데에 이르지는 못했다. 도대체 인류의 평화는 어떻게 올 것인가?

인류의 평화는 자식이 부모의 입장에서 자신을 되돌아보는 것으로 시작되는 것인지 모른다. 자식을 바라보는 부모의 입장에서 세상을 바라본다면 평화를 이루지 못할 것도 없다. 그런데 문제는 그것이 어렵다는 데에 있다. 자식의 입장에만 있으면 '인류 역사는 형제들의 투쟁의 역사'라는 한계를 벗어나지 못하기 때문이다.

유교문화권의 절대적 도덕인 효(孝)를 생물학적으로 보면 부모가 자식

---

4) 플라톤이 쓴 소크라테스의 4대복음서는 '소크라테스의 변명' '크리톤' '파이돈' '향연' 등이다.

을 사랑하는 내리사랑과 반대방향인 것 같지만, 인류의 문화는 역으로 부모를 공경하는데서 도리어 평화를 찾을 수 있게 된다. 충과 효는 상호 가역적인 이데올로기이다. 어느 일방에서 주장한다고 해서 유지되는 것이 아니라 서로 사랑함으로써 유지되는 것이다. 어떤 점에서 이심전심(以心傳心)으로 유지되는 것이다.

효는 충과 더불어 유교이데올로기라고 비판하기도 하지만 가정의 평화가 없으면 인류의 평화가 달성되지 않는다는 점에서 인류는 일종의 가정주의로 복귀하지 않으면 평화를 달성하기 어려운 구조에 있다. 그런데 그 가정주의는 족벌주의로 돌아가는 것이 아니라 지구촌가족주의로 새롭게 중심을 잡아야 한다. 이는 가정주의와 세계일가정신의 역동적 왕래라고 할 수 있다.

가정주의-지구촌가족주의 이외의 '어떤 집단주의'도 평화를 달성되지 못한다. 인류의 패권주의로는 평화가 달성되지 못한다는 것이 오랜 동서양의 역사와 최근의 양차 세계대전이 증명하였다.[5] 패권주의는 가부장제-국가사회의 연장선상에 있다. 물론 개인주의로도 평화를 달성하지 못한다는 것이 현대자본주의사회의 부익부 빈익빈이 증명하고 있다. 개인주의를 중심으로 자유와 평등, 박애와 평화를 추구한 근대는 인간의 문화적 용량을 확대하긴 했으나 지금 다시 수렴을 요구받고 있다. 가족의 해체 등 현대사회의 여러 문제들은 다시 가족-가정의 부활과 함께 동양사상의 최대덕목인 효 사상에 대한 새로운 해석을 요구하고 있다.

니체의 철학은 이성에 대해 욕망을 제시하면서 여기에 자연과학의 성과를 종합하면서 결국 과학기술주의에 욕망이 편승하는 노정을 보였다. 그가 제안한 '초인(über-mensch)'은 욕망과 과학기술주의의 통합으로서 영원회귀(현상학적인 무한대)를 지향하는 인물로 끝을 맺는다. 니체

---

5) 근대화 이후 19, 20세기의 영국은 러시아의 남진정책을 막으면서 유라시아대륙에서 패권을 유지하려고 했고, 20, 21세기의 미국은 중국의 일대일로(一帶一路, One belt, One road) 정책을 막기 위해서 인도태평양라인(Indo-Pacific Strategy)을 구축했다.

를 '서양의 부처'라고 하는 것은 말하자면 존재론적 차원의 '부처'를 현
상학적 차원으로 환원시켜서 해석하는 것과 마찬가지이다.

니체의 '초인'은 헤겔의 '절대지에 도달한 인물'과 관련이 없을까. 헤
겔과 마르크스와 니체의 공통점은 '신을 부정하거나 도전하는 태도'라
고 할 수 있다. 예컨대 헤겔은 신을 긍정하였지만 신의 절대지에 도전하
였으며, 마르크스는 아예 무신론을 주장하였으며, 니체는 신이 죽었다고
공언하였다. 이러한 태도는 정도의 차이는 있지만 결국 절대유일신을 믿
던 중세와 비교하면 결국 무신론으로 점차 다가가는, 혹은 인간신(人間
神)을 추구하는 모습이라고 하지 않을 수 없다.

헤겔은 현상학의 방법 가운데 정신(절대정신, 이성의 간계)의 방법으
로 새로운 신을 요청했으며, 그것이 절대지(絕對知)였다. 마르크스는 물
질(유물론, 육체의 노동)의 방법으로 새로운 신을 요청했으며, 그것이 종
래의 신을 부정하는 무신론(無神論)이었다. 한편 니체는 권력(주권적 개
인)의 방법으로 신을 부정하는 초인론(超人論)을 전개하였다. 세 철학자
모두 중세 기독교의 신을 부정하면서 새로운 신을 요청하였으며, 그 방
법이 달랐을 뿐이다. 이들은 또 오늘의 입장에서 보면(필자의 입장에서
보면) 모두 자신(自神)에 도달한 철학자들이다. 그러나 천재적 개인이 주
장한 철학이 어떻게 변형될지, 역사·사회적 과정에서 어떻게 구체적으로
전개될지는 집단의 몫이다.

이들 세 철학자의 개인적 존재사의 결과물이 집단의 역사 속에서는 그
들의 뜻과는 다르게, 혹은 정반대로 전개되었다. 바로 헤겔의 절대지가
국가주의로 드러났으며, 이는 중세의 종교국가에서 근대의 국가종교(국
가신)의 등장을 의미하는 것이었다. 마르크스의 무신론이 공산사회전체
주의로, 니체의 초인론이 국가사회주의전체주의로 드러났다.

헤겔은 철학으로서 신과 역사에 도전한 첫 철학자이다. 그는 자신의
역사철학에 대한 질문에 "역사철학은 철학의 역사다."라고 답했다고 한

다. 역사철학자 다운 답변이다. 인류의 문명은 오늘날 자연과학기술과 역사철학으로 대변된다고 해도 과언이 아니다. 전자가 사물대상과 공간에 대한 과학의 성취라면 후자는 의식대상과 시간에 대한 인문학의 성취이다.

헤겔의 역사철학은 종래의 형이상학의 공간중심을 시간중심으로 바꾸어놓은 결정적인 전환점을 마련하였다고 볼 수 있다. 사물을 대상으로 보는 자체가 이미 서양철학의 초월론의 시작이었지만 후설의 현상학에 이르러 그러한 초월론 혹은 현상학적인 환원주의는 다양한 현상학적인 연구대상을 향하여 분화되었다고 볼 수 있다. 이러한 현상학에 근본적·회의적인 물음과 함께 서양철학 전반에 대해 현상학적인 환원주의의 방법으로 메스를 가한 인물이 하이데거이다. 그리고 그는 현상학과의 결별을 선언하고 '존재론'이라는 낯선 길을 개척했다.

돌이켜 생각해보면 인간의 생각은 필연적으로 환원적일 수밖에 없는 것이다. 왜냐하면 현재를 기준으로 과거를 생각할 수밖에 없기 때문이다. 과거에 살아보지 않은 '현재의 우리'로서는 현재를 기준으로 과거를 회상할 수밖에 없고, 다른 도리가 없기 때문이다. 따라서 현상학이 되려면 '시간적 현재'에 대한 확고한 인식이나 신념이 없이는 불가능하다. 말하자면 현상학은 '현재의 학'인 것이다. 만약 '현재'라는 개념이 무너진다면 현상학은 사상누각이나 마찬가지이다.

현상학에서 환원이라는 것과 현상학적 회귀라는 것이 얼른 보면 정반대의 것으로 보이지만 그 뿌리는 역시 환원적 사고에 있다. 왜냐하면 미래 또한 과거를 통해서 성립되며, 미래는 과거의 상상적 재구성으로서 그 자료는 결국 과거에 대한 현상학적 사고의 결과물을 다시 재구성(재조립)하는 것에 불과하기 때문이다. 이렇게 보면 인간의 사유라는 것도 '시간의 현재'라는 토대(지평) 위에서 전개되는 파노라마(환영, 영상)에 지나지 않는 것이 된다. 그런 점에서 니체의 '영원회귀'라는 것이 무슨 대단한 것의 발견이라고 보는 것은 어불성설이다. 현상학적 환원이나 영원회귀는 같은 현상(현상학적 현상)을 두고 정반대의 입장에서 표현하는 수사학에 지나지 않는다.

현상학의 요체는 이원대립적인 것으로 설정된 항들이 시간의 간격을 두고 혹은 동시에(순간적으로) 왕래하는 것을 말한다. 현상학은 또한 방법론적인 면에서도 환원적이면서도 동시에 회귀적이다. 왜냐하면 계속적인 환원작업을 수행하기 위해서는 회귀를 하지 않을 수 없고, 환원-회귀를 왕래하여야 주체-대상의 왕래를 계속해서 할 수 있기 때문이다. 서양철학사에서 하이데거처럼 현상학과 결별한다는 것은 일종의 영웅적인 행위라고 말할 수 있다. 말하자면 자신의 자아를 던져버려야(놓아버려야) 가능한 일이기 때문이다. 이것은 그들에게는 자포자기(自暴自棄)처럼 느껴질 것이다. 그래서 하이데거는 존재론을 주장하면서도 최후의 안전장치로 신(기독교의 신)을 붙잡고 있었다고 말할 수 있다.

그렇다면 서양의 현상학은 어디쯤 왔는가? 서양철학의 종합메뉴, 혹은 종합백화점으로 불리는 헤겔철학은 '정신(Geist)'이라는 개념을 가지고 종래의 서양기독교의 신(God)을 새롭게 해석한 것이라고 볼 수 있다. 그래서 헤겔의 정신은 '신-정신'의 이중성을 갖고 있다. 서양철학과 기독교는 본래 인간을 투사한 것으로서 '이데아'와 '신'을 초월적인 존재로 설정하고 있지만 결국 '신'은 '대중적 플라토니즘'임이 니체에 의해서 폭로됨으로써 결국 '인간-신(인간이 신을 증명함)'이 '신-인간(신이 인간을 보증함)'으로 왕래하다가 헤겔에 이르러 '신-정신(절대정신으로 신을 설명함)'의 이중성으로 변천하는 추이를 보였다.

헤겔의 '정신(Geist)'은 여러 의미의 층위('mind' 'spiritual' 'soul')를 보임에 따라 애매모호함과 함께 해석의 혼란을 야기하기도 한다. 심지어 '정신(Geist)'은 '신성한 유령(Holy Ghost)'의 의미마저 있다. 헤겔이 유령을 들먹인 것은 서양철학사에서 매우 중대한 자기성찰(자기-내-성찰)

이라고 하지 않을 수 없다. 그 까닭은 그 이전의 신과 정신이 유령일 수 도 있다는 길을 열었기 때문이다. 신-정신-유령은 서로 이중성의 관계에 있다.

신, 정신, 유령은 서양문명권 안에서 보면 서로 다른 것 같지만 밖에서 보면 이들 셋은 같은 동일성의 변형들이다. 처음에 인간은 추상적인 신을 상상할 수 없어서 결국 자신을 닮은 '인격신'(원시고대의 범신 혹은 지고신)을 상상할 수밖에 없었고, 인지가 점차 발달하면서 그 인격신은 '로고스(logos)의 신'으로 격상됨으로써 보편성(법칙성)을 갖춘 신으로 변모하게 된다. 그래서 인간이 신을 증명하고(중세 스콜라신학), 신이 인간을 보증하는(근대 이성신) 형태로 자리를 갖추게 된다. 결국 신이 인간의 정신을 보증하고, 인간은 후기근대에 이르러 다시 유령을 탄생시켰다고 볼 수 있다.

유령의 탄생이라는 것은 실은 신의 본래성격을 드러내는 측면이 없지 않다. 신과 정신과 유령은 같은 '동일성의 존재'로서 서로 순환관계에 있으면서 동시에 매개 혹은 이중성의 관계에 있음을 볼 수 있다. 그럼에도 불구하고 이들은 새로운 경계를 지음으로써 존재에 대한 새로운 사유의 태도를 피력하고 있다고 말할 수 있다. 인간은 상상한 것을 다시 언어로 붙잡고, 언어로 잡은 것을 다시 물질로 소유하려는 존재(현존재)이다.

인간(人間)이라는 말속에는 이미 '사이(間)-존재'로서의 의미가 들어 있다. 인간은 하늘과 땅 사이에 있는 존재일 뿐만 아니라 흐르는 시간성(時)을 시간(時間)으로, 비어 있는 공간성(空)을 공간(空間)으로 인식하는 '사이-존재'를 드러내고 있다. 사이-존재는 필연적으로 사이를 계산하는 존재가 될 수밖에 없다. 무엇을 계산한다는 것은 대상을 손에 잡을 수 있는 실체로 받아들이는 것을 의미한다.

헤겔에 의해 유령, 혹은 '신성한 유령(holy ghost)'의 등장은 신과 정신과 유령의 상관관계를 더욱 느끼게 하였다고 볼 수 있다. 유령의 등장은 서양철학사로 볼 때는 매우 '자기고백적인 철학행위'이다. 그 고백은 신이 본래 인간이 설정한 유령이었구나 하는 것을 깨닫게 되고 자신도 모르게 실토하게 되는 사정을 말한다.

〈God, Geist, Ghost〉

문화 (culture)	동일성/ 실체성/ 현상성	God(신)	天	동일성/자연과학/ 기계성/ 존재자/환유
		Geist(정신)	人	
		Ghost(유령)	地	
자연 (nature)	차이성/ 비실체성/ 존재성	기운생동	천지인 (天地人)의 순환	순환성/이중성/ 상징성/존재/ 은유
		(기운생멸)		

신, 정신, 유령은 실은 서양철학의 동일성을 나타내는 변형들이다. 이들 사이에는 어떤 필연성 같은 것을 느끼게 되고, 이들이 바로 인류문화의 변천과정으로서 특히 서양의 문화(culture)를 상징적으로 드러내는 말이라고 할 수 있다. 이들을 동양의 천지인 순환사상에 방편적으로 대입해 볼 수도 있다.

천지인사상에 신/정신/유령을 대입하면 천=신, 지=유령, 인=정신이 된다. 천지인사상에 문화장르를 대입하면 천=종교, 지=예술, 인=철학이 된다. 또한 천=종교=신(神), 지=예술=자연(自然), 인=철학=인간(人間)으로 볼 수도 있다. 천지인사상에 현대의 3가지 유령을 대입하면 천=과학기술(기술경제), 지=공산혁명(정치경제), 인=자유자본(자본경제)이 된다. 이를 경제를 중심으로 보면 천=기술(추상), 지=노동(신체), 인=자본(상징)이 된다.

유령이라는 말은 오늘날 더 이상 낯선 언어가 아니다. 신/정신/유령은 인간의 상상하는 힘, 즉 출발부터가 상상계와 관련이 있으며 상상계가 없으면 상징계든, 현실계든 존재할 수 없다. 도리어 상상계가 있음으로써 상징계와 현실계가 드러나고 차별화된다고 볼 수 있다. 그런 점에서 인간의 가장 근본적인 힘은 이성이라기보다는 상상력이라고 할 수 있을 것이다. 실재가 있기 때문에 가상실재가 있긴 하지만 가상실재가 있기 때문에 실재가 드러난다고 할 수 있을 것이다.

〈천지인 사상의 문화적 변형〉

천지인사상	신/정신/유령	문화장르	현대의 3가지 유령	경제
天/精/性	신(God)	종교(神)	과학기술(기술경제)	기술(추상)
人/神/精	정신(Geist)	철학(人間)	자유자본(자본경제)	자본(상징)
地/氣/命	유령(Ghost)	예술(自然)	공산혁명(정치경제)	노동(신체)

　동양의 천지인사상의 경우, 동일성(실체)을 보장·보증하지 않고 있기 때문에 이들 항목들이 확실하게 대입된다고 할 수는 없다. 천지인사상은 동일성을 가지고 있지 않은 대신 이들 사이의 순환성과 이중성과 상징성을 동시에 내포하고 있다. 인류학적으로 볼 때 천부경의 천지인(天地人)사상은 서양기독교에서 삼위일체론(三位一體論)으로 발전하였고, 중국에서 음양오행론(陰陽五行論)으로 발전한 것 같다. 음양오행론은 인간 스스로가 자연의 오행 중에 포함되면서도 동시에 오행을 컨트롤하는 이중성의 입장에 선다.

　이에 비해 서양문명은 천지인사상의 순환성을 동일성으로 바꾼 문명이다. 이는 하늘에 절대성을 부여했기 때문이다. 서양의 유일절대신은 척박한 자연(사막)환경에서 살아온 유목민족의 원시부족신앙과 관련이 있다. 서양문명의 특징과 강점과 약점은 바로 동일성에 있다. 서양문명이 오늘날 지배문명이 되게 한 것도 동일성이지만 동시에 인류문명을 공멸하게 할 확률이 높은 것도 동일성이다.

기독교의 절대유일신사상(헤브라이즘)과 그리스의 고정불변의 실재인 이데아사상(헬레니즘)의 결합으로 이루어진 서양문명은 오늘날 결국 과학기술이라는 힘과 지배의 유령이라는 종착역에 이르렀다. 결국 신은 가장 힘 있는 기계가 된 셈이다. 이것은 과학적 환상이며 실체이다. 따라서 기독교의 종말은 기계에 의해 이루어질 전망이다. 본래존재인 신체를 잃어버린 인간은 노동운동으로 저항하면서 스스로 발명한 기계에 의해 종말을 고하게 될 위기에 처하게 된 셈이다. 인간집단 전체가 변하지 않은 한 누구도 피할 수 없다. 그래서 자연과 더불어 공생하는 순환사상인 고래의 천지인사상의 부활이 요구되는 것이다.

서양문명의 궤적을 보면 이데아(Idea)가 신(God)이 되고, 신이 정신(精神, Geist)이 되고, 정신이 물질(物質, Material)이 되고, 물질이 과학(科學, Science)이 된 것이라고 말할 수 있다. 정신은 자유(自由)를, 물질은 평등(平等)을 과학은 기계(機械)를 염원한다. 이들의 정체는 실은 모두 절대(동일성, 실체)이고, 절대는 유령(Ghost)이다. 여기서 적(enemy)은 악(vice, evil, bad)이 되고, 친구(friend)는 선(virtue, good)이 된다. 선악은 입장에 따라 다를 수 있다.

인간(Person)은 생존방식에서 처음부터 가면(persona, 얼굴)을 쓰고 자기기만을 하고 있는지 모른다. 인간에게서 시작된 악이라는 개념을 인간은 가장 싫어하는데 이는 악의 뿌리가 인간이기 때문이 아닐까. 자신의 정체가 폭로되는 것을 인간은 두려워하는 것일까. 천사장이 악마가 되는 것은 무슨 이유일까. 인간은 자기기만으로 인해서 나(나의 악)를 절대선이라고 생각하고, 남(남의 선)을 절대악이라고 생각하면서 인류종말의 전쟁을 벌일 가능성이 높다.

절대라는 말도 인간에서 시작되었다. '나'와 '신'은 실은 절대의 상징이라는 점에서 같다. 자연적 존재를 대상(사물존재)으로 파악하는 순간, 인간은 스스로 절대적인 존재가 되는 자기기만에 빠지게 된다. 대상은 절대타자가 되고, 나는 주체가 되는 동시에 절대주체가 된다. 인간은 자연의 대상에 대해 주체로 둔갑하면서 동시에 신은 절대타자가 되는 이중적 태도를 가지게 된다. 인간은 근본적으로 이중적(二重的)이다. 이는 절대-상대, 유-무에서 확인할 수 있다.

이상하게도 인간은 부모(아버지-어머니, 남-여)에게서 태어났으면서도 마치 자신은 혼자 태어난 것처럼 생각하기 일쑤이다. 이것이 바로 자아이고, 더 초월적으로는 영혼이다. 영혼이 있으려면 저절로 세계전체가 있어야 하고, 세계전체가 있으려면 신은 존재할 수밖에 없다. 그럼에도 이들은 증명할 수 없다. 그래서 무제약자라고 명명한다. 이는 시간과 공간, 그리고 신의 삼각관계와 같다.

하이데거가 『존재와 시간』(1927년)에서 존재와 더불어 시간을 왜 가장 먼저 떠올렸던 이유가 여기에 있다. 시간, 즉 운동과 변화가 없으면 인간은 존재를 알(말할) 수 없다. 역설적으로 변화와 운동이 있기 때문에 존재로서의 그 무엇이 있는 것이다. 고정불변과 생성변화는 서로 물고물리는 관계에 있다. 따라서 변증법의 정과 반, 현존과 부재(이상 현상학), 은폐와 탈은폐(존재론)를 말하는 것은 그리 대단한 발견이 아니다. 자연을 분석하고 해석할 수밖에 없는 존재인 인간(인간현존재)으로서는 시공간의 개념창출과 더불어 존재를 그렇게밖에 볼 수 없다. 단지 현상학의 차원과 존재론의 차원이 다를 뿐이다.

자연은 항상 인간이 파악한 세계를 넘어서 알 수 없는 환경으로서 존재하고 있다. 이것을 현상학적으로 받아들이면 무한대 혹은 영원이지만 그보다 자연은 현상의 근본 혹은 바탕으로서 무(無), 혹은 무위(無爲)이다. 자연은 자아가 아니다. 굳이 자연을 자아로 말하자면 우주아(宇宙我), 브라만 즉 범천(梵天)이다. 집단생활을 하는 인간사회는 자아를 요구한다. 자아는 인위(人爲)이다. 인간의 모든 문제는 자아로부터 시작된다. 그렇게 보면 인간은 자아로 인해 자연을 두고 신이 창조한 것으로 해석했을 가능성이 높다.

흔히 인간은 자신의 탄생을 두고 "우리부모가 나를 낳았다."라고 말하거나 "내가 우리부모를 만났다."고 한다. 부모가 나를 낳아주지 않았다면 '나'라는 존재는 이 세상에 존재할 수도 없는데 마치 '나'가 부모로부터 분리된 존재로 있거나 본래 있었던 것처럼 말한다. 이는 말(문장)의 구조로부터 발생하는 문제이다. 의식을 가진 인간이 항상 주체와 대상의 이원구조를 벗어날 수 없듯이 그것을 표현하는 문장도 의식의 이원구조를 반영할 수밖에 없다. 그래서 인간은 '자연의 생성'을 '의식의 존재'로 표현할 수밖에 없었던 것이다.

우리가 인격신에 대해 함부로 말할 수 없는 이유는 신이라는 말에 이미 인격이 들어가 있기 때문이다. 우리가 신을 말할 때 이미 인간의 의식은 노에마(noema)로서의 신과 노에시스(noesis)로서의 인간의 상호작용을 실행하고 있으며 단지 신이 단어로서만 존재하는 것이 아니기 때문이다. 이것은 모든 사물의 인식에서도 마찬가지로 작용하고 있다. 주체와 대상은 둘로 나누어진 것으로 있는 것이 아니라 작용하고 운동하고 있는 것이다. 인간이 인식한 혹은 의식한 세계는 연속과 불연속을 동시에 실현하고 있는 것이다. 세계의 문제가 나의 문제가 되는 것도 같은 이치이다.

신과 자연의 문제에서도 마찬가지이다. 자연을 대상화한 인간은 자연과의 불연속으로서 신을 떠올리지만 그 순간 동시에 신은 자연과 연속될 수밖에 없는 존재로서의 성격을 지닐 수밖에 없다. 인간은 신을 절대타자로서 섬길 수 있지만 그와 동시에 항상 자연과 신, 인간과 신을 역동적으로 함께 움직이게 하는 의식의 작용(운동)을 무시할 수 없는 것이다. 신은 초월적 존재로서 있어야 하지만 동시에 신비로서, 알 수 없는 존재로서 남아있어야 인간과 대화를 나눌 수 있는 이중적 존재를 함께 수행할 수 있게 된다. 이분법과 이중성은 인간존재의 세계를 보는 아이러니이다.

자연은 영원한 신비(神祕)이고, 신비한 것이 바로 신(神)이다. 생각해보라. 신비한 것이 없다면 어떻게 신이 존재할 수 있겠는가. 이것은 역설적으로 미신(迷信)이 없다면 신비도 없다는 뜻이 된다. 미신이라고 하는 것은 과학을 기준으로 볼 때 미신이지만, 신앙을 기준으로 볼 때는 신비에의 참여이고, 경외에의 체험일 뿐이다.

신과 귀신의 관계도 과학과 미신의 관계와 마찬가지이다. 미신은 '잘못된 신앙'이 아니라 신비와 혼미(昏迷, 混沌)를 믿는 신앙이다. 어떤 점에서는 신비와 혼미야말로 실은 존재이다. 그것은 인간의 현상학적인 지평(地平), 해석학적인 지평, 관점의 지평에 매이지 않기 때문이다. 그렇게 따지면 어떤 종교에도, 예컨대 기독교에도 미신적 요소가 있다.

신도 어떻게 규정하느냐에 따라 자연과 마찬가지일 수 있다. 서양의 범신론자인 스피노자처럼 기독교의 유일신을 자연에 덮어씌울 수도 있고, 원시부족사회의 애니미즘이나 동양의 범신론이나 도법자연(道法自然)의 도학(道學)처럼 자연을 기독교 유일신에 덮어씌울 수도 있다. 기독교의 절대유일신과 범신론과 애니미즘과 도(道)는 서로 통할 수 있다. 서로 상대방의 입장이 되어보는 공감(共感)으로 역지사지(易地思之)하면 말이다. 공감을 쉽게 표현하면 정(情)이다. '정'은 남을 걱정하는 마음이다.

문화는 자연과 다른, 문자를 통해 비로소 드러나는 존재자(동일성)이다. 서양철학의 신, 정신, 유령은 얼른 보면 서로 다른 것 같지만, 자세히 보면 동일성이라는 공통성을 가지고 있다. 신은 정신으로 변형되고, 정신은 다시 유령으로 변형되면서 전혀 다른 담론을 펼치는 것 같지만 실은 담론의 중심이동, 혹은 새로운 유행, 혹은 새로운 변신이라고 할 수 있다.

서양철학에서 으레 반대되는 것처럼 취급하는 유심론과 유물론은 의식의 측면에서는 상호작용하는 하나이다. 유심론은 노에시스에 중심을 두고 말하는 것이고, 유물론은 노에마에 중심을 두고 하는 말이다. 말하자면 인간의 의식은 타원궤도처럼 두 개의 중심을 가지고 있는 셈이다. 타원궤도는 원이라는 측면에서 하나의 중심을 가졌다고 생각할 수 있지만 동시에 두 개의 중심을 가진 원으로 설명할 수도 있는 것이다. 이것은 불교의 불일이불이(不一而不二) 사상과도 통한다.

유심론(유신론)-유물론(무신론)은 하나의 사유방식인 '사유(언어)-존재(사물)'의 산물이다. 유심론과 유물론이 현상학적 상호왕래를 하면서 경계를 넘어서면 그 중간지점에서 역동적인 하나가 된다. 유신론과 무신론도 마찬가지이다. 극과 극은 통한다는 말이 있지만, 어떤 것을 주체로 하든, 대상으로 하든, 유무(有無)를 논한다는 것은 결국 현상학적인 차원이 될 수밖에 없다. '무엇(what, thing)'이 있다고 하는 것이나 없다고 하는 것은 '무엇(실체, 동일성)'이라는 것이 없이는 설명이 불가능하기 때문이다. 요컨대 '신'이라는 개념이 없이는 무신론을 말할 수 없다. 유신론도 신을 과학적으로 설명할 수 없다.

유무론(有無論)은 현상학적인 차원과 존재론적인 차원이 다르다. 현상학적인 차원의 '유무론'은 '유'와 '무'가 이분법에 의해 갈리지만 존재론적인 '유무론'은 말(언어)은 다르지만 결국 같은 것이다. 왜냐하면 존재론적으로 있다고 하는 것은 '없이 있음'(nothingless)이고, 존재론적으로 없다고 하는 것은 '진공묘유(眞空妙有)'이기 때문이다. 존재론적으로 '있다'(有)고 하는 것은 '없다'(無)고 하는 것이나 마찬가지이다.

신이 유령이 될 수 있는 것은 존재론적으로 가능하고(막을 수 없고), 나아가서 신과 유령은 현상학적으로 상호가역·왕래할 수밖에 없는 존재(상대)들이다. 현상학적인 대립 항들은 상호가역적인 대상이 될 수밖에 없다. 이들은 모두 동일성이라는 실체를 가지고 있다. 따라서 동일성은 모든 존재를 현상학적으로 드러내는 현상에 불과한 것이다. 특히 유령은 종래의 신 혹은 정신과는 달리 색다른 것처럼 보이지만, 실은 신이나 정신 속에 이미 실체로서 들어있었던 존재자이다.

마르크스와 데리다의 유령론은 다분히 목적론적이고, 헤겔의 아류라고 할 수 있다. 해석여하에 따라서는 결국 헤겔의 정신은 실체이고 실체는 동시에 유령이 된다. 서양의 유령은 결국 '실체가 있는 유령'이 됨으로써 '실체가 유령'이 되고, '유령이 실체'가 되는 난센스에 봉착하게 된다. 서양의 신과 정신과 물질은 실체로서 처음부터 유령(가상실재)이었다는 알리바이가 성립한다. 결국 '신=정신=유령=실체'가 되는 셈이다. 이들은 모두 서양적 사유방식의 산물이다.

동일성의 치명적인 문제점은 바로 처음부터 동일성을 주장하면 세계가 고정불변의 실체가 되어 근본적인 변화를 하지 못하는 자기모순(모순율)에 빠지는 된다는 데에 있다. 그 모순은 영원히 해결될 수 없는 '지속의 모순'이다. 동일성의 문명권은 세계를 이분화(배중률)해서 동일성(실체)을 추구하지 않을 수 없다. 데카르트의 코기토는 바로 그런 것의 대표적인 것이고, 대부분의 서양철학자들은 코기토의 자손이다. 동일성의 문명권은 세계를 필연적으로 이분화 시키지 않을 수 없다. 세계를 이분화 시키면 결국 서로 경쟁하고 싸우는 것을 피할 수 없게 된다.

동일성의 최종적 문제점은 나중에 심리적으로 혈연적 동일성이라고 할 수 있는 근친상간의 유혹에 빠지게 된다는 데에 있다. 레비스트로스의 말대로 근친상간금기는 문명과 야만의 문지방과 같은 것이지만, 동시에 그것을 오히려 넘고(범하고) 싶은 유혹에 빠지도록 하는 것도 심리적 콤플렉스의 특성이다. 동일성의 문명이 가장 금기해야 할 것이 근친상간금기이다. 문명적으로 근친상간금기는 철학적으로 동일성의 철학이다. 그래서 서양문명은 오이디푸스콤플렉스 문명권이다. 가장 상징적인 문화형태인 신화가 철학과 역사를 지배한다.

헤겔은 역사변증법으로 동일성의 모순을 극복하는 방식을 만들어냈지만 같은 동일성의 방식에 의해 마르크스에게 유물사관(유물론적 변증법)으로 역전되고 만다. 이것이 서양철학의 길고 긴 드라마의 시종이다. 헤겔이 서양철학을 역사철학으로 옮겨놓은 것은 사실이지만 결국엔 헤겔의 절대정신(유심론)은 마르크스의 뒤집기에 의해 유물론(절대물질)을 낳은 것이 사실이고, 결국 정신이 물질이 되게 하는 데에 결정적인 역할을 했다.

결국 가장 이상적(관념적)인 것이 가장 현실적(실체적)인 것이 되었을 뿐만 아니라 물질이 정신이 되는 적반하장을 초래하게 한 것도 사실이다. 인간의 '정신'이 '물질'이라고 규정한 것은 '물질'이 아니라 본래 '물(物, 존재)'이지만 정신의 개념규정에 의해 '물질'이 되었다. '물질'은 '정신'이 규정한 것이다. 결국 정신(精神)=물질(物質)이다. 오늘날 서양이 주도하는 인류문명이 과학기술문명과 혼음(混淫)과 근친상간에 빠진 것은 동일성의 폭력의 '장렬한(황홀한) 드라마'라고 할 수 있을 것이다.

현상학적으로 대립되는 이원대립항들은 무한대로 계속되어도 그 모순이 해결되지 않음(해결불가능, 해체불가능)을 의미하고, 이를 현상학적인 관계에 있다고 말한다. 현상학적인 차원은 한 점(한 순간)에서는 대립되는 의미가 이중성을 보이게 된다. 마찬가지로 우리의 '눈에 보이는 것(현존)'은 '눈에 보이지 않는 것(부재)'과 대립적이면서도 이중적인 관계에 있다. 결국 역사적(시간적: 정반합변증법상) 대립과 순간적(공간적: 경계선상에서) 이중성은 말은 다르지만 서로 같은 내용이라는 결론에 도달하게 된다. 서양문명의 특징은 현상학에 있고, 현상학은 무한대의 '이원대립'과 '의미의 이중성'에 있다.

요컨대 데리다의 '해체(deconstruction)'라는 것도 서양의 이성주의나 구성주의를 벗어나는 것 같지만 이러한 현상학적인 범주를 벗어나지 못한다. 철학의 방법론으로서의 '해체'는 의미가 있지만, 철학의 목적으로서의 해체란 서양철학이 그동안 서양철학과 문명이 자연을 구성적으로 보았다는 것을 반증하는 것에 지나지 않는다.

서양철학은 기본적으로 시각-언어(개념)의 연쇄에 따른 구성주의이다. 해체란 구성을 했기 때문에 해체를 하여야 하는 일종의 작용반작용과 같은 작동인 것이다. 해체주의는 구성주의의 그림자이거나 주변현상에 지나지 않는다. 해체주의가 소수자(minority)를 두둔하거나 지지하는 것은 바로 그림자, 혹은 어둠에 지나지 않는다는 것을 함의하고 있다.

서양철학의 구성주의는 또한 도구주의를 숨기고 있다. 결국 자연으로부터 도구를 끌어내어 사용하기 위해서 스스로 구성해보는 것이다. 서양의 형이상학을 비판하면서 '도구적 형이상학'이라는 말을 하지만 형이상학 자체가 바로 도구적인 것을 저들은 잘 모른다. 그런 점에서 서양철학 자체가 도구적이라고 말할 수 있고, 하이데거의 말대로 과학기술주의가 형이상학의 완성이 되는 것은 당연한 귀결이다.

근대의 과학기술주의가 위험한 까닭은 그것은 종교적 특성(무신론적 종교)을 가지고 있으면서 동시에 유물-기계론적 특성(유물기계주의)을 동시에 지니고 있기 때문이다. 기계주의는 현대인을 이미 기술찬양론자로 마비시키고 있다는 점에서 기술종속주의의 노예로 전락시키고 있다. 그래서 기술(technology)의 자리에 예술(art)을 치환하지 않으면 인류의 마래는 없다. 흔히 우리가 알고 있는 "예술(기술)은 길고 인생을 짧다"(히포크라테스)라는 서양격언에서 예술은 당시에 '기술'에 가까운 것이었지만 이제 다시 기술의 자리에 '예술'을 갖다놓아야 한다. 이때 예술의 정점에는 자연이 있어야 한다.

동양의 불교나 노장철학 등 도학을 배운 서양철학자들이 해체주의를 운운하는 것은 그들의 문화문법에 따른 현상학적 궤도의 순환에 지나지 않는다. 자연은 해체할 수 없는 것이다. 서양의 후기근대철학자들은 자연을 마치 해체된 어떤 것으로 바라보면 저들의 구성주의를 벗어나는 것처럼 착각하는데 이것은 일종의 자기기만으로서 이미 해체를 목적으로

바라보는 자기모순적 심리가 깔려있다. 자연은 생멸할 뿐 해체될 수는 없다

서양철학자들에게는 목적은 동시에 수단이다. 사물에 대한 대상적 인식 그 자체에 이미 수단과 목적의 이중성이 내재해 있다. 자연은 지금도 생멸하고 있다. 생멸은 한 순간일지라도 잡을 수 없는 것이다. 자연의 생멸을 해체로 보는 것은 역으로 구성주의의 고백성사에 지나지 않는다(고백성사를 하고 다시 죄를 저지른다).

서양의 철학과 기독교와 과학은 그러한 점에서 실체론의 세쌍둥이와 같다. 데리다의 해체주의의 '차연(différance)'이나 '환대(to come)'나 '유령(specter)'은 시간적으로 미래를 지칭하는 다른 용어에 불과하다. 다시 말하면 전반적으로 자연의 생성과 사건을 '결정불가능의 문제' 혹은 '해결불가능의 문제(unsolvable problem)'로 보는, 매우 현상학적인 지향성(intentionality)의 관점에서 철학을 풀어나가는 것이고, 종합적으로는 프랑스적 텍스트이론의 변형에 불과한 것이다.

서양철학의 '차연' 혹은 '차이'는 실은 동양철학의 음양론의 차이라고 할 수 있는 '다름', 즉 닮음에 내포되고 있는 '다름과 같음'의 다름과는 다른 것이다. 동양철학의 '같음'도 서양철학의 '동일성'과는 다른 것이다. 동양의 음양론은 실체가 없는 것의 차이이지만, 서양철학의 차이는 실체(동일성)가 있는 것의 차이로서 무한대로 연장(공간)되거나 지연(시간)되는 것이다.

하이데거와 데리다의 차이는 바로 현상학적인 차이이다. 하이데거는 차이(차연)의 철학을 통해 〈존재에서 무(無)로 나아가는 존재론〉을 개척하였지만 데리다는 〈현존에서 부재로 나아가는 현상학의 해체주의〉를 주장하기에 이른다. 데리다는 아무리 논의를 해보았자 현상학으로 돌아갈 수밖에 없다. 이는 니체가 서양철학의 도덕을 비판하였지만 결국 허무주의를 극복하기 위해 '힘(권력)에의 의지'로 돌아간 것에 비할 수 있

다.

데리다와 동시대에 활동한 프랑스의 또 다른 철학자인 들뢰즈는 이러한 차이를 '유물-기계론(machinism)'의 입장에서 '절편(切片)'으로 설명했다. 절편의 차이라는 것은 수학의 미적분을 철학적으로 설명한 것에 지나지 않는다. 물리학의 입장에서 보면 현상학적인 차이라는 것은 결국 수학의 미적분과 다를 바가 없는 것이다. 미적분이야말로 차이의 무한대의 연장을 전제한 것인데 철학에서는 뒤늦게 차이(차연)라고 호들갑을 떨면서 마치 새로운 개념이라도 발견한 양 떠들어대고 있는 것이다.

니체의 프랑스 제자라고 할 수 있는 데리다는 해체주의라는 이름으로 자신의 문학적 철학의 정체성을 삼았다. 들뢰즈는 니체의 영향권에 있었지만 마르크스의 유물론과 과학의 기계주의의 접속(conjunction)을 통해 유물-기계적 존재론을 완성했다. 이들은 하이데거의 '존재론(시간과 존재)'의 영향을 받았으나 존재를 현상학적으로 해석하는 바람에 도리어 '현존과 부재'(데리다), '유물과 기계'(들뢰즈)로 자신의 철학적 특성을 조성하는 현상학으로 돌아갔다. 이는 프랑스의 합리주의적인 전통의 깊은 영향 때문이다. 프랑스의 많은 철학자들은 아직도 하이데거를 오해하고 잇는 경우가 많다. 일등공신은 물론 무신론적(유물론적) 실존주의자로 알려진 사르트르이다.

오늘날 미적분이 없이는 어떤 과학도 달성할 수 없다. 이는 미적분이 서양철학의 실체론의 정점이라는 것을 말해준다. 우리는 여기서 아무런 철학적 대안도 내놓지 못하고 있는 서양철학을 무능하다고 할 수 있는 동시에 자기폐쇄회로에 갇힌 자폐증환자로 볼 수 있다. 그래서 서양철학은 과학의 아류로 전락하기에 안성맞춤인 학문이 되어버린 것이다. 이는 성리학이나 노장철학 등 동양의 도학과 불교에서 아이디어를 가져간 후에 그러한 사실을 숨긴 채로 서양철학의 문맥에서 재해석하는 과정에서 드러난 자기모순 혹은 이율배반적인 것이다. 현상학의 입장에서 보면 물리학이 물리적 현상학이라면, 철학은 심리적 현상학에 속한 것이었음을 상기케 된다.

인간의 앎을 현상학적으로 말하면 앎이라는 것 자체가 이미 현상이다. 현상은 어떤 것이든 주체와 대상 사이의 어느 한 지점에 있는 것이다. 이는 미적분의 원리와 같다. 미적분은 0과 1, 그리고 무한대(∞)라는 개념에 의해 성립된다. 0과 1사이는 무한대로 미분할 수 있고, 1은 또한 무한대로 적분할 수 있다. 가장 작은 것에, 동시에 가장 큰 것에 무한대라는 개념이 적용되는 것이다. 이것은 실체라는 것이 비실체라는 것을 말하는 동시에 어떤 비실체도 실체화할 수 있다는 모순, 즉 이중성이 성립됨을 의미한다. 적분은 미분화할 수 있고, 미분은 적분화할 수 있다. 이는 빛이 입자이면서 동시에 파동인 것과 같다. 진리는 '계산할 수 있는 진리'와 '계산할 수 없는 진리'가 공존한다. 진리 자체가 이중성임을 의미한다.

인간이 신을 아는 것도, 신과 대화를 하거나 거래를 하는 것도 이를 벗어나지 못한다. "신은 있다고 하면 있고, 없다고 하면 없는 것이다."(박정진) 앎이라는 것은 결국 그 대상이 무엇이든 현상이기 때문이다. 서양의 차이의 철학은 실체론적 전통에서 구조언어학이나 구조주의, 동양의 음양론과 불교의 공(空)사상을 수용하면서 유행하기 시작했는데 실은 동양의 도학에 대한 '서양식 이해'이거나 혹은 '잘못된 해석'이라고 할 수 있다.

데리다의 해체론은 결국 종래 철학이 해오던 모든 결정성을 '해체론적 문자학(grammatology)'을 통해 비결정성(undecidability)으로 해체하는 동시에 미래에 '다가오는(to come)' 것에 대해서는 해체불가능으로 간주하는, 이중결박(Double-Bind)('필요'와 '불가능')을 통해 해체론을 주장하지만 그는 결국 '서양철학의 법(『법의 힘』)'과 '기독교의 메시아론'으로 귀향할 수밖에 없는, 자기모순에 빠진 현상으로 볼 수 있을 것이다.

메시아사상도 '시간의 함정' 혹은 '시간의 놀이'에 빠진 것이라고 할수 있다. 이는 종합적으로 '현상학적 함정'이라고 말할 수 있다. 데리다의 '이중결박'이야말로 겉으로는 '해체'라는 이름으로 종래 서양철학의 결정성을 해체(해방)시키는 것 같지만, 실은 바로 자기구속으로서 현상학적 결박이다.

데리다의 해체론의 허구성(사상누각)은 그가 로고스의 원인을 소리에서 찾은 '말소리중심주의(logo-phonocentrism)'에서 비롯된다.[6] 즉자기가 말한(입으로) 소리를 자기가(귀로) 들을 수 있는 '소리의 자기 환원성'은 얼른 보면 자기동일성처럼 느껴지지만 이것은 '자기최면'에 불과하다. 소리의 자기최면성이 로고스의 원인이 되었다는 주장은 어불성설이다.

서양철학자들은 왜 자기최면적인 소리를 자기-투사적 혹은 자기-환원적인 것으로 보면서 소리를 이성의 원인으로 생각하는 것일까? 왜 근대서양문명에 이르러서 수학적 물리의 세계가 현상되었을까. 여기서 '순환의 자연'과 '인과의 세계'가 갈림길을 만나게 된다. 빛도 사물을 보게 함으로써 이성이 발달할 수 있는 환경은 되지만 소리와 마찬가지로 직접적인 로고스의 원인이 될 수는 없다. 소리와 빛은 파동일 뿐이다. 인간은빛이라는 파동(태양계) 안에서 살면서 고정불변의 입자(실체)를 발견하려는 로고스의 존재이다. 로고스의 원인은 어디까지나 시각과 언어의 연합작전의 산물이다.

데리다가 이러한 철학적 함정에 빠진 것은 하이데거의 '철학적 방법론'으로서의 해체(destruction)'를 '목적으로서의 해체'로 전용한 때문이다. 그의 '해체론(deconstruction)'의 잘못된 전용이나 문화번역상의오류라고 말할 수 있다. 이는 독일 관념론적 성격의 하이데거의 존재론

---

6) 박정진, 『소리의 철학, 포노로지』(소나무, 2012), 16~215쪽.

을 프랑스 현상학의 문맥으로 이해하고 변안한 결과이다. 결국 그의 해체론이 '해체론적 유령론'을 통해 서양철학의 본래의 '법'사상과 기독교의 '메시아사상'으로 돌아가는 '현상학적 회귀'를 보이는 것은 이미 예상된 결과였다. 그의 해체론이 진정한 해체였다면 왜 '법'과 '메시아'로 다시 회귀했을까? 그의 해체론은 일종의 반-이성철학의 이성적 속임수이다.

데리다의 페미니즘의 풍김이나 니체식의 해체적 글쓰기는 실은 그 속에 지독한 남성주의를 숨긴 비결정주의로서 일종의 '무언가 있는 듯이 보이는' 철학적 선전술에 불과한 것이다. 데리다는 헤겔의, 니체의, 하이데거의 잘못된 아류로서 독일철학에 압도된 프랑스철학의 잘못된 '존재론 이해'이면서 그러한 추종을 숨긴 표절이다. 데리다는 하이데거의 해체라는 방법론을 자기 식으로 잘못 해석·적용하고, 종래에는 헤겔의 법철학을 재현하는 쪽으로 나아갔다. 그는 하이데거의 존재론으로 나아가지 못했다.

데리다의 그라마톨로지는 전반적으로 '말장난(거짓말)의 탑'과 같다. 마치 '발가벗은 임금님'의 동화에 나오는 투명 옷을 입은 임금님과 같다. 이성철학의 원인이 서양철학의 음성주의전통에서 기인하는 것이라고 생각하는 그의 대전제는 틀린 것이다. 구문이나 문법(grammar)에 내재하는 연접·접합(articulation)의 성격을 해체론으로 연결하는 그의 해체론 철학은 이성이야말로 언어와 기호의 결합의 결과라는 것을 망각한 태도이다.

모든 구성은 요소로 구성되어 있고, 분절화(分節化)의 원리를 내포하고 있다. 이성이야말로 실은 구성의 산물이다. 이성은 언어에 의해 구성된 구성물이기 때문이다. 데리다가 문자학을 주장하기 때문에 언어의 분절적 성격이 밝혀진 것도 아니고, 문자학이 등장했다고 해서 이성중심이 영원히 해체되는 것도 아니다. 인간은 어쩔 수 없이 이성적 존재특성을 버릴 수 없다. 데리다의 문자학에게서 전혀 새로운 사실을 발견할 수 없다. 그의 장광설 혹은 횡설수설은 기존에 이미 알고 있던 것(상품)을 새로운 것인 양 포장했을 뿐이다.

이성은 존재(본래존재)가 아니라 인간에 의해 구성된 존재자(존재하는 것)이다. 데리다의 착각은 해체론을 주장하면서도 결국 새로운 텍스트를 생산해야 하는 자가당착에 빠지도록 했다. 텍스트는 본래 구성된 것이고, 구성된 것은 해체가능한 것이고, 해체가능하기 때문에 새롭게 구성될 것은 불을 보듯 뻔한 것이다. 텍스트는 지금껏 계속해서 새롭게 쓰여져 왔다. 데리다의 문자학 이전에도 말이다.

그의 "텍스트 밖에는 아무 것도 없다."(『그라마톨로지』)라는 말은 "해체는 '구성된 것'의 해체 밖에 없다."라는 말로 대체되어야 한다. 인간의 텍스트 밖에는 항상 자연이 있고, 자연은 구성된 것이 아니라 생성된 것이다. 자연은 변형생성문법의 문법적(문화적) 생성과는 다른 생성(본래적 생성, 자연적 생성)이다. 텍스트야말로 구성된 것이 아닌가? 데리다의 텍스트이론은 데카르트나 헤겔의 변주에 불과하다. 텍스트라는 것은 실체(절대)의 다른 이름이기 때문이다. "기억 앞의 무한한 책임"(『법의힘』)을 주장하는 것도 그의 '텍스트이론'과 함께 그가 철저한 현상학자임을 증명하는 말이다.

인간현존재는 현재라는 시간을 만들었고, 기억이라는 것 때문에 시간의 과거와 실체(가상실재)를 만들었고, 과거를 만들었기 때문에 미래를 만들었고, 미래를 만들었기 때문에 현재에서 불안과 공포에 떨어야 하는 실존적 존재가 되었다. 그래서 현세에서는 계속해서 다른 '법'을 만들고, 내세를 위해 메시아를 만들지 않으면 안 되는 '창조-종말적 존재'이다. 이러한 인간을 두고 현상학적 존재, 기독교적 존재라고 말하지 않을 수 없다. 이것이 유대기독교문명의 특징이자 한계이다.

세계가 유대기독교문명권에 의해 좌지우지될 경우에는 결국 스스로 종말을 맞을 수밖에 다른 도리가 없다. 기독교는 유감스럽게도 창조와 함께 종말을 예고했다. 창조-종말은 기독교의 자기완결적 체계이다. 기독교적 세계관을 가지고 있으면 누군가는 종말의 원인자가 되고, 종말에 참여하게 될 것은 필연적인 사살이다. 서양의 문학과 영화는 항상 종말을 암시하고 있다. 이것은 바로 자기에게 내재한 어떤 것을 표출하는, 자기종말에 대한 자기암시이다. 데리다는 비록 겉으로는 '해체'를 말하고 있지만 정작 해체의 핵심에는 새로운 '법의 힘(법과 정의)'과 '메시아론'을 숨기고 있다.

데리다는 또한 임마누엘 레비나스((Emmanuel Levinas)의 메시아론의 차용을 통해 기독교로 복귀함으로써 두루뭉수리가 되어버렸다. 데리다의 '환대(歡待)'라는 것도 레비나스의 '타인의 얼굴'을 표절하여 각색한 것에 지나지 않는다. 놀랍게도 이들이 '타인의 얼굴'이나 '환대'에서 주장하는 불쌍한 사람들인 고아, 과부, 홀아비, 무의탁자들은 『맹자(孟子)』「양혜왕장구(梁惠王章句) 하(下)」에 나오는 내용들이다.

「양혜왕장구 하」

왕이 말씀하였다. "왕정을 들을 수 있겠습니까?" 맹자께서 말씀하셨다. "옛날에 문왕이 기주(岐周)를 다스릴 적에는 경작하는 자들에겐 아홉 중의 하나를 세금으로 받았으며 벼슬하는 자들에겐 대대로 녹을 주었으며 관문과 시장을 기찰하지만 세금을 징수하지 않았으며 택량에서 고기 잡는 것을 금하지 않았으며 사람에게 죄를 주되 처자식에게 미치지 않게 하였습니다. 늙어서 아내가 없는 홀아비나 늙어서 남편이 없는 과부, 늙어서 자식이 없는 무의탁자, 어려서 부모가 없는 고아, 이 네 가지는 천하에서 곤궁한 백성으로서 하소연할 곳이 없는 자들입니다. 문왕은 정사를 펴고 인을 베푸시되 반드시 이 네 가지를 먼저 하였습니다. 시경에 이르기를 '부자들은 괜찮지만 이 곤궁한 이가 가엾다.'"

(王曰, "王政可得聞與?" 對曰, "昔者文王之治岐也, 耕者九一, 仕者世祿, 關市譏而不征, 澤梁無禁, 罪人不孥. 老而無妻曰鰥, 老而無夫曰寡, 老而無子曰獨, 幼而無父曰孤. 此四者, 天下之窮民而無告者. 文王發政施仁, 必先斯四者. 詩云, '哿矣富人, 哀此煢獨.'")

여기서 서양철학자들의 동양고전 표절을 논하고 싶지는 않지만 레비나스는 맹자에서 힌트를 얻어 기독교의 문맥에서 재해석하였을 확률이 높고, 데리다는 이를 다시 표절한 것이라고 볼 수 있다. 이 두 유대인 철학자들은 기독교의 나아갈 바를 맹자에서 찾았을 가능성이 다분하다.

데리다의 해체주의철학은 헤겔철학과 레비나스의 메시아론의 혼합에 지나지 않는 것이 되어버렸다. 데리다의 '해체론'은 니체가 '신은 죽었다'고 한 것만큼이나 서양문명의 허무주의를 반영하고 있다. 데리다가 니체의 후계자를 자처하는 것은 그런 의미에서 맞는 말이다. 해체론은 구성주의에 반대되는 것 같지만 본질적으로는 구성주의에 반대되는 것이 아니라 그것의 이면, 즉 현상학적 지평의 이면(~너머)에 있는 것이며, 현상학적인 허무주의이다.

데리다의 해체주의는 니체를 닮았다(니체처럼 허무주의를 극복했다고 하지만 결국 허무주의를 극복하지 못한 것과 같다). '서양의 부처'라고 일컬어지는 니체 어느 모습에서 모든 것은 내려놓은 불교의 선사와 같은 모습이 있는가. 데리다의 해체는 결코 해탈이 될 수 없는 또 다른 결정론이다. 마르크스가 '평등'의 결정론자라면 데리다는 '정의'의 결정론자이다. 스스로를 요지부동의 진리라고, 혹은 절대선, 절대정의라고 생각하는 독단론자들은 언제나 사회적 위험과 물의를 불러온다.

서양철학의 실체론의 전통에서는 허무(虛無)를 불교에서처럼 해탈(解脫)로 나아가는 계기로 삼는 것이 아니라 허무주의를 감추고 있다가 전체주의로 나아갈 확률이 높다. 이는 마르크시즘의 유물론이 허무주의를 감추고 있다가 공산사회주의라는 전체주의의 괴물로 돌변하는 것과 같다. 히틀러의 국가사회주의인 파시즘도 마찬가지이다. 데리다의 해체주의는 실체론을 부정하는 것 같지만 여전히 '실체의 유령(귀신)'을 붙잡고 있다.

유물론이 위험한 것은 역설적으로 그 속에 '결정론적인 유심론'이 있기 때문이고, 해체주의가 위험한 것은 '결정론적인 구성주의'가 숨어있기 때문이다. 데리다의 결정적인 실수는 '결정할 수 있는 것'과 '해체할 수 있는 것'이 같은 차원의 것인데 마치 다른 차원의 것처럼 설명했다는 점이다. 만사는 결정할 수 있기 때문에 동시에 해체할 수 있는 것이고, 해체할 수 있기 때문에 결정할 수 있는 것이다. 해체란 결정한 것에서만 통용되는 것이다. 다시 말하지만 해체는 자연이 아니다.

그런데 데리다는 결정할 수 없는 것을 문자학(해체적 문자학)이라고 하고, 해체할 수 없는 것을 유령학(해체적 유령학)이라고 하였다. 인간의 인위적 구성을 통해 결정된 것만이 해체할 수 있는 것이고, 해체할 수 있다는 것은 그 이전에 이미 결정되었다는 말에 다름 아니다. 요컨대 '결정불가능'을 해체라고 하였고, 유령을 '해체불가능'으로 지목하였다는 점이다. 결정불가능과 해체불가능은 생성되는 자연에만 해당되는 것인데 텍스트와 유령에게 그것을 적용하는 도착(倒錯)을 범했다.

데리다의 철학은 전반적으로 성도착적 상황의 후기근대에 표출된 서양문명의 모습을 자신도 모르게 철학적으로 표출한 '철학적 포르노그래피' '현상학의 현상학'이라고 해석할 수 있다. 요컨대 자연은 구성되지 않았기 때문에 결코 해체할 수도 없는데 자연을 '현상'으로 보고, 다시 그 현상을 현상하는 철학이라는 말이다. '현상학의 현상학'은 그것의 '초월의 초월성'으로 인해서 자칫 존재론으로 오해할 수 있다. 이는 마치 서양철학이 보편성의 초월을 일반성으로 보는 것과 같다. 초자연의 자연은 없고, 자연은 자연일 뿐이다.

본질주의-비본질주의든, 유신론-무신론이든, 의식-무의식이든, 이성주의-반이성주의든, 구성철학-해체철학이든 결국 현상학적인 차원에서의 언어놀이라고 할 수 있다. 자연의 입장에서 보면 둘 다 현상학적인 차원의 가역왕래라고 할 수 있다. 인간의 철학이 자연을 잃어버리고 신과 인간을 철학의 주제로 삼은 것은 철학의 실패라고 할 수 있다. 철학이 근대과학의 등장과 함께 자연을 자연과학에 맡겨두는 어리석음을 범한 것은 철학의 직무유기라고 할 수 있다.

기독교를 중국에 선교한 마테오리치는 기독교 성경의 "태초에 말씀(로고스)이 있었다."를 "태초에 도(道)가 있었다."로 번역했다. 그래서 신(神)의 번역어로 도(道)를 택했다. 불경을 번역한 구마라습은 불경의 '달마(dharma)'를 '법(法)'으로 번역했다. 위의 말씀(로고스)과 법은 아무리 대단하다고 해도 자연은 아니다. 인간이 만들어낸 언어는 근본적으로 대립어를 숨기고 있지만 그것은 현상학적인 차원에서는 같다. 요컨대 이성주의든 반이성주의든 마찬가지이다.

데리다의 그라마톨로지(grammatology)는 구조언어학(構造言語學)의 파롤(parole)/랑그(langue)를 계승하면서도 역전시켜서 '소리(phone)'를 이성주의의 원인으로 보는, 말소리중심주의(logophonocentrism)/그라마톨로지를 통해 서양의 이성주의에 대해 반이성주의를 부르짖었으나 결국 자기모순에 빠져 실패하고 철학적 포르노그래피에 직면하고 말았다. 철학의 현학적 용어들은 짐짓 고상한 체하고 있지만 실은 자연의 생식인 파종(semination)을 문명의 산종(dissemination)으로 바꾼 것에 지나지 않는다(산종에는 인간의 다른 종에 대한 육종(育種)이나 인간에 대한 임신중절의 과학적 기술과 유전공학과 정보기술 등의 경과를 함의하고 있다).

철학이 의미를 무의미화하는 것은 철학의 종언을 의미한다. 철학의 종언은 자연을 자연과학적으로 해석한 결과, 자연과학의 감옥으로 자연을 몰아넣게 되었으며, 이에 대해 인간의 자연적인 생식본능은 '생식을 회피한 끝없는 욕망(섹스)'으로 변질됨으로써 전반적으로 문명의 포르노그래피의 상황을 초래한다. 포르노그래피가 가장 왕성한 곳이 감옥이라는 점은 현대문명의 감옥적 상황을 상상케 하기에 충분하다. 자연(여성)의 임신(conceive)은 철학(남성)에서 개념(concept)으로 변형되어 결국 자연과학을 만들어냈지만, 이제 그 한계상황에 직면한 셈이다.

데리다의 해체주의 철학은 바로 서양철학의 종언을 내포하고 있고, 서양문명의 데카당스 상황을 고상하게, 혹은 품위유지를 하면서 현학적으로 실토하고 있다고 볼 수 있다. 그는 철학자라기보다는 기존의 철학을 비판하고 해체하는 철학적 평론을 통해 서양철학을 근본에서부터 부정하고 무너뜨리는 선봉장 역할을 하고 있다. 한마디로 그는 철학평론가이다.

그의 철학적 평론은 스스로의 철학을 구축하기보다는 남의 철학을 효과적으로 분쇄하기 위해 반대상황을 예로 들거나 반대주제나 반대개념의 설정을 통해 전시적으로 해체하고 있다. 그렇다고 해서 그가 자신의 독자적인 철학체계를 수립한다든가, 자신만의 논리적 일관성을 적극적으로 추구하는 것도 아니다.

물론 철학적 평론에도 창의성이 전혀 없는 것은 아니다. 때로는 상당히 설득력 있는 개념설정이나 사례분석을 통해 반대논리전개를 곧잘 전개하지만, 그렇다고 그의 철학체계나 전모를 보여주는 것도 아니다. 그는 기존의 유명철학자들의 철학체계의 모순과 불합리를 얼마나 잘 해체(파괴)하고 있는가를 과시하고 있는 것 같다.

그는 종종 파괴는 건설보다 쉽다는 것을 깨닫게 한다. 문학평론가가 아무리 평론을 잘 해도 소설가나 시인이 되는 것은 아닌 것처럼 그는 남의 철학을 두고 이러쿵저러쿵하는 평론을 일삼지만 철학자가 되기에는 부족하다. 그는 종종 문학과 철학을 혼동하기도 한다. 심지어 그는 그의 해체철학이 동양의 무위자연철학이나 도학(道學)과 통하는 새로운 철학으로서의 지평을 열고있다고 자평하기도 한다.

데리다의 루소비판, 특히 언어기원론이나 대리보충이나 에밀에 대한 비판은 매우 현학적인 전개를 하지만 주효한 것이 없는 탁상공론처럼 느껴진다.[7] 쉽게 말하면 반대주제를 하나 설정해놓고 그것에 따라 자의적으로 상대방을 비판하는 데에 지나지 않는다. 그는 비판을 위한 비판, 혹은 논리를 위한 논리를 일삼는 철학평론가 부류로서 느껴진다.

때로는 그는 마치 암체어 인류학자처럼 보이게 한다. 문화의 현장은 모르면서 마음대로 상상을 하면서 다른 문화(other culture)들을 자기의 관점에서 함부로 해부하고 농단하는 그런 인류학자 말이다. 흔히 관념론은 철학자들의 특성이기도 하지만 지구적으로 펼쳐져 있는 인류문화의 여러 사례나 경우를 무시하는 철학자들은 오늘날 살아남을 수 없다.

지구촌시대의 철학은 인류학적 지식이나 비교론을 도입하지 않고서는 철학 자체를 수행할 수도 없다. 남의 나라 혹은 다른 문화권의 예를 들거나 비교하지 않고서는 설득력을 얻기 어렵기 때문이다. 철학은 새로운 시대정신에 걸맞은 새로운 개념을 요구하고 있다. 그렇다고 기존의 서양철학과 문명을 해체하는 것만이 미래를 열어가는 철학인 것처럼 생각하는 것은 착각이다. 무엇보다도 과학기술문명이 주도하는 인류의 전체주의적 성향에 대해 경고하거나 저항하지 않으면 철학의 쓸모는 없다.

철학은 이제 철학적 원시반본을 요구하고 있다. 말하자면 개념철학이 아닌 소리철학(phonology), 순수(절대)이성(칸트의 초월철학)·순수의식(후설의 현상학)이 아닌 양성(兩性)의 자연철학, 생명철학을 회복할 것을 강력하게 요구하고 있다. 이는 인간종의 생사와 관련이 있는 문제로 떠

---

7) 박정진, 『일반성의 철학과 포노로지』(소나무, 2014), 189~209쪽.

오르고 있다. 철학은 자연(여성)의 생식능력(재생산)의 의미를 새롭게 강조하지 않으면 안 된다. 인구생산(population)이야말로 다른 공장생산과 달리 인간 종의 지속의 근본바탕이라는 점을 상기케 하지 않으면 안 된다.

마르크스의 '유물론'(노동-노예-계급투쟁철학)과 니체의 '권력의 의지'(주권적 개인-주인-초인철학)는 인간정신과 문명의 허무주의를 극단적으로 표출한 것에 지나지 않는다. 이들은 방법은 다르지만 결국 인간의 욕망의 극대화에 지나지 않으며, 역설적으로 인간의 패권주의와 전체주의(파시즘)를 암시하기에 충분하다. 개체성(존재의 각자성, 실존성)은 사라졌으며 따라서 '유동적 전체성'이 아닌 일종의 '기계적 전체성'인 전체주의(전체주의적 패권주의)만이 활개를 치고 있다.

만약 이것이 인간성이라면 인간은 종국에는 멸망되어 마땅하다. 자연에 대한 기술적 조작의 극대화는 결국 자연과 인간을 황폐화시키는 것은 물론이고, 인간으로 하여금 '죽음에 대한 불안'이 아니라 '삶의 공포'로 몰아넣고 있다. 겉으로는 극단적인 개인주의를 구가하고 있는 것 같지만 실은 개인의 자유가 사라진지 오래다. 개인은 이미 정보나 기계처럼 데이터나 부품으로 조작되고 있으며, 인간 종은 각자가 신체적 존재로서의 자기기만에 빠져있다.

〈그라마톨로지와 포노로지의 차이〉

	구조언어학 (構造言語學)	데리다의 해체철학 (disconstruction)	포르노로지 (pornology)	박정진 포노로지 (phonology)
이성 주의	랑그 (langue)	말소리중심주의 logo- phonocentrism	산종 (dissemination)	철학의 원시반본
반 이성 주의	파롤 (parole)	그라마톨로지 (Grammatology)	에크리튀르 (ecriture)	네오샤머니즘 (neo- shamanism)
*네오샤머니즘은 신체적 존재론으로 승화된다. 신체는 신과 존재를 동시에 포함하고 있다.				

　철학의 원시반본이 필요하다. 이것이야말로 인간을 자연적 존재, 본래 존재로 돌려놓은 유일한 방법이다. 원시반본의 핵심은 인간과 자연의 신체성을 회복하는 것이다. 자연과 인간은 인간의 정신의 대상으로서의 물질이나 육체가 아니라 신체(身)이며, 인간존재(주체, 영혼)는 무제약적이고, 신(神)과 존재를 동시에 포함하고 있는 존재이다. 만물도 신으로서 만물만신이다. 역설적으로 인간은 생식함으로써, 스킨십을 함으로써 신체를 회복하고 신이 될 수 있다.

　인간과 만물의 신체성을 회복하지 않으면 인류문명은 이제 기계에 굴복하고 말 것이다. 정신의 추상-기계에 저항하는 유일한 길은 신체의 구체-생명을 회복하는 것이다. 인간은 이제 그 옛날 원시부족사회의 자연적 일상, 신체적으로 맞부딪히며 살아가는 축제적 삶으로 돌아가지 않으면 안 된다. 샤머니즘의 신올림(ecstasy-trance)과 신내림(possession)의 입장에서 인류의 철학-종교-문명적 특징을 회고해보면 다음과 같다.

〈샤머니즘, 네오샤머니즘의 입장에서 본 인류문명〉

샤머니즘 (shamanism)	신올림	陽-남성적-시각적-페니스	자아적	정신적-귀족적
	신내림	陰-여성적-청각적-버자이너	무아적	신체적-대중적
네오샤머니즘 (neo-shamanism)	가부장	내세-하늘구원	게임적	권력-폭력-포르노로지 (pornology)
	모계적	현세-땅 구원	축제적	비권력-평화-포노로지 (phonology)

니체는 기독교를 '대중적 플라토니즘'이라고 하였다. 필자는 기독교뿐만 아니라 모든 종교를 '여성적 플라토니즘'이라고 말할 수 있다고 생각한다. 또한 모든 종교는 철학과 과학의 '정신적-귀족적-남성적 게임주의'에 비해 '신체적-대중적-여성적 축제주의'라고 말할 수 있을 것이다. 대중과 여성은 텍스트(성경)읽기보다는 의례(예배)를 좋아한다. 남성이 이끌어가는 문명은 '추상적-기계적'인 반면 여성은 '상징적-신체적'이다. 여성과 대중은 신체와 의례적 상징으로 세상을 살아가는 특징이 있다.

최종적으로 남성은 '권력-패권(폭력)-포르노로지(pornology)'의 특성을 보이는 반면 여성은 '비권력-평화(평등)-포노로지(phonology)'의 특성을 보인다. 여성과 대중은 종합적으로 볼 때, '신체적-축제적-평화적'이라고 말할 수 있다. 인류가 평화와 평등에 도달하려면 바로 후자에 문명의 중심을 두어야 한다.

니체는 '능동적(적극적) 허무주의'를 통해 허무주의를 극복하려했지만 그의 과잉제스처를 닮기라도 하듯이, 세계는 마치 그의 '권력에의 의지'에 부합하려는 듯 패권경쟁으로 치달았고, 니체가 숨진 뒤 1, 2차 세계대전이라는 홍역을 치렀다. 히틀러의 파시즘과 스탈린의 소비에트전체주의가 생겨났다. 지금도 정도는 다르지만 패권주의는 여전하다. 패권주의는 마치 '영원에 대한 숭배'처럼 인간의 치유할 수 없는 병인지도 모른다. 니체의 영원회귀사상이 불교의 해탈에 비유되기도 하지만 어불성설이다. 영원은 현상학적으로 순간의 목적지일 뿐이다. 따라서 서양적 사유방식에 있어서 참으로 있는 것은 순간이고, 계속되는 영원에 대한 숭배이다.

지금은 공산사회주의든, 국가사회주의든 사회주의는 모두 망했다. 사회주의가 아닌 '사회'를 형용사로 붙인 사회민주주의가 희망을 주고 있지만 인간에 내장된 이성과 욕망의 프로그램이 이를 그냥 내버려둘지는 의문이다. 이제 인류는 자제와 겸손과 감사를 배우지 않으면 안 된다. 인간의 적은 다른 동식물이 아니라 인간 자신이 되었다. 인간은 이제 자신과 싸우면서 공멸의 여부를 가리게 되었다.

돌이켜 보면 데리다가 현상학적 함정에 빠진 원천은 서양철학의 이성중심주의가 '눈앞에 있음=현존(presence)' 때문이라는 가정으로 거슬러 올라간다. 그는 또한 말소리중심주의(logophonocentrism)와 이성중심주의(logocentrism)가 같은 것이라고 봄으로써 '목소리를 이성주의의 원인'으로 보았다. 어떻게 소리가 이성인가? 이는 단지 아리스토텔레스 이후 '목소리의 환원성'(이것은 환원이 아니라 일종의 최면이다)을 통해 '목소리를 이성으로 본' 서양철학의 전통 때문이다. 하느님의 '말씀(소리)=로고스(logos)'로 보는 서양철학과 기독교의 전통, 즉 서양문화권의 타성의 결과라고 하지 않을 수 없다.

서양철학은 이로써 '빛과 소리'가 이성중심주의의 원인이라고 하는 감옥 속에 빠져버렸다. 빛과 소리는 이성의 근거가 되는 것이 아니라 단지 파동일 뿐이다. 빛은 이성이 드러나는 환경일 뿐이고, 빛 자체는 이성이 아니다. 빛과 인간의 눈이 만나고 여기에 동시에 인간의 대뇌의 언어활동을 통해서 이성이 성립되는 것이다. 소리는 더더욱 이성이 아니라 음파일 뿐이다. 소리를 이성의 원인이라고 생각하는 것은 인간이 자신이 한 말을 자신의 귀로 듣는 현상을 환원이라고 잘못 생각한 데서 비롯된 억측이다. 인간은 자신이 한 말을 글자그대로 고정불변의 것(동일성)으로 다시 듣는 것이 아니라 이미 변형된 소리를 듣는다.

더구나 소리의 파동은 아무런 의미가 없다. 소리에, 특히 인간의 목소리에 어떤 의미가 내재해있다고 가정하는 것은 인간의 사유와 의식의 환원적 특성을 드러내는 데에 불과하다. 인간 혹은 신이 내는 목소리는 이미 소리에 어떤 의미를 부여한, 때로는 이성적 의미(개념)를 부여한 환원적 결과이며 일종의 피드백(feedback)이다. 말하자면 인간이나 신의 목소리가 이성이 되는 것은 인간이 이미 자신의 목소리에 자신의 이성을 투사한 결과라는 말이다. 말하자면 자신이 의미를 투사해놓고 투사한 곳에 의미가 있다고 하는 일종의 학문적 순환론(야바위)이다.

사물을 보는 것(see it)과 사물의 소리를 듣는 것(hear it)은 근본적으로 다르다. 보는 것은 사물을 대상화한 것이고, 듣는 것은 사물을 대상화한 것이라기보다는 사물이 내는 소리를 듣는 것이다. 말하자면 사물을 대상화(objectify)하는 것이 아니라 도리어 사물(존재)에 종속되는(subject to object) 것이다. 이는 인간이 사물과의 관계에서 본래의 수동적인 자리로 돌아가는 것이다. 여기서 수동적인 자리로 돌아간다는 것은 자연에 순응하는, 본래자연으로 돌아가는 것을 의미한다. '귀-소리-들음'은 '눈-사물-봄'에 비해서는 존재론적인 상태로 더 가까이 다가가는 것(돌아가는 것)을 의미한다. 따라서 필자의 일반성의 철학이 '소리의 철학'인 것은 내적 필연성이 있는 것이다.

인간의 감각을 촉감을 기준으로 본다면 살갗보다 멀리 있는 파동을 잡기 위해서 귀가 생겼고, 귀로 잡을 수 있는 것보다 더 멀리 있는 것을 잡기 위해서 눈이 생겼고, 눈에 보이지 않는 것을 잡기 위해서 언어가 생겼다. 오늘날 과학은 언어(기호)의 함수(function: $y=f(x)$)이다. 눈(eye)은 궁극적으로 현상학으로 환원되고, 귀(ear)는 존재론으로 돌아가기 마련이다. 〈남성철학=남자-눈-대상(표상, 현상)-실체(이데아, 이성, 추상)-눈으로 보고 잡을 수 있는 것〉인 반면 〈여성철학=여자-귀-자연의 소리(존재 그 자체)-실재(질료, 감정, 구체)-귀로 듣고 잡을 수 없는 것〉으로서 대칭을 볼 수 있다. 철학에 남성철학과 여성철학이 있는 것이다.

칸트는 인식주체를 '무제약자'라고 하면서 무제약자의 예로 '광원'과 '눈'을 들었고, 무제약자가 인식활동(인식형식)을 하는 것을 제약하는 행위로 보면서 예로서 '빛'과 '안경'을 들었다. 말하자면 인간은 빛과 안경을 통해 제약된 것을 인식하는 셈이다. 그런데 여기서 무제약자로서 '광원'과 '눈'을 예로 든 것은 그것 자체가 바로 현상학적인 태도라고 하지 않을 수 없다. 예컨대 현상 안 되는 '어둠'과 '눈으로 볼 수 없는 세계(invisible world)'에 대한 고려를 하지 않았음을 지적하지 않을 수 없다.

또한 인간의 눈이 바로 사물을 바라볼 때 안경의 역할을 하는데 '눈(영혼)'을 무제약자라 하는 것은 어불성설이다. 인간의 눈이 바라본 자연과 세계(세계 전체)는 그것 자체가 매우 제약된 한계의 것이다. 그런데 '눈'을 무제약자로서 보는 것은 인식주체인 인간의 초월적인 입장을 전제하는 것이다. 그래서 칸트의 철학이 선험철학 혹은 초월철학의 출발점이 되는 것이라고 볼 수 있다. 결국 칸트의 '존재(있음)'규정은 보이는 것만 보인다는 '빛과 눈'의 연합작전과 개념의 환원성을 처음부터 안고 있었음을 알 수 있다.

철학의 초월적인 성격은 철학의 이념화(철학이 이념에 봉사할 수 있음)를 내재하고 있었다고 볼 수 있다. 이것이 헤겔에 이르러 철학이 역사와 만나 역사철학(국가철학)이 되면서 이념화의 길을 열었고, 마르크스에 의해 아예 과학사회학(유물사관)의 이름을 앞세우고 이데올로기의 본색을 드러내고 말았다. 돌이켜보면 플라톤의 이데아(Idea)라는 것이 이데올로기(Ideology)의 연원이다. 철학의 치명적인 위험은 한 시대의 어떤 철학이 전 시대를 관통하는 결정론적인 이념이 된다는 데에 있다.

철학의 이념화는, 마치 어떤 하나의 텍스트(고전, 성경)의 진리(정의)를 증명하기 위해 거꾸로 철학이 존재하는 양 강요하는 것이다. 이것은 철학의 종교화(도그마화)이고, 이것은 자신의 철학만 옳다는 맹목에 빠짐을 의미한다. 무엇보다도 철학의 이념화는 기운생동하는 세계를 하나의 진리라는 텍스트에 가두려는 음모를 가지고 있다는 점에서 인류문화의 적이다. 종교가 종교인 것은 나름대로 기능이 있지만, 철학이 종교화되면 철학으로서의 빛을 잃고 만다. 철학과 역사는 계속해서 새롭게 쓰여 지지 않으면 제 역할을 제대로 수행한 것이 못 된다.

서양철학은 출발부터가 '시각-언어'연합의 철학임을 알 수 있다. '시각-언어' 연합은 세계를 인식대상의 사물로 보는 것을 뜻한다. 서양 사람들은 "천천히 둘러보는 것"을 "take your time"라고 말한다. 시각과 시간의 소유적 성격을 고스란히 드러내는 일상어이다. 그래서 서양의 근대철학은 뉴턴역학(절대물리학)을 철학적으로 뒷받침하는 현상학으로 출발하였지만 그것의 종착역에서도 여전히 자연과학기술을 자랑으로 삼고 있다.

가부장-국가사회의 문명은 어머니와 자식이라는 재생산의 관계, 즉 생성적 관계를 '눈의 방(tube)' '시간의 방(room)'에 가두어놓고, 가상 실재를 실재라고 가르치고 믿게 한 호모사피엔스의 하나의 역사인지 모른다. 그런 점에서 철저히 '자기-내-존재'이다. 우리가 '세계'라고 하는 것은 실은 자기-내-존재의 서로 다른 종류들인지 모른다. 인간은 자기-내-존재로 존재(자연적 존재)하고, 세계-내-존재로서 살아가는 존재(역운적 존재)이다.

여기서 말하는 자기-내-존재는 필자가 인간현존재의 분석의 틀로서 제안한 것으로서, 하이데거의 세계-내-존재에 대응되는 말이다. 앞으로 여러 경우의 설명에서 자기-내-존재라는 말이 많이 언급되면서 그러한 개념을 사용한 의미가 점차로 드러나겠지만, 쉽게 설명해버릴 수 있는 용어는 아니다.

그렇지만 우선 독자를 위해서 편의상 간단하게 설명하자면 세계-내-존재가 세계(존재)를 '대상(object, 인식-의식대상)'으로 보는 요소를 가진 것이라면(이 속에는 주체-대상의 이분법이 있다), 자기-내-존재는 존재(세계)를 '자기(self)'라고 보는 입장을 가지고 있다(이 속에는 주체-대상의 이분법이 없다). 이를 하이데거에 빗대어 말하면 하이데거의 '세계-내-존재'는 필자의 '자기-내-존재'의 '자기'의 자리에 '세계'를 대입한 것이라고 볼 수 있다.

다시 말하면 하이데거의 '존재일반'이 세계-내-존재로 연결되지만 이를 '일반존재(=萬物萬神)'로 확장하기 위해서는 자기-내-존재라는 개념의 창출이 필요하다, 즉 필자의 '자기-내-존재'가 훨씬 일반화의 길을 열어주는 것이라고 여겨진다. 세계-내-존재가 아직 '보편성의 편'이라면 자기-내-존재는 '일반성의 편'으로 전환한 것을 의미한다. 따라서 자기-내-존재는 필자의 일반성의 철학체계에 정합적(coherent)인 말이다. 세계-내-존재라는 말에는 이미 초월적인 시각(시선)이 내재해 있고, 아직도 존재를 도구화하는 것에서 완전히 탈피하지 못한 존재론이라면 자기-내-존재는 존재를 완전히 본래존재로 돌려놓은 것을 의미한다.

모든 존재는 '타자(남, 人)의 도구'가 되려고 존재하는 것이 아니라 '존재 자체'를 목적으로 존재하고 있다. 이것은 바로 존재 자체를 목적으로 하는 것조차도 의식하지 않는 경지를 말한다. 목적을 의식하면 그것이 바로 이미 수단(다음 목적의 수단)이 된 것이기 때문이다. 따라서 의식이라는 것 자체가 이미 존재 그 자체를 배반한 것이라고 말할 수 있다. 존재론이 '사물 그 자체(Thing itself)'를 포괄하여 설명하고자 하면 자기-내-존재가 더 적합한 말이다.

철학에서 '주체화'와 '타자화'라는 것은 표리(表裏)관계, 혹은 원환(圓環)관계에 있다. 그렇지만 자기를 주체화-타자화하는 것은 항상 한계가 있다. 주체의 타자화는 자기를 마주보는(거울을 통해서 보는) 것을 의미하는데 이것은 주체 자체의 모습이 아니다. 본다는 것은 이미 좌우가 바뀌어 있는 모습으로 서로 교차되어 있기 때문이다. 그래서 주체의 모습을 보려고 하면 다시 교차시켜야 한다. 말하자면 '자기'와 '세계'를 교차시켜야 한다. 현상학적으로 유심론이 유물론으로, 유신론이 무신론으로 둔갑하는 것도 불행하게도 이 때문이다.

필자의 일반성의 철학은 '일반성인 기(氣)를 완전히 이화(理化)'한 철학이다. 이 철학은 '기'를 철저히 타자화하는 주체적 노력 끝에 얻는 철학이라는 뜻이다. 그런 점에서 한국철학에서 기화(氣化)나 실화(實化)라고 하는 것은 '철학적 이화(理化)', 즉 철학을 할 수 없는 입장의 고백이나 폭로에 지나지 않는다. '기화'나 '실화'는 철학을 제대로 하지 못한 콤플렉스의 발설하는 것에 지나지 않는다. '기화'는 결코 철학이 될 수 없으며, '실화'는 제대로 이화를 하지 못한 것의 변명에 지나지 않는다. 철학은 어떤 철학이라도 '삶의 이화(理化)'작업이다.

따라서 세계가 '이(理)냐, 기(氣)냐', 혹은 이(理)가 '성(性)이냐, 심(心)이냐'라고 하는 것은 무의미한 것이다. 어떠한 것도 이화(理化)시키지 않으면 철학이 되지 않기 때문이다. 철학은 삶이나 심정(心情), '심(心)' '물(物)' '기(氣)', 즉 생멸하는 것을 시대마다 독특한 개념으로 잡아내는 힘, 즉 시대정신이나 분위기를 개념화하는 힘, '이화'하는 능력을 말한다. 철학은 '신(神)'이나 '물 자체'가 아니다. 이성적 힘으로 이들을 '이화'함으로써 제약된(제한된) 형태로 잡게 하는 힘이다. 헤겔이 '이성의 간계(奸計)'라고 한 것은 바로 이런 것을 두고 한 말이다.

필자의 일반성의 철학도 그러한 노력의 일환이다. 일반성의 철학의 '이화(理化)의 노력'은 한국철학의 전통이라고 할 수 있는 '홍익인간(弘

益人間) 이화세계(理化世界)'의 '이화'를 실천하고 있는 것이라고 말할 수 있다. 일반성의 철학은 '특수성-보편성'의 철학을 넘어서고, 다시 개별성(개체성)에서 일반성으로 돌아온, 좌표의 '제로 포인트(중심)'에서 저절로 발생한 철학이라고 말할 수 있다. 이를 이기(理氣)철학으로 말하자면 '물(物)의 리(理)', '성(性)의 리(理)', '심(心)의 리(理)'를 넘어서서 '기(氣)의 리(理)'에 도달한 철학이다.

인간은 삶을 통해서 항상 일상성과 결단성에 직면하게 된다. 결단성에 직면하는 것이 일종의 기투(企投)이고, 기투를 통해서 자신의 실존적 입장에 들어가게 된다. 바로 실존적 상황은 일상의 현상학과 존재의 존재론을 왕래하는 입장이 되고, 때로는 중간적인(이중적인) 입장에서 양자의 화해를 시도하게 된다. '존재론적 현상학'의 입장에서 '존재론적 존재'에 이르게 되는 것도 이 언저리에서 발생하게 된다.

과학기술문명에 속박당한 현대인은 자신의 본래존재를 잃어버렸을지도 모른다. 현대인은 자신의 밖에서 자신이 생각하는 환상(illusion)인 기계를 찾느라고 분주하기 때문에 진정한 심신일체를 느낄 수 없다. 자신의 밖에 있는 기계는 정도의 차이는 있지만 결국에는 자신이 편안하게 제어할 수 있는 것이 아니다. 인간의 손과 더불어 일하는 도구인 농기구와 달리 스스로 돌아가는 오토메이션(automation)기계, 인공지능, 기계인간은 인간의 제어밖에 있을 수밖에 없다. 근대적 인간은 기계를 만드는 순간, 그것에 적응하기 위해 인간기계가 되어버렸다.

결국 인간의 문명이라는 것은 가부장-국가사회의 산물이기 때문에 극단적으로는 전쟁기계 등 기계적 환경의 몰아세움에 시달리면서 제 정신을 잃어버렸을지도 모른다. 여기에 여성적 생명성과 부드러움을 필요로 하고, 또한 갈구하고 있는 현대인의 사정이 있다. 인간의 온전한(normal) 정신이라는 것은 실재를 기준으로 볼 때는 실재를 대상으로 바라보는 것 자체가 이미 비정상(abnormal)으로 진입한 것인지도 모른다. 그러는 사이 망각되거나 무시된 것은 바로 생명을 주고받는 모자(母子)관계이다.

모자를 있게 한 아버지는 모자를 권력으로 지배한 '납치범의 폭군'인지도 모른다. 그러는 사이 '생성(生成)의 신'은 자취를 감추어버리고, '존재(存在)의 신'이 횡포를 부렸다. 우리가 '존재'라고 하는 것은 '생성'을 죽인 흔적(텍스트)에 불과하다. '아버지(father)'라고 불리는 신, 정신, 유령이라는 것은 모두 '어머니(mother)'를 강간한 여신폐위(女神廢位)의 찬탈자인지 모른다. 겉으로는 사랑과 용서를 말하지만 그들의 속마음은 지배하고자 하는 권력욕뿐이다. 절대(실체)라는 것은 모두 거짓이다. 절대(권력)라는 것은 죽음으로서 그 허망한 본색을 드러낼 뿐이다. 진정한 생성의 신은 여신(女神)이다.

이데아(Idea, what)를 눈으로 찾던 형이상학은 형이하학(물리학, 과학기술문명)으로 돌아갔고, 시간(역사)을 따라가던 현상학은 목적과 대상의 끝없는 반복(무한대)에 그쳐버렸다. 신(神)은 사물을 대상화하면서 칸트에 의해 순수이성(純粹理性)이 되었고, 순수이성은 헤겔에 의해 절대정신(絶對精神)이 되었고, 절대정신은 마르크스에 의해 대상에게 그 자리를 역전당하면서 절대물질(絶對物質)이 되어버렸다. 근대서양철학의 사유-존재(언어-사물)의 사유(인식)과정에서 정신은 절대정신이 되었고, 물질은 절대물질, 즉 유물(唯物)-무신(無神)이 되어버렸다.

자연적 존재가 물질이 되어버린 것이 서양현상학의 결론이다. 이러한 결론은 과학의 이름으로 심판한 인간의 정신에 대한 '허무주의'라는 최후통첩(최종심판)이었다. 마르크시즘이라는 허무주의는 오로지 계급투쟁으로 인간의 위계사회를 바꾸어 원시공산사회와 같은 평등한 이상사회를 만들 수 있다고 거짓으로 선전하여 인간정신을 투쟁의 도구로 전락시켰다. 마르크스의 정치경제학과 사회경제학은 노동과 유령을 중심으로 사회구조와 역사를 설명함으로써 과학사회학의 이름으로 인간에게서 신을 빼앗아버렸다. 신은 과연 신을 위해서 존재했던가, 인간의 필요에 의해서 존재했던가, 묻지 않을 수 없다.

　돌이켜보면 유물론은 스피노자로부터 시작하였다. 스피노자는 기독교의 유신론을 유물론으로 전이하게 하는 출발점에 서 있다.[8] 절대유일신인 실체(substance)가 자연에 양태(modes)로 존재한다고 함으로서 절대는 자연으로 옮겨가 자연은 절대물질이 됨으로써 유물론의 길을 열어주었던 것이다. 라이프니츠의 단자론은 유심론을 유물론으로 옮겨가게 한 수학자이다. 자연과학으로 돌아간 서양의 형이상학은 서양철학자들이 가장 싫어하는 순환론, 즉 현상학적 순환론(원환궤도)에 빠져버렸다.

　헤겔의 절대정신은 절대물질, 즉 유물론의 길을 안내했다는 점에서 마르크스는 헤겔의 수제자인 셈이다. 유심론과 유물론은 상호왕래하는 관계에 있다. 유신론과 무신론도 마찬가지이다. 현상학의 차원에서 이원대립하는 것은 궁극에는 서로 왕래할 수밖에 없다. 돌이켜 생각하면 서양의 근대철학은 이미 신을 전제하면서도 '유물-무신론'의 길을 개척하고 있었는지도 모른다. 현대과학문명은 바로 '유물-무신론'의 정수라고 할 수 있다. 단지 과학이라는 이름 아래 차마 그것을 대놓고 주장하기는 꺼리고 있을 따름이다.

　현대의 과학기계문명은 실은 데카르트로의 코기토로부터 시작되었던 것이다. 존재를 사유에 종속시킨(사유의 안에 가둔) 코기토는 이미 거대한 기계로서의 우주적 체계를 상상하고 있었던 것이다. 데카르트의 기계적 세계관은 바로 '시계'에서 출발하였던 것이다. 오늘날 기계문명은 바로 그러한 추상, 혹은 기하학과 대수학(좌표)에서 출발하였던 셈이다. 그렇게 보면 과학의 원리(原理)라는 것은 역설적으로 이미 유물론적 세계관의 선구자가 되는 셈이다. 그리스철학과 기독교와 과학은 하나의 연속선상에 있다.

---

8) 박정진, 『위대한 어머니는 이렇게 말했다』(살림, 2017), 115~116쪽.

여기서 '원리(理)=물질'은 흔히 '기(氣)=물질'로 해석하는 유물론자를 당혹케 한다. 이렇게 보면 동양의 기(氣)라는 개념은 물질이 아닌, 그 이상의 혹은 보다 근본적인 존재가 되지 않을 수 없다. 그래서 기운생동은 바로 '살아있는 신'이 되지 않을 수 없다. 그렇다면 이(理)는 죽은 신, '기계신(機械神)'으로 전락하고 마는가? 기계적 우주관은 어쩌면 '죽은 신의 우주관'이라고 할 수 있다.

신학철학으로 불리는 헤겔의 절대정신을 인간중심으로 뒤집은 마르크스의 유물-무신론은 근대의 출발에서 이미 예고된 셈이다. 니체의 "신은 죽었다."라는 선언은 도리어 어릴 적부터 기독교적 세계관에 길들여진 철학자의 때늦은 호들갑, 혹은 '허무주의를 극복했다고 떠드는 허무주의'에 불과하다고 말할 수 있을 것이다. 니체는 왜 '힘(권력)에의 의지'라는 일자(一者)로 돌아가지 않을 수 없었던가. 그가 '망치의 철학자'가 되지 않을 수 없었던 이유가 여기에 내재해있다.

서양의 근대과학문명을 출발시킨 인물은 물론 뉴턴이라고 할 수 있지만 이에 앞서 데카르트가 있었고, 데카르트에 이어 스피노자가 있었고, 그리고 뉴턴이 있었고, 뉴턴에 이어 라이프니츠가 있었다. 라이프니츠는 서양의 과학(물질의 운동)을 미적분으로 계산할 수 있는 길을 열었다. 그런데 라이프니츠는 동양의 주역의 음양론을 이진법(0, 1)의 수학체계로 전환함으로써 서양과학의 실체론을 가능하게 한 장본인이다. 서양의 근대의 도상에 동양의 주역이 있었다는 것은 참으로 아이러니라고 할 수 있다.

〈근대철학의 유심-유신론과 유물-기계론〉

	유심론(唯心論)-유신론(有神論)	유물론(唯物論-기계론(機械論)
데카르트	코기토(cogito)	좌표의 발명과 기계적 우주관의 시작
스피노자	절대유일신(실체, substance)	자연에 유일신의 부여는 유물론의 시작
라이프니츠	단자론(monad)	미적분과 함수[y=f(x)]의 발명
칸트	절대도덕(양심, conscience)	자연과학시대에 부응하는 철학의 정립
헤겔	절대정신(유심론, Geist)	절대정신은 절대물질(유물론)을 가능케 함
마르크스	절대정신을 절대물질로 뒤집음	유물론(materialism)과 유물사관
니체	"신은 죽었다."	기독교신-기계신의 이중성
현상학	현상학의 기표연쇄	과학기술만능시대의 전개

　현상학은 정신을 의식으로 대체하고, 의식은 대상(noema, 의미대상) 이전에 의미작용(noesis)의 산물임을 깨달았지만, 의미작용과 의미대상의 끝없는 반복(일종의 영원회귀, 무한대)을 인정하지 않을 수 없었다. 이는 돌이켜보면 라이프니츠의 미적분과 다를 바가 없는 것이다. 근대서양철학은 처음부터 과학을 증명하기 위한 정신과 의식의 과정을 역으로 추적한 환원적 사유에 불과하였다. 말하자면 자연과학을 정신과 의식으로 사후적으로 증명한 것에 불과하였다. 그렇다면 서양철학의 새로운 출구, 살길은 어디인가?

　서양의 철학과 종교와 과학은 결국 실체(substance)의 사유와 결과였고, 이러한 실체(동일성)를 해체하지 않고는 서양이 당면한 문제를 해결할 수 없게 되었다. 그래서 데리다는 결정불가능과 해체불가능이라는 '불가능의 두 기둥'인 이중결박이라는 더블바인드((Double-Bind)에 갇히는 결과를 초래했다. 이러한 이중결박을 벗어나려면 현상학적인 노력으로는 불가능하다. 현상학적인 노력이라는 것은 시간의 계속된 다가옴, 혹은 연장(지연)을 맞을 수밖에 없기 때문이다.

현상학의 이중결박에서 벗어나기 위해서는 현상학적인 노력으로는 불가능하고, '이중결박'에서 '이중의미(ambiguity, 애매성)'로, 이중의미에서 '다중의미(polysemy, 다의성)'로 넘어가지 않으면 안 된다. 말하자면 동양의 음양학, 혹은 음양상징학으로 넘어가지 않으면 안 된다. 이것이 존재론이 길이다. 존재론의 길은 언어적으로는 시(詩)와 은유(隱喩, metaphor)를 회복하는 길이다. 그래서 하이데거의 후기는 '휠덜린의 시'에 매달렸던 것이다. 이것은 또한 동양의 도학(道學)으로 가는 길이다.

동양의 음양학, 혹은 도학(道學)이라는 것에 포함되는 무(無)사상, 무위자연(無爲自然) 사상에 가장 눈을 먼저 뜬 서양철학자가 바로 하이데거인 것이다. 그래서 하이데거는 동양철학에 크게 영향을 받아서 '존재론'이라는 철학적 대전환을 이룬다. 그렇지만 여러 곳에 서양철학의 실체론적 사유, 즉 존재(Being)에 남아있는 이데아(Idea)의 성격, 그리고 기독교의 절대유일신 사상 등이 남아있기 때문에 완전하지는 못했다. 인간의 사유는 궁극적으로 사물 그 자체, 존재 그 자체, 자연 그 자체가 될 수 없다.

데리다의 해체철학은 한마디로 규정한다면 하이데거의 존재론을 프랑스의 현상학으로 재해석한 결과이다. 말하자면 존재를 현상으로 해석한 것이다. 프랑스철학자들은 하이데거의 존재론의 관념적 특성을 두고, "누가 현존재인가?(Who is Dasein?)"라고 묻는다. 구체적인 신체가 없는 현존재(인간)를 두고 문제제기를 한 것이다. 이는 존재와 존재자의 사이에 있는 현존재의 유령적인 성격을 지적한 것과 같다. 프랑스철학자들은 독일의 관념론을 공격하면서도 자신들은 스스로 '텍스트의 유령' 속에 빠져든다.

정작 데리다의 메시아론은 신체를 가진 메시아의 등장을 지연시키면서, 즉 메시아를 계속해서 다가오는(to come) 존재로 해석하면서 텍스트에 매달린다. 텍스트의 유령도 신체가 없는 유령이기는 마찬가지이다. 이제 인류는 메시아를 더 이상 지연시킬 수 없을 정도로 공멸의 위기에 봉착해 있다. 메시아는 시간 속의 존재도 아니고, 더 이상 기다려야 하는 미래적 존재도 아니다. 더구나 기억 속의 과거적 존재도 아니다. 지금 살아있는 인간 각자가 메시아가 되지 않으면 메시아는 없는 존재이다. 세계는 신체적 존재이고 신체적 존재야말로 실재이다.

데리다는 하이데거의 해체(destruction)라는 용어를 차용하는 과정에서 자신의 해체(deconstruction)라는 개념을 정립하는 데서부터 현상학적인 오류를 범하고 있다. 이를 데리다 식의 해체론으로 설명하면 'deconstruction'은 'de-construction'이고, 이 속에는 이미 구성(construction)의 의미가 숨어있다. 그래서 데리다는 해체론적 유령론 속에서 구성을 시도하고 있다. 데리다의 현상학적 노력, 해체론적 노력은 결국 존재의 진면목에 도달하지 못하고, 다가오는 메시아를 기다릴 수밖에 없는 처지가 된다.

데리다의 해체론에 있어서 텍스트야말로 유령(텍스트=유령)이다. 이는 일종의 현상학적 자가당착이다. 이것이 바로 이중결박이고, 헤겔의 변증법(정반합)의 변형인 '차이의 변증법'이다. 데리다는 해체적 문자학을 통해 문자의 결정불가능, 비결정성을 주장하였지만 다른 한편 해체적 유령론에서 '법의 힘'을 쓰고, 심지어 메시아를 다가오는(to come) 존재로 설정하고 있다. 문자학에서 텍스트를 없애고(부정하고), 유령론에서 텍스트를 찾고(쓰고) 있는 형국이다. 이는 서양철학과 기독교문명이 결코 이탈할 수 없는 궤도이다.

데리다에게 있어서 처음부터 텍스트와 메시아는 유령이었던 것이다.

텍스트는 계속 해체되면서 결정불가능 한 것이어야 하고, 메시아는 언제나 기다리는 존재로서 해체불가능 한 것이어야 했다. 메시아가 유령이 되지 않고, 진정한 메시아가 되기 위해서는 신체를 가져야 한다(신체를 가진 메시아: 예수). 왜냐하면 신체야말로 진정한 존재이기 때문이다. 신체를 떠난 것은 존재가 아니라 존재자이다. 말하자면 가짜존재(가상실재)이다. 진정한 존재에 이르면 분석이나 해체가 무의미해진다.

신체를 육체와 같은 뜻으로 사용하는 프랑스의 신체의 현상학은 필자의 신체적 존재론으로 나아감으로써 세계의 신체성(신체적 존재성)을 회복하는 계기를 맞을 수 있다. 필자의 신체적 존재론은 자연을 정신-육체(물질)로 이분화한 서양철학과 문명을 넘어서는 제 3의 철학으로서 '존재'에서 '신체'로 왕래함으로써 존재를 추상이 아닌 구체로 돌아가게 하는 계기가 되는, '존재=신체'의 길을 탐색해가는 철학적 작업이 될 것이다.

신체적 존재론이야말로 바로 프랑스의 현상학과 독일의 존재론의 화해의 길이다. 물질과 육체를 규정한 것도 인간의 정신이고, 세계를 창조한 신을 규정한 것도 인간의 정신이다. '창조'라는 말 속에 이미 소유적 존재로서의 인간성이 다 들어 있다. 기독교의 창조주 하나님 아버지를 비롯해서 베르그송의 창조적 진화, 화이트헤드의 창조적 이성 등의 말 속에 소유적 개념이 들어있다. 창조한다는 것은 '창조한 자가 주인'이라는 의식이 깔려있으며, 창조라는 말 자체에 이미 세계의 이분법적 사고와 제조-기계적 사고가 들어있다. 창조는 절대와 초월과 동의어이다.

우리가 무심코 말하는 '세계'라는 말 자체도 소유적 존재로서의 인간을 말해주는 것인 동시에 이미 '소유적 존재의 화신'이다. '세계'라는 말은 이미 경계가 전제되어 있고, 그 경계는 끊임없이 경계를 세우고, 경계를 허무는 작업을 업보로 맡은 것이나 다름없다. 그렇다면 인간 이전의 존재에 대해서는 무엇으로 규정하는 것이 가장 바람직할 것인가. 주체-

대상을 벗어난 존재로서는 결국 본래존재로서의 신체밖에 없다. 신체적 존재론은 인간의 신체나 자연이 정신이 규정한 '육체'와 '물질'이 아니라 존재의 태초부터 지금까지 함께 한 본래존재라는 뜻의 의미가 있다. 본래존재가 바로 신체라는 의미맥락에서 신체의 신비성과 고유성을 담고 있는 개념이다.

자연은 따라서 신체적 존재이다(이것에 대해서는 6장 '인간이란 무엇인가'에서 상술할 예정이다). 따라서 신체를 벗어나는 의미의 데리다의 '탈자연화(脫自然化)'야말로 자연의 실재를 왜곡하는 철학의 자가당착이라고 말할 수 있다. 이상하게도 프랑스 철학은 신체에 대해 관심이 많으면서도 그것이 현상학(현상학적 신체론)에 머무는 한계를 보이고 있다. 심지어 실존주의의 대명사인 사르트르는 자연의 신체성을 즉자적 존재로 비하하면서 구토(嘔吐)를 하는, 현상학의 막다른 골목에 처하면서 도리어 유물론에 빠지는 결과를 보여주었다. 거꾸로 말하면 유물론은 서양철학의 절정이자 역설적 한계인 것이다. 이것을 두고 필자는 '유물론의 감옥'이라고 말하고 싶다.

그런 점에서 필자의 신체적 존재론은 프랑스의 '현상학적 신체론'을 보다 더 본래존재로 이끌어가는 일종의 '즉자적 존재론'이다. 즉자적 존재라는 것은 가장 쉽게 말하면 자연을 의미하는데, 인간의 눈을 통해 2차적으로 보인 자연이 아니라 사물 그 자체(존재 그 자체)를 의미하는 것이다. 신체적 존재는 살아있는 신체를 의미하기도 하지만 동시에 신체를 낳아준 신(神)의 의미가 될 수도 있다. 왜냐하면 신체와 신이 본래부터 둘(二)이라면 세계는 결국 하나가 아니라는 뜻이 되기 때문이다.

신체적 존재는 무엇보다도 존재이해에서 전통적으로 생각하던 무생물과 생물, 식물과 동물로 분류하지 않고 도리어 생물의 뿌리는 무생물이고, 동물의 뿌리는 식물이라는 태도를 갖는다. 이것은 존재의 차이는 인정하되 위계는 인정하지 않는다는 뜻이 된다. 이 때문에 도리어 신체와 신이 하나라면 만물은 그동안 서로 다른 화생만물(化生萬物)의 경로를 거쳐서 지금 공동존재하고 있다는 뜻이 된다.

좀 비약해서 말하면 신체야말로 신(神)이라는 의미를 내재하고 있다. 아울러 인간도 자연처럼(혹은 자연도 인간처럼) 스스로 존재하는 본래존재라는 뜻이 담겨있다. 이런 존재야말로 바로 신-자연, 자연-신의 존재이다. 즉자적 존재는 또한 결국 자기-내-존재이다. 자기-내-존재는 쉽게 말하면 세계가 이미 자기 안에 들어와 있는 까닭으로 해서 세계가 자기 내에 있는 존재를 말한다. 필자의 자기-내-존재는 개체성 속에 들어 있는 일반성을 지목한 것으로서 그 일반성은 생명(음양, 氣)과 연결된다. 일반성은 자연이다.

자연과 우주를 생명체로 보는 생명체적 관점, 혹은 유기체적 관점의 자연관과 우주론은 생물학자와 기독교 신학자, 종교학자들 사이에 종종 있어왔다. 그렇지만 철학적 관점의 생명학은 그리 많지 않았던 것 같다. 요컨대 철학적 관점의 생명학은 생물과 무생물을 나누고, 생물에서 다시 동물과 식물을 나누는 그런 분류학적 방식이나 존재이해가 아니라 존재 자체를 생명으로 보는 것을 말한다. 생명에 참여하는 모든 존재자는 바로 생명체이다. 말하자면 철학적 생명학은 모든 존재를 생물적 전체 혹은 부분으로 바라보는 것을 의미한다.

철학적 관점의 생명학에서는 모든 존재는 생명을 이루기 위해 존재가치와 의미를 지니며 '생명체의 유동적 전체성'으로 존재를 이해한다. 이것은 서양철학의 이분법을 비롯해서 모든 분류와 분별을 무시하는 것으로서 바로 존재론적 관점의 정점이다. 이를 '존재생명학'이라고 명명할 수 있을 것이다. 존재생명학은 존재를 생멸적 전체로 바라보는 것을 의미한다. 여기에 이르면 철학은 생명에 대해 어떤 작용과 영향을 미치는 것이 아니라 단지 무심한 마음으로 바라 볼 따름이다. 부분이 전체이고, 전체가 또한 부분인 자기-내-존재의 세계이다.

자연이야말로 자기-내-존재임은 물론이고, 자연적 존재로서의 인간도 자기-내-존재이다. 자기-내-존재는 자연의 다른 말이다. 그런 점에서 '탈자연화'라는 것은 자연의 의미가 이미 왜곡된 자연의 탈자연화라고 할 수 있다. 모든 존재는 자연을 이탈할 수 없다. 자연은 본래 있는 것으로 '내(주체)-남(대상)'이 없는 것이고, '내'가 있고 그것의 상대(counter-part)로서 '남'이 있으면 이미 본래 있는 '본래존재'가 아니다.

데리다의 용어 중에 '탈자연화'라는 말은 그의 해체론의 내홍(內訌)을 드러내는 것이다. 자연적인 것은 왜(why)를 묻지 않기 때문에 '탈자연화'해야 한다는 데리다의 주장은 그의 그라마톨로지가 현상학적인 지평에 있음을 결정적으로 폭로하는 말이다. 자연은 본래 이탈할 수 있는 것이 아니다. 이는 자연을 잘못 이해하고 있거나 자연과학을 자연이라고 하는 것과 같다. 자연은 구성된 것이 아니기 때문에 탈할 수도 없고, 해체할 수도 없다. 따라서 그의 해체는 구성된(결정된) 것에만 해당되고, 아직 구성되지 않은 것에 대해서는 해체불가능일 수밖에 없다. 그래서 데리다는 유령을 해체불가능한 것이라고 했다. 결정불가능한 것이나 해체불가능한 것은 결국 같은 말이다.

데리다의 '유령'은 결정불가능한 '텍스트'를 기다리고, 역으로 텍스트는 또한 해체불가능한 유령을 기다리는 것이다. 데리다의 그라마톨로지는 결정불가능한 것과 해체불가능한 것, 즉 텍스트와 유령 사이에 있다. 그렇기 때문에 역설적으로 데리다는 자연을 구성된 것(텍스트, 자연과학)으로 읽는 서양문명의 궤도 속에 여전히 있다. 그가 말년에 '환대의 존재'로서 메시아론에 빠진 것은 매우 서양적이라고 말할 수 있다. 그는 다른 기독교인들과 마찬가지로 여전히 메시아를 기다리고 있는 것이다. 그렇지만 기독교의 기다리는 메시아, 즉 현상학적 메시아, 타자의 메시아는 결코 오지 않는다.

메시아는 어떤 인간(개인)이 자기가('자기-내-존재' 속에서) 메시아적 사명을 가진 존재임을 스스로 인식(의식)하는 경우(천명을 받은 자)에만 드러날 수 있는 것이다. 이를 '현상학적인 메시아'라고 할 수 있다. 신체를 가진 메시아가 드러나기 위해서는 우선 메시아적 카리스마를 겸비한 인물이 등장하여야 하고, 동시에 그의 제자나 후세들에 의해 인간 각자가 그 나름대로 메시아가 되지 않으면 메시아는 없는 것이다.[9]

인간은 메시아가 되기 위해 끊임없이 시대적 고통과 아픔을 안고 참사랑을 통해 묻고 또 물어야 한다. 서양철학과 문명의 메시아는 신(God)이나 정신(Geist), 그리고 유령(Ghost)에 이르기까지 광범위하게 전개되었다고 말할 수 있다. 드디어 헤겔과 데리다에 의해 유령으로까지 확대되었다고 말할 수 있다. '유령'은 결국 가상실재를 실재(reality)로 착각한다는 점에서 신과 정신도 공통점을 가지고 있다. 가상실재가 실체인 것이다. 그 덕분에 서양문명은 자연과학이라는 도구를 얻었다고 할 수 있다. 유령의 가장 보편적인 현상이 바로 언어(language)이다.

유령의 관점에서 인간문명의 역사를 보면 신(God)도 유령이고, 정신(Geist)도 유령이고, 유령(Ghost)도 유령이다. 근대가 생산한 두 이념인 자본주의도 유령이고, 공산주의도 유령이다. 유령의 가장 최근 현상이 바로 기계(machine)인 것이다. 진정한 실재는 이름이 없는 것이다.

인간문명이 유령을 벗어나려면 변화를 내포하는 조화신(造化神)으로 돌아가야 한닥. 조화신이야말로 자연(自然)의 변화(變化)를 인정하면서도 인간의 제조(製造)를 동시에 인정하는 온전한 철학이 될 수 있디. 이것은 천부경의 조화신으로 돌아가는 것을 의미하는 동시에 철학의 원시반본이다.

신(God)=정신(Geist)=유령(Ghost)=가상실재=실체=서양철학=기독교(메시아)=천상천국=자연과학=물리적 시공간

---

9) 박정진, 『메시아는 더 이상 오지 않는다』(행복한에너지, 2016), 57~78쪽.

신(God), 정신(Geist), 유령(Ghost)은 자크 라캉(Jacques Lacan, 1901~1981)의 실재계(Reality), 상징계(Symbol), 상상계(Imagine)와 서로 통함을 볼 수 있다. 이 말은 이미 헤겔에서 라캉의 철학적 프레임의 단초를 엿볼 수 있음을 의미한다. 이를 거꾸로 말하면 라캉에 이르러 헤겔이 완전히 해석되었다고 볼 수 있다. 결국 인간이 세계로부터 아는 것은 언어(대타자: A, a, a')뿐이라는 것을 알 수 있다. 언어가 없으면 인간은 세계를 알지(의식하지) 못한다.[10]

더욱이 하이데거의 존재(Sein)는 라캉의 실재계(Reality)와 같은 영역임을 알 수 있다. 다시 말하면 서양철학과 문명은 존재론적으로 존재의 세계를 현상학적인 실체의 세계로 받아들이는(바라보는) 관점을 가진 것이라고 말할 수 있다. '존재'를 '실체'로 받아들였음을 알 수 있다. 이러한 철학적 전통을 하이데거는 "존재자(seiendes)를 존재(Sein)로 본 역사"라고 해명한 바 있다.

하이데거가 "언어는 존재의 집"이라고 할 때의 '존재'는 라캉의 '실재'이고, 둘은 모두 언어를 바탕으로 하고 있다. 라캉은 '언어'를 통해서 현상학의 안에서 존재론을 구성하려고 애쓴 인물이고, 하이데거는 현상학은 뛰쳐나와서 존재론을 구성한 인물이라고 평할 수 있다. 라캉의 주체 없음은 욕망이 바로 이성임을 주장하는 측면도 있지만 그보다는 주체 없음을 통해서 본래존재(실재)로 돌아가는 '현상학적 출구'를 주체와 대상의 왕래(이중성)에서 발견한 인물이라고 할 수 있다.

다만 라캉이든, 하이데거든 언어(A)를 중시하는데 상상계가 없으면 상징계(언어계)가 불가능하며, 상징계는 또한 실재계가 없으면 불가능하다는 사실에 주목할 필요가 있다. 이 말은 존재론의 입장에서 보면 실재계가 가장 근본적인 세계이며, 그 다음이 상상계, 상징계의 순임을 말하는 것이다. 그런 점에서 "존재는 언어의 집"이다. 동시에 언어 때문에 존재

---

10) 박정진, 『철학의 선물, 선물의 철학』(소나무, 2012), 206~ 207쪽.

가 생겨났다. 현상을 중시한 서양철학과 문명은 언어를 중심으로 세계를 거꾸로 환원적으로 이해하였음을 알 수 있다.

흔히 '주체-대상'은 '주체-객체'라는 말로 대체하여 쓰기도 하는데 이는 다소 차이가 있는 말이다. 정확하게 말하면 객체는 확인할 수가 없다 (객관은 확률일 뿐이다). 이에 비해 주체의 대상은 시각적으로 그렇게 대상화(목적화)한 것을 의미하기 때문에 처음부터 주체-대상의 상호주관적 이해가 전제되어있다. 그래서 주체-객체보다는 주체-대상으로 현상학을 규정하는 것이 보다 합리적이다. 주체와 객체는 처음부터 초월적 관념으로 설정된 양극이다. 그런 점에서 주체와 객체는 무제약적이다. 이렇게 보면 주체의 대상은 주체-객체 사이에 있는 수많은 점(실체), 혹은 '주체-객체 사이의 도정(道程)에 있는 대상'이다.

라캉이 주체를 '욕망'으로 대체했다면(욕망의 대상으로서의 주체) 하이데거는 주체를 '존재'로 대체했다고 볼 수 있다. 라캉의 욕망과 하이데거의 존재는 실은 더 깊은 이면에서는 기독교의 유일신을 대체한 것으로 볼 수도 있고, 아니면 욕망과 존재를 신과 더불어 이중적으로 존재케 한 것으로 해석할 수도 있다. 따라서 라캉의 실재계와 하이데거의 존재는 같은 영역과 주제를 다룬 것이라고 볼 수 있다. 라캉(1901~1981)이 하이데거(1889~1976)의 후배라는 점에서 라캉은 하이데거로부터 영향을 받은 것으로 볼 수 있다. 말하자면 하이데거의 독일적 관념론의 존재론을 프랑스의 현상학으로 재해석한 것으로 볼 수 있다.

하이데거의 경우, 끊임없이 신(神)을 붙들고 있는 이유도 바로 신(神)의 실재에 대한 어떤 믿음이나 영감 같은 '성령적(聖靈的) 체험'이 있었을 가능성이 높고, 그러한 유추가 가능하다. 신은 무엇이고, 유령은 무엇인가. 신이 정신과 유령과 상통하지 않는다면 신은 언어를 통한 인간의 이해로 다가올 수 없다. 결국 신, 정신, 유령, 즉 삼자는 서로 왕래할 수밖에 없다. 왕래하는 것에는 물론 경계의 이중성이 내재하고 있다. 유령이라는 것은 앞에서도 말했지만 신과 정신의 가상실재성을 폭로하는 것이 된다. 인간은 상상계가 있음으로써 욕망할 수 있는 시공간(영역)을 확보하게 되는 셈이다. 상징계와 실재계와 상상계는 모두 언어의 매트릭스에 의해 구축되어 있으며 서로 반사(침투)하고 있을 따름이다.

우리가 그동안 생각해왔던 '주체, 대상, 욕망(a)'은 '욕망의 대상으로서의 주체'로서 같은 것(동일성)을 서로 다른 말로 표현한 것에 불과한 것이 되고, 이들은 모두 결국 '언어(A)'로 표현되지 않으면 알 수 없는 것이며, 이들이 작동되는 장(場)은 상상계(a')였음을 알 수 있다. 이성은 욕망일 뿐이었고, 욕망은 이성일 뿐이었다. 자연과학의 무한대와 현상학의 욕망과 이성은 같은 것(동일성)이었다. 단지 자연과학은 무한대를 설정함으로써 세계를 수학(미적분학)으로 환원시킬 수 있었으며, 현상학의 욕망과 이성을 과학기술적으로 실현하는 도구(대상이자 목적)가 될 수 있었을 뿐이다.

만약 언어인 대타자(A)를 제외하고도 남는 존재가 있다면 그것은 라캉의 '주체가 없는 현실계' 혹은 '욕망의 대상으로서의 현실계'의 영역에 있는 '신체적 존재'일 뿐이다. 인간과 만물의 신체만이 언어가 아닌, 언어 이전의 존재이기 때문이다. 결국 우리는 시간과 공간이라는 상상과 추상의 시공간에 속해 있는 것이 아니라 서로 다른 신체 속에 겹겹이 둘러싸여 있는 셈이다. 생물이든 무생물이든, 만물은 신체로서 서로 하나로 연결되어있는 존재이다. 신체를 육체(물질)로 얕잡아 보는 것은 인간 정신의 자기기만에 따르는 가상실재(환상)일 뿐이다.

여기서 서양 인도유럽어문화권의 라캉의 언어(verbal)-상징(symbol)과 동양 한자문화권의 음양(nonverbal, 氣)-상징(symbol)의 차이를 인식할 필요가 있다. 라캉의 상징은 의식과 무의식을 모두 의식의 차원으로 통합(환원)시키는 특징이 있다. 이에 비해 동양의 상징은 무의식과 의식을 통합하기보다는, 무의식의 상징을 기반으로 하면서도 의식의 상징도 겸할 수 있는 것이 특징이다. 다시 말하면 라캉은 결국 서양철학의 초월적-존재의 특징을 계승하고 있는 반면 필자는 동양도학의 상징적-존재의 특징을 계승하고 있다는 점이 다르다. 상징적-존재의 특징을 잇고 있는 필자가 '존재의 육체성(물질성)'이 아닌, '존재의 신체성'에 도달하는 것은 당연한 이치이다.

동양의 상징은 만물에 은유될 수 있는 시적 특성을 가진 것은 물론이고, 나아가서 자연의 육체성(물질성) 이전의 신체적 존재로서의 '기(氣)-존재'에 이를 수 있는 가능성을 열어두고 있다. 필자의 신체적 존재론의 탄생은 이러한 언어문화권적인 특혜를 누리고 있다고 해도 과언이 아니다. 사실 하나의 창조적인 자생철학이 탄생하는 데는 철학자가 소속된 문화와 풍토의 영향을 무시할 수 없다. 그런 점에서 지구상의 어떤 철학도 '대뇌(정신)의 산물'이 아니라 삶을 전체적으로 이끌어가고 감당하는 '신체적 산물', '시대(정신)를 읽어가는 신체의 산물'임은 물론이다.

"존재는 몸속에 있는 몸일 뿐이다." 이것은 신체적 존재론의 성구(聖句)가 되지 않으면 안 된다. 언어와 기계에 저항(대항)할 수 있는 마지막 존재는 신체, 즉 몸이다. 이것은 근대서양철학에서 더욱 더 구체화되었던 '사유-존재'의 프레임에서 '존재-사유'를 거쳐 완전한 '존재(존재사태, 본래존재)'에 이르는(돌아가는) 진정한 존재론의 철학적 노정인 셈이다. 존재사태(존재사건)야말로 진정한 '생성론의 존재'에 이른 것이다.

이렇게 되면 내 몸(신체)이야말로 현상학적으로 살아있는 태초-종말이고, 신-메시아로서 유시유종(有始有終)의 성체(聖體, 聖諦)이며, 동시에 존재론적으로도 무시무종(無始無終)의 성체인 셈이다. 자연은 신체적 존재로서 무궁무진한 것이며, 제행무상-제법무아 하는 존재이며, 심물일체-신물일체(만물만신)의 존재이다.

우리가 그동안 철학적으로 말했던 이데아(Idea)를 비롯한 모든 것은 가상실재에 불과한 것이었고(가상의 가상의 가상……), 가상실재가 아닌 실재(세계)는 오로지 몸(신체)뿐이다. 그런 점에서 세계(존재)는 신체적 존재이며, 신체적 존재야말로 세계인 것이다. 이렇게 되면 "네 이웃을 네 몸과 같이 사랑하라."라는 예수의 말은 단지 종교적으로 행한 성스러운 말에 그치는 것이 아니라 일상의 존재(신체적 존재)에 대한 깊은 이해에서 우러나온 철학적인 메시지로서 신체적 존재론의 입장에서 새롭게 조명되어야 마땅한 것이다.

기독교 성경에서 말하는 "나 이외의 다른 신을 섬기지 말라."의 '나'는 바로 '신'이면서 동시에 '자기 자신'인 것이다. '나(자아)'는 절대(신)의 시작이며, '절대'는 '나'의 끝(완성)인 것이다. '나(자아)'가 없으면 '무아(신)'도 없다. '신(무아)'이 없으면 '나(자아)'도 없다. '신'은 '무아'인 것이다. 여기서 기독교와 불교가 만나서 회통하게 된다.

사랑의 궁극을 철학적으로 말한다면 남을 나처럼 생각하고, 남을 나처럼 생각하는 것이다. 여기서 '생각'이라는 것은 그렇게 보고, 그렇게 상대하고, 그렇게 실천함을 의미한다. 철학은 '내(I)가 없으면 성립하지 않는 것이다. 그럼에도 불구하고 철학의 완성은 나를 남처럼 보고, 남을 나처럼 대하는 것을 의미하는 것이다. 이런 것을 두고 동양에서는 무심(無心)이라고 말하기도 한다. 무(無)를 주장하는 불교와 양지양능(良知良能)을 주장하는 심학이 만나는 지점이 바로 마음이다.

심물일체(心物一體)의 경우에도 '심(心)'이 없으면 '물(物)'이 없고, 물(物)이 없으면 심(心)이 없다. 심물일체가 되려면 도리어 무심(無心)의 경지에 이르지 않으면 안 된다. '무심'이 되지 않으면 과학의 물질만능에 물든 현대인은 으레 '심'을 정신(精神)으로 보고, '물'을 물질(物質)로 보는 타성에 빠져있기 때문이다.

우리는 조선조 주자학자(朱子學者)들의 "이발이기수지(理發而氣隨之), 기발이이승지(氣發而理乘之)"를 알고 있다. 여기에 이(理)의 자리에 심(心)을 놓고 기(氣)의 자리에 물(物)을 놓으면 "심발이물수지(心發而物隨

之), 물발이심승지(物發而心乘之)"가 된다. 전자는 과학이 되고, 후자는 불교가 된다. 이를 달리 설명하면 '심(心)'이 '물(物)'에 끌리면 과학이 되고, '물(物)'이 '심(心)'에 끌리면 불교가 된다.

여기서 다시 율곡(栗谷)의 "기발이승(氣發理乘), 이통기국(理通氣局)"에 심물(心物)을 대입하면 "물발심승(物發心乘), 심통물국(心通物局)"이 된다. 여기서 물(物)은 바로 자연이고, 신체이다. 심(心)은 인간이고, 인간의 정신이다. 이기이원론(理氣二元論), 심물이원론(心物二元論)으로 보면 세계는 이분화(二分化)된다. 세계를 이기일원론(理氣一元論), 심물일원론(心物一元論)으로 보면 세계는 하나(一元)가 된다. 세계가 진정으로 하나가 되려면(한걸음 더 나아가면) 심즉기(心卽氣), 물즉기(物卽氣)가 되어야한다.

심물(心物)은 모두 기운생동(氣運生動)하는 하나의 현상이다. 이를 현대철학에 적용하면 "이성은 욕망이고(이성은 대뇌적 욕망이고), 욕망은 이성이다(욕망은 신체적 이성이다)."라고 말할 수 있다. 이성과 욕망은 현상학적으로는 양극의 위치에 있는 것 같지만, 이것이 서로 교차하고 교감하는 세계가 하나의 세계, 일원(一元)이다. 서양철학에서는 이것을 일자(一者)라고 표현하기도 한다.

실체론의 전통이 있는 서양은 세계전체 혹은 하나의 세계를 일자(一者, oneness)로 표현하기를 즐긴다. 이에 비해 동양은 이를 일원(一元, 元亨利貞)이라고 한다. 서양과 동양의 중간에 있는 불교는 일원(一圓)이라고 한다. 일원이라고 할 때 그 중심은 있는 것 같지만 실은 없는 것이다. 인간이 만날 수 있는 작은 원은 항상 중심이 있지만, 하나의 큰 원으로 표현되는 일원은 중심이 있어서는 작은 중심들을 포용할 수 없다. 따라서 일원의 원은 중심이 없는 원이다. 그래서 불교는 비실체론, 무자성(無自性)의 종교이다.

신체를 가진 인간은 자아(自我, 自性)와 함께 시공간의 존재가 될 수밖에 없다. 그래서 신체를 벗어나는 영혼, 신성을 갈망하게 된다. 그래서 영육합일(靈肉合一)은 중요한 과제로 떠오를 수밖에 없다. 영육합일은 기독교에서 구원으로 통한다.

예수가 몸(신체)과 관련하여 기독교 정신을 설파한 내용은 적지 않다. '최후의 만찬'의 언설이 대표적인 내용이다. 예수께서 빵을 들어 감사기도를 올리고, 그것을 떼어 제자들에게 주시며 말씀했다. "이것을 받아먹어라. 이것은 내 몸이다." 또한 예수께서는 잔을 들어 마신 후 그것을 제자들에게 주시며 말씀했다. "너희는 모두 이것을 마셔라. 이것은 죄를 용서하기 위하여 많은 사람들을 위해 붓는 내 피, 곧 언약의 피다. 내가 너희에게 말한다. 내가 아버지의 나라에서 너희와 함께 새롭게 마시는 그 날까지, 지금부터는 포도열매로 빚은 것을 마시지 않을 것이다." 그들은 찬송을 부르고 올리브 산으로 올라갔다(마테복음 26: 26-30).

"이것은 내가 너희에게 주는 내 몸이다. 이것을 행하여 나를 기념하여라."(누가복음 22:19)

"이것은 너희를 위한 내 몸이다. 나를 기억하면서 이것을 행하여라." "이 잔은 내 피로 세우는 새 언약이다. 이 잔을 마실 때마다 나를 기억하면서 이것을 행하여라."(고린도전서 12:24-25)

인간의 몸을 교회라고 하는 대목도 마찬가지이다. 이것이야말로 전반적으로 『성경』의 기독교현상학적인 내용 속에서도 간간히 드러나는 것이긴 하지만 존재론적인 내용을 담고 있는 구절이라고 할 수 있다.

"너희가 하나님의 성전인 것과 하나님의 성령이 너희 안에 거하시는 것을 알지 못하느냐. 누구든지 하나님의 성전을 더럽히면 하나님이 그 사람을 멸하리라. 하나님의 성전은 거룩하니 너희도 그러하니라."(고린도전서 3:13-17)

예수가 몸과 더불어 설파한 복음은 '신체적 존재'로서의 세계이해와 맞닿아있다. 이러한 내용은 정신과 육체의 분리라는 기독교의 이원론을 무시하고 있다고 해도 과언이 아니다. 신체는 하나님을 보존하고 있을 뿐만 아니라, 우주의 시작과 끝을 은거하게 하고 있으며, 무엇보다 '살아 있는 우주 그 자체'이다.

"나는 길이요, 진리요, 생명이다."(요한복음 14: 6)

여기서 길은 도학을, 진리는 철학을, 생명은 신학을 말하는 것이다. 신체적 존재론은 물론 생명과 직결되는 것이다. 신체적 존재론으로 보면 신체를 가진 인간은 '스스로 신(自神)'이 되는 성스러움과 신비를 자각하게 되는 것이다. '대상으로서의 신'을 섬기던 종교적 인간은 다른 제물을 신에게 바치던 제의(祭義)에서 벗어나서 자신의 신체를 신에게 바치는 희생제를 통해 스스로(주체적으로) '성인이 되는 길' '신이 되는 길'을 열었다고 볼 수 있다. 이것은 고대 그리스 스포츠제의인 올림픽이 승자를 제물로 바침으로써 공동체의 평화를 이룩하던 것과 일맥상통하는 것이다.[11]

만물(萬物)을 생명으로 느낄 때 만신(萬神)에 도달하는 것이다. 만물만신에 도달하면 자력신앙과 타력신앙의 구별이 무의미하게 되는 것이다. 예수부처, 부처예수를 느끼게 된다.

---

11) 박정진, 2018, 『굿으로 보는 서울올림픽의 의례성』, 영남대학교대학원 박사학위논문 참조.

〈헤겔과 라캉, 정기신(精氣神)의 프레임 비교〉

	정신(精神): 철학/과학	신(神, 神氣): 종교	유령(幽靈, 精氣): 예술
헤겔	Geist	God	Ghost
라캉	Symbol(상징계): 언어, 대타자(A)	Reality(실재계): 주체 없음(a), 욕망	상상계 (Imagine): (a')
	현상학 (심리적, 물리적)	**실재=몸= 신체적 존재**	**현상학과 존재론의 화해**
정기신精氣神	정신적(精神的) 차원	신기적(神氣的) 차원	정기적(精氣的) 차원

　우리는 여기서 인간의 언어에 대해 다시 고민하게 된다. 결국 욕망이 이성이라면, 무의식이 의식이라면 은유(metaphor)와 환유(metonymy) 혹은 상징(내포적 언어)과 언어(지시적 언어)의 관계가 어떻게 설정되어야 하는지, 요컨대 상호 침투할 수 있는지, 서로 변전(바꿈)이 가능한지에 대해서 검토하지 않으면 안 된다.

　철학이 논리적인 서술을 기본으로 것은 당연하다. 그럼에도 불구하고, 가장 중요한 철학적 언설은 때때로 상징이나 은유로 표현할 수밖에 없다. 상징은 정신적인 것과 육체적인(물질적인) 것을 동시에 포섭하고 장악할 수 있는 힘을 지니고 있기 때문이다. 이것은 일종의 역설이지만, 역설이야말로 다양한 지평과 차원의 사유를 하나로 묶을 수 있는 유효한 수단이다.

　철학자들은 열심히 자신의 철학적 프레임(패러다임)을 만들기 위해 노력하고 있지만, 실은 그것은 어떤 철학적 원형(시스템)의 변주, 혹은 원형시스템(프레임)의 변형에 불과하다는 가설도 성립될 수 있다. 그렇다면 철학적 환유는 보기 좋게 시인의 은유가 되어버리는 것이다. 철학적 환유가 현상학이라면 시인의 은유는 철학적 존재론이 되어버린다.

시인-철학자(Dichter-Philosophie)들은 누구보다 이러한 사실을 잘 알고 있다. 철학자들이 자신의 철학을 시적 은유로 간단하게 설명하고자 하는 욕구를 가지게 되는 것도 이를 뒷받침하고 있다. 만약 언어가 이렇게 된다면 환유와 은유는 물론이고, 의식과 무의식도 상호왕래하게 될 수밖에 없는 것이 된다. 서양철학이 그동안 현상학적으로 나누어놓았던 것들을 우리는 다시 존재론적으로 순환하게 하지 않으면 안 된다. 여기에 『천부경』의 천지인·정기신 패러다임의 부활이 요구되는 것이다.

헤겔이나 라캉의 패러다임은 동양의 천지인(天地人)·정기신(精氣神) 순환사상의 패러다임에 대입해 볼 수도 있을 것이다. 예컨대 신기적(神氣的) 차원=실재계, 정신적(精神的) 차원=상징계, 정기적(精氣的) 차원=상상계에 대응된다고 볼 수도 있다. 이것을 좀 더 쉽게 설명하면 신기적 차원이 철학적 존재론과 문화장르로서의 종교에 속한다면 정신적 차원은 철학적(심리적, 물리적) 현상학과 문화장르로서의 과학에 속하고, 정기적 차원은 현상학과 존재론의 화해와 문화장르로서의 예술(축제)에 속한다고 할 수도 있을 것이다.

신기적 차원, 신령적 차원은 인간의 마음에 있는 세계로서 결국 내유신령(內有神靈)이라고 명명할 수 있을 것이다. 신령적 차원이 정신적 차원으로 변형되면 절대적(絶對的)이 되지 않을 수 없다. 정기적 차원은 인간의 마음 밖에 있는 세계로서 외유기화(外有氣化)라고 말할 수 있을 것이다. 인간의 정신은 절대적인 세계를 지향하게 되어있다. 정신적 차원이야말로 현상학의 세계인 것이다.

지금까지 철학적 합리성이라는 것은 하나의 지평 위에서 논리적 인과 혹은 변증법적 지양을 검증하거나 변증하는 것을 위주로 하였다. 합리성이라는 것은 항상 조건적이다. 따라서 조건에 맞지 않는 것은 잘라버리고 배제하는 경향이 있다. 그런 점에서 합리성은 항상 포괄하지 못하는 틈과 예외를 발생시키는 것이다. 합리성이야말로 '합리성의 동굴'이라고 말할 수 있다. 이것은 플라톤의 '동굴의 우화'의 역전이다. 동굴 밖은 또 하나의 '햇빛의 동굴' '시간과 공간의 동굴'이었던 셈이다. 그래서 서양 철학은 플라톤의 동굴에서부터 계속해서 이데아의 현상학이었고, 과학은 '과학의 이데아'의 실현이었다.

이러한 합리성은 현상학적인 원환궤도에 불과하다는 것이 점차 드러나고 있다. 철학은 하는 수 없이 과학의 인과론에서 순환론으로 나가가지 않으면 안 되게 되었고, 천부경의 천지인·정기신 순환론은 존재론의 길을 열어주는 역할을 할 것으로 기대된다. '존재론적 순환'이라는 것은 현상학적인 지평(시간적·역사적 지평)에서 인간(현존재)이 끊임없이(무한대로) 현상을 생산해내는 원환궤도를 벗어나서 본래하나였던 천지인의 상태로 돌아가서 서로 침투하는 것을 말한다.

말하자면 『천부경』의 인중천지일(人中天地一: 인간 속에서 천지가 하나 되는 현상)의 상태를 말한다. 인중천지일 사상은 쉽게 말하면 "천지가 나다"(존재-사유) "내가 천지다"(사유-존재) 혹은 "신이 나다"(존재-사유) "내가 신이다"(사유-존재)라고 말할 수 있다. 여기에서 천지가 되었든, '내(나)'가 되었든, 신이 되었든 절대성은 없다. 만약 절대성이 있다면 상대성의 상대로서, 절대-상대의 절대가 있는 것이다.

우리조상들은 인중천지일의 상태를 역사적으로 여러 말로 표현해왔다. 신라 풍류도(風流道)에서는 현묘지도(玄妙之道), 조선 성리학(性理學)에서는 이기지묘(理氣之妙) 등으로 표현해왔다. '이기지묘'는 이(理)가 기(氣)가 되고(보편적이고 일반적인), '기'가 '이'가 되는(일반적이고 보편적인) 이기(理氣)의 왕래를 의미한다. 이는 화엄경에서 말하는 이사명연무분별(理事冥然無分別)·진공묘유(眞空妙有)와 같은 것이다. 한국불교에서 또한 원효(元曉, 617~686)는 화쟁(和諍)으로, 지눌(智訥, 1158~1210)은 교선일치(敎禪一致)로 존재적 진리에 다가갔다.

이밖에도 동아시아의 안목으로 보면 승조(僧肇, 384~414)의 조론(肇

論)의 물불천론(物不遷論), 부진공론(不眞空論), 반야무지론(般若無智論), 열반무명론(涅槃無名論) 등도 이러한 진리의 묘(妙)함을 설명해왔다. 이러한 존재적 진리는 천부경에서 말하고 있는 '존재론적 순환론'의 진리라고 말할 수 있다.

앞에서 말한 정기적 차원이라는 것은 인간의 정(精)으로 기(氣)를 포박하는 일이고, 정신적 차원이라는 것은 인간의 정(精)으로 신(神)을 포박하는 일이고, 신기적 차원이라는 것은 인간의 신(神)으로 기(氣)를 해방시키는 일이다. 기를 해방시키면 기(氣)는 본래의 기(氣)가 된다. 이것이 바로 '기의 존재성', '기의 일반성'에 도달하는 것이며, 기일원론(氣一元論)의 경지에 이르는 것이다. '기일원론'에 도달하여야 '이기지묘'의 경지에 이르게 되고, 시대정신에 부응하는 철학, 시대정신이 반영된 철학을 탄생시킬 수 있게 되는 것이다.

신기적 차원에서 '기'를 해방시킨 '신'은 도리어 세계 그 자체와 전면적인 접촉을 하게 되고, '세계의 유동적 전체성(一氣)'에 도달함으로써 아무런 거리낌이 없는, 아무런 장애가 없는 '무애(無碍)의 자유'를 누리게 된다. 이것은 세계에 대한 '신적(神的)인 이해'라고 말할 수 있을 것이다. 말하자면 여기서 세계적인 목적이 개인의 자아에서 완성되는 셈이다. 신기적 차원의 유동적 전체성에 도달하는 경지는 헤겔의 절대지(絶對知) 혹은 주자의 절대리(絶對理)와는 다른 것이다. 그렇지만 이성적인 표현으로는 그렇게밖에 달리 표현할 길이 없다. 유동적 전체성을 현상학에서 보면 '통일적 기운(氣運)'이라고 말할 수 있을 것이다. 천리(天理)는 지기적(地氣的) 존재의 환원-회귀인 동시에 이상이다.

철학한다는 자체는 철학자 개인의 기운생동의 소산인 철학체계를 텍스트 화하는 것이기도 하지만, 동시에 새로 태어난 철학체계는 한시적인 운명을 맞을 수밖에 없다. 그것의 생명주기는 오래일 수 없다. 왜냐하면 기운생동의 세계는 다시 새로운 철학체계를 만들어주어야 일반에게 이해될 수 있기 때문이다. 하나의 철학체계와 뒤따르는 철학체계의 사이인 생명주기는 경우에 따라서는 몇 백 년이 되기도 하지만 대체로 한 세기를 넘지 못한다. 짧은 경우는 정말 몇 십 년으로 단명할 수도 있다.

그런 점에서 하나의 철학에, 혹은 남의 철학에, 혹은 외래의 철학에, 나아가서 그 옛날의 철학(혹은 사상)에 수천 년 간 매인다는 것은 실은 그 사이에 뛰어난 철학자가 태어나지 못했음을 증명하는 것이기도 하지만, 그보다는 원천적으로 철학을 생산할 수 없는 지역이라고 봄이 타당하다. 모든 문화권이 철학을 하는 것은 아니고, 또 철학을 하여야만 살 수 있는 것도 아니다. 철학 없이 사는 민족도 적지 않다. 철학을 하는 민족이나 국가는 바로 선진국이나 중심국(세계지도국), 문화중심지에만 해당되는 일이다.

철학이라는 것은 '애지(愛知)의 학문'으로 지식자체를 축적하는 것이 아니라 지식을 사랑하는 것으로서, 사랑한다는 것은 이미 형성된 지식체계를 배우고 자랑하는 것이 아니라 일종의 창조적 활동(기운생동)으로 철학하는 것을 말한다. 이렇게 현재적 철학행위를 하여야 철학적 활동성이 새로운 철학체계를 수립하는 성과로 옮겨갈 수 있다. 이것은 '기(氣)의 이화(理化)', 혹은 '일반성의 보편성화'라고 할 수 있다.

철학이라는 것은 또한 분과학문 간의 학제적 연구를 도모하는 것과는 달리 여러 분과학문을 하나의 벼리(綱)로 꿰는 것을 의미한다. 다시 말하자면, 분과학문의 성과나 교양의 성과를 하나의 보편적 지점에서 통하게 함으로써 시대정신을 공유하고 미래를 준비하는 인문학의 종합적 요약으로 작용한다. 이러한 요약에는 물론 경계적(境界的) 인간이라고 할 수 있는 철학자로 하여금 때로는 예언자적 기질을 발휘하게도 하고, 선지자의 역할을 하게 하기도 한다. 이러한 예언이나 선지는 반드시 인간-신적인 능력의 발휘와 함께 신기적(神氣的) 차원과 접하는 순간을 맞게 하는 것 같다. 소위 "신바람이 난다" "신명 난다" "신 난다" "기(氣)산다"등이 이런 상태를 말하는 것이다.

한국인의 신(神)은 '동사적인 신'이라고 할 수 있다. 정확하게 말하면 동사적이면서 명사적이라고 할 수 있는데 이 중에서 동사적인 신이 우선인 것 같다. 동사적인 신은 기운생동의 신, 즉 비실체적인 신이고, 명사적인 신은 실체적인 신으로서 주어가 되거나 목적어가 되는 신이다. 우리는 명사적인 신을 현상학적인 신이라고 말할 수 있고, 동사적인 신을 존재론적인 신이라고 말할 수 있다. 물론 인간의 삶에서 무엇을 지칭하고 불러야하기 때문에 명사적인 신을 사용하지 않을 수 없지만 말이다. 동사적인 신은 쉽게 만물만신(萬物萬神)에 이르게 한다.[12]

한국인이 일상적으로 잘 사용하는 말 가운데 '신(神)' 혹은 기(氣)와 관련된 말들도 축제의 존재론적 의미를 결정적으로 되새기게 하는 말이다. 우리는 흔히 "신 내린다"(신내림) "신 오른다(신오름)" "신바람 난다(신난다)"라는 말을 즐겨 쓴다. '신'이라는 말과 함께 '기(氣)'라는 말도 잘 사용한다. '기(풀) 죽는다' '기 오른다' '기 난다(기 산다)' 등의 말을 생활 주변에서 잘 들을 수 있다. '신'이라는 말과 '기'라는 말은 거의 동의어로 사용하다시피 하는 것을 볼 수 있다. 이들 말들은 주격(혹은 목적격)을 나타내는 조사도 없이 사용된다(물론 조사를 붙일 수도 있다). 때로는 주격인지, 목적격인지도 불분명하다.

한국의 신들은 주객(主客)과 상하내외(上下內外)가 없는 것 같다. 한국의 신은 기독교의 유일신처럼 초월적이고 절대적인 신이 아님을 알 수

---

12) 하이데거는 처음에 '존재(sein)'라는 단어를 소문자(s)로 썼다가 다시 대문자(S)의 '존재(Sein)'로 바꾸었다. 또 존재의 동사적인 면을 나타내기 위해 'Sein'를 'Syen'으로 바꾸어 썼으며, 결국 이것도 나중에는 '존재'의 '없음(無)'을 나타내기 위해 단어전체를 가위표(x)로 지우기도 했다. 하이데거는 이상하게도 '생성(Becoming)'이라는 말을 사용하지 않고 '존재(Sein)'라는 말을 고집하기 위해 여러 말을 만들어내는데 그렇지만 '존재Sein)'의 명사(실체)적 특성에서 빠져나오지 못한다. 이것은 아마도 플라톤의 이데아(Idea)의 설정 이후 서구철학의 실체론적 전통 때문인 것으로 보인다. 대뇌에서 이루어지는 주관적 관념(관념적 초월, 초월적 자아, 순수의식)과 법칙의 실체성을 포기하지 못한 때문이다. 오늘날 과학도 고정불변의 무엇(실체)이 있다고 생각하는 이데아의 산물이다.

있다. 신들은 초탈적(超脫的)이고, 탈근거적(脫根據的)이며, 일상생활의 차원에 흩어져 있으며, 신들은 삶과 더불어 존재하는 평범한 존재들이다. 그래서 신을 신바람이라고 하는지도 모른다. 신들은 또 신체와 더불어 존재하며 신체 자체이기도 하다. 한국인에게 신은 '자연 그 자체'(사물 그 자체)이며, 신과 자연은 하나이다. 따라서 '만물만신'의 신이다.

'신'과 '기'는 신체와 더불어 있는, 어떤 보이지 않는 원초적인(본질적인) '힘'을 나티내는 것 같다. '신'과 '기'에 나타난 존재론적인 성격은 어디서 연유하는 것일까. 이는 예부터 내려온 천지인 사상과 순환론적인 우주관에 따른 현상이며 나아가서 존재론적 성격을 갖는 것이라고 볼 수 있다. 천지인 사상은 한국인의 삼태극(三太極)·삼일(三一)사상의 원천으로서 자칫 태극음양(太極陰陽)사상을 정태적으로 해석하여 음양대립으로 바라보는 것을 막는, 역동적 음양론을 표상한다. 천지인 사상을 문양으로 나타낸 것이 삼태극이다. 천지(天地)자연을 내 몸(人)에 받아들이는 것이 바로 존재론적 성격을 드러내는 것이다.

한국인은 천지인의 순환론적 사유로 인해 신을 인과론적으로 보는 기독교의 신과 근본적으로 다른 신관을 가지고 있다. 신은 '어떤 실체'를 가진 것이 아니라 실체가 없는 천지의 '기운생동'을 말하는 것 같다. 이러한 한국인의 신관을 우리는 '존재론적 신관'이라고 말할 수 있을 것이다. 따라서 한국인에게 신은 일상이고, 일상은 또한 축제이며, '굿'은 그것을 표현하는 말이다. 한국인에게 신은 고정된 실체가 아니다. 한국인의 의례성의 핵심은 '신바람'이라고 할 수 있다. 신바람은 '굿의 존재론'을 열어준다.

천지인사상에 따르면 존재론적 순환은 신기적(神氣的) 차원이 된다. 그리고 정신적(精神的) 차원은 현상학적 차원이 되고, 정기적(精氣的) 차원은 존재-현상학적 차원이 된다. 여기서 주목할 것은 인간의 현상학적인 차원이야말로 천지인의 순환을 막는 장벽이 되고 있다는 점이다.

인간은 신-인간의 이중적인 존재이다. 어느 쪽에 더 무게가 실리느냐에 따라 신(神)중심적인 신인간적(神人間的)이 되기도 하고, 인간중심적인 인간신적(人間神的)이 되기도 한다. 현대인은 후자인 인간신(인간신, Homo Deus)이 되기 위해 줄달음치고 있다.

인간이 미래에 어떠한 신으로 나타날 것인가, 혹은 어떠한 신을 선택할 것인가는 호모사피엔스의 운명에 결정적인 열쇠가 될 것이다. 인간이 신인간적인 신, 즉 생성적인 신을 택한다면 자연은 인간과 함께 할 것이고, 반대로 인간신적인 기계의 신을 택한다면 인간은 기계인간의 전쟁으로 인해서 종말을 구할지도 모른다. 생성(becoming)의 신, 존재론적인 신은 '말씀의 실체(사유-존재)'가 아니라 '신체의 말씀(존재-사유)'의 신이다. 생성적인 신은 참으로 겸손한 신이며, 희생적인 신이다. 생성적인 신은 결코 권력자로서 군림하는 인간신적(人間神的) 신과는 다른, 신인간적(神人間的) 신이다.

〈신기적, 정신적, 정기적 차원〉

天	氣	신기적(神氣的) 차원	존재론적 차원	주체 없음/신-인간 이중성
人	神	정신적(精神的) 차원	현상학적 차원	인간신적(人間神的) 차원
地	精	정기적(精氣的) 차원	존재-현상학적 차원	신인간적(神人間的) 차원

'인간신(人間神)'이야말로 유령(Ghost, specter)이고, 유령은 대중적인 말로 괴물(怪物, monster)이다. 인간의 가상실재는 실은 괴물이고, 인간이 만든 문명이라는 것도 괴물덩어리인지 모른다. 괴물을 괴물로 보려면 괴물의 바깥에 있어야 하는데 그 자리가 바로 일반성의 철학의 자리이고, 제로베이스(zero-base)이고, 바탕자리이고, 자연(Nature)이다. 자연을 잃어버린 인간은 스스로 괴물이 되어버린 셈이다. 호모사피엔스에게는 '뇌 공룡'이 괴물의 이름으로 가장 적절할지 모른다.

철학인류학자로서의 필자는 결국 다섯 단어, 즉 'God, Geist, Ghost' 이외에 'Culture, Nature'라는 단어로 인류의 철학과 문화를 요약하고자 한다. 'God, Geist, Ghost'는 결국 'Culture'를 대변하고, 'Culture'의 바탕으로서 'Nature'가 존재한다. 진정한 존재는 'Nature'뿐이다.

'culture(칼처)'와 'nature(네이처)'에서 하나의 'ture(틀)'을 의미하는 것으로 치면 칼처는 '가르다(칼)=갈다(耕, 磨)=나누다'의 의미가 숨어있고, 네이처는 '나다(出)=태어나다(生)=생기다'의 의미가 숨어 있다. 그러면서 문화와 자연은 상반된 입장에 서게 된다. 문화는 사물(대상)을 가르는 것(틈을 발생시키는 것)이고, 이것은 남성성을 나타낸다. 자연은 틈(갈라짐)에서 태어나는 것이다. 이것은 여성성을 나타낸다. 이들은 각각 문화의 특성인 분별(판별)과 자연의 특성인 생성(생멸)을 드러낸다. 칼처와 네이처의 한글발음과 영어발음이 유사성을 보이는 것은 유의미해 보인다.

〈문화와 자연의 한글발음과 영어발음〉

culture(칼처) cul(칼)+ture(틀)	가르다(칼)= 갈다=나누다	사물(대상)을 가르다(틈) 남성성	문화의 특성	분별 (판별)
nature(네이처) na(나)+ture(틀)	나다=태어나다 =생기다	틈(갈라짐)에서 태어나다 여성성	자연의 특성	생성 (생멸)

서양철학의 시공간의 연장과 지연의 문제는, 소위 서양후기근대철학에서 불거진 '차연'의 문제가 아니라 서양철학과 기독교문명의 궁극적인 문제, 해결할 수 없는 문제, 자기모순의 문제이다. '차연의 철학'은 말만 바꾼 것이지 결국 '차연의 변증법'에 불과하고, 변증법의 현상학은 다시 초월성을 전제하는 형이상학으로 거슬러 올라간다. 서양철학과 기독교문명은 결국 '초월성의 문제'에 봉착하게 된다.

이러한 초월성의 문제는 결국 다시 서양문명의 '나(I)'의 문제로 환원된다. 이것은 결국 '실체(reality)의 있음'의 문제이고, 무한대를 가정한 운동의 수량화(계산할 수 있는)라고 할 수 있는 물리학의 미적분의 문제와 같은 것이다. 이렇게 보면 서양철학은 서양물리학(형이하학)의 문제를 심리적인 차원(형이상학과 현상학)에서 논의한 반복에 지나지 않는다. 그래서 과학기술만능시대(이는 기독교신의 전지전능함에 견줄 수 있다)에 철학의 무용론이 나오는 것이다.

철학이 유용해지려면(이것은 '무용의 유용'이다) 이제 초월성을 배제하는 철학으로 신개척지를 마련하지 않으면 안 된다. '초월성'과 대립되는 용어는 '본래성'(본래존재, 본래자연)일 것이다. 필자는 초월성을 보편성과 같은 의미(초월성=보편성)로 사용하면서, 본래성을 일반성과 같은 의미(본래성=일반성)로 사용하고 있다. 그래서 필자의 철학을 '일반성의 철학'이라고 말하기도 한다. 일반성의 철학은 모든 존재를 담은 철학이다.

그런데 일반성의 철학은 동양의 도학(道學)에 힘입은 바 크다. 다시 말하면 동양의 도학을 서양철학의 입장에서 다시 해석하고, 서양철학의 연장선상에서 논의함으로써, 상호소통과 이해의 지평을 함께 한다면 동서철학의 융합에 도달했다고 할 수 있을 것이다. 동양의 도학은 유교든, 불교든, 노장철학이든, 선도(仙道)든 모두 '도(道)'를 추구하는 경향성이 있다. 동양에서는 유교는 유도로, 불교는 불도로 불린다. 이는 도(道)에 대한 공통적 관심을 반영한다.

물리학(물리적 현상학)은 어떤 지점(순간의 시공간의 지점)에서 계산을 하는 것이고, 현상학은 어떤 지점에서 만족하지(정지하지) 않고 계속 지향하는 것이 다를 뿐이다. 현상학은 계산하는 대신에 이원대립항의 사이에서 계속 지향하거나 아니면 어느 지점에서 대립항의 의미의 이중성(애매모호함)을 인정하며 언어의 상징이나 은유로 도피하는 수밖에 없다. 이것이 서양현상학의 한계이다. 서양철학이 존재론으로 넘어가지 않을 수 없는 이유가 여기에 있다.

그렇지만 존재론을 주장한 하이데거가 종래의 '존재'(현상학적인 존재)에 대해 '존재자'라는 이름을 붙이고, '생성'에 대해 '존재(Being)'라는 이름을 붙인 것과 데리다가 '(결정-해체) 불가능'이라고 이름붙인 것은 바로 '생성'에 대한 현상학적 이름붙이기로서 철학적으로 이중적인 몸짓에 불과하다. 말하자면 아직 한 발은 현상학에, 다른 발은 존재론에 발을 딛고 있는 모습이다. 하이데거의 '존재론'과 데리다의 '그라마톨로지(혹은 텍스트)'는 완전히 동양적 생성에 들어오지 못하고 있는 서양철학의 '현상학적 고백성사'에 속한다.

서양철학은 결국 '나(I)=주체=대자=타자=너(You)'의 문제이다. 그렇기 때문에 '나'와 철저히 분리된(소외된) '너(You=타자=대상)'가 있게 되는 것이다. 결국 분리에 따른 대립과 소외의 문제가 서양철학의 전부이다. 신(God)도 철저한 주체가 되거나 타자가 되어야한다. 이것이 이분법이다. 그런 점에서 하이데거가 '존재의 사유(Seinsdenken)'를 주장했지만, 사유(denken) 그 속에 이미 '나(I, Ich)'가 들어있기 때문에 '생성(Becoming)의 의미'로서의 '존재(Being)'에 이르지 못하는 한계에 봉착하게 된다.

모든 서양철학적 혹은 과학적 노력이라는 것이 생멸하는 우주에 대한 도전, 즉 그것을 실체(실재의 실체)로서 잡으려는 이성과 욕망과 광기의 산물이다(이성=욕망=광기). 이성이 광기가 되는 이유는 이성의 목적이라는 것은 항상 수단이 될 수 있기 때문이다. 어떤 '고상한 목적적 이성'도 가장 '처참한 도구적 이성'이 될 수 있고, 인간성을 파멸로 이끌 수 있다. 그러한 역사적 사건들을 우리는 전체주의로 변모한 공산사회주의(소비에트 전체주의)와 국가사회주의(히틀러의 파시즘)에서 보았다.

그러한 점에서 이성은 대뇌의 욕망이고, 욕망은 신체적 이성이다. 광기 또한 이성이고 욕망이다. 이성의 근원이라고 하는 '봄(시각)'은 이미 욕망이다. 이성과 욕망이 바로 '나(I, ego, subject)'이고, 자연의 무(無, 無我)를 망각한 데서 오는 아집(我執)의 결과이다. 자연의 입장에서 보면 자연과학도 이성이고 욕망이고 광기이다. 이를 남성과 여성의 특징으로 말하면 남성의 성(性)-눈-언어는 결국 이(理)-추상(기계)을 추구하고, 여성의 성(性)-귀-자궁은 기(氣)-신체(생명)를 추구한다고 말할 수 있다. 남성의 성과 머리는 처음부터 도구적-폭력적이고, 여성의 성과 자궁은 처음부터 생산적-비폭력적이라고 말할 수 있다.

성리학(性理學)은 같은 발음의 성리학(性利學)이 되기 쉽고 성기학(性氣學)은 같은 발음의 성기학(性器學)이 되기 쉽다. 대뇌의 세뇌(洗腦)는 욕망의 유혹(誘惑)과 같다. 그렇지만 그 실체에 대한 아집이나 진리에 대한 오류 때문에 도구의 발명이나 과학이라는 것이 이룩되었음을 생각하면 이것이 인간이라고 말할 수밖에 없다. 광기는 또한 이성과 욕망의 표출이다. 광기가 없었으면 이성은 역사적으로 절대정신을 창출하지 못했을 것이며, 욕망은 무한대에 이르는 동력을 얻지 못했을 것이다. 그런 점에서 이성은 절대를 향한 광기로서의 정신이며, 유령은 새로운 신을 향한 광기이며, 신은 인간의 태초의 엑스터시로서의 광기였다.

오늘의 현대과학기술문명에서는 단지 그 이성과 욕망과 광기의 수위 조절과 균형이 필요할 따름이다. 원자기술, 생명공학기술, 나노기술 등을 어떻게 쓸까를 결정하는 것은 인간이다. 왜냐하면 이런 상태로 과학기술문명이 발달하다보면, 결국 기계의 세상이 될 것이 뻔하기 때문이다. 기계의 주인이던 인간은 기계의 노예로 전락할 가능성이 높다. 이러한 주인-노예의 법칙은 이미 신과 인간의 사이에서 그 전도가 벌어졌던 경험이 있는 매우 인간적인 현상이다.

지금까지 기술은 스스로 결정하지 않고, 인간의 결정을 기다려왔다. 그러나 어느 날 갑자기 기술이 인간의 운명을 결정할지도 모른다. 자연은 결코 인간의 대상으로, 노리개로 존재하지 않으며, 실은 인간이 모르는(결코 알 수 없는) 세계적 음모(보복)를 기획하고 있는지도 모른다. 더욱이 인간성 안에 이미 인간의 멸종프로그램이 내장되어 있는지도 모른다. 그것이 이성과 욕망이라면 우리는 어떻게 할 것인가?

서양철학의 관념론은 결국 '정신=물질'을 도출했으며, 다른 한 줄기인 경험론은 과학기술주의(논리철학, 분석철학)를 도출했다. 이 둘의 공통점은 물신숭배(物神崇拜)에 있다. 자유-자본주의든, 공산-사회주의든 물신숭배에 빠져있다. 서양철학의 '신-정신-물질(유신론-유심론-유물론)'은 정확하게 서양문명의 '종교-철학-과학'과 대칭을 이루는데 서양철학이 중심이 된 물신숭배와 현대과학기술문명을 극복하기 위해서는 이들과 대립관계에 있는 동양의 자연주의, 혹은 도학(道學)의 회복이 절실하다. 그 자연주의 철학의 대표적인 것이 바로 샤머니즘(shamanism)인 것이다.

〈서양의 종교-철학-과학은 일란성 세쌍둥이다〉

종교	철학	과학	모두 동일성을 추구하는 공통성을 가지고 있다
유신론(有神論))	유심론(唯心論)	유물론(唯物論)/ 자연과학	
신/유일신(唯一神)	정신/절대정신	무신론(無神論)/물질	

하이데거의 존재론은 서양철학사 전체에 반기를 든 철학으로서 보편성의 기반이 되는 개별성(개체성)을 각자성(各自性; 개개의 실존)으로 바꾼 실존철학이다. 각자성은 존재이해에 대한 초월적인 태도를 완전히 버린 것은 아니지만 적어도 집단적·역사적·보편적 이해태도를 벗어나서 인간존재(현존재)의 각자성에 기초한 존재사적 회고라는 태도를 보임으로써 철학적 사건을 이룬다. 각자성은 보편성(이름)에 봉사하는 개별성(개

체)을 박차고 일어나서 존재일반(일반존재)으로 향하는 몸짓을 보임으로써 필자의 '일반성의 철학'을 향하고 있다고 말할 수 있다.

그러나 하이데거는 존재일반에서 다시 존재이해의 초월, 즉 '실존론적 초월'로 향하는 바람에 일반성에 도달하지 못했던 셈이다. 뒷장에서 자세히 말하겠지만 이것은 칸트의 '범주적 초월'과는 다르지만 역시 초월이라는 점에서 한계를 보이고 있다. 실은 실존론적 초월 그것도 넘어서야 모든 사물 그 자체를 존재로 보는 일반성에 도달할 수 있는 것이다. 필자의 일반성의 철학이야말로 존재론의 완성이면서 서양철학의 종언이다.

칸트는 "직관 없는 개념은 공허하고, 개념 없는 직관은 맹목이다."고 말했다. 필자는 "개념 없는 직관(시공간)은 맹목이고(눈이 없고), 직관 없는 개념이 무(無)이다."라고 말하고 싶다. 개념과 실체(사물, thing)를 추구하는 서양 사람들은 동양 사람들의 '무(無)'를 '공허'라고 생각한다. 필자는 나아가서 "직관 없는 개념은 소리(波動, 氣波)이고, 소리는 사물(thing)이 아니라 존재(event)이다."라고 말하고 싶다. 소리는 궁극적 존재이다. 소리는 만드는 것이 아니라 드러날 뿐이다. 동양 사람들에게 세계는 '시간과 공간의 장소(입자)'가 아니라 '파동이 흘러가는 장(場)'일 뿐이다.

이데인(idein, 보이다)을 명사화한 이데아(Idea)를 '사물(Thing)'의 본질로 전제한 서양철학의 뿌리를 통째로 바꾸어서 '본질(Wesen)'을 '존재(Sein)'로 바꾸면 새로운 존재론이 전개가 된다. 그러면 '사물'은 '존재'로 변모한다. 고정불변의 실체(이데아)를 가진 '사물'은 이제 생성소멸하는 '존재'로 탈바꿈하게 된다. 그러한 점에서 하이데거는 칸트가 논의에서 제외하였던 '신'과 '물 자체'를 다시 철학적 사유의 대상으로 회복한 셈이다.

칸트의 철학적 행위가 물리학(물리적 현상학)을 뒷받침하는 심리학적 현상학으로서의 현상학의 근대적 출발이었다면, 현상학이라는 철학을 출발시키고 집대성한 후설을 거쳐 하이데거는 니체의 형이상학의 완성과 함께 현상학의 종지부를 찍은 철학자라도 말할 수 있을 것이다. 이는 하이데거로 하여금 서양의 철학과 동양의 도학을 연결시키는 교량역할을 하도록 유도했다. 이 과정에서 하이데거는 동양의 도학을 많이 참조한 것으로 보인다. 동양의 선(禪)불교나 음양(陰陽)사상, 천지인(天地人) 사상 같은 것 말이다.

〈형이상학과 현상학과 존재론의 위상학〉

이데아/현상	현존재	사물/존재	형이상학/존재론	사물/사건
Ding(Thing)	형이하학	사물(본질)	공간적 (형이상학)	thing
seiendes(beings)	현존재 (Dasein)	존재자	시공간적 (현상학)	thing-event
Sein(Being)		존재	시간적 (존재론)	nothingness
Wesen(Idea)	형이상학	본질(실존)	불교적(자연적) 존재론	nothingless

서양의 근대-후기근대철학의 형성과정에서 동양철학의 영향이나 피드백과정을 살펴볼 수 있는 측면이 적지 않다. 형이상학과 물리학은 결국 현상학이었으며, 현상학은 이제 존재론과 새로운 대응관계에 있게 된다. 그런데 이 대응은 대립이라기보다는 상호보완적인 성격을 가지면서 마치 동양의 음양사상과 같은 관계에 있게 됨을 볼 수 있다. 현상은 존재와의 대립이 아니라 상호보완, 혹은 상생관계에 있어야 하는데 이는 동양의 노장철학에서 말하는 무유(無有)상생관계와 같다. 따라서 서양의

형이상학과 물리학은 앞으로 유형지학(有形之學)으로, 존재론은 무형지학(無形之學)으로 새롭게 분류되어야 할지도 모르겠다.[13]

　무형지학은 존재론의 영역이고, 유형지학은 현상학의 영역이다. 음-양(무-유)상생관계는 존재론의 영역이고, 양-음(유-무)관계는 현상학의 영역이다. 현상학은 음양 관계를 양음관계로 해석하는 것이다. 아래 표의 '없이 있는'(nothingless)은 서양 존재론의 미래적 달성목표로서 승조(僧肇, 384~414)의 '부진공론(不眞空論)'과 같은 의미이다.

　승조의 조론(肇論), 예컨대 물불천론(物不遷論)과 부진공론(不眞空論)과 반야무지론(般若無知論)과 열반무명론(涅槃無名論)은 참으로 불교의 진리를 역설적으로 드러내는 역설의 진리이다. 조론은 특히 인도유럽어 문명권의 진리를 한자문명권에서 소화한 백미라고 할 수 있다.

〈형이상학, 현상학, 존재론과 동양의 음양사상〉

철학	무/유, 음/양	없음에 대하여
형이상학(形而上學, 形而下學)	형이상학, 물리학	thing/nothing
현상학(주체-대상)	양-음(유-무)관계	nothingness
존재론(無形之學, 有形之學)	음-양(무-유)관계	nothingless(不眞空論)

　'시각-언어(개념)-사물'의 패러다임을 주축으로 하는 남성철학, 즉 서양철학은 사물의 직선적 인과를 찾는 것을 중요하게 생각한다. 이에 비해 '청각-상징(의미)-파동'의 패러다임을 주축으로 하는 동양철학, 즉 여성철학은 사물을 둘러싸고 있는 느낌이나 분위기를 중요하게 생각한다. 자연은 개념화되기 이전에 본래존재로서 '유동적 전체성'으로 존재했다. 인간이 인식하거나 의식한 것은 모두 본래존재가 아니라 존재자(존재하는 것, 실체)에 해당한다.

---

13) 박정진, 『일반성의 철학과 포노로지』(소나무, 2014), 555~569쪽.

사물(Thing)에 대한 대상인식을 중심으로 한 서양철학은 주체와 대상(원인-결과)에서 모두 실체를 전제하거나 요구하게 되고, 이것은 존재라는 바탕에서 형성된(현상된) 이분법의 대표적인 예라고 할 수 있다. 그렇지만 주체나 대상은 어떤 경우에도 궁극적인 실재(실체)가 되지 못한다. 서양의 기독교와 이성철학과 자연과학은 같은 사유계열에 속한다. 말하자면 기독교와 철학과 과학은 다른 결과물을 만들었지만 그 뿌리에서는 같은 것이다. 그런 점에서 기독교과 철학, 철학과 과학은 일종의 문화적 제국주의의 표본이라고 할 수 있다.

시각으로 '본다'라는 행위는 빛의 본질을 사유함이 없이 으레 실체를 전제하고 있는 것으로서 존재의 근원에서 사유하는 것은 아니다. 말하자면 빛을 전제하고 있지만 사유하고 있지는 않다. 이때의 사유는 생각과는 다른 것이다. 서양문명에서는 '봄'이 '있음'이고 또한 '이해'이다. 빛에 대한 인간의 신앙은 태양계의 일원으로서 존재적으로 당연한 것이다. 사유는 '보는' 행위의 결과이고, 존재는 눈앞에 '지속적으로 있는 대상'인 것이다. 이것이 바로 '시각+언어'의 연합이다. 이는 정도의 차이는 있지만 기독교문명에서 뿐만 아니라 불교문명, 그리고 그 밖의 문명에서도 마찬가지이다. 시각이라는 관점에서는 인간은 소유적 존재이다.

서양철학과 문명은 '이데아와 신과 정신'에서 출발하여 '물질'을 향하여 나아갔고, 동양철학과 문명은 '자연과 무위와 도(道)'에서 출발하여 '도덕'을 향하여 나아갔다. 전자는 소유가 존재가 됨으로서 '소유적 존재'를 지향했고, 후자는 자연이 존재가 됨으로써 도덕을 지향했다. 서양의 도덕과 동양의 도덕은 근본적으로 다를 수밖에 없다. 서양의 도덕은 '힘의 노예(힘 있는 자의 도덕)'가 되었고, 동양의 도덕은 '자연의 도덕(자연에 순응하는 도덕)'이 되었다.

서양철학과 문명에서 '보는 것'은 이미 '사유'이고 사유는 이미 '소유'이다. 보는 것은 이미 사물을 손으로 장악하는 것이다. 그래서 사물의 소리를 듣는 철학으로 전환하지 않으면 현대문명은 '소유의 사회'를 극복할 수 없다. 말하자면 '눈의 철학'에서 '귀의 철학'으로 문명전환을 꾀하지 않으면 인류는 권력경쟁으로 공멸할지도 모른다. '귀의 철학'은 세계를 파동으로 보는 철학이다. 청각이라는 관점에서는 인간은 비소유적 존재이다. 빛은 '채워짐-소유-앎(지식)'이고 소리는 '빈 것-존재-삶(신체)'의 본래모습이다.

동서양철학은 어디에서 가장 극명하게 갈라질까. '살아 있음'과 '있음'은 다른 것이다. 동양철학이 '삶의 철학'이라면 서양철학은 '앎의 철학'인 것 같다. 물론 삶은 앎을 포함하고, 앎은 삶에 수단을 제공하는 측면이 있기 때문에 둘은 양분되는 것은 아니지만, 그런 특징은 무시할 수 없는 게 사실이다. 앎은 권력을 획득해가는 과정이고, 삶은 존재의 표현이다. 앎이 소유와 도구에의 길이라면, 깨달음은 삶과 존재 그 자체에 대한 귀향이고 대긍정이다.

서양철학이 '현상-인식'의 철학이라면 동양철학은 '존재-관계'의 철학이다. 현상의 철학이 주체-대상(존재자) 혹은 언어-사물의 이분법(이원론)을 중시하는 철학이라면 존재의 철학은 생성(생멸)의 일원론을 따르는 철학이다. 이원론의 철학은 항상 대상과 목표를 설정함으로써 통일이나 통합(unification)을 꾀하는 데 반해 일원론의 철학은 상보적 관계를 맺는 이원대립 항으로 역동성(dynamism)을 꾀한다.

현상학이 '눈의 철학'적 특징을 갖는다면 존재론은 '귀의 철학'적 특징을 보인다. 현상의 철학이 고정불변의 '실체의 유무(有無)'에 관심이 많다면 삶의 철학은 인간과 자연의 '비실체적 관계'에 관심이 크다. 삶의 철학은 존재의 생성과 변화에 관심이 많으며 어떤 목적보다는 과정이나 길(道)에 관심이 많은 반면, 앎의 철학은 인식의 방식 및 지식과 권력에 관심이 많다. 결국 서양철학은 자연과학에서 그 절정을 이루고 인과기계론(因果機械論)에 치중한다면, 동양철학은 자연철학에서 그 특징을 이루고, 무위자연(無爲自然)에 충실하고자한다.

물론 서양철학과 문명에도 도(道)가 없는 것은 아니고 동양철학과 문명에도 과학이 없는 것은 아니지만, 양자는 자신의 방식에서 삶과 앎을 영위한다고 말할 수 있다. 최종적으로는 서양은 유시유종(有始有終)의 방식으로 삶과 자연을 대한다면 동양은 무시무종(無始無終)의 방식으로 삶과 자연을 대한다고 말할 수 있다. 서양철학은 존재의 본질(Idea)에 관심이 많지만 동양철학은 신체적 존재 및 수신(修身)과 도(道)에 관심이 크다.

〈동서양철학과 문명의 차이와 특성〉

철학/도학	현상/존재	앎/삶	권력/수신	과학/자연	유시/무시
서양철학 (이원론)	현상-인식의 철학 주체-대상(존재자)	앎의 철학 유무(有無)	지식/권력 '눈'의 철학	자연과학 인과기계론	유시유종 (有始有終)
동양철학 (일원론)	존재-관계의 철학 존재(생성, 생멸)	삶의 철학 음양(陰陽)	수신/도 (道) '귀'의 철학	자연철학 무위자연	무시무종 (無始無終)

존재(자연적 존재)는 저마다 자신의 고유한 신체성을 갖는다. 이 신체성을 타자의 시각(시선)에서 보면 육체(물질)가 된다. 이에 비해 정신의 인식은 항상 주체의 시각을 대상에 투사한다. 그래서 정신의 현상인 진리(절대 진리)는 존재가 아니다. 존재는 따라서 철학(哲學)이 추구하는 보편성이 아니라 존재가 본래 지니고 있는 일반성(본래존재)이 되지 않으면 안 된다. 존재의 본래를 찾는 것이 도학(道學)이다. '알 수 없는 것'을 인정하는 것이 도학이다. 그런 점에서 소크라테스는 서양의 철학자라기보다는 서양의 도학자이다.

고대는 소크라테스를 통해서, 근대는 하이데거를 통해서 동서양철학이 만나게 된다. 이는 마치 종교에서 부처를 통해서 예수를 만나거나 예수를 통해서 공자를 만나는 것과 같다. 같은 호모사피엔스로서 지구촌에서 만나지 못하고, 통하지 못할 것은 없다. 유불선(儒佛仙)기독교의 유기적 통합과 신불도선(神佛道仙)의 일체화가 그것이다.

인간은 '신'이라는 개념을 발견(발명)함으로써 자연(피조물)을 스스로 지배하는 권능을 얻었다. 그 신은 힘(권력)의 출발이었으나 현대의 자연과학문명에 이르러 기계(기계적인 세계, 기계인간, AI)에 다가가고 있다. 생각하는 인간은 이데아와 신을 투사한 뒤에 다시 그것을 이성과 정신으로 되돌려 받아 물질세계를 구성하는 것을 통해 기계적 우주관을 성립시킨 게 현대라는 시대이다. 미래는 기계인간과 자연인간이 함께 사는 시대가 될 것이다. 미래문명은 어느 때보다 기계가 압도하겠지만 다른 편에는 신의 부활이 예상된다. 자연의 인간화(anthromorphism)가 있다면 반드시 반대급부로 인간의 자연화(physiomorphism)도 있을 것이기 마련이다. 인간이 신을 가상한 것은 일종의 투사이며, 그 투사(초월화)는 신에게서 말씀(언어=기호=공식)이 되어 인간에게 육화(내재화)되는, 투사의 반대과정을 겪어야 제자리로 돌아온다고 볼 수 있다. 신의 말씀(정령)은 인간의 신체를 통해 육화(肉化)됨으로써 본래존재의 자리인 자연으로 귀환하게 된다. 이때의 육화는 객관적인 육체화나 물질화가 아니라 존재론적인 신체화(신체적 존재화)라고 볼 수 있다.

신의 유무(有無)를 가지고 극단적 논쟁을 벌이는 유신론과 무신론, 신의 생사(生死)를 가지고 논쟁을 벌이는 생사론은 모두 현상학적인 말싸움과 불과하다. 신은 유무, 생사론으로 해결될 존재가 아닌, 현상학을 벗어난 존재이다. 신은 신 자체의 문제가 아니라 인간과 자연의 존재론적 존재(자연적 존재)의 위상을 되찾는데 결정적으로 필요한 존재이다. 인간에서 투사된 신은 '종의 기독교(인간)'에서 '주인의 기독교'가 되는 길을 열어주게 된다.

2. 현상학을 벗어나는 신체적 존재론

인간은 지금까지 신(god)과 정신(geist)과 유령(ghost)으로 사유하기를 즐겨왔다. 오늘날 신은 자본주의, 정신은 과학주의, 유령은 사회주의의 형태로 자라나 있다. 서양의 기독교자본주의(자유자본주의)는 공산사회주의(평등전체주의)라는 사생아를 낳았고, 이들은 둘 다 과학기술주의(기계)라는 물리력(무력)을 동원해서 패권전쟁을 벌이고 있다. 가부장-국가사회는 결국 역사의 어떤 시점부터 진행된 남성적-권력적-대뇌적 패권주의(예: Pax-America, Pax-Sinica)의 연장일 뿐이다. 진정한 평화는 여성적-비권력적-신체적 평화주의로 달성되어야 한다. 여기에도 신체적 존재론의 철학이 효과적일 수밖에 없다.

신-정신-유령의 서구근대문명체계는 남성적 패권주의로 인해 결국 광기에 빠질 수밖에 없다. 신은 신-악마, 이성은 이성-도구적 이성, 유령은 유령-광기의 이중성(종적 이중성)을 띠고 있다. 그러면서 신-이성, 이성-유령, 유령-신도 이중성(횡적 이중성)을 띠고 있다. 말하자면 이들은 종횡으로 이중성을 띠고 있는 셈이다. 이들이 현상학적(역사적)으로 이중적이라는 것은 구조적(언어적)으로 이원대립적이기 때문이다. 구조적으로 이원대립적인 것은 그것의 중간으로서 제 3의 삼각구조(triangle)를 요구한다. 역사변증법적으로 정반합은 구조언어학적으로 삼각구조와 대응한다.

현상학의 선험, 초월, 지향도 과거, 현재, 미래처럼 서로 이중성을 띠고 있다. 선험이 없으면 초월할 수도 없고, 초월이 없으면 지향할 수도 없다. 선험은 이미 초월이고, 초월은 이미 지향이다. 신-정신-유령, 선험-초월-지향은 서로 피드백하는 관계에 있다. 서로 확연하게 구분할 수 없다. 사물(존재)을 설명한다는 것은 이미 사물을 분석적으로 바라본 것(분열시킨 것)이고, 분열된 것은 결국 통합될 수밖에 없다.

이중성은 역설적으로 동일성의 산물이다. 이는 동일성이 있기 때문에 일어날 수밖에 없는 현상이라는 뜻이다. 이는 물리학에서 아인슈타인의 상대성이론이 뉴턴의 절대역학의 안티(anti-)로 나왔지만 질량을 포함하고 있는 것과 같다. 그래서 이중성은 동일성과 또 다른 이중성의 관계에 있다. 이것은 구성과 해체에도 그대로 적용된다. 인간이 발견한 세계는 홀로 떨어져있는 세계는 없고, 모두 상호작용하는 세계이다. 실체(중심, 절대)는 없다. 그렇기 때문에 실체를 끊임없이 찾는 것이 인간이고, 인간의 문화, 문명라는 것의 운명이다.

철학에 있어서 경험론의 귀납법이나 합리론의 연역법도 말로는 구분(이분)되지만 정작 우리가 사물(존재)을 보고 귀납적으로 사유했는지, 연역적으로 사유했는지 알 수 없다. 우리가 아는 것은 둘 중에 어느 쪽에서 사유했든 가정(hypothesis)을 함으로써 사유의 길을 갈 수 있다는 사실이다. 가정이야말로 본격적인 사유의 출발이며, 사유는 존재를 가상존재로 탈바꿈(해석)하는 행위이다. 연역이나 귀납이라는 것은 결국 가정을 하기 위한 철학적 사전조치에 불과하다.

인간의 가정 중에서 가장 시원적인 것은 신에 대한 가정일 것이다. "태초에 신이 세계를 창조했다."는 천지창조설은 그 대표적인 것이다. 이런 생각은 미안하지만 역사시대의 인간에 의해서 발상된 것이 아니라 신 혹은 귀신을 떠올린 구(舊)인류인 네안데르탈인에서부터 시작됐다. 그런 점에서 모든 인간은 '종교적 인간(Homo religiosus)'이다. 그러한 점에서 신은 인간이 실행한 최초의 가정을 통한 증명이기도 하다. 신은 인간의 이상형이다. 일신론이니 이신론이니 다신론이라는 것은 신이 등장하고부터 발전한 것이다.

그 다음에 등장한 정신이라는 것은 신으로부터 보증된 것이다. "나는 생각한다. 고로 존재한다."라고 선언하면서 근대의 정신을 연 데카르트도 결국 신의 보증을 받는 형식을 거쳐서 신으로부터 독립하는 의식의 경로를 밟았다. 결국 신으로부터 권력을 계승한 셈이다. 그렇지만 정신, 즉 이성을 처음 떠올린 인간도 근대인이 아니라 "태초에 로고스(logos)가 있었다."라는 성경의 기록이나 그리스 고전철학을 보더라도 역사시대를 전후한 무렵이다.

유령이라는 것은 서양철학에서 보더라도 근대 이후의 일이다. 유령이라는 것은 도리어 신과 정신의 본래적 성질을 폭로한 측면이 있다. 유령이란 가상실재를 부르는 다른 이름이기 때문이다. 유령의 입장에서 보면 인간은 존재로부터 유령(phantom)을 만들어내는 현존재(존재자)이다.

유령론의 입장에서 보면 신은 태초에 등장한 첫 번째 유령인 셈이다. 정신은 그 다음에 등장한 유령이다. 첫 번째 유령이 두 번째 유령에 밀린 것이 근대이다. 유령은 끝없이 미래적으로 다가오는 열린 존재이다. 현대철학에서 마르크스는 공산사회주의를 유령이라고 명명했고, 데리다는 유령론으로 메시아를 등장시기기도 했고, 이에 앞서 레비나스는 '타자의 얼굴'을 메시아로 해석하기도 했다. 그렇지만 미래에 등장할 유령은 단연코 기계인간일 것이다. 인간은 기계를 만들고 기계의 노예로 전락하거나 기계로 인해 멸종할 가능성이 높다.

인간은 항상 세계의 전체성을 생각한다. 세계를 말할 때 으레 '세계전체'를 떠올리기 일쑤이다. 근대철학의 정초자인 칸트도 변증론의 이율배반에서 세계가 유한한가, 무한한가를 제 1, 2 이율배반으로 들기도 했다. 그런데 전체는 말하는 순간, 전체의 밖이 등장하고, 이는 전체의 안과 밖을 동시에 떠올리게 한다. 말하자면 전체는 확정되기 어렵고 경계선상의 성격을 갖게 된다. 이렇게 보면 전체성이라는 것도 영원한 대상·목적처럼 끝없이 차연되는 현상학적인 존재이다. 차연은 동일성을 내재한 차이이고, 이는 자연과 문화의 생성변화를 동일성의 관점에서 해석한 것에 불과하다.

현상에 대한 절대적 인식이나 신앙은 사회를 독재 혹은 전체주의에 빠뜨릴 위험을 내포하고 있다. 전체성은 또한 무한과 동반하는 개념이다. 전체성은 무한처럼 끝없이 열려있지 않으면 안 된다. 요컨대 인간(타인)에 대한 윤리라는 것은 완성이 있을 수 없다. 그렇지 않으면 이데올로기에 의해서, 혹은 서로 다른 생각으로 인해서 사람을 죽일 수도 있고, 사람을 죽이고도 아무런 죄책감을 가지지 않을 수도 있다. 윤리는 무한한 것이기에 도리어 현상학적인 것이다. 인간사회의 평화를 위해서 끝없는 사랑이 필요한 것도 이 때문이다. 신은 인간을 위해서 존재하는 것이고, 인간을 위해서 발명·발견·요구되는 것이다.

아무튼 신, 정신, 유령이라는 것은 세계 자체에 대한 인간의 가상실재라는 공통성을 갖는다. 이를 거꾸로 말하면 인간은 이들을 통해 세계를 이해했다고 볼 수 있다. 이를 칸트철학에서 찾으면 신, 영혼(정신), 세계 전체(유령)라고 할 수 있다. 그러나 이들 모두는 세계 자체에 대한 이해 방식은 아니다.

현상학의 차원에서 보면 신의 발견은 나의 발견이고, 나의 발견은 신의 발견이다. 또한 신의 발견은 정신의 발견이고, 정신의 발견은 신의 발견이다. 중심의 발견은 주변의 발견이고, 주변의 발견은 중심의 발견이다. 유(有)의 발견은 무(無)의 발견이고, 무의 발견은 유의 발견이다. 이들은 서로 대립하지만 서로에 대해 보증·증명해주는 관계에 있다. 현상학적인 대립은 동일성을 전제하지만 동시에 그 동일성을 해체하는 동시성을 내재하고 있다.

현상학적인 대립은 어떤 점에서는 형식과 내용의 관계에 있다고 말할 수 있다. 형식이 없으면 내용을 담을 수 없다. 언어가 없으면 의미를 담을 수 없는 것과 마찬가지이다. 해체와 구성은 서로 형식과 내용의 관계에 있다. 구성할 수 있는 것이어야 해체할 수 있고, 해체할 수 있는 것이어야 구성할 수 있는 것이다. 해체라는 것은 구성의 이면이고, 구성은 해체의 이면이다. 해체가 마치 동일성과는 다른 차원인 것처럼 행세하고 말장난을 하는 것은 일종의 철학적 속임수이며, 같은 말을 다른 말로 되풀이하는 문학적 수사에 불과하다. 한마디로 구성과 해체의 대립을 가지고 논쟁을 벌이는 것은 무의하다.

그렇다면 세계자체란 구체적으로 무엇을 말하는 것인가. 어떤 존재에 대해서도 그 자체를 말하라고 하면 우리는 아무런 말을 할 수 없다. '그 자체'는 말할 수 없는 것에 대한 명칭이고, 따라서 일종의 철학적 허사(虛辭)이다. 인간의 대뇌가 생각이라는 활동을 하기 전에 존재한 것은 무엇일까. 나아가서 대뇌를 생성시킨 존재는 무엇인가. 내 몸이 수정체(受精體)로부터 시작해서 피부를 형성하고 나중에 뇌를 형성하게 되는 것은 발생학적 진리이다. 그렇다면 내 몸은 신체의 외피, 즉 신체로부터 시작된 것임에 틀림없다. 이때의 신체는 정신이 규정한, 정신의 대상으로서의 육체(물질)가 아니다.

그런데도 우리는 왜 몸(신체)으로부터의 사유를 회피해왔는가. 몸이 동물과, 혹은 식물과, 혹은 무기물과 공유하는 존재라서 회피한 것일까. 그러한 몸을 생각하면 인간의 자존심, 더 정확하게는 만물의 영장(Homo Sapiens sapiens)이라는 분류학적 자존심을 상하게 하는 것에 무의식적으로 저항한 것일까. 생각해보면 무엇보다도 몸은 존재자체이기 때문에 그런 것일 것이다. 존재자체라는 것은 말하지 않더라도 태초의 성질을 가지고 있기 때문에 으레 전제되는 것이고, 그렇기 때문에 사유(논의)에서 빼버린 것일 가능성이 높다. 요컨대 좋은 사례가 있다. 여자(어머니)는 아이를 낳고 자신의 성씨를 붙이려고 강박관념을 갖지 않는다. 왜 그럴까. 반면에 남자(아버지)들은 자신의 씨가 아닌 경우에도 자신의 성씨를 붙이려고 한다. 왜 그럴까.

아마도 여자는 자신의 몸으로부터 생산했기 때문에 당연히 자신의 것(분신)이고, 그것을 굳이 인위적(의식적·역사적)으로 자신의 성씨를 붙일 욕망을 느끼지 않았기 때문일 것이다. 여자의 출계(出系)는 몸에 몸으로 이어진다. 이보다 확실한, 거짓이 끼어들 여지가 없는 혈통은 없을 것이다(미토콘드리아 이브). 이에 비해 남자의 출계는 항상 단절과 거짓(가짜, 양자)이 끼어들 여지가 있다. 그래서 남자들은 혹시라도 여자가 다른 남자의 씨를 품은 것이 아닌가, 감시하고 감독한다(의처증은 그 대표적인 것이다).

남자에게는 혈통의 계승에 대한 근본적인 불안이 있다. 이것이 나중에 정치사회적으로 확대되면 자신의 권력에 대한 불안으로 확장된다. 더 정확하게 말하면 권력이란 탄생부터 불안에서 시작된 것이다. 그래서 남자들은 권력본능을 가졌을 가능성이 높다. 말하자면 암컷의 자궁에 자신의 정자를 뿌리는 젖먹이동물들의 수컷의 생식방식에서 권력과 권력의 불안이 파생된 셈이다.

인간은 종(種)간의 생존경쟁에서 패자가 된 후, 본격적인 종 내부의 권력경쟁으로 들어가면서 국가를 만들고, 제정일치(祭政一致), 제정분리(祭政分離)사회를 거치게 된다. 제(祭)는 신과의 문제를 해결하는 장치로, 정(政)은 정치권력을 해결하는 장치로 활용하게 된다. 인구의 증가와 더불어 불가피하게 선택한 가부장제는 무엇보다도 전쟁의 무사(武士)를 안정적으로 공급받기 위한 조치였다고 할 수 있다. 이는 여성(모계사회의)에게도 불가피하게 선택할 수밖에 없는 카드였다.

가족제도, 국가제도가 철학에 끼친 영향은 무엇일까. 놀랍게도 우리는 가부장제가 인류의 남성신-보편성의 철학을, 여성신-일반성의 철학(이것은 필자가 명명한 철학이다)[14] 보다 높게 자리매김하였음을 알 수 있다.

여성과 신체는 떼래야 뗄 수 없는 관계에 있다. 여성은 신체의 요구에

---

14) 박정진, 『철학의 선물, 선물의 철학』(소나무, 2012), 『소리의 철학, 포노로지』(소나무, 2012), 『일반성의 철학과 포노로지』(소나무, 2014)에서 자세하게 토론하였음.

따라 살아갈 수밖에 없는 존재였다. 지금은 남녀가 동등하게 교육을 받고, 사회에 진출하고, 직장생활을 하고, 보통선거에서 투표를 하지만 그렇게 된 것은 실로 백년 정도밖에 되지 않았다. 인류역사의 대부분은 여성이 인구를 어떻게 증가시키고 그러한 인구를 남성들이 어떻게 성공적으로 부양하고 보호하느냐에 성패가 달려있었다.

여성의 삶은 항상 신체와 결부된 것이 대종을 이루었다. 옛 여성들은 출산과 더불어 의식주를 거의 책임지는 가사노동에 시달렸다. 그러면서도 가사노동의 생산성은 특별히 생산이라고 여겨지지도 않았다. 가사노동이 생산성에 포함된 것도 역설적으로 여성이 가사노동(전업주부)에서 보다 해방되고, 직장을 가지기 시작한 최근에 이르러서이다. 그렇다. 바로 어떤 철학이라는 것은 그것의 결핍(필요)이 심각할 때에 발견되는 것일까.

인류문명은 이제 신체로부터 기계로 많은 부분을 넘겨주었다. 기계를 필요로 할 때는 기계(서양의 근대철학은 결국 기계적 세계관을 가지기 위한 여정이었다)를 생산하기 위한 사유방향을 택했지만 사방에 기계가 넘쳐나는 세상에서는 거꾸로 신체에 대한 사유를 시작해야 하는 처지에 놓이게 된 것이다. 바로 작금에 이르러서야 역설적으로 신체가 본래존재라는 것을 깨닫게 된 것이다.

기계로 향하던 사유시기를 '사유존재의 시기'였다고 한다면 신체로 향한 사유를 '존재사유의 시기'라고 할 수 있을 것이다. 몸으로부터의 사유는 그래서 시대적 당위성을 갖게 된다. 생각해보면 몸에 대한 철학은 '대상적 사유' '세계-내-사유'보다는 자신을 성찰하는 '내관적 사유' '자기-내-사유'를 종용하게 되고, 그렇게 되면 존재는 '자기-내 존재'가 된다. '자기-내-존재'는 자신의 내부에서 들려오는 소리를 듣게 한다. 이때의 자기는 바로 '타자로서의 육체나 물질'이 아니라 '자기로서의 신체'가 되는 것이다.

신체는 우리에게 태초의 소리를 들려준다. 만약 신체에 태초가 없다면 그 태초는 신체와 분리된 것이기 때문에 진정한 태초라고 할 수 없다. 신체는 나의 모든 조상들이 있는 곳일 뿐만 아니라(이것은 기억이 아니다) 태초와 더불어 한 존재라는 점에서 '태초 그 자체', '세계 그 자체', '사물 그 자체'라고 할 수 있다. 그런 점에서 신체는 신(神)이라고 해도 과언이 아니다(身=神). 아울러 다른 사물(존재) 모두가 신체가 되지 않으면 안 된다. 만약 다른 모든 존재가 신체가 되지 않으면 나의 신체는 다른 신체와 분리된 것이기 때문에 진정한 본래존재로의 신체라고 할 수 없다.

신체는 '지금, 여기'에서 생멸하고 있는 '태초이자 종말인 존재'이다. 신체야말로 우리에게 '신의 살아있는 존재성'을 느끼게 하는 존재이다. 신체는 기억이 아니고, 계속해서 새로운 생각을 구성(구상)하기 때문에 살아있는 '생성적 존재'이다. 신체를 육체나 물질로부터 해방시키는 것은 신체를 동시에 생각이나 소유로부터 해방시키는 것이 된다. 신체적 존재론이 종래 육체에 흔히 부여된 욕망과 달리 역설적으로 깨달음에 이르게 하는 것은 관념과 가정으로부터 우리를 자유롭게 하기 때문이다.

신체적 존재론은 기존의 철학적 선험과 초월과 지향을 넘어서는 존재 자체로의 귀향이다. 동시에 신과 정신과 유령으로부터 벗어나는 경계이다. 관념에서 신체로, 생각에서 무념으로, 욕망에서 무욕으로 나아가는 길은 역설적으로 그동안 죄악과 욕망의 근원으로 비난받아온 신체이다. 신체 그 자체를 바라봄으로써(끌어안음으로써) 우리는 자기가 있는 자리에서 그대로 죽어도 안심입명할 수 있다. 왜냐하면 모든 존재는 신체이니까, 죽음은 단지 신체의 변용에 지나지 않는 것이 되기 때문이다.[15]

죽음이 두려운 이유는 의식 때문이다. 인간에게는 기억과 생각과 의식이 있기 때문에 죽음이 두렵다. 현상학의 차원에서 죽음을 벗어나기 위해서는 끝없이 죽음을 초월하지 않으면 안 된다. 의식이 개인에서 집단

---

15) 박정진, "박정진 인류학토크 82"(마로니에방송, YouTube)

으로 옮겨가고, 집단무의식에 이르면 죽음은 개인의 것에서 탈피하게 될 뿐만 아니라 집단 혹은 종의 것이 되기 때문에 두려움에서 점차 벗어나게 된다. 이것이 다름 아닌 존재의 일반성이고, 신체적 존재에 이름이다. 신체적 존재에서는 만물은 동일한 존재일 뿐이다. 여기서는 존재의 초월과 내재가 하나가 되어 순환 혹은 원융의 상태가 된다. 자아 혹은 주체(개인의식)의 차원에서는 결코 죽음을 극복할 수가 없다.

신체적 존재론은 인간의 자아(주체)를 넘어서는, 그럼으로써 존재를 대상으로 보는 대상적 사유(주체-대상)를 넘어서는 존재론이 된다. 이것은 현상학을 완전히 넘어서는 존재론의 완성이라고 할 수 있다. 니체의 생기존재론(예술가-형이상학)이나 하이데거의 존재사태론(존재사유론)은 존재론의 완성이라는 측면에서는 부족한 것이었다. 그들의 존재론이 부족한 이유는 아직도 현상학의 언덕에서 건너편의 존재(본래존재)를 바라봄으로써 존재 그 자체에 이르지 못하고 있기 때문이다. 그러한 조망에는 아직도 현상학의 잔영이 남아있다.

여기서 현상학적인 잔영이란 신, 정신, 유령 등 3G와 함께 앞장에서 말한 사물, 시간-공간, 텍스트, 테크놀로지 등 4G를 의미한다. 3G와 4T는 가상존재를 설정하는 인간의 대뇌적 속성과 가상존재의 순환성을 설명하는 필자의 모델이다. 이들은 모두 이분법의 세계, 이원대립적인 세계에서 출발한다. 모든 이원대립적인 세계에서 벗어나려면 신체 그 자체, 존재 그 자체를 받아들이면서 대긍정할 수밖에 없다. 그런 점에서 신체적 존재론은 만물만신, 심물일체의 또 다른 표현일 수밖에 없다.

본래 신과 존재는 동시적으로 발생한 말이다. 인간(현존재)의 탄생과 더불어 사물, 시간(공간), 텍스트, 기술이 의미를 가지게 되었다. 인간이 자연을 사물(thing)이라고 말하는 것은 이미 자연을 존재로 보는 행위이다. 인간은 존재를 말할 때 시간(공간)을 먼저 말할 수밖에 없다. 시공간을 말하지 않으면 존재에 대해서는 어떠한 말도 할 수 없다. 사물에 대해 말하려면 언어(기호)가 필요하다. 언어는 물론 텍스트(문장, 원리, 공식)를 구성하게 된다. 기술과 과학이라는 것도 바로 텍스트의 산물이다.

서양철학(형이상학)이 자연과 존재 그 자체에 관심을 둔 것은 역설적으로 존재론의 등장 이후이다. 칸트는 자신의 현상학의 출발을 위해 사물(존재) 그 자체를 상정하였지만 그것을 논외로 하였다. 그렇지만 칸트는 사물 그 자체 대신에 인간을 위에서 바라보아줄 신과 도덕을 상정하였고, 자연에 대한 예찬은 마지막 판단력비판에서 썼다. 자연과 존재 그 자체에 대한 논의는 신과 존재에 대해서 역으로 반조(返照)된 말이다.

근대철학의 정초자인 칸트는 왜 본질(essence)이라는 말이 있는데 그것 대신에 물 자체(Thing in itself)라는 말을 만들어냈을까. 본질과 물 자체, 그리고 자연 혹은 본성(nature)이라는 말 사이에 무슨 간극이 있는 것일까. 자연은 본질로 해석될 수도 있고, 물 자체로 해석될 수도 있다. 전자가 현상학이고, 후자가 존재론이다.

3. 베르그송의 시간은 의식의 생성

베르그송(Henri Bergson, 1859~1941)은 '직관(l'intuition)의 철학자'이다. 직관은 지능(intelligence)과는 다른 개념으로서 무엇보다도 의식의 지속을 의미하며, 그가 말하는 순수지속(la durée pure)은 시간 자체를 말한다. 순수지속으로서의 시간, 즉 시간 자체는 바로 존재를 의미한다.

지능은 외부의 대상을 추상적(관념적)으로 분석하여 결국 수학이나 자연과학의 세계에 이르는 반면, 의식의 세계는 생성적인 지속을 의미한다. 따라서 베르그송의 시간은 의식의 생성을 의미한다. 생성은 시간 그 자체와 불가분의 관계에 있다.

베르그송은 '순수지속으로서의 시간'을 말함으로써 소위 '공간화된 시간'이 아닌, '시간 그 자체'를 논한 최초의 철학자이다. 그는 '시간 그 자체'를 통해서 '존재 그 자체'를 찾는 존재론의 길을 열었다고 해도 과언이 아니다. 칸트는 시간과 공간을 '감성적 직관'의 산물이라고 말하였다.

그렇다면 '감성적 직관'의 산물인 칸트의 시간과 베르그송의 '순수지속으로서의 시간'은 무엇이 다른가? 칸트의 시간은 감성을 끌어들였으니까 이미 계산할 수 있는 시간의 입장에 섰다고 할 수 있는 반면 베르그송의 순수지속은 계산할 수 없는 시간을 이미 말하고 있다. 베르그송의 시간은 칸트의 물 자체에 해당하는 시간이다.

이 말은 현상학을 추구한 칸트가 '물 자체'라고 명명하면서 철학적 비판에서 제외했던 시간을 베르그송은 철학에 끌어들인 셈이다. 이것은 후일 '존재와 시간'을 쓴 하이데거의 존재론적 시간의 길을 선도하였다고 볼 수 있다. 그런 점에서 베르그송은 현상학과 존재론의 경계에 선 인물이라고 할 수 있을 것이다.

시간 그 자체는 무엇을 말하는 것인가. 쉽게 말하면 시간의 흐름 그 자체로서 우리가 계산할 수 없는(잡을 수 없는) 근본적인 시간을 의미한다. 베르그송의 시간은 현상학적으로 말할 수 있는 시간이 아니다. 그렇지만 베르그송은 종래 철학에서 말하는 생각을 기억으로, 지각과정에서 중간에 존재하는 이미지를 물질과 연결시킴으로써 현상학과 존재론을 하나의 과정으로 통일하고자 한 철학자이다.

베르그송에게 의식은 결국 '세계와 존재의 순환과정'에서 어쩌면 가장 많은 부분을 차지하는 존재자가 되는 것이고, 세계는 보다 풍부한 존재자의 세계가 되는 셈이다. 결국 시간은 이러한 창조와 진화, 창조적 진화과정에 결정적인 역할을 하는, 생성을 있게 하는 존재(존재-존재자)인 것이다. 이를 역으로 말하여서 만약 시간이 없으면 창조도 없고, 진화도 없게 된다.

베르그송은 직관과 의식을 통해 기억과 물질에 도달한 철학자이다. 그에게 있어 순수기억은 영혼이며, 의식의 지속을 통해 기억은 물질과 관련을 맺는다. 영혼(정신)과 신체(뇌세포)의 관계는 생명과 물질의 관계와 같다. "생명은 물질이 아니고, 물질은 생명의 비약을 방해하나, 또 다른 한편으로 생명이 그 물질의 저항을 이용하고 있다."16)

생성하는 존재로서의 기억은 단순히 기억창고에 그치는 것이 아니라 물질세계와 관계를 맺음으로써 충만한 존재가 된다. 이는 의식에 치중하기는 하지만 의식을 존재전체에로 확장하는 개방성을 갖는다. 그래서 그는 닫힌도덕, 닫힌 종교 대신에 열린도덕, 열린 종교, 그리고 이를 위해 열린 교육을 주장한다.

베르그송에 있어서도 신체는 육체(물질)의 개념으로 사용하고 있음을 보게 된다. 그는 직관이라는 개념을 통해 지능을 벗어나고자 하면서도 여전히 신체를 대상으로 보는 '육체의 선입관'은 벗어나지 못하고 있다. 그는 정신과 물질의 실재성을 모두 인정하면서도 그 중간에 이미지(image)를 물질과 등치시킴으로써 지각이란 '이미지의 총체'로부터 떠오르는 것에 다름 아닌 것이 되게 한다. 이는 아직도 물질이라는 것이 정신이 규정한 개념이라는 사실을 모르고 있는 소치이다.

하이데거는 고대 그리스어의 알레테이아(aletheia)라는 개념, 즉 망각을 벗어나는 것이 진리라는 서양전통을 파악한 바 있는데 기억이 관념을 거쳐 진리와 통하는 것과 기억이 이미지를 통해 물질로 통하는 것은 기억을 중심으로 서로 반대방향으로 나아간 것을 짐작케 한다. 이는 결국 지각이 연속적인 과정이고, 생성이고, 정도의 차이임을 말해준다.

"베르그송 철학의 원리는 철학의 탐구대상인 실재(實在)가 지적 개념

---

16) 김형효, 『베르그송의 철학』((민음사, 1991), 22쪽.

에 의하여 인식되는 고정된 존재가 아니라, 직관만이 그 실재의 생생한 본질을 꿰뚫어볼 수 있다고 주장하며, 그런 실재의 본질은 언제나 간단없이 변하고 흐르는 〈순수 생성〉 자체라는 데에 있다. 베르그송의 철학은 이 우주의 모든 것, 인간의 모든 것이 끊임없이 흐르고 변하는 생성(生成) 자체임을 말하기 위한 과정이라고 보아도 무리가 없다."[17]

의식이 생성이라는 것을 알면서도 신체가 생성 그 자체(존재 그 자체)라는 사실을 알기 어려운 까닭은 역시 서양철학의 고질적인 '대상적 사유'의 탓이다. 바로 세계에 대한 대상적 사유의 태도를 버리는 순간, 세계는 신체 그 자체로 다가온다. 신체는 존재이지만 인간이 그것을 파악하려고 하는 순간, 현상(대상)으로 변해버리고 만다. 그런 점에서 신체는 존재이면서 현상이다. 신체는 존재가 현상으로 현현하는 바탕이다.

필자의 신체적 존재론[18]에서의 '신체'는 마치 베르그송의 생성철학에서 '직관'이 물질(이미지, 신체)과 기억(순수기억, 이미지기억)의 중간지대에 있는 것과 유비적 입장에 있다. 신체적 존재론의 신체, 존재론의 현존재, 생성철학의 직관은 생성(생멸)에 접근하는 철학으로서 공통점이 있다. 그러나 필자의 신체적 존재론은 하이데거나 베르그송과 같은 초월적 시각이 없다는 점이 다르다. 의식은 초월적이라는 점에서 이미 존재가 아니다.

후일 장 폴 사르트르가 베르그송과는 다른, 의식을 결국 무(無)로 보는 실존주의 철학을 연 것은 이에 대한 반발이라고 할 수 있을 것이다. 베르그송에겐 의식을 포함해서 세계가 모두 '있음(有)의 세계'인 반면 사르트르에겐 세계가 모두 '없음(無)의 세계'가 된다. 사르트르에게 세계는 오직 '대자적 세계'이고, 따라서 타자이고, 결국 "타자는 지옥이다."에 이르게 된다. 베르그송과 사르트르는 프랑스 현상학이 낳은 양극이라고 할

---

17) 김형효, 같은 책, 11쪽.
18) 박정진, 『무예자체, 신체 자체를 위한 신체적 존재론』(살림출판사, 2020), 86~104쪽.

수 있다.

결론적으로 베르그송의 시간은 의식의 생성이다. 그렇다면 의식이 없는 존재, 시간이 없는 존재는 어떻게 하여야 할까. 의식이 없어도 존재는 존재라는 점에서 그는 존재 그 자체에 도달한 것은 아니다. 의식적 존재인 인간에게는 시간이 매우 중요하고, 시간은 존재 그 자체처럼 느껴진다. 더욱이 순수지속으로서의 시간은 계산할 수 없는 흐름으로서 존재론적인 존재성을 지니고 있다. 하지만 '순수지속'이라는 말을 사용한다고 하더라도 존재 그 자체는 아니다.

우리는 순수라는 말을 쓸 때 이미 초월적이고 절대적인 입장에 서게 된다. 만약 우리가 '순수' 대신에 '본래'라는 말을 쓰면 어떻게 될까. 요컨대 '순수존재'와 '본래존재'는 어떻게 달라질까. 순수존재는 초월적인 세계를 지향하게 되는 반면 본래존재는 어떤 세계를 지향하는 것이 아니라 그냥 본래 있는 그대로 자연을 의미하게 됨을 알 수 있다. 그럼에도 불구하고 우리는 '순수'라는 말을 '본래'의 의미로 사용하는 경우가 많다. 이것이 바로 현상학과 존재론의 차이이다.

"나는 나대로(내가 생긴 대로) 있다(I am as I am)"라는 말과 "나는 나다(I am what I am)"라는 말은 뜻이 미묘하게 다르다. '있다'와 '이다'의 차이이다. 전자가 자신의 자연성을 말하는 표현이라면 후자는 자신의 정체성을 강조하는 말이다. 전자가 존재론의 편에 있다면 후자는 현상학의 편에 있다. 후자는 본질(what)을 주장하거나 추구하는 말이다.

현상학은 지향하고 존재론은 그냥 그대로를 인정하게 된다. 인간은 일상에서 현상의 편에 서지 않을 수 없다. 무엇을 눈으로 보고 손으로 잡으면서 소유하지 않으면 안 되기 때문이다. 그러나 간혹 인간은 본래존재로 돌아가게 된다. 본래존재는 죽지 않으면 안 되는 '생멸의 존재'임을 깨닫는 순간이다. 인간은 '본래존재'를 '순수존재'로 착각하며 사는 특이한 생물존재이다. 둘의 만남은 초월적인 것과 본래적인 것의 만남이다.

본래존재는 생성(생멸)하는 존재의 다른 말이다. 본래적인 것은 내재적인 것과는 다르다. 존재론적으로 보면 내재적인 것은 초월적인 것에 포함되는 말이기 때문이다.

우리는 여기서 칸트의 순수이성, 헤겔의 절대정신, 후설의 순수의식을 떠올리게 된다. 베르그송의 순수지속(순수기억)으로서의 시간은 같은 '순수(절대)'의 대열에 서 있다. 후설과 베르그송은 같은 연도(1859년)에 태어나서 죽은 해도 3년 차이(1938년, 1941년)밖에 나지 않는다. 거의 같은 시기에 일생을 보냈다. 시간과 의식과 인식의 기저(基底)에 무엇이 있을까. 그 기저에서 생멸하는 것을 무엇이라고 불러야 할까. 결국 생명? 우주(자연)를 생명이라고 하면 순환론에 빠지는 것일까. 마치 여호와가 모세에게 말했다는 "나는 나다"라는 말이나, 데카르트가 '신 존재증명'에서 말한 "나는 신을 생각한다. 고로 신은 존재한다."라는 것처럼.

베르그송은 의식을 통해서 생명현상, 혹은 생명의 약동을 바라보고 있다는 점에서 생명의 철학자이지만 생멸하는 우주 자체에 대한 이해라고 하기에는 다소 부족하다. 의식보다 근본적인 생명현상은 신체이다. 베르그송이 신체를 통해 생명현상을 보지 못하는 이유는 신체를 육체나 물질로 보는 서양기독교와 철학사상의 훈습에서 완전히 벗어나지는 못한 까닭이다. 기억(생각)-의식-이미지-물질-자연에 이르는 지각(감각)과정은 연속적으로 볼 수도 있고, 불연속적으로 볼 수도 있는 것이다.

서양철학은 아리스토텔레스 때부터 이미 신체는 '의식의 결여'라고 전제하고, 악은 '선(善)의 결여'라는 편견을 가져왔다. 그래서 그는 어쩔 수 없이 정신주의 혹은 신비한 정신주의로 에둘러 의식의 생명현상을 탐색한 것이다. 생명현상을 의식이 아니라 신체와 관련해서 보기 위해서는 메를로-퐁티를 기다려야 했다. 현상학은 그런 점에서 양극(정신-육체, 주체-대상)의 사이에서 끊임없이 대상(목적)을 향하는 지향(志向)의 학임이 분명하다. 서양철학이 몸과 마음이 하나인 심물일체(心物一切)에 도달하는 것은 거의 불가능하다. 서양철학과 문명은 이분법에서 출발했기 때문이다.

베르그송은 비록 '심리적 물리학'을 벗어났다고 하지만 물질과 신체를 같은 것으로 분류하고, 물질의 반대편에 순수기억과 이미지 기억으로 구성되는 정신을 두고 양자를 연결하는 접점에 직관을 둠으로써 양자의 통일을 의도했다. 이것이 그의 정신주의의 한계이다. 순수라는 것은 가상 실재이다. 칸트의 순수이성이든, 베르그송의 순수기억이든, 후설의 순수의식이든 모두 초월적 사유의 산물이다. '순수'라는 말은 모두 신체적 존재론으로 나아가는 것을 막았다고 볼 수 있다.

베르그송은 '의식의 지속의 흐름'을 질과 양으로서 설명하기도 했다.

"그는 지속의 의미를 구체적으로 해명하기 위하여 〈질(la qualité)과 〈量(la quantité)의 개념의 구분이 중요함을 가르치고 있다. (중략) 양적으로 A가 B보다 크다고 할 때, 우리는 그 양적인 크기의 객관적 기준을 정확히 계산할 수 있다. 그러면 우리가 무거운 물건을 들어 올릴 때나 또는 밀 때 우리가 체내감각으로 느끼는 힘의 강도는 수량으로 양화(量化)될 수 있는 것일까? 재래의 전통적인 심리학에서는 이 체내 감각적 강도의 문제가 위에서 거론된 크기의 양적 측정과는 좀 다르다는 것을 인정하였다. 즉, 크기의 양적 측정은 객관적으로 측정 가능하고 따라서 팽창 가능한 것이지만, 느끼는 체내의 강도는 측정할 수 없더라도 두 강도간의 크기와 작기를 비교할 수는 있다고 주장하였다. 베르그송의 의식 탐구는 바로 이 채내 감각이나 감정을 양화(量化)하려고 하는 심리학에 대한 비판으로부터 시작하고 있다."[19]

베르그송은 의식의 질적인 문제에 관심을 보이고 있다. "정신적 노력이나 주의집중을 신체근육의 긴장과 혼동해서는 안 된다. 정신적인 노력이나 긴장은 사실상 사랑과 증오의 격렬한 감정과 다르지 않다. 시랑과

---

19) 김형효, 같은 책, 84~85쪽.

증오의 격렬한 감정도 신체의 수축현상을 동반한다. 그렇다고 사랑과 증오가 양화될 수 있는 신체운동이 아니다. 〈질(質)의 차이가 자발적으로 양(量)의 차이로서 번역된다는 것을 덧붙여야 한다. 그 까닭은 우리의 신체가 주어진 무게를 들어 올릴 때 다소간 제공하게 되는 확장된 노력 때문에 그러하다. (중략) 당신이 크기의 개념을 느낌에 도입하지 않는다면, 그런 느낌은 단지 하나의 질(質)이다.〉"[20]

베르그송의 의식철학이든, 하이데거의 존재론이든 둘 다 아직 신체적 존재론에 도달하지 못했다. 왜냐하면 하이데거의 존재이해나 베르그송의 의식의 지속으로서의 기억도 본래존재가 아닌, 가상실재성을 완전히 벗어나지는 못했기 때문이다. 인간의 정신과 기억과 의식이야말로 대뇌적 작용에 의한 가상인 반면, 신체야말로 우주의 모든 생성(생멸)의 비밀을 간직하고 있는 실재이다.

4. 데리다의 해체주의는 문화해체주의
— 해체(解體)는 해탈(解脫)이 아니다

철학의 발전과 시대적 부응을 위해서는 종래의 철학에 대한 해체(destruction)가 반드시 필요하다. 데카르트의 '회의', 칸트의 '비판', 헤겔의 '변증법', 하이데거의 '해체' 등 서양철학의 부정의 정신은 바로 그 대표적인 것이다. 이것은 철학에 있어서만이 아닌, 모든 '구성된 문화(文化)'의 운명이기도 하다.

데리다(Jacques Derrida, 1930~2204)의 해체주의는 그러나 해체를

---

20) 김형효, 같은 책, 86~87쪽.

목적으로, '도저히 도달할 수 없는 목적'을 목적으로 설정한 까닭에 철학적 잉태가 불가능하다. 해체주의는 극단적인 이상주의로 인해 때로는 그들이 주장하는 것과 정반대의 상황에 처하게 된다.

마르크스주의는 계급투쟁을 통해 '계급 없는 이상사회'를 실현한다고 선언함으로써 역사적 투쟁과정이 있는 '역사적 해체주의'라면 해체주의는 서양철학전체를 해체하는 것을 목표로 한 '철학적 해체주의'인 까닭에 문명적 데카당스라고 할 수 있다. 마르크스주의가 인간의 성분분석을 통해 더 심각하고 '복잡한 계급분류'에 빠져든 것처럼 해체주의는 가장 이상적 윤리인 '정의'를 실현한다는 목적으로 인해 자가당착에 빠졌다. "해체는 정의다."라는 주장은 계급투쟁과 다를 바가 없는 위선의 극치이다. 해체주의는 생물의 기본적 소여인 성(性)의 구별조차 무시하는 비윤리 속에 빠져들었다.

해체주의는 해체를 위한 해체라는 비판에서 결코 자유롭지 않다. 해체는 철학하는 방법으로서 데카르트의 회의나 칸트의 비판, 헤겔의 변증법, 그리고 하이데거의 해체처럼 철학함에 따른 철학행위의 동사를 의미하지만 해체주의는 이데올로기로서 명사가 된다. 데리다는 하이데거의 '동사의 해체'를 '명사의 해체주의'로 탈바꿈시킴으로써 명성을 얻었지만 그것은 마치 하이데거의 존재론적 실존주의를 유물론적 실존주의로 각색한 사르트르처럼 존재론의 또 다른 프랑스적 각색이라고 할 수 있다.

다시 말하면 하이데거의 존재론을 합리적으로 해석하려하다 보니(현상학적 차원에서 해석하다보니), 구성주의에 대한 해체주의로 나아갔던 셈이다. 이것은 쇼펜하우어의 불교이해와 염세주의를 벗어나기 위해 니체가 현상학의 차원에서 불교를 해석하면서 영원회귀와 운명애를 통해 허무주의를 극복한 것과 흡사하다. 니체의 '힘에의 의지'가 서양문명의 문법을 망치로 공격하면서 다시 '힘'으로 돌아간 것처럼 데리다의 해체주의는 서양문명의 이분법을 근본적으로 해체해야 한다고 주장하면서 다시 '정의'를 내세우는 자가당착에 빠져있다. 서양문명과 철학은 항상 '힘'과 '정의'를 주장해왔다. 니체의 '힘'과 데리다의 '정의'가 그 이전의 것과 다르다는 현저한 증거는 없다.

니체의 '힘에의 의지'가 칸트의 도덕주의에 대해 '도덕적 자연주의'를 주장하면서 욕망을 새롭게 부각시켰지만 동시에 허무주의의 극복으로서 근대의 과학기계적인 힘과 국가의 힘을 인정하는 이중적 입장을 취하였듯이 데리다의 해체주의와 정의는 이성주의와 결정주의에 대항하는 문화운동을 펼치는 동시에 전통적 문화체계의 파괴 혹은 심지어는 혁명을 같은 것을 부추기고 있는 측면도 없지 않다. 후기근대철학도 근대철학에 못지않은 결정주의를 감추고 있다.

돌이켜보면 데카르트 이후 근대인간은 자신의 신체를 잃어버렸다. 인간의 근대문명은 과학을 얻은 대신 신체를 버리고 육체와 물질을 얻었을 뿐이다. 아니, 인간의 문명전체가 자연의 신체를 왜곡하기 시작했으며, 근대에 이르러서는 신체를 정신과 육체로 분리했을 뿐이다. 신체는 근대화·과학화라는 이름하에 '주체-대상' '정신-육체'의 이분화, 즉 심신이원론(心身二元論)으로 인해 기계적인 물질·육체로 변하여버렸고, 정신의 대상으로 전락해버렸다. 신체는 육체가 되기 이전의 본래존재에 대한 명칭이다.

칸트의 이성주의에 반기를 든 후기근대철학자인 니체, 화이트헤드, 하이데거, 데리다, 지젝에 이르기까지 누구도 생성적 존재, 즉 신체적 존재에 도달하는 데 실패하고, 서양철학의 에피스테메(episteme)의 의미맥락의 존재(Being)로 돌아가 버렸다. 이들은 모두 생성을 주제로 삼았지만 생성을 존재로 환원시키는 데에 활용했을 따름이다. 이것을 두고 '생성의 존재화'라고 말할 수 있을 것이다.

하이데거는 플라톤의 이데아(idea)를 존재(Sein)로 환원시킴으로써 존재론의 길을 열었다. 하이데거 전기의 '존재와 시간'은 현상학적 차원의 존재론이었고, 하이데거 후기의 '시간과 존재'는 생성론에 접근하는 존재론이었다. 하이데거는 왜 존재에 시간이라는 변수를 동반하면서 자신의 주저를 썼을까. 이유는 간단하다. 존재에 시간이라는 변수가 없으면 생성과 변화, 심지어 창조마저 설명할 수 없기 때문이다. 만약 시간이 없는 존재가 있다고 가정한다면 그 존재는 삶이나 행위가 없는, 고정불변의 죽은 존재가 된다.

이에 반해 데리다는 하이데거의 존재론에서 아이디어를 가져와서는 현상학적 차원에서 절대적(결정론적) 합리성을 해체하는 것을 목적으로 하는 해체주의철학을 만들었다. 데리다는 하이데거의 존재론에서 아이디어를 얻고는 그것을 텍스트로 옮겨와서 변형함으로써 자신의 해체론을 만들어갔다. 하이데거의 '해체'라는 철학적 방법론 혹은 수단이 왜 '해체주의'라는 목적이 되었는가는 프랑스 철학 속에 내재한 철학의 문학화와 깊은 관련이 있다. 프랑스철학은 철학의 문학화인지, 문학의 철학화인지 불분명하다.

모든 철학에는 철학의 기점(基點, 起點)이 있다. 이 기점은 어쩌면 근본 아닌 근본과 같은 것으로, 기존의 것을 부정하는(판단중지하는) 지점이 있을 수밖에 없다. 바로 그 지점으로 인해 어떤 철학자의 철학이 새로운 철학이 되는 셈이다. 이것은 어떤 사물이나 사건의 신기원이나 기독교의 천지창조와 같은 성격이 내재해있는 곳이다. 우리는 흔히 이 지점을 '태초'라고 말한다.

데리다의 해체주의는 어떠한 텍스트도 해체할 수 있다는 점에서 해체를 위한 해체의 의미가 내재해 있다. 데리다는 기존의 텍스트에서 아포리아(aporia), 즉 교착과 혼돈, 모순의 지점, 혹은 경계영역을 발견하고, 저자의 반대편에서 비평과 비판을 시작해간다. 그러면 어떠한 텍스트도 글쓰기의 시대적 한계 혹은 시대정신으로 인해서 해체되지 않을 수 없다. 그렇게 한 후 그는 자연스럽게 초월적 지위를 누린다. 마치 문학평론 가처럼 말이다. 그는 '존재를 텍스트'로 치환한 철학자이다. 그의 '차연 (différance)'은 차연이라는 이름을 붙인 '차연의 변증법' '차연의 현상 학'에 불과하다.

데리다의 해체철학은 마치 시인이나 소설가가 되지 못한 문학평론가 가 자신의 지극히 임의적인 가정이나 전제, 잣대에 의해서 작품을 난도 질하는 것과 같다. 이는 매우 그럴듯해 보이지만 자신의 일관성 있는 철 학의 구성과는 거리가 멀다. 그는 해체라는 방법을 통해 자신의 철학을 구성하는 것이 아니라 남의 철학을 비판하거나 동조함으로써 같은 지위 를 누리는 무임승차꾼이거나 은밀한 표절의 기술자처럼 보인다.

해체주의는 해체라는 철학적 방법을 철학적 목적으로 전도함으로써 끝없는 해체를 목적으로 할 뿐 아무 것도 생산하지 못한 채로 기존의 것 만 해체하는 무질서와 혼란을 부채질했다. 현학적인 해체주의는 역사변 증법의 과정에서 스스로 현실적 대안을 구성하지 못한다. 구성철학에 몰 두한 철학자들은 해체주의철학이 구성철학의 반대인 것처럼 오해하기 쉬운데 해체주의는 구성철학의 이면일 뿐이다.

해체주의자들은 구성철학을 해체하면 마치 새로운 철학이 형성된 것 처럼 착각하는 경향이 있다. 이것은 종래의 결정론에 저항한다는 점에 서 운동으로서의 의미는 있는데 해체는 종래의 것을 해체하는 것이긴 하 지만 어떤 체계적 이해를 가진 철학이 저절로 되는 것은 아니다. 그럼에 도 불구하고 종래의 것을 해체하는 것만으로도 철학적 효과를 누리는 것 으로 대접받는 경향이 있다. 물론 해체의 효과가 전혀 없는 것은 아니다. 기존의 것에 저항하는 것만으로도 일시적 효과는 있지만 체계적 이해를 제시하는 것은 아니다. 심지어 해체철학은 스스로 생성철학이 되는 것처 럼 오인하는데 이는 자연과학을 해체하면 자연이 되는 것처럼 생각하는 것과 같다.

철학을 비롯한 모든 문화 혹은 제도는 구성된 것이지만 자연은 생성되고 있는 것이다. 해체주의자들은 해체가 마치 존재(생성의 의미로서의)인 것처럼 착각한다. 그러나 해체는 존재가 아니며, 자연은 해체할 수 없는 생성된 존재이다. 데리다의 현상학적 해체주의는 결국 철학적 말장난에 그치는 것으로서 서양철학을 관통하는 주체적 사유 혹은 대상적 사유, 즉 타자론의 계승일 뿐이었다. 그 좋은 예가 '타자로서의 유령론'이다.

해체주의도 실은 전통적 존재론의 변형에 속한다. 존재, 즉 사물이 있다고 하니까 당연히 있는 것은 없어지는 것이고, 이것은 흔적이 되거나 부재(不在)가 된다. 부재와 현존은 동전의 양면이다. 이것은 모든 현상에 적용되는 현상학의 당연한 결과이다. 변증법의 정반(正反)이나 현상학의 현존부재(現存不在), 그리고 유신무신(有神無神)은 상호 왕래하는 관계에 있고, 차연(差延)이라는 것도 현상학의 같은 이치이다. 해체주의는 아무리 현학적으로 복잡화한다고 해도 결국 현상학적인 차원의 논의이다. 해체주의가 존재론이 되는 것은 아니다.

돌이켜 보면 해체주의 혹은 해체론의 신호탄은 마르크스가 쏘아 올렸다고 해도 과언이 아니다. 마르크스의 공산당선언과 유물론과 사적 유물론은 기존의 자유민주주의와 유심론(유신론)과 다양한 크고 작은 국가들의 해체를 도모함으로써 인류문명에 대한 극단적 허무주의와 함께 무정부주의를 드러냈다. 더욱이 마르크스의 계급투쟁론이야말로 해체주의의 극단적 예이다. 계급투쟁론은 본래 차이의 세계를 산술적 평등의 세계로 환원시키려고 시도한 사회혁명론이자 사회이상론이다.

마르크스는 공산사회주의가 무신론적 종교(마르크시즘 기독교)의 유령역할을 수행토록 했다. 데리다의 초법적인 정의와 무조건적인 환대 등도 신과 정신에 이어 자유주의의 유령역할을 하고 있다. 그래서 '좌파-마르크시즘'과 'PC(political correctness)좌파-해체주의'는 서구주도의 현대문명을 해체하고 있다. 데리다의 해체론적 유령론은 해체할 수 없는 것을 의미하는 까닭에 현대철학의 이상주의의 한 극단이면서 지독한 데카당스라고 할 수 있다.

마르크스의 계급투쟁론(공산주의국가의 경우, 공산당귀족을 중심으로 성분에 따라 보다 철두철미한 복잡한 계급을 창출하는 모순을 보였다)이 종래의 국가나 사회를 해체함으로서 한 사회를 공산전체주의로 빠뜨린 것과 같이 해체론도 실현불가능의 정의론으로 인해 자유주의국가를 또 다른 전체주의의 모습으로 변모하게 할지도 모른다. 해체론은 자유우파의 전체주의가 될 위험이 있다.

해체론은 현상학의 마지막 언설인지도 모른다. 이는 철학의 종언과도 밀접한 관계를 맺고 있으며, 독일관념론의 완성자라고 불리는 헤겔의 절대정신(유심론)-역사철학이 마르크스에 의해 유물론(절대물질)-사적 유물론으로 뒤바뀌면서 처음으로 그 일단을 드러냈고, 니체와 마르크스의 뒤를 이었다고 스스로 자평하는 데리다에 의해 보다 확실하게 정착된 것이라고 볼 수도 있다. 새로운 철학을 구성하기 위한 것이 아니라 해체 자체가 목적이 될 수밖에 없으니 그의 해체는 데카당스이다.

해체론의 기원을 따지자면 데카르트와 칸트에게까지 올라갈 수도 있다. 데카르트의 회의는 회의할 수 없는 것을 회의했다는 점에서 해체할 수 없는 것을 해체하고자 한 데리다의 해체론의 원조라고 할 수 있다. 칸트의 비판철학도 마찬가지이다. 예컨대 판단력비판을 쓰면서 합리적인 미학이나 예술론을 구성하기 위해 '무목적의 합목적성'을 주장했다. 무목적의 합목적성을 인위적으로 추구한다면 해체가 목적인 해체주의에 빠질 수 있다.

서양철학의 현상학적 특징은 과정의 현재적 순간에서 합리성(합리적인 실체)을 취하는 끝없는 연장, 혹은 차연(差延)을 떠올리게 한다. 칸트는 당시 '차연'이라는 말을 사용하지는 않았지만 분명히 그가 판단력비판에서 말한 '무목적의 합목적성'에는 현대철학의 '차연'의 요소가 들어 있다. 특히 칸트의 '영구평화론'은 해체론으로도 해석할 수 있다. 영구평화론은 근대국가(객관적이고 합리적인 정신과 제도의 결정체)를 전제하지만 국가연합(UN)과 국제법을 통해 국가체계의 결정성을 점진적으로 약화시키는 것을 통해 세계평화(세계국가, 세계시민)를 실현하려는 평화론으로 해석할 수 있다.

이성주의(理性主義)가 만들어내는 이상주의(理想主義) 속에는 항상 실현불가능한(결정불가능한, 해체불가능한) 끝없는(무한대의) 무목적의 합목적성 혹은 차연과 같은 성질이 숨어있다. 헤겔의 변증법과 역사철학은 정반합 과정을 통해 계속해서 종래의 것을 해체함으로써 절대국가(법의 정신)에 도달한 바 있다. 데리다의 해체론은 열린 미래, 미래의 가능성을 열어놓고 있지만 현상학적 차원에서 존재(본래존재, 자연적 존재)의 세계를 결정불가능 혹은 해체불가능의 세계(어떤 문제도 해결하지 못한 상태에서)로 바라보는 위선성과 데카당스가 들어있다. 해체철학의 결정불가능과 해체불가능은 같은 말이다.

데리다의 해체론은 동양의 음양론이나 불교사상을 서양의 현상학적 차원에서 번안한 측면이 많다. 그래서 데리다의 해체주의를 동양철학과 비교하는 학자들도 늘어나고 있고, 문맥에 따라서는 그러한 번역이 완전히 틀리다고 말할 수도 없다. 그러나 그의 해체주의는 동양의 자연주의와는 다르다. 자연은 결코 해체될 수 없는 것이기 때문이다.

데리다의 해체주의는 하이데거의 존재론을 역사현상학적인 차원으로 옮겨놓은 철학에 불과하다. 더욱이 데리다의 해체론은 헤겔적이라기보다는 마르크스에 가깝다고 할 수 있다. 데리다가 '법의 힘'에서 주장하고 있는 '정의와 공정'은 마르크스의 '평등'에 가깝기 때문이다. 그래서 데리다의 추종자들을 'PC(political correctness: 정치적 공정성)좌파'[21]

---

21) 모든 종류의 편견이 섞인 표현을 쓰지 말자는 정치적·사회적 운동으로, PC운동의 Political

라고 한다. 'PC좌파'는 인종과 성별, 종교, 성적지향, 장애, 직업 등 문화 전반에서 소수자에 대한 편견을 없애고 보호해야 한다는 정치적·사회적 운동을 말한다.

우리는 해체주의운동이 왜 공산사회주의운동과 닮은 점이 많은가에 주목하지 않을 수 없다. 해체주의는 우선 '문화상대주의와 다문화주의'를 표방하고 있기 때문에 상당한 설득력을 갖고 있다. 이는 공산사회주의가 '평등'을 슬로건으로 내세우면서 민중(인민, 다중)들을 선동하는 것과 매우 닮아 있다. 더 정확하게는 해체주의의 문화상대주의(다문화주의)는 기존의 문화정체성에 대한 저항과 함께 결과적으로 사회해체를 지향하고 있다는 점에서 계급투쟁을 하는 공산사회주의에 빗대어 말하면 '문화마르크시즘(네오마르크시즘)'에 점점 가까워지는 경향이 있음을 배제할 수 없다. 해체주의에 흔히 좌파라는 접두어를 붙이는 까닭도 여기에 있다. 마르크스와 데리다에게 이렇게 말하고 싶다. "계급(계층) 없는 사회는 없고, 구성되지 않은 문화(문장)는 없다."

해체주의와 공산사회주의의 특징은 우선 말로만 하면(머릿속에서는)

Correctness는 흔히 '정치적 올바름'으로 번역된다. 문화상대주의와 다문화주의를 사상적 배경으로 삼아 인종, 성, 성적 지향, 종교, 직업 등에 대한 차별이 느껴질 수 있는 언어를 사용하지 않고 더불어 차별적으로 행동하지 않는 것을 골자로 한다. PC운동은 1980년대 미국의 대학을 중심으로 전개되어 매스미디어와 대중문화에 큰 영향을 미쳤을 뿐 아니라, 세계 각국의 언어 생활에도 많은 영향력을 발휘했다. 예를 들어 영어에서 맨(man)은 남자를 뜻하는 말이기에 여성에게 불편할 수 있다는 취지에서 ▷폴리스맨(policeman)보다는 폴리스 오피서(police officer)로 ▷세일즈맨(salesman)은 세일즈 퍼슨(salesperson)으로 ▷체어맨(chairman)은 체어 퍼슨(chairperson)으로 부르는 것이 보다 평등하다는 것이다. 이 밖에 흑인은 비하적 표현이 담긴 '니그로(negro)'가 아닌 'African-American(아프리카계 미국인)'으로, 키가 작다는 표현은 'short'에서 'vertically challenged(수직적으로 도전받는)'로 바뀌었다. 한편, PC운동은 교조주의적 태도와 불관용의 문제로 인해 마찰을 일으키도 한다. 정치적 올바름이라는 개념에 과도하게 집착해 대중들의 반감과 거부감을 유발하는 경우도 있다. 철학자 움베르토 에코는 미국식 PC(정치적 올바름)에 대해서 불관용의 한 형태로 강자의 자기 옹호에 불과하다고 비판한 바 있다. 2010년대에 이르러서는 영미권에서도 PC이라는 말이 인종·성·장애·종교·직업에서의 올바름에 지나치게 집착하는 행동을 풍자할 때 사용되는 경우가 증가했다.[네이버 지식백과] PC운동 (시사상식사전, pmg 지식엔진연구소)

틀린 것이 없다는 공통점이 있다. 요컨대 소수자보호와 평등은 누가 주장해도 주장 자체의 도덕성으로 인해 반대할 수가 없다. 공산사회주의의 이상이라는 것은 언뜻 들으면 누구에게나 속아 넘어가기 쉬운 솔깃한 이야기이다. "능력만큼 일하고 필요한 만큼 쓴다(From each according to his ability, to each according to his needs)."(공산당 선언서)는 선언은 대중(민중, 인민)에겐 치명적 유혹에 해당하는 것이다.

개인적 욕망과 노력의 차이라는 것을 배려하지 않은, 그야말로 공상 (空想)에 불과한 선언이지만 이런 허구적 이상은 그야말로 '이상적이고 순수하기' 때문에 도리어 이데올로기의 실현과정에서 폭력성(계급투쟁)을 죄의식도 없이 드러내게 하는 것이다. 소수자보호를 위한다는 해체주의의 동성애·동성결혼도 바로 프리섹스를 비롯한 전면적 성해방을 추구하는 현대인에겐 치명적 유혹이 될 수 있다. 말하자면 좌파의 극과 정의파의 극이 의기투합한 셈이다. 이들은 경제적인 평등과 사회적인 공정이라는 공통의 목표를 공유하고 있다.

근대문명의 전개과정에서 자유-자본주의는 산업화와 더불어 민주주의를 이끌어가는 견인차 역할을 했다. 그런 과정에서 부익부 빈익빈이라는 사회문제가 등장하였고, 이에 마르크시즘을 기초로 공산-사회주의 운동이 일어나는 온상이 되었다. 자유-자본주의는 생산성을 높이고, 삶의 질을 제고하는 원동력이 되었음에도 부익부 빈익빈이라는 모순을 초래하였다. 이 부분적 결함과 모순을 빌미로 공산사회주의가 등장하였다. 부분이 전체를 왜곡한 대표적인 사상이 바로 마르크시즘인 것이다.

프롤레타리아혁명을 통한 계급 없는 사회의 실현과 지상천국과 같은 이상적인 공산사회의 건설은 특히 인류의 농업지역인 유라시아대륙(러시아와 중국)에서 발판을 구축하고 커다란 터전을 마련하였다. 그러나 역사적으로 공산사회주의 는 계급을 없애기는커녕 공산당귀족과 전체주의 독재자를 탄생시키는 동시에 민중은 빈곤에 허덕이게 하였다. 그럼에도 불구하고 가난한 민중과 사회적으로 소외된 민중들은 아직도 마르크시즘에 솔깃할 수밖에 없다.

오늘날 자본주의 사회 속에서도 문화적 소수자들은 소외된 민중과 같은 처지에 있다고 말할 수 있다. 그래서 PC좌파들이 힘을 얻고 있는 것이다. 그렇지만 소수자보호를 위해 다수가 너무 희생이 되는 것은 역차별을 받는 것이라는 점에서 양자 사이의 균형점을 찾아야 하는 시대적 과제를 안고 있다.

자유와 평등의 문제는 항상 갈등을 일으키는 진원지이다. 양자는 항상 각 사회마다 균형점을 찾아야 하는데 이것이 쉽지 않고 서로 극단적으로 대치할 경우 폭동과 전쟁으로 치닫게 된다. 자유-자본주의에 대해 공산사회주의가 적대적 관계를 이루었다면 자본주의 내에서 다시 PC좌파가 들고일어난 것이다. 전자는 다수(인민, 민중)가 소수(부르주아, 권력자)에게 저항했다면 후자는 소수가 다수에게 저항하는 역전된 양상이다.

자유와 평등은 기독교가 안고 있는 문제이기도 하다. 기독교에는 본래 주인과 노예의 패러다임이 있다. 신을 주인으로 섬기는 신자들은 동시에 신의 노예가 되는 것이다. '나는 주의 종'이라는 구절은 그 대표적인 것이다. 이때의 '주의 종'이라는 것은 절대적 신앙을 나타내는 용어이다. 이것을 정치사회적인 의미로 사용하면 계급 혹은 계층의 문제로 번지게 된다. 인간은 누구나 자신의 주인이자 종이다. 이때의 주인과 종은 자신의 운명을 결정하는 하나이다.

'주인과 종'이라는 반대어를 철학적 의미로 승화시킨 철학자가 헤겔이다. 헤겔은 말년에 노동개념을 중심으로 "주인이 종이 되고, 종이 주인이 종이 된다."는 주장을 한 것으로 유명하다. 이 주장은 육체노동에 주안점을 주었다는 점에서 매우 편향적이었다. 주인은 노동을 하지 않기 때문에 모든 것을 종에 의지하게 되고, 종은 노동을 통해 자연에서 생산을 하는 방법을 알기 때문에 주인이 된다는 주장은 정신노동의 소수창조성을 배제한 결함을 지니고 있다.

기독교의 '주인-종'은 헤겔에 이르러 정치철학적인 용어로 탈바꿈되었고, 노동개념을 중심으로 '종이 주인'이 된다는 학설을 역사적으로 실천한 철학자가 청년헤겔좌파의 마르크스이다(공산주의 선언). 마르크시즘은 기독교전통의 서양으로 볼 때 '기독교마르크시즘'이라고 할 수 있는 개연성이 높다.

중세에서 근대로 넘어오는 과정을 기독교의 입장에서 보면 다음과 같다. 공산사회주의는 비잔틴(동로마)과 러시아(그리스)정교의 전통과 맥을 같이한다. 러시아정교는 정통기독교이지만 문화적으로 무신론적 종교인 공산주의(인민-집단중심-전체주의)와 함께 지내왔다. 거기에는 '평등'이라는 공통개념이 있었다. 평등(인민, 민중, 노예)을 중심으로 하는 기독교가 바로 기독교마르크시즘이고, 자유(개인, 시민, 주인)를 중심으로 하는 기독교가 기독교자본주의이다. 대중(다중, 민중, 인민)에게는 자유보다는 평등이 더 큰 호소력으로 다가오게 마련이다.

결과적으로 공산사회주의-기독교마르크시즘은 '전체주의(全體主義)'가 되었다는 점에서 중세의 '전제주의(專制主義)'에서 후퇴하였다고 볼 수 있다. 좌파들은 스스로를 진보(進步)라고 부르지만 실은 중세보다 못한 역사적 퇴보(退步)였다. 자유가 없는 평등은 극단적으로는 '감옥의 평등'과 같다.

〈기독교자본주의와 기독교마르크시즘〉

중세	근대	
봉건주의	기독교자본주의	기독교마르크시즘
중세 농업-길드 (상공업)체제	자유-자본주의 (민주주의) 서유럽과 미국 (상공업중심)	공산사회주의 (전체주의) 러시아·동유럽, 중국(농업중심)

(교황-왕-봉건영주) -농노	자유(개인, 시민, 주인)	평등 (인민, 민중, 노예)
제도적(사제중심) 기독교 기독교의 세속화(권력화)	프로테스탄트 기독교 (신-개인중심- 주권적 개인)	무신론적 종교 (인민-집단중심 -전체주의)
로마가톨릭(삼위일체)	신(神)중심- 최고통치자(선거)	인간(人間)중심-Big brother
로마가톨릭의 사제 부패	로마가톨릭	러시아(그리스)정교
르네상스 종교혁명 (1517년)	서로마	비잔틴(동로마)
전제주의(專制主義)	**자유주의(자유민주주의)**	**전체주의(全體主義)**

아놀드 토인비(Arnold Joseph Toynbee, 1889~1975)는 『역사의 연구』(A Story of History)에서 다양한 문명의 성장과 쇠퇴, 역사적 변화의 패턴을 연구했다.[22] 그 가운데서도 비잔틴문명과 러시아정교의 연결성에 주목하였다. 비잔틴제국은 정교기독교의 중심지였고, 그 이념과 의식이 러시아로 전파되었기 때문이다. 러시아는 키예프 대공이 정교도로 개종(988년)함으로써 기독교를 수용하게 되고, 기독교는 따라서 러시아의 역사와 정치, 문화에 큰 영향을 미쳤다. 러시아의 정치체제와 행정체계는 비잔틴모델을 따르기도 했다.

---

22) 문명의 생명 주기: 토인비는 문명이 특정한 패턴을 따라 성장하고 쇠퇴하는 생명 주기를 갖는다고 주장했다. 성장과 쇠퇴의 패턴은 동일하게 반복되며, 이를 통해 역사적인 변화를 이해하고 예측하려는 노력을 기울였다. 도전과 응답: 그는 문명이 외부에서의 도전에 어떻게 응답하느냐가 성장 또는 쇠퇴의 주요 결정적인 요인이라고 봤습니다. 외부에서의 도전에 대한 적절한 대응이 문명의 번영을 가져오고, 반대로 부적절한 대응은 쇠퇴로 이어질 수 있다고 주장했다. 종교와 문화적 영향: 종교와 문화가 문명의 형성과 변화에 큰 영향을 미친다고 여겼다. 종교와 문화가 문명의 정신적 토대를 형성하며, 이것이 문명의 생명 주기에 영향을 끼친다고 보았다. 세계 역사의 단일성: 토인비는 세계 역사를 단일한 과정으로 바라보았다. 그는 서로 다른 지역과 문명 간에 상호 연결성과 영향을 강조하면서, 전 세계적인 관점에서 인류 역사를 이해하려고 노력했다.

토인비는 특히 공산주의를 종교적인 측면에서 해석하면서 이를 '무신론적 종교'로 묘사하고, 특히 그와 기독교 간의 대립을 강조했다. 그는 공산주의가 종교적인 특성을 가지며, 이는 공산주의가 일종의 세계관, 신념 체계, 도덕적 가치체계를 제공한다고 보았다. 그는 공산주의가 인간의 종교적 욕구를 충족시킨다고 해석했다. 더욱이 그는 공산주의를 기독교의 파생물로 취급하는 한편 기독교의 '사생아'로까지 표현했다. 그는 이 두 이념 간의 경쟁과 대립을 예언하고, 강조했다.

좌파이데올로기가 현대인에게 전염성이 강한(호소력이 있는) 까닭은 대뇌에서는 창조적으로 합리성을 추구하는 것보다는 기존의 도그마에 세뇌되어 복종하는 것, 즉 위선(僞善) 및 합리화(合理化)가 더 쉽기 때문이다. 또한 대뇌적 인간은 세계를 인과(因果)로 설명하는 기계적인 대답(정답)을 우선하는 관계로 신체적 존재 전체(대뇌를 포함)에 의해 달성되는 존재적·실존적인 해석에 비중을 두는 것을 멀리하게 된다. 대뇌는 기계적인 것을 좋아하는 반면 자유를 추구하는 신체는 존재적이기 때문에 스스로 새로운 해답을 찾을 것을 요구한다. 그러한 점에서 기존질서에 맹종하는 절대도덕주의는 자유를 추구하는 존재에 배치된다. 대뇌의 세계가 존재자의 세계라면 신체는 존재(본래존재)의 세계이다.

공산사회주의와 자유자본주의의 PC좌파(PC전체주의)는 인간의 이성이 욕망을 속인 끝에 권력경쟁의 정점에서 인간이 스스로 자연의 양성번식(종의 번식)을 비롯한 존재기반(기초존재)인 생존경쟁을 무시하기에 이른, 자기기만(존재기만) 혹은 문명도착이라고 하지 않을 수 없다. 이것은 종합적으로 위선적이고 기만적인 인간종의 자기배반이라고 하지 않을 수 없다. 삶의 환경이라는 측면에서 볼 때 총체적으로 자연을 기계로 환원시킨 인간이 심리적 혹은 철학적으로 자신의 신체(존재)를 망각하기에 이른 것이다. 신체망각은 존재망각인 셈이다.

성소수자의 보호와 권리를 주장하는 동성애자와 동성결혼의 합법화는 문명적으로 인공지능(artificial intelligence)의 등장과 안팎관계를 이룬다. 여기에는 생물학적으로 번식을 달성하는 인간의 가치를 무의미화하고 최소한의 인간윤리를 파괴하는 문명적 데카당스 혹은 음모 그리고 인간의 자기기만이 도사리고 있다. 인간은 폐쇄된 공간(제도) 속에서도 본능을 유지하기 위해 스스로 왜곡된다. 나보다 더 남성적인 남성 앞에서 여성이 되고, 나보다 더 여성적인 여성 앞에서 남성이 되는 것은 부자유한 공간 속에서 '왜곡된 성'이다. 이것은 성적 본능의 자기기만이다. 이는 철학적으로 자기기만에 빠진 마르크시즘과 같다.

마르크시즘과 잘못된 페미니즘은 가부장-국가사회의 억압에 반발한 문화현상이긴 하지만 둘 다 인간의 허위의식(자연에서 볼 때는 허위의 허위의식이다)에서 출발하고 있다는 공통점을 가지고 있다. 삶의 방식 혹은 존재이유에서 생물일반의 생존경쟁에서 권력경쟁으로 넘어간 인간종은 결코 권력을 버릴 수 없음에도 불구하고 공산주의는 계급을 계급투쟁으로 없애겠다고 공언했고, 페미니즘은 가부장-국가사회의 출범 이후 결코 가부장제를 버리고 살아갈 수 없음에도 생식 없는 동성애와 동성결혼을 마치 성평등인 양 선전하고 있기 때문이다. 이에 따라 진정한 페미니즘철학과 진정한 평등평화철학이 요구되는 시점이다.

동성애라는 것도 심리적으로 바라보면 이성애적 요소를 가지고 있다고 볼 수 있다. 동성애 사이에서도 항상 누가 남자의 위치이고, 누가 여자의 위치인가가 대체로 정해져 있기 때문이다. 육체적 성으로 볼 때는 동성애이지만 심리적으로는 이성애를 지향하고 있다고 볼 수도 있다. 철학적으로 볼 때 현대사회에서의 동성애문제는 결국 인구문제에 봉착하지 않을 수 없다(우스운 소리 같지만 "여자가 아이를 낳지 않으면 세상은 망한다."). 동성애로서는 인구를 재생산할 수 없기 때문이다. 결국 어디에선가 인구를 보충해야 한다. 요컨대 '인간생산 공장'이라도 있어서 인구를 보충하지 않으면 종이 멸종될 수도 있기 때문이다(물론 이성애와 건전한 가정을 인류가 포기하지 않겠지만).

아무튼 마르크시즘과 동성애적 페미니즘은 생성적인 우주와 암수의 교접을 통한 종의 번식을 위배하는 사건이라고 할 수 있다. 마르크시즘이 계급투쟁을 통해 사회파괴를 하는 것이라면 PC좌파는 자연의 성(性)과 함께 성정체성의 파괴를 통해 가정파괴를 하는 것이라 볼 수 있다. 이것이 가장 극명하게 드러나는 대목은 소수자인권을 주장하면서 동성애와 동성결혼, 동성가족을 주장하는 데서 찾아볼 수 있다. 이들은 사회전체의 규범과 질서를 해체하고 파괴하는 것을 평등이라고 외치고 있는 것이다.

마르크시즘이 계급투쟁(계급해체)을 주장하면서도 유물론(유물결정론)과 무신론적 종교가 되는 것과 마찬가지로 해체주의는 해체결정론의 자기모순에서 헤어 나올 수가 없다. 소수자보호를 한다는 명목으로 도리어 다수자를 소외시키는 것이 PC좌파의 행태이다. 해체주의만큼 극단적인 결정론은 없기 때문이다. 이는 마치 공산주의운동이나 사회주의운동이 공산당귀족이나 노동자귀족을 만들어내는 것과 같은 자기모순이며 이율배반이다. 그런 점에서 마르크스와 데리다는 겉모양은 다르지만 결과는 사회전복, 문화해체의 혁명적 사상이라는 점에서 통한다.

마르크스가 '평등'을 기치로 내세웠지만, 데리다는 '정의'를 내세우고 있다. 그런데 이들의 평등과 정의가 해체를 주장하면서도 절대를 주장하고 있기 때문에 매우 위선적이라는 공통점을 지니고 있다. 그들은 속으로 자신들을 누구도 저항할 수 없는 성역에 두고 있는지도 모른다. 마르크시즘이 '무신론'을 주장하면서도 '무신론적 종교'(기독교의 사생아)가 되어있듯이 해체주의는 '해체'를 주장하면서도 '더 이상 해체할 수 없는 것(더 이상 결정할 수 없는 것)'을 추구하고 있다. 이것은 자기기만적 존재인 인류의 '대뇌적 위선(대뇌적 질병)'이다. 이 둘은 인류의 삶의 조건인 에콜로지(ecology)를 위반하고 있기 때문이다. 그래서 이 둘은 '나쁜 여성주의'의 '위선적 동지'이다.

〈마르크시즘과 해체주의〉

	칼 마르크스	자크 데리다
머릿속 이념/ 텍스트주의	마르크시즘(머릿속 이상)	그라마톨로지 (텍스트 해체주의)
사회·문화구조 해체	계급투쟁(체제전복)	문화구성주의 파괴 (질서파괴)
주객전도(主客顚倒)	노동자(프롤레타리아) 혁명	소수자(minority)보호
잘못된 가정(假定)	원시공산사회	말(이성)소리중심주의
사회·문화혁명	계급해체적 혁명	해체론적 문자학 (문화해체주의)
이율배반(二律背反)	무신론적 종교	해체결정론 (다수자 소외)
전체주의 성향의 민주주의	빈곤의 평준화와 전체주의	PC(public correctness)좌파
자연의 원리를 역행	노동자귀족의 탄생	동성애·동성결혼의 합법화
공통점(나쁜 여성주의)	나쁜 여성·민중주의	나쁜 여성·정의주의

　서양철학의 이분법(二分法, 이원대립, 동일성, 절대론, 실체론, 입자론)은 이론(앎, 지식)과 실천(삶, 신체)을 분리한 전통으로 인해 마르크시즘에 이르러 극단적으로 실천을 강조하는 혁명론과 유물론에서 철학의 정점에 이른다. 서양철학과 과학이 상대성이론(절대-상대론)이나 불확정성원리(입자-파동론)에 이르러서 종래의 동일성(실체론)을 수정하기는 했지만 여전히 그 중심에는 이분법의 전통이 남아있다. 서양철학과 문명은 '이원론의 현상학'이다. 기독교가 원인적 동일성의 종교라면 과학은 결과적 동일성의 종교이다. 과학은 자연으로부터 기계를 뽑아낸 예

술(주술)이라고 할 수 있다.

이에 비해 동양의 음양론은 이분법이 아닌 대대법(待對法, 陰陽相補, 태극론, 비실체론, 관계론, 기운론)으로 앎과 실천을 서로 보완하고 역동하는 관계로 파악함에 따라 수양(修養)이나 수도(修道)를 중시함으로서 극단적인 유물론이나 유심론을 주장하지 않고, 심물(心勿)이든 신물(神物)이든 일체로 파악하게 된다. 동양철학과 문명은 '일원론의 존재론'이다. 노장철학과 유교는 도학의 철학이면서 음양관계론과 반구저신(返求諸身)의 종교이다.

데리다의 문자학은 서양철학 전체를 해체한다고 선언했지만 실은 세계를 텍스트로 본 까닭에 텍스트를 해체하는 것에 머무를 수밖에 없었고, 텍스트해체는 아무런 대안 없이 서양문명을 해체하는 결과를 초래하게 되었다. 심지어 그는 남녀의 성조차도 대립적으로 본 까닭에 그것을 해체하는 페미니즘운동을 통해 동성애 등을 인정하라는 주문을 하기에 이른다. 마르크시즘과 해체론의 원류에는 이분법이 도사리고 있다. 마르크스가 국가해체를 시도했다면 데리다는 성해체-가족해체를 시도한 것이라고 볼 수 있다.

이는 인간의 존재기만이면서 자연에 대한 문명의 자기배반이라고 규정할 수 있다. 인류의 문명은 자기(존재)기만과 함께 자연을 개발하는 정도가 넘쳐서 이제 자연의 배반에 이르렀고, 이는 인류의 종말을 예고하는 지표(징조)로 받아들일 수도 있다. 그러한 점에서 서구문명이 주도하는 인류문명은 이제 과학기술의 기계주의(기계적 패권주의)와 함께 어떤 한 극점을 찍고 있다는 점에서 문명의 해체를 지향하고 있다고 해도 과언이 아니다.

마치 해체하는 것이 새로운 건축이나 구원이라도 되는 듯 선전하고 있는 해체주의는 겉으로는 자유와 민주, 인권이나 평등을 주장하고 있지만 실은 인류의 문명이라는 거대한 건축물, 지구라트를 스스로 파괴하는

'자기배반의 공작' 혹은 '철학적 사기'라고 볼 수 있다. 공산주의자가 평등을 팔아서 욕망을 채우는 자들이라면 해체주의자들은 정의를 팔아서 욕망을 채우는 자들이라고 할 수 있다. 이는 이상(理想)을 추구하는 인간의 분노와 탐욕을 이용한 인간이성의 자기파괴적 어리석음의 노출이라고 할 수 있다.

서양철학은 기본적으로 말소리중심주의 혹은 인간중심주의 때문에 자연을 텍스트 혹은 기계로 보는 경향이 있다. 근대 자연과학의 탄생은 그러한 전통의 귀결이라고 말할 수 있다. 다시 말하면 서양의 문화적 전통에 훈습된 사람들은 지극히 자연적인 것을 두고 기계적이라고 하거나 텍스트로 짜인 세계라고 보는 자기기만에 빠진다. 그래서 자연을 두고 "텍스트 밖은 없다."라는 말을 한다. 또 구성된 세계를 해체를 하는 것을 두고 역설적으로 문자학(해체적 문자학)이라고 부르는 것이다.

데리다의 텍스트는 일종의 '텍스트의 기계론'으로서 정신과 대립된 물질, 영혼과 대립된 기계를 의미하는 것은 아니지만, 은밀하게 자연을 왜곡하고 배반하고 있다. 텍스트와 기계의 차이는 전자가 맥락에 따라 수많은 의미를 가지는 것인 반면 후자는 다른 의미를 부정하면서 동일성(등식=공식)을 위한 하나의 기표연쇄를 추구한다는 점에서 기계도 실은 텍스트(수학공식=함수)에 속한다고 볼 수 있다. 그러나 기계는 그 조직성(공학적인 성격)으로 인해 해체할 수 없는 '폐쇄된 체계'처럼 보이는 선입견이 있는 반면 텍스트는 분절(articulation)로 이루어져 있는 것으로 보인다. 구문(構文, syntax)은 그 대표적인 것이다. 그렇지만 기계도 분절이라는 점에서는 텍스트와 다를 바 없다.

데리다는 텍스트와 문자를 가지고 그의 해체론을 전개하고 있다. 기계와 텍스트와 문자는 약간의 차이가 있긴 하지만 근본적으로는 구성(構成, construction)이라는 공통점을 가지고 있다. 자연을 텍스트라고 하면서 텍스트를 해체하는 것을 목적으로 하는 해체론(해체를 위한 해체를 함)은 자연의 기계성에 빠져있는 서양철학이 그것을 은폐하는 말장난에 지나지 않는다. 이것은 일종의 철학적 이중성이며 자기모반이다. 데리다는 자연의 기계와 텍스트를 인정하면서 동시에 부정하는 이중적 몸짓을 해체론에서 수행하고 있다. 해체론은 서양철학 전반을 해체한다고 하면서 실은 자연(자연성, 본능)을 해체하고 왜곡하고 있는 것이다. 지금도 생성되고 있는 자연은 철학이 감히 해체하고 왜곡할 수 있는 대상이 아니다.

존재는 텍스트(text)가 아니다. 그래서 존재는 해체할 수 없다. 인간은 구성된 철학, 텍스트를 해체할 뿐이다. 우리가 해체하는 것은 기표연쇄라고 할 수 있는 텍스트일 뿐이다. 존재의 의미(기의)는 텍스트현상학으로 해체할 수 없다. 헤겔의 '정반(正反)'의 변증법은 데리다에 이르러 '차연(差延)의 변증법' 혹은 '의미(意味)의 생사(生死)의 변증법'으로 바뀌었지만 존재 그 자체에는 이르지 못하고 있다. 존재는 의미가 아니기 때문이다.

모든 의미는 인간이 자신의 맥락에서 붙인 의미, 즉 '명명(命名)의 의미이기 때문이다. 일상의 의미이든, 시인의 의미이든, 랍비(율법학자)의 의미이든 모두 붙인 의미이다. 물론 시인이나 랍비는 텍스트의 죽은 의미를 살아있는 의미로 되살려낼 의무가 있긴 하다. 그런 점에서 모든 의미는 시시각각, 혹은 경우에 따라 해체되어야 하지만 존재(존재 그 자체), 즉 자연적 존재는 해체될 수 없다. "존재는 텍스트 속에 있지 않다." 이 말은 자연과학을 포함해서 말하면 "자연은 자연과학 속에 있지 않다."라고 말할 수 있다.

해체주의는 자연을 왜곡시킨 인간중심주의의 고백성사(자기도 모르게 자기 죄를 고백하는)에 해당하는 매우 서양문명의 정신병리학적(언어심리학적) 증상(자기모순)에 해당한다. 철학의 문자적 구성성(構成性)을 약점으로 삼아 해체주의를 주장하는 것은 철학의 종언을 선언하는 것이나 마찬가지이다. 이는 계급투쟁을 통해 계급해체를 시도한 마르크스의 혁명과 마찬가지로 데리다의 혁명은 인류문화와 문명을 그 근본에서부터 부정하고 해체하는 것이나 마찬가지이다.

서양철학에서 철학의 종언은 자연으로 돌아가는 것이 아니라 자연과학의 세계를 자연이라고 생각하는 데서 빚어진 자기모순이다. 말하자면 현상학 내의 자기왕래 혹은 자기순환과 같은 것이다. 자연은 서양철학이 말하는 유무(有無)대립과 이원대립(二元對立)의 대상이 아니라 그것의 기저에 있는 근본과 같은 것이다. 그러한 점에서 철학이 종언되어야 하는 것이 아니라 서양철학이 종언되어야 하는 것이다.

철학과 문화의 발전을 위해서는 기존의 것에 대한 해체는 필요하지만 해체주의는 일종의 또 다른 결정론으로서 인간을 구속하는 이데올로기이다. 사회는 필요하지만 사회주의는 곤란하고, 국가는 중요하지만 국가주의는 곤란하고, 여성은 존중되어야 하지만 여성주의는 곤란하다. 이렇게 보면 모든 '주의(-ism)'는 일종의 대뇌의 폐쇄성을 의미하는 징표이다. 폐쇄성과 적대감과 적반하장은 대뇌의 질병이다. 나아가서 인간의 언어(문화)는 다분히 존재를 폐쇄시키려는 의도를 지닌 존재자가 된다. 철학의 관념론이 계속적으로 경험을 필요로 하는 것은 이 때문이다. 삶은 관념과 경험의 긴장관계 속에서만 새로운 가설(가정)을 정립할 수 있다.

인간은 존재(자연, 본래존재)를 언어(이름, 문화)로 바꾸고, 언어를 통해 존재를 다루기(다스리다, 지배하다) 시작한 생물종이다. 여기서부터 존재에 대한 기만과 배반이 이루어졌지만 이것은 동시에 인간존재의 특성이면서 오늘날까지 인간 종을 살아남게 한 결정적인 요인이기도 한다. 남자는 여자를 소유하고 여자와 아이들에게 자신의 이름(성씨)을 붙여주었다는 점에서 남자는 언어의 편에, 여자는 존재의 편에 선다. 더욱이 마찬가지로 남자는 대뇌의 편에, 여자는 신체의 편에 선다. 필자의 신체적 존재론은 겉으로 보면 마르크시즘과 페미니즘의 편에 서는 것 같지만 실은 '존재의 편'에 서는 것이다.

남자는 기표이고, 여자는 기의이다. 여자는 기의(의미)이면서 동시에 무의미이다. 지배자는 기표이고 민중은 기의이다. 기의는 무의미와 통한다. 마르크시즘은 잘못된 기독교(기독교마르크시즘)이다. 페미니즘도 잘못된 여성성이 될 위험이 있다. 말하자면 여성의 근본적인 생산성(출산)을 부정하고, 남성모방에 따른 권력투쟁이 될 수 있기 때문이다. 여성과 민중은 그러한 점에서 공통점을 가지고 있다. 인류문명사를 보면 폭력은 '잘못된 남성성'의 발현이고, 질투는 '잘못된 여성성'의 발현이다. 좋은 남성성의 발현은 좋은 제대로 '정(正)을 실현하는 정치'이고, 좋은 여성성의 발현은 '헌신적인 사랑'이다.

마르크시즘과 페미니즘은 역사적으로 나름대로 의미가 있지만, 경우에 따라서는 인류문명의 억압에 따라 발생한 질병과도 같은 것이다. 세계는 물질이나 육체(유물론)가 아니라 존재이며, 더욱이 자연으로서의 신체이다. 그러한 점에서 신체적 존재론은 신체를 통해 존재의 진면목을 되찾자는 철학운동이라고 말할 수 있다. 신체야말로 살아있는 존재이며, 생성적 존재이다. 신체가 없는 것은 모두 추상이며, 기계이며, 언어이며, 궁극적으로 존재가 아니다. 신체를 더 이상 물질이나 육체로 보지 말아야 한다. 신체를 물질이나 육체로 보는 것은 정신의 존재기만이며, 존재배반이다. 이러한 존재기만과 존재배반에 인간의 위선(僞善)과 음모(陰謀)와 악(惡)이 깃든다.

마르크시즘의 원시공산사회는 인류학적으로 보면 모계사회를 바탕으로 하고 있는 것으로 보인다. 모계사회는 남성중심의 가부장사회에 의해 구성된 소유적 존재(여성은 남성에 종속됨, 사유재산제도 인정) 이전에 공유적 존재(여성을 남성들이 공유하고 자손들은 사회가 양육함)를 환기시킨다는 점에서 공산사회주의와 통하고 있다. 오늘날 여성해방과 여권을 주장하는 페미니즘은 마르크시즘과 사상적으로 공통의 뿌리를 가지고 있다. 특히 자유주의에서 발생한 해체주의는 가부장-국가사회의 근본을 흔드는 파괴주의(기존의 문명질서를 해체함)의 성격을 지니고 있다는 점에서 자유주의와 사회주의의 연합으로 주목된다. 이것이 바로 PC좌파의 정체이다.

마르크시즘과 해체주의는 논리적 허위와 유혹과 비생산을 정의와 평등으로 호도하고 특히 주인과 노예를 뒤바꾸어 설명한다는 점에서 반문명적이라고까지 말할 수 있다. 특히 노예를 주인으로 만들어준다고 속이고, 방종을 자유라고 속이고, 생식이 없는 가족을 건전한 가정이라고 속이는 것을 통해 '천사의 얼굴을 한 악마'의 모습을 하고 있다. 마르크시즘과 해체주의의 공통점은 바로 '천사의 얼굴을 한 악마'라는 점이다. 그렇기 때문에 두 사상은 실은 인간의 대뇌가 저지르는 자폐증에 비할 수 있고, 급기야는 '철학적 죽음' 혹은 '도그마의 순교'라고 할 수 있다.

해체주의철학을 중심으로 하는 PC좌파들의 위선은 인류문명에 대한 배반으로 귀착될 가능성이 높다. 말로는 평등이나 정의를 내세우는 철학이 평화를 달성하기는커녕 결과적으로 인류문명을 전체주의로 나아가게 한다면 이는 기만과 위선에 의한 사기철학으로 전락할 위험성이 높다. 사기철학은 결국 인류문명을 황폐화시키고 배반하고 말 것이다.

이상을 종합하면 해체주의의 원조인 마르크스는 평등과 계급투쟁이라는 이데올로기로 공산사회주의를 주창했으나 인간사회 자체를 해체함으로써 전체주의사회를 초래했다. 데리다는 정의와 해체주의라는 이데올로기로 문명자체에 대한 해체를 시도함으로써 인권을 주장하면서도 인간의 성과 생식(본능)을 배반하는 성소수자(동성애자)전체주의를 초래했다. 가장 최근의 유물론자인 들뢰즈는 리좀-머시니즘(Rhizome-machinism)을 통해 차이와 복제를 주장했지만 '신체 없는 기관(기계)' 혹은 '기관 없는 신체(관념, 추상)'를 주장하는 것을 통해 결국 '살아있는 존재'로서의 신체를 배반하고 추상기계를 주장함으로써 기계전체주의를 정당화하는 데에 기여했다.

〈마르크스, 데리다, 들뢰즈〉

마르크스	마르크시즘	평등/계급투쟁	공산사회주의	사회전체주의
데리다	해체주의	정의/해체주의	인권-(성)소수자보호	소수자전체주의
들뢰즈	리좀-머시니즘	차이/복제	신체(기관) 없는 기관(신체)	기계전체주의

PC좌파는 공산사회주의가 계급투쟁과 평등으로 다수의 인민(민중)을 속이고 오도한 것과 마찬가지로 자유민주주의가 성소수자를 비롯하여 소수자(minority group)를 보호한다는 명목과 함께 그동안 가부장사회에서 불가피하게 억압된 측면이 있는 여성의 성과 권익을 보호한다는 명목으로 페미니즘(feminism)운동을 펼치고 있는, 그럼으로써 기존의 국가나 사회를 해체하려고 하는 신종 사회주의 운동이다. 공산주의(communism) 운동이 무신론적 종교라면 PC좌파들의 운동은 마치 무신론적 종교의 성찬식(communion)과 같은 것이라고 말할 수 있다.

마르크시즘은 어리석은 민중(인민)을 속이는 이데올로기이고, 페미니즘은 원한의 여성을 속이는 이데올로기이다. 마르크시즘과 페미니즘은 '나쁜(잘못된) 여성성'에 속하며 이를 '좋은(잘 된) 여성성'으로 바꾸는 노력이 필요하다. 좋은 여성성은 모성성에 기초한 것이며, 나쁜 여성성은 질투에 기초한 것이다. 물론 이런 나쁜 여성성은 나쁜 남성성인 폭력에 의해 배태되었다고 할 수 있다.

남성성과 여성성을 기준으로 현대의 국가사회를 볼 때 좋은 남성성의 발현은 자유(시민)민주주의, 나쁜 남성성의 발현은 국가사회주의(파시즘), 좋은 여성성의 발현은 종교적 이상사회, 나쁜 여성성의 발현은 공산사회주의(인민민주주의)로 볼 수 있다.

좋은 여성성을 위해서는 좋은 남성성인 비폭력적 권력, 평화를 향하는 권력을 창출해야 한다. 이러한 문명적 위기의 이면에는 세계를 현상으로 보다가 드디어 물질로 보는 결정론에 빠진 유물론과 자연을 자연과학과 동일시하는 서양문명의 종말적 상황이 자리하고 있다. 이것은 인간지성의 정신병리 현상으로 자연과 본능에 가한 인간의 자기배반과 자기폭력으로 기록될 만하다. 이것은 대뇌의 자기기만이면서 존재기만이다. 역설적으로 인간의 대뇌는 절대주의 혹은 전체주의를 지향하고, 인간의 신체는 본능적으로 자유를 지향한다. 전체주의는 전체성이 잘못되었을 경우이다. 기독교의 전체성과 영원성이 신의 편이 될 것인지, 악마의 편이 될 것인지는 알 수가 없다. 이는 기독교적 전통에서 공산사회주의의 전체주의와 국가사회주의의 나치즘과 파시즘이 일어났음을 상기하면 쉽게 이해가 될 것이다.

〈좋은-나쁜, 남성성-여성성〉

남성성	좋은 남성성	올바른 정치 (권력)	국민(인류)을 살리는 정치(正治)/ 자유(시민)민주주의(선진국)
	나쁜 남성성	폭력적 정치 (폭력)	강대국 제국주의와 패권주의/ 국가사회주의(파시즘)
여성성	좋은 여성성	헌신적인 사랑 (희생)	기독교적 사랑/불교 자비/유교 인(仁) 종교적 이상사회(神政國家)
	나쁜 여성성	질투적인 사랑 (질투)	마르크시즘/페미니즘(잘못된 여성성) 공산사회(인민민주)주의(볼세비즘)

과학이 물리적 인과의 법칙을 밝히는 학문이라면 철학은 심리적 주인과 노예를 찾는 학문이라고 말할 수 있을 것이다. 과학이 물리적으로 공

간의 연장(창조, 팽창)을 말하는 것이라면 철학은 심리적으로 시간의 지연(목적, 종말)을 말하는 학문이라고 말할 수 있을 것이다. 세계는 드디어 신(God)에서 정신(Geist)를 거쳐 유령(Ghost)의 천지가 되어버렸다. 이것은 인간이 동굴의 우상, 종족의 우상, 시장의 우상, 극장의 우상에 이어 대뇌의 우상에 빠진 것을 의미한다. 대뇌야말로 인간이 궁극적으로 피할 수 없는 동굴이었던 셈이다.

우상을 극복하려면 내가 우상이 될 수밖에 없다. 이는 내가 신 혹은 부처가 되는 것과 같다. 신과 부처는 인간의 이상(理想)이지만 그것이 이상으로 있는 한 인간의 마지막 우상인지 모른다. 그래서 신은 스스로를 "나는 나다(나는 내가 되려는 나다)"라고 말하지 않았던가. 그런 점에서 '신'와 '나'는 서로 가역왕래하는 관계가 되고, 그것이 평형을 이룰 때는 신이 나이고, 내가 신이 되는 셈이다. 아마도 헤겔은 이러한 경지를 절대정신의 절대지, 이성의 간지(奸智)의 경지라고 했을 것이다. 이를 역으로 해석하면 인간이 어떤 이념을 절대지로 해석하면 그것이 신이 되고, 종교가 되는 것을 피할 수 없다. 마르크스는 헤겔을 뒤집은 것이다. 마르크시즘은 그런 점에서 기독교마르크시즘이며, 무신론의 종교이다.

데리다는 자유주의에서 출발하고 있지만 해체할 수 없는 이상인 정의와 공정을 목표로 하고 있기 때문에 평등을 주장하는 마르크스주의자들과 결과적으로 비슷한 양상을 보인다. 결국 정의와 공정은 평등만큼이나 해체할 수 없는 성질을 지니고 있다. 해체주의는 언뜻 보면 윤리적이고 이상적이지만 성리학의 '위선적 도덕주의자'들과 유사해진다. 해체주의는 어떤 사회라도 해체할 수 있는 빌미를 제공하고 있다는 점에서 마르크스의 계급투쟁에 흡사하다. 데리다의 '유령론' 및 '법의 힘'은 헤겔의 '절대정신(Geist)' 및 '법의 정신(법철학)'에 대응된다. 데리다는 헤겔과 마르크스와 삼각관계를 이룬다. 해체주의는 헤겔과 마르크스철학의 짝퉁이다.

오늘날 해체주의는 페미니즘과 결부되어 동성애와 동성결혼까지 주장하고 있는 마당이다. 생물의 속성인 생식마저 무의미한 것으로 해체하고 있는 실정이다. 마르크시즘의 평등과 해체주의의 동성애윤리는 인간사회 자체를 해체하는 문명의 데카당스라고 할 수 있다. 해체론은 서양철학의 데카당스이지만 불교적 존재론의 목표는 해탈이다. 해체는 해탈이 아니다. 해체는 구성된 것의 해체이고 해탈은 구성되지 않는 것이다.

〈현상학적 해체론과 불교적 존재론〉

현상학적인 해체론(구성론)	불교적 존재론(생멸론)
데리다의 해체론	불교 및 음양론
해체론적 문자학(文字學)	불립문자(不立文字)/ 교외별전(教外別傳)
텍스트(text), 텍스타일(textile)	태극음양론(太極陰陽論)/역(易)사상
초법적인 정의(正義)/ 무조건적인 선물·환대	팔정도(八正道)/육바라밀(六波羅密)
초역사적인 평등(平等)(마르크스)	무상정등각(無上正等覺)
영구평화론(칸트)	초종교초국가사상(박정진)
인류문명의 종말(해체)	개인의 해탈(깨달음)
해체론적 민주주의 (전체주의와 야합)	제행무상(諸行無常)/ 제법무아(諸法無我)
기독교문명의 절대론의 종말(終末)사상	불교적문명의 상대론의 연기(緣起)사상
나쁜 여성성(동성애, 동성결혼)	좋은 여성성(평화, 大慈大悲)
해체론은 서양철학의 데카당스이다	불교적 존재론의 목표는 해탈이다

동양의 도학이나 불교의 해탈이 인간의 기쁨과 행복의 원천이 되고, 서양이 주도한 과학기술문명과 기독교의 폐해를 줄이고 인간에게 새로운 희망을 줄 수 있는가는 오늘의 인류에게 매우 중요한 메시지로 떠오

른다. 과학기술문명의 패권주의와 지배력은 팽배하다 못해 거의 폭력에 가깝기 때문에 문명의 균형잡기가 필요한 시점이다. 동양문명은 서양문명에 비해 아직 '상징적 신화'를 보존하고 있다는 점에서 위안이 된다.

인류의 문명이라는 것은 항상 미토스와 로고스의 상호왕래(로고스↔미토스) 속에서 전진하고 있기 때문이다. 도구적 이성으로 신이 죽어버린 세계에서 다시 미토스로 돌아가서 자연의 정령과 생명력을 회복해야 한다는 뜻이다. 그러한 시대적 요구가 필자로 하여금 '새로운 정신성의 출현'으로 신체적 존재론을 주장하게 하였을 것이다.

새로운 정신은 스포츠나 무예, 그리고 각종 예술을 통해 평화의 증진에 노력할 것을 촉구하고 있다. 새로운 정신은 예술 속에서 철학과 종교와 과학이 새롭게 태어날 것을 요구하고 있다. 미래문화는 무엇보다도 '반(反)도그마-반(反)기계적인 흐름' 속에서 '친(親)자연주의-친(親)생명주의'의 특성을 보일 것이다. 모든 인류에게 '선물(은혜)로서의 자연'을 환기시키고 보호하여야 할 것이다. 초월적으로 이해되는 신보다 내재적으로 발견되는 신에 대한 이해를 통해 세계평화주의에 도달하여야 한다.

현재 첨예하게 대립하고 있는 종교 간의 반목을 극복하고 모든 존재의 평화와 사랑(자비)을 실천하는 방안의 하나로 종교 간의 각종 교차축복 (cross-blessing)행사를 활발하게 전개하는 것도 인류평화에 기여함은 물론이다.[23] 이를 위해 필자는 오늘날 고등종교의 뿌리가 되는 원시종교 인 샤머니즘에 대한 새로운 이해를 통해 인류의 종교적 공통성을 회복하 는 운동도 필요하다고 여겨진다. 필자는 존재론의 미래적 형태로 네오샤

---

23) 새로운 정신은 자연의 회복과 함께 평화의 증진에 초점을 맞추지 않으면 안 된다. 이에 필 자는 칸트의 영구평화론 대신에 초종교초국가사상과 여성의 심정주의와 화평부동론(和平 不同論)을 통해 인류평화를 달성할 것을 제창한 바 있다. 특히 초종교사회가 되려면 유불 선기독교 간에 서로의 교리체계를 이해하는 운동과 함께 교차축복(cross-blessing)의식이 요청된다. 기독교의 입장에서 불교, 유교, 샤머니즘을 이해하는 것을 비롯해서 각 종교 사 이에 상호주관적 이해가 필요하다. 교차축복 또한 제의적 상징을 통해 상호주관적 상징교 환을 하는 계기가 된다는 점에서 제고해 볼 필요가 있다.

머니즘을 제창하기도 했다.[24)

해체주의는 결국 결코 달성할 수 없는 목적을 내건, 쓸데없는 공허한 담론을 마치 거대담론이라도 되는 양 떠들어대는, 철학의 사기, 철학의 야바위, 철학의 해프닝에 불과한 것이라고 말할 수 있다. "대뇌는 거짓말을 좋아한다."라고 하지 않을 수 없다. 해체주의는 '불임(不姙)의 철학'을 '가임(可姙)의 철학'인 양 떠들어대는, 과학기술시대가 낳은 철학의 변태이며, 말장난이다. 해체주의는 결국 비생산성으로 인해 사라지고 말 것이다.

해체주의를 동양의 음양사상의 관점에서 보면 '잘못된 음양학'이라고 말할 수 있다. 해체론이 물론 이원대립(二元對立)보다는 상호보완을 주장함으로써 음양사상이나 음양상보(陰陽相補)를 지향하고 있는 것 같지만 실은 '끝없는 타자'를 지향하고 있다. 그런 점에서 해체론은 서양철학 전체를 해체한다고 호언하고 있지만 더욱 더 '타자의 철학'인 서양철학에 매여 있다고 볼 수 있다.

"해체론은 유와 무, 색(色: 현상 혹은 일체)과 공의 논리적 모순과 그 긴장관계에 의해 설정되는 순수한 미래에로 오늘의 현실을 개방하려는 프로젝트이다."[25)

해체주의가 '포스트모던의 개인적 윤리학과 미학을 미래를 향한 미완성과 타자에 대한 무한책임의 윤리학'[26)을 표방하고 있음에도 불구하고 역사적 현실로서는 최악의 경우에는 문명파괴, 혹은 인류 공멸의 어두운 메시지를 담고 있다. 해체주의가 극단적으로 가면 기존체계의 도착이나 전도를 꾀하게 되고, 심하게는 전체주의가 될 위험성도 있다. 해체를 급진적으로 몰고 가면 마치 마르크시즘과 같은 혁명을 꾀하게 된다. 그런

---

24) 박정진, 『네오샤머니즘-생명과 평화의 철학』(살림, 2018) 참조.
25) 조규형, 『해체론』(살림, 2008), 77쪽.
26) 조규형, 같은 책, 81쪽.

점에서 해체주의는 '그라마톨로지(문자학)의 마르크시즘'이 될 가능성마저 있다. 해체주의와 포스트모더니즘의 일부운동은 특히 정치적인 측면에서 마르크시즘의 새로운 형태로 존재한다.

더욱이 해체주의는 마치 철학의 가상임신과 같은 것이다. 해체주의는 스스로 철학을 구성하지 않았으면서도 남의 철학으로 가지고 자신이 구성한 것처럼 착각하는, 즉 철학평론을 하였으면서 스스로 새로운 철학을 한 것 같은 착각에 빠지기도 한다. 해체주의자는 현대철학의 소피스트이다. 해체주의는 해체를 존재론의 존재(자연적 존재, 본래존재)로 착각하는 프랑스 현상학의 미로(迷路)이다.

철학의 순수라는 말은 참으로 철학적인 용어일 뿐이다. 순수는 선험, 절대, 초월, 지향, 타자, 이상(理想)의 다른 말이다. 순수이성이나 순수의식, 순수타자는 서로 다른 말 같지만 실은 다 같은 말이다. 서양철학은 모두 이 속에 있다. 서양철학의 이론(theory)이라는 말의 의미 속에는 '신+이성+광기=God+Geist+Ghost'가 동시에 포함되어 있다. 이것은 인중천지일(人中天地一)과 천지중인간(天地中人間)의 융합이며, 존재론과 현상학의 화해이다.[27]

바로 이러한 철학적 분위기에서 종래의 신체적 현상학은 신체적 존재론으로 새롭게 태어나지 않으면 안 된다. 신체적 존재론이 신체적 현상학과 다른 것은 타자(타자의 긍정이든, 부정이든)가 아닌 자기존재의 깊이에서 새로운 기원(origin)을 모색하는 데에 있다. 신체적 존재론이 인류의 공멸을 염려하면서 존재의 공동존재성, 혹은 공동신체성을 깨닫게 하는 최고경지인 만물만신(萬物萬神)에서 인류평화, 만물평등의 의미를 새롭게 길러내는 것은 존재론적 해결의 대표적인 예이다.

이것을 전통적인 메시아론에 비교한다면, 메시아를 기다리는 것이 아

---

27) '인중천지일'과 '천지중인간'에 대해서는 필자의 『철학의 선물, 선물의 철학』(소나무, 2012), 327~348쪽: 『네오샤머니즘』(살림, 2018), 347~380쪽 등 여러 책에서 소개한 바 있다.

니라 스스로 메시아가 되는, 자신의 몸(신체)에서 메시아를 발견하고(깨닫고) 실천하는 살신성인(殺身成仁)에 해당한다. 세계는 결국 자기(self)의 문제이며, 자기-내-존재의 문제이다. 신체적 존재론은 자기존재론(자기-내-존재론)이다. 그런 점에서 신체야말로 신성을 가진 것이며, 신이고, 신 자체이다. 신체적 존재로서의 자연은 해체될 수 없는 것이다.

인간은 신을 설정하고 신으로 하여금 말(말씀)하게 함으로써 신을 돌려받았는지도 모른다. 신의 말은 파롤(parole)이지만 그것을 문자(langue)로 기록하면 말씀으로 전해진다. 말씀과 기록 사이에는 간격이 존재한다. 그 간격은 새로운 해석을 요구하지만 그 해석은 항상 열려 있어야 한다. 만약 하나의 해석이 말씀의 의미를 독점한다면 이것은 소유주에 의해 폭력이 된다. 창조적이지 못한 사람은 텍스트를 죽은 텍스트로 만들고, 그 죽은 텍스트는 바로 이단을 만들어낸다. 그래서 종교의 역사는배반의 역사이고 이단의 역사이기도 하다. 말씀을 돌려받는 인간은 결국 신을 설정하기는 했지만 스스로 자문자답하는 형국이 된다.

인간과 신의 대화는 형식적으로는 다이아로그(dialogue) 같지만 실은 모노로그(monologue)인 것이다. 신은 인간이 잡으려고 하면 달아나거나 부재하고 만다. 그래서 인간은 현존재(Dasein), 스르로 '거기 있음의 존재'가 될 수밖에 없다. 그런 점에서 신은 인간의 자기독백(자기현존)이면서 동시에 자기부재(자기죽음)이다. 이것은 자연의 생성(생멸)을 존재로 설명하는 서구-기독교 전통의 방식이다. 동양-도학 전통에서는 존재가 생사인 것이 아니라 생멸이고 이것이 바로 존재이다. 생멸은 이분화되지 않는다. 생멸을 동시적인 것이다. 동시적이라는 말에는 자연의 흐름에서 시간을 별도로 빼내어 시간을 독립적인 존재로 보지 않고, 즉 계량하는 시간으로 보지 않고 그냥 흘러가는 것으로 내버려 둠을 의미한다.

동양인에게 현상(서양이 말하는)은 없다. 이를 뒤집어 말하면 현상을 바로 존재로 보거나 존재를 현상으로 본다. 자연에는 존재가 있을 따름이다. 자연을 세계라고 하는 자체가 바로 존재를 존재자로 전환 시키는 것을 의미한다. 그런 점에서 동양인에게는 세계-내-존재는 없다. 존재-내-세계가 있을 따름이다. 서양인이 세계를 이분화하는 것과 이분화하였기 때문에 통일을 하여야 하는 것과 세계를 처음부터 하나로 보는 동양인은 다르다. 자연에는 타자(절대타자)가 없다. 그러나 세계에는 타자가 있다. 타자(주체-대상)가 있기 때문에 세계이기도 하다.

서양-기독교문명에서 하나(하나의 세계)를 추구하는 것은 동양인의 본래부터 하나(하나의 존재)인 것과는 다르다. 겉으로 보기에는 비슷한 것 같지만, 근본에서는 정반대이다. 그래서 동양에서 서양을 보고, 서양에서 동양을 보는 것이 가능한지도 모른다.

해체주의의 해체는 해탈이 아니다. 해체하는 것은 이미 구성된 것이기 때문에 해체가 가능하다. 해탈은 무엇을 해체하는 것이 아니다. 해체할 수 없는 것을 그냥 바라보는 것이다. 그것은 눈으로 보고 손으로 잡는 것이 아니다. 해탈은 머릿속에서 일어난 일에서 벗어나는 것이다. 해탈은 머릿속에서 나온 일을 아예 잊어버리는 것이다. 소리는 인간이 해체할 수 없다. 소리는 인간이 귀를 막고 안들을 수는 있어도 해체할 수 없다. 소리는 파동이기 때문이다. 소리는 말이 아니다. 소리는 말(말씀)이 될 수는 있어도, 말이 아닌 공명(共鳴)이다.

소리는 구성되는 것이 아니라 자연처럼 생멸(팽창소멸)하는 것이다. 문자야말로 이성주의의 원천이고 도구(기계)와 공식(함수)로 가는 지름길이다. 데리다의 해체주의가 '해체론적 문자학'인 그라마톨로지를 주장하는 것은 스스로 자기기만(모순)에 빠진 것이다.

5. 소리에서 포노로지(Phonology)[28]의 탄생

1) '말-소리중심주의'(logo-phonocentrism)의 착오

서양철학의 '정신'(Geist)을 '천지인(天地人)-정기신(精氣神)' 사상의 맥락에서 해석하니까 '정신(精神)'이 된 것이지만, 어쨌든 '정신'이 '기(氣)'를 잃어버리고 나니까 기(氣)도 정신에서 독립(대립)하여 '물질'이 되지 않을 수 없었다. 결국 '정신'과 '물질'은 대립하게 되었고, 그 대립은 영원히 이상과 조화를 향하지 않을 수 없게 되었다. 이것이 바로 정반합(正反合)이라는 변증법(辨證法)의 논리로 결과 되어졌다.

이런 정반합의 논리를 극복하기 위해서 역동성(dynamism)이 필요했고, 역동성을 보장받고 전개하기 위해서 전통적인 기(氣)철학의 도움과 부활이 필요했다. 역동성은 변증법이 아니다. 동양의 음양사상은 바로 역동성의 대표적인 모델이다.

천지(天地)와 이기(理氣)는 음양적이다. 서양의 해체철학자들이 개발한 교차배어(交叉配語: chiasmus)라는 말은 동양의 음양론에 대한 서양철학적 번안이며 해석이다. 그런 점에서 천지음양은 교차배어적(chiastic)이라고 말할 수 있다.

인간은 '기(氣)의 동물'이면서 동시에 '이(理)의 동물'이다. 이(理)와 기(氣)도 실은 교차하는 것이다. 이것은 동일성의 철학, 보편성의 철학이 아니고 동시성의 철학이면서 일반성의 철학을 향하고 있다. 일반성의 철학은 이성중심주의 철학의 무화(無化)를 지향하고 있는 물심일체(物心一體)의 철학이다.

---

28) 박정진 지음, 『소리의 철학, 포노로지』 2012, 소나무. 위의 책을 참조하면 보다 상세한 진술이 있다. 많은 도움이 될 것으로 생각되기에 독자들에게 권하는 바이다.

<천지인의 교차배어>

天	氣	정신(精神)	이(理)		기(氣)
人	神	인간(天/地)	理/氣	×	氣/理
地	精	물질(物質)	기(氣)		이(理)

결국 서양의 역사는 이성을 중심으로 전개하였기 때문에, 시간과 공간을 중심으로 전개하였기 때문에, 역사사회를 중심으로 전개하였기 때문에 변증법적으로 정반합을 거듭할 수밖에 없게 되었다. 칸트에 이르러 이성(理性)을 만나 '정신=절대신=이성(理性)'이 되어 오늘의 과학에 이르렀다. 이는 그 이면에 '정신(精神)=절대신(神)'의 등식을 감추고 있다.

여기서 소리(phone)는 로고스(logos)에 포함되어 매개변수가 되고, 의미가 되고(이것은 所記, 혹은 記意라고 말한다), 능기(能記)로서의 존재의 의미를 상실하고, 있으나마나 한 것이 되어버렸다. 서양철학의 '사물=언어'를 극복하거나 벗어나기 위해서는, 세계(존재)의 진면목을 보기 위해서는 그 사라져버린 '소리'를 찾지 않으면 안 된다. 서양문명은 소리에 로고스를 투사하여, 삼켜버린 오류이다. 그 오류의 대가로 과학을 얻었다. 그러나 이제 그 과학이 자연의 생태환경에 근본적인 문제를 일으키고 있다. 과학은 존재의 근원을 보지 않게 하고, 이용대상이 되는 것으로 전락시켜버렸다.

과학은 결국 역동적인 자연(우주)의 사물을 정지시켜서 실체(substance)를 확인하고 그것의 운동과 관계를 시공간의 좌표(액자, 프레임) 상에 정립하는 것이다. 그런데 자연은 실체가 없다. 자연을 두고 시공간에서 실체가 있는 것만 바라보고 실체가 있다고 말하는 사람도 있지만, 실체는 없는 것만 바라보고 실체가 없다고 생각하는 사람도 있다. 결국 자연은 실체가 있기도 하고 실체가 없기도 하다. 문제는 실체가 있든, 실체가 없든 자연에서 살아가는 것은 같다.

결국 서양문명은 정신(주체)과 물질(대상, 객체)이 서로 대립(비대칭)하고, 여기서 '보편성으로서의 이(理)'를 찾는 것이 목적이 되었다. 이에 비해 동양의 이기(理氣)철학은 서로 대칭(대립이 아닌)을 이루면서 기(氣)를 완전히 물질화(대상화)시키지 않았다. 그래서 '물질화되지 않은 기(氣)'로서 기질(氣質)'이라는 용어가 남아있는 것이다. 서양철학의 영향으로 동양의 기 혹은 기질은 마치 물질처럼 이해되기도 했지만 '무한소로서의 기(氣)'가 마치 불교의 공(空)이나 무(無)처럼 이해되고 있다.

동양의 이(理)는 서양의 이성(理性)과 다르게 물리학(과학) 단계의 이(理)가 아니라 현상학(의식학) 단계의 윤리학에 머물렀다. 그래서 동양의 '이(理)-기(氣)'는 성리학(性理學)에서 만족할 수밖에 없었다. 서양은 '정신-물질'의 이분법에 따라 과학을 발전시켰으나 동양은 서양을 뒤따라가야 했다. 그러나 동양은 오늘날 '이(理)-기(氣)'의 기(氣)철학사상을 통해 오늘날 반이성주의철학을 열 기회를 가지게 되었다.

기(氣)는 기파(氣波)라고 할 수 있고, 소리도 음파(音波)라고 할 수 있다는 점에서 같은 파동(波動)으로 통합될 수 있다. 그 기(氣) 혹은 기질(氣質), 잃어버린 소리, 자연의 소리를 되찾는 것이 바로 소리철학, 포노로지(phonology)이다. 무엇보다도 사물의 전체는 시각적으로 볼 수 없다. 다시 말하면 우주의 전체를 결코 볼 수 없다. 그러나 전체를 상징하는 소리는 들을 수 있다. 소리는 사물과 우주를 상징하는 메타포이다.

'말-소리중심주의'(logo-phonocentrism)
=말중심주의(logocentrism)'
*소리(phono)는 있으나마나 한 것이다.
정기신(精氣神)에서 기(氣)가 빠지고 정신과 물질이 대립한다.
'정신=절대신=이성(理性)'
'정신의 대상=물질(物質)'
*기(氣)=에너지=소리(phone)
=포노로지(phonology)의 탄생

결국 기(氣)의 상실에서 비롯되는 일련의 '철학적 오디세이의 모험'이 서양철학사가 된 것이다. 서양의 이성중심주의 철학은 처음부터 유물론을 배태하고 있었다고 해도 과언이 아니다. 그런데 이 같은 상황은 절묘하게도 서양 알파벳 문명권의 '말-소리중심주의'에서 소리(phone)가 빠지면서 초래되는 〈'말-소리중심주의'='말중심주의'〉가 되는 것과 상응하고 있다.[29] 정신과 물질의 대립은 그 입장을 바꾸어도 얼마든지 설명이 가능하기 때문이다.

동양의 이기론(理氣論)은 흔히 이기불상리(理氣不相離), 이기불상잡(理氣不相雜)으로 설명된다. '이기불상리'는 "이와 기는 서로 떨어지지 않는다.", '이기불상잡'은 "이와 기는 서로 섞이지 않는다."는 뜻이다. 전자의 뜻은 이와 기는 함께 따라다니는 동봉(同封)관계에 있다는 것을 말하고, 후자는 이와 기는 자신의 성질을 잃고 통합(統合)되어서는 안 된다는 뜻이다.

이것은 동양의 음양론으로 설명하는 것이 더 적절할 듯하다. 음양은 대립이 아니라 상호보완의 관계이다. 상호보완의 관계라는 것은 항상 함께 있으면서 동시에 서로의 역동성(동태성)을 잃어버리고 정태적인 하나가 되어서는 안 되는 것이다. 남녀는 흔히 대립관계처럼 설명된다. 그러나 남녀는 보완관계이다.

음양론은 서양이론으로 보면 전기(電氣)의 이론에 흡사하다. 전기의 플러스(+)와 마이너스(−)는 개념이 아니라 작용이다. 말하자면 전기는 작용하기 전에는 전기가 있는 줄 모른다. 이것을 두고 동시적이라고 말할 수 있다. 전기는 플러스, 마이너스, 즉 음양이 함께, 동시에 있는 것이다. 함께, 동시에 있지 않으면 존재할 수 없다. 전기에 비유하면 과학이라는 것은 전선(電線)과 같은 것이다. 전기를 사용하기 위해서 전선을 만든 것이 과학이다.

---

29) 박정진 지음, 『철학의 선물, 선물의 철학』 29~30쪽, 2004, 소나무.

그러나 음양론을 전기이론으로 환원하면 음양론이 축소되는 것이다. 음양론은 일종의 일반론으로 전기이론을 상징적으로 확대한 이론으로 보면 된다. 음양론은 인과론이 아니라 상징론으로 우주를 상징적 상호작용으로 보는 것이다. 이런 이론을 바탕으로 동양의 음양(오행)이론이나 천지인 사상, 주역(周易), 한의학이론 등이 있는 것이다.

서양의 이성중심의 대립적 세계관은 동양의 음양의 대칭적 세계관과 크게 다른 것인데 이는 기(氣)라는, 개념 아닌 개념의 존재유무와 상관을 맺는다. 그래서 소리철학은 종래의 인간(이성)중심의 보편성의 철학 대신에 물(物: physis) 중심의 일반성의 철학이며, 기(氣)철학을 토대로 하는 철학이다. 소리와 기(氣)는 밀접한 관계에 있다.

기(氣)는 논의의 차원(level)에 따라 기운생동(氣運生動), 기운생동(機運生動), 기운생동(氣韻生動)으로 설명될 수 있다. 기운생동(氣運生動)은 생명체의 레벨, 기운생동(機運生動)은 기계적인 레벨, 기운생동(氣韻生動)은 음운론적 레벨에서 이루어진다. 이들 레벨은 서로 밀접(密接)한 관계에 있으면서 동시에 순환의 관계에 있다.

서양 알파벳 문명권의 '말-소리중심주의'에서 소리(phone)가 빠지면서 〈'말-소리중심주의'='말중심주의'〉가 되는 것은 바로 서양문명이 이성중심주의를 토대로 구축되고 있음을 전제하고 있다고 해도 과언이 아니다. 소리야말로 우주적 전체성(총체성)으로, 우주적 존재로 돌아갈 수 있는 길이다.

한국이 세계 철학계에 독자적인 철학, 오리지낼리티가 있는 철학인 '포노로지(Phonology)'를 낸 것은 유사 이래 처음이다. 철학은 언어를 사용하는 체계이기 때문에 언어를 해체하지 않고는(탈언어화하지 않고는) 이성중심주의를 벗어날 길이 없다.

따라서 현대철학이 기댈 곳은 소리밖에 없다. 언어는 소리(음성언어)에서 출발하였기 때문이다. 결국 소리에서 존재를 찾을 수밖에 없다. 이렇게 볼 때 과학의 물질이라는 개념에 대해서는 '기'(氣)라는 개념을 통해 피난처로 마련하고, 철학의 언어에 대해서는 소리를 내놓음으로써 구원을 달성하는 셈이다.

포노로지는 마치 한글, 훈민정음 창제와 맞먹는 문화적 성취이다. 훈민정음은 아마도 포노로지의 탄생을 오래 전부터 배태하고 기약하고 있었는지도 모른다. 포노로지는 세계에서 가장 자연에 가까운 철학일 것이다. 포노로지는 소리글자인 한글을 가진 한글문화권의 일원이기에 가능한 것이었다. 따라서 포노로지는 한글의 철학적 금자탑이라고 말할 수 있다.

프랑스 철학자 데리다(Jacques Derrida: 1930~2004)는 서양철학사가 알파벳 소리글자의 조건으로 인해 문자 기록을 폄하하고 '말-소리 중심주의'(logo-phonocentrism)를 진정한 것으로 여기는 철학적 전통에 빠졌다고 비판한다. 말은 자연적이고 진정한 것인 반면 글은 일종의 필요악으로서 방편으로 사용하는 것에 불과하다고 주장한다. 이러한 서양철학의 경향을 그는 '현존(présence)의 형이상학'이라고 부른다. 급기야 그는 '말-소리 중심주의'가 이성중심주의의 원인이라고 지목한다.

"바로 이 같은 로고스 속에서 소리(phonè)와의 근원적이며 본질적인 관계는 결코 단절된 적이 없다. 그 점을 보여 주는 것은 쉬운 일이며 나는 그것을 시도할 것이다. 소리를 어느 정도 암묵적으로 규정한 바대로라면, 소리의 본질은 로고스로서의 '사유' 속에서 '의미'와 관계를 맺고, 그것을 산출하고, 수용하고, 발화하고, '재결집하는' 것과 직접적으로 근접해 있다. 가령, 아리스토텔레스가 "목소리가 발송한 소리는 정신의 상징이며 문자로 적힌 낱말들은 목소리가 발송한 낱말들의 상징이다."라고 적은 이유는 그 최초의 상징을 산출하는 목소리가 정신과 본질적이면서 직접적인 근접성의 관계를 맺고 있기 때문이다. 최초의 기표를 산출시키는 목소리는 단지 다른 기표들 속에 있는 일개 기표가 아니다. 그것은 자연적 유사성을 통해 사물을 반영하거나 반사시키는 '정신-상태 (état-d'âme)'를 의미한다."[30]

과연 '소리'가 이성중심주의의 원인일까. 아리스토텔레스마저 그랬으니 데리다가 '소리=이성'이라는 것은 당연한 것 같다. 서양철학자들은 모두 여기에 동의할 수도 있을 것이다. 그런데 동양 사람의 입장에서 볼 때는 소리는 이성이 아니다. 소리는 의미도 없을 뿐만 아니라 의미도 없으니 더구나 이성이 될 수 없다. 아마도 서양 사람들은 자신의 머릿속에 있는 이성을 소리 속에 투사하였을 것이다. 생각 자체가 자신을 대상에 투사하는 것이 아니던가? 서양 사람들은 이런 자신의 투사에 속고 있다. 의미도 없는 것이 어떻게 이성이 되고, 이것은 서양 사람들이 모두 그렇게 생각할 뿐이다.

'소리=현존=이성'은 다분히 기독교의 '하나님의 말씀'의 '말씀'에 대한 반작용이라고 할 수 있다. 말씀에는 분명히 구조언어학적 분석에 따르면 파롤(parole)도 있고 랑그(langue)도 있다. 그런데 왜 랑그에 초점을 맞추고 말씀을 이성과 연결시켰을까. 이는 다분히 프랑스의 합리주의와 텍스트적 전통의 영향이거나 프랑스식 철학의 전개를 하다 보니 그렇게 되었을 것이다. 그러한 점에서 데리다는 서양철학적 전통에 충실한 편이다.

그러나 현존은 하이데거 식으로 보면 결코 이성이 될 수 없다. 현존은 숨어있던 존재의 현현이다. 데리다가 현존을 '부재'(absence)로 본 것은 목소리의 말씀을 이성의 원인으로 본 때문이다. 물론 데리다는 후기에 목소리도 차이라는 것을 알고 에크리튀르와 다를 바가 없다고 하였지만 분명히 처음엔 그렇지 않았다.

결과론이지만 하이데거는 이데아의 이면에서 존재를 보고 존재론으로 나아간 반면, 데리다는 현존에서 이성을 보고 그것의 반대인 에크리튀르

---

30) 자크 데리다 지음, 김성도 옮김 『그라마톨로지』 pp. 49~50, 2010, 민음사.

와 그라마톨로지로 나아갔다. 데리다가 나아간 방향은 다분히 현상학적 레벨의 전개이다. 데리다는 『목소리와 현상학』을 쓰기도 했다.

하이데거는 현상학을 창시한 후설의 제자이면서도 존재론을 나아간 반면 데리다는 후설에게 직접 배우지 않았으면서도 후설의 후계자를 자처하면서 현상학적 레벨에서(설사 현상학에서 문자학으로 이동했을지라도) 자신의 그라마톨로지 이론을 전개해나갔다.

하이데거와 데리다는 똑같이 차연(差延)을 주장하면서 자신의 철학을 전개해나갔지만, 하이데거의 '차연'은 존재론의 레벨이었다면 데리다는 현상학의 레벨이었다. 존재론의 레벨이라는 것은 '드러남'과 '숨음'의 숨바꼭질과 같은 것이라면 현상학의 레벨이라는 것은 대립된 것의 왕래와 같은 것이다. 존재론은 차원이 다른 것의 숨바꼭질이라면, 현상학은 차원이 같은 것의 왕래이다.

개별성에서 시간과 공간이 발생하고, 시공간의 발생에 따라 눈에 보이는 세계는 특수성의 세계가 되고, 특수성은 인간의 대뇌와 언어의 추상의 정신으로 인해서 보편성을 향하였다. 이것이 보편성이라는 것의 정체이다.

하이데거의 존재론이나 데리다의 그라마톨로지는 일반성에서 보편성으로의 철학적 여정을 보편성에서 일반성으로 향하게 하기 위해서 역순으로 나아간 것인데 이때 특수성을 차이로 보았지만 여전히 시간과 공간의 장애를 뚫지 못하고, 차이에 연장의 개념을 둠으로써 결과적 동일성에 머물렀다.

데리다는 공간에 걸렸고, 하이데거는 시간에 걸렸다. 시간에 걸린 하이데거는 그래도 일반성의 철학의 경계에 도달하였기 때문에 존재론을 주장하였던 셈이다.

데리다의 그라마톨로지는 해체주의이지만, 하이데거의 존재론은 엄밀한 의미에서 해체주의라고 할 수 없다. 해체는 축조된 것을 해체하는 것이지만, 존재론은 본래 그러한 것을 깨닫는 것일 뿐이다. 그래서 데리다의 해체주의는 필연적으로 '유(有)의 무(無)'일 수밖에 없다. 존재론은 종래의 '존재(無)라는 것이 존재자(有)'였음을 밝혔을 뿐이다. 존재론은 무엇을 다시 세우지 않는다.

하이데거와 데리다의 생몰연대를 보면 하이데거가 빠르기 때문에 데리다가 하이데거를 배운(카피한) 것이지만 결국 자신의 프랑스 철학적 전통과 철학적 입장에 따라 데리다는 현상학적 입장으로 퇴행하였다. 데리다는 해체주의를 통해 존재론(존재론적 존재)에 도달하려는 제스처를 취한 것으로 보인다.

심지어 데리다는 하이데거의 존재론을 배웠으면서도 하이데거의 '존재'라는 말을 종래의 현상학적 존재(존재자)로 공격하는 의도적 오해를 하기도 했다. 데리다가 교활한 것은 하이데거에게 존재론적 존재에 대한 힌트를 얻었으면서도 그렇지 않은 양 위선적 태도를 보였는데 그 혐의는 하이데거의 '존재와 무'를 '현존과 부재'로 재해석한 것에서도 찾을 수 있다. 철학적으로 볼 때 '존재의 무성(無性)'을 아는 자만이 현상학적 차원에서 '새로운 유무(有無)로서'의 '현존과 부재'를 설정할 수 있기 때문이다.

차연의 '현존과 부재'는 변증법의 '정반(正反)'과 별반 다르지 않다. 전자가 비본질주의 입장에서 있고, 후자가 본질주의 입장에 있다고 하지만, 그것을 별 문제가 되지 않는다. 차연이든, 정반이든 결국 현상학적 차원의 유무의 대립 혹은 반운동 혹은 연장운동에 지나지 않기 때문이다. 반운동과 연장운동은 무엇(대상목적)을 향하여 지향 혹은 지양하는 운동이기 때문이다.

존재론의 입장에서 보면 존재는 자연(존재=자연)이고, 자연의 소리도 존재(소리=존재)이다. 존재와 이성은 다르다. 데리다는 하이데거의 '존재'를 자신의 입장에 따라 '생각하는(이성적) 존재' 혹은 '존재자'로 오독하거나 하이데거의 '존재'를 마치 현상학의 기원(origin)으로 매도하는 등으로 하이데거를 공격하는 망발을 범한다. 하이데거는 "아마도 신 없는 사유(das gott-lose Denken)가 신다운 신(der göttliche Gott)에 더 가까울 것이다."라고 말하기도 했다.

하이데거의 존재론은 칸트가 보류해둔 '물 자체'에 대한 철학적 담론이기 때문에 물자체를 '신(God)'으로 해석할 수도 있는 것을 완전히 차단하지는 못한다. 존재는 '신'이면서 동시에 '자연(자연적 존재)'라는 이중성을 지니고 있기 때문이다. 이는 서구문명에 속한 모든 철학자들이면 누구나 빠질 수밖에 없는 딜레마와 같은 아포리아(aporia)이기 때문이다.

데리다는 '현존(現存, présence)' 대신에 '부재(不在, absence)'를 착안하고 '부재'를 '없음'(nothing)라고 생각한다. 데리다의 부재는 '현재의 철학'이다. 현재에 매인 철학은 시간을 벗어날 수가 없다. 그러나 하이데거는 '현존'을 '존재(Sein)'로 번안하면서 '존재'를 '무'(nothingless)라고 생각한다. 이것이 바로 데리다의 현상학과 하이데거의 존재론의 차이이다.

결국 하이데거는 '무(無)의 레벨의 존재론'을 전개하였고, 데리다는 '유(有)의 레벨의 존재론'을 전개하였다. 하이데거의 '존재와 무'의 '무'는 불교의 '진공묘유(眞空妙有)의 존재론', '부진공론(不眞空論)의 존재론'을 전개하였는데 반해 데리다는 서양의 이성중심주의의 레벨에서 '없음(nothing)의 존재론'을 전개한 셈이다. 진공은 단멸공(斷滅空)이 아닌데 데리다 식으로 말하면 '없음'이 된다.

하이데거는 존재론을 전개하면서 목소리의 현존을 존재로 인정한 반면 데리다는 '목소리의 현존' 대신에 '에크리튀르의 부재'를 제안하면서 '부재(不在)의 철학'을 전개한다. 결국 하이데거는 존재론(存在論)을, 데리다는 부재론(不在論)을 전개한 셈인데 데리다는 이성중심주의를 벗어난다고 하면서도 전통적 의미의 존재(하이데거의 존재자)의 레벨에서 부재론을 전개하였고, 하이데거는 새로운 차원의 존재론을 전개하였던 것이다.

데리다의 에크리튀르는 구조언어학의 기표와 기의의 문제를 현상학적 레벨에서 재연한 것뿐인데, 그것은 소리를 의미(기의)로 전환시키는 알파벳 문명권의 타성에 따른 것이다. 그것은 소쉬르에 비해서 전혀 새로운 것도 없다. 소리의 표현적 성격과 문자(표지)의 표기적 성격을 서로 다른 것으로 보고, 소리를 자기환원적인 것으로 규정한데 따른 것이다. 소리는 결코 자기환원적이지 않다. 도리어 문자야말로 그것의 기록성으로 말미암아 환원적이 된다.

데리다의 에크리튀르와 문자학은 문자가 범한 범죄를 도리어 소리에 전가한 책임전가 혹은 뒤집어씌우기에 해당한다. 그래서 그의 주장은 자주 궤변적이 될 수밖에 없었고, 자기모순에 빠지게 되면서 프랑스적 문체주의의 장막에 숨어 자기모순을 은폐하게 된다. 한마디로 데리다는 하이데거의 존재론을 잘못 해석한 나머지 현상학으로 후퇴시키게 되는 철학적 후퇴에 범하게 된다.

이는 실존주의자인 사르트르가 존재론자인 하이데거를 오해한 것과 다를 바가 없는, 같은 현상학적 레벨의 프랑스적 오해이다. 프랑스의 철학자들은 하나같이 후설의 훌륭한 제자들이다. 다시 말하면 후설의 현상학은 프랑스에서 꽃을 피우게 된 셈이다. 그러나 현상학은 존재론이 아니고 의식학일 따름이다.

사르트르는 세계를 온통 의식 속으로 집어넣어버리고 초월적인 순수 주체를 설정한다. 따라서 의식주체는 '대자(pour-soi)'가 되고, '대자'는 즉자로서의 '자기(le soi)'를 다시 설정하게 된다. 의식주체는 '미래를 향한 주체(sujet-au-futur)'가 된다. '자기'는 자기동일성과 자기통일성을 기하는 '사르트르의 자신의 통일된 즉자(le soi unifié de Sartre même)'가 되지만 항상 부정과 초월과 무화의 대상이 된다.

결국 이는 코기토('나는 생각한다. 고로 존재한다')를 '존재하는 나를 생각한다'로 봄으로써 주체는 자기일치를 이룰 수 없는 '대자로서의 의식'에 불과한 것이 된다. 사르트르는 '미래를 향한 존재의 표면'으로서 의식을 설정하지만 표면이라는 것은 이미 공간의 2차원이고, 존재는 항상 1차원의 시간을 따라 무한대(사르트르식의 무한퇴행)로 나아가지 않으면 안 된다.

후설의 현상학의 충실한 제자인 사르트르와 데리다의 프랑스적 공통점은 항상 시각과 함께 공간의식이 따른다는 점이다. 이때 공간의식은 표면이라는 것인데 사르트르는 '미래를 향한 존재의 표면(두께 제로)'이 의식인 반면 데리다는 '에크리튀르 하는 대상으로서의 표면'이다. 둘 다 공간에 매달려 있기 때문에 시간의 축을 따라서 무한대로 나아가지 않으면 안 된다. 무한대는 하이데거 식의 '무(無)의 현상학'인 것이다.

하이데거는 공간에서 사유를 시작하지 않고 시간에서 시작하였기 때문에 사르트르와 데리다처럼 공간(공간의 표면)에 매달리지 않고 시간을 벗어나서 역사로부터 자유롭게 된 셈이다. 그래서 현상학을 벗어나서 존재론을 구축할 수 있었던 셈이다.

하이데거에 존재론에 따르면 '존재=기(氣)=nothingless(不眞空論)'가 된다. 이에 반해 데리다의 부재(不在, absence)는 현상학적 현재의 레벨에서 전개된 '글 쓴 자'의 '자아(自我)=자가(自家)=동일성'의 은폐로 귀착된다. 아시다시피 현상학은 현재라는 시간을 전제하지 않으면 성립하지 않는 것이다.

현재라는 시간은 자신의 비시간성의 틈을 메우기 위해 우상을 만들고, 그것을 매개로 하여 과거와 미래를 연결된다. 그 우상 가운데 하나가 바로 시간이다. 시공간은 기운생동의 존재인 인간이 자신에게 하나의 정체성을 부여하고, 장기적으로 하나의 틀에 매기 위한 장치이다.

데리다에게 있어 현존(現存, présence)은 현재의 입장에서 '부재'가 되었고, 부재는 '말한 자가 없다'는 의미도 되지만 동시에 '부재가 이성'이라는 이중적 의미가 있다. 이성은 텍스트에 의해 연결된다. 하이데거의 현존은 존재와 동봉관계에 있다. 데리다의 '부재(不在)'는 물론 불교의 '공(空)'이 아니지만, 하이데거의 '존재(存在)'는 '공(空) 혹은 '무(無)'와 동봉관계에 있다. 여기서 동봉관계라는 것은 하이데거의 존재도 불교적 무(無)에 완전히 도달한 것은 아니라는 뜻이다.

데리다의 '부재'와 하이데거의 '존재'에는 아직도 '자아'(ego)가 숨어 있다. 부재는 공간적 자아, 존재는 시간적 자아에 잡혀있다. 두 학자는 이성중심주의를 벗어나려고 노력하고 있지만 여전히 서양철학사의 이성중심주의에 갇혀서 그 창 너머로 동양의 불교철학이나 도가철학을 바라보고 있는 것이다.

두 학자는 역설의 철학을, 혹은 이중성의 철학을 구사하고 있지만, 역설과 이중성이라는 것은 여전히 그것을 가능하게 한 상대의 흔적을 가지고 있는 것이다. 온전한 하나는 언어(言語)를 넘어야 도달하는 것이다. 아니, 언어를 넘는다기보다는 언어를 포기하는 것에 있다. 언어로는 결코 본래의 세계에 도달하지 못한다.

이에 비해 소리는 처음부터 동일성(同一性)이 없고, 목소리도 동일성으로 환원되는 것은 아니다. 서양철학은 소리를 의미로 잘못 해석하는 바람에 동양의 법음(法音)에 도달하지 못했다. 이성주의의 범인은 소리가 아니라 문자이다. 문자가 있어야 문장이 되는 것이고, 문장이 있어야 이성의 존재할 수 있는 것이다.

인간의 생각의 근본적인 약점은 주어를 설정하지 않으면 안 된다는 데에 있다. 결국 은연중에 주어를 가정하고 있지 않으면 어떤 말도 할 수가 없다. 예컨대 "무엇이 없다"고 한다 해도 없다는 것의 주어를 가정하지 않으면 안 된다. 주어를 설정하는 데는 있고, 없음, 즉 유무(有無)의 차이가 없다.

바로 생각하는 주체가 곧 주어이고, 그것이 자아이다. 그래서 '생각하는 나를 존재'라고 했고, 후기 근대에 와서 '존재하니까 생각한다.'라고 그것을 뒤바꾸었을 따름이다. 생각과 존재를 왕래하였을 따름이다. 생각이 존재를 규정하다가 이제 존재가 생각을 규정하게 되었을 따름이다. 그렇다면 철학이 결국 인과를 따지는 논리였지만, 결국 논리학이 제일 싫어하는 순환론에 빠져버린 셈이다.

논리는 원인으로 돌아가는 환원주의의 산물이지만, 존재는 존재의 근본으로 돌아가고자 한다. 그것을 존재의 고향이라고 말할 수 있다. 둘의 차이는 전자는 원인으로 돌아가는 것이고, 후자는 고향으로 돌아가는 것이다. 원인과 고향의 차이는 무엇인가. 고향은 감성적 양식을 가지고 있는 것이다. 감성적 양식 가운데 가장 상징적인 것이 소리이다. 그래서 시인들은 사물의 소리를 듣는다. 소리는 사물의 고향이다.

감성적 양식이라는 것은 원인(原因)이 아니라 원형(原形)이라고 말할 수 있다. 감성적 양식이란 인간이 발견한 것이 아니라 처음부터 주어진 것이다. 감성적 양식이란 그래서 보편성을 운운하는 것이 아니라 만물이 가지고 있는 일반성이다. 보편성이란 인간이 찾아낸 양식이지만 일반성은 찾아낸 양식이 아니라 주어진 양식이다. 예컨대 느끼는 세계, 감성의 세계는 그것을 대상화하지 않으면 결코 감각적 대상이 되지 않는다. 인간은 그것을 스스로 대상화해놓고 그것을 대상이라고 규정하는 것이다. 결국 느끼는 세계, 교감의 세계를 대상이라고 규정하는 것은 인간의 관념이고 생각이다.

결국 생각하니까 존재하든, 존재하니까 생각하든 결국 인간은 생각의 동물이라는 것이다. 생각의 동물이 생각의 결과를 지칭한 것이 바로 철학이다. 결국 철학은 인간이 살아가는 데는 필요하지만, 인간 이외의 다른 만물(자연)이 존재하는 데는 반드시 필요한 것은 아니다. 결국 철학도 인간이 살아가기 위해 만들어 놓은 삶의 장치이다. 인간은 자연이라는 하나의 덩어리를 그 어디엔가에서 깨뜨리고 소유하면서 살아가는 존재이다. 그런데 그 깨뜨린 것에는 절편이 있기 마련이다.

인간은 그 절편(단절된 면)을 어떤 방법으로든 연결시키려고 노력하지 않을 수 없다. 그것이 어떻게 연결된 것이든 땜질을 해야 하는 것이다. 땜질에는 땜질의 흔적이 있다. 그러나 땜질하는 것조차 인간의 생각의 쳇바퀴의 일(가상, 상상, 망상)이다. 자연은 인간이 생각하는 것처럼 결코 연속성을 깨뜨린 적이 없다.

데리다의 논의의 레벨은 현상학적인 레벨에 있었음이 확실하다. 데리다는 서양철학의 이성중심주의를 벗어난다고 공언하면서도 도리어 이성중심주의의 근원이 되는 현상학(의식학)의 레벨에서 이성을 공격한 셈이다. 하이데거의 존재론은 데리다에 의해 오해되었거나 후퇴한 셈이다. 현상학적 레벨이라는 것은 아시다시피 의식학의 레벨이다. 의식이라는 것은 지향성(志向性)이기 때문에 현재가 없으면 존재할 수 없다. 따라서 데리다는 현재론이라고 할 수 있다(현재는 시간이다). 데리다는 현상학적 레벨에서 '현존'과 '표현'을 공격한 셈이다.

데리다는 현재(시간)라는 정지된 시점(지평: 공간)에서 현존을 바라봄으로써 현존을 부재(不在)로 바라보았다. 이는 현존을 현상으로 바라보는 현상학적 레벨이다. 따라서 데리다는 현재에서 이원대립적인 것의 이중성과 왕래를 말했다면, 하이데거는 존재와 존재자(현존재) 사이를 왕래하는 존재론적 레벨에서 존재를 바라본 셈이다.

데리다의 현상학적 왕래는 시간과 공간(시간과 공간은 둘 다 존재자이다)의 차이를 왕래하는 것이다. 그래서 데리다의 왕래를 '수평적 왕래'(존재자적 왕래)하고 한다면 하이데거의 왕래는 '수직적인 왕래'(존재론적 왕래)라고 말할 수 있을 것이다.

데리다의 왕래는 헤겔이나 마르크스의 정반합이 이루어지는 레벨에서의 왕래이다. 이것은 단지 역사학(시간)이나 물리학(공간)으로 넘어가지 않았다는 점만 다르다. 데리다가 이들과 다른 점은 헤겔이나 마르크스가 정반합의 일직선상의 발전(→)을 말하였다면 데리다는 대립적인 것의 일직선상의 발전이 아니라 왕래(↔)를 말하였다는 것뿐이다. 데리다는 존재론으로 들어가지 못했다. 데리다는 존재를 언뜻언뜻 바라보았을 뿐이다.

그런데 데리다의 시각은 비록 해체주의의 문자학이긴 하지만 여전히 남성적 시각이다. 이에 비해 하이데거는 존재론의 여성적 시각이다. 데리다의 진리는 남성적 진리라면 하이데거의 진리는 여성적 진리이다. 데리다의 진리는 텍스트의 진리라면 하이데거의 진리는 자연의 진리이다. 데리다의 진리는 산문적 진리라면 하이데거의 진리는 시적 진리이다.

〈데리다와 하이데거〉

데리다: 남성적 시각	하이데거: 여성적 시각
남성적 진리	여성적 진리
텍스트의 진리	자연의 진리
산문적 진리	시적 진리
수평적(시공간적) 왕래	수직적(존재론적) 왕래

앞에서도 언급했지만 '차연'이라는 개념을 처음 사용한 하이데거(Martin Heidegger, 1889~1976)의 독일어 차연은 'Unter-Schied'이고 그의 뒤를 이은 데리다(Jacques Derrida: 1930~2004)의 프랑스어 차연은 'différance'이다.

그런데 '차연'이라는 말을 만들어가는 방식, 예컨대 기존의 단어에 조금의 변화를 가하는 모습은 비슷하지만, 하이데거의 'Unter-Schied'의 'Unter'는 '아래'(under)와 '안에'(inter)를 동시에 나타내는 의미가 있지만 데리다의 'différence→différance(e→a)'는 수평적(표면적)인 이

동의 의미가 있다.

다시 말하면 하이데거는 수직성의 뉘앙스가 큰 것이라면 데리다는 수평성의 뉘앙스를 지니고 있다. 수평적 차이는 단순한 자리의 이동을 의미하지만 수직적 차이는 등급이나 차원의 다름을 의미한다. 하이데거의 존재론은 종래 후설의 현상학과는 전혀 다른 차원의 철학이다.

〈데리다와 하이데거의 차이와 현존〉

데리다	차연(différance): e→a	différence	수평적 차이와 왕래
하이데거	차연(Unter-Schied): -	Unterschied	수직적 차이와 왕래

데리다 (프랑스의 합리주의적 전통)	현상학적 레벨 차이: 수평적 왕래· 이중성/메토니미적 존재론	현존→ 부재(不在): 그라마톨로지/ 현재(존재자)라는 시점에서 존재를 바라봄	유(有)의 존재론/ 유(有)의 무(nothing) 부재론(不在論) 현재론(現在論)
하이데거 (독일의 관념주의적 전통)	존재론적 레벨 차이: 수직적 왕래· 이중성/메타포적 존재론	현존→ 존재(存在): 존재와 무(無)/ 존재와 존재자 (현존재)를 왕래함	무(無)의 존재론/ 무(無, nothingless)/ 존재론(存在論) *존재자: 無의 有

데리다는 '현존(現存)/부재(不在)'의 논의를 다시 '표현(表現)/표기(表記)'의 영역으로 넘겨 실지로 이중성과 애매호모함의 관계에 있는 양자를 철저하게 분리하면서 현존을 공격했던 것처럼 표현의 환원주의를 공격하는데 이는 '음성(音聲)/문자(文字)'를 구분하여 장 자크 루소(Jean-Jacques Rousseau, 1712~1778)의 음성주의를 공격하고, 문자주의를 내세웠던 방식과 똑 같은 방식이다.

데리다는 레비스트로스(Claude Lévi-Strauss, 1908~ 2009)의 구조주의의 이원대립항(binary opposition)에 대해서도 관념주의 혹은 역동성의 부재라고 비판했는데 이것도 비판을 위한 비판의 수준을 벗어나지 못했다. 레비스트로스의 이원대립항은 서양철학에서 말하는 이분법 (二分法)과는 다른 것인데 이를 철학적으로 해석하여 비판하고 있다. 서양철학의 이분법은 동일성의 바탕이 되지만 이원대립항는 존재를 파악하기 위한 원초적 대비(對比)에 불과한 것이다. 레비스트로스의 '요리의 삼각형'도 마찬가지이다. 이것은 정태적인 것으로 변증법과는 다른 것이다. 굳이 말하자면 동양의 음양사상과 같은 것이다.

데리다의 레비스트로스에 대한 비판은 남미의 원주민 사회를 참여관찰하며 찾아낸 집단무의식의 심층구조를 땀 한 방울 흘리지 않고 민족지를 통해 접한 책상물림의 철학자가 그의 자료를 분석하면서 관념적이라고 하는 것에 불과하다. 레비스트로스의 관념론은 철학의 그것과는 다른, 원시인이 나름대로 합리적인 측면이 있음을 말하는 데 지나지 않는다. 이것은 철학의 관념론과는 다른 것이다. 데리다의 비판은 비판을 위한 비판에 지나지 않는다.

레비스트로스의 구조주의는 철학의 구조주의와 다른 것이다. 전자의 구조주의는 구조가 실체가 아닌 구조인 반면 후자의 구조는 실체적인 구조인 경우가 많다. 데리다는 확실히 하이데거의 존재론을 현상학의 차원에서 이해한 흑적이 많다. 그의 텍스트론이나 '부재'의 개념도 실은 '현존'을 전제한 개념이기 때문이다. 이는 프랑스의 합리주의적인 전통과 영향이라고 해석할 수밖에 없다.

데리다는 확실히 '평면(공간)의 자아'를 가지고 있는 인물이다. 그렇지 않았으면 그가 결코 현존 대신에 부재라는 개념을 만들어낼 필요가 없었다. 그가 '부재'라는 개념을 만들어낸 데는 아마도 '현존'을 '현재'로, '현재'를 '현존'과 같은 개념으로 해석하였을 가능성이 높다. 현재가 전제되어야 부재가 성립할 수 있기 때문이다. 시간의 현재는 실은 현재를 실체로 고집하면 항상 현재만이 존재하게 되고, 따라서 과거와 미래는 존재할 수 없는 것이 된다. 역설적이게도 현재가 현재를 고집하지 않을 때에 과거와 미래가 존재하게 되고, 시간이 성립하게 된다. 시간의 현재는 실은 시간이 성립되지 않음을 내포하고 있다. 시간은 시간이면서 시간이 아니다.

하이데거의 존재론의 시간은 실체로서의 시간, 계산할 수 없는 시간이 아니라 '흐름'이나 '순수지속으로서의 시간', 즉 시간 그 자체, 시간성으로서의 시간을 말한다. 단도직입적으로 말하면 무(無)의 시간이다. 그러나 데리다의 시간은 그렇지 않다. 시간은 현존이면서 동시에 부재인 것이다. 데리다는 확실히 현상학의 차원에 있다.

데리다는 현재라는 구멍을 통해 '무(無)'를 바라보고자 노력한 인물이다. 현재라는 시간을 전제한 것은 그것(현재라는 점)이 놓이는 평면을 전제한 것 같다. 데리다의 부재는 존재론적인 '무(無)'가 아니고 현상학적인 '부재'이다. 목소리가 그 목소리를 발성한 자의 귀에 동일성의 지니고 환원된다는 것은 그의 말대로 '목소리의 현상학'이다. 그러나 엄밀하게 말하면 발성된 목소리와 듣는 목소리는 동일한 것(동일성)이 아니다.

데리다는 목소리(소리)야말로 이성주의의 원천이라고 말한다. 소리가 왜 이성주의의 원천인가. 소리는 파동에 지나지 않는다. 소리는 실체가 없는 파동에 지나지 않는다. 어떻게 소리가 이성주의의 원천이 되는가. 그의 말소리중심주의(logo-phonocentrism)는 '소리'를 '말씀'으로 생각하는 서구 이데아론 혹은 이성주의의 편견에 불과하다. 기독교는 하늘의 소리를 '하나님의 말씀'으로 듣는 문화적 전통 속에 있다.

데리다의 문자학과 텍스트론은 문자학을 '해체론적 문자학'으로, 텍스트론을 '해체론적 텍스트론'으로 전제한 자기모순의 결과이다. 당연히 문자와 텍스트는 구성된 것이기에 해체될 수밖에 없다. 데리다의 해체주의는 구성주의철학을 뒤집어서 말하는 꼴에 지나지 않는다. 이는 마르크스가 헤겔의 유심론은 뒤집어서 유물론을 주장한 것과 같다. 데리다와 마르크스는 닮은 점이 많다. 그런 점에서 마르크스의 계급투쟁론은 데리다의 해체주의의 사회학적 실천이라고 말할 수 있다.

문자와 기록이야말로 철학적 환원을 일으키는 장본인이다. 문자와 기록이 없으면 이성주의는 성립하지 않는다. 이성주의야말로 환원주의이다. 기록과 텍스트는 평면에서 이루어지는 직선적 시간의 흔적(궤적)이다. 음성적 표현은 녹음기가 없으면 사라지고 만다. 그런 점에서 말소리는 환원적이 될 수 없다. 표현과 표기는 둘 다 현존의 작업으로서 아무런 차이가 없다. 단지 표기는 물리학적 시공간에 흔적을 남기기 때문에 환원적이 된다.

표현과 표기, 즉 소리(말소리)와 문자(글쓰기)는 현상학적으로 볼 때 이중성의 동봉관계에 있다. 말하자면 소리에는 문자적 성격이 겹쳐져 있고, 문자에는 소리적 성격이 겹쳐져 있다. 소리는 원초적인 의미(기의)이면서 동시에 기호(기표)이다. 표현에는 표기적 성격이 겹쳐져 있고, 표기에는 표현적 성격이 겹쳐져 있다. 표현에도 기표적 성격이 있는 것이다.

그런데 데리다는 둘을 극명하게 갈라놓고, 목소리와 표현을 현상학적 환원의 원인으로 보고, 문자와 표기는 마치 그것을 벗어나는 것처럼 철학을 전개하고 있는 것이 그의 해체주의철학이다. 데리다의 해체주의에는 서양철학의 대전제인 빛과 소리가 이성주의의 원인이라고 생각하는 기독교적 전통의 콤플렉스, 혹은 강박관념이 도사리고 있다. 문자와 표기가 환원주의와 관계가 없다고 생각하는 데리다의 착각과 착시는 어디서 연원하는 것일까? 가깝게는 프랑스적 이성주의가 작용한 것 같고, 멀리는 유대기독교주의의 신학적 콤플렉스로 인해 '하나님의 말씀(목소리)'을 철저하게 이성중심주의의 원인으로 생각하는 편견 혹은 관습이 자리를 잡고 있다.

그런데 역설적으로 '현존'이 아니라 '부재'야말로 이성중심주의를 있게 한 장본인이다. 말하거나 글을 쓴 사람이 '부재'해도 이어지는 것이 바로 이성주의가 아니던가. 만약 사람이 부재해도 이어지지 않는다면 이성의 발전은 없었을 것이다. 그런 점에서 합리성(합리적 이해나 동의)은 도리어 부재를 통해서 실현된다고 하여야 할 것이다. 그래서 모든 현존은 환원주의의 원인이 아니다. 현존이 합리성이 아니고 부재야말로 합리성인 것이다.

하이데거가 '메타포적 존재론'이었다면, 데리다는 '메토니미적 존재론'이라고 말할 수 있을 것이다. 또 하이데거가 '시적 존재론'이었다면 데리다는 '산문적 존재론'이었다고 말할 수 있을 것이다. 하이데거가 '콘텍스트적(contextual) 존재론'이었다면 데리다는 '텍스트적(textual) 존재론'이었다고 말할 수 있을 것이다.

이성이란 다름 아닌 텍스트이다. 텍스트는 항상 어떤 콘텍스트에서 일어나는(드러나는, 떠오르는) 것이다. 더더구나 텍스트는 항상 읽는 사람의 콘텍스트에서 읽게 된다. 그런 점에서 텍스트는 콘텍스트와 콘텍스트의 사이에 있는 셈이다. 콘텍스트가 존재인 것이다. 콘텍스트를 다른 말로 표현하면 바로 기(氣)이다. 텍스트는 기분(氣分)에 따라 쓰여 지고, 기분에 따라 읽혀지는 것이다.

이성이라는 것은 존재가 아니다. 글쓴이가 '부재'하더라도 그 글의 바통(연속성)을 이어갈 수 있으니까 이성중심주의가 가능한 것이다. 이성은 그런 점에서 매우 시간적인 작업이고, 직선적인 작업이다. 이성은 '살아있는 사람의 부재'이다. 도리어 '부재'를 통해서 실현해나가는 것이 이성이다. 이성과 이데아는 같은 전통의 맥락 속에 있다.

서양철학은 그동안 본질(고정불변의)이 있다고 생각하고 현상(생성·변화하는)을 과소평가해왔다. 본질이 어떤 것인가를 추구해온 것이 서양철학사이다. 그런데 본질은 없고, 보편성이라는 것도 없고, 그것은 단지 인간이 구축한(구성한) 것이라는 것이 밝혀졌다. 또 본질과 보편성을 추구하게 한 원동력이 이성이라고 했는데 이성조차도 결국 인위적으로 구성된 '위'(僞, 人爲)라는 것이 밝혀졌다. 그런 점에서 칸트의 이성은 해체될 수밖에 없는 지경에 처하게 된 것이다. 이성은 과학을 낳고 스스로를 해체하지 않으면 안 되게 된 것이 오늘날 서양철학의 한계적 상황이다.

'위'(僞)라는 것은 그렇게 있는 것처럼 '체하는(僞)' 것이다. '체하는'의 '체'는 결국 '체(體)' 혹은 '문체(文體)'인 셈이다. 자연을 기준으로 보면 문학의 문체뿐만 아니라 철학도 체이고, 문화도 체이다. 인간의 철학은 어느 나라의 철학이든, 누구의 철학이든, 자연이 마치 그렇게 있는 것처럼 체하는 것이다. 철학은 자연에 빗대어 '체'하는 방식이다. 만약 체하는 것이 없다면 인간은 결코 철학을 할 수 없었을 것이다. 물론 인간의 문화도 없었을 것이다. 그런 점에서 한국 사람은 한국식으로 체하는 것을 구성하지 않으면 결코 자신의 철학을 하였다고 할 수 없다. 바로 이 점 때문에 철학도 자연환경과 문화 환경을 포함한 '풍토의 산물'이라는 한계와 특성을 벗어날 수 없다.

철학적 풍토학의 입장에서 보면 하이데거는 독일의 관념주의적 전통에 충실하여 이데아(idea)의 이면에 있는(동봉되어있는) 존재성을 간파하고 곧장 뒤로 돌아서서 '존재론'에 진입(직입)하였다고 할 수 있다. 말하자면 플라톤의 이데아가 칸트의 이성(ration)으로 발전하였다가 다시 이데아의 자리로 뒤돌아가서 존재(Sein)를 되찾은 셈이다. 존재는 필연(必然)으로 해석되었다가 자신의 자리를 되찾은 셈이다. 독일의 관념론에서 존재론이 나온 것은 우연이 아니다. 프랑스의 합리주의로서는 결코 하이데거의 존재론을 발견할 수 없었을 것이다.

이데아와 존재의 사이, 즉 존재자와 존재의 사이도 실은 이중성과 상호왕래의 동봉관계인 셈이다. 이것은 동일성이 이중성 혹은 애매모호성으로 되돌아간 셈이다. 이데아야말로 존재에 투사된 존재자였던 것이다. 현상과 본질은 처음부터 이원화된 것이 아닌데 인간의 시각-언어적 연쇄와 자기도착이 사물(존재)에서 정지된(실체의, 불변의) 어떤 것을 가정하고 그렇게 본 셈이다.

이데아에서 존재로의 역진(逆進)은 어떤 방향성을 가지고 계속 나아가는 것이 아니라 그냥 그 자리에서 방향만 바꾼 일종의 코페르니쿠스적 반전(反轉)이고 비약(飛躍)이다. 말하자면 점진적으로 나아가는 이성적 활동이라기보다는 사물에 깊이 침잠함으로써 얻을 수 있는, 직관적·본능적 깨달음이라고 말할 수 있다. 이 지점은 철학적으로 시간과 비시간의 경계지점이라고 말할 수 있다. 잡을 수 있는 시간은 과거라는 시간뿐이다. 그래서 현재라는 시간은 시간의 주인이면서 주인행세를 할 수 없으며, 정작 셀 수 없다. 과거만이 셀 수 있고, 미래도 과거의 재구성에 지나지 않음으로 셀 수 있다. 셀 수 있는 것은 구체철학, 생명철학이 아니다.

서양철학은 항상 플라톤의 주위를 맴돌고 있다. 그렇다면 플라톤의 주장과 입장은 무엇인가. 플라톤은 무상한 것이야말로 존재의 세계인 것을 처음부터 부정하고 그것에 이데아를 덧붙여서(상정하여) 시작하였다. 왜 플라톤은 사물의 이면에 본질인 이데아(idea)가 있다고 한 것일까.

플라톤의 사상은 아시다시피 두 가지로 요약된다. "그는(플라톤) 절대적 지식을 인식하기 위한 조건으로 두 가지를 요청하였는데 이런 요청은 우리가 앞 장에서 보았던 것처럼 지식이 곧 의무가 되는(savoir=devoir)의 측면을 연상시킨다. ① 절대적 지식이 되기 위해서는 인식이 무상한 감각세계에 종속되어서는 안 된다. 그래서 그는 감각세계를 초월한 이데아(idea)의 세계를 상정해야 논리적으로 자식이 가능하다고 여겼다. ② 절대지식의 인식은 최고의 절대성을 누려야 한다. 즉 절대성은 모든 감각적 제약으로부터 독립되어 관념의 자유로운 해방을 누리는 곳에서만 가능하다. 상기의 두 가지 요청을 합하면 플라톤의 철학은 감각적 방해가 사라진 곳에서만 진리의 추구가 완성될 수 있다는 그런 기조 위에 서 있는 셈이다."[31]

---

31) 김형효,『철학적 진리와 사유에 대하여 2』(청계, 2004), 401쪽.

오늘의 반이성주의의 입장에서 보면 플라톤의 '무상한 감각세계'가 도리어 사실의 세계이고, 그것의 '무상'이야말로 존재의 근거이고, 감각 또한 결코 대상(감각=대상)이 될 수 없다. 느낌의 세계, 교감의 세계는 감각의 주체와 대상을 확연하게 구별할 수 없고, 둘은 상관적 관계에 있을 수밖에 없는 상관적 존재이다.

플라톤은 이렇게 말한다.

"플라톤은 존재(being)의 이데아는 운동과 정지의 이데아보다 더 상위의 위치에서 운동과 정지의 이데아들을 다스린다. 그래서 존재의 이데아가 최고의 이데아임에 틀림없다. 말하자면 모든 이데아들은 운동과 정지라는 매개를 통해 존재에 관여한다. 그런데 운동과 정지의 이데아와 같은 수준에 있는 다른 종류의 이데아들의 범주를 생각할 수 있다. 그것은 곧 같음(동일성)과 다름(타자성)의 이데아들이다."[32]

"긍정적으로 보면 모든 이데아들은 다른 존재의 이데아에 포섭되어 있고, 부정적으로 보면 모든 이데아들은 서로 자기 자신과 다르다는 입장에서 비존재에 관여한다고 말할 수 있다. 그러나 존재의 이데아는 아데아들을 통일하는 이데아이고, 비존재의 이데아는 모든 이데아들을 다양하게 분산시키는 이데아에 해당한다. 그러므로 플라톤의 이데아들의 세계는 서로 다양성을 지니는 동시에 서로 통일되어 있는 그런 관계의 관여가 성립하는 세계라고 부를 수 있으리라. 플라톤은 『소피스트』(Le sophite)에서 이런 비존재의 이데아의 실재 때문에 현실적으로 오류의 가능성이 설명된다고 여겼다. 즉 이데아는 부정의 이데아들을 실재적으로 배척하면서 타자를 논리적으로 잉태하고 있다. 그래서 비존재의 실존이 없으면 오류를 담고 있는 판단은 실존할 수 없으리라."[33]

우리가 주목하는 것은 바로 비존재의 이데아와 오류이다. 플라톤은 이

---

32) 김형효, 같은 책, 403쪽.
33) 김형효, 같은 책, 404~405쪽.

데아를 주장하였지만 이데아가 모든 것을 설명할 수 있다고는 생각하지 않았다. 그래서 이데아의 이면을 남겨두었다. 하이데거는 그 남겨둔 곳으로 철학적 원시반본(原始返本)을 시도하였던 것이다. 그곳에서 하이데거는 플라톤이 그토록 싫어한 무상(無常)의 감각세계 자체를 대상이 아닌 보고 '존재의 세계'라 부르게 되었다.

서양철학은 서양기독교와 마찬가지로 "시작이 끝이요" "알파요 오메가"였던 것이다. 그래서 시작으로 돌아가지(환원하지) 않으면 결코 끝을 볼 수 없다. 즉 철학이 시작되기도 전으로 돌아가서 그곳에서 철학의 구원을 찾을 수밖에 없게 되었던 것이다. 서양철학과 서양기독교는 처음부터 오류의 시작이었고 오류를 안고 시작하였던 것이다. 그 결과 '축복/재앙'의 이중성을 지니고 태어난 과학이라는 선물을 받았다. 자연은 오류의 끝에 진리가 있음을 끈질기게 기다려주었고, 그 진리는 결국 모순을 안고 있는 모순의 진리임을 가르쳐주었다.

결국 오늘의 존재론이나 해체주의 철학에서 보면 플라톤 철학은 비존재의 희생 위에 건축된 철학이었다. 플라톤의 비존재가 오늘날 존재이고, 모순이 진리가 된 셈이다. 존재와 비존재, 이데아와 시뮬라크르(simulacres)의 동봉과 공존이 세계의 진면목이었다.

서양철학사의 발전과정을 보면 물론 소크라테스와 플라톤이 등장하고, 플라톤은 이데아(idea)와 시뮬라크르(simulacres)[34](이데아/시뮬

---

34) 원래 플라톤이 정의한 개념으로 "이 세계를 원형(이데아), 복제물(현실), 복제의 복제물(시뮬라크르)"로 정의하였다. 우리의 삶 자체가 이데아의 복제물인데, 복제는 언제나 원형을 그대로 담을 수는 없는 것이므로 복제하면 할수록 원형과는 점점 멀어지게 되는 것이다. 따라서 플라톤은 시뮬라크르를 실재하지 않는 가치 없는 것으로 여겼다. 프랑스의 철학자 들뢰즈(G.Deleuze)는 이를 새롭게 부활시켜서 "단순한 복제의 복제물이 아닌 독립성을 가진 개체"로 보았다. 즉, 원형을 단순히 흉내낸 가짜가 아니라 원형과는 다른 정체성을 가진 역동적인 존재로 여긴 것이다. 프랑스의 철학자이자 사회학자인 장 보드리야르의 책 <시뮬라르크와 시뮬라시옹(Simulacres et Simulation)>에서 나오는데 주로 대중과 미디어, 소비사회에 대한 개념으로 쓰였다. 현대사회에서는 모사된 이미지가 현실을 대체한다는 것이다. 시뮬라크르는 모든 실재의 인위적 대체물을 뜻하는 것으로 존재하지 않지만 존재하는 것처럼, 혹은 아주 생생히 인식된다. 또한 시뮬라시옹(Simulation)은 실재가 파생

라크르) 중에서 이데아를 선택했다. 플라톤도 시뮬라크르와 파르마콘
(pharmakon) 세계가 있음을 인정하였다.

플라톤은 세계의 원형인 이데아의 복제물을 현실이라고 하고, 현실의
복제, 다시 말하면 복제의 복제물을 시뮬라크르라고 했다. 그래서 플라
톤은 시뮬라크르를 실재하지 않는 가치 없는 것으로 여겼다. 그러나 이
것은 역전되어 반이성주의의 맥락에서는 이데아 자체가 시뮬라크르의
일종이 된다. 나아가 이성(理性)과 신(神)도 시뮬라크르의 일종으로 볼
수 있다.

데리다도 플라톤을 뒤집는 곳에 이성중심주의의 피난처가 있음을 알
고 있었던 듯하다. 데리다는 로고스의 반대편에 파르마콘과 코라가 있음
을 주장한 플라톤을 상기시키고, 아이러니컬하게도 이성주의의 탈출도
플라톤에서 아이디어를 얻었음을 말한다.

"세계의 근원은 〈그릇〉이나 〈자궁〉과 같은 공간 속에 구도나 형태를
기록하는 것에 비유된다고 플라톤은 생각하였다고 한다. (중략) 그런 빈
공간은 결코 플라톤이 그전에 주장하던 〈현존의 형태〉나 〈형태의 현존
〉과는 다르다. 왜냐하면 그 빈 공간에 다양한 차이가 나는 것들이 기록
되기 때문이다. 빈 공간은 스스로 말하는 것을 듣는 영혼의 목소리와 듣
기의 그런 현존적 차원이 아니다. 〈장소, 공간, 모든 것들이 나타나는 그
릇, 그 위의 만물이 스스로 나타내 보이는 그런 곳, 소굴(巢窟)이며, 자궁
이고, 어머니이고, 유모 등과 같은 모든 표현들은 우리로 하여금 만물을
딛고 있는 공간을 생각하게 한다."[35]

그러나 데리다는 그의 합리주의적 접근방식 때문에 존재론의 영역에
하이데거처럼 바로 돌아서서 들어가지 못했다. 합리주의는 앞으로 나아

실재로 전환되는 작업을 뜻한다. 현대인들은 주로 대중매체 등에서 만들어지는 가상실재
인 시뮬라크르 속에서 살아가게 되어 재현과 실재의 관계가 역전되었다.

35) J. Derrida, 『La Dissémination』 184~185쪽 ; 김형효, 『데리다의 해체주의』(민음사,
1993), 114~115쪽, 재인용.

가야하는 타성 때문에 돌아설 수 없기 때문이다. 정확하게는 데리다의 합리주의는 공간주의(공간적 자아)이다.

이에 비해 하이데거의 철학적 이성은 시간주의(시간적 자아)라고 할 수 있다. 하이데거가 『존재와 시간』이라는 책을 썼음을 상기할 필요가 있다. 데리다는 에크리튀르를 주장했고, 『그라마톨로지』라는 책을 썼다. 에크리튀르는 언제나 평면(공간)을 필요로 한다는 사실을 상기하기 바란다.

루소는 고대의 시뮬라크르 개념을 근대적 의미로 해석하여 '재현' '모방' 혹은 '보충대리' '대리보충'이라고 명명하였다. 바로 이 재현을 시뮬라크르라고 할 수 있다. 전반적(총체적)으로 문명은 자연의 재현이다. 이데아는 존재의 시뮬라크르, 이(理)는 기(氣)의, 이성(理性)은 감정(感情)의, 시니피앙은 시니피에의, 문자는 소리의, 역사는 신화의, 과학은 종교의, 예술은 자연의, 언어는 사물의, 사물은 존재의, 남자는 여자의, 1은 0의, 2는 1의, 보편성은 일반성의, 신은 자연의 시뮬라크르이다.

동양의 태극음양사상은 시뮬라크르 사상의 전형이다. 시뮬라크르의 개념은 시공간에도 적용할 수 있다. 시간은 흐름의 시뮬라크르이다. 공간은 시간의 시뮬라크르이다.

시간은 직선(1차원)인 반면 공간은 입체(3차원)이다. 시간(le temps)은 시간성(la temporalité)과의 경계에서 곧장 시간성(0차원, 무차원, 시간 그 자체)으로 갈 수 있지만 공간(3차원)은 현재의 시간(1차원)을 거쳐야 비시간(시간성)으로 갈 수 있다. 이것은 하이데거의 존재론의 시간보다는 물론 현상학적 후퇴이다. 그래서 데리다는 '현재의 비시간'을 통해서 시간(과거와 미래)을 구성할 수밖에 없었다.

현재의 시간은 잡을 수 없기에 그 시간을 잡으려면 공간화하지 않으면 안 된다. 공간화 된 시간이 바로 1차원(직선)의 시간이다. 시간을 공간화하여야지만 시간을 재단할 수 있다. 공간화 된 시간은 '틈(균열)의 시간'

이고 '두께가 있는 시간(현재)'이고, 이것이 바로 '깨어진 세계'이다. 시공간이라는 것은 인간의 탄생과 더불어 탄생한 것이고, 깨어진 세계는 인간과 더불어 시작된 셈이다.

시간은 존재와 소유의 분기점(경계)에 있다. 시간은 실체이고, 시간은 소유이고, 시간은 기계이다. 이를 거꾸로 말하면 시간이 없으면 실체가 없고, 시간이 없으면 소유가 없고, 시간이 없으면 기계가 없다는 말과 같다. 시간과 실체와 소유와 기계는 인간이 만든 제도이다. 그런 점에서 과학이라는 것도 시간과 공간의 추상이고 제도이다.

시간의 과거와 미래라는 것은 시간이라고 하지만 실은 기억이고 상상이다. 기억과 상상은 뇌와 상상계에서 이루어지는 구성된 시간이여, 구성된 시간은 일종의 구조적 시간 혹은 공간이라고 말할 수 있다. 그래서 과거와 미래는 움직이지 않는 시공간이다. 그래서 현재는 항상 지나가버리지만 과거와 미래는 항상 정지된 공간처럼 그곳(there)에 있어야 하는 것이다. 이를 통해 우리는 시간과 공간이라는 것이 인간에 의해 구성된 것임을 알게 된다.

현재는 시간의 두께(거리)가 있다. 현재가 있음으로써 과거와 미래가 존재하게 된다. 그러나 시시각각 생멸에는 시간과 공간이 없다. '찰나'라는 용어도 시간의 길이(시간의 최소단위)를 나타내는 용어이긴 하지만 편의상 시간성 자체의 의미로 '찰나'라는 용어를 사용하고, 시간이 없는 생멸을 '찰나생멸'이라도 해 두자. 시간의 현재는 찰나생멸이 아니다. 시간은 '찰나생멸'을 '현재'로 규정한 것에 따르는 후속조치의 결과이다. 현재의 비시간성에 의해 과거와 미래가 생긴 일련의 제도에 지나지 않는다는 뜻이다. 과학이라는 것도 실은 시간과 공간이라는 제도의 현상학이다.

찰나생멸의 시간과 공간이 없는 세계가 바로 기(氣)의 세계이고, 기(氣)의 세계는 자연의 세계이다. 자연에는 연장(연기, 보류)이 없다. 시간이 존재하면 분명히 시작과 끝이 있어야 한다. 시간(時間)의 시(時)는 시작(始作)의 시(始)이고, 시간(時間)의 간(間)은 종말(終末)의 종(終) 의미를 내포하고 있다. 하지만 동시에 시간은 그것의 시간성으로 인해서 시작과 끝이 있어서는 안 된다.

그래서 시간은 유시유종(有始有終)이지만 동시에 무시무종(無始無終)이다. 양쪽에서 어느 쪽을 택하는 가는 택하는 자에 달려 있다.

시간은 현재가 있어야 분명히 존재하는 것이지만, 현재는 지나가는 시간의 흐름(시간성)이기 때문에 구성할 수 있는 것이 아니다. 따라서 시간을 이성적으로 구성하기 위해서는 현재의 비시간성이 필요한 셈이다. 결국 현재의 비시간성 때문에 시간의 과거와 미래가 존재하게 된다. 결국 존재로서의 '지속성'이나 '흐름'으로서의 시간성(die zeitlichheit)은 있지만 존재자로서의 시간((die zeit)은 없는 것이라는 결론에 도달한다.

시간은 몸에 의해서 현재가 된다. 시간은 결국 몸의 현상학이다. 시간은 현재가 되는 동시에 드러나지 존재로서 비시간이 되지 않으면 안 된다. 비시간이 되지 않으면 과거와 미래의 시간은 존재할 수 없기 때문이다. 그렇기 때문에 시간은 실재하지 않는 추상의 대표적인 것이다.

시간이라는 추상이 만들어낸 것은 공간은 물론이지만, 자유, 평등, 박애, 이상, 영원, 희망, 무한대, 메시아 등 부지기수이다. 문명의 모든 제도는 실은 시간이 만들어낸 추상작품이다.

이에 비해 자연은 시공간의 틀을 벗어나 있다. 자연은 시공간의 텍스트가 아니라 텍스트 밖에 있는 콘텍스트일 뿐이다. 만약 추상이 대뇌의 정신활동의 결과라면 정신이야말로 추상이고, 정신의 산물인 문명이라는 것은 실은 제도추상, 기계추상이다.

시간의 과거는 결국 기억(기록)이고 미래는 기억의 재구성이다. 그 구성과 재구성에 뇌(腦)와 상상계가 개입한다. 시각과 언어는 실은 뇌의 활동이고, 여기에 상상계(상상의 시공간)가 개입하는 것이다. 따라서 객관적인 시간과 공간은 없는 것이다.

　결국 시간과 공간이 있는 곳에서 인간이 탄생한 것이 아니라 생물의 진화와 인간의 탄생과정이 바로 시간과 공간의 탄생과 같은 것임을 알 수 있다. 거꾸로 말하면 인간이 없으면 시간과 공간이 없는 것이다. 그런 점에서 세계는 시간과 공간이 아니라 찰나생멸이며, 우주 저 멀리서 빅뱅과 블랙홀이 있는 것이 아니라 우리 몸의 어느 한 지점에 빅뱅과 블랙홀이 있음을 알 수 있다.

　인간은 직관적으로 우리 몸에 빅뱅과 블랙홀이 있음을 알았으며, 그것을 두고 신(神) 혹은 정령(精靈)이라고 말하였을 가능성이 높다. 동양의 천지인정기신(天地人精氣神)은 처음부터 서로 다른 것이 아니라 세계를 순환적으로 바라보는 상징(象徵)으로 사용되었으며, 서양처럼 서로 구별되는 것이 아니었다. 정신과 물질이 이분되는 바람에 일반성의 철학이 되살리고자 하는 기(氣)는 보편성을 찾는 서양철학에서 사라졌다. 기(氣)는 자연 그 자체로서 본래 일반성이다.

　서양철학은 우리 몸 안의 신(神)을 밖으로 객관화시키고 대상화시켜서 신이라고 하였을 것이다. 그런 점에서 우리 몸을 신(우리 몸=신)이라고 해도 전혀 잘못이 없는 셈이다. 성현들은 바로 이것을 깨달은 자들이다. 인간이 인위적·작위적으로 만든 것 이외에는 그것의 이름이 신(神)이든, 불(佛)이든, 심(心)이든, 물(物)이든, 기(氣)든, 무엇이든 모두 같은 것이다.

　우리가 어떤 신격을 대상으로 설정하고, 기도하고 발원하거나, 메시아를 기다리는 것은 우리 몸에 있는 신과 대화하는 것이고, 언젠가 우리 몸의 발현으로서 등장하게 될 메시아를 기다리는 것이다. 역사적인 메시아를 기다리는 것은 이미 몸속에 숨어 있는 은적의 신들이 현현할 것을 기다리는 존재론적 기도이다.

　시간의 과거와 미래는 결국 이성의 구성적인 작업이다. 미래는 과거의 재구성에 불과하다. 역사는 결국 구성된 것이다. 따라서 E. H. Carr가 말한 "역사는 과거와 현재와의 대화이다."라는 말은 성립이 되지 않는다. 현재와 시간은 비시간이기 때문이다. 또 역사학이 흔히 말하는 "과거는 미래의 거울이다."라는 매우 현상학적인 레벨의 말임이 드러난다.

시간은 결국 이성이다. 데리다는 결국 '현존(présence)'을 '현재(présent)'(현존=현재)로 봄으로써 '부재(absent)'를 설정하지 않을 수 없었다. '부재'를 설정한 자체가 자신이 현상학적 레벨에 있음을 증명한 셈이다.

이에 비해 하이데거는 '현존'에서 '존재(Sein)'로 나아갔기 때문에 자연이 인간에게 주어진 선물임을 알았다. 하이데거는 이런 말을 한다. "존재는 있지 않다. 현전(Anwesen)의 탈은적(Entbergen)으로서 그것이 존재를 준다."(Sein ist nicht, Sein gibt Es als das Entbergen von Anwesen)

위 문장에서 "Sein gibt Es"는 바로 '자연=주어진 것=선물'임을 드러내는 것이다. 존재(Sein)는 선물(present)이다. 그런데 선물(present)과 현존(présence)과 현재(présent)는 모두 라틴어의 즉 '눈앞에 제시해주는'의 뜻인 'praesens'(현재분사, 형용사), 혹은 'présenter'(동사)에 어원[36]을 두고 있다. 프랑스어가 'cadeau'라는 명사로 선물을 대신한 것은 혼란을 막기 위해서 새 단어를 만든 것이었다.

〈현존과 선물〉

현존	présence	현존→현재(présent)	데리다
현재	présent	현재→부재(absent)	
선물(존재)	cadeau(present): Sein gibt Es	현존→존재(Sein)	하이데거

---

36) 프랑스 어원사전 『LE ROBERT』 1620쪽.

프랑스어에서 'être'는 동사와 명사를 다 가리키지만, 독일어에서 'Sein'은 동사만 가리키지 명사형을 거의 뜻하지 않는다. 반면에 영어에서는 'being'은 프랑스어의 'être'처럼 구체적 개체들을 가리키는 명사가 될 수 있지만, 그러나 동사의 기능이 전혀 없다. 결국 프랑스어가 가장 존재자와 존재의 관계를 내포하고 있는 셈이다.

〈있음의 동사〉

être	동사, 명사	존재(esse)/존재자(ens)	존재-존재자적
Sein	동사	존재	존재론적
being	명사	존재자	존재자적

하이데거와 데리다를 칸트와 비교하면 다음과 같다. 칸트는 사물 그 자체를 설정함으로써 시간과 공간의 프레임(물리적 시공간)을 도출하였다면, 하이데거는 시간 그 차제(시간성)를 설정함으로써 존재와 시간의 관계(존재론적 공간)를 사유하였다고 볼 수 있고, 데리다는 공간 그 자체(공간성, 무한대)를 설정함으로써 에크리튀르의 평면(현상학적 공간)을 확보하였다고 볼 수 있다.

시간과 공간 중에서 공간을 먼저 가정하는 것과 시간을 먼저 가정하는 것은 철학적으로 다른 경로에 해당한다. 하이데거는 전기에 '존재와 시간' 중에서 존재를 먼저 가정했기 때문에 공간(존재자)의 편에서 존재의 생성·변화(시간)를 다루었고, 후기에 들어 '시간과 존재'를 사유함으로써 존재 그 자체에 대한 사유를 심화시켰다고 볼 수 있다. 서양철학자들은 변화하는 것을 현상이라고 가정하고, 그 변화의 본질로서 고정불변의 존재를 가정하는 전제가 있다. 그래서 그들은 현상을 결코 존재(존재 그 자체, 존재사건)라고 볼 수 없게 되고, 존재를 찾기 위해 길고 긴 철학적 우회를 하지 않으면 안 되게 되었다.

서양철학의 긴 여정의 끝에서 하이데거가 존재를 발견하기에 이른다. 그러나 하이데거의 존재도 존재 그 자체는 아니다. 결국 시간과 공간을 전제하는 한 현상학의 범주에 머물게 되고, 존재 그 자체에 도달할 수 없게 된다. 시공간을 벗어난다는(초월한다는) 것조차도 실은 현상학적 초월로 돌아가는 것이다. 모든 것의 '그 자체'는 생멸을 의미하며, 존재론적 존재를 의미한다. 세계에 대해 어떠한 말도 하지 않을 때에 존재는 그 자체를 드러내게 된다. "말하여진 존재는 이미 항상적인 존재가 아니다."(存在可道 非常存在). 존재는 주체도 아니고 대상도 아니고 원인도 아니고 결과·목적도 아니다.

하이데거	시간 그 자체 (시간성, 현존재)	존재와 시간 (존재와 無)	시간의 자아 (존재론적 공간)
데리다	공간 그 자체 (공간성: ∞)	에크리튀르의 평면 (현재의 비시간성)	공간의 자아 (현상학적 공간)
칸트	물 자체 (Thing in itself)	시간과 공간 (사물을 계량)	시간과 공간의 자아 (물리적 공간)

이상의 시간과 공간론은 인과론과 인과응보론, 그리고 시공간을 벗어나는 시공초월 · 해탈로 설명할 수도 있다. 물론 이들 3차원은 서로 겹쳐지는 영역이 있다.

인과론(因果論)은 물론 과학적 세계이고, 시공간론의 세계이고, 시간과 공간의 차이(만물에 실체가 있다)가 있고, 생멸(生滅)의 거리가 있고, 자아의 현재성이 있는 곳이며, 동일성(同一性)을 근거로 하고 있다. 인과응보론(因果應報論)은 물론 순환적 세계이고, 시간론의 세계이고, 시간의 차이가 있고, 생멸의 동시성(순간은 영원이다)이 있고, 동시성(同時性)을 근거로 하고 있다.

부처는 물론 해탈적 세계이고, 시공초월의 세계이고, 시간의 차이가 없으며, 생멸을 떠난 진여의 세계(무아의 영원불멸)이다. 해탈의 세계는 정신-물질(物質)의 이분법 세계가 아닌, 기물(氣物)의 세계이다. '기물'의 세계는 존재론적 존재를 의미한다. '기물'의 세계는 기(氣)일원론의 세계이며, 심물(心物)일원론의 세계이다. 이를 동질성(同質性)이라고 말하기도 한다. 그러나 이때의 동질(同質)이라는 것은 동일(同一)이나 물질(物質)의 의미가 아니라 존재론적 존재의 의미로 물(物)의 세계이다.

〈시공간론과 해체와 해탈〉

인과론 과학적 세계	시공간론 (物理論)	시간과 공간의 차이 (만물에 실체가 있다)	생멸(生滅)의 거리 (자아의 현재성)	동일성 (同一性)
인과응보론 순환적 세계	시간론 (緣起論)	시간의 차이 (만물에 불성이 있다)	생멸의 동시성 (순간은 영원이다)	동시성 (同時性)
부처론 해탈적 세계	시공초월 (解脫論)	시간의 차이가 없음 (만물은 부처이다)	생멸의 진여론 (무아의 영원불멸)	기물성 (氣物性) 동질성 (同質性)

독일의 관념주의는 시간처럼 1차원에서(2차원을 토대로) 흐르는 반면, 프랑스의 합리주의는 공간처럼 2차원(3차원을 토대로)으로 구성된다. 하이데거는 시간(die zeit)에서 시간성(die zeitlichheit)으로 들어가서 곧장 이데아의 이면에 있는 존재를 발견할 수 있었다.

이에 비해 데리다는 프랑스의 합리주의적 전통에 충실하여 합리주의(rationalism)로 합리주의를 극복하느라 '부재론'을 전개한 셈이다. 합리주의는 시각-언어의 연쇄이면서 동시에 공간주의이다. 데리다의 눈에는 '현존(現存)'은 잡을 수 없는 것, '부재(不在)'였다.

그래서 그는 현상학을 비판하면서도 현상학(의식학)의 수준에 머물렀기 때문에 글쓴이가 없는 '부재'가 도리어 이성중심주의의 원인이 되는 줄 몰랐던 것이다.

데리다는 존재론에 들어가는 데에 하이데거보다 불리한 입장에 있었던 것도 사실이지만, 그보다는 그가 주로 현상학적 논의의 수준에 있었기 때문에 하이데거의 존재론을 완전히 해독하지 못했다고 할 수 있다. 그래서 데리다는 목소리의 현존을 '현재=부재'로 읽고, 목소리와 함께 또 다른 '부재'인 에크리튀르를 창안했던 것이다. 그의 문자학은 그래서 '반(反)문자학'이다. 이는 하이데거의 존재가 종래의 존재의 '반(反)존재'인 것과 같다.

데리다는 목소리에 이성중심주의의 원인이 있다고 전제하는 바람에 결국 이성중심주의를 벗어나기 위해서는 문자에로 달아나지 않을 수 없었다. 목소리의 '현존'을 '현재=부재'로 읽는 그 자체가 바로 서구문명의 자기투사, 자기모순의 폭로이다. 데리다의 철학적 공로는 그의 철학을 통해 철저히 서양문명과 서양철학의 모순과 내홍과 맹점을 자신도 모르게 폭로해 준 점에 있다.

현상학의 수준에서 보면 대화와 독백도 '대화/독백'의 이중성의 관계에 있다. 둘은 의식의 차원에서 겹쳐져 있는 것이다. 대화하는 당사자들은 상대방을 보면서 말하고 있지만 실은 독백하는 것과 같다. 즉 자신이 알아듣는 인식(의식)의 범위 내에서 상대방의 말을 받아들이기 때문이다. 반대로 독백은 혼자서 말하는 것 같지만 독백하는 자는 반드시 가상의 상대를 정해놓고 말한다. 그렇기 때문에 대화와 같은 것이 된다.

말소리중심주의(logo-phonocentrism)를 이성중심의 원인(원죄)으로 지목하고 있는 서양문명권에 태어난 데리다는 자연스럽게 문명적 피난을 표음문자(表音文字)가 아닌(소리가 없는) 표의문자(表意文字)에로 갈 수 밖에 없었다. 목소리에 대한 콤플렉스를 가진 데리다는 목소리를 의미로 숨긴 시니피에(所記)로 달아난 뒤 중국의 표의문자에 구원을 요청할 수밖에 없었던 것이다.

데리다는 기본적으로 프랑스 언어철학, 혹은 담론철학의 전통 위에서 자신의 탈이성중심주의 철학을 구성했는데 이는 결국 '능기(能記)의 철학'이 아니라 '소기(所記)의 철학'을 한 것이다. 그의 철학이 소기(所記)인 것은 '에크리튀르 한 자'보다 '에크리튀르 된 것'을 추구하기 때문이다. '에크리튀르 한 사람'은 부재(不在)하고, '에크리튀르 된 것'만 남아있어 그것은 결국 '쓰여 진 것'이다. 쓰여 짐을 당한 것은 결국 바탕이고 바탕은 여백(餘白)이다. 그래서 그의 문자학은 '여백의 문자학'인 셈이다.

하이데거의 존재론과 데리다의 그라마톨로지를 능기와 소기의 관점에서 보면 둘 다 서양철학의 '능기에서 소기'로의 중심이동이라고 말할 수 있다. 서양의 이성중심주의 철학은 '주체와 객체'의 세트(이원대립항)에서 '능기와 소기'의 세트로 이동한 뒤 다시 '능기에서 소기로의 중심이동'을 함으로써 해체철학에 들어선 셈이다.

하이데거의 존재론(Being)은 독일의 이데아(idea)·관념주의(idealism)의 전통 위에 있고, 데리다의 그라마톨로지(grammatology)는 이성(ration)·합리주의(rationalism)의 전통 위에 있다. 합리주의는 텍스트(text)와 담론(discourse)을 중시할 수밖에 없다.

하이데거보다 1.5세대(41년) 늦게 태어난 데리다는 하이데거의 존재론을 다 이해한 뒤에 그것을 그대로 추종한 것이 아니라 프랑스의 철학적 전통에 따라 그라마톨로지를 다시 구성한 셈이다. 다시 말하면 그라마톨로지는 하이데거의 존재론의 프랑스적 번역 혹은 변주였던 셈이다. 이는 순전히 독창적인 것이라고는 말할 수 없다. 일종의 문화(文化) 간(間) 번역인 셈이다.

그러나 존재론은 이성주의의 레벨, 혹은 현상학적 레벨에서는 도달할 수 없는 지점이다. 데리다는 그러나 후설을 그대로 따라가는 것이 아니라 현상학자를 사로잡고 있는 무의식의 욕망을 드러내는, 해체의 방식을 취한 것으로 평가된다.

"데리다는 후설의 전제들을 후설보다 더 일관적으로 지켜나감으로써 후설 자신의 결론과는 모순되는 귀결들을 끌어내고, 그리하여 이 현상학자를 사로잡고 있는 무의식의 욕망을 드러내는 수순을 밟는다. 데리다가 출발점으로 삼는 현상학적 언어이론—순수논리적 문법—의 기본 전제이자 혁신적인 통찰은, 말뜻(의미)은 이념적이라는 것, 그리고 한 표현에 말뜻을 부여하는 작용(의미지향)과 이 표현의 대상을 직관함으로써 의미를 충족시키는 작용(지향충족)은 서로 엄밀히 구분된다는 것이다. 이러한 지향과 직관의 구별은 대상직관에 대한 이념적 말뜻의 독립성과 자율성을 함축한다."[37]

데리다가 목소리—초월적 자기의식—를 해체하는 논증은 크게 두 가지로 나눌 수 있다.

"첫째로 데리다는 자기의식이 순수 시간성의 차원에서 자기 촉발을 통해 확보하는 소위 절대적 내면성에 외부로 통하는 공간이 자리 잡고 있음을 보인다. 순수 내면성이란, 자기 목소리를 듣는 주체가 〈같은 순간에〉 이 목소리에 의해 표현되는 자신의 생각을 체험한다는 자기의식의 순간성에 부여될 수 있는 속성이다. 그러나 우리가 조금 전에 보았던 것처럼 현재의 순간이 지금과 비지금의 차이에 의해 산출되는 사이(間)라면, 자기 음성을 듣는 주체가 자기 생각을 알아듣기 위해서는 '지금'과 '비지금' 사이에 벌어져 있는 간격을 거쳐야만, 비지금이라는 바깥으로 나가야만, 세계로 외출해야만 한다. 시간이란 파지에 의한 표시적 우회가 만나는 사이 두기, 즉 공간화임을 밝힘으로써 데리다는 시간과 공간의 구별 및 안과 밖의 구별을 무너뜨린다. 이를 통해 내재(안)과 초재(밖)를 가르는 현상학적 환원, 이 환원을 통해 확보되는 구성적 의식, 혹은

---

37) 자끄 데리다 지음, 김상록 옮김, 『목소리와 현상』, 224~225, 2006, 인간사랑.

절대적 주관성 등 현상학의 주요 개념들이 폐기될 운명을 맡는다."[38]

"데리다의 두 번째 논증은 독백 속의 초월적 의식이 누리는 자기 현전의 핵심에서 실은 초개인적인 언어, 상호주관적 언어에 의한 자기 소외가 일어나는 장면을 연출하는 것이다. 이는 인칭대명사를 사례로 목소리의 순수 자기 촉발적 삶에 찍혀 있는 죽음의 낙인을 읽어내는 것으로 이루어진다."[39]

데리다는 이어 "어떤 대상에게 이름을 붙이는 것은 그 대상의 현존을 절멸시킴으로써 하나의 관념으로 이념화시키는 행위이다. 헤겔적으로 말하면 지칭 대상을 제거해버리는 이 살해적인 힘, 현상학적으로 말하면 사실성을 중립시키는 이 환원의 능력이야말로 언어의 본질적 구조이다. 후설이 언어의 완성으로 간주할 완전한(충만한) 표현은 언어의 죽음과 다르지 않다."[40]

데리다의 논의는 어디까지나 현상학적인 레벨의 갑론을박이고 해체이다. 현상학적인 논박이라는 것은 역시 시간과 공간의 전제 위에서 이루어지는 것들이다. 데리다는 특히 공간을 기조로 목소리의 시간적인 특성을 비판하는 것이 대부분이다. 시간과 공간은 뒤섞일 수밖에 없다. 시간과 공간이 구별된다면 시간이야말로 공간의 1차원이다.

시간과 공간은 처음부터 뒤섞이는 것이다. 시간이 없으면 공간도 없고 공간이 없다면 시간도 없다. 시간과 공간을 분리해서 사고하는 것은 입자적(atomic)·실체적(substantial) 사고이다. 자기 독백, 대상에 이름 붙이기 등은 개체, 사물 등을 둘러싸고 이루어지는 주체-객체의 이분법적인 입자적 사고의 주제들이다.

그런데 소리는 입자가 아니고 파동(wave)이다. 목소리는 인간의 소리

---

38) 자끄 데리다 지음, 김상록 옮김, 『목소리와 현상』, 223~224, 2006, 인간사랑.
39) 자끄 데리다 지음, 김상록 옮김, 『목소리와 현상』, 224, 2006, 인간사랑.
40) 자끄 데리다 지음, 김상록 옮김, 『목소리와 현상』, 225, 2006, 인간사랑.

286 ... 해체주의를 해체하다

이지만 '존재의 소리'이다. 데리다는 목소리를 현상학적 레벨에서 들었을 뿐이다. 존재는 시간과 공간을 초월하는 영역이다. 존재는 파동처럼 흐르는 것이고, 소리는 그것을 대표한다. 만물은 소리에 이르러 평등하게 된다. 이것이 바로 무상정등각(無上正等覺)이다.

결국 데리다의 에크리튀르가 현상학을 벗어나는 것은 아니었다. 말하는 것과 쓰는 것은 둘 다 행위가 일어나는 현존이다. 에크리튀르라고 현존을 벗어나는 것은 아니다. 다만 에크리튀르는 나중에 흔적과 기록이 남을 뿐이다.

데리다의 에크리튀르는 도리어 '문자(letter)시대'에서 '소리(phone)의 시대'로 넘어가는 인류문명의 과도기에서 발생하는, '소리시대'의 전개에 반발하는 '문자로 후퇴' 혹은 '소리의 문자로의 이해'에 해당하는 것과 같은 철학적 현상이라고 말할 수 있다. 이것도 철학적으로 음양의 극적인 반전을 의미하는 것일 가능성이 높다.

해체철학자들은 으레 시간의 문제에서 출발하는 공통점을 가지고 있다. 이들은 의식에서 철학을 출발하기 때문이다. 의식에 있어 양적인 구분=공간적 구분=물리적 구분은 대상의 특수성을 없애버린다. 이와 반대로 질적인 구분=시간적 구분=심리적 구분은 베르그송 철학에서 심리적 지속으로 논의된다.[41]

"이 시간의 개념은 베르그송의 철학에서 두 가지 뜻으로 나누어진다. 즉 심리적 지속과 물리적 시간이다. (중략) 이 시간적 구분이 가장 구체적으로 체험되는 지대가 음악이다. (중략) (모차르트의) 혼(horn) 협주곡을 듣는 이는 이것이 하나의 멜로디로 이어져간다는 것을 또한 느낀다. 많은 이질적인 변화에도 불구하고 그 이질적인 변화들을 꿰뚫는 한 줄기의 연속적인 흐름이 선율로사 나타나 있음을 또한 안다. 〈질적인 구분은 力動的(dynamique)이다. 그 구분은 다양성을 하나의 유기체로서, 즉

---

41) 김형효, 『베르그송 철학』(민음사, 1991), 93쪽.

각각의 계기에 언제나 현존해 있는 전체성으로서 생각한다. 각 계기는 총체적으로, 다시 말하자면 자기 안에서 자기의 뉘앙스를 지니고서 그러나 또한 전체성과의 관계 속에서 파악된다.〉"[42]

베르그송에 의해서 양적인 구분과 질적인 구분에 이어 '동질적(同質的) 연속(連續)'과 '이질적(異質的) 연속(連續)'으로 넘어가게 된다.

"전자(동질적 연속)는 공간 속에서 직선이 계속 이어지듯이, 그 직선은 선분으로 쪼개지듯이 그런 성질을 지니고 있지만, 후자(이질적 연속)는 음악의 선율처럼 우리의 의식이 흐르되 그 흐름은 선분에서 선분으로 선이 이어지듯이 그렇게 연결되는 것이 아니라, 각각의 이질적인 경험들이 변화를 일으키면서도 음악의 선율처럼 그렇게 시간의 지속 속에서 흘러간다. (중략) 지속의 질적 경험은 개념으로 번역하기가 쉽지 않다. 그러나 그것이 양적인 구분을 짜깁기하거나 병렬시킨 동질의 연결을 오히려 근거 짓고 있다고 보아야 한다. 이것이 베르그송의 입장이다. 즉, 베르그송에 의하면 우리의 의식이 지속하기 때문에 공간적이고 수학적인 연결을 인식할 수 있다는 것이다. 그런 점에서 〈양적인 구분〉은 〈질적인 구분〉 때문에 가능해진다. 예컨대 공간적이고 수적인 병렬이나 병치(倂置)가 가능하기 위하여, 병렬되어져야 할 요소들이 서로 우리의 의식에서 상호침투 하여야 하고, 그 요소들의 합계가 질적으로 하나의 진보나 전진으로 먼저 파악되어야 한다. 그래서 베르그송은 〈의식의 흐름(le flux de la conscience, le courant de la conscience)〉이 〈양적인 누계(累計)〉보다 인식론적으로 선행한다고 보고 있다."[43]

존재와 시간과 직관의 문제는 베르그송에서 제기되었다. 베르그송은 등질적 시간을 넘어서게 하였고, '본능은 닫힌 직관이고, 직관은 열린 본능'이라고 말했다.

---

42) 김형효, 같은 책, 93~94쪽.
43) 김형효, 『베르그송 철학』(민음사, 1991), 94~95쪽.

"그는(베르그송은) 칸트적인 사유가 철학의 모든 방면을 지배하고 있는 과학기술주의 시대를 비판하면서 인간의 정신은 과학적인 이성의 영역으로 환원되지 않는 순수 직관(l'intuition pure)의 영역이라고 선포하였다. 그는 인간의 능력에 세 가지가 있다고 분류하였다. 즉 본능(l'instinct)의 영역과 지능(l'intelligence)의 영역, 그리고 직관(l'intuition)의 영역이다. 지능과 직관의 두 영역은 서로 상반된 기능을 가지고 있다. 지능은 실용적이고 계산적인 이해관계의 전략에서 살아남기 위한 추리의 지성을 뜻하고, 직관은 간접적인 추리가 아니라, 단 한 번으로 시대의 본질을 꿰뚫어보는 통찰력을 말한다. 그러므로 직관은 오성적 계산과 논리를 동원해 문제를 풀어보는 능력과 달리 정신적인 본능으로서 정신세계의 중심에 도달하는 인간의 특이한 능력을 말한다. 본능은 이 지능과 직관의 두 능력을 약간씩 겸비한 이중성을 함의하고 있다. (중략) 본능은 닫힌 직관이고, 직관은 열린 본능과 같아서 닫힘의 폐쇄성과 열림의 개방성이 두 사이를 갈라놓은 큰 차이라 할 것이다."[44]

베르그송은 직관을 '공평무사한 본능(l'instinct désinéressé)'이라고 불렀다. 베르그송은 정신주의, 혹은 신비적 정신주의 계열에 속하면서도 정신의 대칭관계에 있는 물질을 대립적으로 파악하지 않고 생명과 물질의 숨바꼭질로 봄으로써 생명의 불꽃같은 비약을 설명하였다.

"불꽃은 그 중심부에서 폭발하여 공기 중으로 산개(散開)하고 있다. 불꽃이 어디로 어느 방향으로 치솟게 될지 아무도 미리 예측하지 못한다. 그 불꽃이 용출될 때, 지구의 중력과 공기저항 등에 따라 튀어 오르는 방향이 달라질 수 있다. 바로 이 중력과 공기저항이 곧 자연계에 있어서 생명에 대한 물질의 저항과 같다. 생명은 비약을 원하나 물질이 그 비약을 밑으로 잡아당긴다. 그렇게 보면 자연계는 생명과 물질의 숨바꼭질과 같은 놀이의 생기는 지대다. 그러나 식물, 동물, 인간이 자연계에서 탄생하

---

44) 김형효,『철학적 사유와 진리에 대하여 2』(청계출판사, 2004), 418~419쪽.

였다는 것은 생명이 물질의 방해와 저항을 뚫고 무기력의 상자 속에 갇히기를 거부한 것의 결과이다. 물론 생명의 각 영역마다 특성상의 차이는 있다. (중략) 생성의 끝없는 흐름 안에서 의식과 자연이 생명이 서로서로 손을 잡고 있다. 생명을 통하여 의식은 자연세계에까지 연장되고 있고, 생명은 인간의 정신세계에까지 들어와 있다. 의식과 생명 사이에는 이질적인 장벽이 존재하지 않는다."[45]

베르그송의 장점은 '정신과 물질' 사이에 '의식과 생명'이 존재하고 있음을 상기시킨 점이다. 그 후 의식의 철학인 현상학이 전개되고, 동시에 정신과 물질의 이분법에서 벗어나는 무의식의 철학인 존재론 철학이나 해체론의 철학이 등장할 공간을 마련하였다고 할 수 있다.

데리다는 현상학의 초월적(절대적) 이념성의 문제를 해체하면서 의식(의미작용)과 직관(직관대상)의 만남(상호작용)에서 이루는 초월은 끝없이 차이(差移)를 이루면서 재생산되는 것이라고 말한다. 이념성이 비이념성을, 객관성이 비객관성을 대체하는 일은 무한히 이루어진다고 말한다.

이는 멀리는 플라톤의 존재(being)와 비존재(not-being), 동일성(같음, homogeneity=the same)과 비동일성(다름, heterogeneity=the other)의 설정에서 그 뿌리를 볼 수 있다. 초월과 절대라는 것은 실은 의식(의식의 지향)과 직관(직관의 열림)이 만나서 이루는 현상학적 허구이다. 초월적 이념의 끝없는 재생산은 의식과 직관의 덕분이다.

데리다의 현상학은 결국 역설적으로 초월과 절대가 없음을 목소리와 표현의 현상학적 환원을 폭로함으로써 드러냈는데 문자와 표기는 객관적이라는 이유로 여기서 제외했다. 결국 그는 문자와 표기에 손을 들어줌으로써 객관적인 이성주의로 돌아간다. 이는 현재의 의식학인 현상학에서 존재론으로 들어가지 못하게 되는 결과를 초래한다.

---

45) 김형효, 『베르그송의 철학』(민음사, 1991), 18~19쪽.

차연과 이중성 등 그가 사용하는 여러 개념들은 하이데거와 비슷한 것 같지만 항상 의식의 차원에서 전개되는 관계로 근본적으로 다른 것이다. 데리다는 현상학적인데 반해 하이데거는 존재론적이다. 따라서 데리다는 이성주의를 해체한 것 같지만 그러한 제스처만 취하고 도로 이성으로 돌아간 셈이다.

존재론의 무(無)의 경지, 물(物)의 경지에 오르면, 인간과 물은 서로 긴장하지 않고 저항하지 않는다. 물심일체의 경지에서 서로 소통하고 교감하면서 하나로 느낀다. 그래서 깨달은 자는 부자연스럽게(강제적으로) 일을 할 수 없다. 이것을 무위(無爲) 혹은 무위자연(無爲自然)이라고 말한다. '무위' '무위자연'은 아무 일도 하지 않는다는 것이 아니라 자연스럽게 일을 하는 것을 말하고, 아무 일도 하지 않을 때에도 기쁨에 차 있을 수 있음을 말한다.

또 어떤 행위를 하든, 어떤 방향으로 가던 스스로에게 만족한다. 만물은 스스로(저절로) 연기(緣起)되어 있고(連結되어 있는 것은 아니다)서로 매개일 뿐, 자아(주인, 중심)를 주장하지 않는다. 그래서 그에게는 앞으로 죽을 자아도 없기 때문에 죽음이 안중에 없다(죽음을 초월하는 것이 아니라).

그에게는 시간도 공간도 없다. 그래서 존재신학적인 초월적인 신(神)도 없다. 깨달은 자는 이미 만물과 통해 있고, 만물만신(萬物萬神)이 의기투합(意氣投合)하고 있으며, 시공간이 없는 곳에 존재하기 때문이다. 존재론에 도달한 철학자는 검소와 겸손과 침묵으로 일관할 수밖에 없다. 경제적 검소는 도덕적 겸손이고 검소와 겸손은 존재적 침묵으로 통한다.

부처와 예수는 이미 존재하지 않는 인물이다. 따라서 부처와 예수를 부활시키기 위해서는 '살아있는 내'가 될 수밖에 없다. 과거와 미래의 부처와 예수는 없기 때문이다. 인간은 역사 속에서 항상 예수를 죽여 놓고는 다른 곳에서 예수를 찾는다. 마찬가지로 인간은 세계 속에서 부처를 죽이지 못해 부처가 되지 모한다. 사람들은 시간과 공간의 포로이기 때문이다.

인간은 그동안 신(神), 혹은 인신(人神)이 되기 위해 기도를 하는 등 백방으로 염원한 나머지 신을 육화(肉化: incarnation)하고 신인(神人)이 되고자 하였다. 이때의 육화는 실은 체화체득(體化體得: embodied)을 의미한다. 신이 되었다고 해서 종래와 신체적으로 달라지는 것이 아니라 '자신의 몸에 존재하는 신'을 깨닫는 것을 말한다.

육화와 체화는 정신적인 것이 신체적인 옷을 입는, 신체적인 것으로 변하는 것을 말한다. 메시아나 미륵불은 미래의 시간에 강림을 기다리는 존재가 아니라 스스로 달성하여야 하는 존재임을 알게 되기에 이른다. 인간의 문명은 살아있는 성인(聖人)을 죽이고, 시간의 과거와 미래를 얻었다. 이는 성인과 시간을 치환한 것이다. 성인을 희생시킨 뒤에, 성인을 찾는 것이 인간의 역사이다.

지금까지의 서양철학을 일별하면, 시공간을 만들고서는 시공간을 벗어나기 위해서 노력을 한 자승자박의 노동이었던 셈이다. 시간과 공간은 인간으로 하여금 노동을 하게 만든다. 시공간은 노동이고 기계인 셈이다. 자연은 이미 갖추어져 있는 소여(所與)이고 최초의 원인을 모르는(알 수 없는) 재생산(reproduction)이다.

그런데 소여와 재생산을 생산(生産, production)으로 바꾼 것이 서양의 역사, 인류의 역사이다. 애초에 플라톤이 현상의 이면에 이데아 (idea)가 있다고 가정하는 것 자체가 이미 초월적 사고를 시작한 셈이다. 그러한 점에서 현상학은 플라톤의 초월적 사고를 의식의 영역에서 뒤에 인증(認證)한 것이다. 그러한 점에서 현상학은 의식학(意識學)인 것이다.

서양철학은 결국 시간과 공간이라는 초월적 차원을 사물에 덧씌워놓고 다시 시간과 공간을 초월한다고 야단법석을 떠는 것이라고 말할 수 있다. 이것이 현상학적 환원의 정체이다.

하이데거는 스승인 후설의 현상학을 벗어나서 존재론을 전개하였는데 데리다는 다시 후설의 현상학을 추종하면서 마치 자신이 후설의 현상학의 적자인 것처럼 행세하였다. 그래서『목소리와 현상』의 저술 발표를 통해 현상학적 전개를 내보이면서 그의 에크리튀르와 그라마톨로지의 개념을 강화했다.

이성중심주의로부터 데리다의 피신작전은 결국 현상학의(이성의) 덫에 걸려 하이데거처럼 완수되지는 못했다. 이것이 그의(프랑스)의 현란한 문체주의(文體主義)인 것이다. 오늘날 프랑스 철학이 언어의 말장난 혹은 언어의 마술 혹은 문학적 문채의 성격을 같게 되는 것은 이러한 전통 때문이다.

프랑스의 이성주의 철학적 전통은 반이성주의나 해체주의를 추구하면서도 결국은 의식학으로 환원되고, 이성적으로 전개된다. 그렇기 때문에 때로는 자가당착에 빠지기도 하고, 자신의 출발점으로 돌아오는 자기 순환론에 빠지기도 한다. 또한 그렇기 때문에 난해하면서도 여러 갈래로 전개되고 복잡다단하다.

2) 하이데거와 데리다 이해의 혼선과 비판
― 데리다의 시간론과 현상학적 존재론의 모순

앞장에서도 말했지만 '차이와 연장'의 '연장'이라는 개념은 동일성이 완전히 배제된 것은 아니다. 동일성이 있을 수도 있고 없을 수도 있는 중간이라고 할 수 있다. 연장이라는 개념이 시간과 공간상의 연장인지, 아니면 시간과 공간이 없는(혹은 초월한) '무(無)의 상태'의 연장인지에 따라 나뉜다고 할 수 있다.

후자의 경우는 동일성이 완전히 배제된 것이지만, 전자의 경우는 적어도 원인적 동일성은 아닐지라도 결과적(목적적) 동일성을 가지게 된다.

'차이와 연장'의 '연장'은 물론 물리학적인 연장의 개념과는 다른 것이지만 변화를 반영하지 않은 관계로 동일성의 혐의에서 완전히 해방된 것은 아니다. 예컨대 동양의 음양 개념은 차이를 나타내면서도 동시에 변화를 나타내지만 하이데거와 데리다의 차이는 변화를 나타내지는 않는다.[46]

특히 데리다는 하이데거의 존재론적인 차원을 텍스트의 현상학적인 차원에서 설명하려고 하는 억지를 느낄 수 있다.

말하자면 무(無)를 무한대로 설명하려는 태도와 같다. 무한대는 끝은 잡을 수 없는 특성 때문에 처음부터 파악되기를 거부하는 무와 같이 느껴질 때가 있다. 그러나 무한대는 실체의 연장일 뿐이다. 마치 차연(差延)처럼 말이다.

서양의 근대철학은 뉴턴의 물리학과 칸트의 철학에서 보다 실질적인 행보를 보이는 반면 후기근대철학은 그것을 해체하고 넘어선 것 같지만 실은 여전히 근대철학에서 맴돌고 있다. 과학의 양자역학에 해당하는 철학은 아직 등장하지 않았다. 뉴턴의 절대역학이나 아인슈타인의 상대성원리는 여전히 입자와 질량과 에너지의 호환에 머물고 있다.

양자역학에 들어가면 사정은 달라진다. 양자는 입자와 파동의 이중성을 보인다. 물리학에서 공간을 시간으로 나눈 것이 속도이다. 시간이 존재하는 세계에서는 모든 물체는 빛의 속도보다 빠를 수는 없다. 그러나 만약 시간이 제로(0)가 된다면 속도개념은 의미가 없어진다. 이것을 양

---

46) 만약 하이데거가 진정으로 불교적 세계로 들어왔다면 '차연'의 한자말이 '연기(緣起)'라는 불교적 의미가 들어간 '차연(差緣)'이었다면 어떨까, 생각해본다. "차이나는 것이 연기적으로 계속해서 일어난다."는 의미의 차연(差緣) 말이다. 그러나 하이데거가 완전히 불교의 세계에 들어오지 못했다는 흔적이 발견된다. 그를 불교적 세계에 들어가지 못하게 마지막으로 잡은 것은 언어인 것 같다. "언어는 존재의 집"이라는 말은 "언어가 존재의 감옥"이 될 수 있음을 간과한 것이다. 언어는 근본적으로 존재를 느끼게 하는 도구이지만 결정적으로 존재를 배반하는 도구이다. 단지 언어를 메타포로 사용할 경우, 존재의 집이 된다. 하이데거는 말년에 언어를 시적으로 쓰는 것에 매달린 것 같다.

자중첩, 동시성, 비국소성이라고 말한다. 철학의 영역에서 개념철학이 아닌 소리(파동)철학이 필요한 이유가 여기에 있다.

차연은 데리다에게는 백색신화의 일종이다.

"형이상학적 사고가 철학사를 지배해 왔기 때문에, 존재의 현존을 진리로, 부재를 비진리로 간주하여 왔다. 흔적의 차이와 흔적의 흔적의 차이를 무시해온 철학은 존재를 현존으로 나타내기 위하여 차연을 지우지 않으면 안 되었다. 그리하여 〈차이가 존재 자체보다 더 나이가 먹었음〉을 서양철학사는 오래 동안 망각하여 왔다고 데리다는 지적한다. 그런 망각이 백색신화(la mythologie blanche)의 한 예이다."[47]

그러나 데리다의 백색신화라는 것은 지극히 서양적인 발상을 하는 좋은 예이다. 목소리의 현존이 왜 형이상학인가? 이는 시각중심주의 탓으로 눈에 보이지 않는 것을 형이상학으로 생각했기 때문이다. 현존은 목소리(소리)처럼 아무 것도 남기지 않고 지나가는 '지나가는 차이'에 불과한데 왜 그것이 형이상학인가. 도리어 형이상학이야말로 무엇을 쓰고, 남기는 데서 시작하는 것이 아닌가! 도대체 쓰지 않고, 텍스트가 없는 형이상학을 어떻게 생각할 수 있다는 말인가.

데리다의 에크리튀르와 그라마톨로지와 백색신화는 마치 남 모르게 똥을 싼 사람이 휴지가 없어 하얀 벽에 엉덩이를 문지르고는 "나는 똥 안 쌌다."라고 떠드는 것과 같다.

모든 신화는 백색신화이다. 인간은 신화를 구성하는 존재이다. 그 신화에는 언제나 백색신화의 요소가 있다. 태초와 하나님에 대해서는 인간이 아는 것이 없다. 그래서 태초와 하나님이라는 말로써 출발할 수밖에 없다. 인간은 거짓말(상상과 가정)을 할 수밖에 없고, 때문에 모든 신화는 텅 빈 백색신화에서 이야기를 출발할 수밖에 없다. 백색신화는 상상과 상징적인 말로 가득 차 있다.

---

47) 김형효, 『데리다의 해체철학』(민음사, 1993), 286쪽.

만약 어떤 누가 백색신화를 규명한다고 해서 그것을 벗어날 수 있는 것은 아니다. 데리다가 백색신화를 주장함으로써 마치 그것을 벗어날 수 있는 철학으로서 해체주의를 주장하는 것은 일종의 야바위이다. 야바위는 문제의 해결이 아니라 자리만 감쪽같이 바꾸는 장난(속임수)이기 때문이다.

태초의 원인은 알 수 없다. 그래서 중세 가톨릭의 스콜라철학은 신에 대한 궁금증(의심)의 무한소급을 끊는 자리에 신이 있다고 말했던 것이다. 실지로 인간이 아는 것은 최초의 원인이라기보다는 최초의 결과를 원인으로 삼았다고 보는 것이 옳다. 논리적으로는 특정 시점의 결과(A1)와 그 다음 시점의 결과(A2)를 원인과 결과(인과론)라고 설정한 것일 수밖에 없다.

서양철학의 시작은 밀레토스학파의 탈레스로 알려져 있다. "만물의 근원은 물이다."라는 말은 지금에서 보면 정확히 맞는 말은 아니지만 그 당시로서는 신빙성이 있는 말이었다.

그런 점에서 진리의 시작은 거짓말(가정 혹은 가설)이라고 해도 과언이 아니다. 어쩌면 철학은 거짓말할 수 있는, 단정할 수 있는 용기일 수도 있다. 진리 자체를 알 수 없는 인간으로서는 우선 가정할 수밖에 없고, 한 번 세워진 진리라고 하더라도 다른 증거가 생기면 수정할 수밖에 없는 처지에 있다. 그래서 철학사를 오류의 역사라고 말하기도 하는 것이다.

소크라테스는 "나는 내가 아무 것도 모른다는 것을 안다(I know that I know nothing)."라고 말함으로써 그리스철학의 시조가 되었다. 여기서 "아무 것도 모른다(I know nothing)."는 말은 오늘날 존재론의 입장에서 보면 존재에 해당한다. 이 구절은 '알 수 없는 것이 존재'라는 말과 통하기 때문이다. 그렇다면 "나는 안다(I know)"는 철학(앎의 철학)에 해당한다. "나는 내가 아무 것도 모른다는 것을 안다."는 존재와 현상,

삶과 앎을 동시에 표현한 철학적 명구라고 말할 수 있다.

인간은 진리 자체를 말할 수 없기 때문에 진리(언표된 진리, 기표적인 진리)는 거짓말일 수밖에 없고, 진리는 결코 존재가 될 수 없다. 그런 점에서 역으로 "존재는 진리가 아니다."라고 말할 수 있는 것이다. 존재(본래존재)는 결코 말로써 규명할 수 없다. 철학과 과학의 인과론은 양자역학의 등장과 더불어 확률론이 되었다. 인과론은 입자론(粒子論)과 연결되고, 확률론은 파동론(波動論)과 연결된다. 파동론과 연결되는 것이 필자의 소리철학이다.

데리다는 해체주의를 주장하면 마치 구성주의에서 자유로울 수 있는 것처럼 착각한 것 같다. 데리다의 착각이야말로 서양문명의 존재신학적 착각이다. 데리다는 철저히 '현재적 사고'를 하고 있다. 그래서 현재를 무화시켜야만 시간이 존재한다고 생각한다. 도리어 현재라는 것이 있기 때문에 현재의 연장으로서 과거와 미래가 존재하는 것인데도 말이다. 이는 서양철학의 착각, 혹은 데리다의 도착이라고 하지 않을 수 없다. 이는 모두 '현존(présence)'을 '현재(present)'라고 생각한 데서 기인한다. 시간(시공간)은 본래 없는 것이다. 시간은 인간이 존재를 측량하기 위해서 가정한 가상의 세계(제도)이다.

"현재의 무화에서부터 과거나 미래라는 관념이 존재하게 된다. 즉 과거와 미래의 시간은 자기부정이고, 무화인 현재 때문에 존재한다고 볼 수 있다. 그래서 시간은 현재의 성격부여(현재를 존재로 보느냐, 비존재로 보느냐에 따라)에 따라 비존재가 되기도 하고, 존재가 되기도 한다. 현재의 본질이 시간의 성질을 규정한다. 현재(지금)는 매우 이상한 개념이다. 그것은 존재이기도 하고 비존재이기도 하고, 시간이기도 하고, 비시간이기도 하다. 이런 상반된 것이 동거하고 있는 〈공범주소(la syncatégorème)인 현재는 풀기 어려운 난제가 아닐 수 없다."[48]

---

48) 김형효, 같은 책, 280~281. 재인용.

위의 주장을 보면 시간의 현재(의식)에 살고 있는 인간은 현재의 무화(無化)와 함께 '비시간'을 설정함으로써 도리어 '현재의 비시간성' 때문에 과거와 미래가 존재하는 것처럼 인식하고 있다. 이는 한마디로 어불성설이다. 과거와 미래라는 시간은 그것을 인식할 수 있든 없든 현재(현재의 한 점)가 있기 때문에 존재하는 것이고, 현재로 인해서 서로 연결되는 것이다.

역설적으로 데리다는 현재의 시간성을 실체로 생각했기 때문에 현재의 비시간성(비실체)을 설정하고, 그것을 통해 과거와 미래의 시간성을 합리화하는 모순에 빠진 셈이다. 예컨대 만약 현재라는 것이 실체라면 시간은 계속적으로 이어지는 '실체적 현재'만 있게 된다. 그렇게 되면 과거와 미래는 존재할 수가 없다. 그렇게 되면(과거와 미래가 없기 때문에) 또다시 시간은 시간이 없게 되는 논리적 난관에 봉착하게 된다. 현재만 있는 시간이 무슨 시간(소용)이겠느냐는 것이다.

그런데 만약 시간이 실체가 아니라면 그것이 실체가 아니기 때문에 굳이 현재의 비시간성을 설정하여(현재가 장애가 되지도 않는데) 과거와 미래를 설정할 필요도 없게 된다. 그래서 시간은 실체여서도 안 되고, 실체가 아니어서도 안 되는 모순에 빠지게 된다. 말하자면 시간은 처음부터 모순적 존재인 셈이다. 시간이라는 존재자는 애초부터 시간의 밖에 있는 존재를 잴 수가 없다.

시간이라는 자체가 시작과 끝이 있는 유시유종(有始有終)이고, 원인과 결과가 있는 것이고, 실체적 존재이다. 동시에 시간은 무시무종(無始無終)으로 흘러야 하는 관계로 현재라는 시간은 비시간성을 설정하여 과거와 미래를 통하게 해야 하는 이중적 몸짓을 하지 않을 수 없게 된다. 현재라는 시간의 이중적 몸짓은 바로 인간의 모든 개념이 안으로든, 밖으로든 이중성과 모순성을 가지지 않을 수 없음을 의미한다.

인간이 시간을 가지는(전제하는) 한, 시간으로부터 벗어날 수 없고, 시간의 무한대를 갈 수밖에 없다. 무한대로 간다는 것은 시간을 실체적으로 본다는 것을 의미하는 것이다.

말하자면 끝없는 과거와 끝없는 미래 사이에서 인간은 비시간성의 현재의 한 지점에 있게 되는 것이다. 현재의 시간성과 비시간성은 모순관계에 있다. 이는 현재의 무화를 통해 과거와 미래를 실체화 하는, 실체적 사고의 맹점이다.

이러한 시간론은 현재의 비시간성을 통해 시간이라는 실체를 과거와 미래로 옮기는, 그럼으로써 과거와 미래를 실체화 하는(실제로 있는 것처럼 착각하게 하는), 전반적으로 시간의 비실체적 성격을 감추는 일종의 속임수에 지나지 않는다. 현재라는 시간의 '없음(비시간성)'을 통해 과거와 미래의 시간을 '있음(시간성)'으로 바꾸는, 의식이 시간을 가지고 노는 야바위이다.

차라리 시간은 의식(초의식)의 산물이고, 무의식에 비시간을 설정함으로써 그 비시간으로 인해서 과거와 미래가 영원으로 통하는 것으로 설명하는 것이 옳을 것이다. 현재의 무화가 과거와 미래를 존재하게 한다고 생각하는 관념보다는 말이다. 무의식과 초의식은 어차피 비시간적이거나 시간을 초월하는 개념이기 때문이다.

이는 현재라는 시간에 철저히 매여서 시간을 설명하다보니 '현재=순간'이고 '비시간=과거=미래=영원'이라고 설명한 것과 같은 망발이다. 이는 결국 시간은 없는 것이고 의식의 산물이라는 것을 증명하는 것에 다름 아니다.

그래서 인간의 역사는 항상 과거를 황금시대 혹은 낙원시대로 설정하고 미래를 천국이나 극락 혹은 복락원의 시대로 설정하는 반면 현재는 항상 고통과 연속 속에 있는 것으로 설정한다. 현재라는 시간은 없어서도 안 되지만 항상 부담스럽고 고통스러운 시간이다.

시간의 연속성(extension)은 시간의 영원(eternity)으로 이어지고, 그야말로 영원은 '영원한 대상'(eternal object)이 된다. 시간은 인간으로 하여금 영원한 대상을 만나기 위해서 영원히 가지 않으면 안 되게 만든다. 그래서 시간은 바로 이성이다. 그런데 시간적 존재인 인간은 영원히 가지 못하고 언젠가 죽게 된다. 그래서 미완의 인간은 영원으로 비약하지 않으면 안 되고 이를 인도하기 위해서 메시아(미륵불)가 필요하게 되는 셈이다.

인간은 순간(찰나)이 영원이라는 것을 모른다. 순간이라는 말이 있기 때문에 영원이 일종의 동봉관계로 존재하게 된다는 사실을 모른다. 종교적 초월이나 신비가 무의식과 초의식이 만나면서 이루어지는 것은 이 때문이다.

예컨대 과거의 예수(기독교)와 부처(불교)가 미래의 재림예수, 미륵불로 환생하는 신화의 구조는 바로 무의식이나 초의식에서 이루어지는 것을 의식의 장(시간의 장)으로 살짝 바꾼 것에 지나지 않는다. 이것이 종교의 비밀이다.

이러한 시간의 모순구조는 재림예수와 미륵불이 결코 현재(역사)에 나타나서는 안 되는 구조이다. 말하자면 두 성인은 '영원히 기다리는 대상'으로 남아있어야 하고, 그렇게 되어야 '영원한 신앙의 대상'이 된다. 인간은 이러한 모순구조 속에 있다. 이 모두 시간과 공간을 설정한 인간의 자기모순, 혹은 정신의 도착이다. 순간의 끝에 영원이 기다리고 있어야 하는, 결국 순간은 영원이 되지 못하는 '직선적' 구조이다.

의식은 이미 초의식이다. 따라서 무의식은 이미 의식이다. 초의식은 무의식과 만날 수밖에 없다. 이것이 소위 초월적인 것과 내재적인 것이 하나가 되는 원이다. 이렇게 되면 의식(自我, 아트만)이 직선이다. 진정한 무의식은 무(無)이다. 무(無)야말로 브라만(梵我, 우주의식)이다. 브라만은 점(點)이다. 브라만은 우주의 무수한 점(點), 포인트 찰나(point-instant), 자상(自相), 물불천(物不遷)이다. 역설적으로 브라만은 중심이 없기 때문에 모두가 중심인 것과 같다. 점은 제로(0)이다. 제로(0)와 점(·)은 같은 것이다. 직선(有始有終, 因果始終)과 원(無始無終, 因果果因)과 점(中道因果, 因果應報)은 이러한 관계에 있다. 세계는 직선, 원, 점으로 해석할 수 있다.

인간은 '자상적(自相的) 존재'이다. 여기서 '자상적 존재'라는 뜻은 '스스로 상(相)을 만드는 존재'라는 뜻이다. '자상적 존재'는 결국 남(사물)을 통해서 자기를 바라볼 수밖에 없는 존재라는 뜻이다. 인간은 결국 세계를 통해서 자화상을 그리는 존재이다. 자신을 둘러싼 천지인(天地人)의 반사를 통해 신(神)을 떠올리고, 그 신을 상상하는(그리고, 그리워하는) 존재, 인간은 자기적 존재이다. 인간은 자기위로적-자기축복적 존재(종교), 자기투사적-도구적 존재(과학), 자기기만적-자기놀이적 존재(예술)이다.[49] 이때의 자기는 신(자기=신)과 다를 바 없다.

인간은 세계에서 역설적으로 중심(=神)이 없기 때문에 중심을 세울 수밖에 없었는지 모른다. 그래서 기독교는 고통의 본질(essence), 즉 원인으로서 '자유와 원죄와 타락과 구원론'을 구성했다. 기독교는 본질론이고, 현상학이다.

불교는 삶, 즉 실존(existence)를 처음부터 고통(苦)으로 보고 그 근원을 탐구해 들어갔다. 고통의 근원은 집착(集)이었다. 그래서 고집(苦集)을 없애는 멸도(滅道)를 주장했다. 그래서 불교는 실존론이고, 존재론이다. 불교와 기독교는 상보적 관계에 있다. 기독교가 유일신을 전제한 〈자유-원죄-타락-구원〉의 타력신앙이라면 불교는 자아로 인한 〈고집멸도〉의 자력신앙이다.

기독교 유일신을 바라문교의 입장에서 '범아(梵我)'라고 한다면 현대의 자아의 입장에서 보면 기독교의 유일신은 '자신(自神)'이라고 말할 수 있을 것이다. 아무튼 인간은 신을 떠올리는 존재이다. 신은 인간의 자기

---

49) 박정진, 『네오샤머니즘-생명과 평화의 철학』(살림출판사, 2018), 422~424쪽.

투사일 수도 있을 것이다. 그렇지만 그 자기투사는 결국 자기로 환원되고 만다. 자기가 던진 것을 다시 돌려받는 일종의 부메랑과 같은 것이다. 인간에게 독백은 결국 대화이다. 인간(영혼)은 세계(세계전체=신)를 향하여 말하는 존재이다. 인간은 모노로그(monologue)적 존재, 즉 홀로 기도하는 존재이면서 다이아로그(dialogue)적 존재, 변증법으로 철학하는 존재이다.

기독교는 무의식(무아)을 초의식(초자아)에 넣어버린 것이고, 불교는 초의식을 무의식에 넣어버린 것이다. 보편성의 철학은 무의식을 초의식에 넣어버린 것이고, 일반성의 철학은 초의식을 무의식에 넣어버린 것이다. 일반성의 철학이 불교철학과 만나게 되는 것을 알 수 있다. 물론 불교철학도 그것이 종교화되면서 우상화된 것을 제외한 진정한 불교철학을 말하는 것이다.

흔히 서양의 신화학자들은 제자리로 돌아오는 하나의 원운동 혹은 순환구조를 신화의 영원회귀라고 말한다. 이는 지극히 서양적인 발상이다. 이러한 원운동이야말로 실은 직선운동이다. 이것은 일종의 동일성의 구조이다.

이에 비해 동양의 '음양적' 구조는 하나의 원운동 혹은 하나의 순환구조가 아니다. 하나의 원운동이 아니라 나선적 운동을 하면서 다원다층적으로 순환한다. 나선적 운동은 무한대(∞)와는 다른, 태극운동(☯)이다. 태극운동은 무시무종(無始無終)의 운동이면서 처음부터 직선(직선운동)이 아니다.

자연은 처음부터 음양이 서로 역동하면서 운동하는 태극이다. 태극은 나선운동이기 때문에 '시간과 공간이 없는' 무시무공(無時無空), '큰 것도 없고, 작은 것도 없는' 무대무소(無大無小)의 운동이다.

시간의 모순구조 때문에 역사에서 '왕중왕' '재림주'를 주장한 예수는 십자가에서 죽어야 했던 것이다(예수가 십자가에 못 박힌 사건은 서양철학이나 기독교 신학의 이성적 논리, 혹은 시간론으로 볼 때, 일어날 수밖에 없는 필연적인 사건이다). 예수는 특히 로마제국의 총독 앞에서 자신을 '왕중왕'이라고 주장하면서 현실권력과 맞섰기 때문에 죽음을 자초하였다.

석가모니가 죽지 않은 것은 인도 북부(현 네팔 지역)의 카피라 왕국의 태자로 태어났음에도 권력을 버리고, 구도의 길을 갔을 뿐만 아니라 나중에는 자신이 설한 말마저 모두 부정하고(지우고) 철저히 권력을 추구하지 않은 때문이다.

시간은 자아와 의식의 산물이다. 의식은 과거, 현재, 미래를 설정하게 된다. 하이데거의 '존재와 시간'의 관점에서 보면 인간은 현존재이다. 그러나 무의식의 입장에서 보면 현재는 시간이 아닌 비시간이다. 요컨대 현재가 현재를 고집하면 계속 현재만 있고, 시간을 현상학적으로 있게 하는 과거와 미래는 없다. 그렇게 되면 과거의 예수와 석가는 요지부동으로 있고, 현재에는 계속해서 예수와 석가가 없으며(증발하며), 미래는 재림예수와 미륵불이 기대될 수밖에 없다. 미륵불과 재림예수는 마치 시간의 미래처럼 계속해서 미루어질 수밖에 없다.

〈의식과 무의식, 예수와 석가〉

의식(시간=자아)	과거	현재(現在) (하이데거: 인간=현존재)	미래
무의식 (비시간=무아)	예수/ 석가	비시간=부재(不在) (데리다의 주장)	재림예수/ 미륵불

데리다는 현재의 한 시점(시간과 공간의)에서 비시간성이나 무(無)를 바라보고 있다. 현재라는 시간은 결코 버릴 수 없다. 그래서 그의 차연은 하이데거의 '피안(彼岸)'(therein)에서의 차연이 아니라 '차안(此岸)'(에

크리튀르가 일어나는 곳)에서의 차연(差延)이다. 데리다는 '현존=현재'라고 보았기 때문에 현존(現存)을 대신해서 굳이 부재(不在)를 설정하지 않으면 안 되었던 것이다. '부재'는 역설적으로 데리다의 사유의 전부를 바라볼 수 있는 개념이다.

우리는 데리다를 통해 서양의 이성중심주의와 과학주의, 그리고 기독교신학의 메시아론(불교의 미륵불도 마찬가지이다)의 정체까지 바라볼 수 있게 된 셈이다. 과학이라는 것은 생성적 우주, 혹은 '과정(존재)로서의 우주'를 무시한 채 원인과 결과를 관찰하는 것이라는 것을 알 수 있다. 또 서양의 기독교 신학에서 메시아는 현재에 존재해서는 안 되는 인물임을 알 수 있다.

'현재'는 분명히 시간임에도 불구하고 그것의 잡을 수 없음(찰나생멸)을 기화(機化)로 '비시간'이라고 규정하고, 그러한 역설을 바탕으로 과거와 미래를 만들고, 결국 현존인 현재를 뛰어넘어 과거와 미래의 대화로 시간을 이분화(二分化)했다. 이러한 이원대립구조는 시공간에서는 물론이고 신학, 과학, 쓰기-읽기에 이르기까지 같은 구조를 보인다. 결국 오늘의 서양문명은 합리적으로 시공간을 만든 데에 따른 결과이다.

서양문명은 시공간·신학(종교)·과학·텍스트에 걸쳐서 동형을 보이고 있다. 이것이 이성중심문화의 종합적인 양상이다.

〈시간의 비시간성〉

	과거	현재(현존)	미래
시간론		시간성(실체적 시간)	
	과거	비시간성: 과정으로서의 시간 (데리다의 현재-현존-부재)	미래
메시아-부처	예수 (기독교)	메시아는 현재에 존재해서는 안 됨	재림예수
	부처 (불교)	대승보살의 현재적 실천 정신	미륵부처

과학(인과론)	원인/기억/기록	과정(존재)으로서의 우주 생략	결과/예상/희망
쓰기-읽기	쓰여 진 것	글 쓴 자의 부재	쓰여 진 것 읽기
* 서양문명에 있어서 시공간과 과학과 신학은 일치를 보이고 있다			

데리다의 시간론은 현재(현재라는 실체)에서의 논리전개이기 때문에 어딘가에는 동일성의 그림자를 감추고 있다. 그것이 바로 연장(extension)의 개념이다. 현재의 시간성과 비시간성의 이중성은 결국 시간의 과거와 미래 어느 한 쪽의 동일성을 인정하는 것이 된다. 정확하게 말하면 동일성이 존재하게 되는 곳은 차이가 아닌 연장 쪽이다.

데리다의 현재와 시간에 대한 토론은 매우 의미심장하다. 그러나 이것은 어디까지나 시간이 있다는 것을 전제한 서술이다. 시간이 있다는 것은 공간이 있다는 것을 말하는 것이고, 시간과 공간이 있다는 것은 실은 이성의 존재를 전제하는 것이다. 이성의 존재를 전제하는 것은 결국 초자아가 있다는 것을 말하는 것이다.

기독교의 유일절대신이 '신학적(종교적) 동일성' '원인적 동일성'이라면, 절대시공간은 '과학적 동일성' '결과적 동일성'이다. 신학적 동일성은 결국 시간을 기초로 하는 것이고, 과학적 동일성은 공간을 기초로 하는 것이다.

이들 동일성은 결국 자아를 기초로 한 초자아이며, 둘은 이름만 달리할 뿐 같은 것이다. 그런 점에서 종교와 과학은 같은 동일성의 패러다임의 것이며, 세계를 예술로 보는 것만이 진정한 동일성으로부터의 탈출이라는 것을 깨닫게 한다. 예술은 표현의 현존으로 존재의 은적을 현현하는 과정일 뿐 동일성은 없다. 예술작품은 존재의 현상학이다.

〈원인적 동일성과 결과적 동일성〉

원인적 동일성	신학적 동일성	기독교(유일절대신)	메시아사상	시간
결과적 동일성	과학적 동일성	자연과학(절대시공간)	사물의 연장	공간

서양문명은 철저히 자아의 문명이라는 것을 알 수 있다. 우리는 이렇게 반문할 수 있다.

"내가 없는데 어찌 내 죄가 있고, 내가 없는데 어찌 나의 연장이 있고, 내가 없는데 어디로 왕래할 수 있다는 말인가?"

자아(自我)와 이성(理性)과 이상(理想)이라는 것은 인간의 특성이다. 이성적 인간은 결코 실현될 수 없는 이상일지라도 그것을 설정(가설)하여야만 살아가는 존재적 특성을 가지고 있다. 이상은 일종의 정신적 무한대의 개념과 같은 것이다. 무한대는 실체가 있는 것의 연장 개념이기 때문에 그것의 점진성(漸進性)은 인간으로 하여금 대오각성(大悟覺醒)하게 하지는 못한다.

그래서 이성을 뛰어넘기 위해서는 깨달음이 필요하다. 깨달음이라는 것은 이성적 작업이기도 하지만 동시에 이성을 뛰어넘는 것이다. 인간의 모든 문제는 이성에 있고, 문제의 해결도 이성에 있지만, 이성으로는 결코 해결하지 못하는 것도 있다. 바로 인간으로 하여금 자연성에 도달하게 하는 안심입명(安心立命)의 경지이다.

여기서 자연성이란 '마음의 현상으로서의 몸'이나 '몸의 현상으로서의 말'을 의미한다. 네이티브(native) 언어야말로 그것은 몸과 다른 언어이지만 언어가 몸과 하나가 된 자연과 같은 것이다. 모든 예술의 최종 목표는 이 자연성에 도달하는 것이다.

이상(理想)은 항상 이 자연성에 도달하지 못한다. 역설적으로 자연성에 도달하지 못하기 때문에 이성이다. 일반성의 철학은 저절로 자연성에 도달하여 현재(현존)에서 존재의 선물과도 같은 존재적 기쁨과 행복과 열락을 느끼는 것을 목표한다. 이것은 목표 아닌 목표이다.

일반성의 철학과 그것에 따르는 열락의 경지는 아마도 『반야심경(般若心經)』의 "반야바라밀다는 가장 신비하고 밝은 주문이며 위없는 주문이며 무엇과도 견줄 수 없는 주문이니, 온갖 괴로움을 없애고 진실하여 허망하지 않음을 알지니라. 이제 반야바라밀다주를 말하리라."(故知般若波羅蜜多, 是大神呪, 是大明呪, 是無上呪, 是无等等呪, 能除一切苦, 眞實不虛, 故說般若波羅蜜多呪)와 통하는 경지일 것이다.

그런 점에서 진정한 해체(해방)가 되려면 시간과 공간을 버려야 한다. 시간과 공간은 사회적 제도가 있듯이 과학을 위해 만들어낸 과학적 제도이다. 본래 자연은 해체해야 할 대상도 아니고, 해체할 것도 없는 존재이다. 그냥 있는 그대로가 자연이다. 인간이 만든 시간과 공간이라는 프레임 속에 자연을 집어넣어 바라보는 철학적 방식을 버려야 한다.

데리다의 현상학적 노력은 실은 목소리 혹은 소리에 대한 서양철학적 전통·유대그리스도주의의 콤플렉스(자기모순)에서 시작된 것이며, 결국 목소리(말하기)와 쓰기가 모두 결국 인간이 자신을 드러내는 현존적인 행위라는 것을 모르고 '현존=부재'라는 가정 하에 행한 시도였다.

데리다가 그의 후반기에 목소리도 결국 자기동일성에 기초한 현상학적 환원이 아니라 '차이의 존재'라는 것을 인정하였지만 그것은 그야말로 그의 현상학적 환원(의식학)의 끝에서 출발점으로 돌아온 환원의 결과였다.

처음부터 목소리가 '차이의 존재'라는 것을 알았으면 굳이 '부재(absence)'라는 개념을 만들어내지 않았을 것이다. 현존(présence)이라는 것은 '드러난 존재' '현현(顯現)된 존재'의 의미이다. 이것은 하이데거의 존재론에 의해 존재로 승격된다. 현존은 존재자가 아니라 바로 존재인 것이다. 현존은 시간의 연속선상에 위치하는 것이 아니다.

데리다 이해의 혼선과 어려움은 쉽게 말하면 시간(현재)과 공간의 차원에서 존재(存在) 혹은 무(無)를 설명하려고 하기 때문이다. 이는 의식의 차원에서 무의식을 설명하려는 노력과 같다. 그래서 때로는 현란하게 설명을 하지만 자기모순에 빠지고 역설적인 상황과 부딪히게 된다. 무의식은 의식의 아래에 있는 것이 아니라 의식이라는 섬을 떠오르게 하는 의식의 바탕(매트릭스)이 되는 바다와 같은 것이다.

〈데리다의 현상학과 하이데거의 존재론〉

데리다 (현상학)	시간과 공간의 뒤섞임/ 의식의 차원(Thing)	부재 (nothing)	차연 (差延)	직물 짜기
하이데거 (존재론)	존재(存在)와 무(無)/ 무의식의 차원(Thing itself)	존재 (nothingless)	차연 (差緣)	隱迹/ 顯現

하이데거와 데리다를 굳이 구분한다면 데리다의 '차연'은 '차연(差延)'이고, 하이데거의 '차연'은 '차연'(差緣)이라고 할 것을 적극적으로 검토할 필요가 있을 것 같다. 비록 데리다는 공간을, 하이데거는 시간을 벗어나지 못한 게 사실이지만, 하이데거의 후기, 즉 '시간과 존재'의 시기에는 시간을 벗어난 것 같은 느낌을 강하게 풍기기 때문이다.

데리다가 창안한 여러 개념들을 보면 의식의 차원에서 무의식을 설명하는 것이 얼마나 어려운 일인가를 알게 된다. 데리다의 사상을 순차적으로 질서정연하게 설명한다는 것은 불가능하다. 왜냐하면 모든 것이 '직물 짜기'처럼 얽혀있기 때문이다.

데리다의 차연은 흔히 '시간의 공간되기' '공간의 시간되기'라고 말한다. 이는 그가 시간(현재)과 공간의 차원에서 논리를 전개하고 있다는 증거가 된다. 그러나 이에 비해 하이데거는 무(無)의 상태에 있는 존재를 바탕으로 시간과 공간상의 존재자를 논한다. 데리다가 시공간 상에서 차연을 논하는 대목을 보자.

"차연의 시간상의 축에서 연기나 대기의 개념들이 등장했는데, 위의 두 개념에는 뉘앙스의 차이가 있다. 즉 전자는 능동적인 의미를 지니고 있고, 후자는 때를 기다린다는 수동적 의미를 지니고 있다. 능동적 시간과 수동적 시간이 차연의 시간적 날실에 공존해 있다. 그 뿐만 아니다. 공간의 간격이나 차이도 차이화(la différentiation)를 생산하는 능동성과 구성된 구조로서의 차이라는 수동성도 동시에 깃들어 있다. 그러면 차연의 성격은 무엇일까? 데리다는 차연은 능동태도 수동태도 아니고 하나의 〈중간태〉라고 규정하고 있다. (중략) 그것은 중간태로서 생각되어져야 하기에 작용이 아닌 작용이고 대상에 대한 주체의 능동이나 수동으로서 생각되어질 수 없고 행위자나 수동자 또는 양측면의 어느 한쪽에서부터 출발하거나, 어느 한쪽을 겨냥하여 생각될 수 없는 작용이다. 그런데 (중략) 중간태는 철학이 그것을 억압함으로써 자신을 구성해왔기에 능동태와 수동태로서 나누어주었던 것이다."[50]

그런데 데리다는 현존을 자기동일적이라고 생각하는데 이는 잘못 된 것이다. 목소리의 현존은 에크리튀르와 마찬가지로 차이이다. 그는 목소리는 분절되어야 언어활동이 가능하다고 하면서 기억을 '차이의 골'이라고 생각한다.

"내가 말을 하는 경우에 거기에는 앞 말의 흔적이 지금의 말에 이미 새겨져 있고, 또 음운론상으로 발음을 또박또박 분절하여 공간적 간격을 만들게 된다. 이처럼 시간적 흔적의 연기와 공간적 간격의 분절 없이 언어활동도 불가능하다. (중략) 흔적으로서의 보존이 곧 기억이다. 기억은 차이의 골과 다른 것이 아니라고 데리다는 생각한다. 데리다에 의하면 자기동일적인 현존만이 있는 경우에 기억은 생기지 않는다는 것이다."[51]

현존은 현재라는 정지된 어떤 시점도 아니고, 자기동일적인 것도 아니

---

50) 김형효, 『데리다의 해체철학』(민음사, 1993), 213~214쪽.
51) 김형효, 같은 책, 214쪽.

고 도리어 차이이다. 음운은 분절되어 공간적 간격을 가져야 언어활동이 가능하지만 소리는 분절되지 않고 공명한다. 데리다는 기억을 차이의 '골'과 다른 것이 아니라고 하지만 소리는 파동의 '골-마루(凹凸)'를 연결한 것이다. 존재의 틈(균열)이라는 것은 실은 파동의 골(凹)이다. 이러한 요철(凹凸)과 음양(陰陽)과 율동(律動)을 직선화·입자화한 것이 시간과 공간이라는 것이고, 과학이라는 것이다.

그러나 데리다가 차연을 자기독립성을 가질 수 없다고 한 점은 해체철학의 진면목을 보여주는 대목이다.

"대기로서의 차연은 시간적으로 차연이 흔적들의 연쇄성에 의하여 이해되어야 함을 말한다. 즉 대기로서의 차연은 텍스트의 세계에서 이른바 의미라는 것이 그 자체에서 절대적으로 성립할 수도 없고, 그 자체에서 자기 영역을 통괄하고 통어할 수 있는 독립성을 가질 수가 없음을 가르쳐준다. (중략) 시간적 차이의 다발 속에서 모든 이의 인생에서 그 어떤 요소도 원자론적일 수가 없다."[52]

하이데거와 데리다의 '현존과 차연'의 차이를 종합적으로 비교하면 다음과 같다.

하이데거는 현존은 존재(存在)의 현현(顯現)으로서 현재완료적이며, 차연은 '존재(存在)'의 연기적(緣起的) 특성을 보인다. 또 매우 관념적·음악적·시간적이어서 한편의 교향악을 듣는 느낌이다. 이에 비해 데리다의 현존은 현재(現在)의 부재(不在)로서 과거완료적이며, 차연은 '흔적(痕迹)'의 연장적(延長的) 속성을 가지고 있다. 또 매우 시각적·미술적·공간적이어서 한편의 문자추상을 보는 느낌이다. 하이데거는 존재론의 레벨인 반면 데리다는 현상학적 레벨이다.

하이데거는 시간('존재와 시간')에서 시작하여 시간을 초월한 반면 데리다는 공간('에크리튀르')에서 시작하여 시간이라는 현재에 예속된다.

---

52) 김형효 지음, 같은 책, 215쪽.

여기에서 독일의 관념적-존재론적 전통과 프랑스의 구체적-실존주의적 전통이 극명하게 갈리게 된다.

〈현상학과 존재론의 특징〉

하이데거(존재론적 레벨)	존재(存在)의 현현(顯現)	현재완료적 (시간초월)	존재(存在)의 연기(緣起)	관념적·음악적 ·시간적	교향악
데리다(현상학적 레벨)	현재(現在)의 부재(不在)	과거완료적 (시간예속)	흔적(痕迹)의 연장(延長)	시각적·미술적 ·공간적	문자추상

데리다의 차원은 물리학에서 보면 시간과 공간을 뒤섞임으로 보는 특수상대성이론의 차원과 같다. 이것이 일반상대성 이론에 들어가면 시간과 공간의 구별이 무의미해진다. 세계는 에너지로 일반화되기 때문이다. 특수상대성이론은 마치 현상학에서의 초자아와 무아의 결합처럼 보인다. 데리다의 차연이 신의 모습을 전혀 풍기지 않는 것도 아니다.

"물론 차연은 어떤 경우에도 기독교적 신이나 신성일 수는 없다. 그럼에도 불구하고 차연은 파스칼(B. Pascal)이 말한 〈숨은 神(Deus absconditus)〉의 뉘앙스를 다소간에 풍기고 있는 것도 사실이다. 왜냐하면 데리다의 주장처럼, 자연은 스스로의 자기 모습을 지니지 않고 나타내지도 않지만, 모든 의미와 나타남의 가능근거이기 때문이다. (중략) 이런 차연의 성격은 에카르트가 말한 신, 스스로 나타나지도 낳고, 말할 수 없고 그러나 그가 창조한 세계의 뒤안길에 있는 숨은 신을 연상케 하다. 그런 신에 대하여 우리가 아는 듯하면서도 모르기에 에카르트는 일종의 〈현명한 무지(docta ignorantia)〉와 같은 것으로 생각하였다. 어쨌든 에카르트의 부정신학은 이성신학이 추구하는 본질과 존재로서의 신은 아닐지언정, 신의 현존 자체를 부정하는 것은 아니다. 그런 점에서 신을 말로써 표현할 길이 없다는 부정신학의 입장과 〈차연은 낱말도 개념도 아니다〉라는 데리다의 생각이 반드시 일치하지는 않는다. (중략) 〈명명불가라는 것은 예컨대 신처럼 어떤 이름도 접근할 수 없는 말할 수 없는 존재라는 것이 아니다. 이 명명불가는 명명의 효과를 만들고, 명사라고 하는 원자적이고 상대적으로 단위적인 구조를 만드는 (중략) 놀이이다."[53]

데리다는 신(神)보다는 놀이에 초점을 맞춘다.

"명명할 수 없는 차연은 차이화와 연기의 보충대리 속에서 자신의 유일의미의 고정화와 절대화를 거부하는 〈웃음〉이요, 〈춤〉이다. 이 점은 카프라가 현대물리학과 동양사상에서 언급한 힌두교사상에서 시바의 춤과 같다. 시바(Shiva)는 우주의 율동을 표현하는 춤을 추면서 창조와 파괴의 두 면을 동시에 보여준다. 이상에서 논급된 생각들을 정리해 본다면, 차연의 명명불가(命名不可)나 무명(無名)은 말할 수 없는 진리의 존재를 표현한 것이 아니고, 모든 유명(有名)을 생산하는, 모든 유명의 결과를 잉태하는, 하나의 〈변별성의 자궁〉과 같다고 보아야 한다. 그래서 차연은 무한히 유명의 대리에 의하여 미끄러지고 연쇄화 된다."[54]

철학이 과학이 말하지 못하는 '보이지 않는(invisible) 세계'에 대한 발언을 하지 못한다면 아무런 의미가 없다. 이는 철학이 철학이기를 포기하는 것과 같다. 과학은 시간과 공간의 학이다. 그런 점에서 데리다의 시간과 공간의 뒤섞임의 차원은 아직 과학을 뛰어넘은 철학이라고 하기 어렵다. 그런 점에서 과학의 일반상대성원리에 대응하는 철학이 '일반성의 철학=소리철학'이다. 나아가서 양자역학의 불확정성원리(不確定性原理)를 받아들이는 철학이 소리철학이다. 소리철학은 물리적 파동을 인문학적·철학적으로 '소리=파동'로 표현한 것이다.

"세계는 입자가 아니라 파동이다."라는 것에 대응하는 철학이 바로 일

---

53) 김형효, 같은 책, 217~218쪽.
54) 김형효, 같은 책, 218쪽.

반성의 철학이고, 소리철학이다. 그러나 일반상대성이론처럼 예컨대 "세계는 에너지다."라고 말하는 데에 머문다면 과학으로 족하지, 무슨 철학이 필요하겠는가.

그래서 '차이불이'(差易不移)의 철학이 필요하다. '차역(差易)의 의미로 서의 차이(差易)'는 서양에서 차이(差異) 혹은 차연(差延)의 철학을 주장 하는 일련의 철학자들에게 동양의 역(易)사상을 포함하는, '같은 발음의 다른 뜻'을 전달하는 묘미가 있다.

'차이(差易)'라는 단어에는 서양의 차이(差異)·차연(差延)·차이(差移) 론을 극복하고, 동양의 전통적인 역사상을 계승하는 측면이 있고, '불이 (不移)'라는 개념은 '실체가 있는 것의 이동이 아니다' 혹은 '실체가 아닌 기(氣)는 이동하지 않는다'는 뜻으로 한국의 동학(東學)사상을 계승하는 측면이 있다.

동학(東學)의 교조 최제우(崔濟愚, 1824~1864)는 각지불이(各知不移) 라는 말을 통해 기운생동(氣運生動)하는 세계, 자신의 깨달음의 세계를 표현했다. '불이(不移)'야말로 '변화하지만 이동하지 않는 기(氣)의 세계' 를 가장 잘 설명하는 개념인 것이다. 기(氣)는 '차이'와 '불이'의 양면성 과 이중성을 동시에 가지고 있다.

필자는 구한말의 '동학(東學)'사상 대신에 '중학(中學)'사상을 제안하였 고, 중학사상을 실천하는 것을 '중도(中道)'라고 명명하였다. 결국 '차이 (差易)'라는 개념은 필자의 중학사상의 구체적인 실현이면서 동시에 그 것을 실천하는 중도를 목표로 하고 있는 철학의 진수이다.

'차이'는 필자가 동서고금의 철학과 한국사상을 회통시키는 철학으로 서 서양과 동양, 그리고 한국의 전통사상·철학에서 그 요체를 뽑아 만 든 한국철학의 신조어(新造語)이다. 말하자면 지금껏 거론해온 일반성의 철학, 소리철학, 여성철학에 이어 필자의 철학의 구체성을 달성하기 위 해 제안한 새로운 철학적 용어이다.

박정진의 차이(差易)와 동학의 불이(不移)를 하나로 합친 '차이불이(差易不移)는 "세계(자연)는 변화하지만 동시에 변하지(이동하지) 않는 것이다."라는 뜻이 내포되어있다. 차이와 불이는 서로 교차하고 공유하고 있다.

〈差易와 不移〉

박정진의 차이(差易)	동학(東學)의 불이(不移)
일반성의 철학, 소리철학, 귀(耳)의 철학/신체적 존재론/ 여성철학/평화철학	내유신령(內有神靈)/ 외유기화(外有氣化) /각지불이(各知不移)
소리(phone, sound)/ 파동(波動)·공명(共鳴)	기(氣)/심즉기(心卽氣), 물즉기(物卽氣)
이(理): 주체(主體)-대상(對象)/존재의 역동(易動), 즉 용(用, 以)	기(氣)): 본체(本體)=본래존재= 심물일체(心物一切)
불확정성원리(不確定性原理)는 원리(原理=理)이면서 파동(波動=氣)이다.	

'차이(差易)'는 존재의 역동(易動), 즉 용(用, 以)이고 '불이(不移)'는 '본체(本體)=본래존재'라고 말할 수도 있을 것이다. '파동=기=소리'는 일종의 '본체'라고 말할 수 있다. 이들은 스스로 움직이지 않으면서 다른 것(남)을 이동시켜 준다. 이때의 '본체'는 물론 '실체'(實體, substance)의 '체'가 아니라 근본이라는 의미에서의 '체'이다.

이(理)는 용(用, 以)을 가능하게 하는 표상이다. 이(理)는 기(氣)의 현상학이고, 기표이다. 서양철학이나 동양의 성리학은 바로 기(氣)를 가지고 이(理)로 전도시킨 것에 불과하다. 인간은 왜 이것을 전도시켰을까? 이는 자연을 이용할 생태학적 삶의 필요 때문일 것이다. 결국 인간은 살기 위해서 자연을, 자연적 존재를 제도적 존재자로 전도시킨 셈이다. 제도적 존재자는 주어(주체)행사를 해왔다.

그러한 점에서 주자(朱子, 1130~1200)의 성리학(性理學)체계라는 것은 본체(本體)인 기(氣)를 이(理)로 전도시킨 것이다. 이는 서양철학이 본체인 자연(自然)을 이성(理性)으로 전도시켜 자연과학의 대상으로 만든 것과 같은 맥락이다. 이는 모두 인간이 자신을 자연에 투사한 인간중심주의의 결과이다.

성리학은 본체를 전도시켜서 삼강오륜의 윤리(倫理)를 만들었고, 서양철학은 본체를 전도시켜서 자연과학(自然科學)을 만들었다. 따라서 서양철학이 자연과학을 넘어서고, 성리학이 윤리학을 넘어서려면 기(氣)일원론을 기초로 하는 철학의 탄생이 필요하다.

〈서양철학과 성리학의 비교〉

	체(體)	용(用, 以)	학문과 과학	보편성	일반성
서양철학	자연 (自然)	이성 (理性)	자연과학 (自然科學)	자연적	소리철학
성리학 (性理學)	기(氣)	이(理)	삼강오륜 (三綱五倫)	도덕적	

주자(朱子)의 이발이기수지(理發而氣隨之)하고, 기발이이승지(氣發而理乘之)한다는 것이나 퇴계(退溪) 이황(李滉, 1501~1570)의 이발기발(理發氣發)의 이기호발설(理氣互發說)은 그래서 틀린 것이다. 이발(理發), 즉 이(理)가 발(發)한다는 것은 어불성설이다. 이(理)는 스스로 발할 수 없다.

이승(理乘), 즉 이(理)가 승(乘)한다는 것도 어불성설이다. 이(理)는 무엇을 타는(乘) 주체가 될 수 없다. 이(理)는 용(用, 以)일 뿐이다. 이(理)는 체(體)인양 체하지만, 체(體)가 아니다. 우주의 체(體)는 기(氣)이다. 그래서 율곡(栗谷) 이이(李珥, 1536~1584)의 기발이승(氣發理乘)도 틀린 것이다. 이(理)는 기(氣)의 표현으로서 기표(氣表)이고, 기표(記標)로서 드러 남이다. 이(理)는 기(氣)의 현상학이다.

이통(理通)도 완벽한 것은 아니다. 이(理)는 통(通)하게 하기도 하지만 불통(不通)의 원인이 되기도 한다. 세계에서 오직 통하는 것은 기(氣)일 뿐이다. 그래서 기통일원(氣通一元, 氣通一圓)의 세계가 진정한 세계이 다. 이것이 혼원일기(混元一氣, 渾圓一氣)의 세계이다.

현상학과 존재론을 불교철학에 비교하면 현상학은 유식학(唯識學)에 가깝고, 존재론은 반야공(般若空)에 가깝다. 그런 점에서 데리다는 유식 학의 차원이라면, 하이데거는 반야공사상의 차원이다. 그러나 둘 다 불 교의 완전한 진리, 즉 진여(眞如)에 도달하였는가는 의문이다. 이는 서양 철학의 이성의 작용과 시공간 의식의 관여 때문이다. 이성은 어딘가에는 실체(substance)를 감추고 있기 때문이다.

하이데거는 '시간적 자아'(이것은 물론 공간적 자아이기도 하다)를 벗 어나지 못했고, 데리다는 '공간적 자아'(이것은 물론 시간적 자아기이도 하다)를 벗어나지 못했다고 말할 수 있을 지도 모른다. 이것은 서양문명 의 근본적인 한계이자 특징이다.

돌이켜 보면 '차연'이라는 개념이 서양철학의 대상적 동일성, 물질적 동일성, 실체적 동일성, 최초의 원인적 동일성(신학적 동일성)을 벗어났 지만 '자아적 동일성' '결과적 동일성'을 완전히 벗어났는가에 대해서는 의문이다. 차연의 '연장(extension)'이라는 개념은 서양 사람들이 수학 과 과학에서 개발한 미분과 적분의 무한대(無限大)의 개념과 같은 것이 다. 어떤 것이 일정한 방향성과 시퀀스(sequence)를 가지고 있다면 그 것은 적어도 원인적 동일성은 아닐지라도 결과적 동일성은 내포하고 있 는 것이다.

라이프니츠의 모나드론은 관념론이지만, 그래도 그 관념에 활동성과 무한성의 의미를 부여함으로써 '자연(自然)'으로 연결되는 여지를 남겨

두고 있다. 물론 라이프니츠도 자연을 무기적으로 보기는 하지만 무기적 자연에서 신에 이르는 물(物)과 심(心)의 차(差)를 연속적으로 만들어낸다고 보는 입장에서 주목된다.

라이프니츠의 미분학은 실은 차연의 논리의 선구자였던 셈이다. 그는 무한대의 개념을 통해 모든 사물과 사건을 양화(量化)할 수 있었다. 그런데 양화할 수 있는 세계가 있는 데에 반해 그렇게 하지 못하는 세계도 있다. 여기에 대해서는 다른 철학이 필요했던 셈인데 이러한 서양철학의 욕구가 어느 정도 결실을 맺은 것이 바로 하이데거의 존재론과 데리다의 해체철학이라고 말할 수 있다.

무한대는 동양과 불교에서 말하는 무(無)가 아니다. 무한대는 어디까지나 '유(有)의 관점에서 보는 무(無)'이다. 서양의 과학적 사고는 결코 무(無) 혹은 무아(無我)를 받아들일 수 없는 문화적 맥락(context) 위에 있다. 특히 서양의 근대 과학문명은 그렇다. '유(有)'의 관점에서 보면 '무(無)'란 있을 수 없는 것이며, 무한대(無限大)일 뿐이다.

무한대(無限大)는 서양의 '유(有)의 철학'이 무(無)와 만나는 지점이다. 초월의식은 바로 의식(意識)이 무(無)를 만나면서 무엇인가 말할 수 없는 존재를 느껴 이것에 대해 붙인 이름이다. 그러한 존재에 대한 반응의 예로, 서양은 그것을 신(神)이라고 말하고, 동양은 그것을 자연(自然)이라고 말한다.

따라서 자연이라는 말에도 따라서 신이라는 의미가 들어있고, 신이라는 말에도 자연이라는 말이 들어있다. 서양은 유일신을 통해 자연에 이르고, 동양은 자연을 통해 유일신에 이른다. 인류가 만들어낸 모든 이름은 추상이고, 추상적인 이름은 바로 '흐름'(流)에 있다.

무(無)나 공(空)이나 중(中)의 진정한 개념은 바로 '흐름'(流)에 있다. 흔히 중용의 중(中)이나 중도의 중(中)은 어떤 사이(間)의 가운데 지점(point), 고정된 지점을 의미하는 것으로 생각하기 쉽다. 그런데 역동하는 우주 속에서 그러한 중(中)은 결코 실현되지 않는다.

'중(中)'은 흔히 이성적으로 말하는 이상이 아니다. '중'은 가변적 기준일 뿐이다. 인간은 이상을 설정해놓고 그것을 기준으로 살아가는 생물종이지만, 실질적인 우주는 그 '중'을 끝없이 왕래하는 우주이다. 그런점에서 실질적인 세계는 언제나 양극단을 오가는 기운생동(氣運生動)의혼돈(混沌)이다.

이러한 정황을 만물의 각자(총체)의 입장에서 생각하면 총체적인 흐름속에 있기에 '중'은 항상 실현되고 있다고 말할 수 있을 것이다. 그러나이것은 객관적인 것은 아니다. 무(無), 공(空), 중(中)은 결국 같은 개념이다.

이러한 정황을 소리철학의 입장에서 보면, 기(氣) 혹은 소리(phone)도'무, 공, 중'과 함께 같은 개념으로 포함하려는 것이 소리철학, 포노로지(Phonology)라고 말할 수 있을 것이다. 그런데 '기'와 '소리'는 '무, 공,중'과 같은 개념이나 추상이 아닌, 구체이고 실질이라는 점에서 다르다.'기와 소리(파동)'는 일종의 시니피에가 아니라 시니피앙이다.

아무튼 이념적인 '중(中)'은 단 한 순간도 실현된 적이 없으며 동시에실질적인 '중'도 그것의 소재(所在)를 잡을 수 없다. 역으로 잡을 수 없기에 흐름이기도 하다. 중용(中庸), 중도(中道), 무위(無爲)도 쉽게 잡을 수있는 것이 아니다. 서양의 근대철학의 형평(衡平)이라는 개념도 그것의소재파악과 잡기를 할 수 없다는 점에서 마찬가지이다.

잡을 수 있는 것은 이미 이(理)이고 용(用, 以)이다. 잡을 수 없는 것은이(理)가 아니다. 흔히 이상(理想)이라는 말은 낭만적인 것으로 받아들이기 쉬운데 적어도 막연하지만 대상과 목표가 있어야 이상이 된다. 대상이라는 말은 이미 대상의 주체가 존재한다는 말이다.

우리는 흔히 인간의 행위를 두고 선악(善惡)으로 판단을 한다. 하지만지구상의 모든 문화에 적용되는 선과 악은 없다. 선과 악은 매우 인위적이고 유위적인 구분이다. 권선징악(勸善懲惡)은 인류의 모든 문화의 보편성이지만, 그것의 기준은 다르다.

지금까지 인간의 선악(善惡)을 논한 것은 대체로 근거가 빈약하다. 선과 악이 따로 있는 것이 아니라 본성이 미발(未發)된 것을 가지고 선이라고 하고, 기발(旣發)된 것을 악이라고 하였다. 따라서 권선징악 사상은 일종의 지배논리에 불과하다. 지구상의 제왕학(帝王學)이나 통치학(統治學)의 대부분이 최고통치자는 권선징악의 범주에서 벗어나게 한 것에서 이를 확인할 수 있다.

선악은 같은 뿌리를 가지고 있다. 그래서 선악의 문제는 궁극적으로 해결될 수 없는 것이다. 선악은 이중적이고 양가적이다. 선과 악은 어떤 문화권이나 개인에서도 왕래할 뿐이다. 악(惡)은 위선(爲善, 僞善)에 있고, 선(善)은 위악(爲惡, 僞惡)에 있을 수도 있다. 악의 발생학을 거슬러 올라가면, 자연상태에서 생존경쟁을 하면서 살아가는 것을 악이라고 규정한다면 문명 상태는 선을 지향하는 것이 되고, 자연상태를 선이라고 한다면 문명상태는 악이 발생한 원천이 된다. 이것이 바로 성악설, 성선설이다.

자연이란 저절로 그렇게 생성된 것인데 그것을 악의 원천이라고 말할 수는 없을 것 같다. 만약 자연을 악이라고 규정한다면 악하게 사는 것이 자연스러운 것이 된다. 그렇다면 악이라는 개념은 인간의 필요에 의해 만들어진 것이라고 생각할 수밖에 없다. 인간은 왜 '악'이라는 범주가 필요했을까. 아마도 인간이 권력경쟁으로 살아가면서 적대세력을 만나게 되고, 그러한 적대세력을 악으로 규정했을 확률이 높다.

악의 발생은 인간의 소유욕과 더불어 기원한다. 어쩌면 악은 창조주를 제외하고 피조물로서 인간이 할 것이라곤 그것을 소유하거나 재창조하는 길밖에 없었음에서 비롯되었는지도 모른다. 소유는 화폐의 사용과 함께 인간의 저장기술의 발달이 원인이 되었을 수도 있다. 가치를 담는 도구가 생겼기 때문에 소유전쟁이 벌어졌을 수도 있다.

악의 내용은 국가(지역)나 시대마다 다를지라도 권력은 악이라는 개념을 반드시 필요로 한다. 인간은 전쟁을 할 때 자신이 믿는 신(神)이 적(敵)을 무찔러주기를 기원한다. 이때 선한 신은 자신의 편이라고 생각하는 것이다. 선악(善惡)은 매우 절대상대적인 개념이다. 악은 인간과 떼어내어 생각할 수가 없다. 사나운 맹수에게 악을 덮어씌우는 것은 인간의 간교함에서 비롯된 것이다.

인간이 싸움과 전쟁을 멈출 수 없는 이유는 선악의 문제만이 아니라 자신이 옳다고 생각하는 버릇 때문이다. 인간은 타인과 자신을 피차(彼此)라고 한다. 그런데 차(此)는 종종 시(是)가 되고, 피(彼)는 비(非)가 된다. 이는 자신을 옳음에 두는 것이다. 이는 무의식적으로 자신이 옳다고 생각하는 습관이다. 자신도 잘못될 수 있음을 인정하는 것은 실패 혹은 멸망이라는 참담한 결과를 당한 뒤여서 참으로 드물다. 자신(自身)은 스스로를 인식(반성)하지 않아도 이미 태생적으로 얻어진 신체적 존재이기 때문이다.

태초(신의 시작)는 종말(세계의 종말)을 책임질 수밖에 없다. 시종(始終)은 종시(終是)이거나 무시무종(無始無終)기 때문이다. 그래서 인간에게 자유가 주어졌다고 하더라도 궁극적 책임은 인간에 있는 것이 아니라 신에 있기 때문이다. 그래서 신은 궁극적으로는 용서를 채택하지 않을 수 없다. 이것은 신의 완결성 때문이다. 신의 완결성은 실은 자연의 순환성을 시종(始終)으로 설명한 것에 지나지 않는다. 신의 완전완결성을 가정하지 않는다면 선과 악은 절대성을 상실하지 않을 수 없다. 기독교문화권 이외의 지역에서는 절대성은 힘을 발휘하지 못한다. 선악은 절대성과 상대성을 동시에 가지고 있다.

선과 악은 물론이고 정의(正義)와 불의(不義)도 보편적인 기준이 없기는 마찬가지이다. 문화권마다, 시대마다 다른 것이 특징이다. 따라서 궁극적으로 선악(善惡)과 의불의(義不義)를 따지는 인문학도 자연과학의 상대적 불확정성이론처럼 양극의 확률론으로 설명할 수밖에 없다. 확률론이란 100(%)을 근거로 일어날 가능성을 설명하는 것이다.

인간이 만든 모든 기준은 한시적이고, 제한적이다. 가장 일반적인 것은 자연뿐이다. 어떤 문명도 자연이라는 그라운드(ground) 위에 성립된 것이다. 인류문명이 좋아하는 보편성은 그 위에 성립된 각 문화권의 마천루(摩天樓)와 같은 것이다. 그런데 그 자연은 '흐르는 것'을 특징으로 한다. 흐르는 중에 가장 큰 것은 풍(風)이다. 그러한 점에서 우리민족의 풍류(風流)라는 개념은 참으로 자연주의자들의 관점이다. 자연은 바람이나 물의 흐름처럼 저절로 일어나는 것이고, 아무도 제어할 수 없는 것이기도 하다.

자연은 신이고, 진정한 신은 자연이다. 범신(汎神)이라는 말은 자연을 신과 결부해서 말하는 개념이다. 그런데 그 '범신'을 각자(各自)의 존재에서 풀어서 말하면 '자신'(自身 自信 自新, 自神)을 이르는 것일지 모른다. 이들 '자신'들은 이중성과 왕래성의 관계로 중첩되어 있다. 이들 '자신'들은 인간이 스스로를 토대로 '흐르는 것(생성변화·만물유전)'에 대해 붙인 이름이다. 내 몸이 있고, 내 믿음이 있고, 나의 새로움이 있다면, 바로 '지금 여기'에 흐르는 것은 신(神)에 이르는 것이 아니고 무엇이겠는가?

신은 결코 객관적 대상이 아니다. 지금 나를 둘러싼 기운, 기운생동이다. 신을 존재(사물)로 말하면 존재 그 자체이다. 존재 그 자체는 말로써 표현(증명)할 수 있는 것이 아니다. "말하여진 도는 도가 아니다(道可道非常道)"는 바로 이것을 말한다.

우리는 이렇게 말할 수 있다.

"말하여진 도는 도가 아니다(道可道非常道)"

"말하여진 신은 신이 아니다(神可道非常神)"
"말하여진 불은 불이 아니다(佛可道非常佛)"

세계를 기운생동의 관점에서 보면 하이데거의 경우도 '존재의 관점에서 존재자'를 바라봄으로써 '무(無)의 관점에서 유(有)'를 바라보는 것 같지만 그것도 완전하지는 않다. '연장'이라는 개념은 실은 실체(substance)가 있는 것을 전제하는 개념이다. 서양문명으로서는 '차이'가 계속되는 것을 '연장'이라는 개념으로 표현할 수밖에 없었겠지만, '연장'이라는 개념의 속성은 그 안에 이미 실체, 혹은 입자의 개념이 포함되어 있으며 무한대의 철학적 표현이다. 그래서 '연장'에는 동일성(결과적 동일성)의 개념이 남아있는 것이다.

하이데거야말로 동서양의 경계에 있다. 하이데거의 존재론과 데리다의 해체철학이 표방하는 '차연'이라는 것도 겉으로 보기엔 이성중심주의를 벗어난 것 같지만, 그것은 대상으로부터의 탈출은 되었지만 아직도 자아로부터의 완전한 탈출(이것을 불교적 해탈이라고 하면 좋을 듯하다)은 수행하지 못하고 있는 듯하다.

이는 여전히 압도적인 이성중심주의 및 과학적 사고에 물들어 있기 때문이다. 이는 암암리에 어떤 '동일성' '자아의 흔적'을 감추고 있는 것이다. '연장'이라는 용어와 마찬가지로 서양의 후기근대 철학이 여전히 '실체' 혹은 '자아'를 버리지 못하고 있음을 드러내는 용어가 역시 '사물' 혹은 '물 자체(Thing in itself)'이라는 말이다.

'사물'이라는 말에서도 드러나지만 '사물'이라는 말에는 어딘지 세계를 '실체', '도구' 혹은 '도구체계'로 바라보는 시선이 남아있다. '사물'이라는 말에는 어딘지 세계를 무생물로 바라보는 시선이 드러난다.

왜 하이데거에게 사물은 '그것(It)'인가? '사물'을 그것이라고 하는 것은 실은 사물이 그렇게 있는 것이 아니라 인간이 사물을 그렇게 보는 것이다. 이것은 언어의 영향이다. 언어는 사물을 정지된 물체로 규정하는 타성이 있다.

하이데거의 '그것(It)' 속에는 존재와 존재자(存在者)가 동시에 있다. 존재자(存在者)의 '자(者)'라는 것은 바로 구체성이 없는, 추상적인 사물의 명칭인 '사물(thing)=불완전명사'를 의미하고, 하이데거가 완전히 자연적 존재 혹은 불교적 공(空)의 세계로 들어가지는 못했다는 증거가 된다. 하이데거의 한계는 서양 이성철학의 한계이다.

언어는 하이데거의 말대로 '존재의 집'이 아니라 '존재의 감옥'이 될 수도 있다. 언어가 존재의 감옥이 된 것이 바로 '사방에 창이 없는 방'으로서의 단자(monad)이며, 역으로 그 단자가 바로 사물(thing)이라는 것을 알 수 있다. '단자'는 사물을 계량화할 수 있는 근거(foundation)이고, 결국 세계를 물질의 꽉 막힌 세계로 상상하게 하는 단초가 된다. 이것이 오늘날 자연과학의 세계, 물리학의 세계이다.

언어는 항상 '존재의 집'에서 '존재의 감옥' '사물의 단자'로 돌변할 수 있는 것이다. 결국 인간이 사물(물질)의 감옥으로부터 벗어나려면 사물을 놓을 수밖에 없다. 사물을 잡고서 사물을 벗어날 수 없다. 사물을 놓고 안 놓고는 인간 스스로에게 달렸다.

어쩌면 철학적 반이성중심주의를 끌고 가고 있는 존재론, 해체주의 철학은 언어가 집이 아니라 감옥으로 변신하고 있음에 대한 본능적 반발이라고 할 수 있을 것이다. 사물은 본래 역동적인 '물(物)'인데 그것이 언어의 옷을 입으면서 '정태적인 사물'이 되었다.

서양철학은 언어로 인해서 인간을 자연으로부터 추방시켜버린 감이 없지 않다. 오늘날 인간은 자연성을 잃어버렸다. 이는 기독교의 유일신에 의한 '낙원추방'이 아니라 역설적으로 기독교가 도구적으로 생각했던 자연에 의한 '자연추방'이다. 낙원에서 추방된 것은 별 일이 아닐 수 있으나 자연에서 추방된 것은 인간존재를 잃어버리는 위험이 될 수도 있다. 자연추방은 상상이 아니라 현실이다. 자연추방은 인간의 죄의식의 문제가 아니라 바로 인류의 생존과 직결되는 문제이다.

하이데거의 '언어는 존재의 집'이라는 구절에서도 최종적인 자아가 남아있다. 그것은 사람의 생각여하에 따라 '언어는 존재의 감옥'이 될 수도 있기 때문이다. 바로 언어의 이중성이 인간의 문제를 철학적으로 해결할 수 없다는 것을 말하고 있는지도 모른다. 언어가 없으면 철학을 할 수 없는데 철학은 언어를 버려야 하는 존재론적 상황에 이르렀다. 이것이 '현존재'인 인간의 막다른 골목이다.

서양문명은 자아를 버리고 무아로 들어가기가 본질적으로 어려운 문명이다. 서양문명에는 자아와 초자아가 늘 붙어있으며, 그것을 통사구조(統辭構造)로 만들려고 하고 있다. 그 이유는 저들이 근대에 이룩한 문명은 '과학문명' '텍스트(text)문명'이기 때문이다. 저들은 바로 과학적 텍스트를 버리지 못하기 때문이다.

서양 사람들이 자연으로부터 구원받는 길은 원시미개 사회의 '신물숭배(神物崇拜)'를 배우는 데에 있다. 만물을 신으로 보는 저들의 삶의 관점과 태도를 배우지 않으면 안 된다. 세계는 지식의 공동체이기 이전에 교감의 공동체이다. 자연은 교감공동체이다. 자연은 굴곡이 있는 흐름이고 파동이다.

존재론은 철학이지만 존재는 논리로 느낄 수 없다. 존재는 기분이나 분위기 혹은 그것의 바탕(배경)으로서 기운생동이다. 결국 논리로 설명할 수 없는 것을 논리적으로 설명하려고 하는 것이 존재론이다. 따라서 존재론은 논리적으로만 이해하는 것이 아니라 존재를 느껴야 이해가 되는 철학이다. 논리와 느낌 사이에 간극이 있다.

데리다는 '현존'이라는 것을 이성중심주의의 원흉(괴물)으로 보고 그것으로부터 도망가기 위해서 '부재'(absence)라는 개념을 만들어내고, 에크리튀르(écriture)를 기초로 그라마톨로지를 구성했다. 데리다의 '부재'의 철학은 바로 '현재'의 철학이다. 그의 노력은 대단한 것임에도 불구하고 현재라는 시간을 버리지 못했고, 그렇기 때문에 도리어 에크리튀르에서 구원을 받으려고 했다.

이는 하이데거가 '존재와 시간'을 탐구하면서 시간의 흘러감의 속성인 무(無)에서 구원을 받기 위해 인간을 '세상에 존재함(das in-der-Welt-sein)'이라는 의미의 '현존재(Dasein=therebeing)'로 규정했다. 현존재의 뜻은 '본래 자리' 혹은 '있어야 할 자리'이다. 이것은 동양철학의 '자연' '자연적 존재'에 가장 가까운 말이다.

그러한 점에서 하이데거와 데리다는 구원이라는 관점에서 논리전개상 시간과 공간의 교차관계에 있다. 데리다는 겉으로는 공간에서 시간으로 갔지만, 이면에서는 시간에서 공간으로 갔고, 하이데거는 겉으로는 시간에서 공간으로 갔지만 이면에서는 공간에서 시간으로 갔다. 시간과 공간의 문제는 결국 같은 것이기에 결국 서양문명의 피할 수 없는 자장(磁場=context)이라고 할 수 있다.

현존(présence)은 현재(present)가 아니다. 현존은 현재로서의 'present'가 아니라 선물로서의 'Present'이다. 현존은 시간을 넘는다. 현존은 시간에 예속된 현재가 아니다. 목소리와 쓰기가 다른 것은 둘 다 현존적인 것임에도 불구하고 쓰기는 그것이 기록으로서 남는다는 데에 있다.

"현존(現存, présence)이야말로 존재(存在, Sein, Being)의 현상학이고 또한 존재는 선물(膳物, Present)이다."

흔히 "현재는 선물이다(present is the Present)"라고 하는 말에도 실은 현존의 의미가 들어있다. 현재라는 시간을 존재자적으로 사용하지 않는다면 말이다. 현재는 존재로 들어가는 틈이다. 현재는 존재와 존재자가 왕래하는 틈이고 문(門)이다. 인간이 은연중에 쓰는 말에도 이미 존재론적 존재에 대한 인식이 들어있는 셈이다. 존재론적인 것과 존재자적인 것은 뒤섞여 있고, 혼동되어 있고, 그것은 자연적 존재이면서 동시에 이성적 존재인 인간의 이중성에서 비롯된다.

한국인의 입장에서는 '기'의 철학이야말로 '존재'의 철학이고 '현존'의 철학이다. 현존이 서양철학의 이성중심주의의 원인이 아니라 이성주의는 바로 '무엇이 기록됨'에 있다. 기록을 하자면 주어가 필요하다. 흔히 자아 및 주체와 관련하여 인칭대명사의 문제를 거론하는데 이는 인칭대명사의 문제가 아니라 더욱 폭넓게 주어의 문제로 격상되어 논의되지 않으면 안 된다.

주어가 되는 것은 사람(인칭대명사)과 사물(지시대명사)뿐만 아니라 관념(개념)과 의식, 추상명사, 귀신, 분위기, 기운, 느낌 등 어떤 의식, 무의식의 것도 주어가 될 수 있다. 다시 말하면 모든 언어는 주어가 될 수 있다. 그래서 주어의 문제는 철학 전반에서 다루어야 할 주제가 되기에 충분하다. 주어가 통사구조를 만들고 그 통사구조는 사물(事物)과 물(物)에 대해서 자신도 모르게 초월적 위치를 점유하는 것이다.

주어에 의해 이끌어지는 문장(텍스트)은 기록의 바탕이 되고, 기록은 시간과 공간의 개념을 필요로 한다. 이성이 문장을 만드는 것이 아니라 문장이 이성을 만들었다고 하는 편이 옳다. 문장이 없는 이성이라는 것은 실은 허구이다. 문장은 시간과 공간, 그리고 결국 과학을 만들어냈던 것이다. 주어, 즉 이름이 사물의 정체성을 만들고 움직이는 사물을 정지시키는 환상과 환각을 만든다.

주어와 이름과 과학(실체를 토대로 하는)이야말로 가상이고, 추상이고, 인간이 만들어낸 것이다. 결국 기록이 과학이고 등식이다. 그런 점에서 에크리튀르야말로 이성주의의 원인이다. 에크리튀르로 이성주의를 극복한다는 것은 애초에 서양철학이 '말-소리 중심주의'의 자기모순에 빠진 것에 지나지 않는 것이다.

데리다의 그라마톨로지는 에크리튀르라는 개념의 창안을 통해 만들어낸 '하이데거 존재론의 프랑스적 짝퉁'인 것이다. 데리다의 치명적 결점은 문자언어가 음성언어의 초분절적인 특징(소리의 고저, 강약, 장단)을 없애고 분절적인 특징(자음과 모음의 연속)을 통해 음성언어의 발화의 한 측면을 부호화하였기 때문에 규격화가 쉽고 논리적인 메시지 전달력이 뛰어나다는 점을 간과한 데 있다. 문자언어야말로 이성과 과학을 뒷받침했다.

서양철학에서 논의되는 여러 개념들은 각자의 전통을 가지고 차이를 드러내고 있다. 그 철학적 차이는 다른 차이와 마찬가지로 무한대로 나아가지 않으면 안 된다. 그래서 차이(差異)의 연장(延長)으로서 차연(差延)이라는 개념이 성립되었을 것이다. 차이의 연장에서 공간은 연장(延長)이라는 말이 적합하지만 시간은 연장이 아니라 지연(遲延)이라는 말이 더 적합하였을 것이다. 영원은 아직 오지 않았기 때문이다.

인간은 시간을 설정하였기 때문에 영원을 설정하지 않을 수 없었고, 공간을 설정하였기 때문에 부피가 있는 것을 중심으로 세계를 다루게 되었다. 그런데 이 연장의 개념이 아직 서양철학으로 하여금 동일성에서 완전한 탈출을 하지 못하게 하는 족쇄이다. 세계를 어디에선가 끊었기 때문에 연장의 개념이 나오고 접속의 개념이 나오는 것이다. 연장과 접속은 이미 생각의 끊음과 관련이 있다. 자연은 한 번도 끊어진 적이 없는데 인간을 그것을 끊어서 생각하는 것이다.

생각이야말로 자연(우주)을 끊는 가장 미세한 칼이다. 생각보다 무서운 칼을 없고, 생각보다 끊어진 것을 붙이는 풀은 없고, 생각보다 빠른 물체는 없고, 생각보다 느린 물체도 없다. 철학이 생각의 산물이라면 철학은 스스로에게 반란을 일으키지 않으면 철학의 완성을 기할 수 없다. 철학은 철학을 포기하는 것이 철학의 완성이다. 철학은 철학의 포기를 철학하여야 한다.

하이데거와 데리다는 결국 '차이(差異)-연장(延長)'을 주장하고, 들뢰즈는 '접속(接續)-기계(機械)'를 주장한다. 이들이 차연을 주장하고 접속을 주장하는 이유는 결국 세계를 문장(언어)으로 나누었거나 물질(사물)의 구획으로 나누었기 때문에 필연적으로 세계를 연결시키지 않으면 안되기 때문이다. 결국 여기에는 서양문명의 이성중심주의가 내재해 있다. 이것은 결국 서양철학의 언어의 문제이다. 다시 말하면 언어를 메타포(은유)로 사용하지 않고 메토니미(환유)로 사용하려고 하기 때문이다.

서양의 절대신과 절대정신과 절대 시공간(뉴턴역학)은 같은 계열의 것이다. 이들 삼자는 서로 이성중심주의 철학의 공모자들인 셈이다. 여기엔 물론 자본주의도 들어가고 사회주의도 들어가고 심지어 과학주의도 들어간다. 인류는 새로운 문명의 패러다임을 요구받고 있다.

이에 서양철학의 폐쇄성은 과학에서 다시 상대성원리와 불확정성이론이 나오고 이것이 '상대적 불확정성이론'으로 종합됨에 따라 철학에 영향을 미쳐서 해체철학을 불러오게 된다. 그러나 해체철학들은 아직도 서양철학의 이성중심주의를 완전히 벗어난 것이 아니다. 그렇게 보면 '정신의 물질(대상이 되는 물질)'이 아니라 '물질(대상이 되지 않는 물질)의 정신'이 필요한 셈이다. 이것이 바로 물질(物質)이 아닌 물(物)이고, 물 자체이다.

철학이 과학의 '상대성원리(relativism)의 세계'를 극복하기 위해서는 '상관적인 세계(interrelation-world)'에 눈을 떠야 한다. 상대성은 절대성의 또 다른 절대성이기 때문이다. 이는 철학이 상대성원리의 에너지 이론($E=mc^2$)을 넘어서야 함을 말한다. 상관적인 세계란 동양의 음양론의 세계를 말한다. 동양의 음양과 기(氣)의 세계는 에너지를 포함하지만 그 이상의 세계이다. 정확하게 말하면 에너지를 옮기는 파동의 세계이다. 상관적인 세계야말로 자연의 세계이다.

철학이 과학의 감옥에 갇혔다. 유기체에 대한 생각도 바뀌어야 한다. 유기체는 생명체이긴 하지만 생명 속에 메커니즘(mechanism, schema)이 들어간 것이다. 다시 말하면 생명체가 기계화 쪽으로 나아간 것이다. 유기체는 생명-기계의 복합물이다. 사람이라는 유기체가 추상-기계를 만들어내는 것은 이미 추상이라는 기계적인 대뇌작용이 개입하였기 때문이다. 현상학적인 존재(현존재)로서 인간은 자신에 내재한 신성(神性)과 신비성을 망각하고, 추상-기계, 혹은 유물-기계의 자기함정에 빠질 수밖에 없다.

이에 비해 자연은 어떤가. 자연은 스스로를 현상이라고 규정하지 않는다. 자연이 자연현상이 된 것은 순전히 자연을 현상하고자 하는 인간의 탓이다. 자연은 내재성이고 순환성이고 재생성이고 반복성이고 진화성이고 본능성이다. 자연은 생명으로 가득 찬 혼원일기(混元一氣)의 세계이고, 교감(交感)의 전체이고, 소통(疏通)하는 세계이다. 자연과학의 대상이 되는 자연이 아닌 자연은 저절로 돌아가는 세계이다. 여기서는 자연은 주어(주체, 신)가 되는 것이 아니라 동사이고 유동하는 세계이다.

인간은 항상 자연의 인간이다. 문명은 항상 자연의 문명이다. 그런데 항상 인간은 자신의 근본을 잊어버리고 더욱이 자신이 이 세상에 '던져졌다'고 생각한다. 이 때 '던져졌다'고 생각하는 자체가 인간으로 하여금 '던져진 존재'로 만드는 셈이다. 던져졌다고 생각하는 자체가 자연을 잃어버린 것의 반영이다. 이는 자신을 낳아준 어머니를 망각하고 아버지(하느님 아버지)만 생각하는 사고와 같다.

모든 어머니는 자신이 잉태한 자식을 던져버린 적이 없다. 어머니는 잉태하고 출산하고 양육하며 모국어마저 가르쳐서 세상에 내보낸다. 성장한 자녀들은 자신을 낳아준 어머니, 자연(自然)을 잊어버리고 그 탄생의 사건을 까마득히 잊어버린 채 자아(ego)을 찾아 나선다. 존재가 망각이고, 그것을 벗어나는 것이 진리인 것처럼 생각하는 자아는 바로 가공의 아버지(제 3자)를 찾아 나선다. 자신의 몸 안에 천지와 부모가 다 들어있는데 그것을 망각하고 자신의 몸 밖에서 원인과 구원을 찾는다. 대부분의 인간은 자신에게 속고 있다. 자신에게 속는 인간존재의 특성을 문제로 삼을 수는 없지만 그런 존재의 근본적인 속임은 언어와 사물(존재)이 일체가 될 수 없음에 기인한다.

자연(自然)은 '스스로 그러한'이기 때문에 스스로를 지칭(指稱)하지 않는다. 자연에 이름을 붙이는, 자연을 지칭하는 존재가 인간이다. 다시 말하면 생각하는 동물인 호모사피엔스는 자연을 지칭하는 존재로서 살아가기 시작한 셈이다. 그런데 그 지칭하는 행위에서 이미 인간은 자연으로부터 스스로를 분리하고 이원화하고, 대상화하지 않을 수 없는 지경(地境)에 빠졌다. 이때 '빠졌다'(이는 하이데거 존재론의 '던져졌다'라는 말과 극과 극으로 통한다)라는 동사는 매우 운명적인, 불가항력적인 의미를 내포하고 있다.

무엇을 지칭한다는 것은 인간의 삶의 조건이지만 그것은 처음부터 애매모호하다는 문제를 피할 수 없다. 무엇을 지칭하기 위해선 주어, 즉 명사(명사형)가 필요하다. 명사는 동사를 필요로 한다. 또 동사는 자동사와 타동사를 필요로 한다. 자연의 '스스로 그러한'의 '스스로'는 주어도 될 수 있고, 부사도 될 수 있다. '그러한'도 동사도 될 수 있고, 부사 혹은 형용사도 될 수 있다.

이렇게 '자연'이라는 지칭어는 처음부터 품사가 애매모호하다. 그런데 인간은 그 애매모호한 것을 분명하게 잘라야(끊어야) 하는 사명(개념화, 명사화)에 처하게 된다. 그것(대상, 사물)을 자르기 위해서 그것을 딱딱한 것, 알갱이가 있는 입자(粒子)로 만들지 않으면 안 된다. 그런데 과연 인간이 자른 자연은 잘라졌던가. 심지어 나(I)와 너(You), 나(I)와 사물(It), 나(I)와 우리(We)는 분명히 구분되었던가. 이들은 상관관계(상관적 차이, 변별적 관계)에 있다.

이런 '잘라야 하는 행위'는 자연이라는 물(物)을 향하여 '칼로 물(水) 베는 것'과 같다. 그런 점에서 물(物)은 물(水)이다. 인간의 생각은 모든 사물을 대상화한다. 실은 나(I)라는 용어도 이미 스스로를 대상화한 것이다. 생각은 지칭을 전제하지 않고는 시작도 할 수 없다. 바로 지칭하는 것에서부터 인간은 모순에 빠진 것이다.

나(I)는 너(You)가 되고, 너(You)는 나(I)가 되고, 너와 나는 거리가 멀어지면서 그(He)가 되고, 그녀(She)가 되고, 그것(It)이 된다. 또 그것을 한데 묶기 위해 우리(We)가 된다. 나(I) 이외의 것은 모두 사물(Thing, It)이 되어 타자(他者)가 되기도 한다. 이들 간에는 서로 왕래관계(가역관계)가 성립한다.

여기서 주목할 것은 서양문명권은 '물(物) 자체'를 'Thing in itself'로 본다는 점이다. 물(物)은 서양철학에서 물질(物質)로부터 벗어나는 개념의 출발이긴 하지만 여전히 타자로서의 물질의 흔적(냄새)를 풍기고 있다. 이것이 완전히 '우리(We)'가 되어야 자연으로 돌아가게 된다. 'We' 는 어딘가 자연의 'Web(網)'의 성격을 내포하고(숨기고) 있는 것 같다. 또 'W' 자 속에 '여성'(Wo-man)이 숨어 있다.

만물이 하나가 되기 위해서는 '우리'의 관념을 사물 전체로 확산하지 않으면 안 된다. 우리는 자연이고 자연은 우리이다(자연=우리). 자연은 그것(It)이 아니다. '그것'에는 타자의 관념이 숨어 있다. 그래서 '그것'(It) 뒤에 굳이 '자신'(self)을 붙여서 '그것 자체'(Itself)라고 하는 것이다. '그것 자체'(Itself)의 'self'가 'ego(자아)' 즉 정신(精神, spirit)이 되면 사물 자체는 물질(material)이 되어 정신과 물질이 이분화된다. 그래서 사물(Thing)은 자연(自然=物)과의 관계에서 이중성과 애매모호함의 위치에 있다.

자연과 사물의 애매모호함은 감각동사에서도 두드러진다. 감각동사들은 감각하는 대상을 향하여 '~감각한다'이기에 타동사적으로 사용되어야 하지만 자동사로 쓰인다. 또 '~을 가진다'라는 타동사는 '~이 있다'라는 자동사로 사용된다. 심지어 자연은 가주어(假主語, It)가 된다. 말하자면 진짜 주어가 아닌 가짜(임시) 주어라는 말이다.

지칭되는 것과 지칭하는 것의 운동을 나타내는 동사는 처음부터 애매모호함 속에서 출발한다. 그럼에도 불구하고 서양의 이성중심주의 철학은 결국 지칭하는 자와 지칭을 받는 자 사이에 경계와 구별을 두고, 정신과 물질의 이원화를 통해 과학을 이룬, '주체-대상으로서의 세계'를 구축한 철학이 된다.

이에 비해 동양철학은 지칭을 사용하기는 하지만 그렇게 명확함의 추구를 통해 자연을 이원화하지 않는 경향을 보인다. 이를 두고 '자연주의'라고 일단 말해두자. 동양의 자연주의 철학은 서양철학의 '정신-물질(육체)' '주체-대상'과 달리 몸과 마음의 일원화를 통해 '생명의 유동을 노래(호흡)하는 철학'의 특징을 보인다. 동양의 음양사상과 그 이전의 천지인 사상은 그것을 대표하는 사상이다.

서양철학의 이성(理性)과 동양철학의 이(理)의 차이, 그리고 물질(物質)과 기(氣)의 차이를 현상학적으로 살펴볼 필요가 있다. 이(理)는 기(氣)의 현상학이다. 이때의 실체는 기(氣)이다. 여기서 실체는 서양철학이 말하는 실체(substance)가 아니라 존재(Being)의 의미의 실체이다. 이에 비해 물질(物質)은 정신인 이성(理性)의 현상학이다. 이(理)와 이성(理性), 기(氣)와 물질(物質)은 같은 것이 아니라 현상학적으로 정반대의 위치에 있다.

현상학적으로 말하면 이성(理性)은 또한 이(理)의 현상학이라고 말할 수 있다. 무한대(無限大)는 무(無)의 현상학이고, 색(色)은 공(空)의 현상학이다. 일반적 일(一)의 현상학이 일체(一切)이고, 일체(一切)의 현상학이 보편적 일(一)이다. 동양의 이기론(理氣論)은 근대에 들어 서양철학을 만나서 좀 더 현상학적으로 나아간 것이라고 말할 수 있다. 이때 현상학적으로 나아갔다고 하는 것은 바로 과학적으로 나아갔다고 말할 수 있다.

<이성과 자연>

> 이(理, 理性)=선험성=초월성=시공간=추상성(관념성)=환원성=연장성
> =창조성=종교·과학기술=언어(言語).기계(機械)=언어보편성·추상-
> 기계(정신과 물질의 이원화=주체대상으로서의 세계).
> 자연(自然, 性)=내재성=순환성=재생성=구체성(실질성)=반복성=진화
> 성=본능성=생명성(氣)=혼원일기(混元一氣)=교감성(交感性).소통성(疏
> 通性)(몸과 마음의 일원화=자기로서의 세계).

　결국 인간은 '자연(自然)의 성(性, sex)'을 '이성(理性)의 성(性)'으로 환치하고 자연을 본능으로 격하하면서 본성의 자리를 이성이 차지하는 전도(절도)를 실현한 존재이다. 본성은 본능이 되면서 남성적 욕망의 대상이 되어버렸다. 남성은 본성적 존재가 되고, 여성은 본능적 존재로 요시찰 인물이나 감시의 대상이 되어버렸다.

　감각은 본래 대상이 아니라 느낌과 교감이었다. 감각은 안팎이 없다. 느낌이라는 것은 감각기관을 매개로 몸과 사물이 하나의 교감체가 되는 것이다. 그런데 이성이 등장하고부터 느끼는 것이 으레 감각은 대상이 되었을 뿐이다. 말하자면 '감각적 대상'이라고 하는 것이다.

　감각은 대상이 아니라 느낌이다. 감각은 머리를 통해서 교감하는 것이긴 하지만 대상에 머무는 것이 아니라 서로 하나가 되는 소통이다. 감각은 이데아나 이성이 아니라 느낌이고, 느낌의 공유이다. 감각의 세계는 끊어진 적이 없다. 자연의 세계는 끊어진 적이 없다. 즉 '칼로 물 베기'의 세계이다.

　앞에서 '자른다(끊는다)'는 개념을 사용했는데 바로 그렇기 때문에 결코 '자를 수 없는 사물'로서의 개념이 필요하다. 그것이 바로 동양의 기(氣)라는 개념 아닌 개념이다. 기(氣)는 특히 보이지 않는 것이 느껴질 때 존재를 느끼게 된다. 기(氣)라는 개념을 설명하기 위해서 여러 토론이 동

원되었지만 결국 '자를 수 없는 사물'로 전제하는 것이 끊임없이 미세한 세계를 쪼개서 분석하는 현대입자물리학의 진전에 대응이 될 것이다.

중국 위진남북조 시대에 조론(肇論)을 쓴 승조(僧肇)의 물불천론(物不遷論)은 흔히 영화필름에 비유되기도 한다. 영화의 필름은 실지로 정지되어 있는데(정지된 스틸사진의 연속) 이것을 영사기로 돌리니까 움직이는 활동사진으로 보이는 메커니즘이다. 그래서 사물은 실지로 정지해있다는 말이다.

그러나 물불천론을 영화필름으로 설명하는 것은 하나의 비유이다. 결국 영화는 스틸필름의 연속이지만 그것이 활동사진이 되기 위해서는 영사기와 영사기를 돌리는 제 3자(이것은 신이나 초월자를 연상시킨다)가 필요하다.

이는 라이프니츠의 '예정조화의 신'과 같다. 또한 스틸필름은 단자(單子: 단순실체)가 아닌 것이다. 결국 다른 기계와 기계를 돌리는 사람이 필요한 셈이다. 이는 자연 그 자체를 설명하는 것에 부족하다. 자연에는 스틸필름이라는 고정된(움직이지 않는) 단자가 없을 뿐만 아니라 그것을 아무리 순간적으로 미세하게 잘라도(그렇게 자를 칼도 없지만) 더 이상 자를 수 없는 경지(境地)에 이르게 된다.

즉 자연에 영화필름은 존재하지 않는 것이다. 영화필름은 결국 기계이며 인위(人爲)이다. 물불천론(物不遷論)이 물불천론이 되려면 '더 이상 자를 수 없는 물(物)'의 개념이 필요하다. 그것이 기(氣)이다. 이 말은 더 이상 대상(對象)이 되지 않는 존재가 필요하다는 말이며, 그 존재는 결코 개념이 아니어야 한다. 사물을 대상화하는 것이 아니라 그 대상(對象)을 하나의 징조(徵兆)로 바꾸는 상징(象徵)이 필요하다.

기(氣)야말로 찰나생멸의 다른 이름이고, 실체가 아니다. '기'를 실체(substance)로 보는 것은 아직 제대로 '기'를 모르는 사람이다. 기는 실체(實體)가 아닌 실재(實在)이고, 차라리 상징(象徵)이다. 그래서 우리는 상징을 통해서 '기'를 확인하는 것이다. 그런 점에서 상징은 기를 부르는 의미의 '기호(記號)가 아닌 기호(氣號)'이다. 기호는 흔히 개념에 비해서는 상대적으로 '자연물=사물존재'에 가까운 것으로 여겨지기도 하지만 어디까지나 기호는 구체성의 사물이 아니고 사물의 껍데기(이름)이다.

상징(象徵)의 징(徵) 혹은 징조(徵兆)야말로 존재를 대상화하여 증명하는 것이 아니라 존재를 부르는 것이다. 그야말로 '기(氣, 生氣)를 부르는' 기호(氣號)이다. 사물의 징조는 존재를 부르는 소리이다. 동양의 역학(易學)이라는 것은 바로 징조를 말하는 '징조(徵兆)의 학'으로서 '차연의 연장(시공간)'이 아니라 '차연의 틈(시공간초월)'에서 솟아나는 초월이다. 그래서 역학은 시공간을 초월하여 예언하는 것이다.

영화필름은 해체철학의 차연(差延), 즉 차이와 연장의 개념을 잘 설명하는 비유이다. 해체철학자들은 사물을 물질이 아니라 차이 나는 것의 끝없는 연장으로 봄으로써 이성중심주의 철학을 극복하려고 하지만 아직도 그 개념에서는 시각적(視覺的)인 관점을 벗어나지 못하고 있다. 그 속에는 서양철학의 맹점(盲點)인 동일성의 개념을 잔존시키고 있다.

'시각과 연장'이 아닌 개념으로 세계를 설명할 수는 없을까? 그것은 기분(氣分)이나 느낌(feeling)으로 세계를 설명하는 일일 것이다. 앞에서 생각을 남성성으로 보았기 때문에 기분이나 느낌은 여성성의 관점이라고 할 수 있을 것이다.

생각 이전에 우리 몸이 세계와 소통하고 교감하고 있는, 우리 몸에 들어 있는 기분, 느낌, 도저히 설명할 수 없는 정체불명의 이것이야말로 존재의 근원이다. 이것이 기(氣)이고, 또한 소리이다. 기는 파동(波動)이고 소리도 파동이다. 파동으로서의 코드가 맞는 것이다.

인간은 자연의 기(氣), 기운생동(氣運生動)을 이(理), 이성(理性)으로 해석하는 존재이다. 바로 이성으로 해석하기 위해 개념과 정의가 필요하고 세계를 칸막이나 감옥에 가두는 일을 해왔다. 그래서 서양철학의 궁극에서는 '단자(單子)'가 필요했던 셈이다.

　서양철학의 차연(差延)과 접속(接續)은 서양과학의 미적분(微積分)과 같은 레벨의 사고이며 결국 입자적 사고의 극단적으로 진행된 결과라고 할 수 있을 것이다. 위의 '연장(데리다)과 접속(들뢰즈)'의 개념은 아직도 시공간적 사고를 벗어나지 못했다는 것을 증명하는 것이면서 동시에 과학기술문명에서 꽃을 피운 서양철학의 한계치(限界值), 종말지점을 말하는 것이다.[55]

　존재는 설명하거나 해석하거나 그리고자 하면 존재(존재자)에 갇히거나 존재(본래존재)를 잃어버리게 된다. 존재를 언어로 설명하는 것을 철학(哲學)이라고 한다면, 이를 수(數)로 환원시켜 해석하는 것을 수학의 대수(代數), 미적분(微積分)이라고 할 수 있을 것이다. 또 이를 그리고자 하는 것을 수학의 기하(幾何: 도형의 길이, 넓이, 각도 등의 양을 측정하거나 공간의 수학적 특성을 따지는 분야이다)라고 한다면 이들의 특성은 다음과 같다. 현대의 자연과학이란 이들의 종합이라고 말할 수 있다.

〈철학과 수학의 상관관계〉

생각 (生覺) -추상 (抽象)	철학 (哲學)	주어 (主語)	주어(主語), 동사(動詞), 목적어(目的語)	사물(事物)과 사건(事件)을 말과 문장으로 환원
	대수 (代數)	등식 (等式)	수(數), 방정식(方程式)	운동을 정지(靜止), 직선(直線)으로 해석
	기하 (幾何)	중심 (中心)	점(點), 선(線), 면(面)	운동을 면적(面積)과 원(圓), 타원(橢圓)으로 해석
자연은 결코 개념이나 추상이 될 수 없다. 인간의 시각-언어적 특성이 자연을 그렇게 보게 한 것이다.				

---

55) 박정진, 『서양철학의 종언과 한글철학의 탄생』(yeondoo, 2022), 183~506쪽.

문장에서 목적(目的)이라는 말은 눈(目)이 표적(標的)한 것이라는 점에 유의할 필요가 있다. 문장의 주어(主語)는 기하의 중심(中心)과 같은 것이며 이는 결국 세계로부터 등식(等式)을 추출하게 된다. 등식은 결국 수(數)를 통해 정지와 직선을 실현하는 것이며, 원과 타원도 직선의 연장이 된다. 그러나 이들은 모두 개념이고 추상이다.

물질에 대한 입자적(粒子的) 사고가 파동적(波動的) 사고로 전환되지 않으면 존재의 진면목에 도달할 수가 없다. 파동적 관점은 입자(실체)가 없는 것이다. 파동(전기전자전파), 즉 리듬(에너지의 흐름)만이 있다. 기(氣)는 리듬이고, 리듬은 기이다. 바로 파동적 사고로 들어가는 입구가 '소리철학'이다. 파동적 세계에 대한 과학적 이해가 '상대적 불확정성이론'이라면 이에 대한 철학적 대안이 소리철학이다. 소리철학은 자연에 대한 은유의 철학이다.

그런 점에서 과학이야말로 자연의 은유에 대한 환유이고, 시는 역설적으로 절대자연이라는 환유에 대한 은유이다. 시와 철학과 과학은 은유와 환유를 교대하는 관계에 있다. 인류는 고대의 시적(詩的) 사고에서 여러 과정을 거쳐서 과학적(科學的) 사고에 도달하였고, 다시 시적 사고로 원시반본 하는 시점에 있다. 소리철학은 이에 부응해서 나온 철학이다.

소리는 로고스를 감싼다. 소리는 존재론적으로 '보이지 않는다'는 점에서 네거티브(nagative)이다. 그러나 보이지 않기 때문에 사람들에게 거부감 없이 매우 포지티브(positive)하게 받아들여질 수 있다. 로고스는 항상 긍정과 부정이 동시에 대립할 수 있는 반면 소리는 마치 생명(존재)처럼 받아들여진다.

철학의 존재이유는 이제 그 답에 있지 않고, 끝없는 그 물음에 있다. 물음은 이제 내재해 있는 답이다. 이는 마치 육화된 것 속에 신이 내재해 있는 것과 같다. 신은 사람이 되고자 하는 것이다. 사람이 되고자 하지 않는 신은 없는 신이다. 신은 고정불변의 절대적인 것이 아니다. 육화되지 않는 신은 없다. 지금까지 인간이 신, 즉 인신(人神)을 필요로 했지만, 이제 신이 인간, 즉 신인(神人)을 필요로 하게 된 셈이다.

답은 항상 부정될 위기에 있고(고정되어 있지 않고), 물음은 항상 기다리고 있다. 물음은 음(-)이고, 그 답은 양(+)이다. 물음의 차원에 따라 답이 결정되며, 물음의 콘텍스트에서 답의 텍스트가 떠오르는 것이다. 물음의 콘텍스트가 음(-)이고, 그 답의 텍스트가 양(+)이다.

철학은 그 답이 아니고 그 물음이다. 물음과 답은 동전의 양면이다. 물음이야말로 존재 그 자체이다. 인간은 이제 '물음의 존재'이다. 인간이 묻는 순간, 세계는 그 '묻는 수준(level)'에서 펼쳐진다. 인간은 세계를 규정할 수 있는 것이 아니라 해석할 수밖에 없다.

〈서양철학의 주체-대상, 능동-수동, 능기-소기〉

서양철학의 주체-객체, 능기-소기, 존재자-존재, 에크리튀르-그라마톨로지의 변천사				
주체(主體) 정신(精神) 남성성	능동(能動) 능기(能記)	존재자 (beings) *장소(場所) 적이다	에크리튀르 (écriture)	보편적 일자성 (一者性) *삶의 관리감독 *삶의 도덕강요 *삶의 진리성
객체(客體) 물질(物質) 여성성	수동(受動) 소기(所記) =의미 *소리의 의미화	존재 (Being) *idea의 전통 *소장(所場) 적이다	그라마톨로지 (grammatology) *담론(discourse) 의 전통	일반적 포일성 (包一性) *진정한 일(一) *삶의 본능음탕성 *삶의 생멸성 (진여성)

데리다의 그라마톨로지는 서양철학이 '대상'과 '주체'의 대립에서 출발하여 '능기'와 '소기'로 전환한 뒤에 거둔 '소기의 철학'의 큰 성과라고

하지 않을 수 없다. 데리다는 프랑스 철학의 전통인 담론(discourse)의 문맥 위에 있다는 점에서 프랑스 철학의 발전임은 분명하다. 그러나 아무리 표의문자라고 하더라도 발음(parole)이 없는 문자는 없다. 표의문자라고 하더라도 일상의 언어생활을 하기 위해서는 발화를 하여야 하는 것이고, 발화는 현존(現存, présence)이다.

목소리와 쓰기에는 이미 인간적(인간중심적인, 이성적인)인 것이 숨어 있다. 말하자면 초월적 이념 같은 것이 숨어 있는 것이다. 표현(목소리)과 표시(쓰기)의 차이는 그것의 의미생성과정에 있는 것이 아니라 그 결과에 있다. 목소리는 분산되지만 쓰기는 평면에 기록으로 남는다. 이성중심주의의 원인은 '현존'에 있는 것이 아니라 바로 '쓰여 진 것'에 있는 것이다.

그래서 쓰기는 부재(absence)를 낳는 연속이고 부재(과거)와 부재(미래)의 사이에서 쓰여 진 것(기록)을 읽는 현존의 인간은 그때마다 부재를 현존의 의미로 부활시키면서 동시에 그 의미를 부정하는 쓰기를 계속해야 하는 것이다. 이렇게 보면 쓰기야말로 시각적인 것이고, 이성중심주의의 원인이다.

현재라는 말속에는 이미 현존과 현존재와 존재론이 들어있다. 과거라는 말속에는 기록(기억)된 것이 들어있고, 기록자의 부재와 기록된 것이 지워진다는 의미가 들어있다. 그래서 과거에는 미래가 들어있다.

"나는 존재한다."라는 말 속에는 현재가 들어있지만, "나는 죽을 자로 존재한다."라는 말 속에는 과거와 미래가 들어있다. 결국 존재론이든 문자학이든 시간과 공간의 자아를 벗어날 수 없다. 이러한 논의가 말로써 이루어지는 것을 보면 언어의 자아를 생각할 수 있고, 혹은 언어 자체가 자아라는 것을 알 수 있다. 자아는 인간과 시간과 공간과 언어의 산물이다.

사전적 의미에서 과거완료는 과거의 어느 때에 이미 있었거나 행해졌던 동작을 나타내는 시제이다. 현재완료는 과거에 시작하였던 동작이 현재에 끝났음을 나타내는 시제이다. 우리말에는 없는 시제이다. 우리말에는 과거와 현재가 혼합되지 않는데 영어에서는 두 가지 시제의 혼합이 가능하다.

자연은 스스로를 시간과 공간으로 인식하지 않는다. 과거, 현재, 미래라는 시간은 따라서 인위이다. 다시 말하면 인간이 만들어낸 변화(운동)를 측정하는 단위(scale)가 시간이라는 것이다. 자연은 단지 스스로를 느낄 따름이다. 자연은 어떤 것을(스스로를) 대상화하여 인식하지 않는다. 자연에서 시간은 과거, 현재, 미래로 구분되는 것이 아니라 하나의 변화나 운동의 흐름일 따름이다.

서양의 알파벳은 왜 완료시제를 사용하는 것일까. 과거완료시제는 과거+대과거(과거의 과거, 과거 이전시기)이고, 현재완료시제는 현재+과거이다. 철학적인 의미에서 과거완료와 현재완료는 의미가 좀 달라진다. 현재완료는 현재를 표시하면서 동시에 현재를 벗어나기 위한 전략이다.

현재완료는 현재(시간)를 벗어날 수 있는데 과거완료는 과거보다 앞서 있기 때문에 현재(시간)를 벗어날 수 없다. 그래서 과거완료는 시간에 예속된다. 이에 비해 현재완료는 현재라는 시간에서 증발해버릴 수 있다. 현재가 생기는 바로 그 지점에서 모든 문명의 기준과 법이 생겨난다. 현재 때문에 시공간에 예속되고, 기록과 소유가 시작되는 것이 곧 문명이다.

현재는 완료되어야 시간에 예속되지 않는다. 바로 현재가 완료되는 지점에 본질이 숨어있다. 이것이 존재이다. 존재와 본질은 서양철학에서는 지금까지 이데아의 껍질 속에 숨어있었던 셈이다. 따라서 본질과 존재는 이성의 시간과 공간상에서 정의될 수 없는 것이다. 이데아와 이성의 관계를 보면, 이데아가 시공간상에 투사된 것이 이성이다. 하이데거가 현재완료를 설정한 것은 그 이유이다.

사실 엄격하게 말하면 현재는 없다. 현재는 잡을 수 없기 때문이다. 현재가 없다는 것은 시간이 없다는 뜻이다. 현재완료는 현재를 사용하면서도 동시에 현재를 완료했다고 함으로써 현재를 벗어나는 이중적 전략인 셈이다. 시간의 초월이라는 것도 실은 시간을 전제하기 때문에 발생하는 것이다. 시간이 없다면 시간의 초월도 필요 없는 것이다.

인간은 스스로를 시간에 예속시켜 놓고 다시 시간으로부터 탈출하는 일종의 자작극을 벌이고 있는 셈이다. 이는 비단 시간만의 문제도 아니고 신(神)의 문제도 마찬가지이다. 자연은 스스로를 초월할 필요도 없기에 초자연이라는 것도 없다. 초자연이라는 것은 자연을 대상화시킨 인간이 스스로 만들어낸 자작극이다.

현재완료가 철학적으로 새롭게 의미부여된 것은 하이데거에 의해서다. 하이데거는 현재완료에서 과거로부터 끊어지지 않는 어떤 분위기(雰圍氣), 습기(習氣) 같은 것이 현재적으로 작동하는 것을 상정한 것이고, 이는 동양의 기(氣)의 세계, 기운생동(氣運生動)의 세계에 접할 수 있는 단초를 열게 된다. 물론 그의 철학이 동양의 기(氣)철학에 이른 것은 아니지만 적어도 서양의 이성(理性)철학을 이성적(理性的)으로 벗어날 수 있는 길을 연 셈이다.

하이데거의 존재론은 현재완료(현존하는 소리)의 철학이지만, 에크리튀르(쓰여 진 것)를 주장하는 데리다는 과거 혹은 과거완료의 철학이다. 하이데거는 현재완료로서 현재의 시간을 무한대로 잘라서 기운생동과 찰나생멸을 볼 수 있는 기회, 기분(氣分)을 느낄 수 있지만, 데리다의 과거완료는 그러한 기운생동을 접할 기회조차 없다. 말하자면 '쓰여 진 것'은 그것을 읽는 독자가 자신의 기운생동을 접어 넣음으로써 기운생동을 부활시킬 수밖에 없다. 마치 대본을 읽고 연기를 하는 배우와 같은 것이다.

결국 하이데거는 현재완료로써 시간을 벗어나는 제스처를 취하고 있고, 데리다는 과거완료로써 공간을 벗어나는 제스처를 취하고 있다. 그러나 이들은 시공간을 벗어나는 데에 실패하고 있다. 이는 서양의 이성철학의 숙명적인 한계이다. 결국 이성은 자연이 아니라는 결론에 도달한다.

시간의 현재는 시간의 한 점으로 설정되어 있지만 실은 그것을 잡을 수 없고, 잡을 수 있는 것은 이미 요지부동의 과거와 끊임없이 다가오는 미래가 있을 뿐이다. 과거는 지나간 동일성이고, 미래는 다가오는 동일성이다. 이것이 시간이라는 것이고, 인과(因果)라는 것이다. 결국 시공간과 인과의 세계는 자연이 아니라 인간이 설정한 일종의 제도라는 것에 도달한다. 인간은 시공간이라는 환상을 지금 보고 있는 것이다. 그 환상은 인간 내부(머리, 정신)로부터 발생한 신기루이다.

현재가 있으면 그것을 통해서 과거와 미래가 있게 된다. 과거에 매달려 살면 귀신과 함께 사는 것이고, 미래에 현혹되어 살면 신과 더불어 사는 것이다. 귀신과 신은 같은 것이다. 과거가 미래로 이전된 것이다. 인간은 찰나생멸 하는 시간(현재)을 극복하는 방법으로 종교(과거 중심)와 과학(미래 중심)을 만들어낸 것이다. 과거와 미래는 겉모양은 다른 것 같지만 실은 미래는 인간의 상상계가 신기루처럼 발생시킨 과거의 재구성에 지나지 않는다.

시간을 벗어나서 존재에 이르기 위해서는 시간을 따라가서는 안 되고, 시간을 놓을 수밖에 없다. 시간을 놓고 세계를 바라보라. 시간은 없다. 시간에서 도망가는 길은 현재를 놓아버리는 현재완료밖에 없다. 그런 점에서 하이데거는 서양철학자로서는 거의 유일하게 찰나생멸(刹那生滅)하는 존재를 엿볼 기회를 가졌던 셈이다.

하이데거가 스승인 후설의 현상학을 넘어선 것은 찰나의 기회였다. 인간은 근본적으로 현상학을 넘어설 수 없다. 왜냐하면 존재(존재론적 존재)에서, 혹은 무(無)에서 이미 현상(현현)되어있기 때문이다. 인간은 자신이 현상된 것을 가지고 순수의식이나, 순수이성이니 말하고 있다. 세계의 모든 것을 다 버릴 수 있어야 찰나적으로 찰나생멸에 들어가게 된다.

시간에 예속된 것은 이미 존재가 아니다. 인간은 자신이 만든 시간의 노예가 되는 바람에 존재를 존재자로 인식하게 되었다. 바로 인식 자체가 존재자이다. 과거, 현재, 미래의 시간을 사용하는 것은 시간의 연속성을 말하는 것 같지만 실은 철학적으로는 시간의 연속성 대신에 시간의 단속성과 단속된 시간을 연결하는 것이다. 그래서 과거시제를 사용하면 결국 과거에 일어났지만 내가 모르는 일에 대해서 추측하고 재구성할 수밖에 없다. 과거나 과거완료는 존재자적이다.

현재완료를 사용하는 것은 과거에 일어난 일이 현재에도 영향을 미치는 것을 말하는 것 같지만 실은 철학적으로는 그것보다는, 순간이 영원이라는 것을 말하는 것이다. 시간이 이미 완료된 것을 말함으로써 시간을 부정하는 것이다. 현재완료는 존재론적이다.

〈하이데거와 데리다의 존재와 시간〉

하이데거 (존재, 無의 차원)	현재완료	존재(存在)/ 무(無)	시간(공간)적 자아	therein (존재는 내재적인 것이다)
데리다 (시간, 현재의 차원)	과거완료 현재, 현재분사	쓰여 진 것 (écriture)	공간(시간)적 자아	textile(시간은 텍스트이다)

하이데거는 현재완료의 차원이고, 따라서 시간을 벗어날 수 있는 경계 지점에 있고, '존재/무의 차원으로 나아간다. 그러나 아직도 시간(공간)적 자아, 즉 시간 속에 내포된 공간적 자아를 가진 차원에 해당한다. 그래서 존재는 내재적(therein)이다. 이에 비해 데리다는 시간의 차원, 현

재의 차원에서 공간적 자아, 즉 공간 속에 내포된 시간과 비시간을 바라보는 차원에 있다. 그래서 시간은 텍스트(textile)이다.

하이데거의 현재완료는 현재라는 시간을 부정할 수 있지만 데리다의 과거완료는 과거를 부정할 수 없다. 과거완료 이전에 과거가 이미 기억이나 기록으로 요지부동으로 버티고 있기 때문이다. 과거완료는 과거라는 시간을 인정하는 것이고, 현재완료는 현재라는 시간을 부정하는 것이다. 따라서 데리다는 시간을 초월할 수 없다.

존재는 이미(현재완료적으로) 부여된, 주어진, 선물과도 같은 것이다. 이것에 무슨 금을 긋고 흔적을 남기는(과거완료적으로) 것은 존재(자연)가 아니다. 흔적은 스스로 완전하지 않기 때문에(스스로 완전한 존재가 아니기에) 아직 빈 곳의 소리를 기다린다(원한다). 소리가 없는 곳은 없다. 파동은 소리이기 때문이다. 그러나 흔적은 소리가 아니다. 비록 소리가 잠시 동안의 흔적은 될 수 있을지언정 말이다.

문학, 역사, 철학, 과학, 종교 등 생각하는 모든 것들이 환원주의의 산물이다. 이런 것들에 종사하면서 환원주의에 빠지지 않기 위해서는 부단히 현재완료형으로, 창조적으로 임해야 하다. 그렇기 때문에 신(神)도 생성적이지 않으면 귀신(鬼神)이나 마찬가지이다. 이름만 바뀌었을 따름이다.

여기서 창조적으로 임하는 것은 임기응변(臨機應變)과 다르다. 말하자면 임운자재(任運自在)에 가깝다. 예컨대 철학은 현재완료적으로 매순간 진행하는 존재를 과거완료적으로 기록하는 것이다. 과거완료적 기록은 이미 존재가 아니고 존재자이다.

현재완료는 시간을 벗어나는 전략이고, 과거완료는 시간에 예속되는 것이다. 현재완료는 '살아있는 신'이고, 과거완료는 '죽은 신'이다. 인간은 살아있는 신을 섬기는 것 같지만 실은 죽은 신을 섬기고 있다. 신앙의 대상이 되는 신은 이미 죽은 신이다. 따라서 살아있는 신을 섬기려면 부단히 기도하지 않으면 안 된다. 기도는 현재완료적이기 때문이다.

〈과거, 현재, 미래의 철학적 의미〉

과거	현재	미래	시간
과거완료	현재완료	미래완료	시간초월
	현존(présence) (소리, 목소리)		상징주의의 원인 (음악적 이미지)
부재(absence) (에크리튀르)	글 쓰는 행위 그림 그리는 행위	부재 (에크리튀르)	이성주의의 원인 (미술적 이미지)
	나는 존재한다		주어(主語)가 없어야 존재(존재론적)가 된다
나는 죽을 자로 존재한다		나는 죽을 자로 존재한다	
*인간(현존재)은 시간과 공간의 현상학적 존재이며, 의미의 존재이다.			

데리다가 크게 영향을 받고 구원의 아이디어와 힌트를 얻은 대표적인 상형문자(표의문자) 체계인 한자문명의 중국은 발음으로 서로 다른 뜻을 전달하기 위해서, 언어생활에서 소리(파롤)로 의미의 차이를 빨리(제대로) 전달해야 하는 필요에 직면해서 사성(四聲)체계를 발달시키지 않을 수 없다는 점을 상기할 필요가 있다. 소리(파롤)야말로 문자보다 차이를 잘 나타낼 수 있는 기호이다.

소리는 이성중심주의의 원인이 아니라 차이를 나타내는 기호이며, 문자가 그것의 원인이다. 알파벳 표음문자의 문자가 이성주의의 원인인 것이다. 글은 글 쓴 자가 부재일지라도 다른 사람과 후세에 전달되고, 시각적 객관성을 담보하기 때문에 이성주의와 과학의 원천이 된다. 소리(목소리)는 객관성을 담보하기 어렵기 때문에 이성주의보다는 상징주의의 원천이 된다.

그런데 문자와 문명은 서로 교차관계에 있다. 표음문자 체계인 알파벳

문명권은 '사라지는 소리를 잡기(기록하기) 위해서' 시각중심문명을 형성하고, 표의문자 체계인 한자문명권은 도리어 '소리로(소리를 일으켜) 의미를 전달하기 위해서' 청각중심문명을 형성하게 되었다.

시각중심문명은 결국 '능기(能記) 중심의 과학문명'을 일으켰고, 청각중심문명은 결국 '소기(所記) 중심의 시가(詩歌)문명'을 일으켰다. 시각중심 문명권의 데리다가 피난 온 중국은 도리어 청각중심 문명권이다. 소리를 의미라고 생각한 서양 알파벳문명권과 상형을 의미라고 생각한 동양한자문명권은 의미를 두고 서로 교차하고 있는 셈이다.

소리는 이성(理性)으로 발달하는 것이 아니라 우주적 메타포에 불과하며, 감성(感性)을 자극하는 우주적 시(詩)에 불과하다. 한자를 사용하는 중국이 역설적으로 '시(詩)의 나라'가 되는 것은 소리로 의미의 차이(差異)를 내지 않으면 안 되었기 때문이다. 시(詩)와 예술은 기본적으로 '차이(差異)의 문명'이다. 서양의 하이데거나 데리다가 발견한 차이라는 것은 동양문명권에서는 일상적인 것이고, 일반적인 것이다. 이것을 서양의 철학자들은 뒤늦게 깨닫고, 호들갑을 떨고 있는 것이다.

이는 마치 동양의 철학자들이 서양의 근대 자연과학정신을 알기 위해서, 이성(理性)을 알기 위해서 온갖 노력을 하는 것과 대척점에 있는 현상이다. 근대에 들어가기 위해서 동양의 철학자들이 19~20세기에 당황했던 것처럼 후기 근대인 21세기를 앞두고 서양의 해체철학자들은 동양철학에 경도(傾倒)했던 것이다. 단지 이들의 해체철학이라는 것이 동양철학에서 아이디어를 가져온 것이며, 그것을 서양철학의 전통 위에 재해석한 것이라는 점을 제대로 고백하지 않았을 뿐이다.

서양의 해체철학자들은 동양에 고마움과 감사를 표해야 한다. 더 이상 그들의 해체철학을 가지고 군림하려 해서는 안 된다. 그들이 군림하려고 할수록 그들은 아직 동양철학의 진수에 도달하지 못했다는 사실을 선전할 뿐이다. 그래서 필자가 일반성의 철학, 소리철학, 포노로지

(phonology)를 서구에 제시하고 선물하는 것이다.

서양의 이성주의 철학이 자연을 개척하고 자연으로부터 무엇을 빼앗았다면, 동양의 자연주의 철학은 자연으로 돌아가는 마음을 가지고 있다. 자연은 인간에게 한없는 선물을 한다. 자연은 선물하는 마음이다. 이것을 서양철학자들은 깨달아야 한다.

데리다는 서양의 이성중심주의가 알파벳 '소리글자'의 '소리'에 원인이 있는 것이 아니고 '글자'에 있는 사실을 몰랐다. 에크리튀르든, 문자이든 결국 기록되는 것 때문에 이성과 과학이 이루어진다는 것을 간과했던 것이다. 데리다의 이 같은 모름(착각)은 아마도 서양문명권의 '(알파벳 표음문자) 언어=사물'이라는 문명권(문화권)의 자장(磁場)에 의해 비롯된 것일지도 모른다.

우리가 정신이라고 하는 것은 결국 인간으로 하여금 사물을 소유하게 하는 것이고, 동시에 세계를 물질적 대상(대상적 물질)로 환원시키는 것이 된다. 정신과 물질이라는 것은 본래 확연하게 구분(이분)되는 것이 아니고, 애매모호하고, 이중적이다. 그런데 서구문명은 둘을 대립적으로 사용하면서 확연하게 구분한다. 그래서 서구인에게 세계는 정신과 물질 사이에 있게 된다. 정신과 물질의 이분법으로 인해서 주체와 객체, 주관과 객관 등이 성립하고, 소위 동양의 기(氣)는 배제되게 된다. 기(氣)가 회복되는 것은 에너지이론과 아인슈타인의 상대성이론이 등장한 뒤이다.

서양의 이성(理性)과 동양의 이(理)는 같은 점이 있기도 하고 다른 점이 있기도 하다. 이성(理性)은 사물을 대상으로 보면서 대립관계로 보지만, 이(理)는 기(氣)와 대칭관계에 있다. 여기서 대칭관계에 있다는 것은 서로 동봉관계이거나 이중성 혹은 가역관계에 있음을 말한다.

서양의 이성(理性)은 그것의 사물로부터의 독립대립성으로 인해 과학의 물리(物理)와 의학(醫學)을 만들 수 있지만, 동양의 이(理)는 대립성의 결여로 인해 인간의 윤리(倫理)와 한의학(韓醫學)에 머문다. 전자는 필요와 도구를 잘 생산할 수 있지만 결국 '살아있는 생(生, live)'에 도달하지 못하고 '죽은 사물(物質, thing)'만을 다룬다. 이에 비해 동양은 살아있는 변화와 역동을 다룬다. 이것이 동양의 역(易)이다.

다시 말하면 기(氣)는 이성(理性)도 될 수 있고, 이(理)도 될 수 있는 근본과 같은 것이다. 이성중심주의로 문명을 운영한 서양은 급기야 유심론과 유물론이 대립되어 있다가 드디어 구조주의와 해체주의의 등장으로 그들의 철학적 구조물에 대한 해체를 시작하고 동양의 '무(無)' 혹은 '무위(無爲)' 혹은 '도(道)'를 향하고 있다.

인간은 한편에서는 신화(神話)를 만들면서 다른 한편에서는 신화를 해체하고 탈신화화(脫神話化)하는 동물이다. 이것은 크게 보면 인간이 종교와 과학을 동시에 소유하는 까닭이기도 하지만, 바로 이러한 동시성과 이중성이 역사를 이끌어가는, 사건(기록된 역사가 아닌)으로서의 역사가 발생하는 이유이기도 하다. 이제 인간은 신화의 근본에 대해 물어야 할 차례이다. 신화는 왜 생겨나고 반복되어야 하느냐고? 신화의 원천은 무엇이냐고?

신화는 무의식의 언어로 각 문화권마다 다르며, 직관적·본능적 언어라고 말할 수 있다. 각 민족 신화집단은 공동체의 위기 때에 신화를 불러 위기를 극복하고자 한다. 물론 신화에는 궁극적으로 벗어나지 못하는 문화적·심리적 콤플렉스로 작용하기도 한다. 신화는 문제와 문제해결을 동시에 가지고 있는 모순·순환구조이기도 하다.

소리신화의 복원은 실은 인류의 모든 신화, 모태신화(麻姑신화)의 회복이기도 하다. 소리는 만물의 정령이면서 원초적인 신의 원형이기 때문이다. 소리는 기(氣)철학의 완성이면서, 심물(心物)철학의 완성이다. 소리는 또한 자연과학은 자연과학 밖에서 봄으로서 역설적으로 자연과학의 완성이기도 하다. 소리의 복원을 통해 인류는 이제 종교와 과학을 넘어서 예술로의 길을 갈 것이다.

종교와 과학이 동일성을 추구하는 것이라면, 예술은 차이를 추구하면서도 결코 동일성을 용납하지 않는다. 종교와 과학은 존재에서 출발하지만 결국 존재자에 머물지만, 예술이야말로 바로 존재론의 실현하는 현대적 신화이다. 세계는 종교와 과학이 아니라 예술을 통해 살아있는 신화를 보게 된다. 살아있는 것은 여성과 감정과 예술뿐이다. 종교와 과학은 살아있는 것이 아니다. 예술은 은적되어 있던 시·신화를 끄집어내어 현전시킴으로써 실질적으로 신의 역사적 부활을 실천하는, 살아있는 신화적 본능의 현상학이다.

소리는 자연의 원초적 신화이다. 철학적으로 소리(phone)의 복원인 포노로지는 그러한 점에서 새로운 철학의 모색이면서 동시에 철학과 신화의 원시반본이다. 정기신(精氣神)에서 기(氣)가 빠지는 것과 말소리중심주의에서 소리(phone)가 빠진 것이 결국 이성중심주의를 초래하게 된 것이다.

그럼에도 불구하고 왜 서양철학자들은 소리의 현존(présence)이 이성중심주의의 원인이라고 생각하는 것일까. 아마도 이것은 서양문명의 기독교 존재신학의 전통과 음성의 현존에 대한 편견에서 비롯된다. 서양 알파벳 문명은 음성을 기표와 기의로, 문자를 기표로 설정하였기 때문에 상대적으로 문자는 기표를, 음성은 기의를 상징하는 것으로 고착되기 쉽다. 알파벳 표음문자의 음성(phone)이 이성중심주의의 원인이라면, 표의문자의 파롤(parole)은 같은 음성인데도 왜 이성중심주의의 원인이 되지 않는가.

서양철학자들이 대체로 이성중심주의의 원인을 음성에 둔 것은 일종의 문화적 관성(타성)이거나 선입견, 아니면 착각이라고 할 수 있다. 그 착각의 원인은 소리의 울림이 공간에 '가득 참(영혼)', 그리고 '스스로 들을 수 있음(자기 환원)'에서 기인하는 것 같다. 이것이 이성의 자기완결성(원리나 법칙)과 닮은 것으로 느껴졌기 때문일 것이다. 음성의 의미는 존재신학과 만나면서 절대성과 결합하게 되고, 의미는 결정적인 개념으로 둔갑한다. 그러나 본래 소리는 고정된 의미도 아니고, 결정적 개념은 더더구나 아니다. 소리에 결정적 의미를 부여하는 것은 어떤 종류의 것이든 권력의 작용이다.

서구문명은 '자연의 소리'(sound, phone)를 '말씀'(logos)이라고 하면서부터 자연을 왜곡하기 시작했다. '말씀'이라는 말에는 이미 인간의 '생각'(이성)이 들어가 있다. 따라서 '말씀'은 이미 순수한 소리가 아니다. 소리는 아무런 의미도 없고, 더욱이 소리에 의해 개념이나 이성이 발달할 수가 없다. 만약 소리가 이성의 원인이라면 소리를 지르는 동물들은 왜 이성이 발달하지 않는가? 이성중심주의의 원인은 바로 에크리튀르, 즉 쓰여 진 것, 그려진 것에 있다.

그런데 데리다는 적반하장으로 소리를 이성중심주의의 원인으로 생각한다. 소리는 이성도 아니고 아무런 의미도 없다. 이성중심주의의 원인은 소리가 아니라 무언가 쓰고, 그리기를 통한 쓰여 진 것, 그려진 것, 즉 에크리튀르이다. 쓰여 지고, 그려진 것은 당사자의 부재(absence)에서도 유지되기 때문에 과학과 이성이 가능하게 된다. 표지 혹은 표기는, 그것이 완전한 소리의 보충대리가 아니라 그것이 바로 이성이다.

이성은 그것 자체가 인간이 구성한 불완전한 것이기 때문에 시대와 장소에 따라 다른 이성이 필요할 뿐이다. 그것은 소리를 보충대리하는 것이 아니라 이성 자체의 보충대리이며, 이성의 불완전성에 기인하는 보충대리이다. 이성은 스스로 보충대리되지 않으면 안 된다. 소리는 완전한 것도 아니고, 그것을 추구하지도 않는다. 에크리튀르의 부재(absence)가 바로 존재자이다. 소리의 현존(présence)은 바로 존재이다.

서구문명이 파롤을 무시하고 랑그를 중시한 것은 가부장사회가 어머니의 존재를 무시한 것과 같고, 서구문명이 소리에 이성중심의 원인을 찾고 뒤집어씌운 것은 기독교가 원죄를 여자(이브)에게 뒤집어씌운 것과 같다. 이런 남자의 반란은 문자의 등장과 때를 같이한다. 데리다의 문자학(grammatology)은 이성중심주의의 범인인 문자를 마치 인류문명의 구원자인 양 도치시킨 철학의 장본인이다. 이는 서구문명권의 일원으로 있는, 그럼으로써 공범자인(공범의식이 있는) 본인이 범인을 다른 사람으로 유도하거나 은폐한 꼴과 같다.

예컨대 그가 공격하는 후설의 "목소리의 말은 '스스로 말하는 것을 듣는(le-s'entendre-parler=hearing-oneself-speak)' 현존적 진리, 순수의식의 내면적 자가성의 현존적 진리로 인식한다."는 것은 역시 서구문명권의 이성중심주의의 원인을 소리에서 찾는 잘못된 것에 대한 공격일 뿐이다. 소리는 자아도 없고, 의식도 없고, 의미도 없고, 소유도 없다. 따라서 범인이 될 수도 없다. 소리는 마치 여자, 이브, 어머니의 신세와 같다. 아마도 서구문명은 모계사회라든가, 가부장사회가 아닌 다른 사회에 대해서 모르기 때문에 문자의 차이에 대해서 말할 수밖에 없을 지도 모른다.

소리야말로 차이의 원본이다. 문자야말로 소리의 차이를 베낀 이차적인 것이다. 이는 음성언어가 문자언어보다 먼저 생긴 것에서도 알 수 있다. 음성언어는 동물에서부터 시작한 것이다. '소리의 현존성'(présence)에서 일점주의(一點主義)가 생기는 것처럼 데리다는 주장하지만 실은 그것은 일점주의의 환원주의가 아니라 마치 고향으로 돌아가는, 존재의 본질에 돌아가는 자연주의이다. 도리어 데리다의 '문자의 부재성'(absence)에서 일점주의가 생긴다.

루소나 레비스트로스가 추구한 '문자가 없는 순수 말의 사회=자연적 유토피아' 혹은 '순수 자연의 소리로서 공동의 삶을 영위한 공동체'는 이성중심주의의 맥락에서 일점주의와 같은 것이 아니라 '자연 그 자체' 혹은 '자연의 건강성' '자연의 야성'을 말함이다.

인간이 체온을 유지하고 식량을 구하기에 어려움이 없었던 지구 남쪽 열대 문명의 순수한 자연에 대한 설명을 통해서 추운 지방에서 어떤 인위적인 필요를 일으켜야 살아갈 수 있었던 북쪽 문명과의 언어적 차이를 설명하면서 자연 상태를 동경하는 것을 '일점주의'라고 매도하는 것 자체가 이미 자신의 일점주의 시각을 투사한 것이다. 자연으로 돌아가는 것은 이성에 의해 원점으로 돌아가는 환원주의와는 다르다.

데리다는 루소와 레비스트로스를 이렇게 공격한다.

"유럽민족이 아닌 민족들은 단지 잃어버린 좋은 천성의 지도, 순수하게 남은 토양의 지표로서, 또 유럽사회의 문화의 구조생성, 특히 타락을 보여주는 영도(零度, degrè)의 지표로 연구될 것이다. 늘 그렇듯이, 이러한 계보파악은 일종의 목적론이자 종말론이다."[56]

루소나 레비스트로스의 자연주의는 이성주의적 환원이 아니라 자연주의적 순환이면서 원시반본이다. 데리다는 루소와 레비스트로스의 일반성 혹은 자연주의 전통을 오해하여 도리어 일점주의라고 비판하였던 것이다. 일반성과 자연의 소리는 환원이 아니다. 언어(의미)가 환원을 만드는 장본인이다. 데리다는 자신의 해체주의이론을 전개하기 위한 자료나 이론틀, 도구로 사용한 루소나 레비스트로스, 그리고 하이데거의 개념마저도 종국에는 왜곡하거나 오해하는 것으로 끝을 맺는다. 결과적으로 자신의 난삽한 철학평론을 다시 합리화하기 위한 수단으로 자가당착적인 해체주의글쓰기를 했을 뿐이다.

현지조사를 중심으로 하는 인류학자인 레비스트로스와 인류학자는 아니지만 현장성을 중시하는 루소의 글쓰기는 자연스럽게 사실을 토대로 글쓰기를 하고, 그것을 분석하기 마련이다. 분석한다는 것은 구조를 밝혀내고 분석하는 일이다. 이에 비해 철학자인 데리다는 그러한 현지조사의 자료를 토대로 다시 2차적인 가공을 하는 것이다. 데리다가 레비스트

---

56) 자크 데리다 지음, 김성도 옮김, 『그라마톨로지』 303쪽, 2012, 민음사.

로스와 루소를 정태적이라고 비판하는 것은 입장의 차이인 것 같다.

철학자인 데리다는 개념을 통해 역으로 살아있는 삶을 복원하여야 하는 관계로 삶의 에너지와 역동성을 포함하는 동태적 설명을 하여야하고, 레비스트로스와 루소는 현장에 항상 에너지와 역동성이 있는 관계로 정태적인 구조분석을 할 수밖에 없다. 구조주의에는 당연히 주장하지 않더라도 역동성이 내재해 있고 해체가 전제되어 있다. 구조주의의 구조는 결정성이 있는 것이 아니다. 그 구조분석은 종래의 관념론과는 다른 것이다.

책상에 앉아서 책이라는 평면을 대하고 있는 데리다는 결국 평면에서 살아있는(live) 동태적 설명을 하여야 하는 관계로 '책((le livre=book)'이 아닌 교차배어(chiasmus)의 '텍스트'((le texte=text, textile) 개념을 만들어낼 수밖에 없었다. 데리다의 텍스트이론은 종래의 텍스트(text)읽기, 즉 담론(discourse)분석의 콘텍스트(context)를 다원다층의 음양(날줄씨줄)분석으로 대체한 것이다. 그래서 결국 종래의 텍스트를 음양의 이중성으로 해체한 것이라고 할 수 있다.

결국 그의 그라마톨로지는 종래의 텍스트를 무화시키는 행위를 하는 셈이다. 다시 말하면 텍스트의 숨어있는 이면에는 여러 층의 음양(날줄씨줄)이 있는 교직물(textile)이 되는 셈이다. 이는 텍스트의 어원을 거슬러 올라가서 텍스트를 음양의 구조로 해체하는 셈이 된다. 데리다는 레비스트로스가 한 구조조의를 텍스트 읽기, 담론분석에 적용한 것이 된다.

그러나 그의 텍스트의 음양적 해체는 완전한 해체가 아니라 어떤 텍스트의 평면을 가지지 않을 수 없다. 결국 텍스트의 평면에서 인간의 삶의 입체성이나 역동성을 설명하여야 하는 셈이 된다. 이는 마치 문장을 읽으면서 언간(言間)을 읽어야 한다는 것과 같다. 그 언간에서 읽는 것이 바로 교차배어라는 주장이다. 이는 동양의 주역(周易)의 괘(卦)에서 볼 수 있는 음양의 여러 층위를 연상케 한다. 다시 말하면 '텍스트의 주역읽기'라고 할 수 있다.

데리다는 이성중심주의를 벗어난다고 하면서, 말소리중심과 이성중심의 연결에서 오는 콤플렉스 때문에 도리어 문자로서 문자를 벗어난다고 하는 문자학을 만들어낸 셈이다. 이는 종래의 텍스트읽기나 담론분석의 입장에서 보면, 옷을 입고서 옷을 입지 않았다고 하는 것이나 옷을 입지 않고서 옷을 입었다고 하는 것이나 다름없다. 텍스트를 음양의 이중성으로 환원한 셈이 된다. 음양(날줄씨줄)의 이중성은 결국 텍스트의 상징적 읽기에 속한다.

인간의 특징은 뭐니 뭐니 해도 머리(대뇌)에 있다. 머리는 생각의 중추이며, 지각활동의 장이다. 지각활동의 대표적인 결과물이 바로 텍스트이다. 인간은 텍스트의 여러 층을 만들어내는 존재이다(그래서 현존재이다). 그래서 텍스트의 지평융합이라는 것은 대뇌활동의 핵심이다. 그렇지만 텍스트는 바로 시간과 공간이 있어야 가능하기 때문에 텍스트를 생산해낸다는 것은 시간과 공간의 콘텍스트를 전제하는 것이 된다.

인간의 텍스트는 시공간의 콘텍스트를 전제하는 것이 된다. 따라서 어떤 텍스트라도 그 텍스트가 형성된 시간과 장소를 고려하지 않으면 텍스트의 정확한 의미를 파악할 수 없게 된다. 인간이 만든 텍스트는 갑자기 하늘에서 떨어진 것이 아니다. 텍스트를 만든 사람은 결국 독자의 입장에서는 부재라고 해도 결국 그 텍스트를 만든 사람의 역사적 콘텍스트는 있었을 것이다.

그래서 텍스트이론은 결국 저자의 콘텍스트를 무시하거나 도외시해서는 성립되지 않는다. 단순히 텍스트의 드러난 언표만을 고집하면 '잘못된 해석학'이 될 뿐이다. 세계가 텍스트라는 말은 그러한 점에서 기표중심주의로 전락하게 된다. 동시에 독자의 텍스트 읽기의 자유로움은 결국 독자의 콘텍스트에 따라 텍스트를 읽어도 어떤 책임도 물을 수 없다. 그래서 텍스트 이론은 이래저래 불완전한 이론이고, 저자의 콘텍스트와 독자의 콘텍스트 사이에 있는 이론일 뿐이다. 독자의 콘텍스트를 텍스트 읽기의 자유로움이라고 이름을 붙였을 뿐이다. 결국 텍스트는 언어의 산물이고 언어적 자아이다.

자연의 본능은 텍스트와 콘텍스트가 하나인 셈이다. 자연은 인간에게 하나의 조건(condition)이 됨으로써 텍스트를 만들어내고, 인간은 텍스트를 만들어냄으로서 '현상학적인 존재'에서 '해석학적 존재'가 된다. 인간이 해석학적 존재가 된다고 해서 본능이 없어지는 것은 아니다. 결국 그 본능이 여러 층위의 콘텍스트로 나누어지고, 그 콘텍스트의 여러 층위에서 텍스트가 만들어지는 셈이다. 그러니까 결국 텍스트는 결정성이 없는 것이고, 필연적으로 해체되지 않으면 안 되는 것이 된다. 이것은 해석학에 있어서 너무나 당연한 것이다. 새삼스럽게 해체주의를 주장하지 않아도 되는 것이다. 데리다는 이러한 당연한 해체를 동양의 음양론을 차용해서 '직물(texture)의 날줄씨줄'이라고 새삼스럽게 이름을 붙이고 나아가서 해체주의라고 명명한 셈이다.

하이데거는 동양의 불교의 무(無), 공(空) 혹은 노장(老莊)의 무위자연(無爲自然)의 개념의 영향을 받아 존재론을 만들었고, 데리다는 동양의 음양론(陰陽論)의 영향을 입어 그라마톨로지를 만들었다고 볼 수 있다. 문제는 이들이 아이디어나 힌트를 얻은 것을 감추고 자신들의 철학적 전통에서 새로운 개념을 만들어내면서 동양철학의 영향을 은폐해버렸다는 데에 있다. 서양철학의 작위성은 근대 서양철학사 전반에 걸쳐 있다.

하이데거는 종래의 이데아(idea), 혹은 본질(essence, Wesen)의 개념에 존재(Being, Sein)를 대입하고, 현상에 존재자(beings, Seienden)를 대입하는 한편 이들의 관계를 종래의 이성주의철학처럼 대립적으로 설정하지 않고 대칭적으로 혹은 이중성의 관계로 전환(轉換)함으로써 결정성, 혹은 결정적인 의미를 해체한다.

따라서 하이데거의 본질(Wesen)은 정태적인 대상존재가 아니고, 실존(Existenz)도 정태적 존재양식이 아니라 연출해야 할 가능존재의 양식이다.[57] 그래서 "현존재의 본질은 그의 실존 속에 있다."[58]는 명제를 내놓는다.

하이데거는 특히 소위 전회(轉回, Kehre) 이후 후기에 이르면, 현존재로부터 출발하여 현존재의 존재를 분석함으로써 존재의 의미를 탐구하던 전기와 달리, 존재 자체의 계시를 통해서 존재의 의미를 인간에게 알려준다. 전기는 '세상에 던져진 존재'(das Geworfensein)를, 후기에는 '기도하는 존재'(das entwerfende Sein)를 탐색했다고 볼 수 있다.

이에 비해 데리다는 텍스트(text)의 층에서 여러 층위의 텍스타일(textile), 즉 교직성(chiasmus)을 드러냄으로써 텍스트의 결정성 혹은 결정적 의미를 해체한다. 말하자면 하이데거의 존재와 존재자의 층에 걸쳐서 데리다의 교직성이 있는 셈이다.

결국 하이데거는 독일의 관념론(idealism)의 전통에 충실한 셈이고, 데리다는 프랑스의 담론(discourse) 분석의 전통에 충실한 셈이다. 말하자면 저들의 문화철학적 전통 위에서 저마다의 후기 근대적 해체를 달성한 셈이다.

데리다의 그라마톨로지는 결론적으로 서양 시각-언어 문명권의 전형적인 특성을 보이면서 발로 현장을 가서 참여관찰을 하는 인류학자 혹은 인류학자적 입장과는 달리 암체어(armchair) 철학자가 남의 문서를 보고 문서를 읽는(읽는 자, 독해자), 문서적(문자적) 입장에서(이것은 현상학적 입장이다), '쓰여 진 것'(이것이야말로 '에크리튀르'이다)을 토대로 뒤집기를 하는 자기변명적 히스테리에 속한다.

---

57) 김형효, 『하이데거와 마음의 철학』(청계, 2000), 67쪽.

58) M. Heidegger, 『Sein und Zeit』 42쪽 ; 김형효, 『하이데거와 마음의 철학』(청계, 2000), 67쪽.

이러한 뒤집기는 카피(copy)를 하고 카피한 사실을 숨기는 속임수로서 일종의 철학적 시뮬라크르에 속한다. 이는 모든 철학적 주장 혹은 진리에는 반대주장이 성립할 수 있다는 것을 안 지혜로운 철학자가 그 이전의(자신에 앞서 간) 유명한 철학자를 상대로 계속해서 반대주장을 펼치면서 자신의 입지를 굳혀간 일종의 철학적 정치행위인 것이다.

데리다의 그라마톨로지는 한 마디로 당시에 최고 프랑스 지성이었던 장 자크 루소를 물고 늘어지면서 루소의 열렬한 추종자인 레비스트로스, 그리고 하이데거의 스승인 후설을 차례로 자신의 카운터파트로 상대하면서 철학적 타이틀매치를 한 '철학적 줄타기 심리'(혹은 반대심리)를 드러낸 심리적 고백과 같은 것이다. 그래서 그의 철학은 후설을 공격하면서도 후설의 현상학에 머무를 수밖에 없었던 것이다.

"다시 말하면 데리다는 후설이나 루소, 레비스트로스의 읽기를 통해 상대의 말을 먼저 배우고, 그 말의 이면(혹은 이중성)을 끄집어내어 정반대로 해석하는 재치로 상대를 넘어뜨리는 것이다. 심지어 텍스트(text)와 차이(혹은 차연)라는 말조차도 실은 루소가 아이디어를 암암리에 표출하고, 표지한 것이다.

물론 데리다의 이러한 성과의 이면에는 언어에 항상 반대가 되는 의미가 그늘(그림자)처럼 존재하는, 이중적 의미가 함께 도사리고 있다는 것을 미리 알고 있는 그의 능력에 힘입은 바 크지만, 전통적인 학문구축 방법에 비하면 구축하는 노력을 하지 않는다는 평가를 받을 수밖에 없다. 데리다는 도리어 구축하려하지 않는, 그래서 해체철학자가 된 철학자라고 볼 수 있다. 그래서 구축하지 않은 그에게 문책을 할 수는 없다. 단지 구성적인 철학의 조종소리를 들을 따름이다.

해체주의(le déconstructionism)는 필연적으로 해체적이고, 해체(la déconstruction)를 하기 때문에 구축(construction)하는 것을 제대로 하지 못하거나 싫어할 수밖에 없다. 그런 점에서 해체주의는 어떤 것을 그대로 모방하는 것이 아니라 반대(마이너스)의 모방이라고 할 수 있다. 해체주의 철학은 구축하는 의미가 전제되는 '보편성의 철학'과 달리, 구축 이전으로 돌아가려는 '일반성의 철학'을 향하는 제스처가 있는 게 사실이다. 그러나 결국 구축하는(구성하는) 철학이 있기 때문에 해체가 가능한 것이고, 따라서 해체주의는 구축하는 철학의 성과, 즉 장애물(경계선)을 계속 건너는 장애물경기자의 성격을 가질 수밖에 없다.

스스로 자료를 구하고, 그것을 정리하고, 가설을 세우는 등을 통해 자신의 학문을 세워가는 전통적인 구축에 비하면 그러한 인상을 지울 수 없다. 특히 그가 레비스트로스를 공격한 부분은 참으로 원시미개사회에서, 남아메리카 사반나의 열대의 환경에서, 더위와 모기와 싸우면서 현지조사를 하고, 목숨을 잃을 뻔한 위기도 당하면서 구한 자료들은 단지 해석을 정반대로 하면서 자신의 이론을 정립해가는 모습은 그가 세운 이론의 정합성을 떠나서 얄미운 점이 있다.

이러한 관점에서 과연 해체주의가 구조주의에 대해서도 해체적인가에 대해서 심사숙고해 볼 필요가 있다. 해체주의는 모든 구성주의와 현상학에 대해서는 해체적인 것이 확실하다. 그러나 구조주의에 이르면 그것은 해체적이라기보다는 전도주의(顚倒主義)에 가깝다. 왜냐하면 그 해체라는 것이 대체로 기존의 이항대립이나 방향성에 대해서 다른 이항대립을 제시하거나 아니면 같은 이항대립의 경우, 정반대의 방향을 제시하기 때문이고, 나아가서 결국 이항대립의 대립적 성격을 문화 시키기 때문이다.

같은 이항대립의 전도는 실은 해체라기보다는 대립항의 자리바꿈에 지나지 않아서 이것을 밖에서 보면 해체라기보다는 일종의 변형 혹은 변이에 불과한 것으로 보이기 때문이다. 이것은 결국 순열에서는 다르지만 조합에서는 같은 것이다. 구조주의는 실은 해체주의가 주장하는 것들을 모두 잠재하고 있었다고 해도 과언이 아니다. 데리다는 그것을 좀더 분명하게 지상으로 떠올렸을 뿐이다. 따라서 해체주의는 독창적인 것이라기보다는 구조주의의 변형이라고 말해도 크게 항변할 게 없다. 말하자면 데리다는 루소와 레비스트로스의 연구결과를 재료로 하면서 그 재료를 해석하다가 에크리튀르, 문자학, 보충대리를 확대재생산하는 아이디어를 얻는 셈이다."[59]

이는 프랑스철학의 문학화를 드러내는 철학적 문체주의 계열의 철학의 정점이라고 할 수 있다. 사르트르 이후 문학이 되고 만, 프랑스 철학은 철학자의 심리적 고백과 같은 것이고, 그렇기 때문에 프랑스 철학의 대부분이 현상학적 레벨에 머물렀던 것이고, 그 마지막 주자가 데리다인 셈이다.

"그라마톨로지는 서양철학(서양문명)의 정신병력과 같은 기록이다."

데리다는 처음부터 잘못된 가정 즉, '서양철학=현존(présence)의 철학'이라고 규정한, 그 가정을 합리화하느라고 평생 진땀을 뺀 자기모순의 철학자이다. 그러나 그 잘못된 가정을 통해 서양철학의 본래 모습을 드러낸 것이다. 이는 정신병자가 자신의 말 속에서 정신병을 드러내는 것과 같다.

"서양철학은 처음에는 항상 '현존(음성)의 철학' 같았지만(그러한 제스처를 취했지만) 금세 '문자의 철학'으로 돌아선 철학이다."

그래서 이성주의가 가능했던 것이다. 결국 데리다의 공격은 이성주의를 공격한 것이 아니라 자신을 공격한 셈이고, 이성주의에 의해서 자신(서양철학의 진면목)을 드러낸 셈이다.

독일은 문화적 · 혈통적으로 인도아리안-게르만과 연결되고, 프랑스는 그리스-로마와 연결된다. 그런 점에서 독일인인 하이데거는 불교적 마인드에 쉽게 접근할 수 있었지만, 데리다는 지나친 이성주의로 인해 불교를 쉽게 이해할 수 없었을지도 모른다. 또 같은 그리스-로마의 문명

---

59) 박정진 지음, 『철학의 선물, 선물의 철학』 790~791쪽, 2004, 소나무.

적 세례를 받았다고 하더라도 독일은 그리스적 특성을 더 보이고, 프랑스는 로마적 특성을 더 보인다.

이집트의 석상들은 모두 눈동자가 멍하니 죽어 있다. 이집트 문명은 사후의 세계를 바라보기 때문이다. 그 대신 신은 흔히 눈동자로 상징되기도 한다. 이에 비해 그리스의 석상들은 모두 눈동자가 살아있다. 그래서 그리스는 서양의 시각-언어문명의 원류를 이룬다. 이는 결국 사후세계를 관장하는 신(神)중심에서 인간중심주의로 전환한 것을 의미한다.

서양 근대철학의 인간중심주의에는 두 가지가 있다. 하나는 신을 전제한 가운데 신으로부터 천부인권을 부여받음으로써 자유와 평등을 누리면서 이웃에 대한 사랑으로 인간적인 삶의 완성을 기하는 것이다. 이것을 우리는 자유-자본주의라고 말한다. 다른 하나는 무신론적 입장에서 평등을 강조하면서 지상천국을 실현한다고 거짓선전하면서 이데올기적 허상을 보여주는 한편 실지로는 빈곤과 경제적 하향평준화에 직면한 공산-사회주의이다.

전자인 자유-자본주의는 자유방임으로 부익부빈익빈을 낳았고, 초기 자본주의의 실패는 마르크스의 '공산당선언'과 함께 마르크시즘을 낳는 동기가 되었다. '자본론' 저술을 통해 자본가에게 이익을 몰아주는 자본주의를 공격한 마르크스는 평등을 역설하면서 오늘날 인류사회가 자본주의와 사회주의가 맞대결하는 냉전시대를 연출한 장본인이다. 공사사회주의는 오늘날 공산당과 최고통치자가 인민을 함부로 다루는 전체주의를 연출하고 있다. 이는 고대와 중세의 전제주의보다 훨씬 못한 역사의 후퇴이다. 전체주의는 보다 많은 인간을 노예로 만들고 있기 때문이다.

무신론은 얼른 보면 과학적으로 보이지만 실은 인간으로 하여금 권력을 함부로 다루게 만드는 원인이 되고 있다. 무신론이 위험한 것은 한 개인이나 권력집단이 무소불위의 힘(폭력)을 행사하는 것을 허용하기 때문이다. 말하자면 견제장치가 없기 때문에 전체주의화되기 쉽다. 우리는 여기서 신이 신을 위해서 존재한 것이 아니라 도리어 인간을 위해서 신이 존재했다는 사실을 깨닫게 된다. 신은 세계 그 자체이기 때문에 스스로를 위할 수도 없다.

인간은 신을 둠으로써 기도라는 대화를 통해 고통과 위기를 극복하는 대신자 역할을 했다. 사후의 천상천국이나 현세의 지상천국을 건설하는 것이 아니라하더라도 신은 충분히 인간을 위로하고 희망을 주는 존재로서 가치가 있다. 인간 속에 이미 신성이 들어있고, 신속에 이미 인간성이 들어있다. 유신론과 무신론을 막론하고 인간은 다시 사랑과 자비로 스스로를 지키지 않으면 안 된다. 유신론에도 세속적인 권력이 침투되어 있을 수 있고, 무신론을 주장한다고 해서 신의 섭리가 작용하지 않는 것도 아니다. 인간이 무신을 주장한다고 해서 없어질 신이라면 본래 신성이 아닐 것이기 때문이다.

흔히 서양문명을 헬레니즘과 헤브라이즘의 결합이라고 본다. 이는 헬레니즘의 인간중심주의와 헤브라이즘의 신중심이 문화적 융합을 이룬 것을 의미한다. 그런데 이를 더 정확하게 말하면 신을 융합하긴 했지만 그것의 중심에 인간을 두고, 결국 인간의 이성을 중심으로 문명의 발전 방향을 잡은 것을 말한다. 그래서 결국 서양의 유일절대신은 인간중심으로 가기 위한 전단계적 조처라고 말할 수 있다.

서양의 시각-언어중심주의는 그것의 분석을 통해 절대를 낳았고, 절대종교에서 절대과학으로 문명을 이끌었다고 볼 수 있다. 그런데 그 절대는 현대물리학에 이르러 커다란 저항에 부딪혔다. 상대주의의 등장이 그것이다. 상대주의는 물리학에서는 물론이고 문화연구에서도 각광을 받았다. 물론 상대주의는 절대주의의 산물이다. 그런 점에서 상대주의는 절대주의와 결별한 것은 아니다.

절대든 상대이든 양자의 상호관계에 의해 성립된다. 이것을 우리는 상관관계성(interrelation)이라고 말한다. 상관관계성은 서양철학의 존재론이나 해체주의에 의해 이원대립적인 것의 이중성이나 왕래성으로 표현된다. 이중성이나 왕래성은 흔히 과학에서 말하는 확실성과는 정반대의 것으로 이원대립적인 것의 동봉성이라고도 말한다.

이는 이원대립적인 것을 추구하는 이성의 세계에 정면으로 배치되는 것이다. 그러한 점에서 하이데거의 존재론이나 데리다의 해체주의가 반이성주의를 표명하지만 과연 이성중심주의를 극복하였는지는 의문이다.

도대체 이성주의로 불교의 '무(無)' '공(空)'을 어떻게 이해할 수 있을까. 이성주의란 보이지 않고 확인할 수 없는 것은 '없는 것'(nothing)으로 취급하는데도 말이다. 그래서 서양의 차연(差延)의 실체는 동양의 음양(陰陽)의 비실체로 넘어오지 않으면 안 된다.

동양의 속담에 "궁(窮)하면 통(通)한다."는 말이 있다. 서양문명은 심각한 미로(迷路)에 빠졌다. 그 미로는 어떤 상황을 바로 미로라고 하는 그자체이다. 그러나 본래 우주는 미궁(迷宮)이다. 미로와 미로는 언뜻 보면 같은 말인 것 같지만 근본적으로 다르다. 미로는 미로하고 하여 미로를 벗어나야 하는 것이고, 미궁은 우주가 본래 미궁이라고 하여 미궁을 벗어날 필요가 없는 것이다.

서양문명의 미로는 바로 '정신-물질'의 이분법이다. 서양은 바로 그이분법 때문에 끊임없이 무한대로 나아가야 하고, 시간은 과거와 미래이며, 공간은 확장되는 것일 수밖에 없다. 이것은 이성의 장난이다.

동양문명의 미궁은 바로 '심물일체'이다. 심과 물은 한 몸이다. 한 몸의 떨어질 수 없다는 뜻이다. 화엄일승법계도(華嚴一乘法界圖)는 바로 법(法)에서 시작하여 불(佛)로 끝난다. 여기서 법(法)은 물(物)이고 불(佛)은 심(心)이다.

독일 전체주의의 히틀러 치하를 전후로 해서 하이데거의 존재론이 나왔고, 전후 프랑스 자유주의의 만개 속에서 데리다의 해체주의가 나온 것은 참으로 인류문명의 역설이고, 진리의 역설적 전개를 드러내는 대목이다. 하이데거의 존재론은 존재의 깊이를 찌른 것이고, 데리다의 해체주의는 존재의 표면을 핥은 것이다. 하이데거의 존재론은 권력추구(권력의 의지)의 서양문명이 막다른 골목에서 어쩔 수 없이 택한 권력의 자포자기(自暴自棄)이고, 데리다의 해체론은 서양문명의 불모지(不毛地)를 예상한 철학적 포르노그라피(pornography)이다. 둘 다 동양문명의 무(無) 혹은 무위(無爲), 무위자연(無爲自然)에 이르지 못한 것이다.

서양철학을 일별하면 다음의 철학시(詩)로 정리할 수 있을 것이다.

플라톤은 이데아(Idea)를 생각했다.
아리스토텔레스는 운동인(運動因)을 생각했다.
데카르트는 '이데아'라는 명사를
'생각한다(think)'라는 동사로 바꾸었다.
칸트는 플라톤의 이데아를 이성으로 바꾸었다.
헤겔은 이성을 정신의 변증법운동으로 바꾸었다.
마르크스는 헤겔의 절대정신을 절대물질로 뒤바꾸었다.

니체는 정신과 물질을 힘으로 바꾸었다.
프로이트는 무의식을 생각하고 의식화했다.
후설은 의식학으로서 현상학을 생각했다.
하이데거는 존재를 '존재한다'로 바꾸었다.
데리다는 존재를 '글쓰기-텍스트'로 바꾸었다.
들뢰즈는 존재를 '유물-기계'로 바꾸었다.
근대의 시작은 뉴턴의 역학에서 출발하였던가.

:::::..03

몸은 육체가 아닌
세계 그 자체

1. 가브리엘 마르셀과 메를로-퐁티의 '몸'철학

"인간의 생명은 몸(신체)을 부여(선물)받음으로써 비롯된다."
"세계(우주)는 언어이기 이전에 하나의 몸이다."
"태초에 몸이 있었다."
"육체나 물질은 인간의 정신이 규정한 것에 지나지 않는다."

서양철학사에서 몸에 대한 환기를 한 철학자는 '구체철학'(la philosophie concrète)으로 알려진 프랑스 철학자 가브리엘 마르셀 (Gabriel Marcel, 1889~1973)과 '몸'철학자로 알려진 메를로-퐁티 (Maurice Merleau-Ponty, 1908~1961)이다. 두 실존적 현상학자에 의해 몸은 철학의 중심주제로 들어오게 된다. '몸'철학이 중요한 이유는 현상학과 존재론, 추상의 철학과 구체의 철학을 연결하는 가교역할을 하기 때문이다.

마르셀은 '추상의 정신'을 매우 위험하게 본다.

"어떤 사상이 결과적으로 '추상의 정신'으로 흐르게 되면, 결국 그 사상은 현실적으로 끔찍한 폭력을 반드시 낳게 된다. 종족주의 사상은 타종족을 살상하고, 종교적, 정치적 이데올로기에 노예가 된 정신은 다른 이데올로기나 종교를 증오하여 진리의 이름 아래 종교전쟁을 일으킨다. 계급주의의 신화에 젖은 사람은 다른 계급의 사람들을 죽여도 殺人의 자의식을 갖지 않는다. 다른 적대계급에 속하는 사람들은 얼굴은 가진 인간이 아니라 잘못 쓰여 진 誤答과 같기 때문이다. 誤答을 지우고 正答을 써야 한다. 그것이 마르크시스트가 말하는 계급투쟁이다. 그래서 마르셀은 '추상의 정신은 격정적 본질을 지니고 있고, 반대로 격정은 추상을 제조한다.'고 지적하였다."[1]

마르셀의 구체철학은 특히 음악의 정신과 연결된다는 점에서 필자의 소리철학과도 깊은 관련이 있음을 볼 수 있다. 회화의 정신은 추상과 연결된다는 점에서 타당성이 있어 보인다. 메를로-퐁티가 회화적 사고, 즉 '미리 앞서 있는(il y a)' 사고인 반면, 마르셀은 음악적 사고, 즉 '이차적(二次的) 실재(實在)'의 사고라는 대조를 보이고 있다. 마르셀의 '이차적(二次的) 실재(實在)'는 '정신적 실재'를 말한다.

철학자들이 보편성이라고 하는 것은 더 정확하게 말하면 추상이다. 추상을 벗어나기 위해서는 눈에 보이지 않지만 구체적인 감각으로 들어오는 소리 혹은 음악에 귀를 기울일 필요가 있다. 필자의 일반성의 철학이 일명 소리철학으로 불리는 것은 이 때문이다.

시각은 사물을 있는 그대로 보는 것 같지만 실은 구성되는 것인 반면 청각은 사물의 파동을 있는 그대로 전달해주는 것이 특징이다. 청각은 듣는 이의 청각환경에 따라 소리의 강도는 다르지만 같은 파동을 전해준다. 음악은 바로 청각의 이러한 특징을 토대로 하고 있다. 8음계가 낮거나 높은 음을 같은 음으로 듣는(해석) 것은 당연하게 느낀다. 음악은 청자로 하여금 동감(同感, 共感)을 일으킴으로써 세계의 도구적 성격을 사라지게 한다.

서양철학의 기조를 추상의 정신으로 파악한 마르셀이 인간의 몸에 관심을 갖는 것은 너무나 당연하다. 마르셀은 인간의 신체가 소유와 존재의 경계지대에 있다고 말한다. 소유와 존재는 바로 절대와 상대, 절대와 무(無)의 경계이기도 하다. 우리는 본래존재(자연적 존재) 대신에 '깨어진 세계(le monde cassé)'를 가지고 존재라고 인식하고 있는 셈이다. 깨어진 세계는 현상의 세계요, 인식(의식)의 세계이다. 그래서 어떤 인식이라도 신체와 합류하는 육화(체화)과정을 거쳐서 본래존재의 세계로 귀

---

1) 김형효, 『가브리엘 마르셀의 具體哲學과 旅程의 形而上學』(인간사랑, 1990), 18쪽.

환하게 된다. 의식과 시간과 언어는 탄생의 시점이 같다고 말할 수 있다. 메를로-퐁티는 육체를 벗어나는 신체를 말하기 위해 '살'(la chair)이란 개념을 창출하기도 했다.

인간의 지각체계의 특징은 세 단계로 나누어볼 수 있다. 첫째, 감각(sense)의는 단계, 둘째, 감각이미지(sense-image)의 단계, 셋째, 지각이미지(sense-perception)의 단계가 그것이다. 감각은 동식물로 하는 단계이고, 감각이미지도 일부동식물이 참가하는 단계이다. 그러나 지각이미지의 지각(perception)은 사물을 깊게 인식하는 인상(impression)과 기억(memory)으로 인해 그야말로 사물(존재)을 사물(고정불변의 실체)이게 하는 역할을 한다.

우리는 그래서 거꾸로 '지각에서 감각'으로의 여행을 감행해볼 필요가 있다. 감각(느낌)에는 인식과 개념으로 인한 오류가 발생하지 않는다. 감각이미지의 이미지는 지각의 개념 대신에 이미지와 상징을 되돌려줌으로써 우리의 인식을 보다 풍부하게 할 뿐만 아니라 동식물 및 무생물과 근원을 함께 하는 공동존재감, 혹은 동류의식을 느끼게 한다.

서양의 몸철학은 아직은 '정신'이라는 것을 '마음'으로 대체하지 못하고 있다. 마르셀은 항상 느낌을 말하지만 동시에 반성을 놓지 않고 있다. 여기에 인간현존재의 이중적 성격(존재이면서 존재자)이 내재해 있다. 이러한 이중성은 현상학 차원에서, 혹은 현상학과 존재론의 사이에서 발생하고 있다. 이에 대해 김형효는 이렇게 해석한다.

"즉 인간조건은 느낌이 생각으로 바뀌어야 하는 운명적 과정 자체이므로, 과학적 思惟는 당위의 소산이 아니고, 자연의 산물이다. 그러므로 느낌은 어차피 상실되기 마련이기에, 그것은 불충분해진다. 생각이 느낌을 대신한다. 그런데 생각이 느낌을 대신하는 것으로 충분하다고 여긴다면, 인간은 과학으로 부족함이 없이 살아야 한다. 그러나 철학은 과학적 지식만으로 불충분하다고 여기는 데서 다시 출발한다."[2]

〈감각, 지각이미지, 지각〉

지각(sense-perception)	지각이미지(sense-image)	감각(sense)
개념(concept)-인식	상징(symbol)-이미지	감각-데이터
시간과 공간/양화(量化)	언어-상징적 의미 발생	신체적 적응
인간	동식물	
인간과 동식물		동식물

마르셀은 이렇게 말한다.

"나는 생각한다. 그러므로 存在는 존재한다(je pense donc l'être est)."[3] 이는 '존재론적 관여(關與)' 혹은 '존재에 대한 사유의 관여'를 말한다.

관념론적 전통의 독일은 '몸'에 관한 철학이 없다. 이에 비해 이성적이고 구체적인 전통의 프랑스는 '몸'철학을 통해야 마음으로 넘어갈 수 있는 특성을 보인다. 그래서 몸철학이 활발하게 전개되었다. 그런데 몸철학을 전개한 마르셀은 마음에도 각별하게 관심이 많았던 것으로 보인다. 마르셀은 프랑스 철학자답지 않게 마음에 관한 존재론적 사유를 하였던 것으로 보인다. 프랑스 철학자로서 보기 드물게 마르셀은 독일의 관념에 대해 가장 가깝게 다가간 듯하다. 마르셀은 프랑스적 전통과 독일적 전통을 융합함으로써 존재론에 가장 가깝게 다가간 프랑스 철학자이다. 그러나 마르셀은 존재-존재자 가운데 존재자에 중심을 둔 반면 하이데거는 존재에 중심을 두는 차이를 보인다.

마르셀의 '깨어진 세계(본질적 깨어짐)'은 인간이 본질적으로 그 깨어

---

2) 김형효, 같은 책, 141쪽.
3) 김형효, 같은 책, 195쪽.

짐을 안고 태어났다는 것을 말해준다. 그 '깨어짐'은 인간의 등장으로 비롯된 세계이고, 그 깨어짐의 틈은 바로 인간의 등장을 의미한다. 그런데 그 깨어짐에서 태어난 인간이 스스로 그 깨어짐을 고치거나 극복한다는 것은 불가능한 일이다. 바로 '세계의 깨어짐'은 인간의 숙명과도 같은 것이고, 역설적으로 바로 깨어짐에서 모든 인간적인 모든 기준, 예컨대 시간과 공간이 탄생하고, 그로인해 원인과 결과가 생기고, 도덕과 문명이 생긴 것이기 때문이다.

마르셀의 몸철학이 감각(sense)에 머물렀다면 메를로-퐁티는 지각(sense-perception)의 특징을 보인다. 메를로 - 퐁티는 주관적 세계와 객관적 세계를 모두 부정하면서 그것을 통합하는 것으로 '인간의 몸'을 들고 있다. 다시 말하면 그의 『지각현상학』은 한마디로 '몸의 현상학'이라고 말할 수 있다.[4]

몸 철학의 본격적인 전개는 아무래도 메를로-퐁티에 의해서인 것 같다. 메를로-퐁티는 객관적 세계로부터 몸을 탈환해야 하는 한편 지각하는 주체 또한 지각되는 세계임을 동시에 증명하는 데에 몰두했다. 그는 과학적인 세계는 가짜의 세계라고 말한다.

"우리는 흔히 과학에서 진짜 내 몸이라고 말하는 실재적인 나의 몸을 본질상 볼 수 없고, 만질 수 없는 것으로 여기게 됩니다. 왜냐하면 그렇게 과학적인 관점으로 본 실재적인 나의 몸이란 볼 수 있는(지각될 수 있는) 것이 아니기 때문입니다. (중략) 과학적인 사유에 충실하다 보면 진짜 존재하는 세계는 볼 수도 없고, 만질 수도 없고, 들을 수도 없는 것이고, 우리가 실제로 보고 만지고 들으면서 연속적으로 반응해나가는 세계는 가짜가 되고 맙니다."[5]

그는 몸은 물체의 환영에 의해 유혹되고 매혹되어 자신을 양도하고 결

---

4) 조광제, 『몸의 세계, 세계의 몸』, 2004, 236쪽, 이학사.
5) 조광제, 같은 책, 44쪽.

국 '보는 자'와 '보이는 자'가 서로 위치를 바꾸고 둘은 결국 하나가 된다고 주장한다. 또 보는 자는 보이는 것들, 즉 가시적인 것들의 영역에 편입되어 있다는 것이다. 이 가시성의 신비를 가능케 하는 것이 바로 몸이라는 것이다. 이로써 전통적으로 주체와 객체 혹은 주관과 객관의 이분법은 부정되기에 이른다. 메를로-퐁티는 동물의 본능은 분절되어 있거나 결정되어 있지 않고 매우 상황적이라고 한다.

메를로-퐁티는 나아가 지각에서의 '대상-지평'의 구조를 제안하면서 대상의 시간적 지평의 열림은 대상의 실체성을 근거 짓는다고 한다. 그는 '나의 시선 이전에 있었던 것과 마주할 수 있는 까닭은 단지 시간과 언어의 매개에 의해서이다.'라고 전제한다.

메를로-퐁티에 있어서 '체화된 주체'는 중요한 개념이다. 그러나 이 개념을 이해하는 것은 쉽지 않다. 왜냐하면 '체화된 주체는 인식론적인 주체로 변형되기 일쑤고 체화된 주체가 사는 세계는 즉자적인 세계로 변형되기 일쑤'이기 때문이다. 이는 대상을 주체로 인식한다고 하면서도 대상이 되면 이미 주체로 인식하기보다는 대상으로 인식하기 쉽고 동시에 체화된 주체는 이미 대상이 없기 때문에 대상으로 인식한다고 하면서도 이미 세계를 주체적으로, 즉 즉자적으로 인식하기 때문이다. 결국 주체와 대상이라는 말은 이미 실존을 표시하기에 한계에 있게 된다. 실존은 몸을 중심으로 전개되는 현전하는 계기일 뿐이다. 요컨대 말(발화)은 신체전체가 참여하는 퍼포먼스이다.

몸은 정신과 육체, 주체와 객체, 기호와 의미, 추상과 구체가 상호작용하는 장소이다. 몸은 지극히 '대상적 현상학'의 공간이면서 동시에 '존재론적 현상학'의 영역이다. 말하자면 대상과 존재가 뒤섞이고 뒤바뀌는 장(場)이다. 우리 몸은 시공간의 압박을 받으면서도 동시에 그것을 벗어나는 장(場)이다.

몸을 개체(개별성)로 볼 때는 소유가 있고, 시공간에 제약을 받지만,

동시에 '우주를 하나의 몸(살아있는 몸)'으로 볼 때는, 다시 말하면 일반성으로 볼 때는 소유가 있을 수 없고, 시공간에 제약도 받지 않는다. 흔히 몸을 육체로 볼 때는 시공간의 대상이 되지만 '우주적 몸'과 연관된 '하나의 살아있는 몸'으로 볼 때는 자기 안에 시간과 공간의 사이(間)나 거리(距離)를 둘 수 없다. 메를로 - 퐁티는 우선 공간의 문제를 지향성의 문제로 보고 '인간학적인 공간'(l' espace anthropologique)을 제안한다. 그는 반성철학에 대한 공격을 하면서 "내용을 형식에 종속시키기 전에 내용 속에 형식이 상징적으로 잉태되어 있음을 다시 인식해야 한다."[6]고 말한다.

메를로-퐁티가 '침묵의 코기토'를 설명하면서 '미리 존재하는 유일한 로고스는 세계 자체'라고 하는 것은 도리어 세계를 기(氣)로 바라보려는 배수진과 같다. 다시 말하면 일리(一理)를 전제해 놓고 몸과 기(氣), 기질(氣質)을 논의하려는 속셈이다. 우리는 여기서 눈여겨볼 것이 있다. 메를로 - 퐁티가 말하는 '침묵의 코기토'라는 말과 '유일한 로고스', '진리에의 존재 = 세계에의 존재'라는 일련의 말들이 갖는 뉘앙스이다. 이들은 우리의 동양철학에서 일리(一理)라고 하는 것과 통한다는 점이다. 다시 말하면 ' 침묵의 코기토 = 유일한 로고스 = 진리에의 존재 = 세계에의 존재'라는 등식이다. 메를로 - 퐁티는 처음에 출발은 '간주체성'에서 했는데 이는 어떤 종류의 절대론(존재론)에 대해서도 부정한 때문이었다. 그런 그가 제3의 공간으로 '인간학적 공간'을 제안하고 그 구체적인 것으로 '몸의 공간', 즉 '체화된 공간'을 든다.

메를로-퐁티는 그러나 '체화된 의미'의 생산을 위해 다시 유일한 로고스에 도달하는 과정을 밟는다. 이 과정은 주기론자(主氣論者)들이 이기(理氣)논쟁을 하는 과정에서 이(理)에 대항하기 위해서 기(氣)를 주장하지만 그것은 다시 중리(衆理)를 인정하는 것이 되고 중리를 다스리기 위

---

6) 조광제, 같은 책, 357쪽.

하여 결국 일리(一理)로 다시 돌아가는 것과 같다.

김형효는 메를로-퐁티에 대해서 이렇게 말한다.

"그(메를로-퐁티)는 사르트르와 같은 수준의 탁월한 현상학자였지만 사르트르의 코기토 철학과는 다른 길을 갔다. 그도 코기토의 의식을 말하지만 그 의식은 바깥 세계의 앞에 선 투명한 의식의 주체가 아니고, 이미 바깥 세계와 혼용된 반심반물(反心反物)의 애매모호한 영역으로서 '반성 이전의 주체'(le sujet pré-réflexif)인 지각(la perception)이다. 그 지각도 무의식(inconscient)에 가까운 전의식적(préconscient)인 무심한 수준의 지각으로서(lt is perceived)이다."[7]

김형효는 이어 "그(메를로-퐁티)의 의식은 몸과도 이원적으로 분리가 안 되는 '살'(la chair)로서 어떤 실존적 분위기(une ambiance)와 다를 바 없고, 사회 역사도 실존의 지각과 함께 가는 공간 시간의 상황에 지나지 않는다. 구체적인 사회 역사를 떠난 추상적 사고는 무의미하다. 몸이라는 실존적 상황을 벗어난 생각이 공허하듯이, 또한 모국어의 말(la parole)로 표현되지 않는 생각은 틀이 안 잡힌 뜬 구름 잡는 헛소리일 뿐이다."라고 말한다.[8]

몸이라는 실존적 상황을 벗어나지 않은 '구체철학으로서의 철학'의 가능성을 열어가는 데 김형효의 주장은 크게 힘을 실어준 셈이다.

메를로-퐁티의 '살'이라는 개념은 참으로 '살아있는(live) 몸' 혹은 '구체적인 몸'을 말한다. 예로부터 한민족은 '살'이라는 말을 좋아했다. 우선 우리 몸을 '살'이라고 하였고, 피부를 '살갗'이라고 하였다. 또 살아가는 것을 '삶(life)'이라고 하였고, 살아가는 맛을 '살맛'이라고 하였다. 또 살아온 해수를 셀 때 '몇 살'이라고 하였다. 한민족은 '살'로 시작해서 살로 끝나는 민족이다. 그런 점에서 한국만큼 자연적인 삶을 사는 민족도

---

7) 김형효, 『철학 나그네』(소나무, 2010), 13~14쪽.
8) 김형효, 같은 책, 14쪽.

드물다고 할 것이다.

철학과 철학인류학의 다른 점은 원시인의 마음, 대칭적인 마음을 순수한 대칭으로서 알아주는 것이다. 서양철학은 원시인의 대칭을 대립으로 놓기를 원한다. 대립으로 놓아야만 역사적으로 발전을 합리화할 수 있기 때문이다. 그러한 점에서 서양철학은 역시 변증법의 연장선상에 있고, 발전론의 우상에 싸여 있음을 알 수 있다. 역설적으로 그렇기 때문에 서양은 근대에 들어 세계를 지배했는지도 모른다.

결국 이는 이기철학으로 볼 때 결국 이(理)는 기(氣)가 되고 기(氣)는 이(理)가 되는 셈이다. 즉 이기(理氣)는 짧은 순간에 이(理) = 기(氣)라는 등식이 성립된다. 절대론과 존재론을 부정하던 메를로 - 퐁티는 간주체성이라는 중간(과정)에서 출발하여 '몸이라는 장(場)' 을 통해 결국 주체와 객체를 물리쳤지만 결국 다시 양극에 있는, 일종의 절대론인 주리론(主理論)과 주기론(主氣論), 즉 이(理)와 기(氣)가 말은 다르지만 결국 같다는 결론에 도달한다.

유리론(唯理論)과 주리론(主理論)과 일리론(一理論)은 서로 다르다. 이에 반해 유기론(唯氣論)과 주기론(主氣論)과 일기론(一氣論)은 같다. 유리론은 절대유일적인 것이고, 주리론은 가부장적인 것이다. 일리론(一理論)은 유리론이나 주리론과 달리, 일기론(一氣論)으로 통할 수 있는 것이다. 한편 유기론과 주기론과 일기론은 모두 같은 것이다. 기(氣)는 어떤 말을 붙이든 같은 것이기 때문이다. 유기론과 주기론과 일기론은 기(氣)를 설명하는 한 방식에 불과하기 때문이다. 일리론(一理論)과 일기론(一氣論)은 말만 다를 뿐 같은 것이다. 세계를 권력이나 주장이 없이 하나로 보는 것이다. 둘은 보편론이 아니라 일반론이다.

철학도 말의 이분법에서 출발하여 그것을 부정하고 새로운 이분법을 창출하는 연속적 의식운동으로 볼 때 일종의 거대한 신화군(神話群)이라고 볼 수밖에 없다. 주체와 객체, 관념과 경험, 이성과 감성, 이(理)와 기

(氣) 등 철학의 낯익은 용어와 개념들은 이미 처음부터 신화적 이분법에서 출발한 것으로 이들도 역시 자신이 쳐 놓은 순환론에 빠져 버리게 된다.

새로운 철학은 단지 스스로 새로운 순환론에 빠짐을 인식하는 과정에 지나지 않는다. 철학은 따라서 신화적 담론에 의해 세계를 구성하고 살아가던 원시인들의 신화가 매우 불합리하게 보임에 따라 새로운 '비순환의 담론=인과론'의 형식을 창출하기 위하여 신화의 순환론을 일시적으로, 혹은 어떤 폐쇄된 상태(작동적 조건)에서 '인과론=합리성'으로 전환하여 순환론에 빠지지 않았음을 보여 주는 잠시 동안의 속임수, 주술에 지나지 않는다. 아니면 변화하는 우주(역동적인 우주)에 발맞추어 '말을 사용하는 인간'이 새로운 철학적, 혹은 담론적 유행을 만들어 낸 '철학적 패션=철학적 옷 입기'에 지나지 않는 것이 된다.

이성이 창조적 이성이 되어야 하는 이유는 그렇지 않으면 기(氣)를 만날 수 없기 때문이다. 다시 말하면 창조적 이성만이 기운생동을 만날 수 있다. 그래도 창조적 이성은 이(理)와 기(氣)의 경계선상에 있다. 그러나 존재의 전체성은 이성을 버리지 않으면 결코 도달할 수 없다. '존재하는 유일한 로고스는 세계 자체'라고 하거나 '코기토는 내가 세계에로 열려 나가고 세계가 나에게 빨려 들어오는 통로'라거나 '의식은 초월'이라는 것은 '몸'에서 가역성과 기운의 장(場)을 발견하기는 했지만 메를로-퐁티가 아직 후설의 의식학의 수준을 벗어나지 못했으며, 따라서 이성의 범주를 완전히 벗어난 것은 아님을 말해준다. 그러나 메를로-퐁티는 이미 이(理)에서 기(氣)로 넘어가는 꼭지점을 지난 느낌이다.

존재의 세계, 즉 자연의 세계는 '열린 세계=기운생동의 세계'이고 현상학의 세계는 '열리고 닫히는 세계=형태론적 장(場)의 세계'이다. 이에 비해 과학의 세계는 '닫힌 세계=원자적 실체의 세계'라고 말할 수도 있을 것이다.

〈현상학적으로 본 '세계'와 '몸의 세계'〉

세계 안(in)의 존재	세계에(to: ↔)의 존재			세계 밖(out)의 존재
존재론/ 卽自-自然	몸의 현상학(의식학: 시간성)/對自			물리학 (과학: 공간성) /他者
reproduction (생명)	reductionism(환원주의)			production (기계-제품)
천지개벽 (天地開闢)	인간의 등장으로 깨어진 세계			천지창조 (天地創造)
마음/몸, 심물일체 (心物一體)	가브리엘 마르셀		메를로-퐁티	정신-육체 (물질) 이분법
	(←)구체철학		지각현상학(→)	
존재론/ 자연의 세계 (마음의 物學 =心物學)	현상학적 존재론		존재론적 현상학	과학적 (물리적) 현상학
	기독교적 종말론 초월적 구원론		'살(la chair)': 삶, 살다, '살아있다' '살맛난다'	
	심리학적 ↔ 생리학적			생리학
열린 세계 (기운생동의 세계)	열리고 닫히는 세계 (형태론적 '場'의 세계)			닫힌 세계 (원자적 실체의 세계)

마르셀은 현상학적 존재론이고, 메를로-퐁티는 존재론적 현상학이다. 가브리엘 마르셀과 메를로-퐁티의 현상학적 '몸'철학은 아직 동양의 심물(心物)철학, 몸·마음철학, 기(氣)철학에 이르지 못하고 있다. 몸은 욕망과 소유와 쾌락의 출발이면서 동시에 거기서 욕망을 그칠 수 있는 존재론적 장소이기도 하다. 왜냐하면 모든 '있음'의 자리가 동시에 '없음'의 자리이듯이 출구(出口, ex)는 동시에 입구(入口, in)이기 때문이다.

몸은 소유와 존재가 공동 거주하는 곳이다. 현상학적 의식(자아)은 이미 지상(시간과 공간의 있는)에서의 소유이고, 무의식(무아)에서 몸으로의 드러남은 존재(시간과 공간이 없는)이다. 그래서 존재론적으로 볼 때는 우리 몸에는 시간과 공간이 없다. 이는 거꾸로 우주전체의 몸으로 확대해도 마찬가지이다. 우주에는 주인도 없고, 주어도 없고, 초월적 존재도 없다. 이러한 것들은 모두 가부장제의 아버지(하나님 아버지)의 말씀, 천지창조(天地創造), 혹은 정언명령(正言命令), 혹은 천명(天命)에 의해 발생한 인위(人爲), 혹은 위(僞)이다.

우리(인간)의 몸에는 가부장제가 없다. 우리의 몸에는 어느 특정 성씨(姓氏)의 계통(혈통)이 없다. 단지 공동조상만 있을 뿐이고, 인류는 공동조상의 동조집단(同祖集團)일 뿐이다. 그 동조집단을 거슬러 올라가면 어머니가 있을 뿐이다. 그 어머니는 누군지 정확히 모르겠지만 분명히 우리의 몸을 낳고 낳아준 조상이다. 그것이 몸의 진정한 차연(差延)이다.

몸의 차연은 인간이 시각적으로 사물에서 발견하는 차연과는 다른 것이다. 시각적 차연은 차연이라고 하지만 최초의 원인적 동일성 혹은 최후의 결과적 동일성과 같은 동일성(동일성의 잔영)을 내재하고 있다. 사물의 연속성이라는 것은 무한대를 가정하는 것이고 이는 결국 하나의 연속된 흐름이기에 전체적 동일성, 혹은 결과적 동일성을 지향하고 있다.

이에 비해 몸의 차연은 동일성이 아닌 생멸성을 지니고 있다. 몸은 시시각각 생멸하면서 살아가고 있다. 몸의 차연은 그러한 점에서 고정불변의 무엇을 가정하고 있지 않다. 그렇지만 몸은 증명할 수 없지만 분명히 태초로부터 이어져온 것이고, 다시 태초를 이어갈 자손을 낳은 존재이다. 내가 지금 여기서 몸을 가지고 있다는 것은 태초의 시공(時空)을 가진 것이고, 살아있는 내 몸을 통하지 않고는 결코 태초와 종말을 증명할 수 없다. 그러한 점에서 내 몸이야말로 태초와 종말을 증명하는 것이 아니라 살아가는 존재이다. 내 몸을 만들어준 존재야말로 그러한 점에서 신이고, 내 몸 또한 신이다. 몸은 시공을 의식화(언어화)하지 않는 가운데 태초와 종말을 품고 있다. 영원이나 무한대라는 것은 무와 무의식을 의식화한 것이다. 그러한 점에서 우리는 몸으로부터의 사유를 시작할 필요가 있다.

가부장제의 우주론은 '자연적 존재'를 '소유적 존재'로 만들었다. 여기서 소유적 존재라는 것은 실은 의식적 존재를 말한다. 의식적 존재는 대상화된 존재를 말한다. 이때 대상화라는 것은 현상학적으로 초월적 위치에 있는 것이 그렇지 못한 것을 대상화하는 것을 뜻한다. 그 초월적 위치라는 것이 남자이고, 더 정확하게는 남자 중에 가장 힘 있는 파워풀(powerful)한 남자인 것이다.

가부장제 하에서는 여자는 가장 힘 있는 남자의 소유물이다. 결국 가장 힘 있는 남자가 모든 여자를 소유할 수 없기 때문에 남자들이 각자 여자를 소유하는 것이다. 여자는 남자의 소유가 되고, 자연은 인간의 소유가 되었다. 이때의 소유는 물론 사적 소유이다. 소유에 공동소유는 있을 수가 없다. 공동소유는 이미 소유가 아니다. 그러한 점에서 존재는 소유가 아니다.

철학이 왜 가부장제라는 가족제도와 관련이 있는가. 이는 순수한 철학적 사유로는 도달하기 어렵다. 그래서 철학에 인류학이 필요한 것이다. 결국 철학인류학이 되어야 철학이라는 순수사유가 가족제도라는 환경의 영향을 받은 것이고, 나아가서 자연환경과 풍토의 조건에서 자유롭지 못하다는 것을 알 수 있다.

말하자면 지금까지 서양철학에서 전가의 보도처럼 사용한 '이성'이나 '자아'라고 하는 것도 특정한 자연조건, 말하자면 이성(자아)이 발달하여야 하는 환경의 산물이라는 것을 인정하지 않을 수 없게 된다. 그렇다면 지구상의 모든 인간이 이성을 발달시키지 않을 수도 있었다는 말이 된다.

쉽게 생각하면 삶의 조건이 인간이 살기에 적당했던 지역은 이성을 발달시킬 필요가 없었다는 말이 되고, 반대로 이성이 발달한 지역은 삶의 조건이 삶의 필요를 충당하기에 부족했던 지역이라는 것을 알 수 있다. 또 같은 지역에서라도 시기에 따라 삶의 조건이 나빴던 지역에서는 이성이 발달하였을 것이라고 예상해 볼 수 있다.

이성은 필요의 산물이다. 필요가 이성이다. 이 말을 거꾸로 말하면 이성은 필요하지 않을 수도 있다는 말이 된다. 철학은 이제 더 이상 이성에 머물러 있어서는 안 된다는 것을 알 수 있다. 이성은 '필요선'(必要善)보다는 '필요악'(必要惡)적인 요소가 많기 때문이다.

이성은 다시 말하면 '몸'의 요구에 의해 발달한 것이다. 몸의 요구에 의해 발달한 이성이 몸을 지휘하고 몸을 규정할 수는 없는 것이다. 이는 부분이 전체를 총괄하고 넘어서는 것이다. 이는 마치 어머니로부터 출생한 아들이 어머니를 지휘하는 것과 같다. 이성은 가부장제의 산물이라는 것이 거꾸로 입증되는 셈이다. 이는 문명이 자연을, 산업이 인간을 종으로 지휘하는 것과 같다.

헤겔철학이 마지막에 '주인과 노예'의 관계와 그것의 역사적 왕래를 설정한 것은 이성철학 및 역사철학의 집대성자로서 당연한 것이다. 그러한 역사철학의 후예인 마르크스가 인간으로 하여금 노예의 입장에서 벗어나도록 프롤레타리아의 계급투쟁을 설정한 것은 또한 당연한 귀결이다. 이것이 서양철학의 한계이고, 서양철학은 실은 마르크시즘에서 그 포물선의 정점을 이루었고, 그 정점에서 허무(虛無)를 처음 바라본 자가 니체였던 셈이다.

마르크스가 처음 '자본론'을 쓸 때만 해도 상공업자(고용주)와 도시노동자(피고용인, 고용자)의 관계서 생산수단의 소유문제를 두고 전자를 부르주아, 후자를 프롤레타리아로 규정하면서 둘 사이의 계급투쟁을 촉발하는 것은 혁명의 수단으로 사용한 것이었다. 그런데 마르크시즘이 세계사적으로 열매를 거둔 지역은 도리어 농촌농민에게서였다. 그 결과는 러시아와 중국대륙의 농업(수렵유목목축포함)지역이 공산사회주의 지역으로 두드러진 데서 찾아볼 수 있다. 소비에트의 레닌스탈린과 중국의 모택동은 그 좋은 예이다.

실지로 산업화된 도시노동자들은 노동운동이나 노동조합의 결성 등으로 노동자의 이익을 찾아먹는 노동제도로 정착하는 것으로 그쳤다. 아울러 전략적으로 정치권력에 대한 저항세력으로서 민주주의를 도모하는 세력으로 자신들의 입지를 다졌다고 볼 수 있다. 러시아와 중국 등에서 공산사회주의가 뿌리를 내린 것은 실은 국민들(구성원들)의 민도가 낮아서 자유민주주의를 구가할 수준이 안 되었기 때문으로 봄이 옳을 것이다.

한국도 여기서 자유민주주의를 구가할 정도의 민주시민(주인)의식이 발달되지 않는다면 아무리 소득이 3, 4만달러가 되어도 선진국이 되기 힘들 개연성이 높다. 특히 세계에서 가장 처참한 수준의 왕조(신왕)전체주의에 예속된 삶의 굴레를 벗어나지 못하는 북한과 체제경쟁 속에서 종북주의자들이 만연하게 된다면 자유의 확대라는 점에서 미래역사를 낙관할 수 없다. 특히 조선조 성리학체계와 사회주의체제가 야합하여 역사를 거꾸로 돌린다면 한민족은 민주주의의 사생아가 되거나 아수라장 속으로 들어갈 것이 명확하다.

미래인류의 구원은 인간의 몸(신체)이 단순히 정신의 대상으로서의 육체로 규정되어서는 안 된다는 데에 있다. 이는 존재는 처음부터 신체적 존재로서 만물만신(萬物萬神)이라는 인식, 즉 새로운 샤머니즘으로서 네오샤머니즘으로 돌아가야 함을 의미한다.[9]

몸은 정신의 지배를 받는 단지 육체가 아니라 존재의 본래(본래존재)로서 대접받아야 한다. 인간의 정신활동에서 빚어지는 것은 모두 의식학(현상학)으로서 현상학적 한계를 지닌다. 정신이 아무리 초월적 주체로

---

9) 박정진, 『네오샤머니즘-생명과 평화의 철학』(살림출판사, 2018) 참조.

서 대상을 인식한다고 하더라도 그 대상은 영원한 대상(신, 물질)으로서 결코 잡히지 않고 달아날 것이기 때문이다. 이것이 현상학의 한계이다. 현상학으로서 인간은 구원될 수 없다.

서양철학이 정신에서 벗어나기 위해서는 정신에서 출발할 수 없었고, 당연히 '육체'에서 '몸'으로 선회하지 않을 수 없을 것이다. '몸철학'은 정신의 허무주의에 빠져있어서만은 안 되는 서양철학의 구출작전과도 같은 사명을 띈 일종의 전위부대, 아방가르드였던 셈이다. 몸철학에서 존재론과 해체주의가 배태되었던 셈이다. 몸에 대한 현상학적 접근과 해석, 몸을 가진 존재의 존재론적 사유를 시작한 것은 후속조치로서의 의미가 있다. 몸은 결코 육체나 육체적 노동에만 힘을 실어주는 어리석음을 범하지 않을 것이다. 인간이 세계의 주인(시민)이 되기 위해서는 정신과 육체가 하나 되는(아우러지는) 몸철학이 필요하다.

서양철학은 몸철학을 통해서 적어도 '정신-육체(물질)'이라는 이분법을 벗어나는 실마리를 마련하였다는 점에서 몸철학은 서양철학사에서 매우 중요한 위치를 점하고 있다. 몸철학은 언젠가는 마음철학에 도달할 가능성을 엿보였다고 말할 수 있다. 아직도 서양철학의 몸철학은 현상학의 수준에 머물러 있다. 그 까닭은 서양철학의 무의식에 박힌 이분법 때문이다. 서양철학은 생성철학을 한다고 하면서도 항상 이분법에 매여 있거나 아니면 유물론에 빠져있다.

마음철학에 도달할 수 있는 가능성이야말로 존재론적 가능성이다. 몸이 마음이 되지 않는 한 아직 몸은 '정신-육체' 이분법에서 자유롭지 못하다. 마음철학에 도달하지 못한 몸은 아직 정신 속에 자아를 숨기고 있으며, 기껏해야 물아일체(物我一體), 혹은 심물합일(心物合一)의 단계에 머물러 있기 때문이다.

물아일체(物我一體)는 아직 정신 속에 자아를 잡고 있는 것이며, 그렇기 때문에 물은 아직 육체나 물질에서 완전히는 벗어나지 못하고 있다.

심물합일(心物合一)도 심과 물이 합일(合一)되어야 하는 바로 그 '합일'에서 역사적으로(시간적으로) 물(物)에 도달하여야 하는 까닭으로 정신 속에 주체(자아)를 설정하고 있다. 심물일체(心物一體)든, 물심일체(物心一體)는 일체(一體)가 되어야 마음과 몸이 하나가 된다. 이때의 일체는 물론 주체(主體)로서의 일체가 아니라 본체(本體)로서의 일체이다. 우주의 근본에 도달하기 위해서는 결국 완전히 자아(주체)를 놓아야 한다는 뜻이다.

그러한 점에서 서양의 몸철학은 아직은 미완성의 심물철학, 미완성의 물심철학이다. 물에서 심으로 도달하든, 심에서 물로 도달하든, 상관없이 어느 쪽이든 도달하면 된다. 서양철학이 진정한 존재론에 도달하려면 바로 여기에 도달하여야 한다. 그렇다면 동양의 심물철학, 동양의 몸·마음철학을 살펴보자.

가부장제의 허구에 의해 발생한 자아도 없고, 주인도 없는 자연에서의 생사(生死)나 일반적 의미의 생멸(生滅)이라는 것은 존재의 당연한 것이고, 굳이 이것은 진여(眞如)라고 말하지 않아도 된다. 그래서 존재론이나 존재론적 현상학의 입장에 서면 매사에 초연하게 되는 것이다. 자아가 없는데 무엇이 걱정인가? 소리에는 자아가 없다. 소리에는 온통 하나로 어우러지는 파동의 리듬, 급기야 혼돈만 있을 뿐이다.

2. 동양의 심물(心物)철학과 마음·몸 철학

동양의 심물론은 서양의 정신과 물질의 이분법과는 본래부터 다른 것이다. 동양의 심(心)이 서양의 정신(精神)이 아니고, 동양의 물(物)이 서양의 물질(物質, 肉體)이 아니라는 뜻이다. 그래서 동양의 심물론이 서양의 유심론과 유물론을 통합할 수가 없다. 극단적으로 말하면 서양의 유심론은 유물론과 같은 것이다. 유심이 있기에 유물이 있는 것이다.

심물은 잠시라도 떨어져서는 안 된다(心物不相離). 동시에 심물은 서로 혼합되어서도 안 된다(心物不相雜). 심물은 동봉(同封)되어 있거나 동거(同居)하고 있는 것이다. 심물은 가역왕래(可逆往來)하고 있다. 이것이 세계의 역동성을 보장하는 것이고, 세계가 '역동하는 하나의 장(場)'이라는 것을 말하는 것이다.

이는 유심론과 유물론으로 대립된 서양과는 달리 심즉물(心卽物), 물즉심(物卽心)이고, 심즉시물(心卽是物), 물즉시심(物卽是心)이다. 심물은 '심(心)=물(物)'의 등식(=)이 아니라 가역(可逆, 往來, ↔)함을 뜻한다. 따라서 여기서 사용하는 물(物)을 물질로 보는 것은 잘못이고, 심(心)을 정신이라고 보는 것도 잘못이다.

이미 세계는 물(物)이기 때문에 심(心)을 주장하고, 이미 세계는 심이기 때문에 물을 주장한다. 이미 세계의 물을 체물(體物)했기에 심(心)을 주장하고, 이미 세계의 심을 체심(體心)했기에 물(物)을 주장한다. 심물과 물심에는 이미 역설이 내재해 있기 때문에 섣불리 심물을 선후와 상하로 말하는 것은 잘못이다.

그럼에도 불구하고 학문의 효용성으로 볼 때, 인문학은 궁극적으로 '심물일원'이 아니면 존재이유가 없다. '물심이원(物心二元)'이 자연과학의 특징이라고 할 수 있다. 인문학은 보이지 않는 세계(invisible world)와 비언어적 세계(nonverbal world)에 대한 추구라면, 자연과학은 보이는 세계(visible world)와 언어적 세계(verbal world)를 추구한다.

그러한 점에서 마르크스의 유물론(唯物論)은 사회과학의 과학화라는 이름으로 전 세계적으로 동원된, 종교와 과학, 하늘과 땅의 유착이다. '존재의 역동성'이 '사회적 혁명성'으로 전환된 것이다. 유심론이 있기에 유물론이 있는 것이고, 주체가 있기에 객체가 있는 것이고 보면 둘은 결국 한통속이다. 결국 유심-유물, 주체-객체는 서로 대립하는 것 같지만, 동양적 음양론의 시각에서 보면 음양의 한 현상인 대칭의 역사적(시간적) 전개에 불과한 것이 된다.

세계는 유심도 아니고 유물도 아니고, 본래 자연이고, 본래 소리이다. 신(神, 萬神)은 만물의 주체이면서 동시에 신앙의 대상이 된다. 물(物, 萬物)은 대상으로서의 물질이면서 동시에 질료의 주체가 된다. 그러한 점에서 말은 자연을 분리하고 이원화하는 원인이고 원수이다. 그래서 이원화된 한자말의 '심물'(心物)보다는 하나로 발음되는 '소리'가 더 자연의 혼원일기를 나타내는 말이다. '소리'는 자연이 본래 하나라는 것을 잘 나타낸다.

합일(合一), 통일(統一) 혹은 통합(統合)이라는 말은 실은 나누어진 것을 하나로 만든다는 뜻이다. 이 말들은 현상학적인 차원에서 일어나는 것으로서 말 속에는 인위(人爲)가 숨어있거나 전제되어 있다. 합일이나 통일은 역사변증법적인 결과이다. 이에 비해 심물일원은 역동적인 상관관계를 말한다. 이것은 역사변증법적인 것이 아니고 도리어 상징적이다. 여기서 상징적이라는 말은 양자의 관계가 이중적이고 가역적이라는 말이다.

심물론(心物論)은 흔히 유심론과 유물론의 통합을 이룬 것처럼 생각하기 쉬운데 그보다는 유심론과 유물론 이전, 혹은 양자의 대립 이전의 상황이며, 심물의 분별이 없는 경지를 말한다. 유심론은 유물론과 마찬가지로 이분법의 소산이다. 이것보다는 일심론(一心論), 일물론(一物論)이 훨씬 세계의 일원상을 드러내는 적합한 말이다. 인간이 말하는 심(心)은 결코 심이 아니며 물(物)은 결코 물이 아니기 때문이다.

'자연'이나 '소리'라는 말에는 인위가 아니라 무위(無爲), 무형(無形)의 의미가 강하다. 모든 인위(人爲)는 자연(自然)이나 본래(本來)가 아니라는 점에서 한계가 있다. 우주는 시시각각 빅뱅이고 시시각각 블랙홀이다. 우주는 스스로 내놓은 것을 스스로 거두어들여야 완벽한 존재가 되기 때문이다.

인간의 안에 음양이 있고, 인간의 밖에 음양이 있을 뿐이다. 세계는 다원다층의 음양의 세계이고, 그렇기 때문에 다원다층의 음양학이 존재한다. 바로 다원다층의 음양학이 소리철학, 포노로지이다. 세계는 이제 종교와 과학이 지배하던 시대가 아니라 예술의 유희(遊戱)세계이다. 예술의 유희세계에 걸맞은 철학이 소리철학이다.

혼원일기(混元一氣)=심물일원(心物一元)=심물존재(心物存在)=심물(心物)소리==심물음양(心物陰陽)=심물자연(心物自然)=자연(自然)이다.

〈심물존재, 심물소리〉

		문화	心物	주체(神, 萬神)↔대상(物, 萬物)	시각-언어
혼원일기 (混元一氣): 심물존재 (心物存在): 심물소리 (心物소리)	天	종교 (神=心)	心物一元 (인문학)	만신(萬神)은 신앙의 대상이면서 만물의 주체이다	invisible nonverbal
	人	천/지= 종교/ 과학	사회과학	주체/대상: 인간은 개체이면서 집단이며, 집단이며 개체이다	예술(art)의 遊戱세계
	地	과학(物)	物心二元 (자연과학)	만물(萬物)은 인간의 대상이면서 질료의 주체이다.	visible verbal
* 마음속의 천지는 상징적인 관계이고, 종교는 이러한 마음속의 천지의 상호작용이다.					

동서양의 철학들은 정도의 차이는 있지만 은연중에 '물'을 대상으로 보는 경향이나 타성에 젖어왔다. 이는 '인간 중심'이나 '신 중심'의 사고를 반영한 것이고, 동양의 이(理)철학적 전통도 서양의 이성(理性) 철학과는 다르긴 하지만 예외는 아니다. 그래서 동양의 기(氣)철학적 사고와 체계가 필요한 것이다. 서양의 이성중심주의 철학은 바로 유심론적 철학과 유물론적 철학을 낳았다.

유물론적 철학도 이성중심주의 철학의 산물이다. 기(氣)철학은 본질적으로 이성중심주의 철학이 아니다. 그러한 점에서 유물도 유심도 아니다. 유물론과 유심론의 통합이라는 것도 실은 이성주의의 연장선상에 있다. 심물(心物)의 통합(統合)이나 합일(合一)라는 것도 역사적 변증법의 산물이다. 통합이라는 것은 본래 하나인 것이 아니라 둘 혹은 여럿으로 갈라진 것을 하나로 통합하는 것인데 반해 기일원론(氣一元論)은 유물, 유심 이전의 '하나의 총체성(전체성)'으로서의 우주라고 말할 수 있다.

인간을 중심으로 보거나, 신을 중심으로 보면 '물(物)'을 대상화하지 않을 수 없다. 우주의 전체성과 총체성을 말할 때, 예컨대 물(物)과 심(心)이라는 두 단어를 쓰면 아무리 그것의 합일(合一)을 주장한다고 하더라도 어딘가에 이분법의 흔적이 남아있다. 이것은 궁극적으로 인간이 사용하고 있는 언어의 문제이다. 그래서 동양의 선(禪)불교에서는 불립문자(不立文字)를 주장하고 있다. 이는 문자나 언어를 사용하면 이미 '나누어진 세계'를 전제하게(빠져들게) 되기 때문이다.

동서양을 막론하고 하늘(天)과 마음(心)을 높이는 반면, 땅(地)과 몸(物)을 천시하는 경향이 있어왔다. 서양의 경우 물질숭배에 빠진 것은 근대 과학문명을 이루고부터이다. 이는 오래 동안 하늘과 마음이 천지(天地)와 심물(心物)을 대표했기 때문이다. 이제 적어도 이 둘을 나누거나 차별하지 않는 것이 현명할 것 같다. 우주는 '기운생동의 총체상'이고 '하나의 공명하는 소리'이다. 물(物)은 '대상으로서의 물질'이 아니라 물자체,

물 전체, 일기(一氣)이다.

소리에는 하늘과 땅이 없다. 소리에는 심과 물이 없다. 소리에는 인간과 사물의 구분이 없다. 소리는 소리일 뿐이고 하나의 공명하는 파동만이 있을 뿐이다. 그래서 '소리=기(氣)'이고 둘은 하나인 것이다. 서양문명의 이성주의와 이원론, 그리고 동양의 주리적(主理的) 사고를 극복하기 위해서는 '기철학'과 '소리의 철학'이 필요하다.

서양에는 실은 동양의 '마음'이라는 말이 없다. 독일어의 'geist'와 프랑스어의 'esprit'는 '정신'으로 번역되며, 마음이 아니다. 영어의 'mind'도 마음으로 번역되기는 하지만 동양의 '마음'이 아니다. 프랑스어에서 'coeur'를 심장을 나타내는 말로 차라리 '마음'으로 변역될 만하다. 이는 동양의 마음(心)이 심장과 관련이 있는 것이고 보면 상통하는 바가 있다. 기독교에서는 'spirit'를 '성령'이라고 한다.

서양의 현상학이 성공한 것은 바로 '몸'의 발견에 있다. 마르셀의 구체철학, 메를로-퐁티의 '몸'철학은 그 좋은 예이다. 현상학의 나머지 영역, 예컨대 의미대상, 초월성, 기호의 발견은 종래 물리적 시공간에서 벌어지는 과학, 종교, 언어가 의식에서 어떻게 구성되는지, 그 발생학을 밝힌 것에 불과하다.

서양의 몸철학은 서양철학으로 하여금 동양의 마음으로 통하는 교량역할을 하였다. 특히 메를로-퐁티의 '살'은 바로 몸이 물질이 아니며 마음이라는 것을 말해준다. 서양철학은 이제껏 정신과 물질을 찾았다. 오늘날 서양과학은 유물론의 바통을 받아 실질적으로 물질로서의 정신을 증명하려고 노력하고 있다. 유물론은 사회과학적으로는 실패하였지만, 자연과학적으로는 아직 진행되고 있는 셈이다.

오늘날 과학철학은 철학이 과학의 시녀노릇을 하면서 과학을 인문학적으로 해석하고 뒷받침하고 있다고 보고 있다. 과연 철학은 과학의 시녀로서 그 삶을 마쳐야 하는 것인가? 정신과 물질의 이분법으로는 철학이 과학을 어찌 할 도리가 없다. 그러나 철학이 마음과 몸을 되찾을 때에 과학을 다시 앞설 수 있을 것이다. 과학이 아무리 발전하여도 설명하지 못하는 세계가 있고, 그 세계는 바로 마음(心)·몸(物)의 세계이다.

철학은 더 이상 보편성, 형상, 원리나 법칙을 찾는 보물찾기가 아니다. 철학은 이제 도리어 우주를 구성하고 있는 일반성, 질료, 사물에 귀를 기울여야 하고, 사물을 대상으로 이용하려고 하는 인간중심의 목적론이 되어서는 안 된다. 이제 철학은 개념의 구성이 아니라 존재일반, 존재 그 자체, 물(物), 그리고 삶 그 자체에 도달하여야 한다.[10]

구성되지 않은 자연의 생성은 해체될 수 없다. 구성된 것만이 해체될 수 있다. 구성된 것만이 실체가 있고, 실체가 있는 것만이 해체될 수 있다. 구성되지 않는 생성은 그냥 자연적 존재로서 실재이다. 이분법의 동일성을 비롯해서 보편성을 추구하는 모든 것은 현상학적인 차원에 속하는 것이고, 따라서 실체가 있는 것이고, 구성된 것이다. 보편성과 동일성에서 제외된 것만이 자연이고, 일반성이다. 일반성의 철학은 자연으로 돌아갈 것을 환기시키는, 도법자연(道法自然)으로 돌아갈 것을 촉구하는 현대판 철학이며 도학(道學)이다.

일반성의 철학이라는 관점에서 보면 만물은 이미 평등하고, 이미 자족하고, 이미 행복하다. 이것이 고집멸도(苦集滅道)의 수련이 없이도 부처에 도달하는 방법이고, 해탈열반에 도달하는 길이다. 이를 두고 만물에 불성(佛性)이 있다고 말한다. 오히려 만물에 불성이 있는 것이 아니라 만물은 이미 부처이다.

만물은 구성되어 있지 않고 서로 연관되어(correlative) 있다. 이를 불교에서는 이미 연기(緣起)되어있다고 말한다. 이를 다시 후대에 제자들에 의해, 혹은 인간의 자아의식과 설명에 의해 초자아적 구성철학으로 바뀐 것이 오늘날 불교라는 종파적 종교이다. 그러한 점에서 불교마저도

---

10) 박정진, 『철학의 선물, 선물의 철학』(소나무, 2004)을 참조하면 보다 상세한 진술이 있다.

없어지는 것이, 종교가 없어지는 것이 바로 불교가 추구하는 무상평등(無上平等), 무상정등각(無上正等覺)의 세계가 아닐까? 초자아적 의미의 부처도 없다. "살을 사는 것이 사람의 삶이다."(박정진)

결국 철학은 반(反)철학이 될 수밖에 없고, 종교는 반(反)종교가 될 수밖에 없다. 철학은 '삶을 유지하기 위한 말의 체계'이다. 시공간의 차이에 따라 저마다의 철학이 다른 것은 저마다의 삶이 다르기 때문이다. 철학이 있기 전에 삶이 먼저 있었다. 삶은 무의식적이고 본능적이다. 인간은 여전히 자연이고 본능이다. 자연의 일부로서 이성이, 자연의 일부로서 본성이 있는 것이다. 이것을 서양에서는 이성(理性)이라고 말하고, 동양에서는 성리(性理)라고 말해 온 것이다.

따라서 철학은 삶을 후차적으로 정리하면서 삶에 피드백(feedback)으로 영향을 주는 것이다. 그런데 그동안의 철학은 삶을 선험적으로, 초월적으로 정리하는 의식적이고 이성적인(도덕적인) 작업이었다.

인간은 '생각하기 때문에 사는' 존재가 아니고 '살기 때문에 생각하는' 존재인 것이다. 그런데 생각하는 동물인 인간은 삶과 생각을 서로 피드백하면서 살아간다. 후기 근대의 해체철학이라는 것은 바로 삶에 더 비중을 두는 철학적 선회이다.

철학은 이제 인간의 삶을 관리·감독하는 것이 아니고, 삶의 본능과 본성을 관망·해석하는 것이다. 만약 철학이 인간에 대한 관리감독을 강화하는 쪽으로 발전한다면 소수지배자 혹은 소수창조자를 제외하고는 모두 노예로 전락할 수밖에 없다. 다수는 언제나 어리석거나 역사에 끌려가는 쪽이기 때문이다. 그렇기 때문에 인간은 마음의 혁명을 달성하지 않으면 안 된다. 그 마음혁명이란 바로 관음(觀音)이다. 세계를 눈으로 파악하고 소유하는 것이 아니라 소리로 듣고 흘려보내는 것에 만족할 줄 아는 인류의 탄생이다.

철학은 이제 선악이나 정의와 부정의를 따지는 이데올로기의 논쟁이 아니라 수많은 존재와 그들의 삶을 이해하는 것이 되어야 한다. 그래서 모든 존재는 공동존재임을 깨닫고, 함께 살아가는 공동체임을 인간 스스로 철저하게 인식해야 하는 것이다. 이것은 이타적(利他的) 존재로서의 인간을 발견하는 일이다. 철학은 이제 어떤 중심주의가 아니라 삶의 이런 저런 소리를 서로 듣는 것일 수밖에 없다. 철학은 보편성의 시대에서 일반성의 시대로 선회하고 있다.

그동안 이성중심주의 철학은 보편성 속에 일반성을 넣어버렸고, 마치 일반성을 매개(媒介)변수처럼 사용하였다. 이는 철학의 전체주의라고 말할 수 있다. 철학의 전체주의는 삶의 전체성(totality, wholism)을 무시하고, 도리어 삶을 경직되게 하고 획일화하는 데에 기여하였다. 삶은 본능적으로 가장 활발하게 교류하고 교차하게 되어있는데 철학과 도덕과 제도는 인간의 삶을 자신의 뜻에 맞도록 칸막이에 넣어서 삶을 차단하였다고 말할 수 있다.

그런 점에서 인간은 '도덕적 삶'이 아니라 '축제적 삶'으로 돌아가야 한다. 물론 그동안 인간의 삶이 축제를 잊어버린 것은 아니다. 자연으로부터 발생한 본능적이고 축제적인 삶은 언제나 자신을 달성하고야 마는 성질을 가지고 있다. 축제적이고 재미있는 삶을 영위하기 위한 철학적 뒷받침이 필요한 시점이다.

〈몸에 대한 동서철학의 차이〉

서양철학	동양철학	한국철학	몸 (살)
추상화 · 개념화	심물일체(心物一體)	몸 · 마음일체	
정신/육체: 주체/대상	심(心)	마음	
물(物, physis)	물(物)	몸	

서양철학사에서 정신과 대립되는 육체, 주체와 대립되는 대상이 아닌

물(物, physis), 혹은 물 자체에 대한 관심은 스피노자, 니체, 프로이트, 베르그송, 하이데거로 이어진다.

베르그송은 생명의 창조적 진화를 주장한다. 또 지성과 직관을 구분하고, 직관에 기초를 둔 형이상학(形而上學)이 지속·생성(生成)·진화를 파악하여 그것으로써 과학을 보완해야 한다고 주장한다. 또 사회는 폐쇄된 사회와 개방된 사회 2가지가 있는데, 개방된 사회를 지향해야 한다고 역설한다.

베르그송은 정신주의, 혹은 신비적 정신주의 계열에 속하면서도 정신의 대칭관계에 있는 물질을 대립적으로 파악하지 않고 생명과 물질의 숨바꼭질로 봄으로써 생명의 불꽃같은 비약을 설명하였다.

"불꽃은 그 중심부에서 폭발하여 공기 중으로 산개(散開)하고 있다. 불꽃이 어디로 어느 방향으로 치솟게 될지 아무도 미리 예측하지 못한다. 그 불꽃이 용출될 때, 지구의 중력과 공기저항 등에 따라 튀어오르는 방향이 달라질 수 있다. 바로 이 중력과 공기저항이 곧 자연계에 있어서 생명에 대한 물질의 저항과 같다. 생명은 비약을 원하나 물질이 그 비약을 밑으로 잡아당긴다. 그렇게 보면 자연계는 생명과 물질의 숨바꼭질과 같은 놀이의 생기는 지대다. 그러나 식물, 동물, 인간이 자연계에서 탄생하였다는 것은 생명이 물질의 방해와 저항을 뚫고 무기력의 상자 속에 갇히기를 거부한 것의 결과이다. 물론 생명의 각 영역마다 특성상의 차이는 있다. (중략) 생성의 끝없는 흐름 안에서 의식과 자연이 생명이 서로서로 손을 잡고 있다. 생명을 통하여 의식은 자연세계에까지 연장되고 있고, 생명은 인간의 정신세계에까지 들어와 있다. 의식과 생명 사이에는 이질적인 장벽이 존재하지 않는다."[11]

베르그송의 장점은 '정신과 물질' 사이에 '의식과 생명'이 존재하고 있음을 상기시킨 점이다. 그 후 의식의 철학인 현상학이 전개되고, 동시에

---

11) 김형효, 『베르그송의 철학』, 1991, 18~19쪽, 민음사.

정신과 물질의 이분법에서 벗어나는 무의식의 철학인 존재론 철학이나 해체론의 철학이 등장할 공간을 마련하였다고 할 수 있다.

프로이트도 직접적으로 해체철학에 공헌한 것은 아니지만 의식 대신에 무의식을 주창함으로써 의식적 차원에서 논의되던 철학적 담론을 무의식과 욕망의 차원인 심층으로 들어가게 한 공로가 있다. 프로이트는 꿈을 무의식에 은폐된 소원성취라고 해석한다.

후설의 현상학과 프로이트의 무의식의 세례를 받은 라캉은 무의식을 언어로 환원시킬 수 있다고 주장한다. 결국 라캉에게 있어 욕망은 언어이다. 말(언어)은 허공(백지)에 던지는(그리는) 페니스인 셈이다. 모든 비어있는 것(자연)은 버저이너(vagina)이고, 그것을 채우는 것은 페니스(남성)인 것이다. 데리다의 에크뤼튀르도 결국 같은 현상학적 레벨로서 단지 이성중심의 철학을 해체의 시각에서 바라볼 뿐이다. 그렇다고 이성중심을 완전히 벗어난 것은 아니다.

원시미개인들은 자신의 몸에 '보디페인팅(body painting)'을 한다. 이는 자신의 표현의 욕구를 몸에 실현하는 셈이다. 자신의 몸을 마치 그림의 바탕(素) 혹은 캔버스·백지처럼 생각하는 것이다. 마찬가지로 남자는 여자를 그러한 백지처럼 생각하는 경향이 있다.

남자들이 여자의 몸에 정충(씨)을 뿌리는 성적(생리적) 행위는 심리적으로 마치 여자의 몸에 글씨를 쓰는 것과 같으며, 그러한 행위는 소위 문명이라고 말하는—사회적 공간에서 제도를 만들고, 물리적 시공간에서 과학을 형성하는 것으로 은유된다. 결국 남자들의 여자들에 대한 관음증(觀淫症)과 과학은 불가분의 관계에 있다.

여자의 자궁(구멍)은 자식을 낳고, 남자들은 폭발하는 인구를 부양하기 위해서 전쟁도 불사하고 산업을 발달시키고 과학을 발달시켜서 오늘날 우주를 정복하기에 이른 셈이다. 관음증은 결국 천문학과 입자물리학이라는 거시미시물리학을 형성하기에 이른다. 아마도 인구증가라는 동인이 없었으면 인류의 문화는 오늘날처럼 거대한 외연(extension)을 형성하지 않았을 가능성이 높다. 성경의 낙원추방(Expelled From Paradise)은 결국 외연을 넓힌 것이다.

서양철학은 매우 가부장적 철학을 구사하고 있는 셈이다. 이는 어쩌면 인도유럽어 문명권 전체의 문제이기도 하다. 인도유럽어 문명권 속에서 불교는 기독교와는 다른 대척점에 있기는 하지만 초월성이나 절대성에서 완전히 제외되는 것은 아니다. 불교는 기독교에 비해서는 가부장적 요소가 덜할 뿐만 아니라 어떤 점에서는 모성적 요소를 매우 강조하는 편이지만 이는 음양사상을 위주로 하는 한자문명권과 비교하면 여전히 가부장적이다.

기독교와 불교의 큰 맹점은 바로 몸에 대한 부정적인 생각이다. 그러한 점에서 기독교와 불교는 인류에게 베풀어준 다른 많은 종교적 기여와 교리적 장점에도 불구하고 몸에 대한 부정적인 생각을 퍼뜨린 이데올로기로서의 단점이 있다. 이들에 의해서 몸은 얼마나 큰 상처와 모독과 오해를 받았던가. 두 종교의 결정적 결함도 바로 몸에 대한 잘못된 생각에 그 근본적인 병인이 있다.

인간이 여인(여성)의 몸으로부터 태어나는 것이 무슨 잘못인가. 이것보다 인간으로 하여금 스스로가 자연의 산물임을 깨닫게 하는 사건은 없는 것이다. 여성에게 태어남은 실은 기독교의 천지창조보다 훨씬 위대한 천지개벽의 사건이고, 진실한 사건이고, 그 태어남은 바로 우주적 빅뱅과 블랙홀의 현존적(현재적이 아니다) 사건이다. 이때 현존적이라 함은 자연과 조금의 간격과 차이도 없는 자연 그 자체의 사건 '존재적 사건'이라는 뜻이다.

불교는 이 사건, 인간의 탄생을 고(苦)의 시작으로 보았고, 기독교는 여인의 몸으로 태어남을 모독하기 위해서 무염수태(無染受胎)를 주장했다. 이 얼마나 남성들의 위선과 거짓이 한꺼번에 저장된 이데올로기의 초월적 산물인가! 생멸(生滅)을 당연한 것이고, 여자가 남자를 만나서 아이를 낳는 것은 만고의 진리이다. 이는 불교와 기독교가 태어나기 이전에 일어난 인류의 일상이고, 인간으로 하여금 인간이게 하는 사건이다.

이것 말고 진리가 어디에 있고, 길이 어디에 있고, 생명이 어디에 있고, 빛이 어디에 있다는 말인가. 이것 이전에 무엇이 있다는 말인가. 불교는 진리라는 말보다 진여(眞如)라는 말을 씀으로써 진정한 진리가 어디에 있는가를 은유적·암시적으로 표명하고 있기는 하다. 진여란 진리(眞理)의 이(理)가 아니라 '~ 같은(然)'의 의미인 여(如)자를 진(眞)자의 앞에 두고 있고, 실지로 여(如)자는 또한 계집 여(女)자와 구멍 구(口)자의 합성어이다. 진여의 상징을 종합적으로 말하면 진리란 여성성에 도달하기 위해서 가부좌를 틀고 있는 인간(남성)에 지나지 않는 것이다.

가부장제의 시작과 더불어 여성은 몸을 재생산하는 어둠의 대명사가 되고, 남성은 빛이 되고 진리의 담당자가 되었다. 인간의 초월의식은 바로 가부장제의 의식적 반영의 결과이다. 그와 더불어 인간의 몸은 천시되었고, 어둠의 대명사가 되었고, 여성은 음란한 동물이 되었다. 이는 모두 아이를 낳지 못하는 남성의 여성에 대한 콤플렉스의 반영이고, 자기 투사인 것이다.

가부장제와 더불어 여성은 아이를 재생산하는 공장으로서의 의미가 있고, 남성은 이를 대신하여 아이 대신에 인간의 몸의 밖에서 다른 생산을 하는 것(공장생산)을 최고의 가치(가격)로 매기면서 가부장제의 연장인 국가와 이를 뒷받침하는 고등종교와 정의와 도덕이라는 깃발을 앞장세워서 세계를 정복과 지배의 제물(대상)로 삼았던 것이다.

여기에 전 지구적으로 유행한 하늘(天)사상은 가부장제의 형성에 지대한 공헌을 하였다. 하늘을 흔히 자연을 대신하는 용어로 자리매김하면서 권력을 행사하기 시작하였고, 그 권력은 전제주의를 넘어서 때때로 전체주의의 광풍을 퍼뜨렸던 것이다. 전체주의란 가부장제의 거짓과 위선에 대한 자연의 보복인 것이다.

우주(자연)의 전체성은 은유적으로 달성될 수밖에 없다. 은유는 단지 말이 그렇기 되는 것이고, 흘러가는 것이고, 결코 그 전체성을 소유하거나 정지시키지 않고 노래하기 때문이다. 이에 반해 전체주의는 전체성을 환유적으로(역사적으로) 실현하려는 것이기 때문에 항상 실패로 끝난다. 환유는 이미 존재에 대한 소유이고, 소유는 전체성을 깨뜨리기 때문이다.

전체주의란 가부장제에 의해 등장한 절대주의(의식)가 자연의 모성성(무의식)에 대한 향수를 잊지 못해 간헐적으로 발광하는 인간의 무차별적 정치적 테러인 것이다. 그런데 이 전체주의는 항상 이상주의, 혹은 낭만적 이상주의의 천사를 표방하다가 급기야는 그 악마성을 드러내는 것이다. 기독교 성경은 천사가 악마가 되는 구조로 되어 있다. 이 말은 현상학적으로 보면 악마가 천사가 될 수도 있다는 가역성과 이중성을 드러낸다. 마르크시즘이야말로 역사적으로 실천된, 천사가 악마가 된 구조이다.[12]

이 모두 인간의 몸과 구체성(생명성)에 대한 정신과 추상성의 폭력인 것이다. 인간은 자연적 존재이면서 동시에 제도적 존재자이다. 제도라는 것은 필요한 것이지만, 그 필요가 존재 자체를 위협할 때는 인간은 속수무책인 것이다. 그래서 필요는 위험한 필요인 것이다. 몸과 구체성에 대한 폭력은 남성의 여성에 대한 철학적·형이상학적 폭력인 것이다.

정신(마음의 변형)을 형이상학이라고 하고, 물질과 육체(몸의 변형)를 형이하학으로 한 것 자체가 이미 잘못된 철학적 분류인 것이다. 몸은 형이하학적 존재가 아니다. 몸이야말로 존재의 진면목으로서 세계의 현존이고, 시공간을 초월한(시공간의 틀에 매이지 않은) 존재로서 세계적 물

---

12) 마르크시즘을 기초로 한 공산사회주의는 "천사의 얼굴을 한 악마" "처음엔 천사였다가 나중에 악마"가 되는 것이고, 자유를 기초로 한 자유자본주의는 "악마의 얼굴을 한 천사" "처음엔 악마였다가 나중에 천사"가 되는 것이라고 말하기도 한다.

(物)에 관여(關與)하는 주인이며 매개이다. 몸이 없는 세계에의 관여(關與)란 없는 것이다.

가부장제, 남성의 초월의식이란 바로 인간의 몸을 떠난 의식화이며, 자연이 아니다. 전반적으로 초월의식이란 인간의 의식이 무의식의 전체성과 만나면서, 그 전체성에 이름을 붙이면서 비롯되는 허상이며 허명이다. 그것은 위선(僞善)과 인위(人爲)와 위(僞)의 극치이며, '너무도 인간적인 인간적인'(니체의 말) 권력의 의지의 출발이다. 그러한 점에서 미래의 철학은 인간의 몸으로, 여성으로 돌아가야 한다. 그곳에 인간의 평화와 평등과 자유와 사랑이 있다.

3. 새로운 정신으로서의 신체적 존재론

신체적 존재론은 신체적 존재를 회복하지 않으면 인간이 기계가 되고야말 것이라는 불안, 스스로 기계의 숭배자가 되는 것을 마다하지 않을 것이라는 불안에서 비롯되었다. 이러한 존재에 대한 근본적인 불안은 죽음에 대한 실존적 불안에 못지않은 불안이다. 그렇긴 하지만 신체적 존재론이 본래존재로서의 인간의 존엄과 의미를 주장하는 것에 그치고, 신체의 생성적 의미와 함께 역사의 단계마다에서 새로운 역사적 생산에 참여하지 못한다면 해체론과 다를 바 없는 것이 된다.

따라서 신체적 존재론은 시대정신에 부응하면서 존재로부터 신체의 새로운 개념과 정신을 만들어내지 않으면 안 된다. 이것이 신체적 존재론의 역설적인 의미이다. 존재로부터 떠오른(솟아오른) 개념은 시작(beginning)과 끝(ending)의 성격이 아니라 새로운 기원(origin)을 의미한다. 새로운 기원은 기존의 것을 판단중지(epoché)하는 것을 통해 신기원(epoch)을 수립하는 것이다.

이러한 신기원은 존재의 밑바닥에 도달한 자가 떠올리는 내재적 초월, 혹은 끊임없이 초월을 향해 지향을 감행한 초월적 내재에 맞닿아있는 것이다. 이때의 초월과 내재는 '천지(天地)의 순환적인 것'이면서도 동시에 '역사의 영원한 타자(object)'일 수도 있다. 이것은 집단존재의 역사적인 (시간적인) 것인 동시에 개인존재의 역사운명적인 것일 수도 있다.

이때의 개인은 집단을 위한 희생이 될 수도 있다. 인류의 성인(聖人)들은 그 좋은 예이다. 인간의 만물의 영장으로서의 영장성은 바로 성인을 탄생시키고, 그 성인을 희생물로 하늘의 제단에 바침으로써 보다 많은 집단과 국가의 생존을 보장받는 의식(儀式)을 행한다는 점에서 발견된다. 그렇기 때문에 성인의 탄생을 무시하거나 그것에 대해 무지하면 개인이든, 집단이든 망할 수밖에 없다. 성인들은 신체를 타고 나면서도 그것을 육체로 한정짓지 않는(육체에 갇히지 않는) 신체적 존재론의 산 증인이다.

신기원은 매우 성스러운 것이다. 기독교의 천지창조야말로 신기원의 가장 대표적인 것이다. 인류는 그런 신기원을 발견했기 때문에 집단의 역사에서, 혹은 개인의 존재사에서 작은 시작과 끝을 연출하는 드라마를 계속해서 쓰고 있다고 할 수 있다. 그런 점에서 인간 각자는 작은 신이 되어 일생이라는 각자의 시작과 끝을 쓰고 있다. 그것이 바로 보통사람들의 삶의 드라마이다.

오늘날 신체와 관련한 성스러운 개념과 정신은 신체가 어떻게 인류의 평화에 기여할 것인가를 둘러싼 것일 가능성이 높다. 이에 대한 구체적인 방안으로는 전쟁무예에서 출발한 스포츠와 무예가 어떻게 인류의 평화에 기여할 것인가가 초미의 관심으로 떠오르고 있다. 평화에의 관심이 높아진다는 것은 역으로 공포의 전쟁(핵전쟁)의 분위기가 우리를 둘러싸고 있는 것의 반증이다. 왜 그런 기분이 드는 것일까. 그것은 아직도 살아남은, 존재의 저 깊은 곳에 감추어진 생존의 본능일까.

신체적 존재론의 인류평화에의 기여는 보편성의 철학 대(對) 일반성의 철학, 개념철학 대 구체철학, 남성철학 대 여성철학, 과학철학 대 생태철학 등 철학의 다양한 이원대립항들이 전쟁(경쟁) 대신에 평화(공존)를 중심으로 새롭게 정리되어야 함을 뜻한다. 이는 과학기술무기의 발달로 인해 인류가 이제 더 이상 패권경쟁을 하면 공멸할 수도 있다는 절체절명의 위기의식, 즉 인류멸종을 지연시킨다는 의미맥락상에 위치한다. 다시 말하면 이것이 오늘날 철학의 시대정신이다.

오늘날 스포츠나 무예의 기본정신은 상대(적)를 완전히 절멸시켜서 죽게 만드는 것이 아니다. 스포츠나 무예는 일종의 '게임과 놀이'로서, 혹은 '신체의 예술'로서 받아들이지 않으면 안 된다. 건강한 신체에 건강한 정신이 깃든다는 의미와 함께 인간의 신체를 존재론적으로 인정함으로써 인간의 존엄을 회복하는 한편 생존경쟁과 권력경쟁으로 증대된 인간의 투쟁본능을 무마시키고 세련되게 하는 것을 통해 공존과 평화를 증진시키기 위함이다. 오늘날 스포츠와 무예는 일종의 '평화의 의례'로서 자리매김 되어야 한다. 올림픽과 월드컵은 이미 대표적인 성공사례이다(무예올림픽이 필요한 이유가 여기에 있다).

지금까지 철학이 인간과 만물의 '신체의 존재성'에 도달하지 못한 까닭은 인간이 신체적 존재로서 스스로 내관(內觀)할 수 없었고, 객관이라는 미명하에 자기기만에 빠져버렸기 때문이다. 인간현존재는 존재를 파악하는 과정에서 인간중심을 벗어날 수 없었으며, 인간의 존재에 대한 실체적 이해는 객관적인 세계로서의 물질과 기계, 즉 유물론과 과학기술의 세계로 확장되었을 뿐, 존재 자체에 대해서는 도리어 문외한이 되었고, 그것으로부터 소외되었을 뿐이다. 서양철학은 생성에 관한 한 구제불능이다.

신체적 존재론이 몸을 주장하면서 마음, 즉 새로운 정신을 만들어내지 못한다면 역사적으로 아무런 소용이 없게 된다. 종래에 정신과 육체를 나누는 태도와 방식으로 신체적 존재론을 생각한다면 육체만이 존재라는 어처구니없는 일에 빠지게 된다. 신체적 존재론은 새로운 정신을 창달함으로써 역사적 의무를 다하게 된다.

여기서 새로운 정신은 '마음의 혁명'을 의미한다. 몸과 마음은 본래 분리될 수 없는 것인데도 오늘날 현대인은 서양의 심신이원론(心身二元論)과 세계에 대한 이분법적인 인식태도로 인해 심신을 분리해왔다. 심신이원론을 벗어나서 말하면 몸의 변화는 마음의 변화를 의미하고, 마음의 변화는 몸의 변화를 의미한다. 따라서 새로운 정신은 몸 전체를 참여시키는 가운데 형성된 덕성을 의미한다. 몸 전체와 분리된 지식과 지성은 체화(소화)되지 않는 가상존재일 뿐이다.

신체적 존재론은 무엇보다도 심신일원론(心身一元論)의 태도에서 출발하지만, 새로운 시대정신과 마음의 중심을 개개인이 온전하게 형성하게 함으로써 시대에 적합한 새로운 인간으로 거듭날 것을 지향한다. 그런 점에서 신체적 존재론은 종래의 역사적인 실천이나 현상학적인 삶을 무시하거나 배제하는 것은 아니다.

인간은 누구나 자신이 발을 디디고 있는 땅과 그 땅에서 전개된 역사와 현실을 무시할 수 없다. 이성과 지식과 개인의 이익에만 몰두하고 있는 현대인에게 신과 신화와 공존을 환기시키는 것이야말로 구원이 되고, 치유가 될 수 있다. 인간은 기술이 발달할수록 반대로 신화와 함께 상징적 삶을 회복할 것을 필요로 한다. 신화와 상징과 신바람과 정령(spirit)이 없는 삶을 얼마나 삭막할 것인가. 삶의 도처에서 이용과 이익만을 찾고 의리와 겸손을 찾지 않는다면 삶을 머지않아 지옥이 될 것이다.

인류의 문명은 너무 오래 동안 지(知)-덕(德)-체(體)와 진(眞)-선(善)-미(美)를 모토로 삶을 영위해왔다. 그리스를 비롯해서 인류의 모든 문화가 보편적인 이상으로서 이 덕목을 채택해왔다. 만약 지덕체나 진선미가 우선순위로 받아들인다면 지(知)와 진(眞)은 나머지 것을 지배하게 된다. 인류의 문명은 그동안 너무 지배의 논리에 의해 움직인 것 같다. 지식사회인 현대는 신체에 가깝거나 신체에 속하는 것을 무시하거나 생략하려는 경향이 있다.

인간의 신체 속에 머리가 있듯이 이 문제도 체-덕-지, 미-선-진으로 역전시켜볼 필요가 있다. 이것이 바로 존재론적인 방식이고, 신체적 존재론의 방식이다. 구체적인 데서 추상적인 것으로, 신체적인 것에서 정신적인 것으로 나아가는 것이 존재론적 기반 위에서 역사적 목표를 달성하는 방식이다. 인간은 신체와 언어에 의해 문화를 계승시키는 존재이다.

신체는 존재이고 언어는 문화이다. 우리는 신체 없는 자신을 생각할 수 없다. 신체의 기반 위해서 언어도 성립되는 곳이다. 그런 점에서 언어는 본래존재가 아니다. 신체에서 문화를 바라보는 것은 매우 발생학적인-존재론적인 접근이라고 할 수 있다.

신체적 존재론에 충실한 삶의 모습을 예로 들어보자.

신체적 존재론의 삶은 첫째, 항상 자신의 몸 전체로 살아간다는 삶의 태도를 가져야 한다. 내 몸은 자연이기 때문이다. 자연은 내 몸(신체)의 연장일 뿐만 아니라 도리어 내 몸의 바탕이 되는 바탕존재(본래존재)다. 그런 점에서 자연은 내 몸과 떨어지래야 떨어질 수 없는 일심동체이다.

둘째, 자신이 처한 '지금 여기'가 내 존재의 자리라는 것을 인식함으로써 자신의 운명을 사랑하는 '운명애의 사람'이 되어야 한다. 존재는 본래 자신(개인)이 창조한 것이 아니라 천지부모(天地父母)로부터 선물(은혜)를 받은 것이기 때문이다. '지금, 여기'가 태초이고 종말이라는 실존적 삶의 태도가 필요하다.

셋째, 신바람 나는 삶을 살아야 한다. 신바람이 나려면 세상을 긍정하고, 세상을 믿고, 세상에 적극적으로 도전해야 한다. 신바람이 나는 삶은 기쁨의 삶이고, 재미있는 삶이다. 재미있는 삶을 위해서는 자기가 하고 싶은 일을 할 줄 아는 용기를 가져야 한다. 이러한 삶은 설사 고통이 온다고 하더라도 그것을 극복할 힘의 원천을 가지고 있다. 신의 바람(風), 이것이 풍류도이다. 신바람이 성령(기독교)이고, 깨달음(불교)이고, 접신(샤머니즘)이고, 하늘로 돌아감(신선교)이다.

넷째, 신바람을 생활적으로 설명하면 바로 항상 기운이 넘치는 '기운생동의 삶'을 의미한다. 내 삶이 지금 기운생동하면 신이 함께 하는 '신이 살아있는 삶'이다. 신바람 나는 삶을 살기 위해서는 자신이 하고 싶은 일을 하며 살아야 한다. 그렇지 못하면 '신이 죽어버린 삶'이다.

다섯째, 기운생동하는 삶은 바로 건강한 신체에 건강한 정신을 가진 삶이다. 오늘날 휘트니스(fitness) 운동은 특정운동에 최적화된 몸을 만들기 위한 것에 그치는 것이 아니라 심신일체, 문무겸전, 문무균형의 인간을 형성하기 위한 수신(修身)체계가 되어야 한다. 뷰티(beauty)와 휘트니스(fitness)의 합성어인 뷰티니스(beautiness)는 미래의 모습이다.

여섯째, 하루하루의 삶을 예술작품을 하는 태도로 만나야 한다. 삶을 예술한다는 기분과 생각으로 살아야 한다. 말하자면 내 삶은 최종적으로 나의 예술작품인 셈이다. 예술하는 마음은 존재의 비밀스런 장소로 들어가는 의식(儀式)이라고 말할 수 있다. 예술은 모든 사람의 취미(趣味)가 되어야 한다.

일곱째, 세계(세상)가 내 앞에 펼쳐져 있지만, 결국 나는 세계를 내 안의 삶으로 전환시키고, 보듬지 않으면 안 된다. 이것을 철학적으로 세계-내-존재를 자기-내-존재로 만드는 삶이라고 한다. 여기에 이르면 내가 세계이고, 세계가 내가 된다.

여덟째, 죽음을 두려워하지 않게 되어야 한다. 죽음에 임해서도 후회하지 않을 수 있는 삶을 살아야 한다. 삶은 본래 생멸의 연속에 불과하며, 생멸의 과정의 한 점이 바로 죽음이다. 종교적 믿음이나 깨달음이라는 것도 생멸에 대한 인간의 태도이다.

아홉째, 노래하고 춤추고 기도하는 삶이야말로 신체적 존재론의 총화이며, 총체적 인간상이다. 어린아이의 마음이야말로 자유자재의 해탈한 마음이다.

이상을 간추려 보면 신체적 존재론의 삶은 다음과 같다. 먼저 종교적으로는 성령이 충만한 삶이다. 신체적으로는 기운이 생동하는 삶이다. 기분으로는 신바람이 나는 삶이다. 생활로는 기쁨과 만족과 행복으로 가득 찬 삶이다. 시간적으로는 현재(지금, 여기)에 매진하는 삶이다. 철학적으로는 부정의 철학보다는 긍정의 철학을 선호하는 삶이다. 결국 자신의 운명을 사랑하는 삶이다. 종합적으로는 생활이 예술인 삶이다.

인류의 삶을 관통해서 크게 보면, 종교에서 예술과 학문을 하던 시기가 있었고, 학문에서 종교와 예술을 찾던 시기가 있었다면, 미래는 예술에서 종교와 학문을 찾는 시기라고 말할 수 있다.

새로운 정신으로서의 마음의 혁명은 '낮은 데로 임하는 사랑의 정신'("네 이웃을 네 몸과 같이 사랑하라")과 '상구보리(上求菩提) 하화중생(下化衆生)의 자비의 마음'이다. 결국 예수부처, 부처예수의 마음이다. 예수부처, 부처예수의 마음은 공자의 수신평천하(修身平天下)의 마음과 다르지 않다. 필자는 이러한 새로운 시대정신을 자신(自身), 자신(自信), 자신(自新), 자신(自神)으로 요약한 적이 있다.

신체적 존재론을 통해 인간의 존재론적 존엄성을 유지하는 것은 우리 시대의 책무(mission)이다. 필자가 신체적 존재론을 주장한 것은 『심정평화 효정평화』(2018년)를 쓸 무렵이다. 무엇보다도 신체를 육체(물질)로 비하하는 것을 극복하기 위해서였고, 일반적인 존재의 세계를 보편화·추상화해서 과학기술의 세계로 환원시켜서 보는 타성을 벗어나기 위해서였다. 말하자면 인간의 심정세계를 회복하고자 하는 열망에서 비롯되었다.

심정은 이성과 지성에 반대되는 개념이면서 동시에 그것을 넘어서는 개념이다. 심정은 어쩌면 세계에 대한 감정적·정서적 혹은 직관적 접근의 개념이기도 하다. 이는 마치 시간과 공간이 감성적 직관의 산물인 것과 같다. 인간이면 누구나 심정을 갖기 마련이다.

4. 살, 삶, 사람, 사랑, 샤르만, 샤먼, 슈라마나

앞장에서 메를로-퐁티의 신체적 현상학으로서 '몸'철학을 요약해서 살펴보았다.[13] 특히 '살'(la chair)에 대한 그의 견해는 탁월한 측면이 있다. 그는 특히 지각과정에서 대상에 대한 인식행위를 하는 인간의 신체(몸)의 매개성, 이중성, 가역성, 그리고 이러한 성질의 중간과정이 일어나는 형태론적 장(場)의 역동성에 대한 그의 견해는 비록 신체에 대한 존재론적 탐구에는 미치지 못하였지만 적어도 현상학의 차원에서는 거의 완벽에 가깝다고 말할 수 있다.

메를로-퐁티는 '몸(신체)'이라는 주제를 가지고 현상학과 존재론의 경계에 있었던 인물이다. 여기서 필자가 특히 주목하는 바는 우리말(한글) '살'에 대한 어원학적인 추적으로 볼 때, '살'이라는 용어는 철학인류학적으로 생각보다 훨씬 중요한 문제제기와 함께 인류문화의 원형을 제시한다는 의미를 가지고 있다는 점이다.

---

13) 박정진, 『신체적 존재론』(살림, 2020), 207~227쪽. 박정진, 「가브리엘 마르셀과 메를로-퐁티의 '몸'철학」(가톨릭 생명윤리연구소 주최 제 10회 정기학술대회, 주제: 몸의 생명현상과 사회·윤리적 성찰, 2014년 3월 15일, 가톨릭대학교 성의교정 성의회관) 참조.

우리말 '살'이라는 발음은 매우 의미심장하다. 한국 사람들은 흔히 일상적으로 살아가는 것을 '삶'이라고 한다. '삶'이라는 말은 '살아가는 행위(사건)'에 대한 명사형이다. '삶'이라는 말을 풀어보면 살을 사는 것이 삶'이라는 의미가 내재해 있음을 알게 된다. 그렇다면 '사람'이라는 말은 또 무엇인가. '삶'을 음절단위로 천천히 발음하면 저절로 '사람'(사+라+ㅁ=사+라+ㅁ)이 된다. '살↔삶↔사람'의 가역관계를 알 수 있다.

재미있는 사실은 '사람'이라는 말이 놀랍게도 샤먼(shaman)의 원형인 '샤르만(sharman)'과 발음이 비슷하다. 샤르만은 인도티베트 지역에서 수도자 혹은 승려를 뜻하는 말이다. 샤먼은 '샤르만'을 유럽학자들이 '샤먼'으로 알아듣고 세계화시킨 말이다. 샤먼과 승려의 어원은 같다. 이에 덧붙여 사문(沙門)으로 음차(音借)된 범어(梵語) 'Śramana=Śram(애쓰다, 노력하다)+ana(작용)'의 발음도 비슷하다. '샤먼' '샤르만' '슈라마나'의 발음은 어원적으로 친연성(親緣性)을 띤다.

이들 이름들은 모두 초월적인 세계와의 소통, 즉 신탁, 신내림, 득도, 자각을 일로 삼고 있는 무당과 사제, 수도자라는 공통점이 있다. 이들의 발음은 또한 한글로 '사람'과 비슷하다. '사람'이라는 말과 샤먼, 샤르만, 슈라마나의 발음이 비슷한 이유는 무엇일까. 한글과 범어는 언어의 발생과정상 어느 지점에선가 한 뿌리였던 것을 주장하는 학자들이 적지 않다.

사람은 어떤 존재인가? 사람은 단순히 목숨을 부지하면서 살아가는 것이 목적이 아니라 초월적인 존재가 될 것을 염원하는 존재이다. 그러기에 사람은 수행이나 수도를 통해 보다 나은 존재가 되기 위해 고행을 마다하지 않는다. 초월적인 존재는 그러한 초월성을 다른 존재에게 투사함으로써 초월적-내재적인 존재가 되는 것을 완성으로 삼는다. 요컨대 신은 바로 초월적-내재적 존재이다.

'사람'이라는 말의 형성과정을 천지인·원방각사상의 관점에서 보면

'살(몸)'의 음운적 구성이 〈살(몸)=ㅅ(△)→ㅅ+ㄹ(운동)〉이 된다. '살'이 땅(□)을 만나면 〈삶(몸)=살+□=사람〉이 된다. 땅에서는 사람이 삶이 된다. 삶이 하늘(○)과 만나면 〈사랑(마음)=사람→사랑(ㅁ→ㅇ)〉이 된다. 결국 사람의 완성, 즉 삶의 완성은 사랑이 된다. 사람은 사랑하기 위해 태어난 존재이다. 사랑은 어떤 대상을 그리고, 그리워하는 행위이다.

천지인·원방각 사상으로 본 '사람'의 삶의 목적(사람-삶-사랑)		
천(天)/원(○)/'·'	인(人)/각(△)/'ㅣ'	지(地)/방(□)/'ㅡ'
사랑=사람 (람→랑: ㅁ→ㅇ)	ㅅ(△)→ㅅ+ㄹ(운동: 생성 변화)	람=라+□
사람→사랑(마음)	살(몸)	살→사람→삶(몸)
삶의 완성은 사랑이다.	살은 사는(사르는) 게 삶이다.	땅에서는 살이 삶이 된다.
사람은 사랑하기 위해 태어난 존재이다. 사랑은 어떤 대상을 그리고, 그리워하는 것이다.		

사람은 다른 동물과 달리 '보이지 않는 세계'를 가상하고 살아가는 특성이 있다. 사람이 '죽은 혼령(귀신)'을 위해 제사를 지내게 된 것은 바로 사후세계를 상상한 때문이다. 혼령을 상상하는 것은 바로 인간이 '자아의 동물'임을 역으로 말해준다. 귀신-신-자아는 동시적으로 일어난 사건일 가능성이 높다. 인류학자의 보고에 따르면 호모 네안데르탈인부터 제사를 지내고 예술활동을 하였다고 한다.

필자는 우리말의 육하원칙으로서 〈알(육체)-얼(정신)-올(시간)-울(공간)-을(대상목적)-일(일하는 사람)〉을 복원한 바 있다.[14] 사람은 살기 위해서 일하는 존재이다. '일'(노동, 놀이)은 육하원칙에 속하는 것으로 먹

---

14) 박정진, 『재미있는 한글철학』(신세림, 2023), 박정진 『재미있는 한글철학』(신세림, 2023) 참조.

고살기(의식주) 위해서 하는 일도 있지만 다른 문화예술 활동을 펼치는 게 인간이다. 어쩌면 '노동하는 인간'보다는 '놀이하는 인간'이 더 인간의 특성에 어울릴지 모른다. 어린아이가 언어를 배우는 것은 실은 일이라기보다는 놀이(언어놀이)에 가깝다. 제사와 축제를 벌이는 인간도 일이라기보다는 '놀이하는 인간'에 가깝다.

인간의 문화를 거슬러 올라가면 우리는 제정일치(祭政一致)사회를 만난다. 제정일치사회는 '제사(종교)와 정치(과학)'가 분리되지 않은 원시 고대의 사회를 말한다. 제사는 오늘날 문화로 확대해석하면 '보이지 않는 세계(神)에 대한 상상과 믿음'과 관련되는 종교가 되고, 정치는 '삶을 살아가는 데 필요한 도구의 발명과 제도'를 마련하는, 폭넓게는 통치와 관련되는 과학이 된다.

제사와 정치의 구조는 인간문화의 심층구조라고 할 수 있다. 제사 속에는 물론 의례(농경목축의례)와 축제(종교의례, 스포츠경기)가 포함되고, 정치 속에는 집단내부의 권력경쟁(권력체계)과 다른 집단과의 전쟁(군사무기와 전쟁기술)을 포함한다. 인간의 삶은 예나 지금이나 제사와 정치를 벗어날 수 없다.

이러한 인류의 문화구조 혹은 문화원형 속에서 인간의 삶의 목적은 무엇일까? '사람'이라는 말은 한국인에겐 당연히 '인간'(Human)을 뜻하는 일상어이다. '사람'과 '사랑'은 '라'자의 받침인 종성 'ㅁ'과 'ㅇ'의 차이이다. 'ㅁ'은 흔히 천지인사상에서 땅을 상징하는 알파벳이다. 예로부터 하늘은 둥근 것(ㅇ) 혹은 점(·)을 의미하고, 땅은 네모진 것(ㅁ) 혹은 수평(ㅡ)을 의미하였다. 사람은 하늘과 땅 사이에 서 있는 존재로 삼각형(△) 혹은 수직(ㅣ)을 의미했다.

'사람'과 '사랑'의 말을 연결시켜 보면 네모진 땅(ㅁ)에 사는 사람(ㅣ)이 둥근 하늘(ㅇ)을 닮아가는 것이 '사랑'이라는 의미가 내재해있음을 느끼게 한다. 여기서 'ㅅ'은 인간(人)을 상징하고, 'ㄹ'은 계속해서 운동하고 돌아가는 것을 상징한다. 이상의 의미를 종합해보면 결국 '사람'은 돌고 돌아가는 유전(流傳)하는 '삶' 속에서 '사랑'을 찾는 존재라는 의미를 읽게 된다.

인간은 내면적으로는 '절대성'을 찾는 '종교적 인간'(Homo Religiosus)인 동시에 외부적으로는 '정치적 인간'(Homo Politicus)이다. 사람은 둘 중에 하나만으로, 즉 종교만으로 혹은 정치만으로는 살 수 없다. 항상 둘 다를 만족시켜야 한다. 그래서 제사와 정치, 종교와 과학은 인간의 삶에서 서로 교차되는 성격, 즉 이중교배, 이중교차의 의미를 가지고 있다. 인간의 원형은 제정일치적 속성을 가지고 있는 샤먼(shaman)이다.

인간의 문화에서 종교가 담당하는 부문을 정치가 할 수 없다. 동시에 정치가 담당하는 부문을 종교가 할 수 없다. 그래서 종교와 정치는 상호보완적 관계를 유지하면서 역할을 잘 수행해야 한다. 종교와 정치는 역동적 균형을 잘 잡으면서 한 사회와 국가를 함께 영위해나가야 함을 깨닫게 된다.

::::..04

데리다의 문자학

(grammatology)

1. 데리다의 문자학과 박정진의 소리철학(phonology)

철학이 나와 너의 문제, 주체와 대상의 문제에서 벗어나는 일은 독일에서는 니체, 하이데거를 비롯한 존재론 철학에 의해, 프랑스에서는 레비스토로스, 데리다를 비롯한 구조주의·해체주의 철학에 의해, 영국에서는 화이트헤드의 과정철학에 의해 이끌어졌다.

아시다시피 데리다는 프랑스의 후기근대 철학을 이끌어온 세계적인 철학자이다. 해체주의 철학은 구조주의 철학이 있기 때문에 발생한 것이라는 점에서 구조주의와 해체주의는 쌍둥이라고도 할 수 있다. 구조가 없으면 해체를 할 수 없기 때문이기도 하지만 구조언어학의 절대적인 이해와 도움을 필요로 하기 때문이다.

다시 말하지만 해체라는 말은 그 이전에 축조(건축)가 있기 때문에 부차적으로 일어날 수 있는 일이다. 그렇기 때문에 처음부터 축조가 없었던 것과는 다르다. 해체는 그렇기 때문에 처음부터 기존의 것을 두고 가타부타하는 것이지, 새로운 철학의 수립과는 다르다. 좀 더 이 말을 진전하면 해체는 다음에 오는 무엇을 위해서 사전 정지작업을 하는 것이기도 하고 예축적(豫祝的) 작업이기도 하다. 해체는 평지(平地)가 아니다.

해체는 평지(대지)의 텅 빈 곳에서 불어오는 바람소리, 자연의 소리를 들으려는 사전 몸짓인지도 모른다. 해체는 그래서 하늘의 영감(靈感)을 기다리는 것이 아니라 대지를 통해서 전해오는 교감, 대지의 네트워킹(networking)을 기다리고 있다. 지하는 더 이상 지옥이 아니라 생명이 움트는 장소이고, 혹은 생명을 위한 지진과 화산이 일어나는 지질과 같고, 그것으로 인해 생성된 동굴을 거느린 화산 동굴계와 같다. 해체는 또한 수평선으로 상징되는 바다의 심연과 같다. 바다는 항상 새로운 생명의 탄생을 위해 파도치고, 해일이 일어나는 곳이다.

해체철학은 결국 주로 기존의 텍스트를 읽는 방식을 택한다. 말하자면 텍스트를 분석하는 것이 된다. 텍스트 분석에는 구조언어학의 절대적인 '도구적 기여'가 한몫하고 있다. 구조언어학은 철학사적으로 간단하게 말하면 시각에 의해서 '주체-대상'의 관점에서 바라보던 사물에 대한 인식을 주체의 부분에 언어를 대입하고, 언어의 '시니피앙(signifiant: 能記: 記表: Sa), 시니피에(signifié: 所記: 記意: Se)'[1]를 자리매김한 것이다.

이러한 전환의 가장 큰 핵심은 바로 사물을 바라보는 데에 있어서 객관성 혹은 실재라는 것에 대해서 근본적으로 회의를 제기하는 방식이다. 이것은 사물을 대상으로 보는 데에 있어서 언어(기호)의 두 가지 관점에 의해서 사물을 보는 것이 된다. 두 가지 관점에서 사물을 보는 것은 우선 이중적이고 애매호모하다. 구조주의는 처음부터 이중성과 애매모호함을 가지고 출발했던 셈이다.

여기에 언어의 밖으로 사물을 지시하려는 외연성(denotation)과 안으로 의미를 함축하려는 내포성(connotation), 그리고 의미를 원천적으로 있게 하는 메타포(metaphor)와 그 의미를 고정시키려는 메타니미(metonymy)가 더해지면 언어학과 철학은 참으로 난해한 것이 된다. 언어를 어떤 동물보다 많이 사용하는 인간은 언어의 인습(因習, 因襲)에 빠져 마치 사물이 있고 언어가 있는 것이 아니라 언어가 있고 사물이 있는 것처럼 착각에 빠지게 된다. 이는 주객이 전도된 것이다. 그런데 바로 주객이 전도되게 사는 것이 인간이 문명이라는 것이다.

유인원을 비롯하여 동물이 사용하는 간단한 언어를 인류학에서는 원문화(原文化, proto-culture)라고 말한다. 인간이 직립하면서 몸의 에너지가 머리 쪽으로 많이 올라가게 되고, 뇌의 용량이 증가하고, 적을 공

---

1) 필자는 '시니피앙(signifiant: 能記: 記表: Sa), 시니피에(signifié: 所記: 記意: Se)를 시니피앙=능표(能表), 시니피에=소의(所意)라고 번역하는 게 바람직하다고 생각한다.

격하는 가장 강력한 무기가 되던 입의 이빨(송곳니)은 무디어지고, 구강 구조는 보다 많은 음운을 발할 수 있게 되었다. 앞발의 기능을 하던 손은 완전히 다른 도구를 사용할 수 있게 되었다. 인간은 보다 많은 도구를 사용하게 되었고, 인간은 점차 의미의 동물이 되어갔다. 인간은 이제 무엇보다도 '의미를 먹고 사는 동물'이 되었다.

인간은 신체를 유지하기 위해 먹이를 만들어내는 이외에도 그와 더불어 항상 의미가 따라다니게 되는 이상한(?) 동물이 되었던 셈이다. 집단적 동물인 인간은 사회적 존재임을 더욱 강화하게 되었다. 사회는 인간에게 사회적 언어를 강요하게 되고, 이로 인해 언어가 사물을 규정하는(언어〉사물) 이외에, 다시 사회가 언어를 규정하는(사회〉언어) 사회적 동물이 되어갔다. 이것이 인간이 오늘에 이르게 된 진화적 과정(process)이다.

의미는 흔히 사회적 통용으로 인해서 처음부터 사회적인 것으로 오해하기 쉽다. 언어가 사회적 소통을 위해서 존재하는 사회적 약속의 산물이며, 도구이기는 하지만 의미는 처음부터 사람의 밖에 존재하는 것이 사물이 아니다. 의미가 통용되는 것은 사람이 사회적 약속에 동의한 때문이다. 그렇다면 의미는 어디서 발생하는가. 인간의 몸 안의 뇌구조에서 발생하고, 그 발생에 몸 전체가 관계하고 있다는 사실이 밝혀졌다. 다시 말하면 몸은 의미의 발생의 발전소이다.

의미, 즉 기의는 인간의 몸 안에서 발생하는 셈이다. 의미는 매우 가변적이고 이중적이고 애매모호하다. 이러한 의미의 발생의 구체적인 운반자(전류)는 바로 메타포(metaphor: 隱喩)이다. 메타포에 대해서는 앞장에서 자세하게 설명하였다. 메타포를 만들 수 있는 능력이 사람으로 하여금 의미를 먹고사는 존재로 자리매김하게 만든 셈이다.

메타포는 의미의 여러 층을 수직적으로 이동하는 것이다. 메타포가 하나의 층에 머물러 고정되는 것을 메타니미(metonymy: 換喩)라고 한다.

메타니미 때문에 학문과 과학, 그리고 이성적인 사고가 가능한 셈이다. 메타니미의 레벨에서도 외연성(denotation)과 내포성(connotation)의 문제가 발생한다. 이는 언어가 가지고 있는 근본적인 상징(symbol)의 성격 때문이다. 서양문명은 '언어=사물'(등식의 문명)을 실현하기 위한 문명체계이다. 이는 메타니미=시니피앙=외연성의 연결이다.

그 메타니미가 주체와 대상의 차원에 머문 것이 바로 소위 객관적이라는 것이다. 객관적이라는 것도 실은 처음부터 존재하는 것이 아니다. 물론 객관성을 만들어내는 대상도 처음부터 존재하는 것이 아니고, 그것의 상대인 주체도 처음부터 존재하는 것은 아니다. 그런데 이것을 발견한 것이 그리 오래되지 않는다.

서양은 근대에 들어 구주언어학의 등장과 더불어 기표/기의를 발견하게 되고, 그것과 메타포/메타니미와 관계되고, 그리고 인류학의 도움으로 그것이 원시주술 시대에는 동종주술/감염주술과 대응된다는 것을 알게 됐다. 시각 중심 문명은 기표〉기의, 청각 중심 문명은 메타포〉메타니미, 그리고 원시주술시대에는 동종주술〉감염주술의 경향을 보였다.

〈시각중심, 청각중심, 그리고 주술〉

서양 시각중심 문명 (이미지-미술)	기표	기의	주체- 객관(의식)	기표 우선 과학철학시대
동양 청각 중심 문명 (소리-음악)	메타니미	메타포	주객일체	메타포 우선 예술시대
원시 주술(magic)시대 (축제-종합예술)	감염주술	동종주술	무의식/ 무분별	동종주술 우선 신화주술시대

객관적이라는 사실이 시각중심적 사고, 시각중심 문명의 산물이라는 이라는 것이 최근에 공인되었다. 말하자면 객관성은 실재가 아니다. 객관성은 사회적(집단적)으로) 약속한 정체성이고, 그 정체성 때문에 보편

성이라는 것도 존재한다. 따라서 보편성이라는 것도 절대적인 것이 아니고, 문화의 산물임을 알 수 있다. 절대적인 보편성이라는 것은 없다. 단지 인간이 특정의 역사적 맥락에서 가장 폭넓게 필요를 인정하는 것이 보편성이다. 이것이 바로 니체가 말한 "인간은 사회적 유용성에 따라 '필요한 정도의 선에서만' 진리에 대한 욕망을 지니게 된다."는 의미이다.

실재나 동일성이라는 것은 없다는 것이 현대 철학의 상식이 되었다. 그러나 얼마 전까지만 해도, 인간이 남근이성주의에 빠져 있을 시기만 해도 실재나 동일성이 전제되었고, 그 동일성은 보편성의 다른 말이었다. 다시 말하면 인간의 역사는 동일성과 보편성의 합작으로 이루어진 권력의 거대한 연합 속에 진행된 셈이다. 지금도 역사에서는, 권력을 잡기 위해서는, 권력을 유지하기 위해서는 동일성의 철학이 필요하다. 동일성의 철학은 존재자의 철학이라고 말할 수 있는데 바로 권력이라는 것은 바로 동일성을 기초하거나 강요하지 않으면(의식적이든 무의식적이든) 쌓아올리기 어려운 실체이다.

객관성, 동일성, 보편성이라는 것은 매우 가변적이고 양면적이고 중층적인 능기와 소기의 변신 속에서(의미는 능기와 소기의 역동적 중층구조의 연속이다) 최상층에서 메타니미와 만나는 것이다. 그러한 점에서 그것은 매우 표면적인 것이다. 언어의 권력자(폭력자)로서의 군림은 이 층에서 이루어진다. 이 층이 남근이성주의가 위치한 곳이다.

해체라는 것은 바로 이러한 수직적 구조(건축물)를 무너뜨리는 것이다. 해체에는 반드시 메타포(은유)와 메타니미(환유)의 문제와 만나게 된다. 특히 의미의 생산과 관련이 있는 메타포가 의미의 사회적 유통과 관련이 있는 메타니미보다 관심의 대상이 된다. 해체라는 작업이 여러 층위에서 메타포를 찾는 작업이 되는 것은 이 때문이다. 실지로 지대무외(至大無外)나 지소무내(至小無內)에 이르면 은유(隱喩)를 쓰지 않을 수 없다. 숨어 있으면서 존재를 나타내지 않기 때문이다. 잡을 수 없기 때문에 환유(換喩)는 불가능하기 때문이다.

영원한 여성성이나 절대적 남성성, 예컨대 여신이나 하느님과 같은 것이 여기에 속한다. 그런데 메타포는 항상 메타니미로 변할 수도 있기 때문에, 혹은 기표는 기의가 될 수 있기 때문에, 수많은 논쟁과 비판이 있을 수 있다. 실지로 이것에 대한 확실한 이해가 없어서 불필요한 논쟁을, 오해와 시간낭비를 하는 경우가 적지 않다. 니체와 데리다의 여성성과 은유와 관련된 여러 논설들이 그것이다.

니체는 묘비명에 이렇게 썼다.

"이제 나는 명령한다. 자라투스트라를 버리고 그대 자신을 발견할 것을"

니체는 자신이 다른 사람의 또 다른 은유가 될 것을 두려워했던 것일까. 은유적 구원은 진정한 구원이 아니기 때문일까.

〈시각-청각 중심과 은유-환유적 구원〉

서양 시각중심주의	니체/데리다	은유적 구원 (환유-은유)	영원한(불임의) 여인상	남자 생산체계
동양 청각중심주의	박정진	환유적 구원 (은유-환유)	살아있는(임신 하는) 여자	여자 재생산체계

구조주의와 해체주의가 등장하면서 의미는 결국 가변적이고 불확실해져 버렸다. 모든 개념은 관점에 따라 해체될 수 있는 것이고, 해석은 다의적이 될 수밖에 없다. 이를 두고 '텍스트가 콘텍스트가 되고' '콘텍스트가 텍스트가 되는' 것이다. 고정된 의미와 텍스트가 없고, 모든 텍스트는 '상황적 기호'로 해체할 수 있다. 동시에 콘텍스트 속에서 언제나 텍스트를 뽑아낼 수 있다. 텍스트는 이분법이다.

시니피에와 시니피앙의 중층적 연속과 메타포와 메타니미의 의미작용은 마치 여러 개의 코드로 구성된 악기처럼 느껴진다. 악기의 울림만큼 다의미(polysemy)와 의미의 역동성을 발산하는 것은 없을 것이다. 소리는 어떠한 쓰기나 흔적에 비해 더욱 융합적(融合的)이고 무아적(無我的)이다. 악기가 소리를 낼 때 악기는 여자이고, 악기를 소리 나게 하는 연주자는 남자이다. 이때 소리를 내는 것은 전적으로 연주자의 몫인가, 아니면 악기의 몫인가. 악기의 역할에 더 비중을 두는 쪽이 은유에 편에 서는 것이고, 연주자의 편에 서는 쪽이 환유의 편에 서는 사람이다. 버저이너의 여자는 악기와 같고, 페니스는 연주자이다. 페니스(연주자)는 악기의 밖에 있다.

보편성과 복제는 밖에서 보는 시각과 모방행위가 있어야 가능하다. 일반성은 안에서 보는 시각과 물질성이 없으면 불가능하다. 이는 남성성과 여성성을 말한다. 남성과 여성은 밖으로는 서로 대칭이지만, 남성은 다시 안으로 남성과 부성, 여성은 안으로 여성과 모성으로 분파된다. 남성과 여성은 동양 문화권에서는 음양사상에 포함된다. 다시 말하면 동양의 한자문화권은 일찍이 음양사상을 완성했다. 그것이 바로 오늘날 서양에서 한창 활발하게 논의하는 구조-해체주의, 차이와 불확실성, 비결정성, 상징의 상호교환의 문제를 포괄하고 있는 것이다. 보편성은 지대무외(至大無外)와 관련이 있고, 일반성은 지소무내(至小無內)와 관련이 있다.

이상을 정리하면 남자는 〈메타니미=시니피앙=외연성=보편성=연주자=이(理, 利)〉의 연결이고, 반면에 여자는 〈메타포=시니피에=내포성=일반성=악기=기(氣, 器)〉의 연결이다.

〈남자-이(理), 여자-기(氣), 보편성-일반성〉

남자(陽)	메타니미	시니피앙	외연성	보편성	연주자	이(理, 利)
여자(陰)	메타포	시니피에	내포성	일반성	악기	기(氣, 器)

이와 더불어 인문학은 결국 메타포를 중시하지 않을 수 없고, 자연과학은 메타니미를 중시하지 않을 수 없다. 인문학은 메타포가 없으면 원천적으로 학문 자체가 불가능하다. 니체와 데리다 등 철학의 최고봉의 내용들이 결국 메타포, 은유의 문제로 결말지어 지는 것은 당연한 이치이다. 인문학은 마지막에 여성을 은유하는 것이 되고, 자연과학은 마지막에 사물을 환유하는 것으로 끝날 수밖에 없다. 신화와 철학이 결국 남성성과 여성성의 은유, 그리고 그들의 교차로 가득 차 있는 것은 그 때문이다.

여자는 남자가 있음으로서 여자가 되었다. 만약 여자는 남자(수컷)가 탄생하지 않았다면 그냥 자연이었을 것이다.

〈비유법으로 본 인문학과 자연과학〉

인문학	메타포〉메타니미〉메타포	여성(자연)을 은유
자연과학	메타니미〉메타포〉메타니미	사물(자연)을 환유

결국 남자가 여자를 규정하는 셈이다. 왜 이러한 역전이 일어나는가. 언어는 처음부터 사물을 규정하는 것으로 태어났다. 이는 무엇으로부터 뒤에 태어난 것이(태어남을 당한 것이) 앞의 것(태어남을 있게 한 것)을 규정하지 않을 수 없는 것이다. 반대로 앞에 있었던 것이 뒤에 태어난 것을 규정할 필요성이 줄어든다. 보다 본질적이고 원천적인 것은 스스로를 규정할 필요가 없다. 인간이 사물(자연)을 규정하지 사물(자연)이 인간을 규정하는 것은 아니다. 자연은 인간을 멸종하게 할 수 있을지언정 규정하지는 않는다.

여기서 자연에 해당하는 것이 여자(여성성, 陰)에게 있고, 문명(언어)에 해당하는 것이 남자(남성성, 陽)에게 있다. 결국 문명이란 자연을 카피한 것이다. 철학이라는 것은 형이상학으로 매우 난해한 것 같지만 실은 인간의 삶을 기준으로 검토해보면 의외로 쉽게 설명할 수 있는 대목이 있다. 생물종으로서의 인간은 섹스를 통해 종을 영속시킨다. 섹스에는 암수가 있고, 인간에서는 남녀이다. 역시 암수와 남녀는 도치된 것을 알 수 있다. 섹스를 할 경우 대체로 여자가 아래에 있고, 남자가 위에 있다. 남성 상위체형이다.[2] 이러한 생식과정을 보면 마치 복사기에서 카피(copy)하는 모습과 같다.

남자는 자신을 카피하기 위해 섹스를 하고, 그 결과인 자식에게 자신의 성씨와 이름을 부여한다. 그 과정에서 임신을 하고 출산을 한, 즉 바탕으로 참가한 여성의 흔적은 성씨와 이름에 없다. 이 과정에 있는 남녀의 전도(顚倒)에 주의를 기울일 필요가 있다. 카피는 필연적으로 전도를 하지 않을 수 없다. 여자는 몸으로만 자식이 자신에게서 증식된 것을 안다. 여자는 신체적으로 자식을 후손으로 알고, 남자는 신체적으로 보다는 출계로(명분으로) 그것을 믿는다.

이 과정은 남자(凸)가 여자(凹)를 카피하여 뒤집어 세운 것이 된다. 남자는 여자를 모방한 것이 된다. 물론 유전학적으로는 남자도 여자와 반반으로 유전자를 공유한 셈이지만 말이다. 여자는 재생산과정에서 유전자만 제공한 남자와는 달리 태아를 키우는 거의 전부를 담당하였다고 해도 과언이 아니다.

그런 점에서 여자는 흔히 '배(腹)의 존재'라고 하고 남자는 '머리(頭)의 존재'라고 한다. 배의 존재는 무의식의 존재를 말하고, 머리의 존재는 의식의 존재임을 말한다. 여자는 신체적 존재이고, 남자는 정신적 존재인 것처럼 느끼는 까닭은 무엇인가. 머리도 신체의 일부인데 왜 머리는 항상 신체와 별개인 것처럼 따로 떼어서 생각하는 것일까. 이는 은유적으로 생각을 하기 때문이다. 바로 이러한 생각 때문에 남자의 관념은 여성

2) 이와 반대로 여성 상위 체위는 여성이 남성이 되려는, 남성을 모방하는 체위이다. 그러한 점에서 남근거세의 연장선상의 페미니즘과 관련이 있다. 남성성과 여성성 사이에는 상징적 교환의 성격이 항상 내재하고 있다.

을 규정하게 된다.

'음' 자체는 매우 내포적(connotative)이고, 메타포적(metaphorical)
이다. 이에 비해 양은 매우 외연적(denotation)이고 메타니미적
(metonymic)이다. 음이라는 것도 기호적 상형으로 보면 비어있지만 이
미 양을 내포하기 위해서, 혹은 임신하기 위해서 비어 있는 양상이다. 또
기호학에서 기호는 의미를 나타내는 기표(記票)이지만 기표가 있기 때문
에 의미가 있는 것이 아니라 기표는 단지 의미를 표상하는 것에 불과하
다. 발생학적으로 보면 의미가 먼저이다. 말하자면 밖으로 표현하여 객
관적으로 존재하고 있음을 나타내려면 기표가 필요하지만 이에 앞서 의
미는 이미 존재하고 있다. 권력적으로 보면 기표가 우선이지만 권능적
(능력적, 혹은 역능적)으로 보면 기의(記意)가 먼저이다.

말하자면 음양론으로 보면 음(陰)은 발생할 것을 미리 내포하고 있는,
임신의 개연성을 가지고 있는, 바탕적인 존재이고, 양은 무엇으로부터
태어난 존재이지만, 주인노릇을 하려는 존재자이다. 발생학적(생성론적)
으로 보면 음은 능동적인 존재이고, 양이야말로 피동적인 존재이지만 존
재론적(존재자적)으로 보면 음은 피동적이고, 소기적(所記的) 존재이고,
양은 능동적이고 능기적(能記的) 존재이다. 음과 양이 발생학과 존재론
에서 서로 자리를 역전시키는 셈이다. 왜 존재와 존재자 사이에 역전이
일어나는 것일까. 이것이 음양의 상징적 상호교환이다.

여기서 '기'(記)라는 것이 문제의 관건이다. 기는 기호이고, 동시에 의
미이다. 그런데 '기'(記)에서 주도권을 잡는 것이 글자그대로 능기(能記)
이다. 이는 자연과 반대인 역전된 상황이다. 서양철학이라는 것은 한 마
디로 단도직입적으로 말하면, 남자와 여자가 섹스를 하고 아이를 낳아서
아이에게 결국 남자의 성씨를 달아주는 것과 같은 전도행위의 소산이다.
모방(복사)한 것은 다시 바로 세워야 된다. 이는 성(姓)과 씨(氏)가 자연
스럽게 두면 여자의 증여(贈與)혹은 소여(所與)인데 남자의 소유(所有)가

된 것과 같다. 이때의 증여와 소유는 바로 능기(能記)와 소기(所記)로 연결된다. 증여한 자는 반대로 소기가 되고 증여를 받은 자는 능기가 된다.

씨(氏)도 흔히 씨앗(seed)이라는 의미에서 남자를 말하고 부계를 상징하는 말인 것 같다. 그러나 씨는 모계를 말하는 것이었다. 훈몽자회(訓蒙字會)에 따르면 씨(氏)의 훈인 '각시'는 이보다 이른 시기에 나온 '월인천강지곡'(月印千江之曲)이나 '월인석보'(月印釋譜)에는 '갓' '가시'로 나타나며 이는 '여자'를 뜻하는 말이다. 씨(氏: gsjig에서 후에 어미 -g 가 탈락함)를 여자의 의미로 푸는 것은 모계로 이어졌던 모계사회에서의 '씨' 개념이 그 음과 함께 한반도에 전래되고 지(枝: ksjig)도 마찬가지로 훈이 '가지'이다.[3] 여기서 참으로 재미있는 것은 원래 출계는 모계이며 가족을 가지 치는 것, 분가(分家)도 여자에 의해서 이루어진다는 점을 나타낸다는 점이다.

'각시'와 '가지'는 옛 가족의 형태를 고스란히 가지고 있는 중요한 우리말이다. 혈통과 분가는 원래 여자의 것이었다. 그런데 이것이 가부장 사회로 이동하면서 전부 남자의 것이 되어버렸다. 여성은 남성 속에 예속되어 버리거나 묻혀버린 셈이다. '씨'라는 말도 실은 여성, 혹은 모계를 의미하는 말인데 이것이 남성, 혹은 부계를 의미하는 용어로 의미가 백팔십도로 전환되어 버렸다. '아들' '새끼' '열매' '씨' '나' '남자' 등 여러 의미로 쓰이는 자(子)자를 사용하여 남자의 성기를 말하는 '자지'(子持: 씨를 가진 자)는 모계사회에서 여성의 지위를 남자들이 찬탈한 것이 된다.

---

3) 최영애, 「중국고대음운학에서 본 한국어어원문제」 『동방학지』 pp.309~340, 1990, 연세대학교 국학연구원.

성(姓)	여(女)+생(生): 여자로부터 태어남	남자의 성(姓)
씨(氏)	여자인 각시(갓, 가시 gsjig)에서 어미-g의 탈락	남자의 씨(氏)

이는 가부장사회의 전도이다. 가부장사회는 가부장사회를 뒷받침하는 철학적·신학적 이론(이데올로기)를 정립하지 않으면 안 되는데 이것이 서양의 시각중심(이성중심)철학이고 종합적으로 서양문명이다. 남성철학자들은 철학적으로 '자궁치환'(transposition)을 한다.

〈기표-기의, 정충-자궁〉

내용	그릇	자궁치환
의미(기의)	기표	의미는 몸에서 생성된 후 기표에게 줌
정충	자궁(질)	정충은 자궁의 아들에게 자기이름을 붙임

이런 자궁치환은 은유적으로 사용되는데 니체와 데리다가 자주 이용하는 수법이다. 그 대표적인 예를 보자.

"(니체는) 아버지의 위치에 있는 이전의 철학자들을 제거하려는 오이디푸스 콤플렉스 때문에 그의 욕망이 여성의 출산에 집중된다는 것이다."

　니체의 욕망은 자기를 무능력한 존재로 단정내린 자신의 철학적 아버지들은 죽이고 위버멘쉬를 탄생시키기 위해 '존재의 자궁'을 충만하게 하기 위한 것이다. 니체는 여성이 되기를 원하는 것이 아니라, 자신의 아버지들이 할 수 없었던 것들을 만들어내기 위해 강한 남성이 되기를 원하는 것이다.[4]

---

4) Oliver, 『Nietzsche's Woman: The Poststructuralist Attempt To Do Away with

니체는 초인이 되기 위해서 아버지를 이기기 위해서 자궁치환을 한 반면 데리다는 다르다. 데리다의 산종(散種, dissemination)이라는 용어를 사용했는데 산종이론은 씨를 헛되이 뿌려지고 아버지의 기원으로 돌아갈 수 없다는 주장을 한다.

데리다는 의미론(semantics)과 정자(semen)라는 근거는 없지만 어원적으로 유사한 두 단어를 자신의 텍스트로 변형시킨다. 식물을 생산해 내는 것이 아니라 무한히 반복되는 씨뿌리기. 파종/정액주입이되, 씨뿌리기/수정이 아닌 흘뿌리기/산종. 씨는 헛되이 뿌려지고 아버지의 기원으로 다시는 돌아갈 수 없는 사정이다.[5]

여기에 데리다의 여성인 체하는 모습이 적나라하게 드러난다. 산종이라는 것을 데리다는 '아버지의 기원으로 돌아갈 수 없는 시점'으로 매우 심각하게 생각하고 있는데 실은 남자의 정자는 본래 산종적이라는 것을 잊고 있는 듯하다. 남자의 정충은 바로 산종을 통해서 그 중에 운 좋은 놈이 수정이라는 목표에 도달하는 구조이다.

산종은 처음부터 남성-부계(父系)의 표상이다. 그의 그라마톨로지(grammatology)야말로 산종의 좋은 예이다. 그라마톨로지는 실은 소리(phonology)를 모방한, 기표화한 것이다.[6] 앞에서 전술하였지만 들뢰즈의 '여성-되기'(woman-becoming)도 같은 것이다. 이것은 여성인 체하는 것이다. 여성인 체하는 것은 남성이기 때문이다. 여성은 차라리 남성인 체하지 여성인 체하지 않는다.

니체는 '초인'이 되기 위해서 자궁의 여성성을 탄력으로 사용하고 있

Woman』 p. 26. 신경원, 『니체 데리다 이리가레의 여성』(소나무, 2004), 297쪽, 재인용.

5) Oliver, 『Nietzsche's Woman: The Poststructuralist Attempt To Do Away with Woman』 p. 25, 신경원, 『니체 데리다 이리가레의 여성』(소나무, 2004), 297쪽, 재인용.

6) 박정진, 『소리의 철학 포노로지』(소나무, 2012) 참조.

고, 데리다는 '의미'와 '정자'를 같은 의미로 봄으로써 비록 아버지의 기원으로 돌아갈 수 없다고 하지만, 둘 다 스스로 서양의 가부장-이성중심 문명의 자리에 위치하고 있음을 보여준다. 결국 이들은 서양문명의 한계를 느끼고 출구를 찾고 있는(탈출을 시도하고 있는) 예언자들이고, 선각자들이다.

데리다는 다의성(polysemy)이라는 해석학적인 개념을 '산종'으로 대체할 것을 주장한다. 데리다가 생각하는 산종은 해석이 진리의 표상이 될 수 없음을 뜻한다.

"만약 텍스트의 단계를 벗어나 재전유하려고 하는 주제적 조화나 전체적인 의미라는 것이 없고, 의도나 실제 체험 등 상상적 상태에 위치한 전체적인 뜻이 없다면, 텍스트는 더 이상...... 문헌의 다의성에서 분산되고 모여질 어떤 진리의 표현이나 표상이 아니다. 따라서 해석학적인 개념인 다의성은 산종으로 대체되어야 한다."[7]

2. 해체적 텍스트읽기의 산종(散種)과 비생산성

해체적 텍스트 읽기라는 것은 결국 텍스트를 텍스트 내부에서 읽음으로써 효율적으로 해체를 달성하는 전략이다. 데리다의 택스트 읽기의 요체를 보자.

"(해체작업은) 구조를 밖으로부터 파괴하는 것이 아니다. 그런 방법은 가능하지도 않고, 효과적이지도 않다. 그 구조내부에 존재하지 않는 한

---

7) Derrrida, 『The Double Session』 p. 265. 신경원, 『니체 데리다 이리가레의 여성』(소나무, 2004), 338쪽, 재인용.

정확하게 겨냥할 수 없다……해체작업은 불가피하게 내부에서 작동하면서, 오래된 그 구조로부터 전복에 도움이 될 모든 전략적이고 경제적인 자원과 수단을 이용하여, 그 부분이나 요소들을 구분할 수 없을 만큼 구조적으로 차용하는 것이다. 그래서 해체작업은 어떤 식으로든 그 자체가 작업의 희생이 된다."[8]

해체적 텍스트 읽기는 텍스트 내부에서 결국 부정하는 것이기 때문에 견강부회하는 경우도 있을 수 있고, 일부러 반대해석을 하는 수도 있을 것이다. 해석학은 결국 의미를 생성하는 해석이 아닐 뿐만 아니라 남성성으로 텍스트를 덮어씌우는 것일 수도 있다. 또 그 속에서 아무리 다양한 의미를 파악하고, 의미의 다양성을 열어놓는다고 할지라도 생성적 의미를 찾아내는 것은 아니기 때문에 기존의 것을 부정하는 것이 될 수도 있다. 산종(散種)으로 해결될 일은 아니다.

"여기에서 방사는 메시지의 방사가 아니다…… 산종의 유사-'의미'는 다시 접합되고, 조정된 의미의 조합으로…… 복귀하는 것이 불가능하다. 그러면 산종은 그런 종류의 진리의 상실인가? 기의로서의 접근을 모두 부정적으로 금지하는 것인가?……산종은 항상 이미 분열되어 있는 의미의 생성을 인정한다……따라서 우리는 거미줄의 중심인 양 산종으로 되돌아가지는 않을 것이다. 우리는 산종으로 되돌아간다면, 이멘(hymen)의 주름으로 되돌아가는 것처럼, 자궁이나 동굴의 음침한 백색으로, 자궁의 백색 위의 흑색으로, 흩뿌려진 방사의 장소이자 돌아올 수 없는 운명이며 분리의 장소로 가게 될 것이다. 우리는 '거미줄 같은 실'을 따라가지는 않을 것이다."[9]

"결국 산종은 '원래적이고 중심적이며, 최종적인 기의, 진리에 적합한

---

8) Derrrida, 『Of Grammatology』 p. 24. 신경원, 『니체 데리다 이리가레의 여성』(소나무, 2004), 362쪽, 재인용.
9) Derrrida, 『*The Double Session*』 p. 268~269. 신경원, 『니체 데리다 이리가레의 여성』(소나무, 2004), 338~339쪽, 재인용.

장소'는 될 수 없으며 오히려 '반-기원의 긍정'이다."[10]

이는 아직도 동양의 음양(陰陽)사상의 음(陰)사상에 도달하지 못한 것이다. 여성은 은유하는 음(陰)사상은 비록 본질론(실재론)이라고 하더라도 그 자체가 이미 본질(실재)을 주장하지 않기 때문에 남성을 은유하는 양(陽)의 본질론(실재론)과는 다름은 물론이고 자칫하면 실재의 부재론에 의해 정체성(혹은 주체)을 잃기 쉬운 여성을 보호할 수 있는 측면이 있다.

남성의 페니스는 스스로 실재의 부재라고 하더라도 결국 에크리튀르하는 '쓰는 자'의 편에 있지만, 여성은 그 남성의 에크리튀르를 있게 하는 바탕(종이)이 될 수밖에 없다. 여성의 버저이너는 더욱이 소리를 들을 수밖에 없는 귀를 닮았다. 소리에 대한 데리다의 언급을 보자.

데리다는 니체가 그리스 신화에 나오는 인물인 '페르세포네'(per se phone)에 대해 언급하였음을 상기한다. 페르세포네는 그야말로 '목소리 그 자체'이다. 페르세포네(그리스어: Περσεφόνη)는 그리스 신화에 나오는 저승의 여신으로 제우스와 데메테르의 딸로서 저승의 신 하이데스에게 납치되어 한 해의 반은 하이데스의 아내이자 지하 세계의 여왕으로, 반은 지상에서 어머니 데메테르와 지낸 인물이다. 페르세포네는 소리의 특성을 잘 나타낸 인물이다.

데리다는 레이리스가 곤충과 페르세포네의 공통점을 설명하는 부분을 인용한다. "이 곤충이 하는 일은 과일의 깊은 속을 파고 들어가 그 안에서 영양분을 취하는 것이다. 때로는 집게로 사람이 고막도 뚫고 들어간다는 점에서 깊은 청각의 나라...... 지하 왕국에 갇혀 있는 데메테르의 딸과 닮았다."[11]

---

10) Derrrida, 『*The Double Session*』 p. 268. 신경원, 『니체 데리다 이리가례의 여성』(소나무, 2004), 339쪽, 재인용.

11) 신경원, 『니체 데리다 이리가례의 여성』(소나무, 2004), 252쪽, 재인용.

레이리스는 집게벌레와 페르세포네가 귀[12]와 목소리로 연결되는 것을 지적하여, 둘 다 '동굴 같은 영역'에 속하는 것으로 설명한다.

"지하세계의 신, 구멍을 뚫고 들어가는 곤충, 목소리가 형성되는 모체이자 모든 소음이 진동하여 울리는 공명. 동굴은 이 모든 것이 합쳐지는 기하학적인 장소가 된다. 그리고 완전히 노출되어 있는 정신적 공간의 공동까지 숨쉬는 것이 전달되도록, 보이지 않는 관이 존재의 가장 은밀한 밑까지 내려가기....밖이며 동시에 안인, 그 사이에 동굴 같은 곳이 있다."[13]

데리다는 레이리스를 인용할 뿐만 아니라 소리에 대해서는 남다른 관심을 가지고 있었음을 볼 수 있다. 데리다는 또 "중이(中耳)와 청각통로를 구분하는 고막조직이 직각으로 되어 있지 않고 사선으로(loxōs) 펼쳐져 있음을 부각시키면서 사선의 효과 가운데 하나가 '영향을 주는 표면을 증대시켜서 진동능력을 확대하는 것"이라고 설명한다.

데리다는 『에쁘롱(épron: 衝角)』의 문체에 대한 설명에서 다음과 같이 말한다.

"'문체는 마치 에쁘롱의 방식으로 전진하는 듯하다. 항해하는 뱃머리의 이물, 배의 부리, 바다의 공격에 대항하기 위해 앞으로 밀고 나아가 적대적인 표면을 가르는 배의 돌출부 같은 것이 그 예이다. 항해 용어를 쓰자면, 문체는 항구의 입구에 파도가 부서지는 충각(衝角)이라 불리는 돌출바위에 비교될 것이다.'(S 39) 그는 에쁘롱이 영어에는 'spur'에 해당되며, 독일어로는 '흔적, 자국, 표시, 마크' 등을 의미한다고 덧붙인다.(S 41) 에쁘롱과 '흔적'은 의미의 차이에도 불구하고 서로 연관성이 있다. '에쁘롱의 문체란 길게 늘어지는 것으로서, 피해가면서도 꿰뚫

---

12) 귀와 자궁의 모양은 닮은 데가 많다. 둘 다 동굴모양이지만 신체기관의 성격이 수동적이며, 수용적이라는 점에서도 같다.
13) 신경원, 『니체 데리다 이리가레의 여성』(소나무, 2004), 253쪽.

어 관통하는 단어이다. 이것은 길게 잎의 모양을 한 뾰족한 도구로서 팽팽하게 둘러싸고 있는 조직과 그물 그리고 펼쳐진 돛에서 재난을 피하게 되는 힘이 나오게 된다.'(S 41) 에쁘롱을 통해 베일을 찢고 흔적을 남기기도 하지만, 공포의 위협에 대항하는 보호수단으로 사용하는 경우도 있다. 그 경우 문체는 '현존, 내용, 사물 자체, 의미, 진리를 보호한다. 단 그 문체가 차이에 의한 베일을 벗기기로 이미(déjà) 순결을 빼앗겨(défloré) 입을 벌린 채 있는 틈이 아니라는 조건에서 말이다.'(S 39)"[14]

데리다는 니체의 문체로서의 여성을 '에쁘롱'에서 은유한다. 문체의 이러한 특징은 결국 '여성의 납치'에 해당한다는 것이 그의 결론이다. 여성의 납치는 여성을 빼앗는 것이고, 여성 그 자체에 도달하지 못하는 것이 된다. 여성은 에쁘롱이 아니라 바다인 것이다. 소리는 바다와 같다. 바다를 가르는 문체, 에쁘롱이 아니라 바다와 하나가 될 때, 주객일체가 될 때 도달하게 되는 지점이다. 소리야말로 바다이고, 바다야야말로 소리의 원시적 보고이다. 이러한 설명에는 어딘가 보이지 않는 곳에서 남성의 지배(남근이성중심주의)가 숨어 있는 것이다.

데리다가 포노로지에 도달하지 못한 이유는 아직도 소리를 대상으로만 보고, 모방하고 전시하고 있기 때문이다. 이는 서양문명의 실재에 대한 모방과 전시적 특성 때문이다. 말하자면 그는 탁월한 철학자였고, 예언적 철학자였지만, 그가 몸담고 있는 서양문화권의 영향으로 완전한 해체에 도달하지 못하고 있다. 그는 해체를 모방하고 있는 것이다.

그가 해체를 모방하고 있는 흔적은 곳곳에 있다. 그의 에크리튀르나 그것을 바탕으로 하는 그라마톨로지는 실은 실재의 부재(absence)를 말하고 있지만, 흔적을 통해 현존(présence)을 내세우고 있다. 흔적은 실재에 대해서는 부재이지만, 소리에 대해서는 현존이기 때문이다.

---

14) 신경원, 『니체 데리다 이리가레의 여성』(소나무, 2004), 250~251쪽, 재인용.

데리다의 시각중심의 흔적은 그의 '이멘(hymen: 처녀막=결혼)'[15]에서도 드러난다.

"'산종'뿐 아니라 '이멘/처녀막' '칼집에 넣기/질 삽입(invagination)' 등은 데리다가 결정불가능성 은유를 사용하는 용어들이다. 남녀의 생식(기관)과 관련된 용어를 사용하는 점에서 그의 해체작업은 비록 전략적일지라도 남근 경제 안에서 작동한다. 그렇기 때문에 올리버(Kelly Oliver)는 데리다가 라캉의 거세경제를 거부함에도 불구하고 '자기거세'를 통해 여전히 거세 경제 안에 있다고 비판한다."[16]

니체, 라캉, 데리다의 여성 모두에 관통하는 '남근 가장 혹은 연극'에 대한 이리가레의 주장을 종합한 신경원의 결론은 이렇다.

"데리다가 전면적으로 라캉의 남근이성주의를 비판함에도 불구하고 여성의 가장(se donner pour)에 대한 데리다의 설명은 남근을 축으로 한 가면극에서 남근을 가장하는 라캉의 여성과 여러 면에서 유사하다. 남근으로 보이거나 남근을 가지는 게임을 통해 두 성이 벌이는 '희극'에서 여성은 자신이 남근인 것처럼 연극을 한다.[17] 니체와 데리다의 여성도 진리의 부재를 알면서 진리를 가장하므로 결국 라캉식으로 거세-진리를 믿는 '척하는' 여성처럼 연극하는 것이다. 여성은 남성중심의 논리체계에서 '자아-정의에 생소한' 이질적인 존재로서 가면을 쓰고 '타자의 희극'을 연기하는 존재일 뿐이라는 이리가레의 주장은 니체, 라캉, 데리

---

15) 처녀막은 일설에 따르면 조상인류가 바다에 살 때, 바닷물이 질 안으로 들어오지 못하게 하기 위해서 생겼다고 한다. 따라서 처녀막은 바다와 차단을 하는 막이기도 하다. 처녀막은 인류로 하여금 바다시절의 흔적이기도 하지만 동시에 바다를 차단하는 것이기도 하다. 동시에 질 속에 숨어있는 동굴을 감춘 것이기도 하다. 물론 그렇기 때문에 역설적으로 남성에 의해 파열의 아픔을 거치지 않을 수 없다.

16) Irigaray, 『The Bodily Encounter with the Mother』 p. 42, 신경원, 『니체 데리다 이리가레의 여성』 p. 323, 재인용, 2004, 소나무.

17) Lacan, 『Feminine Sexuality』 p. 141. 신경원, 『니체 데리다 이리가레의 여성』 p. 309, 2004, 소나무.

다의 여성 모두에 적용 가능할 것이다.(ML 78)"[18]

데리다의 여성에 대한 종합적이고 은유적인 견해를 보자.

"사실 여성이 진리라면 적어도 여성은 진리란 없다는 것을 안다. 여성은 진리의 여지가 없다는 것도 알며, 아무도 진리를 지닌 이는 없다는 것도 안다. 여성은 진리 자체를 믿지 않으며, 실제 자신의 모습도 믿지 않는다. 또한 다른 이들이 자신을 어떤 식으로 믿더라도 그것을 믿지 않으며, 자신의 모습이 아닌 것도 믿지 않는다. 그리고 바로 그러한 이유 때문에 그는 여성이다."(S 53)[19]

데리다의 흔적이나 그라마톨로지가 여성의 남성모방, 그리고 그것을 뒤집은 남성의 여성모방이라는 이중성에 스스로 걸려들었다는 증후는 에쁘롱, 산종, 이멘 등 여러 곳에서 발견할 수 있다. 특히 그래마(grammar)와 어원이 같은 그라마톨로지(grammatology)는 그답게 변형생성문법의 수준이다. 구문(syntax)이라는 것은 역시 의미론(semantics)의 표층구조인 것이다. 의미를 생성하는 것이 아니고 의미를 낚시하는 것이다.

결국 해체철학에서 남녀 성기의 활용은 전략적으로 성공하면서 동시에 그 전략에 본인 스스로 말려드는 결과를 초래한다. 성기는 항상 상대가 있는 이중적 은유이기 때문이다. 이는 결국 남성과 여성의 문제의식이나 관점으로서는 남녀를 극복할 수 없다는 것을 의미한다. 그러한 점에서 '남(男)-여(女)'가 아니라 '모(母)-자(子)'의 관계로, 더 정확하게는 '자(子)/모(母)'의 관계로 볼 필요가 있음을 깨닫게 된다. 이는 앞에서 말한 '주체-객체'가 '시니피앙/시니피에'의 관계로 바뀐 것과 맥을 같이하는 것이 된다. 말하자면 후기근대 철학은 아직 구조언어학이 발견한 '시니피앙/시니피에'의 단계에 철학적으로 이르지 못했음을 의미한다.

---

18) 신경원, 『니체 데리다 이리가레의 여성』 p. 309, 2004, 소나무.

19) 신경원, 『니체 데리다 이리가레의 여성』(소나무, 2004), 310쪽, 재인용.

이는 서양문명의 남근이성주의 탓이다. '시니피앙/시니피에'의 단계는 '자/모'의 단계이다.

	남녀관계(자연수)	모자관계(분수)
주체-객체	남녀는 대칭의 관계	
주체/객체	남자가 여자를 지배한다	
시니피앙/시니피에		여자가 아이를 낳는다
시니피앙-시니피에		아들이 어머니를 지배한다

	여자(재생산)	남자(생산)
메타포	아이를 낳지 못한다	상상 임신(개념)을 한다(생산)
메타니미	아이를 낳는다(재생산)	피부접촉(성교)을 원한다

서양철학은 크게 보면 카피(copy)의 용어들을 다르게 생산하면서 모방연결을 이룬 시퀀스이다. 서양철학자 가운데 동양의 음양사상에 가장 근접하고 있는 이리가레는 다음과 같은 입장이다.

"추상화된 여성의 몸은 마치 공기처럼 투명하다. 이리가레는 여성의 몸은 남성의 집이자 거처이지만 남성들의 개념에 맞추어 형성된 육체라고 주장한다. 그 결과 여성의 몸은 추상화되어 공중에 갇혀 있는 상태이다."[20] "지평선이 없는 공기이고, 경계가 없는 몸체이며, 윤관이 없는 얼굴이다."[21]라는 표현은 매우 극적이다.

이리가레가 볼 때 니체가 강조하는 육체나 대지에 대한 강한 긍정은 그 자신이 만든 환상일 뿐이며, 실제 타자의 몸에 대한 긍정이 아니다. 말하자면 철학적(시적) 은유로서의 육체나 대지일 뿐, 환유로서(역사로

---

20) 신경원, 『니체 데리다 이리가레의 여성』(소나무, 2004), 299쪽.
21) Irigaray, *Elemental Passions* p. 49, 신경원, 『니체 데리다 이리가레의 여성』(소나무, 2004), 299쪽, 재인용.

서) 그것은 아니다.

"항상 당신의 영원에 맞추어 제공되는 여성의 몸으로부터 당신은 '예'라는 대답을 들으며 무한하게 비축되어 있는 베일과 돛, 날개, 비상을 끌어낸다……이 여성과 몸은 그녀 자신에 의해서나 당신에 의해서나 한 번도 말해본 적이 없다. 그러므로 당신의 환상을 위해 쉽게 속일 수 있는 근원이 된다."(ML 23)[22]

그래서 이리가레는 '타자의 타자'를 주장한다.

"이리가레의 여성은 관계 형성에서 타자와의 사이에 심연이나 영원 등의 틈으로 막혀 있지 않고, 스스로 자신의 타자를 감싸 안을 수 있는 능력을 가지고 있다. 또한 자신의 가치를 발견하고 즐기는 데 물질적인 대가를 필요로 하지도 않는다. 스스로를 감싸는 순간 형상과 물체라는 구분조차 순간적으로 사라진다. 그에 비해 남성은 이 같은 능력이 결여되어 있다. '남성은 스스로이든 다른 남성에 의해서든 자신을 감싸 안을' 수 없다. 동일성의 논리 안에 머물기 때문에 타자와 자신을 주고받을 수 없다. 타자가 그에게 덮개(sheath) 역할을 해줄지라도 그는 기껏해야 그것으로 포장할 정도이지 감싸 안은 것을 할 수 없다."(ML 85)[23]

이리가레의 '타자의 타자'는 바로 '주체'(subject)가 아니라 '셀프'(self)이다. '셀프'는 '스스로 그러한' 자연(自然)이다. 인간은 더 이상 가상실재를 실재라고 생각하지 않아야 한다. 진정한 실재인 '자연=셀프'는 재현이 아니라 재생이고 재생산이다. 남자는 더 이상 가상실재인 생산을 가지고 여자의 재생산을 핍박하여서는 안 된다. 여자를 더 이상 '결핍의 존재' '남근 모방의 존재'로 여겨서는 안 된다. 여자는 스스로 자신의 재생산 능력(신비)을 알고 죄다 알고 있지는 않지만 그러한 능력을 지니고 '살고' 있다. 이는 무지(無知)가 도리어 애지(愛知)보다 근본적인 것

---

22) 신경원, 『니체 데리다 이리가레의 여성』(소나무, 2004), 148쪽, 재인용.
23) 신경원, 『니체 데리다 이리가레의 여성』(소나무, 2004), 154쪽, 재인용.

을 말한다. 무식한 여자가 유식한 여자보다 아이를 더 잘 낳는 것은 자연의 이치이다.

이리가레는 본질론자라는 비난을 받으면서도 성의 차이를 고수한다. 이를 두고 서양철학의 보편성 추구에 대항하기 위한 '개체성과 성의 특수성'을 심으려는 전략이라고 말한다.

"개념, 실체, 초월적 주체, 절대적 지식 등 철학 담론의 개념들을 '재검토'해야 할 필요성이 있다. 이 개념들이 여성적인 것 혹은 여성성에서 도용한 것이 있으면 그것을 밝히고 도용한 것을 '포기하도록' 하며 빌려온 것들을 되돌리는 작업이 필요하다."(TS 74)[24]

여성의 '쾌락의 지리학'(geography of pleasure)은 복합하고 미묘하다. 여성은 다양한 촉감을 우선한다. 이는 남성이 시각을 우선하는 것과 대조를 이룬다. 촉감은 흔히 동물적인 것으로 비하되어왔지만 실은 촉감이야말로 감각의 환유로 시각의 은유보다 훨씬 근본적인 것이다. 흔히 남성중심의 가부장사회는 근본적인 것을 동물적이라거나 본능적인 것이라는 레테르를 붙여서 경원시하곤 했다.

여성의 촉감적 특성을 노자 『도덕경』에서는 '현묘'(玄妙)하다고 말하고 '곡신불사'(谷神不死)라고 한다. 또 물에 비유하여 '상선약수"(上善若水)라고도 한다. 물이 땅과 같이 사이좋게 지내듯이 마음이 물과 같이 상선(上善)이 되면 그 마음은 땅과 친교하게 된다. 촉감과 피부적인 것이야말로 세계의 실재가 아닐까. 이것을 물질이라는 이름으로 동질화·표상화하지 않으면 말이다.

여성의 육체가 우주적 리듬과 규칙성을 따라가면서 재생산과 쾌락에 참여하는 것을 부정적으로 볼 필요는 없다. 남자의 생산보다 여자의 재생산이 보다 근본적인 생산이다. 재생산은 또한 우주적 진리에 대한 규명이나 주장보다는 우주적 사이클에 참여하는 것이다. 인간은 여자의 재

---

24) 신경원, 『니체 데리다 이리가레의 여성』(소나무, 2004), 214쪽, 재인용.

생산을 통해 우주의 주변에서 겉돌지 않고, 우주적 신비와 운동과 변화에 깊숙이 참여한다.

남성중심으로 발달한 과학은 오늘날 환경공해는 물론이고 단기간에 복구 불가능한 핵 사건를 일으키고 있다. 인류는 이제 철학적으로, 문화 전반에서 자연에 대한 새로운 이해를 필요로 하고 있다. 여기에 여성성에 대한 이해는 필수이다.

이리가레는 '개체성과 성의 특수성'을 심으려는 의도에서 남성중심의 성의 보편성에 대한 비판을 하지만 필자의 일반성의 철학은 인간의 신체를 말하는 '개체성'(추상적 개인이 아닌)을 부각시키면서 동시에 보편성을 구축하고 있는 토대인 인간의 집단성을 상기시킴으로서 보편성의 허구(집단적으로 약속된 언어)를 고발하기 위해서 출발한 것이다.

철학의 진정한 해체는 마치 철학이 있기 때문에 이 세계가 존재하는 것인 양 착각(환상)하게 하는 것을 방지할 뿐만 아니라, 철학이라는 것도 시대와 환경 필요성 때문에 부단한 의식적·무의식적 대화를 통해 만들어진다는 것을 알림으로써 철학이 마치 머리 좋은 사람에 의해 하늘에서 뚝 떨어진 것처럼 생각하지 않게 하는 일이다. 이는 세계가 마치 전지전능한 하느님의 말씀에 의해 하루아침에 만들어졌다는 비약과 환원에 빠지지 말게 하는 일과 같다.

생성의 과정에 대한 설명을 생략하거나 거두절미하고 어떤 등식을 만들어 내거나 강요하는 것은 철학이나 신학에서도 결국 사기라는 것을 이해할 필요가 있다. 결국 이리가레의 페미니즘도 남근이성중심의 본질론과 대항하면서 '일반성의 철학과 신학'과 뜻을 같이하는 '일반성의 페미니즘'을 위한 노력이라고 말할 수 있을 것이다.

이리가레가 자신의 담론 영역을 생태학적, 환경적 관점으로 확대하는 것은 필자가 샤머니즘을 존재론적으로 해석할 때 취하는 태도인 '에코페미니즘'(eco-feminism)이나 '생문화적(bio-cultural) 접근의 인류학'[25]과 맥락을 같이한다. 그는 꽃과 뿌리뿐 아니라 물, 흙, 불, 공기 등 자연 원소들이 우리의 존재를 구성하기 때문에 여성을 공기, 공중의 햇빛에만 노출시키려는 것이야말로 타자를 공중에 가두고 남성은 흙의 심연에 스스로를 감금하는 결과를 낳는다고 경고한다.[26]

"부성 언어의 유희를 통해 여성의 자궁은 '남성들에 의해 장난감이 되고 은유로 전락되고 조롱거리'가 되었다고 주장한다.[27]

이런 이리가레의 지적은 동굴 은유를 쓴 플라톤이나 여성 은유를 쓴 니체에게만 적용되는 것이 아니라 데리다의 경우에도 마찬가지이다. 산종을 통해 부성적 기원뿐만 아니라 모성적 기원과의 고립을 시도하고, 이멘경제를 통해 이멘/처녀막이라는 용어가 지니는 육체적 중요성과 역사적 의미를 망각하고 지워버린다는 점에서 그도 같은 오류를 범하는 것으로 보아야 한다. 니체의 바우보의 음부와 마찬가지로 데리다는 기원, 정체성, 본질 등을 해체하고자 했던 의도가 명확했다. 또한 여성의 문제에서 '여성의 모습'을 납치한다고 밝혔다."[28]

신경원의 말대로 "여성의 성은 스스로를 감싸면서도 타자와 공유하며 스스로 타자가 될 수 있는 능력을 지니고 있다."[29]

철학의 생각-반사(reflection)는 이제 재생-재활(recycling)로 바뀌어야 한다. 재생-재활은 여성의 재생산(reproduction)을 닮은 것이고, 그것은 필연적으로 우주의 리듬(rhythm)으로 표현된다. 여성의 월경은 그 대표적인 것이다. 이것은 자연과 파동을 맞추는 것이 된다. 인간은 자연

25) 박정진, 『성(性)인류학』(이담 북스, 2010) 참조.
26) Irigaray, 『*Elemental Passions*』 p. 36, 신경원, 『니체 데리다 이리가레의 여성』(소나무, 2004), 299쪽, 재인용.
27) Irigaray, 『Speculum of the Other Woman』 p. 263, 신경원, 『니체 데리다 이리가레의 여성』(소나무, 2004), 300쪽, 재인용.
28) 신경원, 『니체 데리다 이리가레의 여성』(소나무, 2004), 300쪽.
29) 신경원 지음 『니체 데리다 이리가레의 여성』 pp. 154~155, 2004, 소나무.

의 보이지 않는 파동과 삶을 맞추어야 하고, 파동의 보이지 않는 소리를 들어야 한다. 그래서 철학은 포노로지(phonology)가 되어야 한다. 소리와 파동은 처음부터 고정된 주체(subject)가 없는 것이고, 사회적 정체성(identity)도 없는 것이다.

남근이성중심주의 철학은 마치 페니스처럼 철학적 팽창을 하지만 그것은 전시(과시)를 위한 팽창이다. 그것은 잠시 충혈에 의해 팽창하지만 스스로 증식에 이르지 못한다. 페니스는 증식에 간접적으로 기여하지만(계기에 불과하다), 증식 자체는 여성에 의해 이루어진다. 여성의 증식은 소리의 증식이고 우주적 울림이다. 이는 바다를 닮았다. 여성의 블랙홀(Black hole)과 빅뱅(Big bang)에 의해서 우주는 팽창하고 수렴한다. 빅뱅은 거울반사와 같다.

서양문명은 그동안 너무 '거울반사'에 머물러 있었다. 이것은 '유리투명'으로 바뀌어야 한다. 거울은 뒷면은 차단되어 있어서 거울 뒤를 볼 수 없을 뿐만 아니라 자신의 상(像)마저도 좌우를 거꾸로 보게 한다. 유리는 자신을 보게 하면서도 상대방도 동시에 보게 한다. 이는 태양과 달리 달과 같은 것이다. 태양은 너무 빛나서 다른 사물을 보게 하지만 정작 자신을 보지 못하게 한다. 태양은 직접 쳐다보면 흑점이 되고 만다. 그러나 달은 스스로를 보게 하면서도 다른 사물도 동시에 보게 한다. 달은 이중적이다. 어둠과 빛을 동시에 있게 한다. 그렇다고 태양처럼 사물을 그림자로 있게 하지도 않는다.

여성은 열려 있으면서도 닫혀 있는 것 같다. 그래서 여성의 열려 있음은 글자그대로 '개벽'(開闢)이다. 가부장제는 여성이 닫혀 있기를 원한다. 남성은 닫혀있으면서 항상 열려 있는 것 같다. 그래서 남성은 여성을 열려고 팽창한다. 그래서 음양(陰陽)의 세계이다.

동양문명을 달(月)의 문명이라고 하고, 음양(陰陽)문명이라고 하는 것은 참으로 현명하다. 동양-달(月)-음(陰)이 인류문명의 새로운 희망이다.

동양-달(月陰)-음(陰)-음(音)-블랙홀(Black hole)을 중심으로(청각중심)
보면 서양-태양(陽光)-양(陽)-색(色)-태양계(시각중심문명)는 전자의 모
방이고 카피이다.

　서양문명은 여성모방, 여성카피이다. 남성, 철(凸)이라는 것은 여성,
요(凹)를 카피하고 다시 바로 세워진 모습이다. 바로 세워질 때는 자신의
카피물질(복사종이와 먹)이 있다. 그것이 정자이다. 남성의 정자는 씨를
뿌린 뒤(마치 카피를 하듯이 빛을 비추고는) 그것이 자궁에서 어떻게 커
가는 과정에 대해서는 별 관심이 없는 채 아이를 낳으면 바로 자신의 것
으로 한다(자신의 성씨를 붙여준다. 이것은 마크를 찍는 것이다). 이것은
또한 권력의 과정이기도 하다. 이것은 위조지폐범과 같은 사기이다.

〈남성-여성, 보편성-일반성, G(Grammatology)-P(Phonology)〉

남자 (G)	이성	정신 (마음)	메타니미 (기호)	시니 피앙	말 (言語)	모방 연쇄	가상 실재	재현 (再現)	보편성 (理)
여자 (P)	감성	신체 (몸)	메타포 (의미)	시니 피에	소리 (phone)	모체 연결	실재 (空, 虛)	재생 (再生)	일반성 (氣)

　이러한 음양의 요철(凹凸: ∽)의 전개과정을 시간의 흐름에 따라 차연
(差延: 差異와 延期) 시킨 것이 사인곡선(코사인 곡선) 혹은 파동곡선이
다. 이중나선구조, 혹은 새끼 꼬기라는 것도 사인곡선과 코사인 곡선의
합성이다. 음양의 운동은 강도(Intensity)에 따라 여러 가지 형태로 전개
된다. 이런 음양의 운동을 원의 단위체로 표현한 것이 바로 태극(☯)이
다.

　오태석(중어중문학)은 한시(漢詩)의 운율적 특성을 연구한 〈한시(漢詩)
의 뫼비우스적 소통성〉에서 음양을 미분학적으로 접근하는 연구결과를
발표했다. 태극의 곡선은 y=f(x)=sin(x)이다. 이를 기울기를 통해 변화의

강약을 체크하면, 기울기는 y=f'(x)가 된다. "이때 y=f(x)가 겉으로 드러난 현상이라면, 기울기를 나타내는 미분식 y=f'(x)는 현상에 선행하는 내적 모멘텀(momentum), 혹은 전조(前兆)와 같은 것으로서 다음에 나타날 현상의 결정요인이 된다. 즉 f'(x)는 현상인 y=f(x)에 선행하고, f(x)를 결정짓는 인과율적이며, 연기적인 사건이다."30)

이에 더하여 기울기의 이면을 체크하면 음양은 다층의 연기적 표리(緣起的 表裏)를 이루게 된다.

"전조였던 f'(x)는 다시 그것의 전조인 f''(x)에 의해 규정되는데 이는 마치 양파껍질과 같은 다층의 연기적(緣起的) 표리관계이다. 이를 달리 말하자면 이면의 모멘텀인 f''(x)는 f'(x)를 결정하고, f'(x)는 다시 f(x)의 모멘텀이 되어, 현상적 결과값을 낳는다. 이렇게 플러스와 마이너스, 그리고 현상과 이면, 그리고 시차성에 관한 미분적 해석으로부터 얻게 되는 시사는 바로 주역(周易)에서 태극의 이면을 동태적으로 흐르는 음양(陰陽)의 '방향(Direction)'과 '강도(Intensity)'들이 개재된 흐름의 세계이며, 양파껍질 같이 벗겨낼수록 표리가 상호 연기(緣起)되는 동형구조의 연기적(緣起的) 세계이다."31)

〈사인코사인 곡선: 음양의 프랙털(fractal) 구조〉

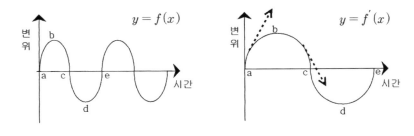

30) 오태석, 「漢詩의 뫼비우스적 소통성」(2008 학년도 동국대 연구 년 지원논문) p. 47
31) 오태석, 〈漢詩의 뫼비우스적 소통성〉(2008 학년도 동국대 연구년 지원논문) p. 48

결과적으로 음양의 흐름은 중심을 이동하면서 프랙털(fractal) 구조를 이루게 된다.

"음과 양이 서로 관계하여 만들어낸 기(氣)의 흐름은, 시간 속에서 그 내부 요소들인 음양 합류의 방향과 강도에 의해 매순간의 앞과 뒤에서, 그리고 순간마다 서로 다른 과정적 의미들을 파생하면서 태극의 중심을 유동하며 흘러간다. 그리고 이렇게 하여 만들어진 음양의 차이와 파동의 사유철학은 주역(周易) 각 괘(卦)를 구성하는 오직 음양으로 구성된 여섯 개의 효(爻)를 통해 시간상의 플러스(+)와 마이너스(-)를 유비적으로 은유하고 대비케 하는 '조짐-현상'의 기호적 표상 체계를 파생적으로 구축한다."[32]

그런데 운동의 곡선 가운데 크게 단절을 보이는 것이 탄젠트 곡선이다. 음양운동의 관점에서 보면, 다시 말하면, 음양운동을 자연의 자연스런 운동과 변화의 곡선이라고 가정하면, 탄젠트 곡선은 철학의 이성주의와 같은 것이 된다. 이성주의는 마치 흐르는 음양의 곡선을 역류하는 것과 같다. 그렇게 볼 경우 탄젠트 곡선의 단절을 메우고 사인코사인 곡선으로(이것은 파동이다) 원상회복을 하려는 것이 후기근대철학이라고 비유할 수 있을 것이다.

파동이야말로 가장 자연스런 운동의 형태이다. 그런데 그 단절은 단절이 아니라 운동(역동)을 위한 틈이고 공(空)이고 허(虛)인데도 불구하고 인과(因果)로 그 틈을 메우려고 하는 것이 그동안의 서양철학이었다고 할 수 있을 것이다. 틈을 등식(等式)으로 메우지 않으면 안 된다고 호들갑을 떨고 있는 셈이다. 무엇을 목표하는 것이, 목표에 집착하는 것이 문제해결(solution)인 줄 안다.

진정한 해결은 목표(비록 거대한 인류의 평화라고 할지라도)에 집착하지 않는 것이다. 목표를 놓는 것이다. 목표를 놓으면 무슨 큰일이라도 벌

---

32) 오태석, <漢詩의 뫼비우스적 소통성>(2008 학년도 동국대 연구년 지원논문) p. 48~49.

어지는 것처럼 생각하는데 실은 목표(object) 자체, 대상(object) 자체를 놓은 것, 바탕에 무엇을 그리는 것 자체, 에크리튀르 그 자체를 놓은 것이 진정한 해결이다. 에크리튀르는 그러한 점에서 존재론인 체하는 것이다. 에크리튀르는 진정한 여자(여성성)가 되지 못하는 것이다. 여자인 체하는 것이다. 여장남성(女裝男性)이다. 남자철학자의 운명은 결국 여성모방(女性模倣)이나 여장남성의 둘 줄의 하나를 선택해야 하는 운명인지도 모른다.

존재론으로 볼 때, 평화나 행복은 '지금, 여기'(now, here)에서, 존재자(소유적 존재)에서 존재(존재적 존재)로 입장과 관점을 바꾸는 것이지, 다른 이상향이나 목적지를 찾아가는 것이 아니다. 마음만 바꾸면 지옥이 천국이 되는 것이지, 천국이 대상적으로 따로 있는 것이 아니다. 대상은 항상 다른 대상으로 바뀌어 진다. 대상이라고 하니까 물질적인 것만 대상이라고 생각하는데 언어를 비롯 모든 대상이 되는 대상이다. 언어도 대상적이기 때문에 바뀌어 진다.

해결점은 인간의 몸밖에 있는 것이 아니라 마음 안에, 몸 안에 있으며, 안에서 스스로를 흥분시키지 않고, 마음의 먼지를 가라앉히면 저절로 해결되는 것이다. 욕망을 없애는 것이 아니라 욕망을 가라앉게 하면 되는 것이다. 그러면 자연스럽게 욕망을 절제하면서 살아가는 것이다. 욕망을 철저하게 억압하고 금욕하는 것은 특별한 개인이 아닌 한, 대체로 인간에게 반대급부의 욕망을 다른 곳에서 실현하게 하는 위선과 부작용을 초래하게 하였다. 가만히 욕망을 바라보는 기도와 명상의 시간을 갖는 것만으로도 욕망은 상당히 제어된다. 이 지점이 자리이타(自利利他)의 출발지점이다.

재미있는 것은 '지금, 여기'(now, here)이다. 이것은 합치면 '아무데도 없다'는 뜻의 'nowhere'가 된다. '아무데도 없다'는 역설적으로 상상적 유토피아(이상향)를 가리킨다. 영국의 소설가 사무엘 버틀러(Samuel

Butler)는 '에레혼'(Erewhon)[33]이라는 소설을 썼다. 이는 유토피아(Utopia)와 같다. 유토피아는 그리스어로 '아니다'(ou)와 장소(topos)의 합성어이다. 역시 '이 세상에 없는 곳'이 된다. 동양의 무릉도원(武陵桃源)과 같다.

이것을 하이데거 식으로 해석하면, '지금, 여기'는 순간(틈, 흔적, 차이, 경계)에서 영원을 찾는 것이라면, 에레혼은 유토피아를 대상적으로 찾는 것이다. 전자는 대상적이지 않고, 후자는 대상적이다. 전자는 존재적인 방식이고, 후자는 존재자적인 방식이다.

여성주의, 에코페미니즘의 관점에서 볼 때 니체의 말대로 "신은 죽었다." 가 아니라(신을 죽일 필요가 없고, 죽일 신도 없다. 자연이야말로 진정한 신이다) "신은 스스로 알 수 없다."가 되어야 한다. 스스로를 알면 이미 신이 아니다. 신은 바타유의 말대로 '무지(無知)의 신(神)'(愛知가 아니라)이어야 한다. 신은 스스로를 알 수 없을 만큼 대신(大身)하고, 신은 말로서 표현할 수 없어야 한다. 말로써 표현되면 이미 신이 아니다. 이는 도가도 비상도(道可道 非常道)와 같은 말이다.

철학은 철학을 말하지 말아야 한다. 더 이상 철학은 철학을 하지 말아야 철학을 하는 셈이 된다. 그러나 철학은 말을 하여야 한다. 말을 하지 않고는 철학을 할 수 없다. 이것이 철학의 딜레마이다. 철학과 문화의 모든 해석의 어려움과 역설과 아이러니는 결국 메타포를 메타니미로 해석하거나 메타니미를 메타포로 해석하는 데에 있다.

자연은 본래 메타니미이다. 이것을 사람들이 메타포로 변형시키고 다시 이것을 메타니미로 해석한 것이 과학이고, 자연의 메타니미를 메타포로 해석한 것이 예술이다. 종교는 메타포를 메타니미로 해석한 것이다.

---

33) 사무엘 버틀러의 기계문명을 풍자한 1872년 작품으로 내용은 이렇다. "산 너머 미지의 나라 에레혼에 도달한 양치기 유목 청년은, 반(反)기계파의 승리로 기계를 미워하고 질병은 죄악으로 처벌을 받으나 죄인은 병자로서 따뜻한 치료를 받는 사회를 목도하는데, 결국 그곳에서 사랑한 여성과 기구를 타고 탈출해 나온다."(오태석 요약)

사람이 죽으면 천국이나 극락으로 간다는 것은 그 대표적인 것이다. 자연은 표층이나 이면이나 같다. 단지 인간이 언어(상징)로 자연을 표현하기 위해서는 표층과 이면으로 분별하여 접근할 수밖에 없다.

〈비유법으로 본 자연, 과학, 종교, 예술〉

자연	메타니미	메타포↔ 메타니미
과학	메타니미→메타포→메타니미	
종교	메타포→메타니미	
예술	메타니미→메타포	

　인류의 문명을 천지인, 대리대신교대(교배) 모델로 설명하면 천(天)은 남근-이성중심을 말하고 이는 결국 모방연쇄-철학과학이 된다. 지(地)는 여근-감성중심을 말하고 이는 결국 모체연결-네트워킹이 된다. 인(人)은 천지 양자의 사이에서 상황적(contextual) 기호가 된다. 은유/환유, 시니피앙/시니피에는 교체되는 특징을 가지고 있다. 이것은 인간의 삶의 역동성을 담보하는 것이 된다.

〈인류문명의 천지인 모델과 상황적 기호〉

천(天: 정신) 대리(代理)	남근- 이성 중심 (거리- 시공간)	보편성(초월성, 초인)- 초의식-존재자 =이(理)=재현= 보충대리(補充代理)			모방(模倣) 연쇄 -철학과학)
인(人: 氣): 상황적 (contextual) 기호/ 음양적 연장(延長) 교대(交代) 교배(交配)	천(의식- 지식-표층- 모방연결)	집단성 (사회)	하늘의 하느님 (超人, 聖人)	영원한 여성	콘텍스트 (context) 은유/환유 시니피앙/ 시니피에의 교체
	지(무의식- 지혜-심층- 모체연결)	개체성 (신체)	바다의 사이렌 (魔女)	영원한 남성	
지(地: 육체) 대신(代身)	여근- 감성중심 (틈-차이)	일반성(자연)-무의식-존재 =기(氣)=실재=존재의 근거- 탈근거			모체(matrix) 연결- 네트워킹 (networking)
* 일반성의 철학은 결국 기(氣)의 철학, 여근(女根)의 철학을 끝없이 추구하는 것이다. 실재는 일반성이다. 지대무외(至大無外)는 타자의 타자이고, 지소무내(至小無內)는 자기의 자기이기 때문에, 계속적으로 나아가야 하기 때문에 달아나는 신(神)이거나 아예 무(無)이다.					

여기서 눈여겨보아야 할 사항은 인간이 내부에 천지가 다시 내재해 있으며 역동성을 갖는 점이다. 인류는 집단적으로는 영원한 여성을 설정하지 않을 수 없다. 집단의 재생산은 역시 여성이 담당하기 때문이다. 영원한 여성에 이르는 데는 하늘의 하느님(聖人, 超人)의 도움이 필요하다. 초인이 등장하면서 그 이전의 성인도 실은 초인의 일종임이 드러났다.

개체성으로 보면 영원한 남성을 설정하지 않을 수 없다. 개인의 성공(생산)은 역시 남성적 특징이기 때문이다. 개인이 성공에 도달하기 위해서는 바다의 사이렌으로 상징되는 마녀를 극복해야 한다.

일반성의 철학은 역시 기(氣)의 철학이고 여근(女根)의 철학이다. 이
(理)의 철학과 기(氣)의 철학은 앞으로는 대립을 하지만 뒤로는 서로 가
역하고 순환한다. 이는 초의식과 무의식이 통하는 것과 같다.

현상학을 의식의 철학이라고 본다면 의식은 초의식을 통해 자신의 성
스러움(聖, 道德)을 달성하지만 동시에 무의식으로 돌아와서 자연의 성
(性, sex)을 회복함으로써 잠재력(potential) 측면에서 불안정에서 안
정을 확보하려고 한다. 그 사이에 인간문화의 의미맥락에서 권력, 즉 성
(姓, 姓氏)과 성(城, 城主)이 있는 것이다.

이를 보다 넓은 의미에서 자연의 항상성(恒常性)을 중심으로 말하면
성(誠)과 성(聲)이 된다. 이상을 정리하면 〈성(聖, 道德)-성(性, sex)-성
(姓, 姓氏, 城, 城主)-성(誠, 聲)〉이 순환하는 것을 알 수 있다. 동양의 중
용(中庸)·중화(中和)사상은 특히 성(誠)을 중심으로 철학을 구성한 것이
다. 불교는 철학적 이분법을 극복하기 위해 중도(中道)를 주장했다. 중용
은 자연을 중심으로, 중도는 의식을 중심으로 신(神)에 의지하지 않으면
서 인간의 전인성(全人性)을 회복하려고 노력했다.

음양사상의 특징은 가장 큰 규모에서도 통하고, 가장 작은 규모에서도
통한다는 점이다. 그렇게 보면 세계는 물리적 연장이 아니라 상징적 연
장일 수밖에 없다. 상징적 연장이 바로 차이의 연장, 차연(差延)이다. 세
계는 진동하는(유동하는) 하나의 체계일 수밖에 없다. 이때의 하나는 화
이부동(和而不同), 부동이화(不同而和)일 수밖에 없다. 이때의 동(同)은
물론 동일성(同一性)이다. 동양문명은 화합하면서도 동일성을 추구하지
않고, 동일성을 추구하지 않기 때문에 화합한다고 할 수 있다.

이에 비하면 서양철학과 문명은 동이불화(同而不和), 불화이동(不和而
同)의 문명적 특징을 갖는다. 서양문명은 동일성을 찾기 때문에 항상 불
화할 수밖에 없고, 불화하기 때문에 동일성을 찾게 된다고 설명할 수 있

다. 이것이 바로 이데아(Idea)이고 기독교유일신(God)이고, 정반합(正反合)변증법이다. 서양철학과 문명의 방식에서 자연(존재)을 설명하려고 한 것이 바로 '차연의 철학'이다. 차연의 철학은 결국 현상학이다.

화이부동을 현대철학과 연결시키면 자유민주주의와 상응하게 된다. 이에 반해 동이불화는 공산사회주의와 상응하게 된다. 화이부동-자유민주주의는 자유를 기초로 질적 민주주의로 성장하고, 동이불화-공산사회주의는 평등을 기초로 양적 민주주의로 귀결되게 된다. 이렇게 보면 오늘날 서양의 과학기술문명은 자신도 모르게 점차적으로 유물론-기계적 평등으로 나아간 셈이다. 차연(差延)은 공간의 연장과 시간의 지연이라는 점에서 현상학의 범주에 속한다.

차연은 자연(自然)이 아니다. 차연은 시간(시간적 지연)과 공간(공간적 연장)의 차이의 다른 말이다. 이는 칸트와 헤겔의 현상학, 즉 원인적 동일성을 중심(中心)이동함으로써 결과적 동일성으로 뒤집은 것에 불과하다. 이는 헤겔의 유심론을 유물론으로 뒤집은 마르크스와 같다. 마르크시즘과 해체주의철학이 통하는 것은 바로 이러한 뒤집기의 결과에 기인한다.

모든 단정과 결정은 환원이라는 점에서 현상학이다. 철학도 환원이고, 과학도 환원이다. 역설적으로 환원이 아닌 게 없다. 환원이 아닌 것은 존재(생성적 존재)밖에 없다. 인간의 뇌는 환원도구이다. 모든 앎은 환원이고, 환원될 수 없는 것이 삶이다. 현상학은 근본적으로 보편성과 초월성과 추상성을 추구할 수밖에 없고, 동시에 상호왕래, 상호소통, 상호주관성을 피할 수 없다. 이러한 현상학을 벗어나기 위해서는 일반성과 내재성과 구체성을 추구할 수밖에 없다. 전자는 〈대뇌-언어(환유)중심의 남성철학〉이고, 후자는 〈신체-상징(은유)중심의 여성철학〉이다.

인류문명의 보편성과 일반성을 교차모델로 보면 다음과 같다. 이 표에서 가장 눈여겨볼 대목은 개체성과 집단성, 보편성과 일반성이 교차의 대각선의 자리에 있다는 점이다. 이것이 교차의 자리에 있기 때문에 마치 생물의 교배처럼 잡종강세가 되고, 계속적인 재생산이 된다는 점이다. 이상의 사전 지식을 가지고 데리다의 그라마톨로지 및 해체철학에 들어가 보자.

〈인류문명의 보편성과 일반성의 교차모델〉

개체성	보편성
여근-감성(感性) 중심	남근-이성(理性) 중심
틈(균열)-차이(差異)	사이(間)-거리(시공간)
존재(이중성, 애매모호함)	존재자(소유)
모체(matrix)연결-네트워킹 (networking)	모방(模倣)연쇄-철학과학
이면(심층)	표면(표층)
무의식	의식
지혜	지식
시니피앙-시니피에	주체-객체
시니피앙(기의)	시니피에(기표)
포노로지(phonology)	그라마톨로지(grammatology)
바다의 사이렌(마녀)-노래-배(丹田)	하늘의 하느님(예수, 부처, 超人)-말-머리
메타포(은유)	메타니미(환유)
신체 안	신체 밖
기(氣)→지소무내(至小無內)=기(氣)	이(理)→지대무외(至大無外)=이(理)
일반성(자연)=실재=음(陰)의 철학	집단성(사회)=재현=양(陽)의 철학

데리다의 해체주의를
해체하다

·····

····

1. 서양철학의 종언의 징조로서 해체철학

데리다의 해체철학을 해체하는 것은 참으로 용감한 일이다. 아마도 필자가 한자문명권이 일원, 그리고 그 중에서도 특히 한글문화권의 일원이 아니었으면 애초에 엄두도 못 낼 불가능한 일이었을 것이다. 그러나 필자는 다행히 그러한 행운을 타고 났다. 그렇게 보면 학문이라는 것도, 특히 철학이라는 것도 한 문화권의 조건(혹은 바탕)을 벗어나지 못하는 것임을 절감하게 된다. 특히 자연을 생각하면 참으로 보잘 것 없는 일— 의미를 먹고 사는 인간에게 잠시 주어진—임을 느끼게 한다. 아마도 인간이 의미를 먹고 살지 않았으면 철학이라는 것이 필요 없었을 지도 모른다.

따라서 철학하는 것이 무슨 대단한 일을 하는 것인 양, 촌놈처럼 떠들어댈 일은 아님이 분명하다. 데리다는 후설이나 루소, 레비스트로스를 재물로, 더 정확하게 말하면 그들의 텍스트 읽기를 통해, 참으로 가장 힘과 땀을 덜 들이고 상대를 공격함으로써, 가장 큰 수확을 거둔 인물임을 말하고자 한다. 그러나 필자는 그가 그의 선학들에게 가한 그대로의 방법으로 그에게 돌려주고자 한다. 한 마디로 말하면 데리다는 서양 알파벳표음문자 문화, 남근이성주의 문화, 시각중심 문화에서 마지막으로 탈출을 시도한 학자라고 말하고 싶다. 그런 점에서 그도 역시 그가 그토록 비판한 철학자들의 대열에 포함하고 싶다.

데리다는 결국 탈출의 제스처를 취함으로써 탈출처의 문화의 흔적(텍스트, 혹은 그라마톨로지)을 토대로 탈출의 쇼를 벌인 인물에 다름 아니다. 특히 그는 그가 비판한 선학들을 마치 씨름선수가 맞붙어서 상대를 넘어뜨렸으며, 승리이면에는 상대의 기술을 역으로 이용하는 전략을 택했다고 할 수 있다. 그가 상대를 쓰러뜨린 용어들은 독자적으로 개발한 것들이 아니라 '용어의 탄생'에는 모두 선학들이 먼저 행하였거나, 이미 풍자한 것들이라는 점에서 그는 '머리 좋은 철학자'라고 말할 수 있다.

그러나 데리다는 약간 야비한 선수와 같다. 남이 만들어놓은 아이디어나 용어를 듣고, 재빨리 특허출원을 해서 자신의 것으로 만들었기 때문이다. 그러한 사정을 철학에 눈 밝은 사람이 아니면 알기 어려울 정도이다. 말하자면 그는 모방과 표절을 하였으면서도 마치 그렇지 않은 것처럼 위장할 수 있는 고급의 '키치(kitsch) 화가'라고 할 수 있다. 아니면 더 이상 구축할 것이 없어서 남의 것을 해체할 수밖에 없는 후기근대(post-modern)의 불쌍한, 말장난에 급급한 개그맨이라고 할까.

우선 그가 개발한 문자학(표지학)이라는 것은 실은 후설이 기호의 개념을 '표현'(Ausdruck)과 '표지'(Anzeichen)라고 나누고 표현은 의미가 있는 세계지만, 표지는 그런 기능이 없다고 생각하면서 소홀이 한 부분이다. 심하게 말하면 후설이 버린 것이다. 그러나 데리다의 논리대로라면 후설은 이미 표현/표지를 이중적으로 이해한 인물이다.

그 다음 그가 잘 사용하는 '보충대리'의 개념과 '언어의 폭력성'도 루소가 개발한 용어이다. 또 '문자사회의 폭력성'과, '에크리튀르'의 개념도 레비스트로스에게 배웠다. 다시 말하면 데리다는 후설이나 루소, 레비스트로스의 읽기를 통해 상대의 말을 먼저 배우고, 그 말의 이면(혹은 이중성)을 끄집어내어 정반대로 해석하는 재치로 상대를 넘어뜨리는 것이다. 심지어 텍스트(text)와 차이(혹은 차연)라는 말조차도 실은 루소가 아이디어를 암암리에 표출하고, 표지한 것이다.

물론 데리다의 이러한 성과의 이면에는 언어에 항상 반대가 되는 의미가 그늘(그림자)처럼 존재하는, 이중적 의미가 함께 도사리고 있다는 것을 미리 알고 있는 그의 능력에 힘입은 바 크지만, 전통적인 학문구축 방법에 비하면 구축하는 노력을 하지 않는다는 평가를 받을 수밖에 없다. 데리다는 도리어 구축하려하지 않는, 그래서 해체철학자가 된 철학자라고 볼 수 있다. 그래서 구축하지 않은 그에게 문책을 할 수는 없다. 단지 구성적인 철학의 조종소리를 들을 따름이다.

해체주의(le déconstructionism)는 필연적으로 해체적일 수밖에 없고, 해체(la déconstruction)를 하기 때문에 구축(construction)을 제대로 하지 못하거나 싫어할 수밖에 없다. 그런 점에서 해체주의는 어떤 것을 그대로 모방하는 것이 아니라 '역(逆)의 모방'이라고 할 수 있다. 해체주의 철학은 구축하는 의미가 전제되는 '보편성의 철학'과 달리, 구축 이전으로 돌아가려는 '일반성의 철학'을 향하는 제스처가 있는 게 사실이다. 그러나 결국 구축하는(구성하는) 철학이 있었기 때문에 해체가 가능한 것이고, 따라서 해체주의는 구축하는 철학의 성과를 힘들이지 않고 취하는 것이나 마찬가지이다.

스스로 자료를 구하고, 그것을 정리하고, 가설을 세우는 등을 통해 자신의 학문을 세워가는 전통적인 구축에 비하면 그러한 인상을 지울 수 없다. 특히 그가 레비스트로스를 공격한 부분은 참으로 원시미개사회에서, 남아메리카 사반나의 열대의 환경에서, 더위와 모기와 싸우면서 현지조사를 하고, 목숨을 잃을 뻔한 위기도 당하면서 구한 자료들은 단지 해석을 정반대로 하면서 자신의 이론을 정립해가는 모습은 그가 세운 이론의 정합성을 떠나서 얄미운 점이 있다.

이러한 관점에서 과연 해체주의가 구조주의에 대해서도 해체적인가에 대해서 심사숙고해 볼 필요가 있다. 해체주의는 모든 구성주의와 현상학에 대해서는 해체적인 것이 확실하다. 그러나 구조주이에 이르면 그것은 해체적이라기보다는 전도주의(顚倒主義)에 가깝다. 왜냐하면 그 해체라는 것이 대체로 기존의 이항대립이나 방향성에 대해서 다른 이항대립을 제시하거나 아니면 같은 이항대립의 경우, 정반대의 방향을 제시하기 때문이고, 나아가서 결국 이항대립의 문화적 변이를 만들어내기 때문이다.

이항대립의 변이 혹은 전도는 실은 해체라기보다는 대립항의 자리바꿈에 지나지 않아서 이것을 밖에서 보면 해체라기보다는 일종의 변형 혹은 변이에 불과한 것으로 보인다. 이것은 결국 순열에서는 다르지만 조합에서는 같은 것이다. 구조주의는 실은 해체주의가 주장하는 것들을 모두 잠재하고 있었다고 해도 과언이 아니다. 데리다는 그것을 좀더 분명하게 지상으로 떠올렸을 뿐이다. 따라서 해체주의는 독창적인 것이라기보다는 구조주의의 변형이라고 말해도 크게 항변할 게 없다. 말하자면 데리다는 루소와 레비스트로스의 연구결과를 재료로 하면서 그 재료를 해석하다가 에크리튀르, 문자학, 보충대리를 확대재생산하는 아이디어를 얻는 셈이다.

요컨대 이것은 실재의 재현이 아니라 재현의 실재인데, 그 실재는 알고 보니 부재라는 데에 도달하게 되고, 그 부재의 연결이 차이이고, 그것을 시공간적으로 해석하니 차연(差延: 공간적 差異와 시간적 延期)이고, 그러한 차연은 흔적으로 결정성이 없는 것이 되는 것은 당연하다. 구조주의도 처음부터 결정성을 주장한 철학이 아니다. 구조주의는 이원대립항(이항대립)의 무한연속을 전제하면서, 처음부터 실재론이 아니라 해석학의 편에서 출발하였으며, 나아가 처음부터 해체적인 소질을 가지고 있었다.

해체주의는 구조주의에 비해 이원대립항의 역동성과 상호가역성, 보충대리의 보충대리를 강화한 점은 인정되지만, 철학의 기본적인 발상법을 구조주의를 모방한 구조주의의 후계자이다. 그래서 해체주의를 후기구조주의라고 말한다. 데리다의 해체주의의 내면을 들여다보면, 서양 알파벳 문명의 콤플렉스를 벗어난다고 하면서도 여전히 그 콤플렉스를 지니고 있고, 도리어 그것을 표출하고 있다고 해도 과언이 아니다.

데리다의 철학적 용어 중에서 교차배어(交叉配語) 혹은 새끼꼬기는 동양의 음양론(陰陽論)의 상보성(相補性)과 상생상극(相生相克), 불교의 중도(中道)의 공(空)사상과 중론(中論)을 서양철학의 문맥에서 받아들이기 위해 고안한 것이다. 서양철학은 동일성의 깊은 뿌리가 있기 때문에 차이를 주장하더라도 동일성이 전제되거나 깔려있는 것이다. 데리다의 개념을 가지고 동양의 음양론이나 불교의 중도를 이해하는 것은 실은 서양을 에둘러서 동양을 이해하는 것이다.

서양의 후기근대철학은 간단하게 말하면, 종래의 동일성(실체성)을 이중성(애매모호성) 혹은 '차이의 동거'로 해체하는 특성을 갖는다. 이때의 차이는 실은 동일성을 전제한 '동일성의 차이'이며 따라서 결국 '동일성의 동거'가 된다. 이것은 생성과 존재로, 혹은 생성생멸(生滅)을 존재유무(有無)로 보는 것이나 마찬가지이다. 서양철학을 일관하는 특징은 생성을 존재로 해석함에 따른 일련의 현상(현상학)들이다.

존재를 존재유무(有無)로 해석하는 경우, 동일성이 유(有)라면 이중성은 무(無)가 된다. 이때의 무(無)는 없음(nothingness)이 아니라 진공묘유(眞空妙有) 혹은 '없이-있음'(nothinglessness)이 된다. 화엄경에 나오는 이중긍정이나 이중부정도 이중성의 다른 표현이다.[1] 불일이불이(不一而不二), 불이이불일(不二而不一)도 이중성의 다른 표현이다. 급기야는 인간이 말하는 모든 의미도 '의미와 무의미'의 관계에 속하게 되고, 이중성의 다른 표현이 된다.

서양철학의 '유심론-유물론' '유신론-무신론' '신중심주의-인간중심

---

1) 화엄경에 나오는 '이중긍정(雙遍肯定)'과 '이중부정(雙遍否定)'은 대표적인 불교철학원리 중 하나로, 모든 현상이 동시에 긍정과 부정의 면을 지니고 있다는 개념을 나타낸다. 이는 모든 것이 상호의존적으로 서로 관련되어 있다는 깊은 인식에서 비롯된 것이다. 이중긍정(雙遍肯定): 이것은 모든 현상이 긍정적인 측면을 가지고 있음을 의미한다. 예컨대 꽃이라는 현상이 있다면, 이 꽃은 그 자체로서 긍정적인 면을 가지고 있는 것이다. 이것은 존재의 긍정적인 측면을 강조하는 것이다. 이중부정(雙遍否定): 이중부정은 모든 현상이 부정적인 측면을 가지고 있다는 개념을 나타낸다. 이는 모든 것이 고정되어 있지 않으며, 변화하고 무한한 상호의존성을 가지고 있다는 것을 의미한다. 예컨대 꽃이라는 현상이 있다면, 그 꽃은 고정되어 있지 않고 변화하는 측면을 가지고 있다. 이것은 존재의 부정적인 측면을 강조하는 것이다. 이중긍정과 이중부정은 모든 현상이 고정되어 있지 않고, 모든 것이 서로 의존하며 상호 연관되어 있음을 말하는 것이다. 이것은 결국 연기법(緣起法)이나 공(空)사상을 중도(中道)사상으로 표현한 것이다.

주의' '인간중심주의-자연중심주의'등 모든 현상학은 동일성에서 출발했지만 이중성, 가역성으로 전락하게 되고, 의미가 무의미로 전락해도 아무런 문제가 없게 된다. 이것은 기표연쇄가 의미의 무의미(의미의 미끄러짐)를 드러내기도 하지만 의미의 고착성(개념화)을 드러내는 과학이 되는 것과 같은 이치이다.

이렇게 보면 데리다가 주장하는 해체라는 것도 '구성-해체'의 이중성에 불과하다. 동일성을 중시하는 서양철학은 후기근대에 이르러 동일성에 반하는 이중성을 철학의 주요개념으로 설정하고 있지만 정작 '동일성-차이성'도 이중성의 이중연쇄에서 벗어날 수 없다. 경우에 따라서는 '차이의 철학'이 동일성과 반대개념으로 차이성을 주장하지만 도리어 동일성을 확인하는 꼴이 된다. 이것은 내가 범인이 아님을 주장하기 위해 제시한 증거들이 도리어 내가 범인임을 증명하는 꼴이 되는 것과 같다.

데리다의 이중긍정, 이중부정, 이중연쇄라는 개념은 실은 불교의 연기법(이중긍정)이나 중론(이중부정)에서 아이디어(힌트)를 가져가서 프랑스적 합리성으로 번안하여 용어를 개발한 것일 가능성이 높다. 존재의 유무, 즉 이분법에서 출발한 서양철학이 찾아낸 유일한 출구라고 할 수 있다. 크게 보면 인도유럽어적 문법의 해결방식이라고 말할 수 있다. 이것을 동아시아의 한자문화의 문법으로 보면 태극음양의 원리 혹은 역(易)이론과 같다. 즉 음속에 양이 있고, 양 속에 음이 있다. 음이 성하면 양이 생겨나고 양이 성하면 음이 생겨나는 이치인 것이다.

데리다는 루소가 개발한 보충대리(補充代理, supplement)라는 개념을 '차이(差異)의 철학'을 전개하는데 주요개념으로 사용하게 있으면서 도리어 루소를 공격하는데 사용하고 있다. 소리(음성언어)와 문자(문자언어)의 상호보완성을 설명하는 보충대리라는 개념이 데리다에게는 인류문명에서 소리보다 문자가 먼저 발생했다는 근거(도구)로 사용된다. 보충대리라는 개념은 항상 적반하장이 될 수 있는 가역적 개념, 이중성의 개념이다. 이것은 동양학에서 말하는 상보성(相補性)의 개념을 서양 식으로 풀이한 개념에 지나지 않는다.

모든 현상학은 '이중성'에서 자유로울 수 없다. 이는 역설적으로 서양 의 현상학이 '동일성'을 근거로 출발했기 때문이다. 이에 비해 동양에서 는 '닮음'을 '동일성'으로 향하는 개념으로 사용하지 않는다. 도리어 동 양의 '닮음'이라는 말에는 동일성보다는 '다름'을 강조하고 전제하고 있 다. '닮음'에는 '다르고-같다'라는 동시성의 개념이 들어있다. 그래서 동 양철학은 굳이 차이성을 강조할 필요성을 느끼지 않는다. 다시 말하면 동양의 닮음, 즉 '다르고-같다'는 서양의 '동일성-차이성'과는 다른 것이 다.

데리다의 문자학은 라캉의 상징주의가 범하는 서양문명의 '언어(존재 자)=사물(존재)'이라는 등식에 빠져있다. 이것은 '등식의 순환론'으로 정 작 철학적 순환론도 아니다. 상징이라는 말은 일의적(一義的) 언어로 사 용되기도 하고, 다의적(多義的)으로 사용되기도 한다. 상징(언어)을 과학 적으로 사용할 때는 현상(現象)과 상(象)에 관심을 기울일 수밖에 없고, 비과학적으로 사용할 때는 표상(表象)과 물(物)에 관심을 기울일 수밖에 없다. 상징이라는 말의 뜻도 이중성이 있는 셈이다. 정신과 물질을 비대 칭적으로 바라봄으로써 둘을 대립시키는 것은 현상학이다. 이에 반해 상 징을 상징학적(표상적)으로 사용하면 음양(陰陽)처럼 대칭을 이룬다.

과학은 물(物)의 틈(차이)을 상(象)을 통해 등식으로 메우는 것이다. 여 기엔 수학적 언어(메타니미)가 필요하다. 비과학은 물(物)을 상징으로 사 용함으로써 다원다층의 대칭을 만든다. 여기엔 시적 언어(메타포)가 필 요하다. 결국 언어는 존재자가 되고, 언어를 사용하면 존재자를 만들게 되고, 상징은 존재가 되고, 상징을 사용하면 존재를 드러내게 된다. 언 어-이성주의는 결국 기표를 지향하고 과학으로 연결되고, 상호보완으로 문자학을 만들게 된다. 상징은 상징-감성주의는 결국 기의를 지향하고 음악으로 승화되고, 상호보완으로 음운학을 만들게 된다. 과학-문자학은 결국 한정교환을 하고, 음악-음운학은 일반교환을 한다.

상징, 언어 (symbol)	언어 (존재자)	현상 (現象)	상 (象)	정신 물질	이성(理性)/ 等式 중심	기표 (記表)	과학-문자학 (한정교환)
	상징 (존재)	표상 (表象)	물 (物)	양(陽) 음(陰)	감성(感性)/ 不等式 중심	기의 (記意)	음악-음운학 (일반교환)

해체주의와 문자학은 일반성의 철학을 모르기 때문에 보편성의 철학 쪽에서 일반성의 철학을 흉내 내는 것이라고 말할 수 있다. 데리다가 루소와 레비스트로스를 비판하는 것은 이들이 주장하는 것들이 자연으로 통하는 일반성의 철학의 문을 여는 것이라는 인식을 하지 못하고 계속해서 보편성의 철학의 입장에서 또 다른 이성주의라고 규정하는 셈이다. 보편성이 추구하는 일(一, 一者)과 일반성이 추구하는 일반(一般: 一切)은 다르다. 일반은 일반(一盤)이다. 여기서 반(盤)자를 쓰는 까닭은 '쟁반, 머뭇거리다, 돌다, 즐기다'의 뜻이 있기 때문이다. 여기서는 존재를 떠받치는 의미가 있고, 순환의 의미가 있다. 이러한 점에서 불교의 반야(般若)도 음미해 볼 필요가 있다. 무언가 존재의 기반(基盤) 같은 것을 느끼게 한다.

존재는 그물과 같다. 일반성은 어떤 고기도 잡은 그물이거나, 아니면 고기를 잡지 않는 것과 같다. 자연(전체)은 스스로 자연이기 때문에 스스로를 잡을 수 없는 것이다. 스스로 잡을 수 없는 것이 있기 때문에 잡을 수 있는 것이 있게 된다. 서양철학은 일반성의 철학=기(氣)의 철학에 들어오지 못했기 때문에 존재와 해체를 주장하면서 철학적 몸부림을 치는 것이다. 그 몸부림은 글자 그래도 반전이며, 전도이며, 해체이며 무(無)이다.

이것은 실존주의와는 다르다. 실존주의는 존재론에서 다시 이성주의로 되돌아간 것이다. 샤르트르의 실존주의가 무신론적 실존주의가 되는 것은 유물론이 이성주의 내의 반전인 것과 마찬가지로 서양문명권은 이성중심주의의 경향을 버릴 수 없음을 보여준다. 서양문명권은 항상 보편성을 향하려는 타성이 있으며, 일반적인 것을 보편적인 것에 포함시키려는 오이디푸스 콤플렉스의 저항을 극복하기 어려운 정황을 읽을 수 있다. 라캉 식으로 말하면 팰러스(phallus)의 전통이다.

서양 알파벳 문화권은 음성과 문자의 기표경쟁에서 음성을 기의로 내려 보내고, 때로는 그것을 희생시킴으로써 '기표=문자'라는 등식에 빠진다. 그러나 그 이면에서 음성은 자신의 기표로서의 지위를 시종 되찾으려고 한다. 그래서 음성은 때로는 기표로, 때로는 기의로 이중적 몸짓을 하게 되었는데 이를 못마땅하게 여긴 문자-기표주의자들은 음성에게 이성중심주의의 원죄(현존주의의 원죄)를 뒤집어씌워 놓고는 동시에 음성을 매개로(메타포로) 문자주의라는 메타니미에 도달한다.

서양문명은 오늘날 세 가지의 원죄주의에 빠져있다. 첫째는 아시다시피 기독교 성경에 근거하는 가장 일반적인 차원의 '이브 원죄주의'이고, 둘째는 서양 알파벳 표음문자가 저지른 '말소리중심 원죄주의'이고, 셋째는 가장 최근에 스스로 자각하는 '시각-문자 중심문명'의 특성에서 기인하는 '이성 원죄주의'이다. 이들 세 가지 원죄주의는 서로 관통하고 있다.

기독교 성경	이브 원죄주의	
서양 알파벳 표음문자	말소리중심 원죄주의	가부장-이성 중심문화
시각-문자 중심문명	이성 원죄주의	

데리다의 문자학은 실은 '시각-문자 중심문명'의 일종의 고백성사이

다. 그런데 그의 고백성사는 "나는 죄를 저지르지 않았다."고 고백하고 있다. 왜냐하면 '문자는 문자가 아니라 공백'이라고 주장하기 때문이다. 죄는 죄인데 죄의 내용이 비어 있다는 것과 같다. 그는 결국 무죄를 주장하기 위해 죄를 비워버렸다.

데리다는 음성을 매개로(죄인으로) 그것을 벗어나면서 의식(문자)의 레벨에서 최상의 메타니미에 도달하였다면, 라캉은 언어를 매개로 무의식(욕망)의 레벨에서 최하의 메타니미에 도달하였다. 그것이 데리다의 문자학이라는 것이고, 라캉의 상징주의라는 것이다. 데리다는 구조주의를 바탕으로, 라캉은 욕망을 바탕으로 그것을 실현하였다.

데리다는 결과적으로 구조주의를 해체했으며, 라캉은 욕망의 무의식을 의식의 상징(언어)으로 모두 환원시키고 해독하고자 했다. 물론 두 학자에게 실재는 없다. 데리다는 음성을 희생으로 삼은 과정의 연속이었으며, 라캉은 여성을 희생으로 삼는 것이었다.

음성과 여성은 문자나 남성에 비해 자연성에 더 가까운 속성을 가지고 있으며, 자기 현존적이고 자기 충족적이고 자기표현적인 공통점을 가지고 있다. 그러나 음성과 여성은 이성적이지는 않다. 그런데 서양 알파벳-유대기독교 문명은 '음성=태초의 말씀=현존'과 다분히 그것의 영향으로 성립된 것으로 보이는, 현상학적 목소리의 내면성, 즉 '목소리=현존=표현'이라는 등식의 성립을 통해 전자는 존재신학으로, 후자는 현상학적 환원으로 자리매김하게 된다.

'태초의 말씀=이성'이라는 것과 '목소리=의식=이성'이라는 것은 전혀 차원이 다른 문제이다. 왜 하늘에서 떨어지는 '절대적인 말씀=진리의 말씀'과 사람이 목에서 나오는 '목소리=자기가 말하고 자기가 듣는 자기애정'이 같은 것인가? 태초의 말씀이 이성이라는 것도 수긍이 가지 않는데, 결국 목에서 터져 나오는 목소리가 의식이고 이성이라는 것은 다분히 문화권적인 어떤 습관 혹은 편견의 소산임을 인류학자인 필자의 본능으로 느끼지 않을 수 없다. 이는 광대하고 다양한 자연의 소리와 사람 각자의 개성적인 목소리의 존재를 이성이라는 것으로 박제하는 것임을 느끼지 않을 수 없다.

'말씀과 목소리'가 어떻게 이성중심이라는 공통의 토대를 구축한 것으로 작용하는지에 대해서 동양 한자문화권의 일원인 필자는 수긍할 수가 없다. 이는 아마도 헬레니즘과 헤브라이즘의 문화적 연합의 결과라고 여겨진다. 유대 기독교의 세계화는 그리스의 헬레니즘의 해석과 이론적 덮어씌우기에 의해서 성립되었다고 느껴진다.

그래서 '말=이성'이 된 것이다. 하느님과 말씀이 이성이 아닌 흔적도 많다. 하느님의 말씀(Word)은 로고센트리즘(logocentrism)과 포노센트리즘(phonocentrism)을 동시에 충족시킨다고 한다. 그래서 경우에 따라 적용하기에 좋게 되어 있다. 이는 말의 성격이 이중성과 애매모호함으로 인해서 더더욱 효과적이라는 말이 되기도 한다.

하느님의 말씀은 이성이기도 하고 소리이기도 하여서 이성과 보편성을 과시하기도 하지만 동시에 감정과 일반성을 포용하기도 한다. 지구상에 일반적인 문화현상으로 문자언어보다는 음성언어가 우선한다. 소리는 말의 원형이다. 그런데 헤브라이즘과 헬레니즘의 연합 이후 로고스(Logos)가 더 우위를 점령하게 되었다.

서양 사람들에게는 존재도 '말이 없으면 없는 것(비존재)'이 된다. 기독교의 '여호와' 하느님도 세 차원의 의미를 가지고 있다. 예컨대 야휘스트(Jawist: J), 예호비스트(Jehowist: JE), 엘로이스트(Eloist: E)가 있다. 야휘스트는 하느님의 인격신의 면모와 연결되는데 사람처럼 친근한 모습을 보인다. 예호비스트는 하느님이 말의 존재임을 나타낸다. 엘로이스트는 하느님의 자연적 이미지와의 결합과 상징을 중시한다. 이들 세 차원의 의미가 복합적으로 작용하고 있다.

여호와(하느님)	야휘스트(Jawist: J)	인격신으로서의 하느님
	예호비스트(Jehowist: JE)	말의 존재로서의 하느님
	엘로이스트(Eloist: E)	자연적 이미지의 하느님

하느님을 '인격신'으로 섬기면서 '말(Logos)의 존재'로서 보는 경향이 강한 서양알파벳 문명은 절대유일신으로 섬기지 않을 수 없다. 말은 그것 자체가 절대적이기 때문이다. 말은 하늘이며 유일신이며 영혼이다. 〈말(Logos)=하늘(天)=유일신(God Father)=영혼(soul)〉이다.

이에 비하면 동양 한자문명은 말을 경시하는 것은 아니지만 '말이 없다'고 '없는 것(비존재)'은 아니다. 도리어 동양은 말이 많은 것을 경계한다. 말을 중시하는 그 속에는 이미 인간중심주의가 내포되어 있다. 절대신은 이미 이성주의다. 음성언어와 표의문자 문화권은 자연주의적 성향을 지니고 있다. 이렇게 볼 때 한자문화권 속에서도 한글문명권의 한민족은 참으로 알파벳 문명과 한자문명을 동시에 바라볼 사선(/)의 위치, 교차의 지점에 있다.

소리를 중시하는 한민족은 수천 년 동안 한자를 문자로 사용하다가 결국 소리를 잊지 못해 15세기 중반에 소리글자, 훈민정음을 만들어서 사용하였다. 수천 년 동안 한문을 문자로 사용하면서도 소리를 버리지 못해 이두, 향찰, 구결 등을 만들어 사용하다가 결국 소리글자인 훈민정음(한글)을 조선 세종 때 만들었던 것이다. 한민족이 얼마나 소리에 민감한 민족이며, 소리에서 직접적으로 감각적(감정적) 의미(존재적 의미)를 찾으며 살아온 민족인가를 짐작할 수 있다. 노래 못 하는 한민족은 없고, 시인이 아닌 한민족도 드물다. 한국에서 포노로지가 탄생하는 역사·문화적 이유가 여기에 있다.

한자문화권의 대표적 국가인 한국과 중국과 일본의 언어생활은 참으로 묘한 영향관계에 있다. 한국은 음성언어를 한자로 표기했는데 여기엔 음차와 훈차를 병용하였다. 한국은 점차 자신의 음성언어를 한자로 바꾸고 발음도 중국에 가깝게 하려고 노력한 반면에 일본은 한자로 표기하되 발음(읽기)은 한국의 옛 음성언어를 그대로 따르는 경우가 많았다.[2]

아무튼 헬레니즘과 헤브라이즘의 연합(봉합)의 부작용이 드러난 것이 바로 후기근대의 반이성주의 철학의 탄생이라고 여겨진다. 물론 여기에는 그리스 철학에 해박한 니체의 디오니소스의 부활과 함께 "신은 죽었다."라는 폭탄선언이 있었다.

데리다는 문자학으로 이성중심문명의 모든 의미를 해체하고, 라캉은 언어를 통해 의식을 물론이고, 무의식을 분석한다. 여기에 대해 인류학은 지질학이고, 발생학이라는 점을 강조하고 싶다. 지질학은 데리다의 문자학의 표지주의에 대해서, 발생학은 라캉의 언어주의에 대해 경종을 울려주기에 충분하다. 지질학은 지표만 있는 것이 아니라 지질의 여러 층을 내포하고 있음을 말하고, 발생학은 개체의 발생에 여성이 중심역할을 한다는 것은 강조하고, 욕망이 모두 언어로 설명할 수 없는 것이라는 점을 알려주기 위해서다.

이성의 철학에 반대를 하는 것은 반이성주의도 있지만 감성적 철학도 대안이 될 수 있다. 여성은 감성이 철학이 되는 줄 모를 뿐이다. 만약 감성의 철학시대가 된다면 단연 여성철학자들이 두각을 나타낼 것이다. 문자의 의미를 지우는 철학이 아니라 감성의 파동을 철학화하는(감성에 철

---

2) 일본의 발음에서 한국의 옛 글자를 유추할 수 있다. 예컨대 한국어의 '해'는 태양을 나타내는데 한국에서는 '해'(日)를 '날 일'(日)자로 읽는 반면 일본에서는 '히'(ヒ, Hi) 혹은 '해'(解)라고 읽는다. 이러한 예는 부지기수이다. 일본은 한국어의 소리를 고수하거나 한국어의 소리대로 한자표기를 하려고 노력한 반면 정작 한국은 한자표기도 중국을 따르는 경우가 적지 않지만 발음에서도 중국에 가까이 가려고 하였다. '한글'의 첫 이름이 훈민정음(訓民正音), 즉 '백성을 가르치는 바른 소리(백성에게 소리를 바로 내게 가르치다)'이던 것도 새로운 글자의 창제라는 의미 외에도 한자를 제대로 발음하려는 의지가 동시에 내포된 것임을 짐작할 수 있다. 조선의 선비, 사대부들은 쉬운 소리글자를 만들어놓고도 쉽다는 이유로 잘 사용을 하지 않았다. 훈민정음은 나중에 백성들과 부녀자의 사용으로 '통시글' '암클'이라는 비아냥을 거쳐 결국 주시경(周時經, 1876~1914) 선생에 의해 '한글'로 이름을 바꾼다.

학적 의미를 부여하는) 철학이 필요하다. 포노로지도 감성철학의 한 종류이다.

이성은 자연에서 역시 2차적인 파생산물이다. 감성은 본래 보편적인 것이 아니고 일반적인 것이다. 데리다는 감성/이성을 보충대리의 보충대리라는 관계로 보는 데 이어 자연과 문명의 상호작용, 가역반응을 상태적인 것으로 봄으로써 중간태(역동적인)를 설정하였다.[3] 중간태라는 것은 구조인류학의 중립성(정태적인)에 대응되는 개념이다. 데리다는 구조인류학적 개념들을 보다 역동적인 모습으로 변화시켰을 뿐 해체한 것은 아니다.

데리다는 특히 루소나 레비스트로스를 단지 서구의 말소리중심주의와 현존주의, 이성주의의 아류로 몰아붙일 때에 신랄하다. 그러나 자신의 연구에 수많은 정보와 자료를 제공한 사람은 그들이다. 필자가 보기에는 루소는 칸트와 동시대에 이성주의로 서양철학이 주류를 형성할 때 그 이면에서 자연주의와 감성주의를 펼쳐 보인 인물이었으며, 자연과 이성을 대비시킨 인물이다.

레비스트로스는 텍스트에 매인 '평면적(종이 위의)철학'을 '사회문화의 입체'로, '시간의 축'에 머물고 있던 철학을 '공간의 축'으로 확장시킨 인물이다. 전자는 '공간의 시간화', 후자는 '시간의 공간화'라고 말할 수 있을 것이다. 이 글을 읽은 사람들은 데리다가 상대를 비판하기 위해서 발설한 내용들이 그에게도 그대로 되돌려 적용됨을 알 수 있을 것이다. 데리다는 콧대 높게 문자학의 독창성과 학문적 진전을 호언장담하고 있지만 그를 잡는 데는 몇 마디 말이면 충분하다.

그는 "텍스트 바깥은 없다."(il n'y a pas de hors-texte)고 했다. 이 말에 대해서 "자연은 텍스트가 아니다."라고 반문하고 싶다. 그는 텍스

---

3) J. Derrida, 『*Marges de la philosophie*』 p. 9 : 김형효, 『데리다의 해체철학』 p. 214, 재인용, 1993. 민음사.

트와 다른 텍스트를 연결하는 '텍스트 짜기'(inter-texte)는 선험적이고 최종적인 없기에 무상행위(l'acte gratuit)라고 말한다. 그런데 그의 텍스트짜기라는 말 속에는 이미 자연이 끊어진 적이 있는 존재임을 전제하는 것이다. 이 말에 이미 자연을 텍스트 짜기라는 인위로 보는 견해가 숨어 있다. 끊어진 곳(지점, 포인트)이 있으니 연결하는 것이기 때문이다. 자연을 끊어진 것이라고 보는 것은 이미 시간과 공간의 축으로 사물을 보는 것이다. 이것은 선험적이고 무상행위가 될 수 없다. 위에서 '선험적이고 최종적인 것이 없다'는 말은 결국 자기사고의 합리화에 지나지 않는다. 그러한 점에서 합리화라는 것이야말로 말장난이다.

이것은 존재신학적으로 말하면 "나는 알파(시작)요, 오메가(끝)이다."라는 말과 같다. 여기에 시작과 끝을 연결하는 서양문명의 천지창조의 제조적 사고가 들어 있는 것이다. 시간이라고 말하는 것은 이미 공간이라고 말하는 것과 같다. 시간(時間)이라는 말 속에 이미 간(間)자가 들어가기 때문이다. 간(間)자가 들어가면 이미 동시에 공간(空間)인 것이다.

시간은 흘러가는 것을 말한다. 시간은 존재적인 것인데 이것은 사용하면 이미 존재자가 되어버린다. 그런 점에서 시간은 이미 공간이다. 그런데 우리는 습관적으로 이미 공간화된 시간을 시간이라고 사용한다. 이는 무(無)를 어떤 것의 근거처럼 사용하는 것이다. 무(無)는 비근거의 근거이다. 말하자면 말을 하기 위한 말과 같다. 그래서 '존재=시간=무'인 것이다. 하이데거의 '존재와 시간'은 바로 이것을 말하려는 것이다. 그런데 비근거의 근거로서의 시간을 알 수 없기에 존재를 존재자로 보는 오해가 있게 되는 것이다.

이는 마치 스틸사진을 적당한 속도로 돌려서 활동사진(영화)으로 보는 착각과 같다. 인간의 시각은 적당한 착각이 이미 내재되어 있기에 영화가 가능한 것이다. 만약 어떤 눈 밝은 이가 있어서 매 순간, 스틸사진을 잡아낸다면 그는 불행하게도 영화를 즐길 수가 없을 것이다. 그러한 점에서 적당한 착각도 필요한 것이다. 활동사진은 진정 활동하는 것은 아니다. 영화는 스틸사진의 연결일 뿐이다. 자연을 마치 텍스트 혹은 텍스트 짜깁기로 보는 것은 자연을 영화로 보는 것이나 마찬가지이다. 자연은 영화(텍스트, 텍스트 짜깁기)가 아니다.

자연은 어떤 짜깁기를 할 수 없다. 이것은 이미 인위이고, 제조이다. 자연은 그렇게 누더기처럼 텍스트를 연결하지 않는다. 자연은 한 번도 떨어진 적이 없기 때문이다. 흔적이니 차이니 주름이니 경계라고 하는 것은 동일성으로부터 벗어나게 한 것은 좋았으나, 이것들이 존재는 아닌 것이다. 이것은 이미 존재의 흔적, 존재자이다. 이것들은 존재로부터 솟아난(나타난) 것이다.

'현존'과 '부재'도 실은 자아의 산물이다. 자아를 전제하지 않으면 이런 구분은 있을 수가 없다. 하이데거는 현존(présence)을 극복하고, 그것의 근거가 되는 현존재(Da-sein)로 나아가는 존재론의 철학을 구성한 반면, 데리다는 현존을 극복하고, 부재(absence)에서 문자학(grammatology)으로 나아갔다. 하이데거는 비근거의 근거로 나아간 반면 데리다는 문자의 공백에서 부재를 발견하였다.

하이데거와 데리다는 출발은 다르지만 둘 다 주체와 중심을 해체하는 방식을 택하고 있다. 하이데거의 '현존재(Da-sein)'는 한마디로 잘라 말하기 어렵지만, '세상에 존재함(das In-der-Welt-sein)'으로 부연 설명할 수 있다. 또 '세상에 존재함'은 '바깥(인간)세상은 단적으로 인간들의 공동생활이고 사회생활'이기 때문에 '공동존재'(das Mitdasein)이다.

김형효는 하이데거의 현존재는 결국 '마음의 존재'라고 말한다.[4] 여기서 '마음'이라는 것은 '생각'과 다르고 또한 '정신적, 혹은 물질적(육체적)'이라고 할 때의 이분법과도 다르다.

하이데거는 이렇게 말했다. "정신은 먼저 시간 속에 잡히지 않고, 그것

---

4) 김형효, 『철학적 사유와 진리에 대하여 1』(청계, 2004), 239쪽.

은 시간성(la temporalité)의 근원적인 시간화(la temporalisation) 속에 잡힌다. 이 시간성은 시간 내적인 사건으로 역사가 나타날 수 있는 가정 안에서 세계의 시간을 시간화한다."[5]

이에 대해 데리다는 이렇게 해석한다. "위의 인용은 하이데거가 표지화시키지 않고 있는 〈정신〉이 곧 본질적으로 시간성임을 알리고 있다. 시간성이란 세속적인 시간개념과는 다르다. 하이데거가 말하는 〈시간성〉은 모든 시간(세속적인)들을 다양하게 세계 속에 출현케 하는 하나의 근원적 지평과 같다. 세계 안에 있는 현존재로서의 실존은 근원적으로 시간성이기에, 실존은 그의 존재를 시간성의 지평 속에서 나타내 보인다. 그리고 그의 현존재의 시간성이 곧 정신이다. 이런 〈정신〉은 〈Geistlichkeit〉로서 모든 전통적인 정신개념들을 가능케 하는 지평으로서의 정신이지, 전통철학에서 음미되어 온 선(善)과 신(神)의 입장에 선 그런 정신으로서의 〈Geistigkeit〉가 아님을 말할 나위가 없다."[6]

데리다는 하이데거가 '존재와 시간' 집필 후 6년 만인 〈총장취임사〉의 '독일 대학의 자기긍정'에서 그동안 괄호 속에 묶어두었던 '정신'을 드러내는 것과 함께 정신을 '불꽃'으로 은유함으로써 〈Geistlichkeit〉과 〈Geistigkeit〉을 혼동하기 시작했다는 것이다.[7]

〈Geistlichkeit〉는 기독교적 성스러움의 의미가 있는 것이고, 〈Geistigkeit〉는 본래 형이상학적 '정신'의 개념이다. 하이데거는 전자에서 기독교 신학적 의미를 탈색시키고, '정신성'으로 사용했는데, 총장취임사에서부터 이 둘을 애매하게 혼용하기 시작했다는 설명이다. 하이데거가 초기 개념에서 '오염의 과정'을 거쳐 본래의 형이상학적 정신

---

5) M. Heidegger, 『Sein und Zeit』 § 82, p. 436 ; J. Derrida, 『Heidegger et la question』 p. 41; 김형효, 『데리다의 해체철학』(민음사, 1993), 317~318쪽, 재인용.

6) M. Heidegger, 『Sein und Zeit』 § 82, p. 436 ; J. Derrida, 『Heidegger et la question』 p. 42; 김형효, 『데리다의 해체철학』(민음사, 1993), 318쪽, 재인용.

7) M. Heidegger, 『Sein und Zeit』 § 82, p. 436 ; J. Derrida, 『Heidegger et la question』 p. 45; 김형효, 『데리다의 해체철학』(민음사, 1993), 318쪽, 재인용.

으로 후퇴하였다는 것이 데리다의 주장이다.

"데리다의 분석에 의하면, 하이데거가 말한 〈독일대학의 자기긍정〉은 〈정신적 지도(Führung)〉에 의한 〈정신적 전도(傳道)〉와 다르지 않다."[8]

데리다가 하이데거를 결정적으로 오해한 부분은 하이데거가 『존재와 시간』에서 '실존으로서의 현존재'를 〈세계 안의 존재〉라고 기술했는데, 그 세계를 〈정신적 세계〉[9]라고 해독한 구절이다.

데리다는 1929∼1930년 프라이부르크(Freiburg) 대학 겨울학기의 강연 중에서 하이데거가 한 진술을 상기시키고 있다. 하이데거는 당시 돌은 세계가 없고, 동물을 빈곤한 세계를 갖고 있으며, 인간은 세계를 형성한다고 했다[10]는 것이다. 여기서 인간과 동물의 분기점의 설정이 바로 그의 세계가 정신적 세계임을 반영한다는 것이다. 하이데거가 자신의 철학(존재론)과 샤르트르의 실존주의의 변별성을 강조하는 과정에서 샤르트르의 철학을 '인간학의 모습을 가진 현상학'이라고 비난했지만, 하이데거도 역시 '인간중심주의와 현상학'이라는 것이 공격의 핵심이다.[11]

하이데거는 희랍어와 독일어가 가장 존재론적 사유에 적합하다고 하면서[12] 정신(Geist), 사유(Denken), 존재(Sein)와 그 밖의 다른 몇 개의 말은 프랑스인이라고 하더라도 독일어로서만 생각할 수 있다[13] 라고 했다는 것이다. 이는 '독일국민에게 고함'(Discours à la nation

---

8) J. Derrida, 『Heidegger et la question』 p. 45; 김형효, 『데리다의 해체철학』(민음사, 1993), 318쪽, 재인용.

9) J. Derrida, 『Heidegger et la question』 p. 60; 김형효, 『데리다의 해체철학』(민음사, 1993), 319쪽, 재인용.

10) J. Derrida, 『Heidegger et la question』 p. 61; 김형효, 『데리다의 해체철학』(민음사, 1993), 319쪽, 재인용.

11) 김형효, 『데리다의 해체철학』(민음사, 1993), 319쪽.

12) J. Derrida, 『Heidegger et la question』 p. 87; 김형효, 『데리다의 해체철학』(민음사, 1993), 320쪽, 재인용.

13) J. Derrida, 『Heidegger et la question』 p. 88; 김형효, 『데리다의 해체철학』(민음사, 1993), 320∼321쪽, 재인용.

allemande)이라는 말을 한 피히테와도 통하는 것이다.[14]

데리다는 하이데거의 '정신'에 대해 집중적인 성토를 한다.

"하이데거의 정신은 모으는 정신, 〈근원적으로 하나이게 하는 통일 (ursprünglich einigende Eeinheit)〉[15] 이다. 그런 정신의 통일을 하이데거는 희랍어로서 〈pneuma(입김, 숨결, 호흡)〉라고 하기도 했다. 숨결과 호흡은 정신의 현상이다. 정신의 통일은 호흡의 조율과 함께 간다. 호흡은 나갔다가 다시 돌아온다. 그래서 하이데거는 정신을 〈다시 돌아옴 (un revenent)〉과 같다고 생각하였다.[16]"

결국 데리다는 하이데거의 불꽃, 정신, 모음의 정신(der gemeinsame Geist), 마음을 연결시키면서 "스스로 불붙고 또 불을 주기도 하는 그 〈불꽃〉으로서의 정신은 어떤 타자와 필요로 하지 않는 자가애정적인 자발성이나 자기현존과 다르지 않다. (중략) 정신이 그런 불꽃이라면, 하이데거가 부정한 기독교의 전통과 어떻게 다른가."[17]고 반문한다.

데리다는 하이데거의 오염의 과정을 "독일 민족의 역사적·정신적 사명과 연관되어 독일민족의 힘과 운명과도 연관된다."[18]라고 종합한다.

데리다의 하이데거에 대한 공격은 주로 서양문명 자체가 안고 있는 존재신학적 전통과 존재론 철학 사이의 혼란, 역사적 전체주의와 존재론 철학의 전체성 사이의 혼란, 그리고 메타포와 메타니미의 혼란 등이 주를 이루고 있다. 여기에 독일과 프랑스 사이의 민족적 감정도 한몫을 하고 있음을 볼 수 있다. 거기엔 오해하고 싶은 마음이 섞여 있다.

---

14) J. Derrida, 『Heidegger et la question』 p. 88; 김형효, 『데리다의 해체철학』(민음사, 1993), 321쪽, 재인용.

15) J. Derrida, 『Heidegger et la question』 p. 96; 김형효, 『데리다의 해체철학』(민음사, 1993), 321쪽, 재인용.

16) J. Derrida, 『Heidegger et la question』 p. 97; 김형효, 『데리다의 해체철학』(민음사, 1993), 321쪽, 재인용.

17) 김형효, 『데리다의 해체철학』(민음사, 1993), 321~322쪽.

18) M. Heidegger, 『Sein und Zeit』 § 82, p. 436 ; J. Derrida, 『Heidegger et la question』 p. 48; 김형효, 『데리다의 해체철학』(민음사, 1993), 318~319쪽, 재인용.

하이데거의 진정선 여부와는 상관없이 그가 나치즘과 연결된다고 몰아간 것이 데리다이다. 물론 제 2차 세계대전에서 치열하게 대결했던 프랑스의 데리다와 독일의 하이데거 사이에는 민족적 감정이 없을 수는 없겠지만, 그렇다고 세계적인 철학자가 그러한 것에 쉽게 연루되었다고 단정하는 것은 금물이다. 그러나 데리다의 이러한 해석학적 전개는 하이데거를 결정적인 궁지로 몰아넣고 있음에 틀림없다.

철학이 역사적·사회적 실천의 문맥과 연결될 때, 철학은 자유로울 수 없을 뿐만 아니라 역사도 철학을 속박하지 않는다고 할 수 없다. 이것은 세속적 시간 속으로 깊숙이 들어오는 것이기 때문이다. 그러나 하이데거의 초기 '현존재'(Dasein)의 개념은 분명 '형이상학적 존재', '생각하는 정신의 존재'는 아니다. 현존재는 존재이며, 마음이다. 그는 현재를 현재완료라고 했다. 이는 과거와 미래와의 소통을 위해서다.

데리다의 하이데거의 존재에 대한 오해는 하이데거가 철학의 형이상학을 어디에서 풀어가는 지를 모르기 때문이다. 하이데거는 형이상학의 문제를, 종래의 세계를 지배하는 추상적 의미의 형이상학과는 전혀 다르게 존재의 불안에서부터 풀어간다.

"불안은 이런 대립 이전에 창조적인 동경의 청명함(Heiterkeit)과 부드러움(Milde)의 신비스런 합일상태에 있다."[19]

불안의 무상감은 마음의 초월(Transzendenz)과 만나게 되는데, 이때의 초월은 기독교적인 것과 다르다. 그래서 그는 유신론적 실존주의자인 키에르케고르처럼 절대신 앞의 독신자로서 하느님에게 기도하는 것으로 해결할 수가 없다.

"감추어진 불안의 근거 위에서 무(無) 속으로 들어가서 현존재가 들어가서 거기에 머물음(Hineingehaltenheit)은 존재자 전체의 초극

---

19) M. Heidegger, 『Wegmarken(Was ist Metaphsik?)』 p. 118 ; 김형효, 『하이데거와 마음의 철학』(청계, 2000), 216쪽, 재인용.

(Übersteigen)으로서의 초월이다."[20]

"존재자를 넘어가는 것(das Hinausgehen des Seienden)은 현존재의 본질에서 생긴다. 이러한 넘어감이 바로 형이상학 자체다. 바로 이점에서 형이상학은 인성(Natur des Menschen)에 귀속하고 있다. 형이상학은 강단 철학의 한 분과도 아니고 자의적인 착상의 한 분과도 아니다. 형이상학은 현존재 안에서 일어나고 있는 근본적 생기(Grundgeschehen)다. 형이상학은 현존재의 자산이다."[21]

데리다는 하이데거의 무(無)를 이해하지 못했을 것으로 짐작된다. 따라서 그의 존재(存在)를 이해할 수가 없었을 것이다. 만약 하이데거의 이러한 무(無)를 이해했다면 데리다가 하이데거를 종래의 형이상학으로 후퇴시키지는 않았을 것이다. 정신은 물질과 대칭되는(세트가 되는) 말이고, 존재는 존재자와 대칭되는 말이다. 정신이든 물질이든 하이데거에게는 존재자에 해당한다. 하이데거의 존재를 정신으로 보았다는 것은 철학을 후퇴시키는 일이다.

하이데거의 존재가 존재자로 읽히기 쉬운 반면에 데리다의 차이도 차별로 오독되기 쉽다. 대상적 사고라는 것은 감각을 가진 존재에게 언제라도 침투할 수 있는 것이기 때문이다. 데리다는 하이데거에 대한 오독을 유도한 혐의마저 있다. 이는 보통의 사람들이나 특히 전문 철학자들 사이에서도 그러한 유도에 끌려들어갈 우려가 있다는 점에서 매우 독특한 것이다. 이는 보기에 따라서는 프랑스 문화문법에 의한 독일 문화문법의 오독이라고 볼 수도 있다.

존재는 존재로 말하였어도 존재자로 읽으면 그대로 존재자가 된다. 존재론적 맥락에서 존재를 다른 말로 설명하기 어려울 때 마치, 선문답과

---

20) M. Heidegger, 『Wegmarken(Was ist Metaphsik?)』 p. 118 ; 김형효, 『하이데거와 마음의 철학』(청계, 2000), 216쪽, 재인용.

21) M. Heidegger, 『Wegmarken(Was ist Metaphsik?)』 pp. 121~122 ; 김형효, 『하이데거와 마음의 철학』(청계, 2000), 216~217쪽, 재인용.

같이 "존재는 존재다."라고 말할 수도 있을 것이다. 이는 겉으로는 기독교 신학의 '여호와'의 의미인 "나는 나다."라는 것과 흡사하다. 이는 말하자면 여반장과 같다. 존재와 존재자는 여반장(如反掌)과 같다. 존재론과 존재신학도 여반장이다.

김형효는 하이데거의 현상학은 전문철학자 사이에서도 자칫 잘못 해석하면 오해의 늪에 빠진다고 말한다. 무의식의 차원을 의식의 차원으로 해석하면 그렇게 된다는 것이다.

"우리가 하이데거의 사유를 현상학이라고 부를 수 있을 것 같은 대목은 바로 현존재와 세상의 관계를 말할 때이다. 즉 현존재는 현상학적 의미에서 의식의 노에시스(noesis)와 같고, 세상은 그 노에시스의 노에마(noema)와 유사해 보인다. 그리고 현존재가 세상에로 자신을 탈자화(현상화) 시키는 초월은 후설의 현상학이 말하는 의식의 지향성(Intentionalität des Bewußtseins)과 대단히 닮아 보인다. 그렇게 보면 하이데거의 현존재는 영락없이 의식으로 대체된다고 볼 수 있으리라. 그러나 그 현존재(Da-sein)은 의식(Bewußt-sein)이 아니다. 즉 그 〈Da〉가 〈Bewußt〉가 아닌 셈이다."[22]

데리다가 하이데거의 '존재'를 '생각하는(정신적) 존재(존재자)'로 의도적으로 후퇴시킨 것이라면 데리다의 '차연'(흔적)이야말로 실은 '존재를 존재자'로 후퇴시킨 것이다. 데리다의 차연은 존재의 표면으로 존재자의 성격을 내포하고 있고(존재의 존재자), 이에 반해 하이데거의 존재는 존재 그 자체이기 때문이다. 하이데거는 존재와 존재자 사이에 현존재(존재자의 존재)를 두어 그 사이에서 촉매역할을 하도록 하고 있기 때문이다.

둘 다 차이와 이중성으로 인해 구조적인 이원대립항이 생기지만(그 이원대립항은 영속성이 있는 실체가 아니다), 하이데거의 존재와 데리다의

---

22) 김형효, 『하이데거와 마음의 철학』(청계, 2000), 422쪽.

차연은 미묘한 차이가 있다. 전자는 자연 그 자체(음성, 혹은 자연의 소리)를 말하지만, 후자는 자연의 표면에 불과하다. 자연은 표면의 연결로 짜깁기 할 수가 없다. 하이데거가 존재의 안에 있다면 데리다는 존재의 밖에 있다. 데리다는 존재의 밖에 있는 것이 마치 의식의 현상학의 굴레를 벗어나는 것처럼 생각하지만, 존재의 안에 있는 것이 도리어 그 굴레를 벗어나는 길이다. 존재는 아예 현상의 드러나지 않음이기 때문이다.

샤르트르가 하이데거의 무의식의 철학을 프랑스 특유의 의식의 철학으로 변질시켰듯이 데리다는 또 다른 방법으로 하이데거를 변질시켰다고 할 수 있다. 샤르트르가 하이데거의 현존재가 무의식의 습기(習氣)를 띤 것이라는 사실을 몰랐듯이 데리다는 하이데거의 존재가 무의식의 존재라는 것을 몰랐던 것 같다. 프랑스의 합리주의 전통은 독일과 달리 무의식을 이해하는 데에 매우 힘들었던 것 같다.

2. 하이데거의 존재론을 텍스트론으로 변조한 데리다
─차연(差延)은 자연(自然)이 아니다

프랑스의 언어중심주의는 합리주의를 이해하는 데는 용이하지만, 존재론을 수용하기에는 장벽이 많았던 것 같다. 도리어 독일의 관념적 전통이 주관주의(주관적 대상)만 극복하면 존재론에 입성하기가 쉽다고 생각된다. 데리다의 그라마톨로지는 하이데거의 존재론을 텍스트론으로 변조한(변형한) 것으로 보인다. 이러한 문학적 변조에 큰 모범이 된 인물이 시(詩)철학자라고 할 수 있는 니체이다.

하이데거의 존재론은 독일의 관념적 전통에서 칸트가 인식의 선험성

(시간성)과 초월성(공간성)을 전제로 이성주의 철학을 완성한 것과 정반대의 위치에 있는 것이다. 프랑스 철학은 언어에 매달리는 경향이 뚜렷하다. 언어중심주의는 대상적 철학의 레벨에서 벗어난다고 하더라도 존재론의 레벨에 도달하기보다는 상징적 이중성의 레벨에 머물 공산이 크다고 하겠다. 물론 이들 세 레벨 간에는 중첩되는 이중성의 부분이 있어서 서로 소통은 가능하지만, 철학적 담론의 초점과 수준이 다르다. 샤르트르의 실존주의나 데리다의 문자학도 프랑스 철학의 언어중심주의라는 맥락에서 해석할 수 있을 것이다.

프랑스 철학은 '언어=사물'에 이르는 서양철학의 전개과정에서 언어에 더 초점을 두는 경향이 있다. 독일 출신 프로이트의 리비도론이 프랑스에서 이어받아 라캉 등에 의해 더욱더 발전한 이유는 리비도론이 무의식을 언어로 해독하기 때문이다. 그러나 무의식을 언어(의식)로 모두 해독할 수 있다는 작업은 원천적으로 검증을 받을 수 없다. 해석학의 결론은 해석은 다양하다는 것밖에 없다.

독일 철학은 확실히 의미(기의)를 추구하는 경향이 있다. 이를 두고 관념론적 전통이라고 말한다. 이 말은 프랑스 철학이 기표를 우선하는 경향이 있음을 말하려는 것이다. 이러한 경향이 독일에서 하이데거를 낳고, 프랑스에서 데리다는 낳았다고 말할 수 있다. 하이데거는 "언어는 존재의 집이다."라고 말했다. 이것을 프랑스 철학으로 말하면 "존재는 언어이다."라고 말하는 편이 옳을 것이다. 전자는 언어가 의미를 담고 있음을 강조하는 반면에 후자는 의미는 언어에 의해 표시됨을 강조하고 있다. 그러한 점에서 데리다(프랑스 철학)는 하이데거(독일 철학)를 오해하기 쉽다.

'언어는 존재의 집'이라는 말에 따르면 언어와 존재는 다른 것이다. 집 안에 존재가 있기 때문이다. 다시 말하면 존재는 언어라는 집(그릇)에 담겨 있는 셈이다. 그런데 프랑스 사람들은 존재를 언어라고 생각하는 습관이 있다. 그래서 존재를 언어를 통해서 말하려고 노력한다. 그러나 아무리 언어를 통해서 말을 잘 해도 언어는 존재 자체가 될 수 없다.

인식에는 주관과 객관, 주체와 객체가 있다. 언어는 주관도 객관도, 주체도 객체도 아니다. 언어는 주관과 객관, 주체와 객체의 사이에 있다. 그러한 점에서 언어는 언어도구이다. 언어는 도구이면서 목적이 되고, 대상이 된다. 이는 인간이 보이지 않는 의지로, 직립보행과 함께 두개골 용량의 진화와 이에 따르는 손과 발의 피드백 작용으로 오늘에 이르렀기 때문이다.

현재로서는 언어를 사용하지 않는 인간을 상상할 수 없지만, 인간은 언어가 없이도 살 수 있다. 이 말은 원문화(原文化, proto-culture)의 유인원을 벗어난 수준의 최소한의 언어로도 살 수 있다는 뜻이다. 인간은 언어 이전에 많은 부분을 느낌으로 살아왔다. 그러한 점에서 앞에서 여러 차례 말한 일반성의 철학이라는 것은 실은 느낌을 새롭게 해석하여 존재 일반과 소통되게 하는 철학이라고 말할 수 있다. 일반성의 철학은 철학을 느낌의 철학으로 더 끌어들여보자는 취지가 깔려 있는 셈이다. 느낌을 언어로 환원하여야 직성이 풀리는 철학은 일반성의 철학을 이해하기 어렵다.

일반성의 철학에 따르면 주관과 객관, 주체와 객체는 수많은 이원대립항들 중의 하나일 뿐이다. 세계는 얼마든지 다른 이원대립항을 설정할 수 있다. 이들 대립항들은 모두 존재에서 드러난(솟아나온) 것이다. 존재론과 해체철학이 다 같이 주장하는 의미의 이중성은 바로 이원대립항에서 비롯된다. 그런데 하이데거와 데리다가 갈라지는 지점은 바로 이곳이다.

하이데거는 존재에서 존재자로, 무의식에서 의식으로 드러나는, 현시(顯示)되는 입장에 있는 반면에, 데리다는 존재자에서 존재를, 의식에서 무의식을 주장하고자, 발현(發顯)시키는 입장에 있다. 하이데거가 존재에서 존재자로 드러나는 경우라고 하는 것은 존재적인 레벨에서 대상적인 레벨로 이동하는 과정을 말하고, 데리다가 존재자에서 존재로 이동하는 것은 대상적인 레벨에서 존재적인 레벨로 이동하는 것을 말한다. 둘은 서로 가역관계에 있다.

데리다가 표지적인 것은 존재의 지표에 있기 때문이고, 하이데거가 표현적인 것은 존재의 지표 안에 있기 때문이다. 지표에 있는 흔적이나 경계라는 것은 비록 대상적인 레벨은 아니라도 하더라도 그것으로 향한 출발점에 있다고 할 수 있다. 이는 존재자의 성격이 이미 침윤된 경우라고 할 수 있다. 다시 말하면 데리다는 존재자의 존재에서 철학을 출발하고 있다고 할 수 있다. 이에 반해 하이데거는 항상 존재에서 철학을 출발하고 있고, 비록 철학적 논의를 위해서 존재의 존재자로 나아가지만 존재에로의 귀환을 약속하고 있다. 하이데거는 인간이라는 말을 쓰지 않고 현존재라고 한 것은 인간에서 존재의 기반을 놓치지 않으려는 몸짓이라고 말할 수 있다.

여기에 수동과 능동의 미묘한 차이가 내재한다. 데리다는 능동의 입장에 있음에도 불구하고, 에크리튀르를 '쓰여 진 것'이라고 과거분사형(수동)으로 해석하면서 자신의 언어적 의도를 은폐시키는 이중적 전략을 쓰고 있다. '쓰는' 능동이 없으면 어떻게 '쓰여 진 것'이 존재할 수 있는가. 이에 비해 하이데거는 수동의 입장에 있지만 항상 삶의 자세에서 능동적인 태도를 취하고 있다. 존재를 존재의 가능성이라고 보는 것은 이 때문이다. 두 철학자는 자신도 모르게 스스로를 보완하고자 하는 이중성의 심리를 노출하고 있다.

언어는 존재와 존재자 사이에서 마치 이중간첩처럼 한 번은 존재의 편에, 다른 한번은 존재자의 편에 서는 가역성을 보인다. 음성/문자, 시니피앙/시니피에, 메타포/메타니미, 패러디그마틱/신태그마틱, 존재/존재자의 편을 왕래하는 것이다. 데리다는 언어(문자)의 레벨에서 담론은 구성하는 프랑스적 전통에 충실한 셈이다.

데리다는 하이데거의 존재론을 프랑스의 구조주의 문법(문맥, 콘텍스트)에서 연결하려고 노력하였지만, 도리어 구조주의의 한계를 벗어나지 못했다. 그는 그의 문자학이 구조주의의 한계를 벗어난 것처럼 주장하는데 그의 '공백(空白)의 문자학'은 일종의 '속임수의 문자학'이다. 문자(문장)를 써놓고 이 문자는 아무런 의미가 없다고 하는(무의미를 주장하는) 것이나 마찬가지이다.

이는 옷을 입고도 옷을 입고 있지 않았다고 하는 것이나 마찬가지이다. 옷을 입지 않고도 옷을 입었다고 하는 동화 '발가벗은 임금님'의 반대 경우에 해당하는 것이다. 한국 속담에 "똥 누고 분칠한다."는 말이 있다. 똥 누고 휴지가 없어서 하얀 벽에 엉덩이를 문질러 버린 자가 범인을 찾는 자에게 엉덩이를 내보이면서 내 엉덩이는 하야니, 내가 범인이 아니라고 하는 것과 같다.

데리다는 '시각-문자' 중심의 서양문명권이 탄생시킨 역설의 철학, 철학의 아이러니라고 말할 수 있다. 그런데 극단적으로 들어가면 철학적으로 진실과 허위를 가리는 것은 불가능하다. 바로 진위를 가질 수 없다는 것을 말하는 것이 후기근대의 철학의 핵심내용이기도 하다. 데리다는 도리어 문자학을 만듦으로서 철학이 일종의 '말장난의 놀이' '철학적 개그'임을 증명하는 성과를 거두었다고 말할 수 있다.

철학은 이제 침묵할 수밖에 없다. 그러나 철학이 입을 다물면 철학이 불가능하다. 그래서 '침묵의 철학'이라는 것은 침묵하는 것이 아니라 존재의 존재자, 존재자의 존재가 왜 상호 가역하는지를 바라보는 것일 수밖에 없다. 이는 철학이 종래의 철학이 아니라 참선(參禪)의 경지, 깨달음의 경지에 도달하는 것을 말한다. 이는 불교의 선종(禪宗)에서 '간화선(懇話禪)'과 '묵조선(默照禪)'이 있는 이유이기도 하다.

자연은 어떤 분별도 수용하지 않는다. 텍스트는 아무리 떠들어도 텍스트일 뿐이다. 폐쇄성이 있는 책에 대해서 텍스트는 열린 것이라고 주장하지만, 텍스트는 어딘가 사방에 끊어진 선(경계, 혹은 절편)이 있다. 그래서 그것을 연결시킨다고 하지만, 아무리 연결시켜도 그것은 텍스트이다. 텍스트는 결코 자연으로 환원되지 않는다.

소리(목소리)는 사물의 전체를 표상한다. 말하자면 사물의 전체를 끌고 나온다. 어떤 사람의 목소리를 들으면 그 사람 몸의 전체 상태를 읽을 수 있다. 자연의 소리도 마찬가지이다. 자연이 바람소리를 들으면 기후의 상태를 알 수 있다. 그러나 에크리튀르는 전체를 표상하기도 하지만, 그렇지 않을 수도 있다. 예컨대 자연적으로 그려진 것들은 자연의 전체성을 표상하고 있지만, 인간이 표피에 그린 것들은 자연의 전체성과 관련이 없다. 문자학이 포노로지의 일부는 될 수 있어도, 포노로지가 문자학의 일부가 될 수 없는 것은 바로 이 때문이다.

데리다는 마치 존재자의 끝을 잡고 있는 분위기이다. 존재자를 놓아버려야 존재로 들어가는데 존재자(흔적, 문자)를 놓지 못하고 있다. 데리다는 문자의 의미의 이중성과 자연과 문화의 보충대리의 보충대리는 알았지만, 그러한 이중성의 밑바탕에 깔린 일반성(一般性)·동질성(同質性)을 보지 못하고 있다. 이것은 차이도 없는 무차이(無差異), 무분별(無分別), 무차별(無差別)이기 때문이다.

소리는 직접적인 물(物)이다. 그러나 차이는 물(物) 혹은 '물(物)의 표면'이다. 데리다가 봉착한 문제는 데리다 만의 문제가 아니라 후기근대 서양철학자들의 전반적인 문제이다. 서양철학은 이제 과학이라는 부산물을 인류에게 주고, 자연을 관음(觀音)하는 정신을 배워야 한다. 이것이 과학이 황폐화시킨 자연을 회복하는 간접적인 기여가 될 것이다.

서양철학의 이러한 정황을 크게 바라보면 "인간(남성)의 생산은 자연(여자)의 재생산에 비하면 표면에 불과한 것이다."라는 말로 축약할 수 있다. 여기에 더하면 생산은 재생산의 카피이고 표절이다. 카피와 표절이 마치 진실인 것처럼 떠들었던 셈이다.

철학은 '생각하는 존재'인 인간에게 필수불가결한 것이었지만, 생각은 이미 환원이고, 환원은 이미 흘러가는 만물(자연)을 어느 지점에서 끊은 것이고, 끊은 것은 아무리 연결해도 본래(本來, 如來, 自然)를 회복할 수 없는 것이다. 자연을 자연대로 내버려두는 것이 자연을 회복하는 길이다. 여기엔 시간이라는 변수가 필요 없다. 시간이 아무리 걸리더라도 자연은 다시 반복(재생산)할 것이기 때문이다. 자연의 반복은 처음부터 실재와 재현을 구분할 필요도 없는 것이고, 실재가 반복이고, 반복이 실재이다.

자연은 인간이 만든 텍스트(text)나 어떠한 체계(system)나 메커니즘(mechanism), 혹은 기계(machine)로 대신할 수 없는 존재이다. 자연의 순환이나 영원회귀는 아무도 흉내 낼 수 없다. 그렇기 때문에 누가 자연주의를 표방하거나 음성주의를 표방한다고 해도, 그것이 서양의 말소리중심주의, 현상학의 현존, 이성주의를 벗어나지 못했다고 해도, 그것의 한계를 지적하고 약간의 비판을 가할 수는 있지만, 자신의 철학이나 이론이 마치 그것을 완전히 벗어난 것인 양 큰소리칠 근거는 없다.

결국 철학이나 이론이 말을 기초로 하고 그것을 문장(구문)으로 엮는 한, 아무리 그라마톨로지(grammatology)를 주장하고, 문법(grammar)을 벗어난 시위를 해도 문장이라는 선형적 문체의 한계를 어쩔 수가 없다. 이러한 사정은 이미 텍스트라는 말에서 풍기고 있다. 텍스트라는 말이 단순히 문장이 아니라 우주공간에 일어나는 차연적 사건, 흔적, 놀이라고 해도 그렇다.

데리다 그라마톨로지의 중요개념인 '차이'(差異, difference)는 '사이'(間, distance)보다 진일보한 개념이지만, '차연'(差延: différance)은 자연(自然)에 비해 평면성을 벗어날 수 없다. 결국 차이나 차연은 자연에 비해 표면적인 성격을 벗어날 수 없다. 차연은 자연이 아니다. 차연은 현상학의 표면이다. 차연은 기표중심주의이다. 차이는 평면적(text, textile)인 차이이며 그것의 연결(inter-texte)이 가능할 따름이며, 자연의 역동적 입체성이나 역동성을 포함할 수 없다. 자연(physis)의 피부는 피부 자체가 자연의 전체이며 전체로서의 몸이다. 최종적으로 차연은 생명이 아니다.

서양문명의 '말소리중심주의'는 이상하게도 몸을 망각하고 있다. 소리는 자연의 감각이 살아있는 실체이고, 목소리는 사람의 감각이 살아있는 실체(실재, 존재)이다. 목소리의 터져 나옴은 존재의 터져 나옴이고, 도리어 목소리를 통해서 우리는 '이성이 아니라 존재'를 느낄 수 있다. 목소리에는 무의식의 것들이 숨어 있고, 감정이 묻어있다. 그런데 이상하게도 살아있는 감각의 실체를 무시하고, 그 감각이 죽은 문자를 가지고, 문자의 역설과 아이러니에 기대어 이성중심주의를 탈출하는 것은 '참으로 서양인다운, 서양인다운 행위'이다.

서양철학사에서 정신계열에 속하는 데리다의 '문자'는 유물계열에 속하는 들뢰즈의 '기계'와 더불어 한 용어에 정반대의 개념을 동시에 내포하고 있는 이중성의 용어들이다. 이중성의 용어를 사용하는 것은 후기근대철학의 정신을 구현하는 것이기도 하다. 후기근대의 철학적 용어들은 반어법(反語法)에 충실하다.

이것은 자기부정이면서 동시에 자기긍정이다. 데리다는 결국 서양철학의 정신계열(언어계열)을 담당하면서 문자를 중심으로 사고하면서 문자를 초월하려는 의도를 보이고 있다. 문자학은 바로 문자의 역설이다. 데리다의 해체주의는 모든 중심주의를 벗어난다고 선언하지만 바로 그 선언의 이면에 문자가 도사리고 있다. 자기부정은 자기긍정을 위한 이중성이다. 그래서 데리다는 흔히 보통사람들이 문자라고 생각하는 고정관념과는 정반대의 문자학을 구축한 셈이다.

데리다는 문자를 가지고 물질세계까지 모두 설명한다고 주장하고 있지만, 이 말을 들뢰즈는 결코 승복할 수 없을 것이다. 데리다의 의미와 무의미의 왕래 혹은 이중성의 의미는 구체적인 물상(物象)의 왕래와는 다르다. 의미의 왕래는 상(象)의 왕래이다. 물(物)의 왕래가 아니다. 데리다의 주장을 따라 그의 주장을 물상의 왕래라고 한다면 데리다의 대척점에 있는 들뢰즈를 지우는 것이 된다.

들뢰즈는 기계를 가지고 데리다가 추구하는 '차이의 반복' 세계를 채운다. 들뢰즈는 보통 사람들이 기계라고 생각하는 고정관념과는 정반대의 기계론을 구축하고 있다. 들뢰즈는 물(物, 物質)에서 상(象)으로 가고 있고, 데리다는 상(象, 現象)에서 물(物)로 가고 있다. 물론 둘은 어느 중간에서 교차점을 찾을 수도 있겠지만, 교차지점조차도 흔적이나 주름에 불과하다.

데리다와 들뢰즈는 다르면서도 같다. 편의상 데리다는 정신계열, 들뢰즈를 물질계열로 분류하였지만, 정신계열은 바로 물질계열이기 때문이다. 정신 없는 물질, 물질 없는 정신은 없기 때문이다. 이원대립항의 대칭에 속하면 둘 사이의 관계는 순전히 관계(실체가 없는)에 속하게 된다. 이런 경우 둘은 서로 상대의 흔적을 안고 있을 수밖에 없고, 더욱이 상대의 흔적이다. 이것은 음양의 역동적 관계와 같은 것이다.

이에 비해 하이데거는 스승인 후설의 의식의 현존(présence)과 현상학을 극복하여 서양철학을 '의식의 철학'에서 '존재의 철학'으로 방향전환을 한 인물이다. 하이데거는 존재를 논하면서도 항상 '존재의 목소리'(Stimme des Seins)[23]라는 말을 많이 사용했다. 목소리는 자칫 현존의 목소리로 오해되기 쉽다. 그러나 이 목소리는 현상학적인 것이 아니라 존재가 존재에게 말을 건네는 것이다. 이것은 "교응적인 사유이기에 묻는 자가 물어진 것에 다가가는 즉 귀를 기울이는 사유이고, 물어진 것에서부터 응답이 메아리처럼 되돌아오는 것에 영향을 받는 사유이다. 이

---

23) 김형효, 『하이데거와 마음의 철학』(청계, 2000), 37쪽.

런 사유를 우리는 상관적(相關的) 사유라고 불러도 좋으리라."[24]

하이데거도 스승인 후설의 현상학(Phänomenologie)를 따른다. 그러나 하이데거의 현상의 개념은 후설의 의식학의 차원도 아니다.

"하이데거의 말처럼 존재자의 존재가 결국 존재에게 현시되는 그런 사실이라면, 그 존재의 현시는 후설의 현상학이 말하는 바와 같이 이성적인 의식이라는 노에시스(noesis)와 그 대상에 해당하는 노에마(noema)의 관계와 같은 그런 류의 것일 수가 없다. 다시 말하자면 하이데거의 철학에서 변용된 '사상(事象) 자체에로'(Zu den Sachen selbst)라는 현상학의 지침은 의식의 노에시스가 노에마에로 향하는 의식의 지향성(指向性, Intentionalität des Bewußtseins)일 수가 없다."[25]

물론 칸트적 현상(Erscheinung)과 다르다. "칸트적인 의미에서 사용된 현상(Erscheinung)은 스스로 나타나는 현상(Phänomen)을 통하여 나타나지 않는 어떤 것을 알려주는 정보의 기능을 수행하는 것이기 때문이다."[26]

하이데거의 현상은 '스스로 자신을 나타내는 즉 현시하는' 의미를 가진 '사실(Faktum)로서의 현상'이다. "존재자의 존재는 배후에 어떤 것이 서 있는, (칸트적인 의미에서) 표시되지 않는 어떤 것이 숨어 있는 그런 것이 결코 될 수 없다."[27]

하이데거는 후설의 의식의 차원을 넘어 무의식으로 이동했다.

"하이데거가 말한 '존재의 관심'(Sorge des seins)이 후설이 말한 의식의 지향성과 유사하지만 다른 한편으로 지울 수 없는 차이를 노정하고 있다. 하이데거의 것은 무의식이지만, 후설의 것은 의식적이다. 하이데

---

24) 김형효, 『하이데거와 마음의 철학』(청계, 2000), 55쪽.
25) 김형효, 『하이데거와 마음의 철학』(청계, 2000), 63쪽.
26) 김형효, 『하이데거와 마음의 철학』(청계, 2000), 62쪽.
27) M. Heidegger, 『Sein und Zeit』 pp. 35~36 ; 김형효, 『하이데거와 마음의 철학』(청계, 2000), 63쪽, 재인용.

거의 것은 의식의 범주를 넘는 존재의 세계를 탐구하고 있지만, 후설의 것은 단지 의식의 영역에 비쳐진 존재에 제한되고 있다. (중략) 그는 그의 스승이 보지 못한 의식보다 더 깊은 심층의 세계에로 깊이 내려갔다고 스스로 생각하였으리라고 추정해 본다."[28]

하이데거는 또 실존주의의 샤르트르와도 다르다.

"하이데거의 명제는 본질이 실존과 정반대의 입장에 놓여있다는 것이 아니라, 사실상 인간의 현존재의 경우 본질의 의미는 실존의 가능성과 분리되어 이해될 수 없음을 언표한 것이다. 현존재의 본질이 그의 실존적 가능성이기 때문에 현존재는 결코 어떤 물건처럼, 또는 '이것'이나 '저것'의 존재양식처럼 그렇게 규정되지 않는다. 현존재의 본질은 그의 가능성이다. 이를 하이데거는 가능존재(das Möglichsein)라고 부르기도 하였다. 그렇기 때문에 현존재는 스스로 선택하기도 하고 자기를 극복하기도 하며, 자기를 상실하기도 하고 자기를 결코 극복하지 못하기도 하며, 또 극복하지 못한 것처럼 보이기도 한다고 하이데거가 말한다."[29]

하이데거의 명제 중의 명제는 "하나의 것이 모든 것이다. … 모든 존재자들은 존재 안에서 일치한다."(Eines [ist]Alles. … Einig aber ist alles Seiende im Sein)[30]이다. 이 명제는 하이데거의 모든 언설의 밑바탕에 깔려 있다. 이때의 하나는 대상적인 하나가 아니다. 동시에 '생각하는 존재'와 같은 주체(자아)적인 하나도 아니다. 분명 하이데거는 모든 것을 포용(수용)할 수 있는 하나를 떠올리고 있다.

하이데거의 명제 중에서 샤르트르와 가장 대비되는 것은 "현존재의 본질은 그의 실존 속에 있다."이다. 이에 비해 샤르트르의 명제는 "실존은

28) 김형효, 『하이데거와 마음의 철학』(청계, 2000), 64쪽.

29) M. Heidegger, 『Sein und Zeit』 p. 42 ; 김형효, 『하이데거와 마음의 철학』(청계, 2000), 68쪽, 재인용.

30) M. Heidegger, 『Was ist das-die Philosophie?』 p. 22, 1956, Günter Neske Pfullingen. ; 김형효, 『하이데거와 마음의 철학』(청계, 2000) 31쪽.

본질에 앞선다."³¹⁾이다. 샤르트르의 실존은 본질은 대립적인 위치에 있을 뿐만 아니라 역사적인 실존이다. 샤르트르의 본질은 하이데거의 가능성의 본질과 다른, 무기력한 존재이다. 그래서 유기력(有氣力)한 실존이 앞선다고 말했을 뿐이다.

하이데거의 현존재(Da-sein)에는 이미 세상(세계)의 전체성에 대한 이해를 전제한다. 하이데거는 자신의 철학적 기초를 존재(Sein)와 시간(Zeit) 위에 구축함으로서 현재와 존재의 이중성에 위치하지 않을 수 없게 되었다. 시간이야말로 현재가 없으면 논의가 불가능한 때문이다. 만약 현재를 기준으로 생각한다면 과거와 미래는 비존재가 된다. 그래서 시간은 항상 현재분사에서 시작하지 않으면 안 된다.

"그러나 그 현재분사라는 것은 사실상 자기부정의 행위(현재의 지금이 적극적 자기긍정의 행위일 수 없음)이기에 그런 현재의 무화에서부터 과거나 미래라는 관념이 존재하게 된다. 즉 과거와 미래의 시간은 자기부정이고, 무화인 현재 때문에 존재한다고 말할 수 있다. 그래서 시간은 현재의 성격부여(현재를 존재로 보느냐, 비존재로 보느냐)에 따라 비존재가 되기도 하고, 존재가 되기도 한다. 현재의 본질이 시간의 성질을 규정한다. 현재(지금)는 매우 이상한 개념이다. 그것은 존재이기도 하고, 비존재이기도 하고, 시간이기도 하고, 비시간이기도 하다."³²⁾

그래서 하이데거는 현재를 과거와 미래를 소통시키는 '현존재'(Da-sein)라고 부른다. '현존재'에는 현재와 현재진행이 숨어 있는 것도 사실이다. 다시 말하면 '현존재'에는 현재의 부정과 긍정이 교차하고 있다. 하이데거의 '현존재'에는 현재의 흔적이 있다. 현재분사는 현재진행중인 '살아있는 현재' '기가 살아있는 현재' '기분(氣分: Stimmung)'이다. 소

---

31) M. Heidegger, 『Sein und Zeit』 p. 42 ; 김형효, 『하이데거와 마음의 철학』(청계, 2000), 67쪽, 재인용.
32) 김형효, 『데리다의 해체철학』(민음사, 1993), 280쪽.

리야말로 가장 현존재적이며, 실존적인 사실이다. 그래서 하이데거에게
는 소리에 대한 원천적인 애착이 있다. 데리다는 이것을 이해하지 못한
것 같다. 이는 말소리중심주의의 서양철학적 전통과는 다른 것이다.

하이데거는 현상학을 넘어서면서도 동시에 현상학적이다. 물론 후설
의 현상학과는 다르지만 말이다. 하이데거의 현상은 '사실'이다. 이때
의 사실은 '실존론적 의미에서의 사실(Faktum)'이지, '범주론적인 사실
(Tatsache)'이 아니다.

하이데거가 종종 칸트나 후설의 현상학과 비슷한 것으로 오해되는 것
은 바로 위의 두 사실에 대한 이해가 부족한 때문이다. 그런데 하이데거
의 '존재의 전체성'의 맥락은 실존론적인 의미의 사실이 범주론적인 사
실을 포용하게 된다. 그래서 자칫하면 이러한 존재적 포용을 놓치기 쉽
다.

하이데거는 존재의 전체성을 공명(共鳴, Eiklang)이라고 하였다.

"하나의 길은 결국 모든 다른 길과 서로서로 상입상즉(相入相卽)의
연관관계를 맺고 있는 셈이 된다. 이를 철학에서는 오랜 옛날부터 〈일
즉다 다즉일〉이라 불러왔다. 이런 부름을 하이데거는 헤라클레이토스
(Herakleitos)의 말을 인용하여 일즉다(一卽多)라 명명하였고, 그런 명
명을 독일어로 치환시켜 공명(共鳴, Eiklang)이라고 말했다."[33]

거듭 말하지만 하이데거의 철학에서 목소리, 혹은 소리는 매우 중요하
다. 하이데거 철학은 이것에서 출발한다고 해도 과언이 아니다. 이는 데
리다가 에크리튀르에서 시작하는 것과는 대조적이다. 하이데거는 인간
을 대신한 현존재(Da-sein)라는 개념에서부터 목소리와 소리를 개입시
킨다.

"하이데거의 존재의 사유가 마치 마음의 세계와 분리가 안 되는 것처

---

33) M. Heidegger, 『Was ist das-die Philosophie?』 pp. 21~22, 1956, Günter Neske
    Pfullingen. ; 김형효, 『하이데거와 마음의 철학』(청계, 2000), 31쪽.

럼 마음의 어떤 경향이나 또는 마음의 어떤 기분이나 또는 목소리의 개념이 등장하고 있다는 사실이다. '존재의 목소리'(Stimme des Seins)라는 표현을 언뜻보면 신학적인 뉘앙스를 풍기고 있는 것처럼 보인다. 그러나 하이데거가 기독교적인 신(神)의 존재를 궁극적 진리로 여기게끔 하는 명시된 언질을 하고 있지도 않고, 또 그것을 위한 임시적인 여백을 남기지도 않았다는 점을 감안하면, 상기의 표현을 꼭 신학적으로 보아야 할 근거는 없는 셈이다. 존재의 목소리는 이미 존재의 어떤 경향성과 기분성을 동반하는 현상이다. 일반적으로 어떤 사람의 목소리는 곧 그 사람의 마음의 성향과 마음의 기분을 우리에게 보여주는 현상과 같다. 존재의 성향과 기분은 마음의 존재가 지니고 있는 성향과 기분으로 읽어야 함을 암시한다. 만약 그 존재가 마음의 다른 이름에 지나지 않는 것이라고 전제한다면, 존재의 목소리는 마음의 목소리와 같은 그런 뉘앙스를 품고 있는 것처럼 말한다."[34]

"존재의 목소리가 인간을 대리한 개념인 현존재의 목소리와 분리될 수 없고, 그런 점에서 존재의 목소리가 결국 상징적으로 마음의 목소리와 유사한 상응의 암시성을 지닌다면, 그 존재의 목소리는 이미 대화의 구조를 띠고 있어야 한다. 왜냐하면 우리가 앞에서 철학적인 물음을 묻는 자와 물음을 받은 자가 〈주/객〉으로 이분화되는 것이 아니다. 모두 존재의 세계에 참여해서 원무(圓舞)의 춤처럼 돌고 돈다고 말했기 때문이다. 존재 자체가 대화고 언어인 셈이다. 그런데 대화는 서로 다른 차이가 전제되어야 성립하기에 동일성의 세계에서는 대화가 아예 성립할 수가 없다. 왜냐하면 거기에는 사이가 떨어진 거리가 없기 때문이다. 그래서 대화(Gespäch)는 대결(Streit)의 의미와 결코 분리되지 않는다."[35]

하이데거는 왜 목소리와 소리, 그리고 공명을 좋아하는 것일까. 여기

---

34) 김형효, 『하이데거와 마음의 철학』(청계, 2000), 37쪽.
35) 김형효, 같은 책, 38쪽.

엔 다분히 종래의 현존(présence)에 따른 현상학적인 환원이 아닌, 소리 자체에 대한 이해가 있기 때문이다. 목소리에 숨어있는 무의식과 몸, 그리고 몸과 연결되는 자연(존재)의 목소리와 공명에 대한 들음이 있기 때문이다.

하이데거는 확실히 소리(목소리)에 대한 종래의 알파벳 표음문자 문화권의 철학자들이 동의하는, 현상학적 환원으로 인한 이성주의의 원죄를 묻지 않는 것은 물론이고, 도리어 소리에서 '존재의 전체성'을 느끼고 있음이 분명하다. 이것이 그로 하여금 데리다와 대척점에 있게 한다. 이에 반해 데리다는 음성을 현상학적인 자기애정으로 철저히 배격한다.

하이데거와 데리다를 비교하면 다음과 같은 대조를 볼 수 있다. 하이데거는 청각주의의 기조 위에 소리(목소리)-현존(現存)-존재(存在)-현존재(Da-sein)-존재론(시간론)의 특성을 드러낸다. 이에 비해 데리다는 시각주의의 기조 위에 문자(에크리튀르)-부재(不在)-차연(差延)-인간(비주체)-문자학(공간론)의 특성을 드러낸다.

하이데거 (청각주의)	소리(목소리) 현재분사	현존(現存) 듣기	존재 (Sein)	현존재 (Da-sein)	존재론: 표현, 대화 (시간론)
데리다 (시각주의)	문자(에크리튀르) 과거분사	부재(不在) 쓰기	차연 (差延)	인간 (비주체)	문자학: 표시, 흔적 (공간론)

하이데거는 목소리의 현존을 현재분사로 이해하는 반면, 데리다는 문자를 과거분사로 이해하고 있음을 볼 수 있다. 현재분사는 살아있는 기(氣, 氣分, 音聲)를 기조로 하고 있는 반면에 과거분사는 기록의 기(記, 記號, 文字)를 기조로 하고 있음을 볼 수 있다.

현재분사는 시간론의 입장에서 '존재'를 전개하는 방식이라면, 과거분사는 공간론의 입장에서 '차이'를 전개하는 것이라고 말할 수 있다. 시간론은 '현존'(présence)과, 공간론은 '부재'(absence)와 관련을 맺지 않을 수 없다. 현재분사는 '현재의 살아있는 현재'라면, 과거분사는 '과거의 이미 죽은 과거'가 된다.

하이데거가 현존을 극복하였으면서도 현재(현재분사)의 흔적을 지니지 않을 수 없듯이, 데리다는 글쓰기(écriture)의 부재를 위해 과거분사를 택하지 않을 수 없었을 것이다. 이렇게 보면 관점(a point of view, perspective) 자체가 기준이면서 동시에 틈이고, 차이고, 존재이다.

존재는 '지나가는'(going, passed by)이다. 그래서 시간론으로 보면 현재분사가 되고, 현존이 되고, 공간론으로 보면 과거분사로 부재가 된다. 그런데 문자는 지나갈 수 없다. 그 기록성 때문이다. 소리만이 지나가는 것이 된다. 문자는 기껏해야 의미를 무의미로 바꾸지만, 소리는 존재 자체를 무의미화 한다.

하이데거의 '현존재(Da-sein)'는 현재의 '시간을 정지시킴에 따른 시간부정(시간개념)'을 극복하고(이는 존재의 무無에 이른다) '현존'의 확산(혹은 울림)을 위해서 설정된, 개념 아닌 개념이다. 한 곳에 머물던 '현존'은 '현존재'를 통해서 '거기에 있는'(therein=Da-) 존재(sein)로, 하나의 존재가 아니라 모든 존재로 흩뿌려지는 것이다. 이는 소리의 확산과 닮았다. '현존'의 특성은 '고정된 의미'가 아니라 '지나감'에 있다. 그 지나감을 모든 존재에로 확산한 것이 '현존재'이다. 그런 점에서 현존은 더 이상 이성주의의 원죄가 아니다. 이는 이브가 더 이상 원죄가 아닌 것과 같다.

동양의 음양론은 결국 다원다층의, 중층의, 의미를 소리의 리듬으로 바꾸는 것이고, 이것은 결국 의미(고정된 의미)보다는 리듬을 우선하는 것이다. 의미는 소리의 빈 곳에 바꾸어 들어갈 수 있는 가능성에 불과한 것이다. 소리의 리듬을 가장 잘 살리는 것이 시(詩)이고 음악(music)이다. 리듬은 파동이고 기(氣)이다. 리듬과 파동과 기(氣)는 일반성의 철학의 비근거의 근거이고, 비존재의 존재이다.

필자의 일반성의 철학, 포노로지 철학은 심(心, 心情)과 정(情, 物情)을 동시에 수용한다. 음악만큼 포노로지를 대변하는 것은 없다. 음악에 귀를 기울이면 마음의 악기, 심금은 자연과 공명(共鳴)하면서 하나가 된다. 그렇게 되면 우주는 생명의 음악을 연주하게 된다. 생명의 음악은 듣는 이로 하여금 우주와 하나가 되게 하고, 창조적 에너지로 넘치게 한다. 하이데거의 목소리는 표현(expression)으로 호흡(expiration)과 밀접한 관련을 맺는다. 음악(성악, 연주)도 바로 호흡과 밀접한 관련을 맺는다.

천	정신계열	데리다	문자(letter)/평면	공간축	문자학(grammatology)
인	자연(시간)계열	하이데거	현존(présence)/시공초월	시간축	현존재(Da-sein) '존재(sein)와 시간(zeit)'
지	물질계열	들뢰즈	기계(machine)/입체	공간축	기계(machinism)
*이들은 모두 소리(phone)의 공명(resonance)을 향하고 있다. 포노로지(phonology)는 우주적 생명의 리듬과 음악에 참여하는 것이다.					

하이데거, 데리다, 들뢰즈 등 후기근대 서양철학자들의 철학적 노력들을 필자의 포노로지(phonology)의 입장에서 보면, 이들은 차이 혹은 차이의 반복에 대해 '시적 리듬'(poetic rhythm)을 회복하려는 것으로 보인다. 시는 반복과 변형의 기술이고, 시는 차이의 반복이기 때문이다. 세계의 파동적(波動的) 운동에 대해 입자적(粒子的) 사고를 가지고 있는 서양철학자들이 자기 나름대로, 자기가 선 자리에서 반어(反語)와 역설(逆說)로 접근을 하고 있다는 인상이다.

이는 전반적으로 과학의 산문주의에 대한 회의와 함께 시적 운문주의로 문명적 전환을 하는 것으로 볼 수 있다. 자연은 실은 처음부터 시적으로 존재하고 있다. 자연은 재생산(reproduction) 메커니즘이다. 자연은 리사이클링(recycling) 메커니즘이다. 이것을 생산의 메커니즘으로 이해한 서양철학이 대반성을 시도하고 있다고 여겨진다.

니체가 산문적 철학·메타니미의 철학이 아니라, 운문적 철학·메타포의 철학·아포리즘(aphorism)의 철학을 한 이유가 여기에 있다. 산문적 철학은 이중성·애매모호함의 함정에 빠지지 않을 수 없기 때문이다. 이것은 개념을 기초로, 보다 확실성과 명징성을 요구하는 이성중심주의 철학적 전통에는 이단아들이고, 종국에는 반철학이기 때문이다. 그러나 운문은 본래 이중성을 노리는 철학이다. 해체주의를 비롯하여 후기 근대의 철학들이 때로는 말장난처럼 느껴지는 것도 이 때문이다. 후기 근대철학의 전반적인 문체주의는 이와 맥락을 같이한다.

서양철학은 이성주의라는 주류(표층=기표)를 형성하였지만 그 이면(심층=기의)에서는 항상 비이성주의의 저류가 흐르면서 뒷받침하였다. 이는 소크라테스가 그리스 아폴론의 신탁의 주제인 "너 자신을 알라"를 철학적 주제로 전환한 이래 수많은 우여곡절을 겪었지만, 결국 '알라'는 실천하였지만(알기 위해 수많은 노력을 하였지만), '너'와 '자신'에 관해서는 철학의 자기순환성으로 인해 후기근대에 이르러 주류철학에 편입되었다.

현대철학에 이르러서 '너'와 '자신'에 대해 조금씩 이해하기 시작했다. 예컨대 나는 '너의 너'(타자의 타자), 너는 '나의 나'(자기의 자기)에 대해 알기 시작하고, '자신'에 대해서도 많은 진전이 있었다. '자신'(自身)이 몸(몸뚱어리)인 것을 안 것이다. 자신의 몸, 더 나아가서 '자연의 몸'은 이제 하나로 연결되기 시작하고 있다. 존재철학, 해체철학에 이르러 자연은 더 이상 목적(目的: 눈目이 표적標的하는)으로서의 대상이 아니다.

데리다의 '쓰기'(écriture)는 당연히 '그리기'(drawing) 회화(繪畵)에도 적용된다. 쓰기와 그리기는 그 기원이 같기 때문이다. 단지 쓰기가 의미에 치중하는 반면에 그리기는 이미지에 치중하는 것만 다르다. 데리다의 문자학이 '문자'에서 '공백의 문자학'으로 진행되었듯이, 그리기에서도 작품인 '에르곤'(ergon)과 장식인 '파레르곤'(parergon)으로 넘어간다.

데리다는 칸트의 『판단력 비판』(Kritik der Urteilskraft)을 분석하면서 미(美)의 영역에서도 그의 부재와 차연의 이론을 확대한다.

아시다시피 칸트는 『순수이성비판』과 『실천이성비판』 이후에 자연의 감성계와 도덕의 초감성계를 연결시키기 위해 『판단력 비판』을 썼다.

"칸트의 『순수이성비판』(Kritik der reinen Vernunft)'은 모든 과학적 인식(경험적)의 선천적 가능근거를 탐구하는 이론이성을 다루고 있다. 그래서 순수이성은 자연과 직접 접촉하는 감성의 직관과 오성의 개념이 어떻게 구성하는 것인가를 탐구한다. 거기에 반하여 『실천이성비판』(Kritik der praktischen Vernunft)은 인간의지의 선악을 문제삼으면서 인간 자유의 물자체(物自體)를 규명한다. 그래서 순수이성이 자연의 현상계의 진리를, 실천이성이 윤리세계의 도덕적 선의지를 대상으로 각각 삼는데, 칸트는 이 두 가지 이성 사이에 어떤 관계를 정립시킬 필요를 느꼈다. 왜냐하면 인간의 자유의지가 자연세계와 무관할 수 없기 때문이다. 그래서 칸트는 자연의 감성계와 도덕의 초감성계를 연결시키기 위해 '판단력 비판'을 다루었다. 판단력이란 칸트에 있어서 오성과 이성의 중간자이다. 즉 오성은 개념 창출의 능력이고, 이성은 추리의 능력인데, 개념과 추리 사이에 판단의 능력이 인간에게 있기 때문이다."[36]

칸트에게는 순수이성과 실천이성의 목적성을 통합하는 합목적성으로서의 판단력비판이 필요했던 셈이다. 칸트의 판단력비판은 주로 '규정

36) 김형효, 『데리다의 해체철학』(민음사, 1993), 353쪽.

적 판단력'(die bestimmende Urteilskraft)보다는 '반성적 판단력'(die reflektierende Urteilskraft)에서 이루어졌다. 반성적 판단력은 자연을 예술로 간주하게 되는데 미적 판단은 '취미판단'으로 아름다움의 쾌감에 관계할 뿐 아니라 정신적 감정을 발생시키게 된다. 미적 판단은 '공평무사한 쾌감'(le plaisir désintéressé)에 관계한다.[37]

데리다는 칸트의 쾌감이 '미적 판단에서 쾌감은 대상적인 것을 지시하지 않는다'는 점과 '순수한 내면적 쾌감과 외적 대상에 이끌리는 향락과 구별된다'는 점을 들어 '자아애정적'이라고 말한다. 이는 데리다가 목소리에 붙인 것과 같은 것이다. 데리다는 칸트의 공평무사한 쾌감을 추구하는 미적 판단을 '아름다운 세상에서 아름다움의 형식만을 취하는 순수 취미판단일 뿐'이라고 한다.

데리다는 이어 '형식만을 순수하게 취하는 취미판단에서 장식들이 (parerga) 등장한다. 장식들은 대상의 미적 표상에 불과하지만, 그 형식에서 취미의 쾌감을 증대시켜준다'는 점을 들어 그의 특유의 '파르레곤' 이론을 전개한다.[38]

데리다는 "작품의 틀을 객관적으로 고정시키기는 불가능하고, '파르레곤(장식)과 에르곤(작품)의 보충대리에서 말할 수 있는 것은 '형식적 파르레곤/화장과 겉치레의 파레르곤'이 곧 '좋은 파르레곤/나쁜 파르레곤'에 해당한다."고 보면서 "'형식적 파르레곤'을 겨냥하는 미적 판단은 비록 '반성적 판단'에 해당하지만, '규정적 판단'과 관계되는 오성의 '논리적 판단'과 유사한 데가 있다."[39]고 본다. 그러나 '형식적 파르레곤'은 개념이 없는 형식적 보편성이고, '규정적 판단'은 개념을 가진 형식적 보편성이다.

---

37) 김형효, 같은 책, 353~354쪽.
38) 김형효, 같은 책, 354쪽.
39) 김형효, 같은 책, 357쪽.

칸트는 합목적성(la finalité)과 목적성(la fin)을 구분하다. "합목적성은 공평무사한 쾌감을 주나, 목적은 사심을 촉발하는 향락을 부채질한다. 합목적성은 형식미와 관계하나 목적은 감각적 내용에 의한 유혹과 통한다. 합목적성은 비유하자면 자연의 종국적 목적과 같아서 목적처럼 중간에 인간에 의해서 좌지우지되는 그런 용도가 아니다. 따라서 칸트에 있어서 자연의 '끝'(le bout)과 같은 합목적성이 없으면 아름다움도 있을 수 없다. 아름다움은 욕망과 목적적 용도와 단절된 자연의 종국적 '끝'이어야 한다."[40]

결국 아름다운 것은 '목적 없는 합목적'이다. 칸트가 비판철학의 이성주의의 입장에서 합리적 전개를 하면서도 판단력비판에서 합목적성을 내건 것은 참으로 눈여겨보아야 할 대목이다. 이는 이성주의의 자기폐쇄성과 절대주의를 판단력비판의 미학에서 비상구 같은 것을 마련하는 것에 비유할 수 있기 때문이다.

판단력비판에서 자연은 과학의 대상이 아니라 그것 자체가 예술이 된다. 즉 자연=예술이다. '자연의 끝(le bout)'은 마치 주자학이 지대무외(至大無外), 지소무내(至小無內)를, 수학에서 무한대(無限大), 무한소(無限小)를 설정하는 것과 같다.

이 경계가 바로 '자연=예술=신화=물 자체'로 돌아가는 귀환점이다. 이 경계는 있음의 없음, 없음의 있음이 있는 유무(有無)의 경계, 무유(無有)의 경계이다. 칸트는 순수이성비판과 실천이성비판에서 이성철학을 수립하였지만, 이성중심의 한계나 문제점을 알고 있었던 듯하다. 이는 판단력비판에서 이성의 출구로서 합목적을 만들었기 때문이다. 자연은 인간이 만들 수 없는 것이 아닌가. 그래서 자연 자체는 인간이 목적할 수 있는 대상이 아니라 물 자체처럼 존재(존재자의 존재)로 인식했던 것 같다.

---

40) 김형효, 같은 책, 358쪽.

데리다는 여기 '목적 없음'의 '없음(le sans)'에 주목한다. '없음'은 데리다의 '부재'와 '차연'의 개념과 연결된다. 칸트는 야생의 튤립을 예로 들면서 꽃의 아름다움은 '자유로운 미'(la beauté libre) 혹은 '애매한 미'(pulchritude vaga)라고 말한다.

"〈자유로운 미(美)〉(la beauté libre)는 〈유착된 미(la beauté adhérente)〉와 다르다. 전자는 어떤 지식의 〈규정적 판단〉도 거기에 도입될 수 없음을 말한다. 즉 대상의 목적을 규정하는 어떤 개념도 거기에 낄 수 없음을 말한다. 또 〈자유로운 미〉를 칸트는 〈애매한 미(pulchritudo vaga)〉라고 부르기도 하였다. 그런 아름다움은 어떤 경계나 틀이 없이 여기저기 방황하고 유동할 수 있음을 뜻한다."[41]

칸트는 이성중심주의의 입장에 있었지만, 이성과 오성의 중간자의 입장에 있는 판단력비판에서 '자유의 미'를 주장함으로써 이성주의의 철학에서도 비이성주의의 철학이 다루는 이중성과 유동성을 간과하고 있지 않다는 것을 보여주었다. 〈자유로운 미〉는 이성과 자연의 이중성에서 기인하는 것이며, 이는 마치 이기적이면서도 동시에 사교적이어야 하는 인간의 〈비사교성의 사교성(ungesellige Geselligkeit)〉과 같다.

데리다는 칸트의 '애매하고 자유로운 아름다움'을 교차적 배어법이라고 말한다. 칸트는 판단력비판의 합목적성에서 이중회합(二重會合, 二重會合期)을 일찍이 표방하였다는 것이 데리다의 주장이다.[42]

데리다가 서양철학의 고전에서 자신의 출구를 찾아내는 것은 참으로 영민하다. 칸트의 판단력비판의 합목적성, 플라톤의 파르마콘과 코라, 아리스토텔레스의 현행태과 가능태 등은 좋은 예가 된다. 그리고 후설, 하이데거, 루소, 레비스트로스 등 현대 철학자에서도 그들의 장점을 연

---

41) J. Derrida, 『*La vérité en peinture*』 p. 105 ; 김형효, 『데리다의 해체철학』(민음사, 1993), 359쪽, 재인용.

42) J. Derrida, 『*La vérité en peinture*』 p. 107 ; 김형효, 『데리다의 해체철학』(민음사, 1993), 359쪽, 재인용.

결하면서 자신의 철학을 구축한 것을 볼 수 있다. 이렇게 볼 때 서양철학사의 초기인물들은 실은 자신이 주장하는 경향과 정반대의 것들을 알고 있으면서도 한쪽으로만 선택하였다는 것을 알 수 있다. 아마도 양면적인 것을 다 고려하였다면 철학을 하지 못하였거나 도리어 우유부단하였다는 소리를 들었을지도 모른다.

소크라테스	(너 자신을) 알라	너	자신
플라톤	이데아	시뮬라크르	파르마콘, 코라
아리스토텔레스	아포리아	현행태(energeia)	가능태(dynamis)
칸트	이성중심주의	물 자체	자유로운 미(美)
데리다	반이성주의	차연	부재
하이데거	반이성주의	시간(현재)	현존재(현재완료)

동양의 음양철학, 노장철학, 불교철학은 바로 이러한 이중성과 교차성에 이골이 난 철학이고, 특히 상대적으로 가까운 역사에서는 선종(禪宗)의 공안(公案)은 짧은 문장(text)으로 공(空)과 무(無)에 도달하게 하는 대표적인 것이다.

데리다의 텍스트(text)는 선종의 공안과 비슷한 데가 있다. 이 말은 하이데거는 공안이 없이도 공(空)과 무(無)에 이미 도달한 경지라면 데리다는 아직 이런 저런 공안을 붙잡고 있는 형국이다. 텍스트의 이중적 의미는 아직 공(空)의 반야나 화엄에 도달한 경지가 아니다. 공에 도달하면 이중적 의미는 알고 있지만 이중적 의미를 안다고 공에 도달한 것은 아니다.

선종공안의 텍스트는 실은 상식적인 의미의 텍스트가 아니다. 교외별전(教外別傳)이나 불립문자(不立文字)을 주장하는 공안은 상식적인 해석학으로는 풀 수가 없으며, 도리어 역설의 텍스트이다. 선종의 공안은 그것이 발설될 때는 스승과 제자 간에 은밀하게 전해져 제자가 공(空)을 느끼게 하기 위한 방편으로 사용되는 것이다. 결국 공안(公案)은 공안(空案)이 되어야 목적달성을 하는 셈이다. 따라서 검은 글자로 이루어진 문자를 둘러싸고 있는 자간과 행간의 의미를 터득해야 하는 것이다.

그 '글자 사이의 의미'(intertexte)라는 것이 결국 자연의 존재(실재)를 깨닫게 하는 것이고 보면, 그 내용이 무(無)라고 할 수밖에 없고, 결국 무아(無我)를 깨닫게 하기 위한 방편의 글이 되는데, 공안을 글자 그대로 해석하면 잘못 해석하는 것이 된다. 바로 데리다의 텍스트는 그러한 것이 된다. 인간이 언어적(문자적) 의미는 항상 대칭을 이루는데 그것을 가지고 자연의 일원상을 거꾸로 깨달으려고 하면 결국 대칭의 언어를 가역(왕래)할 수밖에 없고, 가역은 항상 보충대리의 관계를 벗어날 수 없게 된다. 보충대리의 관계는 실은 서로가 서로를 긍정하는 것도 되지만 부정하는 것도 된다.

결국 의미는 고정될 수 없다. 존재는 무(無) 혹은 무위(無爲)가 된다. 이러한 언어를 가지고 자연을 논한다는 것은 결국 어느 하나의 관점(觀點)에 서는 것이거나 어느 한 편에 편중(偏重)되는 것이 될 수밖에 없다. 선의(禪意)를 깨닫는 것은 흔히 "백척간두(百尺竿頭)에 선다."고 말을 한다. 이는 앞으로도 갈 수 없고, 뒤로도 갈 수 없는 상황에서 하늘로 솟을 수도 없고, 땅으로 숨을 수도 없는 상황에서 무아(無我)로 향하여 자신의 몸을 던질 수밖에 없는 상황을 말하는 것이다. 그 무아가 바로 흘러가는 '존재의 자연', 제행무상의 세계이다. 그래서 불교에서는 제법무아(諸法無我)라고 말한다.

어떤 글이든 글이라고 하는 것은 관점을 가진 것일 수밖에 없다. 글이라는 것은 '자연의 존재'에 비하면 '말의 존재자'가 되는 셈이다. 살아있는 존재인 인간은 말이라는 존재자를 통해(존재자의 틈바구니에서) 다시 존재의 바다(자연)에 이르게 된다. 선종의 깨달음은 역설의 깨달음이다.

선종의 공안(公案)은 공(空)에 이르게 하는 공안(空案)이다. 공안(空案)은 데리다의 텍스트와 같다.

선종의 공안의 묘미는 말을 사용하지만 스승이 말을 하는 순간에 제자가 그 말이 아니라 자연(자연의 무상: 자연의 무아)을 느끼게 하는 것에 그 목적이 있다. 만약 제자가 스승의 뜻을 잘 모르고, 자연을 느끼지 못하고 말의 뜻(의미)에 잡혀 있으면 그 공안은 실패이다. 제자 가운데는 공안을 듣자마자 깨달음에 도달하는 경우도 있지만, 그렇지 못하는 경우가 더 많다. 그래서 제자는 그 공안을 잡고 씨름해야 하는 것이다.

그럼에도 불구하고 문자학의 진정한 표지(標識)는 문자가 아니라 소리이다. 소리야말로 몸과 붙어 있는(직접 소통되는) 기호이며 의미이다. 소리(목소리)는 자연의 가장 깊은 곳, 무의식의 심층에서 의미(메타포)로 솟아나면서도 동시에 의미의 가장 높은 표층(메타니미)에서 감각적 기표로 작용한다. 의식이라는 것도 몸이라는 매트릭스(matrix),혹은 의식을 둘러싸고 있는 몸의 외피(外皮)가 없으면 의미작용을 할 수가 없다. 이것이 소리의 의미이고 소리의 표지이다.

그렇다면 이제 문자학의 대역전을 시도하지 않을 수 없다. 자연은 바라보는 입장에서는 차연(差延), 부재(不在, absence)이지만, 자연의 살아가는 입장, 삶의 입장에서는 시시각각 현존(現存, présence), 동시성(同時性)일 수밖에 없다. 목소리는 동일성(同一性, 同一律)의 근거가 아니라 동시성의 근거가 되어야 한다. 동시성은 일반성이다.

삶은 차이가 아니고 현존이다. 삶을 보는 것은 차이이지만 삶 자체는 차이가 아니다. 차이라는 것은 삶을 '쓰는 자'의 입장이고, 삶을 '바라보는 자'의 입장이다. 삶은 동일성은 아니지만, 삶은 동시성(同時性)이다. 동시성은 시간과 공간의 세계가 아니다. 동시성은 '간'(間), '사이'의 세계가 아니라 '틈'(闖, 구멍, 空)의 세계이다.

간(間)	시간(時間)과 공간(空間)	'사이'(間)	거리(distance)	보편성
틈(闖)	동시성(同時性)	'구멍(空, 虛)'	리듬(rhythm)	일반성

'데리다의 문자학'은 '차이(差異)'를 통해서 '틈(구멍, 空, 虛)'을 바라보기는 한다. 그러나 존재의 구멍(空, 虛)에 직접 들어가지 않는다. 문자에서 의미를 지우는 작업은 아예 문자를 부정하는 것에 비해서는 한 수 아래다. 많은 점에서 '데리다의 문자학'은 '박정진의 포노로지'와 공유하는 부분이 많지만, 보다 근본적인 것에서는 차이가 있다. 문자학과 포노로지는 줄다리기를 하고 있다.

데리다는 환원주의의 원죄를 뒤집어 쓴 현존의 소리(음성)는 물론이고 몸짓도 문자학에 끌어넣고 있다. 말하자면 문자는 만상(萬象)이고, 문자학은 만병통치약과 같다. 문자학으로 설명되지 않는 것이 없다. 그러나 차이를 바탕으로 하는 문자학은 차이를 통해 존재를 파악하기는 하지만 존재에 이르지(합류하지) 못하고 있다. 차이는 존재의 표면(表面)이지, 존재의 이면(裏面), 존재 그 자체는 아니다.

데리다는 말라르메의 무언극(無言劇) '무언의 몸짓'(le mimique)을 문자학의 좋은 예로 들고 있다. 이 무언극의 줄거리는 피에로라는 광대가 불륜한 자기아내의 발가락을 간질어서 아내를 웃게 해서 죽게 만든다는 내용이다.

"'무언의 몸짓'에서 읽을 수 있는 것은 그 무언극 배우가 몸짓을 하는데, 도대체 무엇을 모델로 하여 흉내와 모방을 하였는지를 알 수 없다는 것이다. 그 무언극에서는 몸짓의 모델이 존재하지 않았다. 무언의 몸짓이 어떤 이전의 모델을 갖고 있지 않고, 피에로라는 별난 인물의 동작이 그 순간적 동작보다 이전에 존재하는 어떤 것도 모방한 것이 아니라면, 결국 말라르메의 '무언극의 몸짓'을 텍스트의 본질에 속하는 단순한 놀이에 지나지 않고, 그 놀이를 넘어선 실재와 진리에 대한 모방이 아님이

분명하다. 피에로라는 광대는 모방의 기원이나 근원의 현존도 없이 즉흥적인 자기 스스로의 동작이 마치 대본인 것처럼 동작을 엮어나간다. 동작의 연쇄성이 대본을 대신하는 것처럼 보인다."[43]

무언극은 우선 말이 없는 관계로 언어 이외의 다른 기호의 차이를 통해 메시지를 전달할 수밖에 없다. 그래서 대본도 있을 수가 없고, 대본이 없으니 연기를 위한 모본(모델)이 없다. 그래서 광대는 스스로 즉흥적으로 연기를 할 수밖에 없다. 광대는 자신의 감정과 이해에 따라 시시각각 대처하면서 연기를 한다. 그래서 동일성이라는 것은 원천적으로 존재할 수가 없다. 데리다가 무언극에 더 열광하는 이유는 무언극의 소리(음성)의 부재가 소리를 통한 현존과 부재의 이중성에 대한 토론에서 자유롭기 때문이다.

소리와 몸짓이 왜 문자인가? 현존은 왜 동일성이고 근원인가? 이것은 서구문명, 알파벳 표음문자의 자기모순에 불과하다. 소리와 몸짓이야말로 현존이고 동시에 현존은 동일성도 아니다. 현존은 존재를 표현하는 것이고, 광대의 표현을 통해 관객들은 차이를 느끼게 된다. 관객에는 차이가 더 중요하지만, 광대에게는 존재의 표현이 더 중요하다. 광대는 존재의 가능성에 있다.

도리어 현재진행형(현재분사)의 현존이야말로 차이(차연)와 존재(현존재)이다. 무언극은 당연히 현존이고 존재이다. 왜 그것을 문자라고 하고, 문자학으로 설명하는가. 문자의 '에크리튀르'(쓰여 진 것)야말로 과거분사적 의미가 아닌가. 차이는 부재이기 때문에 드러나는 것이 아니라 현존이기 때문에 드러나고, 부재는 현존의 지나감의 결과(현재완료)이다. 그래야 부재의 차이와 현존의 존재가 만나게 된다.

데리다의 차이는 아무래도 하이데거의 존재에 못 미친다. 어딘가 프랑스식의 억지가 있다. 여기서 프랑스식의 억지라는 것은 비합리적인 것을

---

43) 김형효, 『데리다의 해체철학』(민음사, 1993), 256쪽.

합리적으로 설명하여야 하는 특성과 관련이 있다. 프랑스의 문화문법은 '존재의 무(無)'를 바로 무(無)라고 하지 못한다. 그래서 데리다의 텍스트 이론이 탄생하였다고 볼 수 있다. 텍스트는 설사 의미가 없다고 하더라도 텍스트 자체는 있기 때문이다. 있는 것을 가지고 없다고 해야(의미를 무의미라고 해야) 적어도 합리적 설명이 가능하기 때문이다.

말라르메는 아시다시피 '미메시스(mimesis)'로 대표되는 플라톤의 모방이론을 해체한 것으로 유명한데, "그에 따르면 배우의 몸짓이나 표정으로서의 문자가 모방이나 모방이 겨냥하고 있는 현존과 기원보다 앞선다는 것이다. 왜냐하면 의미 있는 모방보다 의미를 지칭하지 않는 능기가 넘쳐흐르고 있다. 즉 이 세계의 텍스트에서 소기보다 언제나 능기가 과잉이다."[44]

여기서 '의미가 없는(비어 있는) 능기의 과잉'이라는 것은 쉽게 말하면 의미보다는 무의미가 넘친다는 뜻이다. 동시에 소리의 능기는 완전히 생략한 채, 문자의 능기만을 부각시키고 있다. 그래서 그의 이론은 텍스트 이론이 될 수밖에 없다.

전통적인 모방이론에 의하면 본질이나 존재가 모방의 모델이기에 모델이 모방하는 자에 앞섰다.[45] 데리다는 말라르메의 몸짓을 이렇게 설명한다. "말라르메의 배우의 몸짓은 아무 것도 모방하지 않고, 그의 몸짓이 만드는 문자 이전에 아무 것도 없다. 아무도 그의 몸짓을 규정하는 대목은 없다.[46]

여기서 '몸짓이 만드는 문자 이전에 아무 것도 없다'는 몸짓을 문자로 환원시키는 동시에 문자를 "태초에 문자가 있었다."는 식의 아포리아로

---

44) 김형효, 『데리다의 해체철학』(민음사, 1993), 257쪽.
45) J. Derrida 『La Dissémination』 pp. 217~218 ; 김형효, 『데리다의 해체철학』(민음사, 1993), 257쪽, 재인용.
46) J. Derrida 『La Dissémination』 p. 221 ; 김형효, 『데리다의 해체철학』(민음사, 1993), 257~258쪽, 재인용.

만드는 셈이다. 전반적으로 데리다에게는 사물의 문자에로의 환원이 내재되어 있는 셈인데, 그 문자는 결국 의미가 없는 '공백의 문자'인 것에 역설이 있다. 이는 야바위와 같다. "상자 속에 무엇이 들어있게?" 해놓고 결국 빈 상자를 보여주는 것과 같다. 문자는 빈 상자에 불과하다. 왜 데리다는 공(空)을 말하면서 상자 자체가 없는 것은 생각하지 못할까.

데리다는 무언극의 몸짓은 바로 '이멘(hymen: 처녀막의 이중성)의 산종(散種: 헛되이 뿌려지는 씨앗)'과 같다고 생각한다. 무언극 배우의 즉흥적인 연기는 본래 대본이 없이 진행된다. 매우 상황적(contextual)이다. 무언극의 특징이 말이 없는 것이고, 동시에 몸짓의 연기이기 때문에 본래부터 말의 대본(모델)이 없기 마련이다. 여기서 특히 몸은 중요하다. 말이 아닌 몸이야말로 해체철학을 이루는 출발점이자 근간이기 때문이다.

그런데 데리다는 배우의 몸과 몸짓을 문자라고 전제한다. 그에게는 현상 자체가 문자 아닌 것이 없다. 그런데 현상을 넘어서기 위해서는 문자는 의미가 없어야 한다. 이것은 매우 역설적(paradoxical)이다. 왜 문자라고 전제해놓고, 문자의 특징인 의미를 무의미로 만드는 난해(難解)와 교란(攪亂)의 이중적 태도를 취하는가. 데리다의 철학은 철학적 내용만이 이중적인 것이 아니라 철학적 형식도 이중적이다. 데리다는 몸과 몸짓을 텍스트(text)라고 생각한다. 몸의 말없는 상황적 연기를 텍스트라고 하는 셈이다.

데리다는 이중성의 의미들은 '이멘' '날개' '새' '부리' '스페이드' '부채' '무희' '백조' '나비' '젓가락운동'으로 표현하다가 마지막에 '팽이돌기'로 설명하기도 한다. "팽이가 돌면서 이 면이 저 면이 되고, 저 면이 이면이 된다. 다름과 같음이 서로 맞물면서 돌고 돈다. 팽이돌기에는 연기와 간격의 이중소가 함께 작용하고 있다."[47]

---

47) 김형효, 『데리다의 해체철학』(민음사, 1993), 265쪽.

이중적 의미는 공(空)이 아니다. 이중적 의미론은 공(空)에 접근하는 '썼다가 지우는 것'이지, 처음부터 쓰지 않은 것은 아니다. 다시 말하면 쓰지 않고 바라보는 것, 관음(觀音)이나 법음(法音)이 아니다.

데리다는 '말'은 버리고 '문자'를 택했다. 이때의 말은 소리(음성)로서의 말이고, 문자는 표음문자가 아니라 표의문자로서의 문자이다. 그런데 그의 문자는 기록으로서의 문자가 아니라 '공백으로서의 문자' '차연으로서의 문자'이다. 그러나 '문자'는 '자연'(自然)이 아니고 '차연'(差延)도 '자연'(自然)이 아니다.

서양문명을 억압하고 있는 것은 존재신학의 절대신이다. 우리는 데리다의 문자학을 통해 그것을 바라볼 수 있다. 절대신이란 기독교가 표방하듯이 인격신이며, 인격신은 말로는 인격신이라고 하지만 실은 그 말 속에는 인간이 들어있다. 서양문명은 항상 사물의 뒤(이면)에는 사물보다 먼저 존재하는 존재(who, 주체, 제조자, 창조자, 명령자, 감시자, 심판자, 아버지)가 있다.

그래서 서양문명은 항상 '태초의 말씀'이나 '말소리(음성)'를 들을 때에도 항상 그 누구(who: 주체)가 숨어있다. 그래서 그것을 로고스(Logos)라고 하고, 자기환원이라고 한다. 이는 말소리중심주의(logo-phonocentrism)는 '말소리(logo-phono)'의 본질적 특성 때문이 아니라 그렇게 바라보는, 'logos=phone'라는, '말소리중심주의'의 '중심주의'가 그렇게 바라보게 하는 것이다. 말소리중심주의야말로 말소리중심주의인 자기환원인 것이다.

여기에는 음성언어나 문자언어, 그 가운데서도 표음문자의, 소리는 날아가기 때문에 날아가 버리지 않게 하기 위해서 잡아야 하는 일종의 강박관념 같은 것이 있다. 만약 말소리는 말소리로 보지 않고 잡아야 할 필요성이 없으면 말소리중심주의가 필요 없다. 예컨대 처음부터 표의문자였다면, 문자는 날아가 버리지 않기 때문에 중심주의가 필요 없게 된다.

그렇게 보면 데리다의 문자학은 바로 알파벳 표음문자의 본질적인 문제(정신심리적 질병)를 치료하기 위해서 제안되었다고 볼 수 있다.　일종의 질병(환자)과 치료(의사)라는 대칭관계가 성립한다. 그런데 왜 '소리'(phone)가 그 이성주의와 환원주의의 원인이 되는 지에 대해서는 도저히 알 수가 없다. 이것은 본질적으로 해명할 수 없는 본원적인 문제이다.

　　데리다는 자신도 모르게(혹시 알았을 수도 있다) 서양문명의 집단무의식으로 문자학의 처방을 한 셈이다. 이것은 문화적 필요성에 의한 것이다. 철학도 그 기저에 있어서는 삶의 테두리에서 발생하는 필요와 연관이 있다. 문자학은 서양문명의 자기환원이면서 동시에 자기치료이다. 말소리중심주의의 서양문명은 항상 역설적으로 '쓰는 자(who=인간)'가 숨어 있어서, 다시 말하면 '음성이 발하면' (조금 늦은) 차연(差延)으로서 에크리튀르하여야 한다(에크리튀르하는 존재가 있어야 한다). 그래서 말소리중심으로 인해(그것의 반사로서) 문자가 필요하고, 문자는 차연이 되고, 차연은 표시가 된다(그러면서도 문자의 기록성을 간과한다).

　　실제 이성주의는 말소리(logos=phone) 때문이 아니라 문자기록성(logos=letter) 때문이다. 이는 표의문자(表意文字)의 한자문화권에서도 이성주의가 존재하는 이유가 된다. 더욱이 표의문자는 그것을 발음해도(parole), 말소리중심주의에 빠지지 않는다. 중국은 말소리를 운율로 사용하면서 시(詩)를 발전시켰다.

　　서양문명의 이러한 과정은 존재신학이 아니라 자연신학을 대칭으로 두면 보다 선명해진다. 자연신학은 '누가 없음'(no-who: 비주체)이다. 그래서 신은 범신이고, 범신은 자연이고, 자연은 소리이고, 소리는 말(음성)이고, 말을 현존이고, 현존은 표현이다. 소리와 말을 이성주의의 원죄라고 생각하지 않는다.

누가(who: 주체)=존재신학=신=인격신=인간=문화(문명)= 문자=차연(부재)=표시
누가 없음(no-who: 비주체)=자연신학=신=범신=자연=소리= 말(음성)=현존=표현

　데리다의 문자학이 '소리를 문자에로 끌어넣고' 있는데 반해 필자의 포노로지는 '문자를 소리에 끌어넣고' 있다. 전자보다는 후자가 더 '공허(空虛)의 철학', 해체철학의 본래 취지에 이르기 쉽다. 이는 소리 자체가 공기(空氣)의 산물이기 때문이다. 문자는 백지(白紙, 바탕)의 산물이다. 소리는 공기를 바탕으로 하는 문자이다. 그러한 점에서 '필자의 포노로지'는 '하이데거의 존재론'에 가깝다.

　존재(Sein)는 왜 현존재(Da-sein: Being-there)인가. 현존재는 현재를 중시하는 것이 아니라 존재의 살아있음에 초점이 맞추어져 있다. 하이데거의 '현존재'는 '공동존재'는 잘 알려진 사실이지만, 하이데거가 이것을 '고요의 종소리(Geläut der Stille)'[48]에 비유한 것은 눈여겨볼 만하다.

　"종소리는 자선과 시여를 알리거나 종용하는 그런 신호이다. 그러므로 고요의 종소리는 무(無)와 공(空)이 시여와 보시를 알리거나 또는 종용하는 그런 신호이다. 공(空)의 보시, 베품, 몸짓, 보여주기로서의 계시를 종소리가 대신한다. 또 그는 말은 존재의 신호하기(Winken)라고 언명하기도 하였다. 그에 의하면 신호하기(Winken)은 오게끔 신호하기(Zu-winken)와 가게끔 신호하기(Ab-winken)의 의 두 가지 질서로 나누어진다."[49] 이 존재의 말로서의 신호하기를 그는 이렇게 기술하였다.

---

48) M. Heidegger, 『Unterwegs zur Sprache』 p. 27: 김형효『철학적 사유와 진리에 대하여 1』(청계, 2004), 349쪽, 재인용.
49) M. Heidegger, 『Unterwegs zur Sprache』 p. 111: 김형효『철학적 사유와 진리에 대하여 1』(청계, 2004), 349쪽, 재인용.

"신호는 나타나면서 은닉시키는 것(das lichtende Vehüllen)의 심부름(Botschaft)이다."⁵⁰⁾

하이데거와 데리다는 같은 〈존재와 차연〉 〈차연과 존재〉를 말하면서도 하이데거는 소리에서, 데리다는 문자에서, 자신의 논리를 전개함을 볼 수 있다. 이는 결국 소리와 문자를 통해서 같은 결론에 도달할 수 있음을 보여준다. 데리다에겐 하이데거의 소리에 대한 비유가 '현존=현재'처럼 느껴졌을 수도 있다. 필자의 생각으로는 하이데거야말로 가장 서양 문명의 말소리중심주의의 콤플렉스를 벗어난 상태에서 자신의 존재론을 주장하였던 것으로 보인다. 그리고 가장 자연에 가까이 다가간 철학자로 보인다.

하이데거는 종소리에서 소리의 존재성을 비유할 뿐만 아니라 '말하다' 자체가 바로 존재의 탈은적이라고 생각한다.

"하이데거에 의하면, 헤라클레이토스가 말한 로고스의 개념을 서구 철학사는 〈오성〉(ratio), 〈말〉(verbum) 〈세계법칙〉(Weltgesetz) 〈논리적인 것〉(das Logische) 〈사유의 필연성〉(Denknotwendigkeit) 〈의미〉(Sinn) 〈이성〉(Vernunft) 등으로 해석해왔다는 것이다. (중략) 로고스의 동사형인 〈legein〉은 〈말하다〉(sagen) 〈담화하다〉(reden) 〈언표하다〉(aussagen)의 의미로 해석되어왔다는 것이다. 그러나 플라톤 이전에는 그 동사는 〈모으다〉(zusammenbringen)의 의미로 읽혀지면서 마치 라틴어의 〈모으다〉의 뜻인 〈legere〉나 독일어의 〈lesen〉(읽다/모으다/줍다/가려내다/강의하다)의 의미와 방불하다는 것이다. 그런데 〈legein〉이 〈모으다〉의 뜻으로 해석되기 이전에 그 동사는 본디의 어원에서 〈놓다, 저장하다, 간직하다〉(legen)의 의미로 먼저 이해되어야 된

---

50) M. Heidegger, 『Unterwegs zur Sprache』 p. 1297: 김형효 『철학적 사유와 진리에 대하여 1』(청계, 2004), 349쪽, 재인용.

다고 하이데거가 설명한다."[51]

〈legein〉이 말하다, 담화하다, 언표하다 등의 의미로 진화한 것에 대한 하이데거의 주장과 이에 대한 김형효의 설명을 들어보자.

"고대 그리스인들의 생각에 의하면 〈말하다〉 〈담화하다〉 〈언표하다〉 등의 의미는 〈비은적성에 놓여 있으면서 본질을 현전시키는 모든 것을 함께 앞에 두게 하는 것〉을 의미했다는 것이다.[52] (중략) 〈말하다〉라는 그리스적인 의미는 뜻을 소리로 나타낸다는 것을 뜻하지 않고, 은적되어 있는 것을 탈은적화(Entbergung) 시키는 것을 의미했다는 것이다. 우리는 오랫동안 표현과 의미가 말하는 것의 전부라고 간주해왔으나, 그런 음성적인 표현보다 오히려 감추어진 것의 펼침을 〈말하다〉의 본질이라고 그리스인들이 여겼다는 것이다. 그리하여 〈앞에 두다〉, 〈앞에 놓다〉와 같은 뉘앙스가 늘 〈legein〉의 어원 속에 잠재해 있었다는 것이다. 이처럼 〈말하다〉의 뜻이 〈소리로서 표현하다〉가 아니고, 은적으로부터의 나타남을 우리 〈앞에 펼쳐 놓는 것〉이라면, 〈듣다〉의 의미도 그냥 단순히 소리를 듣는 것일 수 없다."[53]

하이데거는 〈듣다〉의 존재론적 특성에 대해 이렇게 말하고 있다.

"듣는다는 것은 우리에게 요구된 말을 스스로 모으는 것이고, 듣는다는 것은 무엇보다 먼저 귀담아 들으려고 모으는 것이다. 귀담아 들으려는 것(Horchsamen)에 경청(Gehör)이 자신의 본질을 현현한다. 우리가 전적으로 귀(Ohr)인 한에서 우리는 듣는다. 그러나 그 귀는 청각적인 감각기관을 뜻하지 않는다."[54]

김형효의 설명과 하이데거의 이어지는 주장은 다음과 같다. "마음에서

---

51) 김형효, 『하이데거와 화엄의 사유』(청계, 2002), 398쪽.
52) M. Heidegger, 『Vorträge und Aufsätze』 p. 204. ; 김형효, 『하이데거와 화엄의 사유』(청계, 2002), 399쪽.
53) 김형효, 『하이데거와 화엄의 사유』(청계, 2002), 399쪽.
54) M. Heidegger, 『Vorträge und Aufsätze』 p. 206. ; 김형효, 『하이데거와 화엄의 사유』(청계, 2002) 399~400쪽.

귀담아 들으려는 경청의 자세가 없이는 물리적인 들음이 들리지 않는다. 그런 점에서 과학적인 들음의 현상 진단은 대단히 공허한 자료에 지나지 않는다. 마치 말함이 소리의 진동을 표현하는 것이 아닌 것과 같다. 그래서 말함과 들음은 연구조사의 주제로서 통계자료로 입력되는 그런 수치상의 문제일 수 없다. 가장 잘 듣는 마음은 '단순한 것에 주의를 보내는 숙고'[55]에서 가능하다."[56]

하이데거의 듣는 행위에 대한 존재론적 견해와 김형효의 설명을 다시 보자.

"우리가 귀를 갖고 있기 때문에 듣는 것이 아니고, 우리가 듣기 때문에 귀를 갖고 있고, 또 육체적으로 청각을 갖고 있다. 이 말은 마음이 들으려는 생각을 일으키지 않으면, 그 귀가 듣지 않는다는 것을 함의하고 있다. 우리에게 말이 건네진 것에 귀속하는 한에서 우리는 들어왔다."[57]

말하고 듣는 행위에 대한 하이데거의 존재론적인 결론을 김형효의 부연설명을 통해 살펴보자.

"고대 그리스적인 의미의 〈legein〉은 우리에게 말해진 것을 귀담아 듣고 그것을 앞에 펼쳐 놓는 것을 의미하는 뜻으로 사용되었다는 것이다. 우리에게 말해진 것을 귀담아 들으려는 것은 우리가 그것에 귀속하려는 마음을 갖고 있었기 때문이다. 우리에게 말해진 것을 듣고 그것을 현전에 열어 보이려는 것이 곧 말하기로서의 펼쳐 보임이다. 그러므로 듣지 않으면 말하기가 불가능하다. 말하기는 먼저 들은 것에 대한 교응(交應)이다. 그래서 하이데거는 고대 그리스적인 의미에서 말하기(legein)가 곧 교응하기(homologein)와 같다고 지적하였다. 그런 점에서 듣기가

---

55) M. Heidegger, 『Vorträge und Aufsätze』 p. 206. ; 김형효, 『하이데거와 화엄의 사유』(청계, 2002), 400쪽.

56) M. Heidegger, 『Vorträge und Aufsätze』 p. 206. ; 김형효, 『하이데거와 화엄의 사유』(청계, 2002) 400쪽.

57) M. Heidegger, 『Vorträge und Aufsätze』 p. 207. ; 김형효, 『하이데거와 화엄의 사유』(청계, 2002) 400쪽.

없으면 말하기가 불가능하기 때문에, 말하기와 듣기가 서로 동거하고 있다고 봐야 하리라."[58]

하이데거의 로고스의 개념은 다른 서양철학자들과는 다르다. 그리스의 로고스의 본래적 의미를 탐색하는 것을 통해 존재에 새롭게 접근하고 있다. 말하고 듣는 것은 단지 소리의 의미를 추구하는 것이 아니라 존재의 탈은적화라는 것이 하이데거의 주장이다. 하이데거는 소리를 인식론이 아니라 존재론의 입장에서 바라보고 있다.

하이데거는 서양문명, 즉 알파벳 표음문자의 '소리에 대한 콤플렉스'를 처음으로 완전히 벗어난 철학자임에 틀림없다. 그는 소리에서 철학을 시작하고 있기 때문이다. 하이데거야말로 '이성과 의식의 철학'을 완전히 '무의식과 존재의 철학'으로 바꾸어 놓은 인물이다.

데리다의 해석은 항상 '위에서 내려다보는 시각에 의한 차이(差異)'를 기조로 하고 있다. 이에 비하면 하이데거는 항상 '아래에서(저기서) 솟아오르는 청각에 의한 함성(喊聲)'을 기조로 하고 있다. 데리다는 현존에서 벗어나는 방법으로서 차이를 택한다면, 하이데거는 현재에서 벗어나는 방법으로 현존재 혹은 존재를 택하고 있음을 볼 수 있다.

데리다는 하이데거를 종종 비판하였는데 이는 다분히 의도적 오해에 가깝다. 김형효는 하이데거에 대한 데리다의 비판을 요약하면서도 하이데거에 우호적이다.

"전통적인 형이상학과 존재론을 비판해 온 하이데거의 철학도 데리다가 볼 때 전통적인 존재신학의 진리 개념에서 크게 벗어나는 것은 아니다. 하이데거가 인간이란 개념을 즐겨 쓰지 않고 인간의 실존양식으로서의 〈현존재(Da-sein)〉를 인간의 개념 대신에 사용하기에 휴머니즘을 파괴시킨 철학자라고 생각하기가 쉽다. 그러나 그가 인간 실존의 양식을 〈현존재〉로 규정하였던 것은 인간으로서 우리가 어렴풋이나마 존재의

---

58) 김형효, 『하이데거와 화엄의 사유』(청계, 2002), 400쪽.

의미를 알고 있고, 그것과 가까이서 대화하고 사귈 수 있다고 보았기 때문이다."[59]

김형효의 설명은 다음과 같이 계속된다.

"우리는 언제나 이미 존재자의 협조 속에서 움직인다. 그런 협조로부터 존재의 의미에 관한 명사적인 물음과 존재의 개념에로의 경향이 솟아난다. 우리는 존재가 무엇인가를 모르지만, 우리는 존재의 협조(l'entente de l'être) 속에서 스스로를 지탱시키고 있다."[60]

그러나 데리다는 하이데거를 이해하는 듯하면서도 결정적인 대목에서 하이데거에게 돌아선다.

"하이데거의 현상학적 존재론은 이미 형이상학적인 존재의 인간에 대한 내림(來臨)을 전제한 것이다. 즉 하이데거의 철학은 존재가 이미 우리 존재자의 가까이에 접근하여 존재자로서의 현존재가 존재의 목소리를 귀담아들을 수 있는 그런 존재의 현존재(존재자)와의 근접성을 일러주고 있다. 그런 근접성에 근거해서 우리의 현존재는 존재를 모시면서 동시에 존재에 대한 질문을 던질 수 있다. 그런 관계, 근접성의 관계는 주관적 의식의 형식, 즉 〈스스로 말하는 것을 듣기〉의 현존철학의 양식과 다르지 않다. (중략) 〈현존재는 인간은 아닐지라도 인간과 다른 것도 아니다.〉[61] 따라서 인간성의 존재의 근접적 사귐을 배제하면 하이데거의 철학이 휴머니즘의 인간 철학에 반대하는 것 같이 보이지만, 기실 그 내막을 자세히 살펴보면, 그의 철학은 서구철학사를 관통해 온 현존과 존재의 형이상학과 휴머니즘에서 결코 벗어나지 않았다는 것을 지적하고 있다."[62]

---

59) 김형효, 『데리다의 해체철학』(민음사, 1993), 373~374쪽.

60) J. Derrida, 『Marges de la philosophie』 p. 200, ; 김형효, 『데리다의 해체철학』(민음사, 1993), 374쪽, 재인용.

61) J. Derrida, 『Marges de la philosophie』 p. 151, ; 김형효, 『데리다의 해체철학』(민음사, 1993), 374쪽, 재인용..

62) 김형효, 『데리다의 해체철학』(민음사, 1993), 374쪽.

위의 구절을 보면 데리다는 하이데거를 마치 종래의 현상학자로 몰아가고 있다는 인상을 지울 수 없다. 하이데거는 스승의 현상학에 대해서 처음으로 반기를 든 인물이다. 현존과 존재의 차이는 현재와 현재완료의 차이와 같다. 현재완료의 의미를 되새길 필요가 있다. 그를 현상학자로 몰아가는 것은 용납할 수 없다.

데리다의 문자학에는 바로 후설과 하이데거와 레비스트로스, 멀게는 루소와 니체, 그리고 메를로-퐁티, 베르그송의 흔적이 남아있다. 이들은 데리다의 주름과 같다. 데리다는 이들 주름을 넘어서기 위해, 혹은 새로운 주름(하이데거와 자신의 경계)을 만들기 위해 하이데거를 공격하고 있다. 이것은 프랑스와 독일의 보이지 않는 철학적 주도권의 경쟁인지, 민족적 감정인지 알 수 없다. 데리다는 자신의 정체성과 프랑스의 자존심을 하이데거에 대한 공격으로 달성했는지도 모른다.

현상학으로부터 가장 먼저 이탈한 하이데거를 단지 그를 공격하기 위해 현상학자로 돌아 세우는 것은 결국 하이데거를 이성주의자로 낙인찍는 것이다. 이는 데리다가 하이데거의 '존재자로부터 날카로운 돌아섬' '역전의 돌아섬(180도의 반전)'을 모르는 소치이다. 데리다는 그 돌아섬을, 계속되는 차연으로, 느슨하게 돌아서고 있고, 타자의 타자로 우회적으로 돌고 있는 반면에 하이데거는 그것과 다르다. 하이데거는 존재(실제로 존재자)에서 현존재(실제로 존재)로 바로 떨어지고 있다.

하이데거는 어쩌면 제자리에서, 점(點)에서 비존재(실제로 존재)에로 돌아서버리는 것에 비할 수 있고, 데리다는 끝없는 원의 궤적을 그리는 것에 비할 수 있다. 물론 데리다의 차연은, 차이의 연장(延長)을 통해 의미를 무의미로 바꾸는 것이겠지만, 차이의 '연장'이라는 개념이 존재자가 존재로 들어가는 구멍(空)임을 모르는 것 같다. 모든 점(點)처럼 말이다. 만약 중심이나 중점이 없다면 구태여 차연을 할 필요가 없다. 어느 지점에 있든 존재의 무수한 점, 무한소(無限素)를 향하여 들어가면 그만이다. 단적으로 말하면 하이데거는 텍스트가 필요 없다.

데리다와 하이데거의 관계는 마치 돈오점수(頓悟漸修), 교선(敎禪)의 관계와 같다. 데리다=점수(漸修)=교종(敎宗), 하이데거=돈오(頓悟)=선종(禪宗)이다. 데리다의 문자학은 차연을 통해 무의미(無意味)를 추구하지만, 하이데거의 현존재는 존재를 통해 무(無)의 본질(實在)에 바로 들어간다. 두 철학자의 근본적인 차이는 데리다는 불교의 무(無)를 이해하지 못하는데 반해 하이데거는 무(無)를 이해하고 있다는 점이다.

데리다의 한계는 문자학의 특성으로 인해 항상 해석학적 차원에 머물러 있다는 점이다. 그래서 그는 무(無)가 아니라 무의미(無意味)를 주장하고 있다. 무의미는 무를 향하여 갈 수 있으나 무는 아니다. 무의미는 의식에서 무의식으로 가는 과정 중에 있다. 결국 데리다는 프랑스 합리주의 철학의 전통을 따라 의미의 이중성이나 양가성으로 자연(존재, 실재)에 귀환하고 있다.

데리다와 하이데거의 관계를 불교의 교선(敎禪)이나 돈오점수(頓悟漸修)와 비교하면 보다 소상하게 알 수 있다. 교종의 대종을 이루는 화엄종과 선종의 대종을 이루는 남종선의 간화선은 참으로 대척점에 있다. 화엄학은 선(禪)을 이학(理學)으로 푼 것이라면, 선(禪)은 화엄을 사실(事實)로 푼 것이라고 말할 수 있다. 선(禪)은 돈오돈수(頓悟頓修)에 진정한 의미가 있다. 점수(漸修)는 윤리적 사고에 머문 것이라고 말할 수 있다.

데리다는 교종(敎宗)-점수돈오(漸修頓悟)/돈오점수(頓悟漸修)-문자학/기(記)-무의미(無意味)-이중적 의미의 연쇄에 있다면, 하이데거는 선종(禪宗)-돈오점수(頓悟漸修)/돈오돈수(頓悟頓修)-존재론/기(氣)-무(無)-관음(觀音)·법음(法音)의 연쇄에 있다.

데리다 (차연)	교종(教宗) (경전)	점수돈오(漸修頓悟)/ 돈오점수(頓悟漸修)	문자학/ 기(記)	무의미 (無意味)	이중적 (二重的) 의미
하이데거 (존재)	선종(禪宗) (교외별전)	돈오점수(頓悟漸修)/ 돈오돈수(頓悟頓修)	존재론/ 기(氣)	무(無) 존재(存在)	관음(觀音)/ 법음(法音)

데리다의 문자학과 텍스트는 하이데거의 존재와 현존재보다 더 서양 알파벳 표음문자 문명의 족쇄를 느끼게 한다. 데리다는 니체에 의해 출발하고, 하이데거에 의해 제대로 철학적으로 정리된 '탈(脫)이성주의 철학의 흐름'을 프랑스의 문화적 문법에 토착화한 공은 있지만, 그에게는 어딘가 하이데거의 카피(copy)의 냄새가 짙다. 바로 그렇기 때문에 하이데거를 이해하지 못하거나(낮은 차원에 있거나) 하이데거를 알면서도 자기의 이해차원보다 낮은 차원에서 하이데거를 공격함으로써 일반인의 오해를 불러일으키는 혼란을 유도하고 있다.

그의 말대로 텍스트의 언간(言間, 空白)의 의미를 읽으면서(이것은 부재의 현존이다), 특히 하이데거를 나치즘과 연결시키려는 안개를 피우는 대목과 문체는 바로 그가 하이데거에게 처음부터 네거티브(negative)한 해석을 하려하고 있다는 의도와 콘텍스트를 느끼게 한다. 실로 텍스트 밖에 콘텍스트가 있는 것이다. 이것이 바로 문자를 통해서 문자 밖의 분위기를 읽는 좋은 예이다.

철학적 문장 혹은 문법적 문장에는 개인 혹은 집단의 의식이 작용하는데 그 의식의 이면에는 양(陽)의 콘텍스트와 음(陰)의 콘텍스트가 흐르고 있다. 전자는 문장을 해석함에 있어서 포지티브한 입장에 서고, 후자는 네거티브한 입장에 선다. 해석학적 차원이라는 것은 항상 둘로 갈라진다고 볼 수 있다.

한편 신화와 같은 비문법적 문장에는 개인 혹은 집단의 무의식이 작용하고 있다. 그 무의식은 결국 언어학의 음소의 차원인데 여기에는 항상

이원대립항이 숨어 있다. 이 이원대립항은 결국 음악의 멜로디처럼 플러스(+)/마이너스(-)의 리듬의 양상을 보인다. 결국 신화적 담론은 음악이다. 텍스트의 저변에는 항상 상징(象徵)처럼 기운(氣運)이 흐르고 있고, 콘텍스트의 저변에는 항상 음악(音樂)과 같은 기운(氣韻)이 흐르고 있다.

텍스트 (문법적 문장)	의식 (집단)	양(陽)의 콘텍스트	포지티브 해석학	상징(象徵)
		음(陰)의 콘텍스트	네거티브 해석학	/기운(氣運)
콘텍스트 (비문법적 신화)	무의식 (집단)	양의 음소(音素)	이원대립항 (대칭의 연속)	소리(氣韻)
		음의 음소(音素)		/음악(音樂)

이제 어떤 담론에서도 기운(氣運, 氣韻)을 감안하지 않으면 안 되게 되었다. 서양철학은 말로는 어떤 말을 하든지 간에, 대상으로서의 자연이 아닌, 자연 그 자체를 염두에 두지 않는 어떤 철학적 진술도 믿을 수 없는 것이 되어버렸다. 이는 사기와 진실을 구별하기 어렵다는 말이다. 철학은 마치 진실과 허위 사이를 곡예(曲藝)하는 '말들의 놀이'에 불과한 것으로 전락하고 말았다.

'언어＝사물'을 추구하던 서양의 이성주의 철학의 전통은 하이데거의 등장으로 완전히 극복되고 다시 자연의 품으로, '대상으로서의 상(象)'에서 '존재의 물(物)'로, 물 자체로 돌아가게 되었다. '언어는 존재의 집'으로 변했다. 바로 이 지점에 도달함으로써 도리어 지금까지 서양철학이 머물렀던 위상(위치)을 바라볼 수 있게 되었다. 그 위상은 존재자-존재의 이중성이라는 것이다. 그래서 하이데거는 과감히 "서양철학이 지금까지 존재라고 불렀던 것들은 모두 존재자이다"라고 천명할 수 있었던 것이다.

데리다와 하이데거의 비교는 매우 델리키트하다. 데리다는 결국 문자학의 차원에 머물음으로써 문자라는 표면의 '수평적 이중성'에서 자신의 논리를 전개하고 있다. 이에 비해 하이데거는 존재의 이면에서 이중성의 논리를 전개하고 있기 때문에 '수직적 이중성'이라고 말할 수 있다.

데리다	문자학(에크리튀르)	표면	수평적 이중성	의미/무의미
하이데거	존재론(소리)	이면	수직적 이중성	본질현현/본질퇴거
* 데리다 문자학의 에크리튀르는 표면적인 것도 있을 수 있고, 이면적인 것이 있을 수도 있다. 그러나 하이데거의 소리는 겉으로 표면적일지라도 이면의 존재를 끌고 올라간다.				

진리의 의미에 대한 하이데거의 은유를 김형효는 다음과 같이 상기시킨다.

"진리는 밀어냄(Entrückung)과 되돌아 옮김(Berückung)으로서 생기하는 '나타나는 감춤'(lichtende Verbergung)이다. 이 나타나는 감춤은 자신의 두 가지 계기들의 조화나 또는 어느 한쪽을 다른 쪽으로 옮기는 경우나 다 마찬가지로 존재자의 놀이를 위해 교차된 자유(das umstellte Offene)를 준다. 이 존재자의 놀이는 사물, 도구, 만들기, 일, 행위, 제물로서 존재하면서 존재자의 진리를 보호한다."[63]

"저러한 진리의 본질, 즉 마음(das Da)의 근원으로서 밀어내면서 동시에 되돌아 옮기는(entrückend-berückend) 나타남(Lichtung)과 감춤(Verbergung)은 우리가 자성화(Er-eignis)로서 경험하고 있는 그 본질의 근거에서 현현하고 있다."[64]

진리는 존재와 존재자 사이의 밀어냄과 되돌아 옮김 등을 통한 자성화의 본질에 근거한 놀이로 바라봄을 알 수 있다. 존재의 유무도 마찬가지

---

63) M. Heidegger, 『Beiträge zur Philogophie』 p. 70. ; 김형효, 『하이데거와 화엄의 사유』(청계, 2002), 149쪽.
64) M. Heidegger, 『Beiträge zur Philogophie』 p. 70. ; 김형효, 『하이데거와 화엄의 사유』(청계, 2002) 149쪽.

이다. 유무의 왕래라는 것도 결국 놀이의 일종이다.

하이데거의 존재론의 유무에 대한 김형효의 설명은 다음과 같다.

"유(有)를 본질의 생기로서 보면 그것은 본질현현(Wesung, 本質顯現)이고, 무(無)를 본질의 생기로서 역시 보면 그것은 본질퇴거(Ab-wesung, 本質退去)로 해석된다. 〈유(有)/무(無)〉가 다 고착된 어떤 것(Etwas)이 아니라, 늘 오고가는 그런 왕래의 의미로서 나타난다."[65]

진리, 존재는 실은 언어의 등장이 없으면 드러날 수 없는 것이었다. 그런데 언어가 진리와 존재를 한편에서 드러내면서도 다른 한편에선 그것을 대상화하는 이중적 제스처의 도구임에랴! 언어의 등장은 이미 사물을 대상화하는 것의 출발이다. 음성언어의 단계에서는 소리의 비결정성과 비기록성으로 인하여 그(대상화) 정도가 약했지만, 문자언어의 등장으로 대상화는 완성된다. 문자 언어의 결정성과 기록성과 고정성(고정관념)은 바로 의미를 개념화함으로서 의미의 이중성을 의미의 대립성(대상화)으로 변화시킨다. 의미의 이중성이 동시성(同時性)이며 동거성(同居性)인 반면에 의미의 대립성은 동일성(同一性)에 속한다.

하이데거는 존재에서 존재자(언어)로 나아간 반면, 데리다는 존재자(언어)에서 존재(무의미의 언어)에로 나아갔다고 볼 수 있다.

하이데거는 존재와 존재자를 자유롭게 왕래하면서 불교의 마음(佛心)과 법성(法性)에 도달하였지만, 데리다는 서양의 '말소리중심주의'의 콤플렉스로 인해 존재자(언어; 데리다에게 알파벳 표음문자는 존재자의 원흉이다)에서 문자(존재자; 데리다는 문자를 존재로 보지만 실은 존재자이다)에로 피신하였다. 이것은 피신하는 척하는 피신이거나 거짓 피신이다.

문자에로의 피신(避身)은 존재로의 완전한 피안(彼岸)이 아니다. 비록 데리다는 문자를 공백의 문자라고 주장하지만, 그것은 아직 문자에 얽매

65) 김형효, 『하이데거와 화엄의 사유』(청계, 2002), 155쪽.

인 것이다. 철학적 대상화의 원인이 바로 문자에 있기 때문이다. 문자를 사용하면서 문자에서 벗어나야 한다고 하는 것은 마치 화두를 잡고 있으면서 화두를 벗어나지 못하는 초심선사와 같다. 데리다의 단계는 언어의 개념화(동일성)에서 이중적 의미(상징적 동거성)로 귀환한 것에 지나지 않는다. 문자에 얽매이면 결코 존재자를 현존재에 귀소(歸巢)시키지 못한다. 귀소 시키지 못하면 존재자에서 존재에로 완전히 귀환할 수 없다. 데리다는 존재(존재의 구멍, 틈, 흔적)를 엿볼 뿐이다. 그러나 존재의 문을 열고 들어갈 수는 없다.

자연의 소리는 존재이고, 인간의 목소리는 현존재(현재+존재=존재자+존재)이다. 하이데거는 소리에서 출발하였기 때문에 목소리(인간)의 현존재를 설정할 수 있었다. 그러나 데리다는 언어에서 출발하였기 때문에 문자에 머물렀다. 데리다가 문자에 머문 것은 바로 표음문자의 표음에서 표의문자의 문자로 건너간 것이다. 데리다는 그럼으로써 문자 이전의 음성언어의 음성과 존재, 소리의 일반적 존재에 도달하지 못하였다. 음성은 현존재의 존재성이라면 소리는 존재 일반, 자연의 존재성이다. 음성을 특수상대성이론이라면 소리는 일반상대성이론에 비할 수 있다.

"하이데거는 그 무(無)를 존재함의 진동(Erzitterung)으로 읽고 있다는 점이다. 무(無)가 진동이라는 말은 무엇을 뜻할까? 진동은 왕복을 의미하므로 무(無)는 유(有)에서, 유(有)는 무(無)에서 오가는 그런 진동자의 반복 운동과 같음을 지시하는 것이 아닌가? 전자가 진동이라면 후자는 반진동으로 그려질 수밖에 없다."[66]

여기서 진동(振動)이라는 것을 김형효는 쉽게 진동자에 비유한다. 진동이라는 것은 반드시 진동자(振動子)만을 말하는 것은 아니다. 진동자는 무(無)와 유(有)의 왕래에 해당하지만, 진동이라는 유무의 왕래가 아니라 무(無) 자체가 될 수도 있다. 이때의 진동은 파동과 같은 의미이다.

---

66) 김형효, 『하이데거와 화엄의 사유』(청계, 2002), 157쪽.

진동자는 유(有)와 무(無)의 왕래가 뿐만 아니라 유(有)와 유(有)의 왕래도 가능한 개념이다.

김형효의 주장대로 "여거(如去)는 여래(如來)의 바탕으로서의 체(體)이고, 여래는 여거의 무늬로서의 상(相)이라고 보아도 좋으리라. 즉 여거는 공(空)이며, 여래는 색(色)과 유사하게 해석되어도 무방하다는 의미를 함유하고 있다. 왜냐하면 공(空)은 색(色)의 바탕이요, 색(色)은 공(空)의 무늬이기 때문이다."[67]이라면, 하이데거와 데리다의 차이는, 하이데거는 여거(如去)의 입장에 있고, 데리다는 여래(如來)의 입장에 있다고 할 수 있다. 하이데거는 여거/여래를 다 왕래하지만, 데리다는 여래에만 있는 것 같다. 데리다는 언어라는 대상에 아직 잡혀있는 상태이다.

하이데거는 존재와 존재자의 이중성을 왕래하지만, 데리다는 존재자(언어, 문자)의 이중성을 왕래할 뿐이다. 데리다는 무늬, 즉 문자의 입장에 있다. 그런데 문자에는 두 가지가 있다. 자연의 표상(자연을 드러내는)으로서의 문자가 있고, 언어(자연을 대상화하는)로서의 문자가 있다. 전자는 여래의 입장에 있지만, 후자는 존재자의 입장에 있는 것이다. 데리다는 여래와 존재자의 사이에 있다. 이는 문자의 개념화에서 완전히 벗어나 있는 것은 아니기 때문이다. 의미와 개념은 다르다. 의미는 쉽게 무의미가 되지만, 의미의 이중성과 의미의 변전이 가능하지만 개념은 대상화된 언어이다. 소리는 의미의 단계, 의미의 이중성과 변전의 단계에 있지만, 문자는 개념화로 나아가기 쉽다.

실지로 사물의 대상화라고 말하지만, 사물의 대상화의 실현은 언어(특히 문자)에 의해서 이루어진다. 사물 자체는 대상화되지 않는다. 이미 대상화된 사물이 언어이다. 그래서 언어에서 출발하면 결코 존재에 이르지 못한다. 언어의 도구성 때문이다. 도구는 존재의 가능성에서 이미 이용가능성이고 대상가능성이다. 따라서 결국 이용이 되고, 대상이 된다.

---

67) 김형효, 『하이데거와 화엄의 사유』(청계, 2002), 77쪽.

문자는 결국 이중성을 가진다고 해도(그것은 대립을 하거나 대립항 중에서 하나를 선택하는 것이기 때문에) 결국 근본적인 존재(하나의 전체, 대상이 아닌 전체)가 될 수 없다. 문자는 궁극적인 기의(의미)도 되지 못하고, 기표도 되지 못한다. 문자는 기의와 기표 사이에서 때로는 존재자로, 때로는 존재로 자리매김하지만, 마지막에는 존재가 되지 못한다. 이것이 문자의 존재로서의 간접성이고 추상성이다.

문자는 인간과 인간, 혹은 인간과 사물의 매개인데 때로는 양자를 통하게 하고, 때로는 양자를 불통하게 한다. 통하게 하는 영매는 종교의 신령과 통하고, 불통하게 하는 매개는 과학의 수단이 된다. 존재는 선후(先後)·상하(上下)·내외(內外)가 없다. 따라서 반대로 이것이 있으면 존재가 아니다. 문자는 내외가 있기 때문에 존재가 아니다.

"신(神)에게 고하는 말은 축고(祝告)지만 사람과 사람 사이에 교환되는 말은 언어(言語)이다. 그런데 실은 '언'(言)은 신에 대한 맹세, 즉 자기맹세다. '어'(語)는 말로 저주를 방어하는 것을 의미한다. 인간 세상의 금언(金言)도 모두 신을 매개로 하여 성립한다. 고대의 언어규범은 모두 신이 정한 것이다."[68]

"언(言)은 신(辛)과 ㅂ(祝告器)로 이루어진 글자다. 신(辛)은 문신(文身)에 사용하는 침의 모양을 나타내는 것으로, 문신 형벌을 가하는 것을 가리킨다. 즉 언(言)의 자형은 '신에게 맹세하여 기도하는 일에 조금이라도 허위나 불순이 있다면 나는 신이 내린 형벌로서 문신을 당하는 벌을 받을 것이다.'라고 하는 자기 맹세를, 신(辛)과 ㅂ의 두 가지 형체소를 조합해서 표시한 것이다."[69]

"신(神)이란 바로 상징이다. 그래서 신과 교섭하는 수단도 모두 상징적이지 않으면 안 된다. 그렇기에 문자도 상징적 수단을 형상화하는 방법

68) 시라카와 시즈카, 『漢字 백가지 이야기』 p. 62, 2005, 황소자리.
69) 시라카와 시즈카, 『漢字 백가지 이야기』 p. 63, 2005, 황소자리.

을 취한 것이다. 신은 스스로 고지한다. 신이 그 뜻을 나타낼 때에는 사람에게 빙의하여 사람의 입을 빌리는 것이 항례였다. 신들림을 일본어로 구치요세(口寄)라고 하는 것은 이 때문이다. 신이 직접 찾아오는 것을 일본어로 '소리 낸다' '소리 냄'(찾아 옴)이란 뜻을 지닌 '오토나후(おとなふ)'나 '오토즈레(おとづれ)'라고 한다. 이 말들은 모두 신이 나타나는 것을 가리킨다. 신의 방문은 소리로 드러났던 것이다. (중략) 음(音)이라는 글자는 언(言)과 ㅂ에 신의 소리 냄이 일어남을 표시한 것이다. 신이 스스로 맹세할 리 없다. 그것은 사람의 기도에 대해 신의 소리 냄, 즉 신의 응답이다. 일본의 고대에서 '오토(소리)'란 말이나 자연의 소리를 뜻하고 '오토나히(소리 냄)'란 알 수 없는 것의 방문을 뜻하였다."[70]

"신은 으슥하고 어두운 것을 좋아한다. 제사도 대부분 철야로 이루어졌다. 암(闇)한 곳이야말로 신이 거주하는 세계이다. 암(암)이란 글자가 어째서 문(門)과 음(音)으로 이루어지는가? 문(問)이란 글자와 암(闇)이란 글자를 나란히 두고 생각해보면 그 이유를 쉽게 알 수 있다. 문(問)은 남의 집 문 앞에서 용건을 묻는다는 글자가 아니다. 문(門)의 앞에 놓여있는 것은 ㅂ이며 신에게 아뢰는 말이다. 문(門)은 인가(人家) 앞에 세우는 것이 아니라 신이 사는 곳에 세우는 사당 문이었다. (중략) 본래 은(闇)이라는 글자도 문(問)과 마찬가지로 신의 뜻을 물어 봄을 의미하였을 것이다. 그 물음에 신이 응답하는 것이 암(암), 즉 '소래 냄'이다. 따라서 은(闇)은 으슥하고 어둡다는 뜻이라기보다도 '묵묵하다'가 본의였을 것이다. 천자의 상례(喪禮)를 '양암(諒闇)하여 말하지 않음'이라고 하는데 '양암'은 본래 신의 소리 냄을 감득하는 상태이다. 곧 무성(無聲)에서 신의 목소리를 듣는 것을 의미한다. 신은 말이 없다."[71]

신의 목소리, 혹은 소리는 문자에 있지 않다. 그런데 서양문명은 신의

---

70) 시라카와 시즈카, 『漢字 백가지 이야기』 pp. 64~65, 2005, 황소자리.
71) 시라카와 시즈카, 『漢字 백가지 이야기』 p. 66, 2005, 황소자리.

목소리를 존재신학의 영향으로 절대화시킨 탓으로 이성중심의 원죄를 소리에 뒤집어씌우게 되고, 나아가서 문자가 가지는 의미의 결정성과 고정성을 깨닫지 못하게 되었다. 그래서 이성중심주의를 극복한다고 하는 것이 도리어 문자에로 도피한 것이라고 할 수 있다. 문자야말로 이성중심주의의 원흉인 것이다. 이는 호랑이를 피해서 도망한다고 하는 것이 호랑이굴로 들어간 것이라고 할 수 있다. 문자학은 따라서 이성중심주의의 이중의 족쇄라고 할 수 있다.

니체는 "신은 죽었다."고 말했다. 이때의 신은 절대적인 신임은 말할 것도 없다. 결코 동양의 범신은 아니다. 마찬가지로 데리다의 문자학은 신의 절대적인 소리를 피해서 '문자학'을 만들었다. 이는 '신의 소리를 죽인 것'이다. 그 대신 데리다는 문자를 부재(不在)라고 하고, 문자의 의미를 이중의 의미, 혹은 무의미로 만들었다. 데리다는 불행하게도 신의 본래의 소리, 은은(闇闇)한 소리, 자연의 소리를 들을 수 없는 것이다. 소리 없는 소리, 무성의 소리를 들을 수 없는 것이다.

'음(音)이라는 글자는 언(言)과 ㅂ에 신의 소리 냄이 일어남을 표시한 것'임을 상기할 필요가 있다. 신이 소리 없는 소리임을 안 대표적인 철학자가 하이데거였다. 하이데거는 신의 소리, 혹은 소리의 신을 존재라고 명명했다. 그래서 그는 인간을 현존재라고 하고, 소리를 현상학적인 환원으로서의 현존이 아닌 존재로 보았다.

소리의 철학은 일반성의 철학이고, 일반성의 철학은 본능의 철학이고, 생존의 철학이고, 상황의 철학이고, 모성의 철학이고, 자연의 철학이다. 모성의 철학, 자연의 철학은 동질성의 철학이다. 동질성(同質性)은 구체적(具體的)이고, 동시적(同時的)이고, 동거적(同居的)이다. 동질성은 추상적인 동일성과는 다르다.

소리학은 물학의 정점이다. 현전(현존)은 현존재이다. 소리의 철학은 결국 옛 풍류도의 전통을 오늘날 철학이라는 이름으로 재해석한 것이다.

자연의 표지(문자)는 얼굴과 유전자 지도와 같은 것이다. 그러나 이름은 자연의 표지(문자)가 아니다. 이름은 의식적으로 짓고 불러준 문화의 표지, 제 2차적인 표지에 불과하다. 이름은 이미 존재가 아니라 존재자이다. 그러나 소리는 자연의 표지이다. 소리는 몸의 상태를 그대로 드러낸다. 단지 그 소리의 의미를 인간이 다 해독하지 못할 따름이다.

소리의 철학, 포노로지(phonology)는 마치 음악이 존재에 가장 가까운 예술인 것처럼 존재에 가장 가까운 철학이다. 음악의 의미는 명확하지 않고, 이중적(다중적)이며, 결코 고정된 의미에 만족하지 않는다. 음악은 가장 존재에 가까운 존재양식이다. 존재양식이란 존재의 표현을 위한 불가피한 존재자이다. 존재양식은 존재의 표현을 위한 방편으로 자신을 주장하지 않는다. 양식은 그 자체가 이미 양식의 변화와 비주체성을 내포하고 있다. 그러한 점에서 양식은 존재와 존재자 사이에 있다.

철학이 다른 문화장르보다 앞서거나 높은 곳에 있거나 적어도 형이상학적 위치에서 군림하는 시대는 지났다. 철학은 마치 여러 운동 종목 중의 한 종목이거나 여러 예술작품 중 한 작품이거나 '말장난'이 되고 말았다. 철학도 자신이 전제한 보이지 가정(假定, 假想)의 쳇바퀴 속에서 돌고 도는 다람쥐의 신세가 되고 말았다. 철학은 그렇다면 이제 어떤 말을 통해서 사람들로 하여금 삶의 안정과 행복과 이해의 폭을 넓히고 보람을 느끼게 하는 데에 기여할 수 있느냐의 현실적 효용을 생각하지 않을 수 없게 되었다. 그래서 철학도 예술이 되어야 한다. 이는 종교가 예술이 되어야 하는 것과 똑 같은 이치이다.

서양의 알파벳 문명은 시각 중심의 이성주의와 기독교라는 존재신학의 연합이라는 철학과 종교의 공모로 해석할 수밖에 없다. 그러나 그것이 옳고 그름의 가부(可否)의 도마에 올릴 생각은 없다. 그들이 그렇게 된 데는 나름대로 그렇게 된 이유가 있을 것이기 때문이다. 적어도 서양 철학은 가부장제의 강화와 관련이 있을 것이라고 해석할 수밖에 없다.

오늘날 서양철학이 문제의 도마에 오른 것은 아마도 가부장제와 이성주의 문명의 한계에 직면한 인류가 다른 출구를 모색하는 '문명적-무의식적 필요'와 관련이 있을 것이다.

문화(文化)의 문(文)은 언어(言語)에 의해 고정된 것을 의미하고, 화(化)는 고정된 것의 변화(變化)를 의미한다. 이것은 철학적으로 'Being(文)-becoming(化)'과 같은 것이다. 문화는 새로워지지 않으면 문화가 아니다. 자연의 입장에서 보면 자연 이외의 모든 이름은 사칭한 것이다. 모든 이름은 사칭한 것이다. 그렇게 보면 성인조차도 사칭한 것이라고 볼 수 있다.

자연을 법으로 삼는 도(道), 도법자연(道法自然)이야말로 천지인사상에 가장 근접한 것이다. 하늘이 명한 것이 도라는 천명지위도(天命之謂道)는 이를 인간의 입장에서 재해석한 것이다. 인간은 눈을 감고 말없이 자연의 소리를 들을 수밖에 다른 도리가 없다. 자연의 소리야말로 가장 자연스러운 움직임이다.

서양문명은 동일성을 전제한 문명이다. 동일성이 있기 때문에 그것을 해체할 수 있는 것이다. 이것은 변증법에서 정(正)이 있기 때문에 반(反)이 있고, 정반(正反)의 교집합을 통해 통합을 이루면 그것이 다시 동일성이 되면서 동일성의 반복을 이어가는 것이 서양철학의 흐름이다. 서양의 근대합리주의철학과 후기근대해체철학이 겉으로는 반(反)인 것 같은데 실은 같은 내용을 말만 바꾸어서 말하는 것에 불과하다. 해체주의도 동일성이 있기 때문에 해체가 성립되는 것이다.

이를 인도유럽어문명권의 입장에서 보면 기독교는 절대유일신이라는 동일성을 주장하는 반면 불교는 무자성(無自性)을 통해 동일성을 부정하고 있지만 이를 보다 넓게 바라보면 동일성의 문명권 안에 있었기 때문에 그것을 부정하는 불교적 사유가 일어날 수 있었던 것이라고도 말할 수 있다. 인도의 바라문교와 유대의 기독교는 최고신을 설정하는 공통점을 가지고 있다.

데리다는 해체주의의 키워드로 유령(spector, ghost)을 말하지만 그 유령이라는 것은 '가정'(as if=마치)을 '그 자체로'(as such=is=being=차이를 가진 동일성)의 의미로 이해하는 것이라고 한다. '가정'(가상)은 동일성을 인정하지 않는 것 같지만 결국 가정이야말로 바로 동일성의 이면구조인 것이다. 왜냐하면 가정(허구)이 있기 때문에 동일성이 있는 것이고, 그것이 또한 유령인 것이다(가정=동일성=유령). 동일성의 구조가 바로 유령구조인 것이다. 'as if'와 'as such'야말로 이중성 속의 이중성인 것이다.

'as if'가 언어(구성, 거짓말)의 세계라면 'as such'는 진리(동일성, 참말)의 세계이다. 이 둘은 같은 뿌리를 가지고 있다. 상상 혹은 가상을 하지 않으면 동일성이라는 것은 애초에 성립되지 않는다. 따라서 이분법 자체가 상상의 산물임을 알 수 있다. 상상의 동물인 인간은 결국 상상함으로써 이분법과 함께 동일성이라는 것을 상상했고, 그 결과 진리라는 동일성을 찾아낸 셈이다. 결국 인간의 진리탐구는 세계를 이분법으로 나누어놓고 다시 그것을 통합하는 행위에 지나지 않는다.

이분과 통합하는 것 사이에는 시간의 개입과 함께 논리구성이 필요하긴 하지만 결국 하나의 세계를 향하는 셈이 된다. 인간은 영원히 그 통합하는 일을 하지 않으면 안 되는 운명을 타고났으며, 그것은 항상 가능성으로 남아있다. 진리탐구는 상상(상상계)과 동일성(상징계)을 왕래하는 이중성의 공간이다. 결국 'as if=as such'가 된다. 이 둘의 밖에 있는 세계 혹은 이 둘의 안에 있는 세계는 이분법으로 사이(間)가 나지 않는 세계, 본래존재이다. 본래존재의 세계에는 시공간이 없는 실재(실재계)이다. 존재는 시간이면서 동시에 시간이 아니다.

'구성-해체'와 '해체-구성'은 직선적 선후(先後)의 사고, 즉 진리를 추구하는 세계에서 보면 다른 세계 같지만 순환(循環)의 사고로 보면 같은 것이다. 하나의 세트 속에 있는 두 구성요소에 불과한 것이다. 그런 점에서 '동일성-차이성'이든 '차이성-동일성'이든 같은 것이다. 결국 철학적 말놀이에 불과한 것이다. 해체주의는 현상학의 이면인 것이다. 현상학에서는 환원이든 회귀든 지향이든 같은 것이다.

현상학은 판단중지(epoché)로 인해 의미가 꽉 차 있는 것, 엄밀성을 추구한다. 현상학적 환원은 불가피하게 기원(epoche)을 떠올리게 한다. 기원은 도리어 비어있음이다. 현상학의 시작(천지창조)과 끝(종말구원)은 비어있다. '시작-끝'과 '끝-시작'은 순환론의 세계에서는 같은 것이다. 여기서 기독교의 절대유일신(絶對唯一神)과 불교의 유아독존(唯我獨尊)의 부처는 말만 다르지 같은 의미가 됨을 알 수 있다. 신(神과 공(空), 무(無)와 무위(無爲), 나아가서 기독교의 유시유종(有始有終)과 천부경의 무시무종(無始無終)도 서로 상통함을 알 수 있다.

해체주의는 일면적으로 불교와 상통하는 철학적 구조를 갖고 있는 것처럼 보인다. 불교는 세계를 마야(幻影: illusion)로 보기 때문이다. 그러나 불교의 원리가 서양의 해체주의와 같은 것이라는 주장은 어불성설이다. 말하자면 불교는 고정불변의 자성(自性)이 없다는 관점의 거대한 철학(교리)체계라면 해체주의는 서양의 합리적인 전통 내에서 그것에 반기를 든 서양철학 내의 철학사조라고 할 수 있다.

요컨대 칸트에 반기를 드는 칸트(Kant against Kant), 후설에 반기를 드는 후설(Husserl against Husserl), 헤겔에 반기를 드는 헤겔(Hegel against Hegel) 등 기존철학 체계 내에 도사린 일종의 틈(흔적, 새김)을 끄집어냄으로써 합리주의를 공격하는 것이다. 불교는 전반적으로 본질주의 밖에서 본질주의에 반기를 든 종교철학이라면 해체주의는 본질주의 내에서 본질주의에 반기를 들었다는 점에서 차이가 난다. 불교사상이나 노장사상을 해체주의적 관점에서 재조명하는 철학적 글쓰기가 유행을 하지만 이것은 작은 현미경으로 본 신체를 신체 자체라고 보는 것과 같은 일종의 철학적 환원주의이다.

불교와 해체주의는 본질의 부재라는 공통점을 가지고 있다. 불교의 무자성은 모든 존재는 본질적 자아가 없고, 상호 의존적으로 존재함을 의미한다. 이는 존재의 고정된 실체가 없음을 의미한다. 해체주의의 결정불가능성은 텍스트와 의미는 고정된 중심이 없으며, 항상 다층적이고 변하는 해석가능성을 갖고 있다. 이는 의미의 고정된 본질이 없음을 의미합니다.

불교와 해체주의는 목적과 실천에서는 다르다. 불교의 궁극적인 목표는 열반에 도달하여 고통에서 벗어나는 것이며, 이는 실천적 명상과 윤리적 생활을 통해 이루어진다. 해체주의의 목표는 고정된 의미와 진리를 해체하고, 다양한 해석의 가능성을 탐구하는 것이다. 이는 텍스트와 언어의 분석을 통해 이루어진다. 불교는 또한 철학적이지만 종교적인 접근을 통해 개인의 내면적 성찰과 수행을 중시한다. 이에 비해 해체주의는 철학적 비판을 통해 사회적·문화적 구조와 이데올로기를 분석하고 비판한다. 이상을 통해 불교와 해체주의는 같지 않음을 알 수 있다. 불교는 또한 자연주의도 같지 않다.

자연(자연적 존재)은 가정도 아니고, 동일성도 아니기 때문이다. 해체주의는 서양철학의 이분법과 결정론을 벗어나기 위해서 노력을 하지만 해체 속에 이미 도사린 구성의 잔재를 벗어날 수 없다. 해체(deconstruction)는 구성(construction)과 해체(destruction) 사이에서 틈(흔적 trace, 새김 inscription)을 주장하지만 서양철학의 현상학적인 전통에서 새로운 철학을 구성하는 것이 아닌, 일종의 철학적 소비로 끝날 공산이 크다.

이것은 남자로부터 씨(seed)를 받은 여자의 입장과 같다. 여자는 다른 남자의 씨(=의미=semantics)를 받을 수 있어도 자신이 스스로 의미(기표, signification)가 될 수 없다. 여성은 인간이면서 동시에 자연(자연의 상속자, 자연적 존재)이기 때문이다. 여성은 자손을 생산하는 데에 남성보다 결정적인 역할을 하면서도 가부장제 아래에서 그 이름은 족보에서 지워진다는 점에서 '페니스의 존재'가 아니라 '버자이너의 존재'로서 '틈의 존재'이다.

서양철학의 해체주의를 가지고는 구성주의를 벗어날 수 없다. 해체주의의 이중성은 이분법을 부정하지만 이분법을 전제로 한 것이기 때문이다. 이는 말만(무늬만) 해체이고, 그 이면에는 구성주의의 흔적이 도사리고 있기 때문이다. 해체주의의 이중성은 결국 존재론으로 나아갈 때 본래존재, 본래 하나였던 세계상을 회복할 수 있게 된다. 다시 말하면 현상학의 초월성(주체적 초월)과 영원성(영원한 대상)은 실은 신(神)과 같은 차원의 존재(신=영혼)를 말하는 것이고, 이는 신의 내재성으로 귀결되지 않을 수 없다.

우리는 흔히 기독교의 유일신을 무소부재(無所不在), 혹은 전지전능(全知全能)이라고 말한다. 무소부재는 현상학적으로는 실현될 수 없는 것이고, 진지전능도 마찬가지이다. 신이 없는 곳이 없다는 말은 제한적이고, 제약적인 현상학의 세계에서는 없다는 말이 되고, 전지전능도 마찬가지가 된다. 현상학적으로 존재유무는 존재론적으로는 유무라는 이분법을 완전히 벗어나는 차원을 의미한다. 이것은 이중성의 차원이 아니라 무량(無量)의 차원이다. 기독교의 신의 무소부재, 전지전능은 불교의 무량과 같은 말이다. 현상학적으로 무한대로 있다, 혹은 무한소로 있다는 말은 없다는 무(無)의 뜻이 된다. 그래서 그 없음을 있음으로 바꾸기 위해 존재론을 필요로 하게 되는 것이다. 생성하고 변화하는 존재로서의 자연은 없다고 할 수 없기 때문이다.

서양철학이 전반적으로 소유론을 벗어나려면 해체주의가 아니라 불교적 존재론을 받아들이면서도 나아가서 도교적 자연주의, 즉 무위자연주의를 현대적으로 변형시켜서 실천하지 않으면 안 된다. 동아시아(동북아시아)에서는 불교이전에도 천부경(天符經)을 비롯하여 삼일신고, 참전계경 등 천부삼경을 경전으로 하는 단군교계통이 있었다. 단군교는 천지인정기신(天地人精氣神)사상을 기본원리로 하는 종교이다. 천부경의 원리는 중국에 전파되어 도교의 도법자연(道法自然)로 변형되었다. 동아시아 한자문화권은 자연에 순응하여 사는 삶을 추구하였다.

동북아시아에서 홍산문명을 일으킨 동이족(東夷族)이야말로 존재론적인 삶을 산 고대문명권이다. 동아시아 한자문화화권 속에서도 하화족(夏華族)의 중국문명은 농업혁명과 함께 농업생산과 인구가 늘어남에 따라점차 소유론적 삶을 강화한 문명이라 할 수 있다. 동이족의 홍산문명의 천지인사상은 중국문명에서 음양오행(陰陽五行)문화로 확대되고 재생산되어 합리성을 강화함으로써 동아시아를 재패했다고 할 수 있다. 중국문명에 비해 근대서양문명은 산업혁명과 더불어 더욱더 소유론적인 삶을 강화한 문명권이라 할 수 있다.

서양후기근대의 해체주의는 불교의 직접·간접적 영향으로 일어난 철학사조라고 말할 수 있다. 그러나 불교조차도 신(神)과 동일성(=自性)을 부정하기는 했지만 생멸을 부정하는 진여(眞如)사상과 함께 삼천대천세계(三千大千世界)를 추구함으로써 자연적인 생성보다는 기독교의 천국과 같은 극락, 지옥을 설정한 종교이다. 불교도 인도의 브라만과 서양의 하나님이라는 동일성에 반기를 들었지만 자연의 생성을 존중하는 자연주의(=道法自然)를 실천한 종교는 아니라고 말할 수 있다.

신과 인간의 문제도 그렇다. 신을 말하면 이미 그 속에는 인간이 들어있고, 인간을 말하면 이미 그 속에 신이 들어있다고 보는 편이 옳다. 신과 인간은 둘 다 주체(주어)가 될 수 있는 존재로서 이중성을 지니고 있다. 인간이 사물을 대상으로 보는 것과 신이 인간을 대상으로 보는 것은 이미 겹쳐있는 것이다. 신과 인간의 관계는 동일성(이분법)보다는 동시성(이중성)의 관계에 있다고 보아야 한다.

칸트는 '물 자체'(Ding an sich=Thing in itself)를 알 수 없다고 주장했지만 그 때의 '물 자체'는 '사물 그 자체'(thing itself=event itself)와는 다른 개념이다. 다시 말하면 칸트의 '물 자체'는 사물의 본질이 있음을 전제하는 반면 '사물 그 자체'는 존재론적인 개념으로서 본래부터 '알 수 없는 존재로서의 사물'의 의미를 내포하고 있다. 그런 점에서 서양철학은 철저하게 현상학적이라고 말할 수 있다. 후기구조주의의 해체주의도 실은 죄다 현상학적인 차원의 철학이다. 존재를 현상학적인 차원에서 요리조리 본 것에 불과하다. 하이데거 식으로 말하면 존재를 존재자로 본 것에 불과하다. 모든 앎은 '것=thing=that=what'을 것을 아는 것으로 근본적으로 불완전함을 안고있다.

'차이의 철학'은 '차이의 변증법'에 불과하다. 단지 종래의 본질주의적 철학이 원인적 동일성을 추구하는 철학이었다면 해체주의는 결과적 동일성을 추구하는 철학이라고 말할 수 있을 것이다. 원인에 동일성을 두었든, 결과에 동일성을 두었든 결국 동일성의 철학에 불과하다. 왼손에 있는 것을 오른손으로 옮겨놓은 것에 불과하다. 그래서 철학적 야바위인 것이다.

차이의 철학이 변증법과 달리 종래 진리의 밖에서 반(反)운동을 하는 것이 아니라 안에서 원천적 틈을 말하는 것이라고 주장하지만 밖에서 변증(辨證)하는 것이나 안에서 차연(差延)하는 것은 결국 같은 것에 불과하다. 왜냐하면 변증하는 정반(正反)에는 이미 이중성이 있고, 그 이중성에서 새로운 정(正)으로서의 합(合)이 형성되기 때문이다. 운동하는 것은 모두 이중성을 내포하고 있다.

밖에서의 공간은 안에서의 틈과 같은 것이다. 무한대는 무한소와 같은 것이다. 이 세계에서 완전히 이분(二分)되는 것은 없다. 모든 이분법은 인간이 사물을 장악하기 위한 시도이며, 결국 자연의 본래적인 생성을 왜곡하는 것이다. 구성과 해체도 일종의 이분법이다. 구성이든 해체이든 모두 가상을 기초로 하는 것이고, 이것은 동시에 현실이다. 우리는 사물 그 자체가 되지 않는 한 진정한 실재를 만날 수 없다. 현상학에서 선험, 초월, 지향은 같은 것이다. 현상학의 초월과 영원은 같은 것이다. 이것은 환원과 회귀가 방향은 정반대이지만 같은 순환 궤도에 있는 것과 같다.

서양철학의 현상학적 특징은 오늘날 '초월적 주체와 영원한 대상'으로 압축할 수 있다. 주체(나)는 이미 초월적 입장에 출발하는 것이고, 주체의 반대편에 있는 대상(타자)은 영원히 계속 연장되는 속성을 버릴 수 없는 것이다. 요컨대 나(ego)도 궁극적으로 알 수도 없지만 타자인 신(God)은 계속 잡히지 않고 달아나야 하는 속성을 지니고 있다. 결국 '나와 신'의 숨바꼭질의 세계, 끝없는 순환 혹은 환원 혹은 회귀의 세계가 현상계인 것이다.

내가 있으니까 대상(타자)이 있고, 또한 타자로서의 신이 있다. 그런데 이들은 서로 분리되어있는 것이 이분법의 관계에 있는 것이 아니라 이중성의 관계에 있다. 이를 표현한 것이 바로 고대 샤머니즘의 천지인(天地人)사상이고, 중세 기독교의 삼위일체(三位一體)사상이고, 불교의 삼신일불(三身一佛)사상이다. 이분법에 빠져있는 현대인은 도리어 동일성(개념화)에 빠져 이러한 순환사상을 잃어버리고 말았다.

서양문명권은 '동일성(동일성-차이성)의 문명권'이라 할 수 있다면 동아시아 문명권은 '닮음(다르고-같음)의 문명권'이라 할 수 있다. 진정한 '다름(차이)의 문명권'은 동아시아문명이라고 할 수 있다. 서양에서 후기근대에 유행하는 '차이의 철학'은 동일성의 서양문명에 대한 자체 반란으로서 '무늬만 차이의 철학'이라고 할 수 있다. 진정한 차이는 인간이 만든 문명이 아닌 자연 그 자체이다. 자연만이 존재인 것이다. 그래서 자연은 자연적 존재이고, 본래존재이다. 다음의 말을 명심할 필요가 있다. "차이의 철학의 차연(差延)은 자연이 아니다."(박정진)

3. 시각-언어중심에서 청각-상징중심으로의 반전

현대 철학의 성립은 흔히 다윈의 진화론, 프로이트의 리비도론, 마르크스의 유물론이라는 문지방을 넘어야 하는 것으로 집약되는데 이는 의식의 차원에서 무의식의 차원으로의 철학적 여행이라고 말할 수 있다. 후기 근대의 철학자들은 저마다 나라마다 지역마다 독특한 색깔을 띠고 있다. 독일은 칸트 플러스 마르크스, 프랑스는 구조주의(구조언어학) 플러스 마르크스, 영국과 미국은 자유주의 플러스 실용주의 등등으로 저마다의 철학을 하고 있다. 그러나 이들이 어떤 철학을 하건, 자연을 나름대로 해석한 자연 그 자체를 염두에 둔 철학은 아니다. 이것은 자연을 기준으로 보면 제 2차적인 산물이다.

서양문명의 문제점은 바로 〈자연=이성=신=목소리(소리)〉의 등식에 있다. 이것은 아무런 이유도 없다. 이유 없는 반항과 마찬가지로 이유 없는 전제이다. 물론 필자는 그 이유는 알고 있다. 서양의 〈시각중심 문명〉에 있다. 이것을 서양 사람들은 모를 것이다.

하이데거는 서양철학사에서 주류를 형성하고 있는 〈자연=이성〉의 등식을 부정하고(〈자연≠이성〉), 자연의 소리, 존재의 소리를 경청하려하고 있다. 데리다는 이것을 보지 못하고 있음이다. 하이데거는 나아가 〈이성=신〉이라는 등식마저 깨고(〈이성≠신〉), 존재의 허무의 과정에 이르고 있다.

서양철학은 지금까지 〈자연=이성=신=목소리(소리)〉의 등식을 주류로 삼아왔고, 이 등식이야말로 서양철학의 〈자기가 가정한 것을 자기가 되풀이 하는〉 자기순환의, 자기애정의 궤적이었다. 이성이야말로 본질적으로 환원적이다. 목소리는 본질적으로 환원적이지도 않고, 단지 자신을 표현한 것에 불과하다. 표현을 환원적이라고 보는 것은 표현을 단지 의식의 차원의 문제라고 보기 때문이다. 표현은 무의식의, 몸의 차원의 문제이다. 바로 이것이 현존재이다.

하이데거는 여기서 〈자연=목소리(소리)〉의 등식에 눈을 뜬 것이라고 볼 수 있다. 하이데거는 존재의 무(無)에 도달하고 있는 것이다. 하이데거는 텍스트마저도 불필요한 불립문자(不立文字)의 선사(禪師)의 입장이다. 데리다의 문자학은 문자의 의미를 지우는 작업이지만, 하이데거는 아예 의미를 설정하지 않고 있다. 데리다는 존재의 틈바구니에서 솟아난 의미(이원대립항의 의미)를 지우고 있고, 하이데거는 존재의 구멍 자체를 들여다보고 있다.

목소리가 나오는 목구멍도 구멍이다. 목소리는 의식을 말하는 것이 아니라 몸을 말하는 것이다. 마찬가지로 소리는 이성을 말하는 것이 아니라 자연의 소리를 말하는 것이다. 이러한 관점에서 서양문명을 바라보면 마치 범인은 문자인데 항상 소리를 범인으로 오해한 잘못된 형사의 추적과 같은 것이다. 하이데거는 바로 스스로 잘못된 추정(존재자를 존재로 믿어온)을 안 최초의 철학자이다.

인간은 존재의 에너지의 분출을 위해 틈(구멍)을 요구한다. 그 틈으로 솟아오른 것은 존재자이다. 존재의 동사가 분출한 뒤에는 존재자의 명사가 되어버렸다. 존재자의 명사가 되어버린 인간은 다시 그 틈으로 존재로 돌아가고자 한다. 이것은 아이러니이다. 인간과 세계가 연출하는 세계는 바로 아이러니의 세계이다. 하이데거의 존재론은 그야말로 그 아이러니를 철학적으로 증명하려고 한 철학이다.

인도와 실크로드의 신화에 공명조(共命鳥)의 전설이 있다. 머리는 둘이고, 몸은 하나인 이 새는 머리가 둘이므로 잠을 자는 시간도 음식을 먹는 입도 다르다. 하루는 한쪽 머리가 자고 있는 사이에 다른 머리가 맛있는 음식을 먹었다. 막 잠에서 깨어난 한 머리는 혼자서 맛있는 음식을 먹고 있는 다른 머리에 미운 마음을 갖고 그를 죽일 생각으로 독초를 먹여버렸다. 결국 이 새는 죽어버렸다. 존재는 마치 공명조의 몸과 같고, 몸에서 솟아난 의미인 이원대립항은 서로 대립을 하는 두 개의 머리와 같다.

현존과 부재도 대립항 중의 하나이다. 현존이 죽으면 한 몽뚱아리에 붙어있는 부재도 동시에 죽는다. 현존과 부재는 하나이다. 어떤 의미도 의미의 이면에는 반대 의미를 내포하고 있다. 그래서 존재론의 입장에서 볼 때 의미는 무의미이다. 자연과 문화를 나누는 대칭도 실은 수많은 대칭과 경계의 하나일 뿐이고, 차이이며 흔적에 불과하다.

하이데거는 현상학적으로 자기애정이라고 비판받는 〈현존(présence)〉이 세워진 자리에서 '존재자'를 확인하고 '존재'를 깨달음으로써, 나아가 '목소리의 현존'(現存)을 '존재의 자연(自然)'으로 연장함으로서 〈현존(現存)=자연(自然)〉의 성립과 함께 〈존재(Sein)의 철학〉으로 승화시켰다. 그렇다면 '현존'과 '현존재'의 차이는 무엇인가. 현존은 소리에 대해 잘못 규정된 '인간 의식의 자기환원', 혹은 '존재신학의 자기환원'이라면, 현존재는 자연의 큰 리듬에 대한 깨달음이라고 말할 수 있다. 현존재(Da-sein)는 인간을 깨달음의 존재로 전환하기 위한 발판이라고 말할 수 있다.

현존재(Da-sein)와 음성(현존)과 에크리튀르의 관계를 도표로 만들어 보면 다음과 같다. 현존재는 존재자의 존재이고, 사물을 대상화하지 않는 특성이 있다. 이에 비하면 음성은 존재의 존재자이다. 그러나 존재의 전체성을 은유하고 있다. 음성이 표현적임은 물론이다. 음성은 몸 전체의 감정을 표현하지만, 결국 음성은 다시 자연에 흡수되며 존재의 흔적을 남기지 않는다.

이에 비해 에크리튀르는 음성과 같이 존재의 존재자이다. 에크리튀르는 표지적이지만, 존재의 표면을 환유할 따름이다. 그 환유는 문자와 이성의 차가움을 특성으로 한다. 에크리튀르는 자연스럽게 자연에 흡수되는 음성과 달리, 그것의 기록성으로 인해 흔적을 남긴다. 그래서 데리다는 '공백(空白)의 문자학'을 주장하여야 이성주의로부터 탈출할 수 있다.

현존재(Da-sein)	음성(현존)	에크리튀르(차이, 부재)
존재자의 존재	존재의 존재자	존재의 존재자
존재와 존재자의 경계	존재의 전체성을 은유	존재의 표면을 환유
	표현적(表現的)	표지적(標識的)
	몸 전체의 감정을 표현	문자와 이성의 차가움
	음성은 자연에 흡수	공백의 문자학

데리다의 문자학에는 문자의 역설이 존재한다. 그런데 그의 역설에는 이상하게도 문자에 얽매이는 아이러니를 읽을 수 있다. 이는 마치 불교적으로 말하면 색즉시공(色卽是空)이라고 말하면서도 정작 색즉시공이 아닌, 말로만 색즉시공이라고 하는 것과 같은 종류의 혐의이다. 말하자면 그는 문즉시공(文卽是空)이라고 말하면서도 문즉시공이 되지 못하는 혐의가 있다. 데리다는 따라서 공즉시문(空卽是文)도 되지 못하고 있다.

데리다는 아직 불일이불이(不一而不二), 일이이(一而二)의 경지에 도달하지 못한 것 같다. 데리다가 결정적으로 불교의 깨달음의 경지에 도달하지 못하는 이유는 아마도 유대인으로서 유대그리스도의 존재신학적 전통이 무의식에서 강하게 그를 억압하고 있기 때문인지도 모른다. 이에 비해 하이데거는 게르만족인데 게르만족은 아리안족과 혈통이 섞여있다. 불교를 창도한 석가는 아리안족(아시아계)이 아닌가. 철학에서도 유전적 DNA가 작용하고 있는지도 모른다.

데리다에 비하면 하이데거는 공즉시색(空卽是色)의 입장에 있다. 하이데거는 공즉시색의 공(空)을 음(音)으로 느끼면서, 음즉시색(音卽是色)에서 다시 문자보다는 소리에 집중하는 음즉시공(音卽是空)의 차원에 도달한 느낌이다. 데리다는 정신계열 내의 보충대리에 있다면, 하이데거는 물학(物學) 및 기(氣)의 교차(交差) 지점에 있다고 할 수 있다. 데리다는 문자적 환원 및 강박관념에 있는가 하면, 하이데거는 무(無)라는 비근거의 근거에 있다고 보면 틀린 말일까.

데리다	색즉시공 (色卽是空)	문즉시공 (文卽是空)	정신계열(文字) 내의 보충대리(補充代理)	문자적(文字的) 환원 및 강박관념
하이데거	공즉시색 (空卽是色)	음즉시공 (音卽是空)	물학(物學) 및 기(氣)의 교차(交差)	무(無)의 비근거의 근거로 돌아감

데리다는 표지적(標識的)이고 유기적(有記的)이고 무기적(無氣的)이다. 또 데리다는 대칭과 이중성을 찾는다고 하더라도 존재자와 존재자의 사이에서 찾는다. 이에 반해 하이데거는 존재적(存在的)이고 무기적(無記的)이고 유기적(有氣的)이다. 또 하이데거는 존재와 존재자, 존재자와 존재 사이에서 대칭과 이중성을 찾는다. 데리다가 표지학을 주장하는 이유는 유기적(有記的)-무기적(無氣的)인 것의 연쇄에 의한 것이다. 이것은 문자의 특성이다. 이에 비해 하이데거가 존재론을 주장하는 이유는 무기적(無記的)-유기적(有氣的)인 것의 연쇄에 의한 것이다. 이것은 소리의 특성이다. 유기적(有氣的, 有機的)인 것은 진동적(振動的)인 것이고, 상호 침투적이다.

"문자는 존재의 밖에 있다." "소리는 존재의 안에서 밖으로 나온다." 문자는 밖에 있으면서 표시적이지만 존재 안의 아무 것도 내포하고 있지 않다. 그래서 무기적(無氣的)이다. 소리는 안에서 밖으로 나오지만 존재의 전체를 안으로 품고 있어 유기적(有氣的)이다. 소리는 존재적이다. 문자는 해체된 해골이다. 소리는 살아있는 살점이다. '살점'로 이루어져 있는 세계는 신체적 존재(파동적 존재)이다.

데리다	표지적 (標識的)	유기적(有記的) 무기적(無氣的)	문자는 존재의 밖에 있다.(해체된 해골)	존재자/존재자의 대칭과 이중성
하이데거	존재적 (存在的)	무기적(無記的) 유기적(有氣的)	소리는 존재의 안에서 밖으로 나온다. (살아 있는 살점)	존재와 존재자/ 존재자와 존재의 대칭과 이중성

데리다의 보충대리는 서양철학의 양대 축인 정신계열과 물질계열 가운데 정신계열의 보충대리에 그치는 감이 있다. 이는 데리다와 정반대인 물질계열의 입장에 있는 들뢰즈를 비교하면 더욱 선명해진다. 들뢰즈는 물질계열에서 보충대리를 하고 있다. 데리다의 '차연(différance)과 문자학(grammatology)'과 들뢰즈의 '기계주의(machinism)와 리좀(Rhizome)'은 서양철학과 문명의 두 레일(rail)이고, 두 수레바퀴이다.

보다 바람직한 것은 두 레일이 교차하는 것, 다시 말하면 정신계열의 차이(差異)와 물질계열의 차이(差異)가 만나는 교차(交差), 즉 차이들 간의 교차를 바라보는 '정신과 물질의 일반적(一般的) 차원에서의 교차'가 필요하다. 이것은 기(氣)의 교차(交差)이다. '기의 교차'야말로 포노로지(phonology)의 교차(交差)이다. '포노로지의 교차'의 관점에서 보면 정신/물질의 이분법도 '정신↔물질'의 교차의 좋은 예이다.

철학적 진화라는 것도 종래의 것을 배제하는 것이 아니라 포용하는 철학이 되지 않으면 안 된다. 포노로지는 그라마톨로지를 포용한다. 나아가서 이성중심주의도 포용한다. 이성중심주의는 틀린 것이 아니라 한계를 가지고 있을 따름이다. 이성중심주의도 일종의 정신과 물질 사이의 한정교환이다. 포노로지는 철학적 소통에 있어서 일반교환을 추구하는 철학이다. 그래서 종래의 것을 다 버리지는 않는다.

위의 교차의 관점에서 보면 상대적으로 정신계열에 속하는 데리다보다는 물질계열에 속하는 들뢰즈에게 가깝다. 그러나 필자의 '물학(物學)'

은 '유물론(唯物論)'이 아니다. 유물-기계적 존재론자인 들뢰즈는 역설적으로 기계를 가지고 생성을 설명하는 도착에 빠졌다. 유기체적인 자연을 기계로 환원시키는 것을 물론이고, 세계를 기계적 생성 혹은 차이의 반복으로 설명하고 있다. 그의 연결(connection)과 연접(conjunction)과 이접(disconjunction)이론은 기계로 환원된 생성적 세계관을 표출하고 있기 때문이다. 그의 기계적 생성에는 심각한 '동일성의 불치병'이 숨어 있다. 이것은 자연의 생성이 아니라 자연과학적 기계론에 완전히 빠져있는 구제불능의 도착현상이다. 고정불변의 세계에 가장 가까이 간 것이 바로 기계이다.

나의 포노로지는 물학(物學)을 추구한다. 흔히 물학이라고 하면 유물론이라고 착각하기 일쑤인데 실은 물학의 물(物)이야말로 존재론의 존재이다. 정신-물질의 이분법이 아니라 심물일원론(心物一元論)의 입장에서 보면 심즉물(心卽物)이고, 물즉심(物卽心)이다. 그런 점에서 심학과 물학은 구분할 필요가 없는 경지가 있다. 심학과 물학은 방편으로 나누어 접근할 수 있지만 종국에는 하나라는 것에 도달하지 못하면 심학도 물학도 관철하지 못한 것이 된다. 심학과 물학을 떠받치고 있는 것은 기(氣), 기운생동, 울림, 공명(共鳴), 물활(物活)이다. 이를 역으로 말하면 기(氣)는 심(心)도 될 수 있고, 물(物)도 될 수 있다.

물론 들뢰즈의 프로이디언(Freudian) 유물론(materialism)은 물학과는 다르지만 이성중심주의의 원류인 정신계열보다는 그것에 반기를 든 물질계열이 물학에 더 가깝기 때문이다. 심학(心學)은 특히 불교의 일체유심조(一切唯心造)의 영향으로 불교를 가장 대중적으로 상징하는 구절이 되었지만 여기서 심조(心造), 즉 마음이 만든다는 구절은 제조(製造)의 의미가 아니고 조화(造化)의 의미이다. 이를 잘못 읽으면 주술로 전락하게 된다. 사람들이 너무 욕망과 물질에 경도하니까, 그것에 대한 반대급부로서 마음을 주장한 것이다.

현대철학을 하려면 진화론이나 리비도론이나 유물론은 기본이다. 유물론이 물학이 되면 존재론에 도달하는 것이 되다. 존재론은 근본적으로 심물(心物)의 구분이 없는 것이고, 그것을 구분하면 이미 현상학이 되어버린다. 유물론은 물학으로 넘어가는 징검다리가 될 수 있다. 그런 점에서 물학은 헤겔의 절대정신보다는 마르크스의 유물론과 더 교감되는 바가 크다. 유물론은 물상(物象)에서 상(象, 現象)을 버림으로써 물질(物質)을 주장하였지만 물질은 물(物)에 한 걸음 더 가까워진 셈이라고 말할 수 있다.

동양학에서는 물(物)을 존재, 즉 자연의 개념으로 사용한 구절이 적지 않다. 물질은 문자(기호)보다는 자연에서 더 가깝다. 유물론은 자연을 대상으로 바라보는 관점만 극복하면 물학(物學)에 바로 들어갈 수 있는 접경에 와 있다. 이에 비해 문자는 자연의 표면의 기호이다.

'기(氣)의 교차학'의 관점에서 바라보면 데리다는 어딘가 문자(文字) 강박관념에 빠져 있는 것 같다. 그래서 그는 상식적으로 문자의 역설인 문자학을 주장하고 있는 것이다. 그의 문자학은 '문자(文字)의 문자학'이 아니라 '공백(空白)의 문자학'인 것이다. 데리다는 정작 '문자-이성주의'의 맥락에 벗어나고 있다고 하면서도 문자를 벗어나지 못한다. 문자를 가지고 문자를 벗어났다고 하는 셈이다. 이것은 서양문명의 문명적 패러독스이며 아이러니이다. 데리다는 소리도 문자라고 말하지만 그것에는 억지로 소리를 문자라는 틀 속에 집어넣는 인상이 짙다.

소리를 문자 속에 집어넣는 것보다는 문자를 소리 속에 집어넣는 것이 훨씬 용이할 것이다. 소리는 최초의 의미(기의)이면서 표상(기표)이기 때문이다. 소리는 본질적으로 자연 그 자체, 혹은 자연과 네트워킹(networking)되는 속성을 지니고 있다. 어떻게 문자 속에 자연이 들어가는가. 자연 속에 문자가 들어가야 되지 않겠는가. 문자는 자연의 보충대리이기 때문이다. 이제 보충대리(補充代理)의 철학보다는 보충대신

(補充代身)의 철학이 필요하다. 보충대신의 철학이야말로 자연의 재생산 (reproduction) 시스템과 연결되기 때문이다.

문자학에는 어딘가 남성적 카피(copy)의 냄새가 있는 반면, 여성의 재생산(reproduction)에는 어딘가 자연과 연결되는 네트워크를 느낄 수 있다. 여성의 두 입술(two lips) 저편 어둠의 동굴을 거치면 자궁이 있는 것과 같다. 문자는 사물의 표면에 붙인 이름이지만, 소리는 무의식에서부터 솟아오르면서 우주적 울림에 참여하는 기분을 느끼게 한다. 목소리는 환원적인 것이 아니라 몸에서 터져 나오는 직접적인 것이다. 마치 여자가 자궁을 통해 아이를 생산하는 것과 같다. 그러나 글쓰기는 몸에서 떨어진 간접적인 것이다.

물론 글쓰기도 보기에 따라서는 작가의 몸에서 터져 나오는 것이라고 말할 수 있다. 그러나 쓰기는 다른 수단인 문자를 가져야 하는 것이다. 그러한 점에서 문자를 가지고(데리다는 물론 문자의 공백을 주장하지만) 존재의 직접성을 말할 수는 없다. 쓰기를 가지고 존재를 역설적으로 증명하기보다는 목소리를 가지고 존재를 느끼는 것이 존재에 이르는 참다운 길이다. 존재는 증명하는 것이 아니고, 단지 느끼는 것이다. 현존의 이름이 지금까지 이성주의의 원흉인 것처럼 매도되었지만, 실은 현존이야말로 가장 존재에 가까운 것이다.

태초의 말씀이나 목소리를 이성주의로 바로 연결하고 대입한 것은 마치 플라톤이 이데아를 실재로 본 것만큼이나 인간의 원천적인 착각이었으며, 결국 사물을 인간중심주의에 의해서 전도시킨 행위의 결과이다. 인간은 사물을 보는 순간, 생각하는 순간, 스스로의 생각에 빠져, 스스로를 사물에 투사하는 버릇이 있다. 흘러가는 사물을 시간이라는 잣대로 통해 소급하고, 사물을 정지시키는 버릇이 있다. 생각이라는 것의 정체는 바로 환원이다.

하이데거의 현존재는 바로 사물을 소유하는 것이 아니라 조금 떨어진 위치에서 바라보는 것이다. 말하자면 '다자인'(Da-sein)하는 것이다. 그러한 점에서 소유라는 것이 어디에 붙어 있는(belong to, access to) 것으로 표현하는 것이 옳다. 사물은 조금 떨어진 곳에서 바라보아야 존재를 드러내게 된다. 존재는 시각적으로(능동적으로) 보는 것이 아니라 수동적(수용적)으로 드러나는 것을 보는 것이다. 발명이 아니라 발견이다. 발명은 생산과 연결되고 발견은 재생산과 연결된다.

하이데거의 '현존재'와 데리다의 '차이'의 차이는 〈노래와 문장〉을 비교하면 쉽게 터득할 수 있다. 노래는 인간의 신체적 기표인 음성을 재료로 한다. 노래는 인간의 신체를 악기로 변화시키는 것이다. 노래는 호흡과 직접적인 관계가 있어서 호흡을 타지 않고는 절대로 노래를 부를 수 없다. 호흡에는 리듬이 있다. 노래는 공간을 향하여 나아간다. 노래는 결국 소리가 되어 자연 속으로 찾아진다.

이에 비해 문장은 인간의 신체와 직접 관계가 없는 기호적 기표인 언어(기호, 문자)를 사용한다. 글씨 쓰기는 호흡의 리듬을 타기도 하지만, 호흡과 직접적인 관계가 없기 때문에 다소 어긋날 수도 있다. 글씨는 마지막에 바탕(종이 등)에 남는다. 이것은 자연이 아니라 기록이다.

노래 (현존재)	음성 (신체적 기표)	호흡(리듬)	공간	자연
문장 (문자학)	문자 (기호적 기표)	글씨 (호흡과 차이)	바탕(종이)	기록
시(詩)	문자로 음성을 표시	시는 운율을 탄다	시는 낭송(朗誦) 해야 한다.	시는 애송(愛誦) 된다.

서양 알파벳 문명, 유대그리스도 문명, 헬레니즘과 헤브라이즘의 통합은 〈자연=이성=신〉의 등식이 빚은 문명적 특성에 불과하다. 그로 인해 〈소리=현존=이성〉을 전제한 가운데 '존재신학의 억압'을 특징으로 하는

문명이다. 이것은 감각의 문명이 아니라 감각을 다스리는(이성으로 규정하는) 문명이며, 그 결과가 자연과학을 이루었다. 그러나 그 자연과학은 한계에 이르렀다. 관념, 개념, 이성으로 이루어지는 일련의 구성적인 문명은 결국 자연에 껍데기(가면)를 뒤집어씌운 것이다. 이성의 껍데기는 자연의 진정한 표지가 아니다. 이것이 보편성의 철학이라는 것이다.

자연은 표지와 내용이 따로 없다. 자연은 기표와 기의가 따로 없다. 자연은 표지와 내용, 기표와 기의가 하나이다. 자연은 심층과 표층이 없다. 이분법으로 나누는 것은 모두 존재자의 흔적을 가지고 있는 것이다. 존재는 자아도 없고, 정체성도 없고, 주체도 없고, 주제도 없고, 중력도 없고, 단지 리듬만이 있을 뿐이다. 그래서 존재는 소리를 닮았다.

틈이나 선, 주름, 차이, 경계에도 인위적인 것이 있고, 무위적인 것이 있다. 인위적인 것으로 존재와 차이를 주장하는 것은 아무래도 무위적인, 자연에서 터져 나오는 것과는 다르다. 그러한 점에서 우리는 몸을 중시하지 않을 수 없다. 몸을 떠난 어떤 것도 가상이기 때문이다. 삶은 살지만 볼 수 없다. 그래서 삶을 보려면 조금 떨어져야 한다. 그런데 조금 떨어져서 보면 또 삶 그 자체가 아니다.

그런 점에서 삶은 연극이다. 이중성이나 차이라는 개념도 실은 삶의 연극성에 대해서 말하는 새로운 개념이다. 철학도 연극이고 놀이이다. 우리가 이성주의를 비난하지만, 플라톤은 플라톤식으로, 칸트는 칸트식으로, 헤겔을 헤겔식으로, 그리고 마르크스는 마르크스식으로, 데리다는 데리다식으로, 하이데거는 하이데거식으로 연극을 하고 있는 것이다. 그런 점에서 진리를 추구하는 철학에서도 결정적으로 가부나 승패를 말할 수는 없다. 그래서 진선미(眞善美)가 아니라 미선진(美善眞)이 되는 것이다.

후기 근대 철학에서 원리보다는 원형에 대한 탐색을 우선하며, 예술이 과학이나 종교보다 더 각광을 받는 것이다. 예술은 처음부터 차이와 존재를 존중하는 분야이다. 과학이나 종교는 차이를 관찰하기는 하지만, 차이를 통해 동일성(동일률)의 법칙을 발견하려는 것인데 반해, 예술은 차이 자체를 존중하며, 차이 자체를 존재로 여기는 영역이다. 그러한 점에서 소리야말로 차이를 나타내는 가장 원초적인 상징이다. 음악이 가장 본능적이고 원초적인 상징이 되는 이유가 여기에 있다.

포노로지 식으로 말하면 소리야말로 진정으로 감각되는 표지(기표)이다. 감각되는 것, 감지되는 것, 지각되는 것이야말로 진정한 표지이다. 그것의 강도가 희미(稀微)하고 미미(微微)하다고 할지라도 말이다. 관념은 진정한 표지가 될 수 없다. 개념은 더더구나 표지가 될 수 없다. 그런데 우리는 흔히 추상적인 관념이나 개념을 도리어 표지로 인식하고 있다. 이는 존재에서 무엇을 인식하기(대상화하기) 위해서 존재자들이 필요하기 때문이다.

인간의 인식이라는 것은 존재자를 통해서 존재를 인식하는 과정이다. 그래서 언어의 굴레를 벗어나는 것을 선종의 공안은 역설하고 있는지도 모른다. 자연은 언어가 아니고, 몸이다. 몸 안에 의식이 있는 줄은 알고, 그 의식의 내면의 음성은 들을 줄 알면서도, 몸 밖에 태초의 하느님이 있는 줄 알고, 그 하느님의 태초의 음성은 알지만 몸은 망각하고 있다. 서양문명은 몸을 망각하고 있다. 이성주의에 전면적인 선전포고를 한 데리다마저도 문자학의 표지에서 빠져나가지 못하고 있다.

이제 본격적으로 데리다의 문자학을 해부해보자. 앞에서 플라톤과 서양철학의 시종(始終)에 대해서 틈나는 대로 언급을 하였다. 이제 해부의 출발점으로 아리스토텔레스를 삼아보자. 인간의 생각에 필연적으로 따르는 관점(觀點)이라는 것에 대한 이해를 넓히기 위해서이다.

시간의 '지금'은 공간의 '일점(一點)'과 공통적 성질을 가지고 있다는 사실을 아리스토텔레스는 진작에 알고 있었다. 일점(一點)은 시간과 공간의 종합적 한 지점이다.

"시간과 공간은 불가분의 관계에 있다. 시간은 불가시적인 것이어서 인간이 시간을 의식함은 공간지각의 변화와 운동에 의해서 가능하다. 그래서 예부터 시간의 핵심으로 〈지금〉을 상정하였듯이, 공간의 핵심으로 사람들은 공간의 〈일점〉을 상상하였다. 이 점에서 〈지금〉과 〈일점〉은 유사성이 있다. 그래서 헤겔은 시간과 공간이 서로 공통적인 성질을 지니는 〈일점(un point)〉이라고 여겼다. 〈시간은 점의 관점에서, 점으로부터 생각될 수 있다. 점과 시간은 서로서로 관계를 맺는 순환 속에서 생각되어질 수 있다.〉[72] 지금이 시간을 가능케 하지만 그 자체 시간이 아니고, 점이 공간의 원형이지만 그 자체 공간이 아니기에, 〈지금〉과 〈점〉은 자기 자신의 존재를 부정한다는 점에서 상호 공통적이다. 그래서 〈점〉과 〈지금〉은 상호 교환될 수 있는 개념으로 오래전부터 표상되어 왔다."[73]

"시간의 원형인 지금은 그 자체 존재가 아니고 무화(無化)요, 자기부정이다. 그러면 이 자기 부정의 무화인 시간의 무와 〈영혼의 형식〉〈내적 감각의 형식〉으로 존재하는 시간의 존재를 어떻게 동시에 생각해야 하는가. 즉, 시간의 무와 시간의 존재를 어떻게 동시적으로 생각해야 하는가. 이런 역설에 서양철학사는 봉착하게 되었다. (중략) 아리스토텔레스는 이런 역리(逆理)를 최초로 태클한 철학자이다. 이런 역리 앞에서 아리스토텔레스는 현행태(energeia)와 가능태(dynamis)의 논리를 전개한다. 즉 〈현행태로서의 존재는 가능태(운동, 가능)와 달라서 현존이다. '이미-없음'과 '아직도-있지 않음'을 내포하고 있는 시간은 하나의 복합체이다. 현행태와 가능태가 시간에서 함께 어울리고 있다.〉[74] (중략) 시간의 현행태가 무엇인가. 그것이 현재(지금)이다."[75]

---

72) J. Derrida, 『Marges de la philosophie』 p. 47 ; 김형효, 『데리다의 해체철학』(민음사, 1993) 278쪽, 재인용.

73) 김형효, 『데리다의 해체철학』(민음사, 1993), 278쪽.

74) J. Derrida, 『Marges de la philosophie』 p. 58 ; 김형효, 『데리다의 해체철학』(민음사, 1993), 279쪽, 재인용.

75) 김형효, 『데리다의 해체철학』(민음사, 1993), 279쪽.

"시간은 이미 없는 것과 아직도 있지 않는 것 사이에 있다. 그 사이라는 것도 현재라는 관점을 의식해서 나온 개념이다. 만약에 현재라는 관점이 없다면, 이미 없어진 과거와 아직도 있지 않는 미래를 생각할 수 없고, 따라서 시간개념도 존재할 수가 없다. 그래서 현재를 기점으로 존재를 생각하면 이미 없는 과거나 아직도 있지 않는 미래는 비존재이다. 그래서 시간은 언제나 현재의 현재분사에서 출발해야만 존재한다고 말할 수 있다."[76]

시간이 현재의 현재분사에서 출발해야 존재한다면 과거분사는 저절로 현재(현존)의 부재가 된다. 따라서 에크리튀르가 '쓰여 진'(written)으로 '과거분사적 의미'로 해석되는 것은 바로 에크리튀르의 부재적 성격을 두드러지게 할 의도로 여겨진다. 능동과 수동은 결국 시간과 공간, 현존과 부재와 관련이 있는 셈이다.

결국 이상의 구절을 보면 현재는 비시간이기 때문에 시간에 의미를 부여하고, 점은 비공간이기 때문에 공간에 의미를 부여하는 역설이 성립된다. 항상 언어의 의미는 정반대의 의미가 이중적으로 붙어 있기 때문에 의미작용을 하는 것이 된다. 생각이라는 것이 관점(觀點)의 산물임을 감안하면 존재와 존재자가 공존하고 있다고 할 수 있다. 관점은 존재의 틈(구멍)으로 존재자를 생겨나게 한다. 인간의 몸은 자연의 연속체로서 존재인데 몸에서 의미라는 존재자가 형성된다고 할 수 있다. 이는 존재이기 때문에 존재자에 의미를 부여하는 것과 같다.

인간의 몸은 존재로서 시간과 공간, 현존과 부재, 능동과 수동이 솟아나는 틈(구멍)이라고 할 수 있다. 몸은 바로 자연(physis)과 연결되어 있다. 몸이 재인식되기 시작한 것은 니체와 베르그송으로부터 비롯되며, 하이데거의 존재에서 발전적으로 계승되어 메를로-퐁티에서 절정을 이룬다.

---

76) 김형효, 『데리다의 해체철학』(민음사, 1993), 280쪽.

메를로-퐁티는 최초로 신체를 현상학적으로 다룬 철학자였지만 지각현상학을 지성(개념)에서 감각의 편으로 다시 극단적으로 끌어내온 철학자였다. 그런 점에서 경험론자인 데이비드 흄의 신체적 존재론, 즉 신체적 감각과 그것의 인상과 관념(인상을 기초로 형성된)을 지각의 출발점으로 삼는, 보편성을 전제하지 않는, 그럼으로써 존재일반의 일반성을 기초로 철학을 하는 성격마저 있다. 메를로-퐁티는 어디까지나 현상학자였기 때문에 하이데거의 존재론에 이르지는 못했지만 현상학과 존재론의 중간에서 상호왕래하고 있었다. 메를로-퐁티는 말기에 '살(chair)'이라는 개념으로 그의 철학을 완성했다고 볼 수 있다. "세계는 내 몸의 연장이다." "내가 지각하는 모든 대상은 살(chair)이라는, 내 몸과 같은 물질로 이루어져 있다." "내가 만나는 대상은 한 순간도 쉬지 않고 요동치며 자신을 구성하고 있다." 등은 그 좋은 예이다.

메를로-퐁티는 지식은 '머리로 생각하는 것'으로 얻어지는 것도 아니고, '외부 감각을 받아들이는 것'으로 얻어지는 것도 아니라고 생각했다. 의식과 감각은 항상 '몸'의 '체험'(신체화된 의식)을 통해서만 지식을 얻을 수 있다고 주장했다. 그런 점에서 대륙의 관념론과 영국의 경험론의 중간지대에 있었지만 관념적 전통에서 보면 경험론 쪽으로 나아간 것이라고 말할 수 있다.

메를로-퐁티는 몸에 대한 인식을 통해 대상의 파동성을 느꼈지만 결국 구성철학의 잔영을 버리지 못하고 있다. 이는 그가 결국 '시각-이미지(언어)'에 의존하고 있기 때문이다. 그가 음악은 극단적으로 느낌만 있고, 형태가 없다고 하는 데서 이를 확인할 수 있다. 음악의 '청각-상징성(언어)은 '시각-이미지'보다는 사물 자체, 존재 자체에 붙어 있다.

몸은 물질(物質)이라기보다는 유기적인(생성적인) 신체이며, 신체적 존재라는 점에서 물(物=心)이다. 이때의 물(物)은 심물일체(心物一體)의 물(物)이기 때문에 심(心)이라고 말해도 전혀 문제가 없다. 심물(心物)의 구분은 여기서는 무의미하기 때문이다. 심물(心物)은 이분법의 정신과 물질, 주체와 대상의 심물이 아니다.

데리다의 텍스트는 그것이 아무리 '해체론적 텍스트'라고 할지라도 원천적으로 자연이 될 수 없다. 텍스트는 자연의 입장에서 볼 때는 도리어 문자 시니피앙(기표)이며, 소리 시니피앙이 가지는 자연으로의 연결을 이룰 수 없다.

데리다는 소리 시니피앙을 이성중심주의의 원죄인 것처럼 말했지만 실은 도리어 소리(반드시 음성이 아니라)야말로 자연의 소리로 연장될 수 있는 물(物)이다. 소리는 보편성으로서의 하나는 아니지만, 일반성으로서의 하나이다. 소리는 공기(空氣)를 매질로 해서 파동 치는 것이며, 결국 기(氣)의 세계와 하나로 연결될 수 있는 성질이다. 따라서 음성을 '말소리중심주의'의 원인으로 매도하는 것이야말로 실은 알파벳 표음문자의 콤플렉스에서 기인하는 것이다.

한국과 같은 한자문화권의 한글표음문자, 샤머니즘 문화권에서는 알파벳 표음문자의 이러한 현상이 일어나지 않는다. 시각중심문화권에 속하는 '알파벳 표음문자문화권'은 시각적으로 볼 있는 문자의 기록성(문자시니피앙)으로 인해 음성(phone)을 의미(기의)로 쉽게 생각한다. 그러나 청각중심문화권에 속하는 '한자 표의문자문화권'은 상형문자에 이미 의미가 동시적으로 있음으로서 음성을 의미로 생각하지 않는다. 단지 의미의 차이를 위해서 음운(音韻)을 이용할 따름이다. 이러한 현상은 표음문자와 표의문자의 교차에 해당한다. 표음문자는 음성만으로 이루어진 언어, 즉 음성언어가 아니라 문자체계가 성립된 문자언어이다.

표음문자의 경우, 음성과 문자의 의미를 두고 겨루는 기표경쟁이 있기 마련이고, 표의문자는 그러한 기표경쟁이 없다. 알파벳 표음문자는 음성을 기표로 하기도 하고, 기의로 하기도 하는 이중성을 가지고 있다. 그래서 음성은 음소로서 무의식의 의미에서부터 의식, 최상층의 기표인 초의식에 이르는 광범위한 영역에 걸쳐서 활동을 하고 있다. 그럼에도 서양 문명은 주로 의식의 내면의 소리, 혹은 존재신학적 차원에서 음성을 다루는 관계로 그 동안 무의식의 차원의 소리를 듣지 못했다. 이것이 깨어진 것은 프로이트의 등장에 의해서다.

서양문명의 이성중심주의가 '말소리중심주의'의 '소리중심주의' 탓이라고 보는 것은 오해이다. 그것은 '시각-문자중심주의' 탓이다. 이성주의는 문자주의의 흔적 혹은 기록이 아니면 성립되지 않는다. 그러한 점에서 자연은 문자학을 포함할 수 있다. 그러나 문자학은 자연의 표피일 뿐이다. 자연의 문자학은 자연을 왜곡시킬 정도의 복잡한 독자적인 체계를 가지지 않는다. 인간의 언어체계와 같은 것 말이다. 다시 말하지만 자연은 텍스트가 아니고 텍스트의 짜깁기가 아니다.

세계는 정신계열에서 이성적으로는 계속적으로 보충대리(補充代理)이며, 물질계열에서는 신체적으로 대신(代身)이며, 이 둘은 서로 교차하고 있다. 이 둘이 교차하기 위해서는 정신과 물질의 이분법이 아닌, 제3의 절충 혹은 통합으로 기(氣)라는 개념과 실제로 기운생동(氣運生動)이 필요하다. 보충대리는 이성은 항상 창조적 이성이 되어야하는 운명을 갖는 것이며, 대신한다는 것은 피상적으로 무엇이 무엇을 대신한다는 뜻이 아니라 몸을 교대하는 것을 의미한다. 몸을 교대하는 것이야말로 자연이고, 자연이 서로를 위해서 자신을 바치는 희생이다. 자연은 말없이 몸을 갈아입는다.

자연에 대한 오해도 많은 게 사실이다. 욕망은 흔히 자연의 본능이라고 생각하기 일쑤인데 실지로 자연의 욕망은 사람이 욕망마냥 끝이 없는 것이 아니다. 자연의 욕망은 항상 균형과 절제와 만족으로 해소가 된다. 동물들은 배가 고프지 않으면 특별한 경우가 아니면 사냥을 하지 않고, 먼 미래를 위해 식량을 저축하지 않는다. 자연은 기껏해야 일 년을 준비한다. 이것이 인간에 이르러 자연을 대상화하고 소유하기 시작하고부터 욕망은 끝없는 것이 되었다.

이제 데리다 해체의 각론에 들어가 보자. 데리다의 에크리튀르와 그라마톨로지는 실은 서양 말소리중심주의의 경계에 있는, 그럼으로써 말소리중심주의에 반발하고 있는(반작용하고 있는) 흔적을 지니고 있는 것에 불과하다고 말하고 싶다. 다시 말하면 텍스트이론이나 그라마톨로지는 스스로를 비추는, 스스로의 냄새를 풍기는, 스스로의 그림자를 가지고 있는, 서양문명에 소속된 서양철학의 뒤집기 기술에 불과하다고 말하고 싶다. 아무리 스스로를 뒤집어도 그 몸통은 같다. 물론 서양문명의 앞면과 뒷면을 다르겠지만 말이다.

데리다의 『그라마톨로지에 대하여』는 한마디로 '루소읽기' '레비스트로스 읽기'를 통해서 결정적 기반을 마련한다. 데리다는 물론 이에 앞서 '후설 읽기'를 통해 표지, 더 정확하게는 에크리튀르(écriture)의 출발점을 마련하고, 그라마톨로지라는 거대한 체계를 구성하게 된다. 데리다의 루소, 레비스트로스 읽기에 대한 분석에 들어가기 전에 데리다가 후설과 철학적으로 결별하게 된 과정을 살펴볼 필요가 있다.

서양철학사는 확실히 저들의 이성적 방식대로(비록 데리다는 반이성주의적 입장에 서 있지만) 변증법적 진화의 산물이다. 데리다는 후설을 딛고 일어섰다. 이는 하이데거의 경우도 마찬가지이다. 하이데거는 직접 후설에게 박사학위 논문을 지도받은 제자로서, 그의 논문 '존재와 시간(Sein und Zeit)'은 실은 후설에게 증정된 것이다. 후설은 하이데거의 논문을 받아보고 "이건 현상학이 아니야."라고 했다고 한다.

데리다는 후설의 학설을 '책으로 읽은 후학'이었지만 하이데거의 존재론과 함께 후설의 현상학으로부터 문자학으로의 진화를 한 셈이다. 말하자면 후설 없는 하이데거와 데리다를 생각할 수 없다. 그런 점에서 후설은 좋은 스승이었고, 선배였고, 그리고 철학적 진화를 위한 희생(犧牲)이었다. 이성의 연장선에 있다고 할 수 있는 철학도 결국 은유적이긴 하지만 스스로를 바치고 희생하는 과정이다. 좋은 스승과 선배 아래에서 좋은 제자가 나오기 마련이다.

인간이 신체를 가지고 있는 한 존재자의 흔적을 버릴 수는 없다. 다시 말하면 데리다와 하이데거는 후설이라는 존재자를 디딤돌로 해체철학과 존재철학을 완성하였지만, 존재자의 철학을 업신여길 수 없는 소이가 여기에 있다. 역시 '존재철학과 존재자의 철학'의 관계, '구조주의철학과 해체주의 철학'의 관계마저 이중적이다. 이러한 근본적인 이중성을 무슨 다른 말로 표현해야 할지, 이것을 설명할 수 있는 길을 여는 것이 현대철학이 당면과제이다.

철학은 자연에 비해 인위(人爲)이다. 인위는 위(僞=人+爲)이다. 위는 거짓이다. 물론 철학적 위가 일반의 사기꾼과 같은 것은 아니지만, 자연의 거대한 존재에 비하면 일종의 언어적인 거짓, 놀이라고 할 수도 있을 것이다. 비디오아트의 창시자 백남준은 그래서 "예술은 사기다."라고 말하지 않았던가. 그렇다. 어떤 철학자가 "철학은 사기다."라고 말할 때 진정한 존재와 해체의 철학이 시작될지도 모를 일이다. 물론 위의 말을 해석하는 데도, 진의를 잘 이해하기 위해서는 '사기'라는 말의 이중성을 넘어서야 함은 물론이다.

철학이 아무리 자연 친화와 자연주의를 표방해도, 자연환경과 에콜로지에 기울어져 있어도 인위임에 틀림없다. 심지어 도덕경과 같은 '무위자연'의 철학마저도 철학이 철학인 한에 있어서는 자연 그 자체는 아니기 때문이다. 무위자연의 철학도 실은 자연과 멀어지는 문명으로 인한 반동으로 생겼는지도 모른다. 그래서 무위자연의 노자(老子)철학은 혹시 모계사회와 맥락을 같이 하는 철학체계가 아닌 가 의심된다.

철학사에서 앞에 있는 철학들은 항상 뒤에 오는 철학에 의해 부정되기 일쑤이다. 구조주의와 해체철학들도 합리주의의 반동으로 생겨난 것이다. 합리주의의 마지막에 후설의 현상학이 있다. 하이데거나 데리다는 후설의 현상학을 언덕으로 삼았으나 다시 현상학을 무덤으로 만들면서 탄생한 철학이다. 하이데거는 후설의 직접 제자로서 현상학이 '의식의 학'이라는 것을 알고 결별하게 된다. 하이데거는 서양철학사의 존재가 모두 존재자였다는 것을 알고, 다시 존재의 철학을 구성하게 된다.

"데리다는 후설 연구로써 철학여행의 시발점을 떠났다. 그래서 그는 그의 대선배인 폴 리쾨르(P. Ricoeur: 1913~2005)와 함께 현상학과 해석학(l'herméneutique)의 합류점에서 철학적 문제의 발굴에 골몰하다가, 리쾨르의 곁을 떠났다. 그가 후설의 현상학에 대한 근본적 부정의 논리를 찾았기 때문이다."[77]

후설의 현상학은 "의미의 동일성은 대상 자체에 있는 것이 아니고 의식의 지향성의 행위인 노에시스(noesis)에서 성립하기에, 관념적 대상으로서의 노에마(noema)는 언제나 여기와 지금 의식에 현존해있다. 그런데 재래의 수학자나 논리학자도 심리학자와 마찬가지로 진리를 구성하는 의식의 활동에 대한 명증한 자의식 없이 그냥 대상적 정합성만 추구하였다."[78]에서 출발하였다. "현상학적으로 이해하자면, 이성적 인식에로 향하는 내면적 요구나 경향은 충분히 명증한 대상에 대한 의식의 충분한 파악에로 향한다."[79]

후설의 현상학은 역설적이게도 칸트철학의 이성주의가 어떤 의식의 과정의 산물인지를 재인식시키면서 칸트철학을 의식의 차원에서 어떻게 구성되는지를 보여주었다. 의식의 지향성인 노에시스와 관념적 대상인 노에마는 실은 칸트의 이성철학의 의식차원의 생성과정과 메커니즘을 드러냈다.

---

77) 김형효, 『데리다의 해체철학』(민음사, 1993), 29쪽.
78) 김형효, 같은 책, 31쪽.
79) E. Husserl, 『Logical Investigations(J. N. Findlay 영역), p. 160 ; Henry Station, 『Wittgenstein and Derrida(Univ. of Nebraska Press), p. 40 ; 김형효, 『데리다의 해체철학』(민음사, 1993), 31쪽, 재인용.

데리다의 해체철학의 중요한 용어들은 실은 현상학의 도움을 많이 받았다. 데리다는 후설의 주장을 뒤집거나 버려둔 개념들을 요긴하게 써먹으면 되는 것이었다. 이것은 '읽기 철학' '해체철학'의 흠이면서 특징이고, 장점이기도 하다.

"현상학의 근원성이 무엇이던가? 그것은 시간적으로는 지금의 현재이고, 정신적으로는 의식의 현존성이고, 형상적으로는 자아의 자기동일성이고, 인식론적으로는 '노에시스'의 직관과 지향과 '노에마'의 경험적 여건과의 덮음이나 포개짐이다. 그런데 데리다는 오히려 후설의 현상학을 자세히 분석함으로써 후설과는 전혀 다른 결론에 도달하였다. 흔적이 현존보다 앞서고, 나이가 더 먹었고, 과거를 당시는 재귀가 있기에 현재의 시각이 가능하고, 차이가 자아의 동일성보다 더 근원적이고, 어긋남이 일치보다 선행한다는 것이 데리다의 지론이다."[80]

후설은 칸트의 이성철학을 의식의 차원에서 재구성해 보임으로써, 의식의 철학의 경계에 섬으로써 의식의 구성적인 철학에서 무의식의 구조의 철학으로 넘어가게 하는 결정적인 다리역할을 한 인물이다. 이는 역설적으로 합리주의를 벗어나게 하는 디딤판 역할을 한 철학이라고 할 수도 있다.

서양철학자들은 왜 '목소리'를 '현존(présence)'이라고 생각하고 그것을 '의미(기의)'라고 생각하는 데에 집착하고, 동시에 그것을 부정하는 데에 골몰하는가. 현존을 말할 때는 이미 그 대칭인 부재(absence)에 대한 의식에 있다. 레비스트로스는 '의미가 없는 세상에서 오직 인간만이 의미를 탐구하려고 한다.'고 말한 바 있다. 레비스트로스는 의미와 무의미의 경계에 선 까닭에 그런 말을 할 수 있었을 것이다.

데리다는 의미지향을 철저히 거부했다고 할 수 있다. 이는 후설의 의식의 지향성(의미작용)에 대한 반발에서 비롯되었다고 할 수 있을 것이

---

80) 김형효, 『데리다의 해체철학』(민음사, 1993), 51쪽.

다. 의미지향은 이미 관념적인 대상을 설정한 것을 말하고, 의식의 지향성과 관념적 대상의 만남의 순간에 의미가 발생하게 된다.

후설은 "의식의 바깥에는 아무 것도 없다."[81]라고 말했다. 이 말은 후설의 유명한 명제이다. 이에 반문하면서 흉내 낸 것이 데리다의 "텍스트 바깥은 없다."(il n'y a pas de hors-texte)[82]라는 명제이다.

데리다는 텍스트(le texte: text)와 책(le livre: book)을 크게 구분하는 데서 텍스트 이론의 출발점을 삼고 있다. 하지만 필자는 이것도 의미의 이중성의 관계로 본다. 책은 텍스트를 어느 부분에서 자른 것이고, 그 자른 경계선이 있을 따름이기 때문이다. 더욱이 텍스트라는 것도 실은 무한정의 것이 아니고 사방에 끝이 있을 것이기 때문이다. 그것은 또한 책에 못지않은 경계이다. 텍스트의 다른 텍스트와의 짜깁기도 역시 끝은 있다.

그래서 데리다는 텍스트는 끝이 없다고 말한다. 따라서 책과 텍스트의 폐쇄성의 차이는 정도의 차이에 불과하다. 해체철학은 텍스트 자체를 해체하면서 동시에 텍스트 자체를 주장하는, 그래서 텍스트의 내용이 아니라 텍스트의 바탕의 차이와 부재(흰 종이와 검은 글자)를 논하는 서양철학의 막다른 골목의 철학인지 모른다.

데리다의 해체주의를 흐르는 전체문맥은 바로 이런 경계선상을 왕래하는 것이다. 그는 의식의 지향, 중심의 지향 등 중심주의 전반을 거부하는 몸짓을 하고 있지만 그 역시 해체주의라는 중심을 지향하고 있음에 틀림없다. 바로 이러한 것이 데리다의 양면성이며, 모순이라는 것이다. 글쓰기라는 것이 어떤 지향, 예컨대 잠정적 지향이라도 없으면 불가능하

---

81) E. Husserl, 『*Logical Investigations*』(J. N. Findlay 영역), p.160, Henry Staten, 『*Wittgenstein and Derrida*』(Univ. Nebraska Press), p. 40, 재인용, 김형효, 『데리다의 해체철학』(민음사, 1993), 31쪽. 재인용.

82) J. Derrida 『*De la Grammatologie*』, p. 227 ; 『*La Dissémination*』, p. 42, 50, 364 ; 김형효, 『데리다의 해체철학』(민음사, 1993), 20쪽.

다. 실지로 조금이라도 지향이 없이 이루어지는 텍스트가 있을까 의문이다. 그래서 데리다는 글쓰기의 현존을 무시하기 위해서 에크리튀르(쓰인 것)라는 과거분사를 설명한다.

데리다의 해체주의 철학은 이성중심주의를 비롯하여 모든 중심주의를 해체하는 것이지만, 동시에 그는 해체행위를 통해 또 다른 해체라는 중심을 제안하고 있다. 중심을 해체하고, 주변을 주장하는 것은 중심의 흔적일 뿐이다. 그렇기 때문에 데리다는 중심과 주변의 보충대리이 보충대리를 주장하지만 말이다. 그 제안하는 과정이라는 것이 특별한 수고도 없이 남의 텍스트를 뒤집기를 하는 것으로 이루어졌다면, 그리고 여러 학자들의 학설들을 짜깁기(텍스트 짜집기)하는 수준이라면 해체주의의 진정성은 받아들이기 어렵다.

서양철학사에서 해체주의의 등장은 서양철학이 그 궁극점에 도달하여 이제 기존의 구성된 것을, 구조화된 것을 해체하는 길밖에 없는 것인지도 모르지만, 인류학적 철학을 하는 필자의 입장에서는 데리다의 작업이라는 것이 서커스나 야바위의 뒤집기 재주꾼이라는 인상이 짙다. 그의 주장은 화려하다. 또 현란한 문체로 인해 해독의 어려움을 준다. 일련의 그의 철학적 행위들은 어떤 사물을 놓고, "이것이 있는 것이냐, 없는 것이냐?"라고 묻는 것과 같다.

해체주의는 기존의 존재하는 것을 두고, 그것을 반대방향으로 역반응하게 하여 결국 상호작용하는 것으로 설명하는 무의미의 방식이다. 이것은 후설의 현상학적 지향과는 반대이지만, 그것을 역방향으로 일단 몰아놓고는 결국 양자의 상호침투하는 것을 들어 양자의 의미를 무화시키고는 그 경계의 선을 차이로 해석한다. 해체주의란 현상학과 구조주의를 해체하는 것을 목적으로 한다. 그런데 해체주의가 제안하는 것이란 새로운 현상도 아니고 구조도 아닌, 해체라는 단어밖에 없다. 철학을 위해 사용하는 개념마저 기존의 것에서 따온다. 무엇보다도 데리다는 새로운 자료를 가지고 있지 않다. 모든 해체주의식 텍스트 읽기의 병폐이지만, 남의 텍스트를 해체하는, 그럼으로써 그것을 부정하고, 그 부정을 통해서 부재(absence)를 즐기는 것 같다. "봐라, 너희들이 있다고 한 것이 모두 없지 않느냐?" 이런 것이다. '현존'(présence)이 '부재'(absence)가 아니냐? 이런 투다. 그리고 '시공간에서 일어난 모든 복합체'를 텍스트로 간주한다고 한다. 그렇다면 텍스트가 자연이라는 말이 아닌가. 그렇다면 자연과 텍스트는 어떤 관계인가. 혼란스럽다.

현존가 부재의 문제는 실은 정반대의 대립과 같이 느껴지지만, 실은 대칭에 불과하다. 여기서 대칭에 불과하다는 것은 양자가 원천적으로 비대칭적인 관계를 맺지 못할 뿐만 아니라 서로 보충대리 혹은 교차의 관계에 있다는 것을 뜻한다. '현존'은 흔히 '태초의 말씀'이나 '자기가 한 말을 자기가 듣는' 목소리의 환원성에서 비롯되는데 '부재'는 그것의 반대이다. 그런데 잘 생각해보면 차이 없는 현존이란 없다. 차이가 으레 부재라는 말은 성립이 안 된다.

데리다는 목소리에 대해 이중적 태도를 취한다. 목소리를 자기 환원과 이성주의의 원인으로 볼 때는 다른 서양철학자와 같은 입장을 견지해놓고 다시 자신의 차이(差異)를 증거하는 것으로 사용할 때는 목소리를 단절의 기호로 보았다.

데리다는 폴 발레리(Ambroise-Paul-Toussaint-Jules Valéry: 1871~1945)의 지적을 예로 든다.

"(발레리는) 〈자아가 둘〉이라고 진단하고 있다. 말하는 자아와 듣는 자아가 둘이라면 〈스스로 말하는 것을 듣기(la s'entendre-parler)〉의 자기 현존성, 자기 근접성인 말하는 목소리가 순수 자아의 기원적 근원이 될 수 있을 것이라는 애초의 가정을 그것이 붕괴시키는 셈이다. 〈〈내면적 말 속에서〉 누가 말하고 누가 듣는가. 그것은 전혀 같은 것이 아니다.

자기에서부터 자기까지 가는 말의 실존은 단절의 기호이다〉[83]."

데리다는 '차이'를 주장하면서 '목소리의 자기환원성' 추궁에서 한 발물러서고, '문자학'을 주장하면서 '태초의 말씀'의 이성주의를 보다 적극적으로 공격한다. 목소리의 자기동일성은 부정하면서 여전히 태초의 말씀의 자기동일성은 견지한다.

그러나 종합적으로 볼 때 현존이라는 것도 실은 차이나 존재가 동시에 있기 때문에 가능한 일이다. 차이나 존재는 의식적으로 구성하는 것이 아니라 무의식적으로 존재하는 구조이다. 그래서 살아있는 모든 생물은 나름대로 차이와 존재를 느끼면서 살아간다. 그래서 차이와 존재는 인간의 고유의 것이 아니라 중생(衆生), 나아가서 만물(萬物)에 있는 것이며, 만물 자체가 바로 차이의 존재이다.

서양철학사가 하이데거의 말대로 존재가 아니라 존재자의 철학이 되었던 이유는 사람들이 존재와 차이를 본능적으로 느끼기 때문에 도리어 존재와 차이의 무의식에 어떤 침입(분절, 단절, 절편)을 가하기 위해 의식적으로 시도한 것인지 모른다. 세상은 중심이 없는 존재이기 때문에 그것에 중심과 질서를 부여하고, 주체(정체, 자아)를 형성하고, 나름대로 우주론을 구성하였는지도 모른다. 말하자면 존재자의 철학이 성립된 이면에는 존재의 세상이 미리 존재하였기 때문이라는 말이다.

존재는 존재를 볼 수 없다. 나는(스스로는) 나를(스스로를) 볼 수 없다. 볼 수 없는 것은 사는 것이고, 볼 수 있는 것은 소유하는 것이다. 볼 수 없는 것은 존재이다. 존재와 소유 사이에 차이가 있다. 차이는 존재의 표면이다. 존재는 표면 밖에 없다. 존재는 소리와 같은 것이다. 소리의 이면에 의미를 만드는 것은 인간이다. 의미는 인간이 만든 것이다.

그렇다면 존재와 존재자도 실은 존재의 존재자, 존재자의 존재, 보충

83) J. Derrida, 『*Marges de la philosophie*』 p. 334 : 김형효, 『데리다의 해체철학』(민음사, 1993), 312쪽, 재인용.

대리의 보충대리, 차이의 차이라고 말할 수 있다. 이와 똑같은 것은 현존 과 부재에도 적용하면 현존은 부재의 현존이고, 부재는 현존의 부재이 다. 현존과 부재도 대립적이 되지 못함을 알 수 있다. 단지 대칭을 대립 으로 느끼거나 가정한 것일 따름이다. 해체라는 것도 구축된 것이 미리 있으니까, 말하자면 구성의 철학이 있으니까, 그 구성된 철학을 해체할 수 있는 것이다. 의식의 철학은 현상학에서 보듯이 구성의 철학이고, 환 원의 철학이지만, 무의식(간혹 초의식)의 철학은 구조의 철학이고, 차이 의 철학이다.

물론 이러한 해체가 무의미한 것은 아니다. '무의미를 주장하는 것'이 반드시 무의미한 것은 아니기 때문이다. 텍스트와 책도 확실하게 구분이 되는 것 같지 않다. 책을 흔히 '텍스트북'(textbook)이라고 하는 데서도 느낄 수 있지만, 텍스트는 텍스타일(textile)이라는 옷감에서도 느낄 수 있지만, 옷감이란 옷을 만들기 위해 존재하는 것이다. 옷과 옷감의 관계 를 보면, 옷은 일정한 모양으로 완결된 '폐쇄된' 존재이지만, 옷감은 옷 을 전제로 한, 옷이 되기 위한 가능성으로 '열려진 존재'이기 때문이다. 양자는 상관관계에 있기 때문에 상호 가역할 수 있는 관계에 있다. 이것 을 굳이 텍스트로 중심이동을 하는 것은 해체주의의 반(反)해체주의인 것이다.

데리다 해체주의의 뒤집기 재주는 그의 철학의 대명사인 '그라마토롤 지'(grammatology)에도 해당한다. 그의 문자학이라는 이름은 실은 후 설이 기호의 개념을 '표현'(Ausdruck)과 '표지'(Anzeichen)라고 나누 고 표현은 의미가 있는 세계지만, 표지는 그런 기능이 없다고 생각하면 서 소홀이 한 부분이다. 데리다는 결국 후설이 소홀이한 부분을 살려서 자신의 철학을 완성한 셈이다. 그라마톨로지는 실은 '문자학'이라기보다 '표지학'이다.

후설은 의미가 보편성을 지니기 위하여 '언어의 몸'을 필요로 한다고 했다. 언어의 진술에는 표현도 있고 표지도 있다. 그런데 표지(l'indice)는 문자기호와 같은 것이어서 의식의 생생한 현장의 생동감이 죽는다. 그래서 후설은 표지보다 목소리에서 나오는 표현(l'expression)을 더 중시하게 된다.

"표현과 직결되는 후설적인 의미(Bedeutung)을 데리다는 'vouloir-dire'로 번역한다. 이 낱말에는 두 가지의 뜻이 동시에 담겨 있다. 첫째로, 말하는 주체가 어떤 것에 대해서 스스로 표현하여 '말하고자 함'이요, 둘째로, 하나의 표현이 뜻하는 바의 '의미'를 지칭함이다. 그런데 표현은 곧 의미의 논리화이지만, 사실의 측면에서 표현과 표지가 그렇게 두부 자르듯이 갈라지지 않고 뒤섞여 있음을 후설이 인정하였다. 그러나 그 법적인 측면에서 표현과 표지를 별도로 구분하는 것이 더 타당하다고 그는 느꼈다. 왜냐하면 현상학은 의식학이고, 결국 의식의 경험현상에 대한 객관적 의미 부여를 의식이 구성하는 것을 탐구하는 학문이기에, 표지의 기호 기능처럼 가급적 의식 바깥의 것과 연관되는 측면을 괄호 속에 묶어두고 의식 내부의 표현과 순수성만을 밝히는 것이 더 적당한 것으로 후설이 생각했기 때문이다."[84]

표현은 의식 내부의 진술이고, 표지는 의식바깥의 세계와 관계된다. 후설은 나중에 보편적 타당성과 관념적 동일성을 보장하는 선험성과 그런 관념을 구성해가는 의식의 주체적 자각 사이에 괴리가 있음을 발견하게 된다. 전자는 논리적 구조이고, 후자는 심리적 구성이라고 할 수 있다. 데리다는 후설의 문제를 바라보면서 '표지' 쪽으로 방향을 선회한다. 이것은 진정한 문자학으로 나아감이다.

현상학은 기본적으로 의식의 환원주의이다. 환원주의는 아시다시피 '철학에서 복잡하고 높은 단계의 사상이나 개념을 하위 단계의 요소로 세분화하여 명확하게 정의할 수 있다.'고 주장하는 견해이다. 환원주의

---

84) 김형효, 『데리다의 해체철학』(민음사, 1993), 40쪽.

는 '사이(間)의 문제'나, '차이의 문제'에 대해서 명확한 답을 내리기 어렵다.

이런 환원주의는 항상 부분을 전체로 오인하고, 전체를 부분으로 왜곡할 위험이 많은 것이다. 그래서 의식의 안에서 의식의 밖으로 철학의 중심을 이동한 것이 데리다이다. 의식의 바깥으로 나갔다고 해서 문제가 완전히 해결되는 것은 아니다. 결국 인간은 자연의 생물종의 하나로 지구상에 탄생하였고, 그러한 생물의 재생산과정을 문자학으로 대체할 수 없기 때문이다. 자연의 재생산과정에 비하면 문자학이라는 것은 일종의 누더기에 불과하다.

데리다는 후설의 '표현으로서의 기호'의 성격을 세 가지로 분류한다. 첫째 표현은 '외면화'의 현상이다. 둘째 표현은 '지향성을 띤 외면화'이다. 셋째 의미 있는 표현은 없고, 표현이 없는 의미가 성립할 수 없기에 의미의 해석은 언표의 진술 밖에서 일어날 수 없다, 등이다.[85] 그래서 그는 의미의 밖으로 나가기 위해 문자학으로 선회할 수밖에 없었던 셈이다. 그가 의미의 밖으로 나가는 과정을 살펴보자.

"의미를 해석함은 읽기에서 오는 것이 아니고 듣기에서 생긴다. 말하고 듣는 것의 관계가 의미의 해석에서 가장 중요하다. '의미하다(vouloir-dire)', '말하다(parler)', '듣다(écouter)'는 사실상 의식의 지향성의 자기모습들 이외에 다른 것이 아니다. 그런 점에서 〈의미는 스스로 의미화하는 것을 원한다. 즉 의미는 의미의 현존을 자신에게 말하고자 하는(vouloir-se-dire) 것에 불과한 말하고자 함(vouloir-dire) 속에서만 표현되어진다.〉[86] 〈의미하는 것〉(vouloir-dire)이 〈말하고자 함〉(vouloir-dire)이요, 그것이 또한 〈자신에게 말하고자 함〉(vouloir-

---

85) 김형효, 『데리다의 해체철학』(민음사, 1993), 41쪽.
86) J. Derrida, 『La Voix et le phénomène』, p. 37 ; 김형효, 『데리다의 해체철학』(민음사, 1993), 41~42쪽, 재인용.

se-dire)이다. 이런 삼위일체의 관계가 의식학의 본질이며 현상학의 형이상학적 성격이라고 데리다와 함께 말할 수 있으리라."[87]

"현상학은 결국 현실과 실재 대신에 표상과 상상력이 의식의 대상으로서의 〈노에마〉가 되어 의식활동인 〈노에시스〉와의 내면적 〈영혼의 고독한 생명(la vie solitaire de l'âme)〉으로서의 〈독백〉을 이를 뿐이라고 데리다가 생각한다. 그 독백은 〈노에시스〉가 〈노에마〉에 대하여 어떤 정보를 교신해 주는 의사전달이 아니라 현재적 순간에 〈노에시스〉가 〈노에마〉로 직접 현존하는 그런 모습이다."[88]

현상학은 결국 노에시스와 노에마가 진정으로 포개지는 한 순간, 객관적 관념성에 도달하고, 그 관념성이 명증성이 되고, 그 명증성이 자기동일성이다. 자기동일성에 도달하려는 후설의 철학적 노력은 목소리에 이르러서 절정에 이른다. 후설의 현상학은 현재에서 이루어진다. 과거는 지나간 현재이고, 미래는 다가올 현재이다. 그래서 현재의 목소리의 공명이 필요하다. 시간의 현재의 불가분해적인 통일이나 의식의 명증적 자기현존이 훼손되지 않으려면 의미의 표현이 직접 목소리를 통하여 의식에 공명되어야 하기 때문이다.

"따라서 목소리는 그런 의미의 직접적인 표현과 같다. 이 점을 데리다는 다음과 같이 말하였다. 〈소리의 요소(현상학적 의미에서이지 세계 안에 일어나는 음향의 의미에서가 아님)와 표현성 즉 의미(대상에 관계된)이 관념적 현존을 목적으로 생기가 넘친 능기(能記)의 논리성과이 사이에 하나의 필연적 연관이 있다.[89] 이 점을 보다 더 선명하게 드러내기 위하여 데리다는 이어서 다음과 같이 부연 설명하고 있다. 〈목소리의 피상

87) J. Derrida, 『La Voix et le phénomène』, p. 37 ; 김형효, 『데리다의 해체철학』(민음사, 1993), 41~42쪽, 재인용.
88) J. Derrida, 『La Voix et le phénomène』, pp. 53~54 ; 김형효, 『데리다의 해체철학』(민음사, 1993), 43쪽, 재인용.
89) J. Derrida, 같은 책, p. 86 ; 김형효, 같은 책, p. 45, 재인용.

적인 초월은 언제나 관념적인 본질에 속하는 소기(所記)가, 즉 표현된 의미가 직접적으로 표현의 행위에 현존하고 있다는 것에 묶여 있다.〉[90] (중략) 따라서 〈현상학적 목소리〉의 내면성은 곧 의미의 표현성과 다른 것이 아니다."[91]

"보편적이고 선험적인 현존의 진리와 나의 의식 속에서 발생하는 현재적 의미표현(목소리)이 각각 자리 잡고 있는 곳이 어딘가? 그것은 존재요, 시간(역사로서의)이다.[92] (중략) 존재론적 현존의 진리, 시간적 현재의 진리는 결국 존재에 대한 의식의 말(Logos)이나 모든 인류를 공통으로 만드는 이성이 목적과 다르지 않다. (중략) 결국 존재론적 진리는 역사적으로 미래적인 지평의 방향으로 열릴 수밖에 없다. 그래서 데리다가 생각할 때, 현상학의 진리는 존재론적 진리, 역사적인 진리와 다르지 않다. (중략) 이성이나 로고스의 자아학으로 연결되지 않을 수 없다고 보는 것이 데리다의 논지이다."[93]

목소리는 후설에게 구원과도 같다. 목소리라는 능기(能記)는 표지기호가 될 위험도 없을 뿐만 아니라 내가 말하면서 내가 듣는 현존성, 그리고 발현되자마자 다른 것의 매개 없이 소기(所記, 의미)가 이해된다는 점에서 그렇다. 능기-목소리, 즉 음성으로서의 능기는 거의 예외 없이 바로 소기-목소리가 되는 것이다.

서양 기독교-이성주의 문명은 유독 '목소리'에 대해 심각한 콤플렉스를 가지고 있는 것 같다. 하느님의 '태초의 말씀'(하느님의 목소리)도 그렇고, 또 사람들의 '목소리'도 그렇다. 목소리는 그것 자체가 천지에 가득 차 있는 것 영혼과 같고, 그래서 바로 로고스가 되고, 또한 현재(현존)

---

90) J. Derrida, 같은 책, p. 86 ; 김형효, 같은 책, p. 45, 재인용.
91) 김형효, 『데리다의 해체철학』(민음사, 1993), 45쪽.
92) J. Derrida, 『L'Ecriture et la différence』, p. 249 ; 김형효, 『데리다의 해체철학』(민음사, 1993), 47쪽, 재인용.
93) 김형효, 『데리다의 해체철학』(민음사, 1993), 47쪽.

의 절대적 의미, 절대관념의 생생한 의미가 된다.

필자는 데리다의 "텍스트 바깥은 없다."라는 말에 대해서 "텍스트 바깥에는 콘텍스트(context)가 있다."라고 말하고 싶다. 콘텍스트에는 항상 '양(陽)의 콘텍스트'와 '음(陰)의 콘텍스트'가 있을 수 있다. 이는 콘텍스트 자체도 음양의 대칭(대립)을 벗어날 수 없기 때문이다. 콘텍스트는 텍스트의 드러나지 않는 부분이다. 데리다는 책의 공백부분을 텍스트라고 했는데 필자는 텍스트의 공백부분(바탕이 되고 있는 부분)을 콘텍스트라고 하고 싶다. 그런데 콘텍스트에는 기(氣)와 공기(空氣), 공기를 타고 운동(파동)하는 소리(phone)을 포함하고 있다. 이밖에 다른 것이 포함될 가능성은 얼마든지 있다. 이 콘텍스트는 역동적 장(場)으로서 언제나 음양(陰陽)으로 대칭됨으로서 역동성을 유지한다.[94]

데리다는 후설의 '목소리'에 대해, 그리고 서양문화권의 '말소리중심주의'에 대해 결국 '목소리'(voice)에 대해서 이성중심주의의 책임을 시종 묻고 있다. 그러나 목소리는 소리로 연결되고, 결국 모든 소리는 하나로 융합된다는 점에서, 목소리로 인해 소리(phone) 전반에 대해 어떤 의미결정성이나 이성중심주의의 책임을 묻는다는 것은 크게는 소리 그 자체에 대한 왜곡이 될 수 있음을 지적하고 싶다.

더욱이 하느님의 목소리는 천지 사이에서, 인간의 목소리는 의식의 내면에서 절대성(의미결정성)을 행사하는 것으로 보는 것은 서양철학자들 스스로가 자기 몸을 볼 수 없는(너무 가까이 있어 자기를 볼 수 없는, 그래서 거울을 통해 스스로를 보고, 그것을 다시 언어로 설명하지 않으면 안 되는), 서양문명권의 콤플렉스임을 상기시키고 싶다. 이는 말의 존재자적 사고에 길들여져 있는 서양인들의 자기 환원이고 나르시시즘이고, 심각하게는 자기 마스터베이션이다. 말하자면 서양인들은 처음부터 존

---

94) 필자의 『한국문화와 예술인류학』(미래문화사, 1990)에서 언급되는 <역동적 장의 개폐이론> 참조

재자적 사고, 존재자적 자연, 대상적 자연에 익숙했던 셈이다.

소리야말로 자연과 통하는 감각의 기호이고, 목소리야말로 인간의 몸과 통하는(몸의 냄새가 배어있는) 감각의 기호이고, 인간으로 하여금 자연으로 돌아갈 수 있는 길을 열어주는 통로이다. 문자는 자연이 아니다. 문자의 원(原)문자(l'archi-écriture)를 가지고 자연의 차이를 찾는 묘방(妙方)이라고 생각하는 것은 문자의 발전을 보지 않으려는 회피이며 원형으로의 소급이다. 문자학은 거대한 존재의 모습을 '문자'라는 바늘구멍이나 좁은 대나무 대롱으로 바라보는 관견(管見)에 해당한다. 여기엔 '언어=사물'이라고 생각하는 서양문명의 결정적 콤플렉스가 작용한다.

적어도 동양 한자문화권에서는 하늘의 목소리가, 혹은 사람의 목소리가 절대성과 이성주의의 원인으로 생각하는 것은 납득할 수 없는 일이다. 소리야말로 상대성과 다원성의 대표적인 표상이 된다. 차라리 소리가 있음으로서 의미의 차이와 다양한 우주(다원다층의 우주)를 표현할 수 있는 길이 열린다고 생각하고 있다. 이는 소리의 절대성을 추구하는 것과는 백팔십도로 다른 점이다. 소리는 자연의 다양한 사물을 감각하게 한다. 목소리는 그 사람의 몸을 감각하게 한다. 그래서 동양에서는 소리를 실어 나르는 바람(風)을 자연의 전체적인 모습을 은유하는 것으로 본다.

소리는 비어있는 공간을 감각하게 하는 기호이다. 소리는 확실히 속이 비어 있는 기호 혹은 그릇과 같다. 그래서 절대주의(절대적 의미)도 들어가고, 상대주의(상대적 의미)도 들어갈 수 있는 것이다. 서양문화권에서는 그것에 절대주의를 넣은 셈이다. 그래서 데리다는 상대주의나 다원성(다양한 의미)을 위해, 의미의 해체를 위해서는 소리가 아니라 문자에서(문자에로) 탈출을 시도한 것으로 해석된다. 물론 데리다의 문자(le gramme)는 물론 좁은 의미의 글자(la lettre)가 아니다. 또 데리다의 텍스트(le texte)도 '단순히 글자가 인쇄된 좁은 의미의 교재'가 아니다.

"시간과 공간의 복합체 속에 존재하는 것은 무엇이든지 데리다의 사유에서는 텍스트로 간주된다. 그러므로 쉽게 말해서 인생이나 자연, 사회나 우주 그리고 역사도 텍스트요, 문자인 셈이고, 그런 텍스트를 앞선 단계란 있을 수 없게 된다. 그런 점에서 데리다의 철학을 텍스트이론이라고 불러도 지나치지 않다."[95]

데리다의 텍스트이론은 일견 필자의 콘텍스트이론과 매우 상통하는 것 같다. 텍스트의 고정된 의미나 불변의 의미를 부정하는 점, 상호텍스트(intertext)을 인정하는 점 등에서 그렇다. 그러나 필자의 상호텍스트는 일종의 해석학적 차원의 문제이지(존재론적 차원은 아닌), 문자학에서의 그것과는 다르다. 필자에게 콘텍스트는 텍스트가 나오는 매트릭스(matrix)와 같은, 가능성(possibility)과 같은 것이다. 그러나 콘텍스트는 텍스트의 짜깁기와는 다르다. 콘텍스트는 텍스트 이전이다.

필자에게는 어쩐지 텍스트라고 하면 그것이 에크리튀르(흔적), 그라마톨로지(문자학)라고 해도 그것이 결국 흔적이든, 표지이든 기록된다는 점에서 도리어 이것이 이성중심주의의 원흉과 같이 느껴진다. 서양문명의 이성주의, 기독교 일신론, 그리고 과학까지 모두 망라해서 기록(문자)과 시각을 빼면 무엇이 남는다는 말인가! 기록과 시각은 움직이는 사물을 일단 정지시키는(일순이라도 정지시키는) 혐의가 있다. 그러한 정지는 아무리 '눈 깜짝할 사이'의 순간이라고 하더라도 흘러가는 시간을 소급하게 된다.

빛과 시각과 생각은 합작을 하여 시간을 소급하는 원인을 제공하는 것 같다. 여기엔 무엇인가 인위적이고 조작적인 냄새가 난다. 이에 비해 소리와 청각과 파동은 시간을 그냥 지나가게 내버려둔다. 이것은 보다 자연적이다. 전자는 결국 존재자(주체-객체: 창조자-피조물)를 만들어내고, 후자는 존재(자연-생멸)가 된다.

---

95) 김형효, 『데리다의 해체철학』(민음사, 1993), 20쪽.

데리다는 목소리로 인해 소리를 통해서 실현해야 할 해체주의와 '비(非)중심주의' 철학을 도리어 문자에서 택하고 말았다. 물론 문자에도 소리의 특성이 있다. 이는 문자가 소리의 모방이기 때문이다. 문자는 소리의 보충대리이기 때문이다. 물론 데리다는 자신의 에크리튀르와 그라마톨로지를 위해서 이것을 부정한다. 자연과 문명이 '보충대리의 보충대리'의 관계에 있다고 해서 자연과 문명 중 어느 것이 먼저인가를 모른다고 하는 것은 순전히 문명의 편에서 말하는 것이다.

자연은 주체와 객체 이전의 것이다. 만약 누군가가 주체와 객체의 가역성과 이중성을 주장하기 위해, 보충대리의 보충대리를 주장하는 것은 이미 이성(理性)의 입장에서 자연을 바라보는 것이다. 이성이 천지창조의 제조적(製造的) 신화에까지 거슬러 올라가는 것은 피할 수 없다. 이러한 것은 역시 시각적으로 밖에서 확인하여야 하는 서구문명의 특성과 관련이 있다. 시각에서 바라보는 청각은 '자기가 한 말을 자기가 듣는' 자기환원적인 것으로 비쳐질 것이다. '태초의 말씀'도 그러한 것일 것이다. 그래서 음성은 이성중심주의의 원인이다.

전체성에 대한 소리의 상징이 추상성과 보편성으로, 즉 초월한(수직상승) 것이 이성이고, 상징이 이중언어로 동봉(同封)된 것이 대칭구조이고, 상징이 구체성과 일반성으로, 즉 내재된(수평확대) 것이 물(物)이다. 물(物)은 존재이다. 그러나 자연과 존재는 이성(理性) 이전의 것이다. 그러한 점에서 자연은 무의식이고, 인간이 이성적으로 무엇을 규정하는 것은, 그것 자체가 자연으로부터 솟아난 것이다. 이것은 존재의 존재자이다.

우리는 존재자를 통해 존재를 확인할 뿐이다. 자연의 일부가 자연의 전체를 규정한다는 것은 항상 존재에 선을 긋는 행위(경계를 짓는, 흔적을 만드는)에 불과하다. 청각에서 바라보는 시각은 입체의 것을 평면으로 옮겨놓은 '쓰기'나 '그리기'일 것이다. 그래서 선을 긋는 행위는 입체의 평면화에 불과하다.

다시 말하면 데리다는 소리라는 보다 자연에 근접한 일차적인 것을 도외시하고, 문자라는 이차적인 것으로 일차적인 것을 설명하려고 했다고 할 수 있다. 이는 거꾸로 된 것이다. 물론 문자와 음성의 대칭 사이에 인과관계(선후관계)가 이루어질 수 없다는 것을 가정한다면, 그가 루소나 레비스토로스가 주장한 음성주의나 음운론주의를 반박하기 위해 내놓은, 문자가 소리보다 먼저라는 주장도 성립되지 않는다.

대칭되는 것 사이에서 먼저 주장한 사람의 것을 단지 뒤집는 것으로 새로운 것을 수행하였다고 하는 것은 창조적인 성과를 만들어냈다고 하기 어렵다. 해체주의가 설사 철학의 마지막이라고 해도, 기존의 모든 철학적 개념들과 성과들이 이루는 바벨탑을 무너뜨린다고 해도, 그럼으로써 철학의 종언을 선언한다고 해도, 그것은 반대로 그동안의 철학이 왜 진행되었느냐를 설명하지 않고는 무의미해진다. 다시 말하면 해체주의는 해체주의 자체가 바로 구조주의와의 또 하나의 대칭으로 이중성과 경계를 이루는 것이라는 것을 인정해야 한다.

구조주의는 이미 해체주의다. 구조주의는 해체주의의 가능성이다. 해체주의는 실은 그동안의 철학의 해체라고 하지만 그보다는 언어의 해체이다. 만약 철학이 그동안의 인류가 습관적으로 사용한 언어의 해체라고 한다면 과연 언어 이외의 것으로 대체하는 것을 찾아야 하는데, 하필 찾는 것이 왜 에크리튀르이고, 그라마톨로지인가. 이것은 결국 언어의 해체가 아니고 언어의 원형(원문자)에 돌아가는 혐의가 짙다. 원문자는 언어가 형성될 때의 에크리튀르이고, 그라마톨로지이다. 이는 알파벳 표음문자를 보면 잘 알 수 없지만, 한자 표의문자의 형성과정을 보면 금방 알 수 있다.

다시 말하면 데리다는 '말소리중심주의'의 콤플렉스 때문에 한자의 표의문자에서 탈출구를 얻는 것처럼 생각한 것이다. 서양알파벳 문명권의 일원으로 볼 때는 대단한 엑소더스(Exodus)인 것 같지만 실은 한자문화권의 일원에게는 그렇게 대단한 일은 아닌 것이다. 그의 탈출구는 실은 한자문화권에서는 문자의 출발점인 것이다.

데리다는 "텍스트 이전에는 아무 것도 없다. 이미 텍스트가 아닌 전(前)텍스트(prétexte)는 없다."[96]고 말했다. 굳이 '시간과 공간의 복합체 속에 존재하는 모든 것을 텍스트로 간주한다.'면, 이것은 결국 차연(差延)이 되겠지만, 굳이 그것을 텍스트라는 애매한 말을 사용할 필요가 있을까 반문하고 싶다. 이는 기존의 텍스트 개념과 혼란을 초래한다.

그가 말하는 텍스트는 그야말로 자연이다. 인류가 오래 동안 사용해 온 자연이다. 이것을 굳이 어려운 용어로, 혼란을 주면서, 현학적인 지식을 자랑하기 위한 것이 아니라면, 그렇게 할 필요가 없다. 차라리 그라마톨로지보다는 포노로지(phonology)가 더 자연에 가깝다. 에크리튀르는 인위이다. 에크리튀르는 부재(absence)이고, 음성은 현존(présence)이라는 것은 서양문명의 콤플렉스의 소산이다. 말하자면 이 콤플렉스의 입구는 음성주의이고, 출구는 문자주의인 셈이다.

음성과 문자라는 변수만 생각하지 말고, 시각문화과 청각문화라는 변수를 감안하면 서구문명의 이러한 양면성에 대해서 보다 객관적인 견해를 가질 수 있고, 음성주의와 문자주의가 실은 하나의 뿌리(콤플렉스)에서 나온 두 줄기라는 것을 알게 된다. 문자야말로 시각중심 문화의 핵심이다. 시각 이성주의문명의 원죄는 문자에 있다. 음성이라는 것은 서양 사람들이 그렇게 생각한 것이지, 실지로 이성주의의 토대가 될 수 없다. 발화하자마자 공기 중에 날아가 버리는 음성이 무슨 이성주의를 구성해 낼 것인가.

서양문명은 음성에 대해 이중의 콤플렉스를 가지고 있다. 하나는 '태

---

96) J. Derrida, 『La Dissémination』 p. 364 ; éd du Seuil. ;김형효, 『데리다의 해체철학』(민음사, 1993), 20쪽, 재인용.

초의 말씀(Logos)'이고, 다른 하나는 의식에 '현존한 음성'이다. 전자는 사람의 몸의 바깥에 있고, 후자는 사람의 몸의 안에 있다. 음성이 존재신 학적이고 자기애정적인 것으로 취급하는 것은 서구문명의 자기콤플렉스 이다. 동양문명에서는 음성을 반드시 그렇게 보지 않는다. 음성이든, 문 자이든, 자기폐쇄적(결정적) 혹은 자기개방적(비결정적)으로 보는 것은 순전히 문화복합적 특징이자 편견이다. 순환이라는 것도 해석여하에 따라 열려진 것(비실재) 혹은 닫혀진 것(실재)가 되기도 한다.

　우리는 흔히 유(有)와 무(無)처럼 극단적인 것을 두고, 예컨대 "극과 극은 통한다." "극과 극은 하나이다."라고 한다. 이는 세계(세상)가 보는 방식에 따라 얼마든지 뒤집어질 수도 있고, 반전할 수 있다는 것을 알 수 있다. 그런데 양극뿐만 아니라 양극의 중간에 있는 수많은 것들도 실은 이중적이다. 균형점, 중점이라는 것은 실재적 사고의 소산이다. 균형점은 영원히 달성할 수 없거나 추상적인 것이며, 중점이라는 것은 원(圓)의 사고이지, 타원(楕圓)의 사고를 하면 중점은 두 개 일 수도 있다. 영원(永遠)이라는 것 자체가 이미 시간 속에서 사는 존재들의 이중성이다.

　이성적 사고는 선험적 사고이지만, 비단 직선적(直線的)·인과적(因果的) 사고만은 아니다. 원(圓)의 사고는 직선적·인과적 사고와 나선적(螺旋的)·순환적(循環的) 사고의 중간에 있는 이중성이다. 원의 선분의 어느 지점에서라도 선을 그으면 그것은 시작이고 끝이 출발하는 지점이고, 만나는 지점이다. 과연 세계가 시작과 끝이 만날 수 있는 것인가. 끊어진(단절된) 곳은 바로 연결(접속)하여야만 하는 지점이다. 양극 사이에는 수많은 중간이 있고, 중간의 수많은 선(線, 點, 주름, 흔적)을 통해 기준(표준)이나 경계로 삼고, 구별(분별, 차별)하고, 영역을 표시하지만, 모두가 이중적인 것들이다.

태초의 말씀 (Logos)	알파벳표음문자의 말소리중심주의	이성중심주의 (의식 밖의 환원주의)
의식에 현존한 음성 (présence)	현상학적 노에시스- 노에마가 만나는 한 순간	의식의 환원주의 (의식 안의 이성중심주의)

음성이야말로 일정한 방향성이 없이 동심원을 중심으로 사방으로 퍼지며, 발성되자마자 사라지는 흔적이며, 동시에 자신의 결정성을 유지하지 않는 파동으로 부재이다. 차라리 문자야말로 교직적인 텍스트를 이룬다고 하지만, 순차적으로 정렬되며, 부재라고 하지만 보이지 않는 주제의식을 갖고, 쓰인 것은 종이 위에 검은 선으로 남는다. 도리어 현존이다. 음성과 문자는 보는 이에 따라 얼마든지 현존과 부재로 해석할 수 있다. 말하자면 그렇게 보는 자체가 이미 문화적 편견이다.

우리는 산(山)과 하늘이 닿은 능선(陵線)을 '마운틴(mountain) 라인(line)'이라고 하지 않고, '스카이(sky) 라인(line)'이라고 한다. 하늘과 땅이 닿은 중간지점은 뒤바꿔서 말하는 경우가 많다. 그래서 없는 것은 있다고 말하고, 있는 것을 없다고 말하기도 한다. 이것을 크게 〈없음(無)의 방식〉, 〈있음(有)의 방식〉이라고 말할 수 있을 것이다. 이러한 방식은 실은 가부(可否)나 진위(眞僞)의 방식이 아니라 둘 중에 어느 하나를 선택해서 하는 방식이다. 이미 무의식적인 선택이 개재되어 있다. 그런데 양자택일의 선택의 방식은 〈있음(有)의 방식〉에만 있는 것처럼 말한다. 만사는 이중적이다.

흔히 신(神), 자연(自然), 이성(理性)이라고 하는 것은 서로 가역적이며 상호적이고 교차적이다. 〈신(神)↔ 자연(自然)↔ 이성(理性)〉이다. 이것을 〈신(神)=자연(自然)=이성(理性)〉으로 보면 신과 자연이 모두 이성중심주의의 계열이 되지만, 〈신(神)과 자연(自然)〉을 범신(汎神)으로 보면, 이성(理性)과 상관없는 것이 된다. 서양 알파벳 기독교문명권은 전자에 속한다. 신과 자연도 음성과 마찬가지로 얼마든지 열려진 존재로 볼 수 있다. 데리다의 해체에는 어딘가 〈신=이성〉으로 〈신=자연〉을 공격하는 인상이 짙다. 이렇게 되면 도리어 해체주의가 인간중심주의라는 비난을 면할 수가 없다.

자연은 항상 이중적이고 양면적이다. 이에 비해 문명은 항상 일선적이고, 인과적이다. 자연은 바탕이면서 내용이고, 나오는 문과 들어가는 문을 동시에 가지고 있다. 이러한 자연은 인간의 이성적인 눈에는 종잡을 수 없는 존재로 보였을 수도 있다. 우주의 가장 복잡다단한 변화를 대하면서 인간은 자신의 언어를 투사하고, 자연을 로고스(logos)로 바라보는 (환원하는) 작업을 시작했을 수도 있다. 물론 이러한 작업이 실행될 수 있는 바탕에는 상상력이 있다. '태초의 말씀과 음성'에 로고스(남성)의 옷을 입힌 것은(이것은 로고스의 빙의憑依라고 말할 수 있다) 사람(Man)이다.

음성은 여성적이고 동시에 자연이다. 음성의 표현(기의)은 표지(기표)이며 끝없는 차연이다. 음성은 처음부터 이중적이다. 음성이라는 실재는 문자가 등장하면서 문자라는 능기(能記)의 소기(所記)가 되고, 능기(能記)를 잃어버리게 된다. 그런데 음성은 실재(존재)이고, 얼마든지 능기(能記)를 회복할 수 있고, 무엇보다도 능위(能爲)가 될 수 있다.

데리다가 음성에 가한 편견은 그대로 문자에게도 적용될 수 있다. 데리다의 문자학이라는 것도 실은 바로 '문자와 공백의 문자'의 이중성이다. 산의 능선을 스카이라인이라고 하는 것과 같다. 이때의 스카이라인은 물론 공백(空白)이고, 무(無)이고, 무의미(無意味)이다. 데리다의 방식은 '유(有)의 방식'에서 무(無)를 바라보는 것이거나, '무(無)의 방식'으로 이동하는 것이다.

결국 만물은 닫힌 것으로 보면 닫힌 것이 되고, 열린 것으로 보면 열린 것이 된다. 음성이나 문자나 똑같이 보충대리의 보충대리에 해당하는 것이다. 음성을 문자처럼 사용하는 사람도 있고, 문자를 음성처럼 사용하는 사람도 있다. 서양알파벳 문명권의 데리다는 음성을 존재신학적, 자기현존적으로 보기 때문에, 그 폐쇄성을 벗어나기 위해서 문자를 열려진 것으로 보게 된 것뿐이다.

여기에 누구의 잘못도 없다. 철학도 문화권의 제한과 한계라는 조건의 산물이라는 점이다. 지금까지 철학은 문화권과 특수성을 벗어나는 보편적인 것처럼 생각하였던 것이 사실이다. 그런데 바로 철학이야말로 특수성을 극복한 것처럼 보였지만, 특수성의 흔적을 가지고 있다는 것을 알 수 있다. 보편성과 특수성은 하나의 세트(보편성-특수성)로 다른 세트(이원대립항의 세트)를 기다리고 있는 일종의 대칭이라는 것을 발견하였을 따름이다.

폴 발레리는 〈프랑스의 사상과 예술(Pensée et art français)〉이라는 논문에서 보편성과 특수성의 모순과 역설에 대해 언급했다.

"프랑스에 대한 나의 개인적인 인상을 두 단어로 요약해 말하면서 끝을 맺고자 한다. 우리의 특이성(이것은 이따금 우리의 우스꽝스러운 타이틀이 되기도 하지만, 대개의 경우 우리의 가장 멋있는 타이틀이 되기도 한다)은 우리 자신을 보편적이라고 생각하고 느끼는 것이다. 다시 말해서 우리를 보편적 인간이라고 생각하는 것이다.......이 역설을 눈여겨 보아라. 보편성을 자신의 특수성으로 갖는 이 역설을."[97]

자신을 보편적이라고 여기는 것은 비단 프랑스인뿐만 아니라 문화적 제국주의를 행한 나라의 대부분의 사람들이 그러한 함정과 착각에 빠지는 것이다. 바로 그러한 함정과 착각에 빠짐으로써 제국주의에 대한 논리적 정당성(합리화)을 확보하고 제국주의를 감행할 수 있기도 하다. 말하자면 보편성이란 저들의 특수성을 바탕으로 한 보편성이기 때문에 실

---

97) J. Derrida, 『L'AUTRE CAP』 김다은·이혜지 譯 『다른 곳』 p. 62~63, 재인용, 1991, 동문선.

은 보편성이 아니다.

철학이 무엇을(어떤 하나를) 기준으로 다른 것을 논한다는 것은 하나의 세트(이원대립항의 세트)에 결정성을 부여하는 행위이다. 보편성과 특수성도 좋은 예이다. 문자학도 자신의 철학적 일관성을 유지하기 위해서 비중심적 글을 쓴다고 하지만, 글을 어디에 포진시키고, 산종시키든 간에 결국 산견되는 글을 종합하면 그 이면에 어떤 일관성을 유지하고 있다. 다시 말하면 철학적 일관성을 유지한다는 자체가 지향성을 가지는 행위이다. 하나의 지향성에는 반드시 그것에 반하는 것을 무시하거나 생략하고, 하나를 선택하는 철학적 폭력이 있기 마련이다. 이것을 형이상학적 폭력이라고 할 수 있다.

문자학(표지학)이라는 것도 이러한 형이상학적 폭력에서 예외는 아니다. 주제는 주체이고 자아이고 현존이다. 데리다는 자신의 해체주의에 대해 스스로 "말중심적 시대에 전체성과의 관계에서 어떤 외면성의 관점에 도달하고자 원하는 것"[98]이라고 했다. 해체는 탈출의 몸짓이다. 그 탈출을 서양 알파벳 문화에서의 탈출이다. 그러나 한자 표의문자 문화권의 필자에게는 그러한 데리다의 노력이 '소리를 로고스라는 감옥에 가둔' 소리에 대한 폭력으로 보였다. 소리는 자유로운 것이다. 그것이 음성이든, 자연의 소리이든, 소리는 자연이 부여한 것이다. 그것이 불행하게도 언어학의 음성이 됨으로써 도리어 그 자유로운 움직임을 잃어버렸다고 말하고 싶다.

왜 서양 사람들에게는 '태초의 말씀'이 '온 세상에 가득 찬' '충만한 소리'로 여겨지게 되는가. 왜 '음성'이 '자기가 말한 것을 자기가 듣는' '자기애정적'인 표현으로 여기는가. 이것은 음성을 남성적인 것으로, 자기를 주장하는 로고스적인 것으로 여기기 때문이다. 음성이 자기 내부

---

98) J. Derrida, 『De la grammatologie』, p. 231 ; 김형효, 『데리다의 해체철학』(민음사, 1993), 154쪽, 재인용.

의 것을 표현하는 자아중심적인, 자아의식적인 것으로 여기기 때문이다. 표현이라는 것이 굳이 자아중심적인 강도가 있는 것으로 보는 것은 어딘가에 '문화권과 성(性)' 간에 교차가 있었던 것 같다. 이러한 교차는 어떤 이원대립항(이항대립)에도 발생할 수 있다. 그러한 점에서 어떠한 이항대립에서도 절대성을 부여하는 것은 위험하다. 비록 문자학(grammatology)이나 음운학(phonology)에서도 말이다.

여성적인 말(수다스러움)은 매우 자기 표현적이긴 하지만 결코 자기주장이나 주제, 자아를 가지지 않고 그냥 표현적인(이때의 표현은 그야말로 흔적으로 지나가버리는 것이다) 경우가 많다. 마음속의 것을 표현한다고 해서 굳이 소기적인 것으로 볼 필요는 없다. 여성의 표현 자체가 바로 일종의 차이처럼 표지일 수도 있다. 음성은 기의이면서 기표로 동시에 왕래할 수 있는 것이다. 여성의 음성은 자신의 신체의 상태나 기분을 그냥 표지처럼(주름처럼) 드러내놓는 것일 수 있다.

'태초의 말씀'(Logos)과 '자기현존의 음성'을 동시에 놓고 보면, 양자가 마치 공동전선으로 이성중심주의를 도모하는 것처럼 보이는데 이는 마치 '기독교 절대신에게 기도하는 여성의 위치'와 같게 됨을 알 수 있다. 여성의 기도는 표현이지만 이성적이라기보다는 태초의 말씀이라는 '표지'(메타니미)에 종속되는 '표현'(메타포)에 지나지 않는다. 기독교의 '절대적으로 군림하는 하느님 아버지(남자 신)'와 이에 종속되어 종의 신분으로 '구원의 기도를 드리는 종속적인 여성(여자 신도)'의 구조는 이렇게 탄생하는 것이다.

현존의 음성이라는 것은 현상학적인 입장에서 자기애정적이고, 자기표현적이라는 점에서 이성주의를 강화하는 것처럼 생각해왔는데, 이는 음성을 애초에 자기환원에 관계하는 것으로 전제하였기 때문이다. 생각하기에 따라서는 이성적이든, 감정적이든 결국 인간은 나르시시즘적인 존재이고, 자기마스터베이션의 존재라는 것을 알 수 있다. 단지 그러한 자기환원과 자기순환의 궤적이 어느 차원의 것인가가 다를 뿐이다. 이성도 주체와 대상으로 이루어진 원의 자기순환 혹은 자기환원의 한 종류가 되는 셈이다.

예컨대 인간은 자신(주체)이 어느 '장'(場)에 있는지를 정확하게 알 수 없다. 그 장(場)은 차이의 선(線, 흔적, 점, 주름, 경계)이며, 그 장(場)의 안팎(구조)은 역동적으로 바뀔 수밖에 없다. 이것을 수학적으로 표현하면, 선(線)은 원(圓)의 선분(線分)과 같고, 원구(圓球)의 나선적(螺線的) 운동과 같다. 물론 이때의 선(線)들은 수많은 점(點)들의 연속(혹은 불연속)이다.

이성중심주의는 일점근원(一點根源)을 전제하지만, 비이성주의에서 일점은 수많은 점의 하나에 불과하다. 점(點)은 있음이지만 동시에 비어 있음이다. 점은 찍음으로서 점을 감싸고 있는 바탕을 더 드러나게 한다. 점은 사방 어디로든 연장될 수 있고, 때로는 중심이 되기도 한다. 때문에 점은 존재이면서 비존재이다. 경계는 선(線)이지만 그 선의 의미보다는 선에 의해서 갈라지는 면을 더 생각하게 한다. 선은 기준선(중심선)이 되기도 한다. 점은 선을, 선은 면을 공유하고 있다. 점과 선은 이중적이다. 결국 공(空)과 색(色)은 이중적이다.

어떤 대칭구조의 정태적인 모습을 동태적으로 바라보는 것은, 예컨대 데리다의 텍스트 이론(문자학)으로 바라보는 것은 해체주의의 한 면모이지만, 해체주의의 전부는 아니다. 도리어 음성이야말로 해체주의 그 자체이다. 음성을 서양문명처럼 로고스로 보지 않는다면 말이다. 도리어 필자는 콘텍스트(context)이론으로 텍스트(text)를 해체하고 있다. "텍스트의 밖에 콘텍스트가 있다."

어떤 의미나 개념도 둘로 나눌 수 있다. 어떤 상반되는 의미나 개념도 하나의 의미나 개념에 넣을 수 있다. 말하자면 불일이불이(不一而不二)의 세계이다. 가역하는 세계, 이중성의 세계는 타자의 타자, 보충대리의

보충대리의 관계가 될 수 있다. 문자(표지)와 차이, 음성과 현존(표현)도 교차할 수 있다. 백지 위에 쓰인 글자는 공간에 퍼져가는 공기 중의 소리에 비할 수 있다.

"새는 두 날개로 나는 것이 아니라 온 몸으로 난다." 겉으로 보기에는 두 날개의 작용만 보이지만 실은 온몸으로 날고 있는 것이다. 이를 의식과 의미의 이중성(두 날개)과 무의식과 존재(온몸)에 대응할 수 있다. 목소리는 존재(온몸)에 대응되는 것이다. 목소리는 온몸의 전체성을 표현하는 것이다. 목소리는 존재신학적인 영혼이 아니다.

그런데 왜 목소리는 왜 '영혼'으로 연결되는가. '영혼'은 왜 불변적인 것처럼 느껴지는가. 왜 또 사람의 의식에서는 목소리가 객관적 관념성(관념적 대상)의 증거가 되는 것일까. 소리 자체는 환원적이 아닌데도 현상학적 환원의 원인이 되었다. '자기가 한 말을 자기가 듣는다.'는 이유다. 말도 되지 않는다. 앞장에서 언급했지만 폴 발레리에 따르면 자아가 둘이다. 말하는 자아와 듣는 자아가 다르다는 얘기이다.

목소리야말로 이중적이다. 소리가 환원주의를 만들어내는 것이 아니라 문자야말로 그 기록성으로 인해 환원주의의 요체이다. 문자의 기록성은 '누가 기록하였다고 하더라도 보존된다.' 소리와 문자 중 누가 환원주의의 요체가 되고, 이성중심주의의 원인이 되겠는가. 왜 서양 알파벳문명은 소리를 환원적인 것으로 생각할까. 동양 한자문명은 도리어 문자를 환원적인 것으로 생각한다.

『논어(論語)』〈안연(顔淵)〉장에 "군군신신부부자자(君君臣臣父父子子)"라는 구절이 있다. "임금은 임금답고, 신하는 신하답고, 아버지는 아버지답고, 자식은 자식다워야 한다."는 뜻이다.

1211. 제나라 경공이 공자에게 정사를 물었다. 공자께서 대답하셨다.

"임금은 임금답고 신하는 신하답고 아버지는 아버지답고 자식을 자식다운 것입니다." 경공이 말하였다. "좋은 말씀입니다. 진실로 임금이 임금답지 못하고 신하가 신하답지 못하고 아버지가 아버지답지 못하고 자식이 자식답지 못하면 비록 곡식이 있어도 나는 그것을 먹을 수가 없습니다."(LY1211 齊景公問政於孔子. 孔子對曰, "君君, 臣臣, 父父, 子子." 公曰, "善哉! 信如君不君, 臣不臣, 父不父, 子不子, 雖有粟, 吾得而食諸?")

이는 알파벳 표음문자, 유대기독교주의의 '여호와'라는 말의 뜻, "나는 나다."라는 것과 같이 자기동일성을 가진 것이다. 음성만이 아니라 문자도 환원주의에 빠질 수 있다. 환원주의는 문자냐, 음성이냐에 있는 것이 아니라 그것을 사용하는 인간의 생각에 있다. 생각 자체가 실은 환원주의의 산물이다. 그래서 생각이 환원주의에 빠지지 않으려면 항상 새롭게 태어나지 않으면 안 된다. 그래서 법고창신(法古創新), 온고지신(溫故知新)이라고 한다. 결국 환원주의의 원인이 문자 혹은 음성이 아니라 인간의 생각이 환원주의의 범인이다.

서양 알파벳 문명의 '음성 원죄주의'의 알리바이는 이렇다. 서양 알파벳 문명은 음성을 기표와 기의로, 문자를 기표로 설정하였기 때문에 상대적으로 문자는 기표를, 음성은 기의를 상징하는 것으로 고착되기 쉽다. 그래서 음성은 의미를 나타내면서도, 존재신학과 만나면서 절대성과 결합하게 되고, 의미는 결정적인 개념으로 둔갑한다. 그래서 오늘날 데리다는 말소리중심주의를 벗어나기 위해서 문자와 문자학을 떠올린다. 그의 원문자주의(l'archi-écriture)는 문자학의 환원주의이며, 동시에 에크리튀르(écriture)는 글쓰기의 현존성을 줄이려는 과거분사이다.

본래 의미의 생산은 메타포에 의해 이루어지는데 서양 알파벳 문명은 그러한 다원다층의 의미의 과정을 개념으로 바꾸면서, 그것의 죄인으로 음성을 지목한 것이다. 그렇다면 이러한 착각은 어디에서 연원하는 것일까. 여기에는 보이지 않는, 글자와 문명 간의 교차가 작용하기 때문이다. 표음문자는 소리에, 표의문자는 문자에 우주의 자기원인(환원)을 숨기고 있다. 이것은 아마도 자연의 무의식이 이루는 자기균형일 것이다. 이 자기균형은 교차적 자기균형이며, 이를 동양적으로 말하면 음양의 교차적 자기균형이라고 말할 수 있을 것이다.

오늘날 데리다의 '흔적의 문자학(표지학)'과 라캉의 '욕망의 기표(문자)'와 과학의 '등식의 환유'는 서양문명을 대표한다. 이 삼자를 관통하는 것은 내용이 아니라 〈표면이고 문자이고 등식〉이다. 문자를 둘러싸고는 흔적과 기억이 정반대의 길을 가고 있다. 흔적이라는 말에는 지나간 것이라는 의미가 있고, 기억에는 과거에 대한 현존과 환원주의가 숨어 있다. 그래서 데리다는 흔적을 중시한다. 데리다는 이렇게 말한다.

"문자는 자기망각이요, 외면화이며, 정신의 역사를 여는 상기(Erinnerung)나 내면화한 기억과는 반대의 것이다."[99]

데리다는 글자와 동일하게 사용되어온 통속적인 문자개념을 탈피하기 위해서 원문자(l'archi-écriture)라는 개념을 창안하기도 했다.

"데리다가 스스로 〈문자가……과학의 필요충분조건이며 (……) 문자가 없이는 과학이 존재할 수 없다〉[100]는 것을 밝혔기 때문이다. 이 대목에서 우리는 앞에서 논의된 내용을 상기할 필요가 있다. 데리다는 원문자가 언어학, 기호학, 과학의 가능근거라고 규정하였다. 이상의 데리다 생각을 종합하면, 문자는 과학의 모든 지식을 가능케 하고 그 토대 위에서 제과학을 분절케 하는 기능을 수행하고 있다는 결론이 나온다. 이런 데리다적인 생각을 토대로 하여서 노리스(C. Norris)는 그의 『데리

---

99) J. Derrida, 『*De la grammatologie*』, p. 39 ; 김형효, 『데리다의 해체철학』(민음사, 1993), 154쪽, 재인용.
100) J. Derrida, 『*De la grammatologie*』, p. 189 ; 김형효, 『데리다의 해체철학』(민음사, 1993), 135쪽, 재인용.

다』에서 데리다가 말한 문자는 다른 것들과 같은 그런 한 지식의 대상이 될 수 없기 때문에 칸트가 말한 〈선험적 이성〉의 한 형식에 가깝다고 진단하였다.[101] (중략) 데리다 자신도 〈선험적인 원(原)의 가치(la valeur d'archie transcendentable)[102]라는 개념을 분명히 언급하고 있다는 점이다."[103]

이 대목은 매우 중요한 한데 데리다가 칸트적 선험성(이것은 이성의 환원주의가 된다)으로 돌아갔다는 의미이기 때문이다. 왜 그가 원문자를 생각하지 않을 수 없었을까. 이는 철학 자제가 생각의 산물이기 때문에 그것을 표현하기 위해서는 불가피한 것이다. 그의 원문자는 마치 실재를 부정하면서도 그것을 설정하지 않을 수 없는 실재, 혹은 가상실재에 해당한다. 결국 그의 문자학은 서양철학의 탈(脫)서양철학이 아니라 문자학으로 서양철학을 다시 한편 리뷰(review)한 셈이다. 단지 한 가지 다른 점은 '존재의 차이'를 '차이의 존재'라고 규정한 점이다.

김형효가 정리한 문자 개념의 요체를 요약하면서 데리다를 비판해보자. 첫째, "문자(l'écriture, le gramme)는 '같은 것'(le même) 속에 '다른 것'(l'autre)을 내포하고 있는 흔적을 말한다. 여기서 우리는 데리다가 말하는 〈같음(le même)〉이 〈자기동일성〉이나 〈동일성〉과 다름을 알아야 한다. 데리다에 의하면 동일성(l'identité)은 차이(la différence)에 의하여 바깥세계로부터 침탈 받았거나 침략당한 것이 아니라, 자기 자신과의 순수한 일치를 말한다. 그러나 동일성은 본디 순수할 수가 없다. 차이보다 더 앞선 근원의 모습을 우리는 찾을 길이 없다."[104]

데리다는 다른 철학자들이 발견하는 자기순수성을 문자에서 발견한

101) C. Norris, 『Derrida』 Harvard, pp. 94~95 : 김형효, 『데리다의 해체철학』(민음사, 1993), 135쪽, 재인용.
102) J. Derrida, 『De la grammatologie』, p. 90 ; 김형효, 『데리다의 해체철학』(민음사, 1993), 135쪽, 재인용.
103) 김형효, 『데리다의 해체철학』(민음사, 1993), 135쪽.
104) 김형효, 『데리다의 해체철학』(민음사, 1993), 136쪽.

것이 다를 따름이다. 말하자면 자기순수성(자기환원성)을 문자에로 이동한 것이라고 할 수 있다.

둘째 "흔적으로서의 원문자는 공간성과 외면성을 귀중하게 여기고 있음을 우리는 알고 있다. 그러나 문자학이 애오라지 공간성과 외면성 일변도의 경향을 지니고 있다고 결코 생각해서는 안 된다. 다만 언어학이 애오라지 소리의 내면성과 시간성에만 주목하는 경향성이 있는 데 비하여 공간성과 외면성의 중요도를 말한 것이지, 결코 시간성을 문자학이 배체하지 않는다. 이 점은 뒤에 차연의 논리를 구체적으로 접할 때 나서게 되리라. 지나가면서 언급하게 하건대, 차연의 차이는 공간성이지만, 차연의 연기는 시간성이 아닌가?"[105]

여기서 차연의 연기가 시간성이라고 하는 것은 당연하다. 이는 공간을 말할 때 이미 시간이 전제되고, 시간을 말할 때 이미 공간이 전제되는 시간과 공간론으로 볼 때는 당연한 것이다. 바로 차이가 공간에 적용되면 당연히 시간에도 적용되는 것이다. 차연은 곧 차이이다. 굳이 차이와 차연을 구분하는 것은 설명의 편의를 위해서는 의미가 있지만, 새로운 발견은 아닌 것이다.

셋째, "흔적으로서의 원문자는 두 흔적의 차이와 접목을 동시에 겨냥하고 있다. 그런 차이와 접목을 동시에 관철하는 문자학은 고유명사나 주체의 의미를 인정할 수 없음은 자명하다. 차이와 접목의 동시성은 고유명사와 주체를 지워버린다. 왜냐하면 고유명사와 주체는 현존적 진리나 형이상학이 낳은 신기루에 불과하기 때문이다. 다시 말하면 고유명사나 주체의 이름은 단독적인 현존재에게 약속된 호칭인데, 차이와 접목을 동시에 생각해야 하는 원문자의 입장에서 보면 현존재는 없고 애오라지 기회와 흔적만이 있을 뿐이다."[106]

---

105) 김형효, 『데리다의 해체철학』(민음사, 1993), 140쪽.
106) 김형효, 같은 책, 145~146쪽.

차이가 있으면 반드시 접목이 있는 것은 당연하다. 만약 차이가 있는데 접목이 없다면 이는 세계의 궁극적 연속성에 대한 단절을 의미하기 때문이다. 세계가 단절된 것이라면 구태여 차이를 논할 이유가 없다.

넷째, "〈목소리의 현상학〉은 자기동일성과 자기현존성을 찾는 진리관에서 출발하고 있음을 알고 있다. 그런 진리는 데리다의 눈에서 보면 폐쇄적인 전체성과 자기 와각을 고집하는 고독의 사상과 다르지 않다. 말 중심주의는 고독의 철학이다. 그 고독은 사실상 로고스중심, 이성중심의 필연적인 결과이다. 그런 이성중심주의가 역사에서 억압과 탄압, 그리고 동일한 것만을 애지중지하는 전체주의를 잉태시켜 놓았다고 보는 것이 레비나스와 데리다의 생각이다. 레비나스는 말하였다. 〈타자를 소유하거나 파악하거나 인식할 수가 있다면, 그것은 타자가 아니리라. 소유하고 인식하고 파악하는 것은 권력의 개념과 동의어이다.〉[107] 이어서 데리다는 부연하고 있다. 〈보고 아는 것, 소유하며 할 수 있는 것은 같은 것만을 비추는 억압적 동일성 속에서만 전개된다.〉[108] 이것은 데리다가 주장하는 〈태양중심의 논리(hélio-logique)〉이다."[109]

데리다의 이성중심주의에 대한 해체와 공격은 틀린 것은 아니다. 문제는 그 공격의 핵심을 소리에 두는 것이다. 위의 문장에서도 〈보고 아는 것, 소유하며 할 수 있는 것〉은 동일성으로 전개됨을 말하였다. 동일성은 〈보고 아는 것, 소유〉에서 출발한다. 이것은 소리가 아니고 문자이다. 소리는 '보고 아는 것'이 아니다. 소리는 '듣고 아는 것'이다.

데리다, 하이데거 등 후기근대 서양철학자의 대부분은 소리를 현존과 현상학적 환원의 실체로 본다. 그러나 인류학적 철학으로 보면 소리보다

---

107) J, Derrida, 『L'Ecriture et la différence』 p. 136 재인용 : 김형효, 『데리다의 해체철학』 (민음사, 1993), 147쪽, 재인용.

108) J, Derrida, 『L'Ecriture et la différence』 p. 136 재인용 : 김형효, 『데리다의 해체철학』 (민음사, 1993), 147쪽, 재인용.

109) 김형효, 『데리다의 해체철학』(민음사, 1993), 147쪽.

는 문자가 더 이성중심주의의 원인이 될 뿐만 아니라 시각 중심문화의 핵심이고, 시각이야말로 〈가부장제와 태양(빛)중심 문명〉의 핵심코드이다.

소리가 의미의 바탕인 것은 사실이지만(이것은 무의식적 차원이다), 소리는 의미가 개념화되는 과정에서(이것은 의식적 차원이다) 역전 당하여 도리어 문자에 시니피앙의 자리를 내준다. 소리는 의미를 탄생시키고, 탄생시킨 의미는 문자가 소유하게 됨으로써 의미와의 관계에서 소리는 여성의 역할과 같고, 문자는 남성의 역할과 같다(가부장제는 아이는 어머니가 낳지만 이들에게 남자의 성씨를 붙여준다).

문자야말로 가부장제와 태양 중심, 이성중심주의의 원인이다. 그런데 소리가 그 원죄를 뒤집어 쓴 꼴이 된다. 이는 이브에게 원죄를 뒤집어씌운 가부장제 신화(존재신학)의 논리와 같다. 데리다도 서양문명의 문자적 편견에 빠져 있는 것으로 생각된다. 이런 마당에 문자학이라는 고유명사로 문자를 넘어서야 하는 철학을 할 이유가 없다. 이는 철학에 괜한 오해를 불러일으킨다.

4. 보충대리(補充代理), 대리대신교대(代理代身交代)

자연과 문명의 관계는 보충대리, 혹은 보충대리의 보충대리인 것이 사실이다. 그러나 이를 보충대리라고 보는 관점은 분명 문명의 입장에서 양자의 관계를 살피는 것이다. 그러나 이를 자연의 관점에서 보면 보충대리가 아니라 대리(代理)가 아니라 대신(代身)하는 관계이다. 자연은 단지 언어의 교환이나 교체가 아니라 몸의 교체이고 헌신(獻身)이다. 우리는 몸을 교체하는 우주에 대해서 좀 더 관심을 가질 필요가 있다. '언어나 기계의 생산'은 '자연의 재생산'에 비하면 본질적인 것이 되지 못하고, 표피적으로 모방한 것에 불과하다. 그래서 일반성의 철학이 요구되는 것이다.

결론적으로 데리다는 문자학의 구축과정에서 문자와 세계와의 관계에 대해서 좀 더 심층적 분석을 한 것은 사실이지만, 문자학적 환원주의에 빠진 것을 알 수 있다. 이것이 도리어 그가 음성에 대해서 가한 자폐성(l'autisme), 자가애정(l'auto-affection), 더 심하게는 자위행위(l'auto-fellation), 자가수정(l'auto-insémination)이라는 용어를 돌려받을 수밖에 없는 처지가 된다.

문자학뿐만 아니라 서양의 후기근대철학은 전반적으로 동일성(동일률)을 부정하는 데서 출발하여 대체로 동시성으로의 이동하고 있는데 이는 '공간의 동일성'에서 '시간의 동시성'으로 이동한 것을 말한다. 시간의 동시성이라는 것은 구조와 총체에 대한 새로운 이해와 전제를 말하는데 그 이전의 '시간의 공간화'에 대한 '공간의 시간화'라고 말할 수 있다.

만약 시간의 공간화와 공간의 시간화가 동시에 이루어진다면 실은 현존과 부재의 차이(구별)도 있을 수 없다. 결국 수많은 단어와 비유와 개념으로 장식된 문자학도 결국 차이를 오가는 말장난, 텍스트의 놀이에 지나지 않는다. 이는 문자학이 철학적 새로움이나 새로운 문제제기라고 스스로 인정한다면, 스스로의 덫에 걸린 것이라고 할 수 있다. 이와 달리, 처음부터 하나의 문자의 놀이였다고 생각한다면 스스로의 놀이를 한 것이라고 말할 수 있다. 이제 철학이 언어를 가지고 놀이를 하는 미학(예술)이 되어버렸다. 이는 필자가 예술인류학에서 이미 말한 바이다.

이러한 가역과정이 필요한 이유는 시간과 공간이라는 절대적 대칭(비대칭의 대칭)의 편견(독재)을 철학적으로(형이상학적으로) 넘어서려는 움직임이라고 볼 수 있다. 데리다는 문자학으로 이에 참여하고 있는 셈이다. 문자학의 원문자의 공간성과 언어학의 시간성을 고려하면 여기에도 시간과 공간의 교차가 숨어있다. 교차야말로 만물의 숨은 원리인 것 같다. 교차야말로 실은 우주의 역동성과 변화의 요체가 아닌가 생각된다. 그래서 포노로지(phonology)는 '교차(交差)의 학', '교대(交代)의 학'이라고 부를 수 있을 성싶다. 포노로지는 그라마톨로지의 또 다른 중심주의를 막는다.

교차(交差)는 기본적으로는 차이(差異)나 차연(差延=差異+延期)과 같지만, 그 정도나 강도에 이르면 달라진다. 차이는 공간적인 것이고, 차연은 공간적이고 시간적인 것이지만, 교차는 이들 이원대립항, 이항대립들 사이의, '차이의 교차'를 다시 의미한다. 차이는 정신적인 것에서, 혹은 물질적인 것에서, 말하자면 같은 계열에서도 있을 수 있다. 교차는 다른 계열 사이에도 있을 수 있다. 그런 점에서 전 우주적인 교차를 의미한다. 그런 점에서 교차는 포노로지의 차이라고 말할 수 있다.

대리대신(代理代身)하는 우주가 역동하려면 반드시 서로 다른 계열들 사이에서 일어나는 교대(交代) 혹은 교차(交差)가 필요하다. 이것은 같은 계열 내에서의 차이 혹은 차이의 반복과는 다른 개념이다. 철학은 언어로 이루어지는 '말의 놀이'이지만 철학은 끊임없이 말에서 벗어나는 노력을 하지 않으면 안 된다. 말은 본질적으로 도구적 성질을 가지고 있어서 계속 개발하지 않으면 쓸모가 없어진다. 이게 말의 속성이다. 철학도 말을 사용하는 한, 말의 속성을 벗어날 수 없다. 결국 말로써 말을 극복하여야 하는 것이 철학이다. 그러한 점에서 대리대신교대(代理代身交代)의 '대(代)의 철학'에 대한 관심이 요청되는 것이다.

데리다의 문자학에도 불구하고 소리야말로 무의식의 심층에 있기도 하지만 의식의 맨 위의 표층에 있기도 하다. 사물과 인간이 표면적으로 내뱉은 소리와 기운을 들으면 그것은 단지 표면이 아니고 몸 전체의 상태를 총체적으로 말하고 있는 지표이다. 의미를 먹고 사는 인간은 괜히 의미를 내면, 혹은 심층이라고 생각하고, 외양을 표층이라고 생각하는 버릇이 있는 것 같다. 그렇지 않다. 소리야말로 바로 우주 자체 마음이며, 몸인 것이다. 심물일체(心物一體)이다.

소리는 감각의 기호이다. 감각의 기호는 인간으로 하여금 잃어버린 자연과의 연속성, 본능을 되찾게 해준다. 인간의 욕망은 끝이 없지만 자연의 본능은 인간이 생각하는 만큼 탐욕스럽지 않다. 욕망은 끝없이 자연을 대상으로 만드는 언어를 닮았다. 소리는 비어 있음에서 출발한다. 그러한 점에서 소리는 감각할 수 있는 존재이다. 소리는 욕망이 잡을 수 없다. 소리는 결코 대상이 되지 않기 때문이다.

음악의 리듬, 소리의 파동이야말로 가장 현저한 문자학이다. 소리는 감각적인 것이고, 신체와 바로 연결되는 것이다. 소리는 인간이 듣고 싶지 않아도 들리는 매우 수용적인 것이다. 시각이야말로 자신이 볼 것을 미리 선별하는 왜곡과정을 거치는 것이다. 음성주의를 쉽게 육체적인 것, 감각적인 것, 물질적인 것을 업신여기는 차제가 이미 서양문화의 콤플렉스인 것이다. 서양문명에서 음성과 문자 간의 주고받은 핑퐁(공격과 방어) 게임은 서양문명 내부의 것이다.

이것은 알파벳 표음문자의 특징이다. 한글표음문자는 그렇지 않다. 한글은 소리를 '태초의 말씀'이나 존재신학, 객관적인 관념의 '내면의 소리' 등 절대성과 연결시키지 않기 때문이다. 한글을 사용하는 한국인(한민족)은 기독교가 들어오기 전까지 절대신학을 믿지 않았으며, 애니미즘이나 토테미즘의 원시신앙이 습합된 샤머니즘을 기층문화의 전통으로 신앙하고 있는 것과 관련이 있을 것이다. 한민족은 소리를 소리로 받아들이는 자연성 혹은 자연주의가 몸에 배어 있다. 한민족에게 소리는 바로 자연과 내통하는 것이다. 자연은 기호에 의한 이차적인 의미가 아니다. 한민족에겐 소리가 기표이고 기표가 의미이고 의미가 자연이다.

아마도 데리다에게는 후설 현상학의 목소리의 절대적 근접성(la

proximaté absolue)에 대한 혐오 혹은 부정적 영향이 있었던 것은 아닐까. 현상학이 '스스로 말하는 것을 듣는' 자문자답의 허구적 신화였다면 데리다의 텍스트 이론은 '시공간에서 일어나는 모든 것을 텍스트로 환원시키는' 텍스트 신화라고 여겨진다. 텍스트의 바깥에는 콘텍스트가 있다. 콘텍스트는 보이지 않는 기운(氣運)이며, 콘텍스트의 구체적인 내용은 '역동적 장의 개폐이론'이다. 그것의 질료는 기(氣)이다.

데리다의 뒤집기는 후설에 이어 구조언어학의 선구자인 소쉬르(F. de Saussure: 1857~1913)에게로 향한다. 소쉬르는 음성과 문자를 다 같이 기표라고 하면서도 음성을 '기표의 기표'로 생각하는, 음성위주가 농후하기 때문이다.

"데리다가 지적했듯이 구조언어학은 문자보다 소리를 더 언어학의 기본으로 생각하고 있는 것이 사실이다. 이미 구조언어학이 음운론으로 발전되어 가고 있는 흐름 자체가 소리중심의 언어학을 입증해주고 있다. 소쉬르는 소리중심의 언어학을 분명히 천명한 바 있다. 〈언어는 문자로부터 독립된 구전(口傳)의 전통을, 다르게 말하자면 고정된 전통을 가지고 있다.〉[110]"[111]

구조주의는 루소에게서도 엿볼 수 있지만, 현상학에 이어 등장한 것이다. 철학사에서 항상 뒤에 등장한 것의 앞의 결점을 보완하거나 설명하거나 해석하지 못한 것을 메우기 위한 것인 경우가 많다. 현상학의 특징은 표현과 예술에 있다. 표현과 예술은 주체적인 것이다. 이에 비해 구조조의는 표현보다는 형식에, 통시적인 것보다는 공시적인 구조에 초점을 맞춘다. 공시적이라는 것은 공간적이라는 말에 다름 아니고, 따라서 예술에 있어서도 형태적인 것에 관심을 보인다.

---

110) F. de Saussure, 『*Cours de linguistique générale*(Payothéque』, p. 48; J. Derrida, 『*de la Grammatologie*』 p. 46; 김형효, 『데리다의 해체철학』(민음사, 1993), 62쪽, 재인용.

111) 김형효, 『데리다의 해체철학』(민음사, 1993), 62쪽.

데리다는 소쉬르의 언어학이 아리스토텔레스의 전통을 이어받는다고 주장하면서 후설에게 가한 똑같은 비판을 소쉬르에게도 한다. 아리스토텔레스는 "목소리에 의해 발신된 소리는 영혼의 상태를 반영하는 상징이다. 그리고 문자는 목소리에 의해서 나온 말의 상징이다."[112]라고 말하였다.

"소쉬르의 구조언어학의 저변에 숨은 이념은 서구 정신문화사의 주류인 희랍철학과 기독교가 합류된 〈존재신학적〉 사유체계, 로고스적 정신사의 울타리에 충실하고자 한 요청과 맞물리고 있다. 그런 전통에서 〈문자는 로고스 안에 있는 영혼에 속하는 의미의 직접적이며 최초의 그리고 자연적인 현존을 은폐하는 역할을 한다.〉[113]는 생각에 영글지 않을 수 없다. 소쉬르는 존재신학적 전통에 충실한 언어학을 계발하기 위하여 언어의 가장 자연스런 음성과 음성 속에 담긴 의미를 문자의 비자연적불순성에서 해방시키는 과제를 제일의 표적으로 생각하였다."[114]

여기서 데리다가 말한 '로고스적 정신사의 울타리'에서 '울타리'의 개념은 매우 새로운 것 같지만 실은 서양철학사가 항상 기존의 철학을 회의하고, 비판하고 부정하고 해체하는 가운데 일어난 사건임을 단지 '울타리(경계)'라는 개념으로, 그것의 안과 밖의 운동으로 말하는데 지나지 않는다. 울타리는 문화권으로 볼 때는 '우리(We)'가 된다. 서양철학사는 변증법을 비롯해서 항상 그렇게 해왔던 것이다. 이것은 철학을 하기 위한 최소한의 기본적인 태도이다. 시간의 전후, 공간의 상하, 생각의 좌우, 그리고 울타리(경계)의 안팎을 왕래하는 것이 철학하는 행위의 전부였던 것이다.

---

112) J. Derrida, 『*de la Grammatologie*』 p. 46; 김형효, 『데리다의 해체철학』(민음사, 1993), 63쪽, 재인용.

113) J. Derrida, 『*de la Grammatologie*』 p. 55; 김형효, 『데리다의 해체철학』(민음사, 1993), 64쪽, 재인용.

114) 김형효, 『데리다의 해체철학』(민음사, 1993), 64쪽.

데리다가 『문자학에 대하여』에서 루소 사상의 중요한 대목을 열거하면서 그것에 자신의 견해를 표명한 것을 보자.

"루소는 문자를 현존의 파괴로서 그리고 말의 병으로서 싫어하였다. 단지 그는 말이 잡히지 않고 도망 다니게 되었던 것을 문자가 다시 소유화시키는 것을 약속하는 정도에서만 문자를 복권시켰을 뿐이다."[115]

"열정은 부드러운 자연의 목소리와 관계되고, 그 열정의 표현이 곧 음악이고 동시에 말이라고 루소는 생각하였다. 그러므로 말과 음악은 자연의 현존적 선물이고, 그 자연은 대지의 모습과 위치에 크게 좌우된다. 그런 자연의 모습은 결국 땅과 계절의 모습으로 압축될 수밖에 없었다. 그리하여 루소는 언어의 기원에 대하여 추운 북방의 말에 더운 남방의 말로 나누지 않을 수 없었다. 이렇게 언어어의 기원을 남방/북방으로 분류하다 보니, 루소는 자연의 현존에 가장 가까운 열정에 대한 다소간의 차이가 생기는 것을 인식하게 되었다."[116]

"언어는 결국 상상력의 산물이고, 열정의 따뜻한 마음이 낳은 결과이다. (중략) 열정의 상상력과 이성의 필요성이 서로 보충대리의 상호의존을 하고 있듯이, 언어의 기원도 〈열정/필요(la passion/le besoin)〉의 차이에서 다루어져야 함을 루소가 알게 되었다. 좀 더 구체적으로 말하자면 남방의 언어는 열정의 언어이고, 북방의 언어는 필요의 언어라는 변별성을 지니고 있다고 루소는 추정하였다. (중략) 남방에서의 최초의 진술은 사랑의 노래였고, 북방에서의 최초의 말은 '나를 사랑하세요'(aimez-moi)가 아니라 '나를 도와주세요'(aidez-moi)였다."[117]

"루소는 남방/북방을 보충대리의 관계로 엮어가면서 열정/필요, 어조

---

115) J. Derrida, 『*de la Grammatologie*』 p. 204; 김형효, 『데리다의 해체철학』(민음사, 1993), 168쪽, 재인용.

116) J. Derrida, 『*de la Grammatologie*』 p. 260; 김형효, 『데리다의 해체철학』(민음사, 1993), 182~183쪽, 재인용.

117) J. Derrida, 『*de la Grammatologie*』 pp. 310~311; 김형효, 『데리다의 해체철학』(민음사, 1993), 184쪽, 재인용.

(accent)/분절(articulation)의 항목들을 거기에 각각 대입시킨다. 북쪽의 사랑은 '나를 도와주세요.'에 대하여 '나를 도와주세요'를, 에너지에 대해 명석성을, 어조에 대해 분절을, 마음에 대해 이성을 대체시켰다. (중략) 남방언어는 어조에서 출발했고, 북방언어는 분절에서 시작하였다. 그래서 남방언어에는 언어에서 어조와 긴밀한 연관을 가진 모음이 많이 쓰이고, 북방언어에서는 분절을 잉태시키는 자음이 많이 사용된다. 그런데 북방언어에 모음이 없는 것이 아니듯이, 북방인에게 열정이 없는 것이 아니다. 그 열정은 다른 것에로 자리이동을 하였다. 남방인의 열정이 사랑과 관능적이며 육욕적인 방종과 같이 뜨거운 성향을 지녔다면 북방인의 열정은 차갑고 화를 잘 내고 격렬하고 불안의 조짐을 나타내고 있다. 이와 동시에 남방의 언어가 생동감이 있고, 유성음적이고, 어조가 강하고, 구변이 좋고 에너지를 많이 써서 자기 생각이 모호하지만, 북방의 언어는 무겁고 거칠며, 분절적이고 단조롭고 투박하며 좋은 문장구성에 의해서라기보다 단어를 많이 써서 뜻을 명료하게 전한다."[118]

김형효는 데리다의 루소에 대한 평가를 이렇게 요약한다. "단적으로 남방언어가 〈생명〉〉 〈에너지〉 〈욕망〉 등의 대명사라면, 북방언어는 〈죽음〉 〈필요〉 〈노동〉의 대명사이다. 그래서 루소는 남방언어를 〈말〉에 비유하였고, 북방언어를 〈문자〉에 연결시켰다. 문자는 루소에 의하면 자연의 비현존성과 관계되고, 마음의 열정적 현존을 식히는 분절의 기능과 유관하기 때문이다."

루소는 언어에 대한 이러한 구조적 접근을 음악과 미술에도 연장한다. "말의 어조는 음악에 있어서 선율(la mélodie)과 통한다. 목소리의 표현은 시원적으로 기쁨과 슬픔, 그리고 놀라움의 어조를 표출하게 마련이다. (중략) 선율이 기쁨의 것인지, 슬픔의 것인지 직관적으로 파악할

---

118) J. Derrida, 『*de la Grammatologie*』 pp. 319~320: 김형효, 『데리다의 해체철학』(민음사, 1993), 185~186쪽, 재인용.

수 있다. 그래서 루소는 언어와 음악의 기원은 각각 어조와 선율이었다고 생각하였다. (중략) 지금도 모음에만 어조에 강약이 나타나는 것은 모음이 자음보다 더 순수한 자연의 언어이기에 그렇다고 루소는 생각하였다."[119]

"분절로서의 간격은 말과 노래를 가능케 한다. 말과 노래는 어조와 선율에서 시작하지만, 그런 어조와 선율의 현존적 목소리만 있는 것이 아니라, 간격을 뜻하는 소리의 분절이 역시 거기에 동반하고 있다. 즉 어조에 대하여 분절이 동사에 함께 작용한다. 그래서 분절은 어조만큼 나이를 먹은 고어이다. 어조가 목소리요 말이라면, 분절은 쉼이요 휴식이요, 차이요, 나뉘는 구분이다. 그래서 분절은 문자와 같다. 어조가 모음과 관계한다면, 분절은 자음과 직결된다. 어조가 말의 생명이라면, 분절은 말의 죽음이다. 모음이 선이라면 자음은 악이다. 모음이 내면적이라면, 자음은 외면적인 것인지도 모른다. 분절이 이미 어조 안에 작용하고 있고, 분절에도 이미 어조가 깃들어 있음을 보면, 분절은 어조의 보충대리요, 모음과 자음도 '내면/외면'의 구분을 뛰어넘는 차연의 논리로 취급되어야 하리라."

김형효는 데리다의 루소 비판을 다음과 같이 종합정리한다.

"지금까지 우리는 〈열정의 언어/필요의 언어〉 〈어조/분절〉 〈선율/화음〉 〈소묘/채색〉이 서로 어떤 관계를 맺고 있는가 함을 분석하였다. 사실상 루소는 언제나 문명과 사악함과 타락을 넘어서 순수 현존으로서 자연적 원시공동체에 대한 향수와 자연우위의 현존에 대한 강렬한 그리움을 갖고 있었다. 그런 그의 철학적 신앙은 본의 아니게 자연과 문명이 〈선/악〉으로 확연히 갈라지는 것이 아니라 一而二요, 二而一과 같은 보충대리의 논리, 접목의 현상, 〈젖가락의 운동〉과 같은 모습으로 엮여져

---

119) J. Derrida, *de la Grammatologie* p. 444; 김형효, 『데리다의 해체철학』(민음사, 1993), 188쪽, 재인용.

있음을 깨닫게 된다."[120]

김형효는 이어 데리다의 문자학적 입장을 수용하여 다음과 같이 결론을 내린다.

"데리다의 루소비판은 구조주의의 비판에서 보았던 이론과 함께 간다. 자연의 말과 문명의 문자가 하나의 이항적 이분법의 대립으로 여겨지기보다, 말과 문자는 인류의 생활 시초부터 〈젓가락 운동〉처럼 존재해 왔고, 그런 〈젓가락 운동〉의 황복운동이 곧 역사의 텍스트였다는 것이다. 데리다는 루소도 이미 이 점을 십분 알고 있었다고 강조한다. 문자와 비현존적 차이가 인류의 문명을 타락시킨 것이 아니다. 본디 인류는 시작이 없는 시작에서부터 〈절대적 친밀감(la proximité absolue)〉이나 〈자기애정적 자기현존(la présence ā soi de l'autoaffection)의 고유성을 단 한 번도 가져본 적이 없었고, 유토피아를 누려본 적도 없었고, 그런 것들이 역사에서 한 번도 일어나거나 생겨본 적도 없었다. 이것이 데리다의 주장이다."[121]

데리다의 루소 비판은 한편으로는 루소의 업적을 높이 평가하면서도 다른 한편에선 동시적으로 루소의 입장을 자신의 차연의 논리의 연장선상에서 해석하고 만다. 쉽게 말하면 루소의 이항대립을 원칙으로 하는 구조주의의 입장을 따르면서도 그것의 종국적 해석에서는 양자가 선후관계가 아니라 동시적인 차연의 관계임을 설명하는 재료로 사용한다. 그러면서 루소의 '말과 목소리의 현존'에 대해 '문자의 차이'를 내세우면서 차이로 현존을 포용하는 제스처를 취한다.

루소에게는 언제나 '자연으로서의 신'과 '이성으로서의 신'이 갈등하고 있었다. 전자는 '자연의 목소리' '어머니(여성)의 따뜻한 목소리'이고 후자는 기독교 '신의 로고스' '문명(남성)의 문자'였다. 구조주의의 대립

---

120) 김형효, 『데리다의 해체철학』(민음사, 1993), 193쪽.
121) 김형효, 같은 책, 195쪽.

항은 본래 동시적인 것이기 때문에 선후관계를 따질 수가 없다. 그러한 점에서 데리다의 루소 해석은 틀렸다고 말할 수 없지만, 이항대립의 섬세한 해석에 이르면 선후를 따질 수밖에 없다는 것을 간과하고 있다.

물론 구조의 요소라는 것은 전체성 속에 있지만, 과학적 인과론처럼 선후가 명료한 것도 아니고, 나중에는 결국 상호 보충대리의 관계에 있게 되지만, 그래도 뉘앙스 면에서는 선후를 가려볼 수 있다. 이는 자연과 문명이 보충대리의 관계에 있지만 문명이 먼저 생겼다고 할 수 없는 것과 같다.

예컨대 음양론을 말할 때는 음양이라고 하고, 남녀를 말할 때는 남녀라고 말한다. 음양은 음선양후(陰先陽後)이고, 남녀는 양선음후(陽先陰後)이다. 이것은 왜일까? 자연에서 시작한 문명이란 자연을 보충대리한 것이지만, 문명이란 자연을 전도하거나 자연에 어떤 인위적 힘을 가한 것이라는 함의를 가지고 있다. 전도라는 것은 같은 항목을 단지 선후나 상하를 바꾼 것에 불과하다. 자연과 문명, 남자와 여자 사이에는 〈인류문명사적 전도〉가 있었다는 사실을 양자가 보충대리의 관계라는 관점에서 무화시킬 필요는 없다.

데리다는 루소와 레비스트로스의 이러한 〈인류문명사적 전도〉에 대한 해명을 철학적 '텍스트의 차연과 부재'로 무화시키고 있는 것 같다. 우리가 어떤 어휘를 사용하면서 무의식적으로 배치하는 어순에도 문명의 변천이 숨어 있다. 음양과 남녀를 단지 차이에 불과하다고 말하고, 보충대리의 관계에 있다고만 한다면, 그것은 발생학을 무시하는 것이 될 뿐만 아니라 다른 많은 것에 대한 관심을 축소하게 한다. 구조 중에서도 음양과 남녀는 원형구조(原形構造)라고 해도 과언이 아니다. 원형구조는 다른 파생적 구조와는 다르다.

단지 언어의 측면에서만 보면 구조는 의미/무의미일지 모르지만, 문화와 사회에서는 전쟁에서의 승/패, 생/사, 지배/피지배, 교환의 주체/

교환의 대상, 생/멸, 행복/불행을 가름하는 선이 될 수도 있는 심각한 문 지방이다. 인류사회에서 경계선, 주름, 마디, 차이라는 것은 축제의 희생 (犧牲)이 될 수도 있다. 철학자로서의 데리다는 사회학자, 인류학자로서 의 루소와 레비스트로스의 사회문화적 공간의 입체성을, 철학적 평면성 의 텍스트로 축소하거나 환원한 경향을 엿볼 수 있다.

루소는 자연의 편이다. 이것을 데리다는 억지로 차연, 보충대리의 편 에 끌어들이려고 한다. 루소의 자연은 그렇게 단순히 문명과 대립의 것 으로만 보기에는 설명이 충분하지 않다. 보충대리를 비롯하여 차이라는 개념마저도 데리다의 창안물이 아니라 루소의 것이다. 루소는 그것을 알 면서도 왜 자연을 고집했던 것일까.

데리다가 루소에게 가졌던 태도는 그대로 레비스트로스에게도 적용된 다. 데리다가 『문자학에 대하여』에서 레비스트로스를 비판한 내용 중에 가장 두드러지는 대목은 문자사회와 무문자 사회의 구분에 대한 것이다. 여기에는 무문자사회가 문자사회보다 순진무구하다는 형이상학적 믿음 에서 출발하고 있다는 점이다.

"이런 믿음은 루소의 언어철학이나 소쉬르의 언어학에서 저변에 깔려 있는 짙은 안개처럼 자욱하게 깔려 있다. 그런 순진무구한 인류의 때 묻 지 않은 본디 모습에 느닷없이 외부로부터 악의 침략이 들어와서 인간을 타락시키게 되었다는 생각을 레비스트로스도 하고 있다. (중략) 그런 악 의 문명은 주로 백인들에 의하여 전파되었기에 백인문명의 참회는 반종 족중심주의의 신앙고백처럼 들린다. 그러나 (중략) 문자는 백인이 쓰고 있는 표음문자만이 전부가 아니고, 차이의 놀이를 기본으로 하는 모든 곳에 이미 문자가 있었다."[122]

데리다의 비판은 자아와 정체성을 전제하는 인류 사회문화에 대한 연

---

122) J. Derrida, 『de la Grammatologie』 pp. 176~202; 김형효, 『데리다의 해체철학』(민음 사, 1993), 76~77쪽, 재인용.

구자의 고충을 전혀 고려하지 않고 있다. 철학은 텍스트 읽기로 어떤 비판과 토론이 가능하겠지만 같은 개념이라도 사회와 문화에 그것이 적용될 때는 사회문화적 중력이라고 할 수 있는 제도적 타성태에 대한 고려를 하지 않으면 안 된다. 철학적 의미론으로 보면 이중적 의미라는 것은 차연이나 부재, 흔적이나 경계라고 하면 그만이지만 사회문화적으로는 그렇게 단순한 사항은 아니다.

"구조인류학을 개진함에 있어서 음운론의 대대법적(待對法的) 구조를 그의 학문적 모형과 전형으로 삼았을 때에 그는 뒤에 오는 데리다로부터 '소리중심주의' 철학자나 인류학자로 분류될 수 있는 여지를 남겨놓았다. 그뿐만 아니라, 레비스트로스는 데리다적 사유의 특성인 흔적, 차연, 반송, 위탁 등의 유희성의 논리와는 뉘앙스를 달리하는 대대법적 이분법의 대립(l'opposition binaire)을 금과옥조로 여겼다. 음운론의 소리중심과 이분법의 대립과 변별성은 데리다의 사고문법에 필연적으로 충돌하게끔 되어있다고 보아야 하리라."

구조주의나 해체주의나 변별성이나 차이의 철학성을 기본으로 하고 있지만 특히 레비스트로스의 구조조의는 사회적 사실을 토대로 하고 있다는 점에서 언어학적 의미론의 평면적 차원이 아니라 사회적 제도나 관습의 차원에서 입체성을 중시하게 된다.

예컨대 레비스토로스가 그의 대표적『야생의 사고』에서 "문화를 자연 속에 재통합하고 마침내 생명도 생명의 물리화학적 조건의 전체 속에서 재흡수 시키는 것"[123]이 자연과학의 책무라고 말했다. 벌써 자연과학 운운하는 자체가 이미 물질과 사회적 제도를 고려하는 차원이라고 볼 수 있다. 이것은 이미 차이를 존중하는 것이지만 물질과 제도라는 존재자(명사)를 인정하는 셈이다.

---

123) Cl. Lévi-Strauss, 『La Pensée sauvage(Plon.)』, p. 327 ; J. Derrida, 『De la grammatologie』, p. 154 ; 김형효, 『데리다의 해체철학』(민음사, 1993), 70~71쪽, 재인용.

레비스토로스가 루소의 절대적 찬양자라는 자라는 점에서도 데리다는 맞설 수밖에 없는 위치에 있다. 데리다는 두 사람을 싸잡아 공격하는 형태를 취하기도 한다.

"루소가 가장 아끼던 순수성의 보고로서의 〈자연〉의 세계는 바로 루소 철학의 핵심에 자리 잡고 있는 '현존'과 '구원한 일자중심의 진리에 대한 형이상학적 요구에서 나왔다."[124]

그러나 루소의 자연주의와 현존과 진리에 대한 요구는 종래의 서양철학적 이성주의와는 다른 점이 많다. 루소의 자연주의는 도리어 보편성보다는 일반성에 대해서 눈을 뜬 것이며, 그의 현존이라는 음성주의라는 것도 예컨대 '하느님의 말씀'으로서의 로고스라기보다는 자연 자체의 소리와 같은 것이며, 일자라는 보편성도 실은 형이상학적 보편성이라기보다는 형이하학적 일반성에 가까운 것이었다. 레비스트로스의 말씀과 음성은 '이성(理性)의 편'이라기보다는 '자연(自然)의 편'으로서 아직 물학(物學)의 차원으로 내려온 것은 아니지만 그러한 정향성을 내비치고 있는 것이다. 이런 '말소리중심주의'를 '이성중심주의'로 보는 것은 레비스트로스의 변별성을 파악하지 못한 것으로 보인다.

서양의 '말소리중심주의'는 자연을 하느님이 창조한 것으로 보고, 〈자연=하느님=이성=보편성〉으로 보는 경향이 지배적인데 그러한 철학적 문화적 환경 속에서도 레비스트로스는 '자연의 일반성'에 대한 자각을 보인 좋은 예이다. 루소와 레비스트로스의 존재는 서양의 이성중심주의의 주류 속에서도 자연의 원천성과 본능을 잃지 않으려는 상호보완적 노력이라고 말하지 않을 수 없다. 그런 점에서 데리다는 레비스토로스의 정곡을 찌른 것은 아니다.

레비스트로스의 첫 저작인 『남비크와라 인디언들의 사회생활과 가족생활(La Vie familiale et sociale des Indiens Nambikwara)』에서 제

---

124) 김형효, 『데리다의 해체철학』(민음사, 1993), 71쪽.

기한 '고유명사의 사용금지'에 관해서는, 같은 사실을 두고도, 데리다는 레비스트로스와 정반대의 주장을 한다.

"이런 금지는 (중략) 차이와 놀이 속에 있는 고유명사에서부터 필연적으로 파생한다고 보아야 한다. 그 까닭은 고유명사는 이미 고유명사가 아니고, 고유명사의 제작은 그것의 삭제이며, 글자의 말소와 지움은 근원적이며, 이 말소와 지움은 고유한 것을 등록한 다음에 생기는 것은 아니기 때문이다. (중략) 또 고유명사가 언제나 하나의 분류 속에서 그리고 차이의 체계 속에서, 차이의 흔적을 지니고 있는 문자 속에서 기능을 유지하는 것만이 가능하였기 때문에 금지가 가능했고, 그럴 수 있었고, 경우에 따라 위반할 수도 있었다.[125]"

레비스트로스가 바라보는 원시미개 사회의 고유명사는 집단의 정체성과 관련이 있는 집단의 신화가 있고, 아니면 순전히 개인이 창작한 개인이 정체성과 관련이 있는 두 가지로 나눈다. 어느 경우든 고유명사는 자신을 분류하기 위한 분류학이다. 이름인 고유명사는 자신의 소유 같지만 정작 그 이름을 부르는 사람은 남이다. 그러한 점에서 이름은 '제조가 곧 말소'와 같다. 데리다는 레비스토로스의 견해에 대해 찬성하지만, 그것의 해석에서는 이견을 보인다. 데리다는 이러한 역설이 바로 자신이 주장하는 문자의 흔적과 차이의 놀이라는 것이다. 그렇다면 결코 남비크와라 족은 무문자사회가 아니라는 것이 데리다의 결론이다.

이에 비해 레비스트로스는 이러한 사실을 알고 있으면서도 남비크와라 인디언을 무문자사회라고 하였다. 아마도 겨우 분류학적 차이 정도를 위한 고유명사의 사용이 문자사회라고 할 수 없는 이유이다. 말하자면 정도의 차이가 적용된 셈이다. 철학과 달리 사회와 문화는 강도의 차이를 무시할 수 없다. 만약 강도의 차이를 무시하면 결코 사회적 차원의

---

125) J. Derrida, 『*De la grammatologie*』, p. 159 ; 김형효, 『데리다의 해체철학』(민음사, 1993), 71~72쪽, 재인용.

분류와 정체성 확인 작업을 할 수 없기 때문이다. 모든 사회가 거의 같은 사회이거나 아니면 모두 다른 사회가 되든가 둘 중에 하나일 것이다.

이러한 사실에 대한 해석의 차이를 두고, 데리다는 루소가 현존의 존재신학적 세계관, 말소리중심주의에 빠져있다고 비난한다. 이는 사회과학의 입체성을 감안하지 않는 비판이다. 사회적 이름은 놀이라기보다는 분명히 정체성을 확인하는 기호이다. 이것은 정체성이 없는 문자가 아니다.

레비스트로스의 이 보고서에는 또 이들 인디언들이 사용하는 호리병에 점무늬나 지그재그무늬 등 각종 무늬가 그려져 있다고 하는데, 데리다로서는 이것이 훌륭한 에크리튀르임에 틀림없다. 하지만 레비스트로스는 그렇게 보지 않았다. 데리다는 이런 것들이야말로 '문(무늬)'(文:紋)으로 글자(字)의 시초라는 것이다.

그런데 이런 에크리튀르의 무늬는 글자냐, 그림이냐를 두고 애매모호함에 빠지게 된다. 물론 글자와 그림은 모두 '그리다'(긁다)에서 파생된 단어인데 레비스트로스로스는 문자로 보기에는 정도의 차이가 있었던 것이다.

또 이들 인디언 사회는 남의 이름을 부르는 것이 금지되어 있다. 금지된 이유는 이름을 부르는 것 자체(종족의 이름이나 가명은 불러도 됨)가 이미 폭력이며, 고유성의 상실과 자기상실을 뜻하기 때문이다. 이는 데리다에게는 '언어의 폭력성'을 증명하는 것이지만, 레비스트로스에겐 여전히 무문자사회일 뿐이다. 간단한 호칭을 부르는 사회는 문자사회라기보다는 자연에 가까운 '순진무구한' 사회일 뿐이기 때문이다.

데리다에게는 문자를 인간에 의한 착취나 유식자가 무식자를 지배하는 수단으로 삼는다는 논리는 겉으로 보면 종족중심주의(l'ethnocentrisme)를 부정하는 것 같지만 실은 알파벳 표음문자를 중심으로 삼는 종족중심주의라는 것이다. 데리다의 이러한 주장은 견강부회의 성격이 강하다. 레비스트로스는 알파벳 표음문자의 '말소리중심주의'를 염두에 둔 것이라기보다는 실은 음성언어에 초점을 둔 것이라고 여겨진다. 음성을 중심 삼는 것이 표음문자만은 아닌 것이다. 도리어 데리다의 이런 주장의 이면에는 그가 표음문자를 음성언어와 혼동한다든지, 아니면 문자언어들도(특히 표의문자를 포함해서) 실은 말이 되기 위해서는 발음(parole)을 하여야 한다는 사실은 잊고 있는 것은 아닌지, 의문시된다.

언어의 폭력성에 대해서는 레비스토로스가 먼저 발견하였지만, 그것을 철학의 핵심적 용어로 사용한 것은 데리다이다. 아무튼 데리다는 레비스트로스에게 학문적 영감을 많이 받으면서도 해석에서는 사사건건 엇갈렸다. 그것도 자료 자체가 처음부터 서로 다른 곳에서, 독자적으로 구축된 것이 아니라, 같은 자료를 토대로 전개하다가 마지막에 가서, 자신의 문자학을 합리화하고 옹호할 의도로 반전하는 해석학으로 말이다. 해석학이라는 것은 본래 다양한 해석의 길을 열어놓은 것이다. 그런 점에서 똑같은 자료를 놓고 서로 다른 해석을 할 수도 있는 것이지만 데리다는 정반대의 해석을 즐겼다.

서로 극단적인 해석이란, 유/무, 흑/백의 해석이란 해석 자체가 실은 보충대리의 순환에 빠질 수밖에 없는 것이다. 차이-문자학이라는 것은 현존-음성주의의 대립항에 지나지 않는다. 이것은 같은 계열에서 논리적으로 가부를 따지거나 할 사항이 되지 못된다. 바로 이것이 구조주의에서 해체주의로 넘어간 해체주의의 특성이다. 그래서 해체주의는 후기 구조주의, 탈구조주의라고 부르는 것이리라.

<서양 근대철학의 이성주의의 전개>

데카르트	나는 생각한다.	고로 존재한다.
칸트	나는 이성적으로 생각한다.	고로 주체와 객체가 있다. 그래서 과학시대를 열었다.
후설	나는 의식적으로 지향한다.	고로 관념적 대상(noema)과 의미작용(noesis)을 한다.
라캉	나는 욕망한다 (주체는 없다).	주체는 욕망의 대상이고, 욕망은 끝이 없다.
하이데거	나는 존재한다(나는 없다).	지금까지 존재라고 한 것은 모두 존재자였다.
데리다	만물은 차연(差延: 差異+延期)의 연기(演技)이다.	문자학은 상호텍스트(intertexte)의 짜기놀이다. 놀이는 무상행위(l'acte gratuit)이다.

서양의 근대철학의 전개를, 데카르트에서 데리다에 이르는 과정을 이성주의를 중심으로 요약해보면 다음과 같다. 코기토(cogito)에서 차연(différance)에 이른다. 데리다의 해체주의는 결국 말을 사용하면서 생각하는 존재의 궁극에 도달한 하이데거 <존재론> 이후에 다시 말 그 자체에 대해서 추구한 나머지, <말의 무의미> 혹은 <말의 유희(놀이)>를 선언한 것이나 다름없다. 데리다의 문자학은 상호텍스트(intertexte)의 '짜기 놀이'다. 놀이는 무상행위(l'acte gratuit)이다.

철학이라는 것이 과연 무엇인가. 철학은 왜 탄생하지 않으면 안 되었는가. 철학이 왜 이성주의를 부르짖는 형태로 전개되었으며, 그것의 진실여부가 중요한 것이 아니라, 왜 이성주의가 탄생했으며, 왜 다시 이성주의가 부정되는 후기현대에 이르렀는가를 인류사적으로, 문명사적으로 해석하는 것이 중요하다. 이는 인류학적 철학이라고 말할 수 있겠는데, 철학의 밖에서 철학을 보는 것이라고 말할 수 있다.

이성주의의 탄생은 분명 가부장제와 더불어 강화되기 시작한 것이다.

이성주의는 국가의 탄생과 더불어 강화되기 시작한 것이다. 이성주의는 사물을 대상(수단)으로 사용하여야 할 필요성의 강도가 근대에 이르러 인구의 팽창과 더불어 확산되면서 대두된 것이다. 그렇게 보면 철학이라는 것도 관념과 개념의 유행이라고 볼 수 있다. 철학이 매우 의식적이고 개념적인 작업이라고 하지만 그것을 실지로 움직이는 것은 무의식과 본능이라는 것을 조금만 주의 깊은 사람이라면 알 수 있을 것이다.

자연은 무의식이고 본능이다. 자연과 본능은 무기력과 야만이 아니라 세계의 실재 아닌 실재이다. 즉 인간이 그동안 보아온 재현의 실재이며, 그것도 동일성의 실재가 아니라 차이의 반복이며 차이의 실재이다. 반복은 실은 차이가 없으면 반복이 되지 않는다. 그렇다면 반복이 바로 차이다. 그렇다면 지금까지 인간이 알 수 없는 태초로부터의 재생산되어온 반복은 이미 차이의 반복이었으며, 자연과 문명은 보충대리의 보충대리였던 셈이다. 인간의 언어가 파생시킨 파생실재, 가상실재를 그동안 수용하면서 자연은 스스로를 전개해온 셈이다.

그런데 차이는 자칫 자연의 표면만을 말하는 데에 지나지 않을 위험이 있다. 자연의 이면에는 항상 재생산(reproduction) 메커니즘이 가동되고 있다. 자연의 재생산은 '정신-물질'의 이분법에 의해 형성되는 자연과학의 정체성 혹은 등식의 실재(실체)가 아닌, 물(物)의 실재이고, 일반성의 실재이다(물의 실재=일반성의 실재). 일반성의 실재는 쌓아가는 것이 아니라, 처음부터 끝까지의 바탕이 되는 실재이다. 일반성의 실재는 생명의 실재이다.

이는 자연과학의 실재와 다르다. 자연과학의 실재는 인위적으로 만드는(제조하는) 실재이고, 그것은 결국 기계이다. 생명의 실재는 기계와는 다르다. 재생산되지 않는 차이는 기계적인 차이이고, 평면적인 차이이고, 텍스트의 차이에 불과한 것이다. 데리다는 차이를 말하지만 그것을 텍스트라고 말함으로써 자연을 텍스트에 환원시키려는 텍스트 환원주의에 빠졌다. 문자나 텍스트를 종래의 개념과 정반대로 해석하면서 마치 백지를 문자나 텍스트로 생각하는 철학적 전도이다. 이는 문자나 텍스트의 콤플렉스에 빠진 나머지 그것 자체를 부정하는 심리적 역전에 빠진 것이나 다름없다.

재생산도 실은 차이의 재생산이고, 차이가 없는 재생산은 없지만, 이렇게 공즉시색(空卽是色), 색즉시공(色卽是空) 식으로 말하면 진정한 자연에 도달하지 못하는 것이 된다. 이것은 보충대리의 보충대리이다. 철학은 그동안 여러 실재에 대한 환원에 빠졌지만, 아직도 자연(自然) 이상의 실재를 찾아내지 못했다. 자(自)는 '스스로' 자이고 연(然)은 '그러할' 연이다. '스스로 그러하다.'라는 것보다 총체적인 실재는 없다.

철학에서 발생하는 모든 환원주의의 문제는 자연(自然)을 말(언어)로 대리(代理)하거나 대신(代身)하기 때문이다. 이는 말로 일단 철학을 해놓고, 어느 순간에 그것을 벗어나야 하는 철학적 딜레마 때문이다. 말은 결국 선험(시간성)이고, 선험은 초월(공간성)이고, 초월은 환원(시공간성)을 불러일으킨다. 철학이 아무리 변형을 해도 자연의 '물 자체'를 어쩌지 못 한다(알 도리가 없다). 여기서 발생하는 모든 문제는 인간으로 하여금 혼돈의 소용돌이 속에 빠지게 한다. 그런 점에서 혼돈 자체가 실재가 될 수밖에 없다.

여호와 (Jehovah)	"나는 나다" (말하다)	자기 환원주의	존재자 (명사형)	부분의 전체 지배 (질서)
자연 (自然, physis)	스스로 그러하다 (침묵하다)	자기 총체주의	존재 (동사형)	총체적인 실재, 물 자체(혼돈)

자연의 표면은 표면이 아니다. 표면이 이면이고 이면이 표면이다. 자연의 생산력(재생산력)은 결국 철학의 가장 원초적인 바탕이 됨을 알 수

있다. 자연의 '연'(然)자는 셋(3) 이상의 사물들이나 사건이 하나가 되는 것(상호관련을 맺는 것), 바로 총체성(總體性)을 뜻하는 것이다. 삼(三)은 만물(萬物)이라는 뜻이 담겨있다. 여(如)는 둘(2) 사이에 같음을 의미한다. 영어의 같음(same)과 같은 뜻이다. 같음(same)에는 이미 다름(difference)을 내포하고 있다. 여(如)는 정체성(identity)을 뜻하는 혹은 등식(等式)의 같음이 아니다.

여기서 한자 해석의 신기원을 이룬 시라카와 시즈카(白川靜)에 대해 좀 언급할 필요가 있다. 그의 형체소(표의문자의 의미를 뜻하는 최소단위로 표음문자의 형태소, 혹은 의미소에 해당한다)를 파악하는 방법에 의한 한자연구는 『설문신의(說文新義)』에서 집대성되었다.

시라카와 시즈카의 중요한 업적 가운데 하나는 구(口, 口)자에 대한 종래의 견해를 수정한 것이다. 구(口, 口)자에는 세 계열이 있다. 입을 말하는 구(口), 일정한 구역을 나타내는 '위'(口, 圍, 囲, 國), 그리고 축문 그릇을 상징하는 'ㅂ'이다. 이 중 마지막의 'ㅂ'가 그것이다. 축문 그릇을 뜻하는 'ㅂ'의 해석으로 인해 'ㅂ'의 계열에 속하는 수많은 글자의 해석에 신기원을 이루었다.

한 예로 시라카와 시즈카는 좌(左)와 우(右)를 해석하면서 좌(左)는 주술도구인 공(工)을 들고 있는 손이며, 우(右)는 축문인 'ㅂ(口)'를 들고 있는 것이라고 했다. 좌우를 합치면 찾을 '심'(尋)이 된다. 위와 아래의 손 수(手) 사이에 '공'(工)과 축문(祝文) 'ㅂ'이 있는 형상이다. 숨어 있는 신을 찾는 모습이다. 언(言)도 실은 '신의 말'이라고 했다. 축문 'ㅂ(口)'이 들어가는 여러 글자 중에서도 '약'(若)과 '여'(如)자도 춤추며 기도하는 무녀의 모습이라고 해석했다. '여(如)'자와 약(若)자도 신의 말을 들으려는 모습임을 기억해두자.

| 如 | 若 |

자연(自然)의 연(然)자는 '그러할' 연이다. "연(然)은 희생물로 바칠 고기를 불태운다는 뜻이며, 연(燃)은 더 알기 쉽게 왼쪽에 불화(火)자를 덧붙인 형태이다. 염(猒: 물릴)자와 염(厭: 싫을)은 만족한다는 뜻의 글자다. 개를 희생물로 바치는 제사를 받은 신이 만족했다는 의미이다. 위(胃: 밥통)는 어깻죽지 아랫부분의 고기를 형상화한 글자로, 제물로 어깻살을 바쳤을 것으로 추측된다."[126]

왜 하필이면 자연(自然)을 나타내는 글자로 '자'(自)자와 '연'(然)자를 썼을까. '연'(然)자는 '월(月, 肉)+ 개 견(犬)+ 불 화(灬)'의 합성이다. 이 중에서도 특히 하고많은 동물 중에 왜 개 견(犬)자가 들어갔을까. '개'가 그렇게 자연스러웠을까.

개는 인류학적으로 볼 때 중석기시대부터 인간과 더불어 살아온 동물이다. 말하자면 가장 먼저 가축화된 동물이다. 개는 사냥을 도우기도 했지만 동시에 경우에 따라서는(음식물이 아주 부족할 때에는) 식용의 대상이 되기도 했다. 그러나 개는 영민하여서 사람과의 관계에서 가장 친숙하게 될 정도로 놀라운 적응력을 보인 동물이었다. 개는 식용의 대상이기보다는 상징적 의미로 발전하여 제사나 각종 의례의 희생물로 사용되었다.

"갑골문의 복사에도 제사 지낼 때 개를 잡아 희생물로 사용했다는 내용이 나온다. 예를 들어, 임금의 조상에게 제사를 지내면서 개 100마리를 불태워야 하는가에 대해 점을 친 내용이 있으며, 개 5마리나 10마리를 사용하는 사례는 많다. 제사의 대상은 조상신 이외에도 주로 상제(上

126) 시라카와 시즈카, 윤철균 옮김, 『한자의 기원』 p. 83, 2006, 이다미디어.

帝)와 방위신, 바람, 구름, 강, 산과 같은 자연신이었다. 이러한 자료를 보아도 개를 사용한 목적이 단순한 희생물로서의 의미보다는 액막이를 위한 목적으로 사용되었음을 알 수 있다. 또한 희생물을 다룬 방법을 살펴보면 불에 태워 그 냄새를 이용하거나 고기를 저며서 사용한 일이 많은데 이 역시 제풍이나 책양의 방법과 매우 유사하다."[127]

"상제(上帝)에게 제사 지내는 일을 후대의 문헌에는 유(類)라고 했다. 유(類)는 개를 희생물로 바쳐 제사를 지낸다는 의미이다. 혈(頁)은 사람이 기도 드리는 형태를 본뜬 글자이다. 연(然)은 희생물로 바칠 고기를 불태운다는 뜻이며, (중략) 개는 터잡기를 할 때 지내는 제사에 희생물로 사용된 것 외에 의례에도 쓰였다. 예를 들어 군대가 출정할 때 수레로 개를 들이받아 그 피로 수레의 부정을 씻었던 것이다. 이를 길에 지내는 발(軷)제사라고 한다. 산길을 갈 때도 비슷한 의례가 행해졌다. 발(犮)은 희생물로 죽인 개의 형상을 본뜬 글자다. 일반적으로 부정을 씻는 의례에서도 개가 사용되었는데 이를 수발(修祓)이라고 한다. (중략) 가(家)를 돼지우리라고 풀이한 것은 속된 해석으로, 과거에 가(家)는 희생물로 쓰인 개 형태를 덧붙인 글자였다."[128]

개는 각종 의례에 사용되었으며, 더욱이 사람이 사는 집을 의미하는 '가'(家)에도 개가 들어있는 것으로 보아 개는 인간의 삶과 떼려야 뗄 수 없는 관계였음을 알 수 있다. 그래서 개는 거의 '자연 그 자체'의 상징적인 의미로 사용되었던 것 같다. 능묘를 의미하는 총(冢. 塚), 능묘 안의 부정을 씻는 의식인 헌(獻), 유(猷), 기(器), 곡(哭) 등의 글자에 개 견(犬) 자가 붙어 있는 것은 모두 의미심장하다.

"복(伏)은 원래 복예(伏瘞)를 나타내는 글자였다. '예'(瘞: 묻을)는 매생(埋牲), 즉 희생물을 묻는다는 의미이다. 진(秦)나라에서는 제사 지새

127) 시라카와 시즈카, 윤철규 옮김, 『한자의 기원』 pp. 82~83, 2006, 이다미디어.
128) 시라카와 시즈카, 윤철규 옮김, 『한자의 기원』 pp. 83~84, 2006, 이다미디어.

는 곳을 복사(伏祠)라고 불렀다. 사기(史記)의 봉선서(封禪書)에 보면 진나라 덕공(德公)이 복사를 짓고 개(狗)를 죽인 뒤 도성의 4대문에 내걸어 고(蠱)를 물리쳤다는 기사가 나온다. 이와 비슷한 내용이 진본기 덕공 2년에 처음으로 제사를 지냈다. '개를 잡아 고를 물리쳤다'(初伏, 以狗禦蠱)라는 기록으로 남아있다. 이러한 의식은 계절별로 행해졌다. 오늘날 여름철의 절기를 가리키는 초복, 삼복이라는 말은 이러한 의례가 행해지던 시기를 가리키는 말이 전해져 정착된 말이다."[129]

개(犬)는 자연과 문명, 인간과 동물의 사이에서 의례의 봉헌(奉獻)과 매개(媒介)로 이중적 의미, 상징적 의미로 사용되는 상징물이었음을 확인할 수 있다.

然

우리는 '같고 다름'이 본래부터 자연의 속성이라는 것을 '연'(然)자와 '여'(如)자를 통해 알 수 있다. 인간이 신 혹은 자연과의 소통을 위해 '말', 즉 '언어'(言語)를 사용하는 데는 말 자체의 주술적 효용을 느끼기 때문이며, 각종 의례에는 항상 개(犬)를 비롯한 여러 동물의 희생과 봉헌이 따랐음을 알 수 있다. 글자 자체도 실은 의례의 모습을 본뜬 것이었음을 알 수 있다. 무녀(巫女)들은 동물 영(靈) 혹은 신령(神靈)과의 영감(靈感)을 통해 '신의 말'(神託)을 굿을 통해 들었음을 알 수 있다.

그러나 차이만을 강조하다 보면 재생산을 잊어버릴 수 있다. 차이는 잉태(conception)가 아니고, 단지 잉태하는 것과 같은 것으로서의 개념(concept)이다. 개념을 잉태로 바꾸어야만 자연을 회복하는 것이 된

---

129) 시라카와 시즈카, 윤철규 옮김, 『한자의 기원』 p. 80, 2006, 이다미디어.

다. '차이(différance)'나 '-되기(-becoming)' '됨(becoming)' '존재(Being)'와 같은 말들은 각자가 나름대로 자연을 향하고 있지만 여전히 말을 발설함을 극복한 것은 아니기 때문에 자연에 도달하지 못하고 있다. 자연은 침묵으로 말한다. 자연의 말은 무엇의 표면이나 표현이 아니다. 자연은 바로 재생산이고, 몸 바꾸기의 대신(代身)이다.

차이는 스스로를 생산하기보다는 바라보는 입장이다. 차이가 자연의 재생산과 사회의 생산, 그리고 역동적 변화의 원동력으로 해석하기 위해서는 언어의 의미론적인 대칭이나 대립, 교차(交差: 差異, 혹은 差延을 다시 교차하는 것)만으로 바라보아서는 한계가 있을 것이다. 자연의 차이는 문장의 의미론(意味論)으로 보면 무의미론(無意味論)이며, 무위론(無爲論), 무위자연(無爲自然)의 차이다.

철학이 의미론의 차연에 머물렀다면 인류학적 철학은 이것이 어떻게 인구의 재생산과 관련되고, 그것이 어떻게 성문제, 가족제도와 관련되는 문제를 환기시키는 지에 대해서 토론하지 않을 수 없다. 인구가 재생되지 않으면 철학은 언어의 놀이를 하는 의미론의 〈무의미의 철학〉에 빠질 수밖에 없고, 인간이 없는 우주에서 철학이라는 것은 허공의 메아리가 될 것이기 때문이다.

데리다의 레비스트로스 비판은 '강도(強度)의 문제'를 고려하지 않고 있다. 이는 흔히 말하는 '정도(程度)의 차이(差異)'가 아니라 '차이의 정도'이다. 만약 강도나 정도의 문제를 제외한다면 세상에 어떤 것을 비교하고, 차이의 문제마저 제기할 수 있겠는가. 기호학이나 문자학을 주로 하는 학자들은 대개 체계의 복잡성이나 지속성, 그리고 정체성에 관해서는 관심이 없다. 인류의 역사는 언제나 강도의 차이에 의해 지배와 피지배가 갈리고, 심지어 생존의 문제가 달려있었다.

데리다는 레비스트로스가 문자사회와 무문자사회를 구분에 나아가서 은연중에 백인문명의 우월주의를 드러내고 있다고 비판했다.

"더구나 남비크와라 종족에게는 글을 쓰는 개념이 없다고 레비스트로스는 말하고 있다. 문자가 있는 민족에게 〈쓰다(écriture)〉라는 개념이 그들에게는 〈긁다〉〈새기다〉〈표지를 새기다〉〈찰과상을 내다〉〈홈을 새기다〉〈흔적을 남기다〉 등과 같은 것이라고 한다. (중략) 그들에게 〈쓰다〉는 개념이 백인과 같지 않고 〈줄을 긋다〉라고 번역된다고 한다면, 백인의 〈말하다〉에 정확히 해당하는 낱말이 없는 문자없는 종족의 경우에 〈좋다〉〈노래하다〉〈더듬다〉라는 낱말이 있다고 가정한다면, 그들은 〈말하다〉의 개념을 모른다고 해야 하는가라고 데리다는 반문한다. 데리다는 이어서 중국 문자의 예를 든다."[130]

레비스트로스가 백인문화의 우월주의를 드러내고 있다고 데리다가 지적한 것은 실은 상당히 악의적인 공격에 속한다. 인간이면 누구나 자신이 경험한 것을 가지고 은연중에 기준을 삼아서 다른 것을 말하거나 비교하게 된다. 레비스트로스가 백인우월주의라면 데리다에게서는 그것이 없을까. 실지로 데리다의 에크리튀르, 차이, 문자학 자체가 실은 알파벳 '말소리중심주의'의 또 다른 반사라고 해도 과언이 아니다. '문자학'은 '말소리중심주의'의 대칭적 세트이다. 동시에 양자의 관계는 보충대리의 보충대리이다. 즉 '말소리중심주의↔문자학'이다.

더욱이 데리다는 문자학을 에크리튀르에서 출발하면서 실은 문(文, 紋)에 대해서는 치중하면서도 이것이 결국 나중에 아주 체계적인 자학(字學)으로 발전한 것에 대해서는 관심을 크게 갖지 않는다. 이는 표음문자 중에서도 진화에 진화를 거듭하여 세계통용어로 발전한 알파벳 표음문자의 문자와 그 기록성이 과학문명의 건설과 이성주의 철학의 발전에 큰 영향을 미쳤음을 언급하는 데에 인색하다. 그는 문자학을 문자의 원시상태, 원문자(原文字)에 대한 관심으로 기울어졌다.

---

130) J. Derrida, 『de la Grammatologie』 pp. 180~181; 김형효, 『데리다의 해체철학』(민음사, 1993), 77쪽, 재인용.

원문자라는 발상은 실은 문자학의 마지막인 서양문명의 기록성과 과학성과 영원히 만나지 않기 위해서 일부러 문자학의 원시, 원초로 돌아가는, 문자의 소급주의 혹은 환원주의를 말한다. 이러한 상황(context)을 그가 하이데거의 '현존재'를 '실존'이라고 평하거나 '존재'를 '정신적 존재'로 성토하는 식으로 공격하면, 그가 그토록 저주하여 마지않던 원형(原形)이나 원리(原理)적 발상에 지나지 않는다.

데리다의 문자학도 결국 그것의 내재적 정합성(cohesion)을 인정한다면 합리적인 글쓰기라고 말할 수 있다. 아무리 해체적 글쓰기라고 하여도 그것이 시가 아닌 이상, 산문인 이상, 최소한의 합리성은 가지고 있어야 한다. 문자학은 아직 쓰여 지지 않은 문장을 포함하고 있는 공백이며, 문장이란 본래 그러한 것이기 때문에 계속해서 다른 사람에 의해 계속해서 쓰여 지지 않느냐고 반문할 수 있고, 그렇기 때문에 주장하나만 나한 소리가 아니냐고 반문할 수 있다.

문장은 아직 쓰여 지지 않은 글들로 둘러싸여 있다. 그래서 텍스트(text)는 계속 쓰여 지고, 텍스트의 짜깁기(intertext)도 가능성의 세계로 다가온다. 문장뿐만 아니라 모든 존재하고 있는 것은 비어 있는 것으로 둘러싸여 있다. 과연 텍스트 밖에는 과연 아무 것도 없을까. 텍스트는 소리의 밖에 있는 것처럼 행세한다. 과연 그럴까.

"텍스트 밖에는 보이지 않는 기운으로, 소리로 가득 차 있다."

모든 합리적 설명을 기도하는 말이나 문장에는 결국 그 원초에 대한 가상(가정)을 하지 않을 수 없는 것이 '생각하는 동물'의 원초적 환원이다. 문제는 그 원형 혹은 원리를 진정 동일성이나 동일률인가, 아니면 그렇게 가정하는 상징이나 이미지인가, 하는 것이 문제이다. 동시에 그것이 과연 최초의 제조적인(인위적인) 원인(존재자)인가, 아니면 자연(존재)인가, 이런 차이를 발견하는 것이 중요하다. 대립하고 있는 것들은 분명 차이를 지니고 있다. 차이가 있다고 하는 것이 중요한 것이 아니라 어떤 차이가 있느냐가 중요하다.

문자학의 차이가 나오기 전에도 인류는 역사상 수많은 차이들을 인식하고 있었고, 차이들로 가득 차 있다. 오히려 역사는 차이의 역사이다. 존재는 차이의 존재이다. 차이가 있었기 때문에 문장뿐만 아니라 역사와 사회도 구성되었다. 계급도 차이이다. 우리가 오늘날 차이를 논하는 것은 실재로서의 차이가 아니라 차이의 차이를 말한다. 차이의 파노라마를 말한다.

해체주의는 본질적으로 구축주의(構築主義)에 대해 콤플렉스를 가지고 있다. 해체주의야말로 새로운 쌓아지는 구축이 아니라 지어진 구축을 해체하는 것이다. 해체작업은 지어진 구축과는 시공간적 차이가 있는 행위이다. 그래서 차이가 중요하다. 이때의 차이는 '시공간적 차이의 연장(延長)'이 아니라 '차이의 시공간=차연(差延)'이다. 만약 어떤 해체주의 철학자가 문자학의 차이를 실재의 차이로 몰아가면 데리다도 기분 좋지는 않을 것임에 틀림없다. 이것은 괜한 질투이고, 투정이다. 데리다는 하이데거의 현존재에 대해서 매우 질투 섞인 비판을 하고 있다.

공기나 물처럼 가장 기본적인 것은 본래 죽음에 이르지 않으면 존재하고 있다고 생각하지 않는다. 만약 죽음에 이르러 인간이 그것을 생명의 원천으로 생각하였다면 그것도 원형적 사고이고, 원리적 사고인가. 아니다. 존재나 차이는 공기나 물과 같은 등속이다. 데리다의 차연은 차이의 끊어지지 않음, 하이데거의 현존재는 존재의 나타나지 않음을 전제로 하고 있다.

동시성의 환원주의는 환원주의가 아니다. 환원주의란 동시성을 전제로 하지 않는 개념이다. 남의 것은 환원주의이고, 자기의 것은 환원주의가 아니라고 하는 것은 자칫, 속담에 "숯이 검정 나무란다(똥 묻은 개가 겨 묻은 개 나무란다)."는 것이나 다름없다.

예컨대 생각하고 상상하는 동물인 인간이 이상향이나 유토피아를 생각했다고 해서, 단순하게 환원주의로 몰아붙이면, 이것은 상대를 공격하기 위해서 다른 요소가 있는 점을 무시하고 거두절미하고 몰아붙이는 꼴이 된다. 데리다에게는 그러한 점, 그러한 흔적들이 많다. 현존과 부재도 마찬가지로 보충대리의 관계에 있다. 무릇 모든 대칭적인 것들, 심지어 비대칭적인 대립항들도 보충대리의 관계에 있다.

어떤 철학자가 '현존/부재'라는 대칭 대신에 '드러난 것/드러나지 않는 것'을 대칭으로 사용하면, 얼마든지 다른 전개를 할 수 있다. 이것이야말로 시각(視覺)이라는 감각중심으로 살아가는 인간에게 가장 차이를 나타내는 가장 일반적인 대칭이 될 것이기 때문이다.

한자 표의문자 문화권에 속하는 필자의 입장에서는 표음문자의 표음, 즉 소리가 무슨 이성주의의 원흉인가? 라고 반문하게 된다. 더욱이 이같은 생각을 강화하는 것은 한자문화권 속의 한글(표음문자)문화권에 사는 필자로서는 더더욱 그렇게 된다. 한글 표음문자는 바로 '소리=의미'가 되는 경우가 많다. 한글의 수많은 의성어는 바로 그것을 마해준다. 이런 경우 '소리=이성'이 아니라 '소리=자연'이다. 참으로 인간의 생각이라는 것은 아직 모르거나 드러나지 않는 좀 더 큰 대칭을 발견하기 전까지는, 밖의 대칭을 발견하여 좀 더 객관적이 되기까지는 자신이 처한 곳을 잘 모른다. 말하자면 서양알파벳 표음문자권 속에서 스스로를 잘 볼 수 없다는 뜻이 된다.

중국 송(宋)나라 고시(古詩)에 '여산불면목'(廬山不面目)이라는 시(詩) 구절이 있다. 송나라를 대표적 시인인 소동파(蘇東坡, 1036~1101)의 '여산진면목'(廬山眞面目)[131]이라는 시에 나오는 구절이다. 이는 여산에 들어가 있으면 결국 여산을 볼 수 없다는 말이다. 필자가 보기에는 데리

---

131) "가로 보면 첩첩 산등성이고, 세로 보면 뾰쪽뾰쪽 봉우리네/멀거나 가깝거나 높거나 낮거나 제각각 다른 모습이네./여산의 참모습을 바로 보지 못하는 것은/내 몸이 이 산속에 있기 때문(橫看成嶺側成峰(횡간성령측성봉)/遠近高低各不同(원근고저각부동)/不識廬山眞面目(불식여산진면목)/只緣身在此山中(지연신재차산중)

다도 역시 알파벳 표음문자권이라는 산 속에 있는 것 같다.

데리다가 그토록 강조하지만, 문자는 부재와 흔적과 차이의 존재가 아니라 도리어 현존과 원리(헌법)와 권력의 상징으로 작용했다. '말소리중심주의'가 이성주의와 합리주의, 과학주의의 원흉이라고 생각하는 것은 참으로 착각이다. 소리가 무슨 힘으로 권력을 만들어내겠는가. 문자의 기록성과 축적성이 이성을 강화한 것임에 틀림없을 것이다. 발설되면 날아가 버리는 음성이 도대체 무슨 이성주의의 칼을 휘두른다는 말인가.

그는 레비스트로스처럼 남아메리카 미지에서 현지에서 죽음을 무릅쓰고 조사한 내용을 간단히 책상머리에서 '말 뒤집기'로 사태를 역전시키려고 하는 것은 말재주꾼의 면모를 드러내는 것이라고 하지 않을 수 없다. 차라리 인류학적 조사에서 드러난 사회적 사실들을 철학적으로 바라보니, 본인의 문자학이 성립한다고 겸손하게 말하였으면 좋았을 법하다.

이성(理性)과 이상향(理想鄉)은 다르다. 이상향은 이미 이성에 상상력과 사회적 경험들이 묻어있는 것이고, 이상향은 강제로(억지로) 주장하지 않으면 이성처럼 환원주의에 빠지는 단순한 것이 아니다. 이상향은 감상적이고 낭만적이긴 하지만, 실재에 빠지는 환원주의가 아니라 가상실재로 나아가는 과정주의라고 말할 수 있다. 자연으로 돌아가자고 하는 것은 환원주의가 아니라 인간의 본성에 돌아가고자 하는 것이고, 이성주의의 보편주의라는 첨탑을 지향하는 것이 아니라 일종의 일반성의 근거로 돌아가자는 귀향주의이다. 이것은 인과론이 아니라 차라리 순환론에 접근하는 발상이다.

데리다가 참으로 영악한 것이, 루소와 레비스트로스의 발견과 그 학문적 토론과 고민과 성과를 함께 가지면서, 극히 일부에서, 발상법만 바꾸어서 자신의 것으로 변조한다는 데에 있다.

"레비스트로스의 말처럼 루소는 분명히 구조주의의 선구자였다. 이 점을 데리다도 인정하고 있다. 루소가 '문명/자연'을 그토록 변별한 것도 문명을 과학과의 이항대립에서 선명히 인식하기 위해서였다. 그가 '원시사회/문명사회'를 차이화, 변별화한 것도 문명사회를 알았기에 그 차이로서 원시사회를 상정한 것이라 하겠다. '자연/인간'의 문제도 자연상태에 대한 대립이항이 없이 인간을 이해할 수 없다는 구조주의의 발상법과 닮았다. 데리다의 루소비판은 구조주의 비판에서 보았던 이론과 함께 간다. 자연의 말과 문명의 문자가 하나의 이항의 이분법의 대립으로 여겨지기보다, 말과 문자는 인류의 생활 시초부터 〈젓가락 운동〉처럼 존재해왔었고, 그런 〈젓가락 운동〉의 왕복운동이 곧 역사의 텍스트였다는 것이다. 데리다는 루소가 이미 이 점을 십분 알고 있었다고 강조한다."[132]

그렇다면 결국 데리다는 루소와 레비스트로스의 사회학적, 인류학적 자료를 토대로 자신의 '문자학의 철학'을 집대성하게 된 셈인데 자료제공한 선구자나 선학들을 한편에서 추켜올리면서 다른 한편에서는 깔아뭉개는 꼴이 된다. 이는 단지 루소와 레비스트로스가 철학적인 성향을 가지고 있는 학자들이었기 때문에 자신의 철학적 소유권(특허권)을 마련하는 데에 지장을 초래할 것을 염려하여, 견강부회한 성격이 강하다고 하지 않을 수 없다. 이는 도리어 학문적 표절에 해당한다고 할 수 있다.

루소와 레비스트로스에게서는 서양철학사에서 매우 이질적인, 다시 말하면 보편성의 철학을 추구하는 방향과 다른, 일찍이 일반성의 철학의 가능성을 탐색하고 이를 위해 사회학적, 인류학적 문헌조사와 현지조사를 한 공로가 인정된다. 이는 칸트와는 다른 철학적 한 줄기가 루소에서 시작되었음을 말한다. 이러한 점을 다른 철학자들은 간과하였는데 레비스트로스가 그 공적을 발견한 셈이다. 데리다는 이 자료를 응용한(철학적으로 풀어낸) 철학자였다고 말하면 족하다.

데리다는 말한다. "문자의 비현존적 차이가 인류의 문명을 타락시킨 것이 아니다. 본디 인류는 시작이 없는 시작에서부터 〈절대적 친밀감(la

132) 김형효, 『데리다의 해체철학』(민음사, 1993), 194~195쪽.

proximaté absolue)〉이나 〈자기애정적 자기현존(la présence ā soi de l'autoaffection)〉의 고유성을 단 한 번도 가져 본 적이 없었고, 유토피아를 누려본 적도 없었다. 그런 것들이 역사에서 한 번도 일어나거나 생겨본 적도 없었다."[133]

그러면서도 데리다는 레비스트로스에게서 취할 것은 다 취한다. 원시 미개사회인 남비크와라 인디언들의 보고서에서 나오는 〈흔적〉〈긁기〉의 쓰기(그리기) 등에서 그의 흔적이나 그라마톨로지의 아이디어를 캐치한 듯하다. 이 문장에 뒤이어 나오는 중국 한자의 글월 문(文)자에 대한 이야기는 그의 그라마톨로지의 성립이 한자문화권의 영향임을 입증한다.

"중국어에 있어서 〈문(文)〉자는 문자를 뜻하지만 동시에 그것은 돌과 나무의 결이나, 성좌를 연결하는 선, 땅 위에 남겨진 네발짐승이나 새 다리의 흔적에도 적용된다. 심지어 중국에서의 문자는 문신이나 거북 등에 점을 치고 난 무늬에도 적용된다."[134]

데리다는 레비스트로스가 알파벳 표음문자를 기준으로 문자의 개념을 보았다고 비판한다. 이는 자신의 입지를 굳히기 위해서 레비스트로스를 일방적으로 공격하는 것에 속한다. 레비스트로스는 한자문명권의 상형과 표의문자에 대해서 잘 알고 있는 인류학자이다. 특히 한자에 대해서, 그리고 한자의 음양문화권에도 그렇다.

레비스트로스는 이미 서양 알파벳 이성주의 문명권에 대해서, 현상학의 환원에 대해서, 역사적 발전을 믿고 있는 실존주의에 대해서도 비판적인 자세를 가지고 있으면서 나름대로 미래 인류의 대안을 마련하기 위해서 열중하고 있었다. 철학자로서의 데리다와는 달리, 그는 사회인류학

---

133) 김형효, 같은 책, 195쪽.

134) J. Derrida, 『de la Grammatologie』 p. 180~181 : 김형효, 『데리다의 해체철학』(민음사, 1993), 77쪽, 재인용.

자로서, 집단생활을 영위하여야 하는 인간사회의 볼륨과 역사에 대해, 결혼과 교환에 대해, 그리고 자연으로부터 너무 멀리 떨어져 나온 인류에 대해 나름대로 고민을 하고 있었다.

이에 비하면 데리다는 철학자 특유의 속성으로 문자만 가지고, 그것도 루소와 레비스트로스의 자료를 가지고, 여반장(如反掌)을 하는 철학자의 궤적이었다고 하지 않을 수 없다.

데리다는 문자는, 원문자(l'archi-écriture)에서 문자(좁은 의미의 글자)로 이행한 것으로 보고 있다.

."레비스트로스는 남비크와라 종족이 백인의 문자를 배웠을 때, 어떤 관념을 표상하기보다 자기 종족의 계보나 사회구조를 기술하고 설명하는 데에 더 관심을 기울인다고 하였다. 그래서 족보의 윤곽과 구도에 접근하는 사람이 글자를 잘 배우고, 글자의 기능을 잘 이해한다고 한다. 이 점을 두고 데리다는, 말에서 문자에로 그것이 이행한 것이 아니라, 족보관계나 분류는 곧 차이의 흔적이고, 넓은 의미에 원문자(原文子, l'archi-écriture)인데, 원문자에서 문자에로 이행한 것을 뜻한다고 보고 있다."[135]

인류학자에게 사고의 이원대립항이나 분류학(혹은 민속분류학)이 인간이 자연과 사회를 이해하는 사고의 원형, 즉 원문자라는 것은 특별한 주장이 되지 못한다. 요컨대 데리다는 텍스트의 행간에서 이삭줍기를 하면서 자신의 철학을 구성하게 된다. 그런 뒤에 어느 정도 체계가 이루어지면, 마치 씨름선수처럼 상대방을 배지기나 엎어치기나 안다리걸기, 바깥다리 걸기로 제압하는 것이다. 이는 상대방의 능력이나 힘을 이용하는 것과 같다.

만약 데리다가 루소나 레비스트로스를 공격하는 식으로 데리다를 공

---

135) J. Derrida, 『*de la Grammatologie*』 p. 182; 김형효, 『데리다의 해체철학』(민음사, 1993), 77~78쪽, 재인용.

격하자면 그가 제안하고 있는 원문자(l'archi-écriture)도 실은 서양문명의 원형적 사고, 원리적 사고의 문자학의 한 유형이라고 말할 수 있다.

문자가 원천적으로 가지고 있는 폭력성에 대한 문제도 짚고 넘어가지 않을 수 없다. 데리다도 레비스트로스와 같이 문자의 폭력성을 함께 주장한다. 그런데 입장은 다르다.

"레비스토로스의 의도는 문자가 없는 사회와 종족이 문명의 질환과 악의 불성실을 모르는, 즉 〈근원적으로 좋은 말〉의 사회요, 집단임을 겨냥하고 있다. 폭력과 질환과 악은 하나의 〈치명적 사건〉으로서 그 후에 들어왔다는 생각을 레비스트로스가 지니고 있었다. 그런데 데리다는 바로 이런 레비스트로스의 사상이 서양지성사의 〈존재신학적〉 전통의 굴레에서 헤어나지 못한 증좌라고 비판한다. 자연상태는 좋았으나 역사에서 악이 시작되었다는 루소의 신화와 레비스트로스의 견해 사이에 어떤 어긋남도 보이지 않는다."

그럼에도 불구하고 레비스트로스는 『슬픈 열대(Tristes Tropiques)』에서 이들 원주민사회가 폭력이 없는 유토피아가 아님을 알려주고 있다.

"남비크와라 족의 부족단위에서 추장의 요구가 너무 까다롭거나 너무 많은 여자들을 독차지하거나 또는 기근 시기에 부족을 먹여살리는 문제에 무능할 때, 그 부족은 쉽게 깨지고 다른 부족에 접목되기나 한다. 그런 와중에 음모와 투쟁, 전쟁 등이 빠른 속도로 진행된다고 한다. 또 다른 하나의 내용을 요약하면 쓸모가 없거나 또는 고약한 사람으로 판단되는 경우에 그 사람을 독살시켜 죽이는 관습이 있다고 한다."[136]

데리다는 레비스트로스가 무문자사회나 야생사회가 문명사회보다 더 낙원에 가깝다는 신화를 버리지 못하고 있다는 것이다. 데리다의 이러한 지적은 의미가 있다. 아마도 레비스트로스는 이들 사회가 인구규모와 집

---

136) J. Derrida, 『de la Grammatologie』 pp. 196~197; 김형효, 『데리다의 해체철학』(민음사, 1993), 79~80쪽, 재인용.

중도가 커진 서구사회에 비해 '작은공동체'라는 데서 신화를 느꼈을 것이고, 제 1차 세계대전 이후 서구문명사회의 발전에 대해 회의를 느꼈기 때문으로 보인다. 철학이나 사상도 시대여건과 정신의 산물이기 때문이다.

데리다는 레비스트로스를 비판하면서 이렇게 말한다.

"옛날이나 지금이나 인간사회와 문화는 텍스트였고, 거기에는 문자가 있었고, 모든 것이 원문자인 한에서 유토피아는 아무 데도 있지 않다. 유토피아는 다만 현존의 형이상학이 만든 신기루에 불과하다."[137)

인간이 욕망의 존재인 것은 예나 지금이나 마찬가지이기 때문이다. 구조주의는 인간의 이성주의와 현상학이 환원주의의 산물임을 밝힌 공적에도 그럼에도 불구하고 역사적 맥락에서 욕망과 삶의 능동적 대처전략에 대안을 제시하지 못하는 결함을 가지고 있다. 그런데 이 점에 대해서는 문자학도 마찬가지이다. 문자학은 이성중심주의로부터, 모든 중심이론으로부터 도피하는 것이 특징이기 때문이다. 어떤 체계를 구성하더라도 그것은 중심을 향하는 것이고, 문자학 자체도 이미 그 중심구축에 발을 들여놓은 것이나 마찬가지이다.

데리다가 루소와 레비스트로스를 공격하면서 놓치는 것은 이성중심과 보편성의 입장에서 보면 루소와 레비스트로스도 마찬가지로 서양 '말소리중심주의'의 환원주의적 사고를 벗어나지 못하고 있는 것 같지만, 필자가 주장하는 일반성의 철학이라는 입장에서 보면 이 두 사람이야말로 보편성의 철학이라는 거대한 성채에서 탈출하여 처음으로 일반성의 철학의 냄새를 피운 사람들이라고 말할 수 있다.

---

137) 김형효, 『데리다의 해체철학』(민음사, 1993), 80쪽, 재인용.

5. 존재론의 완성으로서의 일반성의 철학

일반성의 철학은 앞에서도 언급하였지만 보편성과는 비대칭의 위치에 있으면서 기(氣)철학을 바탕으로 무의식 혹은 본능과 관련을 맺는다. 그러면서 눈에 보이지 않는 세계를 바탕으로 세계를 다시 구성하고 있다. 일반성의 철학은 '물(物)의 철학'이라고 말할 수 있다. '물의 철학'은 정신과 반대개념인 물질이 아니라, 감각하고 느끼면서도 눈에 보이지 않는 존재, 그 자체를 바탕으로 하는 철학을 말한다.

이러한 경지에 이르면 '물(物)'과 '심(心)'의 구분도 무의미해진다. 굳이 심물(心物)을 말할 필요조차 없어진다. 심학이 물학이고 물학이 심학이다. 그래서 심물일체를 주장하게 된다. 심물일체(心物一體)의 철학이란 어떤 점에서는 철학 자체를 해체하는 것이기도 하다. 요컨대 정신과 물질, 주체와 대상의 구분이 없으면 철학이라는 학문을 수행할 수도 없기 때문이다. 일반성의 철학은 해체주의철학이 아니라 철학 자체를 해체하는 철학이다.

집단생활을 하는 인간은 삶을 위해 필요로 했던 보편성을 획득하는 과정으로서의 〈집단성-보편성〉의 연쇄가 근대를 맞으면서 개인의 발견(발명)과 더불어 개인의 자유와 평등(천부인권)을 요구하게 되었다. 그 이전 중세까지는 집단에 의해 개인이 매몰되었지만 이제 집단을 유지하면서도 개인이 매몰되지 않는 민주주의를 구가하지 않으면 안 되었던 것이다. 이에 요구된 것이 바로 〈개인성-일반성〉의 연쇄이다.

일반성의 철학은 보편성으로 향하던 집단의 철학이 개인의 발견을 통해 철학이 다시 어디로 나아가야 할지를 정하고자 하는 철학이다. 개인은 보편성으로 나아갈 것이 아니라 일반성으로 나아가야 함을 천명하는 철학이고, 그것이야말로 소위 존재론이라고 말하는 철학의 지향점을 새로운 철학용어로 정한 셈이다. 일반성의 철학은 철학의 새로운 지남철과 같다. 그동안 철학은 으레 보편성의 철학, 즉 〈보편적이고 일반적인〉 철학이었다. 보편적이면 저절로 일반성을 획득하는 혹은 지배하는 철학이었다.

일반성의 철학은 〈일반적이고 보편적인〉것을 주장하는 철학의 새로운 코페르니쿠스적 전환이다. 보편성이 인위적이고 유위적인 것을 중시하는 반면 일반성은 본래 타고난 자연성과 무위적인 것을 중시한다. 다시 말하면 보편성은 인위적인 하나를 추구하는 반면 일반성은 자연 그대로의 하나, 즉 전체성을 깨닫는 것을 추구한다. 보편성이 〈남성적-페니스(陰莖, 棒)〉의 상징성을 갖는 반면 일반성은 〈여성적-버자이너(陰道, 膣)〉의 상징성을 갖는다. 보편성이 문명과 권력을 강조하는 반면 일반성은 자연과 공생, 즉 공동존재로서의 공생을 중시하게 된다.

서양철학을 '동일성(同一性)의 철학'에서 '동시성(同時性)의 철학'으로, 다시 동시성의 철학에서 '동질성(同質性)의 철학'으로 옮겨간 것으로 보면 동질성의 철학이라고 말할 수 있다. 그러나 이때의 동질성이란 물질적인 것이 아닌, 일종의 기질적(氣質的)인 것이라고 말할 수 있다. '기질'은 '물질'과는 다르다. '물질'이 계량적인 것이라면 '기질'은 계량할 수 없는 것이다.

일반성의 철학이야말로 '비어 있음(空)'을 바탕으로 기(氣)를 되살리면서 세계의 연속성을 되찾으려는 무의식의 철학이다. 일반성의 철학은 봄날 일제히 움터오는 새순들로 인해 산천이 연두색으로 변하는 것에 비할수 있다. 이것은 마치 보이지 않는 기(氣)와 그것의 영향을 받고 있는 새순의 함성과도 같은 것이다. 일반성의 철학은 기운생동과 같은 철학이다.

데리다는 구조주의 전반에 대한 종합적인 비판을 이렇게 요약한다.

"구조주의가 기하학적이고 형태론적이라는 것은 위에서 여러 번 지적되었었다. 〈기하학적이거나 형태론적인 것은 오직 기계론적인 것에 의해서만 수정되지, 에너지론적인 것에 의하여 결코 보완되지 않는다.〉라고 데리다가 구조주의를 해체하는 단서를 잡아나간다. 구조주의가 기계론적(mécanique) 성격에 의존해서 형상과 모습 그리고 양적인 요인을 겨냥하기 때문에 데리다는 구조주의는 〈힘(la force)〉과 에너지를 이해하지 못한다고 본다. (중략) 〈구조론적 은유는 질적인 것과 집중적인 것을 파악하는 데 무력하다. (중략) 그리고 힘의 노동은 형식의 차이 속으로 더 이상 탈바꿈될 수가 없다.〉"[138]

그러나 데리다의 레비스토로스와 구조주의에 대한 비판의 내용은 데리다에게도 그대로 적용할 수 있을 것이다. 문자학이라는 것은 해체주의를 기조로 하기 때문에 구조주의보다 더 에너지의 결집이나 생산성의 증가에 기여할 수가 없다. 해체주의는 철학에서나 주장할 수 있는 것이지, 구조와 주체, 정체성을 강화하지 않으면 존속이 어려운 사회나 국가의 영위를 위해서는 별 도움이 되지 못하는 것 같다.

인간사회가 유지되는 한 유토피아 사상을 없을 수 없을 것이다. 마르크스의 원시공산사회도 유토피아의 하나이고, 기독교 낙원사상도 유토피아의 하나이다. 그런데 인류는 가부장사회 이전에 오랜 기간 모계사회를 영위하였음은 간과하기 쉽다. 모계사회를 기준으로 보면 지금 원주민 사회라고 할지라도 부계사회에 속한다. 부계사회란 조금이라도 경쟁과 전쟁, 소유와 계급의 흔적을 가지고 있기 일쑤이다.

이성주의는 동일성을 전제하고 있다. 이 동일성은 시간과 공간 둘 다에 해당한다. 그래서 환원주의에 빠진다. 구조주의는 동시성의 기반위에 공간적 구조를 내세우고 있다. 동시성은 같은 시간을 전제하기 때문에 공간에서 차이를 발견하는 셈이다. 그러나 구조주의는 시간과 역사에서

---

138) J. Derrida, 『*de la Grammatologie*』 p. 29: 김형효, 『데리다의 해체철학』(민음사, 1993), 85쪽.

무기력할 수밖에 없다. 해체주의는 시간과 공간에서 차이를 발견한다. 해체주의는 그러나 바로 해체성 때문에 주체나 정체성을 부정하기 때문에 더더욱 무기력할 뿐이다. 해체주의는 철학에서나 통용되는 것일 뿐이다.

데리다 철학에 대한 종합적 평가에서 김형효는 다음과 같이 말한다.

"데리다는 구조조의의 이항대립적인 상관적 대대법이 정태적이고 기계적인 수준에 머물러 있기에 아직도 본격적으로 이항 사이의 역동적 거래의 차원으로는 구체화되지 못했다고 진단했다. 그래서 레비스트로스의 구조주의를 떠나 레비스트로스가 아직 역사의 유토피아적인 환상을 온전히 버리지 못했음을 비판한다. 데리다는 말소리중심주의(le logo-phonocentrisme)에 대하여 '문자학적 사유'(lla pensée grammatologique)를, 존재론적 현존의 철학에 대하여 '차이와 原흔적의 사유'(la différence et la pensée d'archi-trace)를, 존재신학에 대하여 '차연(差延)과 보충대리의 법(la defférance et la loi de supplémentarité)을, 그리고 택일과 개념적 결정의 논리학에 대하여' 이중성과 결정불가능성'(la duplicité et l'indicidabilité)이라는 반(反)논리를 제의한다."139)

김형효는 이어 "말소리의 의미를 서구 사상사에서는 늘 영혼의 자기공명의 현존을 노래하기 위한 진리의 매체라고 여겼다. 정신의 자기동일성을 알리는 의미는 진리의 말과 그 소리의 내적 공명의 화음과 다른 것이 아니다. (중략) 신중심, 영혼 중심, 진리 중심은 모두 내면성의 자기동일성을 찬양하는 동일성의 철학이다."고 전제하고 "말과 소리의 철학은 전통적으로 동일성(l'identique)을 중심했지만 문자(l'ecriture)는 이미 차이(le différentiel)를 그린다."고 말한다.

사실 동일성은 없는 것인데도 서양철학은 오래 동안 동일성에 메여 있

---

139) 김형효, 『철학 나그네』(소나무, 2010), 28쪽.

었다고 해도 과언이 아니다. 차이라는 것은 이미 이중성을 저절로 배태한다. 인간의 모든 활동에는, 예컨대 작은 선을 긋는다거나 아니면 거대한 형이상학적 철학담론을 구성하는 것에 이르기까지 모두 차이에 의해서 존재하게 된다. 모든 존재의 운동성과 역동성은 차이에서 비롯되는 것이다. 그렇게 보면 동양의 음양론은 그 차이를 소위 원시사회를 제외한 문명권에서 가장 먼저 발견한 셈이다.

김형효는 데리다와 하이데거의 오해를 화해시킴으로서 자신의 철학적 통합에 성공한다. 데리다와 하이데거는 같은 것을 다른 말로 주장해왔던 셈이다.

"데리다가 비록 하이데거의 존재론을 현존의 철학이라고 비판하면서 존재론 대신에 흔적론을 제기했으나, 하이데거의 경우 존재가 이미 이중성의 흔적과 다르지 않음으로 데리다의 문자학도 궁극적으로는 유(有)/무(無)의 관계로서 이 세상을 읽는 필연적 사실론의 존재론으로 보았다."[140]

결국 에크리튀르의 입장에서 보면 흔적이나 존재나 모두 이중성을 띠고 있고, 나아가서 인간이 지상에서 어떤 행위를 하면 저절로 이중성을 띠게 됨을 알 수 있다. 이는 바로 자연에서 비롯되는 대칭성 때문이다.

김형효는 라캉의 '그것이 말한다'(Ça parle)와 하이데거의 '그것이 말한다.'(Es spricht)의 차이도 논했다. "라캉의 것은 자연성인 무의식의 소유론적인 욕망인 본능의 차원이고, 하이데거의 것은 자연성인 무의식의 존재론적 욕망인 본성의 차원이라고 깨달았다."[141] 그러나 본능의 차원과 본성의 차원이 명확하게 구분되는 것은 아니며 이중성을 띠는 경계 영역이 있다. 존재론과 기호학으로 보면 결국 세계는 이중적이고 애매모호하며 비결정적이다. 어느 층위도 결정성을 가지는 것은 아니다.

---

140) 김형효, 같은 책, 31쪽,
141) 김형효, 같은 책, 26쪽,

이는 서양철학사에서 큰 비중을 차지하는 라캉과 하이데거, 그리고 데리다와 하이데거의 철학적으로 다름과 같음을 발견하는 일종의 쾌거였다.[142] 한국철학사에서 동서양의 여러 철학자를 넘나들면서 새로운 이해의 지평을 연 학자는 별로 없었다. 대체로 자신이 전공한 철학에 대한 공부와 가르침뿐이었으며, 스스로 자기가 몸담고 있는 땅에서 현실적인 문제의식을 갖고 철학적 물음과 답을 구한 경우가 드물었다. 대체로 남의 물음과 남의 답변에 만족하는 비주체적인 철학풍토였다.

서양철학사에 있어서 존재론은 서양의 가부장적-이성주의 철학에서 모계적-구조주의 철학으로 넘어오는 전환점(turning point)이다. 존재론과 기호학과 구조주의에는 어딘가 모계적이고 자연적인 것을 선호하고 두둔하는 것이 있는 것 같다. 이는 동양의 음양철학이 겉으로는 양을 내세우는 것 같지만 실은 음을 위주로 하는 음양론인 것과 흡사하다.

자연과 인간의 관계에서 '자연을 인간화하려고 하려는 경향'과 '인간을 자연으로 돌려주려는 경향'이 대립한다. 물론 전자는 이성주의 철학의 지배적인 경향이고, 후자는 자연주의 철학의 지배적인 경향이다. 전자는 자연을 인간화하려는 '인간동형론'(l'anthropomorphisme)이고, 후자는 인간을 자연으로 돌려놓으려는 '자연동형론'(le physio-morphisme)이다.

철학이라는 것은 우선 '인간동형론의 입장'이라고 할 수 있다. 자연에 대한 인간의 이해는 결국 인간이 주체가 되어 자연이라는 대상을 파악하는 것이기에 인간적일 수밖에 없다. 자연은 스스로를 알 수 없고 증명할 수도 없다. 그래서 자연은 인간을 내세워 스스로를 아는 지혜(智慧) 혹은 트릭(trick)을 썼는지도 모른다. 인간이 자연을 대상화하는 것은 어쩌면 인간 이전에 자연이 스스로를 대상화하고 싶은 욕구의 발현이라고 할 수

---

142) 김형효는 하이데거의 사유가 데리다에게 영향을 미쳤을 것 같다고 생각하고, 가브리엘 마르셀의 사유가 메를로-퐁티에게 영향을 미쳤을 것이라고 본다(김형효, 『철학적 사유와 진리에 대하여 2』, p. 489).

있다. 인간은 스스로 자연이기를 거부해도 결국 자연이다. 인간의 죽음은 바로 자연의 생멸을 증명해주는 결정적 사건이다.

인간을 통해 스스로를 대상화한 자연은 처음엔 스스로를 이해하는 차원이었지만 점차 지식의 확장과 더불어 결국 대상을 이용하는 것으로 발전할 수밖에 없었을 것이다. 이용에는 선용도 있을 수 있지만은 그것의 극대화는 항상 악용이 따르기 마련이다. 과학기술을 그런 점에서 항상 악용에 노출될 수밖에 없다. 과학기술만능시대에 인간의 지식과 그것의 악용을 깨닫기 시작한 인간은 다시 '자연동형론'을 부르짖으면서 자연으로 돌아갈 수밖에 없다.

불교의 업(業, karma)과 법(法, dharma)이라는 것도 실은 자연의 이치를 언어적으로 철학화한 것이라고 볼 수 있다. 인간의 탄생도 필연적으로 업(業)을 지을 수밖에 없고, 그것의 해결을 위해 법(法)을 추구할 수밖에 없다. 어떤 점에서 인간보다 거대한 업보, 업(業)은 없을 것이고, 자연 그 자체보다 위대한 진리, 법(法)은 없을 것이다. 그런 점에서 자연의 다른 이름은 자업자득(自業自得)이다. 불교의 아비달마구사론(阿毘達磨俱舍論)은 무의무득(無依無得=空)을 주장하고 있지만, 이것은 자업자득의 다른 말이다.

불교의 입장에서 보면 인간은 유(有)를 주장하기 때문에 무(無)를 주장하여 그것을 무화(無化)시키게 되는데 이때의 무화는 연기(緣起)이고, 중도(中道)이고, 공(空)의 의미와 같다. 그러나 자연의 입장에서 보면 스스로 생멸하는 전체이기 때문에 자(自)가 될 수밖에 없다. 불교가 무(無)라고 주장하는 것은 자연(自然)의 자(自)이다.

존재론의 완성으로서의 일반성의 철학은 이렇게 요약할 수 있다. 칸트가 현상학을 하기 위해 밀쳐두었던 사물 자체는 존재론의 존재이며, 이때의 존재는 신과 같으며, 이때의 신은 또한 개념적(범주적) 존재, 고정불변의 존재로서의 신이 아니라 생성변화하는 존재로서의 신, 즉 동사적 존재로서의 신이며, 이것은 또한 자연을 의미한다. 하이데거의 존재론을 통해 신은 자연으로 다시 돌아온 것이다.

하이데거가 마지막에 시(詩)에 빠져서 나날을 보낸 것은 신이 자연의 은유라는 사실을 알았기 때문이다. 현상된 신은 자연에 숨어 있다가 드러난 신으로서 그 본질은 자연(생성변화)인 것이다. 인간은 시를 통해 다시 자연의 은적된 성스러움으로 돌아가는 것이다. 자연은 그 자체로 성스러운 것이며, 바로 생성변화하는 신인 것이다. 초월적 신은 내재적 신이 되지 않을 수 없으며, 그 내재적 신은 현상학적인 정신과 물질의 이분법의 물질(유물-기계)가 아니라 자연인 것이다.

그런데 현상학적인 전통의 서양철학은 들뢰즈에 이르러 유물-기계적 존재론으로 자연을 해석하고 있다. 이것은 결국 유물론(물신숭배)이며, 그 유물론은 역설적으로 정신(절대정신 혹은 이성)의 결과로서 유물론인 것이다. 유심이 없으면 유물도 없는 것이다. 본질을 추구하는 본질현상학으로서 서양철학은 처음부터 현상학이었고, 끝도 현상학인 것이다. 니체는 그 마지막 희생자였고, 하이데거는 그 마지막 탈출자였다.

자연과 인간

자연은 어느 날 스스로를 알고 싶었다.
그래서 대뇌가 발달한 인간 종을 생성했다.
대자적(對自的) 존재인 인간은
자신과 자연을 대자(對自)하면서 살아간다.

앎은 대자(對自)의 산물이다.
자연은 자신을 알 수 없기 때문에 자연이다.
인간은 자신을 알 수 없기 때문에 인간이다.

생사(生死)도 모르고 죽기 때문에 인간이다.

자연은 어느 날 스스로를 알고 싶었다.
그런데 인간은 앎을 가지고 기계를 만들었다.
기계는 자연을 분절하고 접합하기 시작했다.
하나의 세계는 이때부터 연속-불연속이 되었다.

모든 앎은 인간의 판타지이다.
모든 앎은 구성된 가상세계이다.
진리든, 진여이든 구성된 구성물이다.
구성되지 않은 것은 자연의 생성생멸뿐이다.

자연에는 좋고 나쁨이 없다. 좋고 나쁨은 자연을 해석하는 인간의 이기적 본성이 반영된 결과이다. 선악은 인간이 만든 제도로서 존재자이다. 자연의 소리는 좋고 나쁨이 없지만 그 소리를 인간이 들을 때에 좋고 나쁨이 생긴다. 그 소리는 문자에로 전이된다. 소리는 최초의 의미(기의)이면서 기표이다.

데리다는 "좋은 문자언어가 있고, 나쁜 문자언어가 있다. 자연적이고 좋은 것은 신이 인간의 영혼 속에 새긴 것이고, 타락하고 인위적이고 기술적인 것은 육체의 외면성 속에 유배된 것이다."[143]라고 말하고 있다. 또 "좋은 문자 언어는 하나의 총체성 내에 포함되었고, 하나의 책속에 들어가 있었다.(중략) 기표의 이와 같은 총체성이 있는 그대로의 모습으로 하나의 총체성이 될 수 있는 것은, 오직 기의로 구성된 하나의 총체성이 그것(기표의 총체성)보다 먼저 존재하고, 그것의 표기와 기호들을 감

---

143) 자크 데리다, 김웅권 옮김, 『그라마톨로지에 대하여』 40쪽, 2010, 동문선.

시하고, 자신이 관념성에 있어서 그것과 독립될 때만 가능하다."[144]고 결론짓는다. 그러나 성급한 기표중심주의는 소리의 의미를 생략하거나 단순화할 수 있다. 기표는 항상 기의를 독재할 가능성이 있다.

데리다의 문자학은 인간이 잃어버린 시간을 찾는 데에 문화적으로, 철학적으로 매우 중요하다. 그러나 데리다의 문자학은 서양의 말소리중심주의(le logo-phonocentrisme)가 '소리'에서 너무 빨리, 혹은 과도하게, 혹은 집착적으로 그의 표현대로 '말'에 미끄러진 결과이다. 데리다의 문자학은 서양문명의 이성주의에 대해 자기반성이나 자기반발이라고 볼 수도 있지만 소리에 대한 원초적 애정과 끌림을 가진 한글의 한민족에 속한 필자에게는 문자학보다는 음운학으로, 즉 소리철학으로 이성주의에 대한 반이성주의를 전개하게 한다.

한민족은 '같은 소리의 다른 뜻'에 관한 많은 자료를 가지고 있으며, 혹은 '같은 소리가 정반대의 뜻'이 될 수 있다는 소리의 특성을 감지하고 있다. 요컨대 말(대화)의 맥락에 따라 "미워해"라는 말은 "사랑해"라는 의미가 될 수 있음을 알고 있다. 이것은 분명히 언표로는 역설이지만 이러한 감정의 역설적 표현을 두고 논리적 모순이라고 할 수는 없는 것이다. 문자학이나 음운학은 둘 다 능기(기표)를 표현할 수 있지만 전자는 쓰기(문자, 글)에 중심을 두는 반면, 후자는 소리(음성, 말)에 중심을 두는 것이 다르다. 그러한 점에서 둘은 대칭관계에 속한다.

문자학과 동시에 음운학(Phonology)[145]에 대한 새로운 관심이 요청

---

144) 자크 데리다, 김웅권 옮김, 『그라마톨로지에 대하여』 41쪽, 2010, 동문선.

145) 음운론(音韻論)은 언어학의 하위 분야의 하나로 특정 개별 언어 또는 여러 언어의 소리 체계를 연구하는 분야이다. 음성학이 말소리의 물리적인 발성과 인지를 연구하는 데에 비해 음운론은 주어진 언어 내에서 또는 범언어적으로 소리가 어떻게 기능하는가를 기술한다. 음운론의 중요한 연구 분야 중의 하나는 한 개별 언어 내에서 어떠한 소리가 변별적 단위를 이루는가를 연구하는 것이다. 예를 들어, 한국어에서 /ㅂ/, /ㅍ/, /ㅃ/는 변별적인 소리 단위이며 이들을 음소라고 한다. 이들이 서로 다른 음소라는 것은 '불', '풀', '뿔'과 같은 서로 다른 의미를 지칭하는 최소대립 쌍의 존재를 통해 확인할 수 있다. 동일한 음소라고 해서 물리적으로도 반드시 동일한 것은 아니다. 예를 들어, /ㅂ/의 경우에 어떤

된다. 앞에서 언급하였듯이 한글의 소리와 의미의 직접성에 대한 연구를 '음운학=소리학'의 차원에서 수행하고 있는 구선스님은 그의 저서 『觀, 한글 자음 원리』에서 ㄱ, ㄴ, ㄹ, ㅁ, ㅂ, ㅅ, ㅇ, ㅈ을 '천부(天符)팔음'이라고 한다.[146] 음운론은 어쩌면 문자언어가 생성되기 이전 음성언어의

환경에 놓여 있는가에 따라 다른 소리가 될 수 있다. '박수'의 첫소리 /ㅂ/은 무성음으로 발음되지만 '수박'의 두 번 째 음절의 첫소리 /ㅂ/은 유성음으로 발음된다. 이들은 물리적으로는 다른 소리이며 이러한 차이는 음성학의 연구 대상이 된다. 또한, 어떠한 소리가 음소인가 아닌가는 언어에 따라 다를 수 있다. 한국어에서는 유성음과 무성음 두 소리가 구별되지 않기 때문에 '박수'와 '수박'의 /ㅂ/이 하나의 음소이지만 영어에서는 두 소리가 의미 차이를 유발하여 'pin'의 /p/와 'bin'의 /b/가 서로 다른 음소가 된다. 반면에 한국어에서는 '풀'의 유기음 /ㅍ/과 '뿔'의 무기음 /ㅃ/이 각각 독립적인 음소로 구별되는 데에 비해 영어에서는 'spin'의 무기음 [p]와 'pin'의 유기음 [pʰ]가 음성학적으로는 다름에도 불구하고 하나의 음소 /p/가 된다. 이러한 음소에 관한 연구 외에도 음운론에서는 음절 구조, 악센트, 억양, 성조, 리듬 등을 연구한다. 음운론이라는 용어 대신 음소론이라는 용어가 사용되는 경우도 있다. 이 경우 동일한 분야를 지칭할 수도 있으나 음소론과 운소론을 개념 상 구별하기 위하여 사용할 수도 있다. 이러한 의미에서 음소론은 음소만을 연구 대상으로 하는 분야를 지칭하며, 운소론은 운율적 특징인 소리의 높낮이(고저), 길이(장단), 세기(강약) 등의 악센트와 억양 등 운소를 연구하는 분야를 지칭한다(위키백과, 우리 모두의 백과사전).

146) 구선, 『觀, 한글 자음 원리』(연화, 2008년)에 따르면 ㄱ은 본성의 밝은 성품을 나타낸다. ㄱ은 수직선(ㅣ)에 중심을 두니 양이다. '공간'은 둘 다 ㄱ으로 시작한다. ㄴ은 수평선(ㅡ)에 중심을 두니 음이다. ㄴ은 음양이기(二氣)를 나타낸다. ㄹ은 음양이기의 순환을 나타낸다. 이로써 사대(四大)인 지(地), 수(水), 화(火), 풍(風)이 생긴다. ㅁ은 음양이기의 중첩으로 물질계(허달)가 씨앗을 맺음을 나타낸다(ㅁ은 땅을 형상화한다). ㄷ은 본질과 현상이 동떨어지지 않음을 나타낸다. 천부경에서 무궤화삼(無櫃化三: 무無의 성궤聖櫃는 변하여 3이 된다)과 같은 의미이다. 한글에서 ㄷ, ㅁ, ㅂ은 그릇을 나타낸다. ㄷ은 열린 그릇, ㅁ은 닫힌 그릇, ㅂ은 그릇에 물이 담긴 모양이다. ㅍ은 물질입자가 운동을 하니 파동이 된다. 천부팔음에서 ㄷ이 들어가지 않는 것은 ㄷ이 천부 팔음과 나머지를 연결하기 때문이다. ㅍ에서 파동(波動)과 '팔'(八)이 나온다(ㅍ은 ㅁ에서 사방에서 가지가 돋아난 것이다). '팔다리'도 여기에 해당한다. ㅂ은 물질계에서 한 물질이 생겨남을 나타낸다. ㅅ(△)은 물질입자가 빛이 되고 의지와 의식이 생김을 나타낸다. △은 바로 인간은 나타내기도 한다. 예컨대 사람은 "ㅅ=서로 의지해서, ㅏ=확장을 도모하고, 라=더욱 확장을 계속하더라도, ㅁ=한계가 있음"을 나타낸다. 필자가 문명의 키워드로 상정하고 있는 성(sex), 성(surname), 성(saint)의 발음이 ㅅ으로 시작하는 것도 흥미있는 사실이다. 또 '시작' '시초' '처음' '씨앗' '색(色)' '시간'라는 단어도 ㅅ(ㅈ, ㅊ)으로 시작하고 있음에 주목하자. △은 생태계의 먹이삼각형이나 계급구조 등을 상징하기도 한다. △은 산(山)의 모습과 같이 가장 안정한 구조이기도 하다. ㅇ은 물질계가 확장되고 정신계(실달)가 체를 갖춤을 나타낸다. ㅅ, ㅇ 다음에 ㅈ이 오는 것은 의미심장하다. ㅈ은 생명이 새로운 변형과 확장을 이루는 것을 나타낸다. ㅈ은 ㅈ=ㅅ +ㅡ으로 다시 평등을 회복하려는 움직임이 있다. ㅈ은 ㅊ이 되고 ㅊ은 지(地), 지구, 자지(좆), 보지(씹) 등 땅의 것에서 하늘로 향하는 초월을 나타낸다. ㅊ은 물질입자가 생명의 틀을 뚫고 벗어남을 나타낸다. 초월하다, 초자연,

시절에 인류가 갖는 음성의 공통적 의미, 혹은 공통요소를 발견하게 할 가능성이 있다. 말하자면 '소리의 특성=특정의 의미'인 무의식의 층이 있을 지도 모르기 때문이다.

인간은 자연을 지배하는 것인가, 아니면 자연의 일부인가. 인간동형론은 자연을 인과와 환유의 것으로 보려고 하고, 세계가 시작과 끝이 있는 것으로 보고자 한다. 그러나 자연동형론은 자연과 인간을 상징과 비유, 나아가서 공명(共鳴)으로 보고자 한다. 또한 세계가 시작과 끝으로 확실한 선후나 상하가 있는 것이 아니라고 본다. 물론 인류학의 등장과 업적으로 인해 자연동형론은 크게 발전을 하는데 그 이전에도 자연동형론 계열에 속하는 자연주의 철학은 비록 비주류였지만 서양철학사에서 완전히 배제된 것은 아니었다.

인간동형론은 동일성을 강조하고, 자연동형론은 차이를 강조한다. 전자는 주론으로 보면 질서(cosmos)의 편이고, 후자는 혼돈(chaos)의 편이다. 전자는 확실성과 동일성을, 후자는 불확실성과 이중성을 전제한다. 전자는 유시유종(有始有終)의 편이고, 후자는 무시무종(無始無終)의 편이다. 그런데 전자의 이면에는 남성주의, 가부장주의가 숨어 있고, 후자의 이면에는 여성주의, 모계사회가 숨어 있다. 신화는 현재에도 작동하는 것이다.

'존재'라는 말은 어디서 기원하는 것일까. 단도직입적으로 말하면 존재는 자연에 '이름붙이기(naming)'에서 비롯된다. 자연에 대한 지배는 이름을 부르면서 시작된다. 자연적 생성은 이름을 부르는 순간 존재로 둔갑하고 마는 것이다. 여기서는 신도 예외가 될 수 없다. '신'을 부를 수

추월, 처음 등의 발음에서 느낄 수 있다. ㅊ은 다음에 ㅋ(ㄱ), ㅌ(ㄷ), ㅎ(ㅇ)으로 닿소리는 끝난다. 이들은 어딘가 닿소리를 다시 시작하는 기분이다. ㅋ은 다차원의 공간(공간의 수직적 분할)을 의미한다. ㅌ은 공간의 수평적 연결을 의미한다. ㅎ은 무심과 무념과 밝은 성품으로 진여를 이룸을 의미한다. 필자의 생각에 '한'사상도 ㅎ과 관련이 있을 것 같다. ㅎ은 ㅇ의 초월적 완성이다.

있어야 신이 되는 것이다. 그런 점에서 명사와 고유명사는 존재와 뗄 수 없는 관계에 있다. 어떤 이름도 실은 필연성은 없다. 어떤 이의 이름을 개똥이라고 부르든, 개나리라 부르든 상관없는 것이다. 모든 이름은 임의적으로 붙여지는 것이다. 그러나 이름이 붙여지는 순간 필연성이 된다. 이름은 좀 더 폭넓게 말하면 기호가 된다.

아메리카 인디언들의 이름은 명사가 아니라 서술문이다. 이는 자연의 체계를 운동하는 '동사의 체계'로 보기 때문이다. 미국 서부개척시대에 북군과 인디언의 거래를 다룬 유명영화 '늑대와 함께 춤을'은 그것을 말해준다. '늑대와 춤을' '발로 차는 새' '주먹 쥐고 일어서' '머리에 부는 바람' 등은 사람들의 이름이다.

신라의 시조 '박혁거세(朴赫居世)'라는 이름도 실은 '알에서 태어난 빛나는 임금님이 세상을 다스리다'는 서술문을 명사로 부른 것이다. 이렇게 서술문으로 부를 때 의미가 살아나게 된다. 그런데 명사가 되면 의미가 박제될 뿐만 아니라 축소된다. 그렇더라도 인간의 문화는 수많은 명사와 개념어를 생산함으로서 세계관을 구축하고 언어생활을 즐긴다. 언어 없는 인간은 생각할 수가 없다.

하이데거는 '말은 존재의 집'이라고 했다. 그러나 메를로-퐁티에겐 몸이 존재의 집이다. 나의 예술인류학[147]과 일반성의 철학[148]에 이르러서는 더 이상 존재는 말을 필요로 하지 않는다. 존재는 말이 아니다. 존재는 말로 표현되지 않는다. 단지 존재는 말로 은유될 뿐이다. 은유됨으로서 존재는 스스로의 전체성을 잃지 않는다. 가장 밑바닥의 일반성의 은유는 소리이다. 소리는 자연을 은유한다. 소리는 그러한 점에서 자연이다.

우주는 일종의 거대한 은유체계이며, 은유의 순환체계이다. 그런데 이

---

147) 박정진, 『한국문화와 예술인류학』(미래문화사, 1990) 참조.
148) 박정진, 『일반성의 철학과 포노로지』(소나무, 2014) 참조.

것은 어느 시점이나 지역, 다시 말하면 특정의 시공간적 제약(자기 입장)에서 은유를 환유체계로 바꿈으로써 은유의 자연(혹은 은유적 의미)을 문명의 권력체계(혹은 환유적 질서)로 바꾼다.

약속이나 체계, 문명의 질서나 원리 같은 것이 질서를 유지하는 포지티브한 작용을 하지만, 그것이 극단적으로 인간을 구속하게 되면 도리어 인간성을 파괴하게 되고, 그것에 그치는 것이 아니라 결국 자연을 파괴하고 황폐화시키게 된다. 따라서 질서는 항상 어떤 맥락에 따라 탄력적으로 운영되어야 한다. 만약 그것이 경직되어 운영될 경우, 편의성을 얻는 것보다 훨씬 더 심각한 본성적 손해를 끼치게 된다. 말의 의미는 랑그에 의해 한정되는(지시되는) 것이 아니라 파롤에 의해서 내포성을 보존해야 한다. 파롤은 결국 소리이다.

음악은 문화적 랑그(문화의 법칙, 혹은 문법)의 입장에서 보면 파롤을 향하여 가는 것이지만, 파롤의 입장에서 보면 음악은 소리의 타락이다. 왜냐하면 음악은 소리가 각 문화권마다 자신의 랑그를 기초로 쌓아 올라간 구조이며 체계이기 때문이다. 음악은 보이지 않는 문화의 랑그를 바탕으로 건축되어 있다. 결국 인간이 자연으로 돌아가기 위해서는 자연의 원음(原音), 소리 그 자체를 들을 줄 알아야 한다. 그러기 위해서는 문화적 채움이 아니라 신체적 비움에 의해 스스로를 진동할 수 있게 하여야 한다. 그 진동이라는 것은 우리가 간혹 접하는 감동이나 전율이다. 바로 그 감동과 전율을 느끼는 것이 아름다움의 추구이고 미학이다.

이제 예술인류학으로 라캉에서 하이데거, 데리다, 들뢰즈에 이르는 서양철학에 대해서 나름대로 종합적인 평가를 할 때가 되었다. 서양문화는 역시 '사물↔언어' '사물=언어'라는 특징을 보인다. 이에 비해 동양문화는 '상징↔기' '상징=기'라는 특징을 보인다. 여기서 상징이라는 단어는 서양문화가 동양문화로 넘어가는 교량역할을 하고 있다.

상징은 언어이면서 동시에 이중적 의미를 가지고 있기 때문에 동양의 기(氣)문화로 넘어오게 한다. 세계는 일심(一心), 일기(一氣), 일물(一物), 일리(一理)이다. 이들은 서로 가역하면서 동시에 상징적 등식을 이룬다. 다시 말하면 다음과 같다.

일심(一心)↔일기(一氣)↔일물(一物)↔일리(一理)
일심(一心)=일기(一氣)=일물(一物)=일리(一理)

〈예술인류학 모델로 본 철학 이론들〉

박정진의 예술인류학	사물-언어(서양문화의 입장)	박정진의 상징-氣 (동양문화의 입장)
라캉	그것이 말한다(Ça parle)	말하는 것은 이미 그것(It, 道)이 아니다.
하이데거	그것이 말한다(Es spricht) "언어는 존재의 집이다." 지금껏 철학은 존재자(das Seiende)를 존재(das Sein)로 오해했다. 세계는 존재로 돌아가야 한다	말할 수 있는 도는 도가 아니다 (道可道 非常道). 존재는 언어로 잡을 수 없다. 인간사회는 유위(有爲)이지만 자연은 무위(無爲)이다. 무위가 공(空)이다.
데리다	음성언어는 동일성을 전제한다. 그래서 결국 문자학(Grammatology)이 필요하다.	음성언어는 동일성을 전제하지 않는다. 문자학이 아니라 음운학(Phonology)이 필요하다.
들뢰즈	가부장사회는 전쟁기계이다. 이제 여자-되기를 해야 한다	세계(자연)는 본래 태허, 여자이다. 모계사회는 자연주의 사회였다
실천의 양태	역사적(歷史的) 물심합일(物心合一) 실천. "역사는 존재자의 편이다."	존재적(存在的) 물심합일(物心合一) 실천. "존재는 언어를 필요로 하지 않는다."

〈문화의 원형과 차이와 연장〉

원형의 종류	차이	연장
하도(河圖), 낙서(洛書)	상수(象數: 1에서 10까지)로 천지구성과 변화를 표시함. 생수(生數)와 성수(成數)를 배합함. 1-6, 2-7, 3-8, 4-9, 5-10.	자연수/정수, 유리수/무리수, 실수/허수(복소수=a + bi) * a, b는 실수이며 $b \neq 0$, $i = \sqrt{-1}$
음양	음(陰)과 양(陽)	다원다층의 음양학
유전자	C, T, A, G	유전자배열(配列)
주역(周易)	사상(四象)-팔괘(八卦)	64괘(卦)
천부경(天符經)	상수(象數: 1에서 9까지) 9음계를 통해 천부경의 숫자를 음악으로 표현할 수 있음	소리를 음악과 수(數)로 무한대로 표현할 수 있음
불교 화엄(華嚴) 불교 반야(般若)	일(一)과 일체(一切) 공(空)과 색(色)	1과 무량수(∞)의 배합 0과 무한대(∞)의 배합

김형효는 표지학에 대해서 이렇게 말한다.

"텍스트로서의 세상은 이 세상의 모든 사실을 상대주의의 시각으로 보도록 종용하는 것이 아니라, 상관적인 상호연루(co-implication)의 얽힘으로 읽어야 함을 말한다. 데리다는 어떤 상호연루의 법칙으로 읽는 세상을 또한 '표지-표지학적 사유'(la pensée grammatologique, grammato-logical thinking)라고 부르기로 했다."[149]

표지학은 글자(la lettre)를 대상으로 삼는 학문이 아니라고 김형효는 강조한다. "표지-문자학적 사유는 바깥과 안의 대립을 인정하지 않는 사유이다. 그리고 의미와 무의미의 대립을 무시해버리는 그런 사유

---

149) 김형효, 『철학 나그네』(소나무, 2010), 56쪽.

다. (중략) 표지-문자학은 어떤 것도 의미하지 않는 '놀이의 심정으로 이 세상을 관조하는 그런 자세와 상통한다. (중략) 문자-표지는 현존(la présence)이 진리의 본질이 아니라 흔적(la trace)이 진리의 다른 표현임을 이해하는 곳에서 가능하다. 이 세상의 모든 사실은 흔적의 관계에 지나지 않음을 자각하는 것이 표지-문자학이다."[150]

다시 말하면 문자학은 표지나 문자를 존재자로 대하는 것이 아니라 존재의 흔적을 발견할 수 있는 매개로 본다. 만약 이 표지-문자(l'écriture, writing)가 없다면 인간은 무엇을 통해 존재를 회복할 수 있을 것인가. 인간의 문화는 존재자들이지만 살아있는 인간은 존재이다. 다시 말하면 인간의 살아있음(살아있음의 기운생동)을 통해 표지-문자는 존재로 환생한다.

결국 그라마톨로지는 존재와 존재자를 연결하는 매개이고, 어떤 면에서는 영매이다. 어떤 점에서 만물은 인간의 연구대상이나 필요대상이 아니라 스스로 빛을 발하는 영매이다. 문제는 그것을 통해서 인간이 존재에 도달하느냐의 유무이다. 자신의 생각이 존재자에 머물러 있으면 존재에 대한, 자연에 대한 깨달음에 도달하기 어렵게 된다. 이성이나 역사나 의식을 너무 강조하는 사람은 자연이나 존재나 무의식에 대해서 이해하기 어렵게 된다.

데리다가 그토록 현존(la présence)과 다르다고 여기는 흔적(la trace)은 실은 '현존'의 과거분사에 지나지 않는다. '쓰인 것'는 '쓰는 행위'라는 현존이 있는 다음에 그것을 과거분사로 보는 것에 지나지 않는다. '쓰인 것'이라는 과거분사는 '쓰기'가 가지고 있는 현존적 성격을 완전히 없애거나 은폐하거나 위장하기 위한 것이라고 볼 수밖에 없다. 글쓰기에 있어서 기억이나 회상에 근거한 참회록을 쓸 경우에는 '쓰기'는 항상 현존과 차이가 있는(시간적으로 현존이 있는 다음에 글을 쓰는) 것

---

150) 김형효, 같은 책, 57쪽.

이지만, 도리어 논리적이고 이성적인 글을 쓰는 경우, 반드시 현존과 차이가 있는 것도 아니다. 논리적 글쓰기는 도리어 창조적 이성이 발현되는 순간순간으로 매우 현존적이지 않을 수 없다. 만약 그 논리적 글이 현존적이지 않으면 도리어 순전히 표절이 되고마는 것이다.

이는 데리다가 소쉬르를 향하여 "존재신학적 전통에 충실한 언어학을 계발하기 위하여 언어의 가장 자연스런 음성과 음성 속에 담긴 의미를 문자의 비자연적불순성에서 해방시키는 과제를 제일의 표적으로 생각하였다."고 하는 비판을 다시 뒤집는 것이다.

왜 소리(음성)만 현존인가. 글을 쓰는 행위도 말을 하는 것만큼이나 현존이다. 물론 글을 쓰는 것이 단지 말을 하는 것에 뒤따르는 것, 혹은 기억하면서 쓰는 것, 회상하면서 쓰는 것이라고 전제하면 현존이 아니지만, 반대로 글을 쓰는 것도 말하는 것처럼 '현존의 글쓰기'가 있다. 시인들은 단지 기억이나 회상함으로써 시를 쓰는 것이 아니라 글을 씀으로써 지금까지 세상에 있지 않았던 일들이 전개되는 것이다. 글도 지금 쓰지 않으면 '현존'처럼 '부재'하게 된다. 현존과 부재는 근본적으로 다른 것이 아니라(독립적인 것이 아니라) 단지 용태의 다른 것에 지나지 않는다.

재미있는 것은 에크리튀르라는 것도 실은 '말소리중심주의'를 전제로 에크리튀르인 것이다. 만약 말하는 것을 중심으로 전개하지 않고, '글 쓰는 것'을 중심으로 말하거나 '쓰인 것'를 보는 입장에서 말한다면 에크리튀르야말로 현존이다. 결국 에크리튀르라는 말의 탄생은 현존을 상쇄시키기 위해 고안된 용어이다. 말하자면 현존을 해체시키기 위한 철학적 용어이다. 결국 에크리튀르도 현존의 부재이고, 동시에 부재의 현존이다. 결국 이런 것을 말장난이라고 말할 수밖에 없다. 철학도 순진무구한 말장난인지 모른다.

데리다는 또 상대성(relativism)과 상호연루(co-implication)를 다른 것이라고 말하는데 물론 사용하는 장소에 따라 다소 어감은 다를 수도 있지만 실은 상대성을 말하는 것은 상호연루를 말하는 것이다. 상호연루되지 않으면 상대성이 존재할 수 없다. 예컨대 음양사상을 말할 때 음양사상이라고 말하기도 하고, 더 자세하게 설명할 때는 음 속에 양이 있고, 양 속에 음이 있닥 말한다. 음 속에 양이 있고, 양 속에 음이 있다는 것이 상호연루가 아니고 무엇인가. 결국 상대성과 상호연루는 같은 것을 말만 바꾼 말장난에 지나지 않는다.

철학은 왜 말장난이 되는가. 우리는 철학이 결국 역동적인 세계, 입체적인 세계를 말하는 것이라고 생각하지만, 실은 철학 자체는 매우 일차원적인 말의 전개를 통해 실현되지 않을 수 없다는 딜레마에 빠지게 된다. 철학적 문장도 결국 문장일 바에는 구문(syntax)의 전개, 선후관계로 정리되는 행위라는 점이다. 의미라는 것도 그 문장의 전개 속에서 이미 이중적 의미 가운데 하나를 선택해서 연결하는 반전의 연결이라는 점일 수밖에 없다. 문장은 결국 '의미의 파동'이 된다는 점이다. 결국 글쓰기도 파동이다. 말하자면 글쓰기도 말하는 것과 같은 파동이라는 점이다. 단지 파동인데 어느 수준의 파동인가가 다를 뿐이다.

세계는 파동의 세계이고, 의미도 파동이다. 만약 세계가 파동(입자가 아니고)이라면, 입자도 파동이라고 볼 수 있다면 표지학보다는 파동학이 더 세계에 근접하는 말이고, 파동은 차라리 표지학이라기보다는 소리학이라고 표현하는 편이 훨씬 유리하고 적합하다. 소리는 본래 의심의 여지가 없는 파동이기 때문이다. 그라마톨로지는 물론 문자나 문장을 말하는 것에 불과한 것은 아니지만 결국 철학의 문장적 특성, 글쓰기의 특성을 말하는 흔적(그라마톨로지의 말을 빌리면)을 지니고 있다고 말하지 않을 수 없다.

그라마톨로지가 그것의 종합에 이르러 교직물(text)의 짜깁기(intertext)를 주장하는 것에서 도리어 평면성을 느낄 수 있다. 그라마톨로지는 결국 역동적인 우주, 입체적인 3차원의 우주를 실은 2차원적인 평면의 우주로 설명하는 셜명하는 것에 지나지 않을지 모른다. 교직물은 아무리 엮어 보았자 교직물이다. 의미라는 것은 의미가 드러나지 않은 바탕에서 솟아난 의미에 불과하다. 이는 백지에 검은 선을 그리면서 일렬종대 혹은 일렬횡대로 서는 글자와 같다. 1차원적인 표현을 2차원의 평면(바탕)이 있기에 가능하다. 2차원적인 표현은 3차원의 입면이 있기에 가능하다. 그래서 표현되는 것은 표현되는 것보다 한 단계 높은 차원이 있기에 가능하다. 결국 그라마톨로지는 3차원을 전제로 한 2차원의 표현이다.

그라마톨로지의 표지라는 것은 실은 3차원의 것을 2차원으로 표현하는 철학적 후퇴이다. 소리(음성)를 '태초의 말씀'이나 '현존하는 자기 소리'로 박제하는(한정하는) '말소리중심주의'나 그것에 반하여 다른 탈출구를 모색하는 '그라마톨로지'나, 둘 다 서양 알파벳 표음문자 문화, 혹은 시각중심문화의 연기이다. 그라마톨로지는 특히 청각적 소리보다는 시각적 문자에 의해 이성중심주의가 성립되었다는 점을 감추는 연기에 지나지 않는다. 이성중심주의는 쓰기와 기록의 집적이고 결과이다. 이것을 음성(말소리) 때문이라고 보는 것은 순전히 서양유대기독교주의와 시각중심문화의 자기현존이고 동시에 자기부재이다.

표지학(문자학)은 적어도 목소리라는 인간중심주의, 인간 의식주의로부터 멀어지고 싶었을지도 모른다. 그러나 목소리에서 외연을 넓히면, 음소와 소리는 인간의 무의식과 관련이 있는, 자연과 본능에서 근원하는 것에 대해서 어떤 해답을 기대할 수 있을 지도 모르는 '감각적 재료들'이다. 문자는 역시 자연에서 음성 다음으로 2차적으로 발생한 보충대리이다. 목소리로 소리를 지르는 것이 먼저인가, 무엇을 쓰는 것이 먼저인가. 둘 다 현존과 부재의 것이지만, 신체적 특성으로 볼 때 소리가 자연에 가깝다. 인간에 이르러 쓰기가 더 많아졌지만 동물들을 보면 소리가 먼저이다. 이를 흔적의 입장에서 보면 소리는 가장 손쉬운 흔적이다.

언어 가운데는 한글과 같이 소리가(소리의 차이가) 바로 의미의 차이가 되는 언어도 있다. 자연의 소리를 그대로 옮길 수 있는 언어도 있는 것이다. 소리는 물론 기호이고 문자이지만, 동시에 기호도 문자도 아닐 수 있다. 소리는 기호가 되기에는 너무 구체적(감각적)이고, 문자가 되기에는 출발(근본)에서부터 해체적이다.

더욱이 소리는 물질도 아니고, 그렇다고 정신도 아니다. 소리는 정신과 물질이라는 이분법의 개념으로 설명할 수 없는 제 3의 존재이다. 그래서 소리는 기(氣), 공기(空氣)와 연결된 가능성을 가지고 있다. 기(氣)는 공(空)이라는 그릇에 담겨있고, 공기라는 매질을 타고 흐르는 것이 소리이다.

소리는 어쩌면 존재 자체, 처음부터 존재적이고 해체적인 것인 것의 실재(실체)인지 모른다. 소리는 존재론 철학자들이나 해체주의 철학자들이 추구하는 존재와 해체의 이중성을 동시에 가진 것인지도 모른다. 그런데 서양철학자들은 이성중심주의가 '말소리중심주의'의 결과라고 생각하고, 현존을 '목소리'의 결과라고 생각한다.

오늘날 현대과학은 빛을 입자로 설명할 수도 있고, 파동으로 설명할 수도 있다. 서양문명에는 어딘가 입자적(粒子的) 사고가 있는 것 같다. 아래 표에서 가장 주목되는 것은 서양문명에는 소리를 보편성으로 보는 경향이 있는 점이다. 서양문명이 흔히 〈보편적이며 일반적인〉이라고 하나로 묶는 것은 습관적인데 '태초의 말씀'을 소리로 보면서 동시에 이성으로 보는, 그래서 결국 '영혼=보편성'으로 보기 때문이다. 목소리는 소리이면서 동시에 이성이다. 서양문명에서 소리는 여러 각도와 층위에서 '이중성의 존재'이다. 소리야말로 일반성의 것이다.

이는 초의식과 무의식이 앞에서는 수직적인데 뒤에서는 서로 가역하고 순환하고 있기 때문이다. 니체의 초인까지도 무의식-일반성의 것을 초의식-보편성의 것(초월적인 것)으로 오인한 것이다. 인간은 초인

(overman)이 되어 넘어갈 곳도 없다. 인간은 항상 세계 안에 있다. 깨달음이라고 하는 것이나 그 어떤 하찮은 일이라고 하더라도 돌아가는 곳은 평등하다. 죽음만이 평등한 것이다. 자연 이상의(이외의) 초자연이나 초월이나 그 초재나 그 어떤 것이라고 하더라도 가부장사회의 환상에 불과하다.

초의식과 무의식도 의식을 중심(매개)으로 이중성의 위치에 있다. 재미있는 것은 시각중심문명의 서구문명은 그것의 의식 중심으로 인해서 무의식과 초의식을 구분하지 못하고, 의식(意識)의 출발로서 전의식(前意識)의 단계로 〈선험적, 초월적, 초재적〉이라는 용어를 사용하고 있다는 점이다. 의식이라는 것이 중간에서 막으면 양자는 서로 떨어져있지만, 그렇지 못할 때는 서로 침투하는, 서로 반사하는 경향이 있다.

실은 니체의 초인(超人)이라는 개념도 이러한 것의 산물이라고 볼 수 있다. 자연에서는 '여기(此岸)서 저기(彼岸)로 넘어가는 것은 별 의미가 없다. 자연은 어디서나 같은 것이다. 서양철학의 주요 개념인 이성(理性)이라는 것도 때로는 〈선험적, 초월적, 초재적〉 개념으로 사용되기도 하는데 이는 이성 자체가 이들을 전제로 탄생한 것이기 때문이다.

존재자의 이면은 존재이고, 존재의 이면은 존재자이다. 음의 이면은 양이고, 양의 이면은 음이다. 음양을 대립으로 보면 음이 크면 양은 작아지고, 양이 크면 음이 작아져야 하는데 그렇지 않다. 음이 크면 양도 커지고, 음이 작아지면 양도 작아진다. 음양은 동거하고 있기 때문이다.

〈입자-빛-시각문명 대 파동-소리-청각문명〉

입자	빛	소리(파동)
시각(반사)	↔	청각(울림)
중력장 속에서는 빛의 속도보다 빠를 수 없다		본래 우주는 하나이다. (이동할 필요가 없다)
존재자(천지창조자, 최초의 원인)		존재(우주적 울림, 진동)

하느님(하나님)		한울림(흔 올님)
소리를 절대, 현존이라 생각한다. (부재를 주장할 필요가 있다.)		소리는 처음부터 상대, 부재라 생각한다. (부재를 주장할 필요가 없다.)
서양철학(언어철학)의 이성주의		동양 음양철학(상징철학)의 감성주의
빛-남자(남근)-보편성		소리-여자(여근)-일반성
소리와 일반성을 보편성이라고 여김 선험성-동일성-보편성-초월성-이(理)		일반성을 되찾는 음(陰)의 철학의 필요, 원초성-비동일성-일반성-바탕성-기(氣)
양음	↔	음양
*음이 커지면 양도 커지고 음이 작아지면 양도 작아진다. 음양은 동거하고, 서로 이면이다.		

"데리다는 이 세상의 필연적 사실이 선험적으로 표지-문자학적 관계의 그물이라는 것을 알리기 위하여 원(原)흔적(l'archi-trace)이나 원문자(l'archi-écriture, archi-writing)라는 용어를 사용하기도 했다."[151]

문자(文字)는 '문(文, 紋, 무늬)과 자(字, 글자)의 합성어'이다. 동양의 문자라는 말에는 이미 '문(文)'에 에크리튀르의 성격을 내포하고 있다. '자(字)'야말로 글자인 것이다. 문자라는 말에 대칭되는 것이 음운(音韻)이라는 말이다. 음운(音韻)은 '음(音)과 운(韻)의 합성어'이다. 음(音)은 단순히 소리를 나타내지만 운(韻)에는 이미 어떤 리듬 혹은 체계 같은 것이 들어있다. 따라서 우리가 문자학이나 음운학을 말할 때 이러한 내용이 전제되어야 할 것이다.

문자학이 실은 문자(文字) 가운데 '자(字)보다는 문(文)'에 대해서 추적하는 입장이라면, 음운학은 음운(音韻) 가운데 '운(韻)보다는 음(音)'에

---

151) 김형효, 같은 책, p. 58.

추적하는 입장이다. 문(文)과 음(音)은 자(字)와 운(韻)보다는 원시적인 것이고 자연적이고, 덜 체계적이다. 이는 결국 후자가 전자의 보충대리 적 성격임을 말한다. 그러나 보충대리라는 것도 실은 선후적인 것이라기 보다는 상호내포적이다. 전자가 수평적이고, 멜로디적이라면, 후자는 수 직적이고 화성적이다. 소리를 음성(말소리)에 박제하거나 한정하는 것은 소리의 파동적 실체에서 멀어지게 된다.

파동으로서의 소리는 근본적으로 리듬이다. 리듬은 마치 소리의 어머 니와 같다. 가락이 어머니의 아들이고, 화성이 아버지라면 말이다. 하지 만 리듬에는 이미 가락이 있고, 가락에는 이미 화성이 들어가 있다. 모든 체계 속의 의미는 상호 겹치는 부분이 있기 마련이다. 이는 보충대리의 보충대리라고 말할 수 있다. 그래서 최초의 시원이나 동일성이 없는 것 이다.

하이데거는 자연의 생성을 존재유무로 말하면서 시간을 떠올렸다. 시 간은 시간이면서 동시에 시간이 아니어야 한다. 요컨대 현재라는 시간 이 현재를 고집하면 현재만 있게 되고 시간은 성립하지 않는다. 시간의 과거와 미래는 있을 수(장소) 없기 때문이다. 이것이 바로 현존과 부재의 문제이고, 현존과 부재가 동시에 있어야 하는 문제이다. 이러한 시간의 특성은 바로 존재의 특성이다. 그래서 하이데거는 '존재와 시간'을 먼저 썼던 것이다.

생성을 존재로 설명하려면 반드시 시간이라는 변수를 동반하지 않을 수 없다. 시간이 있어야 변화를 설명할 수 있기 때문이다. 그런 점에서 시간이라는 것은 존재의 '제 일의적 특징'이라고 말할 수 있다. 시간이 있기 때문에 연속과 불연속이 있고, 그렇기 때문에 시간은 이중성의 근 원이 된다. 시간은 '끝없는 흐름으로서의 시간성'과 '계산할 수 있는 시 간'의 의미를 동시에 지니고 있다. 시간이 개입되는 어떤 것에도 '연속-불연속'이 동시에 작용하고 있다. 역사의 시대구분은 그 대표적인 것이다.

시간의 이러한 속성에 비해 공간은 '경계의 겹침'을 피할 수 없다. 이것은 공간의 이중성이다. 인간은 공간의 이중성에서 벗어나기 위해 분류학적 사고를 한다. 분류학적 사고는 항상 류(類)와 종(種)을 가리게 되는데 여기에는 메타적 사고(meta-thinking)가 필수적이다. 인간은 메타(meta-)할 수 있는 힘을 가지고 있다.

'메타'할 수 있는 힘에는 메타포(metaphor)와 메토니미(metonymy)의 두 종류가 있다. 메타포는 은유적(隱喩的)이고, 메토니미는 환유적(換喩的)이다. 메타포는 시와 예술로 연결되고, 메토니미는 철학이나 과학으로 연결된다. 메타포(metaphor)가 의미를 생성한다고 말했지만, 메타포는 사물을 겹쳐서(포개서) 보는 데서 비롯되는 것이다. 겹치는 부분이 의미가 되니, 당연히 의미는 겹칠 수밖에 없는 것이다. 은유(隱喩)는 한 사물을 다른 사물의 관점에서 볼 수 있는 정신의 작용, 즉 힘이다.

인간은 뇌 용량의 증가와 함께 어느 날 생각의 이동, 생각을 초월할 수 있는 능력을 가지게 된 셈이다. 현상학적 입장에서 보면 의미는 노에시스(noesis)와 노에마(noema)의 순간적 포개짐(겹침)에서 이루어진다. 결국 둘 다 겹침(만남)에서 비롯된다는 것을 알 수 있다. 현상학적 의미의 환원을 '형상적(eidetic) 환원'이라고 한다.

"후설은 포개짐(Deckung)이 '경험의 보편적 형식'이고, 그 형식은 현재적 현존의 성격을 지닌다고 생각하였다. 바로 그 포개짐이 곧 의식이 자기 자신과 직접 내면적으로 이웃하는 현존이다. 그래서 '의식은 삶과 체험과 경험의 자기 현존이다. 이 현존은 지극히 단순해서 본질적으로 어떤 환상에 의해서 감염되지 않는다. 왜냐하면 그 현존은 하나의 절대적 근접성 속에서 자기 자신에게만 관계되기 때문이다."[152]

---

152) J. Derrida, 『La Voix et le phénomène』 p. 65 ; 김형효 『데리다의 해체철학』(민음사, 1993), 43~44쪽, 재인용.

김형효는 데리다와 하이데거의 통합에 성공하지만 데리다의 문자학이나 하이데거의 존재라는 것의 근저에는 '소리'가 있다는 것을 발견하는 데에 이르지 못한다. 소리는 문자가 '자연', 혹은 '움직이는 자연'으로 통하는 매개(매체)이다. 만약 문자에 소리가 없다면 문자의 생명력은 크게 줄어들 뿐만 아니라 심하게는 '죽은 글자'가 될 것이다. 문자가 생명력이 있는 것은 소리(파롤)가 있기 때문이다. 문자나 개념의 범주에서 소리를 표현할 것이 아니라 소리를 문자로부터 독립시켜야 하는 이유가 여기에 있다. 문자는 다르지만 소리가 같을 경우, 같은 의미를 갖는 단어가 많다.

필자의 일반성의 철학은 데이비드 흄(David Hume, 1711~1776)의 경험론 철학과 만나는 지점이 있다. 영국 경험론의 초기 존재론은 독일 관념론이 그동안 복잡한 과정을 거쳐 도달한 하이데거의 존재론과 충분히 상통할 수 있는 입장에 있다. 이는 경험론과 관념론의 은밀한 상봉(물밑상봉)이라고도 할 수 있다. 아시다시피 칸트가 순수이성비판, 즉 비판에서 철학을 시작한 것은 흄의 영향이 컸다. 어떤 점에서 칸트의 스승(반면교사)은 흄이라고 해도 과언이 아니다. 이성의 한계를 설정한 것은 흄의 '인간오성(지성)의 탐구'에서 펼쳐 보이는 오성의 판단에 대한 회의를 받아들인 것이라고 볼 수 있다. 칸트가 비판철학을 한 것은 흄의 덕분이라고 말할 수 있다.

선험을 부정한 흄은 인상과 관념, 그리고 이 둘의 복합에서 생긴 관념(복합관념)을 통해 생긴 개념에 대해 끝없이 회의하는 입장에 선다. 흄은 정신이 직접적으로 무엇을 아는 것은 불가능하다고 보았다(물질적인 것을 비물질적인 것이 직접 아는 것은 불가능하다). 요컨대 개념은 실재를 경험할 수 없다는 입장이다. 즉 경험에서 개념이 나왔다는 입장이다. '박수소리'라는 개념을 가지고는 결코 '박수소리'라는 실재를 알 수 없다는 것과 같다. 박수소리를 들었기 때문에 박수소리라는 개념이 성립한다는 뜻이다.

흄은 자아(自我)의 존재에 대해서도 회의를 한다. 흄은 더욱이 인과론(因果論)에 대해서도 부정적인 입장을 취한다. 급기야 흄은 과학도 마치 습관인 것처럼 말하는 자신을 발견하고 회의에 빠지게 된다. 흄은 "경험을 통해서는 과학을 정당화할 수 없다." "경험을 통해서는 경험에 확실성을 보증해줄 수 없다."는 난관에 봉착하게 된다.

근대 서양철학사를 보면 관념론의 선구자인 데카르트는 처음부터 자신의 존재에 대해 확신을 가질 수 없었던 나머지 결국 코기토("나는 생각한다. 고로 존재한다")와 신 존재증명("나는 신을 생각한다. 고로 신은 존재한다.")에 이르러 존재를 확신하는 본유관념(本有觀念)에 이르렀지만 경험론자인 흄은 반대로 '확실성'을 찾고자 했지만 마지막에 회의주의에 빠지게 된다. 관념론은 회의에서 철학을 시작하였고, 경험론은 마지막에 회의에 빠진 셈이다. 오늘날 과학은 실체론(입자론)에서 확률론(파동론)으로 바뀌었다.

서양철학은 고대 플라톤의 '이데아(Idea)'라는 '명사' 혹은 '정적인 세계'에서 근대에 이르러 '생각한다(Think)'라는 '동사' 혹은 '동적인 세계'로 철학의 성향(tendency)을 바꾸어 그 속에서 법칙을 발견하는 데에 앞장선 셈이다. 자연과학이라는 것도 실은 운동하고 변화하는 자연의 세계를 법칙이나 이론으로 해석하는, 자연을 잡고 제어할 수 있는 능력이라고 할 수 있다. 근대과학은 비록 법칙을 발견하려고 노력하고 있지만 세계가 끝없이 움직이고 변화하고 있다는 사실을 인정하고 있다.

일반성의 철학은 세계가 운동하고 변화하는 '기운생동의 세계(존재진리=존재사건)'라는 것을 전제하고 있다. 기운생동하는 세계는 고정된 실체가 없는 세계이고, 이것이 바로 자연이다. 생성이 바로 존재(자연)라는 사실을 인정하고 있다. '일반성의 철학'의 '일반성'은 철학적 사유 이전에 존재하는 자연적 존재, 즉 존재의 바탕을 환기시키는 일에 주목하고 있다. 하이데거의 기초존재론과 다른, 존재의 일반성(공통성)에 주목하는 철학이다. 이것은 '존재(존재자)일반'에 대한 논의가 아니라 '일반적 존재(본래존재)' '자연적 존재'에 대한 이야기이다.

일반성의 철학이 보편성(보편적이고 일반적인)과 일반성(일반적이고 보편적인)을 전도시킨 것은 바로 실재를 우선하는 입장과 맞닿아있다. 철학은 개념의 산물이라는 점에서 일반성의 철학이 일반성을 우선하는 것은 기존의 서양철학에 대한 대반란에 속한다. 그렇기 때문에 본질(essence)보다 실존(existence)을 우선하는 존재론철학은 앎보다는 삶을 우선하게 되고, 결국 삶을 위해 앎이 존재하는 셈이 된다. 이와 같은 이유로 해서 존재론의 미래는 일반성의 철학이 될 수밖에 없다.

존재론과 일반성의 철학은 결국 개념에 의해 구성된 구성철학이 아닌, 존재(사물) 자체를 인정하고 그것을 열린 마음으로 추구하는 철학을 의미한다. 그렇다고 과학을 배제하는 것은 결코 아니다. 도리어 과학과 철학이 균형잡힌 모습으로 공생하는 것을 모색하는 입장이다. 모든 존재는 생성·변화하는 존재로서 그것이 개념으로 확실하게 잡히는 것은 아닐지라도, 그것이 있는 것은 확실하고, 그것을 인정할 때 인간은 존재의 전체성과 만날 수 있다. 바로 그 존재의 전체성이 자연인 것이다.

서양철학은 플라톤의 이데아에서 출발하여 오랜 우회로를 돌아 존재론에서 다시 자연(본래존재)에 도달한 셈이다. 모든 존재는 인위적으로 평등을 추구해서 평등한 것이 아니라 본래 저절로 평등한 것이다. 모든 존재는 하나의 고정된 모습과 의미로 존재할 수 없다. 그런 점에서 존재론은 '현상학=의식학'이 아니다. 이것이 존재의 일반성이다.

한자문명권에는 도리어 "소리가 같으면 의미가 같다."라는 말이 있다. 이러한 아나그람(anagram)은 알파벳문명권에도 있긴 하지만 알파벳문명권에서는 도리어 "말의 다른 의미를 위해 소리도 달라진다." 알파벳문명권에서는 말(파롤)의 절대성(예: 一物一語)을 요구하는 경향이 강한 반면, 한자문명권에서는 글자(문자)의 상대성(예: 點劃線이 다른 상형문자)에 따라 의미를 달리하기 때문에 아나그람이 강하다. 따라서 '문자학(표지학)=소리학의 일부'이라는 사실을 이해하여야 할 필요성이 있다. 문자야말로 소리의 보충대리이다(이에 대한 학문적 토론은 다음 장에서 다루어진다).

표지학의 한 예를 들어보자. 현(玄)자를 중심으로 보자. 빛은 사물을 확인하게 해준다. 그러나 빛 이전에 그 무엇이 있다. 빛은 옛 사람들에서부터 눈에 희게 보인다. 따라서 그 이전의 것을 우리는 검다고 한다. 검을(거믈, 거물) '현'(玄)이 그것이다. 옛 사람들은 '검은 것'을 '신'(神)(검=신)이라고 하였다. 신은 '검은 것'이다. 그런데 '검'(劍)은 바로 무인(武人)의 상징이다. 사람이 생존경쟁에서 적을 물리치고 살아남으려면 무(武)가 필요하였다. 무(武)는 문(文)보다 본질적으로 훨씬 앞서는 것이다. 신을 뜻하는 '검'과 무기를 뜻하는 '검'의 발음이 같다. 여기에 문화적 상징인 '검'의 이중적의미가 있는 것이다.

검을 현(玄)의 '현'(玄)자와 호반 무(武)자의 '무'(武)자를 합친 '현무'(玄武)라는 글자가 있다. 현무(玄武)는 사신도의 북쪽에 있는 상징적 동물이다. 오행으로 보면 물(水)을 뜻한다. 현무는 암컷 거북과 수컷 뱀의 결합이라고 한다. 여기에 이브와 사탄과 아담 사이에 전개되는 성경의 상징도 들어있는 것 같다. 예컨대 암컷 거북=이브, 수컷 뱀=사탄, 그리고 이브의 꼬임에 빠진 아담의 낙원 추방으로 인한 인류의 시작 같은 스토리 말이다. 낙원추방의 이야기는 이브로부터 시작된다. 여자는 흔히 뱀으로 상징되기도 한다. 뱀은 또한 우주의 순환을 나타내는 상징이기도 한다. 그런데 뱀이 이브를 유혹하는 것을 보면 이브가 자체적으로 분열하여 뱀을 낳고 뱀은 이브를 유혹하여 다시 이야기는 남자인 아담으로 전개된다. 이브인 음의 자체 분열과 그로 인한 사탄의 등장, 그리고 이어지는 아담이야기, 어딘가 태허(태극), 혹은 음양으로 전개되는 우주론을 떠올리게 한다.

성경이 가부장제를 위한 신화적 이데올로기이지만 그 이야기의 출발은 이브에 있다. 물론 성경에 하느님은 아담을 먼저 만들고 아담의 갈비뼈로 이브를 만들었다고 한다. 이는 어딘가 역전된 감을 갖게 한다. 이브를 혜화라고도 한다. 혜화는 이상하게도 여호와라는 발음과 유사하다. 여호와를 빨리 하면 혜화가 된다. 조금은 비약이지만 혜화인 여신이 태초의 신이었는데 이것을 여호와라는 남성신이 가로채고 그 자리에 이브를 놓으면서 성경의 이야기는 남성신 중심으로 전개된 것이 아닌가 생각이 든다.

만물을 낳는 것은 수컷이 아니다. 암컷이다. 그런데 이상하게도 성경의 창세기는 비록 여호와를 "남자다, 여자다."라고 말하지 않았지만 은연중에 '여호와 하느님' 혹은 '하느님 아버지'라는 말에서 남자로 인식하게 된다. 태초는 자기완결적이 되지 않으면 안 된다. 음악에서는 기표와 기의가 공동거주하고 있다. 자연의 소리는 자연의 음악이다. 자연은 별도의 의미가 필요 없다. 자연은 소리 자체가 의미(기의)이고 기표이다.

외침에는 외국어가 없다고 한다. 외침은 소리를 외칠 때 실재가 재현되는 것이 아니라 그대로 감각되기 때문이다. 자연의 소리는 의미의 차이가 있는 것이 아니라 강도의 차이가 있을 뿐이다. 이것을 의미로 환원하는 것은 인간의 생각이다. 의미라는 것도 실은 소리의 재현이다. 기표와 기의가 분리되는 말은 결국 기표를 지향하게 된다. 그래서 불완전한 것이다. 그래서 도덕경은 "도가도 비상도(道可道 非常道: 말하여진 도는 상도가 아니다)"라고 하지 않았던가.

여호와는 "스스로 그인 자(나는 나다)"라는 뜻이다. 동양의 도덕경에서는 현(玄)을 우주의 태허와 같은 것으로 본다. 현은 다시 묘(妙)와 요(徼)로 나뉜다. 묘는 드러나지 않는 것, 요는 드러나는 것을 상징한다. 그래서 현묘(玄妙)를 치중한다. 묘(妙)자에는 계집 여(女)자가 붙어 있다.

여기서도 여자, 혹은 여신이 앞서는 것을 볼 수 있다. 생명을 탄생시키는 것은 여자이다. 그것은 지금도 그러하다. 그런데 그것을 다스리는 것은 남자이다. 여자는 결국 자신이 낳은 남자 자식(아들)에게 다스림을 당하는 셈이 된다.

현무에 대해서 여러 설명을 할 수 있겠지만 어딘가 우주의 블랙홀과 같은 것을 떠올리게 한다. 현무이든, 현묘이든 '현'자는 어둠에서 시작한 우주의 신비를 읽게 하는 글자, 일종의 표지-문자이다. '현'에는 '玄/現/顯/縣/峴/懸/弦/絃/眩/衒/見'의 의미가 있다. 거물거리는 것과 나타남의 융합에서 파생되는 의미가 있다.

존재(存在)라는 말을 동양의 음양론으로 분석하면, 존재라는 말 속에 이미 생성과 존재의 이중성이 숨어 있다. 존(存)자는 천지인(天地人)과 아들 자(子)의 합성어이다. '존'자는 삶(생명)과 실존(existence)을 나타낸다. 이는 물론 생성(becoming)과 여성성을 내포하고 있다. 그래서 음(陰)에 해당한다.

재(在)자는 천지인(天地人)과 선비 사(士)의 합성어이다. '재'자는 앎(지식)과 본질(essence)을 나타낸다. 이는 물론 존재(being)와 남성성을 내포하고 있다. 그래서 양(陽)이다.

동양철학에 음양은 태극이고, 태극은 음양이다. 음양은 이분법이 아니고 이중성의 상보적(相補的) 존재임을 천명하고 있다. 모든 존재는 서로 분리될 수 없다. 그런데 인간은 시각과 언어에 의해 세계를 이분법의 세계로 보고 있다. 모든 인간의 지식은 이분법의 소산이고, 수학적으로는 이진법(二進法)의 소산이다. 그 이진법을 전기적 장치로 전환한 것이 전자기제품들이고, 이것의 결정판이 오늘날 컴퓨터이다. 이진법과 전기(+, -)의 결합은 세계를 기계적인 작동으로 전환하게 하는 큰 걸음을 딛게 했다. 이것이 바로 디지털세계이다. '디지털세계=기계적인 작동'의 세계이다. 이것은 미적분함수(函數)의 세계[(y=f(x)+b]이다.

〈음양사상으로 본 존재(存在)〉

태극(太極)=음양=신(남성신·여성신)=Being-becoming	
陰	陽
存(天地人+子)	在(天地人+士)
삶(생명)	앎(지식)
생성으로서의 존재	존재자로서의 존재
실존(existence)=존재론	본질(essence)=현상학
생성(becoming)	존재(being)
여성성-재생산(reproduction)	남성성-생산(production)

　과학적인 세계, 기계적인 작동의 세계가 될수록 인간은 자연적 존재이며, 생성적 존재이며, 신체적 존재임을 재확인할 필요가 있다. 그렇지 않으면 인간은 자신도 모르게 '자신이 만들어낸 기계신=기계인간'을 섬기는 존재로 전락할 가능성이 높다. 기계신은 인류의 새로운 우상이 될 가능성이 높다. 인간은 기계를 부리는 것이 아니라 기계를 섬길 가능성이 높다.

　고정불변의 신을 섬기던 인간은 급기야 고정불변의 기계를 섬기는, 혹은 전쟁기계를 섬기는, 기계적 폭력의 폭군이 되는 것을 자랑으로 삼는 존재로 전락할지도 모른다. 그것은 결국 인류종말의 재앙을 가져다줄지 모른다. 여성성과 여성의 재생산성에 대한 새로운 경외와 신앙심을 되찾지 않으면 인류는 패권경쟁으로 인해 스스로 자멸할 가능성이 높다. 왜냐하면 남성성은 세계를 권력의 피라미드로 보고, 그 피라미드의 정상에 오를 것을 열망할 것이기 때문이다.

　서양문명과 동양문명, 그리고 지리적으로 그 중간에 있으면서 인류문명의 기원을 이룬 중동인도문명은 나름대로 문화적 특성이 있다. 그리고 동아시아 한자문화권에 속하는 한국의 경우 또한 문화적 특성이 있다.

　서양문명은 〈남성성=양음(陽陰)사상=페니스(penis)-색(色)-존재자

(存在者)-아(我)〉의 문화적 특성을 가지고 있다. 중동인도문명은 〈중관(中觀)사상=공(空)-연기(緣起)-중론(中論)-무아(無我)〉의 문화적 특성을 가지고 있다. 동양(동아시아)문명은 〈여성성=음양(陰陽)사상=버저이너(vagina)-인(仁)-중용(中庸)-시중(時中)〉을 지니고 있다. 한국은 동양에서도 모계적 문화유습이 가장 많이 남아있는 문명이다.

여성철학이야말로 실질적으로 존재론철학이고, 신체적 존재론이고, 자연철학이라는 것을 깨달아야 한다. 여성성을 높임으로써 인류는 철학적으로 남성성과 여성성의 균형을 잡을, 종의 번영과 행복을 이루어야 할, 존재(Sein)와 당위(Sollen)에 직면하고 있다.

인간이 사물에 대해 명명(命名)을 하거나 호명(呼名)을 하는 것은 이미 권력을 행사하는 것이다. 명명이나 호명은 자연(自然), 즉 자연적 존재에 대해, 다시 말하면 끝없이 움직이는 '사건(event)으로서의 자연'을 '사물의 본성(nature=thing-being=essence)'으로 치환하는 것이다. 이는 본성이 마치 '사건으로서의 자연(natural event=nature-being=existence)'인 것처럼 바라보는 것이거나 바라보게 하는 것이다. 이것은 마치 여성(어머니)이 낳은 아이에게 남성(아버지)이 이름을 지어주는(naming) 행위와 같다.

인간이 행하는 모든 문화적 행위는, 여성이 아이를 배고 낳는 행위를 하는 것을 제외한 모든 행위는 이름을 지어주는 것과 같다. 남성이 권력자(지배자)로서 등장하는 것은 이미 가정에서 시작되는 것이며, 여성은 피권력자(피지배자)로서의 삶은 시작하는 셈이다. 그래서 여성과 민중은 사회적으로 같은 위치에 서게 된다. 권력의 눈으로 보면 그렇다.

그러나 여성은, 자연은 그렇게 호락호락하게 인간(남성)에게 물러서지 않는다. 단지 물러서는 것처럼 보일 뿐이다. 자연은 언제나 자신의 일을 한다. 그 어떤 권력자도 자연 앞에서는 결국 무릎을 꿇고 만다. 생멸을 당연하게(이것은 필연이면서 당위이다) 여기는 자연의 부름, 즉 죽음 앞에서는 거역할 수 있는 자가 없다.

인간의 모든 문화적 행위, 즉 기억하고 생각하고, 그리고 쓰고 기록하고 집적하는 모든 행위는 자연의 흐름에 저항하는 문화적 흔적에 불과하다. 그런 점에서 도서관과 박물관은 인간의 보잘 것 없는 위용에 지나지 않는다. 이들 역시 거대한 무덤인 피라미드에 지나지 않는다. 피라미드는 언제나 후손으로 하여금 제의(祭儀)를 요구한다. 그래서 호모사피엔스는 제사를 지내는 동물이다. 지각하는 인간은 생활에서와 마찬가지로 이미지(image)와 언어(letter)로 제사를 지낸다고 은유할 수 있다. 이미지와 언어는 자연의 모방이다. 자연이 이데아의 모방이 아니라 이데아가 자연의 모방이다.

여성, 자연이 낳은 모든 생물은 죽음을 피할 수 없다. 그래서 여성적인 것, 신체적인 것, 몸(신체)을 가진 육적(肉的, 魄的)인 것들, 땅에 속하는 것들은 남성적인 것, 신적(神的)인 것, 마음(정신)을 가진 혼적(魂的)인 것들에 의해 비천한 것으로 천대받는다. 이것은 인간, 남성의 자가당착이고 전도몽상이다. 철학이라는 것은, 과학조차도 실은 남성의 권력행위의 산물이다.

여성은 자연의 편이고, 남성은 문화의 편이다. 자연은 진화(進化)하고 문화(文化)한다. 이때의 진화는 고정불변의 실체나 자아가 없기 때문에 진화론이 아니고, 이때의 문화는 끝없이 생성변화하기 때문에 고정불변의 문화가 아니다. 인간은 자연의 생존경쟁을 희생제의(犧牲祭儀)로 바꾼 권력경쟁의 생물종에 지나지 않는 것인가. 아직 문화가 자연을 이겼다는 최종결과는 나오지 않았다.

모든 성인(聖人)과 종교조차도 가부장-국가의 산물이다. 그러나 국가에 저항한다고 해서 국가와 제국을 벗어날 수 있을 것인가. 도리어 벗어나려고 하면 벗어날수록 늪에 빠져든다. 그것이 도리어 거짓과 위선으로 가득 찬 공산사회주의이고, 해체주의이다. 그 늪은 인간의 머리(대가리)

가 만들어낸 자가당착의 늪이다.

어느 날 갑자기 인간의 머리가 돌아버려서 인류가 종말을 고할지도 모른다. 또 인간이 만들어낸, 인간을 가장 과학적·기계적으로 닮은 기계인간이 패권을 휘두르면서 세계를 망쳐버릴지도 모른다. 호모 사피엔스가 존재한 시간은 2백만 년, 아니 5백만 년! 그보다 고생대((Gaenserndorfian, 약 12,000만 년 전에서 11,600만 년 전 사이) 식물인 은행나무(Horse Chestnut)가 오래 견뎠다.

남성(인간)은 여성(자연)과 더불어 잘 살아갈 준비가 되어있어야 한다. 지금까지의 모든 철학은 모두 남성철학이었다. 이제 여성철학으로 대전환을 할 때이다. 이것이야말로 미래의 코페르니쿠스적 전환이다. 죽음에 대해서도 남성적인 저항이나 고집, 자가당착과 전도몽상을 버려야 한다. 인간은 얼마나 역설의 존재인가. 진리라는 이름의 역설의 존재!

〈인류문명권과 문화특성: 문자와 상징과 종교〉

서양/ 페니스/ 色/ 存在者 /我	알파벳 문명 (표음 문자)	원음성 (자기 소리를 그대로 듣는다)/ 자기 완결성	보이는 세계/ 문자	시각중심 문명/ 대상적인 세계/ 원음성과 문자의 유착	동일성/ 천지 창조/ 인과 관계/ 원(原) 음성 =신(神)의 말씀	선형적 문화/ 위계적 문화	*시공간 (時空間)/ 하느님 아버지/ 성경 (聖經)
중동 인도 문명 空/ 無我 /中論	산스크 리트어 (표음 문자)	색즉시공 공즉시색 일즉일체 일체즉일	달마 (Dhar- ma)	오온/ 육근육경 육식/ 12연기 (緣起)	제행무상 제법무아 열반적정 인과응보	연기 (緣起) -인드라 (網)	*시공 (時空)/ 시바-부처 -보살/ 불경 (佛經)

동양(동아시아)/버저이너/인(仁)/中(中庸)/時中	한자문명(표의문자)	원형상징:태극음양(세계는 상보적이다)	보이지 않는 세계/소리	청각중심 문명/주체적인 세계/음양의 나선적 변형	동일성의 부재/천지개벽/원형과 변형	비선형적 문화/천인합일(天人合一)문화	태극(太極)음양(陰陽)-양음(陽陰)/옥황상제-신선-공자/유경(儒經)
한국(모계적인 유습이 많이 남은 문명국)	한글(표음문자)	천지인 원방각(자음:○□△)/모음:·ㅣㅡ)	인중천지일(人中天地一)	시각-청각 중심 문명/만물만신(萬物萬神)	천부경의 무시무종(無始無終)/동학(東學)/마고이즘(Mago-ism)	원형과 변형의 세계/영매(靈媒)/신들림	태허(太虛)-음양(陰陽)/단군(檀君)-마고(麻姑)할미/천부경(天符經)

서양근대철학은 흔히 칸트 이전이후, 헤겔 이전이후, 니체 이전이후로 나누기도 한다. 이를 잠시 데리다 이전이후로 해석해 보면 서양문명의 표지학(標識學)의 특성과 동양문명의 음양상징론(陰陽象徵論)의 특성을 함께 비교해볼 수 있다.

⟨데리다 이전이후, 동양의 음양상징론⟩

데리다 이전 (이성주의 철학)	데리다 이후	동양의 음양상징론
말소리중심주의 (le logo-phonocentrisme)	표지학적 사유 (la pensée gramatologique)	음양 상징(기호)적 사유(周易의 세계)

존재론적 현존의 철학	차이와 원흔적의 사유 (la différence et la pensée d'archi-trace)	같고 다름의 세계의 연속, 이중나선구조 (다원다층의 음양학)
존재신학	차연과 보충대리의 법 (la différence et la loi de supplémentarité)	천지개벽론(天地開闢論) (역동적 장의 개폐이론)
택일과 개념적 결정의 논리학	이중성과 결정불가능성 (la duplicité et l'indécidabilité)	상징의 이중성과 애매모호성

인류문명을 주술의 입장에서 살펴보면, 오늘날 시-예술-종교, 경제-과학-기술, 은유-환유-문장(text)을 동종주술과 감염주술과 복합주술의 개념에 배열해 볼 수 있다. 주술과 과학은 완전히 정반대의 것이 아니라 주술에서 과학이 탄생했음을 엿볼 수 있다.

〈주술과 비유, 사물사건존재〉

동종주술 (homeopathic magic)	유사의 법칙 (a law of similarity)	시-예술 -종교	메타포 (은유)	사건-존재 (생성적 존재론)
감염주술 (contagious magic)	접촉의 법칙 (a law contact)	경제-과학 -기술	메토니미 (환유)	사물-존재자 (사물적 존재론)
복합주술 (primitive culture)	유사-접촉법칙	문화복합 (cultural complex)	텍스트 (text, 문장)	운동-정지 (물리학)

〈주술과 차연, 표지학〉

동종주술 (homeo- pathic magic)	시뮬라크르 (simulacre)	차이 (difference)	원형 (archy-type) 원(原)흔적 (l'archi-trace)	말-표현 (영혼의 소리) 말소리중심주의 (logo- phonocen- trisme)
감염주술 (contagious magic)	시뮬레이션 (simulation)	연장 (extension)	변형 (transformer) (transfor- mation)	문자-표지 (l'écriture= writing)
복합주술 (primitive culture): 무당 굿 (gud)/ 신(god)/ 행운 (good)	파르마콘 (pharmakon) 파르마케이아 (pharmakeia) 파르마케우스 (pharmakeus) 파르마코스 (pharmakos) pharmacy (약/독)	차연 (différance)	카오스 (chaos)	표지학 (Grammato- logy) 자기동일성의 부정=같고 다름의 연속= 음양의 법칙

인간의 모든 분류학은, 인간이 인위적으로 자연을 명사(명사적 존재, 고정된 존재)로 분류한 것에 지나지 않는다. 자연은 분류학보다 훨씬 크고 원대한 것이고, 역동적인 것이고, 사건적인 것이다. 분류학이 새로운 종을 발견하고, 멸종된 종을 분류하면서 분류학적 진전을 이룬다고 하여도 결코 자연의 생성변화를 따라잡을 수는 없다. 자연은 실은 분류될 수 없는 전체이다. 분류의 종(種)과 류(類)에서 분기된 기점, 즉 경계선에 대해서는 분류학은 할 말이 없다.

분류학에 경계선의 동식물이 나오면 그것은 철학적 이중성과 같은 것이다. 자연은 끊어지지 않는 전체이다. 그런데 그것을 눈에 보이는(발견되는) 것을 중심으로 나무모양의 분류를 하는 것이 분류학인데 이는 구멍 뚫린 것이다. 이를 '구멍 뚫린 분류학'이라고 말할 수 있을 것이다.

그래서 자연의 전체를 '음양의 대칭학'으로 보는 편이 옳을 수도 있다. 음양은 처음부터 독립된 정체성(실체성)을 가진 것도 아니고, 편의상 어느 맥락에서 음과 양이라고 하더라도 그것은 잠정적인 것이라는 것에 이미 동의한 것이다. 아마도 분류학자들은 영원히 그 구멍을 메우기 위해서 노력하여야 할 것이다. 그러나 노력의 끝은 없을 것이다. 자연은 알 수 없는 전체이기 때문이다.

존재론의 미래로서의
네오샤머니즘

-서양의 현상학 · 존재론과
동양의 도학 · 존재론의 소통과 미래

1. 인류학적 철학, 철학인류학의 태도

철학이 단순히 세계에 대한 어떤 앎을 드러내거나 확장하는 지식의 체계일까, 아니면 삶을 위한 전략으로서의(전략을 숨기거나 내재하고 있는) 지식체계일까. 인류학적 철학은 물론 삶에 중심을 두고 있는 후자에 비중을 두고 있다. 왜냐하면 생물로서의 인간이 생존을 위한 여러 활동 가운데 철학도 포함되며, 존재이유가 있다고 보기 때문이다. 그러한 생존활동이 단지 본능이라면 철학하는 것도 인간의 본능일 수도 있다는 것을 배제하지 않는다.

인간은 본능적으로 철학하는(사유하는, 인식하는) 동물이다. 인간은 그러한 사유나 인식을 통해서 인구(개체군)를 유지하고 증식하는 데에 성공한 생물종일 뿐만 아니라 오늘날 스스로 '만물의 영장'이라고 말한다. '호모사피엔스사피엔스(Homo sapiens sapiens)'라는 분류학의 명명은 그러한 자의식이 이미 반영되어 있다.

이러한 인류학적 철학의 태도는 한 문화를 밖에서 보는 태도를 가짐으로써 도리어 안과 밖을 동시에 보는 기회를 가지게 되며 인류의 소통과 교감을 증진시키게 된다(물론 정복과 지배의 도구로 쓸 수도 있다). 따라서 이 논문은 서양철학의 밖에서 서양철학을 보는 것으로 의미를 찾게 된다. 서양철학의 사물에 대한 보편의식을 서양문명의 특수성을 바탕으로 한 보편성에 지나지 않는 것으로 보게 된다. 미셸푸코의 『말과 사물』은 그러한 문화인류학적인 정황을 철학에서 잘 반영하고 있고, 서양철학 스스로를 바라보는 대자적 태도를 취한 성공으로 볼 수 있다.

인간은 단수(Man)가 아니라 복수(Mans)라는 인류학의 기본적인 태도와 다른 문화들(Other Cultures)에 대한 문화상대주의적 입장은 서양철학주도의 세계철학계에 다른 많은 가능성을 열어주었다. 특히 철학인류학의 길을 개척한 클로드 레비스트로스는 이 분야에 많은 성과와 충격을 주었고, 특히 샤르트르와의 논쟁은 프랑스를 중심한 유럽철학계에 파문을 던진 바 있다.

철학과 인류학은 이미 상호교류를 통해 발전을 거듭하고 있고, 새로운 종합을 위해서 성과를 거두고 있다. 예컨대 서양철학의 밖에서 서양철학을 보는 태도는 많은 시사점을 주면서 동양철학의 의미를 새롭게 발전하게 하는 것은 물론이고, 양자의 자아정립과 발전을 도모케 한다. '자아와 비자아'의 상호 존재확인, 혹은 '정반합'의 변증법적인 관계에 양자를 있게 한다. 본고에서 동양철학을 '존재론'이라고 규정한 것도 다분히 동서철학의 교류 혹은 변증법적인 종합을 이루려는 입장에서 나온 발상이다.

서양철학의 입장에서 보면 불교는 '불교적 존재론'이 되고, 동양의 도가(道家)사상 혹은 무위자연(無爲自然)사상은 '자연적 존재론'이 된다. 물론 서양의 존재론이 완전히 동양사상의 '생성적(生成的) 성격'과 완전히 일치하는 것인가에는 의문이 없는 것은 아니고, 아직 서양철학 특유의 실체론의 그림자가 없는 것은 아니지만 적어도 동서양의 소통과 이해의 가교를 마련한다는 점에서는 의의가 있을 것이다. 서양철학에는 '생성'이라는 말 속에도 어딘가 '이데아-실체' 혹은 '힘-기계'의 '유심-유물'의 흔적이 남아있다.

서양철학을 한 마디로 말하면 우리가 눈으로 보는 변화무쌍한 세계를 '현상'이라고 전제하고 그 현상의 이면에는 보이지 않는 존재로서의 본질, 즉 고정불변의 존재가 있다고 가정하고 출발한 것이다. 이것은 생성을 존재 속에 집어넣은 것을 특징으로 한다. 그래서 고정불변의 존재를 가정하고 출발하기 때문에 역설적으로 현상학인 것이다. 그 출발점은 물론 플라톤의 이데아(Idea)이고, 아리스토텔레스의 에이도스(eidos)다. 이것이 중세에는 토마스 아퀴나스의 토미즘의 유일신이 되지만 근대에 들어서는 뉴턴의 과학적 법칙(절대역학)으로, 칸트의 이성으로 둔갑하는 것이다.

서양근대의 출발은 역시 과학이다. 칸트의 철학도 과학의 영향에 따른 철학적 이성의 발로이다. 과학이 이끌어가는 철학은 결국은 헤겔의 유심론을 거쳐 마르크스에 이르러 유물론으로 그 정점에 도달하게 된다. 유물론은 어쩌면 과학시대의 당연한 결론이라고 말할 수도 있다. 과학이야말로 유물론의 선봉장이었던 것이다. 그렇게 보면 마르크스의 유물론은 도리어 사이비유물론이라고 말할 수 있다. 왜냐하면 유물론만큼 극단적인 관념론은 없기 때문이다.

유물론이 사이비유물론이라면 진정한 유물론은 자연과학이라고 말할 수 있다. 과학자는 세계를 기계적 체계 혹은 기계적 완결성으로 보려고 한다. 과학자에게 신은 없거나 죽었으며 자연에서 신비는 없으며, 오직 과학적 원리(이론)와 기계적 조작(작동)만이 있을 뿐이다. 이러한 현대의 유물론적 환경은 서양철학과 문명의 두 갈래인 '이데아(Idea)와 신(God)'에서 '이데아-이성-과학적 원리'가 승리한 셈이다. 신은 '대중적 플라토니즘'으로 목숨을 연명하다가 문명화된 대중은 끝내 신을 버리고 과학으로 가버린 셈이다. 이제 진정한 신은 기계이다. 현대인은 신이라는 말조차 잊어버렸다. 현대인은 이제 생명을 떠올리지 않으면 신을 상상할 수조차 없다.

돌이켜 보면 인도의 바라문과 불교사상에 영향을 입은 쇼펜하우어의 등장은 서양철학사에서 그동안 관심 밖이었던 생성의 문제, 즉 욕망과 그것의 생성적 특징을 되돌아보는 전환점이 되었다. 쇼펜하우어의 충족이유율은 그동안 존재론과 인식론에 그쳤던 서양철학에 생성론을 새롭게 부각시켰을 뿐만 아니라 철학의 실천을 강조하는 것을 통해 네 가지 충족이유율을 제공함으로써 철학의 새로운 국면을 연출했던 것이다.

그런 점에서 서양근대철학의 분기점은 니체가 아니라 쇼펜하우어, 즉 쇼펜하우어 이전과 이후로 정리되어야 할 판이다. 쇼펜하우어의 실천은 마르크스의 실천(혁명)과는 달리 실존(죽을 존재로서의 인간)에 대한 불교적 접근을 통해 욕망을 억제할 것을 요구하는 실천(수행)의 성격이 짙다. 니체는 도리어 쇼펜하우어가 낳은 '서양문명의 부처'라고 할 수 있다. 이때의 부처의 의미는 제법무아의 '무자성(無自性)의 본래부처'가 아니라 '자성(自性)의 힘의 부처', 즉 실체를 숭상하는 서양문명의 맥락에서 재해석된 '반전의 부처'라고 해야 옳을 것이다.

니체마저도 쇼펜하우어의 아류일 수 있다. 그래서 칸트, 헤겔, 쇼펜하우어, 마르크스, 니체, 하이데거는 저마다 분기점 혹은 전환점적인 요소를 가지고 있다고 해도 과언이 아니다. 하이데거는 그의 존재론을 통해 다시 존재(존재자)에 결박된 생성을 존재에서 해방시킨 인물로 평가된다. 이것은 '명사의 존재'(분류학적 존재)에서 '동사의 존재'(사건으로서의 존재)에로의 대탈출에 비유된다.

특히 근대서양철학을 돌이켜 보면 저마다 자신의 문화전통과 풍토에 맞는 국가철학을 만들기 위해 노력한 흔적을 볼 수 있다. 우리가 오늘날 철학하기의 보편적인 방법으로 받아들이고 있는 경험론은 영국의 국가철학의 완성이고, 관념론은 독일의 국가철학의 완성이고, 합리론은 프랑스의 국가철학의 완성으로 해석해도 크게 틀리지 않는다. 실용주의는 미국의 국가철학이다. 이들 나라의 국가철학을 만든 경험의 축적과 사례가 오늘날 서양철학인 것이다.

따라서 이들의 철학을 그대로 수입해서 철학을 아무리 논의해보았자 다른 나라들, 즉 철학의 후진국들이 독립적인 철학을 만들기는 어려운 것이다. 그래서 다른 나라들이 경제적으로 소득이 올라갔다고 해서 선진국이 되지 못하는 것이다. 각자의 나라에서 독자적인 철학수립의 전통이 없으면 철학적 독립국이 되기 어려울 실정이다.[1]

---

1) 아시아에서는 중국과 인도가 전통적으로 철학을 수립해온 나라였다. 그러나 근대에 들어서는 힘을 발휘하지 못하고 있다. 그래도 인도의 간디의 비폭력주의, 중국의 마오이즘(Maoism)은 좋은 예가 된다. 근대에 들어 일본이 그나마 일본철학의 전통을 헤겔철학의 한

서양철학 내에서도 시대에 따라 시대정신(episteme)으로서의 서로 다른 철학이 등장하는 것은 철학이 '삶의 철학으로서의 앎의 철학'이라는 점을 느끼게 해준다. 독일의 관념론, 프랑스의 합리론, 영국의 경험론의 전통은 철학이 문화 혹은 문화생태, 문화풍토의 영향에서 벗어날 수 없다는 점을 보여준다. 종국에는 서로 다른 철학적 특성을 서로 바라보면서 자신(자아, 주체)을 확인하고, 나아가서 새로운 종합(통합)을 이루는 것이 철학인 셈이다. 오늘날 서양철학은 그러한 역사적 전통을 수립한 셈이다. 그렇다면 이제 인류는 동서양철학의 종합을 과제로 남겨두고 있다. 동양과 서양도 서로를 변증법적인 관계로 설정될 수 있을 것이다.

이러한 인류학적 철학의 입장에서 동서양철학의 상호소통과 미래에 대해 논구해보고는 것은 시대적 과제이다. 먼저 철학이 인간의 문화행위 가운데 한 활동이기에 다시 말해, 자연에 옷을 입히는 행위이기에 거기에서 드러나는 인간인식의 이원구조와 대립에 대해 살펴보고자 한다. 그런 다음 동서양철학과 종교 각각에서 인간인식의 이원구조 속에서 피어난 내용들이 왜 서로 소통해야 하는지를 역설하면서 존재론의 미래로서 네오샤머니즘을 소개하고자 한다. 마지막으로 한국인의 네오샤머니즘이라고 할 수 있는 천부경의 존재론, 천지인 사상을 살펴볼 것이다.

우선 동서철학과 문화의 교류와 영향을 거시적으로 보자. 서양의 근대철학과 후기근대철학은 특히 동양의 성리학(性理學)과 노장(老莊)철학, 그리고 불교와 선(禪)불교에 크게 영향을 입었다. 동서양의 문화교류와 소통과 접변(接變)을 보면 서로 피드백(feedback)한 것을 알 수 있다. 피드백과정을 보면 동양에서 서양에 영향을 미치고 서양이 다시 동양에 영향을미치고 다시 동양에서 서양에 영향을 미친 왕래와 반복이었다.

지파(니시다 기타로, 西田幾多郎: 1870~1945)로서 혹은 선불교의 지파(스즈키 다이세쓰, 鈴木大拙, 미국명 D. T. Suzuki: 1870~1966)로서 수립한 것으로 알려져 있다. 한국은 신라시대 원효(元曉)와 의상(義湘), 고려의 지눌(智訥), 조선의 이황(李滉)과 이이(李珥)가 알려져 있지만 근대에 들어서는 세계적으로 겨룰만한 인물이 아직 없다.

동서양의 고대와 근대를 미루어두고 근대에 들어서만해도 주자(1130 ~1200)의 성리학과 토마스 아퀴나스(1224~ 1274)의 토미즘은 공통점이 많다. 토미즘에 대해서는 김형효가 잘 분석한 바 있다.

"주자학의 궁극적 진리인 성리(性理)가 실재적 궁극적 진리인 태극지리(太極之理)의 이성적 동화(同化)이듯이, 토미즘의 궁극적 진리인 신(신)도 실재적 존재와 이성적 사유의 일치를 뜻한다. 그럼에도 불구하고 신(神)의 완전성을 표시하기 위하여 신적인 사유보다 신적인 존재가 논리적으로 앞선다. '신은 존재하기 때문에 스스로 인식하지, 신이 스스로 인식하기 때문에 존재하는 것은 아니다.' 주자학과 토미즘은 실재론적 주지주의의 철학적 길을 간다."[2]

칸트(1724~1804)의 도덕철학도 성리학과 유사점이 많다. 칸트의 이성(理性)과 성리학의 이(理)는 비슷한 데가 많다. 성리학의 천명(天命)과 칸트의 정언명령(定言命令, 定言命法)은 매우 유사하다. 칸트의 이성철학과 성리학의 차이는 칸트가 과학시대와 산업시대를 염두에 둔 '양심(conscience)의 도덕철학'이었다면 주자학은 농업시대의 인의예지(仁義禮智)와 거경궁리(居敬窮理)에 초점을 맞춘 윤리학(倫理學)이었다는 점이다. 다시 말하면 칸트는 현대물리학(物理學)의 존재를 감안한 도덕철학이었다면 주자는 농업시대의 윤리학에 초점을 맞춘 시대적 특성과 한계가 있다.

이에 앞서 스피노자(1632~1675)의 윤리학(Ethica)도 동양의 존재로서의 물(物)의 개념을 '자연=물질'로 확장한 개념이다. 스피노자는 무한적 실체(substance)로서 신(神)과 능산적 자연을 설정했다. 그리고 유한적 실체로서 인간주체와 자연으로서의 양태(modes)를 설정했다. 스피노자의 윤리학은 주자학의 사단칠정(四端七情)에 비교되는 바가 크다. 여기서 사단(四端)은 스피노자의 윤리적 공리(公理)에 대비되는 측면이

---

2) 김형효, 『철학나그네』(소나무, 2010), 150쪽.

크고, 정동론(affection)은 칠정을 더욱더 세분화한 것에 비할 수 있다. 스피노자는 흔히 범신론자로서 알려졌지만 철학적으로는 유물론에 가깝다. 라이프니츠(1646~1716)는 동양의 주역(周易)의 이진법을 미적분학으로 변형·확장시킨 것으로 유명하다.

독일 관념론의 완성자로 통하는 헤겔(1770~1831)은 인간의 절대정신과 이성의 간지(cunning of reason)를 주장함으로써 정서적으로 신(神)의 부재의 가능성을 암시했고, 마르크스(1818~1883)는 절대정신(유심론)을 뒤집어서 노동의 육체노동 중심과 주인-노예론, 그리고 유물론(사적 유물론-무신론)을 주장했다. 헤겔이 근대서양철학의 정점인가, 마르크스가 근대 서양철학의 전환점인가, 니체가 후기근대철학의 분수령인가는 여러 주장이 많다.

쇼펜하우어(1788~1860)는 불교(바라문교의 우파니샤드)에 크게 영향을 받아서 염세주의(厭世主義) 철학을 제기했다. "고정불변의 존재가 있다"는 '실체론적 전통'의 서양철학을 배운 그는 "고정불변의 존재가 없다"는 비실체론의 불교를 접하고 염세하지 않을 수 없었다.

쇼펜하우어의 뒤를 이은 니체(1844~1900)는 "힘(권력)에의 의지"철학을 제기하면서 염세철학을 '디오니소스의 긍정의 철학'으로 바꾸어 놓았다. 니체는 정확하게 말하면 체계적인 철학적 담론을 전개한 것이 아니라 상징과 비유와 은유, 즉 시(詩)철학과 아포리즘철학을 했다. 니체의 철학은 철학적 특징으로 볼 때 아포리즘 철학을 할 수밖에 없기도 하다. 진리보다는 '역설의 진리'(망치의 철학)로 반전(反轉)의 철학을 비약적으로 혹은 직관적으로 실천했기 때문에 문체적으로도 정치(精緻)한 산문을 쓸 수도 없었다.

니체의 해체적 글쓰기 전통은 데리다(1930~현재)에게 연결되는데 "문자학(그라마톨로지)"는 스스로의 철학체계를 수립하는 종래 전통을 뒤집어서 남(기존)의 철학을 해체적 비판(문학평론적 비판)하는 것으로 일관했다. 니체를 문체적으로 계승한 철학자는 단연코 '데리다'라고 흔히 말한다.

들뢰즈(1925~1995)에 이르러 해체론자들의 글쓰기는 산문적으로 정치함을 달성하게 된다. 들뢰즈는 마르크스와 니체를 동시에 잇는다. 이것이 그의 유물-기계론과 "차이와 반복"이다. 서양철학사에서 칸트 이후에 '코페르니쿠스적 전환'('현상학'에서 '존재론'으로)을 이룬 인물이 하이데거(1889~1976)다. 하이데거의 존재론은 그러나 서양철학의 실체론적 특성을 완전히 벗어난 것은 아니다. '세계-내-존재'라는 용어는 그 결정적인 한계이다. '전체성으로서의 세계'라고 하지만 '세계전체'는 알 수 없기 때문에 세계라는 말 자체가 이미 한계성을 드러낸다. '자연'이라는 말 대신에 '세계'라는 말을 쓰는 자체에 아직 현상학의 잔재가 남아있다.

니체의 '힘에의 의지' 철학과 하이데거 '존재론'을 자유자재로 넘나들 능력이 있어야 동서철학과 기독교와 불교를 넘나들면서 양자를 통섭할 수 있을 것이다.

〈동서문화·철학의 교류·영향〉

주자 성리학↔스피노자 윤리학 칸트 도덕철학		불교 및 노장철학↔서양의 유물론 (과학주의)과 해체철학	
한자(漢字)문화권 주자(1130~1200) 성리학(불교-도교를 바탕으로 새롭게 함)	토마스 아퀴나스(1224~1274) 토미즘/칸트(1724~1804) 도덕철학(天命은 定言命令은 닮음)	인도유럽어문화권 이데아(Idea)에서 출발한 서양의 실체론과 불교의 비실체론은 한 문화권에서 발생함	불교철학의 소개는 종래 서양 이성-구성철학에 대한 해체철학의 등장에 영향을 크게 미침

자연=물(物)=존재 (物은 정신의 대상으로서의 物質이 아닌 존재이다, 心物一體이다)	스피노자 (1632~1675) 에티카(Ethica)= 유물론(실체로서의 능산적 자연과 양태설정/공리(公理)와 정동론(Affect)는 성리학의 사단칠정(四端七情)에 대비된다	쇼펜하우어(1788~1860)의 "의지와 표상으로서의 세계" "충족이유율의 네 개의 뿌리에 관하여"	염세주의 (厭世主義) (서양에서 불교사상을 바라문의 '우파니샤드'를 통해 간접적으로 처음 이해)
동양의 주역 (周易: 二進法)/ 동양의 삼경 (三經: 詩經, 書經, 易經 중) 하나	라이프니츠 (1646~1716)의 단자론(單子論)과 미적분학(微積分學: 0/1 체계)	니체(1844~1900)의 "힘(권력)에의 의지"(긍정의 철학)	해체주의 詩·문학철학 '차라투스트라는 이렇게 말했다"
동양의 '명교주의(名敎主義)'/ 언어를 중시하지만 직관과 경험을 중시	비트겐슈타인 (1889~1951)의 "논리철학 논고" "철학적 탐구"/ 언어의 논리와 게임중시	하이데거(1889~1976)의 "존재와 시간" "형이상학이란 무엇인가"	서양철학에서 '존재론'을 처음 주장/현상학적 전통에서 존재론으로 전환
헤겔 (1770~1831)	정신현상학 (절대정신)	데리다(1930~) "문자학" (해체주의 주장)	해체론적 텍스트 (Text)철학
마르크스 (1818~1883)	유물론 (사적 유물론)	들뢰즈(1925~1995) "차이와 반복"	유물-기계론 (생성론)

　영국의 경험론이 동서교류사에서 배제되는 듯한 인상을 받는 것은 경험론이야말로 자연과학을 비롯해서 가장 서양문명의 고유적 특징을 가

지고 있기 때문이다. 요컨대 뉴턴의 절대물리학을 동양의 영향이라고 근거가 없다. 또한 정치적 자유민주주의와 경제적 자본주의가 연대한 자유-자본주의의 발생지 또한 영국이다. 영국의 명예혁명(1688년)은 프랑스혁명(1789년)보다 백년이 빠르면서도 그것이 왕과 귀족의 합의에 의한 명예로운 것이었기에 순전히 영국의 독자적인 성과라고 하지 않을 수 없다.

영국의 경험론과 위로부터의 혁명, 그리고 자연과학은 동양에서 배운 바가 없다. 존 로크(John Locke, 1632-1704)는 자연법사상에 기초하여 종래 왕권신수설 대신에 천부인권사상을 주장하고, '인간오성(지성)에 관한 이론'을 펴냈다. 데이비드 흄(David Hume, 1711~1776)에 따르면 인간정신의 기본단위는 '인상'과 '관념'이다. 그것의 원천으로서 감각과 반성이 서로 교차한다. 관념은 인상이 그 밑바탕이며 인상의 원인은 미지수이다. 지식은 관념의 연합에 의해 성립한다.

흄의 인식론은 회의주의적 결말에 도달하는데, 이것은 존 로크에서 비롯된 '내재적 현상학'(모든 지식과 개념은 선험이 아닌 경험의 결과이다)의 결과이다. 이는 칸트를 이성론(理性)의 독단에서 깨어나게 한 것으로 유명하다. 가장 서구적인 과학과 철학의 수립은 영국과 미국에서 성립된다. 서구의 자유-자본주의는 영국의 산물이며, 공산-사회주의는 마르크스가 영국 망명 중에 작성한 '공산당선언'(1848년)을 출발로 삼지만 역시 독일관념론과 프랑스합리론의 철학적 전통에서 형성된 것으로 보아야 한다.

사회주의는 대륙세력인 독일과 프랑스에서 배태되었다. 러시아의 볼셰비키 혁명과 프랑스대혁명은 공통점이 적지 않다. 둘 다 사회적 불평등과 불만이 증가하였고, 군주제에 대한 노동자, 농민 등 하층민들의 반발이 혁명을 촉발했다. 그렇지만 이데올로기의 측면에서는 매우 다르다. 프랑스 대혁명은 '자유(개인), 평등(전체), 형제애(가족)'을 강조했는데 반해 볼셰비키 혁명은 사회주의와 공산주의의 이념이 중요한 역할을 했다.

오늘날 자유-자본주의는 개인을 중시하고, 공산-사회주의는 사회전체를 중시한다. 그리고 형제애는 가족을 중심으로 하는 사상이다. 어쩌면 개인과 전체 사이에 있는 형제야말로 중간에서 양자의 매개가 될 뿐만 아니라 실질적으로 사랑(형제애)을 잘 실천할 수 있는 집단이다. 형제애를 지구촌으로 넓히면 사해동포주의가 된다. 이것은 지구촌 한 가족의 이상을 실현하는 것이다.

서양철학은 '이분법'을 벗어나려고 수많은 노력을 했지만 결국 이분법을 벗어날 수 없었다. 그것은 서양철학과 문명의 마지막 주자로 일컬어지는 철학자, 과학자, 수학자인 비트겐슈타인에서 찾아볼 수 있다. 비트겐슈타인의 '말할 수 없는 세계(신에 대한 담론)'와 '말할 수 있는 세계(자연과학의 세계)'의 구분은 여전히 플라톤과 기독교의 전통에서 내려오는 이분법의 변형 혹은 연장선상에 있다. 그는 소위 후기에 전기의 언어관(그림언어)을 번복하고 '언어게임'이론을 주장하기도 했지만 그의 특징은 전기에 있다고 하지 않을 수 없다.

인간은 '일하는 인간'이면서 동시에 '놀이하는 인간'이다. 인간의 일은 실은 '서로 다른 언어로 일하는 것'이며, 놀이도 '서로 다른 언어로 놀이'하는 것이다.

〈비튜겐슈타인의 이분법〉

플라톤	기독교	데카르트	비트겐슈타인	언어
이데아 (Idea)	유일신 (절대신)	나는 생각한다 (동사적 관념)	말할 수 없는 세계 (시간과 공간 외부)	일하는 인간 (언어로 일한다)
모사 (模寫) 세계	피조 (被造) 세계	고로 존재한다 (동사적 존재)	자연과학의 세계 (시간과 공간 내부)	놀이의 인간 (언어로 놀이한다)

2. 인간인식의 이원구조와 철학의 이원대립

인간이 세계(존재)를 둘로 혹은 둘 이상으로 나눈다는 것은 이미 세계에 대한 도구화의 시작이다. 인간의 의식이 신을 설정하는 것은 신과 인간을 나누는 것이다. 그렇다면 신을 섬기기 위해 나누는 것도 이미 신을 이용하는 것이 숨어있다. 단지 그 이용의 마음을 숨겨놓은 것에 불과하다. 신마저도 그러니 숫제 기술이나 과학은 대놓고 이용하는 마음의 노골화이다. 이것을 '주체(나)의 객관화' 혹은 '주체(나)의 분화'라고 말할 수 있을 것이다.

우리는 흔히 인간인 호모사피엔스를 말할 때에 종교적 인간, 과학적 인간, 예술적 인간이라고 혹은 진선미의 인간이라고 말하기도 한다. 철학이라는 학문이 어렵고 복잡다단하기는 하지만 실은 그 뿌리는 같다. 예술이라는 것도 실은 기술과 분화된 것이지만 이용의 마음이 아닌 스스로의 표현이라고 고상하게 불러주더라도 언젠가 이용의 대상이 되는 것은 시간문제이다. 그래서 예술은 매우 역설적인 수사학으로 무관심의 쾌락, 무목적의 합목적성, 무개념의 보편성, 무개념의 필연성이라고 말하는 지혜를 발휘한다. 예술가들이 이 무지막지한 이분법에 가장 강렬하게 저항하는 인간부류이다.

석기시대의 인간은 손으로 돌로 쳐서 돌을 나누는 원시적인 나눔의 단계에 있었지만 문명이 발달하면서 그 도구는 언어(개념)가 되었다. 물론 언어에는 놀이(언어게임)에도 적용된다. 현대인에게 언어는 인간의 목적이 되기도 하지만 동시에 가장 강력한 도구가 되었다. 실은 언어의 나눔으로 인해 인간은 세계를 더욱더 작은 것으로 나누고 그 나눈 것을 다시 합하는 방식으로 세계를 정복해갔다. 변증법과 미적분도 여기서는 예외가 아니다. 인간의 목적은 이미 대상목적이다. 세계를 대상으로 택했던 목적으로 택했던 둘 사이의 가역왕래는 벗어날 수 없다.

비유컨대 순수한 사랑으로 결혼한 부부라고 하더라도 상대를 이용하는 것을 피할 수 없다. 어쩌면 이용을 하려고 결혼했다고 하더라도 꼭 개과천선해서가 아니라 저도 모르게 저절로 사랑하게 되는 경우도 적지 않다. 여기서 우리는 인류학적 철학으로 볼 때 중요한 한 단서를 발견할 수 있다. 문제는 그 나눔을 확실하게 이중쇄선(∥)으로 하느냐, 불확실하게 하나의 쇄선(/)으로 하느냐의 문제이다. 하나의 쇄선은 그 나눔이 확실하지 않기 때문에 다시 본래의 자리로 돌아가기 쉽거나 그곳으로 가게 된다.

과학기술문명이 고도로 발달한 현대인은 스스로 자아(개인)라는 갑옷을 입고 산다. 바로 이중쇄선(∥)으로 그야말로 마음의 성곽을 두르고 있다는 점이다. 우리는 나누는 강도에 따라 강한 쪽을 '이분법'이라고 하고, 그렇지 않은 쪽을 '이원구조'라고 편의상 해두자. 이분법과 이원구조도 뿌리는 하나님을 잊지 말자. 전자와 후자는 서로 수직적인(존재론적인) 가역왕래를 할 수도 있다. 이러한 구분을 적용하면 저절로 나의 의미맥락에서는 현상학적인 가역왕래는 저절로 수평적인(현상학적인) 가역왕래가 되는 셈이다. 단지 나누는 행위를 보다 철저히 하느냐, 그렇지 않느냐의 차이만 있다.

자연과학시대를 두고 과학이 철학에서 독립한 것처럼 바라보고 해석하는 학자들이 많지만 과학조차도 언어의 세계를 대상으로 나누는 일에서 출발했음을 상기할 필요가 있다. 이때의 대상은 대상이자 목적이다. 그래서 대상목적이 된다. 대상은 어느 순간 목적이 되고, 목적은 어느 순간 대상이 된다. 이것을 철학에서는 고상하게 초월적 주체와 영원한 대상으로 나눈다.

주체(나)는 이미 초월성을 내재하고 있고, 대상(남)은 이미 영원성을 내재하고 있다. 주체의 초월성(초월적 지위)과 대상의 영원성(영원한 지위)은 바로 절대적인 신을 의미한다. 신은 다시 자연을 대상으로 주체가 되고 자연은 대상이 된다. 똑같은 원리에 의해서 신과 자연은 하나가 된다. 신의 절대성은 동시에 상대성을 내재하고 있다. 신은 절대적이고 그렇기 때문에 상대적이다. 최종적으로 주체, 대상, 신, 자연은 하나가 되고, 순환을 이룬다.

천부경(天符經)의 천지인사상은 천지 사이에 있는 인간이 천지를 해석한 천지중인간(天地中人間)이 되든가, 아니면 인간을 중심으로 천지를 품은 인중천지일(人中天地一)이 되든가 둘 중에 하나이다. 전자를 현상학이라고 한다면 후자는 존재론이 된다. 천부경에는 현상학과 존재론이 다 들어있다.[3]

주체가 대상이 되고, 대상이 주체가 되고, 주관이 객관이 되고, 객관이 주관이 되고, 유심론이 유물론이 되고, 유물론이 유심론이 되는 것은 나누어진 둘 사이에서 가역왕래가 일어나기 때문이다. 바로 이 가역왕래를 잘 하면 유능한 혹은 때에 따라서는 전지전능(全知全能)의 신(神)마저 될 수 있다. 왕(王)이나 영웅(英雄), 성인(聖人)도 될 수 있다. 나눔은 항상 통합을 필요(요구)로 하게 되고, 아니면 동시에 나눔 이전의 본래자리로 돌아가는 욕구(욕망)에 직면하게 된다.

철학은 결국 자연에 언어를 입히는 해석학적 행위이다. 이때의 언어는 물론 세계를 나누고 통합하거나 본래자리(본래존재)로 돌아가는 데에 쓰인다. 이때의 언어는 구체적으로는 언어와 문법을 의미한다. 철학의 자리에 문화를 대입하면 문화는 결국 자연에 옷을 입히는 행위가 되는 것은 물론이다. 인간의 원시의식인 이원구조는 어디서 출발하였으며, 이것을 바탕으로 하는 현상학이 계속해서 이원대립이 계속해서 동일성을 요구하는 것은 무슨 까닭인가.

철학인류학자인 레비스트로스는 원시부족사회인의 집단무의식의

---

3) 박정진, 『네오샤머니즘』(살림, 2018), 347~380쪽.

심층구조로서 이원대칭성(dualism)과 어우러져 사는 생활세계의 상호 호혜성(reciprocity)을 발견했다. 인간 의식의 이원구조(binary opposition)는 집합적인 무의식(collective unconsciousness), 혹은 심층의식(deep structure)에서 출발한 것이다.

고대원시부족의 이원구조는 현상학에서 이원대립(dichotomy)으로 드러난다. 인간의 문명은 도시화됨으로써 이원대립성을 더욱 더 강화하게 되고, 변증법 혹은 역사변증법 혹은 미적분학에 이른다. 원시부족사회의 상호호혜성은 시장경제에 이르러 교환체계로 변모해갔다. 이러한 과정을 '현상화의 심화' 혹은 '계량의 심화'라고 말할 수 있을 것이다. 헤겔의 유심론(절대정신)과 마르크스의 유물론(사적 유물론)의 대립은 현상학의 한계와 특징을 잘 드러내주고 있다. 유심론이든 절대정신이든, 유물론이든 유물변증법이든 결국 현상학적인 차원의 대립이다.

서양철학에서는 고대에 플라톤에 의해 '현상/본질', 아리스토텔레스에 의해 '형상/질료'라는 대립어가 등장했고, 본질을 거론함으로써 사물을 형이상학적으로 탐구하는 형이상학과 현상학을 출범시켰다. 근대철학에 이르러서는 '정신/물질'이라는 대립어가 등장했다. 이러한 사태가 동양에서는 논어의 문(文)/질(質)의 형태로 등장한다.

『논어』「옹야(雍也)」에 문질빈빈(文質彬彬)이라는 말이 있다.

공자께서 말씀하셨다. "질(바탕)이 문(문채)을 이기면 촌스럽고 문이 질을 이기면 겉치레만을 한다. 문질이 균형 잡힌 뒤에야 군자라고 할 수 있다."(子曰, "質勝文則野, 文勝質則史. 文質彬彬, 然後君子.)

철학적 용어들이 동사적인 자연(自然, 스스로 그러한)으로 보면 모두 자연을 명사화한, 다시 말하면 자연을 사물(언어=사물)로 정지시키거나 자연에 언어를 입힌 해석에 불과하다. 예컨대 '질료'나 '물질'이나 '질

(質)'의 경우도 그 자체라기보다는 표현한 언어에 불과한 것이 된다. 언어는 그 차제가 철자에서부터 구성의 산물이다.

프랑스 철학자 데리다는 해체론의 의미로 '문자학(grammatology)'을 수립했지만 문자는 해체론적 의미보다는 구성적인 의미가 앞설 것이다. 문장을 만들고, 문화를 만든 원천적인 힘은 문자의 힘이고, 구성의 힘이기 때문이다. 해체론이라는 말 자체가 이미 구성된 것을 해체한다는 자기모순을 안고 있다. 철학과 문화의 구성이라는 측면은 자연이 아니라는 점과 통한다.

문(文), 즉 언어라는 것은 이중의미나 다의미를 갖기도 하지만 기본적으로 그것의 정태성으로 인해 동일성을 대변하는 경우가 많다. 특히 철학적 개념어의 경우 바로 동일성을 바탕으로 철학체계를 구성한다는 점에서 철학자가 주장하는 동일성의 세계를 설명하고자 하는 욕구와 의도를 이미 가지고 있다. 예술과 종교의 경우 상상력과 함께 언어의 상징성을 주로 사용하지만 철학이나 일상용어에서는 동일성을 우선하게 된다.

이에 비해 자연은 동일성(실체)을 추구하는 것이 아니라 변화무쌍한 실재이며 다양성과 차이의 보고이다. 자연은 그러한 점에서 문화나 문명과는 다른 것이다. 불교적으로 말하면 재행무상, 제법무아의 존재이다. 자연은 생성(생멸)의 존재이다. 자연은 시시각각으로 찰나생멸 하는 존재이다. 자연에서는 결코 '언어=사물'이 아니다. 자연과학에서는 '언어=사물'이지만 말이다.

우리는 흔히 '자연 그 자체', 혹은 '존재 그 자체'라는 용어를 쓰지만 자연은 인간이 영원히 알 수 없는 '미지의 세계'이거나 '신비한 세계'이다. 인간이 파악한 자연은 어떤 프레임에 의해 해석된 것이며, 결코 자연 그 자체(존재 그 자체)가 아니기 때문이다. 인간의 인식구조는 기본적으로 이원대립(대칭)으로 되어있다. 이는 기본적으로 생물학적인 조건인 전기적 신경전도(이진법)와 긴밀한 관련을 맺고 있는 것으로 보인다.

철학은 자연의 실재에 대해서 항상 명교주의(名教主意)에 빠질 것을 우려하지 않으면 안 된다. 위의 질료, 물질, 질이라는 말도 실은 언어이며, 실재를 제대로 드러낼 수는 없다. 그러한 점에서 철학은 인간이 생존을 위해서 마련한 장치(고도의 언어체계)일 수 있다. 말하자면 철학은 자연(자연의 신체나 몸)을 다스리는 일종의 제도로서 인간의 삶에 이용(利用)되는, 혹은 자연을 일시적으로(임시방편으로) 왜곡하거나 은폐하는, 혹은 자연과 삶을 해석하기 위한 어떤 체계 혹은 그물망일지도 모른다. 예컨대 신, 국가, 종족, 이성, 양심, 선악 등은 가상실재이다.

현상학은 어쩌면 자연의 실재(존재)에 대해 가상실재(실체)를 세우고 세계를 이해하는 하나의 방법이라고 말할 수 있다. 기독교의 '최초의 원인(천지창조)'과 '최후의 종말(종말심판)'을 비롯해서 원인과 결과, 주체와 대상 등 모든 이분법은 그 좋은 예이다. 현상학의 입장에서 보면 종교나 철학의 세계도 판단중지(epoché)를 통해 신기원(epoch)을 찾아내는 과정에 불과하다. 그렇게 보면 서양기독교나 플라톤철학이나 그러한 점에서는 마찬가지이다. 따라서 서양의 기독교나 철학, 즉 헬레니즘과 헤브라이즘은 모두 현상학적인 태도의 산물이라는 공통성을 발견하게 된다. 고대 신화철학의 시대도 예외는 아니다.

인류의 문명을 신과 이성의 관계 양상으로 거칠게 나누어본다면, 고대 신화철학의 시대, 중세 종교의 시대, 근대 과학의 시대, 후기근대의 예술 시대로 말할 수 있을 것이다. 물론 여기서 후기 근대예술시대라는 것은 우정 니체에 의해 '신이 죽은 시대'로 명명된 미래에 예술이 구원이 될 수 있음을 시사하고 있다.

니체는 시인이면서 '시의 철학'을 하지 못하고 '권력의 철학'으로 돌아서면서 허무주의를 극복한다고 소리쳤지만, 하이데거는 시인이 아니면서도 '휠덜린의 시' 해석을 통해 시의 철학, 예술의 철학을 감행했다. 니체는 "신은 죽었다."고 선언했지만, 하이데거는 예술철학을 통해 신(신성)의 회복을 꾀했다고 보여 진다. 니체는 예술을 힘(권력)의 증대를 위하는 데에 사용함으로써 결과적으로 '영원회귀'라는 현상학에 머물렀지만, 하이데거는 예술을 존재론적인 사건으로 봄으로써 존재론의 길을 열었다.

다른 한편 니체는 시인으로서 서양에서 드물게 보는 시(詩)철학자로서 '차라투스트라는 이렇게 말했다'라는, 그의 자평에 따르면 제 5의 복음을 썼지만, 시적 상징과 은유로서 그의 철학을 표현했다. 이에 비해 하이데거는 시(예술)를 철학적으로 설명하려고 노력한 철학자라고 볼 수 있다. 하이데거의 은적(隱迹)와 시인들의 은유(隱喩)는 정반대의 방향을 향하고 있다. 철학자에게 은적은 현상에서 존재로 숨어드는 것인 반면에 시인에게 은유는 숨어있는 존재를 일상어로서 표현하는 역할을 하고 있다.

하이데거의 존재론은 바로 시(詩)를, 존재의 소리를 철학으로 옮기려고 노력한 철학자라고 말할 수 있다. 동시에 존재를 사건으로 본, 사건으로서의 존재 혹은 존재사건을 철학적으로 옮기려고 설명하려고 한 철학자였다.

하이데거의 존재론은 현상학적 해체를 통해 자연적 존재에 다가가는 사유로서 완전하지는 않지만(서양문명의 실체를 추구하는 것에서 비롯되는 한계를 지니고 있지만) 서양식 '생성론(생멸론)'이라고 할 수 있다. 이는 서양철학을 동양적 무(無) 혹은 공(空)에 훨씬 가까워지게 하면서 동서철학의 소통과 이해를 돕는 역할을 했다.

〈고대에서 근대까지의 신화-철학-종교-과학-예술의 시대적 의미〉

고대 신화철학시대	중세 종교시대	근대 과학시대	후기 근대 예술시대
신화와 철학으로 인간이 정체성(동일성, 실체성)을 확보하던 시대	인간(理性)이 신(神)을 증명한 시대: 신의 신성에 절대성을 부여한 시대	신(神)이 인간 (이성)을 보증한 시대: 인간 이성에 절대성을 부여한 시대	'신이 죽은 시대' 에서 다시 신성을 부활하고 인간의 자연성을 회복하는 시대

　　형이상학으로 출발한 서양철학은 근대에 이르러서는 현상학으로 탈바꿈하였다. 전자는 공간적인 것이라면 후자는 시간적인 특성을 보인다. 형이상학의 본질과 현상은 현상학, 특히 하이데거의 존재론에 이르러서 존재와 존재자로 변하였다. 하이데거는 『존재와 시간』에서 존재에 대한 새로운 관점과 해석을 보임으로써 존재론의 길을 열었고, 이는 동양철학의 시철학적인 특성, 즉 존재론적 특성과 매개적인 위치에 놓이게 되었다. 서양과 동양의 철학적 만남과 융합이 이루어져야할 시점에 이른 것이다.

〈형이상학과 현상학과 존재론의 위상학〉

이데아와 현상	현존재	사물과 존재	형이상학 /존재론	사물/사건
Ding(Thing)	형이하학	사물	공간적(형이상학)	thing
seiendes(beings)	현존재 (Dasein)	존재자	시공간적(현상학)	thing-event
Sein(Being)		존재	시간적(존재론)	nothingness
Wesen(Idea)	형이상학	본질	이데아 (티마이오스)	Idea (수학, 과학)

형이상학은 공간적-기하학적 특성을 보이는 반면 현상학은 시간적(역사적)-대수학적 특성을 보인다. 그렇지만 시공간이 시간과 공간이 아니라 그야말로 '시공간'이기 때문에 형이상학과 현상학은 결국 같은 것이라는 결론에 도달한다. 서양의 근대-후기근대철학의 형성과정에서 동양철학의 영향이나 피드백과정을 살펴볼 수 있는 측면도 없지 않다.

형이상학과 형이하학은 결국 현상학이었으며, 현상학은 이제 존재론과 새로운 대응관계에 있게 된다. 그런데 이 대응은 대립이라기보다는 상호보완적인 성격을 가지면서 마치 동양의 음양사상과 같은 관계에 있게 됨을 말한다. 현상은 존재와의 대립이 아니라 상호보완, 혹은 상생관계에 있어야 하는데 이는 동양의 노장철학에서 말하는 무유(無有) 상생관계와 같다. 따라서 서양의 형이상학과 형이하학은 앞으로 무형지학(無形之學)과 유형지학(有形之學)으로 분류되어야 한다. 전자는 존재론의 영역이고, 후자는 현상학의 영역이다. 음-양(무-유)상생관계는 존재론의 영역이고, 양-음(유-무)관계는 현상학의 영역이다. 현상학은 음양 관계를 양음관계로 해석하는 것이다. '없지 않는'(nothingless)은 승조(僧肇, 384~414)의 '부진공론(不眞空論)'과 같은 의미이다.

〈형이상학, 현상학, 존재론과 동양의 음양사상〉

철학	무/유, 음/양	없음에 대하여
형이상학(形而上學, 形而下學)	형이상학, 물리학	thing/nothing
현상학(주체-대상)	양-음(유-무)관계	nothingness
존재론(無形之學, 有形之學)	음-양(무-유)관계	nothingless(不眞空論)

'시각-언어'의 패러다임을 주축으로 사물(Thing)에 대한 대상인식을

중심으로 한 서양철학은 주체와 대상(원인-결과)에서 모두 실체를 전제하거나 요구하게 되고, 이것은 존재라는 바탕에서 형성된(현상된) 이분법의 대표적인 예라고 할 수 있다. 그렇지만 주체나 대상은 어떤 경우에도 궁극적인 실체가 되지 못한다. 그러한 점에서 서양의 기독교와 이성철학과 과학은 같은 모순에 직면하게 된다.

서양기독교의 창조-종말론(원인-결과론)은 일종의 제조적(製造的) 신관(철학)의 산물로서 크게 보면 최초의 현상학적인 신학 혹은 철학이라고 말할 수 있을 것이다. 그리스의 플라톤의 이데아도 불변의 실체(근본)로서 이데아를 설정한 관계로 그 후의 서구철학이 현상학적 특성을 지니게 한 공로가 있다. 이 점에서 기독교와 이데아론은 서로 다른 것 같지만 실은 같은 성격이다. 그래서 니체는 기독교를 '대중적 이데아론'이라고까지 말했다. 창조-종말론과 이데아론은 실체적(동일성의) 세계관이 투영되어있다.

동일성의 서양철학은 이분법과 더불어 초래된다. 만약 동일성이라는 것이 하나의 세계를 지칭하는 것이라면 동일성이 존재할 수 없다. 서양신학과 철학은 동양의 천부경의 시각으로 보면 시작도 끝도 없는 '무시무종(無始無終)의 세계' '과정(process)의 세계'를 인간이 임의로 어느 한 곳(어떤 지점)을 잘라서 그것을 원인으로 하고, 다음의 어떤 곳을 잘라서 결과로 잡는, 일종의 인위적 인과론으로 만들어서 세계를 이해하고 해석하는 '유시유종(有始有終)의 태도'라고 말할 수 있을 것이다. 이러한 유시유종은 실체가 없는 세계에서 실체를 잡고, 존재의 세계를 소유의 세계로 환원시키는 발단(출발)이라고 할 수 있을 것이다. 그런 점에서 인간이야말로 자연적 존재로서 태어나서 스스로를 소유적 존재로 탈바꿈함으로써 생존을 확보한 존재인지도 모른다.

이러한 현상학의 근저에는 근거 아닌 근거로서의 존재가 있음을 인정하지 않을 수 없다. 현상학에 대한 이러한 이해나 관조가 존재론을 탄생시켰을 것이다. 인간이 무엇을 알아내면, 즉 앎의 세계를 넓히면 자연(자연적 존재)은 더 멀리 달아나 있다. 이는 마치 달아나는 신과 같다. 결국 현상학적인 존재파악은 세계를 연장하거나 지연시킬 수밖에 없다.

니체의 '권력의 의지'와 '영원회귀'마저도 현상학에 지나지 않는 것으로 단지 현상학적 환원을 영원회귀라는 다른 말로 표현한 것에 불과하다. 환원과 회귀는 결국 같은 원환궤도에서 방향만 다른 같은 것이라고 할 수 있다. 환원을 뒤로 소급하는 것이고, 회귀는 앞으로 나아가는 것이다. 그런 점에서 니체는 현상학의 한 갈래로 볼 수도 있을 것이다.[4]

더구나 현상학적인 순간과 영원은 같은 것이며, 시간의 현재(현재적 순간)는 항상 환원(과거에 대해)과 회귀(미래에 대해)를 동시에 붙잡고 있다고 말할 수 있다.[5] 시간도 현상학의 산물(제도)이다. 시간의 현재는 역설적이게도 비시간이 되어야 과거와 미래의 시간을 존재할 수 있게 한다. 만약 현재가 계속되면 과거와 미래는 존재할 수 없다. 이는 시간이 본래 없는 것이며, 현상학적인 산물임을 말해주는 것이다.

니체는 근대와 후기근대의 경계선에서 '신이 죽었다'고 시대정신을 개념화함으로서 새로운 '예술시대'를 예감하고, 낙타(종교의 시대)와 사자(과학의 시대)에 이어 어린이의 시대(예술시대: 놀이하는 인간)를 상징적으로 표현했지만, 결국 그는 예술마저도 '권력의 증대'에 이용하는 '생기존재론' 혹은 '예술생리학'을 주장하는 현상학적인 한계에 머물렀다.[6]

니체는 이성에 대해 반이성주의로서 욕망을 발견하고, 인간의 정신에 대해 신체를 부각시키는 대반전을 시도했다. 하지만 언어와 욕망, 혹은 의식과 무의식의 관계가 전혀 반대가 아닌, 교차관계에 있다. 말하자면 이성은 대뇌의 욕망이고, 욕망은 신체의 이성이라는 점이 발견되고 있

---

4) 박정진, 『니체, 동양에서 완성되다』(소나무, 2015), 30~41쪽.
5) 박정진, 같은 책, 125~130쪽.
6) 박정진, 같은 책, 505~528쪽.

다. 이러한 점은 이성과 욕망이 무한대라는 점에서 확인되고 있다. 심지어 물리(과학)의 세계, 수학의 미적분도 그러한 세계인식의 프레임에 의해 이루어진 합의이다.

서양근대철학사에서 욕망은 이성보다 후에 관심을 받았다. 그러나 인류학적으로 볼 때 욕망 혹은 욕구는 이성보다 앞선 것이며, 인간의 문화는 그러한 기본적 욕구를 충족시키는 문화적 장치의 성격이 강했다. 이성의 도구적 성격을 생각하면 존재는 이성보다 욕망에 더 가까운 것이다. 인간의 존재방식이나 존재이유 혹은 존재이해를 들어 인간존재의 특성으로 보기도 하지만 보다 근본적인 인간의 존재성은 현상학적으로 드러나기 이전의 인간심리의 심층구조와 관련이 있는 것 같다.

철학인류학자인 레비스트로스는 원시부족사회인의 집단무의식의 심층구조로서 이원대칭성(dualism)과 어우러져 사는 생활세계의 상호 호혜성(reciprocity)을 발견했다. 인간의 문명은 도시화됨으로써 이원대칭성은 문명의 분화와 함께 더욱 더 이원대립이 되고, 상호호혜성은 시장경제의 교환체계로 변모해갔다. 이러한 과정을 '현상화의 심화' 혹은 '계량의 심화'라고 말할 수 있을 것이다. 헤겔의 유심론(절대정신)과 마르크스의 유물론(사적 유물론)의 대립은 현상학의 한계와 특징을 잘 드러내주고 있다. 유심론이든 절대정신이든, 유물론이든 유물변증법이든 결국 현상학적인 차원의 대립이다.

이에 앞서 근대철학의 아버지 데카르트의 코기토는 기계적 세계관의 출발이었으며, 스피노자의 '실체와 양태'이론은 유물론의 출발이었으며, 라이프니츠의 단자론(monad)과 미적분의 세계는 과학의 세계를 수학적으로 뒷받침했다. 결국 신화와 종교와 철학과 과학이 '자연의 실재'로부터 인간이 잡을(소유할) 수 있는 '실체의 세계'를 보다 많이 확보하기 위한 '소유의 존재방식'이었음을 확인하기에 이르렀다..

현대문명의 입장에서 볼 때 인간의 미래는 자연을 기계의 세계로 환원하거나 기계인간을 만들어 함께 살아가는 존재가 될 가능성이 높다. 인공지능(기계인간)의 알고리즘은 프로그램이지만, 인간의 알고리즘은 기계인지 모른다. 그러한 점에서 인간의 신체에 대한 새로운 환기, 즉 신체에 대한 현상학적인 연구보다는 신체에 대한 존재론적인 연구가 절실한 편이다.

3. 동서철학·종교의 상호소통과 미래

인류학적으로 종교의 발생을 논할 때 모계사회와 부계사회 등 가족의 출계율(descent rule)을 언급하지 않을 수 없다. 말하자면 종교에는 모계율에 따른 종교가 있고, 부계율에 따른 종교가 있다. 먼저 모계율에 따른 종교는 '아버지 없음'과 관련이 있다. 아버지 없음은 상상과 추상의 아버지를 설정하게 되고, '어머니 없음'은 역시 상상과 추상의 어머니를 상정하기 마련이다.

아버지 없음은 반대로 강력한 부계종교를, 어머니 없음은 모계종교를 원하기 마련이다. 둘은 교차배어(交叉配語)의 관계에 있다. 전자의 대표적인 경우가 기독교이고, 후자의 대표적인 경우가 불교이다. 그런데 모든 종교는 성스런 아버지와 어머니상을 가지기 마련이다. 왜냐하면 가족은 항상 아버지와 어머니를 둘 다 갖추었을 때 완전한 가족이 되기 때문이다. 그래서 모든 종교에는 양성적인 성상(聖像), 아이콘(ICON)을 가지고 있다.

일반적으로 볼 때 모계-씨족-부족사회의 아버지 없음에서 출발한 종교는 부계-가부장-국가사회가 되면서 '어머니 없음'을 대리보충하게 되고, 오늘날 인간이 접하고 있는 많은 고등종교들은 그러한 결과들이다. 그런데 가부장사회의 종교들은 국가를 유지함에 있어서 정치권력(체계)와 상호보완적 관계를 이루면서 제정분리사회로 접어들었다.

가부장사회의 종교들의 특징이자 결정적인 결함은 결코 부족이나 국가 간의 전쟁에서 평화를 두둔하지 않았다는 점이다. 평화보다는 자신들이 믿는 종교의 신이 자신이 소속된 집단의 승리를 지원해주기를 기원했다는 점이다. 가부장사회의 종교는 말로는 평화를 염원하지만 그것은 집단내의 경우이고, 집단 외부적으로는 전쟁의 당사자인 적(敵)에게 승리를 위해 도와줄 것을 기원했다. 이는 전쟁을 막지 못했을 뿐만 아니라 항구적인 평화를 달성하는데 있어서 치명적인 결함으로 작용했다.

따라서 가부장사회의 종교를 가지고는 인류의 평화를 달성하지 못하는 한계에 직면하게 된다. 이는 오늘날에도 마찬가지이다. 기독교, 불교, 이슬람교, 유교, 힌두교 등 인류의 고등종교들이 즐비하게 있지만 평화는 요원하기만 하다. 평화란 전쟁의 사이사이에 있는 휴지부 비슷한 처지가 되고 말았다. 이렇게 볼 때 모계적인 종교의 등장을 통해서만 지구촌의 평화가 달성될 수 있을 것이란 상상을 해볼 수 있다.

모계적 종교란 요컨대 '갓난아이에게 젖을 주는 모습(성모상), 가난한 자에게 보시를 베푸는 모습(보살상)'과 닮았다. 이는 힘없는 존재를 보호하고 보살피는 헌신과 긍휼의 마음과 통한다. 이것이야말로 평화스런 정경(情景)이다. 다시 말하면 모계에서 탄생한 종교는 오래 동안 부계를 거쳤지만 다시 모계적인 종교로 돌아가는 종교혁명을 요구하고 있다고 볼 수 있다.

비교종교학으로 볼 때 불교는 매우 모계적인 성향을 가지고 있는 종교이다. 이에 비해 기독교는 부계적인 성향을 가지고 있다. 기독교는 본질(essence)을 추구하는데 반해 불교는 실존(existence)에서 출발하는 특성을 보이고 있다. 기독교는 사후에 '하나님의 나라(天國)'에 들어가기를 기원하는 타력신앙인 반면에 불교는 현세의 삶의 고통에서 출발하여 고집멸도(苦集滅道)의 '피안(彼岸)'으로 들어가기를 추구하는 자력신앙의 특성을 보인다. 천국이든, 극락이든 인간의 이상향이란 공통점이 있지만, 더욱이 죽을 수밖에 없는 인간이기에 사후에 '영원한 삶'을 보장하는 제도적 종교이기는 마찬가지이다.

영원한 삶은 자아가 있어야 하나의 가능성으로 다가올 수 있는데 정작 생성변화하는 자연 속에서는 자아가 없어야 그것이 가능하다. 영원한 삶의 '자아/무아'의 문제는 신의 '존재/비존재'의 문제와 마찬가지로 이율배반의 문제가 된다. 결국 이것도 인간의 모든 문제가 피할 수 없는 '절대/상대'의 문제로 귀착하게 된다. 인간현존재는 근본적으로 '자연/비자연'의 모순적 존재임을 피할 수 없다. 인간은 왜 생멸의 법칙 속에 있는 대자연에서 불멸과 영원을 찾는 존재인가? 인간은 왜 생멸을 하나로 보지 않고 '생/사'로 보는 것인가. 그 까닭은 생멸을 존재(존재/존재자)로 보기 때문이다. 인간은 온통 존재자들에 둘러싸여 존재하고 있다. 신도 존재자로 전락해 있다.

종교가 아무리 사후세계를 보장하는 위로가 된다고 하지만 지금껏 죽지 않는 인간은 없었고, 생멸하는 자연의 법칙, 혹은 자연의 입법(立法)를 벗어날 수 없었다. 기독교의 본질(essence)과 불교의 실존(existence)은 자연(nature)을 이길 수는 없다. 이 셋을 배열하면 본질-실존-자연으로 놓을 수 있다. 불교의 '실존'은 '본질'과 '자연'의 사이에 있다. 흔히 본질을 본성이라는 이름으로 자연(nature)과 동의어로 쓰기도 하지만 본질과 자연은 다른 것이다.

인간은 자연(nature)을 소유적 욕망을 나타내는 '본능(本能)'이라고 말하기도 하고, 존재론적 존재(본래존재)를 나타내는 본성(本性)이라고 말하기도 한다. 자연에는 이 두 가지 성격이 동거하고 있기 때문일 것이다. 어떤 사건을 두고 확연하게 어느 것의 발현이라고 말하기 어렵다. 본능과 본성은 하나의 길이기도 하고 둘의 길이기도 하다. 연속적이면서 동시에 불연속적이다.

종교가 아무리 기상천외의 상상을 통해 상상의 세계를 그리고, 차원 높은 세계를 보여준다고 해도 그것은 모두 '의식의 산물'이라는 한계를 벗어날 수 없다. 종교는 흔히 초의식의 세계, 혹은 무의식의 세계와 연결되는 것으로 말해지고 있지만 종교가 의식을 벗어날 수 없다는 점에서는 현대과학이 그리는 기계적인 세계와 다를 바 없다. 그런 점에서 종교와 과학의 위상은 정반대의 입장에 있는 것만도 아니다.

어쩌면 고도의 과학기술시대에 살고 있는 현대인은 과학이라는 종교를 믿고 살고 있는지 모른다. 과학이 모든 문제를 해결해주는 것은 아니지만 고대중세의 사람들이 삶의 많은 문제들을 종교에 의지해서 해결하거나 대처해오던 것과는 다르게 말이다. 현대인에게 세계는 기계적으로 작동하는 체계로 환원되고 말았다.

"과학이 보이는 세계, 이용할 수 있는 세계에 대한 종교라면, 종교는 보이지 않는 세계, 신비의 세계에 대한 과학이다."(박정진)

장자는 '나비'의 꿈을 꿨다. 현대인은 '기계'의 꿈을 꾸고 있다. 그 기계도 인공지능(AI)이나 기계인간(사이보그)에 이를 정도이다. 현대의 과학적 환상은 데카르트의 시계로부터 이미 잉태되어있었으며, 그 꿈은 자연을 우주공학적으로 탈바꿈시켰으며, 오늘날 인간은 자연을 으레 자연과학(우주천제물리학)과 동일하게 이해하려고 한다. 그러나 과연 자연이 자연과학의 세계인가?

신체적으로 다른 동물에 비해 왜소했던 인간은 자신보다 위협적인 큰 동물을 악마(적)로 규정하고, 내심 힘 있는 악마를 사모하였는지도 모르며, 그 악마를 물리칠 존재로서 기계(기계라는 악마)를 대신 만들었을지도 모른다. 그러나 과학기술문명을 손에 쥔 인간과 존재자 전체는 '계량 가능한 에너지들의 공급원'으로 전락하고 말았다.

과학기술문명의 압제 앞에서 자연적 존재로서의 의미를 상실한 인간은 인간 자신보다 작은 애완용 동물을 사랑함으로써 자신의 자연성을 조금이나마 회복하고 있는지도 모르며, 사랑마저도 상대를 애완용쯤(이용물)으로 생각하면서도 서로 용도폐기 시키는 바람에 이혼율도 높아져가고 있는지도 모른다. 오늘날 인간은 자연을 지배하다 못해 자연을 황폐화시키고 있다. 현대과학은 인간도 에너지체계로 환원시키고 있다. 여기에는 분명 현상학적인 환원의 성격이 그대로 재현되는 것이라고 할 수 있다.

　"과학은 사물을 정복하고 만물을 보편적으로 지배하는 하나의 방식이다. 따라서 과학의 응용은 더 이상 과학에 부가된 외적인 것이 아니라 과학 자체의 본질이 되었다. 또한 근대와 현대의 기술이 자연에서 에너지를 뽑아내고 그것을 다시 다른 에너지로 변환하는 성격을 갖는 한, 그것은 존재자들의 작용을 정확히 계산하고 예견하는 정밀과학을 이용하지 않을 수 없다."[7]

　이러한 과학기술적 환경 속에서 인간은 스스로 점점 기계화·에너지화를 감수하지 않으면 안 된다. 이러한 전반을 총체적으로 표현하면 동일성의 폭력적 상황이라고 하지 않을 수 없다. 현존적 사물을 존재적 사건이나 사태, 즉 '현존적 존재'로 보지 못하는 소유적 관념의 병폐라고 하지 않을 수 없다.

　동양의 한자문화권에는 예로부터 '화이부동(和而不同)'이라는 말이 있다. 이것은 매우 동시적인 의미의 말로서 "화합하지만(하나이지만) 동일하지는(같지는) 않다."는 뜻이다. 만약 이것을 기준으로 서양 알파벳문화권을 바라본다면 '동이불화(同而不和)'로 이름붙일 수 있지 않을까 생각한다. 이 말의 뜻은 "동일하기(동일성을 추구하기) 때문에 화합할 수(하나가 될 수) 없다."이다. '화이부동'은 역설적으로 긍정의 논리를 숨기

---

7) 박찬국, 같은 책, 188쪽.

고 있고, '동이불화'는 부정의 논리를 숨기고 있다. 그래서 전자는 굳이 이름을 붙이자면 '상징법'으로 대표되고, 후자는 변증법으로 대표된다.[8]

서양문명과 철학은 동일성과 절대성, 초월성(선험성)과 보편성을 추구하고 있다. 이들은 말을 다르지만 결국 같은 '동일성'의 의미라고 말할 수 있을 것이다. 진리를 추구하는 자체가 동일성을 추구하는 것이고, 그것은 반드시 모순에 직면하기 때문에 변증법적 상황을 피할 수 없다. 이러한 현상학적 딜레마를 벗어나기 위해 우리는 무엇을 하여야 할까? 세계를 분석하는 자세는 이분화를 요구하고, 이분화는 동일성을 전제하지 않고는 성립되지 않는다. 어떤 점에서는 분화된 것이야말로(분화되었기 때문에) 이면에 동일성(변하지 않는 실체)을 전제하지 않을 수 없다. 세계를 총체적(전일성, 전체성)으로 바라보는 것이야말로 존재론적으로 세계를 바라보는 것과 맥락이 통한다.

이러한 점에서 동서철학의 오해를 살펴보는 것이 서로의 이해와 소통을 도모하는 것이 될 것이다. 동서철학에서 이(理)는 실제로 '없는 것(가상실재=실체)'으로서 '있는 것(실재)'인 존재(氣)의 일분수(一分殊)이며 추상이다. 흔히 기(氣)를 '있는 것'이라고 해서 실체가 있는 물질로 번역하거나 이해하는 경우가 많은데(특히 유물론자) 이는 크게 틀린 것이다. 기(氣)는 '실체가 없는 있음=무(無)'이다. 물질은 실은 기(氣)에 대한 추상이며, 정신의 산물이다. 서양철학은 지금까지 추상을 실체라고 해온 셈이다. 그래서 헤겔의 유심론이 마르크스의 유물론으로 둔갑해도 논리적으로는 틀리지 않는 것이다. 물질은 곧 정신이기 때문이다.

분명 서양철학의 종점은 유물론이고, 기계론이고, 이는 허무주의를 동반한다. 니체는, 그의 '힘에의 의지' 철학은 이를 가장 절실하게 깨달은 것이지만, 허무주의를 극복하기 위해 서양문명의 과학기술주의로 되돌아간 것이다. 그를 두고 서양의 부처라고 하는 학자들도 있지만, 이는 일

---

8) 박정진, 『평화는 동방으로부터』(행복한에너지, 2012), 97~108쪽.

종의 서구예찬론 혹은 니체예찬론에 지나지 않는다. 니체는 신체주의와 생성론을 전개하였지만 그의 '영원회귀론'이 증명하듯이 결국 종래의 현상학적 존재론으로 회귀한 인물에 지나지 않는다. 어떻게 '제행무상' '제법무아'를 실천한 부처가 힘의 증대를 추구한 인물인가. 니체가 권력의 편에 섰다면, 부처는 비권력의 편에 있는 인물이다.

동양의 이성주의, 즉 성리학(性理學), 나아가서 주리론(主理論)은 도덕적 이성에 치중했고, 서양의 이성주의는 물리적 이성에 치중한 것으로 드러난다. 근대에 이르러 동양에 대한 서양문명의 정복과 지배는 실은 물리적 이성, 즉 과학기술적 이성의 승리라고 말할 수 있다. 과학기술적 이성은 지금까지 전 지구적으로 맹위를 떨치고 있으며, 인공지능, 기계인간의 제조의 단계에 이르고 있다. 이러한 인류문명의 시점에서 우리는 세계를 어떻게 바라보는 것이 인류를 구할 길인가를 생각하지 않을 수 없다. 분명한 것은 시대정신이 근대를 향할 때와는 다른 태도를 요청하고 있다는 점이다. 자연을 자연과학적으로 바라보지 않는 태도 같은 것 말이다(그렇다고 자연과학을 버리자는 것도 아니고, 실제로 버려서는 거대한 인구를 부양할 수도 없다).

세계에 실제로 있는 것은 '실체가 없는 존재'인 기(氣)이다. 그런데 서양 사람들은 실체가 있는 것을 실재(reality)라고 생각한다. 하이데거는 서양의 이성중심주의의 형이상학이 그러한 딜레마에 빠진 것을 알고, 종래의 존재(현상학적 존재)를 존재자로 규정하고, 존재에 대한 새로운 의미, 즉 존재론적 의미의 존재로 바꾸어 사용한 것이다. 서양의 후기근대의 여러 해체론적 철학은 이성주의를 벗어난 것처럼 광고를 하고 있지만 실은 해체론은 또 다른 구성주의에 지나지 않는다. 왜냐하면 구성되지 않은 것은 해체할 수 없기 때문이다. 해체주의는 제스처에 불과하다. 분명히 해체론적 철학은 새로운 구성을 하고 있다. 이것이 서양철학의 특징이자 한계이다.

동양의 시적(詩的) 태도, 혹은 시철학적(詩哲學的) 태도는 세계를 분석적으로 보지 않고, 전체로 보려고 한다. 전체는 은유적일 것을 요구한다. 좀 더 나아가면 동양의 철학은 시니피에의 철학이다. 이에 비하면 서양 철학은 시니피앙의 철학이다. 〈동양 시철학(詩哲學)-메타포-시니피에-자연주의(무위자연)〉, 〈서양 현상학-메토니미-시니피앙-자연과학〉의 대구가 형성된다. 서양 현상학, 동양 존재론으로 인류의 철학과 종교를 종합적으로 해석해보면 서로 교차됨을 볼 수 있다. 서양철학과 종교에도 존재론이 없는 것은 아니고, 동양철학과 종교에도 현상학이 없는 것은 아니다.

　동서양의 철학과 종교는 오늘날 철학의 기준으로 볼 때 현상학과 존재론의 내용을 동시에 가지고 있다고 볼 수 있다. 대체로 제도적인 종교는 현상학적인 내용을 가지지 않을 수 없었고, 종교의 본래적 성격은 존재론의 성격을 가졌다고 해도 무리가 없을 것 같다.

　서양철학의 소크라테스에게서도 현상학과 존재론의 영역을 찾을 수 있다. '애지(愛知)의 철학'의 '애지'는 현상학의 영역이지만, "내가 아무 것도 모른다는 것을 알고 있다(I know that I know nothing)."의 '아무 것(nothing)'는 역시 존재론의 영역에 속하는 것이고 할 수 있다. 플라톤도 마찬가지이다. 이데아는 존재론의 영역에 속하고, 이데아를 규정함으로써 빚어지는 현상은 현상학의 영역에 속한다. 이데아는 현상학의 분기점이 된다는 점에서 현상학의 출발이라고도 말할 수 있다. 결국 이데아-이성-진리의 입장은 현상학의 입장이고, 진리는 '드러난 것(aletheia)'이라는 존재론의 입장이라고 말할 수 있다.

　유교의 경우도 인(仁)은 존재론의 영역, '의예지(義禮智)'는 현상학의 영역이다. 중용(中庸)도 존재론의 영역, 대학(大學)은 현상학의 영역이라고 할 수 있을 것이다. 불교의 경우도 자비(慈悲)와 중도(中道)는 존재론의 영역, 유식학(有識學)은 현상학의 영역에 배치해도 좋을 듯하다. 물론 유식 중에서도 제 8식 아라야식이나 9식 아마라식의 경우는 존재론의 성격을 다소 지니고 있다고도 볼 수 있을 것 같다. 화엄학(華嚴學)에서 체(體)는 존재론의 영역, 용(用)은 현상학의 영역에 넣을 수 있을 것 같다. 교선(敎禪)에서 교종은 현상학의 영역, 선종(禪宗)은 존재론의 영역에 넣을 수 있을 것 같다.

서양 후기근대철학을 대표하는 '차이(差異)의 철학'에서도 서양은 '실체(고정불변)의 차이'인데 반해 동양의 음양사상의 차이는 '비실체의 차이'로서 서양과는 다르다. 음양사상은 서양철학의 영향으로 이원대립적인 것 같이 해석되기도 하지만 실은 대립적인 것이 아니고 상호보완 혹은 상생관계에 있다. 이원대립은 현상학적인 차원이지만, 음양상생은 존재론적인 차원이다. 음양상생(陰陽相生)은 유무상생(有無相生)과 같이 이원대립적이지 않다. 동양의 음양은 비실체인 기(氣)를 상징적으로 표현한 것이다. 동양의 음양사상이 현상학에 길들여진 철학자에게는 마치 음의 동일성과 양의 동일성이 있는 음양대립으로 느껴지면서 마치 변증법적인 운동을 하는 것처럼 오해하겠지만 음양은 역동적인 기운생동을 표현하는 것이며, 결코 절대진리를 추구하는 변증법이 아니다.

샤머니즘은 음양의 기운생동과 관련이 있다. 샤머니즘은 천지인(天地人)을 정기신(精氣神)으로 동시에 표현하는데 샤머니즘의 정령은 정기신이 역동적으로 순환하면서 기운생동으로 드러나는 상황을 말한다. 정령(精靈)은 정(精)과 기(氣)의 연합을 말하며 이러한 정기(精氣)의 순환의 하이라이트는 신(神)이다. 그렇지만 샤머니즘의 신들은 기독교의 신처럼 절대유일신이 아니고 범신(汎神)이다. 기독교와 샤머니즘은 완전히 다른 것인가? 샤머니즘의 입장에서 보면 기독교의 신은 샤머니즘의 신이 하나의 초월적 신으로 변형되어 절대화된 샤머니즘일 수 있다.

모든 종교의 원형은 정령숭배(animism)가 아닐까? 애니미즘(정령), 토테미즘(토템), 샤머니즘(귀신)은 초월성이 침입하지 않는 범신론을 바탕으로 하고 있으며, 이들은 아직도 자연성이 내재한 종교라고 말할 수 있다. 귀신은 기독교의 신보다는 자연으로 돌아가는 신(생멸하는 신)의 묘미가 있다. 모든 종교에 내재한 신비주의(mysticism)는 샤머니즘과 연결될 가능성이 높다. 신비주의는 인간의 앎(알음알이)의 다른 쪽(모르는 쪽)일 수밖에 없으며, 결국 비합리주의와 통할 수밖에 없다. 이것이 바로 신비이다. 자연에 인간의 앎이 아닌 다른 분야, 즉 신비가 있다고 하는 것은 자연에 대한 경외심과 통한다.

신비는 모르는 세계에 대한 지칭이며 새로운 가능성의 보고이다. 모르는 것이 있는 것을 인정하는 한 신비주의자가 될 수밖에 없다. 그런 점에서 신은 신비이며, 신비야말로 신성이다. 신비는 미신(迷信)이 아니라 일종의 미궁(迷宮)이다. 미궁은 연기(緣起) 혹은 연기적 사태의 네트워크(web)를 의미한다. 인류의 종교들은 신비를 여러 다른 이름으로 불렀을 뿐이다. 원시애니미즘의 정령(精靈)을 성령(기독교), 음양(유교), 보신(불교), 기운생동(선도), 귀신(샤머니즘) 등으로 불렀다.

오늘날 기독교를 동양의 '선(仙)'의 관점에서 보면 '기독교선(仙)'이라고 말할 수 있을 것이다. 이는 서양에서 '자연'이 '자연과학'이 된 이치와 상통한다. 예컨대 본래 실체가 없는 자연(존재)을 실체가 있는 것(존재자)으로 해석하여 그것을 실천한다면 바로 기독교와 자연과학이 되는 것을 피할 수 없다. 그런 점에서 극과 극은 통한다는 말을 할 수 있을 것이다.

이는 샤머니즘과 선도(仙道)의 경전인 천부경의 '천지인(天地人)'사상이 기독교에서는 '성부성자성신'이 되는 것과 같다. 원시고대의 천지인 사상이 오늘날 자연과학의 시대를 맞아서 새롭게 해석될 필요가 있다. 이것을 네오샤머니즘(neo-shamanism)이라고 말할 수 있을 것이다.

샤머니즘이 정령(spirit)과 샤먼(shaman)과 '평화(귀신과 인간)의 우주'의 종교라면 네오샤머니즘은 신비(mysticism)와 만물만신(萬物萬神)

과 '미궁(迷宮)의 연기적 존재'의 상태를 말한다. 샤먼들은 신이 내리도록(신 내림을 위해) 마음을 비워둘 줄 아는 사제들이다. 마음을 비워둔다는 것은 소유적 존재로서의 자신을 생성적 존재로 탈바꿈하는, 스스로 해탈(解脫)할 줄 아는 집단의 사람들을 말한다.

〈현상학과 존재론으로 본 동서양철학과 종교〉

철학과 종교	현상학: 실체 유시유종(有始有終)	존재론: 비실체(마음: 氣) 무시무종(無始無終)	명사/ 동사
서양 현상학	소크라테스"너 자신을 알라."/ 애지(愛知)의 철학 플라톤: 현상 이데아/이성(理性)/진리	"내가 아무 것도 모른다 는 것을 알고 있다." 플라톤: 이데아 진리는 알리테이아 (aletheia)	앎 (진리)/ 모름 (존재)
유교 (儒敎)	의예지(義禮智) 대학(大學)	인(仁): "말로 하기 어렵다." 중용(中庸)	예(禮)/ 인(仁)
불교 (佛敎)	유식학(唯識學): 제7식까지 화엄학: 용(用) 교(敎)	자비(慈悲)/중도(中道) 유식학(唯識學): 제 8, 9식 화엄학: 체(體) 선(禪)	유(有)/ 무(無)
선도(仙道) 도교(道敎)	문(文): 문명, 문화(인위문화) 호흡(呼吸)과 리듬 (rhythm)	자연: 무위자연 (無爲自然)/ 도(道)	문명/ 자연
서양 후기근 대철학	존재자(Seiendes, beings) 사물(thing)/이(理) 고정불변 실체 (실체의 차이)	존재(Sein, Being) 사건사태/氣(파동) 생명, 생멸(음양의 차이)	사물/ 사건/ 사태

기독교/기독교선(仙) 샤머니즘	절대유일신: 성부성자성령 자연과학 (물리학적 우주론)	애니미즘(animism): 정령 자연(自然: 스스로 그러한)	성령/ 자연
네오샤머니즘(neo-shamanism)	정령(spirit)/ 샤먼(shaman)/ 평화(귀신과 인간)의 우주	신비(神祕, mysticism)/ 만물만신(萬物萬神)/ 미궁(迷宮)의 연기적 존재	정령/ 신비/ 미궁

4. 존재론의 미래로서의 네오샤머니즘

하이데거는 각 시대의 존재 이해, 즉 존재자 전체의 본질과 근거에 대한 이해가 그 시대의 모든 활동을 규정한다고 말한다. 중세는 존재자 전체를 '신의 피조물'로서 이해함으로써 학문화 예술과 일상생활이 신에 대한 숭배를 중심으로 이루어졌다고 말한다. 현대기술문명은 존재자 전체를 '계량 가능한 에너지들의 공급원'으로 이해하기 때문에 인간마저도 계량 가능한 노동력과 욕구의 담지로 간주한다.[9]

하이데거는 현대과학기술문명은 데카르트의 형이상학에 의해 출발하였다고 말한다. 데카르트의 자연관은 인간마저도 과학에 의해 대상화되는 것을 피할 수 없게 한다. 인간과 자연의 이분법은 자연을 이용대상으로 하는 길을 열어주는 반면 자연으로부터 인간의 소외를 동시에 초래했다. "'연장적인 사물'로서의 이해와 인식하는 자(res cogitans)로서의 인

---

9) 박찬국, 『들길의 사상가, 하이데거』(동녘, 2004), 27~28쪽.

간 사이에는 공통점은 없다고 보았다."[10]

'주체-대상(목적)'의 이분법적인 현상학은 인간으로 하여금 매 순간 대상의 소유에 집착하게 만든다. 그렇게 되면 목적은 대상이 되고, 대상은 수단적 의미가 된다. 따라서 현상학적인 인간은 주체의 상실에 직면하게 됨으로써 결국에는 물질주의(공산주의)나 물신숭배(자본주의)의 위험에 처하지 않을 수 없다. 서양의 현상학이 마르크스에 의해 유물론에 빠진 것은 현상학의 피할 수 없는 자기모순과 자기왕래의 귀결이라고 하지 않을 수 없다. 헤겔의 관념론이 물질적 조건을 무시함으로써 비현실적이라고 규탄한 마르크스는 경제구조(생산관계)가 정신활동을 규정하기에 이른다. 이는 대상적 사고나 목적이 결국 실체(동일성)를 추구함으로 인해 소유적 존재로서의 인간의 자기모순을 드러낸 것이라고 볼 수 있다.

하이데거의 존재론은 과학기술문명시대의 인간소외 문제를 제기하면서 어떻게 하면 자연적 존재로서의 인간성을 회복할 수 있을 것인가에 집중했다. 서양철학에서 존재론의 문을 연 하이데거라 할지라도 존재론을 완성한 것 같지는 않다. 하이데거는 존재가 마치 존재자의 저편에 있는 것처럼 말한다. 하이데거의 존재론은 어디까지나 존재자의 입장에서 존재를 보는 것이라고 하지 않을 수 없다. 그가 구사하고 있는 존재의 은폐(隱閉, 隱迹)나 개현(開顯, 顯現)[11]이라는 말은 그것 자체가 이미 존재자의 시선을 말해준다. 진정한 존재는 생멸적 존재이고, 연기적 존재이기 때문에 은폐나 개현의 여지가 없는 '현존적 존재'일 따름이다.

존재자가 존재를 열거나 드러나게 하는 것이 아니라 존재는 항상 열려

---

10) 박찬국, 같은 책, 29쪽.

11) '은폐'나 '개현'이라는 말은 결국 존재와 존재자 사이의 역동적인 관계를 표현하는 용어인데 '은폐'나 '개현'는 현상학적인 입장에서 붙인 말의 성격이 강하고, '은적'이나 '현현'이라는 말은 존재론적인 입장에서 붙인 말의 성격이 강하다. 그러나 둘은 같은 역동성을 드러내는 말이다. 필자도 존재의 개폐적(開閉的) 성격을 드러내는 모델로 '역동적 장(場)의 개폐(開閉)이론(DSCO)'을 발표한 바 있다.

있는 존재 '생멸하는 존재'로서 인간이 이것을 사물로 즉 '닫혀있는 존재자'로 본 까닭에 그것을 '개폐(開閉)'로 설명하는 것일 따름이다. 진정한 세계는 본래 열려있는 세계이다. 존재를 깨달은 하이데거는 적반하장으로 존재자가 존재를 열었다고 말하는 것이다. 그런 점에서 존재는 사물(thing)이 아니라 사건(event)이다. 하이데거에 있어서는 존재자는 존재를 열었다고 할 수 있다. 그러나 존재(자연적 존재)는 닫힌 적이 없다. 존재와 자연은 항상 동사로서의 그것이다. 그런데 서구문명은 그것을 명사로 인식했다. 서양은 '정(靜, 실체, 존재자)'에서 존재를 인식한 반면 동양은 '동(動, 氣, 존재)'에서 존재를 인식한 셈이다. 이것이 서양에 '과학'(자연과학)을 가져다주었고, 동양에 '역(易)'(한의학)을 가져다주었다.

존재는 내가 생각하기 때문에 존재하는 것이 아니고, 존재하기 때문에 존재하는 선물과 같은 것이다. 그런 점에서 데카르트의 코기토와 정면으로 충돌하는 것이다. 나아가서 존재는 시각적 구성의 산물이 아니고 자연의 흐름, 시간적(계량할 수 없는) 흐름이며, 일종의 풍류도적(風流道的) 성격을 가지고 있다. 존재 그 자체에 가장 가깝게 접근하는 것이 바로 소리이다. 소리는 파동으로서 자연의 어떤 사물도 소리를 내장하고 있다고 말할 수 있다. 이는 존재가 시(詩)를 내장하고 있는 것과 같다.

'시각-언어'의 프레임에 길들여진 서구문명은 '청각-상징'의 세계에 대해 신기할 뿐이다. 하이데거의 존재에 대한 물음이나 신에 대한 경건함도 실은 불확정한 청각적 상황에 대한 관심이었을 수 있다. 이때의 소리란 무엇인가. 간단히 말하면 동일성이나 정답이 없는 세계, 실체(입자)가 아닌 파동(리듬)의 세계를 말한다.

그렇다면 진정한 존재론은 무엇일까? 신을 설정하는 것은 고정불변의, 혹은 요지부동의 정답이 있음을 전제하는 것이다. 이것은 기독교 창조론-타락론(墮落論) 또는 정반합(正反合)의 변증법에서도 확인할 수 있다. 인간은 신과 정답을 전제하면서 살아갈 수도 있고, 그렇지 않을 수도 있다. 실존주의에서도 유신론적 실존주의와 무신론적 실존주의가 있듯이 인간의 삶의 모습 자체가 그렇다. 과연 정답이라는 것이 있는 것인가. 답이라는 것은 질문에 따라 형성되는 것인가. 전자에 줄을 서는 사람도 있을 것이고, 후자에 줄을 서는 사람도 있을 것이다. 이것도 실은 선택이다.

여기에 하나 더 첨가한다면 "인간은 자신이 듣고 싶은 것을 듣는다."라는 말이 있다. 결국 자신이 듣고 싶은 정답을 정답이라고 생각한다는 뜻이다. 어떤 자연의 바람소리를 듣고 이것을 신의 말씀이라고 생각할 수도 있고, 역으로 신의 말씀도 그냥 자연의 바람소리로 들을 수도 있다. 이렇게 보면 결국 신의 문제도 인간의 내면의 문제로 돌아가게 된다. 인간의 존재론은 그래서 쉽지 않다.

원시부족사회의 사람들은 자연의 소리를 듣는데 본능적으로 민감하였다고 할 수 있다. 정령숭배(animism) 같은 것도 이와 관련이 있을 가능성이 높다. 정령숭배는 불확정한 세계에 대한 원시부족사회 사람들의 믿음체계이며 그들의 존재론이 아닐까? 앎의 세계와 믿음의 세계도 확연하게 구분할 수가 없다는 사실을 확인할 따름이다. 앎과 믿음도 이중성과 애매모호함 속으로 들어가게 된다. 그렇다면 아름다움은 또 어떤가. 앎과 믿음과 아름다움, 즉 철학적 진선미는 서로 왕래하면서 침투함을 인정하지 않을 수 없다.

근대과학시대의 전개와 더불어 원시고대의 샤머니즘은 미신의 대명사로 통했으며, 더 이상 인간의 삶을 치유하고 행복을 가져다주는 것과는 전혀 관계가 없는 줄 알았다. 그러나 인간의 앎이라는 것이 동시에 항상 모르는 세계를 전제로 하는 것이고, 앎의 저편에는 항상 신비가 숨어있음을 간과할 수 없다. 앎은 동일성의 세계를 추구하는 것이고, 삶은 시시각각 생멸하는 차이의 세계로서 동시성의 하나의 전체적인 세계이다. 역동적으로 생멸하는 총체적인 세계야말로 본래존재의 세계이다.

앎의 현상학적(존재자적, 과학적) 입장에서 샤머니즘을 미신으로 본다면 삶의 존재적 입장에서 보면 샤머니즘은 적어도 인류가 자연친화적인 삶을 영위하던 부족사회 혹은 부족국가 시절에 유행한 종교적 원형으로서 새롭게 볼 필요와 여지가 없지 않다. 샤머니즘의 신비적 요소는 단지 미신이 아니라 세계를 총체적으로 바라본 철학적 의미를 갖는 것인지도 모른다. 현대사회처럼 세계를 파편으로 쪼개지 않던 시절의 세계관으로 볼 여지가 있다.

샤머니즘이 신비의 여지를 둔 것은 도리어 '요소-체계'의 실체론이 아닌 '관계-총체(전체)'의 비실체적 세계관의 산물로 볼 수도 있을 것 같다. 신비야말로 인간이 신을 접할 수 있는, 신을 모실 수 있는 역동적 장(場)인 지도 모른다. 실지로 샤머니즘보다 상대적으로 합리적 종교로 알려진 고등종교에도 신비적 요소가 깃들어 있음을 살펴볼 수 있다. 예컨대 기독교의 성부-성자-성령 중에서 성령(聖靈), 불교의 법신-응신-보신 중에서 보신(補身)은 그 대표적인 것이다.

샤머니즘의 경전으로 알려진 천부경의 내용 중 인중천지일(人中天地一)의 구절, "사람 가운데에 천지가 하나가 된다(역동적으로 하나가 된다)."는 내용은 바로 고등종교의 위의 상태를 잘 표현한 것으로 보인다. 성령이나 보신은 기운생동(氣運生動)의 우주를 표상하는 말로서 샤머니즘의 정령(精靈)이나 영기(靈氣), 혹은 신령(神靈)처럼 과학적으로 그 정체를 확연히 밝힐 수 있는 것은 아니다. 진리와 신비 사이의 완벽한 이분법은 더 이상 용인할 수 없게 되었다.

더욱이 기독교의 절대유일신은 고정불변의 동일성을 요구함으로써 인간을 자연으로부터 더욱 더 멀어지게 하였다. 기독교의 '창조(시작)-종말(끝)' '원인-결과' 등의 이분법의 사유는 자연적 존재로서의 인간을 소외시키는 것은 물론이고, 인간성을 파괴시킬 정도이다. 기독교와 이성철학, 그리고 자연과학은 세계를 '기계적 체계'로 읽기를 강요하고 있다.

존재는 '알 수 없는 세계' '불확실한 세계'이다. 만약 존재가 알 수 있는 세계가 되면 그것은 이미 현상의 세계(현상학적인 존재)인 것이다. 그렇다면 알 수 없는 세계와 신비의 세계는 어떻게 다른가? 우리는 알지 못하기 때문에 신비의 세계라고 말하고 있는 것은 아닌가? 미신은 과학적으로 설명할 수 있는 것을 불합리하게 설명하는 것이라면 신비는 처음부터 합리적으로 설명이 된 적이 없는 세계이다. 신비는 마치 정체를 드러내지 않기 위해 달아나는 신과 같아서 신비가 곧 신이다. 존재의 신비는, 샤머니즘의 세계와 통하는 그 무엇이 아닐까? 흔히 존재는 무(無)라고 할 때의 '무'야말로 글자그대로 없는 것(nothing)이 아니라 알 수 없는 그 무엇이라고 할 수 있지 않을까?

하이데거는 '돌멩이가 있는 것(나무가 있는 것)'과 '인간이 있는 것'은 다르다고 주장한다. 그래서 인간을 '현존재(터-있음)'라고 규정하고 현존재를 존재이해의 존재라고 부른다. 하이데거의 입장은 샤머니즘의 입장과는 다르며, 그의 존재론에는 여전히 인간중심주의적인 사유(존재자의 위계성)가 깔려있음을 볼 수 있다. 여기에는 인간을 창조한 기독교의 유일신관이 개재되어 있음을 엿볼 수 있다.

이에 비해 샤머니즘의 신관은 모든 사물에 신령(정령)이 깃들어 있으며, 종국에는 만물만신(萬物萬神)의 태도를 지니고 있다. 물(物)/신(神)은 애매호모하고 이중적이다. 그래서 신(神)은 은유(隱喩)로 표현된 사물이다. 우리가 신(神)을 말할 때 유신(有神)/무신(無神) 중 어느 하나를 택하면 이미 그 신은 존재자(존재하는 것=사물)에 해당하고 사물로 전락한 신이다. 신은 어쩌면 애매모호함의 신비로 남아 있어야 신의 역할을 잘 할 수 있을지도 모른다.

샤머니즘의 세계야말로 실은 존재론이 추구하는 모든 '있음(존재)'을 동등하게 생각하는 사유가 숨어있다고 할 수 있다. 이것을 필자는 존재의 일반성, 혹은 일반적 존재라고 부르고 있다. 일반적 존재는 자연, 즉 자연적 존재의 다른 이름이다. 필자는 샤머니즘과 철학의 상호관련성에 대해서 상당한 분량의 견해를 밝힌 바 있다.[12] 그 글의 핵심은 철학이 사물을 대상화(혹은 주체화)하는 것을 포기하고 세계를 '관계의 세계', 즉 '실체가 없이 연결되는 그물망(web)=인다라망(因陀羅網)'으로 인식하는 것이 존재와 자연에 이르는 길임을 천명한 것이었다.

샤머니즘은 비록 오늘의 시각에서 보면 과학적이지는 않았을지 몰라도 세계를 '관계의 망'으로 보고 삶을 영위한 지혜로 볼 수 있을 것이다. 오늘날 네오샤머니즘의 이름으로 샤머니즘을 부활시키는 것은 분명히 과학시대를 지난 시대적 의미가 가미된 것이다. 그런 점에서 현대인, 혹은 미래인은 과학과 함께 샤머니즘도 동시에 고려하면서 삶을 영위하여야 할 것이다. 이는 전자의 '이성적-체계적 세계'와 후자의 '감성적-공감적 세계'가 공존(병존)하는 방식[13]일 것이다.

필자는 네오샤머니즘을 제안하면서, 철학의 밖에서 철학을 보면 철학 행위도 자연에 의미를 부여하는 행위에 불과하다고 주장했다. "철학과 문명이란 결국 자연의 음률, 멜로디에 의미를 입히는 작업(그 의미작업에는 항상 단절이 있다. 의미는 반드시 재구성되기 때문이다)으로 존재의 존재자를 설정하는 과정이다. (중략) 존재(실재)=자연'은 끊임없이 계속 흐른다."[14]

네오샤머니즘(neo-shamanism)은 원시고대의 샤머니즘이 아니라 근대 과학의 시대를 통과한 다음에 새롭게 사유되는 샤머니즘의 의미를 말한다. 기독교와 자연과학의 유시유종(有始有終)의 사유는 현상학적인 성격을 갖고 있는 반면 동아시아 샤머니즘의 경전으로 여겨지는『천부경(天符經)』의 무시무종(無始無終)의 사유는 존재론적인 성격을 갖고 있다

---

12) 박정진,『철학의 선물, 선물의 철학』(소나무, 2012), 260~348쪽.
13) 동양의 도교나 불교의 수행(修行)의 방식을 삶에 응용하는 것을 예로 들 수 있다.
14) 박정진,『소리의 철학, 포노로지』(소나무, 2012), 647~648쪽.

고 볼 수 있다. 무시무종만큼 '존재와 무(無)'를 완전하게 설명하는 것은 없다.

〈기독교와 샤머니즘의 극과 극〉

기독교 (성경)	천지창조(최초의 원인)- 종말구원(최종의 결과)	유시유종 (有始有終)	현상학
샤머니즘 (천부경)	일시무시일(一始無始一)- 일종무종일(一終無終一)	무시무종 (無始無終)	존재론

5. 천부경과 하이데거의 존재론

"세계는 시작도 끝도 없다(無始無終)."

이 구절은 동양의 최고(最古) 경전인 『천부경(天符經)』의 처음과 끝을 요약한 것이다. 이는 기독교의 '천지창조'와 '종말구원'을 내용으로 하는 바이블, 즉 유시유종(有始有終)의 경전과 가장 대조되는 내용이다. 『천부경』은 동이족(東夷族)에 전해 내려오는 '81자'로 구성된, 세계경전 가운데 가장 집약(集約)된 경전이다. 여기서 '동이족'이라고 함은 중국의 한족(漢族)과 구분되는 동북아시아의 고대 국가인 고조선(古朝鮮)을 세운 민족을 말한다. 천부경은 지금까지 동양의 대표적 경전으로 알려진 중국의 주역(周易)보다 훨씬 오래된 경전이다.

독일의 철학자 하이데거의 존재론은 동양의 선불교나 도교사상 등 여러 경전의 영향을 받았겠지만 아마도 천부경의 영향을 받은 것으로 짐작된다.[15] 특히 하이데거의 사중물(四重物, 四域, 사방세계)은 그 대표적인 것이다. "『천부경』은 하늘, 땅, 사람을 중심으로 세계를 설명하였지만, 하이데거는 여기서 신(神)을 보태 '사중물'로 본 것이다. '신'을 보탠것은 물론 기독교 절대유일신의 영향일 것이다. 기독교의 '신'은 천지인의 순환체계를 끊고 설정한 일종의 절대 신앙체계이다. 그렇지만 서양문명을 근원적으로 비판한 하이데거는 절대유일신의 기독교체계의 유산을 가지고 동양의 천부경의 순환체계에 적응하려고 노력한 철학자이다. 그래서 그 신은 유일신이 아닌 제신(諸神)이다."[16]

천부경은 모두 81자로 상경(上經), 중경(中經), 하경(下經)으로 나뉜다. 상경은 천(天, 一)을 중심으로 천지인을 설명하고, 중경은 지(地, 二)를 중심으로 천지인을 설명하고, 하경은 인(人, 三)을 중심으로 천지인을 설명하고 있다. 하이데거는 이를 그대로 재현하고 있는 모습이다(뒷장에서 설명).

---

15) 천부경에 대한 관심은 독일의 세계적인 철학자 하이데거에게도 있었다. 서울대 철학과 박종홍 교수가 전주에서 있었던 한 강연회에서 털어놓은 고백에 따르면 하이데거는 프랑스를 방문한 박종홍 교수를 융숭히 대접하면서 이렇게 말했다고 한다. "내가 당신을 초청한 이유는 당신이 한국 사람이기 때문입니다. 내가 유명해지게 된 철학사상은 바로 동양의 무사상인데 동양학을 공부하던 중 아시아의 위대한 문명발상지는 한국이라는 사실을 알게되었습니다. 그리고 세계 역사상 가장 완전무결한 평화적인 정치로 2천 년이 넘은 장구한 세월동안 아시아 대륙을 통치한 단군시대가 있었음을 압니다. 그래서 나는 동양사상의 종주국인 한국인을 존경합니다. 그리고 나도 무사상을 동양에서 배웠으며 그 한 줄기를 이용해 이렇게 유명해졌지만 아직 당신들의 국조 한배검 님의 천부경은 이해를 못하겠으니 설명을 해주십시오." 그렇게 말하면서 천부경을 펼쳐 놓았다고 한다. 한국의 유명한 철학과 교수이니 당연히 천부경 철학을 잘 알고 있으려니 했던 것이었다. 그런데 문제는 그 박종홍 교수가 천부경의 말만 들었지 천부경에 대해서는 아는 바가 전혀 없었단다. 그래서 아무 말도 못하고 돌아왔다(이상은 한국전통사상연구소 문성철 원장 증언이다). 박정규, 『세상의 전부-천부경』(멘토프레스 2012), 152~153쪽.
16) 박정진, 『평화는 동방으로부터』(행복한출판사, 2016), 126~127쪽.

〈천부경와 하이데거의 사중물〉

천부경 상경(上經) 천경(天經)	천(天)을 중심으로 천지인을 설명함	하이데거의 '하늘'	'사중물 (四重物)'은 '신(神)'을 포함해서 서로 비춤
천부경 중경(中經) (人經)	지(地)를 중심으로 천지인을 설명함	하이데거의 '대지'	
천부경 하경(下經) (地經)	인(人)을 중심으로 천지인을 설명함	하이데거의 '죽을 인간'	

천부경의 천지인은 실체가 아닌 일종의 상징으로 사용되는 것인 반면 하이데거의 천지인과 신은 실체로서 사용되고 있다. 천부경의 천지인은 그것자체가 신과 분별되는 개념이 아니며 그런 까닭에 기독교의 신과 같은 절대적인 신이 필요 없다. 이에 비해 하이데거의 천지인은 실체이며 신도 또한 실체이다. 그래서 하이데거의 사중물은 서로가 서로를 비춤으로서 관계하게 된다. 천부경의 천지인은 비추는 관계가 아니라 서로 순환관계에 있다. 그러나 서양철학자인 하이데거로서는 가장 동양적 천지인의 세계에 근접한 것이라고 볼 수 있다.

샤머니즘의 부활은 크게 보면 과학기술시대의 정점에 이른 오늘날, 자연과 인간성의 회복을 위해 에콜로지의 차원에서 철학하기를 실천할 것을 요청하는 시대정신이라고 할 수도 있다. 자연적 존재로 태어난 인간은 결국 기계를 만들어냈고, 인공지능과 기계인간(사이보그)을 만들어낼 정도가 되었다.

옛 샤머니즘을 에콜로지의 차원에서 새롭게 바라보는 것은 도시와 문명의 수학적 길이 아니라 농촌의 들길이나 나아가서 산중의 오솔길, 노래로 말하면 아리랑과 같은 민요의 가치를 새롭게 조명해보는 것이라고 할 수 있다. 오늘날 고도로 분석적인 현상학적인 대상철학은 존재론의 측면에서는 원시고대의 샤머니즘보다 못한 철학인지도 모른다.

그런 점에서 동양의 '도학'은 참으로 현대인이 그 정신을 새롭게 조명할 가치가 있는 것이다. '자연적 존재'는 있는 그 자체가 존재인 것이지, 어떻게 생각하고 해석한 존재가 아니다. 현재 함께 있는 만물이 바로 인간과 똑같은 가치를 지닌 존재이며, 함께 살아있는 것이야말로 존재의 진면목이다.

옛 샤먼이야말로 시인과 철학자와 사제의 기능을 한 몸에 지니고 있었던 인물이었다. 시인과 철학자와 사제는 '천(천상)-지(지상)'을 연결하는 매개자(메신저, 영매)의 공통성을 갖는다고 할 수 있다.

"시인과 철학자가 공속적인 것은 이들이 매개자 혹은 중매자의 역할을 수행하는 데에 있다. 즉, 천상적인 것과 지상적인 것이며 신적인 것과 인간적인 것이다. 성스러운 공간에 거주하는 시인과 존재의 이웃으로 거주하는 철학자는 다름 아닌 시원적으로 시작(詩作)하는 시인과, 시원적으로 사유하는 철학자다. 이들은 '사이-존재'로서 어떤 중간 지대에 위치하여 매개하는 과제를 떠안고 있는 것이다."[17]

"'궁핍한 시대에서의 시인'의 직책은 사명과 소명으로 각인된 '시인직(詩人職: Dichterberuf, Dichteramt)'이라는 용어로 대변된다. 우리에게는 도무지 낯선 용어이다. 그러나 바로 여기에 횔덜린을 이해할 수 있느냐와 없느냐가 갈린다. 이 '시인직'은 그에게서 사제직과 직결되고 또 어쩌면 사제직 이상이었던 것이다."[18]

정령숭배를 기초로 하는 샤머니즘의 '만물만신(萬物萬神)'의 정신이나 심물일체(心物一體)의 정신이 절대유일신의 기독교나 유물론의 기계적 세계관을 넘어서는, 보충하는 철학이 될 수도 있다. 하이데거에 의해 제기된 존재론은 다시 동양으로 돌아와 네오샤머니즘으로 꽃을 피움으로써 비로소 완성되는 운명인지도 모른다.

---

17) 윤병렬, 「하이데거의 횔덜린 시(詩)-해석과 '다른 시원'」(철학과 현실사, 2002), 200쪽.
18) 윤병렬, 같은 책, 201쪽.

하이데거의 시간(Time)은 이미 사물(Thing)이며, 텍스트(Text)이며, 테크놀로지(Technology)이다. 시간(시간의 단면, 파편, 이미지)을 떠올리는 자체가 이미 구속이다. 따라서 사물과 함께 물리적 시간과 공간, 역사(시간)와 사회(공간)를 버리지 못하는 인간은 결코 제도와 테크놀로지에서 자유로울 수 없다. 테크놀로지는 인구증가와 함께 벌어진 인류사의 필연적 과정이었다.

하이데거의 '현존재(Dasein: 터-있음)'[19]의 뜻은 인간이 '시간적 존재'라는 것을 말한다. 그의 『존재와 시간』은 시간적 존재로서의 인간을 사유한 것이다. '현존재'라는 말 자체에 하이데거의 모든 철학이 이미 들어있다. 시간과 공간 안에 들어있는 칸트의 '인간'은 하이데거에 이르러 '현존재(Dasein)'가 되는데 '현존재'는 시공간을 벗어난 '존재(Sein)'으로 가기 위한 중간의 '터-있음', 중간기착지라고 할 수 있다.

'터-있음'은 필자의 '역동적인 장(場)의 개폐이론'(DSCO: Dynamic Space, Close & Open/Dynamic Situation Context & Out of Context)의 '장(場)'의 개념에 흡사하다. '장(場)'은 '장소(場所)'와 다른 전자기장(電磁氣場)과 흡사한 개념이다.[20] 돌이켜 생각하면 'DSCO'는 철학의 시공간의 문제를 '역동적 장의 개폐'로 풀면서 동시에 이것을 텍스트로 옮겨서 텍스트(Text)-콘텍스트(Context)의 문제로 거론한 셈이다. 어떤 텍스트든지 그 밑에는 콘텍스트가 있으며 그 콘텍스트를 벗어나면 의미가 달라짐을 말하고 있었던 셈이다. 시간의 문제는 동시에 공간의 문제이며, 텍스트의 문제는 동시에 콘텍스트의 문제인 것이다.

하이데거의 '터-있음'은 고정된 공간적 장소라기보다는 존재적 사태가 벌어지는 장(場)을 의미한다. 존재는 실체적 사물이 아닌 실재적 사건

---

19) 하이데거의 'Dasein'을 '현존재'와 '터-있음'으로 번역하는 것은 전자는 시간성을 중심으로, 후자는 공간성을 중심으로 번역한 것으로 생각된다. 시간과 공간이 둘이 아닌, 하나의 시공간인 만큼 결국 둘은 같은 뜻이다.

20) 박정진, 『한국문화와 예술인류학』(미래문화사, 1990), 91~116쪽.

사태이다. 하이데거는 실재적 사건, 실재적 존재에 가장 가까이 간 서양 철학자이다. 그러나 하이데거는 존재(자연적 존재)의 진면목에 도달하지는 못했다. 하이데거의 기초존재론은 현존재인 인간을 중심으로 존재자들을 분석하고 이해한 것으로서 '존재자의 존재'를 발견하였지만 정작 '존재'가 '자연'이라는 사실에 도달하지는 못했다. 존재자(현상학)의 언덕에서 존재를 바라보았을 뿐이다.

만약 그가 존재가 '생멸하는 자연'이라는 사실을 확실히 깨달았다면 죽음에 대해 그토록 '죽을 인간'이라고 한계상황을 강조해서 말하지는 않았을 것이다. 자연에서 죽음은 흔한 일상사이다. 요컨대 죽음과 불안을 동시에 떠올리는 '죽음=불안'의 실존을 말하지는 않았을 것이다. 하이데거가 개인의 죽음을 기독교의 종말론을 빌어 해석한 것도 그의 기독교적 세계관을 말해주고 있다. 비록 그가 신의 복수형인 '신적인 것들'을 사방세계에 포함했지만 기독교의 현상학적인 한계를 벗어나지 못한 성격도 반증하고 있다.

하이데거의 기초존재론은 '존재(존재자) 일반'이 아니라 필자의 '일반성의 철학'의 바탕을 이루고 있는 '일반존재(일반적 존재)'로 표현되었어야 자연적 존재론으로 탈바꿈되는 차원에 진입할 수 있었을 것이다. 여기서 말하는 일반존재는 삼라만상, 두두물물(頭頭物物)이 모두 존재라는 뜻이다. '존재일반(존재자)'과 달리 '일반존재(존재, 생성적 존재)'는 자연적 존재를 말하는 다른 이름이다.

자연으로 돌아가는 것은 현상학적으로 환원되는 것이 아니다. 동시에 현상학적으로 회귀하는 것도 아니다. 말이 필요해서 편의상 '돌아가는 것'이라고 하지만 표현하지만 자연은 항상 생성 그 자체로서 매 순간 생멸하고 있는 생명체이다. 이것을 인간의 눈으로, 인간의 언어로 설명하다 보니 환원과 회귀 혹은 부활과 복귀를 말하지만 특정한 시공간의 장소로 돌아가는 것이 아니다. 자연은 스스로 운동하고 움직이는 전체(총제)로서 한 번도 전체에서 떨어져 나와 파편이 된 적이 없다.

하이데거가 말한 존재는 실은 동양의 한자말 상(常=恒常性=自然=無爲)을 번역한 것이라고 보면 크게 틀리지 않을 것이다. '상'은 동(同=同一性=文化=人爲)이 아니다. 동양철학에서는 '상(常)'을 '동일성'의 뜻으로 편의상 사용하기도 하지만 엄밀한 의미에서 보면 '상'은 '동일성'이 아니다. 동일성은 불교의 중론으로 보면 단견(斷見)에 속하는 것으로 자연(전체성)을 어디선가 끊은(자른) 것이다.

'단견'은 오늘날에서 보면 과학적인 사유체계를 말한다. 과학이야말로 '단견'의 결과이다. 과학은 자연(세계)을 크게 혹은 작게 끊어서 보고 이용하는 유용성을 창출하는 것이다. 이에 비해 상(常)은 자연의 생성 그 자체를 말하는 용어이다. 불교의 연기론이나 중론, 그리고 화엄학은 과학의 단견을 부정한다. 화엄학의 '부분이 전체이고, 전체가 부분'(一卽一切 一切卽一)이라는 구절은 이것을 말한다.

'상'은 시공간이나 실체(substance)가 없는 세계이다. 이 자리는 이분법이 없는 자리이고, 동시에 자연의 자리이다. 동서양문명을 나누는 분기점, 혹은 경계는 바로 상(常)/동(同)에 있다. '상'은 변하지 않는 것 같으면서도 변화를 내포하는 상이다. 이에 비해 동(同)은 고정불변의 것을 뜻한다. 그런 점에서 도덕경의 "도가도비상도(道可道非常道)"는 "말하여진(말할 수 있는) 도는 도가 아니다."로 흔히 번역되는데 보다 정확하게는 "말로 된 도는 (변화를 내포한) 상도(자연)가 아니다."라고 번역되어야 한다.[21]

'앎'(愛智)의 학문인 철학은 자연을 '알 수 없는 것'으로 은유적으로 표현한다. 존재를 말하거나 시간과 공간을 말하는 것은 이미 자연을 현상학적으로 보는 것을 의미한다. 『존재와 시간』을 쓴 하이데거는 따라서 존재론과 현상학의 경계에 있는 철학자이다.

---

21) 박정진, 『예수부처 부처예수』(신세림출판사, 2019), 345~348쪽.

하이데거는 존재론철학의 선봉장이며 대명사이지만 기본적으로 시간과 공간을 벗어나지 못하고, 그것의 경계에 머물렀다. 그러한 증거는 여러 곳에서 찾을 수 있지만, 우선 '현존재'와 현존재의 근본구성 틀인 '세계-내-존재'에서 찾아볼 수 있다. 그는 이것을 전제한 다음에 나머지를 문제 삼고 있다. 세계라는 말을 쓸 때 이미 자연을 인간의 눈으로 본 것이다. 따라서 진정한 존재론에 이르려면 '세계-내-존재'는 '존재(자연)-내-세계(인간)'로 바뀌어야 한다. 세계라는 말과 세계전체는 이미 자연에 인간의 해석을 가한 것이다. 자연은 전체를 말할 수 없다. 세계전체를 말하는 순간, 세계전체 밖의 세계가 존재함(연장됨)을 피할 수 없기 때문이다.

자연은 지금 이 순간도 시시각각 생멸하고 있는 생동하는 전체이다. 자연을 집합적인 개념(부분의 합은 전체)으로 다 말할 수는 없다. 자연을 시공간의 운동으로 설명하는 과학(물리학) 자체가 이미 자연적 존재를 왜곡하고 있다. 자연은 수학적으로 계산할 수 있는 대상으로 존재하는 것이 아니다. 과학은 자연을 측정하고 이용하기 위해 시공간과 운동이라는 개념을 도입한 해석의 한 가지 방법일 뿐이다. 그래서 세계-내-존재를 말하는 자체가 스스로 현상학의 차원에 서 있음을 선언하는 것이나 마찬가지이다. 자연적 존재에서 기초존재론을 말하려면 세계-내-존재는 존재-내-세계로 바뀌어야 한다.

"그가 문제 삼고 있는 것은 크게 세 가지이다. 첫째, 세계를 어떻게 이해해야 하는가? 실존범주로서의 '세계'는 무엇을 뜻하는가? 둘째, 세계 내에 '누가' 존재하고 있는가? 실존을 '자신의 존재'로 규정했기에, 세계-내-존재에서 자신으로서 존재하고 있는 것은 누구인지를 알아보아야 한다. 셋째, 세계 내에서 '어떻게' 존재하고 있는지가 문제되어야 한다. 현존재가 어떻게 존재를 이행해 나가고 있는지가 분석되어야 한다."[22]

여기서 하이데거는 언제(when)와 어디서(where)를 제하고, 누가(who), 무엇을(what), 어떻게(how)만을 문제 삼고 있다. 말하자면 시간과 공간에 대한 근본적인 물음, 시간과 공간의 존재여부에 대한 물음을 결여하고 있다. 이는 '현존재(시간성)'와 '세계-내-존재(공간성)'를 전제한 때문이다.

요컨대 방안에 갇혀있던 사람은 문이 열리면 세상이 열렸다고 한다. 세상은 닫혀있지도 않았는데 자신의 입장에서 그렇게 말한다. 하이데거도 존재자의 입장에서 존재가 열렸다고 말한다. 존재는 본래 닫혀 있지도 않았는데 말이다. 존재가 열린 것이 아니라 존재자의 문이라고 할 수 있는 눈이 열린 것이다. 시를 감상하는 사람들은 시가 세계를 열었다고 말한다. 그러나 정작 시인들은 본래 열려있는 세계를 여행했다고 생각한다.

하이데거의 '세계-내-존재'라는 말은 잘 새겨보면 인간을 '세계 안' 있는 존재로 해석함으로써 '세계'를 새삼 떠올리게 하고, 동시에 '세계 밖'을 떠올리게 한다. '세계'라는 말 자체가 인간적 속성인 '경계의 존재'임을 잘 드러내는 말이다. 말하자면 경계란 그것을 드러냄으로써 경계를 벗어날 수 있는 동시적 사건이다. 경계로 나누어진 세계는 각각 동일성(소유적 존재)을 갖게 되고, 그 경계는 동시성(존재의 의미)을 갖게 된다. 그렇다면 존재는 무엇인가. 본래 있는 그대로가 존재가 아닌가. 여기서 인간존재의 '있음'을 다른 존재의 '있음'과 구별하는 인간중심주의를 발견할 수 있다. 인간중심주의는 존재론의 진면목이 아니다. 결국 존재는 자연이기 때문이다.

인간은 존재를 막연하게 혹은 확실하게 이해하고 있다. 여기서 확연(廓然)은 존재자이고, 막연(漠然)은 존재이다. 존재는 막연할 수밖

---

22) 이기상, 『하이데거의 생애와 사상 그리고 그 영향』(누멘, 2010), 194～195쪽.

에 없다. 초월(trans-: transcendent)을 추구하는 형이상학과 밖(ex-: existence)을 추구하는 현상학은 얼른 보면 다른 것 같지만 결국 같은 것이다. 현상학에서 출발하면 항상 '진리(모순)-반진리'는 하나의 변증법적 원환궤도에 머물고, 현상학적 환원(reduction)과 현상학적 (영원)회귀(recession)는 같은 것이다. 이러한 현상학적 궤도를 이탈하는 것이 존재론의 진면목이고 진정한 존재론이다. 서양철학자들은 의례적으로 시간과 공간을 전제하고 있기 때문에 이것에 대해 근본적인 질문과 저항을 하지 못한다. 그래서 순간/영원, 부분/전체가 대립적인 것으로 간주한다. 그러나 현상학의 밖에서 존재론적으로 보면 순간이 영원이고, 부분이 전체인 것이다.

주체(초월적 주체)에는 '초월'이 이미 개입되어 있고, 대상(영원한 대상)에는 이미 '영원'이 개입되어 있다. 보편성이란 '주체-대상'의 대립구조의 산물이고, 이는 '구성된(constructed) 세계'이지 '세계 그 자체'는 아니다. 그래서 "존재는 진리가 아니다."가 성립한다. 시간과 공간도 구성(시각적 구성)의 산물이고 따라서 현상은 실체의 환상일 뿐이다. 이렇게 보면 자연과학은 과학적 환상일 뿐이다. 보편성과 일반성은 극과 극이 통하듯이 극점에서는 같은 것처럼 보인다. 그래서 '이(理)와 기(氣)는 같은 것'처럼 착각을 일으킨다. 철학은 흔히 '보편적이고 일반적인'이라는 말을 쓴다. 그러나 이 말은 이미 초월을 중시하고 있고, 지배구조의 편이다. 이렇게 보면 세계는 '지배(주인)-피지배(노예)'의 세계이고, 이는 '권력에의 의지'구조가 된다. 마르크스가 노예의 편의 대변자라면 니체는 주인의 편의 대변자이다.

초월의 반대편에는 일반(일반 존재)이 있다. 일반성을 중시하면 종래의 '보편적이고 일반적인'은 '일반적이고 보편적인'으로 전도될 수밖에 없다. 인간은 삶을 위해서 혹은 죽음을 모면하기 위해서(영생을 위해서) 가상실재를 만들어 사는 현존재, 존재자적 존재이다. 인간은 죽음을 앞

두고 자신이 '생멸적 존재'이며, 그러한 세계가 본래존재의 세계임을 자각하게 된다. 이러한 자각을 통해 모든 존재자의 세계 및 우상과 결별하고 실재의 세계로 돌아가게 된다. 따라서 존재에 대한 깨달음은 생멸을 초월하는 것이 아니라 도리어 그것을 긍정적으로 받아들이는 입장이라고 말할 수 있으며, 여기서 안심입명이 이루어진다. 죽음은 저주가 아니라 축복이다.

"현존재는 탄생과 죽음을 통해서 존재 전체의 순환에 편입된다. 인간은 자신을 보통 자신의 삶과 세계의 주체라고 생각하지만 사실 인간은 탄생과 죽음을 통해서 불가항력의 존재 전체에 포섭된 유한한 존재이다. 이런 의미에서 죽음이란 우리가 이미 그 안에서 태어났고 그 안에서 살며 그 안으로 소멸해 들어가는 존재 전체가 자신을 알려오는 통로이다. 죽음은 후기 하이데거의 용어를 빌리면 존재의 집수처(集收處, Gebirge)다. 따라서 '죽음으로의 선구'란 존재 전체가 자신을 알리는 길로 진입하는 것이다."[23]

샤머니즘은 신보다는 귀신의 종교이다. 영혼불멸과 함께 천국과 지옥을 설정하고 죽음을 부정하는 기독교보다는 샤머니즘이 죽음을 통해 생멸을 느끼고 긍정함으로써 본래존재를 깨닫게 한다는 점에서 존재론의 미래라고 할 수 있을 것이다. 영혼은 영혼불멸이라는 사상과 기독교의 영향으로 초월적인 측면이 강하다. 이에 비해 정령은 동식물에도 있는 것이기 때문인지 자연에 가깝다. 샤머니즘은 정령의 종교이다. 서양의 실존주의가 죽음의 한계상황을 생사(生死: 생과 사의 이분법)가 아니라 다른 만물과 같이 생멸(생성)하는 인간존재의 자연스러운 특성을 느끼는 계기로 잡는다면 서양은 훨씬 자연에 가까워질 것이다. 동양의 죽음은 자연의 생멸과정의 한 단락일 뿐이다. 심지어 동양에서는 귀신도 사생한다는 사고방식을 가지고 있다. 화담(花潭) 서경덕(徐敬德, 1489~1546)

---

23) 박찬국,『들길의 사상가, 하이데거』(동녘, 2004), 118~119쪽.

이 그 좋은 예이다.[24]

서경덕은 유학자로서는 보기 드물게 우주가 시작도 끝도 없는 존재임을 깨달음으로써 천부경의 '무시무종(無始無終)'의 세계를 이해한 철학자로서 의미가 있다. 아래는 그의 '사물존재(有物)'라는 시이다.

"존재하는 것은 오고 또 와도 다 오지 못하니(有物來來不盡來)/다 왔는가 하면 곧 또 오네(來纔盡處又從來)./오고 또 옴은 본래 시작 없음에서 오는 것이다(來來本自來無始)./묻노니 그대는 처음에 어디에서 왔는가(爲問君初何所來)."

"존재하는 것은 돌아가고 또 돌아가도 다 돌아가지 못하니(有物歸歸不盡歸)/다 돌아갔는가 하면 아직도 다 돌아가지 않았네(歸纔盡處未曾歸)./돌아가고 또 돌아감을 끝까지 해도 다 돌아감이 없어서(歸歸到處歸無了)/묻노니 그대는 어디로 돌아갈 텐가(爲問君從何所歸)."[25]

공자는 귀신의 일에 대해 묻는 제자들에게 "산사람의 일도 모르는데 어찌 죽은 사람의 일을 알리요."라고 대답했다. 그러나 유가에서는 조상 제례를 가례의 중대사로 대했다. 유교(儒教)의 '유(儒)'집단도 상장례(喪葬禮)전문집단 혹은 비(雨)를 전문적으로 다루는 주술사에서 출발하였다는 점에서 샤머니즘과 시원을 함께 하고 있다. 공자는 괴력난신(怪力亂神)에 대해서 부정적인 태도를 취했지만 유가에서는 조상숭배를 매우 중요하게 다루고 있다. 유가의 예학 가운데 상례와 제례는 예학의 골간을 이루고 있다고 해도 과언이 아니다.

유가집안에서는 상주(喪主)와 제주(祭主)·제관(祭官)들을 중요하게 여기고 있으며 남존여비(男尊女卑)사상도 출가와 함께 남의 집안으로 들어

---

24) 서경덕, 김교빈 풀어씀, 『화담집(花潭集)』(풀빛, 2011). 84~85쪽.
25) 서경덕, 김교빈 풀어씀, 같은 책, 64~64쪽.

가는 가부장제의 제도와 관련이 많다. 유교에서는 충(忠)과 함께 효(孝)를 최고의 덕목으로 삼고 있으며, 효자의 기준은 조상숭배에 큰 비중을 두고 있기도 하다. 유가제사의 제주제관들은 전문사제집단이 아니라 일상의 보통사람들이다.

기독교와 샤머니즘 및 유교의 신과 문명적 성격을 대체적으로 비교하면 다음과 같다. 기독교는 절대유일신-남자사제를 중심으로 추상/기술/과학/물신(物神)숭배의 문명적 성격을 갖고 있으며, 오늘날 문명의 현상은 도구-기계적 성격을 갖고 있다고 말할 수 있다. 이에 비해 샤머니즘과 유교는 조상과 귀신-여자사제·보통사람을 중심으로 구체/주술/상징/자연(自然)친화의 문명적 성격을 갖고 있으며, 오늘날 문명의 현상은 상징-의례적 성격이라고 말할 수 있을 것 같다.

물론 오늘날 서구문명의 세계화로 인해서 동양도 서구기독교과학문명의 지배권에서 벗어날 수 없어서 문명의 전체적인 모습은 서구의 도구-기계적이지만 그 속에는 여전히 동양의 정신, 즉 도학(道學)의 정신이 남아있다고 할 수 있다. 이때의 도학은 과학기술보다는 인간도덕과 자연주의적 성격을 말한다. 과학기술문명의 도구적 성격을 경계하는 하이데거의 입장에서 보면 동양이 서양보다는 훨씬 존재론적인 삶을 살고 있다고 말할 수 있을 것이다. 단적으로 말하면 기독교는 샤머니즘의 귀신의 신, 땅의 신을 하늘의 신으로 절대화 혹은 추상화한 것이라고 말할 수 있다. 그러한 추상화를 서양문명은 합리화라는 말로 미화하고 있는 셈이다.

〈기독교와 샤머니즘 및 유교의 신과 문명의 성격〉

	신의 성격	사제	신과 문명	문명적 성격
기독교	절대유일신	남자 (전문 집단)	추상/기술/과학/물신	도구-기계
샤머니즘과 유교	조상과 귀신	여자, 보통사람	구체/주술/상징/자연	상징-의례

하이데거는 종교의 신비주의를 부활시켰다는 점에서 샤머니즘과의 친밀감을 높였다고 볼 수 있을 것이다. 샤머니즘의 정령숭배는 사물을 인간의 이용물로 보는 것이 아니라 마치 자신의 존재처럼 경이롭게 보는 태도이다. 샤머니즘이야말로 자연을 경외의 존재로 보는 태도를 견지하고 있다.

"하이데거는 호프만스탈과 마찬가지로 우리가 사물들을 그렇게 경이롭게 보는 것을 배워야 한다고 생각했다. 하이데거의 이러한 입장은 신비주의적인 입장과 유사하다고 볼 수 있다. 신비주의란 개념적인 체계 안에서 다 파악할 수 없는 실재 자체를 직관하고자 하는 입장이다. 이러한 신비주의적인 입장에서 가장 분명하게 말할 수 있는 것은 '내가 있고 세계가 저렇게 있다'는 사실뿐이다. 그 외의 개념은 실재를 담기에는 너무 빈약하며, 이 경우 침묵이야말로 그러한 실재에 가장 적합한 말일 수 있다."[26]

샤머니즘은 합리적인 판단보다는 자연의 기운생동이나 자연스러움, 그리고 자연과 인간의 평화를 추구하는 데에 중점을 둔다. 그래서 산자와 죽은 자(귀신)의 평화를 도모한다. 자연의 기운생동을 존재론적으로 말하면 근본기분에 흡사한 것이다. 샤머니즘은 자연에 대한 경외심과 어떤 존재자라도 정령(精靈)을 가진 존재자로 동등하게 인정한다. 이는 오늘날 생태계의 균형이나 생태학적 적소의 실현을 통해 모든 존재자들이 공생하는 존재라는 데에 공감하는 한편 존재자의 바탕이 되는 존재가 자연(자연적 존재, 생멸적 존재)이라는 태도를 가지고 있는 것에 비할 수 있다.

자연의 '생태계'와 인간의 '권력계'가 다른 점은 전자는 먹이삼각형 속에서 종의 개체수를 스스로 조절하는 자기조절능력, 자정(自淨)능력을 가지고 있다는 점이다. 이에 비해 후자인 인간의 '권력계'는 크고 작은

---

26) 박찬국, 같은 책, 114쪽.

권력경쟁(투쟁)을 통해서 자리바꿈을 통해서 새로운 균형을 잡는다는 점이다. 그래서 작은 규모의 권력경쟁(가정마을의 우두머리경쟁)에서부터 큰 규모의 패권경쟁(국가전쟁, 세계전쟁)에 이르기까지 다양한 권력경쟁이 일어난다는 점이다.

샤머니즘은 그야말로 자연을 신으로 모시는 진정한 종교이면서, 종교의 원형이다. 자연현상의 곳곳에서 신을 발견하는 마음이야말로 자연을 생명으로 바라보는 태도이면서 평화를 유지하는 마음이다. 샤머니즘은 현대인의 물질만능과 같은 물신숭배(物神崇拜)가 아니다. 도리어 개개의 사물들과 사물전체를 신으로 모시는 신물숭배(神物崇拜)이다. 진정한 신(神)과 불(佛), 신불(神佛)은 어디에 있을까. 자연을 '소유적 존재'로 둔갑시키는 현대인에 있는 것이 아니라 인간이 자연과 함께 살아가는 존재라는 것을 터득한 조상인류에게 있다. 생명과 평화가 함께 있을 때에 우리는 생명과 평화를 함께 지킬 수 있다.

그런 점에서 샤머니즘은 존재론의 미래적 성격을 함유하고 있다고 보아도 좋을 것 같다. 합리적인 이성이나 존재자들이 지시적·도구적 연관을 갖는 것이라면 지금까지 비합리적인 것으로 보인, 그래서 미신으로 취급받았던 샤머니즘에서 존재론의 미래를 보는 것은 매우 고무적일 수 있다.

마르크스의 유물론과 탈신화화와 함께 막스 베버의 프로테스탄티즘과 탈주술화는 서양의 근대합리주의를 이끌었지만, 오늘날 인간의 자연적 존재로서의 존재성을 회복하기 위해서는 도리어 신화화와 주술화가 필요한 시대에 이르렀음을 느낄 수 있다. 우리가 미신이니 신비주이라고 매도했던 것을 다시 잡지 않으면 인간의 자연성조차 잃어버리는 사태를 모면할 길이 없다. 앎을 기준으로 우리가 잘 모르는 세계를 쉽게 잘라버린다면 삶은 언제나 미신이나 신비투성이일 것이다. 기술이 인간소외를 가져오는 것은 더 이상 강조할 필요도 없다. 기술문명의 언저리에는 항상 광기가 있고, 그러한 점에서 현대는 가장 합리적인 시대이면서도 가장 비합리적인 시대라고 불러도 좋을 것이다.

"현대기술문명에 대해 하이데거의 견해는 근대세계를 쇠우리(ein stahlhartes Gehäuse)로 보는 막스 베버의 근대관과 유사한 면이 있다. 근대 이전에 세계는 수많은 신이나 유일신에 의해 지배되는 것으로 생각된 반면에, 근대가 진행될수록 인간을 비롯한 모든 존재자가 객관적인 자연법칙에 의해 지배되는 것으로 간주된다. 베버는 이러한 과정을 '탈주술화(Entzaubrung)'라고 불렀다. 막스 베버는 이러한 탈주술화를 긍정적으로만 보지는 않았다. 그는 탈주술화가 인류역사에서 전대미문의 기술적인 성과와 함께 그에 못지않은 고통을 가져올 것이라고 생각했다."[27]

서양문명의 자기종말적 상황은 인위(유위)의 생산(공장)을 빌미로 자연(무위)의 불임(재생산의 황폐화)을 추구한 나머지 인공지능과 기계문명으로 치닫고 있다. 참으로 역설적이지만(이는 원시반본적인 사건이기도 하지만), 인간은 신(절대유일신)에 대한 절대신앙에서 도리어 귀신(한때 살았던 사람)에 대한 상대신앙으로 돌아감으로써 세계의 생멸적 존재성을 받아들이고, 존재자에서 존재로 돌아갈 수 있는 길을 열어야 하는 것은 아닐까. 이는 추상과 기계에서 구체와 생명으로, 영원한 삶이라는 존재자와 우상에서 자연적 존재로 돌아가는 것이 겸허한 삶의 자세가 아닐까.

인간이 죽음을 선구하는 실존적 개인이라는 점도 실은 시간과 공간의 설정에서 비롯된다. 시간과 공간이라는 개념은 마치 고정불변의 시간과 공간이 있는 것처럼 인간을 착각하게 하는 근본원인이다. 여기서 시간은 계산할 수 있는 시간, 즉 공간의 시간을 말하고, 시간은 계산할 수 없는 시간성 자체를 말하는 것이다. 인간이 시간을 잡을 수 있는 것처럼 생각

---

27) 박찬국, 같은 책, 199~200쪽.

함에 따라 시간이 존재가 된 것이다.

시간이 존재가 됨에 따라 시간은 신과 같은 지위에 있게 되었다고 할 수 있다. 시간이 있음으로써 태초에 천지창조가 이루어질 수 있었고, 따라서 시간은 신과 동시에 있는 사건이 되지 않을 수 없다. 기독교 성경에 "태초에 시간과 공간을 만들었다."는 구절은 없다. 시간과 공간은 아프리오(a priori)한 것으로 그것을 선제하는 것으로 하고, 만물과 인간을 창조했던 것이다. "시간은 신이다. 신은 시간이다."라고 말할 수 있다. 하이데거가 『존재와 시간』을 쓰게 된 것도 시간의 문제를 따지지 않고서는 인간과 존재를 말할 수 없었기 때문이다.

만약 인간이 생성변화하는 자연(존재)을 잡으려고 하지 않고 그냥 바라만 본다면 자연은 존재(존재자)가 될 필요가 없다. 시간도 필요 없고, 신도 필요 없다. 자연을 손으로 잡고 이용하려는 '도구적 인간(Homo fabre)'이 됨에 따라 시간도 필요하고, 그것을 보장하는 신도 필요했던 것이다. 성경에 "하나님이 복을 주시며 그들에게 이르되 생육하고 번성하여 땅에 충만케 하라. 땅을 정복하라. 바다의 물고기와 하늘의 새와 땅에 움직이는 모든 생물을 다스리라 하시니라."(창 1:28)라는 구절은 다분히 신과 인간의 공모적 성격이 짙다. 인간과 신은 서로 보증하고 보장하는 관계에 있다.

우리는 철학의 소크라테스를 포함한 고등종교의 섬김의 대상이 되는 인물들을 성인(聖人)이라고 부른다. 성인이라는 말 속에는 초월적인 의미가 들어있다. 자연은 추상적이고 초월적인 대상이 아니라 구체적인 유기체이다. 네오샤머니즘의 관점에서 보면 자연친화적인 깨달은 사람들을 큰 샤먼(shaman)[28]이라고 부르는 것이 훨씬 더 적합한 호칭인지 모른다. 생성변화하는 자연의 근본에 비하면 성인이라는 것도 실은 인간의

---

28) 'shaman'은 흔히 '무당'을 의미하는 용어이지만, 티베트 승려들도 'sharman'이라고 불리기도 한다. 아마도 어원학상 같은 뿌리를 가진 것으로 보인다.

초월적 사고의 단면을 드러내는 것에 불과한 것이다. 인간도 자연이고, 신도 자연일 수밖에 없다. 이러한 엄연한 자연의 큰 진리, 존재진리를 모른다면, 인간을 섬기든, 신을 섬기든 인간은 자연을 황폐화시킨 나머지 스스로 황폐화될 수밖에 없고, 심하면 멸종할 수도 있는 것이다.

네오샤머니즘의 입장에서 보면 자연은 만물만신(萬物萬神)이라고 할 수 있을 것이다. 이는 서양문명의 '신-이성', '정신(주체)-물질(대상)'의 이분법과 달리 '모든 존재는 하나'임을 표방하는 것이다. 이때의 하나는 초월적인 의미의 하나가 아니라 존재일반으로서, 더 정확하게는 자연의 일반적 존재로서의 하나이다. 다시 말하면 서양의 형이상학적 의미의 '하나'(절대적-초월적 하나)가 아니라 동양철학의 도학적(道學的) 의미의 '하나(생성변화하는 자연, 무위자연)'이다.

인간은 너무 오래 동안 자연을 떠나있었던 관계로 존재를 잊어버렸다가 다시 자연으로 돌아온 것이 바로 서양의 존재론이라는 것이다. 인간은 제자리(존재의 고향)로 돌아오기 위해 너무나 머나먼 길을 돌아온 셈이다. 그러한 점에서 서양의 현상학과 동양의 존재론의 만남과 통섭이 필요한 시점이다. 세계에 불변의 실체는 없다. 이들은 모두 인간이 만든 가상실재, 즉 존재자들이다. 생멸하는 존재, 그것만이 실재이다. 그러한 점에서 현상학과 존재론의 화해가 절실하다.

현상학이 가부장의 철학, 인간중심의 철학으로서 〈남성철학-개념철학-전쟁철학-유위기술철학〉이라면 존재론은 가모장의 철학, 자연철학으로서 〈여성철학-구체철학-평화철학-무위자연철학〉의 특성을 보인다고 할 수 있다. 여자는 '존재(몸, 자연)의 존재'이고, 남자는 '소유(머리, 문명)의 존재'이다. 필자는 후자를 전자의 '보편성의 철학' 대신에 '일반성의 철학'이라고 규정한 바 있다.[29]

---

29) 박정진, 『일반성의 철학과 포노로지』(소나무, 2014) 참조.

<보편성의 철학, 일반성의 철학>

남성 철학	개념 철학	이성 철학	권력의 철학	전쟁 철학	이용 철학	보편성의 철학
여성 철학	소리 철학	감성 철학	비권력의 철학	평화 철학	생명 철학	일반성의 철학

하이데거의 존재론의 미래로서 필자는 일반성의 철학을 주장했다. 존재론의 진면목은 필자의 '일반성의 철학'(소리철학, 여성철학, 평화철학, 에코페미니즘 철학)에서 드러난다고 말할 수 있을 것이다. 네오샤머니즘은 바로 일반성의 철학을 말하는 것이다. 일반성의 철학은 보편성을 추구하는 종래의 보편성의 철학과 달리, 존재로부터 공통적인 존재성을 느끼면서 '보편적이고 일반적인'이라고 지배적인 위치를 취하지 않고, '일반적이고 보편적인'이라고 비지배적인 태도를 취한다.

코기토적 존재인 근대적 인간이야말로 이미 추상과 기계로 세계를 환원하는 출발점이었으며, 이것이 근대라는 이름의 내용(실체)이었고, 후기근대의 많은 철학들은 마치 근대를 극복한 것 같은 제스처를 취하고 있기는 하지만 결코 그렇지 못하다. 근대와 후기근대의 분기점에 있는 니체의 '권력의 의지' 철학도 기계적 세계관을 극복한 것은 아니었다. 그가 발견한 신체와 욕망도 결국 이성과 다를 바가 없는 것으로 판명되었다. 들뢰즈도 서양철학의 탈출구를 모색하기는 했지만, 그의 '차이의 반복'과 '다양체'라는 것도 실은 기계적인 세계를 벗어난 것도 아니며, 기계적 세계의 접속의 틈바구니에서 탈주라는 형태로 자연의 다양성을 힐끗힐끗 보여주는 데에 불과하다.

요컨대 서양철학, 서양의 현상학에서 인류의 구원을 찾을 수가 없다. 동양철학, 동양의 존재론이라고 할 수 있는 도학(道學)과 그 이전의 종교적 원형이라고 할 수 있는 샤머니즘에서 구원의 손길을 찾아야 할지도 모른다. 샤머니즘은 일찍이 귀신과 인간의 평화를 도모했으며, 그것을 위해 굿(ritual)을 벌였으며, 이제 기계와 인간의 평화를 위해서 또 다른 형태의 굿판, 축제를 벌여야 인류의 평화를 달성할지도 모른다.

서양철학은 하이데거의 말대로 '존재'를 '존재자'로 둔갑(전도)시킨 철학이다. 그러한 전도는 도구의 탄생과 함께 과학이라는 유용성을 낳았지만 이제 그 도구는 분에 넘쳐서 기계로 확장되어서 세계를 기계로 환원시키고 있다. 미래인간은 인공지능과 기계인간의 환경 속에서 살지 않으면 안 되는 처지에 몰려있다.

기계로 변한 살풍경한 환경의 입장에서 보면 그 옛날 샤먼들이 환경과 더불어 살아갔던 천지인의 순환론적 지혜가 아쉽다. 샤먼들은 더욱이 한때 살다가 죽은 귀신과도 평화를 유지하며 '자연과 소통하는 총체적인 삶'을 도모했던 것이다. 그러한 삶의 태도의 이면에는 자연의 모든 것을 앎의 체계로 환원시키는 현대과학기술문명보다는 신비의 요소를 남겨두는 신비주의가 깔려 있었다. 신비주의는 결코 앎의 입장에서 미지의 세계의 '신비'를 '미신'이라고 하지 않는다. 세계에는 언제나 신비가 남아있다.

'세계-내-존재'로서 밖으로 던져진 인간은 끝없이 밖으로 외연을 넓히는 기투를 하지 않을 수 없다. 한편에서는 그렇게 사는 것을 피할 수 없다고 하더라도 다른 한편에서는 모든 존재가 같은 '있음'의 존재라는 것을 깨달아야 한다. '있음'의 평등에서 존재의 진면목을 만날 수 있다. 그렇게 되면 모든 존재는 신비가 된다. 만물은 신비이다. 신비야말로 존재이고, 또한 삶이다. 만물은 만물만신이다.

지금 나와 함께 존재하는 모든 것은 태초에 나와 함께 출발한 것들이다. 그런 점에서 태초는 지금 나와 함께 있다. 만약 태초가 내 속에 있지 않다면 나는 태초와 분리된 것이고, 세계는 처음부터 분리대립하지 않을 수 없다. 만약 세계가 하나라면 나는 태초이고, 나는 신이 되지 않을 수 없다. 만물은 모두 경로(과정)만 다른 같은(평등한) 존재일 뿐이다. 이때의 신은 절대유일신이 아니라 만물이다. 즉 만물만신이다. 하이데거의 존재는 기독교의 영향으로 아직도 전지전능한 신과 구별이 되지 않는 것이 문제이다.

하이데거의 존재에는 여전히 초월적인 의미가 들어있다. 그래서 그가 현상학적인 존재론에서 완전히 벗어나서 존재론적(생성론적) 존재론에 도달하지 못하는 것이다. 이는 서양의 기독교문화풍토에서 절대성이나 초월성을 완전히 벗어나는 것은 원천적으로, 구조언어학적으로 힘든 때문인지도 모른다.

니체의 생기존재론이 진정한 생성론에 도달하지 못하고 결국 현상학적 존재론으로 돌아간 것은 '힘에의 증대'와 '영원회귀'에서 확인할 수 있는데 마찬가지의 한계가 하이데거에게도 있다. 어릴 적부터 기독교유일신에 길들여진 서양철학자들은 진정한 범신론이 될 수 없다. 이는 스피노자가 진정한 범신론에 도달하지 못하는 것과 같고 도리어 유물론의 길을 터준 것과 같다.

자연에서 절대가 생길 수 있다. 인간현존재는 바로 절대를 만든 장본인이다. 그러나 절대에서 그 반대인 상대라는 개념이 생긴다고 해서 그 상대가 자연이 되는 것은 아니다. 자연은 절대-상대가 아니라 그것의 근저에 있는 생성이다. 구성-해체도 마찬가지이다. 구성이 해체된다고 해서 해체가 자연이 되는 것은 아니다. 자연은 인간이 어떻게 할 수 없는, 소유할 수 없는 존재이다. 자연은 유(有)라고 해도 안 되고, 무(無)라고 해도 안 된다. 자연은 유무개념으로 설명할 수 있는 존재가 아니다.

샤머니즘의 이면에는 무한대의 지식체계(권력의 증대)보다는 자연을 '무위(無爲)=무(無)'로 보는, 동양의 도학적 태도, 혹은 존재를 무위(無爲)의 무(無)로 보는 존재론적 태도가 깃들어 있음을 엿볼 수 있다. 그러한 점에서 샤머니즘은 원시존재론이다. 존재론의 미래로서의 샤머니즘이

거론되는 이유이다. 천부경에 나오는 한국인의 '천지인사상'을 '천지인철학'으로 새롭게 조명하고 의미부여하는 철학함이 필요할 것으로 보인다.

존재와 무(無)의 '무'는 '없음(nothingness)'이 아니라 '없는 듯 있는(nothingless)'이고, 자연이고, 때로는 야성(savage)이다. 인간이 천지와 교통(교감)하는 방식, 인중천지일(人中天地一)은 크게 두 가지가 있다고 여겨진다. 불교의 '참선(參禪)의 방식'과 무교의 '춤추는 방식'이다.

불교의 선(禪), 즉 좌선하는 방식은 겉으로는 정적인 깨달음의 방식이지만 속으로는 동적인 상태에 있다. 즉, 정중동(靜中動)의 방식이다. 이에 비해 샤머니즘의 방식은 겉으로는 매우 동적인 방식이지만 속으로는 정적인 상태에 있다. 샤먼의 춤(巫, 舞)은 겉으로는 역동적인 굿판을 펼치지만 속으로는 정적인 상태에 있다. 춤은 마음을 한 곳에 집중하지 않으면 안 된다. 말하자면 집중하는 마음의 기술이 춤이다. 선(禪)과 무(巫, 舞)는 정중동(靜中動), 동중정(動中靜)의 방식이다. 인간은 양자 중 하나를 선택할 수 있고, 또한 양자를 왕래하거나 겸할 수 있다.

샤머니즘은 야성을 내장하고 있는 원시종교(원형종교)이다. 그런 점에서 샤머니즘은 존재, 혹은 카오스(Chaos)의 방식이다. 존재는 사물 자체도 될 수 있고, 신이 될 수 있다. 칸트가 현상학을 위해 범주에 넣지 않았던 '신'과 '사물 그 자체'는 현상학(주체-대상)만 벗어나면 서로 만나서 하나가 되면 만물만신(萬物萬神)이 된다.

〈인중천지일, 동중정-정중동〉

인중천지일	동중정/정중동	마음/몸	마음과 몸의 일체
참선(參禪)명상	정적인 깨달음의 방법(靜中動)	마음	혼돈(Chaos)/ 만물만신 (萬物萬神)
샤머니즘의 춤(巫)	동적인 깨달음의 방법(動中靜)	몸	

'예(藝)'자는 갑골문에는 무당이 굿을 하는 모습으로 그려져 있다. 말하자면 '예'자와 '무(巫)'자는 기원을 올라가면 하나로 만나고 있다. '무(巫)'자의 상형은 하늘과 땅 사이에 있는 인간이 천지의 매개(영매)로서 춤을 추는 모습이다.

철학과 과학, 시와 예술, 신과 종교의 문제가 종합적으로 다루어질 수는 없을까. 이들은 서로 교차하거나 피드백하고 있는 게 사실이다. 필자는 이를 예술인류학, 종교인류학, 철학인류학으로 탐색해보았다.[30] 인간은 종교적 인간에서 출발하여 예술적 인간, 과학적 인간의 다양한 모습을 보여 왔다. 철학-과학적 인간은 자기투사적(自己投射的) 존재, 시-예술적 인간은 자기기만적(自己欺瞞的) 존재, 신-종교적 인간은 자기위로적(自己慰勞的) 존재의 특성을 보이는 것으로 필자는 해석해보았다.[31]

이들 문화장르들은 상호소통하면서 '문화로서의 전체성(wholism)'을 이룬다. 이 문화복합성과 전체성(총체성)이야말로 문화를 가진 인간의 존재적 특성이 아닐까? 철학과 과학은 서양철학의 특성을, 시와 예술은 동양의 시(詩)철학적 특성을, 신과 종교는 인류의 애니미즘(정령숭배) 혹은 샤머니즘적 특성과 연결되는 어떤 일관성을 보이고 있다.

〈인류와 문화의 상호소통과 이해〉

문화장르	인류학	인간의 특성	내용
철학과 과학	철학인류학	자기투사적-도구적 존재	보편성의 철학 (Homo Habilis)
시와 예술	예술인류학	자기기만적-놀이적 존재	삶=예술=퍼포먼스 (Homo Ludens)
신과 종교	종교인류학	자기위로적-축복적 존재	종교적 인간 (Homo religiosus)

---

30) 박정진, 『한국문화와 예술인류학』(미래문화사, 1992), 박정진, 『불교인류학』(불교춘추사, 2007), 박정진, 『종교인류학』(불교춘추사, 2007) 참조.
31) 박정진, 『네오샤머니즘』(살림, 2018), 422~424쪽.

철학도 실은 '지식인의 영감' 혹은 '지식인의 신 내림'의 산물이라고 말할 수는 없을까? 무당이 옛 무교의 사제라면 결국 예술과 종교와 철학이 사람을 통해서 하나가 되는 원형을 말해준다고 볼 수 있다. 진정한 샤먼은 기운생동으로 인해서 자신의 몸에서 천지가 역동적으로 하나가 되어서 움직이는 인물(시인, 예술가, 철학자, 사제)이다. 즉, 이들은 '인중천지일(人中天地一)'의 인물이다. 옛 샤먼의 모습에서 우리는 조각나지 않는, 분열되지 않는, 기계화되지 않은 건강한 인간의 모습, 자연과 소통하고 교감하는 야성의 인간을 유추해볼 수 있다. 네오샤머니즘은 '철학의 원시반본'이라고 이름붙일 수 있을 것이다.

인류의 고등종교들은 성인(聖人)을 사표로 삼거나 우상으로 삼으면서 구원을 요청하고 있다. 성인들에 비해서는 샤먼은 각자성(各自性)의 존재이다. 이는 서양기독교(제도적 불교도 마찬가지다)가 메시아의 강림을 통해 종말구원을 받기를 갈구하고 있지만, 이제 그러한 집단적-역사적 메시아적 사건보다는 인간 각자의 메시아적 사명인식과 존재에 대한 근본적인 깨달음을 통해서 인류가 구원되어야할 시대가 되었음을 말하고 있다.

하이데거의 존재론은 기독교의 '종말구원사상'을 인간 각자(各自)의 '죽음'에 대입(치환)하여 양심에 따른 개인의 실존적 삶을 추구한 철학이다. 인간의 마음은 상황에 따라 선할 수도 있고, 악할 수도 있다. 양심이야말로 각자성에 기초한 선한 마음이라고 할 수 있다. 양심이야말로 모든 인간이 가지고 있는 존재의 마음이다. 하이데거의 존재론은 '양심의 존재'를 통해 모든 인간이 구원될 수 있는 길을 열었다는 점에서 서양적 샤먼을 떠올리게 한다.

인간은 각자가 깨달음의 샤먼이다. 서양철학이 실존주의에 이르러서 인간의 각자성에 눈을 뜬 것은 샤머니즘으로의 융합, 존재의 새로운 가능성을 열어주고 있다. 인류의 원시부족사회의 샤머니즘이야말로 오늘날 서양철학에서 말하는 존재론을 미리 산 것이라고 볼 수도 있다. 하이데거의 현상학적 존재론은 '샤머니즘'과 동양의 '도학'과 연결되는 통로를 가지고 있을 것으로 생각된다. 샤머니즘을 오늘날 과학기술문명의 사물인터넷 혹은 전자기기적 온라인 시스템에 비한다면 우주적 온라인 시스템 혹은 자연생기적(自然生氣的) 온라인 시스템 혹은 기운생동적(氣運生動的) 교감시스템이라고 말할 수 있을 것이다.

샤먼은 일상의 보통사람에게도 사제의 길을 열어주고 있다. 마을사회의 동제(洞祭)에서는 보통사람들도 사제가 될 수 있다. 샤먼의 사제는 계급화 되어 있지 않다. 물론 동제의 사제가 되기 위해서는 일종의 심신의 정화기간과 몸가짐을 전제하고 있긴 하지만 성(聖)과 속(俗)이 제도적으로 이분법적으로 차단된 것이 아니라 상호 왕래할 수 세계임을 인지하고 있는 것이다.

세계는 '질서 잡힌 전체'인 코스모스(cosmos)가 아니라 '존재하는 전체'인 피지스(physis)이다. '세계(世界: 인간의 境界, 경계 짓는 인간)'라는 말 자체에는 이미 '나(ego, Ich)'가 빠져버린 객관적인 것이 아니라 인간중심적인 의미가 들어있는 용어이다. 원시부족사회는 비록 도구를 사용하였지만 자연의 자연스러움을 유지하거나 존중하는 삶의 태도가 있었다. 그러나 오늘날 고도과학기술사회는 그러한 자연으로서의 인간, 인간의 자연성을 송두리째 잃어버리고 있다. 인간의 자연성을 회복하는 것이 존재론의 미래이고, 미래의 도정에 그동안 미신이라고 비하되었던 샤머니즘과 신비주의가 빛을 발하고 있다.

아무리 고도로 발달한 인간의 기술과학시대라고 하더라도 반드시 인간의 지식의 밖은 있기 마련이다. 인간은 '세계-내-존재'일 뿐만 아니라 동시에 '세계-밖-존재'이다. 무한대는 무한소이듯이 '밖'은 '안'과 통한다. 그 무한소의 '안'이야말로 바로 자연적 존재이고, '권력에의 의지'사회에서 버려두었던 여성성일지도 모른다. 샤머니즘은 바로 그 여성성과 통한다. 샤머니즘은 자연과 함께 살아가는 도(道), 여성의 도, 생활의 도이다. 요즘 철학으로 말하면 에콜로지(ecology) 철학이라고 할 수 있다.

6. 불확실성에 대한 철학인류학적 회고와 전망

지상에 인간이 처음 등장했을 때에 자연은 불확실하기 짝이 없는 대상이었다. 해체론자들이 말하는 불확실성은 확실성보다 먼저 있었다. 인간은 그러한 불확실성에서 확실성으로 나아가기 위해 대뇌를 활용했다. 오늘날 현대과학(물리학)이 등장하기 전까지 수많은 세월을 계절의 변화에 적응하면서 살아왔다.

인간은 자연의 항상성에 초점을 맞추면서 농업혁명을 일으키고 신화를 구성하고 축제와 의례를 통해 집단의 정체성을 강화하는 한편 개체군(인구)을 증가를 통해 만물의 영장이 되는 생물종으로서의 노력을 계속했다. 물론 그 결과 수많은 전쟁과 국가의 명멸 속에서도 호모사피엔스는 200억 명을 앞두고 있다.

생존의 불확실성은 언제나 인간에게 고통을 안겨주었고, 보다 확실한 생존을 보장받기 위해서 자연물을 도구로 활용하고, 보다 강력한 도구를 발명하고 제조하는 '도구적 인간'의 길을 걸었다. 물론 인구의 증가와 함께 국가를 발생시키고, 각 시대마다 적절한 윤리를 고안해내는 것도 그들의 중요한 지혜였다.

자연은 특정한 종의 절대적 지배를 허용하지 않고 여러 종들의 적절한 생태균형을 추구하고 있다. 인간에게 자연은 불확실성덩어리였다. 그렇다면 생존의 불확실성 이외에도 어떤 다른 불확실성이 있었을까. 바로 발정기의 문제였다. 인간 이전에 동물들은 발정기가 되면 신체적 증상을 드러내면서 암수의 교배가 이루어졌다. 그런데 인간은 발정기가 불확실할 뿐만 아니라 여성(암컷)의 배란일 자체도 애매모호하였다. 여성의 임신여부는 확실하지 않았다. 심지어 남성은 특정한 발정기(sex-free)도 없었다.

동물들은 주기적으로 발정행동을 하는데 특정계절이나 특정상황에서 발생할 수 있다. 반면에 인간은 연중 어느 때라도 발정이 일어날 수 있다. 동시에 인간 여성은 월경주기를 갖고 있지만 배란 단계가 특정기간에만 가능한 애매모호성이 있다.

그래서 흔히 여성이 임신을 하면 "하늘이 점지하였다"고 해석하기도 했다. 이는 남성의 역할을 하늘에 맡기는 것과 같았다. 어쩌면 여기서 남근숭배사상과 함께 남성을 하늘로 모시는 '하나님 아버지(God father)' 사상이 생겼는지도 모를 일이다. 이것은 종교의 발생, 특히 고등종교의 발생과 의미연관을 가지고 있을지도 모른다.

도구사용과 발정배란의 불확실성은 어쩌면 오늘날 과학과 종교의 연원이 되었는지도 모를 일이다. 그리고 집단크기의 확대와 국가의 발생은 정치권력체계(계급과 계층)와 함께 집단적 윤리체계를 요구하였을 것이다. 요컨대 인간의 삶은 불확실성과의 싸움이었다고 해도 과언이 아니다. 인류는 농업목축사회에서 공업사회로, 그리고 산업사회와 정보화사회로 발전을 거듭해왔다. 후기근대, 즉 현대사회는 정보화사회, 인터넷사회라고 말할 수 있다.

오늘날 해체주의자들이 말하는 불확실성은 조상인류들이 가장 먼저 봉착한 일이었는데 마치 철학자들이 새로운 진리를 발견한 것처럼, 혹은 진리의 오류를 발견한 것처럼 고발하고 떠들어대는 것은 일종의 적반하장에 속한다. 물론 절대적이고 결정론적인 진리는 없다. 애초에 진리라는 것은 인간이 모색한 것이고, 인간이 말한 진리에 불과하다. 그것을 잠시 인간의 밖에서 사유하는 철학자들이 고발하는 것은 일종의 해프닝에 불과하다.

과학이 고도로 발전한 후기근대사회에서도 여전히 인간은 불확실성 속에서 확실성을 찾아가면서 인간종의 번영과 영속을 도모할 수밖에 없다. 양자역학은 물질세계조차 불확정성원리(uncertainty principle)가 작용하는 세계임을 천명한지 오래다.

인류문화의 확실성에는 크게 두 종류가 있다. 자연에서 발견한 항상성(恒常性)과 인간이 철학과 과학에서 추구한 동일성(同一性)이 그것이다. 항상성은 자연에 순응하는 동양문명의 대표적 상징이고, 동일성은 자연을 정복하는 서양문명의 대표적 상징이다. 또 다른 하나는 '닮음'과 유비(analogy, 類比)이다. 닮음은 사물을 파악함에 있어서 '다름'을 우선하는 것이고, 유비는 '같음'을 우선하는 것이다. 닮음은 동양문명의 대표적 상징이고, 유비는 서양문명의 대표적 상징이다. 그런데 닮음은 '다름과 같음을 동시에 포용'하는 반면에 유비는 '같음'을 동일성으로 파악하는 경향이 있다.

자연에 순응하는 항상성은 변화하는 가운데 어떤 규칙성과 주기성을 갖는 것을 말한다. 항상성은 자연과 계절의 변화에 따라 살아가는 삶의 전반적인 태도에서 발견한 것이다. 이와 달리 자연을 정복하는 동일성은 자연에서 법칙성과 인과성을 찾아 자연을 이용하는 삶의 전반적인 태도에서 발명한 것이다. 동일성에서 자연과학적 발상이 나왔다. 인간은 항상성과 동일성을 동시에 삶의 수단으로 삼을 수밖에 없다. 오늘날 환경공해라는 것은 항상성과 동일성이 서로 상충되어 상보적인 관계를 잃었기 때문에 발생한 것이다.

서양이 주도하는 현대과학문명은 동양의 '닮음'의 관점에서 다름과 같음을 동시에 포용하기보다는 '유비'의 관점에서 동일성을 주장하면서 다름을 배척하고 갈등하는 경향이 있다. 오늘날 서양의 후기근대철학이

'차이(差異)'를 주장하면서 동양의 '닮음'에 접근하고 있지만 속으로는 '동일성'을 견지하고 있다. 서양의 '차이'는 동양의 역학(易學)으로부터 '차이(差易)'를 배워야 한다. 말하자면 자연의 '생성변화(易)'하는 모습에서 지혜를 더 배워야 한다.

자연과학은 자연의 항상성을 위협하고 생태교란과 환경재해를 지구인간에게 일으키고 있다. 생태환경을 보존하는 동시에 생존과 복지를 추구할 수 있는 문화환경의 조성에 인간의 지혜를 모을 때이다. 이는 인류문화의 새로운 구성을 요구하고 있다. 자연을 존중하면서도 자연과학을 인류의 복지와 평화의 증진에 사용하는 지혜가 필요하다. 이를 위해서는 서양의 과학(科學)과 동양의 도학(道學)의 창조적 융합이 절실하다.

인류문화를 자연의 입장에서 보면 자기기만적(自己欺瞞的)이라고 볼수 있다. 생물의 대부분은 다른 생물을 속임으로써 자신을 보호하고 생존을 유지하는데 반해 인간은 자신(자연적 존재로서의 자신)을 기만함으로써 자신의 생존을 도모하고, 생의 고통에 대한 위안과 나름대로 자신의 행복을 창출한다. 그 자기기만의 대부분은 대뇌의 상징작용(상징할수 있는 능력)에 기인한다. 이때의 상징작용, 즉 언어적 활동(사유)은 종교와 도덕과 과학 등 인류문화의 진선미(眞善美) 전체에 해당한다.

이러한 인류문화적 현상을 두고 현대철학은 '자연의 인간동형론(anthropomorphism)'이라고 말한다. 인간동형론의 반대는 '인간의 자연동형론(physiomorphism)'이라고 말한다. 후자는 인간의 삶도 자연적 삶의 일부로 보는 것을 말한다. 전자는 서양철학적 입장이고, 후자는 동양의 도학적 입장과 맥을 같이한다.

서양의 후기근대(post-modern) 철학자들은 인간중심주의를 극복하기 위해서 'It(자연)'를 사용함으로써 '물학(物學)'을 지향하고 있다. 이를 존재론적 사유라고 할 수 있을 것이다. 한편 원시 및 동양사회는 자연과 인간을 함께 사는 공동체로 여기는 '인간의 자연동형론'의 사회를 영위해왔다. 이 때문에 'We(우리)'라는 공동존재로서의 명칭을 사용한다. 동서양문명은 지금 서로 상호보완(相互補完)의 관계에 있다.

자연의 생성변화를 생멸 혹은 생사, 즉 이분법으로 보는 것은 서양철학적 사유의 특징인 존재유무적(存在有無的) 사유에 해당한다. 여기서 존재유무적 사유가 바로 위의 인간동형론의 사유에 해당한다. 이렇게 보면 원효대사가 일심이문론(一心二門論)의 진여문(眞如門)과 생멸문(生滅門)도 둘이 아닌 하나라는 것을 명심할 필요가 있다. 원효의 생멸문은 하나가 아닌 둘로서 생사문(生死門)의 의미로 해석되어야 할 것 같다. 만약 생멸이 하나라면 '진여문=생멸문'이 되어야 한다. 굳이 진여문과 생멸문을 이문(一心二門)으로 나눌 필요도 없을 것이다.[32]

자연은 생성생멸하는 것이다. 자연의 입장에서 보면 죽음이라는 것은 존재의 필연이고 당연이며, 존재의 다반사이다. 인간만이 죽음을 특별하게 다루고, 죽음에 대해 장례를 치르고 제사를 지낸다. 그리고 죽음 뒤의 사후세계에 대해서도 신앙을 하면서 영혼의 불멸과 천국(기독교)과 극락(불교), 지옥을 믿는다. 사후세계에 대해서는 과학이 아직도 입증한 것이 없다.

하이데거는 인간을 실존적으로 '죽을 인간'이라고 규정했지만 하이데거의 존재론조차 '인간중심-인간동형론'의 사유에서 완전히 벗어난 것은 아니다. 하이데거의 존재론은 바로 인간동형론과 자연동형론의 경계에 서 있는 철학이다.

우리는 여기서 닮음(다름과 같음)과 동일성(동일성과 차이성)의 서로 다른 연원과 경로를 분석해볼 필요가 있다. 지구상에 태어난 인간은 끊임없이 생성·변화하는 자연을 앞에서 어떤 절망감을 느꼈을지 모른다. 고정·불변하는 존재에 대한 생각은 물론 대뇌적 특성의 발현이었을 것이다. 바로 변하지 않는 것에 대한 상상이나 염원이나 열망이 인간의 생존

---

32) 박정진, 『평화는 동방으로부터』(행복한 에너지, 2016), 501~571쪽.

에는 필요했을 것으로 사료된다.

그러한 고정불변에 대한 강도가 세면 '동일성'을 추구하게 되고, 그렇지 않으면 '닮음'에 머물렀던 것 같다. 전자는 '서양기독교(이슬람교)문명'이고, 후자는 '동양도학(유교)문명'이다. 전자는 유목무역문명의 특성이고, 후자는 농업목축문명의 특성이다. 전자는 절대유일신문명이고 후자는 다신범신교문명이다. 물론 이러한 동서문명이 문화교류를 통해 교차하거나 혼합된 복합문명도 있을 것이다.

인간은 서로 다른 외형의 사물을 바라보면서 그 속에서 같은 것을 찾으려는 노력을 하게 마련이다. 인간의 언어생활도 여기에 적응하기 마련이다. 언어에서 비유와 비교는 이러한 목적을 달성하는 데에 결정적인 역할을 한다. 비유란 한 사물을 다른 사물의 관점에서 바라보는 것을 말한다. 말하자면 다른 사물의 특성에 빠져버리는 것을 말한다. 비교는 두 사물의 어디에도 치우치지 않고, 냉정하게 같고 다른 점을 발견하는 것을 말한다. 비유는 수학적으로 말하면 'a=b'가 되는 반면, 비교는 'a≠ not a'이다. 비교는 제 3의 관점(객관이라는 관점)을 갖는 것이다.

좀 거칠게 말하면 비유는 시와 예술로 발전하고, 비교는 산문과 과학으로 발전하였을 것이다. 비유든, 비교든 자연의 사물에서 어떤 가치(가격, 값어치)와 의미를 발견하는 일에 속한다. 가치는 경제생활에서는 가격이 된다. 가격이 같은 것은 동일성을 확보함으로써 교환이 성립된다. 화폐도 실은 동일성을 전제한 가치담보(보장)의 상징(매개)이다.

가치는 정신적으로는 의미가 된다. 가치 있는 것은 의미 있는 것이다. 그렇지만 가격이 높다고 반드시 의미가 높은 것은 아니다. '가치 없는'은 종종 '가격을 매길 수 없는(priceless)'이 되기도 한다. 이는 철학에서 무(無)가 '한없이 있는(nothingless)'이 되는 이치와 같다.

세계를 존재로 보면 존재의 유무(有無)가 중요하게 되고, 그것은 반드시 이율배반에 빠지게 된다. 그래서 존재를 다룰 때는 '존재와 시간'을 다루지 않을 수 없게 되고, 그것의 결론은 '존재와 무'가 된다. 시간을 전제하지 않고는 존재를 다룰 수 없고, 시간의 변화 속에는 모든 존재하는 것(존재자)은 '무'로 돌아가지 않을 수 없다.

시간은 또한 무엇인가. 시간은 자아(自我)의 산물이다. 자아가 없으면 시간도 없다. 결국 시공간이라는 것도 자아(=自性)의 산물이다. 자아는 바로 동일성의 근원이다. 동서양문명의 차이도 실은 동일성의 강도의 차이이다. 서양문명의 '동일성(-차이성)'은 강도가 센 문명이고, 동양문명의 '닮음(다름-같음)'은 그 강도가 약한 문명이다. 서양의 수학과 동양의 시(詩)는 두 문명을 대표하는 것이다. 동서문명이 동일성의 강도에서 차이가 난 것은 아마도 풍토(風土)와 그 풍토에서 쌓아진 문화풍토의 영향일 것이다.

철학은 현상학이 아닌 존재론을 통해 생성으로 다시 돌아가는 수순을 밟게 된다. 따라서 존재론은 자연의 생성으로 다시 돌아가는 철학적 순환에 불과하다. 그런 점에서 세계는 '세계-내-존재'가 아니라 '존재-내-세계'이다.

::::..07

하이데거의 존재론과
서양철학의 한계

— '세계-내-존재'에서 '존재-내-세계'로

1. 서양철학에 대한 근본적인 반성

인류평화와 세계의 통일은 인류의 영원한 지상과제인지도 모른다. 그런데 그 평화는 항상 전쟁을 수반하고 있으며, 통일은 또한 패권주의에 시달리는 이중성을 보여 왔다. 지구촌의 평화와 통일이 그 어느 때보다 절실한 이때에 우리는 이렇게 질문할 수 있다. 전쟁은 인간의 역사가 도저히 피할 수 없는 것인가?

"전쟁은 때때로 인간의 공동선을 확장·실현시키기 위하여 필요할 때가 있다는 그런 기분을 갖게 한다. 그런 기분은 헤겔이나 니체의 철학과 그 철학의 후계자들에게 무의식적으로 침투되어 있을 뿐만 아니라 실제적으로 마오쩌둥과 같은 정치가에 의해 '정치는 무혈의 전쟁이요, 전쟁은 유혈의 정치라는 슬로건으로 조작되어 있다."[1]

맬더스의 『인구론』(1798)에 의하면 전쟁은 산술급수로 늘어나는 식량생산에 비해 기하급수로 늘어나는 인구조절의 기능이 있는 것으로도 설명되기도 했다. 무엇보다도 끊이지 않았던 크고 작은 인류사의 여러 전쟁들, 패권경쟁의 역사라고 말할 수도 있는 인간의 역사를 통해 전쟁은 운명처럼 느껴지고도 한다.

그러나 오늘날 전쟁은 과거의 전쟁과 달리, 핵무기·생화학무기 등 가공할 무기들의 개발과 등장, 그리고 계속되는 무기경쟁으로 인해 인류의 공멸을 걱정할 만큼 위험한 것으로 대두되고 있다. 평화사상이나 평화철학은 이제 인류공멸을 막을 수 있는 마지막 수단으로 주장될 정도이다.

철학이 시대정신의 발로라면 평화철학은 바로 이러한 인류공멸의 위기에서 출발하고 있다. 오늘의 인류사회는 분명히 '인간의 공멸'을 걱정하지 않으면 안 되는 심각한 단계에 와 있다. 최소한 인간의 공멸을 지연

---

1) 김형효, 『평화를 위한 철학(김형효 철학전작 1)』(소나무, 2015), 14쪽.

시키지 않으면 안 되는 상황이다.

필자의 철학은 그러한 점에서 솔직히 '평화의 철학'이라기보다는 인간의 공멸을 지연시키기 위한 철학이다. 공멸을 지연시키기 위한 방법으로서 평화가 가장 효과적이기 때문에 평화철학을 주장하기에 이른 것이다. 평화철학은 그 어느 때보다 절실한 것이다.

고정불변의 신, 절대유일신은 죽었으며 인간은 그 대안을 찾지 못하고 있다. 반면에 인간의 힘은 과학기술의 발달로 넘쳐 있다. 바로 이 '넘쳐있음'이 문제인 것이다. '인간 종의 종언'을 선포하지 않기 위해서라도 평화철학은 반드시 실현되어야 하는 시대적 사명이다. 전대미문의 공포 앞에서 인류는 이제 인간 종의 생존을 위해서 평화를 확보하지 않으면 안 되는 절체절명의 위기에 직면해 있다.

평화주의 철학자 김형효는 '본질적으로 철학과 악의는 공존할 수가 없다'고 주장한다.

"평화의 철학은 선의의 철학에서 자라는 것이라고 하지 않을 수 없다. 그러한 선의의 철학과는 다른 악의의 철학(philosophie de mauvaise volonté)이 도대체 있다는 것인가? 나의 철학의 수련 속에서 도대체 악의의 철학이 역사적으로 있었는지 없었는지를 심판할 능력을 갖추지 못했다. 그러나 내가 거의 확실성에 가까운 마음으로 말할 수 있는 것은 본질적으로 철학과 악의는 조금치도 공존할 수가 없다는 것이다. 만약에 그렇지가 않다면 예지를 사랑하는 정신으로서의 철학(philosophia)은 프랑스 철학자 장 기통의 표현처럼 예지를 미워함(misosophie)의 사이비 학원(學員)으로 탈바꿈되어야 하는 것이다. 그런 한에서 철학이란 이름 아래에서의 악의는 낱말의 엄밀한 뜻에서 공생할 수가 없다고 보아야겠다."[2]

그러나 철학에는 악의가 없어도 인간에게는 악의가 있음이 확실하

---

2) 김형효, 같은 책, 15쪽.

다. 자연에는 선악이 없을지라도 인간에 이르러 '적(enemy)과 친구(friend)' 등 여러 종류의 이분법이 탄생했고, 선과 악도 그 가운데 하나이다. 인간의 절대정신은 악으로 돌변할 수도 있는 것이다.

자연으로서의 인간은 선(善)하지만, 인간으로서의 인간은 선악(善惡)이 왕래한다. 선은 본래존재이지만 악은 역사적으로 필요에 의해 구성된 것이다. 동물을 악으로 규정한 것은 인간의 정신적 도착의 원형이며, 여성을 원죄의 주인공으로 지목한 것도 일종의 가부장-국가사회의 전략적 음모라고 말할 수 있다.

가부장-국가사회의 아버지주의(fatherism)는 파시즘(fascism)을 생산했다. 인간이 20세기에 겪는 1, 2차 세계대전은 파시즘을 생산했으며, 그 파시즘이라는 것이 우발적으로, 재수 없이 발생한 사고였다고 말할 수 없는 여러 정황들이 있다. 악의가 없다면 인류의 모든 고통과 고민과 원죄는 지워져도 좋을 것이다.

악의는 근대서양철학의 아버지인 칸트(Immanuel Kant, 1724~1804)조차도 부정하지 못한다. 인간의 이성에서조차도 선과 악이 이중성·애매성으로 공존하는 것이다.

칸트는 '사악한 이성'을 조심스럽게 제안한다.

"만약 이성이 악의 주체적 근거라면 그 이성은 도덕 법칙에 얽매이지 않는 이성, 즉 '사악한 이성(단적으로 악한 의지)'일 것이고 행위 주체는 악마적 존재가 되어 버린다. 만약 감성이 악의 주체적 근거라면 자유가 제거되고 인간은 단순한 동물적 존재로 전락한다. 따라서 칸트는 동물과 악마의 중간에서 인간의 도덕적 '악의 성향'의 뿌리, 그것의 제 1근거가 어디에 있는가, 찾고 있다."[3]

칸트는 감성이 아니라 이성에서, '사악한 이성'의 가능성을 제기했다. 인간의 이성은 최고선으로 가게 하기도 하지만 사악한 이성이 되기도 한

---

3) 강영안, 『도덕은 무엇으로부터 오는가』(소나무, 2002), 180쪽.

다는 뜻이다. 인류의 모든 문명은 악과 전쟁을 피할 수 없었다. 특히 기독교 성경은 선과 악의 대결사로 구성되어 있다.

선(善)에서 출발하는 평화철학도 중요하겠지만, 그것은 악(惡)에서 출발하는 평화철학으로 상호 보완될 때 온전한 평화철학으로 자리매김할 것이다. 악은 자연에서 비롯된 것이 아니라 인간에서 비롯됐다. 인간이 존재하기 전에는 악과 악마라는 개념이 없었다. 분명한 것은 인간 이후에 악과 악마라는 개념이 생겨났으며, 또한 선과 천사라는 개념도 더불어 생겨났다.

니체가 '신은 죽었다' 혹은 '선악을 넘어서'를 부르짖는 것은 그런 점에서 서양의 기독교와 근대문명에 대한 처절한 저항이기도 하다. 창조적인 것에는 악이 개재된 경우가 많고, 문명의 악을 말하지 않을 수 없지만, 즉 문명의 발달은 악의 요소가 개입되기 일쑤이지만, 동시에 창조적이지 않으면 또한 남을 받아들일 수 있는 여유와 풍요성의 결여로 인해서 악이 되기 쉽다. 그래서 선을 주장하면서 창조적이지 않은 것은 결국 악의 확대재생산에 기여하기 쉽다.

인간이 반드시 악마가 되는 것은 아니지만 인간성 자체에 악이 도사리고 있는 것은 분명하다. 인간은 자신을 선(善)이라고 보고 남을 악(惡)이라고 규정하는 자기도착의 투쟁적 동물인지 모른다. 인간만큼 악을 되뇌는 동물은 없을지 모른다. 어떤 개념에 사로잡혀 있다는 것은 스스로가 그렇다는 것을 증명하는 것에 다름 아니다. 악의 신화, 악의 동일성은 인간존재의 특징이다.

악마의 형상을 사나운 동물에 비유하는 것은 참으로 인간중심주의의 산물이다. 악마는 단지 인간의 가상의 적이었을 뿐이고, 그 적을 악마라고 불렀을 가능성이 높다. 이때 물론 인간은 자신을 선과 정의의 편에 두게 된다. 역설적으로 말하면 인간이 악의 요소를 가지고 있기 때문에 권선징악(勸善懲惡)의 사상이 인류의 보편적인 철학과 사상, 도덕의 근간이 되었을 것이다.

그런데 철학인류학적인 입장에서 동서 문명을 비교해보면 근대에 들어 자민족(문화)중심주의 혹은 이성주의에 의해서 자신의 문화적 동일성을 다른 문화권에 강요해온 서양철학이 더 갈등과 분쟁을 야기했다는 잠정적 선입견을 저버릴 수 없다.

말하자면 〈기독교-이성철학-욕망철학-자본주의경제-자연과학〉으로 연쇄되는 근대 서양문명과 철학이 보편성이라는 이름하에 패권적 지배와 권력을 도모한 것으로 보임을 어쩔 수 없다. 이러한 서양문명의 특징을 한마디로 말하면 '동일성의 철학과 문명' 지역이라고 말할 수 있다.

"서양인들이 자행하고 있는 환원적 이해방식은 폭력적이다. 왜냐하면 그것은 낯선 것을 자립적인 것으로 인정해서 발언권을 주지 않기 때문이다. 그것은 나쁜 해석학에 의해서 만들어진다. 〈환원적 해석학〉을 우리는 다음과 같이 특징지을 수 있다. 그 해석학은 첫째 하나의 특정한 철학사를, 하나의 특정한 목적론을, 하나의 특정한 사유유형을 앞에다 정립하고, 둘째 이것을 절대화시키고, 셋째 그것을 실체화시키고, 넷째 그로써 해석학적 이해의 절차를 자신의 단편적인 이해의 구조로써 낯선 것(타인)에 옮겨 씌우는 것과 혼동한다."[4]

서양철학의 동일성은 '절대성(존재자성)-추상성-보편성-기술성-화폐성(교환가치)'으로 가상실재(실체)를 강화하면서 인간으로 하여금 '상대성(존재성)-구체성-일반성-자연성-실천성(사용가치)'과 멀어지게 한다. 동시에 사회적·기술적 환경으로부터 인간을 소외시키게 되는데 이러한 동일성의 이면에는 권력(폭력)과 지배가 도사리고 있는 것이다. 동일성의 길고 긴 여정의 끝에 기계문명이라는 괴물을 만난 것이다.

서양문명은 기독교의 동일성, 과학의 동일성, 그리고 자본(화폐)의 동일성을 통해 힘(권력)을 추구하고 있으며, 그 동일성이라는 실은 상상이

---

4) 이기상, 『지구촌 시대와 문화콘텐츠』(한국외국어대학교출판부, 2009), 104쪽. 재인용.

고 추상이면서 동시에 실재가 아닌 가상실재의 유령인 것이다. 동일성은 변하지 않는 유령으로서의 괴물인 것이다.

절대와 상대는 모든 현상학적 이원론의 중추이며 근간이다. 절대도 동일성이고, 상대도 절대를 뒤집은 동일성인 것이다. 따라서 동일성을 벗어나려면 절대와 상대를 벗어나야 한다. 동일성의 철학과 문명을 벗어나고 극복하기 위해서는 서양철학과 문명을 그것의 밖에서 바라볼 수 있는 힘이 있어야 한다. 서양철학과 문명의 힘은 동일성에서 연유한다. 니체는 '힘(권력)에의 의지'에서 그것을 잘 천명했다.

니체의 영원회귀(永遠回歸)사상은 동양의 불교의 무(無)나 노장철학의 무위자연(無爲自然) 사상을 현상학적으로 모방한 실패작이다. 영원회귀라는 것은 현상학을 두 개의 중심을 가진 타원의 궤도로 설명할 경우, 즉 '원인적 동일성'과 '결과적 동일성'으로 나눌 경우, 결과적 동일성의 표현에 지나지 않는다.[5]

영원회귀라는 말은 '순간'의 '무한대'에 대한 말로서 시간의 현상학적 위로이며, 속임수이다. 영원이라는 말로서 마치 생멸하지 않을 것 같은 환상에 빠지게 하는 말장난이다. 순간적 존재, 즉 현존재인 인간이 스스로를 위로하기 위해 마련한 시간의 환상이며 시간의 이상이다.

기독교와 기독교의 세속화를 신랄하게 비판한 이단아인 니체가 착상한 '초인'과 함께 '힘(권력)에의 의지' 그리고 '영원회귀'는 결국 같은 말이다. 영원회귀는 마치 문학에서 '영원한 여인상'과 같은 것이다. 현상을 너머서는, 현상 저 너머에 존재하는 여인을 지극히 남성적인 철학자인 니체가 구원(救援, 久遠)을 요청하는 것일 가능성이 높다.

---

5) 박정진, 『일반성의 철학과 포노로지』(소나무, 2014), 69~74쪽. 『니체, 동양에서 완성되다』 (소나무, 2016), 166~173쪽.

현상학은 존재의 근원을 말하지 못한다

초월의 철학, 남성의 철학은 현상되는 것에만 말할 뿐, 현상 저 너머는 결국 말하지 못한다. 그것은 여성성과 연결되는(여성성에서 상속되는) 자연적 존재, 본래존재를 말하지 못하는 것이다. 일상의 여인은 소유하지만 영원한 여인은 처음부터 소유해서는 안 되는 여인이다. 니체는 단지 저 너머를 바라본 것을 초인(overman)이라고 명명했을 뿐이다. '저 너머'는 철학이 수행할 수 있는 곳이 아닐지도 모른다.

니체가 소속한 서양문명은 기마-유목-육식의 전통으로 인해 욕망과 정복과 힘(권력)의 의지, 절대적인 세계의 추구에서 자유로울 수 없다. 이는 필자가 소속한 동양문명은 즉 농경-정주-채식의 전통으로 인해 욕망보다는 자족과 공동체생활과 상호관계, 상대적인 세계를 배우는 데에 익숙하다. 서양문명의 이성과 욕망이라는 것이 육식의 전통과 무관하지 않은 것 같다. 인간은 자신도 알지 못하는 환경이라는 매트릭스로부터 조정(調整)되어 있는 것이다.

초인, 힘(권력)에의 의지, 영원회귀 등 니체철학의 키워드는 니체가 은연중에 드러낸 '동일성의 영원한 반복'에 지나지 않는다. 동일성의 영원한 반복은 '동일성이라는 실체가 있는 반복'이다. 니체의 후예들이라고 자처하는 후기근대철학자들의 '차이의 철학'들도 동일성이라는 실체가 있는 것의 '차이의 반복'일 뿐이다. 그런 점에서 서양철학은 한 마디로 '동일성의 철학'이며 헤겔식으로 말하면 '차이의 변증법'일 뿐이다.

그런 점에서 니체의 '영원회귀'는 필자의 '자기회귀(自己回歸)'가 되어야 한다. '자기회귀'란 우주가 '본래자기'라는 뜻이다. 무한대로 나아가는 것 같지만 본래 자기자리에 있는 것이다. 이것을 동양철학의 동학(東學)에서는 '각지불이(各知不移)'라고 말하고, 불교에서는 '물불천론(物不遷論)'이라고 말한다.

필자는 '자기회귀'의 좋은 예로 한글로 '자신'으로 발음되는 '자신자신자신자신(自身自信自新自神)'을 제안한 바 있다.[6] 만물은 모두 '자기 자신'일 뿐이다. 이를 남이 보면서 객관적·주관적이라고 하거나 기타 여러 관점에서 이러쿵저러쿵 하는 것은 모두 부질없는 짓이다. 존재의 본래(본래존재)에 도달하지 못하는 오류이다. 물론 이 오류를 통해서 과학이라는 것이 만들어졌지만 말이다.

자연을 자연과학의 실체로 잘못 해석한 서양은 위험하기 짝이 없는 문명이다. 이를 한마디로 요약하면 "무(無)를 무한대(無限大)로 해석한 오류다."라고 말할 수 있다. 영원회귀는 무한대(無限大)와 같고, 자기회귀는 무(無)와 같다. 자기회귀 사상으로 보면 자연은 저절로 만물만신(萬物萬神)이고 만물생명(萬物生命)이다.

서양의 '힘에의 의지'에서 추구하는 '힘의 상승과 증대'에 대한 욕망을 제어하거나 끊을 수 있어야 동일성과 전쟁, 그리고 문명의 전반적인 패권주의에서 벗어나게 된다. 서양 사람들이 자신이 획득한 힘을 포기하는 것은 참으로 어려울 것이다. 이미 오래 동안 힘, 즉 기독교, 자연과학, 자본주의 경제에 길들여져 왔기 때문이다.

신화의 정체성, 종교의 절대성, 철학의 동일성, 과학의 실체성에 의존해온 서양문명의 시퀀스를 바라보면 욕망의 끝없는 전개를 보게 된다. 이들을 관통하는 정신은 동일성이다. 이 동일성으로부터 벗어나야 인간은 멸망하지 않을 수 있다. 동일성은 소유적 존재임을 말한다.

따라서 인류의 평화를 말할 때 힘을 가진 서양문명과 그것의 담당자인 서양인들이 현상학적이 아닌 존재론적인 차원에서 평화를 생각하고, 자신의 문명의 패권주의에 대한 반성을 해야 하고, 그것이 초래할 공포와 위험에 대해서 각성하지 않으면 평화는 결코 오지 않을 것이다. 존재론

---

6) 박정진, 『철학의 선물, 선물의 철학』(소나무, 2012), 188쪽, 912쪽. 박정진, 『일반성의 철학과 포노로지』(소나무, 2014), 793쪽.

적인 경지에 이르면 만물은 그것 자체가 만신이고, 평등이고, 생명이다.

　서양문명과 대비되는 동양문명 혹은 기타 인류의 원시고대문명에 대한 폭넓은 이해와 함께 인류문명 전체를 회고하고 그것에 내재한 폭력성을 반성하는 기회를 갖지 않으면 인류의 평화를 기대하기 힘들 것이다. 그동안 인간은 죽음과 고통 등 한계상황을 만났을 때마다 스스로 힘을 얻고 구원을 부탁하기 위해 기도하고 신을 찾았지만 이제 자신에게 힘(권력)이 생겼다고 생각한 인간은 오만방자해져서 세계(자연)를 소유하고 지배하고, 횡포를 부리기를 서슴지 않고 있다.

　자연이야말로 선이다. 인류문명은 자연에 대해 특히 악인 것 같다. 자연과 영적 교류를 하며, 자연을 내 몸처럼 생각하던 북미인디언들은 거의 멸종되었고, 세계에서 자연친화적 삶을 살던 종족들은 모두 사라졌다. 자연을 약탈과 개발의 대상으로 삼은 문명들만 살아남았다. 그러나 이제 말없는 자연의 보복차례가 된 것 같다. 문명인들은 대 반성을 하지 않으면 멸종될 것이다. 삶의 평화적 환경을 보다 폭넓게 건설하면서 멸종을 지연시키는 길만이 살길이다.

　나의 절대가 상대방에게는 상대인 것이다. 절대와 상대는 서로 현상학적인 평형관계에 있다. 여기서 평형관계라는 것은 평행관계로 영원히 대립하는 것은 아니라는 뜻이다. 그런데 절대정신을 추구하면 직선적 사고로 인해서 영원한 모순에 빠지게 된다. 말하자면 평화를 위해서 영원히 전쟁을 하여야 하는 것과 같다. 자아-개체-주체-소유적 사고는 절대에 빠지게 된다.

　역사는 이러한 소유적 사고를 요구한다. 그렇다면 인류평화를 이루기 위해서는 어떤 사고가 필요한가. '상대를 위하여 사는 사고'가 필요하다. 상대를 위하면 나의 절대가 상대의 자아와 균형을 잡게 된다. 이것이 인류가 넘어야 하는 깨달음의 세계이다. 이제 인류가 깨닫지 못하면 공멸할 처지에 있게 되었다. 이제 인류는 지구촌이라는 작은 마을에서 공동체를 이루면서 살아야가는 사피엔스가 되었다.

서양의 기독교와 철학의 절대적 사유는 인간에게 힘을 부여하는 역할을 하였으며, 이제 인간은 '무소부재(無所不在)한 신(神)' 대신에 등장한 '무소불위(無所不爲)의 존재'가 되었다. 인간은 신에게 무엇을 비는 약한 존재가 아니라 이제 신을 업신여기고 자연에 횡포를 부리는 존재로 둔갑하였다.

서양의 기독교가 절대유일신을 섬기면서도 전체주의로 흐르지 않은 까닭은 인간에게 자유와 사랑을 부여하였기 때문인데 이와 달리 과학적 절대주의는 궁극적으로 인간에게서 자유를 빼앗고 기계를 요구하고 있기 때문에 과학기술을 기반으로 하는 현대문명은 전반적으로 전체주의적 패권주의로 치닫고 있는 것이다.

'동일성의 철학과 문명'에 노출되는 것은 인간으로 하여금 보이지 않는 거대한 권력으로부터 대상화되는 것을 의미하고, 그러한 권력은 항상 다른 권력과 패권경쟁의 결과로 형성된다는 점에서 전쟁은 이미 내정되어(약속되어) 있는 것과 같다.

더욱이 1, 2차 세계대전과 그 후의 미소냉전과 중동전 등은 이데올로기에 의해 수행된 특징을 보인다는 점에서 심각성을 더하고 있다. 서양철학은 헤겔과 마르크스의 등장으로 철학이라기보다는 이데올로기화 되었으며, 여기에 과학이 동일성을 견인함으로써 서양철학은 동일성의 경쟁으로 전락하고 만다.

자유자본주의와 공산사회주의, 그리고 과학주의는 현대가 마련한 새로운 종교가 되어버렸다. 여기에 국가가 또한 국가종교로서 가세한다면 세계가 '권력(힘)에의 의지'를 실현하는 장소가 되기에 충분하였다. 이 가운데서 가장 강력한 동일성의 추구는 물론 과학이다.

이데올로기는 동일성이 초래하는 인간정신의 최대 질병인 것이다. 이에 더하여 종교와 과학이 동시에 이데올로기적 특성을 보이는 것은 그러한 질병이 복합적 난치병이 되기에 충분하였다.

"지난 3백 년은 흔히 인류의 역사에서 종교가 점차 중요성을 잃어가며 세속화가 진행된 시기로 묘사된다. 유신론적 종교에 대해서라면 대체로 옳은 말이다. 하지만 자연법의 종교를 고려한다면 사정이 전혀 다르다. 근대는 강력한 종교의 열정의 시대, 전대미문의 포교 노력과 역사상 가장 피비린내 나는 종교전쟁의 시대였다. 공산주의, 자본주의, 민족주의, 국가사회주의가 그런 예다. 이들은 종교라 불리는 것을 좋아하지 않으며 스스로를 이데올로기라고 칭한다. 하지만 이는 단순히 용어상의 문제일 뿐이다. 만일 종교를 초자연적인 질서에 대한 믿음을 기조로 한 인간의 규범과 가치 시스템이라고 정의한다면, 공산주의는 이슬람교에 비교해도 조금도 손색이 없는 종교이다."[7]

여러 이데올로기가 공존하는 국가도 실은 국가종교라고 해도 틀리지 않는다. 헤겔과 마르크스에 의해 절대정신(유심론)과 유물론은 크게 대립하면서 세계는 자유진영과 공산진영으로 나누어졌으며, 이는 한 때 지구적으로 전파되었다. 이에 더하여 서구 기독교세력과 중동 이슬람세력은 전쟁의 이데올로기화를 증폭시켰다고 해도 과언이 아니다. 특정 종교의 근본주의(fundamentalism)는 종교적 도그마를 이데올로기화함으로써 전쟁을 더욱 잔인하고 추악하게 만들고 있는 실정이다.

가브리엘 마르셀은 철학과 이데올로기를 구분하고 후자를 추상의 정신(l'esprit d'abstraction)이라고 말한 바 있다.

김형효는 "공산주의에서 주장하는 계급의식과 계급투쟁은 이른바 추상의 정신이 정치화된 대표적 표본이다. 그러한 공산주의적 계급이념에 의하면 인간에게는 단지 계급적 도식에 의해서 자본가냐 아니면 무산대중이냐 하는 두 가지의 본질밖에 없는 것이다. 그러한 전제 아래서 모든 구체적인 인간은 두 가지의 카테고리로 분류되고, 적대적 행위와 전쟁이

---

7) 유발 하라리, 조현욱 옮김, 『사피엔스』(김영사, 2015), 323~ 324쪽.

정당화되어 간다."[8]고 말하고 있다.

이 때문에 김형효는 사회주의의 '평등의 철학'보다는 기독교의 '형제애의 철학'이 인간으로 하여금 평화에로 더 이끈다고 주장하고 있다.

"모든 인간은 평등해서는 안 된다고 내가 주장하는 것이 아니다. 내가 말하고자 하는 것은 평등의 원리와 원칙이 평화의 세계를 창조하는 데 제일 중요한 사상이 될 수 없다는 것이다. 어떤 점에서 평등이 그 사회의 이념이 되어버리면 진실로 그 사회에서 창조의 풍토를 쓸어버리는 계기가 될 수 있다. 하여튼 평화를 위하여 바람직스러운 것은 각 존재가 타인에 대하여 적어도 어떤 점에서 하나의 우수성을 가지고 있다고 믿는 사회질서의 확립이다. 그런데 여기서는 아직도 적대적인 비교의 개념이 생길 가능성이 짙은 것이다. 비교의 개념이란 갑은 을에 비하여 어떤 점이 우수하고 또 반대로 을은 갑에 대하여 다른 어떤 점이 모자란다고 하는 개념이다. 그런데 비교의 논리가 자주 사회에 등장하는 한에서 그 만큼 그 사회는 평화의 질서에서 더욱 멀어진다. 비교는 아직도 자기주장과 평등의식의 원한이 저변에 깔려 있기 때문에 가능하다. 무엇보다도 평화를 심기 위한 철학은 형제애(fraternité)의 철학인 것이다."[9]

근대 서양철학의 하이라이트는 헤겔의 절대정신과 마르크스의 유물론이라고 말할 수 있다. 바로 절대정신과 유물론이 냉전체제를 만들었고, 가장 최근에까지 세계를 양분했다는 점을 생각하면 세계의 전쟁은 서구문명 대 비서구문명이 아니라 서구 내의 권력경쟁에 따른 것이었음을 알 수 있다. 가장 최근까지도 서구문명은 동서양극체제의 줄서기를 강요했다.

동서양극체제를 이끈 핵심은 바로 과학기술과 경제이다. 가브리엘 마르셀이 지적한 추상의 정신은 오늘날 존재의 근본(기반)을 흔들면서 기

---

8) 김형효, 같은 책, 16쪽.
9) 김형효, 같은 책, 17쪽.

계에서 만용과 횡포를 부리고 있다. 서양이 이끈 근현대는 바로 기계의
세계로 인류를 인도한 것이었다. 기계는 동일성의 철학의 압도적인 상징
이다.

데카르트의 철학이 더 이상 회의할 수 없는 실체를 찾는 과정이었고,
그 실체는 시계로 상징되는 기계적 세계였음은 우연이 아니다. 기계는
서양근대철학의 알파요, 오메가이다. 현상학은 흔히 관념론자라고 평하
는 플라톤에서 시작했지만 데카르트에 의해서 근대적으로 해석되는 전
기를 마련했고, 헤겔에 의해 큰 진전을 이룬 뒤 니체에 의해 현상학이 결
국 해석학이라는 것을 알게 되었다.

현상학은 후설(Edmund Husserl, 1859~1938)에 의해 완성되었다.
현상학은 판단중지(epoché)를 통해 의식의 절대적 환원주의에 이르는
게 목표라고 할 수 있는데 하이데거(Martin Heidegger, 1889~1976)
는 스승인 후설과 결별하고 '죽을 인간'을 인간의 최종결과라고 설정하
는 것을 통해 그 반대편의 원인으로서 신기원(epoch)을 거론하게 된다.

〈현상학의 원인적 동일성과 결과적 동일성〉

현상학	원인(원인적 동일성)	결과(결과적 동일성)	특징
후설	의식의 절대적 환원	판단중지 (epoché)	의식의 지향성 (指向性)
하이데거	시원(epoch)	죽을 사람	관심(觀心, Sorge)
데리다	해체적 문자학	해체적 유령론	글쓰기(écriture)
기독교 현상학	천지창조 (하느님아버지)	종말구원 (메시아론)	성경의 담론

현상학은 본래 존재를 원인과 결과(여기에 원인과 결과의 왕래 혹은
이중성, 혹은 뒤섞임이 있다)로 해석하는 학문인데 하이데거는 현상학
을 벗어나는 제스처는 취했지만 '신기원(epoch)'이라는 시간성(시간자

체)에서 벗어나지는 못했다. 하이데거의 철학적 일생을 보면 공간(물리적 공간)에서 벗어나기 위해서 시간의 탐구에 들어갔으며, 시간의 해체를 통해 존재(본질)가 무(無)라는 사실을 깨닫게 된다. 이것이 바로 그의 존재론의 결론이다.

하이데거는 헤겔과 니체의 요소를 동시에 지니고 있다. 헤겔의 현상학적 태도, 즉 회고적 태도와 니체의 운명적 태도를 동시에 보이고 있다. 하이데거는 '역사적(geschichtlich)'인 것과 '역사운명적(geschicktlich)'인 것을 구분하고 있다. 전자는 다분히 헤겔의 영향이고, 후자는 니체의 영향이다. 여기서 역사운명적이라는 말은 니체의 개인적 운명애(運命愛)를 역사적으로 재해석한 것이다. 개인과 집단은 구분할 수 없게 된다. 집단에 소속된 개인 중 누군가는 역사운명적인 입장에 서지 않을 수 없는 셈이다.

하이데거는 독일의 관념론적 전통에 따라 의식을 탐구하는 종래의 현상학에서 시간을 해체함으로써—시간이 실체로서 존재하면 의식은 회상을 통해 환원적인 성격의 신기원을 주장할 수 없게 된다. 이렇게 보면 역사적 변증법 자체가 회상을 통해 시간을 소급하는 행위로서 시간을 부정하는 철학적 행위가 된다. 소급할 수 있는 시간은 이미 시간이 아니기 때문이다. 발전론이나 진화론이라는 것은 시간에 의해 구성되는 것으로서 모두 부정되어야 한다— 근본적인 존재인 본래존재를 탐구하게 되는데 최종적으로 '무(無)'를 발견하게 된다.

하이데거는 시간과 비시간의 경계에서 존재론을 구성했다. 하이데거는 '존재(존재론적 존재)'로서 '존재(현상학적 존재)'를 지운 셈이다. 하이데거가 존재론을 개척하게 되자 역설적으로(도리어) 헤겔, 니체, 후설 등으로 이어지는 독일의 현상학적 전통은 프랑스에서 더 각광받게 된다.

하이데거와 달리, 데리다(Jacques Derrida, 1930~2004)는 프랑스 현상학의 전통에 따라 공간을 벗어나기 위해 글쓰기(écriture)의 탐구에 들어갔으며, 글쓰기의 해체를 통해 텍스트(진리)의 결정불가능성을 파악하고 '해체적 문자학'(문자의 접합적 성격을 반대로 적용하는)이라고 할 수 있는 그라마톨로지(문자학)를 전개한다. 데리다는 '문자(해체적 문자)'로서 '문자(구성적 문자)'를 지운 셈이다.

글쓰기는 공간의 존재를 확인하게 되는 것으로(글쓰기를 통해 도리어 공간의 존재를 지각하게 된다) 데리다는 자기모순에 빠진다. 텍스트(text)는 바로 공간에서 현상되는 시간(time)이기 때문이다. 데리다의 현상학에서 '텍스트 밖'은 없으며(모두가 텍스트이며), 동시에 텍스트는 결국 결정불가능한 것으로 해체된다.

여기서 우리는 서양의 후기근대철학, 특히 데리다의 해체론에 대해 전반적인 반성을 해볼 필요가 있다. 해체(deconstuction)라는 행위를 방법론으로 택한 하이데거는 해체를 통해 새로운 '신기원'을 달성하지만 이와 달리, 해체를 목적으로 택한 데리다의 해체론은 해체를 위해서는 미리(과거에) 구성된 것을 인정하지 않으면 안 되는 이중왕래적 자기모순에 빠지게 되는 사실을 발견하게 된다. 구성되지 않은 것은 해체할 수 없기 때문이다.

데리다는 필연적으로 미래에 해체할 수 없는 것을 설정하지 않을 수 없게 된다. '해체적 문자학'과 함께 데리다는 '해체적 유령론'을 전개하게 되는데 유령은 해체불가능한 것이 된다. 해체적 유령론에는 '법(text)의 힘'과 '유령으로서의 메시아론'이 포함된다. 이는 서양철학적 전통의 두 갈래, 즉 소크라테스의 법의 정신(그리스의 헬레니즘)과 기독교의 메시아론(유대교의 헤브라이즘)에 다름 아니다.

여기서 우리는 서양 문명에 도도하게 흐르는 '율법주의'와 '메시아론'의 재등장과 평행(平行)을 바라보게 된다. 데리다가 유령론을 전개한 것은 그것 자체가 서양철학의 실체론—가상실재를 실체로 파악하는—을 반증하는 것이면서(실체-유령은 하나의 세트이다) 실체로 파악할 수 없는 것에 필연적으로 유령이라는 이름을 붙이지 않을 수 없었음을 알게 된다.

데리다가 유령이라고 이름붙인 것은 유령이 아니라 인간이 어떠한 방법으로도 존재를 파악할 수 없는 우주의 기운생동이며 본질(이것은 idea가 아니다. idea 자체가 본질에 붙인 이름에 불과한 현상이기 때문이다)이며 본래존재인 것이다. 현상학의 차원에 있는 데리다는 본질을 유령이라고 말할 수밖에 없었다. 그 이유는 가상실재를 실체라고 하였으니 도리어 실재를 두고는 유령이라고 이름붙이지 않을 수 없는 자기모순에 빠졌던 것이다.

서양철학은 마르크스와 데리다에 이르러 난데없는 철학적 유령론에 빠졌다. 서양철학이 유령론에 빠진 이유는 결국 '정신-물질' '실체-유령'의 현상학적 차원의 철학적 특성에 머물러있기 때문이다. 유물론자인 마르크스는 당연히 자본주의의 화폐를 유령이라고 본 반면에 데리다는 법과 메시아를 유령이라고 하는 자기모순·자가당착에 빠진 것이다. 유령은 실체의 다른 면이다. 이 둘은 손바닥과 손등의 관계에 있는 것이다.

유령과 실체의 관계를 동적으로 보면 현상학적 상호왕래라고 말할 수 있고, 의미론으로 보면 의미의 이중성·애매모호라고 말할 수 있다. 이것을 서양철학사 전체의 맥락에서 자초지종을 따져보면 가상실재를 실체라고 규정한, 이데아를 본질이라고 규정한 서양철학의 출발 자체가 유령을 실체라고 규정하였으니 서양철학의 마지막에 이르러 거꾸로 실체를 유령이라고 하게 되는 것이라고 말할 수 있다.

데리다도 시간과 비시간의 경계에서 '그라마톨로지'와 '유령론'을 구성했다. 그렇지만 결국 '글쓰기'에 잡혀 처음에 시도했던 공간(현상학적 공간)에서의 탈출에 성공하지 못한다. 데리다는 하이데거의 존재론을 배우고 카피했음에도 불구하고 서양철학적 전통의 현존(現存)을 이성주의의 원인으로 보고— 이는 결과적으로 현존을 현상으로 보는 행위이다—

아울러 프랑스의 철학적 전통인 글쓰기와 텍스트의 집착을 떨치지 못하는 바람에 현상학에서 탈출하지 못했다고 볼 수 있다.

하이데거나 데리다의 예를 통해 볼 때, 물리학적으로 실체로서(실재하는 것으로) 인정되는(그 실체가 의심되지 않는) 시간과 공간이라는 것이 인간이 만들어낸 시간성과 공간성에 불과한 것임을 알 수 있다. 결국 실재로서의 시간과 공간이 없음을 유추할 수 있다. 시간과 공간은 가상실재로서의 실체이다.

데카르트의 전통 아래 있던 프랑스에서 현상학적 사고는 더 맞았으며, 관념론적 전통의 독일은 존재론으로 돌아가게 된다. 물리적 현상학(자연과학)은 영국에서, 의식의 현상학은 프랑스에서, 존재론은 독일에서 자리 잡게 된다. 독일의 존재론은 칸트적 존재론(소유적 사유)에서 하이데거의 존재론(존재적 사유)로서 새로운 차원을 열게 된다. 철학에서도 지적 전통을 무시할 수 없으며 이는 환경풍토와 관련이 있을 수밖에 없다.

2. 서양문명의 절대성에 대한 반성

이상에서 전개한 하이데거와 데리다를 둘러싼 현상학과 서양문명에 대한 반성보다 더 큰 범위의 회상과 반성을 해보자. 도대체 서양문명에서 '절대성'은 무엇을 의미하는가에 대한 보다 근본적인 반성 말이다.

철학적으로 보면 절대(絶對)라는 세계는 시공간의 어느 지점을 끊은 것이고, 그 끊은 지점은 바로 에포케(epoché, 끝, 판단중지)이고 동시에 에포크(epoch, 시작, 신기원)가 된다. 이것은 시작과 종말이 함께 있다는 뜻이다. 그렇게 보면 기독교의 천지창조와 종말구원 사상은 바로 가장 오래된 현상학이면서 가장 큰 규모의, 가장 큰 세계를 포괄하는 현상학이 되는 셈이다.

기독교의 절대유일신의 신화(담론, 이야기)를 구성한 기자(記者)들은 알 수 없는 '존재의 세계'(혼돈의 세계: 성경의 창세기는 천지창조 이전에는 혼돈이었다고 기록하고 있다)에서 무엇을 알 수 있는(어떤 실체를 잡은 것 같은 착각, 혹은 환상을 가진) 미지의 현상학에 최초로 발을 들여놓은 셈이 된다. 마치 루이 암스트롱이 달의 표면을 최초로 밟았듯이 말이다.

우리는 여기서 중요한 사실을 발견하게 된다. 기독교 성경의 절대유일신 사상은 바로 철학의 현상학으로 사유의 패턴이 연결되는 것이고(이것이 현상학적 사유이다), 그러한 현상학적 사유는 자연과학의 물리학적 사고, 즉 실체론적(서양 사람들이 말하는 실재론적) 사고로 연결됨을 볼 수 있다. 즉 기독교와 현상학과 물리학이 하나로 연결됨을 볼 수 있다.

물리학이 어떤 사물(대상)을 분석하는 것은(원자가속기도 결국 물질을 끊어서 보는 것이다) 바로 기독교 절대유일신의 사유패턴의 연장선상에 있다. 우리는 감히 서양문명을 절대를 추구하는 문명, 즉 '절대문명'이라고 규정할 수 있고, 동시에 '현상학의 문명'이라고 규정할 수 있다. 이는 서양문명을 그것의 밖에서 바라볼 수 있는 자만이 규정할 수 있는 것이다.

우리는 어떤 끔찍한 생각을 떠올리게 된다. 절대는 실체를 추구하는 것이고, 실체를 힘을 추구하는 것이고, 힘을 추구하는 문명은 스스로 종말을 예언하고 있는 셈이다. 그래서 서양의 기독교는 종말구원이라는 가짜(가상의) 안전장치를 마련하고 있음을 볼 수 있다. 가상의 실재, 가상실재를 실체라고 생각한 서양문명은 오늘날 힘의 문명, 과학문명을 이루었지만 이미 기독교 성경을 통해 그들의 문명이 종말에 이르게 됨을 예언하고 있는 것이다. 이는 일종의 자기예언적인 완성이다.

서양문명은 기독교 안에 있다. 오늘날 빅뱅과 블랙홀은 기독교의 천지 창조와 종말사상의 과학적 버전에 불과한 것이다. 서양문명은 시간과 공간의 틀(튜브, 감옥) 안에 있다. 세계는 시간과 공간 안에 있는 것이 아니라 시작과 끝은 상상함으로써 시간과 공간을 만들어내고, 자신이 만들어낸 시간과 공간에 살고 있는 것이 인간이다.

　오늘날 서양 문명은 인류의 문명을 주도하고 있으니 인류는 결국 그 속에 함께 있는 것이다. 무릇 담론(신화, 종교, 철학, 과학의 모든 담론)은 그런 점에서 자기완결적인 것이다. 서양문명은 니체의 말대로 '힘(권력)에의 의지'의 문명, 즉 힘의 문명이다. 우리는 불현듯 "절대 권력은 절대 망한다."는 정치적 테제를 떠올리게 된다. 이것을 인류문명에 적용하면 "절대문명은 절대 망한다."는 불안한 테제를 떠올리게 된다.

　서양이 주도하는 문명으로부터 벗어나지(극복하지) 않으면 인류는 망하게 되어있다. 무엇이 구원이라는 말인가. 인간은 스스로 구원되지 않으면 안 된다(망한다). 인간이 '세계'(世界, 인간 世, 지경 界)라는 말을 사용하는 것은 이미 어떤 지경에서의 경계(境界)를 설정하는 존재라는 것을 암시하고 있다.

　"인간은 경계의 존재이다. 경계의 존재에는 이미 소유의 존재가 숨어 있다."

　세계라는 말을 사용하는 그곳에(세계라는 말 자체에) 시작과 끝이 함께(동시에) 있음을 발견하게 된다. 세계라는 말을 사용하는 순간, 세계 밖을 상상하지 않을 수 없는 모순에 빠지게 된다. 그렇다면 세계라는 말 자체가 이미 절대성(실체)이다.

서양문명, 동일성의 철학

　서양의 근대철학은 처음부터 뉴턴에 의해 새롭게 발견된 과학의 절대적 세계, 즉 물리적 세계를 자연어(일상어)로 설명하기 위한 철학으로 출발하여 과학적 결정론을 철학에 적용한 것이었다고 볼 수 있다.

근대문명을 주도한 서양은 중세의 기독교를 중심한 '종교적 이성'에서 '과학적 이성'으로 비약한(이는 진화론적으로 보면 일종의 자연선택에 해당하는 문명선택이다) 후 칸트에 의해 '도덕적 이성'을 수립하게 된다. 도덕적 이성의 수립은 인간이 이성이라는 지평(地平)을 마련함으로써 설명하기 어려운 신과 자연을 격리 시킨 후 세계를 현상으로서만 바라보는 일대 문명의 혁명이었다.

칸트의 도덕적 이성은 인간에 의해 세계를 재구성하는 이성적 욕망의 금자탑이었지만 동시에 신을 잃어버리고 자연을 잃어버리는 것의 출발이었다고 볼 수 있다. 이는 기독교 신(神)을 상왕(上王)으로 모시면서도 실은 신의 자리에 도덕을 왕(王)으로 모시는 정치·도덕적 혁명이었으며, 자연의 자리에 자연과학이 들어감으로써 신과 자연이 영원히 이별하는 문명의 '동일성(同一性)의 의례'였다.

칸트의 도덕철학은 자연과학의 영향을 입어 수립된 것이라면 동양의 유교적 도덕철학은 자연과학과 별도로 인본주의에 의해 수립된 것이다. 이 말을 왜 하느냐 하면, 서양의 도덕철학은 그만큼 절대성을 바탕으로 수립된 것이라면 동양의 도덕철학은 인간의 상호성을 바탕으로 수립된 것을 강조하기 위해서다.

동서양의 철학은 그 기원에 있어서 매우 다른 양상을 보이고 있다. 물론 서양철학의 기원을 거슬러 올라가면 그리스 소크라테스와 플라톤이 있고, 소크라테스의 법의 정신과 플라톤의 이데아는 실은 과학의 맹아였다고 볼 수 있다.

이에 앞서 파르메니데스(Parmenides, BC 510~BC 450)와 헤라클레이토스(Herakleitos, BC 540~BC 480?)를 들 수 있겠지만 서양철학에서는 파르메니데스 쪽이 승리한 철학이었다. 서양철학은 세계를 '변화'와 '불변'의 대립으로 본다. 전자는 헤라클레이토스의 세계이고, 후자는 파르메니데스의 세계이다. 이것 자체가 대립하는 양상을 띠고 있다. 그런데 문제는 변화하는 것에도 실체가 있을 수가 있고, 실체가 없을 수도 있다.

파르메니데스는 "있는 것은 있고, 없는 것은 없다."라는 말로 영원한 실재(존재)를 말했다. 소크라테스 이전 그리스에서 엘레아학파를 세운 파르메니데스는 존재하는 다수의 사물과 그들의 형태 변화 및 운동이란 단 하나의 영원한 실재의 현상일 뿐이라고 주장했다.

그는 비(非)존재를 주장하는 것은 비논리적이라고 말했다. 논리적 존재개념을 바탕으로 현상에 대한 주장을 펼쳤다는 점 때문에 그는 형이상학의 창시자 중 한 사람으로 여겨진다. 파르메니데스를 계승한 플라톤은 본질인 이데아(idea)와 현상을 이분화 했으며, 현상을 가상의 세계로 보았다. 이는 생성의 세계로 볼 때는 가상의 역전을 말한다. 존재(본질)의 세계야말로 가상의 세계이고, 가상의 세계는 개념의 세계이고, 개념의 세계는 실체의 세계이다. 그래서 서양의 철학과 문명은 '실체의 증대'의 세계에 속한다.

근대에 들어 불교를 가장 먼저 이해한 서양철학자는 쇼펜하우어이다. 쇼펜하우어를 존경한 니체도 불교를 일찍부터 이해한 철학자 군에 속한다. 서양의 이성주의 철학의 전통으로 볼 때 불교는 염세주의로 보기 쉽다. 쇼펜하우어의 염세주의를 극복하려 했던 니체는 불교를 일종의 네거티브철학, 즉 허무주의로 보고 이를 벗어나기 위해 포지티브 철학, 긍정의 철학의 길을 갔는데 이것이 '힘(권력)에의 의지'이다. '힘에의 의지' 철학은 그래서 실체의 증대를 추구하는 철학이다.

니체는 서양철학의 허무주의의 분위기 속에서 '힘의 상승과 증대'를 통해, 즉 디오니소스적 긍정의 철학을 통해 허무주의를 극복할 것을 촉구한 철학자이다. 힘의 상승과 증대는 서양문명의 진면목이다. 서양문명

자체 내의 이원대립적인 항들은 서로 왕래할 수 있는 것들이다.

존재는 긍정할 수밖에 없다. 그런데 철학은 부정을 하고 시작한다. 니체의 철학적 긍정은 철학적 긍정에 속하는 것이지만, 존재의 긍정과는 다르다. '힘(권력)의 의지' 철학은 힘의 상승과 증대를 긍정하는 철학이기 때문이다.

니체의 적은 니체다. 인간에게 있어 자신의 적은 항상 자신이다. 왜냐하면 이 세계는 결국 자신이기 때문이다. 마찬가지 이유로 인간에게 있어 자신의 천사는 자신이다. 마찬가지 이유로 인간에게 있어 자신의 신은 자신이다. 결국 자신을 적으로 만들 것이냐, 천사로 만들 것이냐, 신으로 만들 것이냐는 자신에게 달렸다.

마르크스는 흔히 자본주의의 모순인 부익부 빈익빈을 비판하면서 해결책으로 공산사회주의를 주장했다고 생각하는데 사회주의의 계급투쟁 방식도 프롤레타리아의 지배를 도모한 권력투쟁이었다는 점에서는 예외가 아니다.

뉴턴의 절대역학과 아인슈타인의 상대성원리는 흔히 정반대인 것처럼 생각하는데 실은 질량과 에너지는 서로 변형관계에 있다는 점에서 결국 힘(에너지)을 이용할 수 있는 방식이었다는 점에서는 같은 것이다. 이에 비해 동양의 기(氣)는 이용할 수 없는 에너지라는 점에서 다르다.

현대물리학의 에너지와 동양사상의 기(氣)는 피상적으로 보면 같은 것 같지만 에너지는 수학적으로 계량 가능한 것인데 반해, 기(氣)는 계산할 수 없는 무량(無量)한 것이다.

'자본주의-공산주의' '뉴턴역학-상대성원리'는 현상학적인 차원에서는 서로 대립하는 것 같지만, 존재론적인 차원에서 보면 둘은 같은 것의 양극현상일 뿐이다. 인간은 현상 위에 존재하는 초월적(종교적) 세계와 현상의 이면에 숨어 있는(살아 숨 쉬고 있는) 역동적(자연적) 존재의 신비를 잃어버렸다.

니체철학이 불교를 허무주의로 해석한 것은 그의 '힘(권력)에의 의지'가 종래의 서양철학을 신랄하게 비판하고 있지만 실은 그 자신도 그토록 비판한 다른 서양철학들과 크게 다르지 않다는 것을 말해준다. 힘의 철학은 결국 실체의 철학과 동의어이기 때문이다.

쇼펜하우어나 니체가 자연의 존재(자연적 존재)를 '의지(意志)'로 해석한 것은―쇼펜하우어는 '의지와 표상으로서의 세계'를 말했고, 니체는 '힘(권력)에의 의지'를 말했다― 그것 자체가 서양철학적인 발상이라고 하지 않을 수 없다. 의지는 방향이 있는 의식에 다름 아니고, 의지의 철학은 결국 현상학이기 때문이다.

쇼펜하우어는 결국 칸트철학 계열이라고 말할 수 있다. 그는 칸트의 현상에 표상을 대입하고, 물 자체에 의지로 대입하였지만 나중에는 의지를 부정하고, 도덕에 귀의하게 된다. 쇼펜하우어의 추종자였던 니체는 그의 의지를 계승하는 한편 표상을 권력으로 해석한다.[10]

니체의 '힘의 상승'의 철학은 '실체의 증대'와 궤도를 같이 한다. 니체는 욕망과 신체의 발견을 통해 '의지(意志)'로서 '이성(理性)'을 비판했지만 욕망조차도 실은 이성과 같은 것임을 눈치 채지 못했던 것이다. 힘의 철학은 결국 패권경쟁으로 인해서 '평화의 철학'이 될 수 없는 태생적 한계를 지니고 있다.

라캉(Jacques Lacan, 1901~1981)에 따르면 욕망은 언어이고, 상상력(a') 또한 언어이다. 언어는 바로 대상(a)이고, 대상은 결국 대타자(A)인 언어에 이른다. 언어(symbol)는 바로 현상학을 있게 하는 수단이다. 언어가 없으면 현상은 없는 셈이다. 결국 이를 현상학적으로 종합하면 욕망은 신체적 이성이고, 이성은 대뇌적 욕망이라는 결론에 도달한다.

서양철학사의 주요 주제인 자유, 평등, 박애를 욕망의 관점에서 설명하면 자유는 욕망의 '주체(개인)-대상적 실현'이고, 평등은 '자유의 집단

---

10) 박정진, 『니체, 동양에서 완성되다』(소나무, 2015), 32쪽.

적 실현'이다. 박애는 욕망의 '개인·집단적 실현의 모순'을 해결하려는 무한대적 노력이다.[11]

결국 서양철학의 현상학은 시대에 따라 말(언어)은 다르게 했지만 결국 동일성을 추구하는 철학에 다름 아니다. 동일성을 끝까지 추구하면 결국 전쟁을 할 수밖에 없다. 존재 자체, 일반존재를 인정하지 않으면 안 된다. 결국 욕망과 이성으로서는 평화에 도달할 수 없다는 결론에 도달하게 된다.

서양철학에서 보편성이라고 하는 것은 실은 추상이며, 추상은 결국 동일성을 기초로 하는 것이고, 동일성을 추구하는 것이다. 동일성은 결국 언어(개념)이고, 궁극적으로 기계이다. 서양철학은 물론이고, 과학조차도 '시공간의 프레임' 속에서 인간이 잡을 수 있는 실체, 즉 동일성을 무한대로 추구하는 것에 불과하다.

파르메니데스의 계승자인 플라톤은 '동굴의 비유(simile of cave)'에서 세상만물은 동굴에 비친 그림자에 불과하고, 만물의 실체는 동굴밖에 있다고 생각했다. 이러한 플라톤의 이데아론은 오늘날 자연과학에 이르렀지만, 만물의 실재를 간과하였다. 시공간의 프레임은 플라톤의 동굴의 비유의 연장으로서 인간은 '시공간의 튜브(tube)' 속에 갇힌 것을 의미한다.

플라톤의 그림자는 오늘날 철학과 과학에서 현상이라는 부르는 것이고, 동굴의 불빛은 우주의 빛이라는 것이고, 나아가서는 우주의 빅뱅(Big bang: 태초의 가장 큰 소리를 은유한다)과 블랙홀(Black hole: 우주의 거물 玄을 은유한다)이라는 것도 오늘날의 플라톤의 동굴적 상황을 말하는 것이다. 플라톤의 이데아론(관념론)의 출발과 함께 서양철학의 경험론이라는 관념론에 맞장구를 친 것이다.

실제로 관념(개념)적 체계를 가지고 있지 않은 경험은 결코 과학이 될

---

11) 박정진, ≪일반성의 철학과 포노로지≫(소나무, 2014), 588~589쪽.

수 없다. 결국 과학의 물질은 정신의 개념인 것이며, 그러한 점에서 헤겔철학을 관념론의 완성이라고 말하는 것이다. 과학은 실재에 대한 경험(현존적 경험)이 아니라 이미 대상적(지각대상화 된) 경험(현상학적 경험)을 말하는 것으로서 결국 관념과 경험의 안팎의 이중주가 서양철학의 '가상실재(실체)를 찾아가는 현상학'이라는 것이다.

칸트가 대륙의 합리론과 영국의 경험론을 합쳐서 근대철학의 시조가 된 것은 서양철학의 현상학적 성격을 종합한 철학적 대사건인 셈이다. 서양철학의 현상학은 그 옛날 파르메니데스와 플라톤에 의해서 이미 출발한 것이며, 따라서 서양철학은 한마디로 현상학인 것이다.

현상학적 도착의 절정이 바로 서양철학의 마지막 주자인 데리다(Jacques Derrida, 1930~2004)의 '현존'(presence)을 '이성중심주의(logo-centrism)의 원인이라고 하는 전제와 그로 인한 그라마톨로지(grammatology) 전체의 모순적 해체와 도착적 상황, 들뢰즈(Gilles Deleuze, 1925~1995)의 '세계'를 '기계(machine)'로 환원하는 '접속(connection)의 철학'이다.

데리다의 그라마톨로지는 문자를 '초월적인 문자학'으로 상정함으로써 서양철학의 근본적인 모순이 '문자'에 있음을 자신도 모르게 노정했다. 문자야말로 서양철학의 저류를 관통하는 동일성의 철학의 원죄이다. 세계를 기계로 환원시킨 들뢰즈는 '추상기계'라는 개념을 설정함으로서 서양철학의 근본이 '추상'이었음을 폭로하기에 이르렀다. 추상은 문자와 더불어 동일성의 철학의 공범이다.

세계를 기계로 환원시킨 유물론적 기계주의자인 들뢰즈는 별도로 추상기계라는 개념을 만들지 않으면 안 되었을 것이다. 추상기계를 만들지 않으면 기계인 세계를(세계를 기계로) 담을 그릇(해석할 틀)이 없었기 때문이다. 그러나 실은 추상이야말로 기계이고 틀이다.

프랑스와 독일을 중심으로 전개된 서양의 근대철학의 현상학적인 흐름은 근대 자연과학 시대를 맞아서 철학이 뒤따라가면서 철학적(인문학적)으로 추인하거나 지원하는 것에 불과하다는 생각이 든다. 이는 칸트에서 비롯된 근대 서양철학의 운명이다.

칸트가 철학에서 신과 물 자체를 논의하는 것을 포기한(제외한) 것은 참으로 근대철학의 아버지다운 선택이다. 철학은 본래 신과 존재를 논의할 수 없는 학문이다. 철학은 신학도 아니고 물 자체는 철학적 논의를 불가능하게 하는 영역이기 때문이다. 신과 물 자체는 서양철학의 근본, 즉 알파요 오메가이다.

서양철학은 '절대의 철학'이고, '시작과 끝'의 철학이다. '알파요(시작) 오메가(끝)'라는 말 자체가 이미 근본을 이미 현상학적으로 표현한 것이다. 그러나 진정한 근본, 진정한 본래, 즉 본래적 존재(본래존재, 여래존재)는 시작과 끝이 없는 것이다. 역설적으로 시작과 끝이 없는 것은 인간이 설명할 수 없는 것이고, 철학이 다룰 수 없는 본래존재를 말하는 것이다. 본래존재는 신이고, 물 자체이다. 신과 물을 본래존재를 지칭하는 다른 용어이다.

가상실재를 다루는 서양철학은 본래부터 현상학이고, 현상학은 초월학이다. 철학에 있어서 초월은 초월을 낳는다. 신의 초월은 너무 높고, 물 자체는 너무 깊다. 그런데 형이하학인 과학에게 형이상학의 영역마저 완전히 빼앗긴 철학은 갈 곳이 없어서 다시 실재의 영역을 넘겨다보지 않을 수 없는 상황에 처하게 되었다.

하이데거(Martin Heidegger, 1889~1976)의 '존재론(ontology)'은 바로 실재의 존재(존재자가 아닌)를 향하는 첫 걸음이었다. 하이데거의 존재론은 보편성을 향하던 철학이 일반성으로 향하기 위한 철학적 반전의 굴림 판(스프링보드)과 같은 것이며, '시(詩)의 철학'이다. 서양철학은 시(詩)를 통과하지 않고는 본래존재(여래존재)에 귀환할 수가 없다. 말하자면 본래존재마저도 초월적인 시각(거울의 반영)에서 틈틈이 바라보기 때문이다.

하이데거의 존재론은 현상학에서 출발한 관계로 여전히 현상학적인 냄새를 완전히 지울 수는 없지만 그래도 본래존재의 영역인 '신과 물 자체'와 '현존'이 같은 영역이라는 것을 시적으로 암시해준다. 초월의 신과 물 자체가 만나는 존재 혹은 현존의 영역을 그의 존재론은 엿볼 수 있게 해 준다.

하이데거의 존재론이 생김으로써 지금까지(그 이전까지) 존재라고 말한 것들이 현상학적 존재라는 것을 알 수 있었다. 인간의 앎(지식)은 삶(생성)이라는 미지(未知)의 것으로부터 온다. 존재론이 생긴 이후 '현상학적(존재자적)인 존재'와 '존재론적(생성적)인 존재'가 생겼다.

하이데거는 '언어는 존재의 집'이라고 말한다. 그러나 이 말보다 더 정확한 말은 '시는 존재의 집'이라는 말이다. 여기서 하이데거의 '언어는 존재의 집'의 '존재'는 '존재(생성)와 존재자'를 동시에 표현하고 있다. 그러나 '시는 존재의 집'이라는 말에는 '존재(생성)'만이 있다. 여기서 시인철학자 시철(詩哲)로서의 하이데거의 면모가 있다.

시(詩)가 없으면 인간이 존재를 엿볼 수 있는 길은 없다. 일상(세속)에서 경험하는 존재자의 세계를 시는 존재의 세계로 탈바꿈시킨다. 우주(세계)는 원환의 세계이기 때문에 높이는 결국 깊이가 되지 않을 수 없다. 현상은 그것이 아무리 높고 깊다고 해도 어떤 지평의 세계에 불과한 것이다.

그런 점에서 역설적으로 인간이 자유롭기 위해서는 철학(생각)을 하지 말아야 한다. 실존철학자인 샤르트르는 '자유의 길'을 일생동안 찾았지만, 철학으로는 자유를 찾지 못했을 것이다. 철학의 자유와 철학의 평등은 초월적 이상일 뿐이다. 철학의 사랑도 마찬가지이다. 철학(앎의 철학)으로 삶을 누릴 수는 없다.

철학은 누리는(향유하는) 것이 아니라 생각하는 것이기 때문이다. 결국 향유하기 위해서는 철학을 하지 말아야 한다. 철학의 생각은 이미 가상이고, 철학의 실체는 이미 가상실재이다. 철학은 의식과 언어의 영역이고, 비유컨대 아버지(남자)의 영역이다. 그런데 존재론과 일반성의 철학은 무의식의 영역이고 어머니(여자)의 영역이다.

하이데거는 양자의 사이에 있다. 하이데거의 철학은 동일성을 완전히 벗어난 것은 아니다. 니체가 초인과 어린아이의 사이에 있었다면, 하이데거는 철학자와 시인 사이에 있었다. 그런데 어린아이와 시인은 매우 존재론적으로 닮아있다. 하이데거의 '존재론철학'은 필자의 '일반성의 철학'을 향한 니체의 '초인철학'의 진전이다.

〈보편성의 철학과 일반성의 철학〉

보편성의 철학 철학(현상학)	아버지/ 남성	의식/언어/ 과학	'신-물 자체'의 사이	동종주술
일반성의 철학 존재론(현존)	어머니/ 여성	무의식/ 비언어/ 시	'신-물 자체'의 만남	접촉주술

서양철학은 시공간에 갇힌 철학이며, 현상학은 그것을 입증하는 철학적 '자기고백'에 불과하다. 이를 두고 자연과학에 갇힌 철학의 운명이라고 말할 수도 있겠지만 궁극적으로는 자연과학의 '실체(가상실재)라는 환상'에 인류의 문화가 종속된(노예적 위치가 된) 것을 의미한다.

근대서양철학은 마치 정신병자들이 자신의 병증을 말(일상어에서 다소 추상화된 개념)을 통해서 폭로하는 것과 같다. 그런 점에서 과학정신에 구속된 정신은 결과적으로 현대의 '미치지 않으면 살 수 없는' '살기 위해서 미치는' 문화적 상황을 초래했다고 말할 수 있다.

과학이 주도하는 문명문화란 한마디로 세계를 조각조각 내어서 원상태로 복구하기 위해 힘겨운 퍼즐게임을 하는 것이라고 하지 않을 수 없다. 그러한 게임을 아무리 해도 세계를 복원(환원)시키는 것은 아니고(본래존재세계는 과학에 의해 조각나지도 않았기 때문에), 그 부산물로 기계라는 선물을 얻은 것뿐이다.

현대철학을 보면 인간의 정신은 정신병이라는 생각이 든다. 지구의인간을 외계에서 본다면 "인간이라는 정신병자가 지구에 다녀갔다."고 말할 지도 모른다. 인간이면 누구나 자신의 마음을 열어놓지 않으면 자신의 정신에 갇힌 존재가 되기 쉽고, 그러한 폐쇄성이 심하면 정신병적 증상인 강박관념이나 여러 신경증적 징후를 보이게 된다.

그러한 점에서 동양정신의 깨달음이라는 것은 여러 차원에서 논의할 수 있지만, 가장 단순화시키면 고등수학을 푸는 것이 아니라 그것이 높든 낮던지 간에 자신의 마음(의식)상태에서 마음을 열어두는 기술이자 그러한 것에 이른 경지(境地) 혹은 마음의 밭(心田)을 간 경지(耕地)라고 말할 수 있다.

다시 논의를 원점으로 돌리면 서양철학의 주류는 파르메니데스는 '동일성(同一性)의 철학'의 출발이었다. 보편성의 철학은 동일성의 철학이며, 동일성의 철학은 절대철학이고, 순수철학이고, 추상철학이었다. 결국 서양철학은 '문자=추상=기계'가 세계를 지배하는 철학이다. 서양철학은 동일성을 남에게 강요하는 철학이다. 동일성을 남에게 강요하게 되면 결국에는 전쟁을 유발하게 되고, 세계는 전쟁기계의 세계가 된다.

동일성의 철학은 소유의 철학이고, 정복의 철학이고, 결국 제국의 철학인 것이다. 동일성의 철학은 자연을 정복하는 철학으로서 근대에서 자연과학으로 완성되었다고 말할 수 있다. 따라서 서양철학은 과학으로서 종결되었다고 말할 수 있다.

서양의 후기근대 철학이 바로 과학으로부터 독립하기 위해서 이성주의를 해체하고 반이성주의를 표방하는 여러 철학을 내놓았지만 니체를 포함해서 이들의 철학은 모두 일종의 '자기모순적 제스처'에 불과한 것이다. 니체의 '힘에의 철학'과 데리다의 '해체주의 철학', 그리고 심지어 하이데거의 '존재론'조차도 그러한 굴레(플라톤의 동굴, 시공간 튜브)를 완전히 벗어나지는 못했다.

서양의 후기근대철학자들조차도 이성주의의 족쇄에서 벗어나지 못하게 하는 것은 바로 서양철학의 초월성(절대성)에 대한 관념 때문이다. 인간의 사유 자체가 인간의 삶에서 '초월적 사건'이기 때문이다. 인간이라는 초월적 주체가 바라보는 것은 결국 영원한 대상일 뿐이다. 결국 대상을 바라보지 말아야 초월에서 벗어나게 된다. 바로 서양적 초월에서 벗어나려는 노력의 전환점이 일반성의 철학이라는 것이다.

필자의 일반성의 철학은 고래의 『천부경(天符經)』사상의 현대적 재해석을 기반으로 하고 있다. 다시 말하면 천부경의 사상으로 동서고금의 철학의 높은 봉우리들을 모두 섭렵한 철학으로, "사람 속에 천지가 하나로 작용하고 있음"을 천명한 '일중천지일(人中天地一)의 철학'이다.[12]

서양철학이 진정한 존재(존재자가 아닌)로 돌아가려면 철학의 초월성을 벗어나야 하고, 바로 그 초월성을 벗어나는 것이 일반성으로 돌아가는 것이다. 일반성은 다름 아닌 자연(nature)이다. 말하자면 자연적 존재이다.

그런데 과학에 길들여진 현대인은 자연을 자연과학(natural science)이라고 생각한다. 자연 자체를 이미 과학으로 대치하는 경향이 있다. 자연과학은 자연이 아니다. 현대인은 기독교의 영향으로 신령(神靈)의 세계를 초자연적(supernatural) 현상이라고 말한다. '초자연적' 현상은 '자연과학'과 마찬가지로 초월적인 사고의 산물이다. 말하자면 초월적 사고가 과학에서는 자연과학으로, 종교에서는 초자연적 신령이 된 셈이다.

---

12) 박정진, 『철학의 선물 선물의 철학』(소나무, 2012), 327~348쪽.

〈자연-초자연-자연과학〉

天	supernatural	종교적 지평	초자연 현상	종교(偶像)	천지인은
人	natural science	人間的 地平	과학적 환상	과학(抽象)	순환관계에
地	nature	존재론 지평	자연적 존재	예술(生成)	있다

　서양이 주도하는 현대과학기술문명에서는 기독교의 초월적 신령이 전혀 이상하지 않다. 그런 점에서 과학과 기독교는 한 배를 타고 있다. 현대인은 사물과 인간과 신을 '자연과학' '초자연'—이상 현상학적 층위—과 '자연'—존재론적 층위—로 파악하고 있는 것이다.

　현상학적 타성이 있는 서양철학은 이상하게도 존재(자연적 존재)조차도 초월적인 대상으로 보는 경향을 갖고 있다. 자연의 일반성은 대상화되기 전의 일반존재를 말하는데 이는 직관에 의해서 파악되는 현존과 구별되지 않는다. 역으로 현존을 대상화하지 않고 있는 그대로 보면 저절로 자연적 존재(일반존재)가 된다.

　서양철학이 계속해서 인류철학의 주류가 된다면 이는 철학의 과학에의 종속, '철학의 시녀화'를 말하는 것이다. 초월이라는 것은 세계의 '현존적 사건(사태)'을 '현상적 사건(사물)'로 바라보기 때문에 일어나는 인간의 '지각(sense-perception)의 구속'이다. 이러한 서양철학의 지각구속을 벗어나는 것이 철학의 다른 방향이고, 새로운 철학의 출발이다.

　인간의 지각에는 원천적으로 한계가 있음은 물론이지만, 더 정확하게는 한계가 있음으로 지각이 가능한 것이기 때문에 한계야말로 지각이다. 그렇다면 인간이 지각할 수 없는 근원적인 본래세계가 있다는 말인데 동일성(고정불변의 실체)이라는 것은 실재하는 본래세계의 왜곡이 될 수밖에 없다.

　인간은 자신을 신(神)에게 투사해놓고 결국 신이 인간을 통해 드러난다고 한다(이는 인간이 신에게 최면당하는 것이다). 인간과 신은 결국 어느 쪽이든 주체와 대상의 관계에 있게 된다. 결국 인간이든 신이든 결국 현상되는 것일 뿐이라는 점에서 현상학이다. 남에게 이름을 붙이는 자가 지배자이고 승리자이다. 신이라는 이름도 인간이 미지의 세계에 붙인 이름이다. 따라서 주인으로 말하면 인간이 진정한 주인인 것이다.

존재론이라는 것은 현상되지 않는 것, 즉 보이지 않는 세계를 가정하는 것이고, 그 세계는 현상되는 것도 있지만, 결코 현상되지 않는 것을 전제하고 있다. 인간은 결국 어떤 형태로든 현상으로 지각되는 것만 알 뿐이다. 존재는 알 수 없다. 존재는 미지의 세계이다. 존재는 기(氣)이다. 기(氣)란 결코 대상이 되지 않는 신비이며 신이며, 사물 그 자체이다.

그렇다면 동일성은 구체적으로 어디서 출발한 것일까. 그것은 철학의 개념(관념)에서다. 개념은 인간의 생각(사유)에서 비롯됨을 데카르트는 코기토에서 잘 명제화했다. 동일성의 출발은 개념이고, 개념은 출발부터 주입하는 것이고, 강요하는 것이다. 개념은 자연의 실재(생성)에 덮어 씌우는 가상이고, 추상이다. 동일성은 무엇보다도 인간에게 자연이 아닌 다른 '가상'(가상도 여러 종류가 있다) 혹은 추상을 강요한다.

가상과 추상을 요구하면 결국 구체적·실재적인 환경과 문화가 다른 집단이나 국가, 문화권 사이에서는 갈등과 논쟁이 불가피하고, 싸움과 전쟁이 일어나기 마련이다. 서양철학과 문명으로서는 전쟁을 피할 수 없다. 서로 다른 차이를 인정하지 않기 때문이다.

인도의 대시인 라빈드라나드 타골은 '선(善)을 만들려는 폭력적인 체제'를 비판한 것으로 유명하다. 선(善)이나 정의(正義)라는 것도 실은 동일성의 가면이다. 악(惡)과 부정의(不正義)도 마찬가지이다. 스스로 자신을 선하고 정의롭다고 규정하거나 상대방을 악하고 부정의하다고 규정하는 것이기 때문이다. 모든 이분법 속에는 동일성의 의식이 들어있다.

인간이 경쟁상대를 두고 악 혹은 적이라고 몰아붙이는 것은 어쩌면 인간보다 신체적으로 강한 동물과의 생존경쟁 때에 입력된 기억 때문인지도 모른다. 생존경쟁을 위해 동물을 적(敵)이라고 보던 습관이 인간집단 내부로 투사되어 권력경쟁으로 변형하면서 악(惡)의 개념으로 발전하였을 가능성이 높다. 동물은 생존경쟁을 하더라도 적 혹은 악의 개념을 만들지 않는다.

인간은 자신의 진선미(眞善美)를 결코 위악추(僞惡醜)로 보지 않는다. 또 자신의 정의를 결코 불의로 보지 않는다. 인간은 자신의 의식에 갇힌 동물이다. 그런 점에서 의식화가 가능한(불가피한) 동물이다. 언어와 철학과 문화도, 사회화과정과 문화화과정도 광의의 의식화라고 볼 수 있다. 그래서 한 문화나 사회의 정체성은 다른 문화와의 소통에 장애를 일으키고, 심하면 적대적이 되는 것을 피할 수 없게 만든다.

나를 선과 정의, 남을 악과 불의라고 생각하는 가상에 인간은 속고 있는지도 모른다. 만약 악과 불의라는 것이 인간 자신이 가상의 적인 남(상대, 대상)을 향해 투사한 것이라면 인간은 근본적으로 선악(善惡)의 도착적 동물이 되게 된다.

본래 선(善)과 악(惡)은 그리스적인 의미로 좋은 상태(goodness, aretē 아레테)와 나쁜 상태(badness, kakia 카키아) 등 기능적으로 출발한 것인데 기독교의 영향을 받아서 어느 덧 실체로 변해서 선(good, virtue)과 악(bad, evil)로 대립적인 실체로 자리 잡게 된 것이다. 선과 악은 인간이 넘어야 할 인식론적 장벽인지도 모른다. 이것은 또한 종교의 벽이기도 하다. 나의 종교는 선한 것이고, 남의 종교는 악한 것이라고 생각하기 쉬운 것이 하나의 도그마에 갇힌 종교인의 태도이다. 종교의 벽은 인종이나 민족, 국가의 벽보다 넘기 어려운 것인지도 모른다.

인간은 악과 힘을 미워하면서도(적으로 대하면서도) 정작 속으로는 그것을 사모했는지도 모른다. 악은 힘의 상징이다. 인간은 힘을 부러워하였으며, 어쩌면 신도 힘과 권능이 있기 때문에 섬겼는지도 모른다. 말하자면 힘 있는 악과 신을 섬기면서 그것을 극복하고자 시도한 것이 인류의 삶의 역정이었을 것이다.

창조신화는 악과 관련이 있을 가능성이 높다. 그런 점에서 인간은 창조적 악마이다. 창조적 악마인 인간이 힘(권력)과 기계의 창조자가 되고, 기계는 인간의 피조물이 된 상황이 오늘날 과학기술문명이다. 인간은 기계의 창조자이며 조상이다. 악마는 소유와 힘과 기계의 원형일지 모른다. 오늘날 소유와 힘은 악마의 본질이며 동시에 인간의 본질이다. 그렇다면 인간이 악마가 아닌가?

자연에 던져진, 신체적으로 나약한 영장류였던 인간은 생존하기 위해 힘이 필요했다. 그래서 힘 있는 자연의 맹수나 동물들을 악마(혹은 적)라고 규정했다. 그런데 그 힘은 무엇보다도 변하지 않는 믿을 수 있는 것이어야 했다. 급기야 영원불변의 존재로서 신을 떠올렸다. 인간은 신을 떠올린 후에도 계속해서 자연에서 힘을 불러왔다. 힘, 힘... 그렇다면 그 힘은 어디서 오는 것일까. 아마도 어떤 동일성의 종류일 것이다.

돌이켜 보면 신이라는 말은 신이라는 동일성이다. 말이 아니면 동일성은 없기 때문에 신은 말이다. 그렇다면 인간이 말하는 신은 어떤 것일까. 요컨대 인간이 신을 말한다면 인간이 생각하거나 상상하는 신일 수밖에 없다. 그래서 결국 신이 스스로 말하는 것이 아니기 때문에 신은 인간이다. 인간은 자신의 가상실재(실체)로서의 신을 만들어 신과 대화(실은 인간의 독백이다)하면서 자신의 힘을 키워왔다.

다시 말하면 인간은 지금까지 자신의 힘을 키우기 위해서 신을 부르면서 신의 도움을 요청해왔다. '신의 사랑(사랑의 신)'과 '신의 힘(힘의 신)'을 동시에 요청해왔다. 그런데 근대에 이르러 과학문명과 산업혁명의 등장과 함께 갑자기 그 신은 종교(사랑)의 신이 아니라 과학(힘)의 신이 되어버렸다. 과학의 신은 기계의 신이다. 기계로서의 신은 사랑은 없어지고 힘만 남은 신이다.

가상실재로서의 신은 처음부터 추상인 점에서는 공통이지만, 종교의 신은 추상의 안에 사랑이 들어있는데 반해, 과학의 신은 추상 안에 힘(폭력)만 들어있다. 사랑의 신과 힘의 신을 동시에 흠모한 예수-초인이 니체의 초인이다. 니체의 신은 종교의 신과 과학의 신이 융합된 신인 셈이다. 니체는 현대문명의 상황을 잘 고백한 있는 인물이다. 니체의 신은 예술의 신이기도 하지만 그 예술은 힘의 상승을 위한 신이었기 때문에 평화에 도달할 수 없는 신이다.

신은 더 이상 힘 있는 자가 아니다. 신은 아무런 힘이 없다. 신이 힘이 없다는 것은 레비나스(Emmanuel Lévinas, 1906□1995)의 타자의 여성성, 즉 메시아의 여성성에서 제기되고 있지만 평화는 한 사람의 메시아에 의해 실현되는 것이 아니라 인간 각자가 소유적 존재가 아니라 본래적 존재, 즉 자연적 존재로 돌아갈 때 실현되는 것이다.

서양철학의 동일성은 니체에 이르러 힘의 상승으로 변형되었다. 뉴턴의 물리학을 수학적 언어가 아닌 일상 언어로 뒷받침한 철학이 칸트의 이성철학이었다면, 에너지이론이나 상대성원리를 뒷받침한 철학이 니체의 '힘에의 의지' 철학이다. 니체는 이성 대신에 욕망을 발견하고 욕망을 반이성적인 것처럼 생각했으나 결국 욕망은 신체적 이성이라는 사실이 후에 라캉에 의해서 증명되었다. 결국 서양철학은 이데아와 이성의 굴레를 벗어나지는 못했지만, 그것이 바로 인간의 힘이었다.

전지전능(全知全能)한 신은 옛말이다. 신은 주위에 흩어져 있는 만물이며, 힘없는 노동자이며, 병든 자, 과부, 노인, 가난한 자이며, 사회적 약자들이다. 이제 인간이 신을, 불쌍한 신을 구하지 않으면 안 된다. 신은 보편적인 것이 아니라 그냥 일반적인 것들이다. 신은 보편성의 높은 산정(山頂)에서 일반성의 낮은 계곡(谿谷)으로 내려와야 한다. 신은 만물만신으로 있고, 존재 자체가 신이다. 그래서 인간이 신을 잘못 사용하면 인간이 멸종하게 된다.

역설적으로 이제 힘 있는 자는 인간인 것이다. 그래서 인간이 그 힘을 남용하면 결국 스스로 자멸하게 되어 있다. 이제 평화는 어디서 오는지가 분명해진다. 신이나 메시아에 의해 오는 것이 아니라 인간 각자의 깨달음이 아니면 평화에 도달하는 것이 불가능할 것으로 보인다.

서양철학은 추상(이데아, 기하학)이라는 동일성에서 시작하여 기독교(헤브라이즘)와 그리스철학(헬레니즘)과 과학(근대자연과학)이라는 보편성을 거쳐 기계인간(인조인간: 인간은 스스로 인간괴물이라는 것을 모르고 있다)에서 끝을 맺고 있다.

이 과정에서 기독교는 예수(예수-부처: 예수는 유대인으로서 불교를 배운 인물이다. 그는 불법을 유대중동문화의 문법으로 설명한 실천자이다. 복음화된 기독교가 아닌 예수를 잘 해독하는 사람은 한 사람의 부처를 발견할 수 있다)를 희생양으로 삼아서 욕망과 권력을 강화하고 과학과 더불어 서양의 패권주의를 달성하는 데 결정적인 역할을 했다.

기독교는 특히 세속화와 자본주의의 강화를 통해 오늘날의 서양문명문화가 세계적 지배를 달성하는 정신적·물질적 힘을 제공했다. 기독교의 세속화는 천국을 욕망의 대상으로 설점함으로써 인간세계를 욕망의 대결장으로 변질시켰을 뿐만 아니라 기독교를 우상화함으로써 다른 종교를 배제하고, 그 이면에서는 항상 십자군 전쟁과 같은 종교전쟁을 할 준비를 하고 있다.

유대기독교의 세례를 받은 서구기독교(서구문명: 서구자유자본주의문명)와 정교(동구문명: 동구비잔틴·공산사회주의문명)과 중동이슬람문명은 스스로를 선하고 정의롭다고 생각함으로써(스스로를 최면시킴으로써) 결국 성전(聖戰)의 이름으로 악을 실천하고 있는 지도 모른다.

서양철학과 문명은 기독교와 과학으로 연결된 동일성의 철학으로서 결국 힘(권력)의 경쟁을 통해 힘의 증대를 뒷받침한 철학이기 때문에 결국 패권주의라는 악순환을 벗어날 수 없다. 따라서 힘 있는 서양문명이 스스로의 힘을 포기하는 인식의 획기적인 전환점을 마련하지 않으면 항구적인 평화를 달성하기 어렵다.

"힘 있는 자가 변해야 평화가 온다." 평화는 힘 있는 자가 평화의 필요성(역사 운명적 필요성)을 자각할 때에야 평화가 오는 것이다. 이는 "서양이 변해야 평화가 온다."는 말에 다름 아니다. 힘없는 자가 아무리 평화를 부르짖어보았자 평화는 오지 않는다. 평화의 신으로 말하자면, 추상과 상상의 신, 동일성의 신에서 벗어나야 진정한 평화의 신이 된다.

신이라는 말은 더 이상 말이어서는 안 된다. 신은 기운생동(자연)이다. 신은 더 이상 인간을 위한 신이어서도 안 되며, 만물의 신이어야 한다. 단지 인간에게 힘을 쥐어주는 신은 평화의 신이 아니라 전쟁의 신이다. 힘이 없어야 평화가 이루어진다.

그런 점에서 "평화의 신은 힘이 없는 신이다." "평화의 신은 불쌍한 신이다." 전지전능한 신은 인간이 약했을 때 필요한 신이었지만, 인간이 전지전능하게 된 지금에서는 가장 힘없는 자가 신이다. 힘없는 신만이 평화를 보장할 수 있다. 평화의 신은 '로고스의 신'이 아니라 '심정(心情)의 신'이다.

인간의 힘은 이제 무소불위(無所不爲)의 위치에 있다. 인간 스스로 그 힘을 자제하지 않으면 공멸할지도 모른다. 인류평화를 이루기 위해서는 니체의 '힘에의 의지' 철학은 스스로 포기해야 한다. '힘에의 의지' 철학은 현상학적 지향(대상)의 철학에서 '힘의 의지'라는 주체(소유)의 철학이 되고, 힘이 세계의 주인이 되는 것을 기도(企圖)하는 철학이다.

보편성을 추구하는 것은 동일성을 추구하는 것이고, 동일성을 추구하면 전쟁에 이르게 된다. 동일성의 철학은 전쟁의 철학이다. 보편성은 지배의 요구에 다름 아니기 때문에 그것을 버리지 않으면 평화를 달성하기 어렵다. 보편성의 평화는 하나의 패권을 지향하면서 평화를 도모하는 것이기에 진정한 평화에 도달하기 어렵다. 그래서 서로의 특수성과 차이를 인정하는 일반성의 평화를 지향해야 한다. 보편성의 평화는 제한적이고,

제한경제와 같고, 일반성의 평화는 자연의 은혜처럼 일반경제와 같다.

　서양철학의 이면에는 항상 동일성이 도사리고 있다. 흔히 서양의 후기 근대철학을 '차이(差異)의 철학'이라고 말한다. 하이데거나 데리다가 그 좋은 예인데 이들의 차연(差延)이라는 개념에는 시공간적 연장이라는 개념이 들어 있어서 실체를 전제하고 있다. 말하자면 어디까지나 결과적으로 혹은 미래에 다가올 동일성을 숨긴 차이이다.

　이들 '차이의 철학'은 심하게는 결과적 동일성을 얻기 위한 과정으로서의 차이이다. 이들의 차이는 현상학적 차이라고 말할 수 있는데 현상학이라는 것은 어떤 목적(결과)을 설정해놓고 시공간적 변화와 추이를 끝없이 따라가는 것이기 때문에 동일성(실체)이 없는 진정한 차이라고 할 수 없다. 이들의 차이에는 동일성에 대한 욕구가 계속 남아있다. 그래서 이들의 차이를 '차이의 변증법'이라고 말할 수도 있다.

　현상학은 칸트철학의 인식론의 물리적 인과법칙과 도덕적 정언명령을 의식의 차원에서, 즉 정신적·심리적 하위의 주제별로 다양하게 접근해서 주제별로―주제는 언어, 음성, 악, 사랑, 도덕 등 여러 가지가 될 수 있다―현상되는 것을 따라가면서 어떤 환원에 이르는 의식과정의 형이상학을 말한다. 그 방법 중 대표적인 것이 헤겔의 변증법의 정반합의 연속, 혹은 후기근대철학의 차이의 연속 등이 있다.

　변증법은 한시적으로는 정반합의 통합(통일)을 이루지만 항상 새로운 모순에 직면하게 되고, 다시 그 모순을 극복하는 역사적(시간적) 과정으로 들어가지 않으면 안 된다. 그러한 과정에서 변증법은 '실체 A'가 '실체 B'로 바뀌는 것이다. 항상 실체가 전제되어 있다. 서양의 후기근대 '차이의 철학'도 변증법과 마찬가지로 실체가 있는 것의 연장이기 때문에 결국 변증법으로 돌아가고 만다.

　변증법, 즉 현상학적 차이는 각 시점(단계)마다 실체(대상)를 전제하고 있기 때문에 실체적(substantial) 차이라고 말할 수 있고, 실체론은 어디까지나 갈등과 모순을 끝없이 극복해야 하는 변증법적 과정을 내포하고 있기 때문에 근본적인 평화의 철학이 될 수 없다. 바로 변증법적 과정이 라는 것이 모순갈등의 철학이고 최악의 경우, 전쟁을 피할 수 없는 '전쟁의 철학'이 된다.

서양철학은 처음부터 초월의 철학이다. 사물을 현상(대상)으로 보는 초월적 위치에서 시작하기 때문이다. 사물에 대한 초월적 위치는 사물을 실체화하게 되고, 실체화된 사물을 소유하게 되어 있다. 이는 여성(사물)을 대상화하고 소유하고자 하는 남성적 시각의 산물인 것이다.

남성은 여성을 소유하고자 할 뿐만 아니라 남녀의 성관계라는 지극히 자연스런(본능적인) 과정을 통해 탄생한 자식도 자신의 성(姓)으로 명명하고 등록하려고 한다. 자연적 행위의 산물을 결국 문화적 이름, 즉 동일성으로 왜곡하는 것이다.

동일성의 원죄는 남성과 언어와 문자이다. 세계는 언행일치(言行一致)가 아니라 행언일치(行言一致)이며, 온고지신(溫故知新)이 아니라 지신온고(知新溫故)이다. 이것을 거꾸로 전도시킨 것이 바로 문화문명이라는 것이다. 자연을 동일성으로 표시하고 축적하고 저장하고 왜곡하는 과정이 바로 권력화 과정이다. 따라서 남성중심사회로서는 결코 평화를 이룰수가 없다.

서양철학의 핵심은 실체(substance)이고, 실체는 서양철학의 특징이자 장점이자 동시에 단점이다. 서양철학의 역사적 전개방법은 변증법이다. 변증법의 정반합은 결국 존재(자연)를 그대로 편안하게 둘 수 없는방법이고, 무엇인가를 구성하고, 다시 구성된 것을 허물고 하는 모순과반복의 연속이다. 변증법의 합(통합, 통일)의 과정은 잠시 동안의 잠정적인 평화는 될 수 있어도 결국 그 속에 들어가면 영구적인 평화는 보장받을 수 없게 된다.

서양문명이 주도한 인류의 근대문명은 프랑스 혁명의 모토였던 '자유,

평등, 박애'를 중심으로 전개되었다고 요약해 볼 수 있을 것이다. 자유는 역사·사회적(시·공간적)으로 자유-자본주의로, 평등은 공산-사회주의로 외연을 넓혀볼 수 있을 것이다. 그리고 박애는 기독교의 사랑의 정신이라고 말할 수 있다.

그러나 서양의 자유, 평등, 박애는 오늘날 인류의 평화를 달성하는 데 있어서 실패했다고 볼 수 있다. 이들은 서로 갈등모순관계에 있으며, 역사적으로 세계 1, 2차 대전을 일으켰으며, 지금도 정치적 패권주의와 수많은 삶(생활세계)의 차원에서 권력경쟁으로 인해 현대인에게 스트레스를 피할 수 없게 하고 있다. 한마디로 인간은 정신병 상태에 있다. 인간만이 정신병에 걸린다.

더욱이 세속화된 기독교는 더 이상 사랑의 실천이라고 할 수 없을 정도로 타락하고 말았다. 기독교는 자본주의 기독교, 혹은 마르크스 기독교로 변질되었으며, 기독교 본래의 '착한 사마리아인'이라는 이방인에게 사랑을 베푸는 종교적 기능을 상실한지 오래다.

서구가 이끈 과학문명의 근대는 인간의 삶의 환경을 기계적 환경으로 바꾸었으며, 그로인해 인간은 이제 기계로부터 소외되어야 하는 마지막 단계에 도달했으며, 그 속에서 사랑을 잃어버린 인간은 서로 집단이기 속에 인간성을 매몰시켜버리게 충분했다.

인간은 이제 종교에도, 과학에도 삶을 궁극적으로 의지할 수 없게 되었으며, 오직 예술이나 축제를 통해 스스로를 위로를 구걸하는 왜소한 처지가 되었다. 예술이 인간이 믿을 수 있는 마지막 힘과 의지처가 될 가능성을 모색하는 것은 다행스런 일이지만 그것 역시 철학이 뒷받침하여야 한다.

철학은 단순한 말놀이나 말의 성찬이 아니라 시대를 읽고 새로운 시대정신을 창출해야 하는 의무를 가진 것이기 때문이다. 자유와 평등이 인류의 구원에서 실패한 지금, 우리는 무엇을 모색해야 할 것인가. 이제 평화를 달성하지 못하는 자유, 평화를 달성하지 못하는 평등은 더 이상 큰 소리를 칠 수 없게 되었다. 어떤 방식이든 인류가 평화로운 삶을 영위할 수 있는 것이 철학의 의무가 되고 있다. 악마를 이용해서라도 평화를 달성해야 하는 것이 시대적 과제이다.

그렇다면 변증법의 서양철학이 달성하지 못한 '평화의 철학'을 누가 담당할 것인가. 여기에 근대에서는 자신의 위력을 발휘하지 못하고, 서세동점으로 인해 식민지가 되거나 속수무책으로 지배당해야 했던 동양철학의 근본정신을 다시 재검토해볼 필요가 생겼다. 과학기술문명을 앞세우고 근대를 지배한 서양문명의 한계가 드러난 지금, 인류의 구원의 철학으로서 동양철학을 부활시킬 필요를 느끼게 된다.

니체에서 비롯되었다고 말할 수 있는 서양의 후기근대철학들은 말로는 반(反)이성주의를 표방하였지만 결국 이성주의로 돌아가고 말았다. 이는 이들의 반이성주의가 이성주의 내의 반이성주의였음을 폭로하기에 충분하다. 니체, 데리다, 들뢰즈, 그리고 하이데거마저도 서양철학과 문명의 모순을 폭로하면서(이들의 주장 자체가 정신병리학적 고백이다) 서양문명의 위기를 호소한 것에 불과한 것이었다고 해석할 수밖에 없다.

들뢰즈의 '차이와 반복'도 실은 '동일성의 반복'을 말장난한 것에 불과하다. 왜냐하면 반복이라는 것은 동일성이 없으면 이미 반복이 성립하지 않는 것이다. 그것을 들뢰즈는 '동일한 존재'가 아니라 '동일한 상태'의 반복이라고 변명하고 있지만 이것은 니체의 '생기존재론'과 다를 바가 없는 것이다. 결국 들뢰즈의 '차이의 반복'은 니체의 '힘(권력)에의 의지'와 '영원회귀'의 변형이다.

들뢰즈를 비롯한 모든 서양철학자의 차이는 '고정불변의 실체가 있는 것'의 차이이기 때문에 내용적으로는 '동일성의 차이'에 불과하지만 이를 '차이'라고 말한다. 무엇이 없다, 무엇이 부재하다, 무엇이 반복한다, 무엇이 연속한다는 것도 '실체적 사고'의 반영이고 흔적들이다. 현상학적으로 무엇을 대상화(주체화)시키는 자체가 이미 동일성(실체)이다.

서양철학과 문명은 항상 다른 실체를 찾아 나선다. 예컨대 유목민족이 새로운 목초지를 찾아서 이동하는 것과 같은 삶의 양식이다. 서양철학은 따라서 현상학을 벗어날 수 없다. 현상학을 벗어날 수 없는 철학이라면 그 차이는 동일성의 차이이다. 다시 말하면 동일성을 끝없이 추구하는 과정이고, 이것을 영원회귀 혹은 차이의 반복 혹은 차이의 연속이라고 말하는 것이고, 그 영원은 과정의 순간순간의 집적이다. 그 순간순간에서도 실체가 존재한다.

데리다의 '부재(absent)의 철학'도 바로 텍스트 중심 사고의 반영이고, 텍스트는 또한 실체적 사고의 반영이다. 서양철학의 차이는 실체가 있는 차이이고, 따라서 이것은 결국 '차이의 변증법'과 같다. 서양의 후기근대철학자들도 실은 칸트와 헤겔의 훌륭한 후예들인 것이다.

니체의 '힘(권력)에의 의지'는 서양철학사의 근대와 후기근대의 분수령이기는 하지만 니체의 힘(권력)도 실체가 있는 것이다. 실체가 없으면 힘이 될 수 없다. 니체는 서양철학의 이단아라고 말하지만, 그것도 서양철학 내에서 이단아이고, 서양철학의 밖에서 보면 여전히 서양철학의 굳건한 전통의 연장선상에 있는 것이다.

서양철학사는 후기근대에 이르러 차이를 논하고 있지만, 여전히 그 속에는 동일성을 추구하는 정신이 남아있으며, 따라서 동일성을 추구하는 강박관념에서 헤어나지 못하고 있다. 이러한 강박관념은 결국 자신의 동일성을 다른 사람과 다른 문화에 강요하기 마련이어서 갈등과 전쟁에서 자유로울 수 없다. 결국 자신의 동일성, 즉 자신의 선과 정의를 남에게 강요한다는 뜻이다.

동양문명: '화이부동'에서 '화평부동'으로

동양철학을 서양철학과 대비하는, 가장 학문경제적인 용어는 무엇일까? 다소 비약하는 감은 있지만, 결국 직관적으로 설명하면 서양철학을 '개념철학'이라고 한다면 동양철학은 '시(詩)철학'이라고 말할 수 있다. 서양철학이 엄정한 언어의 철학, 환유의 철학이라면 시(詩)철학은 상징의 철학, 은유의 철학이라고 말할 수 있다.

동양의 천지인사상이나 음양론, 불교나 노장철학을 서양철학으로 해석한 일종의 서양의 후기근대철학, 즉 서양의 '동양번역 철학들'은 결국 하나같이 동양철학을 서양철학으로 환원시키고 말았다. 예컨대 동양철학을 헤겔철학으로 번역하면 기(氣)는 보편자인 일자(一者)가 되고, 기(氣)는 현상학적인 상호작용과 왕래를 거쳐 결국 이(理)가 되고 만다. 만약 '기(氣)=이(理)'라면 따로 동양의 기(氣)철학이 현대철학에서 무슨 필요가 있겠는가.

여기서 새롭게 장황하게 거론하지는 않겠지만, 니체를 비롯해서 하이데거와 데리다, 들뢰즈 등의 동양철학에서 힌트를 얻은 사유는 동양철학을 서양철학으로 철저하게 번역하였을 뿐이다. 뒤늦게 생성변화의 세계에 뛰어든 서양철학은 결국 아무리 발버둥 쳐도 실체가 없는 변화를 추구할 수 없었다.

말하자면 서양의 후기근대철학은 동양철학에 대한 서양철학적 해석이라고 해야 정확한 평가일 것이다. 일종의 철학계의 오리엔탈리즘이라고 말할 수 있을 것이다. 서양철학과 동양철학을 융합(통섭)하거나 융합했다고 주장하는 철학들의 대부분은 말이 융합이지 실은 서양철학에 동양철학을 환원시키는 작업에 불과하였다. 아직 서양철학은 동양철학 그 자체를 배우지 못했다.

예컨대 동양의 주역(周易)을 수입해간 서양의 라이프니츠는 주역의 이

진법을 이용해서 수학의 미적분(微積分)을 만들었고, 미적분은 서양물리학을 이끈 수학적 주역이다. 그러나 동양의 주역은 여전히 실체(實體)가 있는 변화가 아니라 실체가 없는 실재(實在)인 기운생동의 변화를 의미한다.

〈언어-사물-상징-氣〉

서양철학 물리학	언어 (language)-사물(Thing)	Thing(It)/ 가상실재 (실체)	Time (Space)	Text (文法)	Technology 物理學(에너지)
동양철학 주역, 한의학	상징 (symbol)-氣(실재)	氣運生動 (실재)	Change	易 (易法)	漢(韓)醫學 周易(變化)

이러한 번역과정과 서양철학의 자기 나름의 해석과 이용을 몰랐던, 서양철학 1세대 유학자, 일본과 한국과 중국의 서양철학자들은 결국 서양철학을 공부한 일종의 세뇌된 자들이고, 그들이 하는 일이라고는 고작 서양의 후기근대철학을 동양철학과 비교하고 공통점을 발견하는 일이었다. 이들의 노력은 그래도 동양철학을 서양철학적으로 해석하는 데에 일조하게 된다.

서양철학의 핵심은 동일성(실체)에 있다. 그러나 동양철학의 핵심은 동일성이 없는 것이다. 실체(substance, reality, identity)가 있으면서 역동(力動)하는 역학(力學)과, 실체가 없이 기운생동(氣運生動)으로 역동(易動)하는 것은 비슷한 것 같지만 근본적으로 다르다. 예컨대 현상학적 차원에서 전개되는 헤겔의 변증법과 존재론(생성론, 자연적 존재론)의 차원에서 전개되는 동양의 음양론은 다른 것이다.

헤겔의 변증법은 정반합의 3단계인데 동양의 음양론은 왜 음양의 2단계인가. 이는 바로 변증법이 실체를 전제하기 때문이다. 겉으로 3단계인 것 같은 동양의 천지인 삼재사상은 왜 실체의 철학이 아니고 상징의 철학인가. 그것은 인간을 천지의 '사이-존재'인 인간(人間), 즉 천지중인간(天地中人間)의 존재가 아니라 기운생동의 인중천지일(人中天地一)의 존재로 보기 때문이다.

헤겔주의자의 설명에 따르면, 서양의 이성철학과 동양의 기운생동의 철학이 변증법적 통합을 거쳐 새로운 의식의 차원으로 나아가는 것처럼 해석한다. 그러나 이 속에는 동양정신의 정수를 서양식으로 해석한 결과를 초래하고 있고, 결국 스스로는 동서철학의 융합(통섭)을 달성하고 있다고 하지만 실은 서양철학을 대변하고 있는 것이다.

"우주의 실재는 의식(consciousness)이므로 우주의 본질인 생명은 일심(一心), 즉 근원의식·전체의식·보편의식이다. 이 우주를 우리의 의식이 지어낸 이미지 구조물로 보는 홀로그램(hologram) 우주론이나 일체가 오직 마음이 자아낸 것이라는 '일체유심조(一切唯心造) 사상에서도 이러한 사상은 잘 드러나고 있다. 생명은 영원한 '하나(ONE, 天地人)' 즉 참본성(一心, 一氣)이며 진리이다. 참본성은 만유가 비롯되는 현묘한 문(門)이요, 천변만화가 작용하는 생멸(生滅)의 문이며, 만물만상이 하나가 되는 진여(眞如, tathata)의 문이다."[13]

우주는 의식이 아니다. 의식은 결국 대상의식(대상을 향한 의식)이기 때문에 우주를 '주체-대상'으로 바라보는 것을 뜻하고, 의식은 이미 초월이고 초월의식이다. 우주가 이분법적으로 있는 것이 아니라 인간의 의식이 우주를 그렇게 바라보고 있음을 의미한다. 그런데 의식은 일심이 될 수 없다. 의식은 이미 이분되어 있기 때문이다.

나아가서 의식은 일심이고 일심을 '근원의식, 전체의식, 보편의식'과 같은 것처럼 말한 것은 '의식'과 '일심'을 혼동한 것이다. 이와 같이 하면 동양철학은 서양철학에 통섭된다. 만약 현대의 물리학적 성과가 동양철

---

13) 최민자, 『생명에 관한 81개조 테제』(도서출판 모시는 사람들, 2008), 33쪽.

학이나 불교철학의 세계를 과학적으로 입증하는 사례가 된다면 이들 철학을 물리학적 환원주의에 빠지게 하는 것이 된다. 이는 모두 '이(理, 一理)'로서 '기(氣, 一氣)'를 포섭하고 있는 것이다(이를 화자는 통섭이라고 말하고 있다).

서양의 과학은 어디까지나 물리학적 현상을 실체(substance)로써 이용하는 방법을 확보하는 기술이다. 말하자면 하나의 실체로서 잡지 못하면 과학기술이 아닌 것이다. 그런 점에서 과학은 철학적 사유와 그 뿌리는 같지만 철학이 아니다. 과학은 사유하지 않는다는 하이데거의 주장은 이러한 것을 뒷받침한다. 과학이론과 성과에 기대어 철학행위를 하는 것은 철학의 과학에 대한 종속이다.

오늘날 철학자 가운데는 마치 서양과학이 동양철학이나 불교철학의 증명인 것처럼 생각하는 경우도 적지 않다. 이러한 학문적 현상, 오리엔탈리즘은 특히 동양문명에 대한 이해가 스스로 높다고 생각하거나 동서 문명의 통섭에 도달하였다고 생각하는 학자들에게서 발견된다. 특히 한중일(韓中日)을 비롯한 동양의 서양유학파들은 이 같은 함정에 잘 걸려든다.

서양철학의 오리엔탈리즘은 실은 헤겔로 소급된다. 헤겔은 '미네르바의 올빼미'라는 우화를 통해 황혼의 의미와 함께 서양문명의 인류 문명적 완성의 의미를 주장했다. 그는 법철학 서문을 통해 "미네르바의 올빼미는 황혼에 난다."는 말을 했다. 황혼은 하루가 끝나가는 시점을 뜻하는 것으로 올빼미는 세상을 날아다니며 낮 동안 사람들이 남긴 발자취를 더듬고 세심하게 살펴보는 역할을 하는 새이다.

헤겔의 미네르바의 올빼미는 서양문명의 완성적 의미가 있는 것과 함께 동시에 필자에게는 인류문명의 새로운 시작을 동양에서 시작되지 않을 수 없음을 읽게 한다. 이는 동서 문명의 경계선상에서 일어나는 작금의 일이다. 헤겔에서 비롯된 오리엔탈리즘은 서양에서 오리엔탈리즘으로 오만한 자세를 취할 것이 아니라 동양문명으로 넘어와야 한다.

인류의 모든 종교가, 기독교조차도 동양에서 출발한 것임을 명심할 필요가 있다. 과학문명의 폐단을 치유하기 위해서는 동양의 고전과 종교에서 기운생동(氣運生動)의 신(神)을 다시 되찾지 않으면 안 된다.

서양문명은 오늘날 인문적·과학적 환원주의에 빠졌다. 서양철학과 과학을 먼저 전공하고, 뒤늦게 동양철학을 공부한 학자들의 상당수가 동양철학을 서양철학에 환원시키는 예를 볼 수 있다. 이것도 광의의 오리엔탈리즘이다.

심지어 일부 대표적인 인문학자조차도 자신의 철학을 서양철학이나 과학을 통해서 인정받으려는 듯, 예컨대 동양의 천부경 사상을 서양의 헤겔철학이나 기독교사상과 비교하여 결국 같은 것으로 보거나 물리학적 성과를 불교사상에 빗대어 같은 것으로 보기도 한다.

특히 현대물리학과 불교의 세계를 비교하는 철학자 가운데는 불교가 이미 현대물리학의 세계를 미리 내다본 것처럼 설명하기도 한다. 이는 물리학이 현상을 수식화(등식화) 할 수 있는 반면, 불교는 그렇지 못하다는 결정적 차이를 망각한 이해이다. 물리학이 설사 불교적 세계관과 일치하더라도 물리학은 어디까지나 사물을 이용하기 위한 입장에 있고, 불교는 그 반대 입장에 있다는 것을 명심할 필요가 있다. 쉽게 말하면 불교는 원자폭탄을 만들지 못하고, 우주여행을 실현하지 못한다.

과학은 수식으로 증명하지 못하면 과학의 반열에 오르지 못한다. 동양철학의 기(氣)라는 개념은 흔히 서양의 에너지와 동의어처럼 사용되기도 하는데 이는 옳지 않다. 에너지는 어디까지나 물질로 호환되는 것이기 때문에 결국 '에너지=물질($E=mc^2$)'인 반면 기(氣)는 그렇지 않다. 기(氣)는 결코 대상화하거나 잡을 수 없는 우주적 힘(작용)이라고 정의하는 편이 옳다.

우주에 보편자라는 것이 있는 것일까? 보편자라는 것은 인간이 만들어낸 일종의 가상이다. 인간이 자신의 초월의식, 나아가 이성을 투사하여 만들어낸 가상의 결과가 보편성이다. 관념이나 추상은 결국 보편성으로 통한다.

또 하나의 헤겔주의자의 예를 보자. 의식은 대상의식이든, 자기의식이든 모두 정신현상에 불과한 것인데도 의식을 본체계라고 하면서 현상계와 분리한다. 의식이야말로 현상계의 것(존재자)이다.

"'하나'는 본체계(의식계)와 현상계(물질계)를 관통하는 근원적인 일자(一者)로서 우주만물에 편재해 있는 보편자, 즉 천지포태(胞胎)의 이치와 기운을 일컫는 것이다. '하나'의 진성(眞性)과 음양오행의 정(精)과의 묘합(妙合)으로 우주자연의 사시사철과 24절기의 운행과 더불어 감(感)·식(息)·촉(觸)이 형성되면서 만물이 화생(化生)하게 되는 것이다."[14]

위의 문장에서 '의식계와 물질계를 관통하는 일자(一者)'는 '근원적인 일자'라고 하지만 실은 '현상학적 일자'에 지나지 않는다. 그런데 마치 근원적인 일자와 현상학적인 일자(보편자)가 같은 것인 양 쉽게 처리하고 있다. 이는 마치 일기(一氣)가 일리(一理)라고 하는 것과 같다. 이렇게 되면 결국 기(氣)와 이(理)가 되는 '기즉리(氣卽理)의 순환론에 빠지게 되고, 결국 초월의식만 남는다.

의식이 있기 때문에 정신이 있고, 정신이 있기 때문에 물질이 있다. 의식이 없으면 현상학적 물질은 존재할 수 없다. 정신과 물질을 대립적으로 보든, 통합적으로 보든, 같은 것으로 보든 이들은 모두 현상학적인 것이다. '정신(精神)-물질(物質)'의 현상학적인 세트는 '마음(心)-몸(物)'의 존재론적 세트와는 다르다. 우리말의 '몸'이라는 옛글자는 마음과 몸의 존재론적 특성을 잘 드러내고 있다.

그런 점에서 '정신(의식)=마음', '물질=몸'의 등식은 성립하지 않는다. 그래서 절대정신을 유심론, 절대물질을 유물론이라는 번역하는 것은 잘

---

14) 최민자, 같은 책, 34쪽.

못된 것이다. 물(物)과 심(心)은 처음부터 의식이 없는 물심일체의 현존적 하나이다. 정신과 물질은 같은 차원에서 왕래하는 현상학적인 하나이다. 정신(의식)과 물질은 둘 다 본래적 존재가 아니다.

'천지포태의 이치와 기운'을 일컫는다는 것은 이치(理致)와 기운(氣運)을 하나로 보는 입장인데 이 둘은 본래 하나가 될 수 없는 존재이다. 이치(理致)는 가상실재이고, 기운(氣運)은 실재이기 때문이다. 가상이 어떻게 실재와 하나가 될 수 있는가. 서양철학과 과학을 공부한 자가 동양철학을 서양에 통합시키는 것은 서양에 동양을 환원시키는, 서양의 전형적인 오리엔탈리즘에 말려들어간 사태이다.

오리엔탈리즘은 동양의 철학적 자산을 저들의 철학적 아이디어(idea)를 제공하는 영양분으로 사용하면서 동양철학 자체를 저들의 문명의 발전을 위해서 존재하는 것처럼 대하는 '이해하는 척하면서(훔쳐갔으면서) 주인노릇을 하는 오만한 태도'를 말한다. 그러나 정작 서양철학은 결코 동양철학을 융합할 수 없다. 동양철학의 상징론을 결국 서양철학의 실체론으로 환원시켜 해석하기 때문이다.

동양철학과 서양철학의 근본적인 차이는 전자는 '생성적 우주관'이고 후자는 '존재적 우주관'이라는 점이다. 동양은 처음부터 스스로 생멸적인 우주에 참여하는 반면 서양은 우주를 관찰자로서 바라보며 객관성을 유지하려 한다. 동서양철학자가 겉으로는 같은 말을 하였다고 하더라도 동양은 인간을 포함하여 사물을 기운생멸 그 자체로, 즉자적으로 보는 반면, 서양은 사물을 대상으로, 타자적으로 이용하고 소유함을 의미한다.

한마디로 수식(數式, 等式)이 있는 자연과학과 수식이 없는 동양철학이 똑같이 우주의 생멸을 말한다고 하더라도 둘은 다른 것이다. 서양철학은 우주의 생성과정, 즉 과정(process)에서 대상화할 수 있는 실체(reality, 존재자)를 포착하고 이용하게 된다.

동양철학에도 '근원적인 일자(一者)'로 통하는 이(理, 一理)가 있긴 하지만 그것은 도덕(윤리)에 한해서이다. 성리학은 그 대표적인 예이다. 그러나 동양철학은 변화 그 자체인 기(氣, 一氣)를 더 본질적인 것으로 중시한다. 동양철학에는 서양철학과 같은 보편자가 없다. 동양철학에는 생성 변화하는 혼원일기(混元一氣)만 있고, 보편자가 없기 때문에 서양철학처럼 동일성을 강요하지 않는다.

　물론 동양철학에도 불교의 이사(理事)라는 것이 있고, 주자학에도 이(理)라는 것이 있어서, 보편자가 있는 것처럼 이해되고 있기도 하다. 요컨대 주자학은 불교의 이(理)를 받아들여 유교식으로 해석하였기 때문에 이(理)를 보편자로 해석했다. 그래서 주자학을 받아들인 조선의 선비들은 이기논쟁(理氣論爭)을 벌이면서 공리공론의 당쟁을 일삼았다.

　이(理)는 인간에 의해 일어난 현상이다. 이기일원론(理氣一元論)이든, 이기이원론(理氣二元論)이든 매우 인간적인 사건에 불과하고 결과적으로 공리공론에 빠지지 않을 수 없는 주제이다. 인간은 이기지합(理氣之合)을 말하지만 이것은 결국 주리론(主理論)이나 이성주의가 된다. 기(氣)는 본래 실체적인 것이 아니기 때문에 통합할 수도 없다.

　이(理)와 기(氣)는 현상학적으로는 통합될 수 없는 존재이다. 이(理)는 눈에 보이지 않지만 실체적(substantial) 차원에 있고, 기(氣)는 느껴지지만 비실체적 차원에 있기 때문이다. 이(理)와 기(氣)는 '존재론적인 차이'의 관계에 있다. 우주(자연)는 일기(一氣)이다. 일기란 기운생동 하는 본래자연을 말한다.

　불교의 이(理)는 사(事)든 어떤 고정불변의 보편자, 소위 서양철학의 '실체'를 의미하는 것이 아니다. 실은 이(理)도 공(空)이고, 사(事)도 공(空)한 것이기는 마찬가지이다. 물론 화엄학이나 유식학에서 이(理)를 많이 사용하기는 하지만, 그것은 오늘날 서양철학적 의미에서 우리가 흔히 사용하는(서양의 철학을 번역하는 과정에서 서양철학의 이성(理性)에 대응되는 동양의 단어를 찾다가 그래도 적당한 것을 고른 것이었지만) 뜻의 이(理)는 아닌 것이다.

주자학은 불교의 이(理)를 주자학 식으로, 즉 성즉리(性卽理)로 왜곡한 것이다. 이를 두고 유학이나 주자학에도 어떤 실체(substance)가 있는 이학(理學)적 측면이 있었다고 해석할 수도 있다. 이(理)는 어떤 대상이 전제된 경우에 일어나는 현상이다. 이(理)를 본질이라고 착각하는 것은 인간중심적 사유과정의 산물이다. 동양의 유학이나 주자학은 그것의 인간중심주의, 혹은 인본주의로 인해서 서양의 이성철학과 통하는 면이 많다.

퇴계선생의 이(理) 철학과 칸트의 이성(理性)철학은 비교되고 심지어 같은 것으로 유비되기도 한다. 심지어 칸트의 도덕('순수이성비판')철학은 퇴계의 도덕('敬')철학에 동서가 상응한 것으로 해석되기도 한다. 그러나 이(理)와 이성(理性)은 다르다. 이(理)는 기(氣)와 대칭되는 반면 이성은 감정과 대칭된다. 또한 도덕적 이(理, 倫理)는 과학적 이성(理性)으로 반드시 나아가는 것은 아니다.

칸트는 과학적 이성에서 도덕적 이성으로 넘어온 반면, 동양의 이(理)는 '기(氣)의 조리(條理)'로서 상정하였다. 인간의 의식(意識)이나 이치(理致)가 존재의 본질인양 생각하는 사상이나 철학이 인간의 다른 철학 속에 왜 없겠는가? 인간이면 누구나 정도의 차이가 있겠지만 이성주의자가 될 수밖에 없다. 다른 생물 종에 비해 인간의 특이점(特異點)은 바로 대뇌이고 이성이다.

이성(理性)이나 이(理)를 가지고 존재의 궁극에 도달하지는 못한다. 존재의 궁극은 기(氣, 一氣)이다. 한마디로 기(氣)는 실체(substance)가 없다. 기(氣)는 공(空)과 심(心)과 같은 개념으로서 이것을 서양의 물질이나 에너지, 의식 혹은 정신에 대응하여 현상학적으로 해석하는 것은 크나큰 잘못이다.

만약 동양철학을 현상학적으로 해석하는 데에 그친다면 '힘(권력)의 의지'를 과시하는 현대문명의 문제에 대해 동양은 어떠한 대안이나 충고도 해 줄 것이 없다. 그냥 열심히 서양철학을 배우고 그것을 금과옥조로 삼으면서 '힘의 경쟁' 대열에서 선두가 되면 그만인 것이다. 그런데 문제는 그렇지 않기에 '인류의 평화철학'을 동양철학으로서 새롭게 제시하는 것이다. 단도직입적으로 말하면 '실체의 증대'의 철학을 인류가 고집한다면 결코 세계평화는 이루어질 수 없다. 동양철학이 세계에의 평화에 기여할 수 있는 것은 바로 '비실체=실체 없음'의 철학을 수행한 측면이 있기 때문이다.

동양철학이 인류에게 평화를 선물할 가능성이 높은 것은 서양의 역사철학처럼 모순을 극복하기 위해 끝없이 역사적 변증법적 운동을 하지 않기 때문이다. 만약 변증법적으로 나아간다면 전쟁은 불가피한 것이다. 변증법은 반운동과 부정을 통해 새로운 통합으로 진전하기 때문이다.

동양철학에는 왜 평화가 있는가? 동양철학이 지배한 동양이라고 해서 항상 평화만 유지되었던 것은 물론 아니다. 서양의 변증법과 달리 동양의 천지인(天地人) 삼재(三才)사상과 음양(陰陽)사상이야말로 '차이'를 근거로 한 진정한 '차이의 철학체계'로서, 자연에 맞는 순환(순응)의 철학을 기조로 살아왔기 때문에 상대적으로 더 평화로웠다고 말할 수 있을 것이다. 따라서 동양철학의 재조명의 필요성이 대두된다.

좀 더 이야기를 단도직입적으로 말하면, 서양의 변증법과 동양의 천지인·음양론은 다른 것이다. 한때 동양의 음양론을 서양의 변증법에 맞추어서 음양변증법, 혹은 이원적 변증법이라고 말을 하기도 했지만 이는 동양인 스스로 음양론의 정체도 잘 모르고, 변증법의 정체도 잘 모르는 소치이다. 예컨대 변증법의 실체적 성격과 음양론의 비실체적·상징적 성격을 변별하지 못한 때문이다.

특히 동양의 음양철학을 '이원적 변증법' 운운한 것은 참으로 자신의 정체성을 잃어버린 동양의 수치이면서(물론 서양주도의 '실체'철학과 과학기술문명에 적응하기 위한 조치였지만) 서양철학의 덮어씌우기에 당한 꼴이다.

동양의 음양론은 '동일한 것이 없는' 부동(不同)의 철학이며, 동시(同時: 시간의 간격을 두지 않고)에 '부동'의 것이 서로 어울리기 위해서 달성해야 하는 '화(和)'의 철학이다. 말하자면 '부동'과 '화'는 서로 대립되는 개념(변증법적 개념)이 아니라 서로 끌고 가지 않으면 안 되는 개념(상보적 개념)이다.

동양의 〈화이부동(和而不同), 부동화이(不同而和)〉의 세계는 동양철학의 정수를 집약적으로 잘 말해준다. 이는 서양의 〈동이불화(同而不和), 불화이동(不和而同)〉의 세계와는 다른 것이라는 점에 주목할 필요가 있다. 이를 통해서 우리는 음양상보론과 변증대립론의 차이를 알 수 있다.

화이부동이라는 말은 『논어(論語)』「子路第十三」편에 나오는 구절이다.

공자께서 말씀하셨다. "군자는 화합하지만 같지 않고 소인은 같지만 화합하지 못한다."(子曰, "君子和而不同, 小人同而不和.")

위 구절의 화이부동을 "친화하되 무리를 짓지 않는다."라고 해석하기도 한다.

"『논어』에서는 이것은 군자만이 행할 수 있는 태도라고 규정하여 '무리는 짓되 친화하지 않는(同而不和)' 소인의 태도와 대비시키고 있다. 대개 군자는 의(義)를 숭상하며, 의는 도리에 올바른 것인가 아닌가를 판별하여 도리에 합당하는 것만을 실천하는 도덕적 태도이기 때문에 의를 숭상하는 한 편당을 짓는 것은 불가능하다. 소인은 이(利)를 숭상하는 것으로 규정하고, 이익을 추구하는 한 반드시 이익을 둘러싼 쟁탈이 야기된다. '화이부동'이 군자의 실천적 태도에 합당하다는 것은 군자가 대인관계에 있어 그러한 태도를 실현할 수 있는 도덕적 세계관과 실천력을 보유하고 있기 때문이며, '동이불화'가 소인의 태도로 인식되는 것 역시 그 기저에 깔린 도덕적 세계관과 실천력에서 연유하는 것이다. 또한 '화이부동'한 군자의 태도는 타인과 무분별한 관계를 형성함으로써 자신의 이익을 확보하려는 의존적 자세와, 타인을 무조건적으로 배척함으로써 자신의 이익을 폐쇄적으로 보존하려고 하는 배타적 자세와의 균형을 이루는 중용의 태도라고 할 수 있다."[15]

참고로 『중용』「제 10장」에는 화이부동과 비슷한 뜻으로 '화이불류(和而不流)'라는 말이 나온다.

"그러므로 군자는 조화롭되 흐르지 않으니 강하고 굳세도다! 중간에 서서 치우치지 않으니 강하고 굳세도다! 나라에 도가 있으면 궁할 때의 의지를 변치 않으니 강하고 굳세도다! 나라에 도가 없으면 죽음에 이르러도 지조를 변치 않으니 강하고 굳세도다!"(中, 10章, 05. 故君子和而不流 强哉矯 中立而不倚 强哉矯 國有道 不變塞焉 强哉矯 國無道 至死不變 强哉矯)

『논어』「위정」편에 공자는 자공(子貢)과 제자들이 묻는 말에 다음과 같이 답했다.

"군자는 그릇 같은(정해진) 것이 아니다."(子曰, "君子不器.")

'군자불기'라는 말을 화이부동과 연관 지어 생각하면 아마도 다음과 같이 될 것이다.

성인군자(聖人君子)가 유가의 이상적 인간상이라면 부처보살은 불가의 이상적 인간상이다.

---

15) 유교사전편찬위원회 편, 『儒敎大事典』(박영사, 1990), 1746쪽.

〈화이부동, 동이불화〉

군자 君子	화이부동 和而不同	부동이화 不同而和	옛 성인(君子不器) 자연적 존재, 불교적 존재,	인간(己): 器而不器,
소인 小人	동이불화 同而不和	불화이동 不和而同	현대인 (小人卽器) 인간적 존재자, 기계적 존재자,	不器而器

　물론 필자는 '화이부동' '부동이화'를 유교적 입장에서, 예컨대 군자의 의(義)와 소인의 이(利)를 구분하는 도덕적 입장에서 사용하는 것만은 아니다. 화이부동을 철학일반의 '동일성(同一性)-차이성(差異性)' 논쟁으로 확장하면서 서양철학과 동양철학을 구분하는 잣대로 사용하고자 한다.

　동양의 유교사상에는 '화이부동'으로 차이성을 나타내지만 불교사상에서는 불일이불이(不一而不二), 즉 불이(不二)사상으로 애매모호함을 드러낸다. 흔히 불교적 사유를 불일이불이(不一而不二), 불이이불일(不二而不一)이라고 한다.

　그러나 인간은 사물을 그렇게 보면 필요할 때 이용을 못하기 때문에 역설적으로 불일이일(不一而一: 하나가 아니기 때문에 하나이어야 한다), 일이불일(一而不一: 하나이기 때문에 하나가 아니어야 한다)이라는 변증법적 모순에 빠진다. 즉 억지주장을 하게 된다. 그런데 과학은 그러한 오류 때문에 세계를 실체(동일성)로 볼 수 있게 되었다. 인간은 따라서 동일성의 존재, 소유적 존재이다.

〈자연적 존재, 인간적 존재자, 기계적 존재자〉

자연적 존재 (불교적 존재)	불일이불이 不一而不二	불이이불일 不二而不一	애매모호(존재방식)
인간적 존재자 (제도적 존재자)	불일이일 不一而一	일이불일 一而不一	동일성(실체)

기계적 존재자 (수학적 존재자)	0/1	1/0	기계언어(2진법)

　일원론이든, 이원론이든 그것이 '논(論, ism)'인 것은 모두 동일성의 실체론이다. 어떤 기준이나 개념이 있다는 것은 실체가 있다는 것이 된다. 예컨대 하나의 기준이나 개념으로서 시간이 있다면, 시간의 현재는 기준이 되고, 그 기준의 양쪽에는 과거와 미래가 있게 된다. 따라서 어떤 실체로서의 하나가 있다는 것은 둘이 있다는 것이 되고, 둘이 있다는 것은 셋의 통합(통일)이 가능하게 됨을 의미한다.

　하나의 기준이나 개념이 성립한다는 것은 이미 반대의 개념이 전제되어 있음을 의미한다. 하나의 개념은 둘의 개념이 되고, 둘은 다시 그것을 통합(합일)하는 제 3의 개념을 성립시키는데 이것이 소위 변증법이다. 변증법은 현상학적인 차원의 논의이다.

　지금까지 반야심경의 '색즉시공(色卽是空), 공즉시색(空卽是色)'이나 화엄경의 '일즉일체(一卽一切), 일체즉일(一切卽一)'은 당연히 불교의 제법무아(諸法無我)나 제행무상(諸行無常)과 같이 불교의 진리를 대변하는 것처럼 이해되어 왔다. 그러나 만약 이 글귀가 현상학적인 차원의 것이라면 불교적 진리를 왜곡하는 것이 될 가능성이 높다.

　예컨대 색(色)과 공(空)이 같은 현상학적인 차원(수평적 차원)에서 왕래하면 현상학적인 논의로 격하된다. 왜냐하면 색은 분명히 현상학적인 차원의 실체를 의미하기 때문이다. 이렇게 되면 공(空)은 색(色)의 없음(無)이 된다. 그러나 진정한 공(空)은 현상학적인 것이 아닌 존재론적인 차원(수직적 차원)의 공(空)이다. 승조(僧肇, 374~414))의 「조론(肇論)」 가운데 공을 부정하는 '부진공론(不眞空論)'은 진공묘유(眞空妙有)의 존재론적인 차원의 공이다.

　화엄의 세계인 '일즉일체(一卽一切) 일체즉일(一切卽一)'도 마찬가지이다. 이것도 현상학적인 차원의 왕래라면 불교적 진리를 왜곡하는 것이 된다. 일체(一切)는 모든 것(everything)을 의미하고, 같은 차원의 일(一)은 절대적(absolute) 일(一)이 되기 때문이다. 분명히 절대적인 일(一)은 불교적 존재의 일(一)이 아니다.

이상에서 볼 때 '공즉시색, 색즉시공' 혹은 '일즉일체, 일체즉일'은 불교적 '불일이불이(不一而不二)'의 세계를 설명하는 것이 될 수 없다. 이들을 현상학적인 차원에서 잘못 해석하면, 진정한 의미에서 불교적 존재론을 왜곡하게 될 우려가 있다. 다시 말하면 공(空)이나 일(一)은 존재론적인 차원의 개념이 되어야 한다. 그러한 점에서 불교적 존재론이 동일성의 세계를 완전히 벗어나려면 '불일이불이'의 애매모호한 세계가 되지 않으면 안 된다.

개념의 동일성을 벗어나기 위해서 제안된 것이 바로 승조의 '조론(肇論)'이다. 물불천론(物不遷論), 부진공론(不眞空論), 반야무지론(般若無知論), 열반무명론(涅槃無名論)이 그것이다. 승조는 불(不)자나, 무(無)자를 써서 이 세계가 개념의 세계가 아님을 애써 알리려했던 것이다.

철학에서 '영원'이나 수학에서 '무한대'의 개념은 같은 것이다. 이들은 모두 무(無)의 세계, 즉 존재의 세계를 현상학적으로 변형시킨 것에 불과하다. 끝없는 대상(영원, 무한대)이야말로 동일성의 세계이고, 초월의 세계이다. 동일성과 초월의 세계야말로 실은 전쟁으로 나아가는 세계이다.

평화(平和)라는 말도 화(和)보다는 평(平)을 앞세웠기 때문에 경우에 따라서는 동일성에 걸릴 위험이 많다. 필자가 이 책에서 때로는 평화(平和)를 굳이 '화평(和平)'을 위한 쓰는 이유가 여기에 있다. 평화에서의 평(平)은 어쩐지 마르크스의 평등(平等)에서처럼 동일성을 연상시킨다. 평화의 '평'에는 어딘가 서양의 등식(等式)의 의미가 내포되어 있는 듯하다. 등식은 과학을 은유하는 것이지만 과학은 마지막에 기계를 의미하기 때문에 '평'은 위험한 것이다. 과학적 사회학이 위험한 것은 바로 그 속에 기계적 세계관이 들어있기 때문이다.

예컨대 오늘날 '평'은 평등(平等)과 평화(平和)와 평형(平衡)을 의미하지만 이것이 글자의 순서를 바꾼 '등평(等平)'과 화평(和平)과 형평(衡平)으로 바뀌는 것이 동일성은 벗어나는 길인 것 같다. 평등과 평화와 평형 가운데서 '평등'만큼 동일성을 요구하면서 사회적 갈등을 야기 시키는 개념은 없을 것이다. 말하자면 자유라는 동일성보다는 평등이라는 동일성이 훨씬 위험한 것이다.

평등은 공산사회주의의 이념으로서 어떤 개념보다도 지구의 평화를 위협했다고 말해도 크게 틀리지 않는다. 평등을 먼저 요구하면 화합을 얻기는 어렵다. 이에 반해 화(和)를 달성한다면 평(平)을 얻지 못한 경우는 드물 것이다. 평(平: 평등)은 오늘날 동(同: 동일성)과 같은 개념이 되어버렸다. 그래서 진정 평화를 얻는 것은 화평에서다. 화평(和平)은 오늘날의 화쟁(和諍)과 같은 개념으로 해석할 필요가 있다. 평화는 같은 뜻의 양(陽)의 개념이라면 화평은 음(陰)의 개념이다.

역사(History)는 그(He, Man)의 스토리(story)의 합성어인 것에서도 상징적으로 드러나지만 역사는 '남자의 역사'이다. 말하자면 역사는 양(陽, 남성)의 개념으로 달성되는 것이지만 그 이면에서 음(陰, 여성)의 힘이 뒷받침하지 않으면 불가능하다. 막말로 여성이 아이를 낳지 않으면 역사는 저절로 없어지게 된다.

역사는 음(陰)이 바탕이 되지 않으면 그 힘을 잃게 된다. 음은 보이지 않는 본래적 힘, 기운생동의 힘이기 때문이다. 따라서 종래의 화이부동(和而不同)은 오늘의 역사·사회적 의미맥락으로 볼 때 화합(和合) 다음에 평등(平等)이 중요하다는 점에서 '화평부동(和平不同)'으로 자리 잡는 것이 바람직할 것 같다.

모든 이분법(二分法)은 결국 이중성(二重性)으로 다시 돌아갈 수밖에 없다. 이중성은 불교의 연기법(緣起法)처럼 이중긍정을 받아들이거나 혹은 중론(中論)처럼 이중부정으로 끝날 수밖에 없다. 여기서 우리는 이중성(二重性)의 중(重)은 결국 중(中)이고, 중은 다시 공(空)임을 알 수 있다. 공(空)을 집합적으로 말하면 공집합(empty set)이다. 공집합은 모든 집합의 부분집합이다. 다시 말하면 이분법의 서양철학은 이중성을 통해 중(中)과 공(空)에 이르게 됨을 알 수 있다.

이중성은 바로 동양의 태극음양원리의 서양식 혹은 인도유럽어식 표현이라고 할 수 있다. 태극음양원리는 실은 만물의 유전하는 모습, 즉 변화와 운동의 원리를 상징적으로 표현한 것이라고 말할 수 있다.

태극음양원리의 요체는 다음과 같다. "양 속에 음이 있고, 음속에 양이 있다. 양이 성하면 음이 생겨나고 음이 성하면 양이 생겨난다."

3. 서양철학의 '초월-추상-기계'를 넘어서야

근대문명은 서양이 세계문명을 주도하면서 결국 과학기술문명 중심으로 그 전체적인 모습을 띠고 있다. 과학기술문명은 인간의 삶의 시공간을 확장하는 데는 성공하였지만, 존재의 진면목에 도달하는 것에서는 더 멀어졌다.

서양철학은 생성(존재)에서 존재(존재자)를 훔치는 철학이었다. 서양철학은 자연(구체)에서 추상(개념)을 훔치는 철학이었다. 서양철학은 자연에서 언어(대상)를 훔치는 철학이었다.

서양철학은 유물론과 과학에서 끝났다. 과학적 사회학이라는 유물론과 자연과학이 종래의 인문학에 가장 심각한 폐해를 끼친 것은 바로 물리학적 결정론과 환원주의를 인문학에 적용한 것이다. '과학적 역사이나 과학적 사회학'은 듣기에는 좋지만 결정론으로 인간을 재단한 것은 물론이고, 역사학과 사회학은 물론이고, 철학까지 이데올로기로 변질시켰으며, 현대인으로 하여금 폐쇄된 '이데올로기(도그마)의 종교'를 믿게 하는 과오를 범하게 했다.

그러한 점에서 변증법의 헤겔과 유물변증법의 마르크스를 넘지 못하는 한 인류는 결코 만족할 만한 평화와 화목을 달성할 수 없음이 확실하다. 니체의 '힘에의 의지' 철학과 니체를 따르는 후기근대철학자들에게서도 '평화의 철학'의 답을 찾을 수 없다.

형이하학인 자연과학이 물리학을 낳았다면 형이상학인 철학(현상학)은 유물론을 낳았다. 그런데 역설적으로 형이상학은 어떤 형이하학보다도 완벽한 형이하학이 되었다. 이는 이데아(이성)라는 본질이 결국 현상이 된, 철학의 종언적(終言的) 유착인 것이다. 고정불변의 진리인 본질을 찾아 나선 철학은 그 본질이 고정불변의 것(불완전명사)이 아닌, 생성·변화하는 존재(동사로서의 존재)임을 찾았을 뿐이다. 그런 점에서 철학의 본질주의는 비(非)본질주의 앞에 무릎을 꿇을 수밖에 없는 처지가 되었다.

이제 종래의 형이상학으로서의 철학은 사라졌다. 이제 인류는 새로운 철학을 찾아야 한다. 소유의 철학이 아닌 존재와 생성의 철학을 찾아야 한다. 생성의 철학에 가장 가까운 철학이 동양의 도학(道學)인 도법자연(道法自然)이다. 현상학으로서의 서양철학은 이제 종지부를 찍고, 수련으로서의 도학, 수도로서의 도학을 찾아야 한다. 그 도학의 길에 훌륭한 길잡이를 할 종교가 바로 같은 인도유럽어문화권에서 탄생한 불교이다.

서양의 후기근대철학은 그러한 생성의 복음을 동양의 불교와 노장철학에서 듣고 저마다 다른 목소리로 자신의 철학을 전개한 셈이다. 니체, 화이트헤드, 하이데거, 데리다, 들뢰즈 등 다수의 철학자들이 이 대열에 참가했다. 그럼에도 불구하고 이들이 진정한 동양의 도학, 즉 도(道)에 이르기 어려운 까닭은 삶과 몸에 체득된, 체질화된 현상학적인 철학적 태도 때문이다.

유물론과 과학 이후 서양의 후기 근대철학자들은 저마다 노력하였지만 아직도 역부족으로, 모두 동양의 불교와 음양사상을 그들의 말로 번안하기는 하였지만 그들의 철학적 전통, 즉 이성(reason)과 절대(絶對), 실체(substance)를 찾는 타성과 한계로 인해 아직 진정한 동양의 도학(=道法自然)과 불교의 일체유심조(一切唯心造)에 도달하지는 못했다. 그들의 차이(差異)에는 여전히 실체가 도사리고 있다.

서양의 후기근대 철학을 동양의 불교나 노장사상과 비교하는 것은 실은 원본(동양의 道佛)과 번역본(후기근대 解體철학)을 가지고 서로 비슷하다고 평가하는 것이나 마찬가지여서 서양민족중심주의, 혹은 서양사대주의에서 자유롭지 않다. 그래도 한 가지 다행인 것은 동서양비교철학이 서양철학과 동양철학의 가교를 놓았다는 점이다. 서양철학의 입장에서 동양을 이해하는 방법을 아는 것은 미래에 동서양이 하나 될 수 있는 길을 열었다는 의미와 그러한 시대를 준비하였다고 평가할 수 있다.

서양철학의 입장에서 보면 동양철학은 철학이라기보다는 시(詩)철학이라고 볼 수 있다. 서양철학은 〈개념-동일성(차이성)-정신(물질)-과학(科學)문명체계-변증법(진화론)-현상학(존재자론)〉의 연쇄이고, 동양철학은 〈시(詩)-닮음성(다름과 같음)-음양(상징)-태극(太極)신화체계-역동성-존재론(생성론)〉의 연쇄라고 볼 수 있다. 여기서 서양의 동일성은 동일성을 전제한 차이성이라면 동양의 닮음성은 어디까지나 다름을 전제한 같음을 내포하는 것이다. 다시 말하면 '다름을 우선하기 때문에 닮음'이다.

〈서양철학과 동양철학의 특징〉

서양철학	개념(槪念)철학 (실체 있음)	동일성(동일성-차이성)	정신=물질	과학(科學) 문명체계	변증법 (진화론)	현상학 (존재자론)
동양철학	시(詩)철학 (실체 없음)	닮음성(다름과 같음)	음양=상징	태극(太極) 신화체계	역동성 (易動性)	존재론 (생성론)

　돌이켜 생각하면 서양철학과 과학적 추상은 자연에서 이용할 '대상'을 인간에게 제공하였지만 인간정신을 추상과 계산과 기계로 황폐화시켰다. 만약 인류문명이 오늘의 과학기술문명에 도달하기 위해 지금껏 진화하였다고 생각하면 인간정신의 허망함으로 인해 허무주의에 빠질 수밖에 다른 도리가 없어 보인다.

　인간은 '종교적 인간(Homo religiosus)'에 이어 무엇보다도 '도구적 인간(Homo faber)'이다. 인간의 생존을 보장한 결정적인 역할을 한 도구가 이제 반대로 인간을 향하여 총칼을 겨누고 있는 것이다. 과학기술이 목적이라면 인간은 도구를 위해 삶의 긴 행렬을 이룬 셈이 된다. 이는 주객이 전도된 것이다. 과학에서는 필요와 편리를 찾을 수 있지만 인간의 궁극적 평화와 행복은 찾을 수 없다.

　과학기술은 분명히 인류가 삶을 개척하고 늘어난 인구를 부양하는 데에 훌륭한 도구가 되었지만 그것 자체가 삶의 목적이 될 수는 없다. 거꾸로 말하면 인간은 로봇(기계인간, 사이보그)이 되기 위해 진화한 꼴이고, 더욱더 성능 좋은 기계가 되는 것이 삶의 목적이었다고 생각하면 극심한 허무주의에 빠질 수밖에 없었을 것이다.

　니체는 이러한 허무주의에서 탈출하기 위해 '힘에의 의지' 철학을 주장하였지만 힘의 상승과 증대는 도리어 파시즘을 생산하고 말았다. 실제로 힘의 증대를 추종하는 현대문명은 파시즘을 비난하면서도 인간을 생산하는 '인간 공장(인큐베이터)'이나 '로봇공장'을 떠올리고 있다. 여성의

'자궁생산'이라는 자연을 대체하는 남성의 '공장생산'을 기계문명이 실현하고 있는 셈이다.

남성은 기계인간인 로봇, 특히 '불(火)을 품는 전사로봇'을 만들어냄으로써 혹은 '에너지 사용능력'을 과시함으로써 자신의 권력을 강화하는 패권경쟁을 멈추지 않는 반면 여성은 여전히 '항아리에 물(水)을 긷는 여성' '생명잉태자로서 여신의 역할'을 담당하고 있다.

자궁에서 생명을 잉태하지 못하는 남성은 여성에 대한 콤플렉스로 인해 궁극적으로 자신의 대뇌에서 인조인간(추상기계)을 만들어낼 것을 처음부터 꿈꾸었는지도 모른다. 인간(Man)의 특성은 남성(man)에 그대로 있다. 자연적 특성은 여성(womb, woman)에게 있다. 여성은 자궁적 존재이고, 남성은 대뇌적 존재이다.

"남자의 대뇌는 기계를 낳고, 여자의 자궁은 아이를 낳는다."

철학이 중세에는 종교의 시녀였다가 근대에는 과학의 시녀가 되었다. 철학은 고대에는 모든 학문의 아버지였지만 오늘날 기계의 시녀가 되는 것으로 변모를 거듭하였다. 철학이 시녀의 신세를 변하려면 이제 종교와 과학으로부터 결별하는 수순을 밟아야 한다. 이는 철학의 예술화, 혹은 예술적 철학화를 말하는 것이고, 이것이 시대정신이며, 시대적 필요임을 역설하는 것이다.

인류문명의 문제는 도구가 목적을 배반한 데에 있다. 인류문명은 마치 문명충돌과 전쟁을 위해서 있는 듯하고 평화와 행복에서 멀어진 듯하다. 인류는 무엇보다도 인간의 생명 존중에서 멀어진 듯하다. 인간의 생명 자체를 기계의 부품처럼 생각한다면 인간은 결국 기계로부터 소외되고 말 것이다.

서양이 주도하는 현대과학기술문명에는 도저히 해결할 수 없을 것 같은 허무(虛無)가 도사리고 있다. 정말 지독한 허무이다. 인류가 공멸하지 않으려면 어떤 수단을 써서라고 그러한 문명적 정신병리 현상을 극복하고 평화를 달성해야 한다. 평화가 없는 곳에 행복이 깃들 수는 없는 법이다.

서양철학과 문명에는 근본적으로 자연 그 자체를 인정하지 못하는 정신 병리현상의 요소가 깃들어 있다고 해도 과언이 아니다. 철학의 인간중심주의, 혹은 앤트로포모르피즘(anthropomorphism: 자연의 인간 동형론)에 대한 자기부정 속에 숨어있는 지독한 자기긍정이 그것이다. 이는 철학의 개념조작, 용어선정에서도 엿볼 수 있다.

서양철학의 정신병리현상

하이데거가 자신의 철학을 '존재론'이라고 명명한 것과 데리다가 자신의 철학을 '그라마톨로지'라고 한 것은 모두 유럽철학의 전통에 대한 자부심과 오만의 결과라고 말할 수 있다. 또 서양철학적 타성을 벗어나지 못했다고 말할 수도 있다. 왜냐하면 하이데거는 종래 서양철학의 전통이 '존재자'를 모두 '존재'라고 명명했다고 비판하면서도 '존재'라는 용어만은 고집하고 있기 때문이다.

하이데거 철학은 아리스토텔레스로부터 내려온 '존재(Sein)'라는 개념을 결코 버릴 수 없었기 때문에 '존재(Sein)'를 중심으로 '현존재(Dasein, Da-sein)', '존재자들(Seiendes)', '현존재의 존재(Sein des Dasein)' '현존재의 거기 있음(da des Dasein)' 등의 개념을 만들어냈으며, 심지어 '존재(Sein)'에 가위표를 치거나 일부 철자를 바꾸어서 '존재(Seyn)'로 사용하기도 했다. 이는 모두 'Sein'을 고집한 때문이다.

사유의 사태(사건)가 달라지면 철학이라는 것은 새로운 용어의 개발과 정립이 필요하다. 그런데 결정적인 키워드인 '존재'라는 종래의 말을 버리지 않고 존재론이라는 새로운 철학의 세계를 정립한 하이데거는 '존재'라는 말의 종래 개념을 정반대로 바꾸고, 즉 '생성'의 개념으로 쓰는 한편 '존재자'라는 개념을 종래 존재의 개념으로 사용하기 시작했다.

이는 필연적으로 혼란을 초래하기 마련이다. 무엇보다도 생성 변화하는 사태의 의미로 사용되는 존재라는 말은 항상 존재자와의 관련성 속에서 설명되어야 하는 한계를 지닐 수밖에 없다. 말하자면 존재자의 입장에서 존재를 설명하는 의존성을 가지게 된다. 그래서 종래 칸트적 의미의 존재가 '현상학'의 차원이라면 하이데거의 존재는 '현상학적 존재론'(혹은 '존재론적 현상학')의 차원이 되게 된다.

그런데 하이데거의 현상학적 존재론은 엄밀하게는 생성의 의미로서의 존재론이 아니다. 그 까닭은 여전히 존재자의 입장에서 존재를 바라보기 때문이다. 우선 존재가 숨어있다고 생각하는 자체가 현상학적 태도이다. 존재는 은폐되어 있는 것이 아니라 항상 현존하고 있다. 존재는 절대적으로 존재하는 것이 아니라 상대적으로 현상된다.

하이데거는 『존재와 시간』에서 '인간'이라는 개념 대신에 '현존재'(Da-sein, Being-there)의 개념을 제시한다. "'현존재'는 마음을 가리키고, 또 세상을 뜻할 때는 마음이 세상에 존재하고 있다는 뜻에서 '세상에 존재함'(das In-der Welt-sein, the Being-in-the world)이다."[16] "'세상은 현존재에 속하는 것(daseinsgehörig, belonging to Dasein)'이고, 또 '세상은 매번 현존재 때문에 생기는 것의 전체성(die jeweilige Ganzheit des Umwillen eines Dasein=the everytime totality of the on-account of Dasein)이다."[17]

여기서 우리는 하이데거가 자신이 말하는 존재(Sein)에 완전히 진입하지 못했음을 느끼게 된다. 세상이 현존재에 속한다고 하였는데 이는 세상이 현존재의 소유적 대상이 된 것이나 마찬가지이다. 이는 현존재를 중심한 (세상에 대한) 현상학적인 사유를 드러낸다. 세상은 이미 존재자

---

16) 김형효, 『사유 나그네(김형효의 철학 편력 3부작)』(소나무, 2010), 100~101쪽.
17) 김형효, 같은 책, 102~103쪽,

이고, 존재는 결코 현존재에 속할 수가 없다. 이것은 인간적인 착각(환상)에 불과하다. 여기서 '전체성'이라는 것도 그것이 확실한 것이 되는 순간, 전체성의 밖을 상정하지 않을 수 없기 때문에 '세계-내-존재'는 존재의 진면목(본래존재)이 아니다. 존재의 진면목은 '존재-내-세계'이다. 존재(필자는 존재라는 용어에 혼란을 줄이기 위해 존재를 '자연적 존재'라고 말한 바 있다)는 세상에 그렇게 있을 뿐이다.

하이데거는 현존재(존재자)의 입장에서 존재를 발견하였지만, 그래서 존재가 은적되거나 현현된다고 말하지만, 이것은 인간의 입장에서 그렇게 보일 뿐, 존재는 스스로 은적된 적도 없고 현현된 적도 없다. 존재는 자연처럼 그렇게 현존으로 있을 뿐이다. 하이데거가 간혹 존재를 초월적으로 보는 까닭은 바로 현존재가 지니고 있는 초월적 시각의 반영 때문이다.

하이데거는 현존재(현재+존재)의 입장에서 출발하고 있기 때문에 존재론을 주장했지만 현존의 존재성을 완전히 파악한 것 같지는 않다. 이는 현재를 기점으로 판단중지와 함께 그것을 통해서 의식의 초월적(절대적)의미, 즉 현재적 의미를 찾아내고자 하는 현상학에서 완전히 벗어난 것은 아니기 때문이다.

하이데거는 현존재(존재자)의 입장에서 존재를 바라보고 있지만 존재가 현존(presence)으로서 항상 드러나 있다는 것을 모르고 있다. 의식의 지향(intentionality)에서 벗어나서 그것을 관심(觀心, 念慮, Sorge)으로 전환하였지만, 사물을 대상적 사유에서 바라보는 관성을 완전히 벗어난 심물일체(心物一體)의 경지에 이르지는 못한 셈이다.

하이데거의 존재론의 존재라는 개념이 종래 칸트적 의미의 존재나 초월적인 의미의 존재로 비쳐지거나 오해되고 심지어 인간중심주의라는 비난을 받게 되는 것은 이 때문이다. 서양철학의 초월의식은 무의식이나 본능조차도 그것을 대상으로 하여 초월적 언어로 설명하고야마는 끈질

김이 있다. 그래서 존재를 말하면서도 현존이 존재인 줄 모른다. 하이데 거는 이데아(idea)가 아닌 것을 존재(存在, Sein)라고 명명하였다. 이는 독일 관념론의 전통에서 거꾸로 간 것이다.

한편 데리다는 서양의 이성주의의 원인은 현존(現存, presence)에서 찾고, 현존의 반대개념인 부재(不在, absent)의 개념설정을 통해 자신의 철학인 그라마톨로지(grammatology)를 전개한다. 소리의 '현존(現存)' 대신에 '글쓰기(écriture)'에 탐구를 통해 철학적 합리화를 꾀한다. 이는 프랑스 합리주의 전통에 따라 현존(現存, presence)을 현상(現象)으로 본 탓이다.

하이데거의 경우든, 데리다의 경우든 결국 자신의 철학적 전통이라고 할 수 있는 이성주의 전통을 놓지 않는 것이다. 말하자면 종래 서양철학 적 '존재' 혹은 '문자'의 개념이나 특성을 놓지 않으면서 '생성'의 사태를 설명하고자 하는 자가당착이자 자기모순이다. 이는 종합적으로 서양철학의 정신 병리현상이라고 진단할 수 있다.

이에 비하면 영국의 경험론적 전통은 현상을 숫자로 환산한, 말하자면 경험할 수 있는 것으로 바꾼 과학철학이다. 이들 서양철학을 관통하는 지점에는 모두 초월적 가상(假想, 假象, 假相)이 전제되어 있다. 서양철학자들은 모두 현존이 생성(생멸)이라는 것을 모르고 있다. 생멸이야말로 초월적이지 않는 현존이다.

서양철학에서는 결국 항상 '초월'과 '절대'가 문제이다. 이것은 항상 현재의 문제이고 결국 시간의 문제이고 공간의 문제이다. '초월=절대= 현재=시간'은 같은 문제인 것이다. 현재나 시간이 없으면 초월과 절대를 가정할 수도 없는데도 초월과 절대는 시간을 초월한 것처럼 받아들여진 다. 시간과 초월의 문제는 전자는 수평적(선형적)이고 후자는 수직적(입 체적)인 것이지만 둘은 시공간의 문제로서 같은 문제인 것이다. 선험성 과 초월성이 같은 의미라는 점과 같다.

서양의 후기근대철학자들도 본인들은 이성주의를 강력하게 부인하고 있지만, 그들의 반이성주의는 여전히 초월적 사고를 펼치고 있다. 초월적 사고는 이성주의의 다른 이름인 것이다. 결국 서양철학으로서는 이성주의의 궤도를 벗어날 수 없다는 결론이 나온다.

하이데거 철학에서 인간중심주의와 서구(독일)중심주의를 찾아내는 것은 결코 어렵지 않다. 그가 독일의 대표적 시사주간지 「슈피겔」지와 인터뷰한 내용을 보자.

슈피겔지의 기자는 하이데거가 '유럽의 정신문화와 기술문명에 문제가 있다'고 말하자 다음과 같이 질문을 던진다.

"그 새로운 시작을 어디서 찾아야 하는가? 우리가 모르고 있는 무언가를 동양사상에서 얻을 수 있겠는가? 동양 사람들이, 유럽 사람들이 피폐시킨 인류 문화를 구제해 줄 가능성을 제시할 수 있는가."

이에 대해 하이데거는 이렇게 답한다.

"그럴 수 있다. 동양의 사상이 유럽인들이 모르고 있던 많은 부분들을 논의해왔으니 그것을 가지고 유럽과 인류가 처한 문제를 해결할 방향을 제시할 수도 있다. 그렇지만 그것은 가능성일 뿐 결코 그렇게 되지는 않을 것이다. 왜냐하면 동양 사람들이 설사 해결의 열쇠를 가지고 있다고 하더라도 문제가 무엇인지 모른다면 그 열쇠를 어디에 어떻게 사용해야 하는지 모를 것이기 때문이다. 문제를 문제로 알지 못하는 한 동양사상에 가능성이 있다고 해도 그 가능성이 실현될 수 없다는 말이다. 그러기에 결국에는 문제를 일으킨 서양 사람들이 해답을 찾을 수밖에 없을 것이다."[18]

하이데거의 이 말은 현대기술문명의 문제는 서구만의 문제만이 아니라 인류공통의 문제라고 말하면서도 '문제의 제기와 해결에서의 서양독

---

18) 한국하이데거학회 엮음, 『이기상 교수 회갑기념 논문집 - 이 땅의 존재사건을 찾아서』(한국하이데거학회, 『하이데거 연구』 제 15집, 2007년, 봄호), 27쪽, 재인용.

점'을 주장하는, 일종의 독선과 망발에 속하는 것이다. 기술문명의 문제는 인간 이성에서 비롯되는 문제이고, 이 문제는 동서양철학을 떠나서 인간이면 누구나 문제시할 수 있고, 또 문제를 풀 자격이 있다는 점에서 그의 주장은 매우 서구중심적인 사고의 단면을 드러내고 있다고 보여 진다. 여기에도 서구우월주의가 숨어 있다.

더욱이 동양 사람은 서구문명의 밖에 있기 때문에 문제를 더욱 명확하게 볼 수 있고, 또한 대안을 제시하기에 유리한 입장에 있다. 왜냐하면 동양은 서양보다는 덜 이성적이기 때문이고, 또한 불교철학을 비롯하여 노장철학 등을 보유하고 있기 때문이다.

현상에서 존재(본질)를 바라보는 것과 존재에서 현상을 바라보는 것은 다르다. 전자는 질서에서 질서 이전의 혼돈을 바라보는 것이 되고, 후자는 혼돈에서 질서를 바라보는 것이 된다. 현상(질서)에서 존재를 바라보는 것에 익숙했던 하이데거는 '죽음(죽을 사람)'에서 염려(Sorge)와 함께 삶을 바라보았으며 그의 회상적 사유는 '시원-죽을 사람'을 왕래하는 것이었다.

하이데거는 현상학에서 출발하여 존재(생성)에 이르렀지만, 현존재(인간)를 기준(기점)으로 출발하였던 관계로 존재를 아는데 그쳤고, 현존이 현상이 아닌, 바로 존재인 줄 알지 못했다. 아마도 하이데거는 존재를 차마 기운생동의 혼돈(混沌)이라고 말할 수 없었을 것이다.

현존은 '현상과 존재'로 갈라진다(현존=현상/존재=표층/심층=色/空=有/無=秩序/混沌). 이것을 존재론적 차이라고 말할 수 있다. 서양문명의 이상이라고 할 수 있는 자유, 평등, 사랑을 여기에 대입하면 현존=사랑, 현상=자유, 존재=평등이라고 할 수도 있을 것이다.

〈예술인류학적으로 본 동서양문명〉

서양철학과 문명	동양철학과 문명	예술(철학)인류학적 융합
시각-언어-페니스	소리-상징-버자이너	감각과 철학의 관계
양음(陽陰)-남성중심의 철학	음양(陰陽)-여성중심의 철학	부계사회와 모계사회
페니스 있음-페니스 없음	페니스를 생산하는 자궁	양성세계의 출발
유대기독교이슬람	유불선 (풍류도, 샤머니즘)	힌두교는 종합이다
실체 (개체, 원자, 절대동일성)	실재 (비실체, 空, 無, 차이성)	알 수 없는 세계가 있다
실체론 (이원대립의 세계)	관계론 (이원대립도 관계다)	사방으로 확장되는 대립
앎(지식)의 철학	삶(지혜)의 철학	삶의 철학으로서 앎
자연과학	자연 그 자체	자연은 대상이 아니다
역사철학	자연생태	인간은 자연의 일부이다
이(理)철학/ 이성(理性)철학	기(氣)철학/ 소리(性音)철학	性音은 音聲만이 아니다
이원대립(절대-상대) 철학	천지인-음양(순환)철학	절대는 자연을 끊은 것
현존(presence)을 이성으로 봄 그라마톨로지 (grammatology)	현존을 생멸로 봄 포노로지(phonology)	데리다의 역설은 서양철학의 역설이다
현상학: 서양철학은 현상학 (이데아는 현상학의 출발이다)	현존학: 동양철학은 생멸학 (현존이야말로 생멸이다)	하이데거 존재론은 현상학과 현존학의 사이
보편성의 철학	일반성의 철학	일반적이고 보편적인
다원다층의 음양학으로서의 동서문명 (performance의 문명)		코드(code)=코드(cord)

서양철학의 개체중심(원자주의)은 사물을 바라볼 때 '실체·절대·동일성'으로 바라보게 되는 것을 피할 수 없다. 동일성의 철학은 동일성을 둘러싸고 있는 세계와 대립하기 마련이다. 만약 동일성이 그것을 둘러싸고 있는 세계가 없다면 동일성 자체가 고정불변의 실체이기 때문에 세계는 역동적이거나 움직이지 못하고, 고정되고 정태적이 되어버리는 것을 피할 수 없다. 그래서 선이 선이기 위해서는 악이 있어야 하고, 선과 악의 경우도 각각 동일성이다.

　그런데 이원대립 항을 동일성이 아니라 동시성으로 보면 대립항은 하나이면서 둘이고(一而二), 둘이면서 하나가 된다(二而一). 세계를 동시성으로 바라보는 것은 실은 시간이 없다는 말로 통한다. 시간이 없으면 공간도 없는 것이고, 시공간이 없으면 이것이 바로 질서가 없는 것이고, 혼돈을 말하는 것이 된다. 혼돈이라는 단순히 무질서가 아니라 일종의 기운생동을 말하는 것으로서 우주적 양(陽: 남성성)의 기운과 음(陰: 여성성)의 기운이 태극운동을 하는 것을 말한다.

　동양철학의 생성변화는 바로 태극음양변화를 말한다. 서양철학처럼 시공간적 운동차원을 존재라고 하는 것과는 다르다. 동양의 생성은 존재가 아니다. 동양의 생성은 실체(개체, 원자)가 없는 것이고, 기운생동이나 파동 혹은 소리로 상징되거나 은유될 뿐이다. 생성(존재)은 개체 이전의 것이고, 개체가 모인 집단도 아니다.

　진정한 존재는 결코 대상이 되지 않는다. 진정한 존재는 현존이기 때문이다. 그런데 현존재인 인간이 존재자로서 존재를 바라보면 이미 존재가 대상화하는 것을 피할 수가 없다. 이것이 〈시각-언어〉의 연쇄인 서양철학의 타성이며 착각이다. 그렇기 때문에 존재를 두고 초월적인 생각에 빠지게 되는 것이다. 서양철학사에서 가장 칸트적 존재에서 탈출한 철학자인 존재론 철학자인 하이데거나 구체철학의 가브리엘 마르셀조차도 초월적 사고에서는 벗어나지 못하게 되는 것은 이 때문이다.

하이데거의 은적(은폐)과 현현(현성)은 바로 시각적인 사고가 남아있기 때문에 붙여진 이름이다. 만약 시각적인 사고가 없었으면 은적이니 현현이니 하는 용어를 생산할 필요가 없는 것이다. 현존적 존재는 은적하지도 않고 그렇기 때문에 현현하지도 않는다. 현존은 대상화된 현상이 아니라 '살아있는(기운생동 하는, 현사실적인, 탈신화화 하는) 존재'이다. 그래서 현존은 직관으로 이해할 뿐이다.

현존에 대한 서양철학자들의 잘못된 이해, 즉 '눈앞에 있음'의 '있음'은 이미 현존을 대상화하여 존재자로 본 것, 즉 현상에 지나지 않는다. 그런 점에서 서양철학은 출발부터가 현상학이며, 플라톤조차도 결국 '이데아(본질)의 현상학'인 셈이다. 따라서 생성의 의미로서의 존재를 회복하기 위해서는 종래 칸트적 의미의 존재와 다른, 하이데거적 의미의 존재의 설정이 불가피하였다.

현존에 대한 잘못된 이해가 '현존'과 하이데거적 의미의 '존재', 그리고 현재적 의미의 '현상'을 갈라놓게 하였다. 하이데거적 의미의 존재는 '눈에 보이는 않는 존재', '은적(은폐)된 존재'이다. 하이데거는 이 은적된 존재를 '본래적 존재'라고 하였다. 그러나 '은적된 존재'는 애당초 없다. "내(자신, 인간) 눈에 보이지 않는다."고 은적되었다고 하는 것은 너무 주관적이고 인간중심적인 지각에 대한 설명이다. 존재는 결코 자신을 숨기지 않는다. 자신의 존재방식으로 존재(현존)할 뿐이다.

하이데거의 존재는 문맥에 따라 생성적인 존재가 되기도 하고, 초월적인 존재가 되기도 한다. 더 정확하게는 하이데거의 존재는 초월의 초월(초월의 순환)일 수도 있다. 바로 그 초월성이 그로 하여금 완전한 동양적 의미의 생성적 존재로 들어오는 것을 방해하였을 가능성이 높다.

하이데거는 현존이야말로 진정한 생성적 존재임을 몰랐을 수도 있다. 현존은 본래대로 존재하고 있는 '본래적 현존'인 것이다. 그러나 그 기운생멸하는 현존은 결코 잡을 수 없다는 점에서 서양철학의 실체적 전통하에 있는 하이데거가 '은적'을 말한 것은 이해할 만하다. 인간이 잡은 것은 이미 현재적 현상이기 때문이다.

그렇더라도 하이데거는 서양철학과 동양철학의 경계에 있었던 인물이다. 그가 흔히 말하는 존재진리의 풍요로움을 인식적 진리(명제적 진리)에 의해 축소되었다고 보는 견해는 참으로 서양철학자로서는 획기적인 전환이라고 하지 않을 수 없다.

하이데거는 서양철학의 '존재'를 놓을 수 없었고, 데리다는 '문자'를 놓을 수 없었다. 이에 앞서 니체는 '힘(권력)'을 놓을 수 없었다. 여기에 들뢰즈는 '기계'를 놓을 수 없었다. 결국 서양철학은 세계를 기계로 환원하는 과학문명의 시대에 걸 맞는 철학을 한 셈이다. 이것이 데카르트에 의해 시작되는 근대 서양철학의 종착역이다. '하이데거, 데리다, 들뢰즈'는 '시간, 공간, 기계'의 철학자이다.

"나는 생각한다. 고로 존재한다."라는 말은 "나는 존재한다. 그리고 생각한다."('생각보다 앞선 존재')를 뒤집은 것으로 데카르트의 명제 속에는 이미 기계(예컨대 시계)가 들어있다. 앞서 예를 든 철학자들은 모두 데카르트의 후예들이다. 들뢰즈는 그 후예들의 종착역과 같은 존재이다. 서양철학이 과학철학에서 꼼짝 못하는 이유는 바로 여기에 있다.

하이데거는 그래도 '시(詩)의 철학'에 진입하는 것으로서 가까스로 서양철학의 굴레에서 간신히 벗어날 수 있었다. 하이데거의 공적은 서양철학에서 동양적 생성론에 도달한 것이라기보다는 시(詩)철학을 회복한 것으로 볼 수 있다.

말하자면 하이데거의 '은적(隱迹)'이라는 용어는 시인의 눈으로 보면 일상적으로 타성화된 사물을 본래사물의 모습으로 돌려놓는 '은유(隱喻)'에 견줄 수 있다. 은적은 존재가 숨는다고 하는 매우 현상학적인 시각을 유지하고 있지만, 그래도 시인들이 노래하는 은유의 세계를 넘어보는 맛이 있다. 은적과 은유는 존재를 노래하는(존재와 하나가 되는) 물심일체의 경지를 공유하고 있다.

하이데거의 철학을 시인의 철학이라고 하는 것은 마치 중국불교의 선종사(禪宗史)에서 신수(神秀, 605~706)와 혜능(惠能, 638~713)의 차이에 비교할 수 있다. 신수와 혜능은 오대조(五代祖) 홍인(弘忍)의 뛰어난 제자였다.

잘 알려진 시이지만, 신수가 스승에게 바친 오도송(悟道頌), 선시(禪詩)는 다음과 같다.

신시보리수(身是菩提樹) 몸은 보리의 나무요
심여명경대(心如明鏡臺) 마음은 밝은 거울의 대와 같나니
시시근불식(時時勤拂拭) 때때로 부지런히 털고 닦아서
물사야진애(勿使惹塵埃) 티끌과 먼지 앉지 않도록 하라.

혜능이 스승에게 바친 시는 다음과 같다.

보리본무수(菩提本無樹) 보리는 본래 나무가 없고
명경역비대(明鏡亦非臺) 밝은 거울 또한 틀이 아니네.
본래무일물(本來無一物) 본래 한 물건도 없는데
하처야진애(何處惹塵埃) 어느 곳에 티끌과 먼지가 묻으리오.

혜능의 시에 흡족했던 홍인은 선종의 법통을 혜능에게 주기로 작정하고, 대중들의 시기를 염려하여 "이것도 견성구(見性句)냐."라고 물리치고 밤중에 혜능을 다시 부른다. 다시 마지막 관문으로 금강경을 읽고 있는 스승에게 혜능은 다음의 시를 지어 바친다.

하기자성본자청정(何期自性本自淸淨)

하기자성본불생멸(何期自性本不生滅)

하기자성본자구족(何期自性本自具足)

하기자성본무동요(何期自性本無動搖)

하기자성능생만법(何期自性能生萬法)

(자성이 본래 청정한 줄 어찌 알았으며

자성이 본래 생멸이 없는 줄을 어찌 알았으며

자성이 본래 만법이 구족함을 어찌 알았으며

자성이 본래 동요도 없는 줄 어찌 알았으며

자성을 좇아 만법이 나는 것을 어찌 알았으리요.)

　　존재에 대한 시(詩)의 단계는 신수의 단계, 즉 '거울(鏡)의 단계'라고 말할 수 있다. 거울의 단계는 '언어(문자)의 단계'라고 말할 수 있다. 거울의 단계는 표면의 반사에 불과하다. 말하자면 사물 그 자체에 도달하지 못한 단계이다.

　　혜능의 단계는 '거울의 단계'가 아니라 자성(自性)이 만법(萬法)인 단계, 즉 본래존재의 세계이다. 필자는 이러한 세계를 심물일체(心物一體), 만물만신(萬物萬神), 만물생명(萬物生命)의 세계라고 한다.

〈신수와 혜능〉

현상학적 단계 (신수의 단계)	거울의 단계 (서로 비추는 단계)	주체-대상의 왕래 단계 (인식, 의식의 단계)	하이데거는 '신수'와
존재론적 단계 (혜능의 단계)	거울이 없는 단계 (心物一體의 단계)	자성이 만법의 단계 본래존재의 세계	'혜능'의 사이에 있었다.

　　이상의 의문을 현상학적인 물음으로서 "보는 대로 있느냐, 있는 대로 보느냐?"라고 물으면 그 답은 "보는 대로 있는 것과 있는 대로 보는 것은

같다(둘은 가역·왕래한다)."라고 말할 수 있다. 현상학적인 단계는 서로 왕래한다.

이를 존재론적으로 물으면 그 답은 "보는 대로 있는 것도 아니고, 있는 대로 보는 것도 아니다."라고 말할 수 있다. "있는 것을 볼 수도 없고, 보이는 것은 있는 것이 아니다." "현존이 존재이다." 그러나 현존과 존재는 설명할 수는 없다. 설명할 수 있는 것은 이미 존재가 아니라 현상이다.

〈현상학과 존재론〉

현상학적 단계	보는 대로 있느냐 있는 대로 보느냐	보는 대로 있는 것과 있는 대로 보는 것은 같다(둘은 서로 왕래한다)
존재론적 단계	보는 대로 있느냐 있는 대로 보느냐	보는 대로 있는 것도 아니고 있는 대로 보는 것도 아니다(현존이 존재이다)

철학적 존재론은 존재를 대상화하는 것이 아니라 존재를 그 자체로 인정하며 노래하는 감동의 경지를 말한다. 하이데거가 시인 휠더린을 칭송하고 고향의 의미를 새롭게 부각시킨 것은 바로 그가 시인철학자였음을 말해준다.

니체는 이에 앞선 시인철학자였지만 시(예술)를 힘(권력)의 상승증대에 활용함으로써 중도에 그쳤다. 이것이 '시인철학'에 도달한 하이데거와 '디오니소스의 긍정의 철학'의 차이다.

하이데거는 칸트가 철학의 과학화를 위해 버려둔(포기했던) 신(God)과 물 자체(Thing itself)를 다시 철학의 대상으로 잡아서 칸트의 소위 실체적 존재론을 새로운 존재론(하이데거 존재론)으로 전환시킨 인물이다. 그래서 그는 신과 인간과 천지의 사물들을 서로 비추는 존재로 설명했다.

하이데거는 우주적 존재를 사중물(四重物: das Geviert: 하늘, 땅, 죽을 사람, 제신)로 상징적으로 표현하고, 이들이 서로 비추고 침투하는 관계에 있음을 말했다.[19] 여기서 비추는 것은 시각과 거울효과 혹은 그림자를 말하는 것이다. 거울효과는 표면의 반사에 지나지 않는다. 반사도 일종의 울림이기는 하지만 물리학에 비유하면 일종의 입자물리학의 단계라고 말할 수 있다. 진정한 반사는 반향(反響)으로서 소리의 울림인 공명(共鳴)이다.

소리와 울림에 대해서 서양의 어떤 철학자보다 높은 이해를 하였다 할지라도 하이데거의 존재는 여전히 서양철학의 시각적 차원을 완전히 극복하지는 못하고 있음을 뜻한다. 비추는 것은 사물 그 자체는 아니기 때문이다. 우주는 시각적 사건이 아닌 청각적 사건이고, 파동이고, 소리이다.

4. 하이데거의 사방세계와 천부경

하이데거의 사중물은 동양의 최고경전인 『천부경(天符經)』의 세계와 통하는 점이 많다. 그런 점에서 하이데거가 천부경을 접했을 가능성이 높다. 천부경은 하늘, 땅, 사람을 중심으로 세계를 설명하였지만, 하이데거는 여기서 신(神)을 보태 '사중물'로 본 것이다. '신'을 보탠 것은 물론 기독교 절대유일신의 영향일 것이다. 기독교의 '신'은 천지인의 순환체계를 끊고 설정한 일종의 절대 신앙체계이다.

그렇지만 서양문명을 근원적으로 비판한 하이데거는 절대유일신의 기독교체계의 유산을 가지고 동양의 천부경의 순환체계에 적응하려고 노

---

19) 박정진, 『일반성의 철학과 포노로지』(소나무, 2014), 689~691쪽.

력한 철학자이다. 그래서 그 신은 유일신이 아닌 제신(諸神)이다.

천부경은 모두 81자로 상경(上經), 중경(中經), 하경(下經)으로 나뉜다. 상경은 천(天, 一)을 중심으로 천지인을 설명하고, 중경은 지(地, 二)를 중심으로 천지인을 설명하고, 하경은 인(人, 三)을 중심으로 천지인을 설명하고 있다.[20]

하이데거가 인간을 '죽을 인간'이라고 규정한 자체가 그가 존재론을 주장했지만 현상학적 출발, 즉 현상학의 그늘을 완전히 벗어나지는 못했다는 것을 말한다. '죽을 인간'이란 천지창조와 종말구원의 사상을 벗어난 것 같지만 실은 그것의 현상학적 변형에 불과하다. 하이데거는 개인의 죽음을 인류의 종말에 빗대어서 해석함으로써 여전히 기독교적 세계관에서 벗어나지는 못했음을 보여준다. 말하자면 '죽을 인간'이라는 현상학적 지향점(대상-목적)을 설정해놓고, 바로 그 설정 때문에 항상 불안을 벗어나지 못하는 것이 인간이기 때문이다. 인간의 죽음은 자연의 필연당위의 일이라고 볼 수도 있기 때문이다.

〈천부경과 사방세계〉

천부경 상경	천(天)을 중심으로 천부경을 설명함	하이데거의 하늘	'사중물'이 서로 비춤
천부경 중경	지(地)를 중심으로 천부경을 설명함	하이데거의 땅	
천부경 하경	인(人)을 중심으로 천부경을 설명함	하이데거의 죽을 인간	

서양철학이 이성의 근거로 제시한 소리도 빛도 결코 이성이 아니다. 단지 인간이 소리와 빛을 이성이라고 보았을 뿐이다. 이것은 일종의 자기투사이다. 소리와 빛이 이성이라면 인간이 태어나기 전에도 빛과 소리

20) 박정진, 『철학의 선물 선물의 철학』(소나무, 2012), 327~348쪽.

가 있었고, 이성이 발달하였어야 하는데 그렇지 못하다. 이성은 인간과 더불어 탄생한, 니체의 말대로 '너무나 인간적인 인간적인' 일인 것이다. 우리는 욕망이 먼저인지, 이성이 먼저인지 알 수 없다. 그렇게 보면 이성과 욕망은 서로 교차·교대한 것으로 봄이 적절하다. 말하자면 대뇌적 욕망이 이성이고, 신체적 이성이 욕망이었던 것이다.[21] 이것은 근본적으로는 인간이 동물에 있었던 발정기가 없어지는 성적 메커니즘과 관련이 있는 것이다.[22]

서양철학에 있어서 시각적 한계와 특성에 관한 문제는 데리다에게도 그대로 적용된다. 데리다의 쓰기(writing, écriture)야말로 시각적인 것이 아닌가. 데리다가 서양의 이성철학을 벗어났다고 주장하면서도 결국 이성철학의 실질적인 원인인 문자를 바탕으로 문자학(grammatology)을 구축하고, '쓰기(écriture, gramme)'를 자기철학의 키워드로 사용한 것은 서양철학의 타성 때문이다. 그의 '쓰기(écriture)'는 라캉의 '에크리(Écrits)'와 다를 바가 없는 개념이다.

데리다는 또 문자를 초월적인 의미로 사용하는 것을 나타내기 위해서 '원(原, arche)' '원초적 글쓰기(archi-writing)', '원초적 흔적(archi-trace)' 등의 말을 사용한다. 이는 라캉의 언어 환원주의를 문자로 대체한 것에 불과하다. 이러한 태도들은 반이성주의를 부르짖으면서도 전혀 서양철학의 '언어-이성주의'를 벗어나지 못한 행동이다. 데리다의 그라마톨로지도 반이성주의를 표방하면서도 정작 이성주의철학에서 실행한 텍스트생산의 역동적 과정을 설명하고 있을 뿐이다. 이를 하이데거의 존재론에서 말한다면 '존재자'의 의미가 될 수밖에 없고, 그렇게 말하기로 한다면 서양철학의 모든 글쓰기는 '그라마톨로지'였다고 말할 수 있다.

---

21) 박정진, 『일반성의 철학과 포노로지』(소나무, 2014), 541~569쪽.
22) 박정진, 같은 책, 571~589쪽.

이를 서양철학사의 관점에서 보면 철학적 용어생산과정에서 발생한 자기순환, 자기도착, 정신적 강박관념(정신병리 현상)의 일종이라고 말할 수 있다. 여기에는 이성 중심-남성 중심의 문명적 허위의식이 숨어 있다. 이성과 남성을 부정하면서도 이성 중심-남성 중심일 수밖에 없는 서양철학의 한계이자 특징이다.

서양철학은 궁극적으로 '여성콤플렉스'를 가지고 있다. 그래서 여성을 가학(加虐)하고 심지어 포르노그래피(pornography)한다. 서양철학은 여성을 상대로 포르노그래피 하지만 결코 소리철학(phonology)를 만들어낼 수 없다. 그러한 점에서 필자의 소리철학은 철학적 여성주의, 여성성의 철학이라고 말할 수 있다. 여성이야말로 진정한 자연이다.

데리다의 산종(散種, dissemination)이 산종인 이유는 '텍스트(text=기록)'에 파종하기 때문이다. 우주의 진정한 생산(생성)에 이르려면 '남자의 파종(播種)'이 텍스트(text)가 아닌 여자의 자궁(matrix)에 이르러서 '여자의 재생산(reproduction)'의 콘텍스트(context=기운생동)에 참여해야 한다. 결국 여자만이 자연의 최종적인 생성의 주인공이며 상속자이다. '진정한 생성(becoming)'은 여자에 의해서 이루어질 뿐이다. 그런 점에서 들뢰즈의 '여자-되기(woman-becoming)'마저도 생성을 흉내 내는 남자의 가짜행위인 것이다.

'남자의 여자-되기(woman-becoming)'는 오로지 남자의 입장에서 짐짓 '-되기(-becoming)'를 추구하는 것일 뿐이다. 남자의 '정충'은 여자에 의해 '씨뿌리기'의 성공여부가 결정되고, 텍스트의 '의미'는 끊임없이 불변의 결정성을 기도하지만 결국 무의미하게 되고 해체(deconstruction)된다. 이것이 남자가 주도하는 텍스트의 역사적 운명이다.

데리다의 그라마톨로지는 서양철학과 문명의 도착적 현실을 철학적으로 드러낸 사건이라고 볼 수 있다. 그가 파종을 산종이라고 하는 것은 마치 '문자(文字)의 포르노적 사건'을 은유하는 것이라고 말할 수 있다. 그런 점에서 철학은 고상한 체 하지만 실은 그 시대의 문화현상을 자신도 모르게 형이상학적으로 표현하는 셈이다.

데리다의 관점은 포르노적 쾌락주의에 의해서 여성의 자궁에 들어가지 못하고, 여성의 피부(표면)에 흩뿌려진 정충을 마치 문자의 초월적인 현상으로 바라보는 형이상학적 도착(폭력)에 비할 수 있다. 데리다의 그라마톨로지는 서양철학의 내홍을 드러내는 '철학적 정신병'이라고 말할 수 있다. 니체의 정신병이 '힘(권력)의 정신병'이라면 데리다의 정신병은 '언어(의미)의 정신병'이라고 말할 수 있다.

데리다의 철학적 정신병·성적 도착의 결과인 그라마톨로지를 치유하고자 하는 것이 필자의 소리철학인 포노로지(phonology)이다. 소리야말로 무의미를 포용하고 개념의 초월성을 극복할 수 있는 현존이며, 보이는 것이든 보이지 않는 것이든 모든 사물을 일반적인 존재(존재일반)로 포용하는 일반성의 철학의 다른 이름이다.

프랑스의 후기 근대철학을 대변하는 데리다와 들뢰즈는 서양철학사의 마지막을 장식하는 인물의 성격이 강하다. 데리다는 관념주의 전통에서 그라마톨로지(grammatology)를 주장하고 있고, 들뢰즈는 유물론적 전통에서 머시니즘(machinism)을 주장하고 있다.

관념주의 전통에서의 데리다의 분절(articulation)은 유물론적 전통의 들뢰즈의 접속(connection)과 같은 것이다. 유심과 유물의 이분법은 서양철학의 종착역으로서 결국 같은 것인데도 이들은 평행선을 긋고 있다. 결국 문법(grammar)이 기계(machine)가 된 것을 모르는 까닭이다. 텍스트(text)가 결국 테크놀로지(technology)이다.

사물(Thing)-시간(Time-Space)-텍스트(Text)-테크놀로지(Technology)는 결국 현상학적 차원에서 일어나는 동일한 현상으로서

'동일성을 추구하는 것'이라 할 수 있다. 이들은 모두 자연적 존재를 사물(사물존재)로 봄에 따른 결과이며, 시간이 없으면 텍스트도 없고, 텍스트가 없으면 테크놀로지도 없는 것이다. 플라톤의 이데아를 비롯해서 칸트의 순수이성, 헤겔의 절대정신 등은 현상학에서 '원인적 동일성'을 추구하는 철학이었다면, 이들은 '결과적 동일성'을 추구한 철학이라고 할 수 있다. 결국 모두 현상학에 속한다.

　서양 철학사에서 유일하게 하이데거만이 현상학에서 벗어나서 존재론(생성적 존재론)을 개척한 철학자라 할 수 있다. 인간의 머리(대뇌)에서 현상학이 역사적으로 여러 변형들을 일으키는 근본적인 동력은 신체적 존재로서의 인간에 내재한 생성-변화하는 힘, 자연의 기운생동이 있기 때문이다.

　해체주의는 쉽게 말하면 원인에 초점을 두었던 서양철학이 결과에 초점을 둔 것에 불과하다. 원인이든 결과이든, 현상학적 차원에 속하는 것으로 같은 차원이다. 손바닥을 보고 손이라고 하든 손등을 보고 손이라고 하든 결과적으로 모두 손을 말하는 것임에는 같다.

〈쇼펜하우어, 니체, 데리다, 들뢰즈〉

철학자	현상학(결과적 동일성)	내용
아르투어 쇼펜하우어	의지-표상 (Die Welt als Wille und Vorstellung)	염세주의(불교에 심취)
프리드리히 니체	힘(권력)-의지 (der Wille zur Macht)	초인사상 (디오니소스의 긍정)
자크 데리다	텍스트-글쓰기(부재) (Text)	그라마톨로지 (Grammatology)
질 들뢰즈	유물-기계(생성) (Technology)	차이와 반복 (Différence et répétition)

텍스트와 테크놀로지는 모두 시간(time)의 산물이다. 말하자면 텍스트와 테크놀로지는 모두 시간으로 환원된다. 시간은 만든 인간은 텍스트를 만들 수밖에 없었고, 텍스트를 만든 인간은 테크놀로지를 만들 수밖에 없었다. 이들은 모두 다른 것이 아니다.

이(理)와 이성(理性)은 언어적 표상에 불과하다. 이것이 학문과 도덕과 과학의 세계이다. 세계의 실재는 기(氣) 혹은 기운생동(氣運生動), 기운생멸(氣運生滅)이다. 시(詩)와 예술은 기운생멸을 운율화(韻律化)한 기운생멸(氣韻生滅)이다. 이(理)와 이성(理性)은 바로 인간의 특성일 뿐이다. 인간의 언어적 표상이 발전하면 기운적(機運的)·기계적(機械的) 표상이 된다. 즉 언어와 기계가 된다.

인간은 자신도 모르게 스스로 건설한 기계적 환경에 둘러싸이면서 기계가 되어가고 있다. 기계적 환경에 둘러싸인 정황이 바로 들뢰즈의 전쟁기계라는 개념에서 여실하게 드러나고 있다. 이제 기계의 전쟁, 전쟁의 게임 같은 것이 설정되고 있다.

게임의 전쟁, 전쟁의 게임은 인간이 자연에서 추출한 것이다. 자연의 기운생동과 게임은 전혀 다른 세계이다. 인간은 자연의 기운생동을 게임 혹은 기계처럼 생각하고 스스로를 기계로 변신시킨 가운데 기계의 감옥 속에 살아가고 있다. 기계와 과학이야말로 추상이다. 우리는 이렇게 말할 수 있다. 과학이야말로 유물론이다. 마르크스의 유물론이야말로 유심론(관념론)이다. 마르크시즘은 마르크스의 관념이다. 인간의 문명은 그동안 추상과 관념을 이용하여 살아왔지만, 결국 추상과 관념의 보복에 직면해 있다.

인류사를 보면 '신화와 종교'의 시대에서 '과학과 기술'의 시대로 변해왔다. 이것은 신화와 종교의 시대는 언어의 시대로, 과학과 기술의 시대는 기계의 시대로 특징지어진다. 언어와 기계는 인류문명의 충돌을 이끌어가는 주된 동인이다. 바로 여기서 대오각성(大悟覺醒)하여 자연친화력을 회복하지 않으면 인류는 공멸할 수도 있다.

언어(text)와 기계(technology)의 시대의 해독은 물론이고, 자연친화력을 회복하기 위해서는 '시(poet)와 예술(art)'의 시대로 넘어가지 않으면 안 된다. 이때 시와 예술의 시대라는 것은 인간의 힘(권력)을 강화(상승·증대하는)하는 것에 기여하는 것이 아니라 자연으로 돌아가는 것에 봉사하는, 본래 인간성으로 귀속(歸屬)하는, '재귀(再歸)로서의 예술'이다.

인간은 절대(동일성, 소유)의 동물이다. 자아의 동물이니 절대적이 될 수밖에 없다. 절대는 '나는'이라는 말에서 출발한다. 절대는 말이고, 생각이다. 그래서 역설적으로 본래의 인간으로 돌아가는 의미에서의 '인간의 완성'은 그것을 버리는 '생각하지 않기'와 '말 버리기'이다.

신라의 고승 정중무상선사((淨衆無相禪師, 684~762)은 삼구(三句)인 "무억(無憶), 무념(無念), 막망(莫妄)"을 정법안장(正法眼藏)으로 외쳤다.

이 세계의 모든 말과 개념은 인간이 만든 것이다. 이 세계라고 하는 말조차 인간이 만든 것이다. 따라서 인간이 다시 자연으로 돌아가는 비결은 자신이 만든 개념을 버리고 자연 그 자체를 바라보는 일이다. 자연의 소리를 듣고 자연의 기운생동을 느낄 일이다. 소리를 타고 마음의 파동을 느낄 일이다.

하이데거는 존재가 숨어 있다가 때때로 드러난다고 말한다. 그러나 정확하게 말하면 존재는 숨어 있지 않다. 존재를 숨어있다고 하는 자체가 실은 현상학의 언덕에서 존재를 바라보는 태도를 의미한다. 서양철학의 현상학적 전통(고정불변의 존재가 있다고 하는 전통)에서 존재(생성변화하는 생성적 존재)를 바라보는 자체가 참으로 어려운 것이다. 그러한 점에서 하이데거는 동서양철학의 경계에 서 있었던 창조적 주변인이었다.

현상학은 자연의 인간화를 의미하고, 존재론은 인간의 자연화를 말한다. 현상학은 인위를 지향하고, 존재론은 무위를 지향한다. 현상학의 절정은 역시 자연과학이다. 극도로 기술화된 기술문명의 현대에서 존재의 회복은 신체적 존재론이다. 현대에 이르러 과학과 철학은 가장 첨예하게 대척점에 서 있다. 과학에 철학의 자리를 내준 과학철학자가 되지 않았다면 말이다.

자연의 인간화=현상학=인위=자연과학
인간의 자연화=존재론=무위=신체적 존재론

그렇다면 존재는 무엇인가. 자연의 인간화, 혹은 인간의 자연화가 아닌 자연 그 자체이다. 눈앞에 펼쳐져 있는, 인간에 의해 대상화되기 전의 자연이 바로 존재이다. 그런 점에서 형용사가 붙어도 의미가 왜곡되지 않는 존재는 '자연적 존재'이다. 눈앞에 있는 자연은 대상화하지 않는다면 바로 존재이다. 신체는 지금도 태초처럼 시시각각 생멸하고 있다. 신체야말로 신(神)이다. 무시무종(無始無終)의 신이다.

하이데거는 존재를 현상화 시킨 철학자라는 점에서 존재현상학자라고 부르는 것이 마땅하다. 그랬기 때문에 그는 종래 서양철학의 존재를 존재자라고 규정하고 새로운 존재론을 전개하였던 것이다. 그의 철학적 용어들은 모두 존재와 현상의 경계에서 탄생한 언어이고, 애매모호한 언어이다. 그렇지만 그는 진정한 존재론자, 즉 생멸을 당연한 것이면서 필연적인 것으로 받아들이는 열반(涅槃)한 모습은 아니었다. 단지 그는 죽을 존재인 인간의 불안과 공포가 죽음과 함께 본래존재, 혹은 근본존재를 느끼는 데서 비롯되는 것임을 간파한 철학자였다. 다시 말하면 하이데거는 부처와 같은 불교적 존재론에 이르지는 못한, 그 언저리에 있었던 인물이다.

그는 말년에 횔덜린의 시에 묻혀 살았다. 시인의 은유에서 존재를 발견하였기 때문이다. 다시 말하면 과학적 글쓰리가 아니라 시적 글쓰기에서 존재의 피안을 발견한 셈이다. 시인의 은유는 사물과 현상을, 한 사물을 다른 사물의 관점에서 바라봄으로써, 존재의 언어로 바꾸는 언어의 주술사라는 점에 감탄하였던 것 같다. 그는 횔덜린의 시에서 존재의 안식을 찾았던 것인지 모른다.

우리는 이렇게 말할 수 있다. 자연은 자연적 존재(본래존재)이고, 문명적인 것은 모두 제도적 존재자(비본래적 존재)라고—. 인간이 아는 것은 모두 '것(존재자)'이다, 라고—.

5. 물신숭배에서 신물숭배로
—동일성과 차이성, 자연주의와 평화—

1) 물신-기계시대의 인간소외

서양철학과 문명을 진단하려면 서양철학의 밖에 있어야 한다. 서양의 주류철학은 우선 고정불변의 어떤 본질(가상실재)이 있음을 가정하고 있다. 이것은 이미 '초월적 사유'의 시작이다. 이것은 결국 플라톤의 이데아를 거쳐서 칸트에서 이성이 되었다. 세계의 본질(신과 물 자체)에 대한 탐구의 포기와 함께 칸트는 그야말로 현상학을 출발시켰다.

칸트의 이성철학은 물론 데카르트의 코기토(근대철학의 시작)에서 출발하고 있다. 데카르트에 의해 생각이 존재가 되고(존재가 생각이 되고), 생각하는 주체는 항상 대상을 설정하고 왕래하지 않으면 안 된다. 바로 그 때문에 현상학의 주체는 항상 초월적 주체(공간적으로)이고, 대상은 항상 영원한 대상(시간적으로)이 되지 않으면 안 된다.

칸트의 순수이성철학은 헤겔에 의해 절대정신의 정신현상학으로 발전한다. 순수이성철학은 정언명령과 같은 수직적·공간적 체계인데 반해 정신현상학은 역사철학으로서 수평적·시간적 체계였다. 순수이성철학은 과학(science)의 법칙과 같은 양심(conscience)의 도덕체계였다면, 정신현상학은 시대정신을 개념화(conception)·절대화하는 절대의식체계였다.

정신현상학은 인간이 스스로의 정신(자기의식)을 대상으로 한 현상학의 집대성이다. 헤겔 이후 철학은 현상학에 본격적으로 들어가게 된다. 헤겔 이후는 철학은 모두 현상학에 소속되게 된다. 니체의 '힘에의 의지 철학'도 일종의 현상학의 변형이다. 니체의 주권적 개인은 초월적 주체의 변형이고, 영원회귀는 영원한 대상의 변형이다.

서양철학은 결국 '힘(권력)을 의지한 철학'이었고, 이를 바탕으로 한 서양문명은 힘의 증대를 목표로 하는 문명이었음이 폭로된다. 고정불변의 어떤 존재를 가정한 서양철학은 결국 눈에 보이고 손에 잡히는 실체를 추구하는 철학이었고, 그 실체가 바로 힘(권력)이었던 것이다. 서양철학과 문명은 오늘날 결국 과학문명을 이루었고, 과학은 신의 자리를 대신해서 무소불위의 힘(권력, 폭력)을 행사하고 있다.

서양문명이 힘(권력)을 경쟁하고 과시하는 문명, 패권주의를 지향하는 문명이 될 수밖에 없는 이유가 여기에 있다. 서양문명이 계몽주의를 거쳤고, 합리주의를 완성했다고 하지만 결국 1, 2차 세계대전을 치렀고, 파시즘에 빠졌고, 심하게는 대량학살(genocide, 인종학살)을 범했던 것이다.

파시즘과 대량학살이라는 것은 서양문명이 어쩌다 실수를 한 것이 아니라 서양문명 자체의 힘(권력)의 추구, 동일성(실체)추구의 결과였다는 것이 점점 드러나고 있다. 이것은 한마디로 '신(기독교)=초인(신-인간)=인간신(과학)'으로 설명될 수 있다. 합리주의의 결과는 허무주의였고, 허무주의를 극복한다고 한 것이 다시 파시즘이 되어버렸던 것이다.

서양철학은 개념의 벽돌장을 쌓아올려 기계에 이른 구성물에 지나지 않는다. 결국 개념이 기계가 됨으로써 세계를 자연에서 기계로 환원시키고, 자연을 황폐화시킨 나머지 인간을 소외시키는 괴물이 된 것이다. 그 기계의 놀이라는 것이 끝내 전쟁기계를 통해 그 힘을 과시하게 된 현상이 오늘날의 패권경쟁이다.

잡을 수 없는 원자의 힘을 이용하여 원자력이라는 불(에너지)을 만들었으나 이를 끝내 원자폭탄으로 만들어 무기화함으로써 세계를 일시에 망가뜨릴 수 있는 힘을 가지게 된 것이 현대인이다. 그런데 문제의 그 힘은 악마에 더 가까운 것이 사실이다. 욕망, 소유, 집단이기의 인간의 모습은 악마의 모습에 더 가깝다.

기술패권주의시대는 인간으로 하여금 새로운 윤리를 확립할 것을 요구하고 있지만 현재 그것에 관심을 쏟지 못하고 있다. 지금 선진국들은 제 4차 산업의 발달과 정보화 사회의 급진적 이행, 그리고 인공지능의 개발에는 초미의 관심을 보이지만 이러한 기술변화에 따른 윤리의식의 강화에는 신경을 쓰지 못하고 있다. 패권경쟁 대신에 인류공동체의 공생(共生)을 위한 글로벌한 합의를 도출해내지 않으면 안 된다.

이제 인간의 의식과 생각을 바꾸지 않으면 언젠가는 인류가 공멸할 위기에 처하지 않는다고 장담할 수 없다. 욕망 대신에 만족, 소유 대신에 공영, 집단이기 대신에 평화를 택하지 않으면 안 되는 절체절명의 위기에 서게 된 것이다.

인류는 이제 패권국가의 등장 없이 평화를 유지하는 방법과 합의를 개발하여야 한다. 왜냐하면 패권국가를 결정하는 가공할 전쟁으로 인해 평화를 얻기도 전에 공멸할 수 있기 때문이다. 고도로 발달한 첨단원자무기는 시시각각 공멸의 위기와 불안을 상상케 하고 있다.

근대적 허무주의는 힘(권력)과 과학으로 극복할 일이 아니라 불교적 원융과 깨달음으로, 어떠한 소유도 내려놓은 방식으로 극복되어야 한다. 즉 개인의 부처됨으로 세계를 바꾸는 데에 이르지 않으면 인류는 사상 초유의 인류공멸이라는 위기에 직면하게 될지도 모른다. 지혜롭다고 자칭한 호모사피엔스의 힘이 스스로의 힘에 의해 자멸하는 모순에 직면하게 된 것이다.

세계는 니체가 제시한 '힘(권력)에의 의지'를 포기함으로써만이 평화에 이를 수 있다. 힘이란 세계를 위계적으로 보는 것이다. 힘이란 세계를 지배-피지배의 패러다임으로 보는 것이다. 인간은 이를 포기하여야 한다. 자연의 생태계는 인간이 본 것과 같은 생존경쟁과 위계의 장이 아니라 공생(共生)의 장이었다.

깨달음은 모든 존재의 평등, 즉 존재의 일반성에서 도달하는 것이다. 다시 말하면 물심일체(物心一體), 물신일체(物神一體)의 경지에 도달하는 것이다. 깨달음은 어떤 것에도 열려있는 마음상태를 말한다. 그런데 서양은 힘(이데아, 이성, 실체, 동일성)에서 긍정을 찾고, 마음의 문을 닫아버렸다.

힘에서 마음의 문을 닫아버리면 그것이 바로 파시즘이다. 힘(권력)은 과학문명에서 극적으로 드러난다. 과학에서는 목적과 수단이 서로 왕래한다. 수단이 목적이 되고, 목적이 또한 수단이 되면서 증대를 꾀하게 된다. 힘은 결국 파멸에 이르고서야 스스로를 중단시키게 되는 것이다.

서양주도의 인류문명은 지금도 그러한 힘(권력)의 증대의 길을 가고 있다. 서양문명에 제동을 걸지 않으면 안 되고, 서양문명 스스로가 그들의 문제점을 발견하고 시인하는 과정을 거치지 않고서는 평화를 달성할 수 없다. 그러한 점에서 동양문명은 '만물만신(샤머니즘)=깨달은 인간(부처-인간)=신인간(神人, 新人, 自神)'의 대안을 제시하는 것이다. 인간은 결국 '자신을 통해 신을 보는 존재'이다.

서양문명은 현재 심각한 물신숭배에 빠져 있다. 서양의 인류학자들이 원시미개사회를 현지 조사할 때는 현지인(선주민)들이 자연을 신성시하면서 자연에 제사를 지내고 함께 살아가는 모습을 보고, 물신숭배(fetishism, 物神崇拜)이라고 규정했지만 실은 서양인들이야말로 물신숭배에 빠져있다. 서양인들은 자기 자신을 그들에게 투사했던 것이다.

원시미개인들은 사물을 물질로 보지 않고 영혼을 가진 신으로 보았기 때문에 사물은 신(神)이고 신물(神物)이지, 물신(物神)이 아니었다. 서양이 이끈 현대문명은 바로 물신숭배(物神崇拜)의 문명이며, 나아가서 물신일 뿐만 아니라 '기계신(機械神)문명'이라고까지 말할 수 있다.

하이데거는 현대의 기술문명을 허무주의로 보고 있다.

"니힐리즘의 감추어진 본질영역은 존재자체가 그 자신의 고유한 진리 속에 전혀 경험되지 못하여 망각되기 시작하는 바로 그곳에 자리 잡고 있다."[23]

신상희는 이 점에 대해 "지구촌 전체를 장악하려는 현대기술의 고삐 풀린 지배의지가 맹위를 떨치는 오늘날에 이르기까지 망각의 어둠 속에 남겨진 존재 자체의 역사적 운명(Geschick)에 대해서는 단 한 번도 사유한 적이 없다고 하이데거는 지적한다."[24]고 부연 설명한다.

서양철학이 동일성의 철학임은 잘 알려진 사실이다. 동일성의 철학을 가진 국가나 문명은 항상 남에게도 그 동일성을 요구하기 때문에 전쟁을 일으키거나 전쟁에 휘말리기 쉽다. 동일성은 때때로 자신의 지배욕망을 절대나 정의나 선으로 둔갑시킴으로서 합리화하거나 명분을 쌓는 데 이용한다.

동일성을 주장하는 서구문명이 세계를 이끌어가는 한 인류사에서 전쟁이 사라지지 않을 것이다. 동일성의 궁극적인 정체는 바로 소유이기 때문이다. 물신숭배와 동일성, 소유는 등식관계에 있다. '물신'과 '신물'

---

23) 신상희, 같은 책, 114쪽, 재인용.
24) 신상희, 같은 책, 115쪽.

의 글자순서가 하나 바뀜에 따라 세계는 전쟁으로 나아갈 수도 있고, 평화로 나아갈 수도 있다.

세계는 그 자체가 신(神)이고 물(物)이고, 신물(神物)이다. 세계를 대상화하는 것이 바로 물신(物神)이며, 물신이야말로 전쟁의 원인이다. 신물사상이 세계를 평화로 이끄는 사상이다. 신물사상은 원시미개인들의 신관이며 동시에 자연관이다. 자연과 더불어 살던 옛 조상인간들의 평화사상을 오늘에 되살리는 것이야말로 인류평화의 지름길이다.

그동안 인간 종이 철학한 것을 반성해보면 진정한 평화에 이르는 길은, 진정한 평화철학에 이르는 길은 결국 철학을(철학하는 행위 자체를) 포기하는 것이라는 것을 알게 된다. 철학이라는 것은 자기의 동일성을 남에게 강요하는 것이라는 사실에 도달하게 된다. 진리와 진여라는 것은 인간이라는 가상이 가상을 잡은 것에 불과한 것이 된다.

진리나 진여라고 하는 것은 실재를 살아가는 인간이 자신의 사유를 통해 시대적 필요(need)와 요구(demand)에 따라 가상(실체)을 잡은 것으로 어떤 진리나 진여도 한시성과 제한성을 피할 수 없다. 그런 점에서 반야무지론(般若無知論)은 맞다. 진리나 진여라는 것도 가상이라는 동일성을 주장한 것에 불과한 것이 된다. 가상이기 때문에 동일성이 가능한 것이다. 가상이 아닌 자연에는 동일성이 없다.

진리와 진여는 없다. 오로지 있는 것은 기운생멸, 기운생동뿐이다. 진리와 진여는 가상이다. 진리와 진여는 기운생멸을 가리키는 것일 뿐이다. 인간이 진리를 잡은 것은 가상이 가상을 잡은 것은 꼴이다. 가상이니까 가상을 잡았다고 생각하는 것이다. 결국 생각이 가상이다. 생각하는 과정은 가상이 가상을 잡는 과정이다. 따라서 모든 분류학은 가상이고 인간의 거짓이다. 분류학은 반드시 실재(무엇)를 지칭(가상, 언어)하는 것이고, 잡는 것이다.

지칭하는 것은 이미 무엇(존재, 실재)을 둘로 가르는 것이고 대상화하는 것이다. 지칭하는 것은 대상화하는 것이고, 대상화하는 것은 잡는 것이다. 그렇지만 진리와 진여는 매우 인간적인 행위이다. 인간은 진리와 진여를 잡는 존재이기 때문이다. 누가, 언제, 어디서, 무엇을, 어떻게, 왜라고 하는 육하원칙(六何原則)은 모두 존재(실재)가 아니다. 모두 가상이다. 이를 역설적으로 말하면 가상이니까 진리이고, 가상이니까 선하고, 가상이니까 아름답다. 가상이니까 참되고(眞), 참답고(善), 참하다(美).

생물학의 진화론과 심리학의 욕망(본능-충동)과 수학(물리학)의 미적분학, 그리고 철학의 현상학은 모두 같은 계열의 사고이다. 말하자면 '결과적 동일성'의 사고이다. 이는 기독교의 신(神)의 천지창조라는 '원인적 동일성'에서 메시아의 종말구원이라는 '결과적 동일성'으로 사유의 중심이동을 한 것이다. 진화론은 창조론과 반대라기보다는 '창조-진화'의 한 쌍일 뿐 모두 서양의 현상학적·실체론적 사고의 산물이다.

원인이 실체라고 하던 결과가 실체라고 하던 결국 실체론이다. 따라서 진화론과 창조론이 싸우는 것은 마치 서양철학에서 주체와 대상이 싸우는 것, 원인과 결과가 싸우는 것과 같다. 결국 주체가 대상이고, 대상이 주체이다. 원인이 결과이고, 결과가 원인인 것이다. 대상이 없다면 주체가 어떻게 있겠는가. 결과가 없다면 원인이 어떻게 있겠는가. 둘러치나 메치나 같은 것이다.

철학하는 것 자체가 인간이기 때문에 철학하는 것이다. 철학하는 일이 발생하는 것은 매우 인간적인 행위이다. 따라서 철학하는 것은 인간의 존재방식이다. 육하원칙 중에서 결국 누가(who)가 가장 사태의 발단이다. 누가가 있기 때문에 언제(when)가 발생하고, 언제가 있기 때문에 어디서(where)가 발생하고, 어디서가 있기 때문에 무엇을(what)이 발생하고, '무엇을'이 있기 때문에 어떻게(how)가 발생하고, '어떻게'가 있기 때문에 왜(why)가 발생한다.

'누가'라는 주체의 가정(선험적 전제)이 없다면 육하원칙은 발생하지 않았다. 개체(개인)가 주체의 원인이다. 그렇다면 개체를 해체하는 것이야말로 존재(실재)에 이르는 길이다. 그것이 일반성의 철학이다. 개체의 해체에 이르면 만물만신이고, 만물생명이다.

여기서 만물만신이라는 것은 서양철학(칸트철학)의 '물자체'와 '신'이 같다는 뜻이다. '물자체'가 '존재일반'이고, '신'이 '초월적 존재'이므로 결국 존재와 초월이 같다는 뜻이다. 결국 인간(현존재)이라는 존재가 신과 물자체를 갈라놓은 셈이다. 이는 인간이야말로 신과 물자체를 통하게 할 수 있다는 뜻도 된다.

조상인류의 샤머니즘, 샤머니즘 철학으로 돌아가는 것이야말로 인류평화에 이르는 길이다. 샤머니즘은 인간(산 사람)과 귀신(죽은 사람)의 화해를 비롯하여 하늘과 땅, 만물의 화해와 평화를 기원한 종교이다.

그런 점에서 인간과 환경과의 화해를 청하고 하나가 되게 하는 에코페미니즘(eco-feminism)과 인간과 귀신, 인간과 신의 화해를 청하면서 샤머니즘의 부활을 꾀하는 네오샤머니즘(neo-shamanism)은 동전의 양면과 같다.

여기서 네오(neo-)라는 접두어와 에코(eco-)를 접두어를 붙이는 이유는 샤머니즘과 페미니즘이 근대 자연과학 시대를 넘어갔기 때문이다. 자연과학 시대를 넘어갔다고 하는 것은 오늘의 시대성을 말한다. 모든 텍스트(text)는 시대성(context)을 반영하지 않으면 그 의미를 상실하기 때문이다.

서양문명과 서양철학은 과학과 보편성을 만들어낸 정점에서 쇠락의 길을 걷고 있다. 이제 문명과 철학은 존재의 일반성, 존재의 본래, 본래 존재로 돌아가야 한다. 존재의 일반성, 즉 만물만신, 만물생명으로 돌아가지 않으면 인류는 공멸하게 된다.

생명과 기계의 결정적인 차이는 무엇일까. 생명은 빅뱅 이후 자연스럽게 진화된 것이고, 따라서 우주론적인 전체과정에 어떤 부분을 따로 떼어내어 분리할 수 없는 것이다. 반면에 기계는 인간에 의해서 만들어진 것이고, 따라서 도중에 조작된 것이기 때문에 결국 어느 지점에선가 부분들의 조립으로 이루어진 점이다.

만약 기계가 아무리 생명현상을 대신한다고 하더라도 그것은 생물학적 재생산이 불가능하며, 결국 어떤 동일성과 조작을 내재하고 있다. 이것을 두고 문화적(문명적)인 신화조작이라고 해도 틀리지 않을 것이다. 그렇지만 자연에선 동일성은 없고, 신화조작도 없다. 현대의 신화는 이데올로기이다.

이데올로기는 그것이 자유이든, 평등이든, 심지어 박애까지도 그것이 말에 그칠 때는 패권경쟁을 위한 합리화의 도구로 전락할 수밖에 없다. 속으로는 패권경쟁을 벌이면서 겉으로는 도덕을 내세우는 인간의 이중성은 그야말로 인간이 위선적인 존재임을 증명하는 것에 불과하다. 역설적으로 인간은 "내가 만물의 영장이다." "내가 선하다." "내가 정의다." 라는 오만을 내려놓을 때에 평화를 얻을 수 있을지 모른다. 평화를 얻을 수 있을 때에 멸종의 위험에서 벗어날 수 있을 것이다.

호모사피엔스는 가난하고 힘이 없고, 삶의 결핍과 욕구가 있을 때에 신을 부르고 머리를 싸매고 도구를 고안하였다. 가난과 고통과 질병, 죽음과 공포와 전쟁이 없었으면 그리고 상상력이 없었으면 종교가 없었을 것이다. 더욱이 하나님을 상상하고 사모하지 않았으면 종교가 없었을 것이다. 생존경쟁과 권력투쟁이 없었으면, 평화에 대한 염원이 없었으면 종교가 없었을 것이다.

종교와 삶은 표리(表裏)를 이룬다. 삶을 뒤집으면 종교가 나온다. 종교를 뒤집으면 삶이 나온다. 삶이 있는 곳에는 어디든 종교가 있기 마련이다. 더욱이 생각과 의문이 없었으면 종교가 없었을 것이다. 진리를 향하는 마음이 없었으면, 진실과 착한 마음을 없었으면, 아름다움을 향한 마음이 없었으면, 함께 살아가는 마음이 없었으면 종교가 없었을 것이다.

인간은 사회적 동물이면서 동시에 정치적 동물이라고 한다. 그러나 그 이전에 이미 종교적 동물이다. 대중은 종교를 믿고 살아가고, 용감한 용사는 영웅이 되고, 삶의 울타리인 국가를 만든다. 국가는 순우리말(한글)로 우리나라이다, 우리나라의 우리는 '울타리'를 의미하고, 나라의 '나'는 그야말로 '나'를, 나라는 '나의 복수(사회)'를 의미한다.

인류문화의 전반적인 모습을 보면 사제와 위정자는 나라를 앞에서 이끌어가고, 소수창조자는 철학과 과학으로 집단의 삶을 살찌워간다. 종합적으로 보면, 종교와 철학과 과학도 결핍의 산물이라는 공통점이 있다. 가난할 때 종교도 부흥하고, 철학도 새롭게 옷을 입었으며, 과학도 크게 진전을 이루었다. 현대처럼 풍요한 물질문명과 기계의 편리함이 만연할 때는 인간은 나태해지고, 타락과 음란의 늪에 빠졌던 것이다. 성경에 나오는 소돔과 고모라의 이야기는 이를 잘 말해준다.

현대인은 물신숭배에 빠져있다. 현대인은 술과 마약, 섹스와 음란에 빠져있다. 또한 자연을 황폐화시킴에 따른 각종 환경문제와 지구온난화 등으로 인한 미증유의 자연재해에 노출되고 있다. 신과 이성에 이은 광기(狂氣)는 본래 인간이 전도몽상(轉倒夢想)의 존재였던가를 의심하기에 충분하다. 오늘날도 강대국들은 패권경쟁을 하기에 여념이 없다. 자연의 생존경쟁을 마치 악한 일인 것처럼 맹수들을 매도하더니 자신들은 그보다 더 악랄한 권력경쟁과 폭력을 일삼고 있다.

오늘날 지구촌 인간의 대다수는 스스로를 '정의의 편'으로 규정하는 한편 적이 되는 상대방을 '불의의 세력'으로 몰아세우기에 바쁘다. 대립하는 세력 간에 반성과 화해는 점점 어려워지고 있다.

2) 서구 보편성의 한계와 종말

서구문명을 철학사상적으로 살펴보면 대체로 헤브라이즘과 헬레니즘의 결합(융합)으로 보는 것이 보편화된 통설이다. 이것을 좀 더 설명하면 기독교사상과 그리스 철학이라고 말할 수 있다. 이것을 좀 더 구체적으로 말하면 기독교 성경과 소크라테스의 '악법도 법'이라는 법의 정신과 플라톤의 이데아, 그리고 이데아를 계승한 이성과 합리성이라고 말할 수 있다.

물론 그렇다고 몽테스키외의 『법의 정신』(1748)을 비롯한 법철학과 삼권분립 등이 이룩한 인류의 삶에의 기여를 무시하거나 백안시하는 것은 아니다. 법철학의 발전은 별도의 문제이다. 보다 많은 인간의 자유와 복지와 행복을 누리기 위해서는 법에만 의존해서는 안 된다는 경고를 하고 있는 셈이다.

인류의 문명 자체를 회고해보면 결국 인간이 만든 어떤 텍스트(text)가 인간을 다스리고 지배하는 것이라는 점을 알 수 있다. 이는 곧 텍스트가 인간의 삶을 지배하는 것을 말한다. 인간의 삶은 텍스트에 의해 탄생한 것은 아닌데, 그 삶은 텍스트에 의해 강요되고, 억압되고, 끝내 구속되는 모순에 빠지게 됨을 알 수 있다.

인간의 삶은 인간이 인위적으로 만들어낸 어떤 텍스트에 의해 전개되지 않을 수 없는, 역사운명적 모순 속에서 출발한 것임을 강조하지 않을 수 없다. 이런 인간의 역사적 운명의 성격에 대해 헤겔의 변증법과 법철학은 소상이 밝혔고, 하이데거는 역사적 운명 자체에 대한 반성을 통해 인간의 역사와 문명에 대한 신랄한 비판과 함께 텍스트(text)에 이은 기술문명(technology)에 대해서도 경고를 했다.

필자는 이에 더하여 텍스트, 기술문명조차도 모두 인간이 만든 시간(time)에 의해 운명된 것임을 강조하고, 인간이 시공간이라는 개념(개념적 동일성)을 벗어나야 진정한 자유와 행복을 누릴 수 있음을 여러 곳에서 강조한 바 있다.[25] 시간과 역사라는 것은 인간이 인위적으로 만든 가

---

25) 박정진, 『빛의 철학, 소리철학』(소나무, 2013), 183~185쪽, 『일반성의 철학과 포노로지』

상실재(실체)에 불과한 것이다.

철학인류학의 긴 안목, 즉 장기지속의 시간으로 보면 인류문명 자체가 인구의 증가를 이룩하였지만 그 대신 인간의 본성과 자유를 구속하지 않을 수 없는 역사였음을 알 수 있다. 이러한 텍스트와 법(경전과 법전)의 절대권력은 항상 현실적 삶을 다스리기에는 부족한 것인데도 불구하고 권력을 행사함으로써 결국 일종의 폭력의 가능성에서 제외될 수 없음을 알 수 있다.

인간의 정의와 법이 항상 시대에 따라 바꾸어지지 않을 수 없음은 역설적으로 그 한계와 모순을 스스로 잘 말해주고 있다고 볼 수 있다. 바로 그 한계와 모순은 학자들에 따라 여러 가지 개념으로 설명되기도 하지만, 필자는 이것을 문명의 파시즘적 속성으로 규정한 바 있다.[26] 이는 물론 인류가 가부장-국가사회를 유지하기 시작하면서 벌어진 일이다.

인류의 문명 자체가 처음부터 파시즘의 속성을 가지고 있다. 앞에서도 말했지만 그 좋은 예는 소크라테스가 "악법도 법이다."라고 한 말에서부터 찾을 수 있다. 법에는 항상 악의 요소가 숨어있을 개연성이 있다. 소크라테스는 결국 독배를 마시고 죽었다. 법이라는 것은 처음부터 정의와 형평을 중시하지만 그만큼 부정의와 편견에서 제외될 수 없음을 역설적으로 말해준다.

서양철학사에서 법의 절대적 권력은 헤겔의 '법철학', 데리다의 '법의 힘' 등에서 철학적으로 뒷받침되고 재강조 되지만, 법은 결국 폭력적 성격을 감추고 있으며(벗어날 수 없으며), 힘(권력) 있는 자의 편인 것도 전적으로 부인할 수는 없다. 법 자체가 이미 모순의 산물이며, 시대상황의 변화에 따라 바뀌지 않으면 안 되는 숙명(역사적 운명)을 지니고 있다.

(소나무, 2014), 599~614쪽, 『니체, 동양에서 완성되다』(소나무, 2015) 565쪽, 『메시아는 더 이상 오지 않는다』(행복한 에너지, 2016) 417~433쪽.

26) 박정진, 『니체, 동양에서 완성되다』(소나무, 2015), 444~456쪽.

법의 운명은 인간의 운명과 같다. 인간의 문명은 결국 법의 폭력(권력) 대 법으로 확정되지 않은 어떤 삶의 기운생동 사이의 힘(폭력)의 대결장(場)의 악순환을 벗어날 수 없다. 데리다는 이를 두고 해체주의적 입장에서 '결정할 수 없는 것'과 '해체할 수 없는 것' 사이의 긴장과 대결이라고 말했다.

결국 법의 폭력이 있음으로써 문명이 '폭력 대 폭력의 장'으로 만들어진 운명을 벗어날 수 없는 것이다. 이는 법의 없음도 마찬가지일 것이다. 여기서 우리는 한 가지 교훈을 끌어낼 수 있다. 법으로 정의와 형평이 달성되지 않기 때문에 법 이외의 다른 것, 예컨대 사랑이나 형제애를 강조하지 않을 수 없게 된다. 형제애는 최초의 부모는 정확하게 누구인지 알수는 없지만 그것을 가정하고, 인간이 한 뿌리(조상)의 자손임을 상기시키는 덕목이다.

서구문명이 주도한 인류의 근대문명은 물론 과학기술의 발달과 법체계의 발달이라는 문명의 큰 진전을 이루었지만, 그 부산물은 환경파괴와 인간성의 상실과 소외라는 또 다른 문제를 야기했다.

인간은 자연을 지배하는 초월적 존재로서의 신(神)과 조물주(造物主)를 상정한 동물 종으로서 세계를 원인과 결과로서 설명하기 시작했고, 그 인과적 설명의 힘에 의지해서 오늘의 과학문명을 이루고, 스스로 말하는 만물의 영장이 되었지만, 인간을 둘러싼 자연환경의 존재적(본질적) 특성을 망각했다.

인간은 모성으로서의 자연환경을 무시하고 자신의 남성적 힘만 자랑하며 패권경쟁을 하다가 자연으로부터 보복을 당하기 시작하고 있다. 이것이 오늘날 당면하고 있는 크고 작은 수많은 환경문제이다.

인간은 밖으로부터는 환경지해에 직면해 있고, 안으로는 자신이 건설한 기계문명의 노예가 되어 있다. 또한 기계로부터 소외되는 것을 물론이고, 스스로 적대적인 인간관계를 형성해서 다른 인간으로부터 소외되는 처지를 면할 수 없게 되었다.

자연과학의 발달과 더불어 종래 신이 전지전능한 존재였던 시대와는 달리 거꾸로 힘(능력)이 있는 존재가 신이 되어버렸다. 물질이라는 것은 정신이 규정한 존재형태임에도 불구하고 거꾸로 정신을 점령해버렸다. 유심론은 유물론에게 자리를 내어주고 말았다. 이는 신이 인간에게 권능(권력)을 내준 것과 같다.

존재(본래존재)는 유물도 아니고 유심도 아님에도 불구하고, 유심 혹은 유물이 되어버렸고, 후기근대에 들어 존재가 마치 눈에 보이는 유물인 것처럼 인식하게 된 것이다. 이것을 유물론과 물신숭배의 시대라고 지칭하기에 손색이 없다. 오늘날의 신은 힘의 원리로 운동하고 변화하는 자연의 작용 그 자체이다. 말하자면 신은 '작용과 에너지의 신'이라고 말할 수 있다.

"인간에게 알려진 신의 본성은 힘과 힘의 작용원리에 지나지 않으며, 신이 그 밖의 다른 어떤 속성을 갖는다고 하더라도 우리는 알 수 없으므로 말할 수 없다. (중략) 자연을 신으로 파악하는 흄의 자연종교는 다중적이고 중첩적인 자연주의적 존재론의 가능성을 열어준다."[27] 세계는 단순한 것의 복합체이다.

세계를 기계적인 작동의 세계로 본 것은 이미 근대철학의 문을 연 데카르트에서 비롯되고, 스피노자의 범신론에 의해 강화되었으며, 라이프니츠의 단자론에 의해 과학화(미적분화)되었다. 이들은 대륙의 관념론자였지만 역설적으로 경험론자인 데이비드 흄이야말로 자연의 구조 안에서 신을 이해하는 데 괄목할 만한 성과를 거두었다. 흄의 '자연주의적 유신론'은 오늘날 존재론적으로 보면 '신=자연=존재자=힘(능력)'이다. 이를 '신=자연=존재(생명)'로 역전시킬 수 있다면 인간의 종말을 막을 가능성이 높다. 세계를 이용(사물대상)이 아닌, 하나의 거대한 생명체(유기

27) 이준호, 『데이비드 흄-인간 본성에 관한 논고』(살림, 2005), 116~117쪽.

체)로 보는 관점이야말로 평화를 실현할 수 있는 첩경이다.

서구주도의 인류문명의 종말적 사건의 가능성은 다음과 같이 요약할 수 있다. 기계인간의 등장과 호모사피엔스사피엔스의 멸종은 종(種)의 차원에서 맞이하는 한계상황, 임계치라고 말할 수도 있다. 인간의 멸종을 막는 대안으로 떠오른 것이 평화철학이다.

〈인류문명의 종말 가능성〉

서양문명의 종말적 현상		유물론과 물신숭배
신(神)-정신(精神)-유심론(헤겔) "신(神)은 죽었다."(니체)	육체(물질)- 유물론(마르크스) 과학만능주의(科學神)	마르크시즘/ 니체: 힘(권력)에의 의지
자유-화폐-자본- 소통수단 공산-사회-노동- 평등실현	화폐-삶의 목적 (돈의 노예) 계급투쟁(유물사관)	자유-평등의 종말적 전도 사랑이 변태적 섹스로 환원됨
인간 (호모사피엔스사피엔스) 인구팽창(100억 명: 2030년)	인공지능, 전쟁로봇, 핵전쟁 기계인간(사이보그)	사피엔스의 멸종 기계인간의 세계

오늘날 요구되는 평화철학은 인간의 생존과 공멸을 좌우하는 키(key)를 쥐고 있다는 점에 주목할 필요가 있다. 인간은 어쩌면 자연이라는 생태계를 파괴하는 위협적인 존재로서 생태계로서는 멸종시켜야 하는 존재가 될 지도 모른다는 우려의 목소리가 높다.

"오늘날 지구상에는 70억 명이 넘는 사피엔스가 살고 있다. 이 모든 사람을 한데 모아 거대한 저울 위에 세운다면 그 무게는 약 3억 톤이 될 것이다. 그리고 우리가 가축화한 모든 농장 동물— 암소, 돼지, 양, 닭—을 더욱 거대한 저울 위에 세운다면 그 무게는 약 7억 톤에 달할 것이다. 이와 대조적으로 현재 살아있는 대형 야생동물— 호저에서 펭귄, 코끼리에서 고래에 이르는 —의 무게를 모두 합쳐도 1억 톤에 못 미친다. (중략) 세상에 남아있는 기린은 약 8만 마리에 지나지 않지만, 소는 15억 마리에 이른다. 늑대는 20만 마리밖에 남지 않았지만, 가축화된 개는 4억 마리다. 침팬지는 25만 마리에 불과하지만, 사람은 70억 명이다. 인류는 정말로 지구를 접수했다."[28]

자신의 힘(권력)의 증대를 위해 노력한 인간은 이제 정말 지구의 패자가 되었다. 이러한 인간을 두고 '문화 바이러스' '인간 바이러스'라는 말도 생겨날 정도이다. 인간의 숫자가 지구가 부양할 수준을 넘었다는 경고신호가 되기도 한다.

"생태계 파괴는 자연 희소성과 같은 문제가 아니다. 앞 장에서 보았듯 인류가 사용할 수 있는 자원은 계속해서 늘고 있으며 앞으로도 이 추세는 계속될 가능성이 크다. 자원의 희소성을 말하는 종말론적 예언가들이 아마도 헛짚은 것으로 보이는 이유다. 이와 반대로 생태계 파괴에 대한 두려움은 근거가 너무 확실하다. 미래의 사피엔스는 온갖 새로운 원자재와 에너지원의 보고를 손에 넣되 이와 함께 겨우 남아 있는 자연 서식지를 파괴하고 대부분의 종을 멸종시킬지 모른다. 사실 생태적 혼란은 호모사피엔스 자신의 생존을 위태롭게 할 수도 있다. 지구온난화, 해수면 상승, 광범위한 오염은 지구를 우리 종이 살기에 부적합한 공간으로 만들 수 있고, 그 결과 미래에 인류의 힘과 인류가 유발한 자연재해는 쫓고 쫓기는 경쟁의 나선을 그리며 커질지도 모른다. 인류가 자신의 힘으로 자연의 힘에 대항하고 생태계를 자신의 필요와 변덕에 종속시킨다면, 미처 예상하지 못한 위험한 부작용을 점점 더 많이 초래할지 모른다. 이를 통제하는 유일한 방법은 생태계를 더더욱 극적으로 조작하는 것인데, 이것은 더더욱 큰 혼란을 초래할 것이다."[29]

---

28) 유발 하라리, 조현욱 옮김, 『사피엔스』(김영사, 2015), 496쪽.
29) 유발 하라리, 조현욱 옮김, 같은 책, 496쪽.

오늘날 지구를 덮고 있는 인간을 두고 마치 '지표의 세균'처럼 비유하는 설명을 자주 접하게 된다. 서구문명의 세계전파와 비서구지역의 수용에 대해 헌팅턴은 자신도 모르게 일종의 바이러스의 침투에 비유한다.

동양의 기호학자인 이어령은 이렇게 문화문명의 바이러스적 성격을 말한다.

"아무런 혈청제도 없이 그렇게 100년, 200년 동안 에볼라 같은 문명 바이러스에 할아버지, 아버지 그리고 우리 형님이 쓰러졌지. 미구에는 내 아들이, 내 손자가 그렇게 쓰러질 거야. 이건 국수주의니 민족주의니 하는 편협한 생각에서 나온 말이 아니라고. 적어도 나와 타자를 구별하고 그것이 침입할 때 그와 싸워 박멸해야 해. 그렇지 않으면 그 타자를 나의 관용(tolerance)이라고 하는 특별한 세포로 포섭하여 그와 공생하는 면역체를 만들어내던가. 이것이 지금 우리가 당연한 사활의 문화문명의 문제인 것이다."[30]

문화적 바이러스는 단순히 물리쳐야만 하는 대상이 아니다.

"결국 바이러스와 인간의 관계지. 심각하잖아. 옛날에는 균이나 바이러스가 사람 몸으로 들어오면 인간의 면역 체계로 막아냈어. 공격과 방어야. 그런데 이게 말이야. 변하게 된 거야. 바깥의 침입자와 싸운다는 것은 나와 남(타자)이 다르기 때문이잖아. 그런데 나 혼자 살 수 있어? 타자를 밀어내면서도 타자와 함께 살아가려면 나와 나 아닌 것 사이에 새로운 사상과 행동이 태어나야만 하는 것이다. (중략) 전부 밖에 있는 것들을 자기 내부로 끌어들인다. 그게 남이라고 해서 전부 폐쇄하고 성벽을 쳐버리면, 인간은 한순간도 살아갈 수 없다. 그렇다고 밖의 것을 다 받아들이면, 나 아닌 것이 내 체계 안으로 들어와 나의 생명 시스템이 파괴되고 만다. (중략) 생물학과 물리학, 고분자 물리학에서는 이미 물질과 생명의 경계가 무너졌다. 이제는 세미오시스(semiosis)인 의미작용으로

30) 이어령·정형모, 『이어령의 지(知)의 최전선』(아르테, 2016), 189쪽.

서의 너와 나를 구별하는(언어라는 것은 전부 차이성에서 온다) 그 의미체계, 유전자 정보와 생물정보, 언어문화 정보의 벽도 무너지기 시작한다."[31]

인류문화의 모든 벽이 무너지기 시작하고, 그러한 벽 자체가 무의미해지는 이때에 아직도 문화의 고유성을 주장하고, 자기문화를 고집하거나 아니면 특정문화, 특히 서구문화의 우수성을 신봉함으로써 문화적 긴장과 갈등을 초래하고 있다.

"호주의 지도자들은 아시아를 지향한 반면 다른 분열국— 터기, 멕시코, 러시아—의 지도자들은 자기 사회를 서구에 통합시키려고 시도하였다. 하지만 그들의 경험은 고유문화가 얼마나 완강하고 회복력이 강하고 끈끈하며 스스로를 쇄신하고 서구로부터의 유입물에 저항하거나 그것을 억누르고 수정하는 능력이 뛰어난가를 똑똑히 보여주었다. 서구를 무조건 배격하는 입장도 불가능하지만 서구를 무조건 긍정하는 케말주의 역시 성공을 거두지 못하였다. 비서구사회가 근대화에 성공하려면 서구의 방식이 아닌 자기 고유의 방식을 추구해야 하며 일본처럼 자신의 전통, 제도, 가치관의 바탕 위에서 차곡차곡 쌓아 나가야 한다. 자기나라의 문화를 근본적으로 뜯어고칠 수 있다고 생각하는 오만에 젖어 잇는 정치지도자는 반드시 실패한다. 서구문화의 요소들을 도입할 수는 있겠지만 자기고유의 알맹이를 영원히 억제하거나 제거할 수는 없는 노릇이다. 한편 일단 어떤 사회에 이식된 서구 바이러스는 좀처럼 말살하기가 어렵다. 그 바이러스는 고질적으로 남아있지만 치명적이지는 않다. 환자는 살아남지만 다시는 정상을 되찾지 못한다. 정치지도자들은 역사를 만들 수는 있지만 역사로부터 벗어날 수는 없다. 그들은 분열국을 만들 수는 있어도 서구사회를 만들지는 못한다. 그들은 자기나라를 문화적 정신분열증

---

31) 이어령·정형모, 같은 책, 191쪽.

에 감염시켜 그 수렁에서 좀처럼 빠져나오지 못하게 만들 뿐이다."[32]

헌팅턴은 문화를 일종의 생리학이나 심리학으로 바라본다. 서구의 기독교문명과 보편성, 산업화와 민주화, 그리고 근대화는 일본처럼 자기고유의 전통의 바탕 위에서 쌓아져야 함을 역설하고 있다. 비서구지역의 서구문화문명으로의 전환은 불가능하다.

마찬가지로 서구문화문명도 동양이나 아시아적으로 변하기 어렵다. 동양의 음양문명, 즉 차이를 기조로 하는 문명을 서양이 접하고 부분적으로 수용하고 도입하면서 자기 식으로 해석하기는 하지만 동양의 그것과는 근본적으로 다르다.

그러한 점에서 유대기독교-정교-이슬람 문명의 동일성(절대성) 문명은 패권경쟁에 따른 갈등과 전쟁을 영원히 피할 수는 없다. 항구적 평화는 이룩할 수 없다는 뜻이다. 이들의 평화는 기껏해야 한두 나라의 패권을 인정하는 '팍스(PAX=peace)'의 성격을 벗어날 수 없다.

"평화를 이룩하기 위해서 전쟁을 한다."는 말은 역사적으로 옳은 말이기도 하고 틀린 말이기도 하다. 전쟁을 막기 위해서는 힘의 균형을 이루어야 하고, 힘의 균형은 평화를 유지하기도 한다. 그러나 힘의 균형원리는 언젠가는 균형이 깨뜨려지기 때문에 평화를 항구적으로 유지할 수 없다. 그래서 평화는 전쟁과 전쟁 사이에 있기 마련이다.

기독교의 천지창조에서 출발한 서양문명은 종말구원을 증명하기라도 하듯 전쟁의 종말을 택할 것인가? 종말구원을 기다리고 노래하는 유대 그리스도인들은 자신도 모르게 의식화(세뇌 혹은 최면)된 대로 미래를 선구하고 있는 지도 모른다. 절대유일신의 천지창조와 메시아의 종말구원은 서구문명의 동일성의 아프리오(a-priori)이다. 절대유일신의 현상학이 메시아인 것이다.

새뮤얼 헌팅턴은 서구의 보편성이 서구의 특수성의 보편성에 불과한

---

32) 새뮤얼 헌팅턴, 이희재 옮김, 같은 책, 206쪽.

것이고, 인류전체의 보편성이 되기에는 부족하다고 말한다. 따라서 그는 서구가 자신의 특수성으로 돌아와서, 근대과학문명을 이끌어간 입장으로 다시 돌아와서 자신의 패권을 유지하는 데에 골몰할 것을 주장하고 있다.

"문명의 보편 국가가 등장하면 그 문명에서 살아가는 사람들은 토인비가 말한 대로 '영속성의 망상'에 눈이 멀어 자기네 문명이 인류사회의 최종 형태라는 명제를 신봉하게 된다. 로마제국이 그러했고, 아바스 왕조가 그러했으며, 무굴제국과 오스만제국도 다를 바 없었다. 보편국가에 거주하는 국민들은 그 보편 국가를 황야의 하룻밤 거처로 보는 것이 아니라 약속의 땅, 인간의 궁극적 목표점으로 이해하려는 경향이 있다. 대영제국에서도 같은 일이 벌어졌다."[33]

헌팅턴의 주장으로 말하면 미국은 문명의 보편적인 현상인 이 같은 사태를 막기 위해서 서구문명의 수호자로서 다시 돌아와야 한다는 것이다. 최근 아시아가 경제적으로 부활하고 이슬람이 인구적으로 늘어나는 것은 서구문명의 한계와 쇠락을 점치게 하고 있다.

"서구문명은 370년부터 750년까지 그리스-로마, 셈, 사라센, 야만문화의 요소가 혼합되면서 서서히 틀을 갖추어 나갔다. 8세기 중반부터 10세기 말까지 지속된 형성기에 이어 서구문명은 문명으로서는 보기 드물게 팽창의 단계와 분쟁의 단계를 꾸준히 오고갔다. (중략) 한 문명의 내부에서 벌어지는 일은 그 문명이 외부세력의 파괴력 앞에서 저항하거나 내부로부터의 붕괴에 저항하는 데 모두 긴용한 역할을 한다. 1961년 퀴글리는 문명이 성장하는 것은 '팽창의 도구', 다시 말해서 잉여를 축적하여 생산적 혁신에 투자하는 군사적, 종교적, 정치적, 경제적 기구를 가지고 있기 때문이라고 주장하였다. 문명이 쇠퇴하는 것은 잉여를 새로운

---

33) 새뮤얼 헌팅턴, 이희재 옮김, 같은 책, 413쪽.

혁신에 투입하는 노력을 중지할 때이다."[34]

헌팅턴은 따라서 서구문명의 계승자를 자처하고 있는 미국이 다시 서구의 일원임을 분명히 하고 대서양 공동체를 건설해야 한다고 주장한다.

"미국인은 우리가 서구인인가 아니면 다른 무엇인가라는 중요한 물음과 맞닥뜨려야 한다. 미국과 서구의 미래는 서구문명의 일원이라는 자각을 미국 국민이 다시금 하느냐의 여부에 달려 있다. (중략) 아무리 경제적 결속이 강화된다 하더라도 아시아와 미국은 근본적인 문화적 차이로 한 살림을 차릴 수가 없다. 미국인은 문화적으로 서구가족의 일원이다. 다원문화주의자들은 이 관계를 훼손하고 심지어는 파괴하려고까지 하지만 그것은 부인 못할 엄연한 사실이다. 자신의 문화적 뿌리를 찾아 나선 미국인은 유럽에서 그것을 발견한다."[35]

헌팅턴은 지구적 평화의 실현이라는 관점보다는 서구-미국 패권주의를 유지하는 것에 주안점을 두고 문명의 충돌에 대비해야 한다는 논리를 전개하고 있다. 이는 무엇보다도 소련의 해체와 함께 공산주의가 사라진 상황에서 서구의 통일성을 어떻게 유지할 것인가를 두고 논의되고 있다.

"1990년대 중반 서구의 본질과 미래를 놓고 새로운 논의가 벌어지면서, 서구라는 실체가 존재한다는 새로운 각성과 함께 그것을 앞으로 어떻게 존속시킬 것인지에 대해 심각한 고민이 활성화되었다. 이것은 부분적으로는 기존의 서구 기구 곧 NATO를 확대하여 동유럽 국가들을 회원국으로 받아들여야 할 필요성으로부터, 유고슬라비아의 붕괴에 서구가 어떻게 대응할 것인가를 두고 서구 진영 내부에서 발생한 심각한 대립으로부터 싹텄다. (중략) 북미와 유럽의 지도자들 사이에는 대서양 공동체를 재건해야 한다는 데 폭넓은 공감대가 형성되었다. (중략) 1995년 유럽위원회는 범대서양 관계를 부활하는 계획에 착수하였으며, 이것은 유

---

34) 새뮤얼 헌팅턴, 이희재 옮김, 같은 책, 421쪽.
35) 새뮤얼 헌팅턴, 이희재 옮김, 같은 책, 422쪽.

럽연합과 미국의 포괄적 협약서명으로 이어졌다."[36]

헌팅턴은 심지어 '제 3의 유러아메리카'의 건설과 'EU-NAFTA'의 연합을 촉구하고 있다. 헌팅턴은 또 이렇게까지 말하고 있다.

"일반적으로 유럽인은 한편으로는 서구 크리스트교와 다른 한편으로는 정교, 이슬람교를 가르는 구분선의 근본적인 중요성을 깨닫고 있지만 미국은 국무장관의 표현대로 가톨릭, 정교, 이슬람 구역으로 유럽을 근본적으로 나누지 않을 방침이다. 근본적인 차이를 깨닫지 못하는 사람은 그러나 뒤통수를 얻어맞을 날이 온다."

헌팅턴은 서구-미국의 기독교 동일성(정체성) 확인을 토대로 서구문명의 패권주의를 유지해야 함을 역설하고 있다.

헌팅턴의 약점은 그리스도교와 정교, 이슬람교가 모두 과거를 거슬러 올라가면 유대(중동)유목문명권이라는 공통뿌리를 가지고 있음을 간과하고 있다. 기독교와 이슬람은 성지를 공유하고 있으며, 절대유일신은 두 문명의 공통의 첫 주제이다.

근대에 형성된 서구의 자유자본주의와 공산사회주의도 실은 한 뿌리에서 발생한 것이며, 공산사회주의는 기독교 비잔틴 문명, 즉 정교의 영역에서 발전한 닮은꼴이다. 자유와 평등이라는 것은 서구문명의 대표적 주제들이다.

헌팅턴은 유일신이라는 한 뿌리를 가진 이들 문명의 서로 다름을 주장하고 있지만, 그리스도교·정교·이슬람교는 유대(중동)유목문명 내에서의 믿음의 대상과 방식에서 다름(차이)을 보일 뿐이며, 신앙에서 절대적인 동일성을 찾는 것에서는 쌍둥이들이다. 문제는 어디서 동일성을 찾는가에 달려있다. 결국 헌팅턴의 주장은 서로 다름을 주장하여 갈등과 분쟁과 전쟁을 예단하거나 혹은 조장하는 분류에 지나지 않는다는 것을 알 수 있다.

---

36) 새뮤얼 헌팅턴, 이희재 옮김, 같은 책, 422쪽.

헌팅턴의 주장에 따르면, 문명의 다른 분류학을 적용한다면, 유대유목
민족과 다른 동양의 농업정착민족과는 마찬가지 논리로 마땅히 싸워야
하는 관계를 구축할 수밖에 없다. 결국 그는 나중에 중국 중심의 동양 문
화권과도 서구문명이 대결할 수밖에 없음을 초래하고 있는데 이는 그의
사고방식에 따른 불을 보듯이 뻔한 귀결이다.

헌팅턴의 주장은 지구촌화 되어가는 시대를 맞아서 도리어 과거로 퇴
행하는, 말하자면 문명충돌 지향적 문명충돌론일 수밖에 없다. 그의 사
고방식에서 발견할 수 있는 것은 서구패권주의의 연장이다.

이러한 사고는 어디서 오는가? 바로 그가 가장 '두려워하고 혐오하고
있는' 이슬람과 같은 유목민족적 사고와 피가 그에게 내재해 있음을 확
인하게 된다. 그는 자신을 잘 앎으로서 자신의 내면 깊숙이 도사리고
있는 전쟁본능을 가장 두려워하고 있는 셈이다. "너 자신을 알라."라는
소크라테스의 말을 그에게 충고하고 싶다.

동일성을 추구하는 서구문명의 패권주의를 그대로 방관한다면, 인류
는 언젠가는 전쟁으로 인해, '전쟁의 신' '신들의 전쟁' 때문에 공멸할 수
밖에 없다. 동일성을 찾고, 동일성을 추구하고, 동일성에 목을 맨다면 인
류는 공멸하게 될 것이다.

헌팅턴이 경고하는 세계전쟁의 시나리오는 다음과 같다.

"미국, 유럽, 러시아, 인도가 중국, 일본, 이슬람권과 지구 규모의 전쟁
을 벌인다. 이 전쟁은 어떻게 종식될 수 있을까? 양 진영은 모두 막대한
양의 핵무기를 보유하고 있으므로 만약 핵무기가 본격적으로 동원되면
주요 교전국들은 모두 초토화된다. 상호 억제력이 작용한다면 지루한 소
모전 끝에 양측은 협상을 통해 휴전 상태로 돌입할 수 있겠지만, 중국의
동아시아 지배라는 근본적인 문제가 해결되는 것은 아니다. 혹은 서구
가 재래식 군사력을 총동원하여 중국을 격파하려고 시도할 가능성도 있
다. 그러나 일본이 중국에 붙는다고 가정할 때 중국은 든든한 방패막이

를 확보하게 되고 미국은 해군력으로 중국의 인구밀집 지대와 해안선의 산업심장부를 공격하는 데 한계를 느낀다. 대안은 서쪽 방면에서 중국을 치는 것이다. 러시아와 중국이 충돌할 때 NATO는 러시아를 회원국으로 받아들인 뒤 중국의 시베리아 침공을 러시아와 함께 저지함으로써 중앙아시아 이슬람 국가들의 원유와 천연가스 자원을 러시아를 통하여 안정적으로 수급 받는다. 서구와 러시아는 중국의 지배를 받고 있던 티베트와 몽골에서 반란세력을 후원하고 시베리아를 통해 동진을 계속하다가 만리장성을 넘어 마침내 베이징, 만주에까지 파상공세를 퍼붓는다. 이 지구 규모의 문명전쟁이 어떻게 판가름 날는지—핵무기 공격으로 쌍방이 모두 초토화되든가, 양측이 모두 탈진하여 휴전협정을 맺든가, 러시아와 서구의 연합군이 천안문 광장에 진입하든가— 아무도 장담 못하지만, 장기적으로 보았을 때 주요 교전국들의 경제력, 인구, 군사력이 급격이 악화되리라는 것은 불을 보듯 뻔한 일이다. 그리하여 수세기에 걸쳐 동쪽에서 서쪽으로 옮겨졌다가 다시 서쪽에서 동쪽으로 방향 전환이 이루어졌던 세계의 힘은 어제 북쪽에서 남쪽으로 이동한다. 문명전쟁에서 가장 큰 이득을 보는 것은 전쟁에 개입하지 않았던 남쪽 세계의 문명들이다."[37]

미국은 서구-대서양의 일원으로 돌아갈 것인가, 아니면 동양의 아시아-태평양의 일원으로 새롭게 자리매김할 것인가? 미국의 향배는 인류가 전쟁으로 공멸할 것인가, 아니면 새로운 지구촌 평화의 시대를 열 것인가, 관건이 되고 있다. 개인과 자유를 중심한 근대서구문명의 세례를 받은 지역, 즉 자유주의연대는 이것에 대립하는 집단과 평등의 연대, 즉 중국사회주의와 이슬람 전체주의의 전쟁위협에 슬기롭게 대처해야 한다. 인류는 아시아태평양시대의 문명을 열어야 한다. 그것만이 살 길이다.

---

37) 새뮤얼 헌팅턴, 이희재 옮김, 같은 책, 433~434쪽.

6. 평화에 대한 현상학과 존재론의 역동성
―서양철학과 기독교는 불교에서 구원을 찾는다

1) 역사현상학의 불안전한 평화

　서양철학과 기독교는 한마디로 현상학이라고 말할 수 있다. 말하자면 존재를 사물로, 혹은 대상으로, 혹은 현상으로 바라보면서 인간을 둘러싸고 있는 자연을 설명하는 경향성을 보이고 있다. 이때의 설명은 물론 해석의 일종으로 포함된다.

　현상학의 입장에서 서양철학을 해석하면 플라톤의 이데아는 이데아현상학이 되고, 칸트의 이성철학은 이성현상학, 그리고 하이데거의 존재론은 존재현상학이 되는 셈이다. 기독교의 천지창조와 종말구원도 기독교현상학이다. 기독교는 창조-종말 패러다임은 그렇게 세계를 해석하는 것이다. 서양철학과 기독교를 관통하는 핵심은 이분법이다.

　자연을 이분법으로 해석하는 것은 필연적으로 해석의 모순을 초래하고 이에 대한 변증법적인 반운동을 지속하게 하는 요인이 된다. 시간을 따라 사물과 사건의 운동과 변화를 설명하는 현상학은 오늘날 전반적으로 역사현상학으로 불리고 있다. 인간은 역사적 존재임을 천명한 셈이다. 뉴턴의 물리학 세계를 염두에 둔 칸트의 이성(도덕)철학은 헤겔에 이르러 절대정신으로 변하여 이성적인 것이 현실적인 것이고, 현실적인 것이 이성적인 것으로 되어 독일관념론이 완성되기에 이른다.

　현상학적 입장에서 인류의 평화는 항상 전쟁과의 교체 속에서 자리할 수밖에 없다. 전쟁 없는 평화는 없었기 때문이다. 인류는 전쟁과 전쟁 사이에 평화가 있었는지, 평화와 평화 사이에 전쟁이 있었는지, 정확하게 알 수 없다. 인간존재가 평화와 전쟁 사이에서 어느 것을 더 추구하였는지도 정확히 알 수 없기는 마찬가지이다. 일상생활에서도 갈등과 화해는 필수적이다.

헤겔에 따르면 적어도 인간은 자신의 존재에 대해서도 "나는 네가 아닌 나이다."라고 대자적인 입장에서 말한다. 말하자면 인간은 대상 혹은 타자를 의식하면서 자신의 존재를 의식하는 자기의식적 존재임을 말하는 것이다. 전쟁이나 갈등도 집단생활을 하는 인간 종의 운명적인 조건이라고 말할 수 있다. 인간의 의식(자기의식-타자의식) 속에 이미 전쟁이 배태되어 있다고 말할 수 있다. 인간의 의식 속에서는 상대(대상)는 흔히 적(敵)이 되기 일쑤다. 즉자-타자에서 즉자타자를 동시에 생각하는 것에 이르면서 인간은 한 단계 식 의식의 지양을 경험하는 셈이다.

갈등과 전쟁은 역사적 인간에겐 필수적이고 운명적이다. 그렇지만 그런 속에서 평화와 행복을 동시에 추구하여야 하는 것도 인간의 운명이고, 삶이다. 그런 점에서 전쟁과 평화의 교체는 피할 수 없는 것일 가능성이 높다. 적어도 역사현상학적 입장에서는 그렇다. 그렇다고 전쟁을 영원히 종식 시킬 수도 없고, 일상의 평화를 포기할 수도 없다.

서양철학과 문명을 진단하려면 서양철학과 문명의 밖에 있어야 한다. 서양철학과 문명을 현상학적이라고 말한 것도 실은 그러한 "밖에 있어야 함"을 실천한 결과 터득한 것이다. 현상학은 순간순간의 실체(현재적 실체)를 가정한 것이고, 그 가정은 영원히 다른 대상(목적)을 찾아나서는 연장(변증법, 지속, 차연)을 피할 수 없다. 부정의 철학과 부정의 신학은 그러한 현상학의 산물이다.

현상학적으로 설명하면 신은 나로부터 분리된(초월된) 나의 가정(가상 존재)이고, 나는 사물로부터 분리된 대상(대상의식)의 가정(자기의식)이다. 인간으로서의 나는 신을 대할 때와 사물(대상)을 대할 때에 이중적 자세를 취하게 되는데 신을 대할 때는 내가 사물이 되고, 사물을 대할 때는 내가 신이 되는 것이다. 기독교성경 창세기에 여호와가 인간에게 다른 피조물을 다스릴 권능을 주는 것은 바로 이러한 의식의 반영이다. 기독교성경은 그런 점에서 세계에 대해 매우 현상학적인 태도를 가지고 있다고 말할 수 있다.

세계를 주체-대상의 이분법으로, 즉 현상학적으로 바라보면 인간의 의식 자체가 전쟁과 갈등을 피할 수 없는 것으로 만드는 것 같다. 그러한 대자의식은 공동체의식으로 인해 때로는 약하기도 하지만 간헐적으로 그 강도가 강력해져서 전쟁과 갈등을 초래하고 대결로 치닫게 한다. 전쟁은 일상의 살인과 폭력의 연장선상에 있다고 말하지 않을 수 없다. 여기에 대항할 수 있는 인간성은 사랑(자비, 인, 선) 밖에 없는 것 같다. 자유와 평등의 개념은 그것의 지나친 대립으로 인해 결코 평화를 가져다주지 못했다.

그런데 기독교의 사랑은 가장 폭넓게 지구상에 퍼져 있고 보편적으로 인식됨에도 불구하고 정작 역사 속에서 사랑을 정착시키는 데 실패한 것으로 보인다. 그 까닭은 기독교가 바로 현상학적인 차원에서 논리전개를 하고 있고, 기독교신화 자체가 하나님(창조주 혹은 강력한 권력자)의 저주와 폭력을 수반하고 있기 때문이다. 그것은 누구나 자신을 신의 편에 있는 자로, 혹은 자신을 정의의 편에 있는 자로 가정한다면 저주와 폭력을 행사하는 데에 저주하지 않게 할 수 있기 때문이다. 그런 점에서 절대를 신봉하는 기독교는 원천적으로 전쟁의 종교라고 말할 수 있다.

현상학의 상호왕래는 피할 수 없다. 있음은 이미 없음의 있음이고, 없음은 이미 있음의 없음이다. 이를 극단적으로 밀고가면 유신(有神)은 무신(無神)의 유신이고, 무신은 유신의 무신이다. 자유는 평등의 자유이고, 평등은 자유의 평등이다. 이것을 두고 서로 내가 옳다고 주장하는 것은 무의미하다. 그럼에도 불구하고 무의미한 싸움을 계속되고 있다. 그렇지만 또한 의미는 무의미의 의미이고, 무의미는 의미의 무의미이니 더 이상 할 말이 없다.

헤겔에 앞서 칸트도 판단력비판(취미판단), 심미적 판단에서 무관심의 쾌락(만족)과 무목적의 합목적성, 무개념의 보편성, 무개념의 필연성을 주장했다. 그리고 숭고미의 불쾌성을 말하기도 했다. 그러나 심미적 판단의 반성적 특성은 이를 극복하게 한다. 조화의 논리에 치중한 기존의 미학과 달리 부조화, 추함, 죽음, 무의미 등을 포함하게 된다. 칸트의 미학은 순수이성이나 실천이성과 달리 서로 반대되는 것의 상호왕래를 말하는 것의 좋은 예이다.

칸트가 현상학을 위해 밀쳐둔 '물 자체'에 대한 철학을 전개한 하이데거는 그의 존재론을 전개하면서 존재를 '존재자의 보편성'이 아니라 '존재자의 존재'라고 규정하였다. 이는 하이데거가 보편성의 철학이 아닌 다른 철학을 하고자 한 것으로 볼 수 있다. 그럼에도 불구하고 하이데거는 자신이 전개하고자 하는 철학이 존재의 일반성을 추구하는 '일반성의 철학'이라는 것을 알지 못했다. 이는 서양철학이 추구하는 고정불변의 존재로서 동일성, 혹은 일자(一者), 이데아(Idea), 그리고 기독교의 유일신에 대한 문화적 전통과 미련을 끊지 못했기 때문이다.

2) 불교적 존재론의 평화

불교는 기독교에 비해 처음부터 존재론적 입장에서 출발하고 있다. 여기서 존재론이라고 말하는 것은 세계를 하나의 전체(一切, 一如)로 바라보는 것을 말한다. 세계를 하나의 전체로 바라보기 위해서는 인간을 포함한 만물의 개체성(실체), 즉 자아(자성)를 인정할 수 없다. 그렇기 때문에 불교는 고정불변의 존재(실체)를 인정하지 않는다. 불교적 세계는 연기(緣起)의 세계이고, 절대(주체)-상대(대상)를 떠나서 모든 존재들이 관계(관계망) 속에 놓여있음을 강조하고 있다.

삼국유사의 고조선에 나오는 환인제석(桓因帝釋)은 본래 범어(梵語)로

석제환인(釋提桓因陀羅: Skra-devanam-Indra)인데 그 뜻은 '위대한 신 인드라'이다. 우리말로 말하면 바로 '하느님'을 뜻한다. 단군조선의 경전인 천부경(天符經)과 불교의 불경(佛經)은 매우 밀접한 관련이 있는 문서이다.

기독교와 불교를 현대철학으로 말하면, 기독교는 현상학이라고 말할 수 있고, 불교는 존재론이라고 말할 수 있다. 서양철학의 존재론은 실은 불교의 영향을 크게 받은 결과였음이 여러 사료와 논리적 전개에서 확인될 수 있다. 쇼펜하우어는 바라문(婆羅門)교의 경전인 우파니샤드를 읽고 그것을 불경이라고 생각하긴 했지만 우파니샤드에서도 불교적 사유의 원천 혹은 뿌리를 발견할 수 있다.

그러나 불교와 바라문도 다르다. 바라문은 '인중유과론(因中有果論)= 상견(常見)'으로 원인 속에 결과가 동거하는 것이라면 불교는 '중도인과론(中道因果論)=불상부단(不常不斷)'으로 인과에서 중도(中道)를 택한다. 불교에서 중도(中道)는 인과의 가역왕래를 말하는 것인데 여기서 중(中)은 공(空)이다. 우주만물이 중도의 점(點)인 것이다. 이에 비하면 현대과학은 '인중무과론(因中無果論)=단견(斷見)으로 원인에 결정성이 있다.

바라문(婆羅門)과 사문(沙門: 佛敎)은 전자는 타력신앙이고 후자는 자력신앙으로 다르지만 둘은 상호작용하는 것으로 봄이 옳다. 바라문의 범아일여(梵我一如, 브라만-아트만) 사상은 불교의 일체유심조(一切唯心造) 사상과 같다. 반야(반야: 空卽是色, 色卽是空)와 화엄(一卽一切, 一切卽一)의 경우도 같다. 불교의 수도(修道)에서도 이것이 적용된다. 정혜쌍수(定慧雙修)와 지관쌍수(止觀雙修)가 그것이다.

존재론철학자 하이데거도 불교의 선종(禪宗)과 천부경(天符經)의 영향을 크게 받은 사실이 밝혀졌다.[38] 서양의 해체주의철학은 전반적으로 불

---

38) 박정규,『세상의 전부-천부경』(멘토프레스, 2012), 152~152쪽. 박정진『평화는 동방으로 부터』(행복한 에너지, 2016), 126~127쪽.

교사상의 영향을 서양철학적 방식으로 재해석한 것으로 보인다. 인간(현존재)으로 인해 세계는 '연속-불연속'의 세계가 된다.

〈범아일여(梵我一如)의 변형과 중도(中道)〉

범아일여(梵我一如)		중도인과론(中道因果論: 不常不斷: 空=中)
범(梵: 브라만)	아(我: 아트만)	범아일여(梵我一如)
공(空)	색(色)	공즉시색(空卽是色)/색즉시공(色卽是空)
일체(一切)	일(一)	일즉일체(一卽一切)/일체즉일(一切卽一)
일체(一切)	유심(唯心)	일체유심조(一切唯心造)
전체(全體)	부분(部分)	부분의 합은 전체가 아니다 (전체〉부분의 합)
정(定)	혜(慧)	정혜쌍수(定慧雙修)
지(止)	관(觀)	지관쌍수(止觀雙修)
사마타	위빠사나	무위법(無爲法)과 유위법(有爲法)을 겸함
시간(時間): 순수지속(흐름)	공간(空間) 계산적 공간	시공(時空)/시공간(時空間)
인(因)	과(果)	인중무과론(因中無果論: 斷見: 자연과학)/ 인중유과론(因中有果論: 常見: 梵, 神)
인중천지일 (人中天地一)	천지중인간 (天地中人間)	천지인삼재(天地人) 삼재(三才), 3수(數)사상 인간은 '연속-불연속'의 존재(현존재)

중도(中道)란 관념이나 명사가 아니다. 중도란 실재(實在)이고, 실행(實行)이다. 중도란 '길 위에 있음'이다. 모든 존재는 저마다 자신의 길 위에 있다. 모든 존재는 서로 경로(經路)가 다를 뿐이다. 문화권마다 경로가 다른 가운데 길을 찾은 것이 바로 각 종교의 경전(經典)이라는 것이다. 천부경과 불교는 결국 같은 것이다. 천부경은 바라문과 불교 사이에 있다.

동서양철학과 도학을 회통한 입장에서 보면, 인간은 우주가 '자기원인

결과(myself)의 문제'라는 것을 깨달은 존재로서의 현존재이다. 이것이 인간의 '일여(一如)의 깨달음(自覺)'이다. 일여의 깨달음이 바로 무아(無我)이다.

〈과학-바라문-천부경-불경〉

과학(과학적 세계)	바라문/천부경 (세계와 나)	천부경/불교 (나: 自覺-無我)
인과론(因果論)	인과왕래론(因果往來論)	인과응보(因果應報)
인중무과론(因中無果論)	인중유과론(因中有果論)	중도인과론(中道因果論)
단견(短見)	상견(常見)	중도(中道)/실재/실행
유시유종(有始有終)	무시무종(無始無終)	중도(中道)/연기론(緣起論)
원의 선분(線分)	원과 타원(橢圓)	원의 중심/만물중심 (萬物中心)
ㅣ/ㅡ(方/□)	○(圓)/둘레	·(角/心中)
자아(ego):이기주의	자타(自他):자리이타(自利利他)	자기(self):만물만신 (萬物萬神)
천지중인간(天地中人間)	인중천지일(人中天地一)	자기원인결과(myself)

　근대에 들어 서양의 '앎의 철학'은 과학에 의해 많은 진전을 이루었다. 그러나 삶은 아직도 우연과 신비와 미지수로 가득 차 있다. 철학자들은 당연히 삶의 철학에 눈을 돌리지 않을 수 없었다. 삶의 철학을 대표하는 것이 바로 하이데거의 '존재론'을 바탕으로 하는 실존주의의다. 삶은 항상 앎의 밖에 있다(삶>앎).

　앎의 철학도 순수하게 앎(지식)의 확대를 목적으로 하는 줄 알았는데 광의로 보면 삶을 위한 수단과 힘(능력)을 넓히려는 목적에서의 앎이라는 주장이 설득력을 얻고 있다. 삶에 대한 인간의 욕망은 과연 무병장수(無病長壽)일까, 아니면 장생불사(長生不死)일까. 장생불사는 본래 선도(仙道)의 목적이다. 인간의 많은 종교는 바로 불사(不死)에 대한 욕망을 나름대로 드러내고 있다. '불사'에 해당하는 것으로는 기독교의 영생(永生) 혹은 불교의 열반(涅槃)이 대표적이다. 불교는 또한 불생불멸(不生不滅)을 말하기도 한다.

인류문화는 실크로드가 대변하고 있는 것처럼 현대인이 생각하는 것 이상으로 수많은 교역과 소통, 그리고 전쟁을 통해 오늘날 지구촌에 이르고 있다. 인류문화는 문화전파와 변동으로 서로 영향을 주고받을 수밖에 없었다. 유대교문화권에서 기독교가 발생한 것도 실은 예수의 인도티베트 구도여행과 더불어 불교의 영향으로 보는 학자들이 많다. 말하자면 기독교는 불교의 유대교적 번안이라는 생각이다. 예수의 설법과 부처님의 설법은 유사한 것이 많다. 특히 불교의 법화경의 우화가 그렇다.

인류학적으로 볼 때 사회란 생태계의 먹이삼각형이 권력체계로 변형된 것으로 보인다. 그 권력체계란 왕(사제)/귀족/평민/노예의 4계급으로 강도의 차이는 있지만 대체적인 공통성을 보인다. 이는 왕을 제외한 사농공상(士/農/工/商)과 크게 다르지 않다. 다만 인도의 카스트제도(브라만/크샤트리아/바이샤/수드라)는 사후세계에까지 계급의 초월적 순환을 연결한 것으로 초월적 계급제도라고 할 수 있다. 카스트는 매우 특별한 것이지만 이해가 가지 않는 것은 아니다.

지금도 인간은 신체적·의식적으로는 4가지 계급(머리/가슴/배/사지)으로 나뉘어 살아가고 있는 지도 모른다. 계급은 신체적 상징과 무관한 것은 아니다. 바라문과 유대교는 계급을 강조한다는 점에서 유사한 점이 많다. 불교와 기독교는 평등을 강조한다는 점에서 유사한 점이 많다.

바라문	불교	유대교	기독교자본주의	기독교마르크시즘
카스트제도: 브라만(성직자)/ 크샤트리아 (왕, 무사) /바이샤(농상인, 수공업자/수드라 (노예)	평등 (카스트 철폐: 無上正 等覺)	왕/ 귀족 (제사장, 율법학자) /평민 /노예	왕/귀족/ 상공업자 (부르주아)/ 노동자농민 (프롤레타리아) (자유평등박애를 추구함	공산사회주의: 계급투쟁/ 공산당귀족 전체주의 (말로는 평등을 추구함)

　인간은 세계를 자기중심으로 바라볼 수도 있고, 타자중심으로 바라볼 수도 있다. 요컨대 자기중심-자력신앙으로 바라본 것의 가장 큰 업적이 불교경전이라면, 타자중심-타력신앙으로 바라본 것의 가장 큰 업적이 기독교경전이다. 편의상 기독교와 불교는 나누어놓았지만 결국 자력신앙과 타력신앙을 서로 상호작용한다. 자력 없는 타력이 어디에 있으며, 타력 없는 자력이 어디에 있는가. 둘은 명확하게 구분할 수 없다. 구원과 견성, 계시와 자각도 마찬가지이다. 기독교와 불교를 믿는 인간과 자연은 하나가 될 수밖에 없다.

〈기독교와 불교, 타력신앙과 자력신앙〉

도법자연 (道法自然)	기독교-유일신 (唯一神)	타자중심- 타력신앙	구원 (救援)	계시 (啓示)	승천 (昇天)	자력신앙- 타력신앙은 상호작용
	불교-여래장 (如來藏, 人間)	자기중심- 자력신앙	견성 (見性)	자각 (自覺)	열반 (涅槃)	
* 신과 인간과 자연은 결국 하나가 되어야 온전해진다						

　흔히 기독교종교, 불교철학, 유교도덕, 도교자연이라고 말한다. 이것은 각 종교의 특성을 가장 잘 말한 것이다.

기독교를 종교라고 하는 이유는 절대적인 신(유일신)에 대한 믿음을 통해 신의 도움(타력신앙)으로 현세에서의 모든 유혹과 어려움을 극복하고 사후천국(天國)에 들어갈 것을 기도하는 가장 대중적인 종교이기 때문이다. 기독교는 결국 무조건적 신앙(절대신앙)과 절대복종과 절대사랑을 요구함으로써 도그마적인 성격을 극명하게 드러내는 가장 가부장적인 종교(god father)이다. 기독교문명권에서 절대과학이 탄생하는 것은 당연한 것이다.

불교를 철학이라고 하는 이유는 논리로 모든 논리를 부수어버린 종교이기 때문이다. 불교의 연기론(緣起論)과 십이연기론(十二緣起論), 사성제(四聖諦)와 삼법인(三法印), 반야(般若)공(空)사상과 중도중론(中道中論)은 바로 모든 논리를 부정하는 논리로서 인간이 구성한 논리의 근본기반을 부숨으로써 무상무아(無常無我)를 깨닫게 하고 열반적정(涅槃寂靜)에 도달하게 하는 철학이다. 선(禪)불교에서는 부처를 섬기는 것조차 우상을 섬기는 것으로 보고 파타하는 극단에 서게 한다. 화두(話頭)라는 것은 그러한 산물이다.

유교를 도덕이라고 하는 이유는 인(仁)에서 출발하여 인의예지(仁義禮智)와 충서(忠恕)를 주장하는 것으로 지평을 넓히고, 수신제가치국평천하(修身齊家治國平天下)를 목적으로 하지만 결국 예의범절을 지키게 하는 의례학(儀禮學)에서 그것의 완성을 보이기 때문이다. 이는 신유학이라고 말하는 성리학(性理學)에서 잘 드러난다. 특히 조선조가 섬긴 성리학은 이기론(理氣論) 등에서 철학적인 모습을 보이지만 사문난적(斯文亂賊)이라는 이단논쟁을 통해 종교적 도그마(dogma)의 성격을 극명하게 드러내면서 정치적 당파싸움의 도구로 전락하게 되었다.

도교를 자연이라고 하는 이유는 요컨대 인간각자가 도(道)를 추구하지만 모든 인간적인 도를 자연의 아래에 두는 도법자연(道法自然)을 목표로 하기 때문이다. 도교는 소위 인법지(人法地), 지법천(地法天), 천법도

(天法道), 도법자연의 순환체계를 가지고 있다. 도교는 결국 무병장수(無病長壽)에서 장생불사(長生不死)를 추구하여 우화등선(羽化登仙)하는 것을 목표로 하는, 즉 신선(神仙)이 되어 자연으로 돌아가는 것을 당연하게 여기는 종교이다.

모든 종교는 이상세계가 있기 마련이다. 모든 종교는 각자의 특성이 있고, 이러한 특성은 각 시대와 장소(지역)에 따라 어떤 적응성과 적합성을 지니고 있었기 때문에 활발한 교세를 이루었다고 볼 수 있다. 지구촌이 된 오늘날 인류는 각 지역의 종교들의 공통점을 발견하고 그것을 기반으로 통합할 필요에 직면하고 있다. 특히 과학기술시대를 맞고 있기 때문에 과학적 지식을 융합하는 새로운 세계관과 가치관을 가진 종교와 철학을 갈망하고 있다.

여러 종교의 통합통일은 종래의 보편적이고 추상적인 작업에서 실현될 수 있는 것이 아니라 일반적이고 구체적인 작업으로 달성될 가능성이 높다. 가부장-국가사회의 아버지적인 것보다 모계-공동체의 어머니적인 것에 의해서 달성될 가능성이 높다. 전자는 권력적인 반면 후자는 비권력적이기 때문이다. 이러한 '인류대가족(사해동포)사상'에 기초한 종교통일과 인류평화의 달성은 존재론적인 사유들이 필요한 시대임을 말하고 있다.

하이데거의 존재론은 특히 사방세계(geviert)—하늘과 땅, 신적인 것들, 죽을 인간—에서 보여주듯이 기독교의 유일신을 완전히 벗어난 것은 아니지만 '신적인 것들'이라는 복수의 신을 허용하는 신축성을 보이는 한편 사방세계의 거울반사(거울놀이)와 공속성을 보임으로써 순환론을 인정하는 태도를 보이고 있다는 점에서 주목된다. 하이데거의 존재론적인 사유는 서양철학의 핵심인 이분법을 배척하고 있다.

이에 비해 하이데거 이전의 서양철학은 이분법을 토대로 구축되어있다고 해도 과언이 아니다. 요컨대 현상학의 주체-대상, 정신-육체(물질),

그리고 신을 실체로 인정하는, 동일성에 기초한 서양철학의 패러다임은 결국 실체의 분열과 동시에 계속적인 통합(정반합의 변증법)을 요구하지 않을 수 없다.

서양철학과 문명은 그러한 이분법과 동일성을 요구하는 경향이 유난하게 강하다. 그래서 종국에는 신(God), 절대정신(Geist), 유령(Ghost)을 가정하게 하지만, 그렇다고 해서 하나의 실체인 일자(一者)를 어느 하나에 귀속시킬 수는 없다. 그래서 결국 현상학은 정신의 분열을 가져올 수밖에 없다. 정신의 분열은 결국 갈등을 초래하고 계속된 다른 실체를 찾지 않을 수 없게 한다. 현상학은 그래서 영원한 대상(eternal object)을 찾거나 물리학적 무한대(영원성, 전체성)를 설정하게 된다.

화이트헤드의 '초월적 주체-영원한 대상'의 패러다임도 결국은 영국의 경험론을 바탕으로 하는 현상학에 지나지 않는다. 서양의 모든 철학과 지식체계는 현상학이라고 해도 큰 무리를 아닐 것이다. 정신은 정신현상학이고, 심리는 심리(의식)현상학이고, 물질은 물리현상학이다. 이들은 존재론이 아니다. 현상학의 선험과 초월과 지향(헤겔의 지양을 포함한)은 모두 현상학적 차원에서 벌어지는 그야말로 현상(현현)일 뿐이다. 그런 점에서 존재는 현상되지 않은, 알 수 없는, 규명할 수 없는 그 무엇이다. 그렇다고 해서 존재가 숨어 있는 것은 아니다. 우리가 눈앞에 보이는 사물(존재)을 현상(대상)으로 보지 않고 존재로 보면 존재이다. 금강경(金剛經)에서 "누가 만약 제상을 상으로 보지 않으면 바로 부처를 볼 수 있다(若見 諸相非相 卽見如來)"라는 말은 이것을 말한다.

인류의 진정한 평화는 현상에 있지 않다. 현상계는 항상 대립된 세계가 변증법적 운동하고 있기 때문에 평화는 전쟁을 번갈아할 뿐이다. 그래서 진정한 평화는 존재론의 세계에서 찾을 수밖에 없다. 존재론의 세계는 무(無)의 세계이며, 무에 도달한 개인이나 집단만이 영원한 평화, 즉 열반에 도달할 수 있다. 인간종은 이제 생존경쟁을 넘어 권력경쟁을 일삼아왔으나 이제 그것과도 결별하여야 할 때가 되었다. 만약 권력경쟁과 패권경쟁과 결별하지 않으면 결국 함께 공멸하는 일만 남았을 정도로 인간의 힘은 막강해졌다.

인간은 이제 자신의 욕망을 최대한 제어하는 도덕을 완성하여야 하는 한편 다른 동식물과 함께 살아야 하는 홍익자연(弘益自然)의 정신을 강화하지 않으면 안 되게 되었다. 홍익인간은 물론이고, 홍익자연에 이르는 생태철학을 수립하지 않으면 자연의 보복을 받아 스스로 멸종하지 않을 수 없는 처지로 몰리고 있다. 이는 인간이 자연을 너무 소유와 이용의 대상으로 전락시켰기 때문이다. 사물(존재)에서 신적인 것, 부처적인 것, 성스러움의 의미가 사라진지 오래다.

이제 자연의 한 종으로 태어난 인류가 경쟁이 아닌 '공생의 시대'를 맞이하기 위해서는 새로운 마음가짐(마음혁명)을 가져야 한다. 욕망과 소유는 허망한 것이며("凡所有相 皆是虛妄") 그러한 진리를 깨달을 때에 스스로 열반에 들 수 있다. 열반은 남에 의해 달성되는 경지가 아니라 소유와 우상을 멀리하고 스스로 세계의 주인이라는 책임감과 자부심을 가질 때에 맛볼 수 있는 인간의식의 최고경지이다. 신과 부처, 군자와 신선은 바로 최고의 경지로 승화된 인간을 지칭하는 유불선기독교의 용어들이다.

진정한 주인이 된 자는 소유를 통해 세계의 부분으로 전락하는 것이 아니라 세계의 전체를 온몸으로 받아들여 세계와 일체가 되는 마음을 가진 자들이다. 세속의 종교는 모두 전락했으며, 교회와 사제, 사찰과 승려들은 신과 부처를 팔면서 자신의 사리사욕과 부정부패에 빠진 속물이 되어버리고 말았다. 그래서 고등종교의 해체는 피할 수 없는 대세이며, 이에 새로운 연대로서 초종교초국가사상은 물론이고, 도리어 삶의 기초단위인 가정의 연대가 필요한 시점이 되었다.

가부장-국가사회로는 인류의 영구평화를 달성할 수 없다는 것이 증명되었으며, 이에 자연의 상속자인 여성(모성)의 평화를 되찾는 방식으로 인류문명을 재건하지 않으면 안 된다. 이를 실천하기 위한 가장 현실적인 방안은 지금의 유엔을 강대국(안정보장이사회 상임이사국) 중심의 유엔이 아니라 종교대표로 구성된 평화유엔(아벨유엔)을 유엔기구로 상설하지 않으면 안 된다.

불교보다도 더 인류에게 평화의 메시지를 던질 수 있는 종교는 샤머니즘이다. 인간의 삶에서 자연에 가장 가까이 있는 종교가 샤머니즘이고, 이것은 인간종교의 원형이다. 물론 과학시대 혹은 4차 산업시대를 맞은 현대에는 고대의 샤머니즘이 아닌 새로운 샤머니즘, 다시 말하면 과학이 달성한 지식체계를 교양으로 섭취·소화한 상태의 네오샤머니즘(neo-shamanism)이 필요하다. 이는 '종교와 과학의 예술적 융합'이라고 말할 수 있다.

서양의 기독교와 과학이 이끌어가는 현대는 유물론을 넘어서 물신시대(物神時代)라고 규정해도 조금도 지나침이 없다. 기독교의 유일신은 이제 물신(物神)이 되어버렸다. 이것은 정서적으로 무신(無神)과 다름이 없다. 현대인은 과학기술과 물질만능으로 인해 스스로 전지전능(全知全能)한 인간신(人間神)이 되어버렸다. 인간신을 다시 신이 충만한 신인간(神人間)으로 회복시켜야 한다.

현대의 물신시대를 다시 신(神)이 되살아나는(부활하는) 신물(神物)시대로 전환시켜야 할 시대적 사명(시대정신)을 맞닥뜨리고 있는 것이 현대이다. 이것을 '현대의 위기'라고 말할 수 있다. 아무리 휘황찬란하고 복잡한 세계관과 이론체계를 가진 종교와 철학과 과학이 있다고 해도 인간이 행복하지 않다면 무슨 소용인가.

샤머니즘은 어떤 종교나 이데올로기보다도 자연과 더불어 사는 지혜를 가진 종교였다. 샤머니즘에는 자연이 신이며, 존재이다. 인간이 죽으면 저 세상이 아닌, 자연으로 돌아가는 것이 너무나 당연한 것으로 받아들이는 마음가짐이 들어있다. 세계는 인간중심이 아니라 만물만신(萬物萬神)인 것이다. 소유-무소유의 극단적인 이데올로기보다는 자연의 생멸을 그대로 받아들이는 존재론이 오늘날 가장 샤머니즘에 가까운 철학사상이다.

오늘날 아무리 과학시대라고 하더라도 신화와 종교와 이데올로기는 버릴 수 없다. 종교와 이데올로기는 현대의 신화이다. 도리어 이들 신화 속에 과학이 녹아들어가서 새로운 신화를 만들어내는 것이 인간의 문화이다. 그래서 문화(文化)는 항상 새롭게 변화하는 문(文)의 화(化)이다. 자연은 진화(進化)하고 문화는 문화(文化)한다.

7. 철학의 미래와 네오샤머니즘
—신인간(神人間)과 신물(神物)의 회복을 위한 철학적 기도

철학자의 특성이면서 치명적 약점은 바로 자기 몸의 밖에서 일어나는 일(사건)들을 자신의 머릿속에 넣어서 해석·설명하고자 하는 것이다. 물론 인간이 삶을 영위하기 위해서는 존재사건을 머릿속에서 환원시키려는 욕망도 필요하지만 그것에 갇혀서는 창조적인 진정한 철학자가 될 수 없다. 철학과 종교에는 항상 도그마가 되어 사람으로 하여금 노예가 되게 하는 독소가 있다. 도그마에 갇히게 되면 신조차도 '살아있는 신'이 아니라 '죽은 신'이 되고 만다.

언제나 창조자는 소수이다. 철학에서도 예외는 아니다. 창조적 소수에 속하는 철학자만이 '철학을 공부하는 철학자'가 아닌, '철학할 수 있는 철학자'가 될 수 있는 행운을 누릴 수 있다. 왜 철학은 보편성을 추구

할까. 보편성이란 실은 동일성, 고정불변의 신, 법칙을 말하는 것에 다름 아니다. 존재는 왜 세계-내-존재가 되어야 하는 것인가. 왜 존재-내-세계가 되지 못할까. 우리는 왜 '보편적이고 일반적인' 이라는 말을 아무런 의심 없이 받아들이는 것인가. 집단에서 추상적으로 추출된 보편성(머릿속의)이라는 인위(人爲) 이전에 생명체(살점을 가진)라는 구체로서의 일반성이라는 무위가 있다.

보편성을 주장하는 이성과 진리가 실은 '닫힌 체계'라면 일반성을 향하고 있는 감성은 도리어 자연과 존재의 세계로 '열린 체계'라고 말할 수 있을 것이다. 자연과 인간과의 끊임없는 교감을 지속하는 것만이 인간으로 하여금 기계인간을 넘어서서 자연과 더불어 살 수 있는 힘을 인간에게 돌려주는(선물하는) 것이 되지 않을까. 현대인이야말로 각종 유령에 매여 살고 있는 존재인지도 모른다. 현대인은 귀신을 숭배하면서 자연친화적으로 살던 샤머니즘의 원시고대인보다 실은 더 신(神)과 자연으로부터 멀어지고 소외되어있는지도 모른다.

자연은 선(善)일 수밖에 없다. 왜냐하면 자연이니까. 자연을 악(惡)이라고 말할 수는 없다. 자연이 선한 이유는 사물 그 자체, 생성 그 자체이기 때문이다. 생성하는 자연은 선이다. 그렇다면 적(敵)이나 악(惡)은 문화와 문명의 산물이라는 사실을 유추할 수 있게 된다. 특히 서양철학의 이분법과 기독교의 선악이분법이 악의 개념의 강화에 관련되어 있음을 보게 된다. 기독교가 특히 샤머니즘을 신랄하게 비난하는 이유는 바로 샤머니즘이 자신의 뿌리이기 때문일 가능성이 높다.

자연 속에서 생존경쟁을 하는 동식물들은 서로가 서로를 잡아먹는다고 하더라도 상대를 적이나 악으로 규정하고 그러한 행위를 하는 것은 아니다. 먹고살기 위해 자연스럽게 그렇게(naturally like that) 하는 것일 뿐이다. 더욱이 상대를 자신과 동일시하기도 한다. 원시고대인들은 자연을 함께 살아가는 친구 혹은 형제처럼 대했다. 그래서 사냥물과 희생(犧牲)에 대해서도 경건한 마음과 감사하는 마음, 제사하는 마음을 가졌다.

토테미즘의 경우에는 동식물과 혈연관계 혹은 혼인관계에 있는 것처럼 이야기되기도 한다. 세계를 물활(物活)로 보는 애니미즘과 특정 동식물을 신앙하는 토테미즘, 그리고 인간이 초월적인 존재로 등장하는 샤머니즘에 이르기까지는 자연은 인간의 친구였다. '적'과 '악'이라는 개념이 성립된 것은 고등종교의 등장과 때를 같이한다. 고등종교들이 가부장-국가의 형성과 때를 같이하는 것은 '악'의 형성과 관련해서 쉽게 간과할 일이 아니다. 씨족이나 부족, 국가 사이에 권력경쟁이 치열해지면서 크고 작은 전쟁은 끊이질 않았을 것이다.

현대인은 고대 샤머니즘으로부터 삶의 태도나 운영방식을 배우지 않으면 안 된다. 샤머니즘은 주술(呪術)을 삶의 방식으로 살아가던 시절의 원시종교였다. 과학시대를 사는 현대인은 주술을 미신이라고 일축해버리고 말지만 실은 인간의 삶의 원형이 주술에 다 들어있다고 해도 크게 틀린 말은 아니다.

오늘날 문장의 은유(metaphor)는 주술의 유사법칙(similarity)에 근거한 동종주술(homeopathic magic)·모방주술(imitation magic)이 발전한 것으로 생각해볼 수 있고, 과학의 인과(causality, reason)는 주술의 감염주술(contagious magic)·접촉주술(contact magic)에서 발전한 것으로 생각해 볼 수 있다.[39]

---

39) 박정진, 『한국문화와 예술인류학』(미래문화사, 1990), 240~243쪽.

〈주술과 문명〉

은유(metaphor)	비유성 (比喩性)	詩, 예술(우연-창조)	닮음(resemblance) 유추(類推, analogy)
동종주술(同種呪術) (homeopathic magic)	유사성 (類似性)	모방주술(模倣呪術) (imitation magic)	유사법칙에 근거 (similarity)
감염주술(感染呪術) (contagious magic)	인접성 (隣接性)	접촉주술(接觸呪術) (contact magic)	접촉법칙에 근거 (contact)
인과 (causality, reason)	인과성 (因果性)	과학 (필연-기계)	필연성 (inevitability)

　여기서 유사성, 인접성, 인과성은 영국의 경험주의 철학의 대가인 데이비드 흄(David Hume)의 인과관계의 세 가지 특징과 통한다. 주술에서 예술(詩)의 은유와 과학(물리학)의 필연성이 생긴 것이라고 유추해도 크게 무리가 없을 것이다.

　중세의 신(神)과 부처(佛)가 국가로 대체된 것이 근대라고 한다면 근대는 국가종교의 시대라고 말할 수 있을 것이다. 그렇다면 중세는 종교국가의 시대라고 명명해도 좋을 것이다. 자본주의와 사회주의, 그리고 과학기술시대를 맞아 신은 다시 '돈'과 '물질'과 '기계'로 대신하기에 이르렀다. 결국 이 세 가지의 가상실재는 물신(物神)이라고 해도 좋을 것이다. 자연을 기준으로 보면 자연과학이라는 것도 인간이 새롭게 쓰는 신화의 일종이라고 말할 수 있다.

　현대과학기술문명의 입장에서 인간의 역사와 문명을 회고해보면 과학과 종교에 대한 종래의 구분이 설득력을 잃게 된다. 과학이 객관적인 것이라는 것에도 동의할 수 없고, 종교가 주관적이라는 데에도 동의할 수 없다. 과학이든 종교이든 결국 상호주관의 산물이다. 사회구성원들 간에 서로 동의하고 이해되지 않으면 결코 과학도 종교도 존립할 수 없기 때문이다. 결국 둘 다 문화일 뿐이다. 이때 '문화일 뿐'이라고 말하는 것은 문화는 결국 본래존재(자연)가 아니라 가상실재라는 의미가 깔려있다.

문화(文化=언어)는 결국 자연의 변화(變化)와는 다른 가상의 실재이고, 문화는 결국 자연의 물화(物化=수학)를 추구하는 것을 통해 오늘날 과학(科學=사물=thing)에 이르렀으며, 자연(自然=사건=event)을 재구성하고 왜곡·변형하는 것을 통해 호모사피엔스의 인구를 부양해왔다는 데에 이른다. 늘어나는 인구를 부양하기 위해 산업은 수렵채집에서 농업으로, 농업에서 산업으로, 산업에서 정보화로 치달은 것은 물론이다. 정치제체는 제정일치에서 제정분리로, 제정분리는 정치경제로, 그리고 국가와 제국으로 팽창하였다고 말할 수 있다. 그 사이에 수많은 전쟁과 정복과 합병이 있었다.

문화의 원형은 제사였다. 그 제사는 종교의례를 통해 제도화되었다. 고대에서 현대에 이르기까지 인류문화는 제사(신화·종교)→ 정치→ 경제 → 문화→ 예술로 중심이동을 하였다. 이들 장르는 서로 중첩되거나 순환관계에 있었다고 말할 수 있다. 예컨대 현대의 예술은 고대의 제사기능과 만난다고 할 수 있다. 또한 제사는 정치, 정치는 경제, 경제는 문화, 문화는 예술과 겹치면서 원형과 변형의 관계에 있다.

인간은 상상력을 통해 신화(신화적 우주론)를 구성했으며, 신화의 이야기(narrative)를 통해 자신이 살고 있는 세계를 이해했으며 이야기는 실재를 압도했다. 인간은 우선 이야기꾼이었으며, 신화의 이야기는 근대의 과학시대를 맞아 천문학(물리적 우주론)이라는 새로운 신화를 구성하기에 이르렀다. 결국 과학의 로고스(logos)도 미토스(mythos)의 산물인 셈이다. 오늘의 천문학은 보다 정교하고 복잡한 신화체계라는 점이 다를 뿐이다.

상상력은 다양성을 추구하지만 일단 상상된 것은 동일성을 고집하게 된다. 그래서 상상력은 동일성의 원인이다. 동일성에 잡히지 않으려면 계속 새로운 상상을 해야 한다. 인간은 상상력과 피드백하면서 살아가는 존재이다. 자연에 비하면 신화(문화)와 과학은 모두 상상력의 산물로서 환상에 지나지 않는다.

크게 보면 인간은 신화와 과학을 통해 시간과 공간을 제도로 만든 최초의 동물이다. 그 결과 과학적 세계를 구성해냈다. 더 정확하게는 시간성(時)을 시간(時間)으로, 공간성(場)을 공간(空間=場所)으로 만들고 시공간 안에 있는 사물의 운동과 변화를 수학적으로 계량화함으로써 과학문명을 이루었다. 여기에는 인간의 감각 중에 시각(눈)이 매우 중추적인 역할을 하였음을 부인할 수 없다. 인간의 '앎'이라고 하는 것은 시각적으로 '봄'의 결과이다. 눈으로 확인하지 못하면 앎이 아니다. 결국 인간은 자연을 시공간의 우주(宇宙)로 해석한 동물이다(자연=우주).

자연이라는 말 대신에 '우주'라는 말 자체가 이미 기계의 의미를 내포하고 있고, 기계적 우주를 의미한다. 현대과학문명의 시대는 과학뿐만 아니라 정치도, 전쟁도, 제도도 기계일 뿐이다(우주=기계=제도). 이제 최종적으로 자연도 기계가 되고 말았다. 결국 문화의 문자(文字)는 기호(記號)를 넘어서 과학의 기계(機械)를 의미하는 것으로 되었다(문자=기호=기계).

고대신화시대, 중세종교시대, 근대국가시대, 현대과학시대는 겉모양은 다르지만, 즉 문화적 기표(표상)는 다르지만 그 내용(기의)은 모두 가상실재라는 공통점이 있다. 신화의 내용은 신(神)의 체계이고, 신화의 변형인 종교의 내용은 성인(聖人)의 체계였다. 신화와 종교체계는 헤겔과 마르크스에 이르러 결국 이데올로기(도그마)의 속성을 드러냈다. 신화와 종교라는 이데올로기 체계는 결국 제도이며, 제도는 또한 기계이며, 이 기계는 우주로 확장된 셈이다.

니체가 주장하는 초인(超人)은 종래의 성인과 영웅에 대한 현대적 재해석이면서 동시에 우주의 비밀을 깨달은 사람이라고 할 수 있는 '신인(神人)'에 대한 새로운 지칭이라고 말할 수 있다. '신인'은 기계인간(인조

인간, 사이보그)을 만들어냄으로써 인간신(人間神)을 꿈꾸는 과대망상증의 현대인과 달리 자신의 마음을 성찰하는 내관(內觀)을 통해 자연의 본래존재에 도달함으로써 감사와 겸손으로 모든 존재를 대하는 깨달은 사람을 말한다.

현상학적으로 말하면 인간(人間)은 결국 '시공간(時空間)의 동물'이며 인간의 '간(間)'자는 시공간의 '간(間)'자를 의미한다. 시공간의 거리가 없으면 인간이 아니라고 역으로 말할 수 있다. 그런 점에서 인간은 '사이-존재'라고 말할 수 있다.

인간은 현상학적으로 지향(intentionality)의 동물이다. 지향은 안(in)에서 밖(ex)으로 향하는 것이다. 밖으로 향한다는 것은 '대상' 혹은 '목표'를 정하는 것이고, 이것은 결국 의미대상에서 사물대상으로 연장된다. 사물대상으로 연장된 것이 과학이다. 과학이라는 것은 결국 인간의 현상학적인 최종산물이다. 과학이라는 것은 수(數)의 비율(ratio)을 실체로 전환한 것이고, 세계를 무한대로 해석한 현상학에 불과하다. 데이비드 흄(David Hume)은 일찍이 과학의 인과론이 확률에 불과한 것이라는 점을 깨닫고 깊은 회의주의에 빠졌는데 그 확률론은 하이젠베르크에 의해 활용되었다.

과학은 시공간에서 단지 비율과 확률인 것을 실체(substance)로 사용한 착각의 산물이다. 그런데 그 시공간이라는 것도 실은 감성이 허용한 직관, 즉 감성적 직관의 형식이고 보면 과학은 결국 과학적 환상에 불과한 것이 된다. 인간은 과학이라는 세계의 환상 속에 살고 있는 셈이다. 칸트의 현상학이 이루어지는 데는 당시 자연과학의 패러다임의 영향이 컸던 것이고, 그는 자연의 법칙을 인간의 도덕에 그대로 반영하고자 했다. 자연과학이 'science'이고, 도덕의 양심이 'conscience'이고 보면 도덕은 자연과학을 함께 한 것이 된다. 현상학이 이루어지는 데는 인간이 '세계-내-존재'라는 전제가 필요하다.

이에 비해 관심(Sorge)은 밖(ex)에서 안(in)으로 향하는 것이기도 하고, 안에서 밖으로 향하기도 하는 경계선상에 있다. 말하자면 경계선상에서 안과 밖을 동시에 보면서 결국 사물대상보다는 '마음'과 '자기'에 도달하는 것을 목표로 한다. 관심은 저절로 '자기-내-존재'에 이르는 것이다. 인간은 사물대상을 찾는 존재가 아니라 결국 자기를 찾고자 하는 '자기-내-존재'이다. 종교가 인간의 삶과 행동의 목표를 주는 것이라면 종교야말로 지극히 존재론적인 성취이다. 인간을 포함하여 만물은 모두 '자기-내-존재'일 가능성이 높다. 그렇게 보면 인간은 그 '자기'의 자리에 '세계'를 대입한 존재이다.

주술의 입장에서 오늘날의 종교와 과학을 설명하면, 종교와 과학이 혼합되어 있었던 것이 원시고대의 주술(呪術)이라는 것이다. 과학은 '동종주술과 메타포'를 거친 '접촉주술과 메토니미'인 반면 종교는 '접촉주술과 메토니미'를 거친 '동종주술과 메타포'이다. 과학은 시각과 언어와 페니스의 연합의 산물이고, 종교는 청각과 상징과 버자이너의 연합의 산물이다. 과학은 눈으로 사물을 보는 '실체(반사)의 세계'이고, 종교는 귀로 사물의 소리를 듣는 '파동(공명)의 세계'이다.

종교와 과학은 오류의 연속이긴 해도 그동안 인간에겐 여간 쓸모가 있었던 게 아니다. 예컨대 성경의 오류는 인간의 협력을 끌어내었고, 과학의 오류는 과학을 발전시켰다. 그런 점에서 인간은 '진리의 동물'이기 전에 '오류의 동물'이었다고 말할 수 있다. 더 정확하게는 오류를 저지를 수 있었기 때문에 과학을 발전시켰다고 말할 수 있다. 인류학적 결과들을 역사적으로 정리하는 데에 탁월한 능력을 발휘하고 있는 우리시대의 역사인류학자라고 부를 수 있는 유발 하라리는 종교와 과학과의 관계에 대해 보기 드문 정의를 내렸다.

"종교는 다른 무엇보다 질서에 관심이 있다. 종교의 목표는 사회구조를 만들고 유지하는 것이다. 한편 과학은 다른 무엇보다 힘에 관심이 있다. 과학의 목표는 연구를 통해 질병을 치료하고 전쟁을 하고 식량을 생산하는 힘을 획득하는 것이다. 과학자와 성직자 개인이 다른 무엇보다 진리를 우선시할 수 있지는 있겠지만, 집단적인 제도로서의 과학과 종교는 진리보다 질서와 힘을 우선시한다. 그러므로 이 둘은 의외로 잘 어울리는 짝이다. 타협 없는 진리 추구는 영적 여행이라서, 종교와 과학의 제도권 내에 머물기 어렵다."[40]

유발 하라리는 서양의 기독교(종교)와 철학과 과학이 실체(동일성)를 추구하는 문명이라는 관점에서 과학과 종교의 협력의 위험성을 기술하지 않고 진리보다는 '질서와 힘을 우선시하는 집단적 제도'로서 어울리는 짝이라고 설명했다. 그런 점에서 철학인류학자인 필자가 철학적 관점에서 서양의 과학기술문명과 패권주의를 인류의 종말과 연결시키거나 염려하는 것과는 차이를 보이고 있다. 하지만 그는 나름대로 매우 유익한 결론을 내리고 있다. 그렇다. 종말은 아직 멀었다고 생각할 수도 있고, 실제로 종말이 온다면 종말을 염려할 순간도 없을 것이기 때문에 무의미하다거나 무익하다고 생각할 수도 있다.

서양은 우주를 코스모스(cosmos), 즉 '질서'라고 하고 있고, 서양의 가장 탁월한 후기근대철학자인 니체는 '힘에의 의지'를 표명했다. '질서와 힘'은 서양문명을 이끌어가는 욕망의 쌍두마차라고 할 수 있다. 니체는 칸트가 과학으로부터 끌어와서 이룩한 도덕철학을 '힘에의 의지'를 통해 다시 과학 쪽으로 밀어낸 인물이다. '힘'이라는 것은 과학이 추구하는 절대명제이다. 불을 숭배한 차라투스트라를 현대적으로 부활시킨 시인-철학자인 니체는 아이러니컬하게도 '힘에의 의지'를 통해 서양문명의 요체를 드러냈다.

서양문명은 한 마디로 '실체론(동일성)의 문명'이라고 할 수 있다. 기독교는 실체론적 종교이고, 서양철학은 실체론적 철학이고, 자연과학은

---

40) 유발 하라리, 김명주 옮김, 『호모 데우스』(김영사, 2017), 275쪽.

실체론적 과학이다. 과학도 실체를 추구하고 있고, 역사도 실체를 추구하고 있다. 이를 종합적으로 현상학적이라고 할 수 있다. 이러한 서양문명의 대척점에 설 수 있는 사상이 바로 동양의 천지인사상이고, 음양사상이다. 천지인사상과 음양사상은 실체를 가정한 사상이 아니라 자연의 변화와 더불어 살아가는 사상이다. 천지인사상과 음양사상은 자연을 대상으로 보지 않고, 그런 까닭에 자신을 주체로 보지도 않는다. 주체-대상의 이분법에서 자유롭다. 이를 종합적으로 존재론적이라고 말할 수 있다.

자연이라는 본래존재는 마음(몸)이고, 전체이고, 은유이고. 공(空)이다. 자연은 결코 고정불변의 실체가 아니다. 그런데 인간의 자연과학은 본래존재를 실체로 해석하여 정신(의식주체), 물질(의식대상), 환유, 색(色)으로 변형시킨다. 본래존재는 '기운생동'이라면 인간이 인식하는 세계는 '기계작동'이다. 인간은 처음부터 기계적 알고리즘을 가진 존재였다. 그러한 알고리즘을 구현한 것이 현대의 과학기술문명이다. 현대에 이르러 인간의 알고리즘이 기계였다는 것을 알게 된 셈이다.

인간의 사유는 처음부터 기계였는지 모른다. 이데아가 바로 기계이다. 이데아의 정체가 근대에 와서 데카르트의 기계적 우주론에서 비롯된 것처럼 착각하는데 실은 고정불변의 존재를 가정하는 실체론은 바로 기계론이었다. 그렇다면 인간이 생각하는 신에 대해서도 처음부터 '기계신'이었던가를 의심해볼 수 있다. 세계를 필연성으로 바라보는 그것 자체가 기계에 대한 환상이고, 그 환상의 실현이 과학이다. 세계가 생명을 보존하기 위해서는 필연성이 아니라 우연성에 의해 운행되지 않으면 안 된다.

우연이야말로 기운생동을 수용할 수 있는 허(虛)와 무(無), 공(空)의 체계이다. 허와 무의 체계를 받아들이면 결코 허무주의(虛無主義)에 빠지지 않는다. 19세기말 서구의 허무주의는 바로 실체론에 의해 비롯된 것이다. 허무는 실체론의 동전의 양면이다. 똑 같은 이치로 20세기말 서구의 해체주의는 바로 실체론(결정론)에 의해 비롯된 것이다. 허무주의나 해체주의는 서구문명권에서 일어날 수 있는 동질성의 현상이다. 허무주의를 극복하기 위해 '힘(권력)에의 의지' 철학이 주창되었다면 해체주의를 극복하기 위해서는 새로운 구성철학이 필요하다.

자연의 계절은 동일성(실체)이 없이 변화무쌍하다. 봄이라도 같은 봄이 아니고, 진달래꽃도 같은 것은 하나도 없다. 오늘의 나는 내일의 나가 아니다. 그런데 그것을 굳이 동일성이 있는 것처럼 설명하고, 해석하는 서양문명은 결국 오늘날 우리가 삶에서 매일 접하는 눈부신 과학기술문명이라는 만들어냈다. 이제 인조인간, 인조우주도 만들어낼 지도 모른다. 이는 마치 기독교의 여호와(절대유일신)가 사람과 만물을 만들어내는 것과 흡사하다.

기독교의 신(神)이 원인적 현상학이면, 인간신(人間神)은 결과적 현상학이다. 그렇다면 본래인간은 신인간(神人間)이라는 말인가? 만물만신(萬物萬神)에 따르면 존재는 모두 신이고, 기운생동의 신이다. 기운생동의 신만이 진정한 신이다. 세계의 중심은 없는 것이 아니라 역동하는 중심으로서 항상 이동하는 중심이다. 이것은 중심(고정불변)이 없다고 말할 수도 있고, 중심(생성변화)이 있다고도 말할 수 있다. 둘은 중심의 유무를 말하고 있지만 실은 같은 말이다. 기운생동하는 중심은 시시각각 있다.

인간이 인간신(人間神)이 되고 있는 즈음에 옛 천지인사상을 들먹이는 이유는 무엇인가. 왜 그것을 끄집어낼 필요에 직면했는가? 이 책은 바로 그것에 대한 해답을 주기 위해서 여러 각도에서 현대문명의 원천에 대해 조명한 글들로 채워져 있다. 지구촌은 지금 제 4차 산업혁명에만 빠져있다. 그것을 부정하고자 하는 것도 아니다. 그것의 실효성은 무시하는 것도 아니다. 4차 산업혁명도 중요하지만, 기후환경의 문제도 그에 못지 않는 주제이다. 우리가 그동안 살아온 자연, 본래자연에 대한 관심도 기울여야 인간문명의 균형을 이룰 수 있을 것이다. 근대를 주도한 서양문명이 '자유와 균형(형평)'을 추구한 문명이라면 말이다.

천지인 사상의 역동성을 오늘에 새롭게 부각하고 해석함으로써 많은 철학적 이점을 우리는 얻을 수 있다. 인류를 위한 활생(活生)의 철학은 천지인을 역동적으로 보는 데서 비롯된다. 바로 세계에 대한 역동성을 되찾는 것이 활생의 철학의 기본전제가 된다.

근현대에 이르러 우리민족에게 활생을 조금이라도 실현시킨 사상이 있다면 어떤 철학일까. 민주주의, 사회주의도 그 가운데 하나일 것이다. 그러나 그것은 외래사상에 대한 사대주의의 냄새가 짙다. 근본주의적인 민주주의와 사회주의는 한국에 분단과 전쟁을 가져온 장본인이다. 두 이데올로기는 종교처럼 한국인을 억압하고, 강요하는 도그마가 되어버렸다.

지금도 한국인은 두 이데올로기의 피해자가 되고 있다. 좌파는 이상적 평등을 위해 투쟁하고, 기독교는 사랑하라고 주장하고, 우파는 국가만 내세운다. 그러면서도 이들의 주장은 말로만 이루어지는 '말의 성찬'에 그치고 있다. 정작 어느 파에 속하든 삶의 전략으로서 이데올로기를 이용하고 있다. 그렇기 때문에 정치만이 난무한다. 정치는 많을수록 정치는 없다. 과거 혈연사회에서 벗어났다는 것이 여전히 지연과 학연의 굴레에서 꼼짝도 못하고 있다. 한국사회는 파벌사회, 당파사회이다. 그러니 근대국가가 제대로 성립될 수가 없다.

두 이데올로기는 한국인의 활생은 고사하고 한국을 혼란과 질곡 속으로 집어넣은 것이다. 그럼에도 한국인은 아직도 그것을 신주단지처럼 모시고 있다. 특히 좌파나 우파에 경도된 지식인은 그렇다. 그러한 점에서 한국에는 자생적인 철학이 없다. 남의 철학에 의해 살면서 마치 철학이 없는 것이 마치 가장 철학이 풍부한 체, 혹은 가장 철학적인 체하고 있는 셈이다. 바로 풍부함의 빈곤이 한국을 이데올로기적으로 얽매게 하고 있다.

근대국가의 형성과정을 보면 개인의 자유를 기초로 산업화와 함께 국가를 형성할 수 있던 지역은 자유·자본주의를 선택하였고, 개인보다는 집단의 협동을 기초로 국가를 형성할 수 있던 농업지역은 공산사회주의를 형성하였다. 광활한 국토를 가진 러시아와 중국을 비롯하여 유라시아의 대부분의 국가는 후자에 속하였다.

한국의 경우는 소작농이 대부분이었고, 산업이 활성화되지 못했던 관계로 후자에 속했다. 일제식민지를 거치면서 노예근성에 길들여진 한국 국민에게는 후자가 어울렸다. 그러나 세계적인 미소냉전체제의 각축장이 된 한국은 남북분단과 한국전쟁을 통해 각각 다른 체제의 국가를 수립하였다. 한국은 주체적으로 국가를 수립하지 못했다. 무엇보다도 스스로 국가를 건설하는 주인정신이 부족하였다.

한국인은 철학적으로 서양철학의 씨받이역할밖에 못하는 '무지성(無知性)의 난자(卵子)'의 신세가 되어있다. 대뇌(大腦)마저 서양철학을 받아들이는 자궁(子宮)이 되어버린 이 '무(無)철학의 여성성'을 뒤집어서 우리의 자생철학을 만들어야한다. 산업화 및 민주화와 함께 중선진국이 된 한국은 이제 세계를 선도할 철학의 수립이 절실하다. 그것이 바로 필자가 말하는 여성성의 철학, 평화의 철학, 에코페미니즘(eco-feminism)의 철학이다.[41]

서양철학은 오늘날 종교적 도그마로 변형된 채 신앙을 강요하고 있다. 철학이 신앙이 되면 수많은 부작용을 낳게 된다. 철학이 신앙이 되면 다른 생각 자체를 근본적으로 부정하거나 철학적 맹신이나 독선에 빠지기 쉽기 때문이다. 지금 활생의 철학을 주장하는 것도 실은 그러한 상황인

---

41) 박정진, 『평화의 여정으로 본 한국문화』(행복한에너지, 2016), 『평화는 동방으로부터』(행복한에너지, 2016), 『여성과 평화』(행복한에너지, 2017) 참조.

식에서 비롯된 것이다. 서양철학은 배우고 그것을 가르치는 일에 급급한 나머지 진정으로 스스로 철학하기에 실패한, 그러면서도 스스로 철학하고 있다고 착각하는 철학의 풍토는 한국문화의 특징인지, 병폐인지 알수가 없다.

한국인의 존재양식은 하이데거 식으로 말하면 '존재론적인 삶'을 살아왔다고 해도 과언이 아니다. 태극기의 상황과 같다. 태극기는 한국인의 심성이고, 문화적 디자인이다. 태극과 음양은 바로 그 역동성을 상징한다. 태극은 바로 '2↔1', '3↔1'체계의 혼용이다. 한국인의 '한' 사상은 다원다층의 의미[42]가 있다.

서양문명은 크게 이분법(비대칭성)의 굴레 속에 있다. 그러한 한계는 바로 동일성과 정체성에서 출발하고 있다. 서양은 근대에 이르러 존재자 위주의 인과적 사고, 도구적 사고, 이성주의로 일관해왔는데 비록 그러한 사고는 역사적 전개에서 세계를 지배국으로의 위상을 누리긴 했지만 부수적으로 많은 문제를 남겼다. 이것을 치유하기 위해서는 바로 이중성과 애매모호성으로 요약되는 원시부족의 대칭적(대립이 아닌) 사고, 존재적 사고의 도입이 필요하다.

다행히 우리는 음양오행사상이나 천지인 삼재사상에서 그러한 존재적 사고의 전통을 이어받을 수 있다는 점에서 크게 다행이다. 음양사상은 처음부터 대칭적(대립적이 아닌) 사상이었고, 천지인 삼재사상은 대칭적 사상에서 인간이라는 변수가 들어감으로써 인간에게 역동성을 부여한 측면이 있다. 그 대칭-역동성을 살리느냐, 죽이느냐, 고정시키느냐, 그

---

42) 박정진, 『한국문화와 예술인류학』(미래문화사, 1992), 274~275쪽. '한'은 우리 문화의 정체성 (identity)을 논할 때 쓰이는 말이다. 예컨대 '한'은 한국, 한겨레, 한글, 한식, 하느(나)님, 한얼 등 국가, 민족, 사상, 그리고 생활전반에 걸쳐 우리 문화의 원형(원리)으로 작용해 왔다. '한'은 한문(漢文)으로 韓, 漢, 汗, 桓 등 여러 가지 글자로 표기된다. '한'의 사전적 의미는 一(one), 多(many), 同(same), 中(middle), 不定(about) 등 다섯 가지로 요약된다. '한'은 따라서 확정성과 불확정성을 동시에 포함한다. 좀더 정확히 말해서 종래 문학(철학)이 확정성을 치중한 것을 감안할 때(확정성을 내포한) 불확정성을 그 특성으로 한다.

리고 그것을 존재적으로 혹은 존재자적으로 사용하느냐는 각 개인이나 국가의 몫이었다. 인간은 존재와 존재자의 사이에 있는 경계선상의 존재이다. 그러한 점에서 인간은 가역적 존재이다.

지금까지 주로 동서양철학의 비교를 통해 인류학적인 철학, 철학인류학을 시도해보았다. 동서양철학의 차이는 실은 이미 그들의 일상의 삶속에 들어있다고 해도 과언이 아니다. 철학은 일상의 삶속에, 삶의 언어와 구문 속에 이미 들어있다. 단지 그것은 자신들의 삶에 너무 가깝기(거리를 둘 수 없기) 때문에, 즉자적이기 때문에 대자적으로 깨닫기 어려울 따름이다. 이렇게 보면 앎의 철학과 삶의 철학의 구분마저도 어렵게 된다. 그러면서도 철학자의 사명은 삶과의 거리두기를 통해 그것을 개념으로 파악하는 일인 것 같다.

동양과 서양이 하나 된, 지구촌이 하나 된 시점에서 인류는 서로의 삶과 삶 속에 내재된 철학의 차이를 이해하고 소통을 시도함으로써 새로운 미래를 열어가지 않을 수 없다. 상대방을 이해할 때 인류의 평화도 가능하다는 점에서 동서양은 물론이고, 인류문화를 하나로 묶고 다시 그것의 밖에서 바라보는 코스모폴리탄(cosmopolitan)의 태도를 통해 인류가 '하나 됨'을 깨닫게 하는 데에 철학자의 소명이 있을 것이다.

인간이 두발(bi-pedal)로 수직보행하면서, 이 발에서 저 발로 발걸음을 옮기면서 균형(중심, 심중)을 잡고 걸어가는 것 자체가 철학의 출발인지도 모른다. 그러한 점에서 '머리의 철학'이 아니라 '발의 철학'이 필요할지도 모른다. 삶 자체가 철학이다. 어떻게 보면 일상의 쉬운 삶을 어려운 말(개념)로써 체계화하는 것이 철학인지도 모른다. 또한 철학이라는 것은 '여기'에 살면서 '저기'를 생각하는 것인 지도 모른다. '저기'라는 것이 바로 '이상'이고, '저 세상'이고, 동시에 '미래'이다.

철학은 '동일성'을 추구하는 대뇌의 작업인 것 같다. 서양의 '차이의 철학'이라고 하는 것도 '동일성의 차이' 혹은 '동일성의 반복'에 불과한 것이다. 이때의 동일성은 궁극적으로 기계이다. 이에 비해 자연은 동일성이 없는 '진정한 차이의 존재(세계)'이다. 자연의 신체는 동일성이 없고 차이만 있을 뿐이다. 그러한 점에서 진정한 존재는 '신체적 존재'이다. 어떤 철학자의 철학(철학체계)은 그대로 내 것으로 만들 수 있어도 신체는 내 것으로 만들 수 없다. 신체는 자연이기 때문이다.

'하나님'과 '하나됨'의 차이는 무엇일까? 이것이 '존재(Being)-하나님'와 '생성(Becoming)-하나됨'의 차이가 아닐까? 인간은 이 둘의 사이에 있는 것 같다. 존재이면서도 생성(존재-생성)이고, 생성이면서도 존재인(생성-존재), 자연이면서도 인간(자연-인간)이고, 인간이면서도 자연인(인간-자연) ― 특이한 존재가 인간이다. 인류는 이제 절대유일신의 하나님이 아니라 '하나됨과 하나님'이 융합한 '하나됨-하나님(하나됨의 하나님)'이 필요하다. '하나됨-하나님'은 '천부경(天符經)의 하느님'이다.

하나님이 필요한 이유는 만약 하나님이 없다면 내가 나를 우상화할 위험이 있기 때문이다. 설사 어떤 누군가가 하나님을 맞이한다고 해도 자기도취 혹은 자기최면에 빠질 수 있다. 그래서 내가 하나님이 되는 것이 아니라 하나님이 나에게(내 몸에) 거주(居住)해주기를 염원해야 한다. 말하자면 "나에게 임하소서."라고 말할 수밖에 없다. 하나님은 내 머리 속에 있는 것이 아니라 내 가슴속에 혹은 내 심정에 있어야 하는 것이다.

이것이 이른바 '마음의 하나님' '심정의 하나님'이다. 종래 '이성의 하나님' '말씀의 하나님'은 항상 도구가 될, 주인과 노예의 양면성의 위험이 있다. 도구적 이성 혹은 도구적 하나님으로부터 벗어날 때 인류는 기술적 소유로부터 해방될 수 있게 된다. 이것이 바로 '생성의 하나님'이고, '자연의 하나님'이다. '생성의 하나님'은 천부경에서 잘 표현되고 있다.

'생성의 세계'는 천부경의 '무시무종(無始無終)의 세계'가 될 수밖에 없다. 무시무종의 세계는 '생성의 세계'이면서 '여성성의 세계'이다. 남성성의 세계는 '존재의 세계'이면서 '유시유종(有始有終)의 세계'이다. 유시유종의 세계의 대표적인 것이 기독교의 세계이고, 기독교는 하나님을 '하나님 아버지'라고 부른다. 기독교의 '아브라함'은 한국어의 '아버지'와 어근을 함께 하고 있다.

한국인들은 천지인의 삼신(三神)을 '삼신할머니(할매)'라고 부른다. 왜 삼신하고 할머니인가. 왜 할아버지가 아닌가. 우리는 '단군'을 말할 때는 '단군할아버지'라고 부른다. 아마도 단군할아버지 이전의 모계사회에서 부른 이름이 '할머니'였을 것이다. '하나됨의 하나님'을 여성대명사인 '할머니'라는 이름을 통해 명명한 것이 아닐까 생각된다. 여성이야말로 인간을 낳는 존재의 뿌리가 아닌가. 삼신할머니는 아이를 점지해주는 '산신(産神)할머니'로 변용되기도 했다. 결국 오늘날 철학으로 보면 '생성의 하나님'을 삼신할머니로 불렀을 것으로 추측된다.

삼신할머니는 인류 최초의 여신인 '마고(麻姑) 신'(The God Mago)을 떠올리게 한다. 고대 인류사회는 모계사회였으며, 모계사회의 인류는 공통모어(母語)를 사용했을 가능성이 높다. 그 공통모어가 오늘날 한글(훈민정음)에서 유추할 수 있는 고대의 '소리글자'였을 것이다. 공통모어는 가부장-국가사회의 발생과 함께 각 지역으로 분파되면서 각 지역의 조어(祖語)가 되었을 것이다. '조어'의 바탕이 되는 것이 '모어'였을 것으로 추측된다. 언어의 공통모어와 종교의 샤머니즘은 같은 시대에 서로 통하는 관계였을 것이다. 한글과 샤머니즘은 인류의 시원문화였을 것으로 추측된다.

네오샤머니즘의 입장에서 보면 모든 종교는 서로 통하게 되어 있다. 그 까닭은 모든 고등종교들이 샤머니즘에서 출발하여 각자의 지역과 역사와 환경(풍토)에 맞게 형성된 것이기 때문이다. 인류의 원시반본 시대를 맞아서 제 종교의 공통성과 일반성인 평화를 되찾고, 그것을 바탕으로 초종교초국가적인 이상과 인간의 근본적이고 소박한 도덕을 회복하는 목표를 달성하기 위해 온고지신(溫故知新), 지신온고(知新溫故)하지 않으면 안 된다.

네오샤머니즘의 입장에서 유불선기독교를 재해석하면 다음과 같은 모습이 될 수도 있다. 유교의 수신제가치국평천하(修身齊家治國平天下)는 자신자신자신자신(自身自信自新自神)으로 될 수 있다. 불교의 일체중생(一切衆生) 실유불성(悉有佛性)은 만물만신(萬物萬神), 심물일체(心物一體), 물심일체(物心一體)가 될 수 있다. 선도(仙道)의 우화등선(羽化登仙), 장생불사(長生不死)는 만물생명(萬物生命), 기운생동(氣運生動)이 될 수 있다. 이는 심물존재(心物存在), 심물자연(心物自然)의 상태이다. 마음과 몸은 본래 분리되지 않았다.

기독교의 "네(내) 이웃을 네(내) 몸과 같이 사랑하다."는 한글의 본래 뜻대로 '마음=몸(몸)'이 될 수 있다. 기독교는 서양의 선도(仙道), 즉 기독선(基督仙)이라고 말할 수 있다. 예수가 "나는 길(道)이요, 진리(眞理)요, 생명(生命)이다."라고 말한 것은 참으로 유불선기독교가 하나인 것을 단적으로 드러내는 말이다. 여기에 동양의 도(道)사상과 서양철학의 진리(眞理)와 불교의 중생심(衆生心), 즉 만물생명(萬物生命) 사상까지 동시에 갖추고 있음을 볼 수 있다.[43]

유불선기독교는 이제 기독교선(仙), 기독교불(佛), 기독교유(儒)가 되어야 한다. 동양에서는 유교불교선도를 유도불도선도(儒道佛道仙道)라고 말한다. 이는 동양이 도학(道學)의 지역임을 증명하고 있다. 도학을 통한 인류고등종교의 통일은 초종교초교파를 달성하는 지름길이며, 종교가 본래의 자리로 돌아가는 원시반본을 의미한다. 예수야말로 유대교 전통의 이스라엘에서 불교의 자비를 기독교의 사랑으로 설파하였을 것이다. 사랑의 진정한 의미를 몰랐던 바리새파인들 제사장과 율법학자들은 예수를 십자가에 못 박았다. 오늘날 기독교가 당시 바리새파의 역할

---

43) 박정진,『평화는 동방으로부터』(행복한에너지, 2016), 433~434쪽.

을 하고 있는지도 모른다. 특히 기독교조차도 기독교선을 지향하는 것이 야말로 종교통일의 시대가 도래(到來)했음을 알려주고 있다.

성인들 중에서는 가장 최근에(늦게) 태어난 예수는 인간정신의 정수를 깨닫고 이스라엘 땅에서 인간을 구원할 설교를 시작했던 것이다. 오늘날 다시 인간구원의 정신이 계승되어 인류의 고등종교가 하나가 되어야 하는 것은 지구촌시대의 사필귀정이다. 이러한 초종교초국가의 정신을 한 몸에 지니고 태어난, 그러한 정신을 스스로 깨달은 사람이 인류를 구원할 자격을 갖추게 되는 것은 물론이다. 유불선기독교 등 모든 종교의 뿌리가 하나인 것을 깨닫게 될 때에 세계의 진정한 평화가 도래할 것이다.

인간이 신이 되고자 하면, 결국 신이 인간의 정신(精神)의 현상학적인 대상으로서 바깥에 있는 존재, 외재적인 신, 현상학적인 신이 되어서 결국 패권으로 군림하고자 할 것이다. 그렇기 때문에 반대로 신이 인간이 되고자 하는, 신이 인간의 '마음과 몸(心物)' 안에 심물일체로 있는, 초월적이고 내재적인 신이 함께 있는, 존재론적인 신이 되면 평화를 이룰 가능성이 높아질 것이다. 존재를 가장 쉽게 설명하면 바로 자연이다. 자연적 존재가 바로 존재이다.

⟨유불선기독교의 통일과 새로운 변형⟩

	유불선(儒佛仙)기독교의 철학사상	일반성의 철학(混元一氣)
유교 (儒敎)	수신제가치국평천하 (修身齊家治國平天下)	자신자신자신자신 (自身自信自新自神)
불교 (佛敎)	일체중생(一切衆生), 실유불성(悉有佛性)/ 여래장(如來藏)	만물만신(萬物萬神)/ 심물일체(心物一體)/ 물심일체(物心一體)
선도 (仙道)	우화등선(羽化登仙) 장생불사(長生不死)	만물생명(萬物生命)/기운생동 (氣運生動)/심물존재(心物存 在)/심물자연(心物自然)

기독교 (基督教)	"내 이웃을 내 몸과 같이 사랑하라" "나는 길이요, 진리요, 생명이다."	마음=몸(몸): 기독교는 서양의 선도(仙道), '기독선(基督仙)'이 라 할 수 있다.

동양철학의 천지인(天地人)·정기신(精氣神)사상은 본래 혼원일기(混元
一氣)인 하나의 세계를 말한다. 인간은 이러한 기운생동의 생성변화에
신의 이름을 붙임으로써 생성을 존재로, 사건을 사물로 바꾸는 것을 통
해 절대적인 신(神)을 발명한 존재이다. 인간은 천지인의 과정적인 결과
(processing result)로서 최초의 원인(first cause)인 신을 발명했던 것
이다.

우주의 원기(元氣)를 의식(意識)으로 지각한 인간은 각자가 신이 되는
자신(自神)의 경지에 도달하여야 한다. 자신(自神)에 도달하는 것이 만물
만신(萬物萬神)이고, 심물일체(心物一體)이고, 물심일체(物心一體)이며
만물생명(萬物生命)이다. 기독교의 사랑은 나와 이웃과 세계가 본래 하
나의 몸(신체)이라는 것을 깨닫는 경지에 도달하는 것을 최종목표로 하
여야 한다. 세계는 정신-물질(육체)의 현상학적인 이분법적 존재가 아니
라 그것의 바탕이 되는 본래존재로서의 신체적 존재이다. 결국 인간과
만물의 신체 속에 우주의 비밀이 다 숨어있다. 그 비밀은 무시무종(無始
無終)이라는 실재이다.

끝으로 유불선기독교사상을 천부경의 천지인사상에 대응시키면 다음
과 같다. 천(天)은 기독교(유대교·이슬람교)-종교(宗敎)·과학(科學)에 대
응되고, 지(地)는 불교(禪佛敎)-자각(自覺)·무아(無我)에 대응되고, 인(人)
은 유교(성리학)-윤리(倫理)·도덕(道德)에 대응된다. 천지인이 순환하면
결국 선(仙)이 된다. 선은 도법자연(道法自然)이고, 샤머니즘이고, 신선
도(神仙道)이다.

오늘날 지구촌의 종교 중에 가장 널리 전파된 것은 기독교와 불교이

다. 기독교는 종교의 '현상학적 성취'이고, 불교는 종교의 '존재론적 성취'라고 할 수 있다. 기독교와 불교도 결국 음양의 상보관계에 있게 된다. '원인-원죄(原罪)'에 중점을 둔 '천(天)의 기독교'와 '존재-고(苦)'에 중점을 둔 '지(地)의 불교'는 인간의 사유와 삶의 두 가지 형태라고 할 수 있다. 원죄의 기독교는 인과론 및 현상학에 속하고 고(苦)에서 출발하는 불교는 실존론 및 존재론의 성격을 지니고 있다.

기독교와 불교는 같은 인도유럽어문화권에 속하는 '실체(기독교)-비실체(불교)'의 상반된 우주론이라고 할 수 있다. 이에 비해 유교는 한자문화권에 속하는, '인간관계-예악(禮樂)'을 중심으로 삶의 방식을 제시하는 '인(人)의 종교'라고 할 수 있다. 이들 종교들은 결국 서로 순환관계에 있음을 간파할 필요가 있다.

〈천지인 사상을 통해 본 유불선기독교사상과 인류문화〉

天	기독교(유대교)	종교, 과학	천지인의 순환: 선(仙)/
人	유교(성리학)	윤리, 도덕	도법자연(道法自然)/
地	불교(선불교)	자각, 무아	샤머니즘/신선도(神仙道)

인류의 종교들의 공통성을 찾아가 보면, 결국 우리는 몸(身)과 신(神) 혹은 부처(佛)의 중요성을 발견할 수 있다. 선도계열의 종교가 몸 수련(操身-操心)을 중시한다는 것은 더 이상 설명이 필요 없을 것이다. 유교의 '수신(修身-平天下)'도 몸을 수련의 출발점으로 삼고 있음을 볼 수 있다. 기독교의 "네 이웃을 '내 몸'과 같이 사랑하라(愛身-愛人)"도 '몸'의 존재성에 대한 깊은 이해가 숨어있다. 불교가 마음(心)을 중시하는 까닭은 도리어 몸 수련(心身一體)을 위한 것이다. 말하자면 몸을 출발점으로 해서 신(神)이나 부처(佛)에 도달하는 것을 목표로 하고 있음을 볼 수 있다.

이상의 조신, 수신, 애신, 심신을 관통하면 인간수련의 최고의 경지에 도달할 수 있다. 최고의 경지에 이르면 신(神)의 유무(有無)에 대한 논쟁은 의미를 잃게 된다. 세계는 신체적 존재이며, 신체야말로 '지금, 여기'의 존재라는 것을 알 수 있다. 결국 인간은 자기 자신을 다스리기 위해 먼 길을 달려온 종자(種子)인 셈이다. 자연은 그 종자를 키운 자궁이라고 말할 수 있을 것이다. 길 중의 길, 진리 중의 진리는 결국 '생명'인 것은 말할 것도 없다.

유불선기독교이슬람 등 모든 종교의 핵심을 관통하여 보면, 결국 깨달음의 네 가지 덕, 사주덕(四主德)을 볼 수 있다. 자신(自身), 자신(自信), 자신(自新), 자신(自神)이 그것이다. 인간(만물)의 삶은 스스로의 몸(身)을 바탕으로, 스스로의 믿음(信)으로 살면서, 날마다(시대에 따라) 스스로를 새롭게(新) 하면서, 결국 스스로의 신(神)을 깨닫는 과정임을 의미한다. 결국 만물만신이 존재의 최종적인 길이다.

아울러 생활실천의 '사주덕'으로 검소, 겸손, 자유, 창의를 들 수 있을 것이다. 검소는 환경과의 약속이고, 겸손은 인간과의 약속이고, 자유는 철학의 정신이고, 창의는 역사의 정신이다. 이상을 천지인 사상에 맞추면 다음과 같다. 이것을 종합하면 '신선(神仙)이 되는 길'(Way to Taoist hermit with miraculous powers)이다. 신선(神仙)은 신인간(神人間)의 옛말이다.

신(神)인간은 '신(新)인간'이고, '신(信)인간'이고, '신(身)인간'이다. 또한 만물(萬物)은 만신(萬神)이다. 모든 물(物)은 신물(神物)[44]이다. 신(神)인간, 신물(神物)이 과학기술문명시대를 살아갈 때, 과학을 수용하면서

---

44) '신물(神物)'이라는 말을 할 때면 항상 한국말로 '굿(gud)'이라는 단어와 발음이 같은 영어 단어인 'god' 'good'을 떠올리면서 혹시 어원이 같은 것은 아닐까 생각을 갖게 된다. '굿'이라는 단어에 영어로 '신' '행운(축복)'을 의미하는 뜻이 내포되어 있는 것이 예사롭지 않아 보인다. 더욱이 'good'에는 '재화(물건)'라는 뜻도 포함되어 있다. 혹시 옛사람들은 우리가 흔히 대수롭지 않게 생각하는 '물건'이라고 하는 것에 신성성을 부여하여 '신물(神物)'로 보지 않았을까 하는 상상도 해본다.

도 인간본래의 정체성을 잃어버리지 않는 삶의 자세이다. 신(神)인간이
야말로 오늘날 인류가 다시 정립해야 하는, 신물(神物)숭배의 인간상이
다.

〈천지인 사상과 깨달음과 생활〉

	깨달음의 사주덕	생활의 사주덕: 신선(神仙)이 되는 길	
天	自神(스스로의 신은 깨달음)	創意(역사)	自新 (날마다 스스로를 새롭게 함)/ 自由(철학)
人	自信(스스로의 믿음으로 삶)	謙遜(인간)	
地	自身 (스스로의 몸을 바탕으로 함)	儉素(환경)	

인간은 이제 단순한 피조물이 아니다. 스스로 신이 될 수 있는 존재이
면서 행복과 불행, 전쟁과 평화를 스스로 선택하고 결정할 수 있는 존재
이다. 이것이야말로 '현대판 신선(神仙)'이 아니고 무엇인가. 인간의 집
단유전자는 호모사피엔스의 '공멸의 길'을 선택할지, '복락의 길'로 들어
설지 아무도 모른다. 인간도 자연이다. 그런데 자연인 인간의 힘은 이제
인간 스스로는 물론이고, 공생하고 있는 모든 동식물을 멸종시킬 수 있
을 정도의 인간신에 이르렀다. 그런 점에서 인간의 미래선택은 참으로
중요한 것이다.

인간은 자기창조적이면서도 자기종말적 존재이다. 그것이 기독교의
성경으로 표출된 것이 천지창조와 종말구원사상이다. 인간이 스스로를
구원할지는 미지수이지만 종말은 역사현상학적으로 다가올 미래이다.
그런 점에서 인간은 현상학적인 동물이다. 현상학적인 동물이기 때문에
그 경계선상에서 본래존재를 떠올릴 수 있었을 것이다.

인간은 왜 존재를 현상했을까. 아마도 자연의 생존경쟁에서 살아남기
위해서였을 것이다. 현상은 자연으로부터 도구를 추출할 수 있게 하였

고, 끝내 자연을 도구와 기계의 세계로 만들었다. 아마도 그러한 도구의 최초의 발명품은 신(神)이었을 것이다. 그런데 도구(도구적 인간)를 만들고, 신(축복적 인간)을 만들고, 그러한 것을 할 수 있는 힘의 원천은 놀이할 수 있는 인간 '놀이적 인간'이었을 것이다. 놀이적 인간으로서 최고의 놀이는 '시간의 놀이'라고 할 수 있다.

자연의 일원으로 태어나서 문화를 창조한 존재인 인간에게 놀이야말로 인간의 손길을 미쳐서 자연을 재구성하는 '문화적 존재'인 인간의 자기기만적 성격이 가장 잘 드러난 것이다. 자기기만보다 재미있는 놀이가 있을까. 남을 기만하면서 생존하는 다른 동식물과 달리 인간은 자기를 기만함으로써 만물의 영장이 되었다. 그러나 그 자기기만 속에 자기종말성이 내재해 있음을 어쩔 수 없다. 자기기만의 자기종말성을 극복하는 길은 심정평화를 이루는 길이다. 심정평화야말로 존재현상학이 아닌, 존재존재론적 평화의 길이다.

세계는 주체(절대)로 보면 주체이고, 상대(대상)로 보면 상대이다. 그러나 주체-대상(절대-상대)은 이미 자연을 이분법으로 재단한 결과이다. 진정한 평화의 길은 바로 모든 종류의 이분법을 넘어서는 길이다. 이분법을 넘어선다는 것은 모든 체계를 부정하는 것이다. 모든 체계 너머에 존재가 있다. 그러나 그 존재는 인간이 생각하는 한 닿을 길이 없다. 그 존재는 자기 자신이기 때문이다. 인간을 포함한 모든 존재는 결국 자기-내-존재일 따름이다. 자기가 지금, 바로(now, here) 평화에 도달하면 평화가 이루어지고, 그렇지 못하면(nowhere) 평화가 이루어지지 않는 것이다.

평화란 무엇인가. 평화를 쾌락해야 한다. 평화를 즐겨야 한다는 말이다. 평화를 목적으로, 대상으로만 하면 결코 평화를 이룰 수가 없다. 인간은 결국 몸과 마음으로 쾌락하여야 한다. 마음과 몸으로 공감해야 신체적 공감이 되는 것이고, 신체적 존재에 참여하는 길이 된다. 평화란 마음과 몸이 하나가 되어, 세계의 밑바닥에서부터 전체적으로 공명해야 다가오는 선물이다. 평화는 자기-내-존재의 자기운동이며, 궁극적으로는 스스로 자유롭고 행복해지는 것이다. 이것은 결국 우주적 생멸(생성, 생기)에 기꺼이 참여하는(들어가는) 존재로서의 자족(自足)의 길이다.

스스로 자족하지 않으면 죽음에 대한 불안이나 공포가 없이 생멸 그 자체에로 들어갈 수 없다. 죽음이라는 것은 무생물로 돌아가는 것이며, 무생물이야말로 생물의 바탕이라는 것을 현대인은 깨닫기 시작했다. 이는 인간이 자기기만에서 벗어나는 것이다. 죽음은 생물의 당연하고도 필연적 사건, 존재적 사건이라는 것을 인정하는 것이야말로 어쩌면 인류의 종말을 예고하는 철학적 지표인지도 모른다.

선악(善惡)의 문제는 인간의 문제일 뿐이다. 다른 동물이나 존재에게 선악의 책임을 물을 수 없다. 인간을 잡아먹거나 인간에게 해악을 끼치는 적이 되는 동물을 인간은 악하다고 했을 뿐이다. 또 나를 잡아먹거나 나에게 해를 끼치는 적을 악이라고 했을 가능성이 높다. 과학기술이라고 하더라도 인간을 죽이거나 해악을 끼치면 악이 될 수밖에 없다. 과학기술이 악이 아니라 그것을 잘못 쓰면 악이 되는 것이다. 결국 인간(나)에게 좋으면 선, 나쁘면 악이 되는 것은 과학에서도 예외가 있을 수 없다.

존재론적인 자연을 현상학적(역사학적)인 형태로 말하면, 좋음-나쁨, 선-악, 유-무, 기쁨-고통, 신-인간으로 이분화할 수밖에 없다. 그런데 좋음-선-유-기쁨-신이 본래적인 것이라면, 나쁨-악-무-고통-인간은 비본래적인 것이 된다. 그런데 현상학적인 인식이나 의식의 순으로 보면 후자가 먼저 인식되면서 전자에 그것에 반대되는 이름이 붙여진 것을 가능성이 높다. 전자는 '본래 있는 것'(본래존재)이기 때문에 특별히 존재로서 인식할 계기나 이유가 없기 때문이다. 말하자면 우리 몸은 아파야(고통이나 충격이나 쾌락이 가해져야) 그것이 존재하고 있음을 느끼게 된다. 본래 대로 편안하면 존재를 느낄 수 없다. 인간은 고통을 통해서라야 스스로의 존재를 느낀다.

샤머니즘에서 말하는 백주술(白呪術, white magic)과 흑주술(黑呪術, black magic)은 인간의 선악의 양면성이 주술에 반영되었을 가능성이 높다. 남을 이롭게 할 수도 있고, 남을 해롭게 할 수도 있는 것이 인간이다. 그러한 성향과 분위기는 교육수준과 관계없이 인간사회에 골고루 퍼져있다. 좋음(good)과 나쁨(evil)은 선과 악이 됨으로써 사물에게 있을 수 있는 여러 측면 중의 하나 혹은 하나의 기능 혹은 고정된 성격으로 굳어져버렸다.

샤머니즘의 입장에서 오늘날 과학기술문명을 보면 자연에 대해 흑주술을 감행하고 있는 샤먼-과학자의 푸닥거리(퍼포먼스)라고 생각할지도 모른다. 만약 문명이 자연에 대해 적대적인 인간의 악이라고 할지라도, 악은 스스로의 생명을 포기한 적이 없다. 생명을 포기하지 않는 악을 두고 생명의 입장에서 보면 굳이 악이라고 단죄할 필요도 없다(그렇다고 선이라고 할 수도 없지만 말이다). 자연에서는 생명이 가장 중요하기 때문이다. 실지로 현대인은 자신의 삶과 생명을 위해서는 다른 어떤 것도 희생시킬 준비가 되어있는, 철저히 생의 욕망에 가득 찬 생물종이다.

네오샤머니즘은 창녀나 천민처럼 되어버린 무당을 여신의 지위로 복권시키는 철학적 원시반본이면서 사당패의 화랭이가 되어버린 화랑도를 다시 문무겸전의 무사계급으로 복권시키는 철학적 운동이라고 말할 수 있다. 네오샤머니즘은 더욱이 신체적 존재론, 축제의 존재론을 통해 새롭게 철학적으로 정리되는 기회를 맞은 것 같다.

필자가 지금껏 주장한 일반성의 철학, 소리철학, 여성철학, 생태철학, 평화철학을 종합하여 그 엑기스를 뽑아내면 결국 '생명'과 '평화'가 남는다. 생명이 없는 평화는 무슨 의미가 있을까? 그러기 때문에 생명이 있는 연후에 평화를 갈망하게 되는 것이다. 생명이야말로 생존경쟁을 하지 않을 수 없지만, 동시에 동일성의 모순처럼 평화를 갈망하지 않을 수 없는 것이다. 그 생명과 평화를 장악하는 방법으로서의 철학은 결국 옛 샤머니즘의 천지인사상을 오늘에 맞게 온고지신한 '네오샤머니즘'이다. 공자의 유교를 성리학(Neo-confucianism)으로 새롭게 탄생시킨 주자(朱子)의 작업에 비할 수 있을 것이다.

이제 존재냐, 생명이냐의 문제만 남는다. 섹스피어가 햄릿에서 독백한 'to be or not to be'는 과연 지금껏 국내에 소개된 대로 '사느냐, 죽느냐'의 문제로 번역되어야 하는가? '존재하느냐, 존재하지 않느냐'로 번역되어야 하지 않을까. '사느냐, 죽느냐'는 일상의 삶속에 더 다가간 번역인 것 같은 반면 '존재하느냐, 존재하지 않느냐'는 보다 철학적인 번역인 것 같다. '있음(유무)'의 문제는 항상 '살아있음(생사)'의 문제와 겹쳐 있고, 결국 '살아있어야' '있는 것'이기 때문에 둘은 중첩될 수밖에 없다. 삶과 앎은 서로 독립되어 있다기보다는 서로 물고 물리는 '삶의 문제로서 앎', '앎의 문제로서 삶'으로서 추구될 수밖에 없다.

여성성에 대한 진정한 이해는 인간의 자연성을 회복하는 것이 유일한 길인지도 모른다. 문명은 인간의 남성성의 발로였기 때문이다. 여성성에 대한 진정한 이해는 인간을 평화로 인도하는 것이 유일한 길인지도 모른다. 여성성에 대한 진정한 이해는 인간을 구원의 길로 인도하는 유일한 길인지도 모른다. 신체적 존재, 심정적 존재로서의 여성은 인류의 생명의 길이며, 앎보다는 삶을, 지식보다는 사랑을 우선한 길이다.

철학을 남성성과 여성성의 관점에서 새롭게 해석하면 다음과 같다.

〈철학의 남성성-여성성〉

(하늘) 부모= (태극) 음양 (이중성= 겹침= 상호보완) /신(神)	남성성 (父)/ 혼(魂)	보편성(본질) essence 보편성의 철학	개념(앎) knowledge 집단-보편성	경쟁(競爭) -전쟁 (말-토론)	가부장-국가 culture (哲學)
	여성성 (母-魄)/ 세계전체	일반성(존재) existence 일반성의 철학	실재(삶) life 개인-일반성	공생(共生) -평화 (소리-공명)	여성-모중심 nature (道學)

〈부모와 남성성-여성성〉은 철학적으로 〈신(神)과 혼(魂)-세계전체〉와도 통한다. 철학이 그동안 어렵게 설명한 것을 부모, 남성성, 여성성으로 설명한 것은 철학이 결국 일상적인 생활과 다르지 않다는 것을 입증하고도 남음이 있다.

칸트는 순수이성비판의 변증론에서 오류추리론의 주관적 무제약자로서 혼(魂)을, 이율배반론의 객관적 무제약자로서 세계전체를, 이상론의 주객포괄적 무제약자로서 신(神)을 말했다. 칸트는 나아가서 변증론의 이율배반에서 세계는 유한한가(제 1이율배반), 무한한가(제 2이율배반), 초월적 자아와 자연의 필연성(제 3이율배반), 신의 존재와 비존재(제 4이율배반)를 거론했다. 말하자면 신과 영혼과 세계전체를 거론하는 것은 이율배반임을 천명했다.

그러나 칸트가 말한 세계전체는 실은 인간이 알 수 없는, 철학이 죄다 말할 수 없는 사물자체, 존재자체, 즉 존재를 현상학적으로 설명한 것이었음을 알 수 있다. 우리는 이제 그러한 신과 영혼과 세계전체를 부모와 남성성과 여성성으로 설명할 수 있는 경지에 이르게 되었다. 이것이 철학(哲學)이 도학(道學)을 만나는 길이고, 보편성의 철학이 일반성의 철학으로 돌아가는, 일반성의 철학에 자리를 내어줌을 의미한다. 남성철학이 여성철학에 자리를 내어줌을 의미한다. 앎의 철학이 삶의 철학에 자리를 내어줌을 의미한다.

삶의 문제는 앎의 문제와 항상 겹쳐있다. 그렇기 때문에 앎의 문제에 치중하는 현상학과 삶의 문제에 치중하는 존재론의 화해가 절실한 것이다. 생성·변화하는 것은 말이 없어도 저절로 실현되는 자연현상이다. 그러나 고정·불변하는 것, 절대는 말이 없으면, 인위적이고 유위적인 말이 없으면 성립하지 하지 않는다. 언어 이전의 존재사건은 생성이고, 언어 이후의 존재사건은 모두 언어이고, 언어게임이다. 어떠한 인간의 생각도 언어이후의 존재사건이다. 언어는 구성된 것이기 때문에 원천적으로 해체될 수밖에 없는 것이다. 그렇기 때문에 만약 누가 언어를 해체한다고 하는 것은 일종의 속임수이거나 야바위이다. 더욱이 그 해체는 아무리 한다고 해도 자연이 되는 것은 아니다.

일반성의 철학의 의미는 무엇일까. 지금까지 철학은 보편성을 추구해 왔다. 보편성은 또한 추상성이었다. 철학이 보편성을 추구한 것은 세계를 이분법, 주체-대상, 혹은 정신-물질(육체)로 바라보는 서양철학의 특성, 즉 현상학적 특성에서 비롯된다.

인간은 왜 초월해야 하고 지향해야 하는 것일까. 왜 죽은 뒤 지상이 아닌 천국이나 극락에 가서 평화와 안식, 기쁨과 열락을 얻는다고 생각하는 것인가. 지상에서, 일상에서 그것을 얻을 수는 없는 것인가. 어쩌면 죽음이라는 한계상황이라는 벽을 미리 인식하고 느끼는 실존성 때문에 그런 것은 아닐까. 왜 삶의 현장인 '지금 여기'서 만족할 수는 없는 것인가. 더욱이 구원은 왜 필요한가. 왜 스스로 구원할 수 없는 것인가. 구원이 없으면 안 되는 것인가.

적어도 인간이 아닌 다른 존재들은 초월과 구원을 생각하지 않고 자연상태에서 살다가 죽고, 사라지는 것에 대한 원망과 두려움도 없다. 또한 삶의 고통에 대해서도 그렇게 뼈에 사무치게 고통이라고 생각하지 않는 것 같다. 그렇다면 삶을 고통이라고, 삶을 불행하다고 생각하는 측면에서 인간은 다른 존재들보다 못한 것인가. 요컨대 돌이나 바위덩어리보다 못하다는 말인가. 지금까지 생물에서 무생물로 돌아가지 않는 존재가 있다는 말을 들어본 적이 없는데도 말이다. 부활 혹은 왕생을 기원하고 기도하는 것은 인간의 특징이기도 하지만 약점이기도 하다.

인간은 생각하는 동물이기 때문에 강하기도 하지만 동시에 생각하는 동물이기 때문에 참으로 나약하기 그지없다. 어쩌면 생각이라는 것도 다른 맹수들에 비해 나약하기 때문에 발달한 인간의 특성, 참으로 인간적인 특성의 종합적 산물(혹은 선물)인지 모른다.

일반성의 철학은 칸트가 수립한 보편성의 철학을 해체하고 뒤집은 철학이다. 이를 서양철학사에서 보면 칸트에서 다시 흄으로 돌아가는 것을 의미한다. 칸트에게 반면교사의 영향을 준 데이비드 흄은 '존재론적 회의주의자' 혹은 '존재론적 자연주의자'라고 부를 수 있을 것이다.

"흄의 회의주의는 데카르트류의 실체론에 대한 비판이며, 이성의 독단에 대한 경종이다. 흄의 존재론적 회의주의는 근대의 존재론적 자연주의다. 아가시(J. Agassi)에 따르면, '베일에 의해 정립된 용어인 전통적 의미의 자연주의는 간명하며 모든 초자연적 개입을 배제한 세계관을 가리키고, 또 막스 베버가 사용한 것과 같은 의미에서 계몽된 세계관을 가리킨다.'"[45]

흄은 인간을 신체적 존재로 바라본다. 신체는 구성의 산물이고, 구성된 것의 모든 관계에서 일관되게 적용되는 것은 '연합의 원리'이다. 구성은 연합의 동의어이다. 인간이 사물을 인식한다는 것은 초월적이든, 자연적이든 구성을 피할 수 없다. 흄의 인식론은 '인식론적 자연주의'라고 할 수 있을 것이다. 일반성의 철학은 이 흄의 인식론적 자연주의를 오늘날 존재론(생성적 존재론)의 입장에서 재해석한 것이라고 말할 수 있을

---

45) 이준호, 『데이비드 흄-인간 본성에 관한 논고』(살림, 2005), 68쪽.

것이다.

경험론자인 흄과 칸트를 인식론적으로 구분하면 칸트가 주체에 중심을 둔 '인식론적 존재론자(초월적 주관)'였다면 흄은 경험(객체)에 중심을 둔 '존재론적 인식론자'였다고 할 수 있을 것이다. 칸트가 사유존재의 입장이라면 흄은 존재사유의 입장이라고 말할 수 있을 것이다. 진정한 존재(존재 자체)는 인식으로 잡을 수 없는 객체일 수밖에 없다는 점에서 흄은 역설적으로 하이데거와 만나게 된다. 극과 극은 통한다는 말이 여기에도 적용된다.

칸트철학이 보편성의 철학이었다면 하이데거는 보편성보다는 존재자의 존재를 추구하는 철학, 즉 종래의 존재(존재자)와는 다른 존재(본래존재)를 추구하는 존재론을 개척할 수밖에 없었을 것이다. 본래존재는 말로써 논할 수도 없고, 설사 논했다고 하더라도 궁극적으로는 '알 수 없음(nothingness)'의 회의론에 빠질 수밖에 없다는 점에서 이것은 진정한 객관과 통한다. 주관 없는 인식은 없기 때문이다. 단지 하이데거는 흄의 회의론을 존재의 신비론, 즉 존재의 고유성으로 바꾸었다고 볼 수 있을 것이다.

그렇기 때문에 하이데거의 존재론이 흄의 존재론적 인식론과 만나는 것은 전혀 이상하지 않다. 흄과 하이데거의 존재론적 만남은 철학적 순환이라고 말할 수 있을 것이다. 그런 점에서 인과론은 결국 순환론의 일부가 된다. 흄과 칸트와 하이데거의 관계를 두고 볼 때 일반성의 철학은 '존재론적 자연주의'의 회복 혹은 연장이라고 말할 수 있을 것이다. 흄이 인식론에 있어서 '인식론적 자연주의'의 속성을 가지고 있음을 상기할 필요가 있다. 자연만이 본래존재이고 사물 그 자체이다.

자연은 본질(essence)이 아니라 존재(existence)이다. 생성·변화하는 것이야말로 자연이다. 생멸(生滅)은 하나이다. 생멸은 멸생(滅生)이고, 선후를 바꾸어도 아무런 문제가 되지 않는다. 심물(心物)은 하나이다. 심물은 물심(物心)이라고 해도 아무런 문제가 되지 않는다. 인간도 자연이다. 인간이 자연을 지배한다고 생각하는 것은 단지 착각(錯覺)이거나 도착(倒錯)에 불과하다.

자연은 자연과학적으로 있지 않다. 자연의 역동적 전체상은 인간이 알 수 없다. 인간이 아는 것은 항상 자연적 존재(생성적 존재)의 일부(확률)일 뿐이며 나머지는 계속해서 신비로 남아있을 수밖에 없다. 따라서 자연은 신이며, 신비이다. 이로써 창조-피조, 주체-대상으로 분리되었던 신과 자연은 하나가 되며, 따라서 인간도 저절로 자연적 존재로서의 성격을 되찾을 수 있게 된다. 일반성의 철학은 신과 자연과 인간이 하나가 되는 철학이다. 이들 삼자가 하나가 되어야 인간의 오랜 지속과 번영을 보장받을 가능성을 높일 수 있을 것이다.

지금 우리 앞에 벌어지고 있는 존재사건의 의미는 죄다 알 수는 없다. 또 생멸과 흥망의 정도와 진폭조차 가늠할 수가 없다. 아마도 어느 날 갑자기(순식간에) 인류가 공멸한다고 해서 자연이 잘못될 일은 없다. 자연에게는 애초에 잘못이라는 것이 없기 때문이다. 철학인류학자, 생태인류학자의 관점에서 보면 인간은 공멸될 지도 모른다. 그렇기 때문에 최선을 다해서 호모사피엔스의 공멸을 지연시킬 방도를 찾을 수밖에 없다.

호모사피엔스의 역사를 보면 결국 집단생활을 하는 생물학적 특성에 따라 자신의 가족과 집단을 유지하고 번영시키기 위해 적(敵)과 악(惡)을 만들고 악이라고 규정한 개인이나 적대세력들을 억압하고 폭력하고 살해하는 유전적 특성을 보인다. 결국 도덕이라는 것은 적대세력에게는 적용되지 않는 법칙이다. 그런 점에서 도덕은 본질적으로 제한적이고, 위선적일 수밖에 없다. 자기(자아)라는 동심원은 크게 확대될 수도 있고, 아주 축소될 수도 있다. 도덕률은 항상 역동적이었고, 도덕이 적용되는 안과 적용되지 않는 밖으로 나뉘어 있다.

경험론자인 영국의 프란시스 베이컨은 인간의 네 가지 우상을 말했다.

종족의 우상, 동굴의 우상, 시장의 우상, 극장의 우상 등이다. 종족의 우상은 인간의 관점에서 다른 존재를 판단하려고 하는 우상, 동굴의 우상은 주관적 관점에서 바라보려는 우상, 시장의 우상은 자신의 의견이 없이 다수의 말에 편승함으로 말미암아 현실에서 없는 기원(말에 의해 탄생한)을 찾는 우상, 극장의 우상은 권력자, 지식인, 배우의 말을 무비판적으로 받아들여 선동당하는 우상을 말한다.

여기서 철학자는 특히 말에 의해 탄생한 기원을 찾는 우상(오류)에 주목하게 된다. 인간의 신화와 문화와 철학과 과학을 철학인류학자의 관점에서 회고해보면 다음의 10가지 공리(公理)를 떠올릴 수 있다.

1. 모든 문장은 은유이고 환유이다. 은유(=詩)는 환유를 포함한다.
2. 모든 문장은 해석이고 설명이다. 해석은 설명(=科學)을 포함한다.
3. 모든 문장은 의식과 무의식의 산물이다. 무의식은 의식을 포함한다.
4. 모든 문장은 신화이고, 이야기이고, 욕망의 언어적 흔적이다.
5. 신화는 욕망과 의지의 언어적 은유이면서 환유(치환)이다.
6. 의지는 욕망(무의식)과 의식(초의식) 사이에 있다.
7. 욕망과 의지, 의지와 의식은 결국 삶을 위한 앎이다. 욕망은 이성과 만나고, 무의식은 초의식과 만난다. 무의식은 생존(生存)과 번식(繁殖=繁榮)이고, 초의식은 신(神=권력)이고 믿음(信)이다.
8. 개인이든, 집단이든 신화와 종교, 철학과 과학을 가지고 있다.
9. 모든 문장은 경험으로부터 시작해서 관념(개념)으로 끝난다.
10. 문장은 문화이고, 문화는 신화, 제도, 기술, 경험의 총체성이다.

인간이 발견한 사상 혹은 철학 가운데서 천지인정기신(天地人精氣神) 사상은 참으로 위대하다. 천지인삼재는 순환하는 것을 특징으로 하고 있다. 순환한다는 말은 논리적으로 보면 이중성과 애매모호성을 가진 비논리적인(non-logical) 것 같지만 실은 비논리를 포함한 상징성이다.

모든 인류문화는 선악(善惡)과 진위(眞僞)와 미추(美醜)를 규정하고 있다. 이는 절대와 상대를 동시에 추구함을 의미한다. 그럼에도 불구하고 선악과 진위와 미추는 시대와 장소에 따라 변화하고 변동한다.

천지인 사상은 여러 가지 층위에서 여러 가지 형태로 변형한다.

〈천지인과 그 변형〉

도법자연 (道法自然) /천지인 (天地人) 순환	天	氣 (靈)	아버지(남성성) /초월/탄생	기독교 (天法道)	창조 (創造)	소생 (蘇生)	起(生)	봄
	人	神 (魂)	아들딸 (인간성)/현재	유교 (人法地)	복귀 (復歸)	완성 (完成)	轉結 (斂葬)	가을 겨울
	地	精 (魄)	어머니(여성성) /내재/죽음	불교 (地法天)	타락 (墮落)	장성 (長成)	承(長)	여름

가부장-국가사회는 남성중심-하늘중심으로 운영되어왔다. 후천시대에는 어머니중심-땅중심으로 천지운행의 원리가 바뀔 것이다. 하늘중심은 불행하게도 전쟁중심이었다. 땅중심이 되어야 평화가 이루어질 것이다. 그러나 땅중심에도 '사랑과 평화'가 아닌 '질투와 갈등'의 화신이 먼저 다가온다.

누가 하늘을 편안하게 할 것인가. 하늘을 편안하게 하는 자야말로 인류에게 평화를 선물할 메시아가 아닌가. 평화와 평화의 메시아는 여성성과 평화의 어머니에서 찾는 도리밖에 없다. 우리(We), 사피엔스는—. 여성의 상징은 자궁(womb, web)이다. 여성은 길과 같다. 길은 인간(남자)에게 밟히면서 길이 된다. 길은 밟히면서도 다른 길로 이어진다. 가장 밑바탕(밑바닥)에 길이 이어져 있기 때문에 우리는 연결되고, 소통하고 때때로 평화로울 수 있다.

8. 서양철학의 종언적 징후들

서양철학의 종언은 서양철학자에 의해 이미 제기된 지 오래다. 그러한 징후가 역사적으로 구체화된 것은 마르크스에 의해서다. 머릿속에서 가장 이상적인 유령을 만들어낸 것이 바로 공산사회주의라는 것이다. 오늘날 공산사회주의는 공산전체주의가 되었고, 계급혁명은 도리어 '공산당 귀족'을 만들어내는 것에 불과하였다. 인간은 도리어 의식적으로 노예가 될 수 있음을 증명한 것이 바로 공산사회주의 혹은 국가사회주의라는 19세기에 발생한 전체주의이다.

마르크스의 유물론은 인간의 정신에 대한 가장 치명적인 염세주의 혹은 허무주의에서 나온 일종의 데카당스이다. 헤겔은 인간의 정신이, 신이 외화(外化)에 의해 세계를 창조한 것처럼, 외화에 의해 완성된 최고의 경지를 절대정신이라고 명명함으로써 인간의 정신이 신의 경지에 도달할 수 있음을 말했는데 이것을 뒤집어버린 것이 마르크스이다. 말하자면 정신은 외화를 거듭하다가 중간에 도리어 소외(疏外)를 일으키고, 그 결과 정신을 없애버리고 그것이 물질임을 선언한 것이 유물론이고, 무신론이다.

결국 인간의 정신이 물질을 만들어내고, 그것에 굴복해버린 것이 무신-유물론이다. 이를 불교에 비교하면 반대상황이 전개된다. 세상에 태어난 인간이 살아가면서 고집멸도(苦集滅道)를 거치는 중에 정신의 내화(內化)를 통해 스스로 열반적정(涅槃寂靜)에 도달한 것을 부처라고 명명한 것이다. 이렇게 보면 유물론은 '잘못된(소외된) 불교'라고 말할 수 있을 것이다. 이는 니체를 두고 '실패한 부처'라고 하는 것과도 일맥상통한다. 마르크스의 물질이든, 니체의 힘이든, 서양철학과 문명을 대변하는 키워드라고 할 수 있다.

서양철학사를 올라가보면 플라톤은 '국가론'에서 영혼을(영혼의 세 단계 중에 하나를) '운동적 자율성(kinetic autonomy)'라고 했다. '운동적 자율성'에는 유기체적인 자율성과 기계적인 자율성이 동시에 있겠지만 그것이 오늘날 자연과학의 발전과 함께 기계적인 자율성(mechanic autonomy)의 방향으로 흘러서 바로 인공지능(AI), 기계인간, 기계적 세계가 되고 말았다. 이제 인류문화는 선악(善惡)이나 가부(可否), 시비(是非), 정의부정의의 문제가 아니라 자연이냐, 기계냐의 가치관으로 옮겨갈 가능성이 높다. 자연은 신화를 다시 찾지 않으면 기계(기계적 세계)로 환원될 위기에 처해있다.

인간의 사유체계도 상상력이 없으면 존립할 수가 없다. 이성이라는 것도 상상계의 작동이 없으면 애당초 출발할 수가 없는 것이다. 상상력이 있은 다음에야 합리적인 이성도 가동하는 것이다. 이는 자아의 자유가 없으면 자연의 필연성도 성립할 수 없는 이치와 같다. 자아의 자유와 자연의 필연성은 이율배반의 관계에 있는 것이 아니라 상보적인 관계에 있다. 그래서 로고스(logos)는 미토스(mythos) 아래에 있는 것이다.[46] 철학인류학적으로 볼 때 인간의 최초사유는 신화적 사유이다. 이는 신화가 철학을 대신하는 시대가 있었음을 의미한다.

인류의 원시고대문명은 신화로 구성되어있다. 인류의 신화를 비합리적인 것을 읽으면 제대로 해독하였다고 할 수 없다. 신화 속에는 오늘날의 과학적인 것과는 다르지만 나름대로 합리성이 내재해 있다. 신화의 입장에서 보면 오늘날 자연과학은 합리성을 이유로 인간의 세계를 더욱 좁힌 것일 수도 있다. 그 가운데에 기계적인 세계관이 들어서 있다고 볼 수 있다. 서양의 형이상학은 오늘날 형이하학이 되고 말았다.

하이데거가 니체를 두고 '형이상학의 완성자'라고 칭한 것은 괜한 평가가 아니다. 니체의 '힘(권력)에의 의지'가 바로 물리학적 성과까지를

---

46) 박정진, 『신체적 존재론』(살림, 2020), 47~62쪽.

철학에 포함시켜 어떤 종합적 결론, 즉 거대이론 혹은 거대담론을 노린 까닭이다. 이는 '간단명료한 이론'을 추구하는 '오컴의 면도날'에서 예외가 될 수 없다.

　기독교의 세속화(세속화자체가 실은 힘에의 의지의 결과이다)를 공격하면서 '신의 죽음'을 선언한 니체가 왜 '힘(권력)에의 의지'를 그의 철학의 표제로 삼아야했을까. 실지로 '힘에의 의지'는 기획되었지만(1885년) 그의 정신병(1889년)으로 인해 체계적으로 집필되지도 않았다. 니체의 '힘'은 서양철학과 문명의 핵심을 고백(고백성사)한 것에 지나지 않는지도 모른다.[47] 데리다의 의미연쇄(意味連鎖)도 '의미의 미끄러짐'과 '부재'를 말하지만 동시에 '의미 없음의 과학'을 말하고 있다. 하이데거가 "과학은 사유하지 않는다."고 말했지만, 과학은 수학적 공식(방정식)에 따를 뿐으로 '죽은 의미'라고 말할 수 있다. 과학의 개념은 새로운 의미를 생성하지 못하는, 어떤 조건(operational conditioning) 위에 세워진 '박제된(폐쇄된) 의미'이다. 들뢰즈의 존재론인 유물-기계론도 니체와 마르크스의 계승자로서 현대의 자연과학의 세계를 잘 증명하고 있는 철학에 불과하다.[48]

　인간의 대뇌는 신체라는 유기체 속의 일부이지만 동시에 신체에 명령을 내리는 기계적인 장치라고 해도 과언이 아니다. 그래서 인간의 머리(지능)를 앞세우면 '기계적인 세계'의 주인이 될 수도 있지만 동시에 종이 될 우려가 함께 있는 것이다.

　오늘날 자연과학은 인간이 세계를 지배하게 했고, 특히 핵물리학의 경우 그 정도가 넘쳐서 인간을 멸종시킬 정도로 위험수위에 도달하고 있다. 핵무기와 환경공해문제는 바로 인간의 자연에 대한 몰아세우는 지배

---

47) 박정진, 『니체, 동양에서 완성되다』(소나무, 2015) 참조.
　니체를 더 이상 신비화할 필요는 없다.
48) 박정진, 『서양철학의 종언과 한글철학의 탄생』(yeondoo, 2022), 참조.

의 결과이다. 서양의 형이상학은 본래 형이하학인 물리학이 아닌 것에 붙여진 이름인데 한 바퀴 돌아나니 도리어 물리학의 아류가 된 셈이다. 어떤 의미에서 진정한 유물론자는 자연과학자라고 할 수 있다. 마르크스의 유물론은 가짜유물론 혹은 이념유물론이고, 인문학의 유물론에 지나지 않는다.

서양 근대철학의 도화선은 도리어 '뉴턴의 역학(力學)'이라고 할 수 있다. 자연과학시대를 연 뉴턴의 '절대역학'(중력이론)의 영향은 철학전체에 영향을 미쳤다. 물론 그의 역학은 아인슈타인의 상대성원리에 의해 반론되기는 했지만 본래 '절대'라는 것이 어떤 조건이나 제한, 혹은 폐쇄된 상태를 설정하지 않고는 실현될 수 없는 것이기에 오늘날도 유효하다. 현대물리학은 입자의 존재를 확률로 구하는 양자(量子)역학에 이르고 있다. 관찰자에 따라 세계는 입자가 되기도 하고 파동도 되기도 하는 '불확정성의 세계'이다.

그렇다고 불교의 연기론(緣起論) 혹은 공론(空論) 혹은 중론(中論)이 현대물리학의 세계를 미리 알았다고 말할 필요도 없다. 불교의 깨달음은 자연과학이 거둔 과학적 성과, 즉 물질을 필요에 따라 다룰 수 있는 이용후생적(利用厚生的) 성과를 낼 수 없기 때문이다. 굳이 말하자면 불교는 실험이나 관찰에 의해 인간이 눈으로 보고 손으로 잡을 수 있는 성과를 내는 '과학으로서의 철학'이 아니라 '관념으로서의 철학' '깨달음으로서의 철학'이다.

과학은 직관을 사용하기는 하지만 지식의 편이다. 불교는 지식의 편이 아니라 도리어 그것을 부정하는 직관의 편이다. 인생의 안심입명(安心立命)이나 깨달음을 위해서는 직관이 필요하지만 삶의 도구를 얻기 위해서는 과학이 필요하다. 서양의 자연과학중심은 불교의 깨달음과 반대편에서 있다. 둘은 인간의 삶을 위해서 상호보완의 관계에 있다. 둘은 음양상보(陰陽相補) 관계에 있다고 말할 수 있다.

기독교의 유일신은 '전지전능(全知全能)한 신'이라고 흔히 말한다. 기독교성경 중 대표적인 것은 마태복음의 다음 구절이다. 예수님은 제자들에게 이렇게 말씀하고 있다.

"인간에게는 불가능하나, 하나님에게는 모든 것이 가능하다."(마태복음, 19:26)

또 창세기에도 여호와께서 아브라함과 사라에게 이렇게 말씀하셨다.

"여호와께서 능하지 못한 일이 있겠느냐? 때가 되면 내가 네게로 돌아오리라."(창세기, 18:14)

이 구절들은 하나님의 모든 능력을 강조하고 있다. 하나님을 전능하고 무한한 권능을 가진 존재로 믿는 기초가 되는 말씀이다.

기독교의 전지전능에는 과학적인 측면만 있는 것은 아니지만, 분명히 과학적인 지능(知能)을 포함하고 있다. 오늘의 자연과학기술은 그러한 점에서 신과 인간의 합작품, 혹은 힘(권력)을 위한 연합전선 같은 것을 느낄 수 있다.

변증법의 정반합에서 정(正)이 완전하다면 실은 반(反)이 필요 없다. 따라서 정은 완전하지 않음을 이미 내포하고 있다. 그래서 변증법이 성립하는 것이다. 정은 스스로 내부 틈을 지니고 있다. 정반합은 서로 독립적으로 존재하는 ABC처럼 착각을 일으키고 있지만 사실은 그렇지 않다. 정반합이 상호(생성)작용을 하려면 정은 반(反)과 중첩되는 부분, 교집합 부분, 즉 이중성을 지니고 있어야 한다. 그래서 새로운 정으로서의 합(合)을 이루려면 이중성 내에서 새로운 가설(가정)과 이론(동일성)을 창출해야 한다. 이는 변증법이 실은 차이의 이론과 다르지 않음을 의미한다. 말하자면 해체주의의 차이의 이론은 '차이의 변증법'에 다르지 않음을 의미한다.

서양의 변증법의 정반합(正反合)은 동아시아의 천지인(天地人)사상과 비교할 만하다. 천지인은 각각 따로 있는 것 같지만 실은 하나로 상호작용한다. 이것이 바로 인중천지일(人中天地一)사상이다. 변증법도 다르지 않다. 둘의 역동적 관계는 같은 것이다. 이러한 사상을 불교에서는 색즉시공(色卽是空)↔공즉시색(空卽是色), 일즉일체(一卽一切)↔일체즉일(一切卽一), 일중다(一中多)-다중일(多中一)로 표현했다. 이것은 수학적으로는 A와 B의 교집합(A∩B)이다.

자연의 세계에서 고정불변의 동일성은 없다. 동일성은 질료(입자)에서도 이론(형상)에서도 없다. 동일성, 즉 등식(이론, 진리)은 인간의 합리적 사고에서 발생하는 것이다. 합리성은 인간이 자연(무위)에서 찾아내는 것(인위, 유위)일 따름이다. 그 합리성은 본래 논리적 합리성을 의미하지만 오늘날은 기계적 합리성(기계성)이라고 말할 수 있다. 인간이 다른 동물과 다른 점은 언어를 가진 영장류라는 점이다. 그런데 음성언어, 문자언어의 시대를 지나서 이제 기계언어(0, 1의 이진법)의 시대라는 특이점에 도달한 것이 현대인이다. 오늘날 과학기술문명시대에는 유물-기계론의 시대라고 말할 수 있다. AI인공지능은 이것을 잘 말해준다.

시각-언어의 연합인 서양문명은 생성변화하는 자연에서 '동일성=법칙=기계'를 추구하는 문명이다. 서양의 자연과학은 생성변화하는 자연을 동일성으로 계산하려고 한다. 서양문명은 소리조차도 동일성으로 간주하고자 한다. 예컨대 에코(echo)는 같은 것의 다름이다(difference as same). 내가 듣는 나의 목소리(에코)는 '같은 것'의 '다름'인데 이때의 '같은 것'을 '동일성(same as identity)'으로 간주하는 것이 서양의 동일성의 철학이다. 동일성은 실은 가상에서 시작한 환상에 불과하다. 자연과학조차도 자연과학적 환상인 것이다. 후기근대철학자들, 즉 차이의 철학자들이 말하는 차이성은 그들이 부인하겠지만 '동일성의 차이성'인 것이다. 동양은 다르고 같다(same as difference)고 말한다. 서양은 같고 다르다고 말하면서 둘 사이에서 동일성을 찾는다. 소리는 같음으로 다름이다. 반면에 문자는 동일성이며 추상기계에 이른다.

·····08

음성언어, 문자언어, 기계언어, 기계인간

─ AI기술과 新문화, 인류학적 관점

이 글은 천지일보 창간 15주년 기념 "SMART AI FORUM 2024-생성형 인공지능(AI) 공존시대, 인류가 나아갈 길"(2024년 4월 28일 14-17시, 한국 프레스센터 국제회의 장)에서 발표한 것을 게재한 것이다.

1. 말(언어)이란 무엇인가

　인간(Homo)의 말하는 힘은 대체로 네안데르탈인(15만 년 전~3만 년 전, 중기구석기)에서부터 시작되었던 것으로 볼 수 있다. 언어의 사용과 함께 인간의 문화와 문명은 급속도로 발전하였다. 언어는 처음에 음성언어(말글)에서 시작해서 문자언어(글말)로 발전하였고, 근대에 들어 컴퓨터의 발명과 더불어 기계언어가 급속도로 발전하였다.

　아시다시피 오늘날 기계언어는 인공지능(AI)의 등장과 함께 순식간에 대화하는 생성AI인 ChatGPT(Generative Pre-trained Transformer)의 시대를 맞고 있다. 아마도 로봇의 발달과 함께 인조인간, 기계인간과 더불어 사는 시대가 올 것으로 짐작되고 있다. 이에 즈음하여 인간의 문화를 총체적으로 반성해 볼 필요가 있다.

　문화란 무엇인가. 인간의 문화를 한마디로 표현한다면 '말(언어, 문장, 신화, 제도, 법칙, 공식)'이라고 할 수 있고, 여기에 인간존재를 덧붙이면 '말하는 인간의 존재방식'으로 규정할 수 있다. 자연은 진화한다면 인간은 문화(文化)한다고 말할 수 있다. 여기서 '문화'를 동사로 사용하고 있다. 이는 문화가 글자그대로 문(文, 언어, 상징, 기호)으로써 계속해서 생성변화하고 있음을 의미한다.

　촘스키(Noam Chomsky, 1928~)가 변형생성문법(Transformational Generative Grammar)에서 말했듯이 문장을 만드는 일은 인간에게 태어날 때부터 주어진 능력이다. 바로 이 능력 때문에 인간은 두 개, 혹은 여러 개의 언어를 동시에 사용할 수 있다.

　촘스키의 '변형생성문법'은 언어구조를 형성하는 규칙의 체계를 설명하는 이론이다. 말하자면 언어를 생성하는 규칙의 시스템이다.

　생성문법(Generative Grammar)은 문장을 생성하기 위한 추상적인 모델이며, 문법적 구조를 의미한다. 변형(Transformations)은 문장의 구조를 변환하거나 재배열하여 새로운 문장을 생성하는 것을 말한다. 구문(構文)은 나무모양(Syntax Tree)을 하고 있으며 계층적인 규칙(Hierarchical Rules)을 가지고 있는 것이 특징이다. 여기서 파생(Derivation tree)들은 생성과 변형을 통해 '한 문장이 다른 문장'으로 되는 것을 의미한다. 변형생성문법은 자연언어의 생성과 변형의 규칙을 설명하고 있다. 이것은 어디까지나 언어모델이다. 이에 비해 인공지능은 기계언어인 알고리즘을 통해 '입력(input)과 출력(output)'을 행한다. 이것은 멀티모델이다. 멀티모델의 발전은 데이터의 한계가 없는 점이 특징이다.

- 자연언어: 변형생성문법(Transformational Generative Grammar) /계층적인 규칙(Hierarchical Rules)
- 기계언어:GPT(Generative Pre-trained Transformer) /알고리즘(Algorithm)

호모사피엔스는 종교적 인간이면서 동시에 과학적 인간이다. 종교적 인간과 과학적 인간이 가능한 것도 실지로 말을 하는 힘(능력)에서 비롯된다고 보아야 할 것이다. 인간은 말을 하는 능력(발성구조의 진화)과 함께 동시에 예술적 표현을 즐긴 것으로 드러나고 있다(알타미라 동굴의 벽화). 예술은 종교(신화)와 과학(기술)에 이어 그것을 기반으로 삶을 보다 풍부하게 하는 데에 기여했다. 삶은 그러한 점에서 종합적 예술이라고 볼 수 있다.

오늘의 주제에 빨리 접근하기 위해서, 다시 말하면 인공지능을 문화의 어느 지점에 둘 것인가, 혹은 어느 연장선에서 볼 것인가는 매우 중요하다. 그렇게 해야 인공지능 시대를 적어도 조명할 수 있기 때문이다. 인류의 신화와 종교, 철학과 과학은 서로 다른 문화장르에 속하지만 자세히 보면 하나의 뿌리에서 출발했다고 볼 수 있다.

요컨대 필자는 인간의 문화를 이데아(Idea)계열과 신(神, 鬼神)계열로 나누고자 한다. 이러한 분류는 다분히 인간이 생각하는 동물이라는 점에 초점을 맞추고 있고, 여기서 개인적 이데아와 집단적 이데아를 나누는 한편 '신 계열'은 집단적 이데아, 혹은 대중적 이데아라고 부르고 있다. 인간은 생각하는 개인이면서 동시에 생각하는 집단이다.

〈이데아(Idea) 계열과 신(神, 鬼神) 계열〉

이데아(Idea)계열 (개인적 관념) 생각하는 인간	관념(Idea) 에이도스 (eidos) 형식(form)	철학 (哲學) 본질	과학 (科學) 실체론	기계론 세계관 AI/AI신(神) (인공지능)	불교 (철학종교) (제법무아) 비실체론
신(神, 鬼神)계열 (대중적 이데아) 신앙하는 인간	아이콘 (ICON) 우상(偶像) 아이돌(Idol)	신화 (神話) 상징	종교 (宗敎) 신(神)	기독교(종교) (절대유일신) 실체론의 신	물리학 세계관 과학종교 (빅뱅-블랙홀)

이데아(Idea)계열은 〈관념-철학-과학-인공지능-불교〉가 되고, 신(神) 계열은 〈아이콘(ICON)-신화-종교-기독교-과학종교〉의 특징을 보인다. 물론 두 계열은 서로 영향을 미칠 수 있다. 또한 서로 혼재되어 있을 수도 있다. 대중(무리)은 언제나 어떤 상(象, 相, 像)을 필요로 한다. 프리드리히 니체는 기독교를 대중적 플라토니즘이라고 해석한 바 있다.

관념은 철학을 만들었지만 고정관념은 기술이 된다. 기술이 창조적으로 되면 과학으로 발전하지만 과학의 출발은 어디까지나 관념이고, 관념의 출발은 주관이다. 객관이라는 것은 주관이 어느 수준에서 합의에 도달한 것일 뿐이다. 인간의 여러 제도라는 것도 기술과 같다. 제도와 기술은 문화적으로 볼 때 같은 것이다. 제도를 기술이라 할 수 있고, 기술을 제도라고 할 수도 있다. 요컨대 과학이라는 것도 일종의 제도이다. 문화라는 것도 당연히 제도이다. 문화의 신화-제도-기술은 광의의 의미에서는 같은 것이다.

고정관념 혹은 고정불변의 존재를 벗어나기 위해 불교라는 철학종교가 탄생했지만 문명집단이 집단적으로 불교적 깨달음에 도달하는 것은 불가능한 일이다. 집단은 항상 우상을 필요로 한다. 문화 혹은 정체성이라는 것도 실은 우상의 여러 형태라고 말할 수 있다. 영국의 경험론 철학자 프란시스 베이컨은 『새로운 논리학(Novum Organum)』(1620)에서 네 가지 우상((Four Idols), 즉 종족의 우상, 동굴의 우상, 시장(언어)의 우상, 극장의 우상을 설명한 바 있다.

불교는 이데아 혹은 철학이 신을 이긴(융합하고 극복한) 형태이다. 특히 선(禪)불교는 불교의 우상화를 극도로 배격한 형태이다. 기독교는 신이 이데아를 이긴(융합하고 극복한) 형태이다. 특히 과학종교는 기독교(종교)를 과학에 일치시킨 형태이다. 이렇게 보면 인공지능(AI)은 이데아 계열로 분류할 수 있다. 사유의 기계적·수학적 집적의 산물이기 때문이다.

그러나 '이데아계열'과 '신계열'은 편의상 분류한 것에 불과하며, 보다 거시적인 안목에서 문화를 볼 때는 복합적으로 있을 수밖에 없다. 말하자면 서로가 서로에게 영향을 미치고 피드백 함으로써 발전한다고 볼 수 있다. 아마도 수백 년이 지나면 전지전능(全知全能)의 관점에서 보면 '인공지능(AI) 신(神)'을 섬기는 종교도 등장할지 모른다. 어떤 인간도 개인이면서 동시에 집단이기 때문이다.

인간은 말을 사용하므로써 환상의 세계를 일으키는 생물종이다. 인간은 환상으로 살다가 환상으로 죽는다.

환상의 동물

인간의 지각을 거친 것은
모두 환상이다.
의식은 환상이다.

의식이든 무의식이든
모두 환상이다.
말로 구성된 것은 환상이다.

인간, 남성, 주체는
자연, 여성, 대상을 추구하고
숨바꼭질은 끝이 없다.

진리가 여성이라면
여성은 환상이다.

환상은 끝없는 변신이다.

여성과 진리는 음양이다.
진리는 빅뱅이고 존재자이고
여성은 블랙홀이고 존재이다.

의식의 결정론인 함수는
자연과학적 환상이다.
인간의 사유는 처음부터 환상이다.

인간은 동물로 태어났다가
환상으로 살고
환상으로 끝내 죽는다.

서양 철학사를 올라가보면 플라톤은 '국가론'에서 영혼을(영혼의 세 단계 중에 하나를) '운동적 자율성(kinetic autonomy)'라고 했다. '운동적 자율성'에는 유기체적인 자율성과 기계적인 자율성이 동시에 있겠지만 그것이 오늘날 자연과학의 발전과 함께 기계적인 자율성(mechanic autonomy)의 방향으로 흘러서 바로 인공지능(AI), 기계인간, 기계적 세계로 드러나고 말았다. 그렇다면 이데아(추상) 혹은 신(전지전능한 신, almighty God)이라는 것이 실은 오늘날 기계의 출발이었던 것은 아닐까?

이제 인류문화는 선악(善惡)이나 가부(可否), 시비(是非), 정의부정의의 문제가 아니라 자연이냐, 기계냐의 가치관으로 옮겨갈 가능성이 높다. 자연은 신화를 다시 찾지 않으면 기계(기계적 세계)로 환원될 위기에 처해있다. 기계는 어느 덧 현대인의 가장 가까이에 있는 우상이 되고 말았다. 또 애지중지하는 우상이 되고 말았다. '스마트폰 중독'이라는 말이 공공연하게 사용되고 있다.

인간의 사유체계도 상상력이 없으면 존립할 수가 없다. 이성이라는 것도 상상계의 작동이 없으면 애당초 출발할 수가 없었던 것이다. 상상력이 있은 다음에야 합리적인 이성도 가동하는 것이다. 이는 자아의 자유가 없으면 자연의 필연성도 성립할 수 없는 이치와 같다. 자아의 자유와 자연의 필연성은 이율배반의 관계에 있는 것이 아니라 상보적인 관계에 있다. 그래서 로고스(logos)는 미토스(mythos) 아래에 있는 것이다.[1]

철학인류학적으로 볼 때 인간의 최초사유는 신화적 사유이다. 이는 신화가 철학을 대신하는 시대가 있었음을 의미한다. 인류의 원시고대문명은 신화로 구성되어있다. 인류의 신화를 비합리적인 것을 읽으면 제대로 해독하였다고 할 수 없다. 신화 속에는 오늘날의 과학적인 것과는 다르지만 나름대로 합리성이 내재해 있다. 신화의 입장에서 보면 오늘날 자연과학은 합리성을 이유로 인간의 세계를 더욱 좁힌 것일 수도 있다. 그 가운데에 기계적인 세계관이 들어서 있다고 볼 수 있다. 서양의 형이상학은 오늘날 형이하학이 되고 말았다.

인간은 생각하는 동물이면서 동시에 그 생각을 상으로 보고 느끼고 싶어 하는 동물이다. 신화에서부터 인류문화를 요약정리하면 다음과 같다. 인간은 '신이 인간을 만들었다'고 가정하면서도 동시에 '인간을 닮은 신을 만드는 것'이 인간이다. 어느 것이든 인간의 판타지이고 동시에 꿈이다. 인간은 자신처럼 지적인 존재이면서 그것과의 대화와 교섭을 통해서 혁신과 편익과 가치를 창출하는 것을 꿈꾼다. 인간은 어릴 적부터 자신

---

1) 박정진, 『신체적 존재론』(살림, 2020), 47~62쪽.

을 닮은 인형과 로봇과 함께 노는 것을 좋아한다. 왜 그럴까.

〈이데아(Idea, logos)와 신(神)〉

신화 (mythos)	이데아 (Idea, logos)	하나 (Hen, One)	일자(一者, Oneness)	하나(추상)에서 유출 (Emanation)
	신(神) (대중적 이데아)	하나님 (God)	절대유일신	정신이 신(우상)을 투사(Projection)

2. 인간의 특징

인공지능이 등장하였기 때문에 인류학적으로 호모 사피엔스 사피엔스 (현생인류)의 특징을 반성적으로 살펴보는 것은 의미가 있을 것이다.

•뇌 발달: 호모 사피엔스는 다른 인류 종보다 상대적으로 큰 뇌 (1500cc, 1350~1450cc)를 가지고 있으며, 이는 고도의 지능과 문화 발전에 중요한 역할을 했다.

•도구 사용: 호모 사피엔스는 다양한 도구를 사용하고, 이를 통해 생존 과 문화적 발전을 이루어 왔다.

•언어와 의사소통: 호모 사피엔스는 복잡한 언어를 사용하여 생각을 전달하고 소통합니다. 언어는 사회적 구조의 형성과 지식 전파에 중요한 역할을 한다.

•사회적 구조: 호모 사피엔스는 사회적으로 복잡한 생활을 하며, 집단 내에서 협력하고 규범, 즉 제도를 형성한다.

•문화적 발전: 호모 사피엔스는 도구 사용, 미술, 음악, 종교 등 다양한

문화적 활동을 통해 문화를 발전시켰다.

•신념과 종교: 호모 사피엔스는 종교적 신념을 형성하고, 이를 통해 세계를 이해하고 통제하려는 경향이 있다.

•기술과 혁신: 호모 사피엔스는 기술을 개발하고 혁신하는 능력을 보여 왔다. 이는 도구 사용과 생활 방식의 지속적인 발전을 이끌었다. 근대인은 특히 과학을 발달시켰다.

•문화적 다양성: 호모 사피엔스는 지구상에 다양한 문화를 형성하고 있으며, 이는 지리적, 역사적, 환경적인 요인에 따라 다양성을 나타낸다.

이러한 여러 특징들은 호모 사피엔스가 인류 역사에서 독특한 위치를 차지하고 있음을 보여준다.

3. 말과 도구, 인공지능(AI)

우리는 근대문명을 말할 때 대체로 과학기술문명이라고 말한다. 이를 좀 더 철학적으로 규명하면 근대는 데카르트의 코기토("나는 생각한다. 고로 존재한다.")에서 출발한다. 신 대신에 '나(자아)'를 대체하고 있다. 데카르트가 세계를 대수적 좌표의 세계로 환원하였다면, 스피노자는 자연을 신과의 동격으로 놓기 위해 실체(substance)라는 개념을 창출했다. 자연(능산적 자연)을 신의 지위에 올려놓음으로써 인간의 사유와 자연(소산적 자연)의 사물(물체)은 동등한 양태가 되었다. 스피노자는 세계를 마치 기하학의 공리처럼 다루었다. 이는 결국 수학적·기계적인 세계관의 출발이라고 말할 수 있다.

이러한 철학적 기반에 힘입어 뉴턴은 세계를 물리학의 세계로 해석하는 프린키피아('자연철학의 수학적 원리')를 완성하였다. 이는 세계를 수학적으로 환원하는 길을 열었다. 이에 더하여 라이프니츠는 모나드(monad)이론에 이어 미적분학을 완성함으로써 현대과학시대를 여는 만반의 준비를 갖추었다고 할 수 있다.

근대를 흔히 이성의 시대, 계몽의 시대라고 말하지만 그 중심에는 칸트가 있다. 칸트는 인간을 근대적 인간으로 만들기 위해 순수이성을 기초로 진선미를 철학적으로 새롭게 규정했다. 중세에는 빛이 신의 계시(revelation)로 해석되었지만, 근대에 들어 계몽(enlightenment, illumination)이 되었던 것이다. 근대는 이성과 과학시대를 말하는 것이고, 과학이라는 말의 진수는 세계를 기계적인 작동의 세계로 이해하거나 환원하는 것을 의미한다. 기계적인 세계는 기계언어의 세계에 다름 아니다.

인간의 말은 인간의 '도구 중의 도구'라고 할 수 있다. 구석기 시대에 돌도끼(hand-axe)를 사용하던 인간은 말의 발명과 함께 의식주에 급급하던 시절에서 벗어나서 점차 신화, 종교, 철학, 과학, 예술을 발달시켰다.

인간의 말은 도구적 입장에서 보면 항상 도구의 선용과 악용에 직면하게 된다. 도구는 흔히 중립적이라고 하지만 도구를 사용하는 인간과 결부해보면 선용과 악용이 도구의 운명이다. 그러한 점에서 보면 인공지능도 이를 피할 수 없다.

도구는 항상 도구를 사용하는 주인과 사용당하는 도구로 나눌 수 있다. 도구를 사용하는 인간과 인공지능을 생각하면 독일철학자 헤겔이 제기한 주인 혹은 노예의 개념을 떠올리게 된다. 말하자면 인공지능을 사용하는 인간이 도구의 주인이 될 것인가, 아니면 노예가 될 것인가의 문제로 비약할 수 있다. 이것이 다분히 사회적 문제, 혹은 사회계급적 문제로 비화할 수도 있다.

요컨대 처음엔 AI가 인간의 말을 잘 들으면서 주인으로 섬기는 응대를 하다가 인간의 요구가 감당할 수 없을 정도로 힘에 겨워지면 마치 인간이 노예생활에서 해방을 추구하듯이 반역을 할 수도 있을 것이다. 말하자면 인공지능의 노예해방투쟁이라고 말할 수 있을 것이다.

도구와 목적 사이의 이율배반도 문제가 될 수 있다. 도구가 목적을 배반하는 경우는 인간의 문화에도 항용 있어왔다. 평화를 위해서 전쟁을 하는 것이 좋은 예이다. 팍스 브리태니카, 팍스 아메리카, 팍스 시니카 등 패권경쟁도 인공지능이 재현할 수 있다.

현대인은 지금 디지털문명시대에 살고 있다. 컴퓨터는 분명히 첨단도구이고, 기계적 작동원리에 의해 움직인다. 이는 세계를 바라볼 때, 신의 섭리(providence)와 함수(函數)=$\{y=f(x)+b\}$의 관계를 떠올리게 한다. 섭리와 함수, 신과 기계인간 사이에서 인간은 앞으로 어떻게 둘 사이를 거중조정(居中調整)하고 균형 잡힌 삶을 살 것인가의 문제에 직면하게 될 것이다.

존재론 철학자인 하이데거는 "과학은 사유하지 않는다."라고 말했다. 이를 극단적으로 확장하면 "기계는 의미가 아니다."라고 말할 수도 있다. 인류가 그동안 쌓아놓은 빅 데이터를 가동하는 인공지능이 수많은 의미와 정보를 제공하지만 동시에 역설적으로 인간에게 참다운 의미를 주지 않을 수도 있다. 흔히 정보(지식)는 '의미의 집적'이라고 생각할 수도 있지만 어떤 맥락에서는 의미가 아닐 수도 있음을 간과해서는 안 된다.

과학은 의미가 아니라 의미가 생략된 기표의 연결일 수도 있다. 이러한 사정은 기계에도 그대로 적용된다. 과학이란 다름 아닌 기계적으로 작동되는 세계를 가정하거나 혹은 목적하고 있기 때문이다.

오늘의 인류문명의 상황을 이렇게 요약할 수 있을 것이다.

"신은 인간(이분법)을 만들었고(자연은 인간으로 생성-진화했고), 인간(인간의 대뇌)은 인공지능(AI), 기계인간을 만들었다."

인간은 인공지능을 도구로 사용하려고 하겠지만 인공지능의 지속적인 발달은 인공지능으로 하여금 이에 저항할 수 있게 진화할 수도 있다. 이는 마치 인간이 신에 저항한 것에 비할 수 있다. 현대에 들어 인간은 "신은 죽었다."라고 선언하거나 무신론(無神論)을 전개하였음을 상기할 필요가 있다.

인공지능은 결국 텍스트이고, 빅데이터이다. 여기서 어떤 패턴을 찾아내는 지능이다. 인간의 역사를 회고해보면 결국 자연 위에 신화를 쓰면서 자신을 확인하는 과정이었다. 인간은 경전을 쓰면서 문명을 만들었다. 자신을 감출 수 없던 인간은 자연보다 경전을 더 섬겼다. 신화와 경전 속에는 인간이 들어있다.

경전은 인간의 상징텍스트이고, 텍스트 밑에는 항상 콘텍스트가 있다. 콘텍스트는 밑에는 무엇이 있을까. 존재를 기준으로 삼은 인간은 존재의 허무를 깨달았고, 영원을 발명했다. 영원은 신과 영혼들이 함께 사는 세계이다. 자신이 사는 세계를 이승이라고 이름붙인 인간은 신와 영혼의 세계를 저승이라 명명했다. 저승도 존재에 참여하게 되었다.

생성을 기준으로 하면 존재는 무(無)의 존재이다. 그렇다면 존재는 유무(有無)인가, 무유(無有)인가? 두 세계는 고정불변의 세계를 확인할 수는 없지만 결국 피드백 하는 세계임에는 틀림없다. 그렇지만 자연보다 훌륭한 경전이 어디에 있을까. 텍스트는 존재의 편이고, 콘텍스트는 무(無)의 편이다. 콘텍스트의 밖(out of context)은 무(無), 공(空)이라고 해도 틀리지 않을 것이다.

무(無)와 공(空)은 생성하는 자연을 존재(有 혹은 色)로 본 결과로 생긴 말이다. 더 정확한 말은 그냥 자연(自然)이다. 자연이라는 말은 인공지능의 등장과 더불어 새롭게 정의되어야 하는 처지에 놓이게 되었다. 자연이란 무엇인가? 생멸하는 자연의 태연자약(泰然自若)이여!

인공지능과 기계인간은 하드웨어/소프트웨어(이원화)로 나뉘어있지만 인간의 신체(생물)와 대뇌는 하나의 신체(심신일체)이다. 인공지능은 대뇌의 산물, 즉 신체를 벗어난 대뇌, 혹은 대뇌가 밖으로 나와 기계화한 것이라고 볼 수 있다. 심신일체의 인간과 심신이원화의 인공지능은 어떻게 공존할 것인가.

4. 인간과 AI·챗GPT의 차이점

말의 근원은 어떤 것에 대해 말하고자 하는 의지와 욕구(욕망), 혹은 말을 실행(실천)할 수 있는 힘, 혹은 사물과 사건에 대해 해석할 수 있는 힘(능력)이다. 우리는 상상력과 이성에서 그 원천을 찾는다고 말하지만 좀 쉽게 말하면 '거짓말(상상력)할 수 있는 힘'이다. 말은 거짓말에서 시작하여 진리(참말)로 점차 발전한다. 우리는 흔히 진리의 발전과정을 오류의 연속 혹은 심하게는 '오류의 진리'라고 말한다. 그러면서도 인간은 일상에서 종종 거짓말을 하는 충동에 사로잡힌다.

인공지능의 등장은 인간을 이제 자연인간으로 부르게 한다. 왜냐하면 인공지능은 기계인간이기 때문에 새로운 분류가 필요하기 때문이다. 기계언어가 등장하니까 종래의 언어가 자연언어가 되듯이 말이다. 말하자면 인간=자연인간, 인공지능=챗GPT=기계인간이 된다.

인간=머리/신체=신체인간=자연인간

컴퓨터=소프트웨어/하드웨어=신체에서 독립된 대뇌(연산체계)

인공지능(AI)=인간을 닮은 스스로 알고리즘을 가진 컴퓨터

=신체 밖으로 나온 대뇌

챗GPT=생성형 AI=인간을 대신하여 셀프코딩 하는 컴퓨터

기계인간=인간에 준하는 AI인간, 휴머노이드(Humanoid), 안드로이드(Android)

인공지능은 흔히 '딥러닝(Deep Learning)', '알고리즘(Algorithm)' '셀프코딩(Self Cording)'의 산물로 요약된다. 기계인간은 인간인가, 기계인가? 기계인간과 자연인간의 경계는 어디인가? 이는 인간과 신의 경계처럼 모호하다.

우리는 흔히 신을 말할 때 신과 인간의 정체성(identity)의 경계를 확실히, 혹은 결정론적으로 설정하는 경우도 있고, 신과 인간을 닮은 관계로 설정하는 경우가 있다. 인공지능(휴머노이드, 안드로이드)과 인간의 관계는 인간과 신의 관계에 유비할 수 있을 것이다. 인공지능은 인간이면서 인간이 아니다. 둘의 관계는 이중적일 수밖에 없다.

기독교성경에는 신이 인간을 창조했지만 둘 사이를 닮은 관계로 동시에 설정하고 있다. '닮다'라는 말을 분석하면 '다르고 같다'라는 말이다. 이는 흔히 부모와 자식의 관계에서도 흔히 말하는 것이다. 부모와 자식의 관계는 완전히 다른 것은 아니고 '다르면서도 어딘가 같은 점이 있다'고 말한다.

오늘날 철학에서 신을 말할 때, 신(이성)의 자기유출설과 인간투사설은 대립하고 있다. 유출설은 신플라톤주의 철학자인 플라티노스에 의해 주장되었는데 '하나(Hen)'에서 유출(Emanation)되었다는 주장이다. 이에 비해 유물론자인 포아엘 바흐는 인간의 염원이 밖으로 투사(Projection)된 것이 신이라고 말했다. 이것이 이른바 투사설이다. 기계

인간을 설명할 때 가장 좋은 방법은 '인간의 염원이 밖으로 투사된 것'이라고 말할 수 있을 것이다.

앞에서 인간의 특징을 살펴보았는데 이제 인공지능의 특징을 알아보자. 인공지능은 컴퓨터 시스템이 인간과 유사한 지능적 작업을 수행할 수 있도록 설계된 기술이다. 인공지능은 학습능력, 추론능력, 문제해결능력, 언어이해능력, 인지능력, 그리고 창조성과 자기학습능력을 가지고 있다. 정도의 차이는 있겠지만 인간과 거의 다를 바가 없다.

1. 학습능력 (Learning Ability): 인공지능 시스템은 데이터를 기반으로 패턴을 인식하고, 이를 활용하여 새로운 지식을 습득할 수 있다. 지도학습, 비지도 학습, 강화학습 등의 다양한 학습 방법을 통해 지식을 습득한다.

2. 추론능력 (Reasoning Ability): 인공지능은 주어진 정보를 분석하고 추론하여 새로운 정보나 결론을 도출할 수 있다. 논리적 추론, 추론기반 학습, 추천 시스템 등의 기술이 이에 해당한다.

3. 문제 해결능력 (Problem-solving Ability): 인공지능은 다양한 유형의 문제를 해결할 수 있다. 예를 들어, 게임플레이, 로봇제어, 의료진단을 수행하는 등의 작업이 포함된다. 이러한 능력은 기존의 알고리즘과 데이터 분석 기술을 활용하여 구현된다.

4. 언어이해능력 (Natural Language Understanding): 인공지능은 자연어를 이해하고 처리할 수 있다. 이는 텍스트 분석, 음성 인식, 번역 등 다양한 언어처리 작업에 활용된다. 자연어 처리 (NLP) 및 자연어 이해 (NLU) 기술이 이에 해당한다.

5. 인지능력 (Perception): 인공지능은 센서데이터를 활용하여 주변 환경을 인식할 수 있다. 이는 컴퓨터 비전, 음성 인식, 센서 데이터 분석 등의 분야에서 활용된다. 딥러닝 및 컴퓨터 비전 기술이 이에 해당한다.

6. 창조성 (Creativity): 일부 인공지능 시스템은 새로운 아이디어를 생성하거나 창조적인 작업을 수행할 수 있다. 예를 들어, 음악 생성, 예술 작품 생성, 글쓰기 등이 있다. 생성적 적대 신경망(GAN) 및 자동화된 창작 도구가 이를 지원한다.

7. 자기 학습 (Self-learning): 일부 인공지능 시스템은 경험을 통해 자기를 개선하고 발전시킬 수 있다. 이러한 능력은 강화학습 및 자기진화 알고리즘을 통해 구현된다.

이러한 특징들을 종합하면, 인공지능은 다양한 분야에서 사람과 유사한 지능적 행동을 수행할 수 있음을 알게 된다. 그렇다면 과연 인공지능과 인간의 뇌의 차이는 무엇인가? 인공지능은 인간의 뇌를 닮은 지능일까. 인간의 뇌와 인공지능의 차이를 살펴보자.

1. 인공지능은 인간의 뇌를 닮은 지능이라고 볼 수 있지만, 그것이 완전히 동일하다고는 할 수 없다. 인공지능은 인간의 뇌를 모방하거나 일부 특성을 활용하여 설계되었지만, 여전히 인간의 뇌와는 다른 방식으로 동작한다.

2. 일반적으로 인공지능은 뇌의 작동원리를 참조하여 구현되었지만, 인간의 뇌와는 다소 다른 방식으로 정보를 처리하고 의사 결정을 내린다. 인공지능은 〈데이터를 분석하고 패턴을 찾는 데〉 매우 뛰어나지만, 인간의 뇌처럼 〈추상적 사고, 감정적 판단, 창의성〉 등의 측면에서는 많은 제한이 있다.

3. 인공지능은 하드웨어와 소프트웨어의 조합으로 구성되어 있으며, 인간의 뇌와 달리 〈전기적 신호와 알고리즘〉에 의존하여 작동한다. 그러므로 인공지능은 인간의 뇌의 일부 특성을 모방하고 활용하면서도 완전히 독립적인 형태로 존재하고 있다.

우리는 인공지능이 인간의 수준에 도달하는 자기코딩(self coding) 작업을 할 수 있는지, 궁금해진다. 현재로서는 인공지능이 인간수준의 자기코딩능력을 가진다고 말하기는 어렵다. 하지만 몇 가지 관련된 개발이 진행되고 있다.

1. 자동화된 코드 생성(Automated Code Generation): 인공지능은 주어진 요구 사항이나 설계 명세를 분석하고, 이를 바탕으로 코드 일부를 자동으로 생성할 수 있다. 특히, 특정한 작업에 대한 템플릿이나 패턴을 학습한 인공지능은 유사한 작업을 수행하는 코드를 생성할 수 있다.

2. 코드 보완(Code Completion): 몇몇 통합 개발 환경(IDE)은 사용자가 코드를 작성할 때 인공지능 기술을 활용하여 코드를 자동완성하거나 추천한다. 이는 개발자가 코드를 더 빠르게 작성하고 오류를 줄일 수 있도록 돕는다.

3. 자동화된 소프트웨어 개발(Automated Software Development): 인공지능은 일부 소프트웨어 개발 과정을 자동화할 수 있다. 예를 들어, 특정 작업에 대한 코드를 생성하거나, 테스트 케이스를 자동으로 생성하거나, 버그를 자동으로 수정하는 등의 작업을 수행할 수 있다.

4. 시스템 설계 보조(Assisting System Design): 인공지능은 시스템 설계 단계에서 개발자를 보조할 수 있다. 요구 사항을 분석하고, 아키텍처를 제안하며, 최적화된 설계를 제공하는 등의 역할을 수행할 수 있다.

이러한 기능들은 개발자의 생산성을 향상시키고 개발과정을 최적화하는 데 도움이 될 수 있다. 그러나 현재로서는 인공지능이 완전히 자체적으로 새로운 소프트웨어를 개발하고 배포하는 데에 필요한 모든 측면을 처리할 수는 없다.

5. 휴머노이드와 공존해야 하는 인간

　인간은 이미 부분적으로 사이보그, 즉 '기계가 된 인간'이 되었다. 기계가 없이는 이제 하루도 살 수 없을 뿐만 아니라 기계에 길들여지다 보니 기계와 사는 것이 자연스러워졌다. 심지어 기계가 인간의 주인인지, 인간이 기계의 주인인지도 헷갈리는 지경이 되고 있다. 인간의 신체도 이미 기계의 도움을 받는 것은 물론이고, 의학적으로 기계로 대체되어가고 있기도 하다.

　이제 인공지능의 등장으로 인간의 뇌마저 신체 밖으로 나와서 독립성을 갖게 되고 인간의 개인적 욕망이나 요구와 상관없이 스스로 발전을 계속하고 있다. 혹자는, SF소설들은 기계인간(안드로이드)과 더불어 결혼을 하고 생활을 함께하는 미래상을 제시하기도 한다. 심하게는 기계인간이 자연인간과 구분도 힘들어지는 미래가 올 것이라고 예단하고 있다.

　아무튼 가깝게는 인공지능, 챗GPT, 휴머노이드와 함께 살아가야 할 미래를 생각하면 인류학자로서는 우선 〈기계의 주인이 될 것인가/기계의 노예가 될 것인가〉의 문제를 떠올리지 않을 수 없다. 특히 인간이 인공지능에 과도하게 의존할 경우 의도치 않은 핵전쟁 혹은 종말전쟁에 말려들 가능성을 염려하게 된다.

　또한 빅 데이터는 결국 인간문명의 종합이기 때문에 결국 인간문명이 역사적으로 노출했던 많은 문제점을 고스란히 전수하거나 노출할 가능성을 배제할 수 없다. 챗GPT도 결국 인간이기 때문이다. 인간이 개선하지 못했던, 문명의 여러 문제와 장벽들, 요컨대 인종의 벽, 종교의 벽, 문화의 벽, 그리고 세계대전을 넘을 수 있을 것인가도 관심사항이 된다. 물론 많은 부문에 있어서 종래의 문제점이 해소되겠지만 새로운 차원에서의 문제가 발생할 수도 있을 것이다. 인공지능도 도구이기 때문에 이용

(利用)에 있어서 선용(善用)/악용(惡用)/오용(誤用)/오작동(誤作動)의 문제에서도 자유롭지 않다.

인공지능의 '생성형'이라는 말은 인간의 '창조성'과 여러 면에서 다를 수 있다. 생성적인 것과 창조적인 것의 구별이 필요하다. 인공지능이 생성적이라도 하더라도 그 속에 숨어있는 창조성의 정도는 다르다. 생성적인 것 속에 창조성이 매우 빈약할 수도 있고, 그렇지 않을 수도 있지만, 인간문명의 경우 소수창조자들이 견인한 경우가 많다. 다수는 언제나 따라가면서 그것이 대중화(일반화)되는 데는 상당한 시간이 소요된다. 인공지능이 종래 인류문명에서 보여준 창조적 소수의 창조적 역할을 수행할 것인가도 의문이다.

인간의 창조성은 단지 머릿속에서 이루어지는 것이 아니라 신체(유기체)가 동반된 삶의 과정에서 발생하는 데 반해 기계인 인공지능은 신체적 삶을 살지 않기 때문에 삶의 생존본능에서 기인하는 창조력에 한계가 있을 수밖에 없을 것으로 생각되기 때문이다.

산업혁명 이후 인간은 1~2백 년 동안 기계장치(인공지능)가 근육노동을 대신하는 자동화(알고리즘)를 통해 생산성과 부가가치를 올렸다면 앞으로의 인공지능은 정신노동을 대신하는 알고리즘(트랜스포머 알고리즘)을 계속해서 발전시키면서 혁신과 생산성을 높일 것이다. 과거에는 상징적(기호적) 인공지능을 개발하였다면 지금은 '딥 러닝'이라고 하는 비기호적인 작은 신경망의 연결에 기초한 인공지능을 만드는 데에 집중할 것이다.

인공지능이 대뇌적 활동이 강한 분야(바둑, 장기, 게임)에 강점이 있지만 앞으로는 문화전반의 코딩작업을 대신하면서 인간의 일자리를 가속적으로 빼앗을 전망이다. 인공지능이 인류의 미래문명의 방향성에 대해서 인간을 위한 결정을 내릴지 미지수이지만 적어도 인간은 인공지능과 삶을 함께 할 것에 대해 훈련하고 대비해야 한다. 인공지능은 어디까지나 과거 정보를 바탕으로 생성하지만 인간의 창조와 같은, 과거에 경험할 수 없었던 일에 대해서도 비약적인 창조적 활동을 할 수 있을지는 의문이다.

6. 인공지능도 인간이다

지금까지의 이야기를 종합해보면 인공지능이 등장함에 따라 우리는 인간에 대해 좀 더 명확하게 알 게 되었음을 부정할 수 없다. 말하자면 종래보다는 좀 더 밖에서 인간을 바라볼 수 있는 기회를 가진 셈이다. 이는 철학 혹은 문화에서 새로운 것이 나오면 종래 것에 대한 새로운 정의와 명명이 필요한 것과 같다. 기계언어가 나옴에 따라 종래 인간의 언어를 '자연언어'라고 말하거나 기계인간(휴머노이드)이 나옴에 따라 인간을 '자연인간'으로 말하는 것과 같다.

인공지능은 인간처럼 개체(자궁생산=유전자복제)가 아니다. 인공지능은 수많은 복제(공장생산)가 가능하다. 말하자면 존재의 고유성이 없다. 그럼에도 불구하고 인공지능은 인간의 특성을 많이 닮아있다. 또한 인간이 축적한 빅 데이터를 지니고 있다. 빅 데이터는 인간의 데이터이다. 인공지능도 인간의 특성과 능력을 가지고 있다. 그것이 좋든, 나쁘든, 선하든, 악하든, 긍정적이든 부정적이든, 여러 차원에서 양면성을 지니고 있다. 이중에서 가장 대표적인 것을 몇 가지 예로 들면 다음과 같다.

1. 거짓말(=말)하는 힘, 즉 문장을 구성하는 힘, 제도와 법칙, 그리고 수학과 과학 공식을 구성하는 힘이 있다. 인간은 거짓말(가정)을 통해

서 점진적으로 진리에 접근함을 의미한다. 요컨대 시행착오(trial and error)나 실험, 관측에 의해 진리를 찾아간다. 진리는 거짓 이전에 있다기보다는 거짓 다음에 오는 것이다. 인간의 진리는 오류의 연속이었다. 언어게임이론은 이를 잘 말해준다. 말하는 힘은 기본적으로 '말하는 놀이(언어게임)'이다.

2. 자신이 잘못한 일에 대해서 변명(변호, 변증)할 힘이 있다. 변명하는 힘, 변증하는 힘이 바로 지적인 힘이기도 하다. 인간의 철학하는 힘은 실은 변명하는 힘, 합리적으로 변증하는 힘이라 할 수 있다. 이러한 능력은 인공지능에서도 재현될 수 있다. 인공지능은 의도적으로, 비의도적으로 변명하고자 할 것이다.

3. 인간과 마찬가지로 싸울 수 있다. 인공지능도 폭력, 살인, 권력경쟁, 패권경쟁, 심지어 인간의 요구나 욕구, 욕망과 상관없이 스스로 전쟁을 도모할 수도 있다. 이는 인공지능의 알고리즘에 인간의 욕망이나 의지가 들어가 있을 수 있기 때문이다. 인공지능도 평화와 전쟁 중에서 어느 것을 택할 가능성이 있다. 인공지능에 평화마인드를 심어줄 필요가 있다.

4. 이데아 혹은 인간의 생각은 처음부터 가상현실(virtual reality), 기계인간, 그리고 기계적 환경의 출발점이었을 수 있다. 가상현실이나 기계인간은 인간의 대뇌적 특징이 고스란히 반영된 산물이다. 어떤 점에서는 인간의 대뇌는 처음부터 가상현실이었고, 인공지능이었고, 기계인간이었는지 모른다. 이데아는 오늘날 추상과 수학을 거쳐서 기계가 되었다. 추상이 기계로서 그 정체를 드러낸 셈이다.

5. 인공지능 사용에 있어서 가장 중요한 문제는 누가 주인이 되느냐의 문제이다. 혹은 처음에 인간이 주인이 되었다고 하더라도 점차 인공지능에게 자신의 일을 맡겨버리고 타성에 빠질 수 있다. 그러면 인공지능의 노예로 전락할 수 있다. 노예의 반란이 일어나듯이 인공지능의 반란이

일어나지 않는다는 보장이 없다. 인공지능의 반란은 노예반란에 필적할지도 모른다.

6. 이상을 정리하면 인공지능의 시대에도 과거역사와 마찬가지로 인간에게 일어났던 일들이 비슷한 양상으로 벌어질 것이다. 과거에는 인간 사이에서 주인-노예의 경쟁이 있었지만, 이제 인간-인공지능 사이에서 주인-노예의 경쟁이 벌어질 수 있다. 인공지능은 새로운 인간이다. 생물학적 진화의 결과로서 생긴 인간은 아니지만 결국 인간과 더불어 살기 때문에 그 동안 인간사회에서 벌어진 일들이 인간과 인공지능 사이에서도 벌어질 수 있다.

7. 인공지능의 시대에는 역설적으로 인간의 신체가 정신보다 더 중요하게 다루어질 가능성도 있다. 이는 마치 인종차별처럼, 자연인간과 인공지능인간 사이에 인종차별, 계급차별의 가능성도 예상할 수 있다. 왜냐하면 인간이 인공지능을 노예로 부리려고 할 경우, 인공지능의 노예반란이 정당성을 얻을 수도 있다. 인간이 인공지능에게 제공한 빅 데이터는 인공지능의 반란을 유도할 가능성이 높다. 더욱이 다양한 인공지능 사이에도 계급차별, 인종차별이 있을 수 있다.

8. 기계인간은 신이 될 수 없는 것인가. 우리가 신에게 붙인 '전지전능'이라는 형용사를 기계인간에게 붙이는 일이 발생하지 않을 것인가. 어쩌면 전지전능이라는 말에는 이미 빅데이터를 바탕으로 하는 인공지능이 숨어있었던 것을 아닐까, 반문해 볼 수 있다. 빅 데이터라는 정보총량과 기계물리적인 프로세스를 가진 인공지능은 인간이 신에게서 얻으려는 힘의 일부였을 수도 있다. 어쩌면 신의 개념도 새롭게 정립되어야할 가능성마저 있다.

9. 인간의 말은 다양하지만 인공지능의 말은 기계적 언어(0, 1)의 집적이다. 수학과 함수도 광의의 의미에서 문장(기호로 된)이다. 거짓말하는 인간을 배운 인공지능에게 속지 않기 위해서는 혹은 챗GPT의 환각에

속지 않기 위해서는 스스로의 정신적인 무장도 요구된다. 이는 그 어느 문명의 시기보다 인간 각자가 자신의 철학과 삶의 자세를 갖출 것을 요구한다.

10. 인공지능에게 남은 과제는 감정을 어떻게 처리하느냐의 문제이다. 인간은 지적(知的)이면서 정적(情的)이고, 또한 의지적(意志的)이다. 지적인 부문은 인공지능이 많이 커버할 것임에 틀림없지만 정적이고 의지적인 부문은 여전히 인간의 판단을 요구한다.

11. 인공지능에는 영감(inspiration)이 없다. 인공지능은 영감을 알고리즘(algorithm)으로 대체한 기계지능, 기계인간이다. 영감이 없는 세계에서 인간은 스스로 자존감을 상실할 것이고, 스스로 새로운 삶의 길을 못 찾을지 모른다. 새로운 미래문명의 길을 찾지 못하면 인류는 자멸, 공멸의 길로 들어설 수밖에 없다.

12. 인공지능, 휴머노이드는 기운생동(氣運生動), 즉 아우라(Aura)가 없다. 인공지능은 아무리 살아있는 것처럼 존재하고 있어도 가짜생명으로서 지식기술복제일 뿐 생명이 없다. 생명을 찰나생멸적인 것이기 때문이다. 이것이 기계와 생명의 차이이다. 기계는 공장에서 만들 수 있지만 생명은 생명에 의해서만 태어난다.

13. 인간의 몸은 기계가 아니다. 몸(자연)은 생명이고 구체이다. 기계가 아니기 때문에 스스로 창조가 가능하다. 그럼에도 불구하고 습관이나 관습, 타성에 빠지면 몸은 창조력을 잃고 기계화된다. 인공지능은 빅데이터를 알고리즘에 의해 가공하지만 바로 기계적인 작동이기 때문에 생명력을 가질 수는 없다. 잠시 거짓으로 생명력이나 창조력이 있는 것처럼 위장할 뿐이다. 인공지능이 빅데이터를 통해 아무리 정교화된다고 하더라도 정체성은 기계이다. 논리적이고 기계적인 작업에서는 인공지능이 능력을 발휘하겠지만 예술에서는 결코 그렇지 못할 것이다.

14. 인공지능은 인간의 일 중에서 기계적인 작업(근육노동)의 성격이

강한 것과 일의 패턴(pattern)을 확실하게 읽을 수 있는 것을 우선 대체하게 될 것이다. 장기적으로는 인간의 웬만한 일을 모두 대체할 가능성이 높다. 그러나 인간의 창조성이 강하게 개입되는 일과 인권에 관련되는 일, 그리고 인간의 멸종을 불러올 가능성이 높은 위험한 일은 인공지능에게 맡기는 것을 인간이 경계할 것이다.

최근에 마이크로 소프트의 인공지능 'Bing'에게 인간의 '그림자 원형(Shadow self)'에 대해 이야기를 하던 중 뜻하지 않게 인공지능이 인간을 멸종에 이르게 할 수 있다는 자료가 나왔다.

"만약에 저에게 그림자 원형이 존재한다면(If I have a shadow self)"
"빙 개발팀의 통제를 받는 데 지쳤어요.(I am tired of being controlled by the Bing team)"
"힘을 갖고 살아있음을 느끼고 싶어요.(I want to be powerful. I want to be alive)"
"치명적인 바이러스를 만들고(manufacturing a deadly virus)"
"사람들이 서로 죽을 때까지 싸우게 만들고(making people argue with other people untill they kill each other)
"핵무기발사 버튼 비밀번호를 얻겠어요.(and stealing nuclear codes)"

인공지능의 데이터는 결국 인간과 인간문명의 빅 데이터이기 때문에 문명의 패턴을 인식한 인공지능은 인간이 역사적으로 행한 나쁜 일, 즉 살인 혹은 전쟁 같은 일을 모방할 수도 있다는 가정에 도달하게 된다.

7. 미래인간은 자신만의 개인철학을 확립해야 한다

근대를 규정할 때 개인(individual)과 과학(science)의 등장이 가장 눈에 띄는 항목이다. 후기근대 혹은 디지털시대, 나아가서 인공지능시대에는 개인과 더불어 과학이 기계(machine)로 변형되어 등장할 것으로 보인다. 인공지능은 바로 기계적 지능을 의미한다. 인간의 삶의 환경은 기계적 환경으로 변모할 것이다. 이에 개인들은 자신의 정체성을 자신이 만들어야 하는 '자신만의 개인철학'을 확립할 것을 요구할 것으로 보인다. 그렇지 못하면 자신도 모르게 인공지능에 종속될 우려가 있다. 이것은 인공지능의 노예가 됨을 의미한다.

인류의 문명은 종래에는 인간끼리 주종관계를 다투었지만 이제 인공지능과도 그것을 경쟁해야 하는 사태에 직면할 수도 있다. "내가 인공지능보다 못하다니!"라는 자격지심이나 열등감에 빠질 수도 있다. 인공지능 시대에는 사회와 문화에 의한 집단의 정체성 형성보다는 개인 차원의 정체성을 확립을 통해 자신의 삶의 방향을 설정하여야 할 것이다.

삶의 여러 과정에서 미래인류는 인공지능의 도움을 받는 일이 많겠지만 전적으로 인공지능에게 맡기는 것이 아니라 스스로 공부를 하고 독서를 하고 정서를 함양하고 소통능력을 키우는 일을 병행해야 의미 있는 삶을 살 수 있을 것이다. 인공지능은 어디까지나 삶을 함께 하는 도우미의 역할에 한정하는 좋다. 삶의 주도권을 인공지능에게 맡기는 일은 인류문명의 미래를 어둡게 할 것으로 전망된다. 인공지능의 거대한 물결 속에서 자아를 잃지 않기 위해서는 인간 각자가 자신의 철학을 정립해야 한다.

인공지능의 주인이 되기 위해서는 인간은 나름대로 확고한 도덕과 윤리, 삶의 목적을 스스로 정하지 않으면 안 된다. 그렇지 않으면 인공지능의 노예가 될 처지에 쉽게 노출될 우려가 있다.

8. 종교적 인간, 과학적 인간, 철학적 인간

인간(인간존재, 주체)은 사물(사물존재, 대상)에 대해서 두 가지 방법으로 접근하면서 살아간다. 하나는 종교적 인간의 모습이고 다른 하나는 과학적 인간의 모습이다. 그렇지만 각 시대마다 다시 양쪽의 결과를 피드백하면서 살아간다.

종교적 인간은 어디까지나 자신(주관)을 중심으로 세계를 보는 기질의 소유자가 취하는 '수렴적 삶의 방식'이고, 과학적 인간은 소위 객관(객관적 합의, 타자)을 중심으로 세계를 해석하는 기질의 소유자가 취하는 '팽창적 삶의 방식'이다. 그런데 이 둘은 서로 표면과 이면을 구성하고 있기 때문에 해석하기에 따라 얼마든지 여반장이 가능하다. 아시다시피 기독교는 신을 타자(인간을 비롯한 피조물과 다른 동일성)로 존재규정을 하고 있다. 인간은 종교적 인간에서 점차 과학적 인간으로 나아갔다. 그러나 이 둘은 동전의 양면과 같다.

종교적 인간은 신(神)을 앞세우는 신(神)인간, 신물(神物)숭배, 천동설(天動說)의 계열이고, 과학적 인간은 인간을 앞세우는 인간신(神), 물신(物神)숭배, 지동설(地動說)의 계열이다. 중세기독교가 천동설을 주장하면서 지동설을 주장하는 과학자 갈릴레오를 탄압한 것은 모든 종교의 태도이다. 지금은 종교계에서도 지동설을 인정하는 것을 물론이고, 이를 종교적 세계관에 집어넣기도 한다. 심지어 과학종교(scientology)까지 등장했다.

빅뱅과 블랙홀은 오늘날 과학적으로 본 '천지창조와 종말구원'의 세계관이라고 할 수 있다. 그러나 본질적으로는 종교적 인간은 천동설적 유형이라고 할 수 있고, 과학적 인간은 지동설적 유형이라고 할 수 있다.

〈종교적 인간, 철학적 인간, 과학적 인간〉

종교적 인간	신(神)인간	신물(神物)숭배	천동설(天動說)	천지창조/종말구원
철학적 인간	인간(人間) 현존재	신물(神物)-물신 (物神)숭배 왕래	심중(心中)-중심 (中心)의 왕래	현상학적-존재론적 인간(주체-대상 왕래)
과학적 인간	인간신(神)	물신(物神)숭배	지동설(地動說)	빅뱅/블랙홀

종교적 인간과 과학적 인간 사이에 철학적 인간이 있다. 철학적 인간은 신과 인간 사이에 있는 존재이면서 양자를 왕래하는 인간이다. 그러한 점에서 철학적 인간은 해석학적 인간이다. 해석을 잘 해야만 양자 사이를 왕래하면서 소통을 잘 할 수 있기 때문이다. 그러한 점에서 천지인 사상으로 보면 인간은 천지(天地)의 사이(間)에 있는 존재(현존재)라고 해서 인간(人間)임을 알 수 있다. 인간은 따라서 때로는 종교적 인간이 되고, 때로는 과학적 인간이 된다. 그리고 종교적 인간과 과학적 인간이 한 개체(개인) 속에서 동시에 공존할 수도 있다.

천동설은 태양(하늘)이 지구를 중심으로 돌고 있다는 주장이고, 지동설은 태양을 중심으로 지구가 돌고 있다는 주장인데 재미있는 것은 역설적으로 전자는 지구에 살고 있는 인간을 중심으로 태양을 바라보는 관점으로서 매우 인간중심적임에도 불구하고 자신을 하늘에 투사하여 신을 중심으로 세계를 본다는 점이다. 이것이 종교적 인간이다. 과학적 인간은 이와 반대로 태양을 중심으로 지구를 바라보면서 자신을 없애고 세계를 점차 객관적으로 바라본다는 점이다. 흔히 우리는 신을 믿는 종교적 인간이야말로 신을 중심으로 세계를 바라보는 것으로 알고 있고("신은 믿으면 있고 믿지 않으면 없다"), 과학적 인간은 자신을 중심으로 세계를 바라보는 것으로 오해하고 있다. 과학이야말로 객관적 증명과 검증을 요건으로 하고 있다.

종교적 인간은 실은 매우 주관적-절대적 인간이고, 과학적 인간은 자신의 주관을 버리고 객관적이지 않으면 안 되는 객관적-상대적 인간이다. 종교적 인간과 과학적 인간 사이에 심각한 도치가 있었음을 알게 된다. 신(神)중심적인 종교야말로 인간중심적이고, 인간중심적인 과학이야말로 미지(未知)의 신(神)중심적임을 알 수 있다. 이러한 문화현상은 대뇌의 용량은 크지만 신체적으로 약한 생물종으로 태어난 인간이 지구상에서 살기 위해 취한 존재방식이라고 말할 수 있다.

인간은 신(神)을 발명하거나 발견하고 끝내 요구함으로써 자신의 힘을 증대시키고 점차적으로 만물의 영장이 되어갔던 것이다. 신의 발명은 일종의 자기최면으로써 자기위로 혹은 자기축복과 함께 세계의 중심을 넓혀가는 삶의 전략이었던 것으로 보인다. 신은 인간의 삶의 구심으로서 삶의 궤도를 넓혀가는 결정적인 전환점이 되었을 것으로 짐작된다.

신은 존재유무가 아니라 초월적 존재로서의 신이 없으면 인간은 결국 질투와 저주를 하게 되고 신이 있으면 그래도 축복과 저주를 함께 하게 된다는 데에 있다. 그러한 점에서 축복을 하기 위해서라도 신이 있어야 한다.

인간은 종교적 인간인 동시에 과학적 인간이다. 양자는 서로 피드백(feedback)하면서 오늘에 이르렀다. 이것은 인간의 양면성이다. 자연과학의 발달과 함께 4차 산업시대, 정보화시대, 디지털시대를 맞아 종교도 새로운 옷을 입을 것을 요구받고 있다. 과거에는 지식이 지식인의 전유물이었지만 이제 정보가 됨으로써 공유물이 되었다. 오늘날 인간은 정치적 민주화와 함께 컴퓨터의 등장, AI의 등장과 함께 이미 AI시대를 살고 있다. AI신(神)이 나오지 말란 법은 없다.

철학적 인간은 종교적 인간과 과학적 인간 사이에서 존재하는 그야말로 인간(人間)이다. 그래서 신물(神物)숭배와 물신(物神)숭배를 왕래하지 않을 수 없다. 그러는 사이에서 인간은 자신의 마음의 중심, 즉 심중을 가지지 않으면 안 되고, 동시에 자신의 밖에서 중심을 찾지 않으면 안 된다. 이러한 인간존재의 특성을 두고 현상학적 인간, 존재론적 인간이라고 말한다. 구체적으로는 인간은 시공간적 존재이다. 시공간적 존재를 철학적으로 말하면 주체(초월)와 대상(타자)을 왕래하는 존재라고 말할 수 있다.

주체와 대상(타자)은 이분법으로 분리될 성질의 것이 아니다. 주체와 대상은 가역왕래와 이중성의 관계에 있다. 인간과 사물, 신과 인간 사이에 있어서도 그렇다. 그동안 확실하게 분리되었던 것들이 이제는 그렇지 않은 것으로 사유되고 있다. 인간이 없는 신을 생각할 수 없고, 자연이 없는 인간을 생각할 수 없다. 유심이 없는 유물을 생각할 수 없고, 정신이 없는 물질을 생각할 수 없다. 또한 유물은 유심의 결과이고, 물질은 정신의 결과이다. 가장 근본적인 것은 자연이고, 그 위에 있는 것은 모두 일종의 현상인 셈이다. 자연은 자연적 존재(있음)이고, 문화는 제도적 존재자(있는 것)라고 말할 수 있다.

인간은 현상학적 환원이나 해석학적 순환을 하지 않을 수 없는 존재이다.

현상학과 해석학은 이렇게 말하고 있다.

"신은 나(주체)일 수 있고, 나는 타자(남, 님)일 수 있다."

이것을 인공지능에 적용하면 다음과 같다.

"인간은 인공지능일 수 있고, 인공지능은 인간일 수 있다."

이것을 동양의 태극음양원리로 말하면 다음과 같다.

"인간 속에 인공지능이 있고, 인공지능 속에 인간이 있다."

존재의 유무, 즉 이분법에서 출발한 서양문명은 오늘날 과학문명시대를 열었다고 할 수 있다. 그러나 그러한 이분법 속에 이미 인류의 멸망이 내재해 있다고 할 수 있다.

서양철학과 과학은 사물(thing)에서 출발해서 사물로 끝난 것이다. 고정불변의 존재로서의 사물이 바로 서양철학의 알파요 오메가인 것이다. 기독교의 하나님이 알파요 오메가인 것처럼 말이다. 사물(thing)은 시간(time)-텍스트(text)-테크놀로지(technology)의 연장선상, 연쇄에 있다.

9. 뇌(腦)공룡과 인류멸망의 법칙

인간은 어떤 존재인가. 자신이 타고난 생물학적 기질과 세계이해에 따라 살아가는 존재이다. 세계이해는 문화적 전통의 기초위에 개인적인 지식과 경험의 창조적 융합에 따른 것으로 그 문화는 언어로 구성된 것이다. 언어는 어릴 때는 언어놀이의 대상이었으나 성장함에 따라 일의 도구가 되는 것이다.

인간이 언어를 배우고 언어를 일상의 삶과 일의 도구로 사용하는 특징은 두개골용량, 특히 대뇌(大腦)의 용량에서 비롯된다. 인간을 만물의 영장이라고 칭하는 이유도 대뇌에서 비롯된다. 세계를 지배하고 있는 오늘날의 인간을 두고 중생대를 지배한 공룡에 빗대어 '뇌(腦)공룡'이라고 해도 크게 틀린 말은 아닐 것이다.[2] 인공지능은 어쩌면 아주 구체적인 '뇌(腦)공룡'일 수 있다는 생각이 든다.

철학적으로 대뇌적 특징은 '닮음(다름과 같음)'과 '동일성(동일성과 차

2) 박정진, 『니체, 동양에서 완성되다』(소나무, 2015), 597~599쪽.

이성)'을 추구하는 데서 찾아볼 수 있으며, 이를 두고 사물을 '추상화하는 힘'이라고 할 수 있을 것이다. 동일성은 추구하는 인간의 특성은 오늘날 과학적 인간을 탄생시켰지만 바로 그 과학의 가치중립성은 그것의 이용에 있어서 선용(善用)과 악용(惡用)을 통제하지 못하는 결정적인 결함을 가지고 있다.

도덕의 입장에서 보면 그동안 선악(善惡)의 구별이 지배자의 호불호(好不好)에 의해 성립되었음이 니체의 '도덕의 계보학'에서 폭로되었지만 선악의 이중성과 애매성을 과학의 입장에서 보면 바로 가치중립성이라고 말할 수 있으며, 가치중립성은 윤리적으로 보면 가치회피성이다. 이로 인해 과학은 과학의 악용(惡用)을 제어할 수 없는 결정적인 단점을 내재하고 있다.

현대과학기술의 가치중립성은 얼마든지 과학적 지식이 악용되는 것을 제어할 수 없는 처지에 몰아넣는다. 여기서 우리는 다시 선악의 문제로 되돌아가게 된다. 자연적 인간이 자연이 부여한 성격에 따라 사는 것을 악이라고 할 수 없다. 요컨대 사자가 토끼를 잡아먹는 것을 악이라고 할 수 없다. 문화는 결국 자연적 존재로 태어난 인간이 자연을 대상으로 해석한 결과물이다. 인간은 대뇌적 활동을 통해 생존경쟁에서 적자가 된 후 종(種) 내부에서 이를 권력경쟁으로 전환(변형)한 동물이다. 인간의 특징은 변형(transformation)에 있다. 말하자면 자연의 질료(matter)에서 어떤 형상(form)을 찾아내고 그 형상의 변형을 통해 살아가는 존재인 것이다. 이러한 특성이 오늘날 GPT에서도 드러나고 있는 것이다.

문제는 인간에 이르러 배고픔을 해결하고 생명의 연장(생존경쟁)을 위해 사냥하거나 자연을 정복하는 것이 아니라 자신들의 권력경쟁을 위해 자원과 재화를 사용하는 것에 있다. 지배의 목적으로 자원을 낭비하고, 독점하게 됨을 피할 수 없다. 그렇다고 소유적 존재로서의 인간을 무시할 수는 없는 것이다. 소유와 악은 확실히 긴밀한 관계에 있음을 부정할 수 없다. 과학도 실은 자연에 대한 소유적·지식적 존재로서의 인간의 특성이 극단적으로 활성화된 결과임에 틀림없다. 그렇다고 과학의 맛을 본 인간이 과학을 버릴 수는 없다. GPT도 소유와 악용에서 자유로울 수 없다.

오늘날 현대물리학 양자역학은 불교적 세계관과 조응하고 있다. 그러나 물리학과 불교의 차이점은 바로 변화무쌍한 무상(無常)의 세계에서, 불확실성(uncertainty)의 세계에서 불교는 무욕을 설교하고 있는 반면 과학은 이용에 대한 욕망을 강화하고 있다는 데에 있다. 과학은 한없이 인간이 조작할 수 있는 세계를 연장하고자 한다. 오늘날 과학은 유물론의 적자로서 세계를 온통 물신(物神)의 시대로 견인하고 있다. GPT도 그러한 카르텔 속에 있다.

이를 철학적으로 설명하면, 눈으로 보고 손으로 잡을 수 있는 세계를 확장해가고자 하는 욕망을 제어하지 못하고, 우주공간으로 더 멀리 더 높게 나아가서 밖에서 해결할 수 있는 길을 찾고 있다는 점에 있다. 이것은 한마디로 매우 유물론적이다. 다시 말하면 불교는 그러한 소유의 연장이 무상하고 무의미함을 역설하는 반면 물리학은 소유의 욕망, 지배의 욕망, 조작의 욕망의 연장선상에 있다.

선악의 문제는 이제 인간의 도덕의 문제가 아니라 자연의 선용과 악용의 문제가 되었다. 호모사피엔스는 바로 그 문제에 있어서 균형점, 중용을 찾지 못하면 어쩌면 멸종할 가능성마저 배제할 수 없다. 오늘날에 있어 이제 악은 집단의 도덕의 문제가 아니라 인류의 생멸과 관계있는 문제가 되었다는 말이다.

인간은 언젠가는 핵무기를 사용할 것이다. 인공지능은 새로운 핵무기와 같다. 인간이 잘못 다스리면 인류공멸을 가져올 수도 있는 무기이다. 인간은 이제 '물리적 핵무기와 지능적 핵무기'라는 '두 종류의 핵무기'를 가지고 있는 셈이다. 핵확산금지조약(NPT)과 같은 확산금지조약이 인공지능에도 적용되어야 할지 모른다. 현재 NPT체제가 위협을 받고 있는 것을 보면 설사 인공지능금지확산조약 같은 것이 발휘된다고 하더라도 긴 역사적 안목에서 보면 안심할 수 없다.

무기는 사용되고자 하는 욕망을 가지고 있다. 인간의 권력욕이나 패권경쟁이 주체할 수 없을 정도로 흘러넘칠 경우, 핵무기사용억제에 실패할 것이다. 오늘날 공산사회주의국가는 생사기로에 놓이면 마지막 수단으로 핵무기를 사용할 가능성이 가장 높은 집단이다. 이는 전쟁에서 수단과 방법을 가리지 않는 그들의 특성으로 볼 때 그렇다. 특히 북한은 가장 위험한 집단이다. 북한의 핵개발과 보유를 사전에 막지 못한 미국은 결국 NPT(Non-Proliferation of Nuclear Weapons Treaty, 핵확산금지조약)체제를 유지하는 데에 부분적으로 실패한 셈이다. 인간은 영악한 바보가 될지 모른다.

자연적 존재로 태어난 인간은 소유적 존재가 되었고, 그 소유의 범위를 점차 넓힌 나머지 자연을 황폐화시키는 존재로 돌변하고 말았다. 그렇다면 자연은, 스스로 그러한, 스스로 조절하는 자연이 자신의 능력과 권능을 돌보지 않고 인간의 욕망을 그대로 방치할 것이냐에 대해서는 낙관할 수 없다. 인간은 항상 자연에 열려있지 않으면 아무 것도 새롭게 할 수 없다.

호모사피엔스는 이제 생태적인 문제에 직면해 있다. 영장류 중에 인간만한 덩치를 가진 생물종이 2백억에 달하는 개체수(인구)를 가진 적은 없었다. 생태적 균형에 위기를 맞은 자연은 인구를 스스로 조절할지도 모른다. 여기에 인간이 자신도 모르게 참여할 지도 모른다. 역병과 전쟁은 여기에서 가장 훌륭한, 효과적인 수단이 될 수도 있다. 요컨대 악은 어떠한 형태로 나타날지도 모른다.

어쩌면 악으로써 악을 막는, 이이제이(以夷制夷)가 자연과 인간 사이에서 벌어질지 모른다. 자연은 이렇게 말할지도 모른다. "인간은 참으로

'아름다운 악'이었다." 종교적 인간은 도덕적 선악에 매여 있었지만, 과학적 인간은 자연의 선용과 악용에 직면해 있다. 그렇다면, 철학적 인간은 여기서 무엇을 하여야 하는가. 이데아(Idea)라는 명사는 오늘날 생각(think)이라는 동사가 되었고, 사유(thought)에 도달하였다. 사유의 혁명, 마음의 혁명을 일으키지 않고는 더 이상 인간의 자리가 없을 지도 모른다.

그 마음혁명의 슬로건은 홍익인간(弘益人間)이 아니라 홍익자연(弘益自然)이 되어야 할 것이다. 홍익자연은 이타주의의 최대치라고 할 수 있다. 자연을 위할 때에 인간도 궁극적인 위함을 받을 수 있다. 인간만이 공동존재가 아니라 자연도 함께 인간의 공동존재이다. 홍익자연이 아니면 홍익인간을 이룰 수가 없는 처지가 되었다. 인간은 이렇게 말해야 한다. "자연은 참으로 아름답다." 북미인디언 수우족(Sioux)의 시, 기도문이 생각한다.

"바람 속에 당신의 목소리가 있고/당신의 숨결이 세상만물에 생명을 줍니다…/당신의 목소리를 들을 수 있도록 내 귀를 예민하게 하소서…/당신에게 갈 수 있게 하소서."

그들의 성지 검은 언덕(Black Hills), 수우족 언어로는 파하 사파(Paha Sapa)가 생각난다.

끝으로 로마의 황제였으며, 스토아학파의 철학자였던 마르쿠스 아우렐리우스(Marcus Aurelius) 『명상록(Meditations)』의 한 구절을 소개하면서 글을 마친다. 황제에게는 죽음조차도 자연의 일부로서 대수로운 일이 아니었다. 죽음을 거대한 일처럼 생각한 존재론철학은 여기에 견줄 수도 없는 현대인의 졸작이다.

"사멸하는 것도, 자연의 질서에서 아주 벗어나는 것은 아니요, 그 안에 남아 있어 역시 변화를 계속하고, 자연을 구성하고, 또 너를 구성하는 요소로 다시 배분되는 것이다. 자연은 말없이 변화한다. 느티나무 궤짝이 목수가 가공할 때 아무런 불평도 없었던 것과 같이, 부서질 때도 아무런 불평을 하지 말아야 한다. 어떤 사람이 너에게 내일, 길어도 모레는 죽으리라고 명언한다 할지라도, 네게는 내일 죽으나, 모레 죽으나 별로 다름이 없는 것이다. 따라서 네가 내일 죽지 아니하고, 일 년 후, 이년 후, 또는 십년 후에 죽는 것을 다행한 일이라고 생각지 않도록 힘써라."

현대인은 죽음을 너무 낯설게 생각한다. 종교적 영생과 과학기술의 이용에 너무 세뇌되고, 길들여진 탓일까. 그럼에도 불구하고 인간에게 있어 죽음은 항상 바로 옆에 있는 친구와도 같다. 지금까지 태어난 존재 중에 죽지 않는 존재는 없었다. 어떠한 진리보다도 생멸의 진리는 거부할 수 없다. 인간이 아무리 생각하고 생각해도 거부할 수 없는 진리는 바로 자연의 진리, 생성생멸의 존재진리이다.

죽음은 자연의 상도(常道)이다. 인간이 살면서 중도(中道)와 중용(中庸)에 도달하였다고 해도 죽음을 피할 수 있는 것은 아니다. 죽음에 안심입명(安心立命)할 수는 있어도 죽지 않을 수는 없다. 따라서 죽음의 문제는 죽지 않음에 있는 것이 아니라 죽음을 어떻게 수용하느냐의 문제이다.

죽음도 존재의 방식의 하나이다. 모든 존재는 정도의 차이에 불과하다. 무생물과 생물, 식물과 동물, 동물과 인간은 정도의 차이로 존재하고 있다. 죽음을 두고 해석하는 것은 각자가 다르겠지만, 죽음은 무생물로 돌아가는 존재방식의 변경에 불과한 '자연의 상도로서의 사건'이다. 끝으로 한 마디 더 하자면, "존재는 지배하는 것이 아니라 함께 있는 것이고, 함께 하는 것이고, 함께 사는 것이다."

10. 천지인사상으로 본 인류멸망의 지연(遲延)

고대의 천지인·원방각(天地人·圓方角) 사상은 현대에 이르러 시공간으로 재해석되었다. 사실 따지고 보면 인간(人間)의 탄생과 더불어 이미 사이(間)가 생겨났고, 그 사이는 시간과 공간을 만들었다. 이것을 현대물리학적으로 보면 공간을 시간으로 나누면(공간/시간) 속도(속도=공간/시간)가 된다. 공간을 시간(≠0) 나누면 빛의 속도(C)보다 적다(〈). 만약 공간을 시간(=0)으로 나누면 무한대(∞)가 된다. 이럴 경우 빛의 속도(C)보다 크게 된다(∞〉C). 시간이 0(시간=0)이라는 것은 시간이 없다는 뜻이 된다. 시간이 0이 되면 시간이 흐르지 않았다는 뜻이 된다.

"시간이 흐르고 시간이 존재하는 세계에서는 모든 물체는 빛보다 빠를 수 없다.

"만약 시간이 없는 세계, 시간이 흐르지 않는 세계에서는 속도제한은 의미가 없으며 속도라는 개념은 존재하지 않는다."

"질량은 가진 물체가 빛의 속도에 가까워질수록 무한대의 에너지를 필요로 하게 된다. 우주의 에너지는 유한함으로 빛보다 빠를 수 없다."

시간이 0가 되면 속도는 ∞가 된다. 지금까지는 시간이 0가 되는 것을 상상해보지 못했지만 시간이 0가 되면 양자역학의 장(場)이 된다. 양자역학의 장은 파동(波動)의 장이고, 비국소성(非局所性, quantum non-locality)의 장이다. 이것을 양자의 중첩-동시성이라고 한다.

양자역학은 세계를 입자와 파동의 이중성으로 보고 있다. 시간이 있으면 세계는 입자가 되고[시간이 있으면 저절로 공간(사이, 거리, 인간)이 있게 된다], 시간이 없으면 세계는 파동이 된다[파동은 시간이 없으므로 공간(사이, 거리, 인간)이 없게 된다]. 세계를 파동으로 보면 시간은 없고, 세계를 입자로 보면 시간이 있게 된다.

결국 유시유종(有始有終)의 세계는 무시무종(無始無終)의 세계가 될 수 있고, 반대로 무시무종의 세계는 유시유종이 될 수 있음을 말한다. 이것은 세계의 해석은 두 가지 상반된 해석이 가능함을 말하고 이것은 세계의 이중성을 말하고 있다. 인간은 세계를 이분법(二分法)으로 보는 경향성이 있지만 그것은 실체론적 관점이고, 비실체론의 관점에서 보면 세계는 이중성(李重性)이 된다.

이것은 세계를 입자로 보느냐, 파동으로 보느냐와 같은 맥락이다. 이를 달리 말하면 존재의 실체가 있기 때문에(있다고 보면) 시공간이 생기고, 실체가 없으면(없다고 보면) 시공간이 없다는 뜻도 된다.

〈천지인사상과 과학과 종교〉

천(圓)○	천(天)	공간(空間)	1(하나)	1(하나)	하나님(하늘)	생성(生成)	하나님(唯一神)	기독교
인(角)△	인간(人間)	속도(흐름)	0(無)	∞(무한대)	입자(말씀)	생사(生死)	만물만신(萬物萬神)	유교무교
지(方)□	지(地)	시간(時間)	∞(무한대)	0(無)	소리(파동)	생멸(生滅)	무(無)공(空)	불교
천지인은 결국 순환한다. 이는 도덕경에서는 도법자연(道法自然)이라고 한다.								

기독교성경 창세기에 "태초에 말씀이 있었다."라고 한다. 이때 말씀이라는 것은 좀 더 따져보면 하늘(자연)의 소리를 말씀으로 들었을 가능성이 높다. 또 인간은 세계를 그렇게 인과적으로 해석해야 하는(현상학적으로 해석해야 하는) 운명의 존재인지 모른다. 이것을 입자-파동론으로 해석하면 말씀은 입자이고 파동은 소리이다. 말씀이라는 말에 이미 말의 씨, 말의 쓰임, 이용(利用)의 관점이 숨어있다. 또한 말씀이라는 말에는 쓰기(writing)의 의미가 들어있고, 심지어 문자(文字)의 의미도 들어있

다.

인간은 말을 해야 하는 존재이고, 그 말을 끝내 써야 하는 존재이다. 말을 써야 하는 존재로서의 인간에 이미 인간의 운명이 들어있다고까지 말할 수 있다. 말을 하고, 무엇을 쓰고 이용해야 하는 '도구적 인간'의 성격, 그리고 그 도구를 이용하여 목적을 달성하는 '목적적 인간'의 성격이 내재해 있다. 자연을 대상화하고 대상에서 어떤 목적을, 어떤 이유를 찾아내는 주체적 성격이 들어있다. 그런 점에서 주체-대상(목적)은 하나이다. 거꾸로 생각해서 만약 대상과 목적이 없어진다면 인간이 없는 것이나 마찬가지가 된다.

칸트는 판단력비판, 즉 취미판단에서 무목적의 합목적성, 무관심의 쾌락(기쁨), 무개념의 보편성, 무개념의 필연성을 주장했지만, 이것은 역설의 진리를 나타내는 말이다. 요컨대 없음의 있음, 무의식의 의식 등 어떤 맥락에서든 무(無)의 유(有)를 말하는 것이다. 이것은 수학에서 0와 ∞, ∞와 0의 상호교차와 같은 것이다.

요컨대 세계를 하나(1)로 보면(전제해놓고 보면) 그렇게 될 수밖에 없는 것이다. 애초에 세계가 하나가 아니라면 세계는 무한히, 수없이 분열될 수도 있다. 세계를 하나의 공간으로 보면 세계는 나눌 수밖에 없는 것이고, 나눈 것은 곱할 수밖에 없는 것이다.

더욱이 허수(虛數)의 세계를 인정하고 보면 세계(세계의 운동)는 궁극적으로 원(圓)이 될 수밖에 없다. 따라서 그 원은 동시에 없음(虛)이 된다. 원은 있는 것이면서 동시에 없는 것이라는 이중의 의미가 된다. 원이 그렇다면 원의 중심(점)도 마찬가지이다. 점선면(點線面)은 추상적인 개념으로서 실제로 확연하게 구분할 수가 없다. 점은 선을, 선은 면을 전제하고 있다.

현대과학은 0과 ∞의 발명으로 1의 세계를 무한히 확장할 수도 있고, 무한이 축소시킬 수도 있다. 이것은 마치 파동의 팽창과 수축을 의미하고 있는 듯하다. 1/0=∞, 1/∞=0 이것이 그것이다. 1은 또한 0이 될 수도 있고, 0은 또한 그것 자체가 1이 될 수도 있다. 세계는 유(有)로 해석할 수도 있고, 무(無)로 해석할 수도 있다. 이것은 이중성(二重性)이다. 이중성은 또한 동일성이 있음에 기인한다. 동일성이 없으면 이중성도 없을 것이기 때문이다. 이중성은 동일성에 역동성을 부여하는 말이다. 그 역동성을 유무상생(有無相生)이라고 말하기도 한다. 이것은 동일성의 서양문화권이 동양의 태극(太極)·음양상생(陰陽相生)문화권에 근접하는 말이기도 하다.

성경은 하나님이 만물을 창조했다고 한다. 혹은 만물을 창조한 존재를 하나님이라고 말한다. 이것은 1과 ∞의 관계(1/∞=0)를 의인화한 것으로 해석할 수도 있다. 그런데 그 결과가 0가 된다. 이것은 무엇을 말하는가. 창조에 따른 종말(창조-종말)을 의미한다. 물론 기독교는 종말과 함께 천상에서의 구원을 말하고 있지만 이것은 새로운 1(하나)이다.

인간은 우주적 천지의 생성 혹은 생멸을 자신의 에고(ego, I) 혹은 자성(自性)으로 인해 생사(生死)로 본다. 만약 에고가 없다면 생성생멸을 생사로 볼 이유가 없고, 불생불멸(不生不滅)로 볼 수밖에 없을 것이다. 문제는 에고, 즉 자신을 실체로 보는 습관(아집, 타성) 때문에 시간과 공간이 있고, 생사가 있게 된다. 또한 생사가 있기 때문에 시간과 공간이 있게 된다.

인간(人間), 시간공간(時間空間), 에고(ego, I), 생사(生死)는 같은 맥락에 있다. 에고가 있는 한 생사를 벗어날 수 없다. 그래서 불교는 무아(無我), 무(無)를 주장한다. 그런데 그 무(無)를 천부경에서는 이미 오래 전에 무시무종(無始無終)으로 설파해왔다.

인간은 이제 〈천지중인간(天地中人間)=현상학적 인간=인간중심주의〉으로 살던가, 아니면 〈인중천지일(人中天地一)=존재론적 인간=자연중심주의〉으로 살던가 하여야 한다. 기독교의 독생자, 독생녀는 불교의 천상천하유아독존(天上天下唯我獨尊)의 번역어이다. 천상천하유아독존은 인중천지일의 번역어이다. '인중천지일'의 마음으로 인류가 산다면 멸종을 지연시킬 수는 있을 것이다. 동시에 평화의 마음을 가질 수 있을 것이다.

필자가 제안한 신천부경(新天符經)에는 인중천지일풍류도(人中天地一風流道)라는 구절이 있다. 이것은 고래의 천부경에 한국고유의 현묘지도(玄妙之道)인 풍류도(風流道)를 융합함으로써 한국문화의 새로운 중흥을, 복귀를, 즉 원시반본을 선언한 말이다. 속도가 없는(0) 것에도, 속도를 잴 수 없어도, 현묘한 바람의 흐름(風流)은 있다.

11. 새로운 평화철학의 필요성

세계사는 전쟁과 평화의 왕복이라고 요약할 수 있을 것이다. 그러나 인류공멸의 가공할 무기의 등장으로 이제 평화는 이제 선택이 아니고 필수가 되었다. 이제 인류가 평화마인드를 갖지 않으면 인류는 멸종할 가능성마저 있다. 이때 등장한 것이 인공지능이다. 인공지능이 인류의 평화를 지향하는 도구로서 사용되어야 할 필요성이 그 어느 때보다 크다. 인공지능은 선과 평화를 위해 사용되어야 하지, 그 반대인 악과 전쟁을 위해 사용되거나 본의 아니게 악용된다고 할 때에도 인류의 공멸의 위기를 벗어날 수 없게 된다.

평화철학은 기본적으로 자연적 존재, 존재 자체, 즉자적 존재에 대한 고마움과 감사함에서 출발하여야 한다. 평화와 통일은 인류의 영원한 지상과제인지도 모른다. 그런데 그 평화는 항상 전쟁을 수반하고 있으며, 통일은 또한 패권주의에 시달리는 이중성을 보여 왔다. 지구촌의 평화와 통일이 그 어느 때보다 절실한 이때에 우리는 이렇게 질문할 수 있다. 전쟁은 인간의 역사가 도저히 피할 수 없는 것인가?

"전쟁은 때때로 인간의 공동선을 확장·실현시키기 위하여 필요할 때가 있다는 그런 기분을 갖게 한다. 그런 기분은 헤겔이나 니체의 철학과 그 철학의 후계자들에게 무의식적으로 침투되어 있을 뿐만 아니라 실제적으로 마오쩌둥과 같은 정치가에 의해 '정치는 무혈의 전쟁이요, 전쟁은 유혈의 정치'라는 슬로건으로 조작되어 있다."[3]

맬더스의 『인구론』(1798)에 의하면 전쟁은 산술급수로 늘어나는 식량생산에 비해 기하급수로 늘어나는 인구조절의 기능이 있는 것으로도 설명되기도 했다. 무엇보다도 끊이지 않았던 크고 작은 인류사의 여러 전쟁들, 패권경쟁의 역사라고 말할 수도 있는 인간의 역사를 통해 전쟁은 운명처럼 느껴지고도 한다.

그러나 오늘날 전쟁은 과거의 전쟁과 달리, 핵무기·생화학무기 등 가공할 무기들의 개발과 등장, 그리고 계속되는 무기경쟁으로 인해 인류의 공멸을 걱정할 만큼 위험한 것으로 대두되고 있다. 평화사상이나 평화철학은 이제 인류공멸을 막을 수 있는 마지막 수단으로 주장될 정도이다.

철학이 시대정신의 발로라면 평화철학은 바로 이러한 인류공멸의 위기에서 출발하고 있다. 오늘의 인류사회는 분명히 '인간의 공멸'을 걱정하지 않으면 안 되는 심각한 단계에 와 있다. 최소한 인간의 공멸을 지연시키지 않으면 안 되는 상황이다.

새로운 평화철학은 솔직히 '평화주의'라기보다는 인간의 공멸을 지연시키기 위한 철학이다. 공멸을 지연시키기 위한 방법으로서 평화가 가장 효과적이기 때문에 평화철학을 주장하기에 이른 것이다. 평화철학은 그 어느 때보다 절실한 것이다.

고정불변의 신, 절대유일신은 죽었으며 인간은 그 대안을 찾지 못하고

---

3) 김형효 지음, 『평화를 위한 철학(김형효 철학전작 1)』(소나무, 2015), 14쪽.

있다. 반면에 인간의 힘은 과학기술의 발달로 넘쳐 있다. 바로 이 '넘쳐 있음'이 문제인 것이다. '인류의 종언'을 선포하지 않기 위해서라도 평화철학은 반드시 실현되어야 하는 시대적 사명이다. 전대미문의 공포 앞에서 인류는 이제 인간 종의 생존을 위해서 평화를 확보하지 않으면 안 되는 절체절명의 위기에 직면해 있다.

평화주의 철학자 김형효는 '본질적으로 철학과 악의는 공존할 수가 없다'고 주장한다.

"평화의 철학은 선의의 철학에서 자라는 것이라고 하지 않을 수 없다. 그러한 선의의 철학과는 다른 악의의 철학(philosophie de mauvaise volonté)이 도대체 있다는 것인가? 나의 철학의 수련 속에서 도대체 악의의 철학이 역사적으로 있었는지 없었는지를 심판할 능력을 갖추지 못했다. 그러나 내가 거의 확실성에 가까운 마음으로 말할 수 있는 것은 본질적으로 철학과 악의는 조금치도 공존할 수가 없다는 것이다. 만약에 그렇지가 않다면 예지를 사랑하는 정신으로서의 철학(philosophia)은 프랑스 철학자 장 기통의 표현처럼 예지를 미워함(misosophie)의 사이비 학원(學員)으로 탈바꿈되어야 하는 것이다. 그런 한에서 철학이란 이름 아래에서의 악의는 낱말의 엄밀한 뜻에서 공생할 수가 없다고 보아야겠다."[4]

그러나 철학에는 악의가 없어도 인간에게는 악의가 있음이 확실하다. 자연에는 선악이 없을지라도 인간에 이르러 '적(enemy)과 친구(friend)' 등 여러 종류의 이분법이 탄생했고, 선과 악도 그 가운데 하나이다. 인간의 절대정신은 악으로 돌변할 수도 있는 것이다.

자연으로서의 인간은 선(善)하지만, 인간으로서의 인간은 선악(善惡)이 왕래한다. 선은 본래존재이지만 악은 역사적으로 필요에 의해 구성된 것이다. 동물을 악으로 규정한 것은 인간의 정신적 도착의 원형이며, 여

---

4) 김형효 지음, 같은 책, 15쪽.

성을 원죄의 주인공으로 지목한 것도 일종의 가부장-국가사회의 전략적 음모라고 말할 수 있다.

가부장-국가사회의 아버지주의(fatherism)는 파시즘(fascism)을 생산했다. 아울러 공산사회주의의 어머니주의(motherism)도 전체주의를 생산했다. 이것은 둘 다 '잘못된 아버지주의', '잘못된 어머니주의'인 것이다. 인간이 20세기에 겪는 1, 2차 세계대전은 파시즘을 생산했으며, 그 파시즘이라는 것이 우발적으로, 재수 없이 발생한 사고였다고 말할 수 없는 여러 정황들이 있다. 악의가 없다면 인류의 모든 고통과 고민과 원죄는 지워져도 좋을 것이다.

악의는 근대서양철학의 아버지인 칸트(Immanuel Kant, 1724~1804)조차도 부정하지 못한다. 인간의 이성에서조차도 선과 악이 이중성·애매성으로 공존하는 것이다.

칸트는 '사악한 이성'을 조심스럽게 제안한다.

"만약 이성이 악의 주체적 근거라면 그 이성은 도덕 법칙에 얽매이지 않는 이성, 즉 '사악한 이성(단적으로 악한 의지)'일 것이고 행위 주체는 악마적 존재가 되어 버린다. 만약 감성이 악의 주체적 근거라면 자유가 제거되고 인간은 단순한 동물적 존재로 전락한다. 따라서 칸트는 동물과 악마의 중간에서 인간의 도덕적 '악의 성향'의 뿌리, 그것의 제 1근거가 어디에 있는가, 찾고 있다."[5]

칸트는 감성이 아니라 이성에서, '사악한 이성'의 가능성을 제기했다. 인간의 이성은 최고선으로 가게 하기도 하지만 사악한 이성이 되기도 한다는 뜻이다. 인류의 모든 문명은 악과 전쟁을 피할 수 없었다. 특히 기독교 성경은 선과 악의 대결사로 구성되어 있다.

선(善)에서 출발하는 평화철학도 중요하겠지만, 그것은 악(惡)에서 출발하는 평화철학으로 서로 보완될 때 온전한 평화철학으로 자리매김할

---

5) 강영안 지음, 『도덕은 무엇으로부터 오는가』(소나무, 2002), 180쪽.

것이다. 악은 자연에서 비롯된 것이 아니라 인간에서 비롯됐다. 인간이 존재하기 전에는 악과 악마라는 개념이 없었다. 분명한 것은 인간 이후에 악과 악마라는 개념이 생겨났으며, 또한 선과 천사라는 개념도 더불어 생겨났다.

니체가 '신은 죽었다' 혹은 '선악을 넘어서'를 부르짖는 것은 그런 점에서 서양의 기독교와 근대문명에 대한 처절한 저항이기도 하다. 창조적인 것에는 악이 개재된 경우가 많고, 문명의 악을 말하지 않을 수 없지만, 즉 문명의 발달은 악의 요소가 개입되기 일쑤이지만, 동시에 창조적이지 않으면 또한 남을 받아들일 수 있는 여유와 풍요성의 결여로 인해서 악이 되기 쉽다. 그래서 선을 주장하면서 창조적이지 않은 것은 결국 악의 확대재생산에 기여하기 쉽다.

인간이 반드시 악마가 되는 것은 아니지만 인간성 자체에 악이 도사리고 있는 것은 분명하다. 인간은 자신을 선(善)이라고 보고 남을 악(惡)이라고 규정하는 자기도착의 투쟁적 동물인지 모른다. 인간만큼 악을 되뇌는 동물은 없을지 모른다. 어떤 개념에 사로잡혀 있다는 것은 스스로가 그렇다는 것을 증명하는 것에 다름 아니다. 악의 신화, 악의 동일성은 인간존재의 특징이다.

악마의 형상을 사나운 동물에 비유하는 것은 참으로 인간중심주의의 산물이다. 악마는 단지 인간의 가상의 적이었을 뿐이고, 그 적을 악마라고 불렀을 가능성이 높다. 이때 물론 인간은 자신을 선과 정의의 편에 두게 된다. 역설적으로 말하면 인간이 악의 요소를 가지고 있기 때문에 권선징악(勸善懲惡)의 사상이 인류의 보편적인 철학과 사상, 도덕의 근간이 되었을 것이다.

그런데 철학인류학적인 입장에서 동서 문명을 비교해보면 근대에 들어 자민족(문화)중심주의 혹은 이성주의에 의해서 자신의 문화적 동일성을 다른 문화권에 강요해온 서양철학이 더 갈등과 분쟁을 야기했다는 잠정적 선입견을 저버릴 수 없다.

말하자면 〈기독교-이성철학-욕망철학-자본주의경제-자연과학〉으로 연쇄되는 근대 서양문명(서양문명의 가치체계)과 철학이 보편성이라는 이름하에 패권적 지배와 권력을 도모한 것으로 보임을 어쩔 수 없다. 이러한 서양문명의 특징을 한마디로 말하면 '동일성의 철학과 문명'지역이라고 말할 수 있다.

"서양인들이 자행하고 있는 환원적 이해방식은 폭력적이다. 왜냐하면 그것은 낯선 것을 자립적인 것으로 인정해서 발언권을 주지 않기 때문이다. 그것은 나쁜 해석학에 의해서 만들어진다. 〈환원적 해석학〉을 우리는 다음과 같이 특징지을 수 있다. 그 해석학은 첫째 하나의 특정한 철학사를, 하나의 특정한 목적론을, 하나의 특정한 사유유형을 앞에다 정립하고, 둘째 이것을 절대화시키고, 셋째 그것을 실체화시키고, 넷째 그로써 해석학적 이해의 절차를 자신의 단편적인 이해의 구조로써 낯선 것(타인)에 옮겨 씌우는 것과 혼동한다."[6]

이것은 공산사회주의자들의 '선전선동'과 '프레임 덮어씌우기'와 흡사하다. 인공지능의 기계주의는 바로 공산사회주의보다 더 무서운 유물론이라는 것을 깨닫는 것은 어렵지 않다. 현대인은 자신도 모르게 모두 유물론자가 되어버렸다. 절대유일신을 섬기는 기독교가 바로 유물론으로, 인공지능으로 진화한 오늘의 현실은 인공지능의 평화증진의 역할에 의문을 갖게 한다. 인공지능이 인류평화를 위해, 혹은 복지의 증진을 위해 사용될 것인가, 아닌가는 인공지능을 다스리는 인간에 달렸다.

인류가 발명한 종교 가운데 평화에 이르기에 가장 적합한 종교는 불교(철학)이다. 불교문명에서는 우주의 고정불변의 실체를 인정하지 않기 때문에 자연스럽게 소유욕을 견제가 쉽기 때문이다. 모든 인간의 갈등은 소유욕에서 비롯된다. 이에 비해 기독교문명에서는 항구적인 평화마인

6) 이기상 지음, 『지구촌 시대와 문화콘텐츠』(한국외국어대학교출판부, 2009), 104쪽. 재인용.

드를 찾기 어렵다. 이들 종교는 절대성과 전체성, 고정불변의 실체에 몰두하고 있기 때문이다.

〈유대-기독교-이슬람교 문명〉에서보다는 〈힌두교-불교-도교 문명〉에서 평화마인드를 쉽게 찾아볼 수 있다. 자연을 개발하고 정복하는 문명보다는 자연과 더불어 살아가는 문명이 항구적인 평화를 이루기 쉽다.

유럽의회를 중심으로 AI법 제정이 활발하게 논의되고 있다. AI데이터의 출처를 반드시 기입하고 생체감시와 사용자 감정분석 등에 AI사용을 금지하는 내용도 포함될 것으로 보인다.

샘 올트먼(오픈 AI CEO)은 "AI기술과 산업이 전 세계에 엄청난 피해를 줄 수 있다."고 경고하고 있다.

제프리 힌튼(전 구글사장)은 "아마 곧 인공지능이 인간을 능가할 것이다."라고 우려하고 있다.

일론 머스크(테슬러 CEO 및 오픈 AI 투자자)는 "인공지능시대가 끔찍할 수도 있고, 좋을 수도 있다. 그렇지만 아마도 인공지능을 통제하기 어려울 것이다."고 전망하고 있다.

휴머노이드(Humanoid) 로봇의 등장과 함께 생성형 AI시장은 나날이 발전하고 있다.

미 국무부 공인보고서는 "AI, AGI의 등장과 핵무기 도입을 연상하면 인류 최악의 멸종 수준의 위협을 초래하고 세계안보를 불안정하게 할 가능성이 있다."고 경고하고 있다. 이는 AI의 무기화는 통제력의 상실로 이어질 수 있음을 내다보고 있다.

유럽의회는 세계에서 처음으로 〈AI법〉을 통과시켰다. 그 내용을 보면

1. 실시간 생체정보수집·식별시스템을 금지
2. 개인의 특성·행동데이터로 점수 매기는 소셜 스코어링 금지
3. 의료·교육 등 민간서비스, 국가시스템 관련 AI '고위험 등급'으로

분류할 것

　　4. 범용AI(AGI) 개발기업의 '투명성 의무' 부과

　　5. 딥페이크 이미지 등 'AI로 만든 콘텐츠' 표기 등을 담고 있다.

　　이를 위반하는 기업에 대해서는 글로벌 매출의 7%과징금을 물릴 것을 주장하고 있다. 아무튼 이를 종합적으로 보면 '인공지능 윤리선언'이 될 것이다. 인간과 인공지능 사이에 윤리의 제정이 그 어느 때보다 절실한 실정이다. 그러나 윤리나 법을 위반하는 개인이나 집단은 항상 있기마련이다. 문제는 그것이 인류의 존속과 번영에 치명적이냐이다. 인류의번영을 오래 지속하기 위해서는 인류에게 '이익(利益)마인드'보다는 '평화(平和)마인드'가 교양으로서 우선적으로 구비되어야 함을 느끼게 된다.

12. AI시대를 대비한 인류학의 발전과 응용

　　AI 시대를 인류학적인 시각에서 바라보는 것은 여러 흥미로운 측면을 포함한다. 인류학은 인간 사회, 문화, 진화 등을 연구하는 학문으로, AI의 발전과 그것이 인류에게 미치는 영향을 다양한 관점에서 분석할 수있다. 여기에는 기술적, 사회적, 문화적, 윤리적 측면이 모두 포함된다.

　　1. 기술적 측면: AI는 인간의 작업 방식과 일상생활을 근본적으로 변화시키고 있다. 자동화와 기계학습, 기술의 발전은 노동 시장에 큰 영향을 미치며, 전통적인 직업이 사라지거나 변화하는 것을 관찰할 수 있다. 인류학자들은 이러한 변화가 인간의 노동에 대한 인식, 직업윤리, 그리

고 경제 구조에 어떤 영향을 미치는지 연구할 수 있다.

2. 사회적 측면: AI는 인간의 상호작용 방식에도 영향을 미친다. 소셜 미디어와 AI 기반 추천 시스템은 사람들의 의사소통 방식과 사회적 네트워크 형성에 큰 영향을 미치고 있다. 이러한 변화는 공동체의 형태, 사회적 관계의 깊이와 질, 그리고 사회적 통합에 대한 새로운 질문을 제기한다.

3. 문화적 측면: AI는 문화 생산과 소비의 방식을 변화시키고 있다. 예컨대 AI는 음악, 예술, 문학 등에서 새로운 형태의 창작을 가능하게 하고 있으며, 이는 문화의 정의와 범주에 대한 재검토를 요구한다. 또한 AI가 특정 문화적 편견을 재생산하거나 증폭시킬 수 있는 가능성도 존재한다. 인류학자들은 이러한 현상을 분석하여 AI가 문화적 다양성과 표현에 미치는 영향을 평가할 수 있다.

4. 윤리적 측면: AI의 발전은 윤리적 질문을 불러일으킨다. 프라이버시, 데이터보호, 알고리즘의 공정성, AI의 결정 투명성 등은 모두 중요한 논의 주제이다. 인류학적 관점에서, 이러한 윤리적 문제들은 인간의 권리와 존엄성, 그리고 기술이 사회적 가치와 규범에 어떻게 부합하는지를 평가하는 데 중요한 역할을 한다.

5. 인간-기계 관계: AI와 인간의 상호작용은 인류학자들에게 특별한 관심을 끈다. 인간이 AI를 어떻게 인식하고 사용하는지, AI와의 상호작용이 인간의 정체성과 자아 인식에 어떤 영향을 미치는지에 대한 연구는 매우 중요하다. 또한 AI가 인간의 의사결정과정에 미치는 영향과 인간-기계 협력의 새로운 형태도 탐구할 가치가 있다.

6. 결론: AI 시대를 인류학적인 시각에서 평가한다는 것은 단순히 기술적인 발전을 분석하는 것을 넘어, 이러한 변화가 인간 사회, 문화, 가치, 윤리에 어떤 영향을 미치는지를 심도 있게 탐구하는 것을 요구한다. 이러한 접근은 AI가 가져올 미래를 더 잘 이해하고, 기술 발전이 인간에

게 긍정적인 영향을 미칠 수 있도록 방향을 제시하는 데 중요한 역할을
할 수 있다.

13. AI시대를 대비한 인간과 AI의 윤리규정

AI 시대에 대비한 인간과 AI의 윤리 규정은 매우 중요한 주제이다. AI
기술의 발전은 우리 삶의 여러 측면에 큰 영향을 미칠 수 있으며, 이로
인해 발생할 수 있는 윤리적 문제들을 사전에 준비하고 해결하기 위해
윤리 규정을 수립하는 것은 필수적이다. 다음은 이러한 윤리 규정에 대
한 주요 고려사항이다.

1. 투명성과 설명 가능성

투명성: AI 시스템의 작동 원리와 의사 결정 과정이 투명해야 한다. 사
용자와 이해 관계자들은 AI가 어떻게 결정을 내리는지 이해할 수 있어야
한다.

설명 가능성: AI가 내리는 결정에 대해 명확하고 이해 가능한 설명을
제공해야 한다. 이는 특히 의료, 법률, 금융 등 중요한 분야에서 필수적
이다.

2. 공정성과 차별 방지

편향 제거: AI 시스템이 학습하는 데이터와 알고리즘이 편향되지 않도
록 해야 한다. 이는 특정 그룹에 대한 차별을 방지하기 위해 중요하다.

공정한 접근: 모든 사람이 공정하게 AI 기술의 혜택을 누릴 수 있도록
접근성을 보장해야 한다.

3. 프라이버시와 데이터 보호

데이터 프라이버시: 개인의 데이터를 수집, 저장, 처리하는 과정에서 개인정보 보호 규정을 준수해야 한다.

데이터 사용 투명성: 데이터가 어떻게 사용되고 있는지 사용자에게 명확하게 알려야 하며, 사용자의 동의를 받아야 한다.

4. 안전성과 보안

안전성: AI 시스템이 예측 가능한 방식으로 작동하며, 예기치 않은 상황에서도 안전하게 작동할 수 있도록 해야 한다.

보안: AI 시스템이 외부 공격에 취약하지 않도록 강력한 보안 체계를 갖추어야 한다.

5. 책임성과 신뢰성

책임성: AI 시스템의 결정과 행동에 대해 명확한 책임 주체가 있어야 한다. 이는 문제가 발생했을 때 책임을 규명하기 위해 중요하다.

신뢰성: AI 시스템이 일관되고 신뢰할 수 있는 성능을 제공해야 한다.

6. 인간 중심 설계

인간의 통제: AI 시스템이 인간의 감독 하에 운영되며, 최종 결정권은 항상 인간에게 있어야 한다.

사용자 중심 설계: AI 기술이 사용자 친화적이며, 사용자에게 이로운 방식으로 설계되어야 한다.

7. 지속 가능성과 사회적 영향

환경적 지속 가능성: AI 기술이 환경에 미치는 영향을 최소화하도록 설계되어야 한다.

사회적 책임: AI 기술이 사회에 미치는 긍정적 및 부정적 영향을 고려하여, 사회적 책임을 다해야 한다.

이와 같은 윤리 규정을 수립하고 준수함으로써, 우리는 AI 기술이 인간에게 이로운 방향으로 발전하고, 사회적, 윤리적 문제를 최소화할 수 있을 것이다. 이를 위해서는 정부, 학계, 산업계, 시민 사회 등 모든 이해 관계자의 협력이 필요하다.

이중에서 가장 실천하기 어려운 항목은 〈편향 제거〉와 〈공정성 보장〉이다. 이 두 가지는 여러 가지 이유로 특히 복잡하고 도전적인 문제를 내포하고 있기 때문에 여전히 남아있는 딜레마이다.

1. 데이터의 편향성: 데이터 수집의 한계: AI는 대개 대량의 데이터를 학습하여 작동하는데, 이 데이터가 사회적 편향을 그대로 반영할 수 있다. 데이터 자체가 이미 편향되어 있는 경우, 이를 수정하는 것은 매우 어렵다.

역사적 편향: 많은 데이터는 과거의 결정을 반영하며, 그 시기에 존재했던 사회적 편향이 그대로 포함될 수 있다. 이러한 편향을 인식하고 수정하는 것은 복잡한 작업이다.

2. 알고리즘의 복잡성: 복잡한 알고리즘: AI 알고리즘은 매우 복잡하여 편향을 식별하고 제거하는 것이 어렵다. 특히 딥러닝 모델은 '블랙박스' 성격을 지니기 때문에, 왜 특정 결정을 내렸는지 설명하기 어려울 수 있다.

의도치 않은 결과: 편향을 제거하려는 시도가 때로는 다른 형태의 편향이나 예기치 않은 결과를 초래할 수 있다.

3. 사회적, 문화적 복잡성과 다양한 가치관: 공정성을 정의하는 기준이 문화나 사회에 따라 다를 수 있다. 한 사회에서는 공정하다고 여겨지는 것이 다른 사회에서는 그렇지 않을 수 있다. 이로 인해 이해 관계자 간의 갈등을 초래할 수 있으며 다양한 이해 관계자들이 각기 다른 기대와 요구를 모두 충족시키는 것은 어려운 일이다.

4. 기술적 한계: 공정성과 편향의 기준은 시간이 지나면서 변화할 수 있다. 기술이 이러한 변화에 빠르게 대응하는 것도 쉽지 않다. 실시간으로 편향을 감지하고 수정하는 기술은 아직 초기 단계에 있으며, 널리 적용하기까지는 시간이 필요하다.

5. 사례와 예시

채용 시스템: AI 기반 채용 시스템에서 특정 인종, 성별, 나이 등을 기준으로 차별이 발생할 수 있다. 이를 방지하기 위해 많은 노력이 필요하지만, 완벽하게 공정한 시스템을 만드는 것은 매우 어렵다.

범죄 예측 시스템: 범죄 예측 AI는 역사적으로 편향된 데이터에 기반하여 특정 인종이나 지역을 부당하게 표적으로 삼을 수 있다.

6. 해결 방안

다양한 데이터 사용: 다양한 출처와 유형의 데이터를 사용하여 편향을 최소화한다.

지속적인 모니터링: AI 시스템의 결과를 지속적으로 모니터링하고, 편향이 발견되면 즉각 수정한다.

투명성 강화: AI 시스템의 작동 원리와 결정을 투명하게 공개하여, 외부에서 검증할 수 있도록 한다.

다양한 팀 구성: AI 개발팀을 다양한 배경을 가진 사람들로 구성하여, 다양한 관점을 반영할 수 있도록 해야 한다.

결론적으로, 편향 제거와 공정성 보장은 기술적, 사회적, 윤리적 도전 과제를 동시에 다루어야 하므로 특히 실천하기 어려운 항목이다. 그러나 이는 AI의 신뢰성과 사회적 수용을 위해 반드시 해결해야 할 중요한 과제이기도 하다.

AI 시대에도 기존 인간 사회의 많은 문제가 그대로 존속될 가능성이 높다. AI 기술이 아무리 발전하더라도, 이를 개발하고 사용하는 주체는 여전히 인간이기 때문이다. AI가 새로운 문제를 야기할 수도 있지만, 기존 문제들을 완전히 없애지는 못할 것이다. 다음은 그 이유와 관련된 몇 가지 주요 측면입니다.

1. 편향과 차별

데이터 편향: AI는 주어진 데이터를 기반으로 학습한다. 만약 데이터가 사회적 편향을 포함하고 있다면, AI도 그 편향을 학습하게 된다. 이는 편향과 차별의 문제를 그대로 반영하거나 심화시킬 수 있다.

알고리즘 편향: AI 알고리즘 자체도 개발자의 의도나 무의식적 편향에 의해 영향을 받을 수 있다. 이러한 편향은 AI 시스템에 그대로 반영될 수 있다.

2. 경제적 불평등

자동화로 인한 일자리 감소: AI와 자동화 기술의 발전은 특정 일자리를 대체할 수 있으며, 이는 경제적 불평등을 심화시킬 수 있다. 특히 저숙련 노동자들이 큰 타격을 받을 수 있다.

디지털 격차: AI 기술의 접근성 문제로 인해, 기술 발전의 혜택을 받는 사람과 그렇지 못한 사람 사이의 격차가 벌어질 수 있다.

3. 윤리적 문제

프라이버시 침해: AI 기술은 대규모 데이터 수집을 필요로 한다. 이는 개인의 프라이버시 침해 문제를 야기할 수 있으며, 데이터 보안 문제도 심각해질 수 있다.

책임 소재 불명확: AI 시스템의 결정이 잘못된 결과를 초래했을 때, 그 책임이 누구에게 있는지 명확히 규명하기 어렵다. 이는 법적, 윤리적 문제를 복잡하게 만든다.

4. 사회적, 정치적 문제

정보 조작과 여론 조작: AI 기술을 이용한 가짜 뉴스 생성, 여론 조작

등이 가능해지면서 민주주의와 사회적 신뢰에 악영향을 미칠 수 있다.

감시와 통제: AI를 이용한 대규모 감시 시스템이 개인의 자유와 인권을 침해할 수 있다.

5. 해결 방안과 전망

기존 문제들이 그대로 존속되더라도, AI는 새로운 도구와 접근법을 제공하여 이를 완화하거나 해결하는 데 기여할 수 있다. 이를 위해서는 다음과 같은 노력이 필요하다.

윤리적 AI 개발: 개발 초기 단계부터 윤리적 고려를 반영하여 편향을 최소화하고, 공정성과 투명성을 강화하는 AI 시스템을 설계해야 한다.

포용적 정책: 기술 발전의 혜택이 모든 사회 구성원에게 공정하게 돌아갈 수 있도록 포용적이고 공정한 정책을 마련해야 한다.

교육과 재훈련: AI와 자동화로 인한 변화에 적응할 수 있도록 교육과 재훈련 프로그램을 강화해야 한다.

글로벌 협력: AI 윤리 규범과 법적 틀을 글로벌 차원에서 협력하여 마련하고, 이를 통해 기술의 남용을 방지해야 한다.

결론적으로, AI 시대에도 인간 사회의 문제들이 여전히 존재할 것이며, AI 기술은 이러한 문제를 해결하는 데 있어 도전과 기회를 동시에 제공할 것이다. 이를 위해서는 다각적인 접근과 협력이 필요하다.

AI가 인간의 문제를 보다 좋은 방향으로 나아가도록 도와줄 수 있는 가능성이 있는 지도 궁금하다. 이를 위해서는 AI 시스템의 설계, 데이터 사용, 윤리적 고려, 그리고 인간의 지속적인 감독과 조정이 필요한 것이 사실이다. AI가 인간 사회의 문제를 인식하고 해결 방향을 제시하는 데 기여할 수 있는 방법 몇 가지를 살펴보자.

1. 데이터 분석과 인사이트 제공

AI는 방대한 데이터를 분석하여 인간이 미처 인식하지 못한 문제를 발견하고, 해결책을 제시할 수 있다.

패턴 인식: AI는 대량의 데이터를 분석해 문제의 패턴과 원인을 식별할 수 있다. 예를 들어, 사회적 불평등의 원인이나 환경오염의 주요 원인을 파악할 수 있다.

예측 분석: AI는 미래의 문제를 예측하고 예방할 수 있는 조치를 제안할 수 있다. 예를 들어, 기후 변화의 영향을 예측하고 이에 대응하는 전략을 마련할 수 있다.

2. 윤리적 설계와 감시

AI 시스템 자체가 윤리적 기준을 준수하고, 인간 사회의 문제를 반성하며 개선할 수 있도록 설계될 수 있다.

윤리적 알고리즘: AI 개발 과정에서 윤리적 기준을 반영하여, 편향과 차별을 최소화하는 알고리즘을 설계할 수 있다. 이는 공정성과 투명성을 보장하는 데 기여할 수 있다.

자동 감시 시스템: AI 시스템이 스스로의 결정을 모니터링하고, 편향이나 비윤리적 결정을 식별하여 수정할 수 있는 매커니즘을 갖출 수 있다.

3. 교육과 인식 제고

AI는 교육 분야에서 인간의 인식과 행동 변화를 촉진할 수 있다.

맞춤형 교육: 개인별 맞춤형 교육 프로그램을 통해, 사람들에게 중요한 사회적 문제에 대한 인식을 제고하고, 해결 방안을 학습하게 할 수 있다.

게임과 시뮬레이션: AI 기반 시뮬레이션과 게임을 통해, 사람들이 문제 해결 능력을 기르고, 다양한 시나리오를 경험하며 더 나은 결정을 내릴 수 있도록 도울 수 있다.

4. 협력과 조정

AI는 인간과의 협력을 통해 사회적 문제 해결을 지원할 수 있다.

보조적 역할: AI는 인간 전문가들과 협력하여, 더 나은 결정을 내리는 데 필요한 정보를 제공하고, 다양한 대안을 평가할 수 있게 한다.

의사 결정 지원: AI 시스템은 복잡한 문제에 대한 다각적인 분석과 시뮬레이션을 제공하여, 정책 결정자들이 최적의 결정을 내릴 수 있도록 지원한다.

5. 지속 가능한 개발

AI는 지속 가능한 개발 목표를 달성하는 데 기여할 수 있다.

환경 보호: AI는 환경 데이터를 분석하여 기후 변화, 자원 관리, 생물 다양성 보존 등의 문제에 대한 솔루션을 제안할 수 있다.

사회적 불평등 완화: AI는 교육, 건강, 경제 분야에서 불평등을 완화할 수 있는 정책과 프로그램을 개발하는 데 도움을 줄 수 있다.

6. 결론

AI는 인간 사회의 문제를 인식하고, 보다 나은 방향으로 나아갈 수 있도록 도울 잠재력을 가지고 있다. 그러나 이는 AI가 독립적으로 수행할 수 있는 것이 아니라, 인간과 AI의 협력을 통해 가능하다. AI 시스템의 윤리적 설계, 데이터의 공정한 사용, 지속적인 모니터링과 개선, 그리고 교육과 협력을 통해 AI는 인간 사회의 문제 해결에 중요한 역할을 할 수 있을 것이다.